北京市海淀区文化发展促进中心
中国人民大学清史研究所 合作项目

清代三山五园史事编年

嘉庆－宣统

何 瑜 主编

中国大百科全书出版社

图书在版编目(CIP数据)

清代三山五园史事编年:嘉庆—宣统/何瑜主编. —北京:中国大百科全书出版社,2015.5

ISBN 978-7-5000-9565-1

Ⅰ.①清… Ⅱ.①何… Ⅲ.①古典园林—史料—北京 Ⅳ.①K928.73

中国版本图书馆CIP数据核字(2015)第116409号

策 划 人 郭银星
责任编辑 程广媛
责任印制 魏 婷
封面设计 海马书装
出版发行 中国大百科全书出版社
地　　址 北京阜成门北大街17号　　邮政编码:100037
电　　话 010-88390635
网　　址 http://www.ecph.com.cn
印　　刷 北京彩虹伟业印刷有限公司
开　　本 889×1194毫米 1/16
印　　张 53
字　　数 660千字
印　　次 2015年6月第1版 2015年6月第1次印刷
书　　号 ISBN 978-7-5000-9565-1
定　　价 106.00元

《清代三山五园史事编年》编委

编 纂 说 明

本书接续《清代三山五园史事编年（顺治-乾隆）》一书，其编纂凡例与前书同。其中，资料的收集与整理工作分工如下：

嘉庆朝：马维熙、黄煦明

道光朝：马俊恩、张　辉

咸丰、同治朝：何　瑜、裴广强

光绪、宣统朝：马维熙、马俊恩、方　玥、魏　星

最后，由何瑜教授统一审改、补正、定稿。

凡　例

一、本书主要收录自顺治十三年至宣统三年，其二百五十余年间有关三山五园的清朝史记。为明渊源，简要概述自辽金以来香山及玉泉山概况。

二、本书依据之史料，主要取自官书，包括起居注、实录、圣训、方略、会典、内务府则例、方志、文集等，尤其注重已刊和未刊档案。清帝诗文系三山五园史中的重要资料，本书节选、摘录之标准，以记事为主，尤其注重诗中小序及注解。

本书史料取舍力求公允准确，据史直书，全而不滥，精而不缺。为保持历史的原真性，本书在某些地方原文照录了档案史料。

三、本书以帝王为经，以三山五园为纬，凡清帝幸园、回宫、南巡、北狩、东谒、西征和园林建设、园林管理，以及帝后在园起居生活等诸方面的重要史实，均予记录。

四、本书以“政自园出，因园记事”为原则。凡与上述皇家园林有关的清代政治、经济、文化、军事、民族关系、中外交往等诸方面的重要史实，均予记录。

五、本书以“名随其时”为原则，所涉及人名、地名、爵职等称谓，一律以历史沿革为准。

六、本书收录之文献，一概不作注释。文中除匾额等内容外，一般不加引号。

七、本书记事，年经事纬。各朝以时间为序，以日系事。某些经年跨月的史实，为保持其连贯性，则集中记录。有些重要史实，凡日之不能定者，列于本月；月之不能定者，列于本年；年之不能定者，列于本朝。

八、本书囿于档案史料之现状，个别地方体例不甚统一，如清前之概述、康熙朝之请安、乾隆二十一年记载略详等。

九、本书人名、地名为满、蒙、英、法、俄、日等文字者，均以通用汉译名为准。清代夏历月、日、时，均用汉字书写，公历年、月、日，均用阿拉伯数字书写。本书涉及其他之数字，均用汉字书写。

目　录

道 光 朝

咸 丰 朝

嘉庆朝

嘉庆元年　1796

正月

初一日（2.9）

太和殿行禅位大典。皇太子颙琰即皇帝位，宣读乾隆帝禅位诏书。诏曰：朕为太上皇帝。凡军国重务、用人行政诸大端，朕未至倦勤，不敢自逸。部院衙门及各省题奏事件，悉遵前旨行。

●丙辰元旦太上皇父御太和殿授受礼成，纪恩恭颂：

大清国宝授当朝，凉德虔祈六幕调。三十登庸愧虞舜，万年禀命仰神尧。

保民慎位书言守，戒满㧑谦易理昭。子职勤修刻无逸，自天景福溥新韶。

初四日（2.12）

帝侍太上皇御宁寿宫皇极殿，行千叟宴。赐王公大臣、蒙古王、贝勒、贝子、公、额驸、台吉年六十以上者，兵、民年七十以上者三千人，及回部、朝鲜、安南、暹罗、廓尔喀贡使等宴。其一品大臣及年九十以上者，太上皇召至御座前，亲赐卮酒。并未入座五千人，各赏诗章、如意、寿杖、文绮、银牌等物有差。

●恭和圣制初御皇极殿开千叟宴，用乙巳年恭依皇祖元韵：圣祖仁皇帝肇举千叟宴，太上皇父乾隆五十年乙巳重举盛典，阅今十一年，寿宇延洪，敷天同庆，特命叟宴三开。自此，每十年一举，递增亿万，申锡无疆。

开祺淑景喜清妍，千叟三番继祖筵。四日后庚书亥字，六旬周甲始辰年。

敬承慈旨鸿禧迓，勉矢寅衷宝祚延。寿宇觞称万万寿，心传勤政凛仔肩。

奉太上皇命，册立嫡妃喜塔腊氏为皇后，册封侧妃钮祜禄氏为贵妃，刘佳氏为諴妃，侯佳氏为莹嫔。

初九日（2.17）

帝侍太上皇幸圆明园，诣安佑宫行礼。

●恭和圣制新正幸御园，即事言志元韵：

开韶叠见盛仪彰，又喜上旬顺雨旸。无逸铭心怀兆庶，有常逢吉仰君皇。

翘瞻谟烈惧难继，敬体旰宵刻未遑。行庆御园绥远服，汉唐往迹岂相当。

●新正九日随太上皇父幸圆明园恭纪：

韶景融和万汇新，日占明炳喜逢辰。龙旗披拂来文囿，仙乐铿锵出禁闉。

庆洽升平启同乐，诗歌苞茂祝长春。恩荣逾格增惭惧，凛奉训言勉敬寅。

●赐居长春仙馆恭纪：长春仙馆，为圆明园四十景之一。雍正年间，皇父曾蒙皇祖赐居。越今六十年，予亦承皇父恩赐居此，实深感庆。

毓德钟祥地，年光六十过。赐居沐长庆，承泽应春和。

孔固征无极，斯干叶有那。开韶多喜气，淑蔼播笙歌。

初十日（2.18）

帝侍太上皇御山高水长，赐外藩使臣等食。是日，湖北枝江、宜都两县，在教首张正谟带领下，率先爆发白莲教反清起义。安南国使臣阮光裕，因天寒卒于北京寓所，赐恤如例。

十一日（2.19）

帝回宫。

十四日（2.22）

帝幸圆明园，问太上皇安。侍太上皇御奉三无私殿，赐皇子、亲藩等宴。御山高水长，赐王公大臣、蒙古王、贝勒、贝子、公、额驸、台吉及外藩使臣等食，至十六日皆如之。

十五日（2.23）

上元节。帝诣安佑宫行礼。侍太上皇御正大光明殿，赐朝正外藩等宴。

十六日（2.24）

帝侍太上皇御正大光明殿，赐大学士、尚书等宴。

十八日（2.26）

帝回宫。

十九日（2.27）

帝幸圆明园，问太上皇安。侍太上皇御山高水长，赐王公大臣、蒙古王、贝勒、贝子、公、额驸、台吉及外藩使臣等食。太上皇命和珅向朝鲜使臣李秉模宣敕曰：朕虽归政，大事还是我办。

廿三日（3.2）

帝侍太上皇诣畅春园恩慕寺、恩佑寺行礼。

廿四日（3.3）

太上皇诣万寿山大报恩延寿寺拈香。

廿五日（3.4）

将误差之奏事太监王进福等四人各罚月银半年，并将疏察之总管太监萧得禄等三人各罚月银三月。并重申旧制：奏事太监四人，每日轮流一人在圆明园殿附近值宿听事。

廿六日（3.5）

圆明园奏事处误将胡高望写作胡季堂。寻将缮写错误及率行擦去膳牌之行走郎中扎拉芬、员外郎苏章阿，各罚俸三月。

朝鲜国王遣使朝贡，赏赉筵宴如例。

廿七日（3.6）

帝回宫。以伴送使臣乃外藩观瞻所系，谕令各直省督抚：凡该项员使，自应于属员中择其才具强干、心地明白、堪以管束者任之。

二月

初四日（3.12）

帝御文华殿，首举经筵。遣官祭黑龙潭昭灵沛泽龙王之神、玉泉山惠济慈佑龙王之神。

初五日（3.13）

帝幸圆明园，问太上皇安。命云贵总督福康安、四川总督和琳全力搜剿苗民起事余党。

初九日（3.17）

帝幸静明园，诣龙神庙拈香。

初十日（3.18）

帝回宫。湖北长阳教首林之华与房县张驯龙率众在榔坪起义，立"天运"年号。

十三日（3.21）

帝幸圆明园，问太上皇安。

十九日（3.27）

太上皇诣清漪园广润祠拈香。

廿一日（3.29）

从吏部之请，以新帝登基，凡满汉七十以上者给与九品顶戴；八十以上者给与八品顶戴；九十以上者给与七品顶戴；百岁以上者给与六品顶戴。

廿二日（3.30）

●仲春廿二日奉旨偕诸兄弟子侄等至长春园各景游览，纪恩成什：

甘泽优沾及令辰，游观承旨庆长春。天家五代一堂盛，花萼联辉四照新。

大德念征昭大有，同舟共济喜同人。恩敷湛露歌行苇，孝弟身先化万民。

廿三日（3.31）

帝回宫。和珅等奏：乾隆五十八年圆明园、长春园、绮春园、熙春园、春熙院内天然图画等处园工，已于五十九年底告竣，净准销银一万四千六百七十一两四钱四分九厘。另，圆明园、长春园内西峰秀色等处园工，净准销银六千八百二十八两六钱一分五厘。

廿五日（4.2）

帝幸圆明园，问太上皇安。

廿六日（4.3）

福建水师提督兼台湾总兵哈当阿奏，破获淡水天地会，并将施兰等首从各犯一律正法。谕：嗣后，遇有此等起意为首、纠人谋逆之犯，一经审明，即凌迟处死。

●双鹤斋八景之一（廓然大公）：

轩庭明朗含诸景，虚受招延众善收。坦荡天怀示无我，大公至正廓王猷。

廿七日（4.4）

清明节。帝侍太上皇诣安佑宫行礼。

本月

礼部奏请：本年祭先蚕坛，或皇后亲诣行礼，或遣妃恭代，候旨遵行。谕：皇后亲诣行礼。

三月

初二日（4.9）

帝御勤政殿听政。

初三日（4.10）

帝回宫。

初六日（4.13）

帝侍太上皇启銮，谒东、西陵。

廿一日（4.28）

帝侍太上皇还跸圆明园。

廿五日（5.2）

帝御勤政殿听政。

廿七日（5.4）

帝回宫。

四月

初六日（5.12）

帝幸圆明园，问太上皇安。

初八日（5.14）

太上皇诣清漪园广润祠拈香。

十一日（5.17）

帝诣黑龙潭神祠拈香。

十二日（5.18）

帝御勤政殿听政。

十四日（5.20）

帝幸静明园，诣龙神庙拈香。

十五日（5.21）

帝幸万寿山，诣广润祠拈香；寻幸静明园，诣龙神庙拈香。

十七日（5.23）

帝诣黑龙潭神祠拈香。

十八日（5.24）

太上皇诣清漪园广润祠拈香。帝幸静明园，诣龙神庙拈香。

廿二日（5.28）

帝侍太上皇诣黑龙潭神祠祈雨。

廿三日（5.29）

奉太上皇命，帝诣黑龙潭神祠谢雨。

廿四日（5.30）

帝回宫。

廿五日（5.31）

帝幸圆明园，问太上皇安。

廿六日（6.1）

帝御勤政殿听政。闻奏：昆明湖，每年冬间，于旧志之外多蓄水一尺，以备来年灌田之用。前年，因春间雨水短少，除用去所蓄多余之水一尺外，尚亏水一尺六寸。今年，除将所蓄多余之水一尺浇灌稻田外，止亏水一寸有余。较之前年水势，有盈无绌。如日内得有透雨，湖水自更充盈。

五月

初八日（6.12）

太上皇诣万寿山大报恩延寿寺拈香。

初十日（6.14）

帝诣黑龙潭神祠拈香。

十二日（6.16）

帝御勤政殿听政。

湘黔苗民起事，首领石三保被诱捕，寻遭凌迟处死。

十三日（6.17）

帝回宫。大学士、闽浙总督、贝子福康安卒。

十六日（6.20）

和珅等奏：乾隆六十年内绮春园内明善堂等处园工，除拆卸西花园珐琅作等处房间旧木植等尽数抵用，并行取物料应用外，净准销银十五万九千六百四十七两六钱二分三厘。

十七日（6.21）

帝幸圆明园，问太上皇安。

十八日（6.22）

以秋狝木兰，帝侍太上皇自圆明园启銮，命怡亲王永琅、成亲王永瑆、大学士公阿桂等留京办事。

廿四日（6.28）

帝侍太上皇抵避暑山庄。

廿八日（7.2）

以多尔衮五世孙、睿亲王淳颖为正黄旗领侍卫内大臣。

三十日（7.4）

正黄旗领侍卫内大臣淳颖与镶黄旗领侍卫内大臣和珅对调；以户部尚书福长安为正白旗领侍卫内大臣。

本月

乾隆六十年至本月，绮春园各处园工陆续兴作。计有百花镇城关一带及含晖园、明善堂、自得园等处，各工拆宼并添盖房间共一千四百六十一间，并其他各项活计。

七月

十六日（8.18）

清漪园玉河两岸收得麦子十三仓石五斗五升，比去年多收麦子一升。然管理清漪园事务大臣盛住、永来，并未于折内声明比较。著照疏忽例，将二人各罚俸三个月。

八月

初八日（9.8）

遣官祭黑龙潭昭灵沛泽龙王之神、玉泉山惠济慈佑龙王之神。

十三日（9.13）

以太上皇八十六岁寿辰，帝率扈从皇子、王公大臣、蒙古王、贝勒、贝子、公、额驸、台吉及年班外藩使臣等，诣避暑山庄澹泊敬诚殿行庆贺礼。

●万万寿节率王公大臣等行庆贺礼恭纪：

肇建山庄辛卯年，寿同无量庆因缘。丽丁南极珠躔见，御丙北辰花甲旋。

玉殿辉煌腾瑞旭，金炉馥郁袅祥烟。子臣敬献升恒祝，康健纯常亿祺绵。

九月

初三日（10.3）

帝侍太上皇自避暑山庄还跸圆明园，诣安佑宫行礼。

●九月初三日随驾至圆明园恭纪：上年九月初三日，予蒙皇父恩慈，命正储位。计至今日，恰周一岁。恭随回跸，庆幸弥深。据和琳奏，现在进攻平陇。总兵袁国璜，带兵于老旺寨将紧要贼目石代噶擒获正法。川黔后路，去其巨魁。石柳邓仅据危巢，日内不为官兵俘获，定为降苗缚献。苗疆之事，可以即蒇。又据惠龄等奏，攻克灌湾脑贼巢，生擒逆首张正谟及助恶之刘洪铎等。该处业已荡平。先令成德、文图带兵赴琅坪剿捕林之华；惠龄将凉山屯聚之贼剿尽，亦即驰赴督办。其钟祥教匪逆首刘之协等，经永保、明亮等四面合围，军威大振，不难即时扑灭。是湖北教匪扫荡成功，亦在指顾矣。

去年此日始蒙恩，恰应嘉辰莅御园。南湘威布蛮荆格，北直农登稼穑繁。

初七日（10.7）

奉太上皇命，帝御出入贤良门，率皇子、诸王等习射。

初八日（10.8）

帝御勤政殿听政。

初九日（10.9）

重阳节。帝侍太上皇幸香山。

●恭和圣制香山重九日元韵：皇父福备箕畴。甲辰年，得五代元孙，书五福五代堂额于宁寿宫及避暑山庄。今计元孙载锡，至庚申年。皇父九旬万万寿时，年已十七，可得来孙，则六代同堂矣。

箓启九旬无量寿，堂开六代有那居。静宜游豫临佳节，旷览嘉禾南亩余。

●安澜园十咏选一（蔬经馆）：安澜园为海宁陈氏别业，每遇圣驾南巡，疆吏即斯园为行宫。乾隆甲辰，皇父巡阅海塘。予时随驾，因得停驻其园。此盖用其名并仿其式而为之者。

名园仿景传陈氏，回忆甲辰客馆停。岂共词林较文艺，欲知王道必穷经。

十七日（10.17）

谕：本年虽暂停勾决，但特别重大罪犯，仍予正法。

廿一日（10.21）

内外膳房、茶房、侍卫饭房于万寿山备膳，用苏拉十六名。廿三日亦如之。

廿八日（10.28）

帝回宫。

十月

初一日（10.31）

帝幸圆明园，问太上皇安。

初二日（11.1）

帝御勤政殿听政。

初四日（11.3）

以万寿节，帝侍太上皇御同乐园，赐王、贝勒、贝子、公、文武大臣等食，至初六日皆如之。

初六日（11.5）

万寿节。帝率皇子、王、贝勒、贝子、公、文武大臣等，诣正大光明殿，于太上皇前行礼。礼成，帝御座。皇子、王、贝勒、贝子、公、文武大臣等，行庆贺礼。

初七日（11.6）

谕：现在各尚书内，若以资格而论，则刘墉、纪昀、彭元瑞三人，俱较董诰为深。但刘墉向来不肯实心任事。纪昀读书多而不明理。彭元瑞不自检束，屡次获愆。俱不胜大学士之任。著董诰补授大学士，左都御史沈初在军机处学习行走。

初十日（11.9）

帝回宫。

廿二日（11.21）

皇次子绵宁与户部尚书、一等子布彦达赉之女钮祜禄氏行定婚礼。十一月廿四日行成婚礼，赐宴如仪。

十一月

十七日（12.15）

清漪园粘修绮望轩等处工程，行取木料。

廿七日（12.25）

奉旨：所得羡余银两，著交圆明园银二万四千两，赏喀什和卓桑吉斯塔尔、富成每人银各五十两，阿甲银二十两，其余银一千二百三十七两二钱七分九厘，著赏德明。

十二月

初三日（12.31）

太上皇敕旨：雍正以来定制，于养心殿东佛堂佛龛之右供奉圣祖仁皇帝、孝恭仁皇后牌位，于其右次供奉世宗宪皇帝、孝圣宪皇后牌位。待养心殿西配殿现供之佛移往宁寿宫养性殿西配殿后，将养心殿西配殿一体造龛。将来，中间佛龛之左右，朕及子孙皆可依次安设牌位。俟朕元孙（即玄孙，避玄烨讳）万年后，再将东佛堂圣祖仁皇帝牌位移于寿皇殿。从此，世代递迁，依次移供。再，寿皇殿中龛供奉圣祖仁皇帝圣容，左龛供奉世宗宪皇帝圣容。将来，朕万万年后，自当安设在右龛。且皇祖、皇考及朕，当均在不迁之列。待寿皇殿九龛供满时，当由朕以下为始，以次递迁。所有圆明园安佑宫、热河永寿寺，均当照此一律供奉。

初四日（1797.1.1）

和珅等奏：乾隆五十九年圆明园、长春园、绮春园、熙春园、春熙院内春雨轩等处园工，于六十年底告竣，净准销银一万九千六百两四钱八分。另，圆明园、长春园内山高水长等处园工，净准销银六千六百五十七两八钱一分。

十九日（1.16）

总管内务府奏：自乾隆六十年十一月初六日起，至本年十月初三日止，静宜园添安过陈设一百六十一件，换安过陈设四十二件，撤去陈设十五件。

二十日（1.17）

两广总督吉庆奏：前圆明园副将、提督路超吉管束不力，难胜提督之任。得旨：路超吉，著以陆路总兵降补，暂署广东潮州镇总兵。其所遗员缺，由浙江黄岩镇总兵孙全谋补授。

廿六日（1.23）

本年，朝鲜、暹罗二国遣使朝贡。所有例赏国王及使臣等物件，照例由礼部具奏办理。至该使臣等于新正在紫光阁筵宴，及在圆明园恭和御制诗，例有加赏，届期在山高水长颁赐。

嘉庆二年　1797

正月

初一日（1.28）

帝侍太上皇诣奉先殿行礼。御太和殿，率王以下文武大臣、蒙古王公、台吉及外藩使臣等向太上皇行庆贺礼。礼成，太上皇回宫。帝御殿受朝，作乐宣表如仪。侍太上皇诣寿皇殿行礼。御乾清宫，赐皇子、亲藩等宴。

初三日（1.30）

帝侍太上皇御重华宫，茶宴廷臣及内廷翰林等。

初九日（2.5）

帝谕两广总督吉庆等，凡于粤闽浙三省洋面，遇有外洋驶入夷匪，无论安南何官，即行严办。嗣后，拿获安南夷匪，讯明后当即正法，毋庸解京。

十一日（2.7）

帝侍太上皇幸圆明园。

●新正十一日随太上皇父幸圆明园恭纪：每岁朝正外藩属国及陪臣等，皇父例于幸御园时，上元前后锡宴，并令观烟火赏赉，俾蕃方各遣归国，以示怀柔之义。六十余年，有如一日。

悦心御苑春初盎，凝望西郊雪遍滋。花甲重周如一日，怀柔行庆上元时。

二十日（2.16）

帝回宫。

廿一日（2.17）

帝幸圆明园。

●万方安和四首之一：世宗宪皇帝，承圣祖六十余年休养生息之运，惟虑时俗或习恬嬉，劳来匡直辅翼之余，又从而振德，揭敬天、法祖、勤政、亲贤四端于殿楹，励精图治，宵旰不遑。十三年纲纪肃清，中外宁谧，显承启佑，既丕冒万方，并垂型万禩。

文轩屏华饰，宛在水中央。卍字巧相属，曲折连回廊。

檐楣悬宝翰，奕禩瞻辉煌。圆镜烛九有，坐照包万方。

廿三日（2.19）

帝侍太上皇诣畅春园恩慕寺、恩佑寺行礼。

廿四日（2.20）

太上皇诣万寿山大报恩延寿寺拈香。

廿七日（2.23）

朝鲜国王遣使朝贡，赏赉筵宴如例。

廿八日（2.24）

帝侍太上皇回宫。

二月

初七日（3.5）

帝幸圆明园。未刻，皇后喜塔腊氏卒。帝回宫，至吉安所临奠。

太上皇敕旨：皇后丧仪，著改为辍朝五日。皇帝穿素服七日。遇有奠醊，再行摘缨。俟十三日目送奉移静安庄后，皇帝即换常服回圆明园。皇帝之皇子、公主等，均照例成服。官民人等，俱素服七日。不必摘缨，照常薙发。

谕：所有辍朝期内，各衙门章奏及引见等事，仍著照常。此七日内，圆明园值日奏事之王大臣等，及引见人员，俱著常服，惟不挂珠。

●大行皇后挽诗：

琴瑟和鸣忽断弦，冬宵夏昼廿三年。云烟飘渺归冲漠，儿女伶仃忍弃捐。

意外突成今日事，心中拟结再生缘。坤仪定位悲期岁，此恨绵绵万古牵。

初九日（3.7）

遣官祭黑龙潭昭灵沛泽龙王之神、玉泉山惠济慈佑龙王之神。

初十日（3.8）

和珅、福长安向太上皇奏报，帝拟十六日回圆明园，即到长春仙馆。十七日在生秋亭恭请太上皇圣安。

十六日（3.14）

帝幸圆明园。

十九日（3.17）

太上皇诣清漪园广润祠拈香。

廿一日（3.19）

奉太上皇命，帝诣黑龙潭神祠祈雨。翌日，诣黑龙潭神祠谢雨。

廿四日（3.22）

帝回宫。

廿六日（3.24）

帝幸圆明园。

廿七日（3.25）

帝问太上皇安。陕甘总督宜绵、署广州将军明亮等奏报川省剿教战事。帝以明亮自列首衔，以宿将自居，太不知分，著传旨申饬。

廿八日（3.26）

帝御勤政殿听政。内外膳房、茶房、侍卫饭房于万寿山备膳，用苏拉十六名。

三月

初四日（3.31）

帝诣长春园大东门，侍太上皇幸静寄山庄。

●三月四日皇父启跸幸静寄山庄，长春园大东门侍班恭纪：

东门排羽卫，省岁重春巡。长陌柳丝拓，平原麦颖新。

泽敷群力作，教正化顽民。即日喜音至，田盘驿路循。

初九日（4.5）

修理清漪园大船坞，行取木料。

十七日（4.13）

帝侍太上皇自静寄山庄还跸圆明园。

十八日（4.14）

帝侍太上皇诣安佑宫行礼。

廿一日（4.17）

帝回宫。

廿三日（4.19）

帝幸圆明园，问太上皇安。调正白旗满洲都统和珅为镶黄旗满洲都统，镶白旗满洲都统福长安为正白旗满洲都统，镶红旗满洲都统绵恩为镶白旗满洲都统。

廿四日（4.20）

帝御勤政殿听政。

廿八日（4.24）

帝回宫。

四月

初六日（5.2）

帝幸圆明园，问太上皇安。谕：自白莲教滋事以来，调派各省官兵往剿，自应挑募新兵。著直隶、山东、河南、江西、湖北、四川、陕甘、云贵各该省督抚，即各按调派兵数，酌量募补十之六七。

初七日（5.3）

帝御勤政殿听政。

初八日（5.4）

太上皇诣清漪园广润祠拈香。

十三日（5.9）

帝诣黑龙潭神祠拈香。二十日亦如之。

廿二日（5.18）

追封已故侧福晋完颜氏为恕妃，格格关佳氏为简嫔、沈佳氏为逊嫔。

廿四日（5.20）

帝回宫。

廿五日（5.21）

帝幸圆明园，问太上皇安。

廿六日（5.22）

帝侍太上皇诣黑龙潭神祠拈香。

五月

初一日（5.26）

奉太上皇命，敕谕安南国王阮光缵，嘉奖其拿获洋盗、解送内地之举，并颁去赏赐物件。

初三日（5.28）

湖北襄阳教军张汉潮部于陕西省兴安府贴出告示，文曰“钦命东土兴汉灭满张汉朝子为招讨扫北都督大元帅张月梅”，公开提出“兴汉灭满”口号。

初五日（5.30）

奉太上皇命，帝诣黑龙潭神祠祈雨。

初六日（5.31）

帝回宫。

初九日（6.3）

帝幸圆明园，问太上皇安。是日，修理西所买卖街铺面房、清漪园牌楼，行取木料。

十一日（6.5）

帝御勤政殿听政。

十三日（6.7）

帝回宫。

十五日（6.9）

帝幸圆明园。

十六日（6.10）

帝问太上皇安。谕：河南白莲教活动之二十州县、原办兵差之二十三州县、堵御出力之九州县，缓征新旧额赋。

十七日（6.11）

谕沿海各省督抚：遇有洋盗，合力兜剿。不得拘定疆界，借口推诿。

十九日（6.13）

太上皇诣万寿山大报恩延寿寺拈香。

二十日（6.14）

帝御勤政殿听政。奉太上皇命，以贵妃钮祜禄氏继位中宫，先册封为皇贵妃。

廿一日（6.15）

帝命户部尚书范宜恒，礼部尚书德明、左侍郎铁保，工部左侍郎成德、右侍郎赵佑，总管内务府大臣缊布等办理万年吉地工程。

廿四日（6.18）

帝回宫。

廿七日（6.21）

帝幸圆明园，问太上皇安。

廿九日（6.23）

以秋狝木兰，帝侍太上皇自圆明园启銮，命怡亲王永琅、成亲王永瑆、大学士公阿桂等留京办事。

六月

初五日（6.29）

帝侍太上皇抵避暑山庄。

廿七日（7.21）

先是，湖北教军二万余众先后经陕入川，与四川教军二千余众会师。双方商定，各地教军划定青、白、黄、蓝号，以示区别。是日，帝谕宜绵、明亮、德楞泰，集中兵力围攻于川省会合之教军。

廿八日（7.22）

琉球国中山王世孙尚温，以清廷传位大典，于常贡外另备方物申贺。

本月

总管内务府奏准：养蚕事宜交奉宸苑管理。所得丝斤，交织造处，以备织造坛庙祭服之用。祭坛所需香供银六两，由奉宸苑领取。所有祭器等项，行文太常寺查看修理。其余各项事宜，知照各该衙门办理。

八月

十三日（10.2）

以太上皇八十七岁寿辰，帝率扈从皇子、王公大臣、蒙古王、贝勒、贝子、公、额驸、台吉及年班外藩使臣等，诣避暑山庄澹泊敬诚殿行庆贺礼。

●万万寿节率王公大臣行庆贺礼恭纪：敬惟皇父以辛卯岁诞生。而山庄之建，亦适成于是岁。兹子臣随侍山庄，恭逢万万寿节，率王公大臣行庆贺礼。远迩欢腾，与天同寿，曷胜欣忭之至。

九旬筴衍东瀛海，八月书祥南极星。钦感昊恩锡康健，升恒环转永延龄。

十九日（10.8）

自城内往万寿山等处抬运黑漆粉油匾十一面。

廿八日（10.17）

遣官祭黑龙潭昭灵沛泽龙王之神、玉泉山惠济慈佑龙王之神。

三十日（10.19）

帝侍太上皇自避暑山庄还跸圆明园，诣安佑宫行礼。

●恭随圣驾至圆明园即事：夏秋驻跸山庄，绥藩肄武，恪遵祖制。而楚蜀教匪，窜匿靡常。皇父筹笔揆几，时勤宵旰。现在调吉林索伦劲旅三千，并直隶、山东、山西官兵，暨察哈尔出青马匹，以资军营驱策之用。此等釜底游魂，断不能久稽显戮。伫见捷奏遄驰，七凶就缚，以慰我皇父乂安万姓之至意。

跸驻山庄经夏秋，归途喜见稼盈畴。飞驰露布事胥蒇，早慰圣心宵旰筹。

九月

初一日（10.20）

帝诣安佑宫行礼。

初三日（10.22）

帝御洞明堂，勾到秋审官犯、服制及新疆情实罪犯。

初五日（10.24）

太上皇诣万寿山大报恩延寿寺拈香。

初六日（10.25）

帝御洞明堂，勾到云南、贵州、广西情实罪犯。

初八日（10.27）

帝御勤政殿听政。御洞明堂，勾到广东情实罪犯。

初九日（10.28）

重阳节。帝侍太上皇幸香山。

●九月九日皇父幸静宜园恭纪：

静宜乐颐养，佳气满香山。日出千峰秀，霜浓万树斑。

豫游趁几暇，宵旰念民艰。露布应驰达，除邪剿庶顽。

初十日（10.29）

帝回宫。

十一日（10.30）

帝幸圆明园。

十二日（10.31）

帝问太上皇安。

十七日（11.5）

帝御洞明堂，勾到四川情实罪犯。

十九日（11.7）

帝御洞明堂，勾到福建、奉天情实罪犯。

廿一日（11.9）

帝御洞明堂，勾到陕西、浙江情实罪犯。

廿三日（11.11）

帝御洞明堂，勾到湖广、江西情实罪犯。

廿四日（11.12）

明亮、德楞泰奏，请于川、楚、陕等数省施行坚壁清野之策。帝以此为舍急图缓，著传旨申饬。

廿七日（11.15）

帝回宫。

廿八日（11.16）

太上皇诣万寿山大报恩延寿寺拈香。

十月

初一日（11.18）

帝幸圆明园，问太上皇安。

初三日（11.20）

帝侍太上皇诣畅春园恩慕寺、恩佑寺行礼。

初四日（11.21）

以万寿节，帝侍太上皇御同乐园，赐王、贝勒、贝子、公、文武大臣等食，至初六日皆如之。

初六日（11.23）

万寿节。帝率皇子、王、贝勒、贝子、公、文武大臣等，诣正大光明殿，于太上皇前行礼。礼成，帝御座。皇子、王、贝勒、贝子、公、文武大臣等，行庆贺礼。

初十日（11.27）

帝回宫。

十七日（12.4）

奉太上皇命，册封贵妃钮祜禄氏为皇贵妃。

廿一日（12.8）

乾清宫、交泰殿失火焚毁。命于明春集料兴工；正殿之梁木，毁隆福寺佛殿，得其楠木建之。

●十月廿一日夜纪事：十月廿一日酉刻，乾清宫失火，延及交泰殿。上天示警，祗惧弗遑。以坤宁宫为祀神之所，地势相连，竭诚叩天佑护，幸获保全，火亦随熄，感悚倍深。

德薄而位尊，盈满斯招损。内省积罪多，呼吁抒诚恳。

神殿幸保全，泥首谢恩悯。皇父益慎修，下诏过自引。

臣心愈难安，子职愧未尽。从兹勉去愆，戒警百事准。

廿二日（12.9）

帝问太上皇安。处分失火案中失职之首领太监张士太以下三十余人。

廿八日（12.15）

奉旨：所得羡余银两，著交圆明园银二万四千三百两七钱二厘，赏喀什和卓桑吉斯塔尔、富成每人银各五十两，阿甲银二十两，其余银一千两，著赏明安。

十一月

初四日（12.21）

帝问太上皇安。

十五日（1798.1.1）

喀什噶尔参赞大臣长麟等奏：逃匿浩罕之回部大和卓木之子萨木萨克及其子玉素甫欲滋扰喀什噶尔城，霍罕伯克那尔巴图闻讯带兵迎击。帝赏那尔巴图珊瑚珠一串、锦二匹、蟒缎一匹、闪缎二匹等物。

十二月

十三日（1.29）

总管内务府奏：自嘉庆元年十一月廿七日起，至二年十一月初十日止，静宜园添安过陈设六十三件，换安过陈设三十四件。

廿一日（2.6）

帝侍太上皇御瀛台，观阅冰技。回部四、五品伯克，朝鲜国、琉球国正、副使等陪同观瞻。

廿六日（2.11）

总管内务府奏：乾隆三十一年奏定成例，每年所办工程，即内务府应修常例工程、管工大臣专管工程两项，待工竣后，由对方遣员往查。今据怡亲王永琅、丰绅殷德、缊布等遣员查核回奏，修理清漪园等处工程共十一案，与各工呈案均属相符。

本年

自乾隆五十七年至嘉庆二年，已届五年，例由内务府派员前往静宜园查验陈设。静宜园内学古堂等处，及园外碧云寺和昭庙所有佛像、供器、陈设、铺垫等项，共计四万二千三百一十三件。其间，共添安过陈设一千三百二十七件，更换过陈设一百六十六件，撤去陈设二十一件。

谕：嗣后，圆明园、上驷院、武备院、武英殿、御书处、造办处，此六处额设笔帖式缺出，毋庸照前对缺间补，均归于内务府考取笔帖式内挨名补用。

嘉庆三年　1798

正月

初一日（2.16）

帝侍太上皇诣奉先殿行礼。御太和殿，率王以下文武大臣、蒙古王公、台吉及外藩使臣等向太上皇行庆贺礼。礼成，太上皇回宫。帝御殿受朝，作乐宣表如仪。帝侍太上皇诣寿皇殿行礼。御养心殿，赐皇子、亲藩等宴。

初六日（2.21）

帝侍太上皇幸圆明园。

●新正六日恭随皇父驾幸御园，即事成什：每岁新正，蒙古外藩属国来朝正者，例于御园宴赉过节。今日上辛，予于寅刻诣祈年殿展诚行礼。皇父亦诣大高元殿瞻礼，为民祈福。事竣，予恭随圣驾幸御园，出西华门，外藩陪臣等跽送者，夹道欢欣。

天坛大祀仪初蒇，行庆承欢诣御园。寅月韶华才布濩，长春福地倍滋蕃。

那居芑茂钦蒙泽，仙馆燕游永沐恩。念切绳先弥敬慎，席丰履厚寸衷存。

初八日（2.23）

太上皇诣万寿山大报恩延寿寺拈香。

十一日（2.26）

帝侍太上皇御山高水长，赐王公大臣、蒙古王、贝勒、贝子、公、额驸、台吉及外藩使臣等食。

十四日（3.1）

帝侍太上皇御奉三无私殿，赐皇子、亲藩等宴。

十五日（3.2）

上元节。帝侍太上皇御正大光明殿，赐朝正外藩等宴。侍太上皇御山高水长，赐王公大臣、蒙古王、贝勒、贝子、公、额驸、台吉及外藩使臣等食。

十六日（3.3）

帝侍太上皇御正大光明殿，赐大学士、尚书等宴。

十九日（3.6）

帝侍太上皇御山高水长，赐王公大臣、蒙古王、贝勒、贝子、公、额驸、台吉及外藩使臣等食。

廿三日（3.10）

帝侍太上皇诣畅春园恩慕寺、恩佑寺行礼。

廿六日（3.13）

朝鲜国王、琉球国中山王，遣使朝贡，赏赉筵宴如例。

廿八日（3.15）

帝回宫。

二月

十四日（3. 30）

帝幸圆明园，问太上皇安。

十九日（4. 4）

帝侍太上皇诣安佑宫行礼。

廿二日（4. 7）

遣官祭黑龙潭昭灵沛泽龙王之神、玉泉山惠济慈佑龙王之神。

廿五日（4. 10）

圆明园营汛将弁奏报，自上年秋间至今，雨量丰沛。秋麦、春麦长势良好，农夫并未望雨。

廿七日（4. 12）

大考翰林院、詹事府各官于圆明园正大光明殿，试以《征邪教疏》。翰林院编修洪亮吉以数千言力陈内外积弊。

廿九日（4. 14）

帝御勤政殿听政。

三月

初八日（4. 23）

帝诣黑龙潭神祠拈香。

十一日（4. 26）

帝侍太上皇诣黑龙潭神祠拈香。

十二日（4. 27）

以雨泽愆期，命刑部清理庶狱。

十三日（4. 28）

太上皇诣清漪园广润祠拈香。

十六日（5. 1）

帝诣黑龙潭神祠拈香。

十七日（5. 2）

帝御勤政殿听政。

十八日（5. 3）

帝侍太上皇诣安佑宫行礼。

十九日（5. 4）

帝诣黑龙潭神祠拈香。

二十日（5. 5）

帝回宫。

廿二日（5. 7）

朝鲜在京使臣向其国王进《闻见别单》，述及乾、嘉二帝及征苗之役。

廿三日（5.8）

帝幸圆明园，问太上皇安。

廿七日（5.12）

太上皇诣万寿山大报恩延寿寺拈香。内外膳房、茶房、侍卫饭房于万寿山备膳，用苏拉十六名。

廿八日（5.13）

太上皇敕谕：仿乾隆川运例，暂准举行捐纳，谓之“川楚善后例”。俟川楚等省善后事竣，即行停止。

四月

初二日（5.17）

帝回宫。

初六日（5.21）

帝幸圆明园，问太上皇安。

初八日（5.23）

太上皇诣万寿山大报恩延寿寺拈香。

十四日（5.29）

云贵总督鄂辉奏报：贵州兴义一带，棍徒郑兴等假充弁兵，欺诈苗民，甚至强行抢夺马匹、衣物等，已将彼等分别斩、绞及发配为奴。帝嘉之。

十六日（5.31）

帝御勤政殿听政。以本年乡试，考试应行开列试差之进士出身人员于圆明园正大光明殿。

廿一日（6.5）

奉太上皇命：照乾隆元年例，封赠嘉庆帝乳母之子嗣等，俱赏给骑都尉世职，准承袭三次，并各赏房屋数间、银一千两。侍母各赏房屋一所、银一千两。

廿六日（6.10）

帝诣黑龙潭神祠拈香。

五月

初二日（6.15）

帝御勤政殿听政。

初四日（6.17）

帝回宫。

初八日（6.21）

帝幸圆明园，问太上皇安。

十一日（6.24）

以秋狝木兰，帝侍太上皇自圆明园启銮，命怡亲王永琅、仪郡王永璇、大学士苏凌阿等留京办事。

以太上皇八旬有八，所有沿途经过地方，加恩蠲免本年地丁钱粮十分之四（向例十分之三）。

十七日（6.30）

帝侍太上皇抵避暑山庄。

六月

初一日（7.13）

萨木萨克遣总管迈玛特尼牙斯，携表文禀帖赴喀什噶尔参赞大臣长麟处，称将命其子先行进京瞻觐，候其子返至鄂罗退帕后再携眷赴京。奉旨：萨木萨克如果倾心向化，应亲携家眷来京。

初三日（7.15）

清漪园旷观斋太监王生持刀砍死太监李进喜。命将王生正法，该管首领太监邓泰等一并治罪。

八月

初一日（9.10）

遣官祭黑龙潭昭灵沛泽龙王之神、玉泉山惠济慈佑龙王之神。

初九日（9.18）

闻王三槐就缚，太上皇敕谕：朕于十全武功之外，又复成此巨功。著加恩晋封勒保公爵，并晋军机大臣大学士伯和珅公爵，户部尚书福长安侯爵。

●勒保奏报生擒王三槐捷音至山庄，诗以志喜：王三槐为川省达州起事逆首，稔恶稽诛，已逾两载，节经勒保等督兵截剿。勒保指挥将士将首犯王三槐生擒解京，其助逆匪犯三百六十余名，悉数擒斩枭示。捷音于八月初九日驰至山庄，皇父披览捷章，即躬率予九拜敬谢昊恩，面申训示，益励敬勤，祗聆之下，惟增钦感也。

乱民作不靖，筹剿两经年。楚北邪源绝，蜀东余孽牵。

军报传三捷，宸衷算完全。一渠欣絷缚，九拜致恭虔。

十三日（9.22）

以太上皇八十八岁寿辰，帝率扈从皇子、王公大臣、蒙古王、贝勒、贝子、公、额驸、台吉等，诣避暑山庄澹泊敬诚殿行庆贺礼。

● 万万寿节率王公大臣等行庆贺礼恭纪：皇父渥承昊眷，诸福备臻。年跻八十有八，康强纯固，尊为太上皇帝，日勤训政，实自古所未有。且家庆骈蕃，本支繁衍，元孙载锡，今春已成婚礼，即可冀得来孙之喜。后年恭庆九旬万万寿，一堂六代，娱侍慈颜，尤为史册希有，盛事欣祝弥增。

山庄行庆例年年，感沐昊恩福寿全。六代来孙将绕膝，九旬太上孰齐肩。

德兼四得不自圣，心凛三无益敬天。合宇宙欢祝纯嘏，彩衣抃舞率班联。

九月

初二日（10.10）

福建水师提督兼台湾总兵哈当阿奏：海盗蔡牵于台湾一带滋扰劫掠，经彼派兵征剿，已逃回内洋。帝责成闽浙总督魁伦速行缉获。

初三日（10.11）

帝侍太上皇自避暑山庄还跸圆明园，诣安佑宫行礼。

●恭随圣驾至圆明园即事叠去岁韵：今岁，各省奏报收成之折，或九分有余，或八分有余，多属丰稔，昊贶实深钦感。伫望各路带兵大员等，速将各首逆悉数俘擒，捷音克期踵至耳。

直省同欣报有秋，跸途多稼遍田畴。授时承贶登嘉谷，停狝顺情止庶驺。

雄旅心齐成伟绩，乱民劫尽定俘囚。日聆庭训般怀保，敬叩天恩默运筹。

初九日（10.17）

太上皇诣万寿山大报恩延寿寺拈香。

十九日（10.27）

从广东巡抚陈大文之请，予广东故明辽东总制袁崇焕入祀乡贤祠。

廿四日（11.1）

帝御勤政殿听政。

廿八日（11.5）

帝回宫。奉太上皇命，因川省教乱未平，健锐营、火器营官兵尚未撤回，著停本年大阅。

十月

初一日（11.8）

帝幸圆明园，问太上皇安。

初三日（11.10）

帝侍太上皇诣畅春园恩慕寺、恩佑寺行礼。

初四日（11.11）

以万寿节，帝侍太上皇御同乐园，赐王、贝勒、贝子、公、文武大臣等食。翌日如之。

初六日（11.13）

万寿节。帝诣奉三无私殿太上皇前行礼。礼成，御正大光明殿，皇子、诸王、贝勒、文武大臣等，行庆贺礼。御同乐园，赐皇子、诸王、贝勒、文武大臣等食。

初七日（11.14）

帝侍太上皇御同乐园，赐皇子、诸王、贝勒、文武大臣等食。翌日如之。

初十日（11.17）

帝回宫。以乾清宫、交泰殿重建工程告竣，议叙监修大臣缊布、盛住及在工监督各员，并赏赉工匠、内监等有差。

十一月

十八日（12.24）

以后年为太上皇九旬整寿，帝率王公大臣等奏请届时举行庆典。太上皇敕旨：于庚申年举行庆典，派大学士和珅、刘墉、尚书福长安等总办，一切仪文俱照康熙六十年及乾隆五十五年八旬万寿典例备办。

十二月

查明，宫中和外围等处，计有总管、首领、太监人等共二千六百七十五名。

嘉庆四年　1799

正月

初一日（2.5）

帝御乾清宫，率王以下、三品以上文武大臣及朝鲜、暹罗等国使臣向太上皇行庆贺礼。礼成，帝御太和殿，升殿受朝。

初三日（2.7）

辰时，太上皇崩于养心殿，享年八十九岁。

嘉庆帝亲政，颁谕旨八道，旌表太上皇功绩，安排善后事宜。翌日，再颁谕旨四道，对亟待处理之丧事、人事、军事予以布置。晋乾隆帝八子仪郡王永璇为亲王，十七子贝勒永璘为（庆）郡王，五子荣亲王永琪（已故）之子绵亿为郡王。其他皇孙亦晋封有差。追封嘉庆帝养母庆贵妃陆氏为庆恭皇贵妃。

初四日（2.8）

褫夺和珅军机大臣、步军统领职衔，命与福长安日夜值守乾清宫殡殿，不得擅自出入。

初八日（2.12）

以给事中王念孙、广兴列款参劾和珅、福长安，将和珅、福长安革职，下狱治罪。颁太上皇遗诏。

调整各部院王大臣人选。以成亲王永瑆、董诰、庆桂为军机大臣，那彦成、戴衢亨仍留军机处。

初九日（2.13）

奉旨：圆明园内事务，著怡亲王永琅管理。清漪园等处事务，著丰绅济伦管理。

十一日（2.15）

将和珅等罪状宣谕各直省督抚，并著该督抚将如何议罪之处，并此外尚有何款迹，各行据实迅速覆奏。直隶总督胡季堂首举之。

十五日（2.19）

上元节。降旨宣示和珅二十大罪状，内有：上年正月，皇考在圆明园召见和珅。伊竟骑马直进左门，过正大光明殿，至寿山口。无父无君，莫此为甚。昨将和珅家产查抄，所盖楠木房屋，僭侈逾制，其多宝阁及隔段式样，皆仿照宁寿宫制度，其园寓点缀，竟与圆明园蓬岛瑶台无异。不知是何肺肠。

十八日（2.22）

赐令和珅自尽。福长安著斩监侯，秋后处决，寻将其削爵释放，遣往乾隆帝陵寝充供茶柏唐阿。

二十日（2.24）

尊太上皇谥号曰“法天隆运至诚先觉体元立极敷文奋武孝慈神圣纯皇帝”，庙号“高宗”。

以四川总督勒保为经略大臣，明亮、额勒登保为参赞大臣，所有川、楚、陕、甘、豫各路领兵大员及总督宜绵、景安，巡抚秦承恩、高杞、倭什布等，俱受其节制。

廿八日（3.4）

朝鲜国王、暹罗国王，遣使朝贡，赏赉筵宴如例。

二月

初八日（3.13）

谕：热河和珅寓所房屋，其西所及房内陈设物件，著加恩一并赏还丰绅殷德；其东所著赏成亲王永瑆。福长安寓所房屋，其街南一所著赏庆郡王永璘；其街北一所，著赏贝勒绵懿。

初九日（3.14）

帝命纂修《高宗纯皇帝实录》。寻以协办大学士庆桂为监修总裁官。

十六日（3.21）

奉旨：原和珅淑春园内西段，仍赏给和孝固伦公主及丰绅殷德居住；其东段著赏成亲王永瑆。福长安园内东段著赏奕纯；其中段、西段著赏仪亲王永璇。现仪亲王永璇之含晖园，著赏三公主庄敬和硕公主、三额驸索特纳木多布齐，其自得园三所著赏定亲王绵恩、绵懿、奕绘分住。

十七日（3.22）

谕：遵嘉庆二年十一月初六日太上皇敕旨，将养心殿圣祖仁皇帝、孝恭仁皇后牌位奉移于寿皇殿；将世宗宪皇帝、孝圣宪皇后牌位奉移于西龛之东；祗造皇考高宗纯皇帝、皇妣孝仪纯皇后牌位，供奉于西龛之西。其圆明园安佑宫，亦照此恭移安奉。

廿四日（3.29）

谕：本年会试届期，士子文艺诗策，于朕名自应敬避。著将顒书作顒，将琰书作琰。嘉庆元年以后所刊书籍，照此缺笔改写。

廿七日（4.1）

以和珅家产中有正珠朝珠一挂，系皇帝乘舆佩用之物。将伊子丰绅殷德革去伯爵，停止世袭，赏给散秩大臣衔。

廿八日（4.2）

遣官祭黑龙潭昭灵沛泽龙王之神、玉泉山惠济慈佑龙王之神。

本月

谕：清漪园外畅观堂、凤凰墩、耕织图、鉴远堂、景明楼、藻鉴堂、治镜阁七处首领太监，著拨往绮春园当差。各该七处，交管理清漪园大臣派本处官员人等管理。俟朕临幸时，仍著太监等当差伺候。

奉旨：什刹海之和珅府邸东路，仍交和孝固伦公主及丰绅殷德居住；其西路，著赏庆郡王永璘。

●皇父奄弃，藐躬攀号莫及，倏已月余。虽日诣几筵，哭泣尽礼，而神魂悲恋，未由稍释，敬写七言，用展哀悰：

抢地呼天痛莫伸，茫茫宇宙一孤身。八旬九寿同乾健，六十四年体昊仁。

训永铭心哀眷恋，言犹在耳敬遵循。泪泉难竭恩难报，肠断东风惨淡春。

三月

初八日（4.12）

尊高宗纯皇帝陵寝曰裕陵。

初十日（4.14）

命连宁补放清漪园员外郎缺。

定道员密折封奏例：除知府以下各官不准奏事外，其各省道员，均照藩臬两司之例，准其密折封奏。

十六日（4.20）

定王、公及一品大臣等准用太监名数。亲王，准用七品首领太监一名、太监四十名；郡王，准用八品首领太监一名、太监三十名；贝勒，准用太监二十名；贝子，准用太监十名；公主、额驸，准用太监十名；入八分公，准用太监八名；民公（非宗室出身之公爵），准用太监六名；一品以上文武大臣，准用太监四名。其不入八分公、民侯以下、二品以下，俱不准私用太监。王公大臣宅内现有太监名数，有超过新定之额者，即交内务府衙门，送宫当差。

十八日（4.22）

帝命库伦办事大臣佛尔卿额行文俄罗斯固毕尔纳托尔，告以高宗纯皇帝病逝。

廿四日（4.28）

追封乾隆帝已故之四子履端郡王永城为履亲王，七子悼敏阿哥永琮为哲亲王，十二子永璂为贝勒。

本月

静明园奏准：静明园现有委署六品苑丞一员，补授实缺；请添六品虚衔苑丞一员。

静宜园奏准：静宜园现有委署六品苑丞二员，补授实缺；请添六品虚衔苑丞二员。

清漪园奏准：鉴远堂等七处遵旨裁撤太监。所有承应一切差务，应添园丁、园户，请在三园现有之园丁、园户、闸军内通融拨派四十五名。内清漪园拨派园丁七名、园户十一名、闸军十名；静明园拨派园丁二名、园户六名，静宜园拨派园丁五名、园户四名；嗣后即作为本园额缺。并添设郎中一员，令其协理清漪园、静明园、静宜园事务。

圆明园奏准：嗣后，本处主事、苑丞、库掌，择其当差勤慎、卓异俸深者，仍照例保送内务府按品升用。其所遗六品员缺，仍由本园委署主事、苑副、七品库掌内升用。续出之缺，论品推升。本园笔帖式，亦请照例由本园库守内拣选补用。至带领引见，既系本园拣选人员，自应由本园带领引见；其送内务府转为带领之处，应请停止。

奉宸苑奏准：园庭差务必须久于其任，方能办理裕如。嗣后，本苑各员除照例升用外，内务府不得隔署随时更调。

既以和珅之淑春园（又称十笏园）东段赐成亲王永瑆，其原赐园西爽村，著并入绮春园。

敬事房交静宜园旧书四部七套。

四月

初二日（5.6）

帝命京城九门以内禁开戏院。

初六日（5.10）

谕：李六等在畅春园营汛所属地方剥脱幼孩衣物推淹毙命一案，御园重地，白昼图财害命，情节綦重。著将所有已获人犯俱交刑部严审。该汛守备李国瑞交兵部议处，其革职处分，因于限内拿获全数案犯，可予宽免。失察之副将台隆阿、游击王永宁，俱交兵部察议。

初七日（5.11）

帝易服微行，偕侍卫二人至正阳门外琉璃厂，偶遇吏部右侍郎周兴岱。嗣后，大小官员，惶惧不敢涉足此地。

初九日（5.13）

谕：嗣后，八旗及内务府三旗女子，例应选过秀女。未经选中留牌者，方准许配于人。

初十日（5.14）

帝朱笔密写“嘉庆四年四月初十日卯初立皇太子绵宁”御书，缄藏镉匣，置乾清宫正大光明匾后。

廿四日（5.28）

布彦达赉等奏：圆明园银库、器皿库，向系五年清查一次。自乾隆五十八年十二月起，至嘉庆三年十一月止，又届五年期满。经查，至嘉庆四年四月十八日止，银库实存银二十九万六千二百二十七两二钱一分六厘，制钱九百五串八百四十六文。

廿六日（5.30）

审讯和珅家奴刘全等，刑部奏请按律拟绞监候。帝命从宽发往黑龙江给索伦达呼尔为奴，并谕：自此定案之后，断不许摭拾浮言，复事吹求，必欲陷朕以贪利之主。

本月

圆明园奏准：圆明园、长春园内园户较多，择其勤慎老实者，拨派二十七名，交绮春园二十一名，交大宫门新建朝房六名，当差并查看火烛。应交圆明园陈设等项，需用运脚钱文，请于内务府官房租库支领。

五月

初二日（6.4）

谕：宗室人员即使保列京察一等，亦不得简授补放外任。

初五日（6.7）

拉旺多尔济等蒙古诸王奏，请各以本盟马匹派兵齐集归化城，待十月赴陕甘协剿教乱。谕：诸王所请俱不准行。

廿四日（6.26）

昨日，皇贵妃钮祜禄氏出神武门与克勤郡王恒谨相遇。恒谨不知敬避，竟自乘轿迎面径行。著革去王爵，降为闲散宗室，不准戴宗室顶戴，自备资斧，前往西陵效力赎罪。寻其兼管步军统领一事，由布彦达赉接管。

六月

初一日（7.3）

以故琉球国中山王尚穆之孙尚温袭爵，令翰林院修撰赵文楷为正使、内阁中书李鼎之为副使往封。

初三日（7.5）

于步军统领衙门添设左、右翼总兵各一员，由恭阿拉、长龄分任之，并订立相关章程。

十二日（7.14）

谕：朕亲政伊始，首下求言之诏。数月来，凡诸臣之覆奏得当者，皆已见诸施行，其妄抒臆见者，朕皆予以罢斥，诚非以言罪人。永来之请于圆明园明善堂开浚河道，缊布之请于南苑修缮寺庙。此等皆不急之务，特为官役人等图沾余润耳，断不可行。嗣后，内外大小臣工，当善体朕求正言之意。

谕：南苑大阅，须俟二十七月后择吉举行。

十七日（7.19）

以派往勒保处火器、健锐营兵二千名，剿教作战不力。勒保奏请全行撤回，无庸续调。帝叹曰：今满洲兵丁，不但远逊当年，且不及绿营，以致人皆不愿带领。

廿四日（7.26）

谕：果郡王永瑹罚俸各案，只系站班先散、陪祀先回及私游昆明湖等事，非干犯法纪者，是以全数宽免。其未完银三万四百七十余两，著加恩全行宽免。

廿八日（7.30）

为拆修圆明园寿安宫戏台等工程，奉旨：寿安宫派怡亲王、布彦达赉、缊布；同乐园派范建中、那彦成、永来、阿明阿。

七月

十一日（8.11）

清漪园粘修莹心堂等处工程，行取木料。

廿五日（8.25）

谕：本日，总管内务府大臣所呈清字折片内，于恭书孝圣宪皇后尊号时缮写错误，其咎甚大。布彦达赉、阿明阿二人，著革去总管内务府大臣，仍交军机大臣议处。缊布著革去总管内务府大臣、工部侍郎、正蓝旗满洲副都统，加恩赏给四品顶戴，拔去花翎，在造办处司员上行走。其余所有承办奏折之主事德宁、缮写笔帖式兴保，俱交刑部治罪。翌日，奉旨：缊布罚俸五年，布彦达赉罚俸三年，阿明阿罚俸二年。

八月

初十日（9.9）

福州将军庆霖违例进献中秋贡物。帝降旨严申呈进贡物之禁：此等玩品，饥不可食，寒不可衣，全属无用之物。且外省呈进贡物，名为奉上，实以营私，最为吏治之害，故必加严禁。

十七日（9.16）

以参赞大臣额勒登保为经略大臣，将勒保革职逮问。

十八日（9.17）

遣官祭黑龙潭昭灵沛泽龙王之神、玉泉山惠济慈佑龙王之神。

廿三日（9.22）

以明亮与陕西巡抚永保、成都将军庆成互相疑忌，贻误军机，谕命已故大学士公阿桂之孙那彦成为钦差大臣，赴陕督办军务，并将永保、庆成革职拿问。

九月

十一日（10.9）

怡亲王永琅卒，以其孙奕勋袭爵。

十五日（10.13）

大葬高宗纯皇帝于裕陵。

十月

初二日（10.30）

内务府奏准：清漪园粘修绮望轩等二十五项工程，净准销木植工料银九千四百三十四两七钱八分三厘。静明园粘修福地幽居等二十八项工程，净准销木植工料银九千一百六十两二钱四分一厘。静宜园粘修洁素履等二十六项工程，净准销木植工料银八千一百三十四两四钱九分三厘。

初六日（11.3）

万寿节。帝诣寿皇殿行礼。回宫，不御殿受贺。王以下文武大臣官员，于乾清门外行礼。

●四十寿辰自纪：去岁在奉三无私行礼时，蒙皇父问及，知今岁为予小子四十整寿，即降旨届时题奏，加赐皇帝冠服陈设等项。今只余向寿皇殿神御前望空展拜，四十年父子至情，一旦成虚矣。敬查宫中旧制，二十七月内，遇万寿正日，如亲诣神御前展拜，暂穿衮服，回宫仍易素服。

去岁承恩旨，追思倍怆神。升香心敬告，易服典钦遵。

孺慕切一已，考慈佑万民。默祈锡厚福，速靖蜀秦尘。

十二日（11.9）

以已故孝淑睿皇后喜塔腊氏之兄、户部右侍郎盛住为总管内务府大臣。

廿二日（11.19）

谕：本朝自设立军机处以来，向无诸王行走。著永瑆不必在军机处行走。

十一月

初三日（11.29）

谕：昨日以绵偱奏参阿明阿收受广霈银两一案，已将阿明阿、广霈一并解任，交军机大臣会同刑部严讯。现查得广霈办理工程底账中，有绵偱修理下处银七百九十二两零。绵偱以郡王管理圆明园事务，假公济私，著其不必管理圆明园事务，并交宗人府议处。其所有修理下处银七百九十二两零，著即照数交盛住、永来归还工程项下。圆明园事务，改派绵恩管理。

初六日（12.2）

建乾隆帝圣德神功碑于裕陵，帝亲撰碑文。

初八日（12.4）

谕：此次私相授受银两一案，实因广霈而起，著其加枷号一个月，在福园门示众，满日发往伊犁效力赎罪。阿明阿著交该旗鞭责发落，仍行发往万年吉地工程处效力。绵偱其咎止于失察，著交宗人府议处。此次参办，全系永来一人从中挑唆，著即革去总管内务府大臣、副都统，不必管理圆明园事务，加恩实授上驷苑卿，仍罚俸三年，毋庸再交部议。苏楞额著以上驷苑卿衔管理圆明园事务，仍在总理工程处学习行走。总管太监刘进喜、王吉祥私受广需银两，除罚钱粮二年外，著革去总管。

十二日（12.8）

以明日为圣祖仁皇帝忌辰。奉旨：嗣后，遇祖、考忌辰、诞辰，必亲诣奉先殿行礼，至曾祖以上，则遣员恭代。其寿皇殿及圆明园之安佑宫，自圣祖仁皇帝以后，万世供奉，每遇忌辰、诞辰，皆应躬亲展敬。

廿二日（12.18）

谕：文职三品以下京堂官，照圆明园例轮班奏事。

廿六日（12.22）

以奉高宗纯皇帝配享礼成，颁诏全国：凡乾隆六十年以前，各省积欠缓征地丁耗羡，及民欠籽种、口粮、漕银、银两等，俱著豁免。

本月

帝谕命两广总督吉庆及粤海关监督等，禁止中外鸦片贸易。

十二月

初一日（12.26）

国子监祭酒法式善上疏条议时政，篇首有请帝“亲政维新”等语。谕：朕以皇考之心为心，以皇考之政为政，率循旧章恒恐不及，有何维新之处？著将其解任，派员讯问。寻改授编修，在实录馆效力赎罪。

初四日（12.29）

胡季堂以张猛、宋永德二犯在济尔哈朗图行宫内偷窃帘刷、挖单等物，请照盗内府财物乘舆服御物者，不分首从俱拟斩决之例，将二人斩立决。帝以各省行宫不若大内及圆明园、清漪园、静明园、静宜园、西苑、南苑、避暑山庄、静寄山庄等处，命从轻改拟罪名。

十一日（1800.1.5）

革仪亲王永璇镶黄旗领侍卫内大臣，以正白旗领侍卫内大臣成亲王永瑆为镶黄旗领侍卫内大臣，以正白旗汉军都统额勒登保为正白旗领侍卫内大臣。

十六日（1.10）

总管内务府奏：自嘉庆三年十二月十三日起至本年十二月初八日止，已届一年，静宜园内，除本处旧有佛像、供器、陈设等项四万二千三百八十二件外，并无上交陈设以及推换挪移等件。惟由敬事房交来各种书籍二十二部，由武英殿交来各种书籍四部，以上共书二十六部，计三十九套，俱在敷翠轩格内添安。

廿七日（1.21）

总管内务府奏：今有修理盘山行宫等处工程共八案，经遣员查核回奏，与各工呈案均属相符。

本年

奏准：造办处公缺六品库掌三缺，仍照旧归入该处题缺。中正殿员外郎二缺，改为公缺一、题缺一。奉宸苑、乐善园、南苑三处公缺员外郎三缺、主事一缺、委署主事二缺、苑丞六缺、库掌一缺，俱改为题缺。圆明园公缺主事一缺、委署主事一缺、苑丞四缺，俱改为题缺。

奏准：圆明园护军营、内务府三旗护军营、内务府三旗骁骑营，以四十员内，准该管大臣荐举一人。

奏准：修补圆明园看守各处堆拨军器一半。

奏准：八旗步军之巡捕五营事务，著将中营作为提标，副将作为提标中军，仍令管理圆明园一带五汛。

嘉庆五年　1800

正月

十二日（2.5）

现充健锐营水手之把总顶戴李发枝、外委顶戴沈振元，俱在昆明湖水师营当差；并外委顶戴沈弗祧、水手张表，原由洋盗投出，现准其回闽招致盗首蔡牵。

廿六日（2.19）

朝鲜国王、琉球国中山王，遣使朝贡，赏赉筵宴如例。

廿七日（2.20）

庆郡王永璘私祝颖贵太妃七十寿辰而未事先奏明。帝以此举乃结交近侍之旧习复萌，且以此试探皇帝能否知悉，罚其退出乾清门，留内廷行走。

二月

初九日（3.4）

遣官祭黑龙潭昭灵沛泽龙王之神、玉泉山惠济慈佑龙王之神。

查福长安于乾隆五十三年借过圆明园银库银二万两，嗣经奉旨令福康安、福长安各缴银一万两。福康安陆续缴过银七千两，福长安陆续缴过银九千三百二十余两。现据贝勒德麟代伊父福康安完交银一千两，代伊叔福长安完交银六百两。然此次月折内，未经分晰，均写员外郎福长安之名，系属错误。应将承办之郎中百岁、库掌伊萨布，照不行详查例，各罚俸六个月；将管理圆明园事务之和硕定亲王绵恩、奉宸苑卿苏楞额，均照疏忽例，各罚俸三个月。帝允之。

十五日（3.10）

谕：肃亲王永锡以皇三子绵恺入学为由，备玉器、陈设等物，由皇后饭房太监递进，又于管理圆明园八旗事务期间，擅将弘雅园私行居住。著将永锡镶蓝旗汉军都统及管理圆明园八旗事务差使俱行革去，交宗人府议处；其子敬敏著革去副都统、散秩大臣；敬叙著革去额外散秩大臣，俱在闲散王公上当差。

十八日（3.13）

经略大臣额勒登保病，其职由那彦成暂代。并谕：甘省专交额勒登保、那彦成；陕省专交台布；川省专交德楞泰、魁伦、勒保；楚省专交松筠、明亮、倭什布。自奉旨之日始，即于本境剿尽教乱。

十九日（3.14）

颖贵太妃巴林氏卒。

三月

谕：朕于明岁（太上皇驾崩二十七月后）临幸圆明园。

四月

十二日（5.5）

以热河芳园居银库失窃一案，命将苑丞李本沆、陈茂林、唐训正，千总杨廷佐俱实降一级、罚俸三年；其苑丞等并著拔去蓝翎。管理热河园庭事务之内务府郎中姚良，降一级调用，以其向管圆明园、三山等处，即以该处员外郎补用。内务府大臣等意存回护，议处过轻，著将盛住交部议处，布彦达赉等交部察议。

廿四日（5.17）

帝自午门内步行躬诣社稷坛祈雨。

闰四月

十六日（6.8）

以贻误军机，罢那彦成之军机处、南书房一切差使，原实录馆正总裁、国史馆副总裁、文渊阁提举、户部三库、总管内务府大臣等职衔俱予罢革。次月，那彦成奉命返京，奏对屡屡失宜，再革工部尚书、都统衔，以翰林侍讲用。

廿一日（6.13）

谕：近来考验各营前锋、护军。上次一等者六十九人，此次四十二人；上次四等者二十四人，此次九十八人，较上次一等者减少，四等者加多。骑射为满洲根本，今乃日见其劣而不见其优。著该管大臣等嗣后，务各尽心教演。朕于明岁临幸圆明园，不拘何时，立传一营验看。

廿二日（6.14）

帝派苏楞额管理地坛工程。

六月

十五日（8.5）

谕：那彦成呈缴伊祖阿桂海甸赐寓一所。著管理圆明园之王大臣接收，并查明间数具奏。

十六日（8.6）

从军机大臣之请，将帝自乾隆三十七年至四十年于潜邸所作味余书室诗文，交朱珪勘订，御览后发交缮刻。

廿八日（8.18）

朝鲜国王李算卒。七月初四日，世子李玜即位。九月廿二日，清廷赐谥恭宣，册封李玜为国王，命明俊、纳清保为正、副使往封。

白莲教首刘之协于河南叶县被捕。以刘之协首创邪教，流毒五省，罪情綦重，特命刑部右侍郎高杞、侍卫兴常驰驿槛送京师。八月十四日，廷讯后刘之协被凌迟处死。

本月

谕：南花园所存花盆二千三百一件内，除堪用一千七十八件留用外，其一千二百二十三件内，交丰绅济伦一千件变价，其余二百二十三件于初六日呈览后分赏各处。

七月

十三日（9.1）

总管内务府奏：静明园现有总管太监一名、八品首领太监二名、无顶戴首领太监三名、太监九十名，俱应裁撤。拟将所撤总管太监一名、首领太监五名拨给清漪园。清漪园现有总管太监一名、八品首领太监二名、无顶戴首领太监四名，太监一百十一名。拟减太监十一名，留一百名当差。综核之，清漪园设总管太监二名、八品首领太监四名、无顶戴首领太监七名、太监一百名，即作为该处额缺。

十六日（9.4）

以闽浙洋面，海盗活动猖獗，谕命浙江巡抚阮元，与各该镇等会同闽粤兵船，不分畛域，三面截击，毋任盗匪在洋日久游弋。

本月

静明园奏准：遵旨裁撤太监后，本园大宫门东角门内，请添设值宿苑丞一员，同园内值宿之达他等轮流坐守门班。请由清漪园六品苑丞四员内派拨一员，作为本园额缺。再，请添设七品苑副二员、委署苑副二员、笔帖式一员、柏唐阿八名、园丁三十名、闸军十名。奉旨：添给委署苑副一员、柏唐阿四名、园丁二十五名，余依议。

八月

初六日（9.24）

遣官祭黑龙潭昭灵沛泽龙王之神、玉泉山惠济慈佑龙王之神。

九月

初七日（10.24）

准西洋人福文高、李拱辰、毕学源等进京效力。

初十日（10.27）

总管内务府奏：向来，圆明园糊饰所需高丽纸，俱系由茶库领取应用，本处并无存贮。查得茶库现存头、二、三号高丽纸共七十九万余张。拟拨头号纸四万张、二号纸八万张、三号纸八万张，共二十万张，交该处收贮以备应用。其余五十九万余张，仍存茶库。

本月

静明园奏准：设立内档房，以抄写陈设册档，请行取笔、墨、纸、线等物件。再，清凉禅窟、内档房添设官员值宿二处，请行取木柴、黑炭、羊烛等物件。

十月

初六日（11.22）

万寿节。帝诣大高殿、寿皇殿行礼。回宫，不御殿受贺。王以下文武大臣官员，于乾清门外行礼。

十三日（11.29）

循乾隆旧规，准宗室参加科举考试，以明年正科乡试为始。

十一月

初七日（12.22）

睿亲王淳颖卒。次年，以其子宝恩袭爵。

十七日（1801.1.1）

帝以圆明园地方紧要，不可无大员稽察，而步军统领布彦达赉系御前大臣，须每日赴园，耳目难周。著左翼总兵驻扎正阳门外，右翼总兵驻扎圆明园。所有圆明园副将，移驻园北之树村，以资巡缉。

十八日（1.2）

整饬军机处。每日酌派都察院科、道一员入内，在隆宗门内北首内务府官员值房稽查监视。二十五年十月初三日裁撤之。

十九日（1.3）

谕：六十岁以上满汉大臣，不必循五鼓朝例，可于黎明入朝。

廿六日（1.10）

谕：向来挑选秀女，皇后、皇贵妃、妃、嫔之亲姊妹，俱应备挑，于体制殊有未协。嗣后，自嫔以上，其亲姊妹，著加恩不必备挑。户部、内务府即遵照办理。

三十日（1.14）

谕：明年朕幸圆明园后，步军统领与左、右翼总兵，均著轮替在园住班。布彦达赉前已赏给寓所。其左、右翼总兵住宿处所，现在既将中营副将移驻树村，所有原设副将衙署，即作为左、右翼总兵轮班住宿公所。至正阳门外，仍著左、右翼总兵照旧轮流驻扎。

本月

圆明园奏准：动拨圆明园库银十万两，交两淮盐政生息，以为公费等项之用。自本年二月起按一分生息，年底解交一年例银一万二千两。连余平银四百八十两，共银一万二千四百八十两。除发一年公费等项并预备同乐园、山高水长、庆丰园点灯各款外，余存银两统于年终奏明，归入次年存收备用。

谕：京察届期，各部俱应慎重选举。果有猷守兼优者，自应首荐，余则宁取资格较久、谨厚朴实之员。其少年浇薄、才华发越者，应令其经练，下届再行保列。京察之时，尚书、侍郎应各备一册，密识贤否。公议之日，再行同览，众所奖许者拔之，众所摒弃者黜之。覆办之时，不准司官、书吏、家人在旁窥探，亦不准预为泄露，邀誉市恩。

十二月

初十日（1.24）

总管内务府奏准：此次京察，畅春园、圆明园、清漪园、静明园、静宜园、汤泉行宫、御船处等七处官员、达他、笔帖式，仍照例由奉宸苑办理。

十五日（1.29）

总管内务府奏：七月廿四日，总管太监吴天成，遵旨由静明园撤去陈设九百十六件。经查，至八月十八日止，除此项撤去陈设外，静明园共有陈设二万二百三十三件。此后至十二月初九日止，再无添安撤去之件。西宫门外妙喜寺，向系苑丞、苑副等自行经管，共有陈设二万四千九百七十三件。

总管内务府奏：静宜园内外各座殿宇，旧有陈设四万七千三十五件。本年二月廿二日，武英殿交来书籍六套；四月初六日，造办处交来册页三册；遵即在皋涂精舍等处安设。寻于八月十八日奏准，撤下陈设七千九十三件，内交督领侍太监张进喜二千七十五件，交总管太监吴天成五千十八件。综核之，自嘉庆四年十二月十六日起，至本年十二月止，现存各项陈设三万九千九百五十一件。

本年

以盐政所得白银十万两，用于绮春园扩建工程。增设管理圆明园事务大臣进班公所。

谕：在京王公大臣不亲身递折，照推诿旷班例罚俸一年。带领引见大臣，在丹墀下传旨，照违令律罚俸九月。至圆明园带领引见，俟退出左门外，再行传旨。如有在左门内传旨者，亦照违令律罚俸九月。

谕：健锐、火器二营，俱有操演，如遇军旅之事，每先派此二营官兵，故每年赏给养廉银二百两。至圆明园八旗官兵，并不派出，毋庸给与。惟圆明园营总二员，伊等操演圆明园官兵及一切差使，亦属繁多，著加恩每年赏给该营总等养廉银一百两。

谕：圆明园八旗内务府三旗官兵，所拴官马一千匹，照两翼前锋、护军营官马一千匹之例，准留营操演马五百匹，听兵部调用马五百匹。

谕：从前，公主下嫁与蒙古王之子嗣者较多，下嫁与八旗勋旧之子嗣者较少，故于挑选八旗秀女时，公主之女亦一体入选。嗣后，公主之女，著加恩毋庸入选，永著为例。另乳母之女，亦著不必备选。

嘉庆六年　1801

正月

初四日（2.16）

皇次子绵宁岳父布彦达赉卒。加赠太子太保，谥功勤，赏银三千两治丧。翌日，绵宁代帝往奠。

廿七日（3.11）

总管内务府奏：为修理清漪园昆明湖水操战船四只，估需工料银三千三百七十八两三钱一厘。因向户工二部领取之桐油、杉木尚无，应俟桐油、杉木解运到京后，再向广储司请领银两，开工修理。帝允之。

二月

初六日（3.19）

成亲王永瑆五十岁寿辰，帝作诗以赐之。

●仲春六日成亲王五十寿辰，诗以赐之：

山庄扈跸夙随肩，课艺谈心忆昔年。孝弟性存征福寿，忠清志笃益恭虔。

筹开五十潢源远，算纪三千海屋延。诒晋斋中绵世泽，曾元绕膝祝如川。

初八日（3.21）

巴宁阿奏：圆明园西北一带有人开山采石，请旨严禁。帝命步军统领衙门及顺天府查奏。据奏：圆明园等处工程所需石料，自康熙年间即由此处开采，实系官工。帝以巴宁阿妄行渎奏，著传旨申饬。

初十日（3.23）

遣官祭黑龙潭昭灵沛泽龙王之神、玉泉山惠济慈佑龙王之神。

廿七日（4.9）

谕：嗣后，守陵之贝勒、贝子、公等，宗人府每届三年具奏一次，酌量更换。至守护裕陵大臣，内有年老多病诸员，俱著回旗，其有世职者，原职当差，无者原品休致。

本月

谕：遇选看秀女之日，自王以下大臣进内时，俱令由东华门、西华门走，不准由神武门走，著为常例。

三月

初二日（4.14）

谕：皇考高宗纯皇帝每次挑选八旗秀女时，特派王等于圣祖仁皇帝派衍二十四近支宗室内，查明应进绿头牌者指配。今朕挑选秀女，自应遵照此例。嗣后，王大臣等呈进宗室名次时，于世宗宪皇帝派衍近支宗室名次缮写绿头牌，照例呈进，俟朕挑选秀女时酌量指配。

初三日（4.15）

谕：嗣后，遇挑选八旗秀女之时，凡公主之女，停止挑选。

廿五日（5.7）

帝以高宗纯皇帝服阙，启銮赴东陵，谒裕陵。

廿八日（5.10）

因和珅一案而发往裕陵充供茶柏唐阿之福长安，以腿疾请求回京。帝以其擅离裕陵及伊父母坟墓之所在，无君无父，著即革职，发往盛京为披甲，交该管官严加管束，其子锡麟随往，以防御补用。并将代奏之管陵大臣绵亿革去正蓝旗蒙古都统、管围大臣，成林拔去花翎，革去内务府大臣、马兰镇总兵。

廿九日（5.11）

帝于裕陵行释服礼，乃释缟素。

本月

圆明园奏请施行内外出入规条十四项。得旨：西厂执事人员出入西南门，临期钦派乾清门侍卫、八旗护军统领及护军，并派大门侍卫一同稽查。再，各省所进贡物，园户抬至左门，交总管太监吴天成等传园内太监抬至寿山口上船，运至圆明园殿预备呈览。

四月

初一日（5.13）

帝自裕陵回宫。

初二日（5.14）

谕：嗣后，军机处值日之科道官，不必派员前往圆明园。遇朕进城之时，著照旧值日。

初四日（5.16）

帝诣畅春园恩慕寺、恩佑寺行礼。幸圆明园，诣安佑宫行礼。

●孟夏四日诣圆明园安佑宫皇考圣容前拈香行礼敬纪：安佑宫向曾供奉圣祖仁皇帝、世宗宪皇帝圣容。每遇清明节，恭随皇考行礼，岁以为常。今已度二十七月，敬奉皇考圣容，悬于西室展拜，实深悲慕。

清明拜叩卅余年，怆睹慈容西室悬。永佑寿皇典仍旧，祖功宗德考承先。

三朝遗泽悲弓剑，九叩微忱谒几筵。物阜民安祈赐佑，敬承大业凛仔肩。

●园居述志：

福地承恩泽，安居四十年。寸衷怀考眷，一念报皇天。

图治首勤政，抚民必用贤。驻园缘旧则，心岂在林泉。

●初御勤政殿听政感赋：殿内恭悬皇祖御书为君难匾额，并皇考御书跋语横幅。皇考御宇六十余年，临幸御园时，接见臣工，披览章奏，措施诸大政，皆御此殿。予寅承大宝日，于此敬聆圣训。兹听政临轩，追慕情何能已。惟以顾名思义，凛守前猷，弗敢暇逸，为兢兢尔。

三载日聆皇考训，悲含孺慕独临轩。心忧民瘼慈恩重，额仰君难祖泽存。

嘉树铺阴感风木，素楹示俭念先言。于斯听政仍如昔，勉继前猷永弗谖。

初七日（5.19）

帝回宫。

初十日（5.22）

帝幸圆明园。

十二日（5.24）

以本年乡试届期，考试所有应行开列试差之进士出身人员于圆明园正大光明殿。

十三日（5.25）

内外膳房、茶房、侍卫饭房于万寿山备膳，用苏拉十六名。

十四日（5.26）

帝回宫。

十五日（5.27）

册立皇贵妃钮祜禄氏为皇后。帝御太和殿，宣制册立皇后。王以下文武大臣及朝鲜、琉球国使臣等，行庆贺礼。尊封乾隆帝婉妃陈佳氏为婉贵太妃。晋封莹嫔侯佳氏为华妃，贵人董佳氏为淳嫔，贵人王佳氏为吉嫔。

十六日（5.28）

以册立皇后礼成，颁恩诏示天下。帝幸圆明园。

十八日（5.30）

内外膳房、茶房、侍卫饭房于清漪园鉴远堂备膳，用苏拉二十九名。

十九日（5.31）

帝御勤政殿听政。

廿四日（6.5）

帝回宫。

廿七日（6.8）

赏满汉文职堂官弘雅园一区，为圆明园值日公所。

五月

初三日（6.13）

帝诣黑龙潭神祠拈香。幸圆明园。

初六日（6.16）

内外膳房、茶房、侍卫饭房于万寿山备膳，用苏拉十六名。廿九日亦如之。

初七日（6.17）

帝御勤政殿听政。

初九日（6.19）

帝回宫。

十二日（6.22）

帝幸圆明园。

十七日（6.27）

帝幸静明园，诣龙神庙祈雨。

●敬诣静明园龙神庙祈雨志事：

三辅全叨春泽优，麦田已报九分收。屯膏目盼云难聚，待渥心虞稼正稠。

时渐叹乾增怵惕，民仍昏垫倍忧愁。叩祈神佑施甘澍，洗甲滋禾庆有秋。

二十日（6.30）

帝幸静明园，诣龙神庙谢雨。

谕：玉泉山惠济慈佑龙神庙，每遇祈祷雨泽，屡著灵验，久经载入祀典。本月十七日，朕亲诣祈雨。当日及次日即甘霖大霈。允宜敬加称号，著称为惠济慈佑灵濩龙王庙。

●敬诣静明园龙神庙谢雨，仍用前韵：

应祷覃敷渥澍优，更欣朗霁宿云收。寸衷诚感天恩浩，尺泽深蒙神贶稠。

田润可期百谷茂，君难总为兆民愁。有如时雨群邪化，兵戢年丰及此秋。

廿八日（7.8）

帝御勤政殿听政。谕：前因满汉文职各衙门堂官于圆明园向无公寓，特赏给弘雅园屋宇，作为各该堂官等公所。因思园名系圣祖仁皇帝御题，是以彼时弘字未经缺笔，今既赏作公寓，自应敬避，著将原奉御书匾额缴进，恭瞻后交寿皇殿尊藏。朕亲书集贤院匾额，颁给悬挂。

本月

圆明园奏准：园内现食二两钱粮太监四百三名，内著赏给二两五钱钱粮五十份。

静明园奏准：园内园丁、园户不敷委用，请再添园户三十名。

六月

初四日（7.14）

谕：京师连日大雨，圆明园宫门内外顿有积水。据奏各处旱河自乾隆三十六年至今，总未疏浚，渐致淤塞所致。著该管大臣将一切沟渠河道通行查勘，择其紧要之处，随时酌量疏通，俾积水不致停留。

初七日（7.17）

内外膳房、茶房、侍卫饭房于万寿山备膳，用苏拉十六名。

以连日大雨，帝命大理寺卿、内阁学士、副都御史分赴四路，实地调查灾情。

初八日（7.18）

谕：近日连获首逆，略有头绪，意谓今秋或可蒇事。即此一念，稍涉自满，即干天和。著停本年木兰行围，以息民劳而省己过、纾民力而迓天和。

初十日（7.20）

谕：京师自本月初旬，大雨连日。现在虽已开霁，仍复晴雨相间，且近京一带被水淹浸之处尚多。自应虔诚祷祀。所有玉泉山龙神庙，著派仪亲王致祭；黑龙潭龙神庙，著派成亲王致祭；密云县白龙潭龙神庙，著派绵课致祭。其一切应行典礼，著各该管衙门敬谨预备。

十一日（7.21）

谕：据奏，永定河决口四处。犹幸决口处所，尚距卢沟桥南五六里，若再向北冲决，则京城及圆明园皆被水患。向来，偶遇雨泽愆期，清理庶狱。著刑部查明各省军流以下各案，无论已结未结、在配在途，概行分别减等发落。其因事牵涉拘系候质各犯，亦速行讯明省释。至寻常案件，并著即行完结。

十九日（7.29）

谕：京师自六月初旬以来，雨水连绵，已及两旬。稽之《会典》，只有亲诣社稷坛祈雨之礼，祈晴未有明文。但水旱同一灾祲，自当一律虔祈。

廿二日（8.1）

帝回宫。谕：朕本日由圆明园启銮进宫，道路泥泞。所有銮仪卫请轿之校尉，加恩每名赏给一两重银锞一个，著于广储司存项内动用。

谕：仪亲王永璇、成亲王永瑆、庆郡王永璘、定亲王绵恩，奏请将应领亲王、郡王俸银、俸米三年之数，恭进一半，以备灾赈。若照所请，恐其不无拮据。所有仪亲王、成亲王、庆郡王、定亲王俸银，仍著全行支领，惟将本年秋季应领俸米，扣留一半，其余俸米照例发放。贝勒德麟，亦照仪亲王等例办理。

廿六日（8.5）

谕：今早朕亲诣社稷坛。礼成，天色放晴。向来求雨有谢降之礼。因思祈晴事同一体，亦应虔诚叩谢。至祈晴系用常服，今行谢晴之礼，服色应有区别。是日，朕御龙袍龙褂，其陪祀王公大臣及执事各员，俱著穿蟒袍补褂。并著该衙门将祈晴、谢晴典礼仪注，一并载入《会典》。

七月

初三日（8.11）

帝幸圆明园。谕：朕本日由神武门至圆明园。所修御道，俱属整齐。即承光殿一带难垫处所，亦均一律平坦。著加恩动用造办处银一千两，交明安分别赏赉垫道兵丁。

苏楞额等奏：圆明园等处殿宇，于前月下旬兴修后，复因雨渗漏，围墙亦有坍塌。自请分别议处。谕：初一日夜间，雨势过大。其渗漏坍塌，尚属有因。苏楞额、永来、郎中百岁、员外郎四达塞、苑丞和明、征瑞，均著加恩免其议处。但究系该员等办理不善，所有此项工程，仍著苏楞额等赔修。

明安、国霖等奏：熙春园一带旱河，未能赶紧开挖，以致复有积水，自请交部议处。谕：明安、国霖承办旱河挑淤，著有微劳。明安，著加恩宽免。国霖，著加恩改为交部察议。其承办司员等，著交部议处。

十一日（8.19）

以工代赈，最为救荒良法。命各该管衙门，通行查勘护城河及旱河等处，将应行疏浚之处，雇募穷民，兴工挑挖。寻各衙门一面请将熙春园、香山旱河，圆明园红桥引河，紫禁城内外筒子河，及大城以内淤浅河道，由提督衙门派拨步甲挑挖；一面雇募穷民，于各处护城河兴工挑挖。每名日给工食银八分。阅三月工竣，统计工食银九万八千三百四十六两一分。

十五日（8.23）

是日，拨部库银五十万两，解往永定河工。廿三日，再拨广储司库银五十万两。

十八日（8.26）

明安等奏：估挑紫禁城内外大城以内各河道，及圆明园西南角引河，通共土方银七万五千十二两零，请在广储司库内领出赶办。谕：此数处河道淤浅，甚至圆明园宫门左近，均有积水，而西直门外一带，积水尤深。皆缘历任承办官员及管理大臣，藉词省费，因循不办。年复一年，听其壅塞。著明安会同管理奉宸苑大臣丰绅济伦，详查自乾隆五十年以后所有承办官员及总管大臣，分别著赔，以示惩儆。现在开工紧要，著先于内务府广储司库内拨银一万两动用。俟查明各该员等应赔银数奏上时，再降谕旨。

十九日（8.27）

帝御勤政殿听政。

廿一日（8.29）

丰绅济伦等遵旨查明乾隆五十年以后历任管理奉宸苑事务大臣及承办官员，以分赔圆明园等处应挑引河银两。谕：河道淤垫，皆因和珅废弛所致。所有丰绅殷德应赔银两，著加恩全行宽免。金简、缊布、丰绅济伦，著赔缴十分之三。此外各该管大臣及承办官员等，俱著赔缴十分之五。所有各员分赔银两，著即如数送交办理工程大臣明安，收贮备用。

廿二日（8.30）

帝幸静明园，诣龙神庙拈香。

本月

圆明园总管太监奏：绮春园内新建之敷春堂、含淳堂、西爽村、展诗应律等四处，应请每处讨添闸军六名、招募匠役四名。奉旨：著管理圆明园事务大臣挑补交进当差。

谕：瀛台、三海、蚕坛、阐福寺、倚虹堂、钓鱼台、南苑所有应行修理雨褡，由奉宸苑派员修理。其应用物件，向各该处领取。所需工价银两，在本苑荷花地租银项下动支覆销。

八月

初一日（9.8）

帝回宫。

初五日（9.12）

帝幸圆明园。

十一日（9.18）

帝命军机大臣庆桂等编纂《辛酉工赈纪事》。次年五月，书成，帝亲为撰序。

十二日（9.19）

帝御勤政殿听政。遣官祭黑龙潭昭灵沛泽龙王之神、玉泉山惠济慈佑灵濩龙王之神。

十三日（9.20）

帝诣安佑宫行礼。

十六日（9.23）

内外膳房、茶房、侍卫饭房于万寿山备膳，用苏拉十六名。

十九日（9.26）

帝回宫。谕：本年六月间，雨水连日。八旗兵丁住房，倒坏甚多，亟待修理。著加恩将本年年终所赏八旗及包衣三旗兵丁等地租银两，移前于九月内即行普赏。此时，地租银两尚未解到，著于户部银库内，先行照数动用赏给。

二十日（9.27）

帝幸圆明园。

廿三日（9.30）

帝诣安佑宫行礼。

九月

初二日（10.9）

帝御洞明堂，勾到新疆、云南、贵州、四川情实罪犯。

初四日（10.11）

帝御洞明堂，勾到广东、广西情实罪犯。

初七日（10.14）

帝御勤政殿听政。

初八日（10.15）

帝幸静宜园驻跸，至十一日皆如之。

●驻香山静宜园：

静宜皇考额，佳气众峰攒。是处颜勤政，随时警晏安。

溪山仍似昔，堂构肯其难。学古承先志，龙章敬仰观。

初十日（10.17）

帝御演武厅，阅健锐营操。

十一日（10.18）

先是，朝鲜国于三月十二日拿获至该国传布天主教之神父苏州人周文谟，严加审讯，查明朝鲜官民等已有与北京天主堂来往者。是日，以彼等“鼓倡邪学，崇奉周贼，潜通异域，贻书洋人，前后三次请来大舶之阴谋凶计”，朝方将周文谟等正法。

十二日（10.19）

帝幸静明园，诣龙神庙拈香。还跸圆明园。

●香山旋跸即事：

五日为期四日还，连宵凉雨罢登山。漫耽游豫训常守，遍阅戎兵赏叠颁。

省岁多方逢旱涝，筹军庶姓尚痌瘝。心殷民瘼救无术，莅政临轩实赧颜。

十四日（10.21）

帝御洞明堂，勾到福建、奉天、陕西情实罪犯。

十五日（10.22）

从御史梁上国之请，续修《大清会典》。

十六日（10.23）

帝御洞明堂，勾到湖广、江西情实罪犯。

十八日（10.25）

帝御洞明堂，勾到浙江、安徽、江苏情实罪犯。

廿一日（10.28）

帝幸万寿山。内外膳房、茶房、侍卫饭房于万寿山备膳，用苏拉十六名。

廿六日（11.2）

帝御勤政殿听政。

廿七日（11.3）

帝诣畅春园恩慕寺、恩佑寺行礼。寻回宫。

廿八日（11.4）

昨日，步军统领明安于陈奏挑挖马家堡淤滩折件时，将所怀图样预嘱奏事太监代奏。意在请见，得邀独对，显违节次严禁请见谕旨。兵部请照违制例将其革职。是日奉旨：明安著加恩赏留公爵，兼管步军统领及上驷院事务，仍带革职留任。其所管正红旗蒙古都统及三山、畅春园、火药局、崇文门税务、总理工程处、向导处，尽行革退开缺，另行简放。三山事务，著额勒布管理；畅春园事务，著明德管理；火药局事务，著扎朗阿管理；崇文门正监督，著丰绅济伦管理；总理工程处，著那彦宝管理。

本月

奉宸苑奏准：裁汰乐善园郎中一员、苑丞内得给六品俸者二员、苑副内得给九品俸者二员。

十月

初二日（11.7）

帝幸圆明园。

初三日（11.8）

台布奏：蒙古强，实为中国之患；蒙古弱，乃为中国之福。以番制蒙，诚为良策。帝斥其错谬：番族杂居蒙古之外，而蒙古实为中国屏藩。以蒙制番则可，以番制蒙则属倒置矣。以其不晓事体，著传旨申饬。

初四日（11.9）

以庆万寿，帝御同乐园，赐王以下文武大臣、蒙古王公等食，至初七日皆如之。

初五日（11.10）

朝鲜国缉获传布天主教之黄嗣永，搜其文书，内将周文谟等伏法之事细报北京天主堂，并有三条建议：一、图得皇旨（指清帝圣旨），教谕朝鲜，使之容接西洋人。二、开抚按司于安州，命亲王监国，生聚教训，乘衅而动。三、通于西洋国，装送大舶数百艘，精兵五六万，多载大炮等利害兵器，震骇东国，使之行教。寻将黄嗣永等正法。廿七日，朝方拟定《讨邪奏文》，命正使曹允大、副使徐美修等呈送北京。十二月廿七日，帝览之曰：在京之西洋人，向不准与外人结交。其亦咸知奉公守法，百余年来从无私行传教之事，亦无被诱习教之人。所言邪党来京一事，殊不可信。

初六日（11.11）

万寿节。帝诣安佑宫行礼。御正大光明殿，皇子及王以下文武大臣官员、蒙古王公等，行庆贺礼。

十一日（11.16）

帝诣安佑宫行礼。

十二日（11.17）

帝回宫。

十四日（11.19）

因京外附近地方，俱经耕种，已无林草，遑论禽兽。若照例派兵行围，不过虚应故事。奉旨：嗣后，各营演习步围一事，永行停止。

十七日（11.22）

广西巡抚谢启昆代奏，安南国王阮光缵请将嘉庆三年、五年、七年、九年四次例贡，俱于明年一并遣使赴京呈进。帝允之。

十一月

十一日（12.16）

上月初一日总管内务府议处膳房该管大臣之折，拖至昨日始行覆奏，延搁达四十日。帝怒甚，召军机处及各部院大臣，面加训斥。重申以皇考之心为心，以皇考之政为政，饬内外大臣勤勉任事。

十九日（12.24）

因兵饷银暂未解到，驻藏大臣英善、福宁向前藏达赖喇嘛借银一万四千两，向后藏班禅额尔德尼借银四千两。闻奏，帝斥其所办殊不成事，命银解到后，立即将所借银两如数归还。

廿四日（12.29）

以紫禁城内该管大臣疏于查夜，竟有中正殿太监及护军等聚众赌博情事。奉旨：嗣后，内务府六大班之文武大臣，俱著轮流查夜。

廿九日（1802.1.3）

总管内务府奏：熙春园外永恩寺住持僧人达海、伊徒仁寿，因故为北城察院差役锁拿。熙春园苑副嵩瑞，竟差园户头目陈招儿及园隶李明贵二人肆意阻挠。应请将嵩瑞照私罪例罚俸九个月。至管理熙春园事务之员外郎四达塞，应请照疏忽例罚俸三个月。帝允之。

本月

皇三女庄敬和硕公主下嫁索特纳木多布齐。

十二月

廿二日（1.25）

圆明园交静宜园《平定两金川方略》八套，在情赏为美桌上添安。

廿四日（1.27）

据仓场侍郎达庆及查仓御史等奏，观象台迤南及朝阳门城墙上有偷窃仓米之事。帝命兵部、步军统领衙门及值年旗等，严禁兵丁雇募替役之弊，并妥定章程，将如何轮派官兵分营按日在城巡逻之处详议具奏。其靠仓城墙所生杂树，易于攀援上下，并著该管衙门即行芟除。

寻议定：嗣后，八旗骁骑营与步军营官兵，轮番派往该班，十日一换。所派官兵，亦在各该营内轮流更换，不得常川专派。遇圣驾巡幸，及驻跸圆明园与封印后，均照此一例办理。由八旗都统及步军统领衙门派员，不时前往稽查。兵部轮派司员，分城巡查。如有旷误及顶名雇替者，兵丁鞭责，该管官议处。

本年

静明、清漪、静宜三园京察一等官员年分册：三园协理事务郎中三格，清漪园员外郎祥瑞，清漪园掌稿笔帖式希普素，静明园八品苑副善保、书隆阿，静宜园员外郎常有，静宜园六品苑丞都隆阿，静宜园掌稿笔帖式德明。朱笔圈出希普素、善保、德明三人。

谕：紫禁城内值六大班之文武大臣，无论圣驾在宫在园，抑或巡幸各处，务须昼夜该班。遇有应奏之事，即行具奏。倘有应奏不奏，降二级留任。如有旷误夜班不到者，降三级调用。

谕：朕幸圆明园、静宜园时，所有请宝官内阁中书三员，各给乘骑官马二匹，于各本旗拴马内领用。

谕：赏给总管圆明园八旗内务府三旗办理公务印务处官兵房三十八间。

奉宸苑奏：请照圆明园等处之例，将奉宸苑、南苑苑丞内，给食六品俸者四人；苑副内，给食九品俸者四人。谕：所请给食六品俸苑丞四员、食九品俸苑副四员，未免过多。著加恩各赏给二员。

嘉庆七年　1802

正月

初一日（2.3）

以高宗纯皇帝三周年忌辰，帝启銮，谒裕陵。

初六日（2.8）

帝自裕陵回宫。

十一日（2.13）

帝幸圆明园，诣安佑宫行礼。

十二日（2.14）

以圆明园成韶寺值房三间失火烧毁，将宿于该屋之太监杨德兴等处以杖八十、枷号一个月、满日折责发落、仍交进当差，并罚首领太监范进喜月银六个月。

十三日（2.15）

帝御山高水长，赐王公大臣、蒙古王、贝勒、贝子、公、额驸、台吉及呼图克图、外藩使臣等食。至十六日皆如之。

●御山高水长黄幄筵宴外藩即席成什：紫光阁筵宴外藩，自丙辰以来，皆蒙恩侍座。己未后，不举行者三年。今岁因谒裕陵，是以移至山高水长。回忆音容，不禁怆然志感。

紫光御苑赐筵同，序近上元律转东。德洽要荒百年久，情联中外一诚通。

十四日（2.16）

帝御奉三无私殿，赐皇子、亲藩等宴。

十五日（2.17）

上元节。帝诣安佑宫行礼。御正大光明殿，赐朝正外藩等宴，作乐赐酒，如除夕仪。

十六日（2.18）

帝御正大光明殿，赐大学士、尚书等宴。

十九日（2.21）

帝御山高水长，赐王公大臣、蒙古王、贝勒、贝子、公、额驸、台吉及呼图克图、外藩使臣等食。

廿三日（2.25）

帝诣畅春园恩慕寺、恩佑寺行礼。

廿八日（3.2）

帝回宫。

二月

初二日（3.5）

帝重新部署剿教事宜，以专责成：陕省教军，专交额勒登保、杨遇春等办理；川东一带，专交德楞泰办理；川北一带，专交勒保、赛冲阿等办理；楚省教军，专交吴熊光、全保、长龄等办理。

初七日（3.10）

帝幸圆明园。

●含光楼：西爽村联辉楼向为十一兄成亲王所居，今易额曰含光。

联辉旧额易含光，往迹追寻物我忘。嘉荫扶疏怀老于，新波荡漾满方塘。

初八日（3.11）

内外膳房、茶房、侍卫饭房于万寿山备膳，用苏拉十六名。廿一日亦如之。

十三日（3.16）

帝幸静明园，诣龙神庙拈香。

十五日（3.18）

遣官祭黑龙潭昭灵沛泽龙王之神、玉泉山惠济慈佑灵濩龙王之神。

十六日（3.19）

帝回宫。

十八日（3.21）

帝幸圆明园。

十九日（3.22）

帝御勤政殿听政。

廿一日（3.24）

懋勤殿交静明园御笔字二张，在华滋馆东进间墙上补换一张、竹庐山房南间罩上补换一张。换下高宗纯皇帝御笔字二张，竹庐山房原挂高宗纯皇帝御笔字横披二面，俱经懋勤殿移请。

廿四日（3.27）

御史王宁埠奏请重军机大臣职责。帝降旨严斥，申重皇权。

三月

初三日（4.4）

帝回宫。

初五日（4.6）

帝幸圆明园。

初七日（4.8）

军机处交静宜园《味余书室全集》定本一部四套，在学古堂格内添安。

十三日（4.14）

懋勤殿交静宜园御笔字挂屏三件，在致远斋槛柱上添挂一件、试泉悦性山房槛柱上添挂一件、含青斋北墙上添挂一件；交来御笔字斗一张，在香林室门斗上添贴；交来御笔字条四张，在学古堂东墙上补换一张、晞阳阿南墙上补换一张、超然堂北墙上补换一张、含青斋西墙上补换一张；交来御笔字横披三张，在学古堂北墙上补换一张、对瀑床罩上补换一张、欢喜园落地罩上补换一张；交来御笔字斗八张，在对瀑北墙上补换一张、正凝堂南墙上补换二张、林虚桂静西墙上补换一张、玉华岫东墙上补换一张、香林室西方窗上补换一张、古意轩西门斗上补换一张、含和北墙上补换一张；交来御笔字对一副，在旷真阁北墙上补换。再，换下高宗纯皇帝御笔字对一副、字条三张、字斗七张、挂轴二轴、横披三张；欢喜园落地罩上原贴高宗纯皇帝御笔字横披一张，俱经懋勤殿移请。

十六日（4.17）

帝幸静宜园驻跸，至十九日皆如之。

十七日（4.18）

静宜园情赏为美原设《新定九宫大成南北词宫谱》五套、《劝善金科》二套、《太古传宗》一套、戏单二册，奉旨交懋勤殿于奉三无私安摆。

二十日（4.21）

帝还跸圆明园。

廿二日（4.23）

谕：户部尚书员缺，著禄康补授。禄康系步军统领，例应轮班在圆明园值宿，今既补授户部尚书，著不必在园轮值，俾得时常进署，办理部务。

廿三日（4.24）

帝御勤政殿听政。

廿八日（4.29）

帝诣黑龙潭神祠拈香。

廿九日（4.30）

总管内务府奏：畅春园郎中祥安等承修之清漪园内阅武楼并泉宗庙枢光阁等各处粘修工程工竣，净准销银二万六千三两三分八厘。另，此项工程，系嘉庆四年三月兴修，自应工竣后随时报销，乃迟至上年十一月内始行报销，殊属迟延；且，案内续估西马厂芳园门外板墙桥一座改为二孔石桥，并未报明总理档房存案，殊属不合。请将该监督等交本府议处。帝允之。

本月初四日，圆明园档房接得城内听差苑副吉拉敏传旨，著将本园大宫门并出入贤良门踏跺安设妥协，用土垫平，不可漏缝，以备皇上乘马进园不致有声响。出入贤良门向无踏跺。苑副吉拉敏将其一并写入安设，实属舛错。协理事务郎中嵩年、苑丞和明，复拘于此，遂启猜疑，以致将大宫门踏跺亦未安设。是日奉旨，将苑副吉拉敏照失于查察例罚俸一年；协理事务郎中嵩年、苑丞和明，照不行详查例各罚俸六个月；该管大臣苏楞额、永来，照疏忽例各罚俸三个月。

本月

两广总督吉庆奏：居澳葡人禀称，英吉利兵船泊零丁洋面，窥伺澳门，恳请保护。谕：有犯必惩，切勿姑息；无隙莫扰，亦勿轻率。

四月

初四日（5.5）

帝回宫。

初七日（5.8）

帝幸圆明园。

初八日（5.9）

内外膳房、茶房、侍卫饭房于万寿山备膳，用苏拉十六名。

初十日（5.11）

帝御勤政殿听政。

十四日（5.15）

帝幸静明园，诣龙神庙拈香。

十六日（5.17）

懋勤殿交静明园御笔字挂屏一件，在华滋馆东进间挂屏上补换；换下高宗纯皇帝御笔字挂屏二件，俱经懋勤殿移请。

廿二日（5.23）

帝诣黑龙潭神祠拈香。

廿四日（5.25）

帝回宫。

廿五日（5.26）

帝幸圆明园。

本月

裁撤清漪园八品首领太监一名、副首领太监一名、太监二十名，拨给圆明园当差。俟撤拨太监后，添食二两钱粮园丁十名、食一两五钱钱粮米石园户十名，毋庸拨给地亩。

五月

十一日（6.10）

琉球国副使郑得功在京去世，加赏银三百两治丧，并予祭如例。

十三日（6.12）

帝御勤政殿听政。

二十日（6.19）

帝回宫。

廿三日（6.22）

帝幸圆明园。

廿八日（6.27）

武英殿交静宜园农书二套，在勤政殿紫檀柜内添安。

廿九日（6.28）

帝幸静明园，诣龙神庙拈香。

武英殿交静明园农书二套，在华滋馆东进间炕案下添安。

六月

初五日（7.4）

先是，兵部尚书兼顺天府尹汪承霈两次请停本年秋狝木兰。是日，降旨严斥，并命所有此次行围应用车辆，仍由顺天府照例雇办。寻将汪承霈改授左都御史，不必兼顺天府尹。

初八日（7.7）

内外膳房、茶房、侍卫饭房于万寿山备膳，用苏拉十六名。廿六日亦如之。

十九日（7.18）

静明园撤去福地幽居紫檀边座玻璃插屏镜一件，著交绮春园敷春堂。

廿四日（7.23）

谕：嗣后，在军机处行走之大学士，遇朕进城命到衙门办事时，著先赴内阁，再赴所管之部院衙门。其不在内廷行走之大学士，俱著常川到阁，阅看本章。

廿七日（7.26）

帝回宫。

廿八日（7.27）

给事中鲁兰枝奏请将本年秋狝木兰展至明年或展迟一月。帝严旨申斥，原折掷还。

七月

初一日（7.29）

帝幸圆明园。

初三日（7.31）

大学士王杰以年近八旬，奏请致仕。命不必开大学士缺，勿庸参与政事。十六日，王杰以病再请。帝允之，加太子太傅，在籍食俸。凡其任内所有罚俸处分，均予开复。

十二日（8.9）

帝御勤政殿听政。

十五日（8.12）

中元节。帝诣安佑宫行礼，于福海放河灯。

二十日（8.17）

亲政后，帝首次秋狝木兰，自圆明园启銮，命皇次子绵宁、皇三子绵恺随驾。令仪亲王永璇、大学士保宁、尚书琳宁、张若渟、彭元瑞留京办事。

廿六日（8.23）

帝一行抵热河，赴永佑寺行礼。接得额勒登保等六百里加急奏报，苟文明被毙，白莲教最后一支得歼。帝览奏哽咽，几至不能宣旨。额勒登保封一等伯，其他各员均赏赐有差。以青玉介指十个、鼻烟壶十个、大荷包五对、小荷包十对，分赏出力员弁；以一两重银牌二百面、五钱重银牌二百面，分赏出力兵勇。

●至避暑山庄，喜接经略额勒登保加紧奏报官兵歼戮首逆苟文明、剿捕余匪各情形，诗志感慰：今秋撰吉，举行秋狝大典，所以守家法而承先志也。先期驻跸避暑山庄，于廿六日甫经下马，适额勒登保飞章驰奏，歼戮积年首逆苟文明，擒斩余党各情形。披览奏函，敬感天恩考佑，于山庄莅止之初，喜音旋至，不觉至情感触，涕泗交颐，即中外臣工，亦莫不同深感庆，喜形欢忭。

甫莅山庄始解鞍，飞驰捷奏自西安。天恩高厚转旋大，考佑明昭图报难。

即扫余蝗兆民乐，先除瘈狗万矛攒。事成虽滞仍颁赉，君德从来在克宽。

八月

初一日（8.28）

日食九分三十四秒。十五日又遇月食。帝深为悚惧，命军机大臣查乾隆年间日月皆食成例，遂下省过求言诏。

初六日（9.2）

遣官祭黑龙潭昭灵沛泽龙王之神、玉泉山惠济慈佑灵濩龙王之神。

十七日（9.13）

帝自避暑山庄启跸，赴木兰行围。

●启跸幸木兰行围即事：

习武遵家法，上兰秋狝开。祖功奕禩仰，考泽万年培。

柔远八方暨，近光诸部来。首程风日爽，沙站启岩隈。

廿四日（9.20）

连日行围，所获无几。以管场官员渎职，将阿尔塔锡弟、庆杰等交部议处。九月初七日，裁热河围场总管一缺，改设副都统。

九月

廿三日（10.19）

帝自避暑山庄还跸圆明园。

前因皇后身体欠安，谕令于十月初十日起程返京。今据恭阿拉奏称，皇后身体大安，请于本月廿八日自热河起程，十月初四日到圆明园，以备万寿圣节。帝准其请，并命于起程驻喀喇河屯日发折一次入告。其随从人等路费诸项，加恩发至初四日到园为止。

廿四日（10.20）

帝诣安佑宫行礼。

廿七日（10.23）

谕：所有陕西剿教事宜，仍专交额勒登保督办；湖北专交德楞泰督办；四川专交勒保督办。

廿八日（10.24）

帝回宫。

十月

初二日（10.28）

帝幸圆明园。

初三日（10.29）

内外膳房、茶房、侍卫饭房于万寿山备膳，用苏拉十六名。

初四日（10.30）

以万寿节，帝御同乐园，赐王以下文武大臣、蒙古王公等食，至初七日皆如之。

初六日（11.1）

万寿节。帝诣安佑宫行礼。御正大光明殿，皇子及王以下文武大臣官员、蒙古王公等，行庆贺礼。

十六日（11.11）

帝回宫。

廿二日（11.17）

查验静宜园内外等处所有佛像、供器、陈设、铺垫等项，共计四万七百二十九件。

十一月

初八日（12.2）

武英殿交静明园《钦定满洲源流考》一套，在撷翠楼炕案上添安。

初十日（12.4）

武英殿交静宜园《钦定满洲源流考》一套，在情赏为美桌上添安。

廿四日（12.18）

清漪园割存荆茨八十斤，交安定门监墙使用。

本月

皇四女庄静固伦公主下嫁玛尼巴达拉。

将静明园笔帖式内委放掌稿笔帖式一员。

十二月

十六日（1803.1.9）

额勒登保、德楞泰、勒保等联衔六百里加急奏报，川楚陕三省剿教大功勘定。帝传谕嘉奖诸臣，赏赉有差；遣官告祭川、楚、陕、豫四省山川神祇；诏免川、楚、陕、豫、甘五省被乱各州县自元年至七年待征缓征逋欠钱粮。

十八日（1.11）

总管内务府奏：自嘉庆六年十二月廿一日起，至七年十一月初十日止，静宜园移请高宗纯皇帝御笔字横披一张，添安御笔字四件、各种书籍十五套，补换御笔字十七件，撤去各种书籍八套、册页二册。除移请、补换并撤去外，净添安御笔字并各种书籍八件。

总管内务府奏：自嘉庆六年十二月廿一日起，至七年十二月十七日止，静明园移请高宗纯皇帝御笔字六张，撤去紫檀边座玻璃插屏镜一件，补换御笔字三张，添安书籍三套。

廿二日（1.15）

奏定朝鲜国王及使臣等所有例赏、加赏事宜。该使臣等于新正在山高水长筵宴，在圆明园恭和御制诗，均有加赏及特赏。

本月

智珠殿、水晶域各添安灯烛一对。每年所需重一斤素墩烛、重半斤素墩烛，各预行六对备用，行掌关防管理内管领事务处发给。

本年

奉旨：春熙院著赏给庄敬固伦公主居住。其该院额设七品苑丞一员，八品苑副一员，笔帖式一员，库守四名，园户、园隶、匠役等二十八名，俱分拨各园当差。其中，原设之七品苑丞一员、笔帖式一员、库守二名，分拨熙春园当差；八品苑副一员，分拨圆明园当差；库守二名，分拨绮春园当差。原设之园户等，分拨熙春园十二名、圆明园三名、绮春园十三名。

畅春园裁撤护军营官兵，改交巡捕营官兵看守。

奏准：静宜园之健锐营所用各项军械修理更换章程。

奏准：南苑大红门外马家堡等处，水田十四顷二十三亩一分八厘有奇，旱地三十一亩七分一厘，裁租银五百六十两四钱九厘有奇。圆明园大东门外并将军庙等处，水田一顷六亩五分六厘有奇，改为旱地，减租银二十四两六钱五分有奇。

嘉庆八年 1803

正月

初六日（1.28）

帝幸圆明园，诣安佑宫行礼。

初八日（1.30）

帝御山高水长，赐王公大臣、蒙古王、贝勒、贝子、公、额驸、台吉及外藩使臣等食，并赏赉有差。

十二日（2.3）

帝回宫。

十五日（2.6）

上元节。帝幸圆明园。御奉三无私殿，赐皇子、亲藩等宴；御山高水长，赐王公大臣、蒙古王、贝勒、贝子、公、额驸、台吉及外藩使臣等食。至十七日皆如之。

十六日（2.7）

帝御正大光明殿，赐朝正外藩等宴，作乐赐酒，如除夕仪。

大学士庆桂等奏请刊刻《御制诗初集》。谕：将元年至八年御制诗编为初集。

十七日（2.8）

帝御正大光明殿，赐大学士、尚书等宴。

十九日（2.10）

帝御山高水长，赐王公大臣、蒙古王、贝勒、贝子、公、额驸、台吉及外藩使臣等食。御同乐园，茶宴诸王、大学士及内廷翰林，以平定三省教匪联句。

●同乐园茶宴诸王、大学士及内廷翰林，用平定三省教匪联句复成诗：自教匪滋事，皇考筹笔焦劳，心殷奏绩。迨至违和之际，犹成盼捷诗章。予敬承遗训，夙夜筹几，刻以早竣大功，稍酬在天之志。去腊，幸蒇斯事。兹于新正幸同乐园，与诸王、廷臣敷席联吟。不敢自谓能成先志，惟感考慈默佑之恩，拈笔成章，倍深怆慕。

始于楚地蔓于川，荼毒黔黎已七年。钱敛根基群狗盗，教名弥勒野狐禅。

雪敷青甸生嘉谷，孽净潢池划白莲。幸沐天恩全底定，持盈保泰勉仔肩。

廿三日（2.14）

帝诣畅春园恩慕寺、恩佑寺行礼。

廿八日（2.19）

帝回宫。朝鲜国王遣使朝贡，赏赉筵宴如例。

二月

初二日（2.23）

帝幸圆明园。

初六日（2.27）

帝幸静明园，诣龙神庙拈香。

初九日（3.2）

给事中永柞请于伊犁地方设学，大学士会同礼部议驳。谕：所驳甚是。

二十日（3.13）

帝御勤政殿听政。遣官祭黑龙潭昭灵沛泽龙王之神、玉泉山惠济慈佑灵濩龙王之神。

廿三日（3.16）

帝启銮，谒东陵。

廿四日（3.17）

内外膳房、茶房、侍卫饭房于万寿山备膳，用苏拉十六名。

本月

圆明园总管太监传旨：九洲清晏系属园庭内园禁地。官员、园户、匠役等，俱不应擅过如意桥、南大桥。嗣后，即遇有应修活计，亦须预为奏明，方准过桥。

闰二月

十二日（4.3）

内外膳房、茶房、侍卫饭房于万寿山备膳，用苏拉十六名。

十三日（4.4）

帝自东陵还跸圆明园。

●还圆明园路经草桥一带，即目成什：小民衣食，维人君深恤其艰，裕其源，节其用，斯无匮乏。然总赖上苍仁爱，绥万屡丰，盈宁共庆，庶慰予如伤之抱。

揽辔经临心恻然，断壁颓垣破茅屋。前岁霪潦实异常，至今元气未能复。

近郊罹患尚如斯，颠连无告嗟远服。对兹增惧思民艰，愿锡绥丰敷景福。

●川楚搜捕余匪事尚未蒇，诗以遣闷：

黄折去腊驰，首逆已全净。余匪命亟搜，愚顽干法令。

筹几七年余，谋猷受先圣。深惭继述艰，斯事何时竟。

十五日（4.6）

清明节。帝诣安佑宫行礼。

十八日（4.9）

帝幸万寿山。谕：本日在万寿山玉澜堂用膳办事。正值召见大臣之时，有太监园户等往来行走，殊属不合。朕召见大臣处所，该管大臣及本处总管太监等，理应先期派人查管，岂有听任闲人往来行走之理。所有管理三山事务之缊布、额勒布，著传旨申饬。另，朕此次谒陵，往还计已二旬，回跸又阅六七日，总未见内务府衙门有陈奏事件及引见官员之事，显系因居首之内务府大臣丰绅济伦告假，诸臣遂群相观望稽延。所有该总管内务府大臣等，均著传旨申饬。

二十日（4.11）

帝回宫。自神武门进宫，于花园门换轿，将入顺贞门，内务府已革厨工陈德持刀行刺，被御前大臣定亲王绵恩、固伦额驸喀尔喀亲王拉旺多尔济等六人擒获。以护驾有功，赏绵恩、拉旺多尔济二人御用补褂；封绵恩之子奕绍为贝子，拉旺多尔济之子巴彦济尔噶勒为辅国公；赏乾清门侍卫喀喇沁公丹巴多尔济为贝勒，在御前行走；赏御前侍卫扎克塔尔为世袭三等男，珠尔杭阿、桑吉斯塔尔为世袭骑都尉。次日，以废弛门禁，亦未及时护驾，处分护军统领以下各官兵。廿四日，陈德凌迟处死，其二子处绞。

致仕大学士王杰返乡，陛辞。帝赏其乾隆帝御前陈设之玉鸠杖一枝、内府人参一斤；并赋诗二章，亲书诗章联语等赐之。

廿二日（4.13）

帝幸圆明园。

廿五日（4.16）

御史费锡章奏请申严紫禁城门禁：出入人等，俱应添设腰牌，以备查验。帝命诸臣等会同议奏。丰绅济伦等乃酌拟二十九条。奉旨：嗣后，每遇朕临幸瀛台、三海等处，王公带护卫三四名，满汉大臣带家人三名，仍准带用。所有司官等，不准带用家奴。每遇朕诣庙拈香时，只用总管内务府大臣一员，带领掌印僧官、道官及本庙住持一人接驾。其余僧众、道众，俱不必接驾。至朕诣风神、云神、雷神、时应宫各寺庙拈香时，请磬及递香、攒香，均著首领太监伺候。其本庙住持，不必请磬、递香。再，每遇公主进园，不准轿夫等进福园门。过春熙院西门，俱令太监等接至门外预备。余依议。

廿九日（4.20）

帝回宫。

三月

初三日（4.23）

帝幸圆明园。

初九日（4.29）

帝幸静明园，诣龙神庙拈香。

●季春静明园：今晨至玉泉山，接到参赞德楞泰奏报：川楚余匪，合计尚有一千五六百人，现在竭力赶办。披阅实深愤急，降旨严催。虔吁天恩，速拯川楚黎庶，普庆盈宁，庶酬皇考未竟之志，是予昕夕所期望之至吁也。

春深夏浅时何速，吏玩民顽心毕殚。无暇豫游勤阅折，蜀中尚未靖邪残。

十八日（5.8）

帝诣安佑宫行礼。内外膳房、茶房、侍卫饭房于万寿山备膳，用苏拉十六名。

廿四日（5.14）

帝诣黑龙潭神祠拈香。

廿七日（5.17）

帝幸静明园，诣龙神庙拈香。和硕肃亲王第六女，与闽浙总督玉德之子候补主事桂良成婚。经礼部查例，奉旨将桂良授为郡君额驸，冠服视武职三品。

三十日（5.20）

前据诚存所奏，拾得匿名揭帖，内称笔帖式兴德保父子与陈德曾有往来。寻由军机大臣会同刑部堂官在圆明园讯出大概情形，又交在城之刑部堂官在署审讯。著速行研鞫，并著步军统领衙门务将此案投递匿名揭帖之人设法究出。以陈德案致匿名揭帖四起，给事中曹锡龄奏请严禁匿名揭帖。帝以谋逆重案断非寻常案件可比，著对曹锡龄传旨申饬，并将原折掷还。

本月

圆明园总管太监传旨：嗣后，园内各工呈览烫画样，著吴天成派司房太监接进，交刘进玉呈览。如有改正之处，著司房太监带领嵩年、和明过桥至东佛堂角门外，听候刘进玉面为传知，仍令司房太监带过桥去。如无更正处所，即令司房太监将烫画样送过桥去，交给嵩年、和明。

奉宸苑奏准：南花园设花卉园头一名，承领官地十顷，交纳钱粮银三百两，承应宫内安摆花卉应用。因拖欠钱粮，将该园头并地亩拨交会计司一体征收钱粮。其南花园办买花卉所需银三百两，在本苑荷花地租银项下动支应用。

四月

初二日（5.22）

帝御勤政殿听政。

初三日（5.23）

帝回宫。静宜园试泉悦性山房添挂御笔字挂屏一件，涵碧斋添贴御笔条对一幅，请去高宗御笔挂轴对一对。

初五日（5.25）

阮福映禀文请赐封国名为“南越”。谕：“南越”所包甚广，阮福映全有安南，亦不过交趾故地，不得以“南越”名国。国名著用“越南”二字。以“越”字冠于上，仍其先世疆域，以“南”字列于下，表其新锡藩封。

初六日（5.26）

帝幸圆明园。

初七日（5.27）

续行缮办《四库全书》，纪昀将应入各书开单呈览。

初八日（5.28）

帝幸万寿山。万寿山念经，用班桌一张，关取饽饽、家伙、垫案及抬运桌张，用苏拉十名。供饼一次，送供饼一次用苏拉一名，共用苏拉十名。

初十日（5.30）

帝幸静明园，诣龙神庙拈香。寻幸静宜园驻跸，至十四日皆如之。

十四日（6.3）

帝御演武厅，阅健锐营操。

十五日（6.4）

帝还跸圆明园。

十七日（6.6）

内外膳房、茶房、侍卫饭房于万寿山备膳，用苏拉十六名。

二十日（6.9）

奉旨：嗣后，朕诣黑龙潭拈香，所有应行值日部旗各衙门，均著推班。如临幸静明园、清漪园二处，仍著照旧值日、奏事。遇有引见人员，亦著照常带领。

廿二日（6.11）

帝诣黑龙潭神祠拈香。

廿六日（6.15）

帝幸万寿山，诣广润祠拈香。

廿八日（6.17）

以高宗纯皇帝圣德神功碑镌刻告成，帝诣安佑宫行礼。遣官祭告裕陵。

五月

初一日（6.19）

帝回宫。

初四日（6.22）

帝幸圆明园。

初五日（6.23）

端午节。帝召诸王于福海观龙舟竞渡。

初九日（6.27）

帝御勤政殿听政。

十四日（7.2）

帝回宫。

十五日（7.3）

帝幸圆明园。

十七日（7.5）

谕：览额勒登保所奏，自上年戡定以来，贼匪著名首逆渐次歼戮，余者指日即可全数廓清。甚慰！

本月

圆明园之别有洞天一景，修缮并添加“写琴书屋”与“玉荣山馆”。

圆明园奏准：圆明园、长春园、绮春园、熙春园等园，额设园户、匠役、把势、闸军人等所佩腰牌，历年久远，“圆明园记”四字字迹模糊，请改铸火印二颗：一镌“圆明园火印腰牌”七字，一镌“嘉庆八年颁发”六字。

六月

初一日（7.19）

谕：昨夜，户部衙门四川司贮稿楼房失火。惟尚书禄康、署侍郎那彦成、护军统领春宁在彼救护。向来，居住城内之文武满大臣，一经闻信，例应迅速往救。此次多未前往，殊属非是。除是日在紫禁城内值宿，并圆明园各公所该班者，毋庸查参外，其余未经救护之文武满大臣，著吏部、兵部及值年旗，一并查明因何不行前往之处，据实参奏。

初二日（7.20）

帝观随围侍卫等射靶。二等侍卫委领班明勋，射箭三支，二支离靶。著革去现职，仍留多罗额驸衔，罚俸三个月，回旗当差。谕：嗣后，再有如此劣员，定将保举之领侍卫内大臣治罪。

初九日（7.27）

帝御勤政殿听政。

十一日（7.29）

帝幸静明园，诣龙神庙拈香。

廿三日（8.10）

内外膳房、茶房、侍卫饭房于万寿山备膳，用苏拉十六名。

廿六日（8.13）

改安南国为越南国，封阮福映为国王，派广西按察使齐布森往封。

先是，青海丹噶尔蒙古畏惧番众，纷纷内徙，积至九千余人之多。是日，帝命贡楚克扎布往恤，并谕以待番众慑服，当迅回故土。七月初三日，谕：蒙古与番族，当以河为界，于河边安设卡伦数处，以杜侵扰。十月廿六日，贡楚克扎布奏定“青海蒙古野番诸制”。

廿七日（8.14）

帝回宫。

七月

初一日（8.17）

帝幸圆明园。

初六日（8.22）

帝御勤政殿听政。

十三日（8.29）

已故孝淑睿皇后喜塔腊氏，棺椁置静安庄已逾六载。本年，嘉庆帝陵寝工程告竣，照例于十月间将皇后棺椁移至地宫。乃办事大臣具奏折中有“掩闭石门，大葬礼成”等语。帝怒，谓：此吉地乃皇考赐朕之地，非赐皇后之地。若关闭石门，欲朕另卜吉地乎？至大葬礼成，更不成话。降旨惩处该管王大臣荣郡王绵亿等。

十五日（8.31）

帝诣安佑宫行礼。以剿捕余匪全竣，三省全境肃清，帝大喜普赏群臣。除经略额勒登保、参赞德楞泰、四川总督勒保、湖广总督吴熊光、陕甘总督惠龄外，尚有军机大臣各员，并及于自军营至京城沿途各驿站接递喜报之官员夫役人等。另谕：务须鼓励弁兵，乘此精锐之气，将各处深山老林偷窜余匪，一律搜捕。

●经略额勒登保、参赞德楞泰奏报三省底定余孽全平，诗志感慰：

戡定军书去腊呈，又逾春夏报全平。兆民复业衷差慰，八载筹戎事幸成。

元气未苏益戒满，官常宜饬愿持盈。稍酬遗志倍兢业，安不忘危永矢诚。

十六日（9.1）

帝诣安佑宫行礼。

总管内务府奏：为静明园、静宜园等园工程报销迟延，将苑丞德兴额罚俸。

十九日（9.4）

帝诣安佑宫行礼。内外膳房、茶房、侍卫饭房于万寿山备膳，用苏拉十六名。

谕：遇朕秋狝木兰，王大臣等留京办事，自应共在一处，公同商酌。嗣后，王大臣等每日进内，俱著在文华门门房议事。再，此次朕启銮后，皇后驻圆明园，王大臣等俱无庸赴园请安。惟上书房总师傅、总谙达，著隔数日诣圆明园一次。

二十日（9.5）

以秋狝木兰，帝自圆明园启銮，命皇次子绵宁随驾，令仪亲王永璇、成亲王永瑆、大学士保宁、协办大学士尚书朱珪留京办事。

本月

谕：圆明园御兰芬园户喜永不知敬避，著即责革。所有九洲清晏园户全行撤回，分拨各处当差。至御兰芬、五福堂、坦坦荡荡、韶景轩等四处园户，遇朕驻跸园庭之日，毋庸进园当差；不驻跸园庭之日，再进园当差。

●安澜园有感：兹园权舆于海宁陈氏。皇考幸浙，阅视海塘，屡经临莅。于庚子岁，复饬于老盐仓一带改建石塘，至癸卯竣工。其旧有柴塘，仍随宜修筑，以资保障。自此，海若恬波，安澜永副矣。皇考六度南巡，后曾制《南巡记》详论及之，并申训后人，一不如此，未可言南巡。圣意深远，所当永守勿替者也。

海宁怆忆昔随銮，恍若花从镜里看。追慕当年蒙厚泽，至今每月报安澜。

万几敬理勤无逸，六府时修治倍难。永守先言罢巡幸，兆民宁谧沐恩宽。

八月

初一日（9.16）

和孝固伦公主府内已革长史奎福，呈控额驸丰绅殷德罪状多款。经查，除将侍妾带至坟园，于国服内生女一款属实外，余皆诬告。谕：奎福著斩监候，秋后处决。丰绅殷德前已降旨将伊革去公衔及所管职任，仍著在家圈禁。

初二日（9.17）

宣示雍正帝遗旨："予之不往避暑山庄及木兰行围者，盖因日不暇给，而性好逸，恶杀生，是予之过。后世子孙，当习武木兰，勿忘家法。"重申秋狝乃本朝家法，务当永远遵行。

初九日（9.24）

奉旨：孟住著补授总管内务府大臣，并管理御茶膳房及二阿哥家务。缊布著充补文渊阁提举阁事。英和著管理奉宸苑并御枪处事务。苏楞额著管理清漪园并庆郡王家务、花炮作事务。明德著管理御药房、太医院事务。额勒布著管理造办处事务。苏冲阿著补授奉宸苑卿。常福著管理圆明园内事务。

十七日（10.2）

辰刻，圆明园正宫门值班三等侍卫托克托旺武（一名托克通武），因与同班侍卫咸昌、施秉仁言语争执，遂在正宫门外西朝房内用刀划伤咽喉。寻依刑部议，各按律惩处。

十八日（10.3）

遣官祭黑龙潭昭灵沛泽龙王之神、玉泉山惠济慈佑灵濩龙王之神。

廿九日（10.14）

帝自避暑山庄还跸圆明园，诣安佑宫行礼。

九月

初一日（10.16）

掌云南道监察御史济兰奏，照选送八旗秀女向例，无论内外大小文武官员，以及在京八旗兵丁之女，三年一次，由户部详查数目，一体送选。乾隆八年十一月廿一日奉旨：嗣后，文职同知以下、武职游击以下等官之女，均著停止，毋庸选送。……所有八旗外任兵丁应选之女，可否俯准仿照外任同知、游击以下等官之例，一体免其送选。谕：妄更定制，实属错谬。再，户部办理选视秀女事务，惟立清字底稿，向无汉文。今济兰系属满洲，条奏此事，奏折竟写汉字，更属非是。著严行申斥。

初四日（10.19）

帝幸万寿山。

初六日（10.21）

帝御洞明堂，勾到新疆、云南、贵州、广东情实罪犯。

初七日（10.22）

帝御洞明堂，勾到四川情实罪犯。

十一日（10.26）

帝御洞明堂，勾到广西、福建、陕甘情实罪犯。

十六日（10.31）

帝御洞明堂，勾到奉天、湖广情实罪犯。

十七日（11.1）

帝御洞明堂，勾到浙江、江西、安徽、江苏情实罪犯。

二十日（11.4）

内外膳房、茶房、侍卫饭房于万寿山备膳，用苏拉十六名。

廿一日（11.5）

帝御勤政殿听政。广东洋面海盗猖獗，命两广总督倭什布等严缉。

廿七日（11.11）

帝回宫。

本月

圆明园内，除九洲清晏向有分例炭外，勤政殿等十三处殿宇，拟添用炭斤。奉旨：安澜园、玉玲珑馆二处，不必添用炭斤；其余十一处：勤政殿六斤，慎修思永、长春仙馆、同乐园、秀清村、含经堂、敷春堂等六处各四斤，万方安和、芰荷香、澄虚榭、思永斋等四处各二斤，著照拟定炭斤数目添用。如遇同乐园开唱大戏之日，同乐园准其添用，其余十处不准添用；不开大戏之日，同乐园不准添用，其余十处准其添用。再，奏事太监传旨：嗣后，同乐园开唱大戏预备后台，所有园户逐日记写名数，一月一次汇总，缮折奏闻，随圆明园银库月折呈递。

十月

初二日（11.15）

帝幸圆明园。

初四日（11.17）

以万寿节，帝御同乐园，赐王以下文武大臣、蒙古王公等食，至初七日皆如之。

初六日（11.19）

万寿节。帝诣安佑宫行礼。御正大光明殿，皇子及王以下文武大臣官员、蒙古王公等，行庆贺礼。

●寿辰述怀：

受玺岁丙辰，非常蒙考眷。训政宵旰随，事亲尽欢忭。

回忆心怆然，孺慕弥思恋。安佑敬升香，虔祝普清晏。

初九日（11.22）

帝回宫。

十七日（11.30）

帝启銮，谒西陵，奠祭泰陵、泰东陵，并亲临孝淑睿皇后喜塔腊氏梓宫奉安地宫奠酒。

廿一日（12.4）

帝亲往视察万年吉地工程，并赏监工大臣公盛住双眼花翎，赏侍郎范建丰花翎。

廿五日（12.8）

帝自西陵回宫。

十一月

十七日（12.30）

清漪园太监王殿臣，砍伤太监施进玉。按例将王殿臣送交刑部，绑赴市曹，即行处斩。

十二月

初二日（1804.1.14）

命国史馆编纂《高宗纯皇帝本纪》。

十八日（1.30）

总管内务府奏：自嘉庆七年十二月十九日起，至八年十二月十六日止，静明园移请高宗纯皇帝御笔字二十张，补换添挂御笔字四张，添安书籍十六套、战图六册。

总管内务府奏：自嘉庆七年十二月十九日起，至八年十二月十六日止，静宜园移请高宗纯皇帝御笔字画十八张，添安御笔字二十一张、臣工字画十二张、各种书籍十六套、战图六册、红白毡二条，撤去臣工画一张、紫檀匣一件。除移请、撤去外，净添安御笔字，并臣工字画、各种书籍、战图、毡片三十七件。

廿六日（2.7）

总管内务府奏：自嘉庆六年正月以来，清漪园先后共修理昆明湖水操船四只、舢板船四只、行令小船一只，俱已修理完竣，按例净销算工料银四千五百八两三钱三分五厘，覆核无异，当予实销。

本年

圆明园新浚水渠，自宁河镇至秀清村。

自嘉庆六年以来，办理各项工程者，纷纷奏请加价。帝命总管内务府大臣丰绅济伦等详查。寻奏准：详查加价各项物料工价，俱照乾隆二十八年奏准加价之例办理。圆明园、清漪园、静明园、静宜园办买木植一项，因市价过昂，奏明照乾清宫办买木植，按减半之例办买。除现在各工奏请加价，已邀恩准，毋庸议外，嗣后所有各工，应用物料工价，俱各遵照成例办理，概不准加价。

銮仪卫奏准：每遇祭坛，陈设大驾卤簿。升殿祭堂子、太庙、社稷坛，陈设法驾卤簿。惟万寿日，并正月初次至圆明园，皆陈设大驾卤簿。遇有陈设銮驾卤簿，銮仪卫具奏请旨。

普度寺地方狭隘，向拣宽阔处所，先行下马备差。至驾临时，接马人等俱能远避。嗣后，凡遇巡幸之地，均照普度寺之例办理。每逢皇帝诣坛、幸圆明园、进宫，前锋、护军统领等，所有站门、查道、后管、收管等差，俱遵照定例带领印务章京等管辖。至皇帝出入用膳之处，除照例派印务章京一员，带领护军参领、护军等管束外，嗣后并于前锋统领、护军统领内酌添一员，亲往率领印务章京等严行管辖。

嘉庆九年　1804

正月

十三日（2.23）

帝幸圆明园，诣安佑宫行礼。

十四日（2.24）

帝御奉三无私殿，赐皇子、亲藩等宴。御山高水长，赐王公大臣、蒙古王、贝勒、贝子、公、额驸、台吉及呼图克图、外藩使臣等食。至十六日皆如之。

十五日（2.25）

上元节。帝诣安佑宫行礼。御正大光明殿，赐朝正外藩等宴，作乐赐酒，如除夕仪。

十六日（2.26）

帝御正大光明殿，赐大学士、尚书等宴。驳漕粮海运之议。

十九日（2.29）

帝御山高水长，赐王公大臣、蒙古王、贝勒、贝子、公、额驸、台吉及呼图克图、外藩使臣等食。

因海盗蔡牵船队于吴淞口劫掳商船四十艘，帝命从严处分该省水师。

廿三日（3.4）

帝诣畅春园恩慕寺、恩佑寺行礼。

廿四日（3.5）

帝幸万寿山。

●节后万寿山：昔我皇考，偶涉园林，每殷殷以“寓意而不留意”为训，洵足奉为法戒，是敬勤之念转借助于溪山矣。

度节灯花太闹喧，偶探清景莅西园。片时游览旋归辔，奕叶永承考训言。

廿八日（3.9）

帝回宫。朝鲜国王遣使朝贡，宴赉筵宴如例。

本月

总管太监传旨：向来，同乐园大戏十日后，外传买卖摊子撤去，荤素铺照旧开设。嗣后，大戏十日后，荤素铺一并撤去。著为例。

二月

初七日（3.18）

帝阅乾隆三十一年实录，内载：颙琰入学第二年，皇十一子永瑆于其扇面作画题诗，落款“兄镜泉”。乾隆帝大加训斥。帝谕：嗣后，诸皇子亦不得自署别名。

奉旨：此次镶黄旗汉军秀女内，缠足者竟至十九人。服制关乎国体。著将副都统成书、珠隆阿俱交部察议，该参领、佐领等交部分别议处。嗣后，有不遵定制者，将该秀女之父兄照违制例治罪，并将该旗大臣、章京等，一并照例议处。再，此次秀女衣服，袖头甚属宽大，竟为汉人规制。将此一并交八旗各参、佐领严加申斥。

初十日（3.21）

帝幸圆明园。

十三日（3.24）

以阮福映业经加恩封为越南国王，备位藩服，遣送逃来之前安南国王黎维祁骸骨及其随从返国。

那彦成奏请：嗣后，关内民人来黑龙江贸易者，准其定居，屯丁之放出为民者，亦准其安居乐业，不必驱逐出境。帝驳之。

十五日（3.26）

廓尔喀额尔德尼王遣使朝贡，赏赉筵宴如例。

十六日（3.27）

内外膳房、茶房、侍卫饭房于万寿山备膳，用苏拉十六名。

二十日（3.31）

帝御勤政殿听政。遣官祭黑龙潭昭灵沛泽龙王之神、玉泉山惠济慈佑灵濩龙王之神。

廿二日（4.2）

帝幸静明园，诣龙神庙拈香。

廿四日（4.4）

帝诣安佑宫行礼。

廿五日（4.5）

帝回宫。

廿八日（4.8）

帝启銮，谒东陵。

本月

奉旨：养心殿五品总管太监，照乾清宫五品总管太监例，每月食银七两、米七斗；药房八品首领太监，照各等处八品首领太监例，每月食银四两、米四斗；圆明园六品总管太监，每月食银六两、米六斗。

三月

十三日（4.22）

帝谒明成祖墓长陵，御制《谒明陵纪事》文，以明室后裔延恩侯朱毓瑞为散秩大臣，并赏守陵人银两。

●谒明陵八韵（有序）：昌平明代诸陵，自明中叶以后，怠弃不修，又为流寇残毁，殿庑倾圮，丹碧剥陊，至有龛帐无存者。我皇考于乙巳年春，亲临阅视，恻然动念，亟命发帑兴修，并饬大臣董司其事。俾十三陵一律完整，计用帑金二十八万有奇，支取户、工二部物料，尚不与此数。栋宇既新，并重题神位，以妥享祀，此举揆之于古，实所未闻，谊笃胜朝，固非自古帝王所能相媲者。金陵钟山为明太祖陵，我皇考南巡江浙时，未尝不纡跸奠酹，用申展拜。至甲辰六巡，则予亦侍辇同行，亲见我皇考肫诚致礼，至今敬志于心，不敢忘前徽盛德也。兹来亲临奠酹，所以仰体前人大中至正之规，原非游目骋怀之举，而不能已于言者，实有见于受命保命之要，惟当以兢兢业业、修德勤民是务，我皇考于莅兹展谒诸篇什，亦不啻再三致意云。

请兵雪恨逐流贼，正位中华大统彰。代谢应天泯德怨，敬勤御极鉴兴亡。

漫论形胜皆陈迹，益感废成饬大防。酹奠阶前衷倍凛，求安图治念苞桑。

十四日（4.23）

谕：前有御史郑敏行参奏宋澍、费锡章二人不应列入京察一等。经都察院覆查，著将宋澍改列二等。至费锡章一案，各执一词，著即传令郑敏行、费锡章、熊枚、瑚素通阿、砥柱五人，于本月十六日同至圆明园，交军机大臣详悉询问，并令当面质证明确，据实具奏。

十五日（4.24）

帝自东陵还跸圆明园。

十八日（4.27）

帝诣安佑宫行礼。

廿一日（4.30）

据英善等奏，廓尔喀额尔德尼王喇特纳巴都尔，现已回至阳布，与伊子同住。惟其噶箕乃尔兴差人来告，欲携家逃入唐古忒境内，已明拒之。帝谕：所办甚是。该噶箕等为人臣属，背主潜逃，逃往他处，听其自便，若潜至唐古忒地方滋生事端，即行缚交该国。

廿二日（5.1）

帝御勤政殿听政。

廿三日（5.2）

帝幸静明园，诣龙神庙拈香。

廿七日（5.6）

以黄河河南封丘衡家楼河段决口合龙，帝诣安佑宫行礼。命皇次子旻宁诣宫内供奉神佛各处拈香。遣官分往各宫庙行礼拈香。

廿九日（5.8）

谕：圆明园、火器营、健锐营等三营兵丁日行操演，素有长进，较之护军营兵丁，不啻霄壤。去年，管理圆明园王大臣等，奏请添设圆明园护军，朕未允准。兹念护军营护军与其城内散处，游戏终日，莫若酌拨移驻圆明园，易于管束。可否如此办理之处，著管理圆明园王大臣会同八旗护军统领，核议具奏。

本月

奉旨：京察届期，各部院衙门堂官，就所属中数年以来供职勤慎者保列一等，经吏部带领引见，奉旨准其一等加一级，如此办理，非专为简用外任而设。此次京察记名后，其家有老亲，或身非独子而侍养情殷者，准其声明留京供职。其余概不得以不胜外任呈请内用。各堂官亦不得以办事需人奏请仍留本任。

四月

初四日（5.12）

帝回宫。

初五日（5.13）

因内务府大臣中兼管部旗事务者，每以驻园预备召见为辞，概不进城赴署办事。谕：嗣后，遇朕驻园时，内务府大臣内除并不管理部旗事务者仍应每日伺候外，其管理部旗事务各堂官，著每日轮流一人进城赴署办事，并赴紫禁城将宫内一切事务就近查办。

初七日（5.15）

帝幸圆明园。

初八日（5.16）

帝幸万寿山。内外膳房、茶房、侍卫饭房于万寿山备膳，用苏拉十六名。

谕：嗣后，遇朕驻园时，南书房、上书房行走各员，除职务本简及翰林等仍每日入值，毋庸到署外，其管理部院各堂官，均著轮流进城赴署办事。至冬月朕进宫后，即著每日于散值后入署办事。

初九日（5.17）

帝幸静明园，诣龙神庙拈香。幸静宜园驻跸，至十三日皆如之。

十四日（5.22）

帝回宫。

十五日（5.23）

帝幸圆明园。

十六日（5.24）

帝御勤政殿听政。

二十日（5.28）

两广总督倭什布、广东巡抚孙玉庭奏：广东新会县海盗吴亚林登岸，大肆劫掠沿海村庄。该地武备废弛，无济于事。帝降旨分别处分总督、提督以下有关各员。

廿三日（5.31）

帝诣黑龙潭神祠拈香。

五月

初三日（6.10）

帝幸静明园，诣龙神庙拈香。缓征山西遭受旱灾、虫灾之二十六州县额赋及应还仓谷。

初五日（6.12）

●端阳日未得甘雨命停龙舟竞渡，诗以志事：楚蜀之交，潜孽渐经荡涤，惟时节届天中，亟祈甘膏渥澍，慰望三农，此迩日宵旰忧勤，齐吁于昊慈之鉴佑也。

天中泽待降，亟命罢龙舟。度节临槐夏，授时及麦秋。

三闾漫兴感，万姓未沾庥。邪净甘膏洽，虔希帝眷周。

初六日（6.13）

帝诣黑龙潭神祠拈香。

初七日（6.14）

帝御勤政殿听政。

十二日（6.19）

帝回宫。

十五日（6.22）

帝幸圆明园。

●题文源阁：我皇考尧文巍焕，炳若日星，纬史经经，超轶万古。曾于乾隆癸巳年，命儒臣编辑四方经进之书，荟为经史子集四库，缃帙牙签，浩如烟海。爰仿浙东鄞县范氏天一阁之制，庋架分弆。先于禁城文华殿之后成文渊阁，旋即圆明园建文源，避暑山庄建文津，盛京建文溯，每部计三万六千册。以江浙为人文渊薮，因命复缮三分，嘉惠士林。分建三阁，镇江金山曰文宗，扬州曰文汇，浙江曰文澜，共成七阁。自古藏书之富，虽宛委琅嬛，未足比似。予望洋自愧，强勉尊闻，谨将圣制诗文之未经汇入四库者，诗五集，文三集，诗文余集，及曾经睿鉴之《八旗通志》，命修书处臣工缮写校理，排入七处阁中，集成大观，诞敷文教。兹题文源阁，谨志梗概如此。

右文重道超千古，七阁藏书实大观。训诰典谟史子集，渊源津溯汇宗澜。

天章敬缮重排架，奎壁腾辉永护栏。自愧望洋质鲁钝，尊闻强勉寸衷殚。

十八日（6.25）

帝幸万寿山。前为防俄罗斯骚扰，车臣汗部落曾派兵丁二百名驻防巴彦阿达尔罕卡伦。今准蕴端多尔济等奏，将该项兵丁全数裁撤。内二十名，著驻扎库伦之南汗山地方，仍派章京一员，管理巡查。其余兵丁，著各回本旗照例当差。

十九日（6.26）

前《八旗通志》总裁官、山东巡抚铁保，将所觅开国以来八旗诗章共一百三十四卷呈进。帝赐名《熙朝雅颂集》。

廿三日（6.30）

帝幸静明园，诣龙神庙拈香。

本月

海盗蔡牵船队驶入台湾鹿耳门海口，滋扰北汕木寨。官军舟师往攻，蔡牵船队遂逸。

●澹泊宁静：我有三宝，宝而持之：一曰慈；二曰俭；三曰不敢为天下先。此老氏之言也。后世惟诸葛亮“澹泊以明志，宁静以致远”二语有合此旨。盖澹泊即慈俭之本，而宁静即不敢为天下先之意。为政之道，集虚受益，鉴临兆民，实不外乎此。此予之所游目题楣而深有契于素悃也。

澹泊以明志，宁静以致远。武侯妙立言，后世为政本。

鉴临理兆民，王化起宫壶。不为天下先，慈俭勉素悃。

六月

初三日（7.9）

遣返安南夷人有私带内地仆从情事，遂分予赎留。奉旨：嗣后，遣回之夷人，如有似此私带者，仍当一体照办。

初四日（7.10）

内外膳房、茶房、侍卫饭房于万寿山备膳，用苏拉十六名。十九日亦如之。

初五日（7.11）

谕：朕驻跸圆明园时，所有内廷行走兼管部院之满汉大臣，俱应乘暇赴署办事。每日早朝退后，不得以内廷行走为辞，优游园囿。

初七日（7.13）

帝御勤政殿听政。

初九日（7.15）

谕：嗣后，宗室内有容留僧道星相人等者，著宗人府据实参奏。

十一日（7.17）

吏部文选清吏司书吏舞弊案发。帝命严惩专管吏部之协办大学士、尚书及侍郎以下各官，并调整廷臣人选：以户部尚书禄康为协办大学士，以刑部尚书德瑛为吏部尚书，以兵部尚书长麟为刑部尚书，以镶蓝旗蒙古都统明亮为兵部尚书，并调兵部尚书费淳为吏部尚书。

十八日（7.24）

陕甘总督惠龄卒，以礼部尚书那彦成署理陕甘总督。

十九日（7.25）

帝幸万寿山。

廿五日（7.31）

帝幸静明园，诣龙神庙拈香。

廿七日（8.2）

帝回宫。

七月

初二日（8.6）

帝幸圆明园。

十二日（8.16）

帝幸万寿山。内外膳房、茶房、侍卫饭房于万寿山备膳，用苏拉十六名。

十五日（8.19）

帝诣安佑宫行礼。

十七日（8.21）

谕：前有瑚素通阿具奏匿名封折一案。既知系密参，乃竟转告扎郎阿，扎郎阿复转告绵懿，绵懿随遣亲军蓝翎长石柱，往告镶白旗参领德喜。此三人中绵懿之咎尤重，著革去贝勒，加恩降为镇国将军随班上朝，不必署理领侍卫内大臣，亦无庸随赴热河，伊子奕绪，不准在上书房读书。原赏绵懿圆明园自得园一所及热河福长安北所房屋，俱著交该管官收管，候朕另行颁赏。其瑚素通阿、扎郎阿、石柱等，分予惩处。

十八日（8.22）

户部宝泉局亏短铜斤一案查明。自嘉庆四年十月以来，所短铜斤至七十余万之多，该监督等各任所得银两，自三百两至一千八百两不等。帝命将五灵泰、凤麟、丁树本、董成谦、遐龄、祁韵士六人，著照枉法赃问拟绞监候，并以宗人府与刑部议罪失之轻纵，其各堂官，均著交部议处。寻以失察溺职，对管理钱法堂之户部右侍郎额勒布、那彦成、禄康、戴衢亨四人，分予降惩。十年二月十六日，以案情有出入，五灵泰著加恩免其死罪，发往热河，赏给披甲当差。其余五人均著加恩免其死罪，发往伊犁，充当苦差。

二十日（8.24）

以秋狝木兰，帝自圆明园启銮，命皇次子绵宁随驾。令仪亲王永璇、大学士保宁、协办大学士尚书朱珪、尚书德瑛留京办事。

廿三日（8.27）

据拉旺多尔济回奏，本年行围所定十三围地方，四围未见鹿只，其他围场鹿只甚少。命停本年行围，并谕：热河副都统及管围官员等通同舞弊，私伐林木，盗卖鹿茸，致使秋狝大典连岁阙如。著将各该人等严加惩处。

本月

定宫室丧仪例：皇贵妃丧仪停祭五日、贵妃二日、妃嫔毋庸停祭。

盛京将军富俊奏请在中朝边界移驻卡伦，增兵置船。帝以该国臣事本朝极为恭顺，不允。

八月

初三日（9.6）

以圆明园总管太监吴天成病重，总管内务府奏请，将伊移出外边，以便调养。帝允之。

初八日（9.11）

传旨成亲王永瑆，将平日所书各种自行遴选刻石；以“诒晋斋”（永瑆自号“诒晋斋主人”）冠其卷面，并以该旨勒冠简端，以当制序。

廿四日（9.27）

遣官祭黑龙潭昭灵沛泽龙王之神、玉泉山惠济慈佑灵濩龙王之神。

九月

初五日（10.8）

德楞泰六百里加急奏报，川陕楚三省剿教全功告竣。综计剿教战争，持续近九载，耗费帑项几达银二亿两。

初八日（10.11）

帝自避暑山庄还跸圆明园，诣安佑宫行礼。

十三日（10.16）

帝御勤政殿听政。

十四日（10.17）

两广总督倭什布奏报，破获广东鹤山县天地会。

十五日（10.18）

帝诣畅春园恩慕寺、恩佑寺行礼。寻回宫。

十七日（10.20）

帝幸圆明园。

●题清夏斋：是斋在西爽村，原额曰“凤麟洲”，本非宸翰所题，曾经皇考赐成亲王居此。予在潜邸时，常至斯地吟射燕游，叙友于之乐。今成亲王别赐园居，西爽村已归入绮春园禁籞之内。即其地置书斋，额曰清夏，几闲涉趣，略志其梗概如此。

书斋新创建，旧额凤麟洲。佳境宜清夏，良时及素秋。

竹松始苞茂，棣萼昔歌游。绿嶂绚红叶，赤栏绕碧流。

廿二日（10.25）

帝幸静明园，诣龙神庙拈香。

廿五日（10.28）

台湾总兵官爱新泰奏报，破获凤山县天地会。

廿六日（10.29）

帝回宫。

本月

八世达赖喇嘛强白嘉措于布达拉宫圆寂。命掌办商上事务之功德林大拭呼图克图摄政，并寻转世灵童。

十月

初二日（11.3）

帝幸圆明园。

初四日（11.5）

以万寿节，帝御同乐园，赐王以下文武大臣、蒙古王公、外藩使臣等食，至初七日皆如之。

初六日（11.7）

万寿节。帝诣安佑宫行礼。御正大光明殿，皇子及王以下文武大臣官员、蒙古王公、外藩使臣等，行庆贺礼。

十一日（11.12）

帝幸万寿山。内外膳房、茶房、侍卫饭房于万寿山备膳，用苏拉十六名。

十六日（11.17）

帝回宫。

十一月

初二日（12.3）

因各部院堂官只于御门听政之日奏事，意图安逸，帝严加申饬。奉旨：嗣后，各部臣于应办之事，当随时陈奏。即朕拜庙、拈香各处所，无不照常办事，各衙门尽可呈递奏章。其有可带领引见之处，并应酌量带领。

廿五日（12.26）

晨，一僧人潜入护城河，进入神武门内禁地，于奉先殿墙外拐角处被拿获。左宗人、内大臣、前锋统领永跻以虚言入奏，妄图弭缝。廿八日，将其所管职任悉行罢黜。

十二月

十八日（1805.1.18）

总管内务府奏：自嘉庆八年十二月十七日起，至九年十二月十七日止，静宜园移请高宗纯皇帝御笔字三十张、册页四册，添安御笔字三十张、各种书籍十六套、册页十五册、樟木包镶床三张。除移请外，净添安御笔字并各种书籍、册页、床张三十件。

西陵赞礼郎清安泰奏参已故孝淑睿皇后喜塔腊氏之兄盛住诸端不法情事，帝加恩免死，革其公爵及总管内务府大臣职，发往乌鲁木齐效力赎罪。

廿八日（1.28）

总管内务府奏：自嘉庆八年十二月十七日起，至九年十二月十七日止，静明园移请高宗纯皇帝御笔字四张，补换、添挂、添贴御笔字二张、臣工字画十张，添安书籍七套、册页九册，挪移陈设四十六件、桌案三件，添安铺垫等项十二件，换安黑墨二十一块。

嘉庆十年　1805

正月

初六日（2.5）

懋勤殿交静明园御笔字一张，在清音斋东间东墙上补换，换下赵秉冲字一张撤去。

初九日（2.8）

帝幸圆明园，诣安佑宫行礼。

十三日（2.12）

帝御山高水长，赐王公大臣、蒙古王、贝勒、贝子、公、额驸、台吉及外藩使臣等食，至十五日皆如之。

十四日（2.13）

帝御奉三无私殿，赐皇子、亲藩等宴。

谕：将西洋人六品顶戴德天赐交左翼总兵文宁，派千把一员在圆明园提督衙门暂行看管。

十五日（2.14）

上元节。帝诣安佑宫行礼。御正大光明殿，赐朝正外藩等宴，作乐赐酒，如除夕仪。

十六日（2.15）

帝御正大光明殿，赐大学士、尚书等宴。

十七日（2.16）

圆明园八品苑副延隆升授六品苑丞。其胞兄延丰具奏谢恩。谕：实心勉力，毋负任使，紧要之事，另折密奏。

十九日（2.18）

帝御山高水长，赐王公大臣、蒙古王、贝勒、贝子、公、额驸、台吉及外藩使臣等食。

二十日（2.19）

仪亲王永璇等因贝子奕纯之次女及岁，将应指额驸之人缮写绿头签进呈，奏请钦指。谕：向例，近支宗室之子指婚时，俱系朕由秀女内选择指配。今于近支宗室之女应指额驸之人，朕反不亲阅，只据进呈之绿头签，安知伊等之品貌耶？嗣后，近支宗室及岁之女，于指婚时，将应指额驸之人，照例选择交钦天监衙门合看，由该衙门送至八字相合人员内，由管理宗室婚仪事务之王等量择数人带领引见，候朕亲指。即著为例。此次选择之四等台吉喇什淖克丹、马甲讷勒经额，即著照此办理。

廿三日（2.22）

帝诣畅春园恩慕寺、恩佑寺行礼。

廿四日（2.23）

帝幸万寿山。内外膳房、茶房、侍卫饭房于万寿山备膳，用苏拉十六名。

前据两江总督陈大文奏，江宁民人董霖编造逆词，狂悖至极。帝遣贡楚克扎布驰往江宁，会同审办。寻贡楚克扎布等奏报会审情形。谕：董霖著就地凌迟处死，其子加恩免死，发往黑龙江给索伦达呼尔为奴。

廿五日（2.24）

谕：嗣后，禁城及圆明园等处，遇有应行放进匠役等事，著太监呈明总管太监，总管太监呈明总管内务府大臣。该大臣等派员查点，将某处放进次数、人数按月具折，随月折汇奏。毋许太监任意传唤，擅自出入。

廿六日（2.25）

以户部尚书朱珪为体仁阁大学士，仍兼翰林院掌院学士；以礼部尚书纪昀为协办大学士。

廿七日（2.26）

帝回宫。

二月

初八日（3.8）

帝幸圆明园。

初九日（3.9）

皇四子绵忻出生，生母皇后钮祜禄氏。

十一日（3.11）

懋勤殿交静明园惇叙殿柏梁体联句墨刻册页一册，在湛华室东间炕案上添安。

十四日（3.14）

遣官祭黑龙潭昭灵沛泽龙王之神、玉泉山惠济慈佑灵濩龙王之神。

十五日（3.15）

礼亲王永恩卒，以其子昭梿袭爵。协办大学士纪昀卒。

御书处交静宜园惇叙殿柏梁体联句墨刻册页一册，在情赏为美明间桌上添安。

十六日（3.16）

已革苑户周套儿纠结郭勇富盗窃畅春园春晖堂陈设物件，著将该犯等交刑部审讯。郭勇富胞兄郭勇平据实首报，著赏给马甲，以示奖励。其该管官员，著按律分别议处。

十七日（3.17）

帝幸静明园，诣龙神庙拈香。

二十日（3.20）

午刻，河北藁城县民刘士兴，手持铁枪由北上门外西栅栏向神武门甬道奔来，为护军章京舒当阿等当场击毙。其家属等，分别缘坐发遣。

廿一日（3.21）

帝御勤政殿听政。以畅春园春晖堂周套儿一案中，遗失陈设物件，管理畅春园事务大臣明德，自请议处。奉旨，明德所请之处著改为察议。三十日，总管内务府慎刑司奏定，畅春园七品苑丞万福、八品苑副清瑞，各降二级留任；郎中祥安，降一级留任；明德、阿明阿，照失查例各罚俸一年。

廿四日（3.24）

帝幸万寿山。内外膳房、茶房、侍卫饭房于万寿山备膳，用苏拉十六名。

廿九日（3.29）

帝回宫。

本月

圆明园奏准：本园郎中缺出，于内务府各处现任郎中内拣选，奏请调补。至本园题缺员外郎以下诸员缺出，按品递补升用。

皇八女出生，生母如嫔钮祜禄氏。本年十一月，夭折。

三月

十五日（4.14）

造办处交静宜园御笔字挂屏三件，在学古堂西间楹柱上添挂一件、东墙上添挂二件；交来御笔字斗六张，在对瀑北间南门上添贴一张、来青轩北间门上添贴一张、翠微山房北间南墙上添贴一张、情赏为美明间西门上添贴一张、韵琴斋东间门上添贴一张、正凝堂南间门上添贴一张；交来御笔字条对三份，在集虚东间墙上添贴一份、超然堂明间屏风上添贴一份、北墙上添贴一份；交来御笔字斗对二份，在晞阳阿明间西墙上添贴一份、就松舍明间西墙上添贴一份；交来御笔字横披一张，在试泉悦性山房明间西门上添贴。

懋勤殿由静宜园请去高宗纯皇帝御笔字挂屏、横披、斗、对、挂轴二十三件内，学古堂挂屏一件，试泉悦性山房字横披一张，对瀑字斗一张，翠微山房字斗一张，情赏为美字斗一张，韵琴斋字斗一张，正凝堂字斗一张，来青轩圆光字一张，晞阳阿字斗对一份，就松舍字斗对一份，集虚字条对一份，超然堂字条对一份，字对一副，挂轴一轴。

十九日（4.18）

帝幸静宜园驻跸，至廿三日皆如之。

廿四日（4.23）

帝还跸圆明园。

廿五日（4.24）

向来巡幸，每至行宫、行营，本日进班之御前侍卫、乾清门侍卫、大门侍卫等，均昼夜在班，不使其他人等擅自出入。即在宫内，及驻跸圆明园时，亦是如此。但奉行日久，渐致废弛。帝降旨重申门禁，并命总理行营事务王大臣等严定条例。

廿八日（4.27）

帝御勤政殿听政。

太监福喜交静明园御制国学新建辟雍圜水工成碑记墨刻册页　册，在咏素堂东间炕案下添安；交来御制十六应真像赞墨刻册页一册，在华滋馆东进间炕案下添安；交来御制八徵耄念之宝记墨刻册页一册，在清音斋西间炕案下添安；交来御制集石鼓所有文成十章制古重刻序墨刻册页一册，在风篁清听西进间炕案下添安。

太监福喜交静宜园御制国学新建辟雍圜水工成碑记墨刻册页一册，在正凝堂殿内床上添安；御制十六应真像赞墨刻册页一册，在超然堂殿内床上添安；交来御制八徵耄念之宝记墨刻册页一册，在学古堂殿内床上添安；交来御制集石鼓所有文成十章制古重刻序墨刻册页一册，在静室殿内床上添安。

本月

英吉利国遣使（多林文）来华。

四月

初二日（4.30）

帝回宫。

初五日（5.3）

帝幸圆明园。

初八日（5.6）

帝幸万寿山。

十六日（5.14）

帝幸静明园，诣龙神庙拈香。以勒保所奏嘉庆三年以前军需报销案内各情，谕：自福康安出师台湾等处始，其后各路领兵大员，每于军需项下擅行动支，滥行恩赏。所有此次川省军营赏需，嘉庆三年以前支用银五万一千一百五十四两零，四年以后支用银二万七百十两零，俱著加恩免其追缴，作正开销。嗣后，办理军需时不得再立赏需名目，违者必当全数罚赔，治以违制之罪。

十八日（5.16）

从御史蔡维钰之请，严禁西洋人刻书传教。

二十日（5.18）

帝御勤政殿听政。

廿一日（5.19）

为修理清漪园桥梁、闸座等项工程，行取木料。

廿四日（5.22）

帝回宫。

廿五日（5.23）

帝幸圆明园。

廿六日（5.24）

闽浙总督玉德奏：拿获海盗陈杨得。据彼供称，海盗共有四帮：广东海面有乌石二为首、郑一为首两帮；福建海面有总兵宝为首、林亚发为首两帮。帝命那彦成，速饬南澳镇总兵杜魁光率所管舟师赴闽追剿。

廿八日（5.26）

帝幸静明园，诣龙神庙拈香。

五月

初四日（6.1）

藏民阿旺索巴等递匿名呈词，控告噶布伦等趁达赖喇嘛圆寂之时，在地方上胡作非为，甚有“放夹坝”等情事。经四川总督勒保奏闻，帝命驻藏大臣策拔克、成林秉公详查具奏。

初五日（6.2）

端阳日，召诸大学士及内廷翰林等至澄虚榭观龙舟。

西宁办事大臣都尔嘉向各庙喇嘛及蒙古等勒索款项达一万数千两，帝命将其革职拿问并抄家。九月初七日，以其为宗室，著带至伊祖墓前监令自缢。

初七日（6.4）

太监福喜交静明园《钦定熙朝雅颂集》一部八套，在清音斋明间地案上添安。

初八日（6.5）

帝诣黑龙潭神祠拈香。清漪园交静宜园《钦定熙朝雅颂集》一部八套。

十一日（6.8）

●仲夏十一日庆郡王四十寿辰，诗以赐之：予与十七弟在上书房同室读书，二十余年，抚今忆昔，情景依然。

先皇幼子夙承恩，棣萼联辉溯本原。书室连床同诵读，山庄比户共欢言。

立身有道唯谦慎，受泽无涯益茂蕃。四十初开绵寿算，征符三祝见曾元。

十二日（6.9）

帝幸万寿山，诣广润祠拈香。幸静明园，诣龙神庙拈香。

十九日（6.16）

帝幸万寿山。御史何元烺奏请更改军机处名目。帝以所奏断不可行，将原折掷还。

廿二日（6.19）

帝回宫。

廿五日（6.22）

帝幸圆明园。

武英殿交静明园清文《平定两金川方略》一部十二套，在含醇室明间琴桌上添安。

廿六日（6.23）

以刘士兴禁门逞凶事件，通谕地方严禁演习拳棒。

廿七日（6.24）

帝御勤政殿听政。

武英殿交静宜园清文《平定两金川方略》一部十二套，俱在敷翠轩书格内添安。

廿八日（6.25）

成都将军德楞泰奏：天主教在川流传日久，自应一体禁止。凡习教之人，以半年为限，准其改悔投首；倘逾限仍复执迷，即严行究办。

本月

管理西洋堂事务大臣常福革职。申禁旗人传习天主教。

六月

初四日（6.30）

帝幸静明园，诣龙神庙拈香。

命礼部尚书恭阿拉为正使，内阁学士瑚素通阿为副使，持节赍册，晋封贵人钮祜禄氏为如嫔。

初五日（7.1）

太监福喜交静明园《御制勤政殿记》墨刻手卷一卷，在竹垆山房里间窗台上添安。

初六日（7.2）

清漪园交静宜园《御制勤政殿记》手卷一卷，在韵琴斋东间窗台上添安。

十一日（7.7）

帝幸万寿山，诣广润祠拈香。

十九日（7.15）

帝御勤政殿听政。

廿四日（7.20）

帝幸静明园，诣龙神庙拈香。

廿九日（7.25）

谕：那彦宝出差，所有户部右侍郎兼管钱法堂事务，著恩普暂行署理。其御茶膳房事务，著阿明阿署理，并著随往盛京办理行在总管内务府大臣事务。其造办处事务，著苏楞额署理。行在造办处事务，著缊布署理。清漪园、静明园、静宜园事务，著常福署理，并添派巴宁阿一同管理。奉宸苑事务，亦著常福署理。

本月

帝颁《御制勤政殿记》。作《绮春园三十景诗》。

●敷春堂：

春冠四时董岁功，敷宣善政廑深衷。高堂题额堂开北，佳境拈吟境辟东。

松茂竹苞屏画栢，俭崇奢黜去雕栊。卑宫敕政法先圣，攸芋符占叶栋隆。

闰六月

初三日（7.28）

本年三月间，乾清门侍卫阿隆阿、富勒珲凝珠托故未赴圆明园，经帝亲视，各责四十板，俱行革职。此事相去不久，三等侍卫成龄，托病旷班。帝命将其交领侍卫内大臣，传集各项侍卫、柏唐阿等看视，重责二十板，作为粘竿处柏唐阿。该侍卫班领僧额布，著罚俸半年。是日奉旨：嗣后，御前侍卫、乾清门侍卫如有旷班误差者，即照阿隆阿等之例治罪。各项侍卫、柏唐阿等，如有旷班误差者，即照成龄之例治罪。

初四日（7.29）

内外膳房、茶房、侍卫饭房于万寿山备膳，用苏拉十六名。二十日亦如之。

初五日（7.30）

上书房旧例：大学士、尚书等充上书房总师傅，翰林官员充阿哥师傅，命下之日即应恭折谢恩。至书房师傅等，间有出差等事，即将所教阿哥派令他人讲课，原不过随时调派，从无谢恩之事。昨日，因玉麟转任吏部侍郎，改派秦承业充三阿哥师傅；因万承风出差未回，暂派朱珪照料二阿哥。本日，朱珪、秦承业俱具折谢恩，甚属不合。朱圭所为，不过欲借此在圆明园直庐居住，不复进署办事。朱珪，著不必在上书房行走。伊现管内阁、翰林院、工部等衙门俱有应办事务，著常川进署办事。遇有该班奏事日期，方准到园，兼至南书房行走。秦承业著降为编修，逐出上书房。若稍有怨望，其罪不赦矣。二阿哥学问已成，万承风未回京以前，毋庸再派师傅。三阿哥师傅，著改派温汝适。其督课书房伴读之师傅，著派戴殿泗。

初八日（8.2）

闽浙总督玉德奏：提督李长庚与护理金门镇总兵许松年于浙省洋面青龙港合剿海盗蔡牵船队，夺其船一艘，沉两艘，蔡牵率余船逃遁。谕：无论何人将蔡牵擒获，即系何人之功，定破格升赏。一经就擒，即将其处以极刑，传首各洋。

十二日（8.6）

帝幸静明园，诣龙神庙拈香。

十四日（8.8）

亥时，圆明园月地云居清净地失火。值班之乾清门侍卫等以禁地不敢擅入为由，未予扑救。著革去常福总管内务府大臣职，加恩赏三品卿衔，仍管理圆明园及万年吉地工程，在总理工程处行走。

十七日（8.11）

园户套儿偷窃大西天库房所贮飏幡、炉盖等物。经总管内务府审明具奏，将其销除旗档，刺字发遣黑龙江。

二十日（8.14）

帝幸万寿山。

廿七日（8.21）

帝诣畅春园恩慕寺、恩佑寺行礼。寻回宫。

本月

圆明园奏准：查得嘉庆四年以前，圆明园原额设总管、首领、太监共五百二名。自四年起，陆续添设太监一百二十二名。现在（除悬缺）圆明园总管、首领、太监共有五百七十七名。谨将原设、添设名数遵旨拟定。圆明园等园，六品总管太监一名、七品总管太监四名（现有二名，添二名）、七品首领太监十名、八品首领太监二十二名、副首领太监五十一名（现有四十九名，添二名）、恩赏八品首领太监二名（占副首领额）。按钦定六百二十名，除总管太监、首领太监共八十八名外，应有太监五百三十二名（现有四百九十一名，少四十一名）。总管、首领、太监共六百二十名。嗣后，作为定额，载入宫中则例。

清漪园奏准：前经奉旨，清漪园总管、首领、太监全行裁撤。所有添设官员、园户，照依静明园裁撤太监之例办理。查原设七品总管太监二名、八品首领太监二名、副首领太监六名、太监六十八名。今拟改添设六品苑丞二员、笔帖式四员、柏唐阿八名，专立内档房，管理陈设一切事务。拟添园丁五十名、园户三十名、闸军二十名。再查，园内各庙原设喇嘛六十四名，向属总管太监管束。今经裁撤，其喇嘛等亦应移出。至按期唪经，需人无多。请旨将喇嘛酌留三十四名，移于功德寺居住，归该园官员管束，按期进园唪经。其余三十名，拨回宝谛寺，仍食原钱粮。遇该处缺出充补。俟此三十名补完，始准另行挑补。奉旨，著添园丁四十名，余依议。再，遵旨裁撤太监后，凡本园穿堂门，添设值宿苑丞一员，同园内值宿之达他等轮流坐守。

七月

初一日（8.24）

帝幸圆明园。

初二日（8.25）

帝御勤政殿听政。

初九日（9.1）

准驻藏大臣策拔克等之请，将驻防前后藏之官兵分作两次更换调防。第一次于嘉庆十一年五月起，第二次于十三年五月起。

十三日（9.5）

帝幸万寿山。内外膳房、茶房、侍卫饭房于万寿山备膳，用苏拉十六名。

缅甸与暹罗构衅，云南孟连土司刀派功擅率土练往助缅甸，身死。帝以其越境滋事，今业已被杀，著无庸议；并严饬各处土司，各守疆域。

十四日（9.6）

清漪园太监李进保初次逃走，按例从重枷号两个月，满日责三十板，交总管太监拨在外围当差。

十五日（9.7）

●孟秋中元日仪亲王六旬寿辰，诗以赐之：

花甲初开始六旬，天潢连萼冠宗亲。邸辉芭茂蓬莱近，任重屏藩德业醇。

南极星明瞻丽丙，西池筹益庆生寅。如环眉寿中元转，纯嘏绵长福履臻。

十六日（9.8）

帝回宫。

十八日（9.10）

帝启銮，诣盛京恭谒祖陵，令成亲王永瑆、大学士保宁、协办大学士尚书费淳、尚书长麟等留京办事。

本月

圆明园总管太监奏准：圆明园共太监五百三十二名，内技勇太监七十名（每名每月食银三两、米四斗）、船上太监六名（每名每月食银三两、米三斗）、太监八名（每名每月食银二两五钱、米二斗半）、园内等处太监五十名（每名每月食银二两五钱、米二斗）、太监三百九十八名（每名每月食银二两、米一斗半）。奉旨，著传与包衣昂邦，入现行则例。

清漪园奏准：遵旨设立内档房，行取誊写册档所需笔、墨、纸、线诸物件。

八月

十二日（10.4）

遣官祭黑龙潭昭灵沛泽龙王之神、玉泉山惠济慈佑灵瀵龙王之神。

十五日（10.7）

是日至廿二日，帝依次于永陵、福陵、昭陵行初谒礼及大飨礼。

廿八日（10.20）

帝自盛京启銮回京。

九月

十五日（11.5）

直隶总督吴熊光等迎驾于夷齐庙。帝询之苏州风物，吴氏对曰：“臣从前曾侍皇上进谒太上皇，奉圣谕曰：‘朕临御六十年，并无失德。惟六次南巡，劳民伤财，实为作无益害有益。将来皇帝如南巡，而汝不阻止，必无以对朕。’”帝为之动容，终嘉庆一朝，未尝一次南巡。

二十日（11.10）

帝一行返抵东陵，拜谒昭西陵、孝陵、孝东陵、景陵、裕陵。

廿三日（11.13）

帝回宫。

十月

初二日（11.22）

帝幸圆明园，诣安佑宫行礼。

懋勤殿交静明园圣驾东巡盛京祇谒祖陵礼成恭颂册页十册，在清音斋东间炕案下添安一册，含晖堂北进间炕案下添安一册，风篁清听西进间炕案下添安一册，华滋馆东进间炕案下添安一册，竹垆山房里间炕案下添安一册，圣因综绘东进间炕案下添安一册，清凉禅窟东进间炕案下添安一册，涵漪斋西进间炕案下添安一册，清贮斋北间炕案下添安一册，阆风斋明间炕案下添安一册。

懋勤殿交清漪园圣驾东巡册页十册，在玉澜堂西书房西里间香几下添安一册，西抱厦香几下添安一册，无尽意轩明间几盒下添安一册，蕴古北三间东间炕桌下添安一册，清可轩留云北间香几下添安一册，构虚轩下层西面中间炕案下添安二册，东面中一间炕桌下添安一册，乐寿堂东暖阁炕桌下添安一册，后照殿香几下添安一册。

懋勤殿交静宜园圣驾东巡册页二十册，在学古堂正谊明道窗台上添安一册，情赏为美西间窗台上添安一册，对瀑南间窗台上添安一册，韵琴斋东间窗台上添安一册，致远斋明间桌上添安一册，来青轩含和北间窗台上添安一册，松坞云庄西间窗台上添安一册，欢喜园前抱厦窗台上添安一册，香岩室东间窗台上添安一册，洒兰书屋后抱厦窗台上添安一册，林天石海南间窗台上添安一册，正凝堂北间桌上添安一册，就松舍北间窗台上添安一册，皋涂精舍窗台上添安一册，芙蓉坪明间桌上添安一册，静室北间桌上添安一册，竹垆精舍北间窗台上添安一册，超然堂北间窗台上添安一册，试泉悦性山房北间窗台上添安一册，普觉寺古意轩窗台上添安一册。

●方壶胜境：术士动称海上神山，其说荒唐不待辨而知其伪。崇奉固为愚罔，diss亦可无庸。我朝列圣相传，惟以尧舜精一之传为法。一切虚诞之说，屏而不用。至园庭缀景，不妨取其语为颜额，俾人知蓬壶原在人间，不必妄求意外。每经游览，因阐发当日命名垂训之深意，或可仰窥于万一乎。

神仙在东海，方士皆寓言。虚诞不可信，至乐名教存。

圣人鉴实理，胜境建御园。后世知法戒，遇事免纷繁。

初四日（11.24）

以万寿节，帝御同乐园，赐王以下文武大臣、蒙古王公等食，至初七日皆如之。

初六日（11.26）

万寿节。帝诣安佑宫行礼。御正大光明殿，皇子及王以下文武大臣官员、蒙古王公等，行庆贺礼。

初八日（11.28）

俄国沙皇派克鲁斯登率“希望号”与里赞斯基所率“涅瓦号”商船，以皮货交易茶叶为名，于本日及十七日驶抵澳门。奉旨：嗣后，遇有该国商船来广贸易者，惟当严行驳回，毋得擅准起卸货物。并将处置失当之粤海关监督延丰及阿克当阿等员予以惩处。

十一日（12.1）

帝幸万寿山。闽浙总督玉德、福建巡抚李殿图先后奏报，陆路官兵于泉州府崇武海口攻击并烧毁海盗朱濆船六艘。帝令确查朱濆是否毙命，并命提督李长庚全力兜剿蔡牵船队。

十三日（12.3）

以驻藏大臣成林为伊犁领队大臣，以西宁办事大臣玉林为驻藏大臣。

十五日（12.5）

以御前大臣德楞泰为“剿平三省邪匪方略”馆总裁官。

十六日（12.6）

帝回宫。

十七日（12.7）

帝复英吉利国书，并回赠礼品多件。

二十日（12.10）

以清漪园等处工程修竣后请员查销事，谕：嗣后，修理一切各工，除照例奏请除派大臣勘估、承修外，其该工不露明之处，应请派大臣将该工不露明各项成数随工据实查验后，该承修大臣再督率监督次第修理。至工竣后，仍照例请派大臣查销。

廿八日（12.18）

总管内务府奏：静明园各殿陈设，例应每逾五年清查一次。兹已届五年，请派总管内务府大臣一员前往清查。奉旨：著派广兴办理。

十一月

十七日（1806.1.6）

懋勤殿交静宜园《劝善金科》二套，在学古堂乐安和桌上添安。

十八日（1.7）

总管内务府大臣广兴覆奏：静明园内各处陈设物件，嘉庆五年原存二万四千九百七十三件。五年起至十年止，陆续添设一百二十件，共二万五千九十三件，内请去御笔三十七件，撤去赵秉冲字一件、玻璃插屏一件，共实在陈设二万五千五十四件。应请照例交该管官员依照现在陈设名目另造新册二份，钤用清漪园印信。一份存留该处，一份交内务府存贮备查。

翰林院纂辑之《皇朝词林典故》书成，帝亲为作序。

十二月

初二日（1.21）

谕：前因八旗满洲、蒙古人等生齿日繁，生计不能宽裕。特加恩将绿旗五营之官马二千匹裁汰，每月节省银五千两，分赏八旗满洲、蒙古，共添设养育兵三千有奇。兹念京城内务府三旗、圆明园八旗内务府三旗人等，自当一体添设养育兵。著加恩交总管内务府大臣等，将现在该衙门所贮应拨之闲款银两查奏。俟查奏银数后，将京城内务府三旗、圆明园八旗内务府三旗，应添设养育兵若干之处，酌量定数具奏。

初六日（1.25）

改六部九卿等官司员每日进署办公时间，自午时提早至辰时。

十二日（1.31）

懋勤殿交静明园《御制盛京颂》墨刻册页一册，在清音斋西间炕案下添安。

懋勤殿交清漪园《御制盛京颂》墨刻册页一册，在玉澜堂后抱厦炕案下添安。

懋勤殿交静宜园《御制盛京颂》墨刻册页一册，在学古堂乐安和窗台上添安。

十八日（2.6）

长芦盐政额勒布，恭进香片梅等项花卉四十盆，奉旨分交宫内、圆明园各处。

二十日（2.8）

总管内务府大臣等循例汇奏清漪、静明、静宜三园陈设数目事。清漪园，自本年闰六月初十日起，至十二月十九日止，添安册页十一册。静明园，自上年十二月十七日起，至本年十二月十九日止，补换御笔字一张，撤去臣工字一张，添安书籍二十套、册页十六册、手卷一卷。静宜园，自上年十二月十七日起，至本年十二月十九日止，移请高宗纯皇帝御笔字二十三张，添安御笔字二十五张、册页二十六册、手卷一卷、各种书籍二十二套。除移请外，净添安御笔字并册页、手卷、各种书籍五十一件。

廿六日（2.14）

懋勤殿交静宜园陈设。试泉悦性山房北间贴御笔字横披一张，含青斋明间板墙上贴御笔字条一张。试泉悦性山房请启横披一张、挂屏两件，含青斋请启高宗字条一张。

本月

奉旨：年例赏圆明园、清漪园总管、首领、太监银一千两。嗣后，著不必写清漪园字样。本年应赏银一千两，著赏给圆明园总管、首领、太监银九百两；其余银一百两，加恩赏给圆明园当差勤慎园户。经查，圆明园、长春园、绮春园、熙春园、南园等处，园户头目、园户、园隶、花儿匠、招募匠役、水手、闸军共九百八名，内食二两钱粮园户头目三十五名、食一两五钱钱粮园隶四十二名、食一两五钱钱粮园户五百二十五名、食一两钱粮园隶十一名、食一两钱粮园户九十名、食一两钱粮招募花儿匠五十四名、食一两钱粮招募匠役九十四名、食一两钱粮水手三名、食一两钱粮闸军五十四名。

本年

圆明园奏报：御前大臣德楞泰至圆明园请安行程各日期事。初十日戌刻，行抵保定省城。十一日卯刻，起程前进。因沿途雪融泥泞，行程未能迅速。拟于十四日到圆明园，十五日恭请圣安。

嘉庆十一年　1806

正月

初八日（2.25）

云贵总督伯麟奏：越南国兴化镇目欲以云南临安府所属六猛地方外附。谕：照会该国王，将该镇目严行惩办。

十三日（3.2）

帝幸圆明园，诣安佑宫行礼。御山高水长，赐王公大臣、蒙古王、贝勒、贝子、公、额驸、台吉及外藩使臣等食，至十五日皆如之。

十四日（3.3）

帝御奉三无私殿，赐皇子、亲藩等宴。

十五日（3.4）

上元节。帝诣安佑宫行礼。御正大光明殿，赐朝正外藩等宴，作乐赐酒，如除夕仪。

十六日（3.5）

帝御正大光明殿，赐大学士、尚书等宴。

十七日（3.6）

谕：近来，八旗子弟往往沾染汉人习气，于国语骑射之正业反不甚讲求，甚有如佟关保兄弟三人者私去帽顶，外出游荡，饮酒滋事。著将三人各重责四十板，并传集八旗年轻侍卫、章京、司员等一同看视。佟关保，发往伊犁充当苦差；佟林、托克托布，于阜成门枷号一个月，交本旗严加管束。

廿一日（3.10）

圆明园库守广寿缘事革职。经查，去年七月内，其由效力柏唐阿挑补候缺库守，甫经两月，即补实缺。是该管王大臣等不能详覆办理，均难辞咎。管理圆明园事务之定亲王绵恩，著交宗人府察议。该管内务府大臣苏楞额、常福，著交吏部议处。至畅春园、三山、奉宸苑、南苑等处，恐尚有似此冗滥之员，其应行裁汰者，著军机大臣详察具奏。

廿三日（3.12）

帝诣畅春园恩慕寺、恩佑寺行礼。

廿五日（3.14）

帝幸万寿山。内外膳房、茶房、侍卫饭房于万寿山备膳，用苏拉十六名。

懋勤殿太监刘安庆传旨：首领太监徐文交来翡翠玉图章三方，各贴篆字本文“凤麟洲”，随紫檀木匣一件，匣盖上贴楷字本文，著发往苏州，交舒明阿照本文刻字。其匣盖上字并线道俱填金，得时送京。

三十日（3.19）

帝回宫。

本月

军机大臣奏准：圆明园实缺库守一项，经乾隆十四年、四十六年两次奏准，额设十八名俱有顶戴，食二两钱粮。其候缺库守一项，并未奏明，应概行裁撤。请于现在裁撤之十八名及效力柏唐阿六名内，酌留六名，作为定额不给顶戴。遇有库守缺出，即于此六名内挨次奏补。嗣后，遇有无顶戴之候缺库守缺出，应令由内务府三旗佐领、管领下出具保结，送交该管王大臣挑补。再查，圆明园笔帖式，向系咨补。今库守既改为奏补，所有笔帖式一项，亦应一体奏补。其学习笔帖式二名，仍照旧例间用。

二月

初十日（3.29）

帝幸圆明园。

十二日（3.31）

谕：据庆桂等议奏，查明畅春园、三山、奉宸苑、南苑等处，未经奏明，额外添设顶戴及柏唐阿等，实属冒滥，应分别裁减。今既经查明，均著照所议分别裁撤。嗣后，各该处额缺顶戴，悉以此次奏定为准。如有擅自增添者，一经查出，定当从严究治。

十三日（4.1）

帝启銮，谒东陵。

十四日（4.2）

遣官祭黑龙潭昭灵沛泽龙王之神、玉泉山惠济慈佑灵濩龙王之神。

十八日（4.6）

帝自东陵还跸圆明园。

三十日（4.18）

帝回宫。

三月

初五日（4.23）

帝幸圆明园。

初九日（4.27）

帝幸静明园，诣龙神庙拈香。

十三日（5.1）

帝幸万寿山。内外膳房、茶房、侍卫饭房于万寿山备膳，用苏拉十六名。廿八日亦如之。

李长庚等奏：海盗蔡牵败遁，台湾南北陆路叛民屡经官兵剿杀，亦纷纷溃散。谕：可无庸另行厚集兵力，前所派京中后起之巴图鲁侍卫章京等及东三省劲旅、四川屯练兵，著停止调派。

十八日（5.6）

帝诣安佑宫行礼。粤省海盗朱濆船队驶入闽洋，帝命玉德上紧围捕，勿使之与蔡牵合伙。

廿一日（5.9）

向来，帝幸万寿山，随侍太监内有骑马者，有步行者。据总管太监奏，向来，随侍万寿山，均不传用上驷院马匹，有骑马者，皆私借他人马匹。奉旨：预备差使太监，总以足敷应用为止，毋得滥用多人。嗣后，再有私借私与者，一经查出，定予严惩。

廿二日（5.10）

帝幸静明园，诣龙神庙拈香。

廿四日（5.12）

谕：文职各衙门轮流在圆明园值日。向遇御门日期，除刑部不推班外，其余各衙门皆系推班。因思御门之日，各衙门堂官多有至圆明园者，若因御门办事，以次推班，是循例轮奏之事转有压搁，殊失御门本意。嗣后，逢朕在圆明园御门之期，所有应行值日奏事各衙门，均著无庸推班。

廿六日（5.14）

帝御勤政殿听政。

因蔡牵与朱濆合伙，帝斥玉德不能实力整饬，命其于新募水师兵丁内，酌挑派配船，迅速放洋协剿。

本月

万寿山修理构虚轩。

四月

初二日（5.19）

帝回宫。

初五日（5.22）

帝幸圆明园。

●牡丹台：圆明园四十景之一，即所称镂月开云也。皇考额曰“纪恩堂”，盖以康熙壬寅，皇祖奉皇曾祖观花燕喜之次，以皇考名奏闻，荷蒙皇曾祖眷顾，有“福过于予”之鉴，因命育德宫禁，日奉慈颜。嗣后，銮舆所莅，无不扈侍恭随，亲承色笑。皇祖仰体诒孙之意，至雍正十三年，尚于诏旨宣示。我皇考临御数十年，久道化成，康强逢吉，为自古帝王所未有，曾于诗文中亹亹言之。予小子，勉承堂构，敬溯前徽，爰述大略，以志景仰云尔。

灵台建御苑，福地百余年。境本天成胜，考承祖泽延。

观花感雨露，肯构凛水渊。负荷仔肩重，殚心勉绍先。

初八日（5.25）

帝幸万寿山。内外膳房、茶房、侍卫饭房于万寿山备膳，用苏拉十六名。廿一日亦如之。

十一日（5.28）

帝幸静明园，诣龙神庙拈香。幸静宜园驻跸，至十五日皆如之。

●驻香山静宜园：香山健锐营之设，盖因乾隆戊辰年，将讨金川，以其地山川险峻，碉卡错峙如林，攻坚摧敌之策，与他处外域不同。我皇考睿谟广运，爰命于此地，视峰崖耸峭处所，仿佛形势，建立碉座，简八旗佽飞之士练习之，命将统之，以行金川，震詟请降。至次年，遂于此别为一军。自设此营后，遇有征调，屡著成绩，作养将材。如现在德楞泰、赛冲阿诸臣，即系拔自行间，历经出师建功，用至戎帅。我皇考每当莅此，躬御阅武楼，指示简敷，择其勇敢跻捷之尤异者，于常赐外，倍加优赉，间蒙抡为宿卫，超擢崇班，作其气而旌厥武职，是道也。兹予岁或来临，亦必令校材角艺，俾之益臻精练，而施恩加赏，一准旧规。盖肄武诘戎，本属我朝家法，况此军为皇考经营远略，造就雄师。予园林小驻，顾可不敬率先猷，以励众志而勉经武之法守乎。

景长山静夏初宜，临莅不逾五日期。敕命有常守慈训，诘戎无逸阅雄师。

十五日（6.1）

总管内务府大臣缊布，奉旨将恩赏银两按数分给静宜园园丁、园户等。

十六日（6.2）

帝还跸圆明园。

十九日（6.5）

帝御勤政殿听政。

廿六日（6.12）

帝幸静明园，诣龙神庙拈香。

五月

初一日（6.17）

●五福堂：五福堂为皇祖建构，其额乃皇曾祖所赐名也。予诞生御园之天地一家春，承皇考命，育德于是堂之东室。逮六龄就傅三天，始别移居处。是予小子在保抱中，已蒙皇考钟爱，特异等伦。而此堂嘉名，肇锡祖德，燕诒垂统，笃祐之原，继绳有绪。今绍承大业，敬惟付托之重，追思慈鉴之深，而敷锡为凝命之基。则予之仰报高厚者，即可于斯堂。顾名思义，溯往事而勉今日之仔肩矣。

圣皇备五福，厚泽奕叶延。颜堂申奥旨，基德斯得全。

何期承大业，肯构凛继先。曷胜感今昔，岁月如长川。

初三日（6.19）

帝回宫。

初六日（6.22）

帝幸圆明园。

初九日（6.25）

谕：嗣后，选秀女时，八旗汉军文职笔帖式、武职骁骑校以上之女，著备选，其兵丁之女，毋庸与选。

初十日（6.26）

帝诣黑龙潭神祠拈香。

谕：朕于七月十九日启銮，驻跸避暑山庄。二阿哥、三阿哥，著不必扈跸随行。俟八月初三日，由圆明园启程。初七日，抵避暑山庄，由彼随扈进哨。九月初二日，在塔哩雅图行围毕，即由该处启程回京。

十二日（6.28）

据驻藏大臣玉宁等奏，廓尔喀国内乱，额尔德尼王喇特纳巴都尔被杀。奉旨：若该国新王率众来投，即当于边界地方妥为安置，以示怀柔。若因内讧构兵，款求救援，即当拒绝，并饬各卡隘加意防范，勿令该国逃人窜入界内。

十五日（7.1）

谕：前于嘉庆九年选看八旗秀女时，见其衣袖宽大并有缠足者，当经降旨严禁。我朝服制，列祖钦定，太宗文皇帝、高宗纯皇帝，均曾一申再申，并刻石建于箭亭，垂示久远。著交八旗满洲、蒙古、汉军都统、副都统、参领、佐领等，留心严查。倘各旗满洲、蒙古秀女内，有衣袖宽大者，汉军秀女内，仍有裹足者，一经查出，即将其父兄指名参奏治罪。

十六日（7.2）

帝幸万寿山。内外膳房、茶房、侍卫饭房于万寿山备膳，用苏拉十六名。

十九日（7.5）

帝御勤政殿听政。

廿三日（7.9）

步军统领禄康奏：四月初，正白旗包衣闲散王二（即宝安）趁夜由半边桥荡水，爬进清漪园，偷得云会寺雨褡旧蓝布大小二十一块、黄绢一块。寻将雨褡布十四块、黄绢一块，分作三票，当钱一千七百文；其余雨褡布七块，以钱三百五十文私卖。是日，在马厂东门为树村汛守备王栋及番子李国栋、徐成功拿获。命将该犯交刑部严审治罪。

廿六日（7.12）

帝幸静明园，诣龙神庙拈香。

管理清漪园事务大臣苏楞额等奏：王二偷窃清漪园内雨褡布片一案，该管官等既未能防范于前，复敢因循讳匿于后，请将苑丞伊达赛等八员，照例革职；该园员外郎祥瑞、协理事务苑丞百贵，请交内务府严加议处；郎中清海，请一并议处。奉旨：依议。寻将祥瑞、百贵照不行实力稽查例，各降一级调用；清海于祥瑞等降一级调用上减为降一级留任。

廿九日（7.15）

宗人府、刑部会奏：宗室人等私给民船执照，准令投充。一方得赃，一方避差，均系违法。奉旨：徙义，前已革去奉国将军，著照议圈禁二年。其所拟重责四十板之处，徙义职小位卑，不值以家法处治。绵律，前已革去贝勒，著于六月初二日，派二阿哥绵宁、三阿哥绵恺、仪亲王永璇、成亲王永瑆、庆郡王永璘、定亲王绵恩，会同军机大臣、御前大臣、御前额驸、御前侍卫，向敬事房取出家法，将绵律于圆明园奏事门外责处四十，并传集近支宗室王公等看视。仍交宗人府圈禁二年。

庄亲王绵课著退出内廷，革去都统，并革去黄褂翎枝，毋庸署理领侍卫内大臣，此次毋庸扈从木兰，罚职任俸二年。怡亲王奕勋，著不必在上书房读书，伊尚未管事，从宽罚职任俸一年。贝勒绵誉，著退出乾清门，革去黄褂翎枝，此次亦毋庸扈从木兰，罚职任俸二年。绵课等三人，均毋庸再交宗人府议处。额驸索特纳木多布斋，前已革去护军统领，罚职任俸一年。各属下人等，德昌、福珠隆阿、舒惆，均经得赃，著加枷号三个月，满日发往伊犁当差。德成，未经得赃，著枷号两个月，满日发往乌鲁木齐当差。

本月

谕：明年选看八旗秀女，八旗内外满蒙三品以上文武官员之女，如明岁年至十三岁者，一体入排备选。此后，仍照旧例办理。并交八旗满洲、蒙古等旗，详加查验该女子实在年岁，切不可妄报。

六月

初六日（7.21）

内外膳房、茶房、侍卫饭房于万寿山备膳，用苏拉十六名。十七日亦如之。

初七日（7.22）

刑部奉旨讯明王二偷窃清漪园内布绢绳钩等件实情：三月廿九日，由东宫门爬墙，潜至南配房，撕取布帘裹两块、黄绢帘裹一块、捆帘绒绳九条，拔取窗上铁挺钩八根，由原路逸出。四月十二日，由北宫门爬墙，潜至半山云会寺，撕取雨褡蓝布两大块，拔取铁挺钩三根，由原路逸出。按律，应照偷窃乘舆服物斩立决例，销除旗档，拟斩立决。其父诸海，充当香山营马兵，应照不能禁约子弟为窃律，笞四十。五月廿三日，帝以其失于查察，命缊布、阿明阿二人，不必管理三山事务，与苏楞额均著交部议处。本日，管理吏部事务之大学士庆桂等奏，应将阿明阿、缊布、苏楞额，均照例降一级调用，罚俸一年。内，缊布、苏楞额均有加级纪录。缊布免其罚俸，仍降一级调用。苏楞额免其降调罚俸。

初八日（7.23）

帝御勤政殿听政，

十一日（7.26）

宗人府、刑部会奏：侍卫绵传身系近支宗室，私给船户执照，准令投充渔利。此外，甚有私行出京，在客店内招土娼同饮，致被县役殴打等劣迹。绵传前已革去侍卫，著于十三日，仍派二阿哥、三阿哥、仪亲王、成亲王、庆郡王、定亲王，会同军机大臣、御前大臣、御前额驸、御前侍卫，向敬事房取出家法，将绵传于圆明园奏事门外责处四十，并传集近支宗室王公等看视。并著和郡王绵循，派伊府内护卫二名押带绵传，即日起身前往盛京，交富俊严行管束。圈禁六年，满日即在盛京居住。

十二日（7.27）

帝幸静明园，诣龙神庙拈香。

晋隆以补授正白旗蒙古都统，差人持谢恩折赴静明园代递。谕：在京王公大臣等谢恩，理宜亲递奏折，若因在紫禁城进班，不能早至，可于下班日赴园递折，况紫禁城门于卯时即开，朕今日在静明园办事，召见各大臣，已交辰刻，显系其自谓宗室公爵，安舆而行，以致迟误。著革去都统，亦不必进领侍卫内大臣班，照例上朝，罚公俸一年。

以绵传一案，帝谕：近来，宗室人等不自检束，致干吏议者不一而足。嗣后，宗室亲王、郡王、贝勒、贝子、公及各族长等，均当于所管宗室等随时教诲，加意管束。

十七日（8.1）

帝幸万寿山，诣广润祠拈香。

十九日（8.3）

帝回宫。

二十日（8.4）

帝幸圆明园。

廿四日（8.8）

帝幸静明园，诣龙神庙拈香。

两广总督吴熊光奏：查获越南难夷阮如权等，请将其径交该国江坪夷目，转解国王阮福映。帝不准，谕：若将阮如权解送该国，转似天朝为伊等擒送遭逃，此非统驭外藩体制。现在，该难夷等逃窜内地，自不可收留，亦不必解送。惟当听尔等乘坐现有船只，不拘何处，自行前往谋生。

廿五日（8.9）

帝御勤政殿听政。

廿七日（8.11）

帝回宫。

本月

江苏巡抚汪志伊，奏请颁赐御制文集、诗集于江南各书院。谕：朕之政治即文章，何必以文字炫长，所请不必。

七月

初一日（8.14）

帝幸圆明园。

初三日（8.16）

帝幸万寿山。

初六日（8.19）

陕西宁陕镇新兵哗变。

初八日（8.21）

两广总督吴熊光奏：海盗朱濆通过澄海县土豪林五，勒索各商船，交银给单，验放出海。林五业经正法，与林五勾结之道署长随何玉林，发往伊犁为奴。

十四日（8.27）

昨日，绵怀奏参乾清门、慈宁门旷班侍卫多人。是日，帝谕：今朕在圆明园，紫禁城内误差空班者，尚有如此之多，若启銮驻跸避暑山庄后，侍卫等更不知如何废弛懒惰。此案中三等侍卫常春、常庆、倭克金布，蓝翎侍卫玉祥，俱著革职，交军机大臣、领侍卫内大臣会同监视，将伊等重责三十板，作为粘竿处柏唐阿。此次即随往热河，除官马外，一切应得之项，俱不准支给。该办事章京英德，降为蓝翎侍卫。

十五日（8.28）

帝诣安佑宫行礼。

十六日（8.29）

帝御勤政殿听政。

十八日（8.31）

帝幸静明园，诣龙神庙拈香。

廿一日（9.3）

帝诣安佑宫行礼。

廿二日（9.4）

以秋狝木兰，帝自圆明园启銮。命皇次子绵宁、皇三子绵恺于八月初旬赴热河随驾进哨；令仪亲王永璇、协办大学士兼吏部尚书费淳、兵部尚书明亮、刑部尚书长麟留京办事。

廿八日（9.10）

帝一行抵热河，赴永佑寺行礼。

八月

初二日（9.13）

谕：朕连日御枪获鹿，著将鹿肉四盘寄京。内赐皇后及妃、嫔等共一盘，著缊布、苏楞额送往圆明园，转交总管太监赉进。一盘著分赐仪亲王、费淳、明亮、长麟；一盘著分赐成亲王、保宁、朱珪、禄康；一盘著分赐缊布、苏楞额、常福。初四日，缊布等将鹿肉送往圆明园，交总管太监金成敬谨颁赏。

初五日（9.16）

谕：日来，朕复御枪获鹿，著将鹿肉二盘寄京。内赐皇后及妃、嫔等共一盘，著缊布、苏楞额送往圆明园，转交总管太监赍进。其一盘，著分赐仪亲王、成亲王。初七日，缊布等将鹿肉送往圆明园，交总管太监孙进忠敬谨颁赏。

十六日（9.27）

帝启銮，赴木兰行围。

十八日（9.29）

遣官祭黑龙潭昭灵沛泽龙王之神、玉泉山惠济慈佑灵濩龙王之神。

本月

静明园奏准：南宫门添设官员值宿，每年自冬至日起至次年正月三十日，每日熏炕用木柴十斤；溪田课耕添设园户坐更一处，每年自冬至日起至次年正月三十日，每日用黑炭五斤。大宫门添设官员值宿，每日用重一两五钱羊烛二只；溪田课耕添设园户坐更一处，每日用重五两羊烛一只、重一两五钱羊烛一只。

静宜园奏准：诸旗门添设园户坐更一处，每年自冬至日至次年正月三十日，每日用黑炭五斤。

九月

初十日（10.21）

奉旨：奉宸苑事务，著文宁管理。织染局事务，著缊布管理。清漪园著添派阿明阿管理。咸安宫官学及紫禁城内值年，均著添派英和管理。庆丰司值年著常福管理。庄敬和硕公主家务，著苏楞额管理。其督理各工欠项，著派文宁管理。

十九日（10.30）

帝自避暑山庄还跸圆明园，诣安佑宫行礼。

●御园深秋：秋狝行围，义崇讲武，意寓徕藩，实我朝万年家法，与前代田虞祇供盘乐者，判然不同。若意图暇逸，则驰驱上塞，较之法宫御苑，安居清适，劳逸迥殊，何所耽于彼，而躬履川原，辛勤跋涉乎？且每日控辔初停，一至行宫帷殿，则批阅奏章，召对臣工，于几务不愆晷刻，实与宫庭无异。今岁木兰狝猎，气候暄和，历十二围，未值阴雨凝寒之日，而牲畜蕃滋，亲御雕弧，所获殊夥。蒙古诸藩部，踊跃从公，至诚感戴，而示慈惠锡宴赉，亦备举无阙。迨回銮途次，目击崇墉比栉，普庆盈宁，尤惬省秋之念。兹旋跸御园，敕几莅政，惟日孜孜，初不以甫驻征鞍，稍怡清宴。此皆仰法先朝，垂示成规，留贻鸿训，无逸深衷，所刻不敢弛勤敬者也。

行狝典云蒇，归鞭莅御园。遍观大田获，已近小春暄。

旭朗光辉潋，林疏锦绣翻。授时勤敕政，宵旰念先言。

廿二日（11.2）

帝幸万寿山。

廿三日（11.3）

帝御洞明堂，勾到浙江、湖广、陕西情实罪犯。

廿五日（11.5）

帝御勤政殿听政。

廿七日（11.7）

帝回宫。

本月

●命大学士朱珪扶杖入朝，诗以纪事：三天谓书房额曰：前垂天贶，中天景物，后天不老。左传：上寿百二十岁，中寿百岁，下寿八十。

忆昔丙申年，三天从函丈。经学溯渊源，史传示直枉。

身心受益多，识见资开广。旧承讲论功，今赖丝纶掌。

十月

初二日（11.11）

帝幸圆明园。

●领侍卫内大臣继勇侯德楞泰奏报剿办贼匪事竣，诗志欣慰：三省平定后，办理善后事宜，已将乡勇一项妥为安顿，其愿入伍者，分拨各营，充额食饷，乃此项新兵之隶宁陕镇者，忽于七月初戕官滋扰，负恩背叛，不得不厚集兵力，大加惩创。爰调派各路官兵及东三省劲旅共二万有余，特命德楞泰率同扎克塔尔等前往督办，复命薛大烈、富翰、百顺等先后带领巴图鲁侍卫官兵等驰赴会剿，盖兵贵神速，昔年仰承圣训指授，韬钤今兹决机制胜，亦惟服膺弗失耳。

用兵宜速守先言，已隶营屯敢负恩。二万雄师方振旅，三千小丑尽惊魂。

事成一鼓除元恶，律按余氛剪蔓根。不可胜诛投绝域，止仁明罚治功原。

初四日（11.13）

以万寿节，帝御同乐园，赐王以下文武大臣、蒙古王公等食，至初七日皆如之。

初六日（11.15）

万寿节。帝诣安佑宫行礼。御正大光明殿，皇子及王以下文武大臣官员、蒙古王公等，行庆贺礼。

十二日（11.21）

帝回宫。

十六日（11.25）

前此，帝命德楞泰为钦差大臣，前赴陕西剿办宁陕叛贼，然措置失当。寻经兵部会同吏部奏请，应照溺职例将德楞泰革职。帝念其平定白莲教乱之功，加恩改为革职留任，八年无过方准开复。其子苏冲阿著革去内阁学士、上驷院卿，退出乾清门。伊父曾管理健锐营，著即以副都统管理健锐营事务，前往香山直班。陕甘总督倭什布，著加恩降为二等侍卫，前往科布多办事，仍带革职留任，八年无过方准开复。

廿二日（12.1）

图桑阿等五人俱在本旗披甲，竟于戏园中着装登台唱戏。谕：彼等甘与优伶为伍，有玷旗人颜面，著即销去旗籍，发往伊犁充当苦差。

廿九日（12.8）

禄康、恭阿拉奏：圆明园双鹤斋等五处及并案粘修各项工程，估需工料银十一万五千余两。帝谕：此项工程，只系头停揭宽、油饰彩画，并未添造房间，何至需银如此之多。料必伊等所带勘估匠役，仍为承办原工之人。所谓换官不换吏，于事奚益？禄康、恭阿拉著传旨申饬。所有此项工程，除双鹤斋一处暂缓兴修外，其余安澜园等四处及并案应修各工，著改派尚书长麟、侍郎托津，另行遴委妥员及匠役等，率同亲往履勘，确估具奏。

十一月

初七日（12.16）

十月初二日，帝幸圆明园，管理圆明园散秩大臣裕兴带领官员接驾迟误。此后一月有余，兵部方议以罚俸六个月，于纪录内合计抵销，殊属延缓。奉旨：兵部堂官及该旗都统等，俱著传旨申饬。嗣后，吏、兵等衙门遇有特旨交议之件，该堂官等只须将该员应得降级、罚俸处分，查核例案，定议具奏，并于折内声明系奉特旨交议之件，无庸查取加级纪录议抵。俟奏上时，朕核其情节轻重，量予区分。其加恩准抵者，于奉旨后再将该员有无加级纪录详核汇题。

十四日（12.23）

命驻藏大臣玉宁为奉表纳贡之廓尔喀嗣王颁发敕书及赏件。

廿四日（1807.1.2）

以换防名义，将投降之陕西宁陕镇哗变新兵二百二十余人，分遣新疆各回城充当戍兵，永不换回。十二年冬间，伊犁将军松筠将其先后调赴伊犁，途中以军法悉诛之。

廿九日（1.7）

以八旗添设养育兵亟应筹款，拨广储司、造办处银各十万两，并命户部筹拨银五十万两，交商生息。其每年息银，可添养育兵若干名，仍令户、兵二部及八旗都统议奏。寻议，每年共得息银八万四千两。除汉军旗分毋庸添设养育兵外，应于八旗满洲蒙古、圆明园护军营、内外火器营、健锐营，共增设月给一两五钱饷银无米养育兵四千七十六名，岁需银七万三千二百九十六两。年终赏项，需银六千一百八两，余银四千五百九十六两。再于内务府三旗及圆明园包衣三旗，共增设月给一两饷银无米养育兵三百二十四名，岁需饷银及年终赏项共银四千二百十二两。均在此项生息银内动支。帝从之。

十二月

初五日（1.13）

曾为帝上书房师傅之大学士朱珪卒。帝派庆郡王永璘带侍卫十员往奠，并遣总管内务府大臣阿明阿携陀罗经被往赐，晋赠太傅，特谥文正，入祀贤良祠，赏内库银二千五百两治丧。翌日，帝亲往奠祭。初九日，命皇次子绵宁前往代奠。

本年

奏准：都虞司，准留顶戴催长四人、副催长四人。十二年议准，于畅春园内，拨给都虞司笔帖式二人。

奏准：造办处虚衔顶戴，共五十八人。今留内活计库并所属圆明园活计库，顶戴委署库掌各四人。活计房、金玉作，各留顶戴副司匠一人。匣裱作，留顶戴副司匠二人。铸炉处，留顶戴副司匠一人、顶戴委署库掌二人。镫裁作，留顶戴副司匠一人。盔头作，留顶戴副司匠二人、顶戴委署库掌二人。油木作、铜鋄作、鞍甲作，各留顶戴副司匠一人。玻璃厂，留顶戴副司匠一人、顶戴委署库掌一人。炮枪处，留顶戴委署库掌二人。珐琅作、做钟处、如意馆，各留顶戴副司匠一人。共留三十人。余俱裁汰。

嘉庆十二年　1807

正月

初十日（2.16）

帝幸圆明园，诣安佑宫行礼。

●九洲清晏敬述：御园福地，为祖考留贻。予继承居此，未尝稍有更易。当日命字题颜，已寓启迪后人之意。此寝兴处，曰九洲清宴，九州赅寰宇而言，清宴致太平之象，而疆域宏恢，抚御不易。予一人，克艰时念，主敬存诚，以期治理之当，庶几恪守贻谋，不忘庭训也。

祖考贻福地，继承凛鸿猷。顾名必思义，抚字怀九州。

勅政主勤敬，事理以诚求。庶不负庭训，永图勉进修。

●乐安和：曰安曰和，诚为可乐。然帝王先天下之忧而忧，后天下之乐而乐。所乐者，天下之安和，非乐一己之安和也。我皇考御此时，继题此额，意之所寓，实在于此。观于六十余年之仁心实政，久道化成，致斯民于安和，而题楣之意，乃昭然若揭矣。予小子，寅承堂构，念切仔肩，心仍昔日之心，政仍昔日之政，而敷教化民，愿难骤副，不禁对兹室而益自亹勉云。

化成久道六十年，民安时和景运延。圣皇所乐实在此，小子寅承凛仔肩。

殚心图治勉昕夕，欲敷教化资良贤。仰额自愧难副愿，肯堂念切勤绍先。

十三日（2.19）

帝御山高水长，赐王公大臣、蒙古王、贝勒、贝子、公、额驸、台吉及外藩使臣等食，至十六日皆如之。

十五日（2.21）

上元节。帝诣安佑宫行礼。御正大光明殿，赐朝正外藩等宴，作乐赐酒，如除夕仪。

十六日（2.22）

帝御正大光明殿，赐大学士、尚书等宴。

十九日（2.25）

帝御山高水长，赐王公大臣、蒙古王、贝勒、贝子、公、额驸、台吉及外藩使臣等食。

廿三日（3.1）

帝诣畅春园恩慕寺、恩佑寺行礼。

廿四日（3.2）

帝幸万寿山。内外膳房、茶房、侍卫饭房于万寿山备膳，用苏拉十六名。

廿七日（3.5）

朝鲜国王遣使表贺万寿、冬至、元旦三大节及岁进方物，赏赉筵宴如例。

三十日（3.8）

帝回宫。

二月

初六日（3.14）

署理直隶总督温承惠奏：近年以来，永定河屡有漫溢之患，其有应行疏浚、培筑事宜，理宜早勘早办。现臣拟于初六日起程，亲往查勘，俟趋诣圆明园恭请圣训后，再赴通州、遵化一带，查看桥梁、道路，恭备銮辂经临。臣出省后，所有日行公事，饬委臬司杨志信代行，所有各属案件需由臣提审者，则饬调大名道王观代办。帝允之。

初八日（3.16）

遣官祭黑龙潭昭灵沛泽龙王之神、玉泉山惠济慈佑灵濩龙王之神。

初十日（3.18）

帝幸圆明园。

十四日（3.22）

谕：朕恭阅皇考高宗纯皇帝圣训。乾隆十八年有旨，严禁朝臣与诸王交接往来。近年以来，诸王均各谨守法度，朕亦未闻在朝臣工有与诸王交往者。惟是禁令，允宜再加申儆。著交宗人府，将皇考高宗纯皇帝谕旨及朕此旨，各录一通，传谕诸亲王、郡王等。

谕：朕恭阅皇考高宗纯皇帝圣训。内载上谕：嗣后，内务府挑选秀女，遇有皇太后、皇后亲弟兄之女、亲姊妹之女记名者，著户部奏闻，撤去记名；至妃、嫔等姊妹、亲弟兄之女、亲姊妹之女有记名者，著内务府告知首领太监奏闻。前于嘉庆五年间，曾经降旨，令自嫔以上亲姊妹，俱加恩不必备挑，其亲弟兄、亲姊妹之女，则不在此例，办理未为画一。嗣后，皇后、妃、嫔之姊妹及亲弟兄、亲姊妹之女，于挑选秀女时，仍一并备挑。著户部、内务府声明，另为一班，不必拘定年岁，作为各本旗头起带领。著为令。

十七日（3.25）

帝幸静明园，诣龙神庙拈香。

十九日（3.27）

帝回宫。

二十日（3.28）

帝启銮，谒东、西陵。

三月

十二日（4.19）

帝回宫。

十三日（4.20）

谕：本年二月以来，雨泽稀少，应即设坛祈祷。因十五日恭受皇考高宗纯皇帝实录之仪，宗室王公等各有执事。著于十六日起，在黑龙潭设坛。其觉生寺僧人，令移至山高水长唪经，著管理圆明园之绵恩、苏楞额、常福，轮替在彼将事。所有黑龙潭雨坛，著仍令上次派出之王公大臣，照例办理。所派各员，于十五日受书礼成后，即行前往。

十五日（4.22）

《高宗纯皇帝实录》一千五百卷、《高宗纯皇帝圣训》三百卷，均编纂完成。在馆各员及执事人等，交部优叙锡赏。

十六日（4.23）

帝幸圆明园。

十八日（4.25）

帝诣安佑宫行礼。

十九日（4.26）

帝诣黑龙潭神祠拈香。

廿二日（4.29）

帝幸静明园，诣龙神庙拈香。

廿三日（4.30）

帝命庄亲王绵课诣黑龙潭，定亲王绵恩诣山高水长，谢雨。

廿五日（5.2）

以广兴补授总管内务府大臣，管理畅春园事务。谕曰：因汝敢言，所以施恩。若借言逞报复之私，则获罪益重，勉进正言，勿逞私见，慎之勉之。

廿六日（5.3）

帝幸万寿山。

三十日（5.7）

复引见内务府京察一等圈出人员。奉旨：坐办堂郎中广泰、广储司郎中德泰、造办处郎中阿尔邦阿、奉宸苑郎中福宁、圆明园郎中和明、清漪园郎中清海、营造司员外郎俊山、圆明园员外郎热河，著交军机处记名。

本月

谕：向例，内务府京察一等人员，引见后有圈出者，并不复行引见，与各部院定例不符，内务府人员记名后，既可一体简放外任，自应交该堂官等再行出具考语，带领引见。即实有亲老，情愿侍养者，亦当一体注明。所有此次内务府京察引见人员，即著照此办理。

四月

初一日（5.8）

伊犁将军松筠等奏：查有原任三等侍卫托克通武，因于圆明园该班与侍卫咸昌、施秉仁口角细故，用刀自行划伤，革职加重发往伊犁当差。其于嘉庆九年四月内到戍，扣至本年四月，已满三年。应否释回，请旨施行。谕：再留三年，届期请旨。

初四日（5.11）

帝回宫。

初五日（5.12）

静宜园含青斋，添贴御笔字斗一张、御笔字条一张，移请高宗纯皇帝御笔“含青斋”字斗、字条各一张。

初七日（5.14）

帝幸圆明园。

●文源阁敬志：我皇考承天佑命，久道化成，际重熙累洽之庥，致同轨同文之治，而崇儒重道，稽古右文，于乾隆三十九年甲午，辑四库全书，以十年之程，缮成三万六千册者四部，分贮四阁。又于全书中，抡其尤要者，先缮荟要二部，一藏大内御花园之摛藻堂，一藏御园之味腴书室。全书缮本呈览时，每进日不下数百册，维时予在书房读书，曾蒙皇考命，预校勘。迨丙辰大廷授玺，训政三年，于敬天勤民、用人行政之大经大法，及一切纲条张弛，无不谆谆面命，而于敷文成化、迪德諴民之道，深致意焉。予敬聆默识，不敢遗忘。今虽日理万几，偶有余闲，未尝不披览古籍，体验治功，盖亦深体于圣制文所云“枕经葄史，镜己牖民，后世子孙，奉为家法之彝训”也。亿龄钦守，因咏斯阁而详志之。

圣治光昭弥宇宙，鸿文四库亿龄钦。化成久道绥遐迩，庭训敬承凛寸心。

初八日（5.15）

帝幸万寿山。

初十日（5.17）

帝御勤政殿听政。

十一日（5.18）

帝幸静明园，诣龙神庙拈香。幸静宜园驻跸，至十五日皆如之。

●幸香山静宜园：我皇考行健法天，敕几勤政，虽于偶临游幸之所，亦无日不以政事为亟。于园庭、山庄、别苑之中，皆有勤政殿之建盖，即志意旨之所在，而垂示后人也。予仰承丕绪，每瞻斯额，载切铭心，尝著《勤政殿记》、《勤政箴》，勉为阐发圣意，即以自励操存，并欲为大小臣工、天下士民之劝，俾共知予之仰法前徽而为，是凛凛也。

园西廿里画图披，山静日长首夏宜。浓淡云生峻岭表，沦涟波漾远川湄。

玉泉右转奥区近，勤政高标考训垂。游豫几闲心不惬，未沾天泽旰宵思。

十三日（5.20）

谕：本月初七日至今，未有雨泽。礼部奏请：十六日于三坛祈雨，并自十六日起，在黑龙潭设坛。其觉生寺僧人，仍著在山高水长唪经。二阿哥、三阿哥及在上书房伴读之绵懫、绵慜、载铨在山高水长分起拈香祈祷，由管理圆明园之绵恩、苏楞额、常福，轮替在彼将事。所有黑龙潭雨坛，著派端恩、奕纯、永璘、奕纶、绵偱、绵偲、绵誉、崇尚分作四班，二人住宿两夜，轮值行礼，由常贵、伊昌阿、征瑞三人，轮替值宿，每人各住三日。

十五日（5.22）

直隶马兰镇总兵官兼总管内务府大臣巴宁阿奏：有匿名揭帖检举周明、孙秀于东皇陵红椿界内偷伐林木。次月二十日，将周明、孙秀二人斩立决。

十六日（5.23）

帝幸静明园，旋还跸圆明园。

廿一日（5.28）

谕：本日，都察院汇奏咨交各省查办之案。朕披阅清单，内有圆明园汛兵马德之母张氏，复控伊子被马兵王三等凶殴毙命，该营纵放正凶一案。系咨交刑部查办，殊属非是。马张氏复控之案，虽系寻常命案，现在刑部亦已审办，但此案犯事地方，在御园附近处所，亦当随时陈奏。都察院堂官于此应奏之件，率行咨办，实属偷安。著传旨申饬。嗣后，务当斟酌案情，分别奏咨。

廿二日（5.29）

以京师雨泽愆期，命刑部清厘庶狱。

廿三日（5.30）

帝幸万寿山，诣广润祠拈香。

廿八日（6.4）

帝诣黑龙潭并山高水长祈雨坛拈香。

本月

●怡情书史：人君几暇怡情之事，惟观览书史，足以含咀道妙，体验治符。园中书舍诸题额，皆寓意深远，理阐精微。不独覃思，游艺等于文人辈，耽于故纸之为，予敬仰心传，遵循罔斁，躬揽庶务，稍有余闲，亦惟披寻典册，以期学古有获。非敢云玩物适情也。本年恭纂皇考实录一千五百卷告成，益以圣训三百卷。功文巍焕，谟烈昭垂。此则绍庭陟降之思，可为铭诸夙夜者，与当年面奉考慈谆诲，同矢不忘，又非徒崇仰是处云榜古训，是式已也。

圣皇以古为今鉴，几暇怡情惟史书。题额长垂千禩永，传心敬凛一人予。

披寻典故则型备，玩味谟言见识舒。宝训光昭三百卷，趋庭慈诲敢忘诸。

五月

初一日（6.6）

福州将军赛冲阿奏：台湾水陆现已平静，拟将征兵三千分三批撤返大陆。以蔡牵、朱濆等尚未剿灭，奉旨：如第一批兵已配船内渡，则第二、三批即留于台湾，该将军尤不可遽行内渡。

初五日（6.10）

谕：端阳节不过与中秋节相等，非元旦之可比。即在雨旸时若之年，向例，亦止圆明园奏事推班一日，王大臣等全递膳牌，共申庆节之意。今岁畿辅一带，总未得透雨，朕曾通谕王大臣等，如端阳节前尚在望泽，则照常办事，其并非轮值奏事之部旗俱不必来园。乃今日王大臣等，仍相率呈递膳牌，殊属无谓。所有本日不遵朕旨来园之礼亲王昭梿、郑亲王乌尔恭阿、肃亲王永锡等人，俱著各罚职任俸三个月，虽有纪录，不准抵销。

初六日（6.11）

帝幸万寿山。内外膳房、茶房、侍卫饭房于万寿山备膳，用苏拉十六名。

初九日（6.14）

帝回宫。命皇次子绵宁诣山高水长、庆郡王永璘诣黑龙潭，谢雨。

昨日，东城智化寺米厂门口，有领粜民人挤倒压毙，计民妇七口、幼男三口、幼女五口。乃因厂门迟开，俟监粜各员到齐之后，方始放进，以致一时拥挤压毙。奉旨：该处监粜米石，系恭阿拉、庆禧、安柱三员，现伊等自请察议。恭阿拉、安柱二人之咎较重，著交部议处。庆禧著交部察议。至挤毙男妇等十五人，内大口七命，各赏银十两；小口八命，各赏银五两。即罚令恭阿拉出银五十两，安柱出银三十两，庆禧出银三十两，迅传尸亲给领。嗣后，各城监粜之员，其由城内赴厂者，均限于每日寅正到彼。即在园该班者，亦限于卯正赶到。先到之员，先行放粜，不必彼此等候。

初十日（6.15）

帝幸圆明园。

十二日（6.17）

帝御勤政殿听政。

十三日（6.18）

谕：向来，銮仪卫衙门，凡遇朕由宫内至圆明园来往，皆奏请陈设仪仗。除新正、万寿月外，均经降旨停止。而该衙门每次必具折陈奏，转属虚文。嗣后，遇正、十月间銮驾往来，该衙门即奏明陈设仪仗，其余毋庸奏请。

十四日（6.19）

帝回宫。

十七日（6.22）

帝幸圆明园。

廿一日（6.26）

帝幸静明园，诣龙神庙拈香。

廿四日（6.29）

谕：前经降旨，将偷砍红桩树株案内要犯周明、陈英二名，解赴犯事地方正法示众。昨日，自军机大臣于辰正承旨后，再经刑、兵二部承办之员一误再误，迟至晚间亦未能起解出城。军机大臣等著交吏部、都察院察议；兵部郎中恒定，押犯之员成书、景熠，俱著交部议处。

廿五日（6.30）

帝御勤政殿听政。

廿六日（7.1）

帝幸万寿山，诣广润祠拈香。

本月

两广总督吴熊光密奏：蔡牵船只高大坚固，不特粤省米艇，即李长庚师船，亦无可奈何。谕：汝与本省郑、乌二逆，未接一仗，未擒一贼，何暇虑及邻省洋盗情形？真可谓舍其田而耘人之田，太不知耻。

六月

初六日（7.10）

帝幸静明园，诣龙神庙拈香。

初十日（7.14）

帝幸万寿山。内外膳房、茶房、侍卫饭房于万寿山备膳，用苏拉十六名。肉房抬运家伙克食，一抬用苏拉二名。

十七日（7.21）

帝幸静明园，诣龙神庙拈香。

廿三日（7.27）

未刻，都察院堂官赓音递奏封事一件。帝亟加披阅，却系缉凶之细故。谕：向来，朕传膳办事均有定规。自乾隆年间，每在宫在园，俱于早膳后批阅奏折、召对引见，晚膳后披阅本章。遇巡幸则每日早间启跸，至行在办事，晚膳后仍准奏事，与在宫在园之早膳后无异。此外，惟驿递奏折系随时呈递披阅，不在此例。乃晚膳后奏事，系行在常规，非在宫在园理事可比。今乃漫无区别耶?国家定制，岂可稍逾。朕在园驻跸，每传膳万寿山、玉泉山及阅射布靶，皆系预行传知，从无非时出入之事。起居无节，即政体攸关，朕尚不肯出此，况臣工奏事岂可任意迟早，自便其私乎。盖今日该堂官等，在园奏事，若此事于明日再奏，则该堂官又须早起来园，因于本日奏事散后，就近在朝房缮折，率行呈递，显系偷安。赓音著交部议处，润祥、长琇、邵洪、陈崇本等，均著交部察议。

廿四日（7.28）

内外膳房、茶房、侍卫饭房于万寿山备膳，用苏拉十六名。

廿八日（8.1）

帝回宫。

七月

初一日（8.4）

帝幸圆明园。

初五日（8.8）

因琉球国中山王尚温故世，以其孙尚灏袭爵，遣使往封。

初八日（8.11）

帝御勤政殿听政。

初九日（8.12）

帝幸静明园，诣龙神庙拈香。

初十日（8.13）

总管内务府奏：本年三月十七日奏准，修理昆明湖现设水操船四只，现经派员踏勘，净估需工料银三千六百六十两一钱一分四厘。

十五日（8.18）

帝诣安佑宫行礼。

十八日（8.21）

以秋狝木兰，帝自圆明园启銮。命皇次子绵宁、皇三子绵恺于八月初旬赴热河随驾进哨；令成亲王永瑆、大学士禄康、费淳、协办大学士尚书长麟留京办事。

廿四日（8.27）

帝一行抵热河，赴永佑寺行礼。

本月

奉宸苑奏准：查得三海等处，每岁应修零星活计，向行营造司修理，每形迟滞。拟请照圆明园、三山等处岁修之例，遇有零星活计，随时粘补。所有稻田厂年例应征地租银两，即留为三海等处年例岁修之费，随时动支，统于年终奏销。

八月

初六日（9.7）

英国传教士马礼逊抵粤，为基督教新教来华第一人，首次用汉文翻译《圣经》。

十六日（9.17）

帝启銮，赴木兰行围。

廿三日（9.24）

遣官祭黑龙潭昭灵沛泽龙王之神、玉泉山惠济慈佑灵濩龙王之神。

九月

十九日（10.19）

帝自避暑山庄还跸圆明园，诣安佑宫行礼。

●命成亲王恭送皇考圣训实录至盛京故宫尊藏，诗以志事：

一千八百卷心法，万古帝谟集大成。巍焕瑶篇陈玉案，尊藏金匮奉陪京。

东华叩拜衷遥送，辽沈长途兄代行。共沐考恩难纪述，癸秋回忆慕同萦。

廿一日（10.21）

帝回宫。

廿二日（10.22）

帝幸圆明园。

廿三日（10.23）

帝御洞明堂，勾到四川情实罪犯。

廿四日（10.24）

帝幸万寿山。内外膳房、茶房、侍卫饭房于万寿山备膳，用苏拉十六名。

云贵总督伯麟奏：缅甸与暹罗构兵，该国王遣使求援。以天朝抚绥外藩，一视同仁，断无偏助之理。该使复提及前次孟连土司刁派功往援被害事，意求出兵。告曰，刁派功私行带兵出境，本属有罪之人，祸由自取，不能因一越境滋事之土司而兴师问罪。帝谕伯麟，“辞严义正，甚为得体”。

廿七日（10.27）

以八旗抱养民人子弟为嗣，紊乱旗籍，冒领钱粮，降旨严禁之。

廿八日（10.28）

帝回宫。

十月

初二日（11.1）

帝幸圆明园。南掌国使臣叭竜官鼎、叭竜洒吗、叭官洪等，于神武门外瞻觐。

初四日（11.3）

以万寿节，帝御同乐园，赐王以下文武大臣、蒙古王公、外藩使臣等食，至初七日皆如之。

初五日（11.4）

为青海番、蒙事务，兴奎等奏“筹议西宁善后事宜五条”。帝略为增删后，著照施行。

初六日（11.5）

万寿节。帝诣安佑宫行礼。御正大光明殿，皇子及王以下文武大臣官员、蒙古王公、外藩使臣等，行庆贺礼。

十一日（11.10）

帝回宫。闽浙总督阿林保奏，蔡牵帮头目王淮、王铎二人投诚，恳请释罪。谕：遣令回洋，设计诱献蔡牵，若复行逃窜，仍可拿获治罪。

十四日（11.13）

总管内务府奏：查乾隆四十二年奉旨，将香山等处太监撤回。各殿陈设，照汤泉行宫之例，每于年底派员清查。其有无添减更换之处，令该处官员具稿呈明，另缮清册，钤用清漪园印信存案。五年一次，由内务府奏派大臣覆行查点。自嘉庆七年至嘉庆十二年，已届五年，应派内务府大臣一员清查。奉旨：著派不管三山事务之总管内务府大臣广清办理。

十一月

初五日（12.3）

朝鲜义州商人白大贤、李士楫潜运米石越境至獐子岛，与边民朱、张二氏私市。朝鲜国王将白大贤等处治。帝以该国王恭顺可嘉，赏大缎四匹、玻璃器四件、雕漆器四件、茶叶四瓶，并命严缉朱、张二氏。

十二月

初六日（1808.1.3）

谕：前此，因迎送玉牒一事，二、三品大员内多有无故不到者，当经交议示惩。昨日，恭移玉牒于寿皇殿尊藏，王公大臣等例应恭送，竟仍有未到者。除实有别项差使未到之员无庸置议外，凯音布、瑚素通阿均照前次部议，罚俸九个月。至裕兴安逸性成，难望精神振作，著不必再行交议，其所有正黄旗满洲副都统、散秩大臣、管理圆明园八旗内务府三旗事务，俱著全行革退，仍留公爵，令其照常上朝。

三十日（1.27）

除夕，帝于保和殿筵宴在京文武大臣、蒙古王、贝勒、贝子、公、额驸、台吉及朝鲜、暹罗、琉球国正、副使等。宴毕，帝方起座，殿内数百人声音嘈杂。越二日，奉旨：嗣后，凡遇殿中筵宴礼成，朕起座后，该管官等应将殿门暂阖。俟乘舆入宫，再行启门，将因差应行入殿之人，查明按数放进。著前锋统领、护军统领妥议章程具奏。

嘉庆十三年　1808

正月

初二日（1.29）

以明年为五旬整寿，命于本年八月举行恩科乡试，明年三月举行会试。

初六日（2.2）

帝幸圆明园，诣安佑宫行礼。

初八日（2.4）

帝御山高水长，赐王公大臣、蒙古王、贝勒、贝子、公、额驸、台吉及外藩使臣等宴，并赏赉有差。

廓尔喀额尔德尼王吉尔巴纳租塔毕噶尔玛萨野遣使朝贡，赐敕赏赉如例。

●新春御园山高水长筵宴外藩回部及高丽、琉球、暹罗使臣，即席成什：朝鲜，本礼乐之邦，自我朝开国以来，臣服最为恭顺，每遇朝正元会，岁入班联；至琉球、暹罗亦系定鼎时早经欵附，琛费输诚。本年皆轮应朝觐之期。该使臣等，频邀宴赍。兹复命宣至御园，预列爻间，锡以节燕，盖天朝怀远之规，宜从优渥。且俾知予之抚御遐方，悉本先朝德意也。

旧藩新附集穹庐，继德守成任在予。二万要荒置候尉，三千礼乐合车书。

中山向化承恩永，东海来宾开国初。锡宴御园循考究，雪晴春甸物华舒。

十一日（2.7）

帝回宫。

十四日（2.10）

帝幸圆明园，御奉三无私殿，赐皇子、亲藩等宴。御山高水长，赐王公大臣、蒙古王、贝勒、贝子、公、额驸、台吉及外藩使臣等食，至十六日皆如之。

十五日（2.11）

上元节。帝诣安佑宫行礼。御正大光明殿，赐朝正外藩等宴，作乐赐酒，如除夕仪。

十六日（2.12）

帝御正大光明殿，赐大学士、尚书等宴。

廿一日（2.17）

皇次子绵宁之嫡福晋钮祜禄氏故世。寻二十五年九月，追封为皇后，谥孝穆成皇后。

昨日，浙江提督李长庚与海盗蔡牵接仗阵亡事奏闻。本日，追封李长庚三等伯，谥忠毅，赏银一千四百两治丧，于原籍同安县建祠以春秋致祭，并派巡抚张师诚亲往同安县代奠。以闽粤南澳镇总兵官王得禄为浙江提督，追剿蔡牵一股。又以蔡牵逃至粤洋，恐有与粤盗朱濆勾结之事，著广东提督钱梦虎，统率粤省兵船，专剿朱濆一股。

廿三日（2.19）

帝诣畅春园恩慕寺、恩佑寺行礼。

廿四日（2.20）

帝幸万寿山。

廿七日（2.23）

帝回宫。朝鲜国王、琉球国中山王，遣使表贡方物，赏赉筵宴如例。

廿八日（2.24）

谕：现值给二阿哥续指福晋，著户部将在京之八旗满洲、蒙古内外三品以上文武官员之女，未经选过、逾岁及现年十五岁者查明，于二月十七日送赴圆明园选看。其有带往外任者，毋庸令其来京。至此次已经选过者，下届选看之年，毋庸再行预备选看。寻谕：十五岁之秀女，俱系寅年，与二阿哥之本命年不合，著归下届选看之年以备选看。仍著户部再将八旗满洲、蒙古未经选过之内外现任原任五品以上文武官员之女查明，年及十六并逾岁者，将其三代祖父之职名开单速奏。

廿九日（2.25）

御书处交清漪园《御制明慎用刑说》墨刻册页一册，在玉澜堂西书房添安。

御书处交静明园《御制明慎用刑说》墨刻册页一册，在清音斋添安。

二月

初五日（3.1）

帝幸圆明园。

初八日（3.4）

帝幸静明园，诣龙神庙拈香。

初九日（3.5）

前此，班禅额尔德尼、济咙呼图克图等，请清廷确准达赖喇嘛呼毕勒罕之转世灵童身份。至是，命成都将军特清额驰赴西藏颁赐其赏件，并宣谕：今达赖喇嘛既经验证，无须复令贮瓶签掣，但此系仅见之事。嗣后，自应仍照旧章，不得援以为例。

十二日（3.8）

帝命两广总督吴熊光、闽浙总督阿林保遍行晓谕闽粤水师：总以专攻蔡牵坐船为要。兵丁等，有能首先跳过蔡牵船内捕捉者，赏银二百五十两；其次赏银二百两；又其次赏银一百五十两。至官弁等首先跳过捕捉者，即加一等拔补录用，先换顶戴。

十四日（3.10）

遣官祭黑龙潭昭灵沛泽龙王之神、玉泉山惠济慈佑灵濩龙王之神。

十七日（3.13）

帝幸万寿山。内外膳房、茶房、侍卫饭房于万寿山备膳，用苏拉十六名。

廿一日（3.17）

帝御勤政殿听政。

廿三日（3.19）

帝回宫。

廿五日（3.21）

帝幸圆明园。

廿九日（3.25）

以明年为五旬整寿，谕各直省督抚等：除应进土贡外，所有金玉玩好各物，概不准呈进。若有准其届期来京申祝者，只准呈递如意；或系科甲出身、素工词翰者，准进献诗册书画。

三十日（3.26）

帝回宫。

三月

初五日（3.31）

帝启銮，谒东陵。

初八日（4.3）

内外膳房、茶房、侍卫饭房于万寿山备膳，用苏拉十六名。廿一日亦如之。

十一日（4.6）

奉旨议定刑律新例二条：

行营地方，管辖声音帐房以内，宫苑地方，紫禁城内暨圆明园大宫门、大东大西大北等门，及西厂等处地方，并各处内围墙以内：谋故杀人及斗殴金刃杀人者，拟斩立决；谋杀人伤而不死及斗殴手足他物杀人者，拟绞立决；金刃伤人者，发伊犁给驻防官兵为奴；金刃自伤及手足他物伤人者，杖一百，流三千里。

行营地方，管辖声音帐房以外，卡伦门以内，宫苑地方，紫禁城午门以外、大清门以内，暨圆明园大宫门、大东大西大北等门以外、鹿角木以内：谋故杀人及斗殴金刃杀人者，拟斩立决；谋杀人伤而不死及斗殴手足他物杀人者，拟绞监候，入于情实；金刃伤人者，杖一百，流三千里；金刃自伤及手足他物伤人者，杖一百，徒三年。

行营地方，卡伦门以外，宫苑地方，东安、西安、地安等门以内，圆明园鹿角木并各内围墙以外：谋故斗殴杀伤人及自伤者，均照常律办理。

十八日（4.13）

静宜园之试泉悦性山房添贴御笔横披一张，移请高宗试泉悦性山房挂屏二件、横披一张。

本月

静宜园呈准：园内改建梯云山馆殿座，从清漪园内拨给园丁二名、园户六名，作为本园额缺。再，梯云山馆添设园户坐更一处，每年自冬至日至次年正月三十日，每日用黑炭五斤。

中旬，帝巡幸津淀，阅视堤河各工。

四月

初二日（4.27）

帝回宫。

初四日（4.29）

静宜园试泉悦性山房、含青斋各添安一柄宫扇。

初五日（4.30）

已故郡王福康安之子、贝勒德麟，因偷安误班，降为贝子，革去护军统领，在散秩大臣上行走。

衣库交清漪园高丽凉席二领，在玉澜堂西抱厦换铺。换下旧高丽凉席二领，随经衣库撤去。

初六日（5.1）

帝幸圆明园。

初七日（5.2）

帝御勤政殿听政。

初八日（5.3）

帝幸万寿山。

十一日（5.6）

帝幸静明园，诣龙神庙拈香。幸静宜园驻跸，至十五日皆如之。

十二日（5.7）

奏事处交静明园紫檀长方匣一件，内盛御制静明园诗册页一册，在清音斋添安。

●初夏香山即事：每岁首夏，静宜小驻，为期不过五日。而行宫左右，精蓝琳宇，旧迹颇著者，悉诣躬行瞻礼。又如香山健锐一营，为我皇考神谟广运，特设此军。其中颇有杰出之材，堪供任使。现在戎帅中，即有由此抡擢，洊陟崇阶。故每来驻此，必亲临简阅，观其练习诸技，行赏激励，俾之感奋知方。至各部院奏事，带领引见，办理一切政务，原与御园无异。昨十一日，初驻山堂。十二、十三两日，吏、兵二部引见，即已在此带领。并不因山居游览，致令缓期。

归鞍旋御苑，斗杓又南移。西山揽佳胜，五日驻静宜。

敕政曷敢怠，图治仍旧规。屈指已廿日，嘉澍未继滋。

十三日（5.8）

奏事处交清漪园紫檀嵌玉荷叶八角长方盒一件，内盛御制清漪园诗册页一册，在玉澜堂西抱厦添安。

十六日（5.11）

帝还跸圆明园。

●蓬岛瑶台：皇考于福海中肇建是台，命名取义，盖为求仙示戒也。予每一经临，低回往古，深有念于秦皇汉武，当日妄冀长生，终归何有。人君之职，以勤政爱民为本，修身养正为功，惟其能勤，即以得养，庶几邀天贶，享大年，庄敬日强，于兹益加兢业焉。

闻道蓬莱大海东，隔凡弱水岂能通。痴心妄觅方壶外，胜景还存尘世中。

六合神游全鉴照，三山话渺付虚空。爱民勤政无闲暇，养正修身作圣功。

廿一日（5.16）

帝幸万寿山，诣广润祠拈香。

皇次子绵宁官女子那拉氏生子，是为皇长孙。著将那拉氏封为绵宁侧室福晋。翌日，赐皇长孙名奕纬。

廿四日（5.19）

帝回宫。奉旨：嗣后，凡遇诞生皇子皇孙，诸王公大臣等，均不准呈递如意，违者治罪。

廿五日（5.20）

圆明园交清漪园画白绢圆宫扇五柄，在玉澜堂西书房添安一柄，西抱厦添安一柄，澄虚船添安一柄，清可轩添安一柄，鉴远堂添安一柄。

廿六日（5.21）

圆明园交静明园画白绢圆宫扇五柄，在清音斋添安二柄，华滋馆添安二柄，得源船添安一柄。

以明年为五旬整寿，帝对诸王酌加赐赉：仪亲王永璇、成亲王永瑆、庆郡王永璘各赏银一万两，定亲王绵恩赏银八千两，荣郡王绵亿赏银六千两，均由造办处发给，俾从容备进贡物。

廿七日（5.22）

懋勤殿交静明园圣驾巡幸淀津册页四册，在清音斋添安一册，华滋馆添安一册，风篁清听添安一册，得源船添安一册。

懋勤殿交清漪园圣驾巡幸淀津册页四册，在清可轩添安一册，澄虚船添安一册，鉴远堂添安一册，玉澜堂西抱厦添安一册。

五月

初四日（5.28）

本科会试，中试新进士王服经年已八十五岁，著免庶吉士在馆学习，授为翰林院检讨，以示嘉惠耆儒至意。奉旨：嗣后，如有中试进士年在八十岁以上者，均照此例行。

初五日（5.29）

端阳节。命诸王、御前侍卫、内务府大臣、南书房翰林等至澄虚榭观龙舟竞渡。

●端阳日命诸王、御前侍卫、内务府大臣、南书房翰林等至澄虚榭观龙舟，诗以志事：端阳日，于福海中龙舟竞渡，并命诸王大臣等预观，锡以宴赉，亦系先朝旧规，不过例陈节事，共庆佳辰。然皆于办事后，定时观览，从未竟日留连，且亦须雨旸时若之年，方始循例饬办。予事事敬承家法，不敢稍渝。至于所陈各戏，正如云岫风箫，适然相值而已。

时若雨旸感昊慈，御园度节守前规。所欣三辅逢年兆，偶阅九龙竞渡嬉。

昆弟协心国有庆，君臣一德政咸宜。联情行赏宴同乐，云岫风箫念岂移。

初六日（5.30）

帝御勤政殿听政。

初八日（6.1）

帝幸静明园，诣龙神庙拈香。

初九日（6.2）

懋勤殿交静明园御笔字一张，在清音斋添贴。随经懋勤殿撤去赵秉冲字一张。

前日，帝于圆明园召见总管内务府大臣文宁、苏楞额等人。文宁奏称，内务府并无应奏事件。苏楞额面否之。寻据广兴奏参，事后，文宁向苏楞额叫嚷：在后者可以乱言，在前者如何办事？其言行大有和珅专擅之风。本日，帝谕：文宁专擅之甚，本应照部议革职，著加恩赏给编修，在文颖馆效力行走，仍带革职留任。阿明阿、常福、英和三人未将此节奏明，本应照部议降调，著加恩俱改为降四级从宽留任。

十九日（6.12）

帝以近来八旗颓风日涨，皆管旗之王大臣等不能实心教导，传旨申斥所有八旗都统等旗务官员。

廿一日（6.14）

帝幸万寿山。

廿四日（6.17）

帝御勤政殿听政。董诰等跪奏：查前馆遵办宫史，原奉谕旨内，除懋勤殿一份外，仍令缮办六份，于乾清宫、养心殿、尚书房、盛京、热河、圆明园各贮一份。前馆缮呈三份，尚少三份。其由南书房交出前编六份，内乾清宫、圆明园二份，系谕旨所有。余如文源阁、摛藻堂、味腴书室、清漪园四份，皆谕旨所无。据前馆原奏内称，应加核正、改缮，并填写续编，以成全书。臣等查，清漪园一份，系陈设本，应即更正，仍添缮续编。其文源阁等处，若添写续编，卷帙繁多，势难分贮。谨公同酌商，可否只将此三份前编更正，无庸添写续编之处。请旨遵行。又前馆进呈尚书房宫史，奉旨交圆明园陈设。现在恭缮三份内，应归尚书房一份，所有圆明园前编一份，即应交回，无须另办。

廿五日（6.18）

命山东巡抚吉纶动项兴修曲阜至圣孔子庙、复圣颜子庙。

廿六日（6.19）

帝回宫。

●忆昔示诸皇子：

御园书舍启三天，昆季连床列讲筵。养正殚心勤学笃，修身毓德用功专。

寅承考泽难酬矣，申谕儿曹务勉旃。主敬立诚守大本，典谟精义细磨研。

廿八日（6.21）

以皇长孙奕纬出世，各省将军、督抚、藩臬等纷纷具折奏贺。帝以此举未免漫无区别，谕曰：嗣后，每遇诞生皇子皇孙，不仅外省将军、督抚等不准陈贺，即内廷王公大臣等，亦不必申贺。

廿九日（6.22）

帝幸圆明园。

闰五月

初七日（6.30）

谕：嗣后，凡遇皇后、皇贵妃、贵妃、妃、嫔、贵人、常在之祖、父及胞伯叔兄弟带领引见时，俱著于绿头牌注明。

初九日（7.2）

总管内务府奏：以缎库郎中吉祥调补畅春园郎中一缺。其所遗缎库郎中一缺，照例拣选相当之员另行带领引见。

十二日（7.5）

内外膳房、茶房、侍卫饭房于万寿山备膳，用苏拉十六名。廿四日亦如之。

十七日（7.10）

湖南提督仙鹤林在恭贺皇长孙诞育折中有“派衍东宫”诸语，暗示皇长孙乃未来之皇太子，有违清室密储家法。帝怒，命将仙鹤林及拟稿之书吏、幕友等，先后革职、锁拿，解京治罪。

十八日（7.11）

帝幸静明园，诣龙神庙拈香。

廿六日（7.19）

帝御勤政殿听政。

廿八日（7.21）

懋勤殿交清漪园御笔字斗一张，在藻鉴堂东间门斗添贴。随经懋勤殿移请高宗纯皇帝御笔字斗一张。

本月

奉旨：嗣后，圆明园银库月折，每月著于廿七日具奏。

六月

初二日（7.24）

懋勤殿交静明园味腴书室随笔一套，在华滋馆添安。

懋勤殿交清漪园味腴书室随笔一套，在玉澜堂西书房添安。

初七日（7.29）

惩办不法之宗室、旗员等：闲散宗室敏学，著先在宫门外重责四十板，再发往盛京严加管束，其家口亦派员送往，永远在彼居住。闲散宗室图克坦，著永远圈禁。四品旗员椿龄，著革职，先重责四十板，再发往伊犁充当苦差。

初九日（7.31）

帝幸静明园，诣龙神庙拈香。

十六日（8.7）

帝幸万寿山，诣广润祠拈香。

廿一日（8.12）

帝幸万寿山。

廿二日（8.13）

帝御勤政殿听政。

懋勤殿交清漪园御笔字挂屏一件，在玉澜堂西抱厦添挂。随经懋勤殿移请高宗纯皇帝御笔字挂屏一件。

廿三日（8.14）

谕：嗣后，八旗都统、副都统内，兼内廷行走之王、御前大臣、御前侍卫、乾清门侍卫、内务府大臣（内仪亲王、成亲王如遇应进署班期，著前一日入城住宿，次日不必呈递膳牌），除在圆明园进班之期毋庸进署外，余日俱著于散值后轮流入城进署。至军机大臣等，俟朕进宫时再轮班进署。仪亲王、成亲王、定亲王绵恩等，俱系管理宗人府，亦著一体轮流进署办事。

廿四日（8.15）

帝幸万寿山。内外膳房、茶房、侍卫饭房于万寿山备膳，用苏拉十六名。

向例，八旗支放米石，该旗都统、副都统等必须亲身赴仓验放。然兼管八旗都统、副都统之内廷行走王等，及御前大臣、御前侍卫、乾清门侍卫、内务府大臣内，惟有回人哈迪尔一人尚去验放米石，其余竟无前往者。谕：嗣后，八旗支放米石，除军机大臣庆桂、托津无庸赴仓外，其兼管都统、副都统之内廷行走王等，及御前大臣、御前侍卫、乾清门侍卫、内务府大臣等，于各该旗支放米石之期，均著早朝散后，轮流亲身赴仓验放。

廿五日（8.16）

已故孝淑睿皇后喜塔腊氏之兄盛住，于总管帝陵工程期间，侵吞工程银九万余两。帝甚怒，谕曰：其现在既已身故，无可追论，著将前赏副都统衔斥革，并追回所得恤典。其所遗家产，著派托津、多庆即行前往严密查抄。伊子吏部郎中达林、整仪尉庆林、候补笔帖式丰林，伊孙候补笔帖式崇喜、崇恩，俱著一并革职，交刑部暂行圈禁。俟定案时，再行问拟罪名。未几，上述五人俱发往黑龙江、吉林效力赎罪。

廿六日（8.17）

以皇后钮祜禄氏之兄、正红旗满洲副都统和世泰兼总管内务府大臣。

命广兴等管理清漪园等处事务。

廿七日（8.18）

以盛住等人侵吞帝陵工程银两一案，帝派员查抄鹤龄、延福、李如枚、成文等家产。然所派英和、宜兴、惠恩三人行动迟缓，殊属非是。谕曰：向来，派出查抄家产，必须迅速，方可免其隐匿、寄顿等弊。英和著交部察议。宜兴、惠恩著交部议处。

廿八日（8.19）

帝回宫。

七月

初一日（8.22）

帝幸圆明园。

初二日（8.23）

宗室喜龄经年在外宿娼，且逼妓为妾。奉旨：行为卑污，非我宗族，不可在宫门外责处，著于该管衙门重责四十板，发往吉林严加管束。

初八日（8.29）

帝幸静明园，诣龙神庙拈香。

初十日（8.31）

海盗蔡牵船队，由越南洋面入粤，又由粤省洋面入闽，并遣人刺探官军情报。官军舟师将其刺探消息之人船并获。帝谕闽浙总督阿林保，拣选勇武将弁，改换衣装，乘坐所获船只前往探剿。

十二日（9.2）

帝幸万寿山。

十四日（9.4）

传谕安徽、江苏、河南、山东四省督抚，查办义和拳、八卦教等秘密教门。

十五日（9.5）

帝诣安佑宫行礼。

十六日（9.6）

以秋狝木兰，帝自圆明园启銮。命皇次子绵宁、皇三子绵恺于八月初旬赴热河随驾进哨；令成亲王永瑆、大学士禄康、费淳、协办大学士刑部尚书长麟留京办事。

十七日（9.7）

庆郡王永璘素耽游玩，举朝皆知。其于十二日往祭东陵途经桃花寺时，擅入行宫观玩。帝以果郡王永瑹私游昆明湖获咎事为鉴，将此案交仪亲王、成亲王议奏，并通谕王公等：嗣后，凡遇派往祭陵，均不准擅入行宫。

廿一日（9.11）

以庆郡王永璘擅入桃花寺行宫观玩一事，降旨：将伊退出内廷行走，以闲散王公随围，并将原赏园屋一并撤回。所有仪亲王等请将永璘议以罚郡王俸十年之处，著加恩改为罚郡王俸四年，不准查抵。其从前赏给伊当铺一座，亦著无庸撤出。

帝以宗室奕颢、成秀、敬叙、布兰泰等竟未与闻此前所颁御制《宗室训》，著王大臣等即将《宗室训》遍行晓示，并御制《谕宗人府诸王贝勒》诗一首，交仪亲王永璇、成亲王永瑆阅看。

●谕宗人府诸王贝勒：

罚既不知惩，教复未能劝。吁嗟如之何，返躬惟自怨。

廿二日（9.12）

帝一行抵热河，诣永佑寺行礼。

八月

初二日（9.21）

英国海军少将度路利未经许可，公然派兵登陆澳门。两广总督吴熊光既不奏报朝廷，亦不加强戒备，仅于十六日责令该国商船停止开舱。

十一日（9.30）

遣官祭黑龙潭昭灵沛泽龙王之神、玉泉山惠济慈佑灵濩龙王之神。

十二日（10.1）

先是，四品宗室仪续、仪平于宣讲《宗室训》之日，均未往听。经查，竟出城宿娼。是日，帝闻奏，命将二人革去顶戴，交宗人府与刑部会审。寻将二人交宗人府各重责二十板，发往吉林交秀林严加管束。

十五日（10.4）

据广兴奏，本月十一日，致祭玉泉山龙神，恭值太祖高皇帝忌辰，此后请令钦天监另行择日。谕曰：若龙神诸庙，皆为群祀，向由钦天监择日，何必与忌辰等日重合。所有原择日期之钦天监堂司各官，殊属粗疏，均著交部议处。嗣后，致祭群祀，不得用忌辰，著另择日行礼。

十六日（10.5）

帝启銮，赴木兰行围。

九月

十六日（11.4）

帝自避暑山庄还跸圆明园，诣安佑宫行礼。

十八日（11.6）

帝御洞明堂，勾到奉天、浙江、江西、安徽、江苏情实罪犯。

十九日（11.7）

帝幸万寿山。

二十日（11.8）

踞澳英军顽守不退。两广总督吴熊光、广东巡抚孙玉庭，以不可操之过蹙入奏。帝斥其“因循迟缓”。

廿二日（11.10）

九世达赖喇嘛隆朵嘉措在布达拉宫坐床，以七世班禅额尔德尼丹白尼马为师。

廿三日（11.11）

帝幸静明园，诣龙神庙拈香。

英国海军少将度路利，率兵自黄埔直抵广州城外十三行，求见两广总督吴熊光。吴派广州知府福明、副将张瑗往谕，令其退返黄埔。

廿六日（11.14）

英军驾舢板十余进至省河，欲再入十三行。碣石镇总兵黄飞鹏，命飞炮击之，毙英兵一，伤其三。其始惧而退至黄埔。帝降旨驳斥英吉利行径，并斥责吴熊光等软弱无能。

廿七日（11.15）

帝回宫。

十月

初二日（11.19）

帝幸圆明园。

初四日（11.21）

以万寿节，帝御同乐园，赐皇子及王以下文武大臣、蒙古王公等食，至初七日皆如之。

初六日（11.23）

万寿节。帝诣安佑宫行礼。御正大光明殿，皇子及王以下文武大臣官员、蒙古王公等，行庆贺礼。

十一日（11.28）

帝回宫。

十一月

初一日（12.17）

奉旨：掣补武备院郎中德元，著与掣补畅春园郎中文喜对调。

初六日（12.22）

清查清漪园陈设册档三十六本，数目均属相符。

初十日（12.26）

谕：旧制，清明节，谒陵行敷土礼，惟于二十七个月之内举行一次，以后均系遣员恭代。然明年适届朕五旬诞辰，春间谒陵，若不躬亲敷土，于心实觉不安。明年朕于二月十七日启銮。二十日，恭谒东陵。廿一日系清明节，敬于是日亲祭裕陵，再举行敷土礼一次。礼成，回驻盘山，于是月廿九日进城回宫。三月初一、初二两日，斋戒。俟初三日亲祭先农坛行耕耤礼毕，即于是日启程恭谒西陵，取道潭柘寺拈香。于十一日至香山驻跸。十六日回圆明园。所有应行各典礼事宜，著各该衙门敬谨预备。

十一日（12.27）

册封諴妃刘佳氏为諴贵妃，吉嫔王佳氏为庄妃，贵人刘佳氏为信嫔。

十六日（1809.1.1）

皇次子绵宁与继室福晋佟佳氏（三等承恩公舒明之女）行初定礼。

廿三日（1.8）

先是，总管内务府大臣广兴擅将内库供给宫中之绸缎予以苛减，反诬系总管太监孙世忠与缎库官员勾通所为。至是，讯明，将广兴革职，免其治罪。十二月十一日，山东巡抚吉纶奏参广兴山东审案期间劣迹四款。帝命将广兴拿交刑部，由军机大臣会同刑部严审之。十四日，英和、皂保奉旨查抄广兴家产，其房地甚多，财物尤夥。次年正月十二日，将广兴处以绞刑，其子亦革职发往吉林充当苦差。所有贿结广兴各官，分别处分有差。

三十日（1.15）

谕：本年入冬以来，京师雪泽稀少。著于十二月初一日，派光明殿道众在大高殿诵经；僧众在万善殿唪经。派那苏图前往大高殿常川照料，赛尚阿前往万善殿常川照料。其总管内务府大臣，除在圆明园该班外，其余四员亦均著每日轮往两处随时照料。

本月

前据侍郎广兴所奏，内务府应行回避司员，与各部院司员对品调补。著派军机大臣会同外旗之总管内务府大臣，于内务府回避各员，在三院、三山等处公同签掣对调带领引见，以昭公允。嗣后，内务府所属司员内有升至总管内务府大臣者，如遇有应行回避亲族，亦照此例办理。

十二月

十九日（2.3）

御书处交清漪园《御制明慎用刑说》墨刻册页一册，在玉澜堂西书房添安。

廿五日（2.9）

总管内务府大臣英和等奏：自嘉庆十二年三月十七日奏准修理昆明湖水操船以来，实修得昆明湖水操船四只，拆排行令小船一只，粘修舢板船四只。各工共净准销算工料银四千五百八十九两三钱一分九厘。

本月

军机大臣传旨：明年于山高水长看烟火时，药栏外不准站立多人。北边著派总管内务府大臣一员、乾清门侍卫二员；南边派护军统领一员、乾清门侍卫二员，严加管束。其各项技艺，俱按派出之数，不必另外预备。每样差毕，随时著该管官员带出西南门，不准存留。

本年

长春园之蒨园东部，仿避暑山庄景，改建成碧静堂，为嘉庆“蒨园四景之一”。

军机大臣奉旨：西爽村著仍称绮春园宫门。嗣后，一切称谓书写，俱不得再有西爽村字样。

谕：太监一项，在近御当差，自应拣选年幼之人承充。近来，挑进太监，多有在二三十岁之外，且有别省之人，皆由总管内务府大臣不加拣择之故。嗣后，凡投充太监，该管大臣务须逐加拣择，除在二十岁以内，及虽在二十岁以外，尚可选充者，毋庸置议外，若年岁过大，或系别省之人，即奏明给予亲王、郡王家内使用。

谕：昨日，朕乘船上岸查看新拟地盘，见刑部司员竟带家人进内，大属非是。除另降谕旨惩处外，嗣后，如遇派出王大臣等至圆明园、长春园、绮春园、熙春园查看工程，定亲王准随带二名，或太监或家人均可；各部院大臣准带家人一名。至前往何处查工，均著前一日预期奏闻，次日方准进内。若在宫内查工，毋论王大臣，均不准擅带私人行走。即旗下太监，亦不准进来。至苏楞额、常福寻常进园查勘，亦均于前一日奏闻。自郎中和明以下，均不准随带家人。自此次严禁之后，不但查工，即寻常之日进内，皆照此例。王大臣等如有逾格多带及司员仍敢私带家人，一经查出，定行从重治罪，决不宽贷。

乾隆二十四年至嘉庆十三年，静宜园呈准园丁、园户坐更处所：学古堂、致远斋、香岩室、圆灵应现、松坞云庄、正凝堂、玉华岫、正直和平、静室、梯云山馆、宗镜大昭之庙、都罡殿、二宫门、诸旗门、碧云寺、罗汉堂、来远斋、香林室、普觉寺、古意轩、广润庙、普通寺、香露寺，共二十三处，每日每处用重五两羊烛一只，重一两五钱羊烛一只。官员、柏唐阿值宿巡查地方，每日共用重一两五钱羊烛七只。档案房，每日用重一两五钱羊烛一只。

嘉庆十四年　1809

正月

初一日（2.14）

以本年为五旬整寿，颁诏全国，诸加恩赏。晋封仪亲王永璇子贝子绵志、成亲王永瑆孙贝子奕纶为贝勒；免庆郡王永璘罚俸一年，仍在内廷行走；赏定亲王绵恩孙载铨二品顶戴、荣郡王绵亿金黄朝服蟒袍。

十一日（2.24）

帝幸圆明园，诣安佑宫行礼。

十五日（2.28）

上元节。帝诣安佑宫行礼。御正大光明殿，赐朝正外藩等宴，作乐赐酒，如除夕仪。御奉三无私殿，赐皇子、亲藩等宴。

十六日（3.1）

帝御正大光明殿，赐大学士、尚书等宴。

十九日（3.4）

帝御山高水长，赐王公大臣、蒙古王、贝勒、贝子、公、额驸、台吉及外藩使臣等食。

廿三日（3.8）

帝诣畅春园恩慕寺、恩佑寺行礼。

廿四日（3.9）

帝幸万寿山。内外膳房、茶房、侍卫饭房于万寿山备膳，用苏拉十六名。

廿六日（3.11）

朝鲜国王遣使表贺万寿、冬至、元旦三大节及岁进方物，赏赉筵宴如例。

三十日（3.15）

帝回宫。

二月

初四日（3.19）

崔幅儿等五犯在香山一带地方，纠结多人，抢劫多次，甚至抢劫番妇物件。昨日降旨，将该五人等斩决，并将该管官等交部严议。本日，复将专管之英和、皂保二人交部议处。

初七日（3.22）

懋勤殿撤去静宜园外碧云寺十二件高宗纯皇帝御笔。

初八日（3.23）

帝幸圆明园。

●五福五代堂自述：

赐居髫岁后湖边，弹指流阴五十年。继志承基沐厚德，安民图治重仔肩。

永思考妣瞻天上，欣见儿孙绕膝前。大福从来备至圣，衷祈奕叶泽绵延。

初十日（3.25）

帝幸静明园，诣龙神庙拈香。

十三日（3.28）

帝幸万寿山。内外膳房、茶房、侍卫饭房于万寿山备膳，用苏拉十六名。

十四日（3.29）

帝御勤政殿听政。

十五日（3.30）

直隶藩司方受畴赴圆明园递请安折。帝未予召见，并饬令其即回保定省城。谕：直隶承办差使，向来只派出藩、臬一员，随同总督扈跸。其保定省城，总当留一大员在彼弹压，办理地方事件。此次，总督温承惠出省之后，臬司素纳赴古北口查审案件，即日前来定福庄接驾。若该藩司又赴差次，是省会地方，竟无一大员在彼驻扎。再，直隶官员向来总以办差为名，希图行在召见，实为陋习。方受畴著交部议处。温承惠不计省城无人，率派方受畴随营，著交部察议。

十六日（3.31）

帝回宫。

十七日（4.1）

帝启銮，谒东陵。

廿二日（4.6）

户部三库（银库、缎匹库、颜料库）失窃案发。经查，以看库兵丁奎明为首监守自盗，三次共窃银六千六百两，缎库亦有所失。帝命将银库官员费淳、瑚图礼，并管库司员等交部严加议处，其库内现查短缺银两，著其照数分赔。缎库官员庆桂、王懿修并管库司员等亦交部议处。另，此案首告之马甲固宁阿，施恩赏给骁骑校，该旗遇有缺出，先行补用，并加赏银一百两。伊母赫舍里氏教子以正，著该旗都统亲书匾额，悬挂伊家，仍赏缎库大缎一匹。

三月初六日定案，将奎明等五犯，俱著即处斩，派刑部侍郎周兆基、副都统景熠前往监视。奎明先于法场刑夹一次，玉柱先重责三十板，再行处决，并传集看库兵丁人等，同往看视。常龄等六犯发往黑龙江给披甲兵丁为奴，均于到配日先行枷号一年。庆柱畏罪自缢，仍著该旗都统等，将伊家产查抄。

廿三日（4.7）

琉球国中山王尚灏，遣使表谢册封。

廿四日（4.8）

遣官祭黑龙潭昭灵沛泽龙王之神、玉泉山惠济慈佑灵濩龙王之神。

廿六日（4.10）

绵志等奏：缎库存贮各项，均应核实岁用数目，计足敷几年之需。俟何项短缺，再先期行文制备。其支放之时，并应按照存贮年份，先后挨次给发，推陈出新，俱归适用。寻议定，向来简派三库大臣，俱系一年更换，于库贮利弊，未能尽悉。嗣后，著定为三年更代，每届三年之期，即将库贮各项，会同盘验，再行交替。

廿九日（4.13）

帝自东陵回宫。

三月

初三日（4.17）

帝启銮，谒西陵。

初九日（4.23）

德楞泰卒于西安。十六日，闻奏，帝命乾清门侍卫、内阁学士至途中迎奠，赏银五千两治丧，照三等公例赐恤，谥壮果，入祀昭忠祠，并于四川省城成都建立专祠。其子苏冲阿，袭封一等侯爵。

十一日（4.25）

帝自西陵返京，幸静宜园驻跸，至十五日皆如之。

十三日（4.27）

静宜园之含青斋撤高宗纯皇帝御笔三十四件，试泉悦性山房撤臣工字画二件，涵碧斋添贴臣工字画二十四件，添安楠木床六张，添铺红白青毡四块、高丽席二领，添挂帘刷三件。

十四日（4.28）

帝御演武厅，阅健锐营操。

十六日（4.30）

帝幸静明园，还跸圆明园。

十七日（5.1）

帝御勤政殿听政。成亲王永瑆因病辞去镶黄旗领侍卫内大臣，调正黄旗领侍卫内大臣绵恩为镶黄旗领侍卫内大臣，以镶黄旗汉军都统绵亿为正黄旗领侍卫内大臣。

十八日（5.2）

帝诣安佑宫行礼。

廿一日（5.5）

帝幸万寿山。内外膳房、茶房、侍卫饭房于万寿山备膳，用苏拉十六名。

廿八日（5.12）

帝幸静明园，诣龙神庙拈香。

廿九日（5.13）

王大臣等回奏考验前锋、护军等训练情形：八旗满洲内外火器、健锐等营兵丁，应入考验者二万七千二百余名，列头等者仅六十名。其中，外满洲火器营二十四名，健锐营十八名，殊属可嘉。圆明园八旗、内务府三旗仅止三名，尚有可原。内满洲火器营仅止二名，八旗护军左右两翼前锋营仅止十二名。奉旨：所有管理内满洲火器营大臣、前锋统领、护军统领，均著申饬。

本月

新任两广总督百龄抵任，即亲赴澳门，传询驻澳之葡萄牙理事官及英国大班剌佛。剌佛就英兵率行登岸一事致歉，并亲出具结。

四月

初三日（5. 16）

谕：嗣后，凡遇考试庶吉士散馆等事，如在宫内考试，即著值宿之总管内务府大臣监试；如在圆明园考试，著总管内务府大臣届期奏请简派一员监试。

初四日（5. 17）

帝回宫。

初七日（5. 20）

帝幸圆明园。

初八日（5. 21）

帝幸万寿山。内外膳房、茶房、侍卫饭房于万寿山备膳，用苏拉十六名。廿二日亦如之。

初九日（5. 22）

帝御勤政殿听政。

十二日（5. 25）

帝幸静明园，诣龙神庙拈香。

二十日（6. 2）

两广总督百龄、广东巡抚韩崶奏陈《华夷交易章程》，酌议章程六条。翌月十九日降旨，除第六条外，其余各条均予照准。

廿二日（6. 4）

帝幸万寿山，诣广润祠拈香。

廿四日（6. 6）

帝回宫。

廿五日（6. 7）

帝幸圆明园。

廿六日（6. 8）

帝幸万寿山。山东巡抚吉纶奏请于十六、十七年大兴土木，修缮孔子庙、颜子祠并泰山庙宇各工。谕：所有该省应修各工，将可从缓者即行缓办。

廿九日（6. 11）

谕：上年，英吉利国夷兵来澳时，吴熊光等失之于宽，此时自应济之以猛。著传谕百龄，本年该国货船到时，先期留心侦探。如再敢多带夷兵，欲图进口，即行调集官兵，相机堵剿。以原两广总督吴熊光办理英吉利夷兵入澳一事，示弱失体，发往伊犁效力赎罪。

本月

●秀清村六景之一（活画舫）：

倚岸缘廊舣石舫，波心屹立漫乘游。柔能任重虚能受，至理现前细绎求。

五月

初二日（6.14）

帝御勤政殿听政。

初五日（6.17）

●甘雨既足，麦收有象，适逢五日，命诸王、大学士及内廷翰林等泛舟游福海、凤麟洲诸胜，诗以志事：

甘雨透滋畎亩充，麦登禾长近天中。授时沐泽占逢稔，怀古临风漫吊忠。

节度例陈九龙泛，心期乐与万方同。君舟民水臣操楫，共济感酬考眷隆。

初七日（6.19）

帝回宫。

初十日（6.22）

帝幸圆明园。

十一日（6.23）

以五旬整寿将届，谕：准予来京诸臣，九月十五日以后，不必赴热河，亦不必赴沿途各处行宫迎驾。自十六日至二十日，此五日内，准分日具折请安。万寿正日，除年例应进土贡外，准各恭递如意一柄，书册字画亦可，其金玉陈设等件，概不准进献。

十二日（6.24）

帝幸静明园，诣龙神庙拈香。

洪亮吉卒。

十七日（6.29）

帝幸万寿山。内外膳房、茶房、侍卫饭房于万寿山备膳，用苏拉十六名。廿三日、廿九日亦如之。

十九日（7.1）

定《澳门民夷交易章程》五款。

廿二日（7.4）

帝以五旬整寿，遣官致祭历代帝王陵寝。谕：昨询梁上国知，向来，望祭元太祖、元世祖，系在德胜门外。遂令军机大臣查其始自何年。据《皇朝文献通考》内载，顺治八年，致祭历代帝王典礼，望祭元太祖、元世祖陵，在宛平县北。其时，尚未有畅春园、圆明园。是以遇有典礼，即在德胜门外望北举行祭礼。此时若仍行照旧，则望祭地方，转在御园之南，于体制殊觉未协。嗣后，遇有庆典，应致祭元太祖、元世祖时，著于清河以北、昌平州以南、仍系宛平县所辖界内，择地举行望祭礼。

廿三日（7.5）

帝幸万寿山。

前据福庆等密奏，通州中、西二仓所贮白米，多有亏缺，并有仓书高添凤等私行装米出仓。帝遂派托津、福庆会同新任仓场侍郎玉宁等前往汇勘。据奏，西仓存贮白米五十二廒，只抽查十三廒，已短米八千五百余石；中仓存贮白米二十六廒，只抽查五廒，已短米一千一百余石。命将高添凤及伊弟高二、伊子高庭柱等查拿到案，并简派大臣前往查仓。寻谕：嘉庆三年以来，历任仓场侍郎，于任内之务毫无整顿，致有高添凤等偷米出仓，查验尚未办竣，已亏短至十数万石之多。著将历任仓场侍郎，按照其在任之久暂，及任内弊端之轻重，分别惩办。七月十四日，降旨：仓书高添凤、甲斗张连芳、攒典宋均，俱著即处斩。监督德楞额、玉通，仓书潘章，俱著即处绞。其余各员降革有差。

廿五日（7.7）

帝幸静明园，诣龙神庙拈香。

本月

绮春园添建宫门、勤政殿、烟雨楼、涵秋馆、茂悦精舍，以及圆明园内舍卫城、方壶胜境、福园门、小马圈等处殿宇、楼座房间共一百七十三间，游廊二百六间，亭子六座，牌楼二座，共净准销银三十二万八千七百七十五两三钱三分一厘。

六月

初三日（7.15）

帝御勤政殿听政。

初四日（7.16）

内外膳房、茶房、侍卫饭房于万寿山备膳，用苏拉十六名。十三日、廿三日亦如之。

初九日（7.21）

帝幸静明园，诣龙神庙拈香。

十九日（7.31）

帝幸静明园，诣龙神庙拈香。

廿六日（8.7）

查有亲王、郡王、贝勒、贝子等将所领俸米或米票在通州售卖，以致米不入城，分予惩处。并谕：嗣后王、贝勒、贝子、公等俸米，均责令运入城内，不得在城外售卖。违者永革俸米。

廿七日（8.8）

帝回宫。

本月

●蒨园四景之一（虚受轩）：

天道有盈亏，四时易寒暖。君子虚受人，圣功不自满。

育德首含宏，宅心务平坦。择善勉笃行，临轩思继缵。

七月

初一日（8.11）

帝幸圆明园。

●狮子林：狮子林，为吴郡名园，相传成于倪瓒。其中十六景，狮子林为之首，遂以为总名焉。昔年，皇考幸临江浙，曾邀游览，因赏其结构清佳，命图粉本。于御园规此一区，仿其胜概，不特风景宛然，而天成之妙，更增殊胜矣。

姑苏名胜纪迂倪，龙驭南巡入品题。碧沼萦纡环石径，苍松葱郁隐花蹊。

桥连藤架缘而曲，洞接槐厅高复低。轩敞层楼景清閟，辉煌天藻焕金泥。

初二日（8.12）

以本年为五旬整寿，诏停本年秋决。

初三日（8.13）

帝幸静明园，诣龙神庙拈香。

初六日（8.16）

帝幸万寿山。内外膳房、茶房、侍卫饭房于万寿山备膳，用苏拉二十名。十二日亦如之。

初九日（8.19）

帝御制《悯忠诗》为李毓昌阐扬幽郁，并著山东巡抚吉纶取碑碣石料，将御制诗章发往摹刻。其时，查办江苏山阳知县王伸汉案，处王伸汉立斩；李毓昌家丁李祥、顾祥、马连升俱凌迟处死，王伸汉家丁包祥处斩；知府王毂立绞；总督铁保革职，发往乌鲁木齐赎罪；巡抚汪日章革职回籍。

初十日（8.20）

帝御勤政殿听政。

十二日（8.22）

帝幸万寿山。

十五日（8.25）

中元节。帝诣安佑宫行礼，于福海放河灯。

十八日（8.28）

以秋狝木兰，帝自圆明园启銮，命仪亲王永璇、成亲王永瑆、大学士费淳、兵部尚书明亮留京办事。

廿四日（9.3）

帝一行抵热河，以围场雨多路泞，命停本年木兰行围。

八月

初四日（9.13）

遣官祭黑龙潭昭灵沛泽龙王之神、玉泉山惠济慈佑灵濩龙王之神。

十七日（9.26）

福建水师提督王得禄与浙江水师提督邱良功聚歼海盗蔡牵船队于黑水洋面，蔡牵落海身死。九月十二日，闻奏，王得禄著晋封子爵，赏双眼花翎；邱良功，著封为男爵。其余大小官员均从优议叙，并赏福建兵丁一月钱粮，浙江兵丁半月钱粮。

廿三日（10.2）

清漪园太监范喜逃走被获，按例发往外围当差。

九月

初三日（10.11）

帝自避暑山庄还跸圆明园，诣安佑宫行礼。

初六日（10.14）

帝御勤政殿听政。

初八日（10.16）

帝幸静明园，诣龙神庙拈香。幸静宜园驻跸，至初十日皆如之。

十一日（10.19）

帝回宫。

十三日（10.21）

帝幸圆明园。

十四日（10.22）

以本年为五旬整寿，查宗室内弘字辈现仅存五人，全加衔并准其随班入朝。

十七日（10.25）

总管内务府奏：本月十三日，静明园风篁清听东北外围大墙内，园户该班房间失火。应将园丁罗保儿革去差使，杖八十、徒二年，系旗人，照例折枷号三十日，满日鞭责发落。苑丞永宁、苑副平保应照失察例，各罚俸一年；员外郎常有应照不行详查例，罚俸六个月；该管大臣苏楞额、和世泰应照疏忽例，各罚俸三个月。

二十日（10.28）

以本年为五旬整寿，加恩内外一二品文武大员。

廿六日（11.3）

谕：据绷武布奏，俄罗斯固毕尔纳托尔遣使赍书，请于明年冬令时，在恰克图地方会商。看来此次俄罗斯汗或系尚欲遣使进贡，著传谕绷武布告知伊等，大皇帝施恩准其来会，即发给咨文。明年来会时，若提及仍照前次遣使进贡，亦不必斥驳，可据实陈奏，谅俄罗斯人等来京，断无胆敢不行叩拜之礼。翌年三月初七日，复谕：俄罗斯不仅现在暂不遣使，且希冀天朝先遣使臣前往，此事断不可行。天朝入觐纳贡之属国甚多，从无遣使赴外国之例，著蕴端多尔济予以驳饬。

廿七日（11.4）

帝幸万寿山。内外膳房、茶房、侍卫饭房于万寿山备膳，用苏拉十六名。

廿八日（11.5）

帝回宫。

十月

初一日（11.8）

以五旬整寿，帝御宁寿宫赐王以下文武大臣、蒙古王公、外藩使臣、四川土司等食，至初五日皆如之。

初六日（11.13）

五旬整寿，帝诣奉先殿行礼。御太和殿，王以下文武大臣、蒙古王公、外藩使臣、四川土司等，行庆贺礼，作乐宣表如仪。御宁寿宫，赐皇子及王以下文武大臣、蒙古王公、外藩使臣、四川土司等食。御乾清宫，赐皇后及皇子等宴。

初七日（11.14）

帝幸圆明园，诣安佑宫行礼。御同乐园，赐皇子及王以下文武大臣、蒙古王公、外藩使臣、四川土司等食，至初九日皆如之。赏赍祝嘏之各属国国王及使臣。

初九日（11.16）

帝御正大光明殿，赐皇子及王以下文武大臣、蒙古王公、外藩使臣、四川土司等宴，并赏赍有差。

●正大光明大宴诸王、外藩来使及大学士、尚书、各省将军、总督、巡抚、提督，庆典礼成，诗以志事：本年，予五旬万寿，所有祝嘏之藩部及疆臣等，先于上月中旬后，鳞集阙廷。昼接雍容，恩施稠叠。至本月初九日，于御园正大光明广布华筵，普行宴赉，并令皇子率先起舞，及近支孙曾、蒙古额驸等，依次递进，一家中外，庆洽堂廉。两旬以来，风日晴明，气候暄暖，而各省陆续奏报，秋收多属丰稔，河工海洋，亦均臻宁谧。此皆仰赖天祖垂庥，鉴予不遑暇逸之诚，用锡以寰宇泰平之福，嗣是春秋日富，申命用庥，依旬举行庆典，曾元益臻蕃衍。予惟有恒亹敬勤，孜孜求治，尤愿臣工等各扬厥职，以期薄海普受嘉祥，同跻仁寿，实予所夙夜殷企者也。

风和日丽小阳春，宴锡大廷集众臣。御世鸿猷先法祖，承天厚福本勤民。

悦来藩部一心戴，喜起儿孙万舞陈。敬愿昊慈敷海宇，同登仁寿俗还淳。

十二日（11.19）

帝诣安佑宫行礼。

十三日（11.20）

帝回宫。

十一月

初七日（12.13）

总理园庭工程事务大臣奏：圆明园、长春园、绮春园内奉三无私等处，嘉庆十三年份岁修工程完竣，净准销银一万七千二百四十八两八钱七分七厘。

十二月

二十日（1810.1.24）

宗室福清泰混称汉名“兆四”，移至崇文门外居住，并有调戏妇女等情事。本日，帝命将其圈禁一年，满日加责四十板。以管理宗人府之王大臣等怠于教训，将仪亲王永璇、成亲王永瑆、定亲王绵恩、贝勒永珠、永䄉，各罚职任俸三个月，总族长、族长及学长等，均遭责罚。

廿三日（1.27）

懋勤殿交静宜园《御制读尚书诗》二套，在学古堂添安一套，梯云山馆添安一套。

暹罗国王遣使表贺万寿，及岁进方物，赏赍筵宴如例。

廿四日（1.28）

经查，自嘉庆十一年起至嘉庆十四年九月止，工部书吏王书常、蔡泳受等私造假印，先后从户部三库及内务府广储司库中冒领库款十四次，每年耗银数十万两。本日案结，王书常、蔡泳受、吴玉均三犯均著即处斩；蒋得明著即处绞；谢兴邦、商会祺俱著绞监候，秋后处决。涉案之各衙门官员，分予惩处。

本年

奉旨：绮春园新建宫门修理完竣，初次添行大扫帚九十八把、关东苗笤帚五十四把、口面一尺三寸高一尺随绳抬筐二十二个、牛心柳罐十一个、蛮子木（木欣）十一张、竹爬子十张、大高担子二把、小担子五把。再，所有外围土山上树株并挡众木、影壁、桥座等项，理宜知照步军统领衙门拨派兵弁巡查、看守。其宫门应安设弓箭、撒袋、豹尾枪之木架以及朝房门罩等座，理宜知照宫门应该班诸旗官弁昼夜看守。

奉旨：向来宫内、圆明园首领太监、太监等，遇有年老、残疾不堪当差者，经总管太监等具奏，即准其为民，从未派人查验，其中恐有情托捏饰等事，不可不预防其渐。嗣后，经总管太监奏明后，著内务府大臣等逐加亲验。其有卧病不起者，内务府大臣拣派司员，前往查验属实，奏明后方准为民。倘有捏饰等弊，将该太监严行审讯，并将总管太监等参奏治罪。现有奏请为民首领、太监等十名，即照新例办理。

嘉庆十五年　1810

正月

初九日（2.12）

帝幸圆明园，诣安佑宫行礼。

初十日（2.13）

帝御山高水长，赐王公大臣、蒙古王、贝勒、贝子、公、额驸、台吉及回部郡王、外藩使臣等宴，并赏赉有差。

十四日（2.17）

帝御奉三无私殿，赐皇子、亲藩等宴。

十五日（2.18）

上元节。帝诣安佑宫行礼。御正大光明殿，赐朝正外藩等宴，作乐赐酒，如除夕仪。

帝命两广总督百龄传谕越南国王阮福映，以南掌国酋长召温猛既受锡封，不克自立，辗转播迁，亵弃天朝敕印，本有应得之罪，姑念其流离失所，不加声责，但内地不应收留，应听越南国自为安置。其国事以其伯召蛇荣代办。

十六日（2.19）

帝御正大光明殿，赐大学士、尚书等宴。

廿三日（2.26）

帝诣畅春园恩慕寺、恩佑寺行礼。

廿四日（2.27）

帝幸万寿山。

廿五日（2.28）

以四川总督勒保为武英殿大学士。

廿六日（3.1）

庄亲王绵课府内太监李来喜串通书吏韩振邦，以匿名揭帖诬言讹诈本府亲王。经刑部审拟，将李来喜处绞，韩振邦处绞监候，秋后处决。

廿八日（3.3）

帝回宫。朝鲜国王遣使朝贡，赏赉筵宴如例。

二月

初八日（3.12）

遣官祭黑龙潭昭灵沛泽龙王之神、玉泉山惠济慈佑灵濩龙王之神。

初九日（3.13）

帝幸圆明园。

十一日（3.15）

懋勤殿交静明园御笔字对一份，在清凉禅窟添贴。

十二日（3.16）

帝幸万寿山。命武英殿大学士、四川总督勒保速来京供职，以湖北巡抚常明为四川总督，云南巡抚同兴为湖北巡抚，赏翰林院编修孙玉庭三品顶戴，为云南巡抚。

十六日（3.20）

帝幸静明园，诣龙神庙拈香。

二十日（3.24）

帝御勤政殿听政。

廿四日（3.28）

内外膳房、茶房、侍卫饭房于清漪园备膳，用苏拉十六名。

清漪园玉澜堂原贴钱维城画一张、董邦达画一张，经懋勤殿撤去；线法画二张，经如意馆撤去。

廿八日（4.1）

筹议试办漕粮海运，著两江总督松筠、江苏巡抚章煦及浙江巡抚蒋攸铦先行试办。未几，以章煦反对作罢。

廿九日（4.2）

引见内务府保送京察一等人员。奉旨：此次，内务府三院等处，京察一等圈出人员，著各该堂官再行出具切实考语，带领引见。圈出之笔帖式定祥、清安、存荣，著交吏部以抚民同知、通判照例选用。所有一等官员、达他、笔帖式，俱著准其一等加一级。笔帖式升官保，著改为二等。年逾六十五岁之畅春园郎中德元、会计司员外郎德著、南苑六品顶戴苑丞官德，俱著以原品休致。余俱准其照旧供职。

三十日（4.3）

帝回宫。

三月

初二日（4.5）

总管内务府奏：以曾任畅春园郎中之庆丰司郎中吉祥，调补畅春园郎中。

初三日（4.6）

帝幸圆明园。

初四日（4.7）

懋勤殿交清漪园庄预德画一张、董诰画二张、冯宁画一张、英和字一张、姚元之字一张、黄钺字一张、赵秉冲字对一副，俱在玉澜堂西书房添贴，随工成做楠柏木包镶床三张。

初七日（4.10）

帝回宫。

初九日（4.12）

帝幸圆明园。

初十日（4.13）

帝启銮，谒东陵。

廿三日（4.26）

造办处交静宜园御笔粉油蓝字诗意匾一面，在永安寺天王殿添挂。

廿四日（4.27）

内外膳房、茶房、侍卫饭房于清漪园备膳，用苏拉十六名。

廿九日（5.2）

帝自东陵还跸圆明园。

四月

初二日（5.4）

帝御勤政殿听政。

初三日（5.5）

帝回宫。

初四日（5.6）

懋勤殿交静宜园御笔字横披六张，在物外超然添贴二张，对瀑添贴一张，欢喜园添贴一张，翠微山房添贴一张，就松舍添贴一张；交来御笔字条对一份，在松坞云庄添贴；交来御笔字挂屏二件，在来青轩添挂一件，静室添挂一件；交来御笔字横披匾一面，在泽春轩添挂；交来御笔字斗四张，在韵琴斋添贴一张，超然堂添贴一张，含青斋添贴一张，古意轩添贴一张；交来御笔字条二张，在梯云山馆添贴一张，正凝堂南三间添贴一张；交来御笔字横披对一份，董诰画横披一张，俱在皋涂精舍添贴；交来沈焕画斗一张，在韵琴斋添贴；随经懋勤殿撤去臣工字画五件，内翠微山房桂芳字横披一张、梯云山馆赵秉冲字条一张、正凝堂南三间张若澄画条一张、就松舍董诰画对一副。

初六日（5.8）

帝幸圆明园。

初八日（5.10）

帝幸万寿山。万寿山念经用班桌一张，关取供饼等物，用苏拉十一名。赏已革工部尚书苏楞额为圆明园六品苑丞；已革工部左侍郎阿明阿为八品笔帖式，在热河当差。

江苏巡抚章煦奏称：江苏漕粮不宜海运。帝谕：海运一事，流弊本多。今据章煦所奏，苏省如此，浙省大略相同。此时可无庸试办。

十一日（5.13）

帝幸静明园，诣龙神庙拈香；寻幸静宜园驻跸，至十五日皆如之。

十四日（5.16）

帝御演武厅，阅健锐营操。

十五日（5.17）

造办处交清漪园素玻璃一块，在玉澜堂西书房窗上添安，随工成做香色春绸夹软帘一架、石青绸帘刷一件。

十六日（5.18）

帝幸静明园，还跸圆明园。

十七日（5.19）

为便统辖，将原设之热河副都统一员，改设都统一员，除管辖驻防官兵外，将承德府等处附近各属，专交统辖，所有附近一带蒙古事件，亦改归其专办。

十九日（5.21）

帝幸万寿山，诣广润祠拈香。

二十日（5.22）

圆明园交清漪园《钦定四库全书考证》一部十二套，在云绘轩添安。

圆明园交静宜园《钦定历代职官表》一部六套、《唐书》五套，俱在敷翠轩添安。

圆明园交静明园《佩文斋书画谱》八套、《蒙古文鉴总纲》一套、《旧清语》一套、《钦定清汉对音字式》一套、《世宗宪皇帝御制文集》二套，俱在乐景阁添安。静明园拟摘“分鉴曲”黑漆诗意匾六面、粉油诗意匾三面、“试墨泉”黑漆诗意匾四面、“写琴廊”黑漆诗意匾一面，俱在赏遇楼尊藏。

廿三日（5.25）

帝幸静明园，诣龙神庙拈香。

廿五日（5.27）

懋勤殿交清漪园冯宁画一张、程琳画一张、戴衢亨字一张、赵秉冲字一张，俱在玉澜堂西书房添贴。

从御史甘家斌之请，严密推行门牌保甲制度。

廿六日（5.28）

帝御勤政殿听政。

三十日（6.1）

帝幸万寿山。

本月

和珅子、和孝固伦公主额驸丰绅殷德卒，遣侍郎英和往奠，照公爵衔赐恤。

五月

初八日（6.9）

内外膳房、茶房、侍卫饭房于清漪园备膳，用苏拉十六名。十九日、三十日亦如之。

谕：本年四月初六日至今，京畿一带雨泽稀少。著于本月十一日至十七日，遴派光明殿道众，在黑龙潭设坛，并派觉生寺僧人，在山高水长唪经。其山高水长著派二阿哥、三阿哥及上书房伴读之绵懫、载铨，分起拈香祈祷；并著管理圆明园之桂芳、征瑞，轮替在彼将事。其黑龙潭雨坛，著派奕勋、绵龄、绵誉、成秀、奕纶、果勒丰阿、文和、布兰泰八人，分为四班，轮日斋宿行礼；并著派履谦、赛尚阿、祥绍，轮替在彼值宿；另派绵课、永璘二人，间日轮流到彼总司稽查，毋庸在彼住宿。

初九日（6.10）

懋勤殿交清漪园御笔字条对一份，在藻鉴堂添贴。

初十日（6.11）

懋勤殿交静宜园御笔《为臣不易论》墨刻手卷二卷，在学古堂添安一卷，梯云山馆添安一卷。

给事中胡大成奏参武英殿大学士勒保：在四川总督任内曾获匿名联句，内涉责打生员及捆缚知县等事，旋因查无实据，即置之不理，亦不奏闻。本日，帝谕：无论事之虚实，其不行陈奏之罪，断不可免。著革去大学士，降补工部尚书。授协办大学士戴衢亨为体仁阁大学士，管理工部事务，仍掌翰林院事。

十一日（6.12）

帝幸静明园，诣龙神庙拈香。

十四日（6.15）

帝回宫。懋勤殿交清漪园董诰画一张、戴衢亨字一张、赵秉冲字一张，俱在玉澜堂西书房添贴。又董邦达画一张、程琳画一张、余省画一张、沈焕画一张、董诰字一张、英和字二张、赵秉冲字一张，俱在藻鉴堂添贴。又董诰画一张、黄钺画一张、戴衢亨字一张，俱在春风啜茗台添贴。

十五日（6.16）

帝幸圆明园。

十八日（6.19）

帝回宫。

廿一日（6.22）

帝幸圆明园。

廿二日（6.23）

帝御勤政殿听政。

廿三日（6.24）

造办处交清漪园素玻璃六块。

廿五日（6.26）

帝幸静明园，诣龙神庙拈香。衣库交清漪园香色春绸硬板夹帘二架、香色春绸夹软帘一架、石青绸帘刷一件。武备院交清漪园红白毯各二块，俱在鉴远堂添安，随工成做楠柏木包镶床四张。圆明园交清漪园《高宗纯皇帝七旬万寿恭纪》二套，在石舫添安。

廿六日（6.27）

懋勤殿交清漪园董诰画二张、字一张，戴衢亨画一张、字一张、对一副，蒋懋德画二张、张舒画二张、沈焕画二张、常生画一张、陆遵书画一张，英和字三张、对一副，桂芳字二张、赵秉冲字二张，俱在鉴远堂添贴。

廿七日（6.28）

总理园庭工程事务大臣奏：绮春园添建宫门、勤政殿、烟雨楼、涵秋馆、茂悦精舍等项工程完竣，净准销银三十二万八千七百七十五两三钱三分一厘。

圆明园交清漪园《皇上五旬万寿恭纪》二册，在鉴远堂添安一册，藻鉴堂添安一册。

廿九日（6.30）

如意馆撤去清漪园惠山园内线法画十五张。

圆明园交静宜园《皇上五旬万寿恭纪》册页三册，在致远斋、学古堂、梯云山馆各添安一册。

本月

内务府奏准：复减圆明园等处竹扫帚、竹爬子二项。原应领竹扫帚一百把以上者，著给二十把；五十把以上者，著给十五把；不足五十把者，著给十把；不足十把者，亦著给十把。原应领竹爬子十张以上者，著给十张；五张以上者，著给五张；不足五张者，照旧著给。查圆明园九州清晏等六十九处，每年应领竹扫帚四千五百六十九把，除复减竹扫帚三千六百四十九把外，仍应领竹扫帚九百二十把；每年应领竹爬子一百八十四张，除复减竹爬子十八张外，仍应领竹爬子一百六十六张。

奉旨：熙春园内现在当差之总管、首领、太监等，著吕进忠全行撤回，分拨各等处当差。其殿内陈设等项，著管理园庭事务大臣依清漪园之例缮写册档，钤用印信，不时查对。著派苑丞、苑副带领园户等在彼值宿看守。寻奏准：依清漪园之例，每年十二月间，遴派内务府司员按照印册盘查点验，每届五年，钦派总管内务府大臣一二员清查。

六月

初三日（7.4）

帝幸万寿山，诣广润祠拈香。

初四日（7.5）

圆明园交清漪园《御制万寿山五百罗汉堂记》册页一册，在澹宁堂添安。

初六日（7.7）

清漪园惠山园撤下黑漆金字诗意匾四十四面、对联二副、粉油蓝字诗意匾八面、岑华室、伫芳、莹心堂、涵光洞等匾各一面，又撤下佛香阁东配亭原存黑漆金字诗意匾七面、粉油蓝字诗意匾二面，明月壶、练光亭匾各一面，俱归在宝华楼内尊藏。

初七日（7.8）

圆明园交清漪园《西清古鉴》一部四套、《千叟宴诗》一部六套、紫檀匣一件（内盛册页二册）。

初九日（7.10）

圆明园交清漪园《高宗纯皇帝五旬万寿颂》十册。

初十日（7.11）

帝御勤政殿听政。圆明园交清漪园紫檀罩盖匣一件，内盛玉板册页一份，俱在澹宁堂添安。

十一日（7.12）

圆明园交清漪园《圣驾临幸翰林院礼成恭纪》一册，在藻鉴堂添安；又《皇上五旬万寿恭颂》三册，在藻鉴堂添安一册，鉴远堂添安二册。

十二日（7.13）

帝幸静明园，诣龙神庙拈香。

奉旨：英和现在出差，所有户部左侍郎事务，著马慧裕署理。左翼总兵事务，著和世泰署理。奉宸苑事务，著征瑞署理。清漪园等处事务，著常福署理。紫禁城内值年，著征瑞署理。和孝公主家务，著征瑞署理。御药房、太医院事务，著常福署理。

十三日（7.14）

清漪园撤下凤凰墩匾一面、会波楼匾一面，俱归在宝华楼内敬谨尊藏。

膳房总管太监奏：昨日寅刻，太监于进忠之侄得林，在紫禁城膳房投井而死。帝以值班诸臣有失稽查，任人出入宫禁重地，著将是日该班之贝勒永珔革去前锋统领、右宗人，罚贝勒俸一年，前往西陵驻守。

十六日（7.17）

帝幸万寿山。

十八日（7.19）

圆明园交清漪园《御制十八罗汉赞》二册。

二十日（7.21）

圆明园交清漪园紫檀嵌一块玉罩盖匣一件（内盛册页四册）、黑漆匣一对（内盛乌木边股黑面扇二十柄），俱在澹宁堂添安。

廿七日（7.28）

帝回宫。

廿八日（7.29）

谕：膳房太监于进忠之侄得林一案至今，不过数日，各处值班人等复形懈怠。昨日，朕由圆明园回宫时，见神武门站班官兵，西边管辖者尚为严整；东边站班官兵之外，竟有无数闲人在巷口拥挤，该官兵等并不早为驱逐。嗣后，各该处值班官兵及该管大臣等，务当随时随地，留心管辖。

廿九日（7.30）

两广总督百龄等奏：广东水师于儋州洋面，荡平海盗乌石二船队，并有海盗东海霸船队乞降。帝以粤洋盗匪悉数歼除，全省洋面安谧，加百龄太子少保衔，赏戴双眼花翎，给予二等轻车都尉世职。

七月

初一日（7.31）

帝幸圆明园。

初二日（8.1）

圆明园交清漪园楠木匣一件，内盛耕织图墨刻册页二册，在澹宁堂添安。

十二日（8.11）

帝幸静明园，诣龙神庙拈香。

十三日（8.12）

帝御勤政殿听政。懋勤殿交静宜园《清宁合撰》二套，在学古堂、梯云山馆各添安一套。

十五日（8.14）

帝诣安佑宫行礼。

十六日（8.15）

清漪园惠山园添修房屋。懋勤殿交清漪园御笔字一张、桂芳画一张，在鉴远堂换贴，换下董诰字一张、桂芳字一张，随经懋勤殿撤去。

十七日（8.16）

帝幸万寿山。

十八日（8.17）

圆明园九洲清晏陈设宫史一份，将应行补载谕旨添缮完竣，并将原书缴进。

二十日（8.19）

以秋狝木兰，帝自圆明园启銮。命皇次子绵宁、皇三子绵恺于八月初旬前往热河随驾进哨，令仪亲王永璇、协办大学士尚书明亮、刘权之、尚书勒保留京办事。

八月

初十日（9.8）

遣官祭黑龙潭昭灵沛泽龙王之神、玉泉山惠济慈佑灵濩龙王之神。

廿九日（9.27）

衣库交静宜园春绸硬板夹帘一架、石青绸帘刷一件，俱在玉华岫添挂。

九月

初十日（10.8）

造办处交静宜园素玻璃一块，在玉华岫添挂。

十七日（10.15）

帝自避暑山庄还跸圆明园，诣安佑宫行礼。

十八日（10.16）

帝御勤政殿听政。

十九日（10.17）

帝御洞明堂，勾到上年及本年广东情实罪犯。

廿一日（10.19）

帝御洞明堂，勾到上年及本年奉天情实罪犯。衣库交清漪园红猩猩毯三块，在鉴远堂添铺。

廿五日（10.23）

帝幸万寿山。

廿六日（10.24）

帝御洞明堂，勾到上年及本年陕甘情实罪犯。

廿七日（10.25）

帝回宫。

本月

管理圆明园事务大臣等奏准：将绮春园宫门前新建二孔闸一座，添盖闸军房二间，咨交奉宸苑接管。

直隶总督温承惠奏：臣谨于本月廿八日起程，待永定河覆勘新工后，即敬诣圆明园，跪请圣安，随班叩祝万寿。臣出省后，由藩司方受畴代行日常公事。

十月

初二日（10.29）

帝幸圆明园。

初四日（10.31）

以万寿节，帝御同乐园，赐王以下文武大臣、蒙古王公等食，至初七日皆如之。

初六日（11.2）

万寿节。帝诣安佑宫行礼。御正大光明殿，皇子及王以下文武大臣、蒙古王、贝勒、贝子、公、额驸、台吉等，行庆贺礼。

十二日（11.8）

帝诣安佑宫行礼。

十三日（11.9）

帝回宫。

十六日（11.12）

谕：嗣后，散秩大臣并未兼管旗营，及仅兼管一处之员，仍旧每日入值，如有兼管二三处事务者，俱著于奏事之日进内，余日上衙门办事，无庸进内。其宗人府、翰林院、通政司、詹事府、太常寺、光禄寺、太仆寺、鸿胪寺、国子监、钦天监各衙门，著于朕每年冬月进宫之次日为始，每日轮派一衙门值班，周而复始，至封印日止。值班之日，照在圆明园之例，呈递名单，以备召对，不必另递无事折片。如该衙门遇有应奏事件，除轮班之日，仍令不时陈奏。如遇朕出入天坛斋宫，及至各庙宇拈香，并临莅西苑等处，传膳办事，著推班一日，无庸随往。其无执事之散秩大臣，亦无庸随往。

十八日（11.14）

穆克登额奏：遵旨会同荣麟前往查看清漪园等三园现修工程。查得，清漪园内鉴远堂殿内添安装修，藕香榭等处粘修泊岸码头；静明园内镜影含虚殿座坝内掏水；以及三园挪请佛像、龛案、供器、陈设、清理地面等项活计。各工现已完竣，实用过工料银一千六百九十一两八钱六分七厘。

廿五日（11.21）

奉旨：著总管内务府大臣常福，清查静明园及清漪园两园陈设。

十一月

初三日（11.29）

衣库交清漪园锦坐褥靠背迎手一份，随葛布套在清可轩换铺，换下锦坐褥靠背迎手一份，随葛布套。又葛布坐褥一件，随锦套在寻云亭换铺，换下葛布坐褥一件，随锦套，俱经衣库撤去。

廿七日（12.23）

常福奏：经查，清漪园内陈设，嘉庆十年份，原存四万一千六百九十一件。自十年起至十五年止，陆续添设二百二十四件，共四万一千九百十五件。内请去高宗纯皇帝御笔一千一百九件，撤去臣工字画、炕屏、插屏一百八十六件，共实存陈设四万六百二十件。静明园内陈设，嘉庆十年份，原存二万五千五十四件。自十年起至十五年止，陆续添设一百五十二件，共二万五千二百六件。内请去高宗纯皇帝御笔九百四十一件，撤去臣工字画、围屏、炕屏七十二件，共实存陈设二万四千一百九十三件。

廿九日（12.25）

皇次子绵宁、皇三子绵恺昨自西陵返京，奏称廿三日、廿六日有涿州、房山等地民妇数百人于途次跪求赏赈，并有随至宫门者。十二月初三日，帝以饥民聚集宫门请愿乃未有之事，将相关官员分予处分。

奉旨：勒保、英和现在出差，所有刑部尚书事务，著瑚图礼兼署。崇文门正监督，著丹巴多尔济暂行管理。户部左侍郎事务，著玉麟兼署。奉宸苑事务，著桂芳暂管。清漪园事务，著征瑞暂管。牺牲所值年、紫禁城内值年，均著和世泰暂管。太医院并御药房事务，均著常福暂管。和孝公主家务，著征瑞暂管。

十二月

初一日（12.26）

命征舒管理清漪园等处事务。

十六日（1811.1.10）

赏广西一百四十二岁寿民蓝祥六品顶戴及御制诗章、匾额，加赏银五十两。

廿一日（1.15）

《剿平三省邪匪方略》告成，总裁官庆桂等优叙有差。

本年

修缮长春园内鉴园。改建福海北岸平湖秋月之镜远洲。

谕：昨日选看八旗秀女，见其身小年大，身高年小者甚多。皆由该管参、佐领等，平日并不细查，遇挑选之年，任将秀女之年岁虚写，亦未可定。著八旗都统通行传知各该管参、佐领等，嗣后，按户详查注档，将下次应选秀女之年岁，据实填写。

嘉庆十六年　1811

正月

初五日（1.29）

帝幸圆明园，诣安佑宫行礼。

初九日（2.2）

陕西扶风县缉获天主教徒兴平县人张铎德，命将其发往伊犁，给额鲁特为奴。

十五日（2.8）

帝诣安佑宫行礼。

十八日（2.11）

帝回宫。

廿一日（2.14）

帝诣畅春园恩慕寺、恩佑寺行礼。幸圆明园。

廿四日（2.17）

帝幸万寿山。

廿八日（2.21）

帝回宫。朝鲜国王、暹罗国王遣使表贡方物，赏赉筵宴如例。

本月

廷臣请颁刻《御制诗二集》，帝允之。皇九女生，母如妃钮祜禄氏。

●年前腊月中，据广西巡抚钱楷奏报，宜山县永定土司境内耆民蓝祥，年一百四十二岁，且称该寿民秉性淳良，持躬朴遫，仰沐四朝雨露，扶携五代曾元，言动安闲，精神矍铄，洵为熙朝人瑞，史册罕闻，既锡以“重颐集庆”匾额，并成此什，书以赐焉。

星弧昭瑞应交南，陆地神仙纪姓蓝。百岁春秋卌年度，四朝雨露一身覃。

烟霞养性同彭祖，道德传心问老聃。花甲再周衍无极，长生宝箓丽琅函。

二月

初二日（2.24）

谕：向来，朕驻跸圆明园，各衙门轮班值日。遇朕进宫至回园之期，前后班相距在十日以内者，仍按前班接算；在十日以外者，即另行轮起。此于政体无关，殊可不必。嗣后，遇朕巡幸启銮离园及冬间进城，距回銮驻园及次年幸园，为期较远，各衙门自应另行按班轮值。若平时进宫回园，无论在十日内外，前后班俱接算轮流，无庸另计。

初六日（2.28）

●成亲王六十寿辰，诗以赐之：

花甲初开纪，春台暖律扬。心存忠孝久，寿衍海山长。

有守年弥永，无私体自强。期颐昭五代，诒晋喜同堂。

初七日（3.1）

定军机章京回避例：嗣后，文职京官三品以上、外官臬司以上，武职京官副都统以上、外官总兵以上，其亲子弟均不准在军机章京上行走。

初九日（3.3）

帝幸圆明园。

十三日（3.7）

遣官祭黑龙潭昭灵沛泽龙王之神、玉泉山惠济慈佑灵濩龙王之神。

十四日（3.8）

帝幸静明园，诣龙神庙拈香。

十七日（3.11）

帝幸万寿山。

十九日（3.13）

帝阅高宗纯皇帝实录，内载：乾隆四年，由弘皙交进宫内当差之太监李蟠，藉放假为名，私回弘皙家中，传说宫内之事。谕：旗下太监，既交进宫内服役，即不应再回伊原主家中。所以严内外之防，而杜关通之渐。乾隆年间，宫中太监尚多，由旗下交进者少，彼时尚有如李蟠者，况近来宫中太监较少，由旗下交进者多，岂能皆是善良？兹特严定章程：嗣后，旗下太监，一经交进宫内当差，不许再回本主私宅。著载入宫中现行则例。

廿四日（3.18）

帝幸静明园，诣龙神庙拈香。

廿八日（3.22）

帝御勤政殿听政。

廿九日（3.23）

帝回宫。

三月

初二日（3.25）

驻藏大臣阳春奏：摄政济咙呼图克图在藏圆寂，以丹吉林第穆呼图克图继任。

初三日（3.26）

帝幸圆明园。

初五日（3.28）

帝幸万寿山。

初十日（4.2）

帝幸静明园，诣龙神庙拈香。

十二日（4.4）

皇三女庄敬和硕公主卒，帝亲临其园邸赐奠。

十四日（4.6）

帝诣安佑宫行礼，十七日亦如之。

十八日（4.10）

帝自圆明园启銮，谒西陵。命成亲王永瑆、协办大学士尚书明亮、刘权之、尚书瑚图礼等留京办事。

廿二日（4.14）

帝恭谒泰陵、泰东陵，至孝淑睿皇后喜塔腊氏陵寝奠酒。次日启銮，赴五台山。

闰三月

初二日（4.24）

帝一行抵五台山，驻跸菩萨顶行宫至初六日。

初七日（4.29）

帝自五台山启銮返京。董诰奏，查《清凉山志》，载高宗纯皇帝五次巡幸五台山御制诗文，惟六巡未载入。今遵前例纂入，以成完书，名曰《西巡盛典》。允之。

廿五日（5.17）

帝自五台山还跸圆明园，诣安佑宫行礼。

廿六日（5.18）

帝幸静明园，诣龙神庙拈香。

四月

初一日（5.22）

太子少师、大学士戴衢亨卒。命晋封太子太师，入祀贤良祠，赏陀罗经被，赏银一千五百两治丧，谥文端。派荣郡王绵亿带侍卫十员往奠。初七日，帝亲临赐奠。恤终典礼之隆，为当朝辅臣罕遇。

●临故大学士戴衢亨园居，赐奠志感：

跸路染疴仍北上，台山抱疾竟西归。哲人颓坏增悲感，奠爵萦思泪雨挥。

初二日（5.23）

帝御勤政殿听政。

初三日（5.24）

帝回宫。

初六日（5.27）

帝幸圆明园。

初八日（5.29）

帝幸万寿山。

初九日（5.30）

前据蕴端多尔济所奏，俄罗斯固毕尔纳托尔特呼斯沁，恳请遣员探望该国驻北京之喇嘛学生。后经理藩院议驳。谕：所驳甚是，著蕴端多尔济咨覆该处。

十一日（6.1）

帝幸静明园，诣龙神庙拈香。幸静宜园驻跸，至十五日皆如之。

十六日（6.6）

帝幸静明园，还跸圆明园。

总管内务府奏：查静宜园山道，系嘉庆十一年、十二年两次修理。甫经五六年，即间有坍陷之处，实属当日办理不善。所有损坏处所，著原管大臣苏楞额、阿明阿并监督人等，分赔修理。至灰土道，如有酥散沉陷之处，均著一律赔修。

十七日（6.7）

帝诣黑龙潭神祠拈香。太子少保、协办大学士、刑部尚书长麟卒。

廿一日（6.11）

帝御正大光明殿举行殿试。蒋立镛所作《治河策对》，提出“设矶咀以御其冲”、“修月堤以防其溃”、“挑引河以杀其流”，博帝赞赏，中一甲一名进士。以京师及河南、山东大旱，命刑部清厘庶狱。

廿二日（6.12）

帝幸万寿山。

廿三日（6.13）

帝回宫。

廿五日（6.15）

帝幸圆明园。

廿七日（6.17）

帝幸静明园，诣龙神庙拈香。

廿九日（6.19）

帝回宫。

五月

初二日（6.22）

帝幸圆明园。

初四日（6.24）

帝幸万寿山。

初六日（6.26）

帝御勤政殿听政。据步军统领衙门奏，拿获贼犯一名，偷窃距圆明园宫墙甚近之丰益仓米石，并拒捕扎伤巡夜弁兵。谕：皇城及紫禁城内，如有逞凶拒捕及自戕案犯，俱从重问拟，例有专条。朕今驻跸圆明园，则相近地界，即与禁城无异。著交刑部酌议：朕驻跸圆明园及巡幸之处，其左近地方，如有逞凶等案，距宫墙若干里，应仿紫禁城之例，拟何罪名；稍远若干里，应仿皇城之例，拟何罪名。酌定科条，奏明载入则例。如值不驻跸之日，仍照常例行。所有此案贼犯，即照新例办理。寻奏定：嗣后，驻跸之处，贼匪偷窃附近仓廒、官廨，并拒伤官兵者，分别距离之远近、伤势之轻重，从严治罪。

初七日（6.27）

皇四女庄静固伦公主卒。帝亲临其园邸赐奠。

初九日（6.29）

帝回宫。

十一日（7.1）

帝幸圆明园。

十六日（7.6）

帝诣黑龙潭神祠拈香。

十七日（7.7）

总管内务府奏：本年闰三月廿七日奏准，修理昆明湖被风刮坏之操演船一只、小驾船二只。寻经踏勘，按例估需工料银一千二百三十七两六钱一分三厘，内有糟朽木植作为木柴抵银六十一两一钱三分七厘，净估需工料银一千一百七十六两四钱七分六厘。其所需银两，请向广储司银库支领。

十九日（7.9）

帝幸万寿山。

二十日（7.10）

总管内务府奏报，畅春园需挖河道各处之具体情形。

廿一日（7.11）

帝回宫。

廿二日（7.12）

帝幸圆明园。内外膳房、茶房、侍卫饭房于清漪园备膳，用苏拉十六名。廿七日亦如之。

廿四日（7.14）

帝幸静明园，诣龙神庙拈香。

谕：所得盈余银两，著交圆明园二千九百五十两，其余银三百零九两零，著赏给多赉。

廿七日（7.17）

帝幸万寿山。

廿八日（7.18）

帝御勤政殿听政。

廿九日（7.19）

以御史甘家斌奏请，严定西洋人传教治罪专条。帝谕：西洋人素奉天主，其教不敬神明，不奉祖先，显叛正道，若不大加惩创，何以杜邪术而正人心？现经刑部议覆：嗣后，有西洋人及内地旗民人等之传教、信教者，分别轻重，处以绞决、绞候及发往黑龙江给索伦达呼尔为奴各等罪。旗人，销去旗档。再，西洋人现居京师者，只令其在钦天监推步天文，并无他项技艺足供差使。著该管大臣等即行查明，除在钦天监有推步天文差使者仍令供职外，其余西洋人，俱著发交两广总督，俟有该国船只到粤，即遣令归国。其在京当差之西洋人，仍当严加约束，禁绝与旗民人等往来。至直省地方，更无西洋人应当差役，著各该督抚等实力严查，如有在境逗遛者，立即查拿，分别办理。

本月

因皇三女庄敬和硕公主故世，将其赐园含晖园收归绮春园西路。奉旨：嗣后，含晖园改呼南园。

六月

初四日（7.23）

内外膳房、茶房、侍卫饭房于清漪园备膳，用苏拉十六名。十九日、廿七日亦如之。

初九日（7.28）

帝幸静明园，诣龙神庙拈香。

十二日（7.31）

上月廿九日，以御史韩鼎晋密奏，内城有开场聚赌之事。帝命步军统领禄康等密行查拿。先后拿获赌局十六起，内有八起于廿八、廿九两日散局，显系得信逃匿。初六日，将失密传信、庇护家人之大臣明亮、禄康二人，分予责罚。是日，帝谕：近来，探密失密之风甚炽。君不密则失臣，臣不密则失身。朕生平最恶者，探听朝政先欲得信之人。嗣后，九卿科道等陈奏事件，若呈递之前，有奏事处及在朝之人向其询问所奏何事，著即指名参奏。若无人询问而具折陈奏之后，又向外人叙说，亦著闻其言者立即揭参，均当加之惩治。颁《训谕八旗戒赌》。

十四日（8.2）

命穆特额管理清漪园等处事务。

二十日（8.8）

帝幸静明园，诣龙神庙拈香。

廿四日（8.12）

帝幸万寿山。

廿八日（8.16）

帝回宫。

廿九日（8.17）

昨日，素有疯症之工部司务沈震，在圆明园宫门处嚷闹。是日，帝谕：此等劣员，早应参处，竟在该衙门行走逾九年。实乃该堂官等一味姑容，以致此时疾发滋事。除将沈震交刑部按律治罪外，所有历任工部堂官均难辞咎。除戴衢亨、费淳均已故，无庸议外，著查明沈震留部以后之各堂官，以其在任之久暂，交部分别议处。刘权之、吉纶系甫经到任，著从宽交部察议。

以沈震一案，再谕：各部院衙门之捐纳各员，俱系签分学习行走。既云学习，则必有优劣之殊。该堂官等，于其行走年满之时，理当详加甄别，定其去留。乃近来于此项人员，无不保留。朕实寒心。嗣后，各衙门于捐纳学习各员，断不准一概留署，务当秉公甄别。

本月

圆明园奏准：由畅春园拨来食八品俸七品苑丞一员，八品苑副一员，食二两钱粮委署苑副二员，园户、园隶、匠役二十名，拨交本园分路当差。查圆明园额设官员内无虚衔之七品苑丞。该员既食八品俸，请归入本园八品苑副数内。再，委署苑副一缺，本园向由笔帖式内拣选，仍食笔帖式原俸，请仍于本园现任笔帖式内拣选二员，作为委署苑副实缺。今该园拨来之委署苑副二员，每月食二两钱粮，与本园库守无异，即请于此次续出之库守二缺扣补，将原食之二两钱粮裁汰。

七月

初一日（8.19）

帝幸圆明园。

初三日（8.21）

帝御勤政殿听政。

十二日（8.30）

帝幸静明园，诣龙神庙拈香。

十四日（9.1）

据管理西洋堂事务大臣福庆等奏，查得西洋人贺清泰、吉德明年老多病，毕学源尚谙算法。此三人，请令留京。高临渊、颜时莫、王雅各伯、德天赐四人学业未精，留京无用，请俱遣令归国。谕：贺清泰、吉德明、毕学源三人，著准其留京，饬令在西洋堂安静居住。其高临渊等四人，递至广东，交该督松筠收管。俟有便船，饬令附载归国。其沿途所过地方，及到粤居住之日，均不许其与内地民人交接往来。

十五日（9.2）

帝诣安佑宫行礼。

十六日（9.3）

谕：前据管理西洋堂事务大臣奏，西洋人之在京者，共十一人。福文高、李拱辰、高守谦三人，现任钦天监监正、监副。南弥德在内阁充当翻译差使。毕学源通晓算法，留备叙补。贺清泰、吉德明二人均年老多病，不能归国。此外，学艺未精之高临渊等四人，俱已饬令回国。现在西洋人之留京者，只有七人，当严密稽查之。至外省地方，本无需用西洋人之处，即不应有西洋人在境潜住。除广东省向有西洋人来往贸易外，其余各直省，著该督抚等饬属通行详查，如现有西洋人在境及续有西洋人潜来者，均令地方官即行查拿，递交广东遣令归国。

吏部、兵部议奏：疏纵旗民人等传习西洋天主教之失察官员处分条例。帝以旗人尤应遵守法度，将原议失察旗人潜习西洋天主教之该管官员处分办法从重定拟。

十七日（9.4）

帝幸万寿山。

十八日（9.5）

帝诣安佑宫行礼。

二十日（9.7）

以秋狝木兰，帝自圆明园启銮。命皇次子绵宁、皇三子绵恺于八月初旬赴热河随驾进哨；令仪亲王永璇、大学士勒保、刘权之、协办大学士尚书邹炳泰留京办事。

八月

初十日（9.27）

遣官祭黑龙潭昭灵沛泽龙王之神、玉泉山惠济慈佑灵濩龙王之神。

十七日（10.4）

内外膳房、茶房、侍卫饭房于清漪园备膳，用苏拉十六名。

九月

初八日（10.24）

驻藏大臣阳春奏：达赖喇嘛师傅甲勒萨赉呼图克图在藏圆寂，请以噶勒丹寺堪布甲木曲卜吹木丕勒接替。允之。

十三日（10.29）

帝自避暑山庄启銮，谒东陵。

廿二日（11.7）

帝谒昭西陵、孝陵、景陵、裕陵，王以下文武官员均随行礼。

廿五日（11.10）

帝自东陵回宫。

三十日（11.15）

御史景德奏请：于万寿圣节令城内演戏设剧十日，岁以为例。帝斥之，并将其革职发往盛京充当苦差。

本月

直隶、河南、山东等地八卦教各支派密谋反清。坎卦首领林清赴河南与震卦首领李文成、离卦首领冯克善于道口会晤。其间，推举林氏为天王、冯氏为地王、李氏为人王，分赴各地准备举事。

十月

初一日（11.16）

琉球国中山王遣使表贡方物，赏赉筵宴如例。

初二日（11.17）

帝诣畅春园恩慕寺、恩佑寺行礼。幸圆明园，诣安佑宫行礼。

初四日（11.19）

以万寿节，帝御同乐园，赐皇子及王以下文武大臣、蒙古王公、外藩使臣等食，至初七日皆如之。

初六日（11.21）

万寿节。帝诣安佑宫行礼。御正大光明殿，皇子及王以下文武大臣、蒙古王公、外藩使臣等，行庆贺礼。召见军机大臣时，闻百龄于九月十五日喜得一子。帝曰：百龄年逾六旬，老来得子，朕心甚慰，著加恩赏伊子名札拉芬。

初八日（11.23）

奉旨：户部左侍郎，著荣麟署理。左翼总兵，著和世泰署理。管理奉宸苑事务，著穆腾阿署理。管理清漪园等处事务，著常福署理。六库值年，著征瑞署理。

初十日（11.25）

帝诣安佑宫行礼。

十一日（11.26）

帝回宫。

十六日（12.1）

总管内务府奏准：内廷主位乘用黄车应用车轴，行文盛京将军衙门，自本年起，每年运送长六尺、见方六寸榆木车轴二十根，均于年例委员解交什物之便一并运京，交营造司收存备用。如数年后堆积有余，即行文知照暂停运送。将次用完，再为行取。

廿二日（12.7）

谕：所得盈余银两，著交圆明园七万二千六百两，其余银二百五十二两，著赏给富纶。

廿三日（12.8）

清漪园无尽意轩内，丢失红毡二条、镶玉如意三柄，为此将主管大臣等降职罚俸。

廿六日（12.11）

总管内务府大臣常福等奏：清漪园无尽意轩遗失陈设一案，已在化家屯当铺内找得红毡二块，遂将红毡取回，其如意三柄，尚未寻得。应将该处值班园丁、园户等，交慎刑司严加审讯。其该管官员，并值宿达他等，失于觉察，请交内务府分别议处。

本月

圆明园奏准：由畅春园拨来食八品俸七品苑丞一员，八品苑副一员，笔帖式一员，园户、园隶、匠役二十五名，拨交本园南园分路当差。现在，园内共有八品苑副十三员，委署苑副十一员，笔帖式十四员。

十一月

八卦教震卦首领李文成赴直隶会晤坎卦首领林清，商定于嘉庆十八年九月十五日午时举事。

十二月

十一日（1812.1.24）

昨日，内阁中书屈廷镇在景运门内被人窃割海龙皮褂后襟，奏请申严门禁。本日，帝将当日误班之德麟革去护军统领、副都统，降二级留任，仍在散秩大臣上行走，并于火器营轮班值宿。

十四日（1.27）

驻藏大臣阳春奏：噶哩噶达部落（今印度加尔各答）夷人曼宁，带同通事汉人赵金秀到藏朝佛，并与九世达赖喇嘛会面。以其与西洋人相像，恐借朝佛之名，行传教之实。奉旨：速将曼宁驱逐出境；嗣后如有西洋一带夷人以朝佛为名，前来藏地，即概行阻回，毋令入境。汉奸赵金秀，著严审，从重定拟具奏。

二十日（2.2）

以清漪园无尽意轩失窃一案，该管官等措置失当，致案情难有进展，将管理三山大臣穆腾额降为三品顶戴，拔去花翎；和世泰降为四品顶戴，各罚俸一年半，俱加恩仍留总管内务府大臣职任。其所管三山及各项差使，均照旧管理。

总管内务府奏：自上年十二月十八日至本年十二月十九日，静明园添安册页、字三件，内懋勤殿交来御笔字一张、《皇上巡幸五台恭纪》册页二册；开除书、画二十一件，内懋勤殿收取徐扬画一张、《佩文韵府》一部二十套。

总管内务府奏：自上年十二月十八日至本年十二月十九日，静宜园添安陈设、字画一百五十四件，内懋勤殿交来御笔《息讼安民论》册页一册、御笔《弼教申谟》册页一册、御笔《全史诗书》

一套、御笔字六张、御笔字条对二份、御笔洗心藏密横披一张、英和字二张、对联一副、戴衢亨字二张、张舒画五张、沈庆兰画三张、蒋懋德画四张、黄钺字三张，赵秉冲字二张、对联一副，沈焕画四张，董诰字一张、画二张，玉麟字一张、冯宁画一张、周兴岱字一张、钱维城画一张、温汝适字一张、御制《喜雨赋》册页一册、《圣驾巡幸五台恭纪》册页三套。圆明园交来凉席二领、红猩猩毡二条。衣库交来春绸硬板夹帘一架、春绸夹软帘三架、春绸帘刷二件、锦套五份计二十件、葛布套六份计二十四件、氆氇套六件、锦套一份计二件。武备院交来红白毡各八条。造办处交来玻璃屉窗一扇，随工成做粉油蓝字屋匾一面、楠木包镶高低床十七张。开除陈设、字画二十一件，内懋勤殿收去戴衢亨字一张、赵秉冲字二张、董诰对联一副、随工拆去樟木包镶床十三张、楠木包镶床三张。

本年

颁《御制勤政论》、《御制守成论》。

圆明园：添建武陵春色之恒春堂戏台，将平湖秋月正殿改建为三卷式大殿。

长春园：大规模重修如园，并御制《重修如园记》。园中十余处景点，除新赏室外，均重新命名。如：延清堂、芝兰室、含碧楼、锦縠洲、静怡斋、清瑶榭、翠微亭、听泉榭、挹霞亭、观丰榭、引胜斋、撷秀亭、搴芳书屋、可月亭等。

绮春园：移建含晖楼竣工，添建鉴碧亭。

静宜园：重修山道。

清漪园：改建惠山园，并更名为谐趣园。

谕：圆明园八旗营房工程，将所修墙垣，照在京各旗营房做法，下肩整砖，上身土坯，二面抹灰，墙顶砖瓦成砌。庶工程可期经久，钱粮亦不致过费。

谕：景运、隆宗、后左、后右各门，应如何稽查出入，著军机大臣、内务府大臣、前锋统领、护军统领会同详议章程具奏。寻议奏：景运门等切近乾清门，为出入禁廷必由之路。酌拟章程十条。其第十条规定：嗣后，恭遇圣驾驻跸圆明园时，大宫门内、奏事门外，各处门禁，俱应遵照乾清门外一体办理。

谕：健锐营官兵，著照此前圆明园八旗借帑生息之例，赏借广储司闲款银五万两，交两淮盐商按月一分生息。所有该营官兵应交息银，俟该商等利银解到之日，停其扣利。分限五年，缴还成本。

奉旨：凡腊月二十日后遇大雪时，奉三无私殿前皆照例向北堆做雪象一对。

嘉庆十七年 1812

正月

初八日（2.20）

帝幸圆明园，诣安佑宫行礼。

●新正幸圆明园：年前，十月得雪三次。冬至后，未见继沾。腊月廿四日傍晚，霰集竟夕。次日，雪花团舞，复两时许，合计堆积消融，已称浃洽。除夕，续得一次，浓霏竟日，殊胜于前。初七日，上辛祈谷礼成后，密布祥霙，至次日方止，深厚约有八寸。天恩叠沛，益凛敬诚。曷敢稍忽勤政爱民之念。兹临幸御园，遥观西山，积素层叠，银屏绵亘。弥望春耕将届，宿润有资，正可利于东作。予康田在念，尚未敢以获此嘉祥，遽释筹咨之切也。

诹吉欣逢谷日辰，御园行庆上元春。琼堆北阙楼辉玉，雪积西峰屏列银。

点缀灯花聊应节，纷敷渥泽沐连旬。感深益凛勉勤政，兆稔喜同天下民。

十一日（2.23）

昨日，圆明园内扫雪培树，载锡迟误。其初九日在园进班，昨日晨间，即行返家。阅两时之久，方于申正至圆明园。帝谕：载锡系朕曾孙，乃近支宗室，理应较众更为奋勉。今日观之，实无出息。著御前大臣、军机大臣，传齐御前侍卫、乾清门侍卫等，将载锡以家法处治：在勤政门外重责二十板，并著退出乾清门，赏给头等侍卫，在大门上行走，仍罚俸一年。

十三日（2.25）

帝御山高水长，赐王公大臣、蒙古王、贝勒、贝子、公、额驸、台吉及外藩使臣等食，翌日如之。

十四日（2.26）

帝御奉三无私殿，赐皇子、亲藩等宴。

十五日（2.27）

上元节。帝诣安佑宫行礼。御正大光明殿，赐朝正外藩等宴，作乐赐酒，如除夕仪。

十七日（2.29）

谕：晨间，蒙古王公等俱已到齐，而乾清门侍卫内，只有昨日进班之托恩多、哈当阿、百顺及不值班之塔清阿、哈朗阿五人到来，成何体制。本月因载锡、玉福二人迟到误差，均经责惩。此二事未逾五日，复有如此多人懒惰旷误，岂不贻笑于众蒙古。惟念人数较多，且此内尚有亲王，著加恩暂免板责，分别奖惩。嗣后，凡遇节令应赴同乐园之期，御前大臣著轮流一人，在奏事门稽查乾清门侍卫事毕，再赴同乐园，如有迟到及空误人员，立即参奏。

十九日（3.2）

帝御山高水长，赐王公大臣、蒙古王、贝勒、贝子、公、额驸、台吉及外藩使臣等食。向例，廓尔喀国五年朝贡一次。前于嘉庆七年，帝念该国王年少，只令将贡物送至交界地方，由内地派员接收。俟该国王能经理国事时，再遵照定例。本年系该国例贡之期，著准所请，专遣噶箕头目作为贡使赴京。

廿四日（3.7）

帝幸万寿山。

廿七日（3.10）

帝回宫。

二月

初九日（3.21）

帝幸圆明园。

初十日（3.22）

帝御勤政殿听政。

十三日（3.25）

遣官祭黑龙潭昭灵沛泽龙王之神、玉泉山惠济慈佑灵濩龙王之神。

十四日（3.26）

帝幸静明园，诣龙神庙拈香。

十八日（3.30）

帝幸万寿山。

二十日（4.1）

总管内务府奏：圆明园现修工程内，夜间淘水一项，远非日间进匠可比。该管大臣等并未先期具奏，率行呈递进匠报单。奉旨，将该管大臣等交内务府分别议处。管理圆明园事务大臣桂芳、征瑞均照应奏不奏例，各降二级留任。六品苑丞伊成阿、八品苑副德椿，例无奏事之责，应减一等，各降一级留任。

廿一日（4.2）

帝幸静明园，诣龙神庙拈香。

廿二日（4.3）

帝御勤政殿听政。

廿四日（4.5）

帝诣安佑宫行礼。内外膳房、茶房、侍卫饭房于清漪园备膳，用苏拉十六名。

廿六日（4.7）

因闽省洋面自前年肃清以来，近日复有零星盗匪驶窜各洋。著严饬水师各将弁，悉数殄除。

廿八日（4.9）

帝幸万寿山。

本月

圆明园九州清晏内，伺候鳌山匠夫，多至二十八名，实属冒滥。奉旨：此项鳌山匠夫，自正月以后俱不准开销。嗣后，似此备差匠夫，不许进门，著在门外听候。

三月

初一日（4.11）

帝回宫。以和世泰随扈谒东陵，畅春园事务暂由征瑞署理。

初三日（4.13）

帝幸圆明园。

初四日（4.14）

帝自圆明园启銮，谒东陵。

初九日（4.19）

帝谒昭西陵、孝陵、孝东陵、景陵、裕陵。

十二日（4.22）

驻藏大臣阳春奏：哲孟雄（今锡金）部长恳请赏给唐古忒庄子一所，并请派员勘定界址，已严行驳斥。

十八日（4.28）

内外膳房、茶房、侍卫饭房、肉房于清漪园备膳，用苏拉二十名。廿八日亦如之，惟无肉房。

二十日（4.30）

帝于南苑登晾鹰台，大阅八旗官兵。是为帝即位以来首行大阅。

●大阅礼成，御宫门赐宴，即席成什：

钦承家法教干城，日丽风和大典成。赐饷酬庸遍营队，肆筵示惠首宗盟。

貔貅组练陈南苑，带砺河山拱北京。世德作求根本固，皇清奕祀庆升平。

廿四日（5.4）

帝自南苑还跸圆明园。

廿六日（5.6）

帝幸静明园，诣龙神庙拈香。

廿八日（5.8）

帝御勤政殿听政。

廿九日（5.9）

帝幸万寿山，诣广润祠拈香。

四月

初四日（5.14）

帝回宫。

初七日（5.17）

帝幸圆明园。

初八日（5.18）

帝幸万寿山。

初九日（5.19）

续编《清凉山志》、纂编《西巡盛典》二书告成，传旨嘉奖出力各员。

十一日（5.21）

帝幸静明园，诣龙神庙拈香。幸静宜园驻跸，至十五日皆如之。

●幸香山静宜园：万寿山、玉泉山、香山，皆在圆明园之西。

三山雄峙御园西，五日来游例事稽。复涧层峦频策骑，回廊峭壁偶留题。

霞明高岭绡铺宇，泉漱幽厓琴奏溪。几暇怡情寻胜概，仰瞻勤政焕金泥。

十四日（5.24）

帝御演武厅，阅健锐营操。

十六日（5.26）

帝幸静明园，还跸圆明园。

十九日（5.29）

帝回宫。

二十日（5.30）

帝幸圆明园。

廿五日（6.4）

帝御勤政殿听政。

廿八日（6.7）

帝幸静明园，诣龙神庙拈香。

廿九日（6.8）

内外膳房、茶房、侍卫饭房、肉房于清漪园鉴远堂备膳，用苏拉二十名。

本月

奉旨：向为昆明湖喜龙预备水手十二名，今船既经拆卸，著将此项人等仍拨归圆明园当差。

五月

初六日（6.14）

帝幸万寿山，诣广润祠拈香。

初七日（6.15）

以武英殿御书处校刻之《高宗纯皇帝圣训》字画讹误处甚多，至将雍正帝、乾隆帝庙号讹写，将仪亲王永璇以下相关人员降革有差。

奉旨：昆明湖广润灵雨祠龙神，灵应夙著，允宜崇加封号。于原封“安佑普济”神号下，敬增“沛泽广生”四字。并著礼部查照黑龙潭、玉泉山两处龙神祠祀典，一体春秋致祭。

初八日（6.16）

内外膳房、茶房、侍卫饭房、肉房于清漪园鉴远堂备膳，用苏拉二十名。廿三日亦如之。

初十日（6.18）

帝回宫。

十三日（6.21）

帝幸圆明园。

十六日（6.24）

帝命宗人府王大臣等，查核闲散宗室，详议移驻盛京章程。

十七日（6.25）

帝幸万寿山。

廿二日（6.30）

内务府奏：修理完竣昆明湖水操战船一只、行令小船二只，净准销工料银三千六百六十两七钱七厘。

廿三日（7.1）

帝幸静明园，诣龙神庙拈香。

廿七日（7.5）

帝御勤政殿听政。

廿八日（7.6）

帝幸万寿山，诣广润祠拈香。

六月

初四日（7.12）

帝幸万寿山，诣广润祠拈香。

初六日（7.14）

内外膳房、茶房、侍卫饭房、肉房于清漪园鉴远堂备膳，用苏拉二十名。廿八日亦如之。

初九日（7.17）

帝幸静明园，诣龙神庙拈香。因清漪园无尽意轩丢失文物，将圆明园附近一带及京城内外刺字“贼匪”，严拿究审，共捕得刺字犯六十四名。

初十日（7.18）

总管内务府奏：民人陈天保，越墙进入静明园，送部办理。

十七日（7.25）

帝幸万寿山，诣广润祠拈香。

二十日（7.28）

帝幸静明园，诣龙神庙拈香。穆腾额等奏，上年清漪园无尽意轩遗失红毡、如意一案，前将园户赵黑子、吴幅太及帮更园户张招儿三人监禁备质。除赵黑子一犯因病身故外，吴、张二犯提至圆明园连日熬审。据供，红毡二块及如意三柄，俱系赵黑子由清漪园内窃得。其将红毡交吴幅太典卖，如意不知所往。

翌日奉旨：吴幅太著加枷号六十日，在清漪园、静明园、静宜园三处园户时常行走门上示众，每处二十日。期满后，在清漪园门上重责四十板，再行发遣。以案情告破，赏还穆腾额、和世泰、英和三人顶戴。

廿三日（7.31）

帝幸万寿山，诣广润祠拈香。

廿六日（8.3）

帝幸静明园，诣龙神庙拈香。

廿七日（8.4）

帝回宫。

廿八日（8.5）

盛京将军和宁奏请酌量建房拨地，以备安插京城移居宗室。谕：俟宗人府查明宗室内移往者若干户，再传知该将军照数建造。七月初八日，宗人府奏：宗室内移住盛京者，共有五十五户，计得每户人丁，多者亦不过八口。帝命盛京将军计数建房，宽为预备至六七十所。

本月

奏准：圆明园外围添修闸座，拨派奉宸苑闸军三十名，作为本园额缺。其每月所食钱粮米石及应挑应裁，俱由圆明园办理。

七月

初一日（8.7）

帝幸圆明园。

●如园十景之一（锦縠洲）：

水面风来锦縠浮，池中倒影印层楼。澄波相映曦光漾，一镜平开万象收。

初二日（8.8）

从哲布尊丹巴呼图克图之请，赐伊师喇嘛罗布桑恭楚克“绰尔济”名号。

初四日（8.10）

帝幸万寿山。

十一日（8.17）

帝幸静明园，诣龙神庙拈香。

总管内务府奏：本年秋狝届期，管理园庭事务之穆腾额，将于送驾后前往盛京查工，和世泰、英和将随扈前往热河。所有管理园庭事务差使，理宜遣员暂为署理。奉旨：清漪园事务，著常福署理；畅春园事务，著桂芳署理。

十二日（8.18）

帝御勤政殿听政。

十三日（8.19）

内外膳房、茶房、侍卫饭房、肉房于清漪园鉴远堂备膳，用苏拉二十名。十七日、廿三日亦如之。

十八日（8.24）

以秋狝木兰，帝自圆明园启銮。命皇次子绵宁、皇三子绵恺于八月中旬赴热河随驾进哨；令成亲王永瑆、大学士庆桂、勒保、刘权之留京办事。

廿二日（8.28）

谕：穆腾额自授为总管内务府大臣并管理奉宸苑以来，屡以巧言弄事。前此，曾请将静明园内涵漪斋大加兴修，并将妙喜寺之群楼拆移添造。其余不急工程，怂恿修办者，不一而足。此次，复请裁减稻田厂租银等款，殊属不合。穆腾额著革去内务府大臣，赏给内务府主事职衔，即日前往盛京，交与和宁、富俊驱使。令其在原办工程处效力，不准前来热河。俟工竣后，由和宁等奏明，再令回京，于内务府当差。

八月

初四日（9.9）

遣官祭黑龙潭昭灵沛泽龙王之神、玉泉山惠济慈佑灵濩龙王之神、昆明湖安佑普济沛泽广生龙王之神。

内外膳房、茶房、侍卫饭房、肉房于清漪园鉴远堂备膳，用苏拉十六名。

九月

初五日（10.9）

松筠等奏：拟移居盛京之宗室房屋，择于小东门外东北里许之处，建仰瓦房七十所。可供宗室七十户居住；并每户给田三十六亩。帝允之。

初六日（10.10）

行围期间，木兰重地竟有正红旗马甲恭纳春率贼偷伐围场林木并袭伤官兵。是日，帝谕速获贼众，并将总管以下官员分予处分。

十九日（10.23）

帝自避暑山庄还跸圆明园，诣安佑宫行礼。

●含辉楼远望：绮春园内之西南偏，旧以缭墙别界一区，名曰含晖园。又横界一区，名曰西爽村。中有联辉楼，为成亲王寓园憩止之所。予经帷之暇，亦常拈吟较射于其中。后成亲王经予别赐园宅，迁移已逾十稔矣。嗣以庄敬和硕公主下嫁，亦曾赐居含晖园。去岁，公主病逝，复经额驸索特那木多布齐呈缴。因命园庭司事臣工，即其地葺治倾颓，疏剔淤滞，移建是楼。虽规制稍事改观，而境地非有增辟，藉舒远目，聊写吟怀。

别墅初开生面新，绮春旧境迹仍陈。眺览秋原舒远目，登临杰宇契前因。

廿一日（10.25）

帝御洞明堂，勾到陕甘、奉天情实罪犯。

廿二日（10.26）

帝幸万寿山。

廿四日（10.28）

帝御洞明堂，勾到湖广、浙江情实罪犯。

廿五日（10.29）

帝御勤政殿听政。以庆桂年近八旬，著不必在军机大臣上行走；协办大学士松筠，仍在军机大臣上行走。

廿六日（10.30）

帝幸静明园。

廿八日（11.1）

帝回宫。

十月

初二日（11.5）

帝诣畅春园恩慕寺、恩佑寺行礼。幸圆明园。

初四日（11.7）

以万寿节，帝御同乐园，赐王以下文武大臣、蒙古王公、外藩使臣等食，至初七日皆如之。

初六日（11.9）

万寿节。帝诣安佑宫行礼。御正大光明殿，皇子及王以下文武大臣、蒙古王公、外藩使臣等行庆贺礼。

初九日（11.12）

帝幸静明园，诣龙神庙拈香。谕：上年降旨，令各旗都统、副都统等，每月轮班上城，稽察堆拨官兵。内除亲王、郡王、御前大臣、军机大臣、领侍卫内大臣毋庸上城巡查外，其余管旗大臣均须如此。但思都统、副都统内，遇有年老之员，乘马登城，亦觉未便。嗣后，都统内有年至七十者，副都统内有年至七十五者，均著毋庸上城巡查。均不必来圆明园谢恩。

十四日（11.17）

帝幸万寿山。

十五日（11.18）

帝诣安佑宫行礼。

十六日（11.19）

帝回宫。

二十日（11.23）

总管内务府奏：静宜园陈设，自嘉庆十一年至十六年，已届五年，应派总管内务府大臣一员清查。奉旨：著派常福清查。

十一月

十二日（12.15）

谕：嗣后，宗室如有身后追封公爵者，俱作为未入八分公。

廿一日（12.24）

两江总督百龄奏：淮南总商江广达等呈称，商等恭闻奉旨绘画天后金龛、四大王、黄大王、淮渎河神图像，并庙宇房座恭呈御览，于圆明园内建造庙宇，为江南官民祈福，情愿公捐银三十万两，于来年二月解京，以备建造应用。如蒙谕允，即于来年二月间委员解赴圆明园银库兑收备用。寻奉旨：著加恩赏收，交该盐政委员解京。翌年二月，盐运使廖寅、详委候补大使达兰等，分批起程，解赴圆明园银库。

十二月

十六日（1813.1.18）

帝敕书朝鲜国王，遣员往封世子。

十九日（1.21）

静明园添安陈设二十五件，内懋勤殿交来御笔字一张、《御制全史诗》一部四套，圆明园交来竹边股黑面扇二十柄；撤去陈设九十六件，内《佩文韵府》二部四十套、棕竹股黑面扇二十二柄、画挂轴六轴、册页九册、紫檀闸四件、内盛玉十二辰十二件、玉盒一件、红绢对联一副。

廿五日（1.27）

常福奏：静宜园内外各等处，查得所有佛像、供器、陈设、铺垫等项，共计四万八百七十四件。自嘉庆十一年十二月二十日至十六年十二月二十日，共添安陈设七百三十件，撤去陈设一千三百十件，现在实存陈设四万二百九十四件。

廿六日（1.28）

谕：圆明园八旗及火器营、健锐营，皆与中营汛地切近，该三营均有闲散子弟，所有中营拨出兵额，著即于该三营闲散内挑补。其如何分额充补之处，仍著兵部会同步军统领衙门汇奏。寻议：查中营五汛，共计无马马兵五百四十名，内圆明园、畅春园、树村三汛，共三百名，请由圆明园八旗之闲散内，挑补满洲二百四十名、蒙古六十名。乐善园汛，共一百二十名，请由火器营之闲散内，挑补满洲九十六名、蒙古二十四名。静宜园汛，共一百二十名，请由健锐营之闲散内，挑补满洲九十六名、蒙古二十四名。

本月

奉宸苑奏准：将存剩生息利银内发交银二千两，自嘉庆十八年正月起，按例一分生息。

本年

奉宸苑呈奏：禁城及园庭各处栽种花树并各式陈设事宜。

圆明园：修葺蓬岛瑶台殿宇、游廊等。

嘉庆十八年　1813

正月

初七日（2.7）

御前大臣、喀喇沁扎萨克贝勒丹巴多尔济卒。帝命赏封郡王，赏银一千两治丧，遣定亲王绵恩往奠。廿九日，帝亲临赐奠。

●临故喀喇沁郡王丹巴多尔济殡所赐奠，诗以志悲：丹巴多尔济才具出众，于御前差使皆优，前已追封郡王，恩予赐葬，惟外藩蒙古坟茔，向无立碑之例，予眷怀勋旧，特颁谕旨，命于兆域建树丰碑，将前后恩旨祭文，并赐挽赐奠二诗，镌刻贞珉，用垂不朽，且俾藩部诸臣咸知观感云。

未得抚棺恸，予心终不忘。一诗言述志，三爵泪倾眶。

才冠同盟侣，荣邀异姓王。丰碑表墓道，藩部永宣扬。

内务府奏：长芦盐政祥绍委员解银，共计二万五千二百二十二两五钱五分四厘，内除再请归公养廉银五千两交广储司银库外，其余扣裁养廉并盈余银二万二百二十二两五钱五分四厘，例交圆明园银库收贮。

内务府营造司安设圆明园五福五代堂秋千架，副库掌明英，带搭彩匠役等二十七名进福园门。

初八日（2.8）

帝诣畅春园恩慕寺、恩佑寺行礼。幸圆明园，诣安佑宫行礼。

初十日（2.10）

帝回宫。

十三日（2.13）

帝幸圆明园。御山高水长，赐王公大臣、蒙古王、贝勒、贝子、公、额驸、台吉及外藩使臣等食，翌日如之。

十四日（2.14）

帝御奉三无私殿，赐皇子、皇孙、亲藩等宴。

十五日（2.15）

上元节。帝诣安佑宫行礼。以月食之故，节宴延后一日举行。

十六日（2.16）

帝御正大光明殿，赐朝正外藩等宴，作乐赐酒，如除夕仪。御山高水长，赐王公大臣、蒙古王、贝勒、贝子、公、额驸、台吉及外藩使臣等食。

内务府营造司安设圆明园后湖烟火木器，郎中石柱、员外郎祥兆等带匠夫五十一名进西南门。

十七日（2.17）

内务府营造司安设圆明园后湖烟火木器，员外郎祥兆、萨宾等带匠夫九十名进西南门。十八日，萨宾等复带匠夫六十九名进西南门。十九日，员外郎祥兆等复带匠夫七十二名进西南门。监造花炮处安设圆明园后湖烟火，郎中石柱、员外郎普安等带匠夫一百二十名进西南门。十八日，复带匠夫一百四十六名进西南门。十九日，复带匠夫六十八名进西南门。

廿五日（2.25）

帝幸万寿山。

廿七日（2.27）

朝鲜、琉球、暹罗三国国王遣使表贡方物，赏赉筵宴如例。

三十日（3.2）

帝回宫。

本月

奉旨：清漪园、静明园、静宜园所办工程，著领用造办处银两。

二月

初三日（3.5）

以八旗满洲、蒙古应行挑选女子人数渐多，规定下届挑选时，除八旗满洲、蒙古自护军、领催以上女子仍旧备选外，其各项柏唐阿、马甲以下女子，均不必备选。修订蒙古王公等年班进京成例：嗣后，年逾六十五岁之外扎萨克蒙古王公、台吉等，如遇年班，毋庸来京，均赴热河。又，外扎萨克蒙古王公、台吉等，业经出痘者，均于年班来京；其未经出痘者，仅于热河瞻觐。

初六日（3.8）

帝御勤政殿听政。遣官祭黑龙潭昭灵沛泽龙王之神、玉泉山惠济慈佑灵濩龙王之神、昆明湖安佑普济沛泽广生龙王之神。

初十日（3.12）

帝幸圆明园。

十一日（3.13）

●春雨轩：昨初十日，好雨应时，通宵竟日。正值发生之令，实为豫顺之征。兹临憩兹轩，庭卉含滋，池波新涨，映带柔莎碧藓，生意油然，恰与轩名相称。想见郊原春事荷锄秉耒者，接迹于翠塍清畎矣。惟三时农务方长，尚冀膏泽依旬，岁功告稔，庶副予旰宵之愿耳。

鹈鸭浴平湖，庭阴双鹤舞。飞潜性自然，顺时游化宇。

郊原举趾初，滋沃益田土。佳境愿屡逢，开轩对春雨。

十三日（3.15）

帝幸静明园，诣龙神庙拈香。

十八日（3.20）

帝幸万寿山。

廿四日（3.26）

帝幸静明园，诣龙神庙拈香。

总管内务府奏：长芦盐政祥绍委员解到山东盐当规银五千五百六十五两五分一厘，请照例交圆明园银库收贮。

廿六日（3.28）

总管内务府奏：自正月初一日至三十日，查得营造司、广储司、武备院、监造花炮处、掌关防管理内管领事务处进匠次数、人数，谨缮清单，恭呈御览。其余各处，均无进匠修整活计事件。

廿七日（3.29）

帝御勤政殿听政。

本月

谕：嗣后，内务府三旗挑选女子，均著各按女子之父官阶品秩排列；兵丁之女，亦著按照各项钱粮分晰依次排列。仍分三旗，毋庸各按佐领、管领次序。

三月

初五日（4.5）

复引见内务府京察一等圈出人员。奉旨：奉宸苑郎中阿扬阿、圆明园郎中热河、清漪园郎中阿尔邦阿、圆明园员外郎延隆，俱著交军机处记名。

初六日（4.6）

帝回宫。

初九日（4.9）

帝启銮，谒西陵。

十八日（4.18）

内外膳房、茶房、侍卫饭房、肉房于清漪园备膳，用苏拉二十名。

十九日（4.19）

帝谒泰陵，并至孝淑睿皇后喜塔腊氏陵寝奠酒。

廿四日（4.24）

帝幸静宜园驻跸，至廿八日皆如之。

廿九日（4.29）

帝幸静明园，还跸圆明园。

三十日（4.30）

从粤海关监督德庆之请，于广州各行商中，择其身家殷实、居心笃诚者一二人，令其总办洋行事务。

四月

初二日（5.2）

帝御勤政殿听政。

初三日（5.3）

帝回宫。

初四日（5.4）

内外膳房、茶房、侍卫饭房、肉房于清漪园备膳，用苏拉二十名。

初六日（5.6）

帝幸圆明园。

初七日（5.7）

常福、苏楞额奏报成造烟火法船等工核销银两事宜：各工统计二十万二千七百三十七件，例需用银四千三十两二钱八分一厘八毫。除核减银五百两外，实用银三千五百三十两二钱八分一厘八毫。前由广储司银库支领银三千五百十九两九钱六分四厘，仍需找领银十两三钱一分七厘八毫。再，本年应行成造各项活计，并次年正月应用各件，实需领银二千七百三十两八钱六分三厘一毫，请由广储司银库支领。

初八日（5.8）

帝幸万寿山，诣广润祠拈香。万寿山念经用班桌一张，关取饽饽、家伙、垫案等物，用苏拉十一名。

十二日（5.12）

帝幸万寿山。

十七日（5.17）

帝诣黑龙潭神祠拈香。

●敬诣黑龙潭神祠祈雨志事：雩祭，先期一日诣坛斋宿，维时即沾霡霂。嗣因七日届期，甘霖未降，爰命于十三日举三坛祷祀之典。乃于十二日夜分，至十三日向晨，即得雨二寸。然以待泽日久未孚，冀望之情，转深亟盼。此间龙神，灵应素著，遂修诚躬诣致叩。或冀仰邀神鉴天贶，溥施滂沱沾足，苏民田之生植，稍释予悯农之念耳。

雩祭经旬泽待覃，抒诚洁虑诣龙潭。麦田枯竭膏难沃，云岫微茫风太酣。

自省无时不忧旱，未知何日始霏甘。屏营九叩俟天眷，苏我蒸黎释念惔。

十九日（5.19）

帝回宫。

廿二日（5.22）

帝幸圆明园。

廿四日（5.24）

御史夏修恕，以刑部积案过多，致干天和，奏请清理刑狱。帝命刑部详查定例，凡细故轻罪，可由五城及步军统领衙门审结。

廿五日（5.25）

帝御勤政殿听政。

廿八日（5.28）

帝幸静明园，诣龙神庙拈香。

本月

捐纳即用道员鲍崇城，系新授内阁侍读学士鲍勋茂之子，奏请独力捐银十万两，以备圆明园内建盖河神庙之工用。帝允之。

五月

初二日（5.31）

内务府营造司于长春园鉴园绿净榭刊刻御笔，六品库掌和兴等带领刻字匠六名进长春园右门。

初四日（6.2）

帝诣黑龙潭神祠祈雨。

初八日（6.6）

内外膳房、茶房、侍卫饭房、肉房于清漪园备膳，用苏拉二十名。十二日亦如之。

初九日（6.7）

帝幸万寿山，诣广润祠拈香。

十一日（6.9）

帝回宫。

十四日（6.12）

帝幸圆明园。

十五日（6.13）

帝幸静明园，诣龙神庙拈香。

十六日（6.14）

大学士董诰等奏准：内廷及园庭各工，与外廷情形不同。嗣后，遇有及日进匠及随时粘修之工，钱粮在千两以内者，仍照旧例归入本处岁修，由本处销算房估计钱粮，呈明该管大臣等即时修理，钱粮在千两以外者，呈明该管大臣等咨行总理工程处估计钱粮，再移交本处兴修。统于年终汇造清册，奏请钦派大臣查销。本处依照来咨覆算钱粮具奏，仍咨报总理工程处存案。

十八日（6.16）

总管内务府奏：本月初七日，圆明园之凤麟洲河泡内，膳船一只沉水，皆由该管官员等不随时修舱，以致糟朽。现将原船一只修舱整齐，并赔造新船三只，均不敢开销。另将管理圆明园事务大臣桂芳以下诸员，均交内务府严加议处。

二十日（6.18）

帝御勤政殿听政。

廿一日（6.19）

帝回宫。内务府营造司于长春园鉴园绿净榭刊刻御笔，六品库掌和兴等带刻字匠六名进长春园右门。御书处于绮春园生冬室、水云关钩刻石匾，笔帖式普舒带匠役二名，进绮春园西宫门。廿三日亦如之。

廿四日（6.22）

帝幸圆明园。

廿六日（6.24）

帝幸万寿山。

廿八日（6.26）

奉旨：本月廿四日，朕派奕绍赍香前往白龙潭，虔祈雨泽。连日来，京师甘霖立沛，四野优沾。著礼部查明，白龙潭龙神曾否列入祀典。如旧有封号，即缮录进呈，候朕增益徽称。如旧未崇祀，著即查照黑龙潭、玉泉山、昆明湖龙神之例，增入祀典，春秋致祭。

廿九日（6.27）

传谕恢复八旗满洲、蒙古武场乡、会试。

本月

●解愠书屋：一人身居广厦，勤民之心，未尝须臾或忽。舜挥五弦之琴，歌南风之诗，亦惟是解民愠，阜民财，抒其所志。予每瞻书屋之寓名，则民康物阜之思，不觉殷然慨仰。故凡可供一己之安者，适动予一夫不获之念。时雨未降，宵旰焦思。御园境界虽佳，徒增予深愠耳。

纱窗清印碧空虚，百顷澄波远岸舒。翠谷翻风到洲渚，朱榴映日绚阶除。

鼎鸣茶熟吟初就，帘静香留篆飏徐。物阜民安愠方解，渴思时雨倍愁予。

●节义诗：格格为成亲王孙女，贝勒绵懃之女也。嘉庆十七年，予为指婚于勒保之孙文纬，尚未成婚。乃文纬于本年五月病逝，格格一闻讣，即哀告乃祖、乃父，欲至夫家成服守节。成亲王许遂其志，送至夫家，格格即趋至丧次，哀痛剪发，服丧及拜见诸亲，莫不如礼。格格性具贞坚，幼明大义，良由星源衍派，其所禀本自不同，亦可见成亲王训教之有素也。兹加恩封为节义多罗格格，表彰亮节，辉映天潢。

勋旧联姻娅，偏罹二竖殃。贤王善教诲，幼女识纲常。

夙具贞坚性，难回金石肠。锡名昭节义，焜耀我天潢。

六月

初三日（6.30）

帝幸万寿山，诣广润祠拈香。

初四日（7.1）

谕：据长庆奏，正红旗副护军参领普庆在昆明湖落水身故。当询之管理三山事务大臣和世泰，据称，其地在绣漪桥以南，系昆明湖下游，乃奉宸苑所管，是普庆落水处所，尚不在昆明湖禁地之内。惟昆明湖四围，地面本属辽阔，从前亦有溺毙人命之事。该处系园庭内地，御舟时常经过，向来堆拨稀少，防范未能严密。著管理三山事务大臣，会同步军统领衙门，将该处应如何添设堆拨，以兵丁昼夜巡查之处，议定章程。嗣后，如有沉溺人口事故，该管地面官兵，俱酌予惩处。其有心自溺者，家属亦应定以治罪之条。

初九日（7.6）

内外膳房、茶房、侍卫饭房、肉房于清漪园鉴远堂备膳，用苏拉二十名。

宗人府奏：此次移居盛京之宗室，共七十户，拟分三批依次前往，简派大员三人分批管带。奉旨：前拨银一万一千三百两恩赏外，每人再各赏银十五两。其随往之男女仆从一百六十人，每人各赏银四两。所呈之移居宗室户口名册内，妻室氏族一项，内有张氏、李氏、白氏、陈氏等。降旨重申，宗室、觉罗不得与汉人联姻成例。此前，若有联姻，各予应得处分，不必离异；此后，申明定制，严行饬禁。

十三日（7.10）

帝御勤政殿听政。

十四日（7.11）

帝谕刑部定立科条，对商贩售卖鸦片烟者，侍卫官员、军民人等买食者，区分轻重，分别议罪。

十八日（7.15）

帝幸万寿山，诣广润祠拈香。

二十日（7.17）

帝命仿宋人范祖禹所著《唐鉴》一书体例，编辑《明鉴》。

廿二日（7.19）

帝幸静明园，诣龙神庙拈香。谕：吉纶等会议昆明湖地面添挪堆拨、增派官兵、分段巡查，俱著照所议章程办理。惟其中昆明湖内，如有沉溺之人，将本段看守不严之弁兵，各杖一百，罪名尚未允协。该弁兵等，如能将赴溺之人未事拿获，或于落水后捞救得生，但将赴溺之人讯明治罪，其弁兵均属无过。若失于查察，竟至溺毙人命，本段堆拨弁兵，必应从严惩处。其左右附近之堆拨二所，不能瞭望以互相觉察，亦应减等惩治。另，该弁兵等，如滥将外围行走之人妄拿，亦必严行究治。至赴溺之人之家属，概无庸议。

廿三日（7.20）

清漪园粘修澹会轩等工程，应用杉木见方尺七十二尺一寸七分；勤政殿等工程，应用杉木见方尺九十六尺九寸六分。

廿五日（7.22）

以伊犁将军晋昌擅行干涉卡伦外哈萨克与安集延纠纷，著革去领侍卫内大臣、伊犁将军职，以协办大学士、吏部尚书松筠兼将军职。

廿六日（7.23）

总管内务府奏：自本年五月初一日起，至廿九日止，查得营造司、武英殿修书处、御书处、掌关防管理内管领事务处进匠次数、人数，谨缮清单，恭呈御览。其余各等处，均无进匠修整活计事件。

内外膳房、茶房、侍卫饭房、肉房于清漪园备膳，用苏拉十六名。

廿七日（7.24）

帝回宫。

本月

总理工程事务大臣等奏准：各工保固年限，各依工程量大小分别保固十年、六年、五年、三年不等。

七月

初一日（7.27）

帝幸圆明园。谕：本日，朕回跸御园，正值甘霖时沛。跸路所经，自西直门至圆明园红桥，八旗两翼派出站道之章京、兵丁，甚属寥寥。其例应在红桥站班之前锋统领、护军统领一员，亦误班未到，殊属怠玩。著御前大臣、军机大臣，会同查明本日轮值红桥站班者，应系何人。其章京、兵丁除到班者核实给赏外，误班者，逐一查明，具奏候旨。

●清旷楼远望：日前，连番大雨。秋田芃茂，正宜曝以晴暄。今天气澄鲜，日光晶朗，于禾稼大有裨益。本年望雨之处，山东先得渥泽，农功有赖。而河水充盈，漕运所关尤巨。豫省于前日奏至，计通省得雨，虽有先后不同，然已普沾深透。惟畿南三府，降旨驰询，尚未见覆奏之至。兹登楼眺远，实为殷念不置。

竹里层楼倚苑墙，轻风荐爽漾垂杨。甘霖优渥晴尤好，高宇蔚蓝一色长。

月纪孟秋旸雨调，盼殷春夏昼连宵。千畦嘉稻浡然长，京邑西成可冀饶。

岱岳敷滋利转漕，豫疆沐泽感崧高。独怜甸服南三府，百万黎民旱暵遭。

初二日（7.28）

谕：圆明园红桥误班之前锋统领、护军统领，经查，禧恩系御前侍卫，长庆系銮仪使，是以未经轮派，殊属非是。向来，御前侍卫兼护军统领者，俱兼充查道、站门等项差使。即禧恩等，于朕进宫时，亦于禁门站班，何以此次红桥独不应轮派。姑从宽免其议处，其赏给俸银各员内，著将禧恩、长庆二人扣除。

谕：向例，遣戍吉林、黑龙江之罪犯，分给兵丁为奴。惟该兵丁等钱粮有限，难以豢养遣戍之犯多人，竟有听其赎身自谋者，殊属非是。嗣后，所有发往黑龙江披甲为奴之太监人等，即全行改拨黑龙江官员名下为奴，毋许重蹈赎身旧习。再，遣戍之犯过多，应将其罪情较重者，仍发往黑龙江、吉林；其稍重者，改发盛京；其稍轻者，改发各省驻防，均给各该处官员为奴。

初三日（7.29）

帝御勤政殿听政。

初五日（7.31）

帝幸万寿山。谕：本月初一日，朕临幸圆明园，遇雨。沿途站道官兵，甚属寥寥，遂交御前大臣等查询。绵志等所属官兵，偶因微雨，即旷误多人，皆由伊等平时不能严加管束所致。著将查出旷误兵丁二十名以上之该管护军统领敬徵等，各罚俸三年。十名以上之该管护军统领明志等，各罚俸二年；十名以下之该管前锋统领绵志、护军统领长庆等，各罚俸一年。该十人等，著革去头品职衔，无论赏穿黄马褂及职任应穿黄马褂，均不准穿用。其有兼任副都统者，著照例穿本旗号褂。前锋参领、护军参领亦各按本旗旷误之前锋、护军数目，二十名以上者，各罚俸三年；十名以上者，各罚俸二年；十名以下者，各罚俸一年。

初六日（8.1）

谕：嗣后，昆明湖如有赴溺之人，经弁兵捞救得生，讯明止系因贫因病者，著枷号半年，仍杖一百，发往伊犁。如另有重情，仍各依本律，从其重者论。

初十日（8.5）

刑部议覆买食鸦片烟者治罪条例：侍卫官员买食者，革职，杖一百，枷号两月。军民人等买食者，杖一百，枷号一月。内廷太监如有买食者，枷号两月，发往黑龙江给该处官员为奴。

十二日（8.7）

内外膳房、茶房、侍卫饭房、肉房于清漪园鉴远堂备膳，用苏拉二十名。十八日、廿六日亦如之。

内务府慎刑司奏：查得圆明园等处逃走太监拟减钱粮人名清单，减食一两钱粮太监二十九名，内应十年开复太监二十五名，应四年开复太监一名，应三年开复太监一名，应一年开复太监二名。

青海西宁地方，有彭错岭寺院一座，向系红教扎乌喇嘛江巴曲达尔之地。旧有西藏黄教喇嘛二人，来寺坐床教经，每届六年换班一次。近来，因在此坐床久，妄图并占扎乌喇嘛之粮户，遂起争端。至是，帝命那彦成亲赴西宁，会同福克精阿秉公查办。八月十七日，案结。帝谕：此案争控情节，曲在西藏喇嘛。嗣后，西藏喇嘛著无庸派往更换，以期永杜争端。

十四日（8.9）

●御园初秋：伏雨沾足，田禾芃茂。已届升浆结实之时，正须金气发舒，以资颗粒饱满。昨十三日，立秋。本日，金风应候，晴旭朗空，禾黍西成，可期丰稔。据疆臣奏报，本年，各直省雨旸均称调顺。惟燕南、豫北，旱暵日久，尚未见有转机。综计天下疆理，不过一隅中之一隅。而予一夫不获之念，则同对兹颢景宜，人能不远怀灾壤。

京圻雨足喜时晴，玉露金风气候清。麦歉三春废东作，禾丰九夏待西成。

转旋衷感天施泽，调燮政由人尽诚。豫北燕南旱太甚，亟祈帝佑恤灾氓。

十五日（8.10）

帝诣安佑宫行礼，十七日亦如之。

十八日（8.13）

以秋狝木兰，帝自圆明园启銮。命皇次子绵宁、皇三子绵恺于八月初旬前往热河随驾进哨；令仪亲王永璇、大学士勒保、协办大学士吏部尚书邹炳泰、兵部尚书福庆留京办事。

本月

林清赴河南道口，密会李文成、冯克善等人，决定以京畿地区之坎卦教（白阳教）与直鲁豫三省以震卦教、离卦教为核心之八卦教联合，组成天理教，由三人共同掌管起义事宜。

八月

初二日（8.27）

上月廿七日，赴热河引见之兵部主事姚堃，行至昌平州地方，沙孤堆之北、八仙庄之南，遇劫贼一伙，夺物伤人。是日，谕曰：昌平州所属等处，系近畿辇毂之下，且距圆明园不远。每届驻跸热河，该处为官员人等往来孔道。此案发生，皆由地方官平日缉捕废弛所致。昌平州知州冯绩熙著革职，留于地方协缉。该管坝昌道士俊，著交部严加议处，兼管顺天府府尹事务邹炳泰、顺天府府尹李钧简，均著交部议处。

初五日（8.30）

内外膳房、茶房、侍卫饭房、肉房于清漪园藻鉴堂备膳，用苏拉二十名。干肉库蒸酒二次，用苏拉十名。

初十日（9.4）

遣官祭黑龙潭昭灵沛泽龙王之神、玉泉山惠济慈佑灵濩龙王之神、昆明湖安佑普济沛泽广生龙王之神、密云县白龙潭昭灵广济龙王之神。

九月

初一日（9.24）

帝以阴雨减围，命皇次子、皇三子先行返京。

初七日（9.30）

以河南天理教首李文成于初五日被捕。是日，山东教首冯克善等率众于河南滑县提前起事。

十五日（10.8）

京畿天理教徒进攻紫禁城。教首林清于黄村遥制，教众兵分两路，一路由陈爽带领，由太监刘得财、刘金引路，攻入东华门；一路由陈文魁带领，由太监张泰、高广福、杨进忠引路，攻入西华门，两路教众数不及百。皇次子绵宁以鸟枪毙二人。至次日，紫禁城内乱平。

十六日（10.9）

谕：查缉匪犯，最关紧要。都城内满洲、蒙古、汉军二十四旗，各有所辖地方。著托津等到城后，即传谕满洲、蒙古、汉军八旗正、署各都统、副都统，各在本管地面搜查。八旗正、署护军统领，各在本管三旗地面搜查。两翼前锋统领，在紫禁城内外搜查。其管理圆明园之大臣，著俱赴圆明园，将御园四面附近村庄，以及清河等处地方细查。香山、蓝靛厂等处，著派明亮往查。

十七日（10.10）

帝一行返抵烟郊行宫，颁《遇变罪己诏》，并嘉奖镇压天理教有功人员。教首林清被捕。

谕：现在格毙各尸，除兵役尸首令家属认领外，其已毙贼尸，令活贼指明，拖赴外城，分地锉尸枭示，不必尽在市口。其现讯逆犯，录供后如无可再讯者，先凌迟一二名，以后陆续办理。只留为首要犯四名，预备廷讯。昨日降旨，饬令在京都统、副都统等，各查所辖地面。其挨查之法，所有王公以下、二品文武大员以上，无庸点查。其三品以下官员，以及军民铺户人等，俱著逐户挨查。除妇女不查外，丁男按名点验。如有外来行踪诡秘之人隐匿在家，即行拿究。

十八日（10.11）

除参与紫禁城事件之太监五名外，续查出入教太监九名。谕：其以内监谋逆，悉当问以大逆凌迟，家属亦应缘坐。

十九日（10.12）

辰刻，帝一行返京，在京王公大臣迎驾于朝阳门内。帝回宫。寻下罪己诏，诸王公大臣集乾清门跪读。

●回宫纪事：河南滑县起天理教匪，直隶长垣、山东曹县俱有蠢动扰害之警，此九月初旬事也，即命督臣带兵剿捕，诛锄邪孽，正所以安我善良。兹忽有逆匪七十余，于十五日突入紫禁肆逆，实属非常之变，当经击毙擒捕净尽。其逆首林清在黄村传教，亦经英和等派兵役拿获审讯，供认谋逆不讳。我国家列圣相传，深仁厚泽，乃有此不法之徒，出诸意外。昨已颁明诏，责躬省己，勉勖官常，予不因此异类，稍改爱民之素志，惟冀上天鉴临赐佑，不日，余邪尽灭，消此妖氛。

陡遇非常变，惕思予咎深。虽逢肆逆事，不改爱民心。

官吏习诚敝，冥顽孽自寻。余邪尚未净，大憝已成擒。

赤子诚浇薄，苍天定鉴临。修身待帝佑，勤政寸衷钦。

二十日（10.13）

帝于乾清宫召见诸皇子及王公大臣等。谕：诸王大臣及各言官等，如能洞见致患之源，各据实直陈，朕必衷而行之。

廿一日（10.14）

谕：朕即日驻跸圆明园。所有御园周围堆拨，应如何添派官兵之处，著军机大臣会同总管内务府大臣桂芳、常福及管理圆明园八旗大臣，妥议章程具奏。以定亲王绵恩年近七旬，遇事毫无主见，著革去御前大臣、领侍卫内大臣，以庄亲王绵课为御前大臣。

廿三日（10.16）

帝于西苑丰泽园亲讯林清及太监刘金等，并命将首逆各犯凌迟处死，从逆各犯一并骈诛，传示林清首级于直隶、河南、山东天理教活动地方。

廿四日（10.17）

谕：十月初六日为朕寿辰。国家典礼，自初三至初九日，俱穿蟒袍补褂。正日御正大光明殿受贺，此定例也。以直鲁豫教乱未平，著于初五六七三日穿蟒袍补褂；初六日，朕御乾清宫，皇子、诸王、贝勒、贝子、公、文武大臣等分别于乾清门内及保和殿阶下行礼。礼成，酌简数人进宁寿宫赐宴，勉尽一日之欢。

廿七日（10.20）

帝颁《尽心竭力仰报天恩谕》。十月初三日，复颁《报天恩肃吏治修武备谕》。

三十日（10.23）

总管内务府奏：昨日奉旨，著于广储司或造办处、圆明园库贮内拨给户部银或十万两或二十万两。经查，广储司、造办处存银未便动拨，惟圆明园现存银二十九万七千余两，应由圆明园银库内拨银二十万两交与户部。帝允之。从御史程赞宁之请，奏定《稽察京城内外章程》。

清漪园内涵虚堂，添安替窗、毡毛帘、雨搭，添补锡背。

十月

初四日（10.27）

谕：夫慎简军实，器械为先。著两翼前锋统领、八旗护军统领，将紫禁城内例设各项军器，逐一查点。其各城门及各堆拨例设军器，并各营应用军器，交八旗都统、副都统、步军统领，及管理圆明园暨火器健锐营大臣等，一体查奏。并著武备院查明该院现存各项军器，开单具奏。有残缺不全者，先将该院现存军器拨补，再有不敷，动项制造。俟汇齐交工部等衙门综核后，朕发帑饬修，勒限报完，另派大员前往查验。

初六日（10.29）

万寿节。帝诣奉先殿行礼。御乾清宫，皇子、皇孙及王以下文武大臣、蒙古王公、外藩使臣等，行庆贺礼。御宁寿宫，赐皇子、皇孙及王以下文武大臣、蒙古王公、外藩使臣等食。

初八日（10.31）

授那彦成钦差大臣关防，令其接替温承惠总统清剿天理教乱军务。

十一日（11.3）

宗室海康从习邪教一案，经宗人府审明，此次并未参与谋逆，罪不至死。著将海康及其子广韬、广略，其侄广茂，俱革去黄带子，即日发往盛京，永行圈禁，遇赦不赦。

十四日（11.6）

谕：前经降旨，令各旗营整饬武备。著通谕前锋、护军、健锐、火器各营，八旗及圆明园各该管大臣，各将本处操演日期、看操处所、所操技艺，按定章程，报明军机处。嗣后，遇该营操演之期，朕不拘时地，特派亲信王大臣或侍卫等，前往稽察。其操演时刻，春秋二季，著于辰、巳、午三时；夏季，著于辰、巳、午、未四时；冬季，著于辰、巳二时。如本日值雨，准其停操。若遇大风，停演火器。其余各项技艺，仍照常演习。

廿四日（11.16）

谕：嗣后，无论在宫在园，值御门典礼，内阁学士宣本、大学士承旨时，御前大臣及御前侍卫，俱无庸退下。

廿五日（11.17）

鸿胪寺少卿叶少榁再呈州县保甲规条，帝命各直省督抚实力推行。

十一月

初九日（12.1）

正黄旗汉军曹纶，其伯祖曹瑛、祖曹瑊、父曹廷奎，皆曾为官于朝；其本人，亦任都司，竟以四品职官之身入教，扶助林清反清。本日，帝亲审之，将曹纶凌迟处死，并将其家销除旗档，按律缘坐。

十九日（12.11）

山东教首冯克善于直隶献县被捕，解京。

二十日（12.12）

杨芳等领兵往攻河南教首李文成等所踞之司寨地方。寨破，李文成自焚而死。廿五日，帝命将李文成挫尸后传首河南、直隶、山东等地。

十二月

初九日（12.31）

御史王家栋奏：明岁立春较迟，请缓至春融，再择吉幸圆明园。谕：圆明园为皇祖、皇考临幸之所。百年以来，旧制相沿，诸事吉祥。每岁外藩入觐，例于正大光明及同乐园、山高水长等处宴赉，藉示怀柔。朕已将一切承应故事，大加删减，只酌存典礼，以联中外上下之情。若待至春融幸园，而新正令节诸仪文，多因以旷废，岂曰宜之为礼乎？该御史不能深悉内廷规制，所奏著毋庸议。所称西直、西便等门稽查一节，嗣后，朕驻跸御园之日，所有奏事、引见各官员，俱于前一日出城，在附近住宿，则城门即可照常启闭。

十三日（1814.1.4）

先是，那彦成等统兵攻陷滑县城。至是，以镇压天理教乱有功，那彦成著加太子少保，赏三等子爵；杨遇春赏二等男爵；高杞赏头等轻车都尉；其他各员，凡攻城出力者，俱交部从优议叙；兵丁赏一月钱粮。

十四日（1.5）

总管内务府奏：淮关监督元成委员解到余存办公、节省养廉银一万三千一百七两二钱，请照例交圆明园银库收贮。

十六日（1.7）

以禁城之变中有功，命庄亲王绵课为正使，户部右侍郎桂芳为副使，持节奉册宝，封皇次子绵宁为和硕智亲王。

十九日（1.10）

谕：昨谕京城内外，编查保甲。据闻，前三门外各街巷，办理颇为严密。其附近圆明园一带地方，仅立门牌，至今并未清查编次。著都察院堂官，即传知该巡城御史，限十日内，将圆明园附近地方，逐户挨查，详审编排。其近京各村庄，凡隶五城所属者，俱著一体上紧编查。

静明园添安陈设二件，内懋勤殿交来御笔字一张，圆明园交来《御制喜雨山房记》手卷一卷；交懋勤殿御笔画册页一册（内安玉佩一件）、御笔《几余洒翰》册页二册、御笔《赋得大车槛槛并序》手卷一卷、御笔《西湖行宫八景诗》手卷一卷、御临董其昌书《古柏行》册页一册、御书《演连珠》册页一册、《心经》一册、御题张宗苍画梧馆新秋手卷一卷。

静宜园添安陈设四十八件，内懋勤殿交来御笔字十七张、御笔字横披匾二面、御笔字条对二份、御笔字横披对一份、御笔黑漆金字匾对二份、御笔字挂屏三件、《御制养心殿记》一册、御制诗二集一部六套、御制《岫云春霭图》手卷一卷、沈庆兰画一张、沈焕画一张，随工交樟木包镶床一张；撤去陈设十九件，内交懋勤殿御笔字画册页二册（内安玉佩二件）、御笔《娑罗树歌》手卷一卷、御笔金字玉板册页一册、御书《陀罗尼经》并绘古佛像一册、御临王羲之帖纸画宫扇一柄、御题《绘事罗珍》册页二套、御题五百罗汉像手卷一卷、御题董邦达画一张；懋勤殿撤去玉麟画一张、赵秉冲字一张，黄钺字一张、对一副，戴殿泗字一张、桂芳字一张、董诰字一张、英和字一张。

廿九日（1.20）

静宜园外碧云寺，撤去御题五百罗汉像手卷一卷。

本年

谕：从前，挑选八旗秀女，官员兵丁闲散之女，均经一体挑选。自嘉庆十一年曾经降旨，令将汉军自笔帖式、骁骑校以上之女备选。现在八旗满洲、蒙古应行挑选女子，人数渐多。下届挑选时，除八旗满洲、蒙古女子自护军、领催以上女子，仍照旧备选外，其自各项柏唐阿、马甲以下之女，著不必备选。

帝颁《御制喜雨山房记》。

嘉庆十九年　1814

正月

初八日（1.28）

帝幸圆明园，诣安佑宫行礼。

●惠济祠河神庙瞻礼述事：清江浦，为河淮交汇之处。濒河郡邑，亿万民生，视水势为安危，而七省全漕，皆由此转运。是以国家置设重臣及文武员弁，专司修防疏浚之事，督臣时复履视而董率之。因思神祇歆格，惟在诚恪感通，原不限于疆域。爰于御园之南，肇建祠宇，崇奉河神，并命江南督臣恭照原像摹绘，供设祠内。兹择吉于正月十一日开光，洁诚瞻礼，不殊亲莅河干。现在河淮兴举要工，惟祈明神护佑，迅速合龙，安澜共庆，则永承神贶于无极矣。

东南财赋区，亿万民生置。转漕靖河淮，国家之巨事。

遥仰惠济祠，大典举非易。御园致敬诚，绘像命疆吏。

赫奕悬宝龛，如莅清江地。从兹永安澜，神恩普荫庇。

●题畅和堂：东南腴壤相接，民物殷阗，淮扬尤称繁阜。惟濒夹河淮，长川臣浸，时虞泛溢。国家不惜数千百万金，为之堤防疏浚。且念虑时萦，形诸宵旰。年前，曾命馆臣修辑《治河方略》，屡经申谕诸臣，务期详慎赅备，以此乃经国之书，用垂久远，非缀辑辞章可比。兹堂正当新建河神祠之后，升香小憩，因述予缱绻之思焉。

神祠专建祝淮河，堂构墙阴近曲阿。永靖波澜朝海顺，畅调风雨愿时和。

心殷民物三江盛，志辑修防百卷多。一日万几此最要，馆臣敬事慎毋讹。

十二日（2.1）

帝廷讯河南滑县天理教教首冯克善、牛亮臣，命将二人凌迟处死。

●廷讯冯、牛二首逆，诗以志愧：我朝列圣相承，爱养黎元。不意猰貐败类，倡为邪说，不逞党徒，蔓延钩结。渠魁林清自称天皇，冯克善自称地皇，李文成自称人皇。林清肆扰京邑，先经擒戮。李文成于辉县司寨，为官兵殛死。冯克善为地方官缉获解京。迨大兵克复滑台，搜获牛亮臣等，絷械送部。本日，予亲加讯鞫，立正刑诛。前此屡颁诏谕，责己省躬，予心实深内愧。兹当巨案皆已完结，惟愿烝民向化，风俗还淳，从此胥安耕凿，仰沐天庥之至而已。

盛世不应有，妄称天地人。逆谋始大憝，邪说惑愚民。

感沐昊恩厚，幸能国法伸。自惭失教养，何日始还淳。

十四日（2.3）

帝御奉三无私殿，赐皇子、皇孙、亲藩等宴。御山高水长，赐王公大臣、蒙古王、贝勒、贝子、公、额驸、台吉及外藩使臣等食，翌日如之。

十五日（2.4）

上元节。帝诣安佑宫行礼。御正大光明殿，赐朝正外藩等宴，作乐赐酒，如除夕仪。

十六日（2.5）

帝诣畅春园恩慕寺、恩佑寺行礼。寻回宫。

十九日（2.8）

帝幸圆明园，御正大光明殿，赐大学士、尚书等宴。御山高水长，赐王公大臣、蒙古王、贝勒、贝子、公、额驸、台吉及外藩使臣等食。

廿二日（2.11）

重申贵农重粟政策。

廿五日（2.14）

定健锐营、外火器营之操演技艺、操演日期及操演处所等项。据管理西洋堂事务大臣苏楞额奏，外商贿通洋行商人，每年将内地足色银一百数十万两偷运出洋，复将低纯洋钱运进，致内地银两短绌，应请敕禁。奉旨：华夷交易，原令彼此以货物相准，俾中外互通有无，以便民用。似此行径，岁积月累，于国计民生，均有关系。著蒋攸铦、祥绍酌定章程，严密禁止。

廿七日（2.16）

朝鲜国王遣使表贺万寿、冬至、元旦三大节，及岁进方物，赏赉筵宴如例。

廿八日（2.17）

总管内务府奏：圆明园花炮作库房等项工程业已完竣。经查，原估工料银八千一百八十五两二钱九厘，销算工料银八千六百两七厘，比原估多银四百十四两七钱九分八厘。除出估钱料、多做活计，未经呈明不准开销者外，应准照估销算工料银八千一百八十五两二钱九厘。

三十日（2.19）

帝回宫。

本月

●化俗难吟：九宇之广，亿兆之众，原非一人能理，是以分设司牧，俾之化导而安其生，乃有庸罔不职者厕其中，遂使民俗日偷。始则蔑视官长，肆其刁顽，继且藏奸井邑，习为邪逆，而司土之愚暗者，尚且懵然不觉也。即有一二强干之员，思欲锄其奸而正其罪，又往往为众论所持，惟恐滋生事端，遂至相随束手，则平日忝居其上之大吏，其取舍顾可问乎？予宵旰筹思，惟有省躬责己，虔祈天恩赦宥，氛祲不作，使民气复归于协和焉耳。

治理庶姓资庶官，官不实心化俗难。疲庸玩愒度岁月，大半尸位咸素餐。

驭兵未能明纪律，守土不知民饥寒。邪教多年聚乡邑，养痈贻患恣作奸。

民不畏官下犯上，成何世界心目酸。官庸民玩总予咎，仰天赦宥敷泽宽。

●练兵申律篇：我朝武烈超迈前代，而弧矢尤为精锐，然总由训练有方，用能作其气而成劲旅。去岁猝有戡乱除邪之事，禁卫各营惟健锐、火器二营技艺皆尚可观，其余则渐不如前，自缘承平日久，讲肄懈疏所致，予习闻庭训，家法宜遵，用是申明纪律，饬励戎行，庶几可收干城腹心之效耳。

弧矢开旧基，祖武万世率。射艺夙精娴，力同而心一。

承平百余年，疏懈渐就逸。恐负庭训谆，廑念戎兵诘。

二月

初六日（2.25）

帝幸圆明园。

●畅和堂：自古图治之要，首在人和。天以春生万物，其德在和，故能群生咸畅。人君以人法天，亦当使上下休和，则民气恬熙，而眚沴自消，邪慝何由而作。去岁，禁城忽有教匪构乱之事，固由顽民不逞，妄煽妖言。然我君臣，平日敷宣德化，尚有未至，因致此意外之警。新岁人心渐觉安定，连得瑞雪，遍被春田。可知以和召和，乃天地自然之理，旋转之柄，实在人为。予惟有刻思自励，董正百官，不敢谓昊贶优隆，稍弛敬修之愿。

人和庶绩熙，政协天心畅。德化惭未敷，顽民兢罔上。

邪慝煽妖言，悖逆兼谬妄。竭力肃官箴，旋转俟昊贶。

初八日（2.27）

帝赏圆明园直宿官兵银两。

初十日（3.1）

帝御勤政殿听政。以赛冲阿歼灭四股木工军，加封二等男爵。

十二日（3.3）

遣官祭黑龙潭昭灵沛泽龙王之神、玉泉山惠济慈佑灵濩龙王之神、昆明湖安佑普济沛泽广生龙王之神、密云县白龙潭昭灵广济龙王之神。

十三日（3.4）

据给事中李可蕃奏，两广部分地区有天地会、三合会活动，且广东民人多有密习天主教者，香山等县更有妇女入教。帝谕两广总督蒋攸铦、广东巡抚董教增，各饬所属，严查究办。

廿二日（3.13）

帝幸万寿山。

廿五日（3.16）

总管内务府奏：前据总理健锐营事务大臣拉旺多尔济等咨称，昆明湖水操船四只、小驾船四只、行令船一只，于嘉庆八年拆排一次，又于十三年拆排一次，除十六年风损水操船一只、小驾船二只奏准修理外，其余船只，现亦应行修理。寻奉旨：将水操船拆去二只、拆修一只，拆排令船一只。经查，该项活计，净估需工料银一千一百二十两四钱三分八厘，应请向广储司银库支领。

廿七日（3.18）

帝回宫。皇五子绵愉出生，母如妃钮祜禄氏。

本月

长春园之淳化轩东侧，添建戏台，改建看戏殿。

绮春园之西南部大修，新建澄心堂、湛清轩等。

闰二月

初一日（3.22）

帝幸圆明园。

●慎修思永：去岁，京畿酿成巨案，皆缘小民渐染恶习，遂至本心迷失。推厥所由，无非趋利恣贪。因不能遂其私图，于是创为邪说，煽诱闾阎，而顽钝无知之人，亦以贪欲成风，不觉为其蛊惑，并其躯命亦不自恤，真痴迷之甚矣。予深悯其愚，求宁思永，既已谆谆诞告，力挽颓波，而治化之原，当由身始。偶于几暇莅止，仰瞻题额，益为憬然不置云。

敬慎修身要，殚思怀永图。民风多习染，圣泽久涵濡。

贪利趋邪径，迷心舍正途。挽回诚不易，竭力救痴愚。

初三日（3.24）

帝御勤政殿听政。

初六日（3.27）

帝御阅武楼，阅火器营操。以驻藏大臣祥保为西安将军，驻藏帮办大臣喜明为驻藏大臣。赏太仆寺卿珂什克副都统衔，为驻藏帮办大臣。

初九日（3.30）

翰林院侍讲学士蔡之定奏请发行纸钞，帝以其越职蒡言乱政，著交部议处，所奏不准行。

十二日（4.2）

帝颁赏达赖喇嘛黄哈达一个，玉佛一龛，玉香炉、玉盒、玉瓶、玉碗、玉鼻烟壶各一个，松石念珠一串，金盒一个，交新任驻藏帮办大臣珂什克携往颁赐。并命礼部左侍郎瑚图礼传谕达赖喇嘛：此后，务须顶戴朕恩，用心勤习经典，以副朕广兴黄教之至意。

十三日（4.3）

帝幸万寿山。谕：圆明园该班官兵，照紫禁城例，每年给与恩赏银，每届四月给领。

十五日（4.5）

帝诣安佑宫行礼。

廿一日（4.11）

绵课等奏：皇上临莅清漪园，除旧设官兵仍照常预备外，其自上年九月后，新议添设翊卫官兵，谨酌拟应去应留，另缮清单，恭呈御览。

廿二日（4.12）

帝幸万寿山。

廿三日（4.13）

圆明园湛然室、悦霁亭内刊刻御笔，候补笔帖式保焕带匠役五名进福园门。翌日如之。

廿四日（4.14）

圆明园西峰秀色含韵斋西抱厦内刊刻御笔，委署库掌舒德带匠役五名进福园门。翌日如之。

廿五日（4.15）

圆明园天宇空明殿内刊刻御笔，候补笔帖式保焕带匠役五名进福园门。翌日如之。

廿六日（4.16）

帝御勤政殿听政。圆明园安澜园引凉小楼下刊刻御笔，委署库掌舒德带匠役五名进福园门。

大学士董诰等纂辑《全唐文》告成，全书一千卷，出力各员议叙如例。

廿七日（4.17）

圆明园蓬岛瑶台畅襟楼下刊刻御笔，候补笔帖式保焕带匠役十名进福园门。

三月

初二日（4.21）

帝幸万寿山，诣广润祠拈香。武英殿修书处于长春园内如园、鉴园刊刻御笔，候补笔帖式保焕带匠役六名进长春园右门。翌日如之，惟多带匠役一人。

初四日（4.23）

武英殿修书处于长春园内玉玲珑馆刊刻御笔，候补笔帖式保焕带匠役七名进长春园右门。翌日如之。

初六日（4.25）

帝回宫。

初八日（4.27）

谕：宗室乡、会试取中，用一文一诗，已属优异。若不加以覆试，无以鉴别真才。著自本科为始，宗室会试中式者，传集在圆明园正大光明殿覆试。届时礼部奏明，另定试期，毋庸与本科中式贡士同日。其试题仍用一文一诗，著管理宗人府之王公等，先期传示应试各宗室举子，俾共闻知。

初九日（4.28）

帝幸圆明园。

十一日（4.30）

武英殿修书处于圆明园内春雨轩刊刻御笔，候补笔帖式保焕带匠役三名进圆明园福园门。

十四日（5.3）

员外郎祥兆、延昌等奏：为长春园内淳化轩添盖看戏殿，并含经堂等座殿宇添挂、粘修雨褡、竹帘等项工程，请暂领银两、物料，以备工需。内银三百四十九两五钱八厘，向官房租库支领，物料等项，向广储司支领。统俟工程完竣，有余缴回，不敷再行找领。

十六日（5.5）

豫亲王裕丰因对其府内家人、差役参与教乱处置不力，交宗人府、军机大臣、大学士、六部尚书等会同议罪。寻奉旨革去王爵，免其圈禁，在王府外间居住，不准出门闲游。四月十八日，以其弟裕兴袭爵。

十七日（5.6）

帝幸万寿山。

十八日（5.7）

帝诣安佑宫行礼。

十九日（5.8）

武英殿修书处于圆明园内湛然室刊刻御笔，候补笔帖式保焕带匠役五名进圆明园福园门。翌日如之。

武英殿修书处于绮春园内烟雨楼刊刻御笔，委署库掌舒德带匠役四名进绮春园西宫门。翌日如之。

廿一日（5.10）

武英殿修书处于绮春园内清夏斋刊刻御笔，候补笔帖式保焕带匠役七名进绮春园西宫门。随后两日亦如之，惟多带匠役一人。

廿二日（5.11）

帝幸万寿山。禁内地民人传习天主教。

廿三日（5.12）

谕：嗣后，仪亲王、成亲王除遇大祀大典，朕御门办事及所管衙门奏事、带领引见时照常进内当差外，朕出入圆明园及各处拈香，临幸清漪园等，均不必随往。肃亲王永锡，著加恩赏戴三眼花翎，在内廷行走。

廿六日（5.15）

谕：兵制与国赋，相权而行。现在各省额兵六十二万四千余名，较之雍正年间及乾隆四十六年以前，所增实多，自应酌加裁减。寻奏定，直隶、安徽、山东、河南、陕西、甘肃六省，及河东河标，或兵额本简，或控制紧要，难以酌减。其余各省统计裁兵一万四千二百四十名，马一千二百五十六匹。每岁约可节省饷乾银二十七万一千九百三十二两有奇，米三万七千五百五十五石有奇。帝允之。

廿七日（5.16）

帝幸静明园，诣龙神庙拈香。

四月

初三日（5.22）

帝回宫。

初四日（5.23）

谕：所有本年秋狝木兰，著暂行停止，且无庸进驻避暑山庄。

初六日（5.25）

帝幸圆明园。

初七日（5.26）

帝引见辛未科教散馆人员。二甲庶吉士林则徐等俱授编修。

初八日（5.27）

帝幸万寿山。谕：豫通亲王多铎后嗣，除第三房出继外尚有五房。此次袭爵，自应于每房内各选一人带领引见，不应于长房内独选三人。著宗人府于原选之裕兴、裕全、哲冲额三人内，秉公拣选一人。其五房内原选之佛欢，虽系长子，既不识字，亦难入选，著于该房内另选一人。俟朕由香山回园后，带领引见。

十一日（5.30）

帝幸静明园，诣龙神庙拈香。幸静宜园驻跸，至十五日皆如之。

十四日（6.2）

帝御演武厅，阅健锐营操。

十六日（6.4）

帝幸静明园，还跸圆明园。

十九日（6.7）

帝诣黑龙潭神祠拈香。

廿二日（6.10）

帝幸万寿山，诣广润祠拈香。

廿三日（6.11）

前此，皇次子绵宁、皇三子绵恺及王大臣等，奉旨阅看前锋、护军、圆明园等营官兵步射。谕：此后，正当暑热，大雨时行，著不必阅看马步射。俟立秋以后，于左右两翼前锋营、八旗护军营、圆明园护军营，每营照上届另行选派官兵一百名，仍交原派之阿哥、王大臣等，自七月二十日起，阅看马步射。

廿四日（6.12）

帝回宫。

廿五日（6.13）

帝幸圆明园。

廿七日（6.15）

帝幸静明园，诣龙神庙拈香。

廿八日（6.16）

帝御勤政殿听政。

五月

初二日（6.19）

帝回宫。

初四日（6.21）

以崇文门关监督盘获来京赴考之广东省东莞县贡生卢赞及其仆人张四携带鸦片烟一案，重申严禁西洋人在华销售鸦片烟。谕：天主教之贻害，尤甚于白莲教。

初五日（6.22）

帝幸圆明园。据松筠等奏，新疆镇西府之奇台县产有铜矿，宜禾县产有铅矿。请令乌鲁木齐粮饷处额外主事凤鸣等，督率商民试采。帝从其所请，并谕：如果矿砂旺盛，能于国课民生两有裨益，即奏立规条，永远遵办。若开采无效，亦即奏明停止。

初八日（6.25）

内外膳房、茶房、侍卫饭房于清漪园备膳，用苏拉十六名。廿二日亦如之，惟苏拉增至二十名。

十四日（7.1）

帝幸万寿山，诣广润祠拈香。

十八日（7.5）

谕：宫内及圆明园，设有需用火班之时，若俟该管激桶之大臣官员到后，始带激桶进内，岂不迟缓？著于启放何门时，即将本日在内值宿之御前乾清门侍卫，请派二人于启门后传到激桶官兵，先行带引入内。其该管激桶之大臣官员，随后报明陆续放入。至值班之御前乾清门侍卫，除管带激桶之二人外，其余俱在本处，不得擅动。如遇朕亲往看视，该侍卫等各佩带弓刀，敬谨随扈。

二十日（7.7）

帝幸静明园，诣龙神庙拈香。

廿一日（7.8）

帝御勤政殿听政。

廿五日（7.12）

苏楞额、常福等奏：为预备福海烟火法船等项事宜，除行取纸张等项外，按例销算银五百五十一两一钱八分四厘，请由广储司银库支领。

廿七日（7.14）

国史馆所呈《和珅列传》仅将其官阶履历依次编辑，篇幅寥寥。帝以功罪不明、纂修失当，将所有承办之纂修官交部严加议处。

六月

初四日（7.20）

帝幸静明园，诣龙神庙拈香。

初八日（7.24）

谕宗人府：向例，满洲人命名，除清语不计字数外，若用汉文，只准用二字，不准用三字。此次宗人府题本竟有此差错，如清永泰等。所有管理宗人府之王、贝子、公等，各罚职任俸三个月，族长、学长等俱罚俸六个月。清永泰之名著即改为永泰。

十一日（7.27）

帝幸万寿山，诣广润祠拈香。坐办堂郎中福宁等奏，遵旨于圆明园迤西桃园等处地方添建营房三处。为乘时购办物料，请先向造办处支领银四万两。

十二日（7.28）

总管内务府大臣和世泰奏：遵旨于昨日查问水操一事，查此项战船，系营造司现在修理。因行取苏州织造处各项物料尚未到齐，是以未能完竣。

十四日（7.30）

内外膳房、茶房、侍卫饭房于清漪园备膳，用苏拉十六名。

十七日（8.2）

帝幸万寿山。

十九日（8.4）

总管内务府奏：清漪园郎中阿尔邦阿，现已补放苏州织造。其所遗清漪园郎中一缺，请由南苑郎中嵩安调补。嵩安所遗之缺，请由南苑员外郎富森保升补。富森保所遗之缺，请归还内务府人员升补。允之。

二十日（8.5）

领侍卫内大臣、庄亲王绵课等奏：紫禁城内外，官兵值班规制至为严密。圣驾启跸后，无庸添派。惟查吉林、黑龙江官兵最为骁勇，且留京分补各营额缺者不少，应请于紫禁城四门，景运、隆宗二门之进班章京、兵丁定额内，每日酌挑二三名，轮流值班。另，遇启跸之期，留京王大臣向不值宿。应请照巡幸木兰之例，在紫禁城内轮流值宿，并添派健锐、内外火器三营章京各一员，在东华门外值班。其圆明园值班大臣，向只四员，应酌添值班大臣四员，轮流值宿，并令外火器、健锐两营章京在园值班。奉旨：紫禁城及圆明园各处，禁门栅栏守卫官兵内，著将吉林、黑龙江留京官兵，每日酌挑数名，轮流值班。余依议。

廿一日（8.6）

帝幸静明园，诣龙神庙拈香。

廿六日（8.11）

帝幸万寿山，诣广润祠拈香。

七月

初二日（8.16）

谕：嗣后，凡缘事发遣宗室，由盛京释回者，即令回京；由吉林、黑龙江释回者，即令在盛京居住。

初三日（8.17）

帝御勤政殿听政。

初四日（8.18）

帝回宫。

初五日（8.19）

帝幸圆明园。

十一日（8.25）

内外膳房、茶房、侍卫饭房、肉房于清漪园备膳，用苏拉二十名。十七日、廿六日亦如之。

十二日（8.26）

帝幸静明园，诣龙神庙拈香。

十五日（8.29）

中元节。帝诣安佑宫行礼，于福海放河灯。

二十日（9.3）

帝幸万寿山。

廿七日（9.10）

帝幸静明园，诣龙神庙拈香。

廿九日（9.12）

帝御勤政殿听政。

本月

●御园初秋：匝月以来，雨旸时若。畿辅、河南、山东，皆极沾足。虽秋暑未退，而大田禾稼，结穗含苞，正资长茂。日内再得甘霖续沛，即可大有书年。惟冀睢工克期顺轨，粮艘即日抵通，漏网余孽全数就擒，庶可稍释焦思耳。

京畿匝月雨旸时，齐豫连番沐透滋。暑气未除候风爽，田功仍燥待霖施。

大河复轨惟期速，全漕行舟虑过迟。余孽潜藏总难获，万几一日切焦思。

八月

初三日（9.16）

御史卓秉恬，以近日外城窃案较多，奏请以左、右翼总兵轮驻南城。帝以其所奏不可行，谕：总因汉御史家住南城，是以屡有此奏。步军统领衙门所设总兵二员，一员常川在圆明园附近驻扎，一员协同步军统领在皇城内外稽查，不能再令分驻外城。该统领视内城紧要，于外城时或疏略，亦实有之事。惟在该统领及总兵等督率营员，各按地面认真巡捕。并著五城御史，督率司坊官，一体查缉。

初五日（9.18）

帝回宫。

初八日（9.21）

北城拿获行窃绮春园玉器之贼犯尹七。据供，其在海甸陈府一带，尚偷窃仪亲王、鄂勒哲依图园寓什物各一次，并偷窃民人家三次。谕：尹七一犯，本年在海甸地方已行窃六次。此外窃犯，想仍不止此。实皆该管官等缉捕废弛。英绥著交部议处，先行退出乾清门。西拉布著交部察议。圆明园副将王永功，以及该管营汛各员，交兵部查明一并议处。寻经部议，英绥著降三级，以三等侍卫在大门上行走。

初十日（9.23）

经查，偷窃绮春园玉器之贼犯尹七，系偷越御园围墙而入。以墙外堆拨，相距甚近，该官兵等全无觉察，命将千总韩彪革职，该班兵丁二名，俱予革退，枷号两个月，满日责释。至墙内堆拨二处，距贼犯越墙之地俱远，其处与墙外堆拨有间，命将该班之委护军校革退，仍留护军，其护军等俱交该营重责，免其革退。另，将值班之管理圆明园八旗官兵大臣瑞龄以下诸员，交部分别议处。

十二日（9.25）

帝幸圆明园。

十三日（9.26）

帝诣安佑宫行礼。大学士勒保，以目疾解职，仍食伯爵全俸。命户部尚书、协办大学士托津为大学士；以兵部尚书瑚图礼为户部尚书；以都察院左都御史明亮为兵部尚书、协办大学士；以伊冲阿为都察院左都御史。

十四日（9.27）

总管内务府奏：畅春园郎中明禧现已调补圆明园郎中。所遗员缺，由掌仪司郎中祝麟调补。所遗掌仪司郎中员缺，由内务府另行拣选带领引见。

十九日（10.2）

帝回宫。

二十日（10.3）

帝启銮，谒东陵。

廿二日（10.5）

遣官祭黑龙潭昭灵沛泽龙王之神、玉泉山惠济慈佑灵濩龙王之神、昆明湖安佑普济沛泽广生龙王之神、密云县白龙潭昭灵广济龙王之神。

廿三日（10.6）

帝谒孝陵、景陵、裕陵。

廿六日（10.9）

帝自东陵回宫。

廿七日（10.10）

帝幸圆明园。

九月

初二日（10.14）

帝御洞明堂，勾到新疆、云南、贵州、广西情实罪犯。

初三日（10.15）

帝幸静明园，诣龙神庙拈香。

初四日（10.16）

帝御勤政殿听政。

初七日（10.19）

帝御洞明堂，勾到广东、福建情实罪犯。

初八日（10.20）

帝幸静宜园驻跸，至十二日皆如之。

初九日（10.21）

总管内务府奏：查本年四月，皇上诣普觉寺拈香，系由广储司赏给该寺僧众银二十两。此次，皇上诣普觉寺拈香，应否仍照本年四月赏给之处，请旨遵行。奉旨：照例赏。

十一日（10.23）

帝御静宜园正直和平殿，勾到四川情实罪犯。

十二日（10.24）

帝御静宜园正直和平殿，勾到奉天、陕甘、浙江情实罪犯。

十三日（10.25）

帝幸静明园，还跸圆明园。武英殿修书处于长春园之鉴园开益轩刊刻御笔，候补笔帖式保焕，带匠役五名进长春园右门。至十五日皆如之。

十六日（10.28）

帝御洞明堂，勾到安徽、湖广、江西情实罪犯。武英殿修书处于长春园之鉴园开益轩刊刻御笔，库掌寿麟，带匠役五名进长春园右门。

十八日（10.30）

帝御洞明堂，勾到江苏、河南、山东情实罪犯。

二十日（11.1）

帝幸万寿山。

廿一日（11.2）

据阮元奏，假托前明后裔、称后明晏朝年号之首逆朱毛俚，由江西余干逃至福建浦城，其余党等，或擒或逃。帝命阮元及汪志伊，务将朱毛俚归案。十月十二日，以阮元查案有功，著赏加太子少保衔，并赏戴花翎等。对已获各犯胡秉耀等十七名，业经分别凌迟、斩决办理。程麟祥等三十五犯著绞监候，入于明年秋审情实，即将各犯分交各府监禁。至朱毛俚一犯，尤为此案罪魁，著两江、湖广、闽浙各督抚，一体饬属查拿。

廿六日（11.7）

帝御勤政殿听政。

廿八日（11.9）

帝诣畅春园恩慕寺、恩佑寺行礼，寻回宫。

三十日（11.11）

前日，御史景德奏请于万寿节时，令城内演戏设剧十日，岁以为例。帝严斥之，著即革职，发往盛京，交观明差遣，派当苦差。

十月

初二日（11.13）

帝幸圆明园。

初四日（11.15）

以万寿节，帝御同乐园，赐皇子、皇孙及王以下文武大臣、蒙古王公等食，至初七日皆如之。

初六日（11.17）

万寿节。帝诣安佑宫行礼。御正大光明殿，皇子、皇孙及王以下文武大臣、蒙古王公等，行庆贺礼。

初八日（11.19）

帝幸万寿山。

十二日（11.23）

帝诣安佑宫行礼。

十三日（11.24）

帝回宫。奏准：熙春园陈设，照清漪园之例，每岁派员细查一次，每五年派总管内务府大臣清查。

十一月

初五日（12.16）

昨日，徵瑞奏称，圆明园四面旧有围墙，应一体用石片加高五尺。谕：上年林清之案时，圆明园附近地方，甚为安静。本年朕驻跸达十月之久，诸事吉祥。此时若将四面旧有围墙一律加高，义何所取？近来，朕因经费不充，停减一切工程，徵瑞岂不闻知？徵瑞所有工部左侍郎、正黄旗蒙古副都统、总管内务府大臣，俱著开缺，亦无庸管理茶膳房、圆明园事务，并革去紫禁城内骑马，拔去花翎，加恩赏给总管内务府大臣衔，管理雍和宫、造办处、三山事务。

十三日（12.24）

谕：近日风闻圆明园附近一带，于编查保甲一事，春夏间尚为整肃，秋冬间日就废弛，非但稽查不力，门牌亦多遗失。现在御园工作，俱经降旨停止，夫役等不下千余人，同时歇业，尤应加意查察。所有巡视北城御史，著传旨严行申饬，勒限一个月，将该一带保甲事宜认真整顿。一月后，朕派员往查。

廿八日（1815.1.8）

帝谕两广总督蒋攸铦等：查明在粤英人司当东有无不法情事，具奏妥办。

十二月

十一日（1.20）

谕：前因三品以下京堂衙门奏事较简，令于每年冬间，朕自圆明园进宫后，该京堂等轮班值日，以次召见。本年十月以来，各该京堂多已轮流召对。现在，年班将军、都统、副都统等，陆续来京，每日召见人员较多。其京堂轮班值日之处，著即停止。嗣后，每岁于年班人员到京后，即停止京堂值日。

十五日（1.24）

谕：前经降旨，令紫禁城各门进班官兵内，添派东三省数人。俟召见永鋆、西拉布、瑞龄三人时，俱称，各门均有三省之人。昨派苏尔慎、安成往查：惟景运门有一护军校，东华门有一护军，其余各门俱无，甚属非是。永鋆著革去前锋统领，照例上朝。西拉布著革去护军统领，仍留副都统、总兵之任。瑞龄著革去护军统领、副都统，管理圆明园，在散秩大臣上行走。

十六日（1.25）

总管内务府奏：修理昆明湖水操船一只、行令小船一只完竣，按例实销工料银一千二百七十五两八分。

十八日（1.27）

静明园添安陈设三件，内衣库交来锦坐褥一件（葛布套），武备院交来红白毡二块，撤去陈设三件，内衣库撤去锦坐褥一件，武备院撤去黄白毡二块。

静宜园添安陈设五十七件，内懋勤殿交来御笔字三十一件、御笔墨刻手卷六卷、御制墨刻册页三册、御制诗二集一部六套、御制文一套、《西巡盛典》一部四套、《昭代箫韶》一部四套，圆明园交来铜佛二尊。撤去陈设十六件，内懋勤殿朱珪字二张、英和字一张、赵秉冲字二张、戴衢亨字一张、黄钺字一张、王懿修字一张、冯宁画一张、清柱画一张、沈庆兰画二张、蒋懋德画二张、程琳画一张，做钟处撤去铜表盘一件。

十九日（1.28）

禧恩奏：抽查圆明园附近各村门牌。自上月换齐后，仍有不符。谕：圆明园，每年驻跸之日最久，稽察尤当严密。该巡视西城、北城御史，俱著传旨严行申饬。仍责成该御史等，即赴御园一带，将各村庄门牌覆行查对，逐一更正。明年正月，朕临莅御园后，再派员详察。嗣后，每岁自正月至十月，该西、北两城御史，著照左、右翼总兵之例，轮班在御园附近居住，半月更替，专司稽察牌甲。

本年

长春园：改造淳化轩东侧，添建戏台、扮戏房，改建看戏殿。

绮春园：西南隙地，浚池构宇，新建澄心堂及湛清轩。两淮盐政承办紫檀装修二百余件。

自乾隆九年十一月起，节经奏增地亩租银，至嘉庆十九年九月，紫禁城护城河荷花地等各处每年共征收租银一千五百七十三两九钱五分一厘，存收奉宸苑衙门，以备公用。

嘉庆二十年　1815

正月

初七日（2.15）

谕：朕自本年二月初九日起，阅看前锋、护军营暨圆明园官兵步箭。著各挑选二百名，以一百名预备朕阅看，以一百名预备阿哥、王大臣等阅看。其在朕前射箭者，每日预备二十五名，仍照例进绿头牌。每名射箭二枝。如遇朔、望及朕临幸各处之期，毋庸预备。其阅看之阿哥、王大臣，著领侍卫内大臣等奏请简派。

初十日（2.18）

奉旨：总管内务府大臣员缺著禧恩补授。那彦宝著管理雍和宫事务，并管理清漪园等处事务。苏楞额著管理造办处事务。

十一日（2.19）

帝幸圆明园，诣安佑宫行礼。

●新正幸圆明园：每岁幸园，皆于新正初吉。今春，因五日得辛，斋戒祈谷。一切宫中应行典礼，于初九日始竣。乃诹吉十一日，临莅御园，施惠屏藩，示慈宗室，例于西苑。非敢稍侈游观，抑亦恪遵前典耳。

祈谷鸿仪展上辛，幸园诹吉启中旬。旭辉紫禁金阊曙，雪洽青郊御苑春。

施惠屏藩及诸部，示慈宗室逮群臣。于昭考泽永钦守，岂绚灯花五夜陈。

十四日（2.22）

帝御奉三无私殿，赐皇子、皇孙、亲藩等宴。御山高水长，赐王公大臣、蒙古王、贝勒、贝子、公、额驸、台吉及回部伯克、外藩使臣等食。至十六日皆如之。

十五日（2.23）

上元节。帝诣安佑宫行礼。御正大光明殿，赐朝正外藩等宴，作乐赐酒，如除夕仪。

十六日（2.24）

帝御正大光明殿，赐大学士、尚书等宴。

十九日（2.27）

帝御山高水长，赐王公大臣、蒙古王、贝勒、贝子、公、额驸、台吉及外藩使臣等食。

二十日（2.28）

帝幸万寿山。

廿二日（3.2）

四川总督常明奏：清溪县松坪土司马骆氏率所辖二十八堡夷众，请改土归流。户部议奏，以其地之深溪沟为界，东北一带夷民八百四十三户，归峨边厅管辖；西南一带夷民九百九十户，归清溪县管辖，照例纳粮。该土司仍世给土千户职衔。帝允之。

廿三日（3.3）

帝诣畅春园恩慕寺、恩佑寺行礼。

廿七日（3.7）

帝回宫。

二月

初一日（3.11）

以那彦宝管理雍和宫并清漪园等处事务。

初四日（3.14）

帝幸圆明园。

●恒春堂：人主法天行政，原欲使四海乂安，共享春台之乐。而其切要，在于用人。近因江南、山东两省，吏治废弛，库帑亏短至数百万之多。本应照例严惩，姑念人数较多，仅从薄罚，亦君道止仁之义也。然予谆谆求治，夙夜不遑。何时返朴还淳，得遂予平均之愿哉。

周回四序始于春，恒久纯常德日新。天健刚强体不息，民情浇薄愿还淳。

臣衷自昔应存敬，君道从来在止仁。求治用人最切要，何时可望政平均。

初五日（3.15）

驻藏大臣喜明奏：廓尔喀与披楞战争。廓尔喀屡向驻藏大臣及达赖喇嘛、班禅额尔德尼等求援，均遭驳斥。帝以喜明等所办甚是，著传旨嘉奖。并谕：倘廓尔喀再来渎禀，著喜明等檄知：天朝抚驭外藩，从无赏给饷银，令与邻国构兵之理。即如缅甸与暹罗，同为天朝属国。从前，伊两国累有争战之事。彼时大皇帝从未偏助。另，如披楞与廓尔喀只在边外构衅，总当置之不问。倘或竟敢阑入边界，侵扰阳布地方，必当示以兵威，痛加剿杀，立时驱逐出境。

初九日（3.19）

帝御勤政殿听政。

初十日（3.20）

帝幸静明园，诣龙神庙拈香。

●仲春玉泉山龙神祠拈香敬述：新岁瑞雪频敷。京畿、直省，一律普被，可卜年登大有。兹届春耕伊始，正麦苗滋长之时，再得时雨均沾，则屡丰之象矣。仰赖神庥，曷胜私愿。

初韶瑞雪畅敷滋，直省欣同奏牍披。系念甫田切民瘼，敬祈惠泽叩神祠。

湖光潋滟波心叠，岚黛溟濛云脚垂。策骑石衢揽春景，授时尤愿雨知时。

十二日（3.22）

遣官祭黑龙潭昭灵沛泽龙王之神、玉泉山惠济慈佑灵濩龙王之神、昆明湖安佑普济沛泽广生龙王之神、密云县白龙潭昭灵广济龙王之神。

●安澜园：安澜园，在御园之北。皇考仿海宁陈氏园所建。予同成亲王、庆郡王，甲辰春，扈跸南巡，曾至其地，并赋诗四章纪游。所谓春归十二楼者，犹了了在目，今已三十二年矣。皇考尝云，南巡事体重大，不可轻举。以今观之，尤不易言。然河工海塘，为东南民务之最巨者，在在关心，故前岁特建神像，就近瞻礼，以期昭格而庆安澜。固不徒想像景物已也。

敕建御园北，溪崖仿海宁。同游鬓半白，即境柳重青。

楼阁诗曾载，云烟画述形。吏疲俗浇薄，大典必宜停。

十四日（3.24）

帝诣安佑宫行礼。

十八日（3.28）

帝幸万寿山。

二十日（3.30）

内外膳房、茶房、侍卫饭房于清漪园备膳，用苏拉二十名。

廿三日（4.2）

谕：近日，朕御出入贤良门看射布靶。正门外，人声甚众，并闻嬉笑之音，此皆该管王大臣管理不善所致。所有管理圆明园八旗王大臣，俱著传旨申饬。至正门以外，挡众木以内，向例不准闲人擅入。著该管王大臣留心稽察，并西南门、藻园门、福园门，尤为紧要，亦著一体管束。

廿四日（4.3）

帝幸静明园，诣龙神庙拈香。

廿五日（4.4）

帝御勤政殿听政。

廿六日（4.5）

帝诣安佑宫行礼。

廿九日（4.8）

帝回宫。

三月

初二日（4.11）

帝幸圆明园。

初四日（4.13）

帝启銮，谒东陵。

初五日（4.14）

荣郡王绵亿卒。帝遣定亲王绵恩孙载铨往奠茶酒，由其子奕绘袭封贝勒。

十五日（4.24）

九世达赖喇嘛隆朵嘉措在拉萨布达拉宫暴亡。

廿二日（5.1）

帝自东陵还跸圆明园。

廿三日（5.2）

两广总督蒋攸铦等奏陈《查禁鸦片烟章程》四款。谕：嗣后，西洋货船至澳门时，应按船查验，杜绝来源。至明定赏罚一节，嗣后，遇查获鸦片烟之案，除有得规故纵情事者严参办理外，其仅止失察者，概行宽免处分。若官员人等拿获烟斤，自二百斤至五千斤以上，分别纪录加级及送部引见。

廿五日（5.4）

帝幸万寿山，诣广润祠拈香。

廿六日（5.5）

帝御勤政殿听政。

四月

初三日（5.11）

帝回宫。

初六日（5.14）

帝幸圆明园。

初七日（5.15）

鄂勒哲依图奏参散秩大臣瑞龄，昨日在圆明园接班迟误。据查，前、昨二日，富勒珲凝珠在健锐营进班。昨日亦系瑞龄班期。富勒珲凝珠，乃遣人至侍卫处代瑞龄报明，却未给其本人送信。昨日，瑞龄有分献差使，于未刻接得侍卫处传牌，始赶至接班。帝以二人所为，均属非是，俱著交兵部议处。

初八日（5.16）

帝幸万寿山。

十一日（5.19）

帝幸静明园，诣龙神庙拈香。幸静宜园驻跸，至十五日皆如之。

十四日（5.22）

帝御演武厅，阅健锐营操。

总管内务府奏：查上年九月，皇上诣普觉寺拈香，系由广储司赏给该寺僧众银二十两。此次，皇上诣普觉寺拈香，应否仍照上年九月赏给之处，请旨遵行。奉旨：照例赏。

十六日（5.24）

帝幸静明园。还跸圆明园。

十九日（5.27）

帝回宫。

二十日（5.28）

帝幸圆明园。

廿一日（5.29）

帝御勤政殿听政。

廿五日（6.2）

帝幸万寿山，诣广润祠拈香。

廿六日（6.3）

帝先后阅视镶红旗、正蓝旗护军营射靶。两营官兵二百余人，竟无一人中五箭者，即中三四箭者亦少。帝传旨申饬护军统领秀宁、长庆，著交部议处。

廿七日（6.4）

帝颁《御制官箴》二十六章。

五月

初三日（6.9）

先是，御史石承藻奏参湖北襄阳府知府王树勋，谓其原系京城广慧寺僧人（法名明心），以捐纳得官，请交部审拟。至是讯明，现任仓场侍郎、内阁侍读学士、四品京堂官蒋予蒲曾于明心处受戒。帝以蒋予蒲所为有玷官箴，命褫职。寻将王树勋发往黑龙江充当苦差。

初七日（6.13）

帝幸静明园，诣龙神庙拈香。

初十日（6.16）

命禧纳管理清漪园等处事务。

十一日（6.17）

帝幸万寿山。

●庆郡王五十寿辰，诗以赐之：

大衍箕畴庆寿辰，连枝棠棣幼相亲。问年今已及知命，承泽良由善谨身。

敬守屏藩崇俭德，不逾矩范远浮尘。芳园日永芝兰茂，长养南讹景福臻。

十三日（6.19）

帝回宫。

十六日（6.22）

帝幸圆明园。

十八日（6.24）

帝御勤政殿听政。

廿一日（6.27）

帝幸静明园，诣龙神庙拈香。

本月

皇九女卒。追封慧愍固伦公主。帝亲临西花园殡所赐奠。

六月

初四日（7.10）

帝幸静明园，诣龙神庙拈香。

初六日（7.12）

帝御勤政殿听政。

初十日（7.16）

绮春园内敷春堂、鉴碧亭刊刻御笔，候补笔帖式保焕，带匠役三名进绮春园西宫门，至十二日皆如之。

十一日（7.17）

帝幸万寿山，诣广润祠拈香。

十四日（7.20）

谕：朕阅内务府则例，内载雍正四年谕旨：圆明园奏事，八旗及六部、都察院、内务府等衙门，分为九日。每日一旗一部，轮流奏事。遇值班之日，若该旗该部无应奏之事，亦著随班伺候。倘有紧要之事，许其不论班次启奏。自是以后，圆明园奏事，文职衙门轮为九班，武职衙门轮为十班。皇考高宗纯皇帝与朕，恪遵罔懈。惟思文职九班内，六部各衙门值班之日，俱多陈奏事件。其銮仪卫、光禄寺值班之日，无事可奏，殊觉闲旷。除武职十班仍照旧例外，所有文职九班，著减去一班。以都察院归入刑部、大理寺，合三法司为第五班。以内务府、国子监为第七班。以理藩院、銮仪卫、光禄寺为第八班。即以本月十九日吏部值班之日为始，各照新例按班轮值。

十七日（7.23）

帝幸万寿山。

廿一日（7.27）

帝幸静明园，诣龙神庙拈香。

廿七日（8.2）

帝回宫。

本月

内务府奏准武备院、奉宸苑及上驷院三院员外郎截升郎中一应事宜。

七月

初一日（8.5）

帝幸圆明园。

初四日（8.8）

帝幸万寿山。

初五日（8.9）

从御史高翔麟之请，降旨严禁私米出洋。如此，可收杜盗源而平粮价之效。湖广总督马慧裕奏，戴添福、孙家望等，倡言青莲、红莲、白莲教名目，习教敛钱，已将该犯等陆续捕获。

初六日（8.10）

暹罗国王恳请由华民代驾贡船，遭两广总督蒋攸铦驳之。奏闻，帝谓“所办甚是”。

初七日（8.11）

昨日，查抄太监林表什物，内有都司高明德名条。据供，向来，圆明园营汛都司到任，俱用名条来拜总管太监等，系相沿旧规。帝谕：我朝定制，太监人等俱不准与外廷官员结交来往。高明德所为，实属多事，本应交部治罪，但念系历任相沿，非自高明德始，姑从宽免。著步军统领、左右翼总兵，通饬各营员，概不准与内监投刺往来。

初八日（8.12）

帝御勤政殿听政。

初九日（8.13）

帝幸静明园，诣龙神庙拈香。

十一日（8.15）

内外膳房、茶房、侍卫饭房于清漪园备膳，用苏拉十六名。前此，四川中瞻对土司洛布七力，连年侵扰附近部落，并屡伤官兵。六月间，总督常明调兵往征，洛布七力窜至河西热笼。至此，官军攻破热笼，洛布七力举家焚毙。以剿办逆番事竣，赏提督多隆武、总兵官罗思举以下多员。

十五日（8.19）

帝诣安佑宫行礼。

●仪亲王七十寿辰，诗以赐之：

雁行上寿首开先，庆始七旬鹤算延。居近瀛台辉宝箓，筹增阆苑丽瑶编。

宅心无欲身弥健，治事有常德益坚。伫喜孙枝满庭院，三多叶吉颂如川。

十七日（8.21）

帝幸万寿山，诣广润祠拈香。

十九日（8.23）

帝诣安佑宫行礼。

二十日（8.24）

以秋狝木兰，帝自圆明园启銮。命皇次子智亲王绵宁、皇三子绵恺于八月初旬赴热河随驾进哨；令肃亲王永锡、大学士曹振镛、协办大学士尚书明亮、尚书英和、景安、苏楞额留京办事。

八月

初三日（9.5）

七月廿四日夜至廿五日晨，京畿大雨，竟夜滂沱，致多处成灾。留京办事王大臣等，并未具奏。又，七月十九日，圆明园有太监自戕受伤一案。在京之总管内务府大臣那彦宝、常福，迟至本月初二日始行具奏。谕：此次启跸后，将发报日期改为口内一日一报、口外二日一报。原以京城之事，随报具奏，可以及早闻知。乃留京办事王大臣及在京总管内务府大臣等，因循疲玩，大属非是。俱著传旨申饬。

初四日（9.6）

内外膳房、茶房、侍卫饭房于清漪园备膳，用苏拉十六名。十七日亦如之。

十六日（9.18）

遣官祭黑龙潭昭灵沛泽龙王之神、玉泉山惠济慈佑灵濩龙王之神、昆明湖安佑普济沛泽广生龙王之神、密云县白龙潭昭灵广济龙王之神。

九月

十七日（10.19）

帝自避暑山庄还跸圆明园，诣安佑宫行礼。

十九日（10.21）

西洋人徐鉴牧（即李多林），前曾在内地传教，定罪出洋后，复潜回四川传教，四川总督常明将其依法绞决。帝谕：所办甚好，常明交部议叙。是为嘉庆朝首次援引律例处死西洋传教士。

二十日（10.22）

帝幸万寿山。

廿一日（10.23）

帝御勤政殿听政。

廿二日（10.24）

帝御洞明堂，勾到四川情实罪犯。

廿三日（10.25）

帝御洞明堂，勾到奉天、陕甘、浙江情实罪犯。

廿四日（10.26）

以选看秀女之年，直督那彦成奏称，有次女、三女，俱在十四岁以上，届期将送京备选，并造册呈送正白旗满洲佐领胡克升阿。寻据胡克升阿呈称，册内除此次备选之二女外，该督尚有已至十七岁者一女，乃于嘉庆十七年选看秀女时，并未呈报送选。那彦成遂以遗漏入告，自请交部察议。

据河南巡抚方受畴奏，自八月以来，豫省共拿获捻匪五十九名。帝谕：豫省尚为认真，安徽次之，湖北最为懈弛。马慧裕、张映汉实属怠玩。三省官员，当不分畛域，同心协力，追擒堵截，以期必获。

廿五日（10.27）

帝幸静明园，诣龙神庙拈香。

廿七日（10.29）

帝诣畅春园恩慕寺、恩佑寺行礼。寻回宫。

廿九日（10.31）

总管内务府奏：前经奏准于圆明园西北之桃园以西并萧家河以北地方，添建内务府三旗营房，以拨驻章京兵丁。现俱已如式修理完竣，实修得房二百三十座，计一千九十六间，应请钦派大臣查验收工。奉旨：著户部尚书景安、侍郎果齐斯欢前往查验。

本月

●咏和州逆词诗：今春三月，湖北、江西、安徽、江苏同时报拾逆词，当饬该督抚等严缉。旋据百龄奏，于和州地方缉获散布逆词湖北严士陇，究获编造逆词首犯巢县人方荣升，并于窝藏方荣升之朱上信家，起获九龙木戳及伪造时宪书违悖经卷字迹四箱等语。缘方荣升自幼驾船为生，曾拜金悰有为师，入无为教。十六年，金悰有犯案，方荣升问徒灵璧，因荒潜逃藏匿朱上信家居住，纠约严士陇等，复兴邪教，编造逆词。令李元兴等书写，雇请王泳兴刊刻九角龙文木戳，于逆帖内盖用，先后交严士陇等，于江苏、安徽、湖北、江西、河南等省散布，以冀煽惑人心。托言梦兆，假称佛祖，谬言弥勒佛现掌天盘，改二十八宿，妄加十六宿，为四十二宿，八卦为十二卦，十二地支为十八地支，六十甲子为九十甲子，伪造万年时宪书，以十八月为一年，四十五日为一月，十八时为一日，又造九品执仪白阳，定品官制，种种悖诞，楮墨难述。方荣升以枭獍余生，敢于光天化日之中妄肆鸣啸，以致无知愚蒙受其蛊惑，罪大恶极，爰令该督即于本省将该逆脔割枭示，以惕众目而彰国法，其余夥犯一百五十余名，悉皆分别伏法。百龄能访明踪迹，按名捕获，其才识实属可嘉，因加恩赏还太子少保衔，双眼花翎，晋为三等男爵，其子札拉芬升为五品荫生，以示优奖，在事各员弁，亦赏赉晋秩有差。

嗣统抚庶姓，勤政日不遑。邪教接踵起，八载陕蜀疆。
宵旰竭心力，平定荷上苍。癸酉季秋望，异变兴萧墙。
二日尽殄灭，大憝伏宪章。滑县李牛煽，三月靖孽狂。
今春逆词出，楚地继江乡。亟命捕正犯，恐致淆莠良。
督臣具才识，枭獍难遁藏。邪教旧徒犯，和州巨恶方。
肆口谤神佛，星宿更阴阳。时宪乱增益，岁月易短长。
设官谋不轨，险恶逾豺狼。楮墨难备述，极刑罪不偿。
总缘予德薄，未能饬纪纲。官吏多疲玩，治法半怠荒。
挽回尽勤敬，修己怀苞桑。恐辜考泽厚，行健持乾纲。

十月

初二日（11.2）

帝幸圆明园。

初四日（11.4）

以万寿节，帝御同乐园，赐皇子皇孙及王以下文武大臣、蒙古王公、外藩使臣等食，至初七日皆如之。

初六日（11.6）

万寿节。帝诣安佑宫行礼。御正大光明殿，皇子、皇孙及王以下文武大臣、蒙古王公、外藩使臣等，行庆贺礼。

初九日（11.9）

命大学士、御前大臣、伊犁将军松筠回京，以伊犁参赞大臣长龄为伊犁将军。

十二日（11.12）

帝诣安佑宫行礼。

十三日（11.13）

帝回宫。

廿一日（11.21）

湖南耒阳县查获遍历内地数省收徒传教之西洋人兰月旺，帝谕巡抚翁元圻审明后，将其问拟绞决。

廿九日（11.29）

道教正一真人张钰派其法官邹尚勤赴苏杭一带考选道童，以补京城光明殿道众缺额。谕：嗣后如有缺额，在该山道众内遴选，永远禁止在外考选道童。张钰交部议处。

十一月

二十日（12.20）

总管内务府奏：静宜园、静明园与清漪园，分别于乾隆四十二年、嘉庆五年八月及嘉庆十年十二月奏准，其各处陈设，每年专派司官一员查核一次，每遇五年奏派内务府大臣清查一次。今已届五年，恭请钦派不管三山事务之总管内务府大臣一人，前往清查。奉旨：著派禧恩。

廿六日（12.26）

以礼亲王昭梿有凌辱朝臣、滥用非刑等情事，谕命革其王爵，圈禁三年，将其地九顷六十亩赏给贝子奕纯。次年闰六月二十日，免其圈禁，礼亲王爵著由辅国将军麟趾袭封。

十二月

初六日（1816.1.4）

总管内务府奏：遵旨所修圆明园内务府三旗营房工程，共建房一千零九十六间，营门十座，门楼四百三十六座，净准销工料银十六万八千八百八十一两七钱七分四厘。此项工程，前后通共借领过银十八万两。除实销工料银外，截至本年年终止，共用过银四千五百五十六两二钱九分一厘九毫八丝，仍余银六千五百六十一两九钱三分四厘二丝。拟以六千两发交长芦，每月按一分生息，遇闰加增，所得利银于年终解交，作为营房黏补岁修之费。其余银五百六十一两九钱三分四厘二丝，请归入营费银两。

十三日（1.11）

谕：嗣后，朕在宫，只令散秩大臣一员在乾清门进班；驻跸圆明园，则令散秩大臣一员在乾清门进班，一员在圆明园进班。其宁寿宫进班之散秩大臣，著即停止。

十七日（1.15）

总管内务府大臣禧恩奏报查核清漪园、静明园内陈设数目情形：清漪园玉澜堂等处，佛像、供器、陈设、字画、铺垫等项，十五年份，原存四万六百二十件。自十六年起，至二十年止，陆续添设三百九十七件，共四万一千十七件。内请去御笔字，并撤去臣工字画陈设铺垫等项七百九十六件，共实存陈设四万二百二十一件。静明园华滋馆等处，佛像、供器、陈设、字画、铺垫等项，十五年份，原存二万四千一百九十三件。自十六年起，至二十年止，陆续添设三十六件，共二万四千二百二十九件。内请去御笔字并手卷册页，并撤去臣工字画陈设铺垫等项一百三十件，共实存陈设二万四千九十九件。

二十日（1.18）

英和等奏：静宜园添安陈设五十七件。综计之，静宜园自上年十二月十九日至本年十二月十九日，共计添安陈设九十四件。

本年

谕：明年挑选八旗及岁秀女，著将在京满洲、蒙古二品以上文武大臣十二岁、十三岁之女，作为一日，预备挑选。将来及岁时，毋庸再行挑选。

《清仁宗御制文·二集》问世，内有《养心室记》、《清晖阁观书记》、《绮春园记》、《谐趣园记》、《澄心堂记》、《瑶台避暑赋》。本年，《理藩院则例》纂成，凡七百一十三条。

嘉庆二十一年　1816

正月

初一日（1.29）

帝御乾清宫，筵宴宗亲。庆郡王永璘第三子、辅国公绵慜，就席稍迟，经奕绍推令入座，一时匆遽，致将食椀拂堕。次日，永璘率绵慜递折自请议处。寻宗人府议覆，绵慜罚公俸六个月；永璘罚职俸三个月。

初七日（2.4）

谕：元旦筵宴，绵慜误将食碗拂堕，实为失仪小过。然永璘之咎，实不在此。当日，朕移驾养心殿。永璘竟至内奏事处，嘱内奏事太监曹进喜口奏此事。我朝奏事之制，先由外奏事官员接收，再由内奏事太监呈递。该太监等，向不准与外廷诸王大臣相交接。朕之皇子、皇孙，面见内奏事太监口奏事件则可；永璘系藩王，则大不可。近日在内行走诸王，往往在内奏事太监处所闲坐，探听内事，尤属非是。嗣后，在内行走之仪亲王永璇、成亲王永瑆、庆郡王永璘、肃亲王永锡，遇有应奏事件，俱在乾清门外及圆明园出入贤良左门，交外奏事官员呈递，不准径交内奏事太监。非遇召见及带领引见，朕在宫时，不准进乾清门；在圆明园时，不准进出入贤良左门。此旨，著抄录一通，交内奏事处永远张贴。

初八日（2.5）

绮春园之敷春堂、鉴碧亭刊刻御笔，候补笔帖式保焕，带匠役四名进绮春园西宫门，至初十日皆如之。惟初十日，多带匠役一名。

十一日（2.8）

帝幸圆明园，诣安佑宫行礼。

十四日（2.11）

帝御奉三无私殿，赐皇子、皇孙、亲藩等宴。御山高水长，赐王公大臣、蒙古王、贝勒、贝子、公、额驸、台吉及外藩使臣等食，至十六日皆如之。

十五日（2.12）

上元节。帝诣安佑宫行礼。御正大光明殿，赐朝正外藩等宴，作乐赐酒，如除夕仪。

十六日（2.13）

帝御正大光明殿，赐大学士、尚书等宴。

十九日（2.16）

帝御山高水长，赐王公大臣、蒙古王、贝勒、贝子、公、额驸、台吉及外藩使臣等食。

二十日（2.17）

帝幸万寿山。

廿三日（2.20）

帝诣畅春园恩慕寺、恩佑寺行礼。廓尔喀与披楞战争，廓尔喀屡请清廷助战，且以若投诚披楞，即不能向天朝进贡相胁。驻藏大臣喜明严辞拒绝。本日，帝命成都将军赛冲阿为钦差大臣，赶赴西藏。凡藏内一切事宜，著与喜明会商办理。特谕：各处边界，不可不加防范。如有越界扰及者，无论披楞、廓尔喀，即当痛加剿杀。

廿六日（2.23）

朝鲜国王李玜，遣使表贺万寿、冬至、元旦三大节，及岁贡方物。赏赉筵宴如例。

廿七日（2.24）

帝回宫。圆明园之春雨轩、镜水斋刊刻御笔，候补笔帖式保焕，带匠役四名进圆明园福园门，至廿九日皆如之。惟廿九日，仅带匠役二名。

二月

初六日（3.4）

遣官祭黑龙潭昭灵沛泽龙王之神、玉泉山惠济慈佑灵濩龙王之神、昆明湖安佑普济沛泽广生龙王之神、密云县白龙潭昭灵广济龙王之神。

初八日（3.6）

帝幸圆明园。

初九日（3.7）

给事中贾声槐奏：西城御史，只有分驻司坊官一员。然其所辖地面内，香山一带，因相距较远而不能常往。请照北城章程，于西城拣发司坊官三员内，分拨二员住园，稽查香山一带。奉旨：西、北两城御史，住园稽查，事同一例。北城既添派司坊官员；西城地方，著都察院堂官，查照一体添派。

初十日（3.8）

帝幸静明园，诣龙神庙拈香。

十七日（3.15）

帝幸万寿山。

十八日（3.16）

清漪园粘修怡春堂等处工程，用杉木见方尺一千四十六尺二寸五分。

廿一日（3.19）

帝回宫。

廿四日（3.22）

帝启銮，谒东陵。

三十日（3.28）

帝回宫。

三月

初五日（4.2）

复引见内务府京察一等圈出人员。谕：圆明园郎中明禧、圆明园员外郎文祥，俱著交军机处记名。

初八日（4.5）

谕：朕春秋五十有七，拟于六旬整寿之年，仍恭谒裕陵，躬行敷土礼，并举隆恩殿大飨。

初十日（4.7）

帝启銮，谒西陵。

十七日（4.14）

内外膳房、茶房、侍卫饭房、肉房于清漪园备膳，用苏拉二十名。

廿二日（4.19）

帝幸静宜园驻跸，至廿六日皆如之。

廿四日（4.21）

长春园之思永斋刊刻御笔，候补笔帖式保焕，带匠役二十名进长春园右门。翌日如之。

廿五日（4.22）

帝御演武厅，阅健锐营操。

廿七日（4.24）

帝幸静明园，诣龙神庙拈香。还跸圆明园。

本月

钦差大臣、成都将军赛冲阿奏：带兵至藏，行程顺利。奉旨：汝至藏时，以奉旨询问达赖喇嘛呼毕勒罕为名，勿宣露带兵卫边之意。如廓尔喀又来请助，勿令彼知汝在藏。汝带兵至藏，总为严守边界，断勿协助廓尔喀。若披楞扰及藏地边界，自应痛剿驱逐，切勿贪功穷追。若两处罢兵讲和，汝即回成都。

四月

初二日（4.28）

喜明、赛冲阿等奏报廓尔喀与披楞交兵情形。谕：披楞势颇猖獗，竟敢扰及唐古忒边境，则必当示以兵威。又或廓尔喀王子，弃其国都，来唐古忒边境叩关求纳。赛冲阿等，即当准其投入，择地安插。但此一节，当密存于心。所有文武员弁，勿使一人知之。

初八日（5.4）

帝幸万寿山。万寿山念经用班桌一张，关取饽饽、家伙、垫案等物，用苏拉十一名。

初九日（5.5）

帝回宫。

十二日（5.8）

帝幸圆明园。

十五日（5.11）

圆明园之紫碧山房刊刻御笔，候补笔帖式保焕，带匠役六名进圆明园西北门。

十六日（5.12）

帝御勤政殿听政。圆明园之紫碧山房刊刻御笔，库掌寿麟，带匠役六名进圆明园西北门，至十八日皆如之。惟后两日，多带匠役三名。

十九日（5.15）

帝回宫。

二十日（5.16）

帝幸圆明园。

廿二日（5.18）

前日，帝幸圆明园。途中四执事太监一人（因该太监被责四十板）坠马，致马惊逸，惊扰圣驾。帝谕：跸路所经，如有叩阍之人及惊逸马匹，随扈之侍卫人等，俱应严肃管辖。乃该御前侍卫、乾清门侍卫等，齐声同喊，却无一人将马拦回。孟住等五人系专派后扈侍卫，著交部严议。本日，兵部议覆，请将孟住等俱照溺职例革职。奉旨：孟住著降补副都统，仍留世职；苏冲阿、阿勒罕保著降为头等侍卫，苏冲阿仍留世职；容照、台保著降为二等侍卫，俱在大门上行走。并谕：嗣后，跸路经由之处，如有惊逸马匹自前至者，著该侍卫等向前驱逐；自后至者，著该侍卫等向后驱逐；若横逸近至朕前，即著近御之侍卫等截拿。

廿五日（5.21）

帝幸万寿山。

三十日（5.26）

帝幸静明园，诣龙神庙拈香。

五月

初五日（5.31）

●端阳日召诸王大臣、内廷翰林、侍卫等至澄虚榭观龙舟，同乐园赐茶果，诗以志事：

蒸萧欢漙贤良接，行苇情联恺悌敦。绥万屡丰河顺轨，君臣共感上苍恩。

初六日（6.1）

帝幸万寿山。

初七日（6.2）

帝御勤政殿听政。

初九日（6.4）

英国使团先遣官加拉威礼，经洋行总商伍敦元请见署两广总督、广东巡抚董教增，面递来禀。获允。

十一日（6.6）

帝幸静明园，诣龙神庙拈香。

十三日（6.8）

清漪园园丁何福儿，园户钟双喜等五人，于四月廿二、廿三两日，两次偷窃山后大庙大雄宝殿内悬山天花板上铁拉扯，共计九根。总管内务府奏：比照嘉庆十年园户套儿偷窃大西天库房所贮扬幡、炉盖等物一案，将该五人等不分首从，均销除旗档，刺字发黑龙江充当苦差。至天花板上所缺铁拉扯，著该处如式补造钉安。其值宿失察之七品苑丞平保，照不行实力稽查例，降一级调用。

十五日（6.10）

谕：外省应行谢恩之道府人员，可进内谢恩。而各部院大臣官员，遇朕在勤政殿引见时，亦可进内谢恩。若遇朕在出入贤良门阅看布靶之日，即著在出入贤良门外谢恩。嗣后，若遇朕临幸万寿山、静明园之日，所有大臣官员毋许谢恩。违者治罪。

十六日（6.11）

帝幸万寿山。以本年乡试届期，考试应行开列试差之进士出身人员于圆明园正大光明殿。

十九日（6.14）

钦差大臣、成都将军赛冲阿等奏：以让路阻贡之词，驰檄诘责廓尔喀、披楞两国，并带兵赴边，胁以兵威。帝以赛冲阿不遵前旨，险酿衅端，著传旨严行申饬，先拔去双眼花翎，降为二品顶戴。喜明、珂什克随同会衔，俱著降为三品顶戴，喜明并拔去花翎。并谕：现檄谕已发，料难追回。惟有静候该二国回禀，再行核办。其回禀赍到时，赛冲阿等即将原禀译出，不准增减一字，候朕指示办理。

廿一日（6.16）

帝幸静明园，诣龙神庙拈香。

廿三日（6.18）

帝回宫。

廿六日（6.21）

帝幸圆明园。

●延清堂作：英吉利国，远隔重洋，输诚入贡。前据疆臣奏请，由海道径至天津，兹于月之四日已达津淀之外洋矣。今岁年谷顺成，雨旸时若。又喜外夷纳贡，远至迩安，自省何修臻此。惟有益怀敬慎而已。

书堂避暑坐延清，闰夏欣临庶汇荣。黍茂禾丰及蔬果，雨滋日曝顺阴晴。

兆康有象慰予愿，莅政无苛体众情。薄德何修弥敬慎，远人又报渡沧瀛。

廿九日（6.24）

广东巡抚董教增等奏：英吉利国遣员禀称，该国遣使官员，约本年五、六月间可由天津入都。奉旨：该国贡船现在未知行抵何处，著福建、浙江、江苏、山东各督抚，各饬知沿海州县一体探查。其如在洋面安静行走，即毋庸过问，惟不许擅自改道，亦不许私行登岸。闰六月初四日，英使船队抵达天津口外。十九日，英正使阿美士德一行于天津登岸，工部尚书苏楞额、长芦盐政广惠前往安排觐见事宜。

六月

初五日（6.29）

帝幸静明园。

初六日（6.30）

帝御勤政殿听政。内外膳房、茶房、侍卫饭房于清漪园备膳，用苏拉十六名。

十一日（7.5）

帝幸万寿山。

十四日（7.8）

以甘霖大沛，命皇四子绵忻诣清漪园广润祠谢雨。

十六日（7.10）

帝幸万寿山。

廿八日（7.22）

帝御勤政殿听政。

廿九日（7.23）

帝幸万寿山。

闰六月

初六日（7.30）

帝幸静明园，诣龙神庙拈香。

十二日（8.5）

帝幸万寿山。

十六日（8.9）

帝御勤政殿听政。内外膳房、茶房、侍卫饭房于清漪园备膳，用苏拉十六名。廿二日亦如之。

十七日（8.10）

谕：英国贡使约于月底到京。苏楞额、广惠著即照料该贡使等按期行走：廿八日，到海甸在蝎子湖公馆居住。昨已有旨，派出秀宁、格布舍各带章京十员、护军一百名，在馆舍外巡查看守。廿九日，预备召见。七月初一日，朕幸圆明园时，该使臣等俱在馆静候，不必带至跸路瞻觐。初二日，于正大光明殿进表，礼毕，带至同乐园听戏。初三日，于正大光明殿筵宴，礼毕，仍带至同乐园听戏。初四日，带至万寿山园亭瞻仰。初五日，陛辞。是日，苏楞额、广惠带该使臣等入城，在会同四译馆居住。初六日，在太和门颁敕，领赏后即赴礼部筵宴，仍回四译馆居住。初七日，出京。苏楞额送至城外。广惠带同该使臣等至天津，少憩一日即令登舟回国。一切礼节，如该使臣等悉皆乐从，甚善；若稍有异说，苏楞额等，当委曲开谕，务使遵奉；倘有必不遵依之处，即据实奏闻。

二十日（8.13）

帝幸万寿山。苏楞额、广惠带英使等至天津城内道署，并就觐见礼仪问题与之交涉。寻入奏：英使团翻译玛礼逊云，英国礼节与天朝不同。在国王前免冠跪一膝一俯首，如向国王之位，系免冠拜揖一俯首，此为极大之礼。变通之计，惟有行礼时，照本国礼节加增，望阙行礼时，三免冠九拜揖九俯首；面圣行礼时，三免冠九跪一膝九俯首。

廿一日（8.14）

苏楞额、广惠带领英国贡使等起程进京。

廿五日（8.18）

帝幸静明园，诣龙神庙拈香。

廿七日（8.20）

帝回宫。

廿八日（8.21）

帝命理藩院尚书和世泰、礼部尚书穆克登额赶赴通州迎候英国使臣，再演习礼仪。以七月初六日为限，限内行礼如仪，即日带来；限满尚未如仪，则参奏候旨。

廿九日（8.22）

以天津拱卫神京，东接陪都，形势紧要，谕令重设水师驻防。

七月

初一日（8.23）

帝幸圆明园。

初五日（8.27）

帝幸万寿山。

初六日（8.28）

英国使团抵京，驻圆明园蝎子湖公馆。前因英国贡船私行南去一事，将祥启革职。经查，乃苏楞额、广惠未将该国贡使仍需自天津乘原船归国一节，札知祥启。是该国贡船私自放洋，非祥启意料所及。祥启著加恩赏给三等侍卫，前往新疆换班。

初七日（8.29）

帝御圆明园正大光明殿，召见英国使团，以行进表礼。屡经传见，正使阿美士德及两名副使，因拒行中国礼节，先以礼服未到为辞，继则称病，终未如仪觐见。帝盛怒，却其贡不纳，降旨逐其返国。

初八日（8.30）

英使团一行业已出京，帝遣员追至良乡，酌收贡物（地图四张、国王王妃画像二张、铜板印制英国山水图九十五张），回赐赏物（白玉如意一柄、翡翠玉朝珠一盘、大荷包二对、小荷包八个），并颁书英国王，宣明该使臣等失礼之咎及天朝诚意，嘱其嗣后毋庸遣使来华。

以办理英国使臣入贡一事处置不当，帝将苏楞额革去工部尚书、镶红旗汉军都统、管理造办处事务，拔去花翎，加恩以三品顶戴降补工部左侍郎，仍留总管内务府大臣，管理茶膳房及圆明园事务，八年无过，方准开复；广惠革去长芦盐政，降为内务府八品笔帖式，明春差竣后，前往盛京工程处效力；和世泰革去理藩院尚书、镶白旗汉军都统，仍留公爵、总管内务府大臣；穆克登额革去礼部尚书、镶黄旗汉军都统，降补镶蓝旗汉军副都统。

十一日（9.2）

帝幸静明园，诣龙神庙拈香。

十二日（9.3）

内外膳房、茶房、侍卫饭房于清漪园备膳，用苏拉十六名。二十日亦如之。

十三日（9.4）

帝御勤政殿听政。

十四日（9.5）

廓尔喀与披楞讲和，遂赶办贡物，请示进献。闻奏，帝令不必添备一贡，仍照原定贡期，于明年差噶箕头目赴京朝贡。

十五日（9.6）

帝诣安佑宫行礼。十七日亦如之。

十八日（9.9）

以秋狝木兰，帝自圆明园启銮。命皇次子智亲王绵宁、皇三子绵恺、皇四子绵忻于八月初旬赴热河随驾进哨；令庄亲王绵课、大学士曹振镛、协办大学士尚书章煦、尚书英和留京办事。

八月

初四日（9.24）

遣官祭黑龙潭昭灵沛泽龙王之神、玉泉山惠济慈佑灵濩龙王之神、昆明湖安佑普济沛泽广生龙王之神、密云县白龙潭昭灵广济龙王之神。

初五日（9.25）

内外膳房、茶房、侍卫饭房于清漪园备膳，用苏拉十六名。

二十日（10.10）

谕：据阿兰保奏，拉旺多尔济之柩，将于九月初四日抵清河，初五日入城。著派肃亲王永锡，于初四日赴清河，赐奠茶酒。并著传谕巴彦济尔噶勒：九月十六日，朕回銮之时，伊不必赴圆明园谢恩。朕于廿五日进宫，廿六日亲临赐奠。俟赐奠后，伊再行谢恩。事竣后，永锡仍回圆明园住班。

廿八日（10.18）

重申秋狝乃本朝家法，大小臣工概不得妄言阻挠，违者以军法治罪，立正典刑。

本月

●定亲王绵恩七十寿辰，诗以赐之：

幼承皇考眷，欣届古稀年。学业诗书贯，才猷营伍宣。

近春春不老，衍泽泽长延。介寿中秋节，山庄赐绮筵。

●皇长孙奕纬随围，连中二鹿，命穿黄马褂，戴双眼花翎，诗以志喜：辛亥，随扈于威逊格尔围，皇次子射中一鹿，蒙恩赏穿黄马褂，戴双眼花翎，天章纪事，实深钦感。皇四子、皇长孙，俱初次随围。

乾隆辛亥秋，扈随沐恩厚。长孙甫九龄，弯弧能中偶。

翎褶赐章身，制度常敬守。幼子同行围，承欢侍左右。

九月

十三日（11.2）

侍卫阿兰保差毕返京时，未即赴行在复命，竟私回侍卫营房住宿三夜。该侍卫营房距圆明园甚近，常川在园住班之肃亲王永锡、常福、那彦宝，竟未闻见，亦未参奏。奉旨：永锡、常福著交部议处，那彦宝著交部严加议处。

十六日（11.5）

帝自避暑山庄还跸圆明园，诣安佑宫行礼。

●远瀛观述志：前据两广督臣等奏称，英吉利国使臣，呈请前来朝贡。予以其远隔重洋，输诚纳贡，不可虚其归戴之忱。是以准令由天津海口登岸，并非有心招致之也。不意夷情狡诈，反复不驯。予先后命苏楞额、和世泰等，赴津赐宴，令其演礼。谆谕以如能行礼，方准带领入京。乃苏楞额、广惠既违训诲于前，和世泰、穆克登额，又复妄行于后，以致届期不能成礼，种种偾事，皆由庸臣贻误，用人之难如此。兹来斯地，瞻言旧额，抚衷实增私恧。

本无招致心，突来英吉利。既来复不驯，巧言多诈伪。

未能成礼还，庸臣实偾事。瞻额衷惭惶，艰哉在上位。

十九日（11.8）

帝幸万寿山。

廿一日（11.10）

帝御勤政殿听政。

廿二日（11.11）

帝御洞明堂，勾到安徽、江苏情实罪犯。

廿三日（11.12）

帝幸静明园。

廿四日（11.13）

帝御洞明堂，勾到河南、山西情实罪犯。

廿五日（11.14）

帝诣畅春园恩慕寺、恩佑寺行礼。寻回宫。

十月

初二日（11.20）

帝幸圆明园。

初四日（11.22）

以万寿节，帝御同乐园，赐皇子、皇孙及王以下文武大臣、蒙古王公等食，至初七日皆如之。

初六日（11.24）

万寿节。帝诣安佑宫行礼。御正大光明殿，皇子、皇孙及王以下文武大臣、蒙古王公等，行庆贺礼。

初八日（11.26）

帝诣安佑宫行礼。

初九日（11.27）

帝回宫。

廿三日（12.11）

总管内务府奏：两淮分批解到银两，交造办处银三十二万五千八百四十五两零，交圆明园银十八万五百八两零。现拟由造办处拨楚课银三十五万两，圆明园拨楚课银二十万两，并由造办处请领宁寿宫银五万两，统共银六十万两，拨与盛京。

十一月

初九日（12.27）

先是，御史罗家彦奏请筹八旗生计，命八旗老幼男妇，皆以纺织为务。是日，帝以其所请有违满洲清语骑射之本务，已难胜言官之任，著革退御史，仍回原衙门以编修用。

十四日（1817.1.1）

常显等奏：避暑山庄内烟雨楼，业经拆卸完竣，查楼下明间内，有楠木柁枋二件、楠木随梁二件、楠木抱框八根。其柁枋二件系大件，或留于热河，或运送京城，交圆明园造办处，候旨遵行。奉旨：留用。

十二月

十七日（2.2）

总管内务府奏：自嘉庆二十年十二月二十日起，至二十一年十二月十四日止，所有静明、静宜、清漪三园，添安陈设七百六十三件，撤去陈设二十二件。静明园添安陈设一百一件，内懋勤殿交来御笔字一张、《钦定全唐文》一部一百套。静宜园添安陈设四百五十九件，内懋勤殿交来御笔字十四张、御笔字挂屏三件、御笔字条对一份三件、御笔字横披对一份三件、御制文二集一部二套、《钦定全唐文》四部四百套、《皇朝文献通考》一部二十二套、《皇朝通志》一部六套、《皇朝通典》一部六套；撤去陈设二十件，内懋勤殿撤去张舒画一张、董诰画一张、钱维城画一张、沈庆兰画二张、方琮画一张、沈焕画一张，交圆明园楠柏木镶玻璃字画灯屏一座、栏杆三扇、铜灯碗六件、春绸帘二架、黑毡一块。清漪园添安陈设二百三件，撤去陈设二件。

二十日（2.5）

静明园添安陈设二件，内懋勤殿交来御笔字二张；撤去陈设一件，内由懋勤殿撤去余省画一张。

嘉庆二十二年　1817

正月

初八日（2.23）

帝幸圆明园，诣安佑宫行礼。

●澄素楼远望：楼在御园西北隅，俯临稻畦，暇时来观稼穑。近于十九年，命内务府添建营房，训练士卒，亦兵农不可偏废之意耳。

小楼石洞右，凭槛望西山。村外排青嶂，峰头袅翠鬟。

试耕园户队，习射羽林班。教养无非事，力勤警怠顽。

初十日（2.25）

帝御山高水长，赐王公大臣、蒙古王、贝勒、贝子、公、额驸、台吉及外藩使臣等宴，并赏赉有差。

十四日（3.1）

帝御奉三无私殿，赐皇子、皇孙、亲藩等宴。御山高水长，赐王公大臣、蒙古王、贝勒、贝子、公、额驸、台吉及外藩使臣等食，至十六日皆如之。

十五日（3.2）

上元节。帝诣安佑宫行礼。御正大光明殿，赐朝正外藩等宴，作乐赐酒，如除夕仪。

十六日（3.3）

帝御正大光明殿，赐大学士、尚书等宴。

十九日（3.6）

帝御山高水长，赐王公大臣、蒙古王、贝勒、贝子、公、额驸、台吉及外藩使臣等食。

二十日（3.7）

帝幸万寿山。

廿三日（3.10）

帝诣畅春园恩慕寺、恩佑寺行礼。

廿六日（3.13）

朝鲜国王、琉球国中山王遣使表贡方物，赏赉筵宴如例。

廿七日（3.14）

帝回宫。

廿八日（3.15）

帝训皇三子绵恺，在上书房读书，经年累月，不作诗文。命嗣后皇次子、皇三子每日俱应作诗，间三五日必作文一篇，不可间断。

廿九日（3.16）

谕：嗣后，凡遇朕由圆明园进宫至大高殿拈香，著派侍卫四员，率亲军数名，在大高殿西面小心查管。如有向前奔驰之跟役马匹，即行禁阻。俟朕回宫后，方准放行。如遇进地安门，由西路行走进神武门，其西栅栏外，亦著派侍卫四员，率领亲军等，一体小心查管。

二月

初四日（3.21）

帝幸圆明园。

初六日（3.23）

遣官祭黑龙潭昭灵沛泽龙王之神、玉泉山惠济慈佑灵濩龙王之神、昆明湖安佑普济沛泽广生龙王之神、密云县白龙潭昭灵广济龙王之神。

总管内务府奏：按与户部会议成案，遇有内务府各处工程，其应领款项，一半由广储司、造办处银库支给，一半由户局以积存钱文支给。俟广储司、造办处银库积有成数，再解还户部归款。方壶胜境拆修码头工程，银二千九百五十五两九钱九分；皆春阁添建殿宇工程，银三万九千六百五十一两四钱七分一厘；澄心堂添修平台、游廊工程，银三千一百八十三两七钱三分九厘；圆明园、长春园等园修舱船只工程，银五千一百六十一两一钱三分；福园东南所粘修房间工程，银七千二百六十二两七钱九分六厘。

初九日（3.26）

武英殿修书处于圆明园内长春仙馆、方壶胜境刊刻御笔，候补笔帖式保焕，带匠役五名进圆明园福园门。翌日如之。

初十日（3.27）

帝幸静明园，诣龙神庙拈香。

十一日（3.28）

武英殿修书处于圆明园内方壶胜境刊刻御笔，候补笔帖式保焕，带匠役三名进圆明园福园门。

十二日（3.29）

武英殿修书处于圆明园内长春仙馆刊刻御笔，候补笔帖式保焕，带匠役三名进福园门。翌日如之。

御史谭瑞东奏，仍令左、右翼总兵分驻外城。谕：嘉庆四年，添设左、右翼总兵，以一员分驻外城，以资查察。俟朕驻跸圆明园后，该总兵等即轮流在园值班。若再分驻外城，势难更代。该御史所奏，著无庸议。

十七日（4.3）

帝幸万寿山，诣广润祠拈香。

十九日（4.5）

帝诣安佑宫行礼。

二十日（4.6）

内外膳房、茶房、侍卫饭房于清漪园备膳，用苏拉十六名。

廿二日（4.8）

帝御勤政殿听政。武英殿修书处于绮春园内敷春堂刊刻御笔，库掌寿麟带匠役四名，进绮春园西宫门。

廿三日（4.9）

帝幸静明园，诣龙神庙拈香。武英殿修书处于绮春园内华滋庭刊刻御笔，库掌寿麟带匠役五名，进绮春园西宫门。

廿七日（4.13）

武英殿修书处于长春园内如园延清堂刊刻御笔，候补笔帖式保焕带匠役七名进长春园右门。至廿九日皆如之。

廿九日（4.15）

帝回宫。

本月

将北远山村乾隆时的临河群楼皆春阁，改建为五间两卷抱厦大殿课农轩。其后，该景亦总称课农轩。

三月

初二日（4.17）

帝幸圆明园。

初四日（4.19）

帝幸万寿山。

初六日（4.21）

帝回宫。

初九日（4.24）

帝启銮，谒东陵。拆除圆明园内九州清晏秋千架，员外郎安庆等带匠役十八名，进圆明园福园门。

十七日（5.2）

内外膳房、茶房、侍卫饭房于清漪园备膳，用苏拉二十名。

廿六日（5.11）

帝自东陵还跸圆明园。

廿七日（5.12）

本科宗室会试之中式贡士，在圆明园正大光明殿覆试。

三十日（5.15）

帝回宫。

四月

初三日（5.18）

帝幸圆明园。

初四日（5.19）

内外膳房、茶房、侍卫饭房于清漪园备膳，用苏拉十六名。

初七日（5.22）

总管内务府奏：嘉庆十四年四月初三日奉旨：嗣后，凡遇考试庶吉士散馆等事，如在宫内考试，即著值宿之总管内务府大臣监试；如在圆明园考试，著总管内务府大臣届期奏请简派一员监试。本月初九日，庶吉士散馆，在正大光明殿考试，应请钦派总管内务府大臣一人监试。奉旨：以常福监试。

初八日（5.23）

帝幸万寿山。命皇次子智亲王绵宁、皇三子绵恺，分诣黑龙潭、觉生寺祈雨。

十一日（5.26）

帝幸静明园，诣龙神庙拈香。幸静宜园驻跸，至十五日皆如之。

●碧云寺怀古：

西山古寺着碧云，后院前明内竖坟。制度僭侈拟王者，天崇国事诚纷纭。

我朝仅令供洒扫，政务从来不预闻。癸秋异变出意外，仍有二三随狐群。

慎微谨小益自励，整纲饬纪懋敬勤。佛日光华烛震旦，太和元气翔氤氲。

十二日（5.27）

帝命皇次子智亲王绵宁、皇三子绵恺，分诣黑龙潭、觉生寺谢雨。

十四日（5.29）

帝御演武厅，阅健锐营操。

十六日（5.31）

帝自静宜园还跸圆明园。

廿一日（6.5）

帝御勤政殿听政。

廿二日（6.6）

帝幸万寿山，诣广润祠拈香。

廿四日（6.8）

帝回宫。

廿五日（6.9）

帝幸圆明园。

廿九日（6.13）

以雨泽愆期，帝命刑部清理庶狱。

五月

初三日（6.17）

清漪园修理轻船一只，膳船二只，茶船一只。

初五日（6.19）

帝回宫。

初八日（6.22）

帝幸圆明园。内外膳房、茶房、侍卫饭房、肉房于清漪园备膳，用苏拉二十名。廿二日亦如之。

初九日（6.23）

刑部奏：思丰仓苏拉傅长受，砍伤王立儿，复自行划伤殒命。经审，实因其旧患疯病复发。谕：定例，素患疯病之人，不准服官著役。嗣后，紫禁城内及圆明园附近各处，官役人等，凡有神气恍惚、疯病形迹者，俱令解退，不准当差行走。

十一日（6.25）

帝幸静明园，诣龙神庙拈香。

十二日（6.26）

初，以宗室福存赴妙峰山烧香敛钱，吏部请旨，因失察而议处之宗人府王公及族长等，可否抵销。奉旨：王公等准其抵销，族长等不准抵销。昨日，宗人府王公等于帝临幸静明园时，在道旁碰头谢恩，殊属错误。谕：王公大臣遇有处分事件，特旨宽免者，自当具折谢恩。若部议降罚，有旨准其抵销，无级纪者，即按所议处分；有级纪者，即应分别销除，此与宽免者迥不相同。嗣后，有似此者，俱著无庸谢恩。

十三日（6.27）

帝命皇次子智亲王绵宁、皇三子绵恺，分诣黑龙潭、觉生寺祈雨。

十五日（6.29）

总管内务府奏：长芦盐政嵩年委员解到山东盐当规银六千四十四两七钱一分，照例交圆明园银库收贮。

十六日（6.30）

帝幸万寿山。

十七日（7.1）

帝回宫。

十八日（7.2）

帝幸圆明园。

廿二日（7.6）

帝诣黑龙潭神祠谢雨。

廿三日（7.7）

帝幸静明园，诣龙神庙拈香。

廿四日（7.8）

福建布政使朱赓芸含冤自尽案结。谕：闽浙总督汪志伊著即革职，永不叙用；福州知府涂以辀革职，遣发黑龙江充当苦差，到配之日再枷号三月；福建巡抚王绍兰革职。

廿五日（7.9）

帝回宫。

廿六日（7.10）

帝幸圆明园。

廿八日（7.12）

帝幸万寿山，诣广润祠拈香。

六月

初二日（7.15）

以帝颁《望雨省愆说》求言。昨日，大学士松筠奏称，致旱之由，系帝欲东巡盛京，列圣示像阻止。至是，帝怒，革去松筠大学士并各项职衔差使，以二品顶戴补授察哈尔八旗都统，仍带革职留任，八年无过方准开复。

初六日（7.19）

帝御勤政殿听政。清漪园修理澹宁堂工程，用银一千一百十二两二钱九厘。

初七日（7.20）

帝幸静明园，诣龙神庙拈香。

初九日（7.22）

帝命皇次子智亲王绵宁、皇三子绵恺，分诣黑龙潭、觉生寺祈雨。

十三日（7.26）

帝幸万寿山。居住御园附近挂甲屯地方之石禄，前于嘉庆十二年间，纠约太监人等入会，同赴西域寺进香，经内务府拿获，枷责示惩。现复结会敛钱，实属藐法。帝命军机大臣会同刑部加等治罪。此案之发，实因步军统领等漫无查察所致。英和著交部察议；那彦宝著交部议处，仍留左翼总兵之任；西拉布著革去右翼总兵，施恩仍留副都统，无庸再交部议。其右翼总兵员缺，著英绥补授。

十四日（7.27）

帝命皇次子智亲王绵宁、皇三子绵恺、皇四子绵忻，分诣黑龙潭、觉生寺、广润祠谢雨。

十六日（7.29）

内外膳房、茶房、侍卫饭房于清漪园备膳，用苏拉十六名。

十八日（7.31）

帝幸静明园，诣龙神庙拈香。

廿四日（8.6）

帝幸万寿山。

廿七日（8.9）

常福、苏楞额等奏：为预备福海烟火法船等项事宜，除行取纸张等项外，按例销算银一千五百六十三两七钱七分七厘，请由广储司银库支领。

廿八日（8.10）

帝回宫。

七月

初一日（8.13）

帝幸圆明园。

初五日（8.17）

总管内务府议奏：遵旨详查宫内宁寿宫、寿康宫、紫微内各处及圆明园各处安设鸟枪、长枪、腰刀、大药、烘药等现存器械使用情况，并酌情予以拨留。奉旨：宫内给予大药一百两、烘药十两；圆明园给予大药三百两，烘药三十两。其圆明园旧存弓箭、撒袋五十一份，交武备院收拾妥协，仍交进三十份；其余二十一份，交圆明园八旗，于围墙各堆拨安设。余依议。

初八日（8.20）

帝幸静明园，诣龙神庙拈香。

十一日（8.23）

帝御勤政殿听政。奉旨：江南清口建有惠济祠，供奉天后神像，素彰灵应。曾于乾隆五十三年钦奉谕旨，颁发祭文，令地方官于春秋二季虔诚致祭，列入祀典。朕前因廑念河防，不能亲诣神祠吁祝，特于御园内仿照江南规制，建立惠济祠、河神庙二所，岁时升香展礼。自兹以后，连岁普庆安澜。因思清漪园、静明园两处龙神庙，均有春秋致祭典礼。御园惠济祠、河神庙，显应尤昭，允宜特奉明禋，以光祀典。著于每岁春秋二季，一体致祭，届期奏派管理圆明园大臣一员肃恭将事。即自本年秋季为始。

十四日（8.26）

帝幸万寿山，诣广润祠拈香。调兵部尚书和宁为礼部尚书，工部尚书伊冲阿为兵部尚书，工部左侍郎苏楞额为工部尚书。

十五日（8.27）

帝诣安佑宫行礼。

十七日（8.29）

帝诣安佑宫行礼。

十八日（8.30）

以秋狝木兰，帝自圆明园启銮。命皇次子智亲王绵宁、皇三子绵恺、皇四子绵忻随驾；令庄亲王绵课、大学士曹振镛、尚书英和、景安留京办事。

廿一日（9.2）

十七日，圆明园总管太监吕进忠传旨：将圆明园技勇箭枝交苏楞额等，于每枝缮写清字“圆明园技勇”五字，并著于写完交进后覆奏。苏楞额等于十八日领出箭四百五十枝，并于本日缮写完竣，仍交吕进忠讫。

廿四日（9.5）

内外膳房、茶房、侍卫饭房于清漪园备膳，用苏拉十六名。

廿八日（9.9）

前据富俊奏，广宁行宫尚需地案等件，开具清单请领。本日，禧恩覆奏，廿五日面商圆明园总管太监吕进忠，昨已将所需各件凑齐交出，派内务府内管领三阳、造办处库掌延凤与原派响导处章京帮同照料，于八月初起行，运往广宁交富俊接收。

圆明园交出桌案木器清单：恍榔木几腿案二张、花梨木几腿案一张、铁梨木几腿案一张、铁梨木翘头案二张、金漆螺甸炕案二张、填漆抽屉炕案一张、紫檀漆面炕案一张、红木炕案一张、花梨椅四张（随锦垫四件）、紫檀绣墩四件（随锦垫四件）、紫檀铜角影木面琴桌二张、影漆琴桌二张、紫檀楠木面琴桌一张、紫檀琴桌一张、花梨半圆桌二张。

本月

圆明园奏准：皇上离园期间，园内每夜巡更拟放十枪，用火药二钱、烘药二份。每年共用火药三百两、烘药三十两，由本园行文工部照数交进。

八月

十四日（9.24）

内外膳房、茶房、侍卫饭房于清漪园备膳，用苏拉十六名。

廿一日（10.1）

遣官祭黑龙潭昭灵沛泽龙王之神、玉泉山惠济慈佑灵濩龙王之神、昆明湖安佑普济沛泽广生龙王之神、密云县白龙潭昭灵广济龙王之神。遣官祭圆明园惠济祠、河神庙。

廿三日（10.3）

济咙呼图克图呼毕勒罕坐床，恳请遣员赴京请安进贡。谕：即照所请。

本月

圆明园呈准：佛楼等处，应供红白稻米饭谷子，向关防衙门行取，永为年例。

九月

初十日（10.20）

宗室庆遥、庆丰案结。先是，查得庆遥、庆丰追随海康习教，遂将二人挑去黄带子，交刑部严讯，并著曹振镛将各犯定拟具奏。是日，奉旨：海康、庆遥俱著绞立决，派奕灏将海康带往伊祖父坟前监视勒毙，派永珠将庆遥带往伊祖父坟前监视勒毙，不准于该二家坟园内埋葬。庆遥妻、子发黑龙江，庆丰系自首，遣发吉林，其母、妻、二子同遣。

十九日（10.29）

帝自避暑山庄还跸圆明园，诣安佑宫行礼。

二十日（10.30）

御史盛惇大奏：江苏茅山每年春秋二季，四方进香，邻近之江西、安徽、浙江等省民人，亦接踵而至。谕：此风不独茅山一处，著各省督抚于境内有名山名寺地方，出示严禁。本境土民，岁时瞻礼，各听其便，有越境酬神者，立予严禁。

廿一日（10.31）

帝御洞明堂，勾到湖广、陕甘情实罪犯。

廿二日（11.1）

帝幸万寿山。越南国使臣胡公顺等三人，于圆明园藻园门外瞻觐。

廿四日（11.3）

帝御洞明堂，勾到浙江、江西、安徽、江苏情实罪犯。

廿五日（11.4）

帝幸静明园，诣龙神庙拈香。

廿六日（11.5）

帝御勤政殿听政。

廿七日（11.6）

帝诣畅春园恩慕寺、恩佑寺行礼。寻回宫。

十月

初二日（11.10）

帝幸圆明园。

初四日（11.12）

以万寿节，帝御同乐园，赐皇子、皇孙及王以下文武大臣、蒙古王公、外藩使臣等食，至初七日皆如之。

初六日（11.14）

万寿节。帝诣安佑宫行礼。御正大光明殿，皇子、皇孙及王以下文武大臣、蒙古王公、外藩使臣等，行庆贺礼。

十一日（11.19）

帝诣安佑宫行礼。

十二日（11.20）

帝回宫。

本月

内务府大臣苏楞额等奉旨：嗣后，三山、畅春园等处应领银两，著由圆明园支领；如圆明园银两不敷支发，著奏明由广储司所存银两内拨给圆明园，再行发给支领。奉宸苑、南苑等处应领银两，著由广储司、造办处支领。

十一月

初六日（12.13）

总管内务府奏：自嘉庆十七年至嘉庆二十二年，已届五年，应派不管三山事务之总管内务府大臣一员前往清查静宜园陈设。奉旨：著派禧恩。

十六日（12.23）

禧恩奏：静宜园内外各等处，查得所有陈设等项，共计四万二百九十四件。自嘉庆十七年以后，陆续添安陈设七百八十四件，撤去陈设一百七十四件，现在实存陈设四万九百四件。

廿二日（12.29）

御史谭瑞东奏：部院堂司各官应于公署画稿，其朝房画稿一节，应予严禁。谕：设公署以理公务。管理部院事务之堂司各官，理应日常进署画稿，惟朝房不准画稿一节，则断不可行。朝房同系公所，各部院遇有紧要事件，该司官等势不能安坐公署，静候各堂官到齐画诺，以致违误限期，转多积压。嗣后，所有乾清门外及圆明园朝房，回事画稿一节。著仍其旧。

本月

奉旨：嗣后，凡遇来用拖床，奉宸苑御船处管理事务大臣卿员，均在拖床左右侍立，毋庸跪迎。

十二月

十九日（1818.1.25）

静宜园添安陈设三十二件，内懋勤殿交来御笔字十二张、御笔字横披匾二面、御笔字条对一份计三件、御笔字挂屏六件、《御制因循疲玩论》墨刻手卷一卷、《养心殿联句》墨刻册页二册、《春胜联句》墨刻册页二册、《授时通考联句》墨刻册页二册、《武功良具联句》墨刻册页二册；撤去字画八件，内懋勤殿撤去臣工字三张、臣工画三张、臣工画对一副。静明园添安陈设字画十一件，内懋勤殿交来御笔字一张、臣工画四张，武备院交来红毡三块、白毡三块；撤去字画五件，内懋勤殿撤去臣工字一张、臣工画四张。

本年

圆明园福海东岸南偏，新建三卷殿观澜堂落成。两淮盐政承办紫檀窗棂二百余扇，多宝架、地罩各三座。陈设器具皆以金银玉石镂刻山水人物，其法系明末扬州周姓创造，因称周制。

嘉庆二十三年　1818

正月

初四日（2.8）

廓尔喀额尔德尼王遣使表贡方物，赏赉筵宴如例。

初六日（2.10）

总管内务府奏：长芦盐政嵩年委员解银前来，共计银二万四千六百四十五两二钱七分八厘。内除再请归公养廉银五千两交广储司银库外，其余扣裁养廉并盈余银一万九千六百四十五两二钱七分八厘，例交圆明园银库收贮。

初八日（2.12）

以明年为六旬整寿，命于本年八月举行恩科乡试，明年三月举行会试。

十三日（2.17）

帝幸圆明园，诣安佑宫行礼。定亲王绵恩等奏：遵旨会同总管内务府大臣等查核圆明园内各处管辖官兵等人数详情。所有进西南门之圆明园八旗官兵、内务府三旗官兵，除嘉庆二十年以后业经酌减人数外，呈请复行酌量拟减，计：圆明园八旗管辖站灯官八员，拟减四员，兵九十名，拟减四十名；照料汲桶护军校八员，兵三十二名，挑水夫四十八名，拟减十名；内务府三旗药栏外管辖官四员，兵六十名，拟减二十名。奉旨：内务府三旗药栏外兵著再减十名，余依议。

十四日（2.18）

帝御奉三无私殿，赐皇子、皇孙、亲藩等宴。御山高水长，赐王公大臣、蒙古王、贝勒、贝子、公、额驸、台吉及外藩使臣等食，至十六日皆如之。

十五日（2.19）

上元节。帝诣安佑宫行礼。御正大光明殿，赐朝正外藩等宴，作乐赐酒，如除夕仪。

十六日（2.20）

帝御正大光明殿，赐大学士、尚书等宴。

十九日（2.23）

帝御山高水长，赐王公大臣、蒙古王、贝勒、贝子、公、额驸、台吉及外藩使臣等食。

二十日（2.24）

帝幸万寿山。

廿三日（2.27）

帝诣畅春园恩慕寺、恩佑寺行礼。

廿六日（3.2）

朝鲜国王李玜，遣使表贺万寿、冬至、元旦三大节，及岁贡方物，赏赉筵宴如例。

廿七日（3.3）

谕：玉牒内孝仪纯皇后、慧贤皇贵妃、淑嘉皇贵妃，其母家姓氏应改为复姓。著宗人府于玉牒内，孝仪纯皇后书写魏佳氏，慧贤皇贵妃书写高佳氏，淑嘉皇贵妃书写金佳氏。

协办大学士兼顺天府府尹章煦奏：顺天府属之一百九十一名传习邪教者，投首悔过，请免其罪。帝准其请，并著顺天府将彼等姓名等开造清册二本存档。日后，若再传习邪教，加倍严惩。

三十日（3.6）

帝回宫。途次，在倚虹堂传膳时，闻以北有点放爆竹之声。迨进西安门至玉河桥时，又闻东北有点放爆竹之声，均相距甚近。谕：凡遇朕进宫下园及临幸经由之处，附近铺户居民，概不准点放爆竹。俟朕经过后，方准点放。此次，除那彦宝在圆明园该班外，英和著交都察院察议，英绶著交都察院议处。该管地面官员，一并交都察院议处。

二月

初二日（3.8）

帝幸圆明园。

初六日（3.12）

谕：严禁制造赌具。嗣后，遇有赌博之案，审明赌具来历，将私行制造之人，归案严惩。

初七日（3.13）

帝回宫。大学士董诰以病休致，仍食全俸。

初十日（3.16）

武英殿修书处于绮春园内鉴碧亭刊刻御笔，候补笔帖式保焕带匠役四名，进绮春园西宫门，至十三日皆如之。惟十二日，多带匠役一名。

十二日（3.18）

遣官祭黑龙潭昭灵沛泽龙王之神、玉泉山惠济慈佑灵濩龙王之神、昆明湖安佑普济沛泽广生龙王之神、密云县白龙潭昭灵广济普泽龙王之神。遣官祭圆明园惠济祠、河神庙。

十五日（3.21）

帝幸圆明园。

十六日（3.22）

帝以皇四子绵忻年已十四，诗文俱未学，著革去其师傅果齐斯欢一切差使。谕：向来，蒙古条例，较刑律为轻。嗣后，蒙古人犯事，如无民人在内者，仍照蒙古例办理。若案内有一民人，均照刑律问拟。

十七日（3.23）

帝幸万寿山。

十九日（3.25）

帝御勤政殿听政。

廿六日（4.1）

帝回宫。

三月

初三日（4.7）

帝启銮，谒西陵。

十二日（4.16）

帝谒泰陵，并亲至孝淑睿皇后喜塔腊氏陵寝奠酒。

十六日（4. 20）

帝幸静宜园驻跸，至二十日皆如之。

十七日（4. 21）

内外膳房、茶房、侍卫饭房、肉房于清漪园鉴远堂备膳，用苏拉二十名。先是，御史汪彦博奏请整饬武备，帝命交军机大臣会同各该衙门妥议具奏。是日，托津等议覆，所请于巡捕营添设鸟枪兵五千名、鸟枪四千杆及每年亲阅两旗兵操，于体制未协，均无庸议；所请将顺天府所属州县由府尹与总督分隶管辖，尤不可行；至勤加点验八旗军械一事，著将每五年点验一次改为三年，并由兵部奏派王大臣亲往验看。

廿一日（4. 25）

帝自静宜园还跸圆明园。

廿三日（4. 27）

帝幸静明园，诣龙神庙拈香；寻诣黑龙潭神祠拈香。

廿四日（4. 28）

帝御勤政殿听政。

●省耕别墅：昨诣黑龙潭祈雨，即沐霡霂微沾，惜未及寸。虔望渥沛酿膏，敷田滋麦。

御苑熙春辟甫田，省耕务本系民天。灵潭步祷虽微洒，尚待甘膏宿润连。

播种辛勤粒食供，有年仍冀力田逢。尽人事可沾天泽，八政由来首重农。

廿五日（4. 29）

武英殿修书处于长春园内映清斋刊刻御笔，候补笔帖式保焕带匠役五名，进长春园右门。翌日如之，惟多带匠役一名。

廿七日（5. 1）

帝幸静明园，诣龙神庙拈香。

三十日（5. 4）

帝回宫。

本月

帝亲临皇九女慧愍固伦公主园寝赐奠。追封皇五女为慧安和硕公主。

四月

初二日（5. 6）

清漪园修理膳船二只，茶船一只，板船二只，围船二只。

初三日（5. 7）

帝幸圆明园。清漪园修理玉澜堂、香岩宗印之阁抱厦，用杉木见方尺三千八百十五尺六寸五分三厘。

初八日（5. 12）

帝幸万寿山。前据英和奏，查得圆明园红桥墙上有匿名字帖，丑诋苏楞额及内务府司员八人，疑为畅春园销算房当差之张锜所为。未几，张锜以刑伤溃烂身死。帝以承审人员滥刑逼供，著将英和交都察院察议，其承审司员，俱著交都察院议处。

初九日（5.13）

帝回宫。昨日酉初三刻，暴风自东南来，瞬息之间，尘霾四塞，室中燃烛始能辨色，其象甚异。帝心中震惧，夜不能寐，思乃上天示警。是日，下诏求言。

初十日（5.14）

帝幸圆明园。

十二日（5.16）

谕：律载，投递匿名文书告言人罪者，绞；见者，即为销毁。嗣后，凡有拾获匿名揭贴者，即行销毁，不准具奏。惟关系国家大事者，密行奏闻。

十三日（5.17）

以雨泽愆期，帝诣黑龙潭神祠拈香。皇次子智亲王绵宁至天坛、定亲王绵恩至地坛、庆郡王永璘至太岁坛祈雨。命刑部清厘庶狱。

十八日（5.22）

帝幸万寿山，诣广润祠拈香。

二十日（5.24）

帝回宫。

廿一日（5.25）

帝幸圆明园。帝命皇次子智亲王绵宁诣黑龙潭，皇四子绵忻诣觉生寺，祈雨。

廿五日（5.29）

帝幸静明园，诣龙神庙拈香。命皇次子智亲王绵宁诣黑龙潭，皇四子绵忻诣觉生寺，谢雨。

廿六日（5.30）

帝回宫。清漪园修理大报恩延寿寺等工，实用工料银三万二千余两。

廿七日（5.31）

帝幸圆明园。

廿九日（6.2）

帝御勤政殿听政。

五月

初一日（6.4）

呈进《明鉴》五册，内于明朝万历、天启年间载入本朝创业事迹，然事事胪列且用语诞妄，殊为悖谬。奉旨：原书另行纂辑。次日，改派托津、章煦、英和、卢荫溥等四人充《明鉴》总裁官。凡从前纂辑此书时支过一应公费纸张银两，俱著前任总裁官曹振镛、戴均元、戴联奎、秀宁等四人赔交。初六日，曹振镛、戴联奎降三级留用；戴均元革职留任；秀宁降为头等侍卫，往新疆换班；其他人员降革有差。

初五日（6.8）

帝幸万寿山。

十一日（6.14）

帝幸静明园，诣龙神庙拈香。两广总督阮元，就预防英吉利事宜一节入奏。谕：国家抚驭外夷，具有一定规制，尺寸不可稍逾。遵守者，怀之以德；干犯者，示之以威。怀远之道，总当先以理胜，勿先启兵端，亦不可过示怯弱，使彼无所畏惧。

十六日（6.19）

帝回宫。

十九日（6.22）

帝幸圆明园。

廿三日（6.26）

帝幸静明园，诣龙神庙拈香。

廿八日（7.1）

帝幸万寿山，诣广润祠拈香。

六月

初二日（7.4）

帝御勤政殿听政。

初三日（7.5）

帝幸万寿山，诣广润祠拈香。内外膳房、茶房、侍卫饭房于清漪园备膳，用苏拉十六名。

初七日（7.9）

帝幸静明园，诣龙神庙拈香。谕：此次，朕前往盛京恭谒祖陵。已降旨，于七月廿二日启銮，著派庄亲王绵课，大学士曹振镛、章煦，尚书英和、和宁，留京办事，均于卯刻进内。绵课、曹振镛、章煦、和宁四人，分日轮班，在内值宿。不值宿者，申刻散值。英和每日进内，于午刻先出禁城，毋庸值宿。肃亲王永锡、公奕颢、侍郎常福，常住圆明园。奕颢即署理托津所管圆明园八旗之缺。

十四日（7.16）

帝幸万寿山。

二十日（7.22）

帝幸静明园，诣龙神庙拈香。

廿五日（7.27）

绮春园内喜雨山房刊刻御笔，笔帖式保焕带匠役四名，进绮春园西宫门，翌日如之。

廿七日（7.29）

帝幸万寿山。

廿八日（7.30）

帝回宫。

七月

初一日（8.2）

帝幸圆明园。

●方壶胜境：海上神山，本属方士幻说。即谷城黄石，亦属寓言。天君泰然，百体从令。清心寡欲，自能久视长生，初不待外求也。

长生有道在养心，海外祈求妄劳役。丹药芝草皆寓言，尘世奚能见黄石。

●知过堂自责：予向著《因循疲玩论》，切戒大小臣工，克己省愆，以期勉于无过。然身家念重，迎合者多，总未能奋发有为，一洗积习。予惟有返躬自责，庶几端本善则，相与维新而已。

圣人无过额知过，予过诚多愧寸心。克己省愆惟自责，形端表正勉君临。

●远瀛观：抚驭远人，理贵严肃。余诗所谓“中国有威仪，岂可少贬损”是也。彼英吉利使臣，鄙野无知，贪黩强悍，又复不循礼仪，辱其主命。是以却彼贡献，逐令回国。盖为国以礼，所宝惟贤。人君之道，理当如是云尔。

驭远从来贵严肃，彼英吉利性难伏。每来先蓄图利心，宽则无忌肆贪黩。

强悍不循中国仪，辱其主命宜驱逐。大君岂贵贡珍奇，所宝惟贤慎司牧。

●澄心堂：语云：天君泰然，则百体从令。又曰见其大，则心泰。盖所谓泰者，非澄之以清其源不可也。人君日理万几，非澄心则无以坐照。而澄心，则又自无欲始。予惟澹泊宁静，以冀保泰持盈，勉思继绳焉耳。

天命民依躬诞膺，万几都本一心澄。衷无欲则政无舛，言有物而行有恒。

虚受谋猷资治理，敬承统绪凛渊冰。志存澹泊苍生养，保泰持盈勉继绳。

初三日（8.4）

帝御勤政殿听政。

初八日（8.9）

帝幸静明园，诣龙神庙拈香。

十三日（8.14）

方受畴奏：滦河、青龙河桥座，同时被冲，请展缓启銮日期。谕：滦河、青龙河桥座，赶紧重搭。著改于本月廿八日自宫内启銮，朕于廿六日先期进宫。十月初四日，回銮。初五日，升殿后，幸圆明园。

十四日（8.15）

内外膳房、茶房、侍卫饭房于清漪园备膳，用苏拉十六名。廿七日亦如之。

十五日（8.16）

帝诣安佑宫行礼。

十六日（8.17）

御史费丙章奏：山东兖、沂、曹一带，捻党横行，曹州尤甚。其一夥谓之一捻，小捻一二十人，大捻三四十人。帝命山东巡抚和舜武严予缉查。

十七日（8.18）

帝幸万寿山。

廿一日（8.22）

帝幸静明园，诣龙神庙拈香。

廿五日（8.26）

帝诣安佑宫行礼。

廿六日（8.27）

帝诣畅春园恩慕寺、恩佑寺行礼。寻回宫。

廿八日（8.29）

帝启銮，东巡盛京。命皇次子智亲王绵宁、皇四子绵忻随驾，令庄亲王绵课，大学士曹振镛、章煦，尚书英和、和宁留京办事。

●东巡盛京，叩谒祖陵，启跸作，用乙丑诗韵（有序）：盛京为王迹肇基之地，列祖列宗，缔造艰难，鸿规具在。我皇考四诣陪京，恭谒祖陵，所过山川形胜，无不著为诗篇，以纪盛迹。并谆谕后世子孙，皆当眷怀旧都，再三景仰，盖鄣于祖宗创垂遗绪，目睹身亲也。乾隆四十八年，予承命扈跸，亲见皇考展拜之余，肫诚孝慕，至今如在目前。是以予于嘉庆十年，敬遵圣训，申谒桥山，迄兹已阅一纪。因复命诹吉东巡，敬修隆典，亦命诸皇子随扈，俾与观启宇规模，旧京风俗。记予乙丑岁，盛京回跸，曾有诗云，再莅应携诸子至，心传继述慎几微。盖予之殷殷系念枌榆者，皆禀承皇考身教之谟，垂为家法也。

东巡再举戊寅年，孺慕衷殷创业先。躬率儿行期示后，心承圣训勉光前。

枌榆系念修隆典，稼穑占丰遍甫田。策骑石衢欣畅霁，泬寥灏景远霄延。

八月

十四日（9.14）

遣官祭黑龙潭昭灵沛泽龙王之神、玉泉山惠济慈佑灵濩龙王之神、昆明湖安佑普济沛泽广生龙王之神、密云县白龙潭昭灵广济普泽龙王之神。遣官祭圆明园惠济祠、河神庙。

十七日（9.17）

内外膳房、茶房、侍卫饭房于清漪园备膳，用苏拉十六名。

廿五日（9.25）

本日及次日，帝至永陵拜谒，行大飨礼。

九月

初一日（9.30）

本日及次日，帝至福陵拜谒，行大飨礼。

初三日（10.2）

帝至昭陵拜谒，行大飨礼。未几，作《再举东巡展谒三陵大礼庆成记》。

十四日（10.13）

总管内务府奏：前经总理健锐营事务之和硕肃亲王永锡等咨称，七月初六日夜间，昆明湖水操战船一只，被风刮坏，奏准修理。续经健锐营咨称，昆明湖头只战船，修理已过八年。若不预早修理，恐有误明春操演。其各项船只修理，按例净估需工料银二千九百六十四两九钱四分，请向广储司银库支领。

十九日（10.18）

圆明园内观澜堂刊刻御笔，笔帖式保焕带匠役四名，进圆明园福园门。至廿一日皆如之。

廿二日（10.21）

圆明园内水晶域刊刻御笔，笔帖式保焕带匠役五名，进圆明园福园门。至廿四日皆如之。

十月

初五日（11.3）

以万寿节，帝御兴隆寺行宫，赐扈从王、贝勒、公、额驸、大臣及直隶总督等食，并赏赉有差。

初六日（11.4）

万寿节。帝御兴隆寺行宫蕴辉堂。皇子及王以下文武大臣官员行庆贺礼。以庆贺礼成，赐兴隆寺名万寿兴隆寺、小泉河名荣辉河；开复直隶总督方受畴、提督徐锟、布政使姚祖同降级处分；赏办差官员加级纪录有差；并赏兵丁半月钱粮；再免跸路经过地方本年额赋十分之二。

以皇三子绵恺在京未具行礼贺折，著实罚月银半年。

初八日（11.6）

帝于返京途次往谒孝陵、景陵、裕陵。

十一日（11.9）

帝回宫。

十一月

十三日（12.10）

清漪园修理昆明湖水操船二只，板船二只。

十四日（12.11）

盛京将军赛冲阿奏：去岁，蒙恩赏得海甸娘娘庙官房一处。现既补放盛京将军，相应将该官房一所，敕交管理圆明园大臣收管。

十二月

十二日（1819.1.7）

普免全国民欠钱粮。

十六日（1.11）

谕：明年适朕六旬整寿，闻各部院衙门，自西直门至圆明园，沿途预建经坛，藉申颂祝。朕纳其悃忱，如再有呈建经坛者，各该督抚及顺天府府尹当早行禁止，不准代为陈奏。俟朕七旬整寿时，再当俯允所请。

廿五日（1.20）

总管内务府奏：自嘉庆二十二年十二月廿五日起，至二十三年十月二十日止，静明园添安陈设字画二十五件，内懋勤殿交来臣工字七张、臣工画七张、臣工字册页二册，圆明园交来花哔叽二块，造办处交来素玻璃一块、竹帘四架、油单遮阳腰围二件；撤去陈设字画二十件，内由懋勤殿撤去臣工字八张、臣工画十张，造办处撤去素玻璃二块。

总管内务府奏：自嘉庆二十二年十二月廿五日起，至二十三年十月二十日止，静宜园添安陈设字画七十八件，内懋勤殿交来御笔字九张、御笔字横披匾二面、御笔字对三副、御笔字挂屏八件、《御制全韵诗》一套、《皇清文颖续编》一部二十四套、臣工字册页四册、清芬阁米帖墨刻册页十八册、《弭邪教说》墨刻册页一册、《风霾记》墨刻册页一册，圆明园交来花哔叽四块；撤去陈设字画一百六件，内由懋勤殿撤去《钦定全唐文》一部一百套、臣工字一张、臣工画五张。

嘉庆二十四年　1819

正月

初一日（1.26）

帝以本年六旬整寿，颁诏全国，覃恩有差。封皇三子绵恺为惇郡王，皇四子绵忻为瑞亲王，皇长孙奕纬为贝勒。晋封贝勒绵志（仪亲王永璇之子）、绵勤（成亲王永瑆之子）为郡王，赏三眼花翎；贝子奕绍（定亲王永璜之孙、绵恩之子）为贝勒；镇国公绵偲（贝勒永瑆之子）、辅国公绵慜（庆郡王永璘之子）为贝子。

●元旦御太和殿赐宴，叠己巳诗韵：

丙辰首祚沐恩饶，大宝寅承资庶僚。十载筵开示慈惠，六旬寿纪荷明昭。

建中驭外屏藩固，赐爵分甘乐舞调。感荷天庥普绥屡，益勤食旰复衣宵。

初四日（1.29）

帝幸圆明园，诣安佑宫行礼。

初八日（2.2）

帝御山高水长，赐王、贝勒、贝子、公、蒙古王、贝勒、贝子、公、额驸、台吉及外藩使臣等宴，并赏赉有差。

初十日（2.4）

内务府奏：长芦盐政延丰委员解银前来，共计银二万四千四百三十六两三钱二厘。除再请归公养廉银五千两交广储司银库外，其余扣裁养廉并盈余银一万九千四百三十六两三钱二厘，例交圆明园银库收贮。

十三日（2.7）

帝御奉三无私殿，赐皇子、皇孙、亲藩等宴。御山高水长，赐王公大臣、蒙古王、贝勒、贝子、公、额驸、台吉及外藩使臣等食。翌日如之。

十四日（2.8）

帝诣安佑宫行礼。御正大光明殿，赐朝正外藩等宴，作乐赐酒，如除夕仪。

十五日（2.9）

上元节。帝回宫。

十八日（2.12）

帝幸圆明园。

十九日（2.13）

帝御正大光明殿，赐大学士、尚书等宴。谕：朕于三月初七日启銮，初十日，祇谒东陵。十一日，节届清明，朕恭诣裕陵，行敷土礼。礼成后，由盘山至南苑，再恭谒西陵。取道潭柘，旋跸圆明园。所有一应事宜，各该衙门敬谨预备。

廿三日（2.17）

帝诣畅春园恩慕寺、恩佑寺行礼。

廿四日（2. 18）

帝幸万寿山。

廿六日（2. 20）

朝鲜国王、琉球国中山王遣使表贡方物，赏赉筵宴如例。

廿八日（2. 22）

帝回宫。

二月

初八日（3. 3）

帝幸圆明园。

十二日（3. 7）

帝幸静明园，诣龙神庙拈香。

十五日（3. 10）

复引见内务府京察一等圈出人员。奉旨：圆明园员外郎文祥，俱著交军机处记名。

十八日（3. 13）

帝御勤政殿听政。遣官祭黑龙潭昭灵沛泽龙王之神、玉泉山惠济慈佑灵濩龙王之神、昆明湖安佑普济沛泽广生龙王之神、密云县白龙潭昭灵广济普泽龙王之神。遣官祭圆明园惠济祠、河神庙。

廿一日（3. 16）

帝幸万寿山，诣广润祠拈香。

廿六日（3. 21）

帝幸静明园，诣龙神庙拈香。

三月

初一日（3. 26）

武英殿修书处于绮春园内敷春堂、鉴碧亭刊刻御笔，笔帖式保焕等带匠役四名，进绮春园西宫门。至初三日皆如之。

初三日（3. 28）

帝御勤政殿听政。

初七日（4. 1）

帝启銮，谒东、西陵。

十六日（4. 10）

玉麟等奏：藏中僧俗人等，求将里塘幼孩一名定为达赖喇嘛呼毕勒罕。帝以其所言非是，降旨重申金奔巴瓶缄名掣签之制：此次里塘幼孩，作为入瓶签掣之一。俟再得其二，方可将三人之名共同缄封入瓶，照定制，对众唪经掣签。

廿七日（4. 21）

帝抵西陵，恭谒泰陵，并至孝淑睿皇后喜塔腊氏陵寝奠酒。武英殿修书处于圆明园内勤政殿刊刻御笔，笔帖式保焕带匠役四名，进圆明园福园门。至廿九日皆如之。

本月

内务府营造司呈准：本司所属各库作，旗缺匠役共三百九十六名，内各处占用七十四名；民缺匠役共二百六十九名，内各处占用三十一名，仍遵旧例，按库作分别数目、行款、名色载入，以免牵混。

四月

初三日（4.26）

帝自西陵还跸圆明园。

●云潏馆：左氏传：龙见而雩。盖观象天文，念勤农务，古圣王所以对时育物也。予恪遵前典，每岁抚序展禋，不敢少懈。兹于月之望日，举行雩坛大祀。先期进宫，致斋三日。今年雪泽优沾，雨膏渐润。直隶通省以及山东、河南，皆已普被涵濡。现在二麦结实，更得渥滋甘澍，收成定可十分。凭临轩馆，川影云容，不徒游目骋怀，闲供吟眺。仰苍宿之移躔，验敷荣于庶汇。斋心将事，吁望正无涯尔。

云容聚散映川湄，倒影晴光印绿漪。依砌花丛红灼灼，临汀柳线碧垂垂。

蕙香静领和风转，麦色还祈甘雨滋。长养敷荣生庶汇，仰观辰角见龙时。

初六日（4.29）

帝幸静明园，诣龙神庙拈香。

初十日（5.3）

帝幸万寿山，诣广润祠拈香。

十一日（5.4）

帝御勤政殿听政。

十二日（5.5）

帝回宫。

十四日（5.7）

民人成德征乘夜混入神武门，潜进景运门，行至内右门外，为苏拉吉寿截获，并交隆宗门护军校收管。司钥长塔克申太商同章京永顺，匿而不报。闰四月初十日，帝命将有关失职人员降革发遣。

十五日（5.8）

帝幸圆明园。

十六日（5.9）

帝幸静明园，诣龙神庙拈香。幸静宜园驻跸，至二十日皆如之。

●泽春轩：今岁开正，瑞雪频霏，祥征三白。嗣于盘山驻跸，霡霂微沾。迨行次良乡，复经得雨三寸。且直隶、河南、山东各省，俱报沾足。惟时当孟夏，正良苗待泽之期。犹望甘澍应时，得资普被。昨于展礼雩坛，肃申祈祷。本日，临莅香山，见途次新绿盈畴，土脉略形干燥。仰冀昊苍垂佑，遐迩优施。均叨下尺之恩，共享如春之乐。瞻言山馆，允协嘉名。俯览郊原，用臻上稔。油云起岫，跂望良殷。

雪泽洽新春，继沾霡霂匀。田间未深渥，陌上渐扬尘。

候届良苗植，膏祈下尺均。仰霄望云起，昊佑应时臻。

十九日（5.12）

帝御演武厅，阅健锐营操。

●阅香山健锐营兵志意：健锐营，建于乾隆十三年。时因征两金川，皇考爰命创立碉楼于香山，令八旗兵士以时肄习。嗣后，材武日兴，如赛冲阿、德楞泰、七十五辈，皆出其中。用能宣力行间，肤功迭奏，不负干城之任。予每岁莅此，必亲加简阅。所以培植人才，勿令怠荒旧业，亦惟仰绍先猷，永保于勿替也。

弧矢炼精勤，宣威诚利器。九进十连环，神速孰能避。

将士屡建勋，干城副任使。肄武毋怠荒，旧业勉培植。

昨日，英惠奉旨监视镶白旗护军等步射。差竣后，具折覆奏，并呈递名牌。然待帝召见之时，其并未在静宜园宫门祇候。至是，自请议处。谕：向来，各部院堂官，年在六十以下者，均亲诣宫门呈递名牌。嗣经降旨，准令笔帖式代为呈递，俾诸臣得以迟到时许。倘遇奏事之日，有事有病者，原准于折内注明，不递名牌。若名牌已达朕前，当视为以备召对，即应赴宫门祇候。英惠所为，殊属非是，著革退镶黄旗满洲副都统。嗣后，文武大臣中，有奏事已递名牌而无故不到者，查明系奏何衙门事件，即将何项职任斥革。

廿一日（5.14）

帝自静宜园还跸圆明园。

廿四日（5.17）

帝回宫。

廿五日（5.18）

帝幸圆明园。

●春泽斋：本年届予六旬正寿之期，仰惟上苍垂佑，年谷屡丰，九有乂安，河流顺轨，正宜加惠黎元，俾寰宇共享盈宁之乐。是以于始和布，令即降谕直省疆臣，查明节年正耗、民欠及因灾缓征、带征银谷各数，援照旧章，普行蠲免。每见前史所载，如天长仁寿诸名目，皆于诞节，特举庆仪。侈礼制之繁奢，胪冈陵之谀颂，不知有孚惠心，勿问元吉。所以迓天庥、绥茂祉者，初不在此末节也。

已岁逢花甲，春元夙诏颁。惟期泽似海，奚用颂如山。

末节宜全屏，旧章未可删。礼仪合制度，孚惠洽瀛寰。

●惠济祠河神庙拈香敬述：御园之南，惠济祠河神庙，建于癸酉秋间，所以妥侑明神，时致亲祈，俾东南亿万民生，同登衽席者也。自创建以来，深荷神祇昭格，堤堰磐安，河流悉臻轨顺，转漕亦迅速如期。此皆仰赖天泽频施，神庥垂佑，故得长庆安澜、永戴平成之德，升香展礼，诚感难名。

建祠祈妥佑，数载沐神恩。恬浪固河堰，安澜达海门。

承天施渥泽，率土靖黎元。永戴平成德，感衷诚述言。

●省耕别墅：熙春园，旧有美田数顷，辟自先朝，以备几余观省，俾知稼穑之艰难。盖农夫力穑，自春耕夏耘祁寒暑雨，胼胝经年，勤劳遍历，然后百谷用登。所谓粒粒皆辛苦也。人君深宫安处，玉食万方，岂可不知所自。此予所以每岁必于近畿省耕，而于此又开别墅也。

美田数顷辟熙春，几暇观农验远畇。风叠浪痕青麦垅，烟笼线影绿杨津。

先之力尽耕耘足，继以时和旸雨匀。玉食应知庶民业，经年胼胝实艰辛。

廿八日（5.21）

帝诣黑龙潭神祠祈雨。

闰四月

初二日（5.25）

福康安之子德麟屡次误差，且吸食鸦片烟，久应斥革。著革去贝子及二等侍卫，在奏事门外重责四十板，交伊母管押在家，不准出外滋事，著英和派人常川看守。其所革世职，仍加恩由伊子庆敏承袭。并著查明，如系世袭罔替，即袭封贝子，若例应降等，即袭封头等公爵。庆敏现年未及岁，著食半俸，俟当差时，再给予全俸。谕：御前大臣、领侍卫内大臣等，严查各侍卫，如有私食鸦片烟者，即行指名参奏革职。

初四日（5.27）

御前侍卫安成，系海兰察之子、安禄之弟，屡次误差，且吸食鸦片烟，本应斥革，但念安禄无嗣，安成尚未生子，若将伊革职，竟无应袭公爵之人。著格外施恩，免其革职，革去御前侍卫、副都统，赏给三等侍卫，在大门上行走。

初五日（5.28）

帝御勤政殿听政。

初六日（5.29）

封皇三子绵恺为多罗惇郡王，皇四子绵忻为和硕瑞亲王，皇长孙奕纬为多罗贝勒。

初九日（6.1）

帝幸万寿山，诣广润祠拈香。

十二日（6.4）

帝幸静明园，诣龙神庙拈香。

以本年乡试届期，考试应行开列试差之进士出身人员于圆明园正大光明殿。

十四日（6.6）

谕：入夏以来，京畿缺雨。前派二阿哥、三阿哥及定亲王绵恩，两次恭祀三坛。虽各地多报得雨，惟近京数百里之地未得透雨。朕谨亲制祝文，于十七日进宫斋戒，十八日躬祀天神坛。著派仪亲王恭祀地祇坛，成亲王恭祀太岁坛，俱于十七日入城斋戒。著派肃亲王永锡，先于十六日入城斋戒，十七日致祭风神庙。其祝文著翰林院撰拟。黑龙潭、觉生寺两处，仍派僧众、道众于十八日寅刻开坛，唪经祈祷。著派二阿哥诣黑龙潭拈香，三阿哥诣觉生寺拈香，四阿哥诣昆明湖、玉泉山两处龙神祠拈香。

十七日（6.9）

帝回宫。

十八日（6.10）

帝幸圆明园。帝命皇次子智亲王绵宁诣黑龙潭，皇三子惇郡王绵恺诣觉生寺，皇四子瑞亲王绵忻诣昆明湖及玉泉山龙神庙，祈雨。

●万方安和：我皇祖世宗宪皇帝，于御园寝兴之所，题额曰万方安和。所以勖勤夙夜，绥乂寰区者，树义至为宏远。予嗣膺大统，自亲政以来，日慎一日。迄今二十余载，片念未尝少弛。顾惕厉本诸一人，襄赞实资众职。古人臣，进思尽忠，退思补过，惟以致君泽民为务。用能懋著勋猷，垂声史册。若徒持禄保位，苟慕宠荣，置国计民生于度外。纵复侥幸目前，而异日之讥评姗笑者，清议终不可掩也。予深维健行不息之义，年臻耳顺，孜孜求治，无敢怠荒。所望在廷诸臣，力除玩习，佐予懋勉之修，永绍显承之绪。庶几安民和众，赖及万方。

皇祖题额自励志，十有三载群生遂。皇考临御久道昭，仁至义尽升平致。

藐躬德薄统万方，安民和众诚不易。修己省愆责在予，尽忠补过期官吏。

十九日（6.11）

允准四川土司等来京祝寿，惟不得逾四十人之数。

二十日（6.12）

帝幸万寿山，诣广润祠拈香。

廿一日（6.13）

谕：朕谨再亲制谢雨祝文，于廿六日进宫斋戒，廿七日躬祀天神坛。仍派仪亲王祀地祇坛，成亲王祀太岁坛。肃亲王永锡，著于廿六日诣风神庙拈香。朕廿七日谢雨后，回宫斋戒。初一日，恭祀北郊，再回跸圆明园。

廿二日（6.14）

奉旨：昨日午刻，甘雨大沛，至今未已。明日寅刻，朕亲诣玉泉山龙神祠拈香谢雨。同时，著二阿哥诣黑龙潭拈香谢雨，三阿哥诣觉生寺拈香谢雨，二处均即行撤坛。四阿哥著同时诣昆明湖龙神祠拈香谢雨。

廿五日（6.17）

清漪园修理大报恩延寿寺，所用杉槁，由承修者自行办理。

廿六日（6.18）

帝回宫。

廿七日（6.19）

前因圆明园内韶景轩大亭等项工程中匠夫声音过高，经内务府奏定，将承修此项工程之监督郎中明禧、候补主事庆琛、六品苑丞嵩平、八品苑副庆恩，均照失察例各罚俸一年。该管大臣苏楞额、禧恩、常福，照不行详察例各罚俸六个月。因系公罪，例准抵销。

本月

营造司奏准：向来修理工程，俱先派勘估，次派承修，后派验收，层层稽覆。而承修之员，每以原估不敷，动辄续估，任意增添，往往有倍于原估者，实开浮冒之弊。嗣后，凡修理宫殿园亭以及衙署仓库等项工程，原派勘估之员，务须详加查勘，悉数估计。如有遗漏，本处该管人员即逐一指出，令勘估之员一并估入。奏准后，交承修之员办理。其承修之员，不准再有续估。若非漏明处所，拆卸后另有别项情形，准承修之员奏明，仍交原勘估之员再行勘估奏准交办，不准私增锱铢。工竣，一并派员验收。如承修之员未经奏明私行续增工程，查出加倍赔交，仍治罪不贷。

五月

初一日（6.22）

帝幸圆明园。

初五日（6.26）

端午节，帝至澄虚榭观龙舟竞渡。

●甘雨既足，天中应候，命诸王及内廷蒙古王、贝勒、满汉诸臣至澄虚榭观龙舟竞渡，诗以志事：

甘霖普洽先忧慰，度节岂同后乐酬。律中蕤宾谐凤管，波恬福海棹龙舟。

岸边箫鼓清音畅，柳外楼台润景浮。上苑久承雨露泽，永思考惠懋前修。

初八日（6.29）

帝幸万寿山。

初九日（6.30）

内外膳房、茶房、侍卫饭房、肉房于清漪园备膳，用苏拉二十名。

十一日（7.2）

禁旗人抱养民人及户下人为嗣。

十四日（7.5）

帝幸静明园，诣龙神庙拈香。

十九日（7.10）

谕：宗室犯事到案，向不跪讯，遂有所恃而不知畏。嗣后，宗室犯事到案，无论承审者何官，俱先将该宗室摘去顶戴，与平民一体长跪听审。俟结案时，如实系无干，仍奏明给还顶戴。

二十日（7.11）

帝幸万寿山。清漪园修理观音庵等处工程，用杉木见方尺二百八十二尺六寸三分八厘。

廿五日（7.16）

以祭告大典终献时赞引次序错误，革成亲王永瑆各项差使，令于邸内闭门思过。

廿六日（7.17）

帝幸静明园，诣龙神庙拈香。

三十日（7.21）

帝幸万寿山，诣广润祠拈香。

六月

初六日（7.27）

帝幸静明园，诣龙神庙拈香。

初八日（7.29）

内外膳房、茶房、侍卫饭房、肉房于清漪园备膳，用苏拉二十名。二十日、三十日亦如之。

初九日（7.30）

帝御勤政殿听政。

十四日（8.4）

帝幸万寿山。

十七日（8.7）

云贵总督伯麟奏：南掌国王遣使进贡，并恳颁赐敕印。帝允之。

二十日（8.10）

帝幸静明园，诣龙神庙拈香。

廿五日（8.15）

帝幸万寿山。总管内务府奏：准健锐营所请，修理得昆明湖水操战船二只，舢板船二只，呈请净按例实销工料银二千九百七十九两五钱七分一厘。

廿七日（8.17）

帝御勤政殿听政。以本年黄河伏汛安澜，帝躬诣圆明园河神庙申谢。并发头号藏香十炷、二号藏香十炷，交黎世序祗领。将头号藏香五炷、二号藏香五炷，分诣清江浦各神庙敬谨致谢；其余，存俟秋汛安澜，再行虔祀。

廿八日（8.18）

帝回宫。

廿九日（8.19）

据抄写事件之张光裕等供称，派人探听朝政者有：仪亲王永璇、成亲王永瑆、肃亲王永锡、庄亲王绵课、贝勒永珠、公绵龄、奕颢、禄义，均兼职任；庆郡王永璘，虽无职任，系在内廷行走。前锋统领载铨、护军统领博启图、苏冲阿、长庆、副都统舒明阿等，俱著由军机大臣会同宗人府、兵部严议。无职任之礼亲王麟趾、睿亲王端恩、豫亲王裕兴、克勤郡王尚格、顺承郡王伦柱、贝勒永珔、永鋆、绵誉、奕绘、奕绮、贝子奕绪、载锡、祥端、公布兰泰，俱著加等严议。又谕：朕闻，行在每日早晚两起召见大小臣工，皆有人按名抄写并寄回京城，辗转传抄。嗣后著永行禁止。

本月

圆明园奏准：嗣后，遇有园户、园隶缺出，各该旗保结，除照例由本佐领、管领钤用图记外，其该管参领一体钤用关防。

七月

初一日（8.21）

帝幸圆明园。

初二日（8.22）

传旨处置探听朝政诸王公大臣：仪亲王、成亲王著宽免，将所有各项职任全行开缺；其余所有有职任之肃亲王永锡等，各折罚王、贝勒、公俸六年；不兼职任之礼亲王麟趾等，各折罚王、贝勒、贝子、公俸十二年。寻将罚俸减半。嗣后，王公大臣再有探听召见事宜及任外公事者，本人革职，探听之人发往伊犁。

初四日（8.24）

以傅瑞祥一案，谕：诸王公大臣等派出之听事人等，自身并无差使，纷纷擅入禁门，总由门禁不严所致。所有景运门、隆宗门、后左门、后右门，及圆明园大宫门、东西如意门、清茶房、膳房、干肉库各门，应如何严密稽察之处，著军机大臣会同前锋、护军统领、管理圆明园大臣，妥议章程具奏。寻议，仍照嘉庆十六年旧议章程遵行。帝允之。

初五日（8.25）

为严禁探事恶习，谕：王大臣等如遇奏事之日，各带一人在门外静候，预备召见即可。若无故交头接耳、议论官事，殊属非是。著御前大臣于每早未散之前，由乾清门侍卫内著派二人，宫内在乾清门阶前，圆明园在奏事门外，留心稽查。倘有任意探听官事者，即行查拿，告知御前大臣，询明据实参奏。

初十日（8.30）

谕：据方受畴等奏，蔺沟、白河等处桥座，因水势未消，难以克期竣工，阻断秋狝跸路。著将原定之启銮日期，自十二日展至二十日。本年木兰狝典，计时不敷，著停止进哨。二阿哥、四阿哥、奕纬阿哥，俱毋庸随往热河。八月廿六日，朕自热河启跸。九月初三日，回跸圆明园。

十一日（8.31）

谕：朕启銮后，著派定亲王绵恩、奕颢、那彦宝，常川在圆明园住班。苏楞额、常福二人，半月轮班住园，会同稽查进班官兵及一应事宜。有应奏事件，联名具奏。

十四日（9.3）

帝幸万寿山。

十五日（9.4）

帝诣安佑宫行礼。

十九日（9.8）

帝诣安佑宫行礼。

二十日（9.9）

以秋狝木兰，帝自圆明园启銮。命肃亲王永锡，大学士曹振镛、章煦，尚书英和、和宁留京办事。

廿一日（9.10）

谕：朕昨日启跸，圆明园至清河一带京营地面，道路泥泞难行，是该管官等办理不善所致。英和著罚俸一年。翼尉奎亮、富僧额，委协尉额勒锦，步军校伊勒通阿，俱著罚俸二年，均免其交部严议。其由长春园大东门至清河一带道路，著于本年冬间，察勘高阜处所，另行修垫。

廿五日（9.14）

内外膳房、茶房、侍卫饭房、肉房于清漪园备膳，用苏拉二十名。

八月

初一日（9.19）

因道路泥泞，帝所乘之马前蹄失蹶，遂致坠骑。命将首试马之阿那保革去都统，与其他试马二人俱罚俸一年。该失足马匹，著作为内厩马。

初二日（9.20）

谕：朕昨日坠骑后，当觉右臂微痛，朕躬一切平安。至行宫后，经蒙古医士按摩，痛亦渐止。今日，已安抵避暑山庄，诸事照常。著肃亲王永锡等，告知仪亲王、成亲王，定亲王绵恩等，告知阿哥等，俾令知悉，以免廑念。

初三日（9.21）

遣官祭黑龙潭昭灵沛泽龙王之神、玉泉山惠济慈佑灵濩龙王之神、昆明湖安佑普济沛泽广生龙王之神、密云县白龙潭昭灵广济普泽龙王之神。遣官祭圆明园惠济祠、河神庙。

初八日（9.26）

谕：本日，朕在避暑山庄园内初次御枪，即获大鹿一只。著颁赏皇后鹿肉一块，即附本日本报寄京。著绵恩等交进祇领。

十四日（10.2）

内外膳房、茶房、侍卫饭房于清漪园备膳，用苏拉十六名。

大学士、威勤伯勒保卒。帝命皇四子瑞亲王绵忻（勒保女婿）往奠茶酒。

九月

初三日（10.21）

帝自避暑山庄还跸圆明园，诣安佑宫行礼。

初八日（10.26）

帝幸静明园，诣龙神庙拈香。幸静宜园驻跸，至初十日皆如之。

十一日（10.29）

帝幸静明园，诣龙神庙拈香。还跸圆明园。

十三日（10.31）

帝御勤政殿听政。

十四日（11.1）

帝幸万寿山。英和奏报于静宜园内阅武楼看视三旗解马技艺情形。命兵部尚书松筠退出御前大臣，为盛京将军。以理藩院尚书和世泰为兵部尚书。以盛京将军赛冲阿为理藩院尚书、镶黄旗领侍卫内大臣、正红旗满洲都统、御前大臣。寻以镶白旗蒙古都统索特纳木多布斋为镶黄旗领侍卫内大臣、御前大臣。

二十日（11.7）

南掌国使臣二人、暹罗国使臣三人、土司宣慰使等六人，于勤政殿瞻觐，命随往同乐园赐食。

廿四日（11.11）

以六旬整寿，开复内外文武一二品大员降革处分有差。

廿六日（11.13）

帝诣畅春园恩慕寺、恩佑寺行礼。寻回宫。

廿九日（11.16）

以六旬整寿，宽免王、贝勒、贝子、公等降革处分。赏已革礼亲王昭梿、豫亲王裕丰四品顶戴。

十月

初一日（11.18）

以六旬整寿，帝御宁寿宫阅是楼，赐皇子、皇孙及王以下文武大臣、蒙古王公、外藩使臣、四川土司等食，至初六日皆如之。越南、暹罗、南掌国王等，分别遣使表贺万寿，进贡方物，赏赉筵宴如例。

●阅是楼锡宴，即事成什：

远人祝嘏集梯航，阅是楼前绮宴张。考定礼仪垂典则，天申绥屡沐丰穰。

箫韶律吕盈三阁，中外衣冠列两廊。御宇年增殷保泰，绍修心法守经常。

初五日（11.22）

皇次子智亲王绵宁侧福晋之兄、江宁织造延隆来京，送皇次子及皇长孙奕纬礼单，多有不合之处。延隆著降为内务府主事，其礼物二份掷还，嗣后不准送礼。

初六日（11.23）

帝六旬整寿。诣奉先殿行礼。御太和殿，王以下文武大臣、蒙古王公、外藩使臣、四川土司等，行庆贺礼，作乐宣表如仪。御乾清宫，赐皇后及皇子、皇孙等宴。南府于恒春堂演唱连本大戏。

初七日（11.24）

帝幸圆明园。御同乐园，赐皇子、皇孙及王以下文武大臣、蒙古王公、外藩使臣、四川土司等食，至初九日皆如之。

初九日（11.26）

帝御山高水长，赐皇子、皇孙及王以下文武大臣、蒙古王公、外藩使臣、四川土司等食。

十二日（11.29）

帝诣安佑宫行礼。

十三日（11.30）

帝回宫。谕：本年，朕六旬整寿。前经降旨，不准建设经坛。嗣经诸臣等再三吁恳，由圆明园至西直门，分段设坛唪经，藉伸其祝厘之悃，不得已，姑允所请。各衙门并于道旁添设点缀屏蔽，间以音乐，朕殊不以为喜。业已建设多日，成事不说。所有经坛十三处，著每处仍赏银一千两，由广储司给领。将来，朕七旬整寿时，著军机大臣存记，前一年提奏：不准各衙门复行恳请建设经坛。

清漪园修理西宫门、北楼门、东北门，向工部领用杉木。

十九日（12.6）

酉刻，文颖馆失火，经皇次子智亲王绵宁、皇三子惇郡王绵恺及王大臣等督率官兵扑救，即时熄灭。寻以编纂中之《治河方略》被焚，命停止纂辑。

廿一日（12.8）

帝于太和殿为武殿试传胪。胪唱时，一甲一名武进士徐开业与一甲三名武进士梅万清均未到班。徐开业著革去一甲一名并头等侍卫，梅万清著革去一甲三名并二等侍卫，俱仍留武进士，再罚停明年殿试一科，俟下届会试，再与新中试武进士一体殿试。

十一月

初七日（12.23）

总管内务府奏：紫禁城外、圆明园宫门外，俱有居住之太监学艺人等。如遇有传用机桶之时，请令各处首领太监带领太监等报明管门大臣，即行放入。旋奉旨：咨行前锋营、护军统领及管理圆明园八旗、内务府三旗官兵大臣遵照办理。

初十日（12.26）

谕：朕每岁阅看官兵等步射，达二十二处之多。是以自二月起，陆续阅毕，即接阅随围人员步射。因思二月初间，天气尚寒。官兵等置办衣服，不无浮费。嗣后，著将该二十二处人员作为两班。明年，令宗室、左翼前锋营、左翼护军营四旗官兵预备步射。后年，令右翼前锋营、右翼护军营四旗、圆明园八旗官兵预备步射。其派出阅射之王大臣等，将应看之官兵，亦照此分看。此内宗室等与各营官兵不同，人数较少。除预备朕阅射之一百名外，其王大臣阅看人员，著裁去一百名，只阅一百名。明年，朕即于二月二十日以后起，阅看步射。

十四日（12.30）

以六旬整寿，普免全国历年正耗民欠及缓征带征银谷。四川、贵州无积欠，宽免两省明年正赋十分之二。计各省蠲免积欠全数共银二千一百二十九万六千八百余两，米谷四百零四万五千二百余石，其中，江苏、安徽、山东三省逾居其半。

二十日（1820. 1.5）

圆明园内九州清晏刊刻御笔，笔帖式保焕等带匠役三名，进圆明园福园门，翌日如之。

廿九日（1.14）

总管内务府奏：长芦盐政常显委员解到山东盐当规银四千三百七十八两四钱二分九厘，照例交圆明园银库收贮。

十二月

初一日（1.16）

武英殿修书处于圆明园内韵景轩刊刻御笔，笔帖式保焕等带匠役四名，进圆明园福园门。翌日如之。

初三日（1.18）

武英殿修书处于圆明园内澄景堂刊刻御笔，笔帖式保焕等带匠役四名，进圆明园福园门。

初五日（1.20）

武英殿修书处于长春园内含碧楼刊刻御笔，笔帖式保焕带匠役四名，进长春园右门。翌日如之，惟仅带匠役二名，且无随行柏唐阿。

初六日（1.21）

总管内务府大臣苏楞额、常起奏：奉旨查验清漪、静宜、静明三园各项园庭工程及三园年例岁修等项活计。各工现均修理完竣，所有露明处所丈尺做法，均与册报无异。其估外多做活计，俱令该工在估内通融办理，不准开销。

十六日（1.31）

八旗王大臣以帝赐颁《八旗通志》谢恩。帝曰：《八旗通志》所载，不出“教养”二字。

二十日（2.4）

总管内务府奏：自嘉庆二十三年十二月廿一日起，至二十四年十二月十七日止，所有清漪、静宜、静明三园，共添安陈设字画二百二十九件，撤去陈设字画三十三件。其中，静宜园添安陈设一百三十一件，内懋勤殿交来御笔字十七张、御笔字对一副、御笔字挂屏四件、御笔字横披匾二面、《钦定八旗通志》一部五十套、紫檀嵌玉八方盒一件（内盛册页一册）、紫檀嵌螺蛔圆盒一件（内盛册页一册）、臣工字册页十六册、墨刻册页一册，圆明园交来御制文二集一部二套，造办处交来御笔粉油蓝字诗意匾一面，衣库交来扬旛二首、黄云绸拜垫五份、黄布帘刷十六件，工部交来栽绒毯一块，敬事房交来栽绒毯一块、花哔叽六块、羊毛毯二块，武备院交来青毡一块；撤去陈设十三件，内由懋勤殿撤去墨刻手卷一卷、臣工字二张、臣工字对一副、臣工画八张。静明园添安陈设十一件，内懋勤殿交来御笔字一张、御笔字挂屏一件、臣工字册页六册，敬事房交来花毯二块、花哔叽一块；撤去陈设十三件，内由懋勤殿撤去墨刻册页一册、墨刻手卷一卷、《佩文韵府》一部十套、臣工画一张。清漪园添安陈设八十七件，撤去陈设七件。

本年

圆明园：改造接秀山房景区，建造三卷大殿“观澜堂”。

帝与后至花神庙拈香，南府作乐请神，并在船台献戏两出。

嘉庆二十五年　1820

正月

初十日（2.23）

帝幸圆明园，诣安佑宫行礼。

十一日（2.24）

帝御山高水长，赐王公大臣、蒙古王、贝勒、贝子、公、额驸、台吉及回部郡王、外藩使臣等宴，并赏赉有差。

十三日（2.26）

帝御山高水长，赐皇子、皇孙、亲藩及蒙古王、贝勒、贝子、公、额驸、台吉等食。总管内务府奏：长芦盐政常显委员解银前来，共计银二万四千九百四十五两二钱二分四厘。内除再请归公养廉银五千两交广储司银库外，其余扣裁养廉并盈余银一万九千九百四十五两二钱二分四厘，例交圆明园银库收贮。

十四日（2.27）

帝御奉三无私殿，赐皇子、皇孙、亲藩等宴。御山高水长，赐皇子、皇孙及王公大臣、蒙古王、贝勒、贝子、公、额驸、台吉、回部郡王、外藩使臣等食。翌日如之。

十五日（2.28）

上元节。帝诣安佑宫行礼。御正大光明殿，赐朝正外藩等宴，作乐赐酒，如除夕仪。

十六日（2.29）

帝御正大光明殿，赐大学士、尚书等宴。御山高水长，赐皇子、皇孙、亲藩及蒙古王、贝勒、贝子、公、额驸、台吉等食。

十九日（3.3）

帝御山高水长，赐皇子、皇孙及王公大臣、蒙古王、贝勒、贝子、公、额驸、台吉、回部郡王、外藩使臣等食。

御史王家相奏：江苏宝苏局所铸官钱，铜少铅多，而以官铜私铸小钱。帝命江苏巡抚陈桂生赴局查惩。

廿三日（3.7）

帝诣畅春园恩慕寺、恩佑寺行礼。

廿四日（3.8）

帝幸万寿山。

廿六日（3.10）

朝鲜国王李玜，遣使表贺万寿、冬至、元旦三大节及岁贡方物，赏赉筵宴如例。暹罗国王郑佛，遣使表贡方物，赏赉筵宴如例。

廿七日（3.11）

帝回宫。圆明园挪移五福堂秋千架。员外郎颐龄、库掌一名，带领匠役十三名进福园门。

二月

初四日（3.17）

帝幸圆明园。

初六日（3.19）

遣官祭黑龙潭昭灵沛泽龙王之神、玉泉山惠济慈佑灵濩龙王之神、昆明湖安佑普济沛泽广生龙王之神、密云县白龙潭昭灵广济普泽龙王之神。遣官祭圆明园惠济祠、河神庙。

初十日（3.23）

帝幸静明园，诣龙神庙拈香。

十二日（3.25）

谕：甘肃西宁道衙门所办案件，多为与蒙古番子交涉事务。乾隆六十年奉旨：该道专用满洲、蒙古人员。后经那彦成以龙万育奏调，遂相沿兼用汉员。嗣后，西宁道一缺，仍专用满洲、蒙古人员，不用汉员。

十八日（3.31）

帝幸万寿山，诣广润祠拈香。

廿一日（4.3）

帝御勤政殿听政。

廿三日（4.5）

帝诣安佑宫行礼。

廿四日（4.6）

内外膳房、茶房、侍卫饭房、肉房于清漪园备膳，用苏拉二十名。

廿六日（4.8）

帝幸静明园，诣龙神庙拈香。

廿九日（4.11）

帝回宫。

本月

圆明园总管太监吕进忠传旨：嗣后，园内如有捞堆泊岸、拆搭盒架以及收拾零星活计，管理园庭大臣不必进内，令司官及该路达他带匠，如遇殿内有应行收拾活计，管理园庭大臣再行进园。

三月

初二日（4.14）

帝幸圆明园。

初七日（4.19）

帝御勤政殿听政。

初八日（4.20）

帝启銮，谒东陵。圆明园拆出九州清晏、慎修思永秋千架。员外郎颐龄等带匠役十九名，进福园门。

兵部奏：遗失行在印信。帝命留京王大臣会同刑部，将兵部看库之夫役人等即行拿问，其兵部各堂官，亦有应得之咎。寻奏定，明亮著加恩改为降五级留任，无庸管理部旗事务，仍留内大臣职任；戴联奎著加恩以从三品翰林京堂补用；曹师曾、常英著加恩以四品京堂补用；常福著加恩赏给四品顶戴，管理圆明园。

初九日（4.21）

帝至明成祖朱棣、宣宗朱瞻基、孝宗朱祐樘陵寝奠酒。

十一日（4.23）

以庆郡王永璘病重，特旨晋封亲王。十三日，庆亲王卒。帝命皇次子智亲王绵宁、皇四子瑞亲王绵忻于次日前往奠醊，谥曰僖。永璘长子绵慜，袭封庆郡王。

十四日（4.26）

谕：朕每年谒东陵，俱派庆亲王永璘随扈。间遇驻跸盘山朕拜庙时，庆亲王必常随从，或遇赏饭，亦必与赉予。今庆亲王遽经薨逝，若仍照常驻跸五日，于心益觉凄怆。著改于二十日自盘山启跸回銮。廿二日进城，即亲临庆亲王府赐奠。所有执事人员，俱穿青袍褂，帽摘缨。礼毕后，朕驻跸雍和宫，无庸设仪仗作乐。在京王大臣等，无庸至朝阳门外接驾，亦不必至雍和宫请安。廿三日回跸圆明园，仍设仪仗作乐。王大臣等照常接驾。所有随扈之王公大臣官员等，仍俱服行衣。

十八日（4.30）

内外膳房、茶房、侍卫饭房、肉房于清漪园备膳，用苏拉二十名。

廿二日（5.4）

帝亲临庆亲王永璘府邸赐奠。

●哭十七弟：

寿终天地数，花萼叹倾摧。问疾尚悲感，加封难挽回。

如愚能受福，知止不呈才。旋跸亲临奠，泪泉滴洒杯。

廿三日（5.5）

帝还跸圆明园。

廿六日（5.8）

帝幸静明园，诣龙神庙拈香。

四月

初三日（5.14）

帝回宫。

初六日（5.17）

帝幸圆明园。

初八日（5.19）

帝幸万寿山。

十一日（5.22）

帝幸静明园。幸静宜园驻跸，至十五日皆如之。

十四日（5.25）

帝御演武厅，阅健锐营操。

十六日（5.27）

帝还跸圆明园。

十九日（5.30）

帝幸万寿山，诣广润祠拈香。

二十日（5.31）

帝御勤政殿听政。谕：兵部遗失行在印信一案，虽尚未究出正犯，但究系该部历任堂官等失察溺职所致。松筠著革去盛京将军，降补山海关副都统，仍革职留任。俟新任将军松宁到任交卸后，即赴山海关本任，不准来京谢恩。和世泰著革去宫衔、紫禁城内骑马、御前侍卫、兵部尚书、正蓝旗满洲都统，留总管内务府大臣之任，管理茶膳房、清漪园等处事务，仍带革职留任。普恭署任仅止数日，著改为降三级留任。戴联奎、曹师曾、常英、常福，前已降调，俱著改为革职留任。

●生冬室：

六十一年前，我生孟冬月。周甲值庚辰，岁华度倏忽。

耳目虽未衰，星霜染鬓髪。躬沐考厚恩，感戴洽心骨。

曷敢稍怠荒，立政寸衷竭。自强修治功，庶几免陨越。

廿四日（6.4）

帝回宫。

廿五日（6.5）

帝幸圆明园。

●失印志事：每岁巡幸，随扈各部院，各带行印以备用，从未闻有遗失之事。本年三月初八日，忽据兵部奏称，遗失行印。予以行印专为行在钤用文书而设，必系上年秋围途间遗失，或被盗窃，当交留京王大臣会同刑部审讯，乃研讯月余，总称此印于上年九月初三日，验明贮库。因严饬承审各员，细加推鞫，始据讯明，行印确于上年八月廿八日，在巴克什营地方遗失，看印之捷报处书吏，于失印后用备匣加封顶充，并贿嘱堂书鲍幹含混接收，当月之司官并未开匣验视。入库后，鲍幹复装点在库被窃情形，以图抵卸。上年秋狝时，其行在兵部印钥系松筠佩带，乃松筠年力就衰，竟将印钥付诸吏胥之手，以致失窃，实属疏庸怠玩。惟念究属旧臣，不忍遽加摈斥，因降为公中佐领，令其省过自惩。所望在位群僚，念为臣不易之训，各尽乃心，用资匡弼，勿徒以奔走趋承，遂为克勤厥职也。

司马总御营，典守宜详慎。松筠年耄荒，精力不能振。

竟付与吏胥，遂被盗行印。作奸换匣囊，验收甘自认。

承审官被欺，供状如丝紊。毁椟事始明，无须用刑讯。

黜革实所应，旧臣忍弃摈。左迁令思愆，在位宜知奋。

为臣必抒诚，不易遵古训。心勤胜身勤，匡弼殚忠烬。

廿八日（6.8）

帝幸静明园，诣龙神庙拈香。

五月

初六日（6.16）

帝幸万寿山。

初八日（6.18）

帝回宫。内外膳房、茶房、侍卫饭房、肉房于清漪园备膳，用苏拉二十名。十九日亦如之。

十一日（6.21）

帝幸圆明园。

十三日（6.23）

帝御勤政殿听政。

十五日（6.25）

阿克当阿代庆郡王绵慜奏：伊府中有毗卢帽门四座、太平缸五十四件、铜路灯三十六对，皆非臣下应用之物，现分别拆改呈交。谕：庆亲王永璘府第，本系和珅旧宅。此等违例之物，皆系和珅私置。今绵慜甫经袭爵，即知据实呈报，所办甚是。所有毗卢帽门，业已自行拆改，其交出之太平缸、铜路灯，著内务府另行择地安设。

十六日（6.26）

帝幸静明园，诣龙神庙拈香。

廿二日（7.2）

帝幸万寿山。

廿七日（7.7）

帝幸静明园，诣龙神庙拈香。

廿八日（7.8）

畅春园虎城内喂养虎只，于廿六日夜间，将铁幪撞破，并将上面所挡杉槁木排折伤，走失无踪。至是，将当日在彼值宿之委署苑副善荣革职，并将该管郎中祝麟及总管内务府大臣永苏分别交部惩办。

六月

初六日（7.15）

帝幸静明园，诣龙神庙拈香。

内外膳房、茶房、侍卫饭房于清漪园备膳，用苏拉十六名。廿二日亦如之。

初八日（7.17）

谕：嗣后，凡有特旨交审之案，各该督抚不亲行审办，仍交原审州县官审办者，俱交部议处。

十一日（7.20）

成亲王永瑆之子贝勒绵勤卒，追封为郡王。十八日谕：定例，追封王等，概不予谥。

十三日（7.22）

帝幸万寿山。

十九日（7.28）

帝幸静明园，诣龙神庙拈香。因风闻庆郡王府内尚有谙达二名，帝著宗人府查明，近支王公府内，如尚有谙达者，俱即行裁汰。

二十日（7.29）

帝御勤政殿听政。

廿三日（8.1）

先是，有羊只在宫门前鹿角以内牧放，实系膳房太监私畜羊只，而借膳房之名目。是日，除将该太监等治罪外，帝命申严门禁，著军机大臣、管理圆明园王大臣、管理圆明园内务府大臣，妥议章程具奏。

廿四日（8.2）

已故庆亲王永璘之子绵慜、绵悌、绵性，百日释服，至宫门谢恩。帝皆予召见，将绵悌留在上书房伴读，将永璘第五女，留于宫中，交皇后抚养。

廿六日（8.4）

帝幸万寿山。

廿七日（8.5）

李长福冒充仪亲王府护卫案发。因李女系贝勒绵志之妾。奉旨：嗣后，自亲王至辅国公，有私买汉民女为妾者，即行革爵。

廿八日（8.6）

帝回宫。

七月

初一日（8.9）

帝幸圆明园。

初三日（8.11）

帝御勤政殿，勾到上年新疆、云南、贵州、广西、奉天情实罪犯。

奏准圆明园门禁章程：其各部院朝房，有在鹿角以内者，每一衙门朝房，留看守人役二名、茶役二名。其设有饭房者，每处留厨役四名、水夫六名。不得有逾此数。该项人等，由管理圆明园内务府大臣发给腰牌，以凭查验。至王公大臣官员等因公来园，跟随厮役，亦应分别等差。王、公等所带护卫，本有顶戴，准进鹿角以内，应准其照常随从。其各部院衙门大臣官员，一品至三品者，准带跟役三人；四品至六品者，准带跟役二人；七品以下者，准带跟役一人。

初五日（8.13）

成亲王府匿报王孙、曾孙三人。前年，怡亲王府亦曾匿报子女多名。奉旨：宗室枝叶繁衍，最为盛事。该王公等匿不呈报，不知是何意见。

初六日（8.14）

帝幸静明园，诣龙神庙拈香。

初八日（8.16）

帝御勤政殿，勾到上年四川情实罪犯。

十一日（8.19）

帝幸万寿山，诣广润祠拈香。

十三日（8.21）

帝御勤政殿听政。

十四日（8.22）

帝幸静明园，诣龙神庙拈香。帝阅乾隆二十三年实录，继思前岁松筠谏阻诣盛京谒祖陵之谬举，宣谕群臣，如再有妄议祖宗家法者，立置于法。

十五日（8.23）

帝诣安佑宫行礼。谕：昨日，军机大臣会同南书房翰林，缮写御制诗三集样本进呈。乃几暇检阅，甫及四册，错误累累。有将宫殿字样讹写偏旁者，有将臣工名字书写颠倒者，已有二十余处之多。向来，御制诗文集校对之役，乃南书房翰林专任其事。此次，黄钺仅校十分之五，吴信中自称曾校三次，然错误不一而足。再，本日礼部奏《纂办通礼条例》折内，将绮春园误写漪春园。黄钺缮写御制诗章，于题咏绮春园篇什，素所习见。乃折内讹字，未经看出，亦属疏忽。黄钺，著罚俸半年；吴信中，著罚俸一年。

十七日（8.25）

帝诣安佑宫行礼。

十八日（8.26）

以秋狝木兰，帝自圆明园启銮。命皇次子智亲王绵宁、皇四子瑞亲王绵忻、皇孙贝勒奕纬随驾；令肃亲王永锡、大学士曹振镛、协办大学士尚书伯麟、尚书英和留京办事。

廿四日（9.1）

帝一行抵避暑山庄，诣城隍庙拈香，诣永佑寺行礼。圣躬不豫。

廿五日（9.2）

午后，帝疾大渐，召御前大臣赛冲阿、索特那木多布斋，军机大臣托津、戴均元、卢荫溥、文孚，总管内务府大臣禧恩、和世泰，至烟波致爽殿。戌刻，帝崩，享年六十一岁。

廿六日（9.3）

帝之近侍出示小金匣。群臣公启之，宣示御书："嘉庆四年四月初十日卯初，立皇太子绵宁。"绵宁乃继位。

廿七日（9.4）

绵宁谕：朕继承大统，母后应遵为皇太后。三弟惇郡王绵恺晋封为亲王，五弟绵愉封为惠郡王。

八月

初一日（9.7）

嘉庆帝于烟波致爽殿大殓毕，奉安梓宫于澹泊敬诚殿。

初二日（9.8）

两广总督阮元奏：越南国王阮福映故世，该嗣阮福晈遵例缮表告哀，并遣陪臣诣关叩陈。

初五日（9.11）

颁发嘉庆帝遗诏。

初七日（9.13）

命定亲王绵恩、郑亲王乌尔希阿、工部尚书苏楞泰、总管内务府大臣和世泰监修太平峪陵墓工程。

十一日（9.17）

内外膳房、茶房、侍卫饭房于清漪园备膳，用苏拉十六名。

十二日（9.18）

嘉庆帝梓宫自避暑山庄启程赴京。奉旨：吴璥、那彦宝现在出差。吏部尚书，著刘镮之署理。清漪园等处事务，著阿克当阿署理。上驷院事务，著禧恩署理。

十四日（9.20）

总管内务府奏：广储司银库存银二万五千六百余两，不敷支放。圆明园银库存银二十五万三千余两，现无用项，拨给广储司银库银二十万两。

廿二日（9.28）

嘉庆帝梓宫抵京，奉安乾清宫。

廿七日（10.3）

绵宁即皇帝位于太和殿，改“绵”字为“旻”，以明年为道光元年。

九月

初七日（10.13）

以遗诏缮写错误，将托津、戴均元、卢荫溥、文孚等人交部严加议处。道光帝命纂修《仁宗睿皇帝实录》。翌日，命曹振镛为实录馆监修总裁官。

据喀什噶尔参赞大臣斌静等奏，萨木萨克之子张格尔，率众于图舒克塔什卡伦等处袭扰滋事。

初八日（10.14）

奉旨：英和现在军机大臣上行走，管理事务较繁。所有清漪园等处事务，及稽查会同四译馆，著晋昌管理。武英殿、御书处事务，著禧恩管理。咸安宫官学、和孝公主家务，著阿克当阿管理。

初十日（10.16）

嘉庆帝梓宫，奉安于郊区殡宫观德殿。

十三日（10.19）

总管内务府奏：清漪园郎中出缺，请以内务府都虞司郎中文祥调补。文祥所遗之缺，请由内务府另行拣选带领引见。允之。

谕：向例，文武各衙门，均于圆明园轮班值日奏事。宫内，惟武职衙门轮班。嘉庆四年，皇考于二十七月内，令文职部院各衙门及三品以下京堂各官，与武职衙门一体，轮班值班。朕十六日回宫后，著自十七日为始，文武各衙门，均照圆明园之例，轮班值日奏事。俟二十七月后，仍照旧例行。

廿四日（10.30）

豫亲王裕兴于国服未除、亲丧未满之日，强奸使女寅格，致其自缢身死。裕兴著即革去王爵，交宗人府圈禁三年。

十月

初一日（11.6）

颁道光元年时宪书。

初三日（11.8）

裁撤稽查军机处御史。

十四日（11.19）

谕：《会典》汉书业已告成，交武英殿刊刻。清书现亦将次办竣，著毋庸发刊，由该馆缮写进呈样本一份，送入大内陈设；另缮一份，交武英殿贮存，以备查阅。

二十日（11.25）

驻藏大臣玉麟等奏：掌办商上事务之噶勒丹锡呼图萨玛第巴克什（即策满林活佛）闻大行皇帝大故，恭请新皇圣安，呈进哈达，率领三大庙宇喇嘛前往大小各庙念经，复欲代达赖喇嘛、班禅额尔德尼遣堪布来京请安。帝曰：甚属可嘉，著准所请。

廿一日（11.26）

尊嘉庆帝谥号曰“受天兴运敷化绥猷崇文经武孝恭勤俭端敏英哲睿皇帝”，庙号“仁宗”，称曰“仁宗睿皇帝”。

十一月

初三日（12.8）

道光帝奉皇太后钮祜禄氏居寿康宫。

初四日（12.9）

谕：仁宗睿皇帝梓宫，谨择于明年三月廿三日永远奉安西皇陵之昌陵。

二十日（12.25）

总管内务府奏：奉旨查验静明、静宜、清漪三园陈设：静明园现共存陈设二万四千二百十四件，静宜园现共存陈设四万一千四十四件，清漪园现共存陈设四万五百五十九件。

十二月

初二日（1821.1.5）

帝上皇太后徽号曰“恭慈皇太后”。

初三日（1.6）

奉皇太后懿旨，立旻宁继妃佟佳氏为皇后。

初五日（1.8）

奉旨：英和著管理御药房、太医院。阿克当阿著管理御茶膳房。常福著管理织染局。长申著管理清漪园等处花爆作，并惇亲王、瑞亲王家务。

道光朝

道光元年　1821

正月

初十日（2.12）

享太庙，帝亲诣行礼。遣官祭太岁之神。

十二日（2.14）

总管内务府奏：各项归公盈余银两改交广储司银库。

十五日（2.17）

上元节。帝诣奉先殿、寿皇殿行礼。

十七日（2.19）

传旨总管太监禄喜等：将南府、景山外边旗籍民籍学生有年老之人，并学艺不成不能当差者，著革退。其民籍学生著交苏州织造便船带回，旗籍学生著交本旗当差。

二十日（2.22）

以仁宗睿皇帝梓宫奉安山陵，先期修治桥道，免宛平、良乡、涿、房山、涞水、易六州县本年额赋。

廿四日（2.26）

帝诣大高殿行礼。

廿六日（2.28）

朝鲜国王李玜遣使奉表谢恩，并贺元旦，进贡方物，命留抵下次正贡，赏赉如例，停止筵宴。

本月

《御制钦定新疆识略·序》，略曰：西陲僻处要荒，三代以前，阻于声教。汉唐而后，史乘传记间及其疆圉风俗，然皆以羁縻为事，未有隶入版图者。洪惟我皇祖高宗纯皇帝化覃九有，功葳十全，一再平定准噶尔，继复平定回部，而窜徙异域之土尔扈特旋亦向阙输诚，归命恐后。于是二万余里之新疆自古顽梗弗率者，莫不在我户闼，列诸编氓，诚开辟以来所未有也。兹松筠纂辑告成，卷首恭载皇祖圣藻以下，厘卷十二，有图有表有叙论。虽于古迹土俗物产略而弗书，而河山之襟带，城郭之控制，兵食财赋之储备，田野畜牧之繁滋，条分件系，颠末详胪，成宪旧章，粗已赅具，爰为命名曰《新疆识略》。

二月

初二日（3.5）

总管内务府奏：为核明内务府官员应赔解交圆明园款项请旨豁免。

初七日（3.10）

祭大社、大稷，帝亲诣行礼。

初十日（3.13）

班禅额尔德尼遣使呈进贡物，赐敕褒奖，赏赉如例。

十八日（3.21）

春分，朝日于东郊，遣克勤郡王尚格行礼。举行嘉庆二十五年大计。

十九日（3.22）

帝诣大高殿行礼。

二十日（3.23）

以故怡亲王载坊弟载垣袭爵。

廿一日（3.24）

帝诣时应宫拈香。

廿三日（3.26）

遣官祭黑龙潭昭灵沛泽龙王之神、玉泉山惠济慈佑灵濩龙王之神、昆明湖安佑普济沛泽广生龙王之神。命皇长子奕纬祭圆明园惠济祠、河神庙。

三月

初二日（4.3）

谕：朕于本月十一日恭送皇考仁宗睿皇帝梓宫奉安山陵。启銮后，著派庄亲王绵课、大学士戴均元、协办大学士尚书伯麟、尚书英和留京办事。

初四日（4.5）

清明节。帝诣奉先殿、寿皇殿行礼。

初八日（4.9）

以仁宗睿皇帝梓宫奉移山陵，前期三日，遣官告祭天地、太庙、社稷。

十一日（4.12）

仁宗睿皇帝梓宫发引，帝诣几筵前奠献，擗踊哀恸。寅刻，奉移梓宫出观德殿，至景山东门外，升大昇举启行。帝步从，哭不停声，至地安门外跪送后，豫诣芦殿敬视陈设，祗候梓宫至。哭泣跪迎于黄布城北门外，奉安讫，行夕奠礼。

十六日（4.17）

命豫亲王裕全恭代行朝奠礼。帝御素服，先诣西陵，恭谒泰陵、泰东陵。行礼毕，诣昌陵，恭阅宝城。诣隆恩殿孝淑睿皇后神位前行礼，恭上尊谥册宝。礼成，帝还诣芦殿，跪迎梓宫奉安讫，行夕奠礼。

十七日（4.18）

以仁宗睿皇帝梓宫至陵，遣官告祭泰陵、泰东陵。

十八日（4.19）

帝诣昌陵，未至碑亭即降舆恸哭，步至隆恩殿梓宫前行飨奠礼。

廿四日（4.25）

帝回銮，驻跸秋澜行宫。命工部左侍郎穆彰阿为内务府大臣。

廿八日（4.29）

帝御朝服，恭奉仁宗睿皇帝神牌、孝淑睿皇后神牌入太庙，行升祔礼。

廿九日（4.30）

以升祔太庙礼成，颁诏天下。

四月

初四日（5.5）

谕：嘉庆十九年，曾将各护军营之东三省人内，酌派护军数名附入圆明园与各护军一体当差。著京城之八旗护军营，嗣后遇有本旗护军缺出，即由圆明园护军内将东三省人调补，所调圆明园护军之缺，仍照向例将本营马甲挑补。如护军营本旗护军无缺，所有挑补圆明园护军之东三省人，仍留该处护军钱粮当差，不必豫行开缺。

初六日（5.7）

常雩，祀天于圜丘，帝亲诣行礼，恭奉仁宗睿皇帝配享如仪。翌日，以恭奉仁宗睿皇帝配天礼成，颁诏天下。

初九日（5.10）

谕军机大臣等：本年七月二十五日，恭值皇考仁宗睿皇帝周年忌辰，著松筠等于热河各寺内遴选喇嘛四五十名，在澹泊敬诚殿虔诚诵经一日。嗣后每年七月二十五日，均照此次敬谨办理。

十二日（5.13）

帝诣昭显庙拈香。

二十日（5.21）

恭建仁宗睿皇帝圣德神功碑。

谕：乾隆庚辰十月初六日丑时，圣躬诞降于圆明园。生有神瑞，既长，徇齐敦敏，大度恢宏。

廿五日（5.26）

谕：前自平定新疆以后，和阗、叶尔羌每岁采进贡玉四千余斤。嘉庆十七年因造办处所贮之玉甚属丰足，减额每岁采进二千斤。今查造办处所贮之玉尚多，足以敷用，著和阗、叶尔羌办事大臣等将此项贡玉暂行停采。

廿七日（5.28）

命于大高殿设坛祈雨，帝亲诣行礼。诣时应宫拈香。

本月

南府总管奏称：查得嘉庆四年南府、景山内外各学移往圆明园时，其居住处分别为内大学住全璧堂，小内学住村庄房，十番学住成韶寺，钱粮处住曲院风荷大院，中和乐住绮春园西爽村，南府总管太监住春雨轩值房。南府、景山外学俱在圆明园外太平村居住。

五月

初一日（5.31）

帝诣大高殿行礼，时应宫拈香。初七日亦如之。

初十日（6.9）

谕：向来内廷阿哥等遇有派出差使，均由该衙门知照宗人府，再由宗人府转行掌仪司呈请。惟例无明文，往往推诿迟延。嗣后皇子派出差使，著该衙门径行掌仪司，由掌仪司据来文先期呈请。其惇亲王、瑞亲王、惠郡王未分府以前派出差使，著该衙门仍知照宗人府，径由宗人府知照，该王等以专责成。

十五日（6.14）

吏部以大学士伯麟应定何殿阁请。得旨：伯麟著授为体仁阁大学士，曹振镛著授为武英殿大学士。

十七日（6.16）

皇后千秋节，宫内行礼如仪，停止筵宴及在外公主、福晋、命妇行礼。

越南国王阮福晈遣陪臣奉表请封，呈进方物，命留抵下次正贡，赏赉如例，命广西按察使潘恭辰往封。

十九日（6.18）

谕：乾隆四十二年，皇祖高宗圣谕，以畅春园距圆明园甚近，事奉东朝，问安视膳，莫便于此，子孙当世守勿改。惟是畅春园自丁酉年扃护以后，迄今又阅数十年，殿宇墙垣，多就倾敧，池沼亦皆湮塞。此时重加修葺，地界恢阔，断非一二年所能竣工。朕再四酌度，绮春园在圆明园之左，相距咫尺，视膳问安较之畅春园更为密迩，且系皇太后夙昔临莅之区，居处游览，罄无不宜。著管理圆明园大臣，即将绮春园相度修整，敬奉慈愉。

廿三日（6.22）

夏至，祭地于方泽，帝亲诣行礼。

廿六日（6.25）

大学士戴均元等奏：遵旨相度万年吉地，拟请于绕斗峪地方兴建，并绘图呈览。得旨：著派吴烜、穆彰阿带同谙习堪舆之人，前往详慎覆勘。

六月

初三日（7.1）

传旨总管太监禄喜等：景山大小班著归并在南府，永远不许提景山之名。其太平村所闲房七十余间，不许人居住，万岁爷还要用。

十二日（7.10）

帝御太和门，命郑亲王乌尔恭阿为正使，顺承郡王伦柱为副使，恭赍册宝诣孝穆皇后暂安园寝，册谥孝穆皇后。十四日，以册谥礼成，颁诏天下。

十七日（7.15）

定皇孙、皇曾孙、皇元孙暨各福晋服色等差。

十九日（7.17）

帝诣大高殿行礼。

廿六日（7.24）

帝诣大高殿行礼，时应宫拈香。

本月

奉旨：所有安佑宫、佛楼、恩慕寺、恩佑寺等处供奉莲藕，嗣后著就近交圆明园、畅春园采进，毋庸向奉宸苑行取。

七月

初一日（7.29）

享太庙，帝亲诣行礼。

初五日（8.2）

帝诣大高殿行礼，时应宫拈香。

初八日（8.5）

谕：朕于本月二十日启銮，恭谒昌陵行周年大祭礼，著派肃亲王永锡，大学士托津、戴均元，尚书英和留京办事。寻遇雨，著改于廿二日启銮。

十二日（8.9）

帝诣大高殿行礼，时应宫拈香。

十五日（8.12）

中元节。帝诣奉先殿、寿皇殿行礼。

廿二日（8.19）

帝奉皇太后启銮，恭谒西陵。诣卢沟桥龙王庙拈香。谕：本日奉皇太后启銮，因道途泥淖难行，当奉懿旨，即日回銮，暂驻卢沟桥龙王庙，于明日进城回宫。

廿四日（8.21）

帝回銮，诣卢沟桥龙王庙拈香，回宫。

廿五日（8.22）

仁宗睿皇帝初周年忌辰。帝诣奉先殿、寿皇殿行礼。

八月

初一日（8.27）

祭大社、大稷，帝亲诣行礼。

初二日（8.28）

命庄亲王绵课为宗人府宗令。命贝勒绵誉带领侍卫十员，往奠故肃亲王永锡茶酒，赏银五千两治丧，予祭葬，谥曰恭。

初三日（8.29）

遣官祭黑龙潭昭灵沛泽龙王之神、玉泉山惠济慈佑灵濩龙王之神、昆明湖安佑普济沛泽广生龙王之神。遣官祭圆明园惠济祠、河神庙。

初十日（9.5）

万寿节。遣官祭太庙后殿。不御殿受贺，王以下文武大臣官员于乾清门外行礼。

十三日（9.8）

帝诣奉先殿、寿皇殿行礼，关帝庙拈香。

九月

初一日（9.26）

命将外头学、外二学、外三学统归一学，为外学。至是，南府外学缩为一学。

初二日（9.27）

谕：国家定制，登极后即应选择万年吉地。嘉庆元年，奉皇祖高宗敕谕，嗣后吉地，各依昭穆次序，在东陵西陵界内分建。今朕绍登大宝，恪遵成宪，于东陵界内选择绕斗峪建立吉地，著派庄亲王绵课、大学士戴均元、尚书英和、侍郎阿克当阿敬谨办理，诹吉于十月十八日卯时开工。

初四日（9.29）

追封孝穆皇后父原任户部尚书布彦达赉为三等公，母乌雅氏为公妻一品夫人，祭一次，建碑修坟如例。

十三日（10.8）

帝诣大高殿行礼。

十月

初一日（10.26）

享太庙，帝亲诣行礼。颁道光二年时宪书。

初五日（10.30）

准借项修理圆明园满汉军机章京官房。

初六日（10.31）

帝诣关帝庙拈香。

初十日（11.4）

皇太后圣寿节。遣官祭太庙后殿、奉先殿。

廿四日（11.18）

命整饬内外旗营训练。内务府大臣嵩年奏：为奉旨管理圆明园内事务、咸安宫官学事务谢恩。

三十日（11.24）

内务府奏请修理圆明园八旗等处兵房。

十一月

初一日（11.25）

谕：本年尚在皇考仁宗睿皇帝二十七个月之内，一切筵宴典礼皆不举行，所有本年年班应来之东三省将军、副都统、城守尉、总管、盛京五部侍郎暨各省城将军、都统、副都统、城守尉、热河总管等均毋庸来京陛见，俟明年年班再行轮班陛见。

初五日（11.29）

帝诣时应宫拈香。

廿二日（12.16）

谕：哲孟雄部长来藏熬茶，妄求地方人口，严行驳斥遣回，并拟定该部来藏年限。

廿三日（12.17）

谕：绵恩等奏，点验紫禁城内外及圆明园各堆拨军器，俱属齐全。惟弓张因夏雨潮湿，间有歪斜。著各该处呈报武备院，速为修整，毋许迟延。

廿五日（12.19）

谕：南书房翰林英和等奏请，将朕在藩邸时所制《养正书屋诗文全集》刊刻颁行。从前皇祖皇考御极之初，俱曾允臣工所请，刊刻圣制诗文集，颁行海内。兹于几暇，检阅曩时旧稿，将可存之作发交英和、黄钺等详加勘订，著先录稿本进呈，俟朕阅定后再行缮刻。

廿七日（12.21）

帝诣南郊斋宫斋宿。

廿八日（12.22）

冬至，祀天于圜丘，帝亲诣行礼。

十二月

初一日（12.24）

帝诣大高殿行礼。

十一日（1822.1.3）

命于大高殿设坛祈雪，帝亲诣行礼。

十四日（1.6）

总管内务府奏：淮关监督阿勒精阿委员解到余存办公节省养廉银，请旨交圆明园银库。

十八日（1.10）

帝诣大高殿行礼，时应宫拈香。

廿六日（1.18）

帝以岁暮祫祭太庙。自是日始，斋戒三日。

廿九日（1.21）

祫祭太庙，帝亲诣行礼。

道光二年　1822

正月

初一日（1.23）

是日，不御殿受贺，王大臣于乾清门外，众官暨朝鲜使臣等于午门外行礼。

初六日（1.28）

谕：朕办理庶务，咸遵旧制。从前皇祖高宗纯皇帝每次挑选八旗秀女，皆指配与圣祖仁皇帝派衍近支宗室。皇考仁宗睿皇帝每次挑选八旗秀女，皆指配与世宗宪皇帝派衍近支宗室。今朕挑选秀女，自应遵照此例，按代指配与高宗纯皇帝派衍近支宗室。著交钦派之王等嗣后呈进宗室等名单时，著将高宗纯皇帝派衍近支宗室名单呈进，候朕将挑选之秀女，量为指配。著为令。

初七日（1.29）

据长芦盐政福森委员解到山东盐当规银六千六百七十两二钱三分二厘，仍交圆明园银库收贮。

十二日（2.3）

谕：阿哥等年至十五岁，著学习骑射，每月演习二三次。在京城内，则于紫光阁。在圆明园，则于阅武楼。阿哥等演习骑射时，著内廷谙达二人轮流随往。年十六岁，学习鸟枪。每年春秋二季，在山高水长一月演习一二次。嗣后，阿哥等及皇孙皆照此学习，著为令。

谕：嗣后皇子、皇孙一经指婚，其福晋父家置备妆奁，不得以奢华相尚，一概务从俭约，复我满洲淳朴旧俗。将来呈进妆奁清单，如有靡丽浮费之物经朕看出，不惟将原物发还，并加议处。此旨著内务府大臣存记，俟经指婚之后，即将此旨交福晋之父家阅看，敬谨遵循，不得逾制。至向来俗例有开箱之礼，福晋应进朕与皇后衣服各九套，著不必豫备呈进，以示黜华崇实之意。

十三日（2.4）

是日立春，顺天府进土牛春山宝座。

长芦盐政福森呈称：应解道光元年份盐政扣裁养廉银五千两，再请归公养廉银五千两，又运司、运同、运判扣裁养廉银七千一百二十两，又嘉庆二十五年份各项盈余银七千二十八两七钱九分九厘，共银二万四千一百四十八两七钱九分九厘，委员解交前来，请旨仍交圆明园银库查收。奉旨：广储司银库用项较多，所有长芦盐政解到扣裁养廉并盈余银两均著交广储司银库。

十六日（2.7）

赐惇亲王绵恺、瑞亲王绵忻、惠郡王绵愉食于养心殿。

十七日（2.8）

谕：朕于三月初二日启銮，恭谒东陵，初八日回宫。初九日，恭奉皇太后启銮，敬诣西陵。朕于十三日，恭谒泰陵、泰东陵、昌陵。清明日，敬诣昌陵，行敷土大飨礼。礼成后，恭奉皇太后回銮，是日回宫。

廿四日（2.15）

以上驷院卿广泰为总管内务府大臣。

廿五日（2.16）

以署正蓝旗汉军都统禧恩为正红旗汉军都统，兼总理銮仪卫大臣，管理圆明园八旗内务府三旗官兵。命惇亲王绵恺管畅春园事，贝勒绵志管上驷院事，户部尚书英和管三山事，总管内务府大臣广泰管畅春园及三山事，贝勒奕绍管武备院事。

二月

初二日（2.23）

祭大社、大稷，帝亲诣行礼。

初四日（2.25）

遣官祭黑龙潭昭灵沛泽龙王之神、玉泉山惠济慈佑灵濩龙王之神、昆明湖安佑普济沛泽广生龙王之神。遣官祭圆明园惠济祠、河神庙。

初十日（3.3）

谕：朕此次恭谒东陵、西陵。启銮后，著派庄亲王绵课、大学士托津、尚书卢荫溥等留京办事。

三月

初二日（3.24）

帝启銮，谒东陵。免跸路经过地方本年额赋十分之三。是日，驻跸烟郊行宫。

初五日（3.27）

帝谒昭西陵、孝陵、孝东陵、景陵、裕陵。回銮，驻跸桃花寺行宫。

初八日（3.30）

帝回宫，诣皇太后宫问安。

初九日（3.31）

帝奉皇太后启銮，谒西陵。是日，驻跸黄新庄行宫。

初十日（4.1）

命改绕斗峪为宝华峪。是日，驻跸半壁店行宫。

十三日（4.4）

帝谒泰陵、泰东陵。毕，更缟素，随恭谒昌陵，王以下文武大臣官员均随行礼。

十四日（4.5）

清明节。帝谒昌陵。回銮，驻跸秋澜行宫。

十七日（4.8）

帝奉皇太后回宫。

廿九日（4.20）

谕：达赖喇嘛之呼毕勒罕于八月初八日坐床，届期即派文干会同成都副都统苏冲阿及章嘉呼图克图看视。章嘉呼图克图由京驰往，著由广储司赏银二百两，制办行装。所有颁赏达赖喇嘛等之敕书例赏等件，著理藩院拣派司员二人，一同照料驰驿赍往分赏。

闰三月

初二日（4.23）

宗人府奏：和硕庄亲王绵课降为郡王，其从前军功亲王分内所得金册金宝，应否撤回另行换给，及护卫官员等项应否裁汰，无案可稽。得旨：不必办。

十一日（5.2）

帝诣大高殿行礼，照显庙拈香。

十九日（5.10）

临故庆僖亲王永璘暂安处赐奠。

廿一日（5.12）

策试天下贡士吕龙光等二百二十三人于保和殿。

谕：此次八旗军政卓异各员，朕于本月廿六日至廿八日，在箭亭阅射步箭。

廿五日（5.16）

赐一甲戴兰芬、郑秉恬、罗文俊三人进士及第，二甲陈嘉树等一百人进士出身，三甲郭彬图等一百十九人同进士出身。

乐部奏：举行典礼之时，作乐署史不敷差使，著准其添设署史四十名，支食一两钱粮。再于内务府闲散苏拉内挑选三十名，附学效力，遇有缺出，酌量补用。

四月

初十日（5.30）

考试试差人员于乾清宫。谕：本日考试试差人员，侍讲戚人镜、洗马陈玉铭于宫门未启以前，先至门檐下坐候，不遵侍卫约束，辄肆喧嚷，当交御前大臣、军机大臣会同讯问。戚人镜著交部严加议处，陈玉铭著即革职，交刑部照例治罪。嗣后，宫内、圆明园遇有考试之事，如何定立章程，以免别生事端，著大学士、御前大臣、军机大臣妥议具奏。

十八日（6.7）

谕：嗣后办理军政，凡旗营各员年逾六十以上不能骑射者，不准保列卓异。此内如有年齿虽老，精力尚健，不但步箭娴熟，而马箭亦属可观，或曾经出兵著有劳绩，或于旗营事务实心经理者，著该管上司出具切实考语保荐，另册报部。经派出王大臣查验属实，准其列入卓异。其年至六十五岁以上者，由该旗另造一册，出具能否骑射步射考语，交派出王大臣秉公校阅，分别去留，仍将应去之员交兵部带领引见。至侍卫处、銮仪卫及前锋、护军、火器营、健锐营、圆明园等营官员，年至六十五岁以上者，著将侍卫、冠军使以下，委前锋护军参领以上各官，另为一班带领引见。

廿三日（6.12）

谕：嗣后宫廷考试，著照大学士、御前大臣、军机大臣所议章程办理，其唱名散卷，并令承办衙门堂官一人，按照议定处所在彼看视。预考人员领卷后，依次而入，不得前后参差。值宿之前锋护军统领、圆明园管兵大臣当认真稽察弹压，勿任送考人员阑入。如有不遵定制，凌躐喧呶者，著该承办衙门堂官及管门之大臣据实指名参奏。其进至禁门有干功令者，著监试王大臣即行参办，以昭严肃。

五月

初四日（6.22）

夏至，祭地于方泽，帝亲诣行礼。

十二日（6.30）

帝诣大高殿行礼。

十四日（7.2）

惩处盗砍陵寝禁区内风水山树各人犯。已革外委李贵、陈连二犯私伐红桩以内树株，本应照例斩决。惟念所伐树株，究系回干，例得伐除，俱著改为斩监候，秋后处决。已革外委邓有贵等以典守汛弁竟敢得赃包庇，至七八年之久，被窃树木至一万五千余株之多。邓有贵著发往新疆充当苦差，周恒、李之懋、梁有成、贺国清俱著发往新疆效力赎罪。尹同以包衣旗人，明知贼犯盗卖禁地树株，辄敢窝留鬻贩，著即销除旗档，发往新疆充当苦差，到配加枷号两个月。其自嘉庆二十一年以后历任直隶总督及失察之文武官员，分别议处。

十七日（7.5）

皇后千秋节。宫内行礼如仪，停止筵宴及在外公主、福晋、命妇行礼。

二十日（7.8）

以宗人府宗令庄郡王绵课总理健锐营事。

廿二日（7.10）

总管内务府大臣常福面奉谕旨：两淮盐政年例呈造烟盒、灯帘、花炮，本年按朱批添减数目，清单呈进。花炮作正月烟火并各项炮仗按朱批成做，暨交敬事房。圆明园花炮作烟盒、花炮等，俱按改定清单分交。朱批：祭花神庙应用单响炮仗三十件。翌日，复奉旨：将花炮作晚间六尺盒子四架，著不必成做。

廿六日（7.14）

定陵寝禁地盗树失察处分例。

六月

初一日（7.18）

奉旨：圆明园水湖住房一所，著赏给庄郡王绵课居住。娘娘庙住房一所，著赏给松筠居住。

初二日（7.19）

谕：前世达赖喇嘛，俱经赏用黄轿黄缰黄鞍坐，著加恩现在达赖喇嘛之呼毕勒罕仍准赏用。

初五日（7.22）

帝临故定亲王绵恩第赐奠。其子贝勒奕绍于百日孝满后，仍著承袭亲王。

廿一日（8.7）

帝诣大高殿行礼。

七月

初一日（8.17）

享太庙，帝亲诣行礼。

初四日（8.20）

帝临故定恭亲王绵恩第赐奠。

十五日（8.31）

中元节。帝诣奉先殿、寿皇殿行礼。

八月

初二日（9.16）

谕：朕于十月十四日，恭奉皇太后启銮，敬诣西陵。朕于十八日恭谒泰陵、泰东陵、昌陵。十九日敬诣昌陵，行释服礼。礼成后，恭奉皇太后回銮，于廿二日回宫。

初三日（9.17）

遣官祭黑龙潭昭灵沛泽龙王之神、玉泉山惠济慈佑灵濩龙王之神、昆明湖安佑普济沛泽广生龙王之神。遣官祭圆明园惠济祠、河神庙。

初十日（9.24）

万寿节。遣官祭太庙后殿。

廿二日（10.6）

谕：嗣后每遇皇太后由圆明园进宫暂住几日，慈宁门进班著派三旗兼头二品侍卫八员进班。俟冬际皇太后进宫之时，再著散秩大臣在慈宁门进班。

总管内务府奏：恭照明年皇太后御绮春园，该园差务较繁，现设之七品苑丞等十一名于稽察照料，一切差务恐难周备，其园户头目、园户等一百八名当差亦属不敷，均应预为酌核拨补，以免遗误。拟请将畅春园郎中一员调补绮春园，协理该园一切事务，并管理南园。其原管绮春园等处员外郎一员，即令其专管长春园事务，以重职守。仍请由畅春园食钱粮署苑副八名内酌拨四名，归于绮春园当差。其畅春园事务，即责令该园六品苑丞办理，无庸另行添设官员。其余达他、笔帖式以及园户头目、园户等，均仍留本园当差。

再，查熙春园现奉谕旨赏给惇亲王绵恺居住，请将六品苑丞一员、笔帖式一员、园户头目、园户等四十九名拨给绮春园当差，其署苑副三员、库守五名分拨长春园南园当差。如此量为调济，于园庭差务似属有裨，如蒙俞允，统计绮春园共设郎中一员、六品苑丞一员、七品苑副一员、八品苑副二员、署苑副一员、笔帖式一员、食钱粮署苑副四名、库守六名，共官员达他十八员，园户头目、园户等一百五十七名，于一切差务足敷承应。至郎中一缺，拟请即照圆明园之例，嗣后每遇缺出，于内务府各处现任中拣选，奏请调补，其余各缺，应归圆明园查照向例，一体办理。奉旨：畅春园郎中著调补绮春园郎中，向设员外郎一员著专管长春园。至畅春园，著内务府大臣于郎中、员外郎内拣派一员兼行。余依议。

廿八日（10.12）

总管内务府奏：遵旨拣选得清漪园郎中文祥于园庭事务尚为熟悉，堪以兼畅春园行走。奉旨：依议。

九月

十三日（10.27）

帝诣大高殿行礼。

十八日（11.1）

帝诣时应宫拈香。

十月

初一日（11.14）

享太庙，帝亲诣行礼。

初四日（11.17）

帝御乾清宫，引见中式武举，亲定甲乙，赐一甲张云亭、李书阿、程三光三人武进士及第，二甲马彦彪等五人武进士出身，三甲福成等四十七人同武进士出身。

初五日（11.18）

谕：朕此次恭谒西陵，敬诣昌陵，行释服礼，著派庄郡王绵课、大学士托津、戴均元等留京办事。

曹振镛等奏：窃查圆明园附近地方，旧有值班满汉军机章京官房二所，一在化家屯北面，一在冰窖上坡，共计房一百余间，均系乾隆年间赏给居住办公。兹据该章京等禀称，此房历今五十余年未经妥为修整，风雨剥蚀，房屋墙垣坍坏之处甚多，近复空闲二年之久，倾塌愈甚。职等秋间前往查看，实属难以栖止，当即带同匠役核实估计，共应需银七千两。臣等公同商酌仰恳圣恩，饬下户部，先行赏借银七千两，发交该员等购备物料，赶紧兴修，以资办公。其借支银两，即于该章京等每年应领户部银库饭食银下，自道光三年起每年扣出银七百两，分作十年扣还，以清款项。

初八日（11.21）

奉旨：中正殿、圆明园内事务、造办处著交文孚管理，总理工程处著禧恩管理，织染局花爆作六库值年和孝公主家务著广泰管理，南府著穆彰阿管理。

初十日（11.23）

皇太后圣寿节。遣官祭太庙后殿、奉先殿。

十四日（11.27）

帝以三年服阕，行释服礼。奉皇太后启銮，谒昌陵。免跸路经过地方本年额赋十分之三。

十六日（11.29）

内务府大臣英和面奉谕旨：嗣后每年正月初一日、四月初八日、八月初十日、十月廿五日，各寺庙均著停止献戏。

十八日（12.1）

帝谒泰陵、泰东陵，随谒昌陵。命嗣后临幸南苑及静宜园，均毋庸呈进食物。

十九日（12.2）

帝回銮，驻跸秋澜行宫。

廿二日（12.5）

帝奉皇太后回宫。

本月

传旨：南府嗣后每于初一日、十五日在同乐园俱承应戏。

十一月

初一日（12.13）

帝奉皇太后幸重华宫，进膳。

初二日（12.14）

定恩封王公等配属佐领数目。嗣后恩封亲王，著拨给外旗满洲佐领六，蒙古佐领三，汉军佐领三；郡王，拨给外旗满洲佐领四，蒙古佐领二，汉军佐领二；贝勒，拨给外旗满洲佐领三，蒙古佐领一，汉军佐领一；贝子，拨给外旗满洲佐领二，蒙古佐领一；奉恩镇国公、奉恩辅国公均拨给外旗满洲佐领一，蒙古佐领一。如恩封王公将来降袭至何爵，即按所降之爵应得之数存留，余俱裁汰。至不入八分公，即全行裁撤。著宗人府一并纂入续修则例，永远遵行。

初三日（12.15）

帝诣时应宫拈香。

初九日（12.21）

帝诣南郊斋宫斋宿。

初十日（12.22）

冬至，祀天于圜丘，帝亲诣行礼。

十五日（12.27）

以册立皇后，前期遣官告祭天地、太庙、社稷，命皇长子奕纬告祭奉先殿。

十六日（12.28）

帝御太和殿宣制，册立皇后，王以下文武大臣官员行庆贺礼。册立继妃佟佳氏为皇后、册封侧福晋富察氏为恬嫔、册封侧福晋那拉氏为和嫔。

十七日（12.29）

皇太后御慈宁宫升座，帝率王公大臣官员等行庆贺礼。

二十日（1823.1.1）

帝奉皇太后幸瀛台，阅冰技。廿三日，帝幸北海，阅冰技。

廿六日（1.7）

以加上恭慈康豫皇太后徽号，遣官告祭天地、太庙、社稷，帝礼服御中和殿，恭阅奏书。

廿七日（1.8）

恭上皇太后徽号册宝。

本月

谕：元旦节令、万寿庆辰，王大臣等呈递如意，藉申颂祝，应示以限制。自明年元旦为始，亲王、郡王，无论内廷外廷行走，俱准呈递。贝勒、子、公，惟内廷行走者，准其呈递。军机大臣、内务府大臣，毋论品级，俱准呈递。南书房翰林，惟一、二品大员，准其呈递。其三品以下翰林，遇万寿大庆之年，准其呈递。上书房行走、总师傅、师傅，遇万寿大庆之年，亦准其呈递，其余年份，概不准呈递。大学士、尚书、领侍卫内大臣，俱准呈递。都统在内廷行走者，方准呈递。侍郎、副都统，俱不准呈递。御前侍卫一品者，方准其呈递。乾清门侍卫，概不准呈递。年班来京文武大员，亦惟一品者，方准呈递。著通行晓谕，恪遵毋违。

十二月

十八日（1.29）

谕：据御史佟济奏，圆明园出入贤良门外，向有太监携卖洋表等物与大小各官。圆明园为警跸出入之地，该太监等辄私带货物，售给内外各官，殊与体制不合。现届驻跸之期不远，著总管内务府大臣查明禁止，以除积习，至所称太监家属在圆明园左近开设茶馆，招引附近旗民饮酒聚赌，尤属大干法纪，并著严行查禁，毋致滋生事端。

廿一日（2.1）

帝御宁寿宫，赐王公大臣及蒙古王、贝勒、贝子、公、额驸等食，并赏赉有差。

廿二日（2.2）

帝奉皇太后幸北海，阅冰技。

《御制养正书屋诗文集序》，略曰：予自六岁入上书房，受诵经史。稍长，即于讲肄之暇，留意篇章。积累岁时，渐成卷帙。养正书屋者，皇考受宝初元，御书以赐园居之额也。是集始乾隆乙卯，至嘉庆庚辰。删繁去复，得诗若干首，文若干篇。付诸剞劂，用志岁月，且阐述我皇考赐额之至意。

廿七日（2.7）

谕：朕于明年正月驻跸圆明园，内阁六部九卿衙门遇御门理事及本衙门带领引见，该部奏事日期均著轮留堂官一人在署办事，不必全行赴园，著为令。

本年

绮春园四宜书屋一景西侧向南至湖开挖河桶，并添设板桥。园内新砌的东西界墙即由本景西墙、北墙折而东北连至秀清村门，界墙南段则由本景西墙折而东经过南山再向东南连至正觉寺西墙。计添砌大墙五百八十余米。

奏准：同乐园钱粮处储存切末等项，由南府总管派首领太监等抖晾。福园门内四所库房收存之中和乐器，由南府内学首领太监等抖晾。

道光三年　1823

正月

初一日（2.11）

帝御太和殿，赐王公大臣、文武官员、蒙古王、贝勒、贝子、公、额驸、台吉及外藩使臣等宴。御乾清宫，赐皇子、亲藩等宴。

十二日（2.22）

帝初幸圆明园，诣安佑宫行礼。奉皇太后居绮春园展诗应律，帝居圆明园。奉皇太后幸同乐园，进膳。

●御制新正十有二日初幸圆明园敬感：圆明园门曰贤良殿、曰勤政，实为我国家出治临民之地。皇考鉴于成宪，每当新春，銮舆莅止，予小子随侍左右，岁以为常。兹于嗣位之三年，初循旧典，慨流光之倏忽，睹风景之依然。惟有理政任贤，仰承考泽云尔。

御园触目总依然，事隐中心异昔年。门启贤良初驻马，殿标勤政凛仔肩。

雪含宿润溪山丽，树引和风景物妍。布惠新韶循旧典，寅承考泽慎心传。

十三日（2.23）

帝诣绮春园，问皇太后安。以圆明园修理整齐，予管理工程总管内务府大臣禧恩等加级纪录有差。

十四日（2.24）

帝御奉三无私殿，赐皇子、亲藩等宴。御山高水长，赐王公大臣、蒙古王、贝勒、贝子、公、额驸、台吉及外藩使臣等食。

●御制敬题奉三无私：奉三无私乃九洲清晏前殿，规制朴素，不事雕华。予小子式缵鸿基，永怀俭德，敬天法祖，敢不勖哉。

由来君道贵无私，法祖承天日敬之。赞化流形归至教，春荣秋肃尽隆施。

公诚接物情须顺，衡鉴平心理必随。朴素檐楹钦俭德，亿龄苞茂渥恩贻。

●御制初居九洲清晏敬赋：九洲清晏为园中燕寝之所，惟祖惟考堂构，留贻予小子。初居斯地，景仰嘉名，当何以副此厚望耶。皇考临御时，予小子定省承颜，赓歌屡作，回思景象，如在目前。既深祇遹之思，更冀仁慈之佑焉。

祖考深恩庆有那，忽焉时序三年过。万方清晏心常凛，一念寅恭志不磨。

率旧非关耽景物，承颜犹忆每赓歌。而今肯构增悽感，敬吁仁慈惠泽多。

●御制上元前夕曲宴宗亲：朕伯仪亲王年近八旬，精神强固，特颁谕旨，凡内廷锡宴，均免令叩拜，以示优隆特典。

传柑胜事上元前，惇叙宗亲列绮筵。五夜张灯仍此日，一堂沐泽怆当年。

维屏维翰先祇若，同德同心望勉旃。敬长允宜重申命，天潢笃庆亿龄延。

十五日（2.25）

上元节。帝诣安佑宫行礼。御正大光明殿，赐朝正外藩等宴，作乐赐酒，如除夕仪。奉皇太后幸山高水长，赐王公大臣、蒙古王、贝勒、贝子、公、额驸、台吉 及外藩使臣等食。于展诗应律演唱庆节大戏《星云景庆》。

●御制安佑宫瞻礼敬纪：安佑宫者，列圣之神御在焉。予小子嗣位后，恭奉皇考圣容位于斯宫。新正莅园，即日展拜，不胜瞻依之感。忆昔承欢膝下，今则缅仰遗容，趋庭之训不闻，孺慕之心倍切。

璇宫展拜仰精严，怆睹音容一室添。亿禩仁慈衷敬感，四朝德泽化同沾。

君临悚惕殚心述，孺慕悲辛拭目瞻。古柏苍松延岁月，暄和旭影映雕檐。

十六日（2.26）

帝御正大光明殿，赐大学士、尚书等宴。奉皇太后幸含辉楼，赐皇子、王公大臣、蒙古王、贝勒、贝子、公、额驸、台吉及外藩使臣等食。

●御制上元后一日小宴廷臣：每岁小宴廷臣，皆于上元后一日，盖所以示慈惠而联上下之欢。我祖考泽及臣邻，至深且厚，朕率循庆典，惟望尔诸臣同德同心，共襄盛治焉。

禁籞开筵始率循，嘉辰共庆上林春。谋猷无隐期匡朕，左右惟良望泽民。

正大居心钦祖训，光明莅政驭臣邻。式歌式舞先皇德，永赖平成赞阁纶。

●御制恭侍皇太后含辉楼观灯喜成：含辉楼者，昔年马射之地也。元夕后一日张灯陈戏，恭侍安舆。是日午前多风，入座之后，遂尔恬息，慈颜怡悦，朕亦欣慰。

昔年马射沐恩隆，今岁今宵事岂同。疏柳清池仍此地，华灯鼓乐触予衷。

承欢伊始层楼畅，因便何妨御苑东。灿烂鱼龙争曼衍，欣看月上不生风。

十七日（2.27）

总管内务府奏：长芦盐政阿尔邦阿委员解到山东盐当规银五千二百六十一两一钱九分四厘，交圆明园银库收贮。

十八日（2.28）

谕：凡聘与蒙古额驸之宗室王公等之格格，定例过十年方许进京归省。所定年限太多，著加恩嗣后聘与蒙古额驸之宗室格格等，毋庸拘十年之例，果有正事情愿来京者，即报明理藩院，如无捏报情节，即照所呈准其进京。事毕，该院催令即回游牧。如有推故捏报，或在京久住、逗留不回者，著该院指名参奏。

十九日（3.1）

帝奉皇太后幸同乐园，进膳。御山高水长，赐王公大臣、蒙古王、贝勒、贝子、公、额驸、台吉及外藩使臣等食。

●御制同乐园侍皇太后膳：

春光先到御园中，侍辇初临晓日融。层阁交辉调律吕，最欣长此奉慈宫。

新绿盈池雪积山，今春气暖喜承颜。天家衍庆无疆寿，不羡蓬莱水石寰。

廿二日（3.4）

帝幸万寿山。

●御制万寿山即景：

新正循例莅清漪，胜境从知四序宜。堂启玉澜多妙景，寺开延寿溥宏慈。

平湖百顷冰将泮，疏柳千行线欲垂。惬意驶云欣缓辔，风光和煦丽晴曦。

廿三日（3.5）

孝圣宪皇后忌辰，遣官祭泰东陵。帝诣畅春园恩慕寺、恩佑寺行礼。

廿四日（3.6）

帝诣绮春园，问皇太后安，进膳。

●御制诣绮春园问安恭纪：绮春园在御苑之东，年来重加修葺，为侍养东朝之所。新正莅园问安视膳，仰徽音之懋著，喜色笑之常承，洵为宫闱盛事。

侍养东朝御苑东，绮春春景四时同。朱轩飞阁辉晴雪，秀水文峰隐碧丛。

懋著徽音彰母德，常承色笑惬予衷。石衢策骏纤尘净，卓午言旋一棹通。

廿六日（3.8）

松筠跪奏：恳将赏住圆明园官房一所交内务府查收。

廿七日（3.9）

帝幸静明园，诣龙神庙拈香。

三十日（3.12）

帝诣大高殿行礼。奉皇太后回宫。

本月

织染局移覆清漪园：查本局织络二作御座房，久经湿潮，一切铺垫，均未修整。现在皇上驾幸圆明园。遇有驾幸静明园之日，本局即应预备。所有本局御座房二处及一切地面，均系清漪园所属，相应移覆贵园，作速修整，以免临期贻误。

●御制知过堂：知过堂在慎修思永殿后，乃我皇祖因云香清胜室之旧构为轩楹，并勒圣制知过论于壁，因以名堂。仰瞻宝翰，具见圣虑深远，垂戒后人，俾触目警心，毋忘彝训焉。

我祖成堂意远深，深恐物欲有所骋。鸿文启后曾论之，仰瞻宝翰心弥警。

二月

初六日（3.18）

谕：大阿哥、惠郡王本月二十日前往南苑学围，三月十二日回圆明园。著内大臣孟住暂充总谙达，与总谙达阿那保轮流跟随阿哥等一同居住，其应行随往之散秩大臣、侍卫等，著交各该处照例奏派。

帝御书“海表同文”匾额赐朝鲜国王，“屏翰东南”匾额赐琉球国王，“永奠海邦”匾额赐暹罗国王。

初七日（3.19）

两广总督阮元等奏：广东地方官员及海口巡弁查禁鸦片走私不力，甚且互相勾结，讳匿不报，私卖分肥，得赃纵放。

初九日（3.21）

春分，朝日于东郊，帝亲诣行礼。

初十日（3.22）

帝奉皇太后幸惇亲王绵恺第。

十三日（3.25）

帝诣文庙行释奠礼。礼成，亲临辟雍讲学。王、公、衍圣公、大学士、九卿、詹事、起居注官入侍，至圣后裔、五经博士各氏后裔及学官、进士、举人、荫生、贡监生等圜桥肃立。帝宣御论修身与治国之道曰：夫修身有道，不事外求。心为身之主宰，意乃心之发端；意与心无二致，而后绥猷建极，措正施行，正朝廷以正百官，正百官以正万民。

十五日（3.27）

奉旨：左翼税盈余银著交圆明园二万四百两，赏给奕经二百三十八两零。右翼税盈余银著交圆明园七千四百两，赏给舒英二百三十三两零。

十六日（3.28）

帝奉皇太后幸瑞亲王绵忻第。幸圆明园。遣官祭黑龙潭昭灵沛泽龙王之神、玉泉山惠济慈佑灵濩龙王之神、昆明湖安佑普济沛泽广生龙王之神。遣官祭圆明园惠济祠、河神庙。

十七日（3.29）

谕：朕于三月初七日恭奉皇太后驻跸南苑，十二日回圆明园，所有随扈人等俱著穿行衣，其应行豫备之处著各该处照例备办。

谕：朕于昨日幸圆明园，惇亲王管理畅春园，例应率领官员达他等于恩慕寺前站班，迟误已属不合。且朕经过时，有二人自寺内突出，尤乖体制。惇亲王著交宗人府议处，官员达他等交内务府分别议处。寻兼摄畅春园行走之清漪园郎中文祥、六品苑丞海祥、七品苑丞惠保、食钱粮苑副福成应照接驾不到者罚俸一个月，例上加等，各罚俸六个月。

二十日（4.1）

谕：三旗侍卫等骑射俱宜娴熟，朕从前未曾阅看伊等技艺，著交领侍卫内大臣等通行晓谕，妥为演习骑射。明年朕临幸圆明园时，分日阅看侍卫等骑射。届期，领侍卫内大臣等再行具奏请旨。

廿一日（4.2）

帝幸万寿山，诣广润祠拈香。

以幸清漪园，御船处豫备整齐，赏苑丞巴延泰及闸军二十一名、威呼柏唐阿六名银锞有差。

●御制广润祠瞻礼：

凌晨幸芳囿，申敬礼神祠。东作功方始，时甘望溥施。

灵源长活活，春日正迟迟。广润虔希佑，田畴待渥滋。

廿二日（4.3）

帝诣绮春园，问皇太后安。

廿四日（4.5）

清明节。帝诣安佑宫行礼。

●御制清明日安佑宫瞻礼敬述：

寿皇安佑礼攸同，展敬凌晨叩法宫。春露萦怀申永慕，湛恩承命惕微衷。

廿六日（4.7）

帝诣绮春园，问皇太后安。

三月

初二日（4.12）

帝诣绮春园，问皇太后安。先是，上月廿一日，军机处知会内务府，圆明园如意门内军机处直房倾斜渗漏，亟应修理。至是，军机大臣曹振镛等复奏：查如意门内军机处值房，计瓦房十八间，灰棚三间，为臣等及满汉章京每日办事之所。近日因年久椽柱糟朽倾斜，瓦片脱落，墙身鼓裂，遇大雨时行之际不免渗漏，所存历年档案易致潮霉烂，应分别拘抿揭盖，以资办公。奉旨：著管圆明园内事务大臣踏勘。

初三日（4.13）

帝御勤政殿听政。

●御制勤政殿听政，示在廷诸臣：我皇祖于理事正殿，皆颜勤政。皇考圣制勤政箴有曰：为政在勤，勤则不匮。又曰：亮采寅清，竭忠尽智。探本之论，允足垂法万祺。而勤政之道，本乎存诚。存诚之功，征于不息。予小子绍闻衣德，崇实黜浮，兹于三月三日御勤政殿听政，瞻仰云楣，倍深惟日孜孜之意焉。

为政先探本，承恩念在勤。箴言钦可法，忠告想多闻。

问夜常虞晏，瞻楹每惜分。一诚诚不已，贵实屏虚文。

初四日（4.14）

帝奉皇太后回宫。添拨山东藩库银一万七千两有奇，解赴江苏造办战船。

初六日（4.16）

帝耕耤，诣先农坛行礼。

初七日（4.17）

帝奉皇太后启銮，幸南苑。

十二日（4.22）

帝奉皇太后回銮，还圆明园。幸同乐园，进膳。祭先蚕之神，皇后亲诣行礼。

十四日（4.24）

帝奉皇太后幸含辉楼。帝骑射，并阅皇子及亲王侍卫等骑射。

●御制含辉楼马射连中六矢喜成：

好是春园芳草地，玉骢纵辔绮楼前。旗飘金埒三侯树，月满琱弓六矢连。

率旧几余不忘武，乘时兴到喜成篇。对堋自诮心还痒，较胜争标忆昔年。

十五日（4.25）

太监禄喜传旨：嗣后含辉楼射马箭时，由中和乐、十番学安设花腔鼓三面，凡射中时即擂击花鼓。次年三月二十日射马箭时，奉旨改为擂击德胜鼓。

十七日（4.27）

帝幸万寿山。

十八日（4.28）

帝诣安佑宫行礼。

二十日（4.30）

帝奉皇太后幸含辉楼，阅侍卫等骑射。幸展诗应律，进膳。

廿一日（5.1）

奉旨：此次宗室会试中式贡士著于本月廿九日在圆明园正大光明殿覆试。

廿三日（5.3）

帝奉皇太后幸静明园、静宜园。是日，驻跸静宜园，至廿七日皆如之。

●御制恭侍皇太后幸静宜园即事：香山健锐云梯营肇自皇祖，选八旗劲旅居之，以时训练，躬临阅武，岁以为常。盖所以教育士卒，震叠声威，意深远也。予小子初循旧典，敬奉安舆莅于斯园，既承慈闱之欢，益切祖训之式焉。

胜地初来依旧典，慈闱敬侍慰予心。仰维皇祖声威扩，教士居安圣虑深。

廿四日（5.4）

帝诣清寄轩，问皇太后安。

廿五日（5.5）

帝奉皇太后御演武厅，阅健锐营操。

廿六日（5.6）

总管内务府大臣禧恩面奉谕旨：嗣后圆明园庶吉士散馆考试等事，无庸派内务府大臣监试。

命嗣后香山堆拨例赏，动用广储司缎匹银两，著为例。

廿八日（5.8）

帝奉皇太后还圆明园。幸同乐园，进膳。

粤海关监督达三奏：查禁鸦片烟。得旨：鸦片一项果能禁绝，著有成效，方为不负差委，勉慎为之。

廿九日（5.9）

●御制喜雨（三月廿九日夜）：四月四日为常雩大祭之期，朕将于月朔回宫斋戒，而此雨适当致斋前夕，膏泽应时，慰我农望，斯皆昊苍恩佑，敢云诚敬先孚耶。

正及农功望泽时，一宵甘澍畅敷施。滂沱乍喜林泉响，淅沥初闻檐溜垂。

岸树阶花新出沐，田禾陇麦遍含滋。诘朝展跸旋宫禁，倍感天恩先祭期。

本月

●御制赋得香山阅武（得营字五言八韵宗室覆试题）：

皇祖鸿谟远，香山创设营。八旗分劲旅，亿载卫神京。

子弟教兼养，貔貅锐且精。桓桓堪御侮，赳赳选干城。

霜刃摧锋急，云梯升木轻。尘飞知马疾，烟重听枪鸣。

整暇旌旄灿，虓雄组练横。时勤毋少怠，克绍止戈情。

四月

初一日（5.11）

享太庙，遣瑞亲王绵忻恭代行礼。帝诣时应宫拈香，回宫。

初二日（5.12）

内阁奉上谕：庶吉士散馆著于四月十七日在圆明园正大光明殿考试。

初四日（5.14）

常雩，祀天于圜丘，帝亲诣行礼。幸圆明园。诣绮春园，问皇太后安。

●御制还绮春园问安恭纪：

南郊礼蒇幸芳园，驻马敷春喜问安。佳境自饶初夏景，璇闱常奉亿龄欢。

初七日（5.17）

帝诣绮春园，问皇太后安。

初八日（5.18）

帝幸万寿山。

初十日（5.20）

以皇长子奕纬行成婚礼，赐宴如仪。

十一日（5.21）

帝临故成哲亲王永瑆第赐奠。幸圆明园。

十二日（5.22）

帝诣绮春园，问皇太后安。

十三日（5.23）

帝御勤政殿听政。

十八日（5.28）

碧霞元君诞辰，帝后拈香，广育宫承应《天官祝福》、《星云景庆》两出戏。

十九日（5.29）

奉旨：翻译会试中式贡士，著于廿二日在圆明园正大光明殿覆试。

廿一日（5.31）

帝诣绮春园，问皇太后安。谕：成亲王于廿六日奉移暂安处，派大阿哥前往，代朕奠酒。发引后，步送至德胜门外，再回圆明园。并派惇亲王、瑞亲王、御前侍卫载铨、乾清门侍卫那苏巴图等送至暂安处。

廿四日（6.3）

命于黑龙潭、觉生寺设坛祈雨。帝诣觉生寺拈香。再临故成哲亲王永瑆第赐奠。帝回宫。

廿五日（6.4）

帝御太和殿传胪，赐一甲林召棠、王广荫、周开麒三人进士及第，二甲杜受田等一百七人进士出身，三甲汪封渭等一百三十六人同进士出身。幸圆明园。

廿六日（6.5）

●御制四月廿六日微雨：

寸余微雨知恩泽，亟望甘霖续沛施。层汉云容犹密布，平畴麦色稍含滋。

有愆政事皆予咎，无失农功叩昊慈。昭鉴片诚苏万姓，迩遐待膏不容迟。

廿七日（6.6）

命惇亲王绵恺诣黑龙潭，睿亲王端恩诣觉生寺谢雨。

●御制喜雨：

风雷将雨仰天恩，雷息风收雨势繁。注泻松泉真覆盖，琤瑽檐溜欲倾盆。

沾同畎亩生皆遂，滋我来牟获可论。深慰寸怀增敬感，蕃昌百谷庆千村。

廿九日（6.8）

帝诣绮春园，问皇太后安。

谕：玛呢巴达喇等奏，圆明园八旗年老休致人员并无养赡，请给与钱粮，以资养赡。兵丁给与钱粮，原为演习技艺及豫备看守园亭堆拨差使，若给与休致人员作为养赡，日久渐至多占马甲钱粮，于营务殊无裨益。现在八旗教习，皆系由微员护军马甲内挑取训课，仍著照旧择其善者保举，所有保举休致人员与不堪充补教习之休致人员给与钱粮之处，俱不准行。

五月

初一日（6.9）

帝奉皇太后幸蓬岛瑶台，观竞渡。幸同乐园，进膳。

●御制五月朔日作：

甘雨庆前宵，凌晨霁景饶。轻飔开水面，新翠点山腰。

画舸环三岛，晴曦丽九霄。麦秋欣有象，钦感昊恩昭。

初四日（6.12）

帝幸静明园，诣龙神庙拈香。

●御制敬诣玉泉山龙神祠祈雨：

芒种候已逾，甘霖望畅敷。天恩昭鉴佑，神贶叩沾濡。

布泽期滋稼，乘时待润枯。瓣香申敬祷，曰肃愿同符。

初五日（6.13）

端午节。帝奉皇太后幸蓬岛瑶台、同乐园。于望瀛洲观竞渡时，龙船上演各种玩艺多达22个，诸如瑞雨禾丰、彩台偶戏、把式卖艺、高丽觔斗、搬演戏法、设法取水、光华宝塔、扛子、五谷丰灯、洞仙歌、八角鼓、吉祥锣鼓等。南府太监于展诗应律承应庆节大戏。

初六日（6.14）

谕：本年七月廿五日，皇考仁宗睿皇帝三周年忌辰，朕敬体皇考在天之灵，子惠重农至意，不得不从宜，稍为变通，届期遣皇长子奕纬敬赴昌陵恭代行礼。朕于九月十七日躬祭历代帝王庙，礼成后恭奉皇太后启銮，驻跸黄新庄。二十日至梁格庄。廿一日，朕恭谒泰陵、泰东陵、昌陵。礼成后，恭奉皇太后回銮，于廿四日回宫。

初九日（6.17）

引见新科进士。

初十日（6.18）

帝诣绮春园，问皇太后安。

十一日（6.19）

帝诣大高殿行礼，时应宫拈香，回宫。

十四日（6.22）

帝幸圆明园。诣绮春园，问皇太后安。

十七日（6.25）

皇后千秋节。宫内行礼如仪，在外公主、福晋、命妇进内行礼，停止筵宴。

廿一日（6.29）

帝诣绮春园，问皇太后安。

廿四日（7.2）

帝御勤政殿听政。刑部奏：查讯候补县丞常庆呈控上驷院办事官员舞弊一案，请派员分往各圈确查马匹等项有无亏短各情弊，并请旨敕查该院应用豆石麦草银两数目及兵部八旗有无借用马匹情事。奉旨：著军机大臣开列文武各员名单进呈，候朕派出后，于廿五日辰刻同时分赴十八圈确查马匹等项有无亏短、疲瘦暨私养充数情弊，并将马匹有无烙印之处一并查明，于次日各行据实覆奏。

廿六日（7.4）

遵旨传询上驷院司员，据称花马圈现养大阿哥骑乘马二十匹，赏给马二匹，陪嫁马二匹。此外，圆明园一圈、南苑六圈共四十二匹，系预备阿哥所乘之马疲乏更换之用。

廿七日（7.5）

帝幸万寿山，诣广润祠拈香。

●御制昆明湖泛舟至广润祠瞻礼：

神祠展敬谢兼祈，既谢沾濡愿续滋。鼓枻平湖新涨足，传餐广殿晓凉宜。

苍茫远岫浓云幂，蓊郁丛林薄雾披。万顷波光看浩渺，澄空妙景属清漪。

本月

●御制微雨初霁，福海泛舟至观澜堂作：本日，直隶督臣蒋攸铦奏报各属得雨深透，惟河间、天津、正定一带尚未一律优沾，览奏曷胜切望，敬叩天恩普沛甘霖，以滋秋稼，庶可转歉为丰也。

水木清华涵静境，鸢鱼活泼悟天机。空际浓云瞻有渰，畿南待霄寸心祈。

●御制芳碧丛：芳碧丛在勤政殿之东，长夏每于此阅折批章，传膳办事，敬念缵承丕绪，日理万几，懋勉寸诚，无时豫怠，庶几法天行之不息，致庶事之咸熙。虽新篁成韵，密蓧迎凉，未尝玩景物而耽清暇也。

虚榭宽闲夏景凉，敕几听政晓批章。飘香幽径多佳卉，戛玉空阶满绿篁。

每踞匡床非静憩，钦承大命凛当阳。一诚不息遵谟训，黾勉难期庶事康。

六月

初二日（7.9）

帝诣绮春园，问皇太后安。

初六日（7.13）

帝幸静明园，诣龙神庙拈香。

初九日（7.16）

帝诣绮春园，问皇太后安。十二日、十八日皆如之。

廿二日（7.29）

帝幸万寿山。

廿五日（8.1）

帝诣绮春园，问皇太后安。

廿六日（8.2）

添拨河南藩库银三十万两，解赴东河，以裕工需。

廿七日（8.3）

帝诣大高殿行礼，回宫。

本月

●御制泛舟由北远山村至紫碧山房作：

日午停桡曲涧滨，高低文石势嶙峋。试登层阁舒遐瞩，廑念畿南失业民。

七月

初一日（8.6）

享太庙，帝亲诣行礼。幸圆明园。诣绮春园，问皇太后安。

初四日（8.9）

帝幸静明园，诣龙神庙拈香。

初五日（8.10）

谕：本年八月初十日朕万寿庆辰，是日恭诣皇太后宫行礼后，御正大光明殿受贺，所有王公百官俱著毋庸随往绮春园行礼。

初九日（8.14）

帝诣绮春园，问皇太后安。

十一日（8.16）

帝御勤政殿听政。

十五日（8.20）

中元节。帝诣安佑宫行礼。

●御制元夕放河灯：

彼岸良因空示现，迷津尘世鲜参详。愿将功德敷遐迩，普迓祥和岁富穰。

十八日（8.23）

帝诣绮春园，问皇太后安。

廿三日（8.28）

帝幸静明园，诣龙神庙拈香。

廿五日（8.30）

仁宗睿皇帝三周年忌辰，命皇长子奕纬祭昌陵。帝诣安佑宫行礼。

●御制七月廿五日皇考忌辰，敬诣安佑宫瞻礼述哀：

抚时感遇怆逢秋，此日逢秋倍助愁。无复承颜随辇辂，空余隐恸望松楸。

廿六日（8.31）

帝诣绮春园，问皇太后安。

廿九日（9.3）

帝诣大高殿行礼，回宫。

本月

●御制自静明园放舟至清漪园，即景成什：

景物偶探摅藻思，雨旸时切廑渊衷。扬帆不觉舟行速，接境名园一水通。

●御制新秋万寿山：

浓云密布遮西岭，浅浪平开引北风。启户临流涵动静，心关稼穑望登丰。

●御制静明园：

据鞍秋正爽，玉宇畅新晴。高柳蝉犹噪，幽蹊苏遍生。

漫眈山水绿，时系雨旸情。地静风烟古，悠然万象清。

八月

初一日（9.5）

九洲清宴刊刻御笔，库掌格图肯、柏唐阿辛庆带匠役七名进福园门。

本月初一日起至廿九日止，共用过苏拉四千四十八名。

初二日（9.6）

祭大社、大稷，帝亲诣行礼。

酌定失察鸦片烟惩处条例。嗣后如有洋船夹带鸦片烟进口，并奸民私种罂粟，煎熬烟膏，开设烟馆，文职地方官及巡查委员如能自行拿获究办，免其议处。其有得贿故纵者，仍照例革职。若止系失察，按其烟斤多寡，一百斤以上者，该管大员罚俸一年；一千斤以上者，降一级留任；五千斤以上者，降一级调用。武职失察处分，亦照文职划一办理。至滇省迤西、迤东一带将罂粟花熬为鸦片，必须严行禁止。

初三日（9.7）

帝幸圆明园。诣绮春园，问皇太后安。

初五日（9.9）

帝诣绮春园，问皇太后安。

初七日（9.11）

帝幸万寿山玉澜堂，赐年老王大臣食，并赏赉有差。

●御制仲秋七日幸万寿山玉澜堂，锡宴十五老臣赓歌图，绘以彰盛事：

天高气爽届白藏，西风飒飒八月凉。湖光山色秋正好，玉澜堂上芳筵张。

跄跄济济欣际会，咸逾古稀咸康强。亲亲谊笃予之伯，为国屏藩辉天潢。（和硕仪亲王）

屡膺庙略成伟绩，宣威生镇知鹰扬。（御前大臣赛冲阿）

昔赞纶扉承考泽，立朝正色端岩廊。（大学士托津）

丝纶佐朕弥恭谨，抒忠献替资勔襄。（大学士、军机大臣曹振镛）

河防宣力内襄政，年开八袠寿而臧。（大学士戴均元）

封疆重寄廉兼干，平成奏绩庆河黄。（协办大学士、两江总督孙玉庭）

岂独文章禁省冠，一德密勿惟几康。（户部尚书、军机大臣黄钺）

朝端大寿今居首，靖共匪懈承余庆。（礼部尚书穆克登额）

宣猷昔日知耿介，善善恶恶刻无遑。（工部尚书初彭龄）

勤劳三省心益壮，不凋松柏岁方长。（理藩院尚书富俊）

中外宣勤历年所，不偏不倚柔兼刚。（左都御史松筠）

伟哉藩王抒忱悃，三朝宿卫恩荣光。（郡王衔都统哈迪尔）

奋戈疆场知勇冠，精勤调习天闲骧。（都统阿那保）

山右滇南昔受命，今者悬车优礼彰。（致仕大学士伯麟）

久历戎行志敌忾，裹创血战歼欃枪。（致仕都统穆克登布）

予今图绘有深意，意在才俊标朝纲。矧逢大耋欣罕觏，皤然在列钦先皇。

先皇荩臣遗小子，弼成政治恩德洋。御园锡予歌纪盛，天寿平格福穰穰。

初八日（9.12）

帝御同乐园，赐皇子、王公大臣、蒙古王贝勒等并暹罗国使臣食。

遣官祭黑龙潭昭灵沛泽龙王之神、玉泉山惠济慈佑灵濩龙王之神、昆明湖安佑普济沛泽广生龙王之神。遣官祭圆明园惠济祠、河神庙。

初九日（9.13）

太宗文皇帝忌辰，遣官祭昭陵。

初十日（9.14）

万寿节。帝诣安佑宫行礼。诣绮春园皇太后前行礼。御正大光明殿，皇子及王以下文武大臣、官员、蒙古王、贝勒等并暹罗国使臣行庆贺礼。礼成，御同乐园，赐皇子、王公大臣、蒙古王、贝勒等并暹罗国使臣食。

十二日（9.16）

帝奉皇太后幸同乐园，进膳。赐皇子、王公大臣及蒙古王、贝勒等并暹罗国使臣食。

十三日（9.17）

帝诣安佑宫行礼。

十六日（9.20）

帝诣绮春园，问皇太后安。

十九日（9.23）

帝诣大高殿行礼，回宫。

廿一日（9.25）

帝幸圆明园。诣绮春园，问皇太后安。

廿三日（9.27）

帝诣安佑宫行礼。

廿七日（10.1）

帝诣绮春园，问皇太后安。

九月

初二日（10.5）

帝御洞明堂，勾到新疆、云南、贵州、广东情实罪犯。

初四日（10.7）

帝诣绮春园，问皇太后安。

初六日（10.9）

帝奉皇太后幸静宜园。是日，驻跸静宜园，至初十日皆如之。

初七日（10.10）

帝诣梯云山馆，侍皇太后膳。

●御制梯云山馆侍皇太后膳恭纪：

澄空碧汉舒遐瞩，衍沃神皋畅大观。候近重阳欣侍辇，长兹胜境奉慈欢。

谕：朕此次恭谒泰陵、泰东陵，敬诣昌陵行礼，著派大学士托津，协办大学士尚书英和，尚书卢荫溥、汪廷珍留京办事。

初九日（10.12）

帝诣清寄轩，问皇太后安。

●御制重九日，香山镜烟楼登高即景：

静宜绝顶最高楼，重九登临晓雾收。碧嶂偏教全悦目，黄花奚用更簪头。

初十日（10.13）

帝奉皇太后诣十方普觉寺拈香。

十一日（10.14）

帝奉皇太后还圆明园。幸同乐园，进膳。侍送皇太后还绮春园。

十二日（10.15）

帝诣绮春园，问皇太后安。

十三日（10.16）

帝御勤政殿听政。

十四日（10.17）

帝临和孝固伦公主第赐奠，回宫。

十七日（10.20）

祭历代帝王庙，帝亲诣行礼。奉皇太后启銮，谒西陵。

廿一日（10.24）

是日回銮，驻跸秋澜行宫。

廿四日（10.27）

皇太后还绮春园。帝至王佐村孝穆皇后暂安园寝奠酒，临端悯固伦公主园寝赐奠，临故大学士朱珪墓赐奠，回宫。

十月

初一日（11.3）

享太庙，帝亲诣行礼。本月初一日起至廿九日止，共用过苏拉二千四百十二名。

初二日（11.4）

帝幸圆明园。诣绮春园，问皇太后安。

初三日（11.5）

帝幸圆明园，同乐园承应《江山万代》、《五福五代》等戏。

初五日（11.7）

帝幸静明园，诣龙神庙拈香。

●御制初冬静明园即景：

松岸鸦群翻旭日，板桥人迹印严霜。清泠涧曲鸣寒籁，胜地风光引兴长。

初六日（11.8）

帝诣安佑宫行礼。

直隶总督蒋攸铦奏：为恩赏御笔万寿山玉澜堂锡宴十五老臣赓歌图绘诗墨刻，谢恩。

●御制皇考诞辰，敬诣安佑宫瞻礼述哀：

孟冬同此御园中，昔日称觞事已空。九拜只余香篆鼎，四时惟仰御悬宫。

飘萧落叶偏增感，凛冽寒霜暗怆衷。廿五年来宵旰治，深仁薄海沐无穷。

初七日（11.9）

帝诣绮春园，问皇太后安。

初八日（11.10）

展诗应律承应《芝眉介寿》、《回回指路》、《请美猴王》等戏。

初九日（11.11）

帝奉皇太后幸同乐园，进膳，并赐皇子及内廷王大臣等食，至十一日皆如之。

以皇太后寿辰，同乐园承应《九九大庆》头本、《五方呈仁寿》、《永寿无疆》等戏。

初十日（11.12）

皇太后圣寿节。遣官祭太庙后殿、奉先殿。帝诣绮春园，率皇子及王公、大臣、官员等于敷春堂行庆贺礼，总管禄喜、内学首领官职太监，伺候中和韶乐。同乐园承应《九九大庆》二本、《四海升平》等戏。

十一日（11.13）

帝诣安佑宫行礼。同乐园承应《九九大庆》三本、《普天同庆》等戏。

十二日（11.14）

帝诣大高殿、寿皇殿行礼。奉皇太后回宫。

十九日（11.21）

东河总督严烺奏：为恩赏幸万寿山玉澜堂锡十五老臣赓歌图绘墨刻，谢恩。

二十日（11.22）

帝御太和殿传胪，赐中式武举一甲张从龙、史殿元、黄大奎三人武进士及第，二甲龚继荣等六人武进士出身，三甲何府等四十四人同武进士出身。

廿四日（11.26）

命正黄旗汉军都统孟住、工部侍郎敬征管圆明园八旗包衣三旗官兵进班，正红旗汉军都统载铨、镶蓝旗蒙古都统奕颢、镶白旗蒙古副都统阔龄阿管火器营进班，镶红旗汉军副都统音登额、内阁学士武隆阿管健锐营进班。

廿八日（11.30）

陕西总督那彦成、浙江巡抚帅承瀛奏：为恩赏幸万寿山玉澜堂锡宴十五老臣古诗墨刻，谢恩。

本月

总管内务府大臣禧恩面奉谕旨：嗣后，恭遇皇太后万寿圣节内务府大臣等不必呈进宴桌，著照旧递如意、进吃食三九盒。

●御制孟冬含辉楼马射：

矢能连中由慈训，身莫忘劳守旧规。电掣青骢欣惬意，几余肄武一驱驰。

十一月

廿一日（12.22）

冬至，祀天于圜丘，帝亲诣行礼。

廿三日（12.24）

谕：定例册封皇贵妃、贵妃、妃，俱祭告太庙后殿、奉先殿；封嫔，无告祭之文。嗣后封嫔，即与妃同日册封，亦无庸将封嫔祭告。著为令。

廿五日（12.26）

晋封和嫔那拉氏为和妃，晋封全嫔钮祜禄氏为全妃，晋封祥贵人钮祜禄氏为祥嫔。

十二月

初一日（1824.1.1）

帝幸瀛台，阅冰技。

云贵总督明山奏：为恩赏幸万寿山玉澜堂赐宴十五老臣赓歌图绘墨刻，谢恩。

初八日（1.8）

帝幸瀛台，阅冰技。

闽浙总督赵慎畛奏：为恩赏幸万寿山玉澜堂锡宴十五老臣赓歌图绘墨刻，谢恩。

初九日（1.9）

南河总督黎世序、两广总督阮元奏：为恩赏幸万寿山玉澜堂锡宴十五老臣赓歌图绘墨刻，谢恩。

初十日（1.10）

贵州学政程恩泽奏：为恩赏幸万寿山玉澜堂锡宴十五老臣赓歌图绘墨刻，谢恩。

十四日（1.14）

总管内务府奏：据淮关监督文连委员解到余存办公节省养廉共银一万四千一百七两二钱，照例请旨交圆明园银库收贮。

廿一日（1.21）

帝御宁寿宫，赐王公大臣及蒙古王、贝勒、贝子、公、额驸等食，并赏赉有差。

廿二日（1.22）

帝诣大高殿行礼。

廿八日（1.28）

以岁暮祫祭，遣官祭太庙中殿、后殿。

道光四年　1824

正月

初一日（1.31）

帝御乾清宫，赐皇子、亲藩等宴。本月初一日起至三十日止，共用过苏拉四千四百九十二名。

初六日（2.5）

帝诣南郊斋宫斋宿。是日立春，顺天府进土牛春山宝座。

初九日（2.8）

享太庙，命皇长子奕纬恭代行礼。

内务府奏：长芦盐政阿尔邦阿委员解交各项盈余银，交圆明园银库。

十二日（2.11）

帝诣大高殿行礼。幸圆明园。诣安佑宫行礼。

●御制新正幸圆明园作：

新韶策骏出神京，禁籞风光眼底呈。敬守前型布春令，仔肩先戒满斯盈。

十四日（2.13）

帝御奉三无私殿，赐皇子、亲藩等宴。御山高水长，赐王公大臣、蒙古王、贝勒、贝子、公、额驸、台吉及外藩使臣等食，至十六日皆如之。

●御制上元前夕小宴亲藩：

承先施惠期绥万，睦族开延凛奉三。亲亲长长贻谋远，亿载同沾世泽覃。

十五日（2.14）

上元节。帝诣安佑宫行礼。御正大光明殿，赐朝正外藩等宴，作乐赐酒，如除夕仪。

●御制上元日御山高水长作：

皎皎灯光让星月，层层火戏幻鱼龙。锡赉海南承祖德，共球万国若朝宗。

十六日（2.15）

帝御正大光明殿，赐大学士、尚书等宴。

●御制上元后一日小宴廷臣，援笔赋之，以示予意：朕嗣统以来，念守成之不易，凛天命之难谌，亦惟尔左右臣工匡予不逮，用巩我大清亿万年丕丕基。今兹蓼萧嘉燕，喜起一堂。《易》曰：

“上下交而其志同。”《书》曰：“咸有一德。”愿与诸臣工共勉之。

芳春锡宴岁相仍，雪霰霏霏缀锦灯。辅弼才良予所望，典谟义备道同兴。

孜孜敬勉心无逸，謇謇毋忘志服膺。永保承平归一德，凛哉天命位斯凝。

●御制九洲清晏静坐成什：国中寝兴之所曰“九洲清晏”，我祖考所留贻，以示一燕息闲，亦不忘保合乂安之意。予抒勤布惠，景仰鸿谟，进德闲邪，日慎一日，庶几上窥致治之本原尔。

举首钦承祖考恩，百年佳气辟名园。抒勤听政遵前训，布惠绥藩正上元。

奕叶蒙庥清晏世，六时静虑性天源。闲邪进德心无逸，勉继鸿谟契本原。

十九日（2.18）

帝御山高水长，赐王公大臣、蒙古王、贝勒、台吉及外藩使臣等食。

廿二日（2.21）

帝诣大高殿行礼，回宫。诣皇太后宫问安。寻幸圆明园。

●御制雪中还圆明园喜成：

停骖卓午侍慈宫，返辔郊原雪洒空。入望晶莹全浃洽，应时和暖尽消融。

瑶峰玉嶂层云外，烟墅香林密霭中。渥泽当春钦昊眷，含滋麦陇慰予衷。

廿三日（2.22）

帝诣畅春园恩慕寺、恩佑寺行礼。

廿四日（2.23）

帝幸万寿山。

廿六日（2.25）

朝鲜国王李玜遣使表贺万寿、冬至、元旦三大节，及岁贡方物，赏赉筵宴如例。缅甸国王孟既遣使表贡方物，赏赉筵宴如例。

●御制平湖秋月对雨喜成：

已欣春雪遍沾濡，何幸甘霖润似酥。新正嘉泽真难遇，开岁鸿慈沐更殊。

廿七日（2.26）

帝幸静明园，诣龙神庙拈香。

●御制玉泉山龙神祠瞻礼：

前朝甘泽渥，展敬谢神祠。气暖欣宜麦，滋深喜应时。

廿八日（2.27）

谕：朕于二月二十日恭奉皇太后驻跸南苑，廿五日回圆明园，随扈人等著俱穿行衣，所有应行豫备之处交各该处照例备办。

三十日（2.29）

帝回宫。

本月

●御制养正书屋即事：癸未嘉平月望，据南书房翰林英和等呈进刊刻《养正书屋全集》定本，诗二十八卷、文十二卷。皇考御极之初，即书赐养正书屋匾额，勉以育德，示以圣功，手泽如新，心传若揭。予小子渥蒙提命，常目在兹，堂构丕承，冰渊滋惕，而回忆芸窗日课，端居多暇之时，又不觉情为之往矣。

新岁时临心永慕，昔年日课集初成。皇哉堂构衷常凛，育德端居系寸情。

●御制勤政殿自箴：

继序承考恩，一心勤庶政。怀保念民岩，惕厉凝天命。

旁求望猷为，中虚期水镜。恭俭始惟德，道义契成性。

造次戒侧颇，兢兢凛表正。枢机慎几微，至治钦先圣。

二月

初四日（3.4）

总管内务府奏：查两淮盐政实应交进银四万七千九百五十两，其参斤加价银二万六千四百两内，除前经臣衙门奏准修建圆明园营房借领过造办处银十四万两，分为七年归还原款，现应归还造办处第二限银二万两，余剩银六千四百两应另款存贮，以备圆明园城内枪营兵丁公费等项之用，其余参斤变价银十五万三千四百八十三两二钱五分，照例交广储司银库归。

总管内务府奏：圆明园内各处安设鸟枪三十三杆，长枪十二杆，腰刀五十一把，撒袋三十份，戟一杆，双头棍十副，藤牌二十面，护牌刀二十把，护牌大刀十五把，稍子棍十五副。自嘉庆二十二年查验粘修后，迄今将届七年，恐有敝坏锈钝等情，应请一并交出查验，修理完整再行交进。

初六日（3.6）

帝幸圆明园。

初八日（3.8）

谕：本月十四日，大阿哥、惠郡王前往南苑行围，于三月初二日回圆明园，孟住著充总谙达，同阿那保轮流跟随大阿哥等行围。三月初三日，大阿哥恭谒昌陵行礼，所有应行跟随之大臣、侍卫、官员、兵丁等，著交该处照例派出。

初十日（3.10）

帝奉皇太后居绮春园。御勤政殿听政。遣官祭黑龙潭昭灵沛泽龙王之神、玉泉山惠济慈佑灵濩龙王之神、昆明湖安佑普济沛泽广生龙王之神。遣官祭圆明园惠济祠、河神庙。

十二日（3.12）

帝诣绮春园，问皇太后安。

十五日（3.15）

帝奉皇太后幸同乐园，进膳。辰初三刻，帝驾幸花神庙拈香，山门前下船，东穿堂门外南泊岸十番学迎请船台外学献戏，庙内待佛人迎请拈香毕，仍回山门前上船，驾幸同乐园。同乐园承应《万卉呈祥》、《飞虎山》等九出戏。

奉旨：左翼税盈余银著交圆明园二万四百两，赏给耆英二百七十三两零。右翼税盈余银著交圆明园七千四百两，赏给阿颜托克托二百四十一两零。

十九日（3.19）

帝诣绮春园，问皇太后安。举行道光三年大计。

宫殿监督领侍太监魏进朝等奏：道光二年十二月初一日起至道光三年十一月三十日止，圆明园住共用红萝炭三万五千一百九十二斤一两、黑炭十七万二千二百二十五斤、煤八万五千四十一斤八两。

二十日（3.20）

春分，朝日于东郊，遣肃亲王敬敏恭代行礼。帝奉皇太后启銮，幸南苑。

廿三日（3.23）

帝诣关帝庙拈香。

廿五日（3.25）

帝奉皇太后还绮春园，问安。幸圆明园。

廿七日（3.27）

帝诣绮春园，问皇太后安。

三月

初三日（4.1）

帝幸静明园，诣龙神庙拈香。

初五日（4.3）

帝诣绮春园，问皇太后安。

初六日（4.4）

祭先蚕之神，皇后亲诣行礼。

初七日（4.5）

清明节。帝诣安佑宫行礼。

初九日（4.7）

帝诣绮春园，问皇太后安。

初十日（4.8）

帝回宫。

十二日（4.10）

帝耕耤，诣先农坛行礼。幸圆明园。诣绮春园，问皇太后安。

十六日（4.14）

帝诣绮春园，问皇太后安。

十八日（4.16）

帝诣安佑宫行礼。

十九日（4.17）

帝幸万寿山。

二十日（4.18）

帝诣绮春园，问皇太后安。御含辉楼，帝骑射，并阅皇子及侍卫等骑射。

廿一日（4.19）

帝御勤政殿听政。

总管内务府奏：昨日，五福堂太监周宝石在园庭内无故自缢，实属目无法纪，其家属人等虽在文安县居住，亦应照例发往乌鲁木齐给兵丁为奴。未能先事觉察之首领太监梁进德罚月银六个月，太监马玉保交总管太监重责三十板。总管太监吕进忠等均系统辖之人，应各罚月银三个月，以示惩儆。奉旨：梁进德著革去首领，无庸再罚月银，著交总管太监察看，如一年后无过，准其提奏加恩。余依议。

廿二日（4.20）

帝幸静明园、静宜园。是日，驻跸静宜园，至廿六日皆如之。

●御制幸静宜园作：今年二月间，传闻香山园内时有虎迹，即命虎枪营、火器营员弁搜捕，未获。本日，朕幸静宜园，据英和奏，步军校舒德商同民人焦成等设法寻踪，先后生获二豹，当即加恩奖励。不烦火攻击刺而猛兽就擒，亦可喜也。

轻烟约树诗中画，飞瀑穿崖静里喧。可喜山南双豹获，虎枪火器不须烦。

廿四日（4.22）

帝御演武厅，阅健锐营操，赏赉有差。

廿七日（4.25）

帝幸圆明园。诣绮春园，问皇太后安。

廿八日（4.26）

帝诣大高殿行礼，回宫。

四月

初一日（4.29）

享太庙，帝亲诣行礼。帝幸圆明园。诣绮春园，问皇太后安。

初六日（5.4）

帝诣绮春园，问皇太后安。

初七日（5.5）

帝诣时应宫、昭显庙拈香，回宫。

初九日（5.7）

帝诣南郊斋宫斋宿。

初十日（5.8）

帝幸圆明园。诣绮春园，问皇太后安。

十七日（5.15）

帝诣绮春园，问皇太后安。

十八日（5.16）

帝奉皇太后幸同乐园，进膳。

十九日（5.17）

帝回宫。

二十日（5.18）

恭纂仁宗睿皇帝实录、圣训告成，监修总裁大学士曹振镛等奉表恭进，帝诣保和殿陈设实录、圣训案前行礼受书。

廿一日（5.19）

帝幸圆明园。

廿二日（5.20）

帝诣黑龙潭神祠拈香。

廿三日（5.21）

帝诣绮春园，问皇太后安。

廿六日（5.24）

奉旨：英和现告病假，著赏假十五日，俾得安心调养。步军统领著玉麟署理。稽察钦奉上谕事件处著派文孚。文渊阁提举阁事著派穆彰阿。奉宸苑事务著禧恩管理。景行奉宸苑卿之缺著容照补授。清漪园等处著穆彰阿管理，并著管理工程处。穆克登阿毋庸兼管。敬征著管理西洋堂事务。六库值年著禧恩管理。营造司值年著广泰管理。

廿七日（5.25）

帝幸万寿山，诣广润祠拈香。

廿八日（5.26）

帝御勤政殿听政。

五月

初二日（5.29）

帝诣绮春园，问皇太后安。

初五日（6.1）

帝奉皇太后幸同乐园，进膳。

初七日（6.3）

命再于黑龙潭觉生寺设坛祈雨。帝诣黑龙潭拈香。

●御制再诣黑龙潭龙神祠祈雨：自前月廿二日虔祷神潭，微雨频沾。端阳日，急点俄收，忧心莫展。兹遣皇长子奕纬等竭诚致敬，分诣三坛。予复躬竭灵湫，重申祷祝，所期甘膏渗漉苏麦，予之愁庶可稍释耳。

神潭叩祷未蒙庥，晨夕弥增望岁忧。稷节偶看疏雨洒，麦天难见绿云稠。

竭诚分遣祈坛壝，申敬重来礼涧湫。抚序田功近芒种，昨宵淅沥稍纾愁。

初八日（6.4）

以仁宗睿皇帝实录告成，赐宴监修总裁等官，并赏鞍马银币有差。

初十日（6.6）

帝诣绮春园，问皇太后安。

总管太监禄喜等奏：五月十三日，北远山村关帝庙万岁爷拈香时，外学伺候献戏一出。奉旨：不必伺候献戏，著为例。

十一日（6.7）

帝幸静明园，诣龙神庙拈香。

十二日（6.8）

以甘霖渥沛，帝诣黑龙潭报谢。

谕：堂子祭天，典礼甚重。现在礼部纂辑通礼，著于吉礼中南郊、北郊大祀之后，谨增致祭堂子之礼，以昭明备。

十七日（6.13）

皇后千秋节。宫内行礼如仪，停止筵宴及在外公主、福晋、命妇行礼。

十八日（6.14）

帝诣绮春园，问皇太后安。

廿一日（6.17）

穆彰阿、成格奏：圆明园银库、器皿库现届五年期满，遵旨查得圆明园银库，原存银九万二千三百四十三两九钱二分五厘，制钱二千六百六十八串五百九十二文。自嘉庆二十三年十二月初一日起至道光三年十一月三十日止，五年共计新收银一百万四千八百六两七钱五分七厘，制钱五千八百六十六串七十二文。开除银一百八万八千八百二两三钱三分七厘，制钱七千三十四串七百五十七文，实存银八千三百四十八两三钱四分五厘，制钱一千五百串六百七文。又自道光三年十二月初一日起至四年五月初八日止，续收过银六万五千七百三十四两九钱四分三厘，制钱七百五十四串一百六十三文，续发过银五万一百三十两八钱六分，制钱一千一百九十串四百六十七文。现在实存银二万三千九百五十二两四钱二分八厘，制钱一千六十四串三百三文。奴才等按照该库四注印册，挨年逐款详细斟核，并将实存银两钱文眼同弹兑盘查，数目均属相符。再器皿库实存装修什物，经奴才等照依该库印册，按款查对，逐件点验，亦属相符。

廿二日（6.18）

帝诣时应宫、昭显庙拈香，回宫。

廿五日（6.21）

夏至，祭地于方泽，帝亲诣行礼。幸圆明园。诣绮春园，问皇太后安。

廿八日（6.24）

命镶白旗汉军副都统百春管圆明园八旗、内务府三旗官兵进班。

本月

●御制敬诣黑龙潭龙神祠谢雨：畿辅各省皆先后得有透雨，惟近郊州县尚未沾足，初八九日甘澍连番，亦称优渥。嘉泽普遍，不遗一隅，当二麦迎秋之候，正大田长养之时，睹此暄润得宜，庶可丰盈溥庆，此皆神庥天贶佑我下民，展谢申虔，曷胜钦感。

神潭岁三至，甘雨庆连番。心肃祈仍报，时和润复暄。

来牟庶收获，禾黍定滋蕃。畿甸均蒙泽，栽培荷渥恩。

六月

初二日（6.28）

帝诣绮春园，问皇太后安。

初三日（6.29）

帝御勤政殿听政。

初七日（7.3）

帝幸静明园，诣龙神庙拈香。

穆彰阿、恩铭等奏：据清漪园、静明园、静宜园官员报称，各座殿宇房间头停渗漏，间有坍塌。臣等亲诣各园详细履勘，择其情形稍轻者拟为缓修，其情形较重者拟为急修，清漪园内外后河筒二段、暗沟一道淤浅，内河筒两边山石泊岸间段亦有散卸坍塌。静宜园对瀑殿、山阳一曲精庐、琢情之阁楼、得一书屋、净凉亭方亭、水月空明殿、青霞寄逸楼、超然堂殿、旷览台、碧峰馆等处，俱头停渗漏、木植糟朽，间有坍塌歪闪。请教总理工程处作速派员查勘，估计钱粮，赶紧备料，妥固修理。

初九日（7.5）

帝诣绮春园，问皇太后安。十六日亦如之。

廿二日（7.18）

帝幸万寿山。

廿三日（7.19）

帝诣绮春园，问皇太后安。

廿四日（7.20）

谕：嗣后，太庙谢福胙，著照社稷坛之礼，王公百官均随行三跪九拜礼。赞引官奏行三拜礼时，即著传赞王公百官随同行礼。其中祀内夕月坛、历代帝王庙受福胙时，行二跪六拜礼，并著传赞王公百官随行二跪六拜礼，以归划一。

廿七日（7.23）

帝诣大高殿行礼，时应宫拈香，回宫。

七月

初一日（7.26）

享太庙，帝亲诣行礼。幸圆明园。诣绮春园，问皇太后安。

初五日（7.30）

帝幸静明园，诣龙神庙拈香。

初六日（7.31）

帝诣绮春园，问皇太后安。

初九日（8.3）

帝幸万寿山，诣广润祠拈香。命镶白旗蒙古副都统和世泰、镶黄旗蒙古副都统富兰管圆明园八旗内务府三旗官兵。

十二日（8.6）

帝诣绮春园，问皇太后安。

十五日（8.9）

中元节。帝诣安佑宫行礼。奉三无私排演《请美猴王》、《亭会》、《闹庄救青》、《惠明》等戏。

十六日（8.10）

帝御勤政殿听政。

十八日（8.12）

帝诣绮春园，问皇太后安。

礼部奏准：现纂修通礼，于服制一门内，酌改八旗官员、汉官员持服给假期限、养母之名、为本生亲属持服、改葬之服等六条。

二十日（8.14）

帝幸万寿山，诣广润祠拈香。大学士戴均元以年老吁请解职。允之，赏食全俸。

廿五日（8.19）

仁宗睿皇帝忌辰，遣官祭昌陵。帝诣安佑宫行礼。

●御制七月廿五日皇考忌辰，敬诣安佑宫瞻礼泣述：

敕政官箴钦大法，惠民遗泽仰皇猷。忽焉四载违慈训，岁月忽忽倍引愁。

廿六日（8.20）

帝诣绮春园，问皇太后安。

闰七月

初三日（8.26）

帝诣绮春园，问皇太后安。

初四日（8.27）

帝幸静明园，诣龙神庙拈香。添派理藩院尚书穆彰阿恭办万年吉地工程。

初九日（9.1）

帝诣绮春园，问皇太后安。命大学士曹振镛充上书房总师傅。

十二日（9.4）

帝幸万寿山。

十五日（9.7）

奉三无私排演《问探》、《破谋》、《琴挑》、《打刀》、《拾金》等戏。

十六日（9.8）

帝诣绮春园，问皇太后安。

十八日（9.10）

奉旨：阿尔邦阿著管理清漪园等处事务。

廿一日（9.13）

帝幸万寿山，诣广润祠拈香。

廿三日（9.15）

帝诣绮春园，问皇太后安。

廿九日（9.21）

帝诣绮春园，问皇太后安。

八月

初一日（9.23）

秋分，夕月于西郊，遣肃亲王敬敏行礼。

初二日（9.24）

帝御勤政殿听政。

初三日（9.25）

大考翰林院詹事府各官于圆明园正大光明殿。

初四日（9.26）

帝诣绮春园，问皇太后安。

初五日（9.27）

帝诣大高殿行礼，回宫。

初八日（9.30）

祭大社、大稷，帝亲诣行礼。幸圆明园。诣绮春园，问皇太后安。

以万寿节御同乐园，赐皇子、王公大臣及蒙古王公等食。遣官祭黑龙潭昭灵沛泽龙王之神、玉泉山惠济慈佑灵濩龙王之神、昆明湖安佑普济沛泽广生龙王之神。遣官祭圆明园惠济祠、河神庙。

初十日（10.2）

万寿节。遣官祭太庙后殿。帝诣安佑宫行礼。诣绮春园，皇太后前行礼。御正大光明殿，皇子及王以下文武大臣官员、蒙古王公等行庆贺礼。御同乐园，赐皇子、王公大臣及蒙古王、贝勒等食。

晋封全妃为全贵妃，祥嫔为祥妃。《续纂通礼》书成，帝为之作序。

十二日（10.4）

帝奉皇太后幸同乐园，进膳。赐皇子、王公大臣及蒙古王、贝勒等食。

十三日（10.5）

帝诣安佑宫行礼。

十七日（10.9）

帝诣大高殿行礼，回宫。

十八日（10.10）

帝幸圆明园。诣绮春园，问皇太后安。

廿三日（10.15）

帝诣安佑宫行礼。御阅武楼，阅侍卫等骑射。

廿四日（10.16）

帝诣绮春园，问皇太后安。

廿六日（10.18）

帝御阅武楼，阅侍卫等骑射。

九月

初一日（10.22）

以尊藏仁宗睿皇帝实录、圣训于皇史宬，帝亲诣行礼。帝回宫。

初二日（10.23）

以恭送仁宗睿皇帝实录、圣训尊藏盛京，帝诣东华门外彩棚前行礼。

帝幸圆明园。诣绮春园，问皇太后安。

初三日（10.24）

帝御阅武楼，阅侍卫等骑射。

●御制御阅武楼观火器营操兵：

火器原无敌，高皇始建营。居安不忘武，练士务求精。

骑骋弓初满，旗开枪乍鸣。三军勇敢气，喜可备干城。

初四日（10.25）

帝御洞明堂，勾到新疆、云南、贵州、广东、广西情实罪犯。

初五日（10.26）

帝御阅武楼，阅火器营操。

初六日（10.27）

帝御洞明堂，勾到四川情实罪犯。

初七日（10.28）

帝诣绮春园，问皇太后安。御含辉楼，阅皇子及侍卫等骑射。晋封珍贵人为珍嫔。

初八日（10.29）

帝御阅武楼，阅侍卫骑射，翌日如之。

初十日（10.31）

帝御洞明堂，勾到福建、奉天、陕甘情实罪犯。

十三日（11.3）

帝诣绮春园，问皇太后安。御洞明堂，勾到湖广、安徽情实罪犯。

十六日（11.6）

帝御洞明堂，勾到江西、江苏情实罪犯。

十七日（11.7）

帝御勤政殿听政。

十九日（11.9）

帝诣绮春园，问皇太后安。

廿一日（11.11）

帝御洞明堂，勾到浙江、山东、山西情实罪犯。

廿四日（11.14）

帝御洞明堂，勾到河南、直隶、热河情实罪犯。

廿五日（11.15）

帝诣绮春园，问皇太后安。

廿八日（11.18）

帝诣大高殿行礼，回宫。

十月

初一日（11.21）

享太庙，帝亲诣行礼。

初二日（11.22）

帝幸圆明园。诣绮春园，问皇太后安。

初六日（11.26）

帝诣安佑宫行礼。

●御制皇考诞辰，敬诣安佑宫瞻礼述哀，叠癸未韵：

怆忆间容梦寐中，赓飏拜舞尽成空。瞻依暗堕思亲泪，罔极慈恩慕岂穷。

初八日（11.28）

帝奉皇太后幸同乐园，进膳。赐皇子及内廷王大臣食。

初九日（11.29）

帝御同乐园，赐皇子及内廷王大臣食。

初十日（11.30）

皇太后圣寿节。遣官祭太庙后殿、奉先殿。帝诣安佑宫行礼。诣绮春园，率皇子及王公大臣官员等行庆贺礼。奉皇太后幸同乐园，进膳。赐皇子及内廷王大臣食。南府太监于展诗应律承应庆节大戏。

十一日（12.1）

帝奉皇太后回宫。

十一月

初三日（12.22）

冬至。祀天于圜丘，遣瑞亲王绵忻恭代行礼。

初七日（12.26）

命停阅本年冰技，仍给半赏。

十一日（12.30）

阿尔邦阿、福森奏：遵旨于初九日前赴圆明园，会同总管太监吕进忠等查得，内殿库内现存金九百二十两七钱一分一厘，银二十三万五千二百三十二两九钱五分二厘八毫，一两重银锞二十五万二千九百五十九个。五钱重银锞十三万八千四百八十五个，金洋钱八十个，共重二十七两五钱，银洋钱七百七十个，共重五百五十五两二钱，制钱四十二贯。

内外膳房由圆明园往城内抬运家伙一百三十七抬，用苏拉二百七十五名，茶房抬运家伙三十五抬，用苏拉七十名，肉房抬运家伙二抬，用苏拉四名。

十四日（1825.1.2）

奉旨：英和等奏参圆明园该班之护军校应接班之日并未前往，殊属疏懈。所有误班之正黄旗蒙古委步军校佛保、镶红旗汉军委步军校孙世昌、镶蓝旗满洲步军校兴额特俱著交兵部议处。

廿四日（1.12）

命再于大高殿设坛祈雪，帝亲诣行礼。

内务府奏：酌增太监犯赌惩治则例五条。

廿七日（1.15）

帝诣大高殿祈雪坛行礼，时应宫拈香。

谕：向来宗室荫生未及岁者，俱不戴用四品顶戴，与满汉荫生未能画一。嗣后宗室内如有恩荫人员，无论年未及岁，俱著加恩一体戴用四品顶戴。

十二月

初一日（1.19）

帝诣大高殿祈雪坛行礼。

初九日（1.27）

总管内务府奏：淮关监督文连委员解银交圆明园银库。

道光五年　1825

正月

初一日（2.18）

帝诣奉先殿行礼。御乾清宫，赐皇子、亲藩等宴。

初三日（2.20）

谕：朕于二月二十日恭奉皇太后启銮，廿三日谒东陵。礼成后，朕于廿六日驻跸南苑，三月初二日回圆明园。

初八日（2.25）

总管内务府奏：据长芦盐政福珠隆阿呈称应解道光四年份盐政扣裁养廉银五千两，再请归公养廉银五千两，又运司、运同、运判扣裁养廉银七千一百二十两，又道光三年各项盈余银七千七百二十九两九钱三分九厘，共银二万四千八百四十九两九钱三分九厘，委员解交前来。查前项扣裁养廉并盈余银一万九千八百四十九两九钱三分九厘，向系交圆明园银库收贮，其再请归公养廉银五千两，向系交广储司银库收贮。惟银数无多，请旨一并交圆明园银库查收。

初九日（2.26）

帝诣大高殿行礼。幸圆明园，奉皇太后居绮春园。诣安佑宫行礼。

●御制新正九日幸圆明园即事：向例，新正祭辛后幸圆明园。本年因值次辛，先期诹吉，于初九日幸园，快雪清尘，旋即晴霁，允称吉事有祥。初十日仍回宫致斋，于大祀亦倍昭诚肃也。

缓辔西郊喜上春，绥来藩部庆芳辰。霏霏雪点千林晓，蔼蔼风和万象新。

一夕园居缘卜吉，三宵斋宿为逢辛。御湖候暖冰皆泮，好泛轻舟达碧津。

初十日（2.27）

帝诣昭显庙拈香，回宫。

十二日（3.1）

帝诣南郊斋宫斋宿。

十三日（3.2）

祈谷于上帝，帝亲诣行礼。幸圆明园。诣绮春园，问皇太后安。

本月十三日、十七日至二十日、廿二日、廿四日至廿八日，掌仪司往圆明园送祭祀糕，每日用苏拉四名，计十一日，共用苏拉四十四名。

十四日（3.3）

帝御奉三无私殿，赐皇子、亲藩等宴。御山高水长，赐王公大臣、蒙古王、贝勒、贝子、额驸、台吉及外藩使臣等食。翌日如之。

●御制上元前夕曲宴宗亲，即席成什：朕伯仪亲王年跻八袠，康强矍铄，领袖宗潢。兹歌行苇之篇，益喜灵椿之茂。俟届丙躔，秋耀即行，锡祉称觞，庆衍期颐，允属天家盛事。

宴启上元前一夕，亲联宗戚衍千龄。辉煌非藉灯檠灿，和煦遥分松竹青。

共沐恩波歌式好，凛承宝训望维屏。更欣接席椿年永，锡祉迎秋介寿星。

十五日（3.4）

上元节。帝诣安佑宫行礼。御正大光明殿，赐朝正外藩等宴，作乐赐酒，如除夕仪。

●御制上元日正大光明殿锡宴外藩喜成：

西北雄藩承世德，东南雁使奉前章。敬缵鸿猷钦耿烈，情联中外凛无忘。

十六日（3.5）

帝御正大光明殿，赐大学士、尚书等宴。

●御制上元后一日小宴廷臣，即席有作：

心存正大治光明，敬仰璿题寓意精。交泰一堂期一德，相随群彦尽群情。

都俞吁咈先无隐，礼乐兵刑贵在平。宴锡芳春歌乐恺，福延亿载巩皇清。

十七日（3.6）

奉旨：左翼税盈余银著交圆明园二万四百两，赏给广泰二百五十三两零。

由奉先殿往圆明园抬运供器等物用苏拉二名。

十八日（3.7）

帝奉皇太后幸含辉楼，赐皇子、亲藩、蒙古王、贝勒、贝子、公、额驸、台吉及外藩使臣等食。

奉旨：右翼税盈余银著交圆明园七千四百两，赏给明志二百五十六两零。

十九日（3.8）

帝奉皇太后幸同乐园，进膳。御山高水长，赐王公大臣、蒙古王、贝勒、贝子、公、额驸、台吉及外藩使臣等食。

廿二日（3.11）

帝幸万寿山。诣绮春园，问皇太后安。

●御制新春万寿山作：

胜地逢春雨露荣，芳妍景象喜新晴。澄清方寸涤尘垢，鉴止还思戒满盈。

廿三日（3.12）

孝圣宪皇后忌辰，遣官祭泰东陵。帝诣畅春园恩慕寺、恩佑寺行礼。

廿七日（3.16）

帝幸静明园，诣龙神庙拈香。

廿八日（3.17）

帝诣绮春园，问皇太后安。

谕：二月廿五日大阿哥、惠郡王前往驻围南苑，三月十五日回圆明园，著派总谙达阿那保随往，所有应行随往之散秩大臣侍卫等著交各该处照例奏派。

三十日（3.19）

帝诣大高殿行礼，回宫。

二月

初五日（3.24）

总管内务府奏：长芦盐政福珠隆阿委员解到山东盐当规银，交圆明园银库。

初六日（3.25）

谕：朕此次恭谒东陵，启銮后著派庄亲王绵课，大学士托津，尚书卢荫溥、汪廷珍留京办事。

初八日（3.27）

宫殿监督领侍太监魏进朝等奏：道光三年十二月初一日起至道光四年十一月三十日止，圆明园住共用红萝炭四万二百十五斤十五两、黑炭十九万一百五十七斤八两、煤十万九百五十三斤。

初九日（3.28）

本年内务府三院等处京察一等钦奉朱笔圈出人员名单有：绮春园郎中文景，清漪园六品职衔苑丞和赛布，清漪园笔帖式锡龄。

初十日（3.29）

祭大社、大稷，帝亲诣行礼。幸圆明园，诣绮春园，问皇太后安。

十二日（3.31）

遣官祭关帝庙。

十三日（4.1）

班禅额尔德尼遣使呈进贡物，赐敕褒奖，赏赉如例。

十六日（4.4）

帝诣绮春园，问皇太后安。御勤政殿听政。

十七日（4.5）

清明节。帝诣安佑宫行礼。

十八日（4.6）

帝奉皇太后回宫。

二十日（4.8）

帝奉皇太后启銮，谒东陵。是日，驻跸烟郊行宫。

廿二日（4.10）

遣官祭黑龙潭昭灵沛泽龙王之神、玉泉山惠济慈佑灵濩龙王之神、昆明湖安佑普济沛泽广生龙王之神。遣官祭圆明园惠济祠、河神庙。

廿三日（4.11）

帝恭谒昭西陵、孝陵、孝东陵、景陵、裕陵。回銮，驻跸桃花寺行宫。

廿四日（4.12）

谕：朕昨因祗谒东陵，见昭西陵、景陵及朱华山后身一带地方松林树枝，多有被虫蚀伤之处。风水重地，所种仪树海树，均关紧要。著继昌随时查看，设法捕捉，并严饬夫役人等，遇有松虫处所，立即剔取，务期净尽无遗，以昭整肃。

廿五日（4.13）

帝诣皇太后行宫问安，恭送皇太后还绮春园。

廿六日（4.14）

帝幸南苑。

三月

初一日（4.18）

帝回宫。

初三日（4.20）

帝幸圆明园。诣绮春园，问皇太后安。

初四日（4.21）

内阁奉上谕：中正殿事务著耆英管理，畅春园并咸安宫官学事务、紫禁城内值年俱著敬徵管理，造办处织染局花爆作俱著阿尔邦阿管理，营造司值年著穆彰阿管理。

初六日（4.23）

祭先蚕之神，皇后亲诣行礼。以兵部左侍郎耆英兼总管内务府大臣管三山事，内务府大臣阿尔邦阿管圆明园事，镶黄旗蒙古副都统英瑞管圆明园八旗内务府三旗官兵进班。

初十日（4.27）

帝回宫。

十三日（4.30）

帝诣大高殿行礼。幸圆明园，诣绮春园，问皇太后安。

●御制还圆明园作：

前朝甘泽已深滋，雨足云消霁更宜。郭外无尘杨乍绿，农家有庆麦堪期。

十七日（5.4）

帝幸静明园，诣龙神庙拈香。

●御制敬诣玉泉山龙神祠瞻礼：

浓云欣在望，澍雨喜知时。稼穑丰堪卜，京畿荷惠慈。

十八日（5.5）

帝诣安佑宫行礼。

十九日（5.6）

帝诣绮春园，问皇太后安。

廿三日（5.10）

奉旨：本年考试试差人员较多，著改于四月初六日在圆明园正大光明殿考试。

廿六日（5.13）

帝幸万寿山。诣绮春园，问皇太后安。

廿九日（5.16）

帝御含辉楼，阅侍卫等骑射。

两江总督魏元煜等奏：漕粮改由海运，经费甚巨，旗丁不谙海性，实觉窒碍难行。

三十日（5.17）

帝御含辉楼骑射。

●御制季春含辉楼马射：

绮春胜境御园南，电掣青骢驰骤谙。金埒鸣鞭矢中六，琼楼载咏月逢三。

本月

●御制养心室自箴：

圣功要道养其心，慎密操持欲莫侵。但使天君归淡寂，何虞人事淑骄淫。

曰诚曰敬时钦若，无怠无荒凛知临。谨守训言承考泽，旰宵劼毖矢微忱。

四月

初一日（5.18）

享太庙，命皇长子奕纬恭代行礼。帝诣时应宫、时显庙拈香，回宫。

初三日（5.20）

帝诣南郊斋宫斋宿。

初四日（5.21）

常雩，祀天于圜丘，帝亲诣行礼。幸圆明园，诣绮春园，问皇太后安。

初六日（5.23）

以本年乡试，考试应开列试差人员于圆明园正大光明殿。

十二日（5.29）

帝诣绮春园，问皇太后安。

十六日（6.2）

帝御勤政殿听政。

十七日（6.3）

内务府奏：拿获偷窃敬事房库物件之太监，审明定拟。得旨：此案普明身充匠役，胆敢同太监范二顺偷窃敬事房库贮物件至二十余次之多，照例准徒五年，殊觉情浮于法。即照内务府所拟，发往吉林充当苦差，仍枷号一个月。

十八日（6.4）

帝奉皇太后幸同乐园，进膳。

十九日（6.5）

帝诣大高殿行礼，回宫。

二十日（6.6）

帝御太和殿视朝，王以下文武升转各官谢恩。帝幸圆明园。

廿二日（6.8）

帝幸静明园，诣龙神庙拈香。

廿四日（6.10）

帝诣绮春园，问皇太后安。廿九日亦如之。

五月

初三日（6.18）

孝诚仁皇后忌辰，遣官祭景陵。

初四日（6.19）

帝诣大高殿行礼，回宫。

初七日（6.22）

夏至，祭地于方泽，帝亲诣行礼。幸圆明园。诣绮春园，问皇太后安。

初八日（6.23）

谕：我朝家法严明，从不准太监与外人交结，至差往各省之事，尤从来所未有。前据张师诚等于浒墅关盘获在逃太监马长喜，竟敢假冒顶戴，捏写奉旨进香，黄旗标插坐船。似此招摇恣肆，更非潜踪混迹者可比，沿途文武各员，何竟毫无闻见。著通谕直省各督抚，严饬所属，凡遇通缉在逃太监，务当认真缉拿，若有称奉差等事，无论已未犯法，立即锁拿奏明惩办。倘再失于查拿，定将该犯经过之地方官严惩不贷。

十二日（6.27）

帝幸万寿山，诣广润祠拈香。

十三日（6.28）

遣官祭关帝庙。

十六日（7.1）

帝诣绮春园，问皇太后安。

十七日（7.2）

皇后千秋节。宫内行礼如仪，停止筵宴及在外福晋、命妇行礼。

廿一日（7.6）

帝幸静明园，诣龙神庙拈香。

廿二日（7.7）

帝诣绮春园，问皇太后安。

廿六日（7.11）

帝御勤政殿听政。

廿九日（7.14）

帝诣绮春园，问皇太后安。

六月

初一日（7.16）

新授两江总督琦善谢恩。得旨：速赴新任，加慎加勉，以副委任。

初五日（7.20）

帝诣绮春园，问皇太后安。

谕：本年恭遇圣母皇太后五旬万寿，普天同庆，王公百官著自十月初六日至十五日俱穿蟒袍补褂。

初七日（7.22）

帝幸静明园，诣龙神庙拈香。

十二日（7.27）

帝诣绮春园，问皇太后安。十八日、廿五日亦如之。

廿七日（8.11）

帝诣大高殿行礼，回宫。

七月

初一日（8.14）

享太庙，帝亲诣行礼。幸圆明园，诣绮春园，问皇太后安。

初三日（8.16）

帝御勤政殿听政。

初四日（8.17）

帝幸静明园，诣龙神庙拈香。

初八日（8.21）

帝诣绮春园，问皇太后安。十一日亦如之。

十五日（8.28）

中元节。帝诣安佑宫行礼。

十六日（8.29）

帝诣绮春园，问皇太后安。

十九日（9.1）

帝幸万寿山，诣广润祠拈香。

廿三日（9.5）

帝诣绮春园，问皇太后安。

廿五日（9.7）

仁宗睿皇帝忌辰，遣官祭昌陵。帝诣安佑宫行礼。

●御制七月廿五日皇考忌辰，敬诣安佑宫瞻礼述哀：

违侍慈颜五度秋，逢时不禁泪交流。兢兢莅政遵彝训，亹亹持躬凛大猷。

廿九日（9.11）

帝诣绮春园，问皇太后安。

八月

初一日（9.12）

帝诣大高殿行礼，回宫。

初二日（9.13）

遣官祭黑龙潭昭灵沛泽龙王之神、玉泉山惠济慈佑灵濩龙王之神、昆明湖安佑普济沛泽广生龙王之神。遣官祭圆明园惠济祠、河神庙。

初五日（9.16）

帝幸圆明园。诣绮春园，问皇太后安。

初八日（9.19）

帝诣绮春园，问皇太后安。御同乐园，赐皇子、王公大臣及蒙古王、贝勒等小食。晋封珍嫔为珍妃。

初九日（9.20）

帝诣绮春园，问皇太后安。

初十日（9.21）

万寿节。帝诣安佑宫行礼。诣绮春园，皇太后前行礼。御正大光明殿，皇子及王以下文武大臣官员、蒙古王公并越南国使臣等行庆贺礼。御同乐园，赐皇子及王以下文武大臣、蒙古王公并越南国使臣等食。

十二日（9.23）

秋分，夕月于西郊，遣顺承郡王春山行礼。

十三日（9.24）

帝诣安佑宫行礼。诣绮春园，问皇太后安。

十七日（9.28）

帝诣绮春园，问皇太后安。

二十日（10.1）

帝幸万寿山。

廿三日（10.4）

世宗宪皇帝忌辰，遣官祭泰陵。帝诣安佑宫行礼。

廿五日（10.6）

帝诣绮春园，问皇太后安。

九月

初一日（10.12）

礼部奏：十月初十日皇太后五旬圣寿节应行礼仪。得旨：照例行礼筵宴。

初二日（10.13）

帝诣绮春园，问皇太后安。

初三日（10.14）

帝诣绮春园，问皇太后安。御洞明堂，勾到新疆、云南、贵州、广东情实罪犯。

初五日（10.16）

帝诣绮春园，问皇太后安。

初八日（10.19）

帝御洞明堂，勾到四川情实罪犯。

准琦善等奏，将苏松常镇太四府一州应征道光五年漕粮，全由山海道运津。

初九日（10.20）

帝诣绮春园，问皇太后安。

十二日（10.23）

帝御洞明堂，勾到广西、福建、陕甘情实罪犯。

十四日（10.25）

帝诣绮春园，问皇太后安。御含辉楼，阅皇子及侍卫等骑射。

十七日（10.28）

帝御洞明堂，勾到奉天、湖广、浙江情实罪犯。

十八日（10.29）

帝御勤政殿听政。

十九日（10.30）

帝诣绮春园，问皇太后安。御洞明堂，勾到江西、江苏、安徽情实罪犯。奉旨：此次翻译乡试中式举子，著于本月廿四日在圆明园正大光明殿覆试。

廿一日（11.1）

帝御洞明堂，勾到山东、山西情实罪犯。

廿二日（11.2）

帝幸静明园，诣龙神庙拈香。

廿四日（11.4）

帝御洞明堂，勾到河南、直隶、热河情实罪犯。

廿五日（11.5）

帝诣绮春园，问皇太后安。

廿七日（11.7）

孝慈高皇后忌辰，遣官祭福陵。帝诣大高殿行礼，回宫。

十月

初一日（11.10）

享太庙，帝亲诣行礼。遣官祭历代陵寝。

初二日（11.11）

帝幸圆明园。诣绮春园，问皇太后安。

初三日（11.12）

谕：奉皇太后懿旨，本月初十日停止行礼，自应敬谨遵行。本年为圣母五旬万寿，率土胪欢，在廷诸臣自当恭申叩祝。所有王公一二品大臣，是日俱著在绮春园二宫门外行礼，三品以下各员，是日俱著在午门外行礼。

初五日（11.14）

总管内务府奏：据长芦盐政福珠隆阿委员解到山东盐当规银五千二百六十八两一钱五分五厘，查此项银两向系奏交圆明园银库查收在案。

初六日（11.15）

帝诣安佑宫行礼。诣绮春园，问皇太后安。

初七日（11.16）

总管内务府呈报静宜园等处现存陈设数目清单。静宜园现存陈设御笔臣工字画、金银玉铜佛等四万一千二百七十四件、清漪园现存陈设四万四十一件、静明园现存陈设二万四千二百十七件。

初八日（11.17）

帝御同乐园，赐皇子及内廷王大臣等食，至十一日皆如之。

初九日（11.18）

帝御同乐园，赐皇子及内廷王大臣等小食。

初十日（11.19）

皇太后五旬圣寿节。遣官祭太庙后殿、奉先殿。帝率皇子、王大臣诣绮春园，行庆贺礼，众官于午门外行礼。帝侍皇太后早晚膳。

十一日（11.20）

帝御同乐园，赐皇子及内廷王大臣等小食。

十二日（11.21）

帝诣安佑宫行礼。

十三日（11.22）

帝诣大高殿、寿皇殿行礼，奉皇太后回宫。

十八日（11.27）

帝诣昭显庙拈香。

廿三日（12.2）

帝幸皇长子奕纬所进膳。

十一月

初七日（12.16）

总管内务府呈报清漪园现存陈设清单：御笔字、臣工字画、墨刻书籍册页手卷六千一百九十二件，玉银铜磁石佛一千八百八十尊，镌胎增胎画像佛一万八千八百九十八尊，米珠白玉珊瑚蜜蜡催生石木子朝珠念珠十盘，金银玉铜磁玻璃漆木象牙绢供器一千九百六十三件，玉器五百十七件，铜器七百六十三件，磁器七百七件，自鸣钟容镜犀角器六十四件，如意冠架扇子痰盆八百一件，宫扇刀剑盆景玻璃锡挂屏三百六十二件，漆木笔筒石砚八十三件，柜格匣盒都盛盘一千十三件，漆木插屏挂屏五百六十二件，漆木炉瓶盒盘碗碟六十五件，漆木龛案绣墩香几二千一百五十三件，坐褥靠背迎手垫子毡片二千七百七十九件，缎布帘幔刷子凉席一千二百二十七件，凉车炮车二辆，以上共存陈设四万四十一件。

初九日（12.18）

奉旨：穆彰阿现在丁忧，所管雍和宫事务、清漪园等处，俱仍著禧恩署理。管理上驷院事务，仍著奕绍署理。武英殿御书处，仍著敬征署理。咸安宫蒙古官学、唐古忒学、托忒学事务，著托津署理。

十二日（12.21）

帝诣南郊斋宫斋宿。

廿二日（12.31）

命于大高殿设坛祈雪，帝亲诣行礼。

廿四日（1826.1.2）

帝诣大高殿祈雪坛谢雪。

十二月

初一日（1.8）

帝诣大高殿拈香。

初二日（1.9）

严定私入陵寝重地偷牲失火例。凡私入红桩火道以内偷打牲畜，为首者，枷号两个月，满日改发极边烟瘴充军；为从，枷号一个月，杖一百，徒三年。若因偷牲失火以致延烧草木，为首者，枷号两个月，满日发遣新疆，酌拨种地当差；为从，枷号一个月，杖一百，徒三年。如延及殿宇墙垣，为首者，绞监候；为从，杖一百，流三千里。

初十日（1.17）

总管内务府奏：淮关监督文连委员解到余存办公节省养廉银一万四千一百七两二钱，照例请旨交圆明园银库收贮。

十三日（1.20）

命于大高殿设坛祈雪，帝亲诣行礼。

十九日（1.26）

禧恩、耆英、福森为循例陈设汇总奏闻：查得道光四年十二月初三日起至五年十二月十五日止，所有清漪园、静明园遵旨添安陈设字画十一件、撤去陈设字画八件，内清漪园由懋勤殿交御笔字八张、臣工字一张，静明园由懋勤殿交御笔字挂屏二件。

廿五日（2.1）

谕：朕于明年二月廿二日自圆明园启銮，廿六日恭谒泰陵、泰东陵、昌陵。礼成后回銮，于廿九日还圆明园。

廿九日（2.5）

祫祭太庙，帝亲诣行礼。遣官祭太岁之神。

道光六年　1826

正月

初一日（2.7）

帝御乾清宫，赐皇子、亲藩等宴。

初二日（2.8）

帝御重华宫，茶宴廷臣及内廷翰林。

初六日（2.12）

总管内务府奏：长芦盐政福珠隆阿委员解来扣裁养廉及盈余银两共二万五千一百九十六两一钱八分三厘，应请照上年奏准成案，一并交圆明园银库收贮。

初九日（2.15）

祈谷于上帝，帝亲诣行礼。幸圆明园。奉皇太后居绮春园。诣安佑宫行礼。

●御制新正九日雪中至圆明园喜成：向例，新正幸园必具卤薄作乐。盖献岁发春，所以迓吉祥也。本年初十日孟春时享太庙，初九日仍在三日斋戒期内，故羽仗依然，乐则暂停不作，以昭诚悫。

礼蒇南郊路指西，上春施惠旧章稽。晶莹雪色芳园好，隐约云光远岫齐。

羽仗依然暂停乐，湛恩浃洽总承禔。一鞭广陌皆含润，惬意青骢锐耳批。

●御制临幸御园之日，瑞雪载途，丰年有象，敬感天恩，续成七言八韵，以志欣庆：

客冬拜祷未承贶，快睹祥霙大祀时。向夕浓云方复叠，通宵瑞雪畅敷施。

占丰最是无声玉，志喜何须禁体诗。素积千林尘不起，欢腾四野麦全滋。

初十日（2.16）

帝诣绮春园，问皇太后安。享太庙，遣睿亲王端恩恭代行礼。遣官祭太岁之神。

十二日（2.18）

谕：庆敏、哈当阿著调补管理圆明园八旗内务府三旗官兵进班。其健锐营事务，除庄亲王绵课、载铨、吉勒通阿、富僧德照常管理外，仍派赛冲阿管理该营事务，托恩多、音登额、阿勒罕保无庸管理。其火器营事务，著定亲王奕绍、玛呢巴达喇、特依顺保、阔凌阿照常管理，庆敏、奕经、敬效、哈当阿、盛福无庸管理。所有派出管理健锐、火器两营之王大臣等，务须常川轮往该处，认真训练官兵，俱无庸进班。所有管理圆明园官兵之大臣等，仍著照例进班。

十四日（2.20）

帝御奉三无私殿，赐皇子、亲藩等宴。御山高水长，赐王公大臣、蒙古王、贝勒、贝子、公、额驸、台吉及外藩使臣等食，翌日如之。

●御制上元前夕曲宴亲藩：朕伯仪亲王本年八十有一，精神益固，步履如常。当兹曲宴新韶，一堂联咏，歌棣华之韡韡，庆瓜瓞之绵绵，允属天家盛事。

谊笃惇宗设绮筵，欣逢春雪助春妍。一堂联咏情无尽，亿叶承恩喜更延。

十五日（2.21）

上元节。帝诣安佑宫行礼。御正大光明殿，赐朝正外藩等宴，作乐赐酒，如除夕仪。

●御制上元日观灯即事：

烟浓似月还如电，焰急维鱼更化龙。惠洽诸藩殷抚字，弥增乾惕旧章宗。

十六日（2.22）

帝御正大光明殿，赐大学士、尚书等宴。

●御制上元后一日小宴廷臣即席示意：

一德冲融欣默契，万几参综惧难周。敦崇朴实除虚伪，风化还淳互勉修。

十七日（2.23）

奉旨：右翼税盈余银著交圆明园七千四百两，赏给奎照二百六十一两零。左翼税盈余银著交圆明园二万四百两，赏给昇寅二百八十三两零。

十八日（2.24）

帝诣绮春园，问皇太后安。

十九日（2.25）

帝御山高水长，赐王公大臣、蒙古王、贝勒、贝子、公、额驸、台吉及外藩使臣等食。

廿二日（2.28）

帝幸万寿山。

廿三日（3.1）

孝圣宪皇后忌辰，遣官祭泰东陵。帝诣畅春园恩慕寺、恩佑寺行礼。

廿四日（3.2）

帝诣绮春园，问皇太后安。

廿七日（3.5）

帝幸静明园，诣龙神庙拈香。

廿八日（3.6）

谕：大阿哥、惠郡王于二月二十日赴南苑驻围，三月十五日回圆明园，普恭、特依顺保著充为总谙达，轮班随驻。所有应行随往之散秩大臣、侍卫等，著各该处照例奏派。

三十日（3.8）

帝诣大高殿行礼，回宫。

本月

●御制九洲清晏即事：

承基匆为一人奉，驭众先期九宇安。礼制心而义制事，天君静泰我生观。

●御制清漪园即景：

春园晓策玉花骢，霁色晴明净碧空。雪积山腰犹带润，冰浮湖面未全融。

●御制勤政殿述志：

黾勉承鸿业，钦瞻祖考勤。任人先克己，布政贵多闻。

謇謇登无隐，孜孜念惜分。励襄期一德，兢惕凛为君。

二月

初四日（3.12）

遣官祭黑龙潭昭灵沛泽龙王之神、玉泉山惠济慈佑灵濩龙王之神、昆明湖安佑普济沛泽广生龙王之神。遣官祭圆明园惠济祠、河神庙。

初六日（3.14）

祭大社、大稷，帝亲诣行礼。

初八日（3.16）

帝幸圆明园。诣绮春园，问皇太后安。

初十日（3.18）

总管内务府奏：长芦盐政福珠隆阿委员解到山东盐当规银交圆明园银库。

十一日（3.19）

孝康章皇后忌辰，遣官祭孝陵。帝回宫。

十三日（3.21）

春分，朝日于东郊，帝亲诣行礼。诣东岳庙拈香。幸圆明园，诣绮春园，问皇太后安。

十六日（3.24）

帝御勤政殿听政。命吏部尚书文孚管健锐营事，兵部尚书玉麟管圆明园八旗内务府三旗官兵。宗人府宗令庄亲王绵课因病解任，以惇亲王绵恺为宗人府宗令。

十七日（3.25）

命总管内务府大臣广泰管清漪园事。

廿一日（3.29）

帝诣绮春园，问皇太后安。

廿二日（3.30）

帝自圆明园启銮，谒西陵。

廿六日（4.3）

帝回銮，驻跸秋澜行宫。

廿九日（4.6）

帝还圆明园。诣绮春园，问皇太后安。

三月

初四日（4.10）

帝诣大高殿行礼，回宫。

初六日（4.12）

帝耕耤，诣先农坛行礼。幸圆明园，诣绮春园，问皇太后安。

初八日（4.14）

帝御阅武楼，阅大员子弟骑射。

初十日（4.16）

总管内务府奏：昆明湖战船二只现俱糟朽，奉旨裁撤水师营。其应裁实缺千总三员、委署千总四员、委署把总四员，均请拨在昆明湖轮流看守，交巡捕中营将官稽查。不占巡捕营之缺，遇有缺出，即行裁汰。其水手四十名，俟御船处、奉宸苑等处有闸军、水手缺出，分别充补。昆明湖以西，原有该员弁等居住官房一百二十六间，向系健锐营经管，拟请仍令居住。查此项官房，与静明园附近，应请嗣后即交该园官员经管。遇有坍塌，无庸官为修理，令其自行修葺，并著该管官员不时稽查，勿致拆毁，以专责成。其战船木料，另派员前往拆卸，请就近交圆明园存贮备用。允之。

十二日（4.18）

帝诣绮春园，问皇太后安。

十三日（4.19）

帝御含辉楼，阅侍卫骑射。

十七日（4.23）

帝幸静明园，诣龙神庙拈香。

●御制敬诣玉泉山龙神祠瞻礼：

春孟饶甘泽，春深未续沾。敬祈滋畎亩，伫望惠闾阎。

十八日（4.24）

帝诣安佑宫行礼。

廿一日（4.27）

谕：庶吉士散馆，著于四月初六日在圆明园正大光明殿考试。

廿二日（4.28）

奉旨：此次宗室会试中式贡士，著于本月廿六日在圆明园正大光明殿覆试。

廿三日（4.29）

帝诣绮春园，问皇太后安。

廿四日（4.30）

帝幸万寿山，诣广润祠拈香。

廿七日（5.3）

帝御含辉楼骑射，并阅皇子及侍卫骑射。

廿八日（5.4）

帝御勤政殿听政。

廿九日（5.5）

帝诣绮春园，问皇太后安。

本月

查奉宸苑里河闸军三百十九名、清漪园等处闸军一百七十一名，每月各食钱粮银一两、米五斗。俟该二处闸军出有二缺，充补该委署把总一人，俟补闸军后再行裁汰原饷。该弁等遇有事故出缺，将闸军之缺即以该弁等子弟按缺挑补，仍归本处当差，以符原额。其水手四十名，每月各食钱粮银二两一钱七分五厘、米六斗，仍食原饷，分拨奉宸苑、清漪园等处当差。俟该二处闸军出有二缺，充补该水手一人，俟补闸军后再将原饷裁汰。该弁等遇有事故出缺，以该弁等子弟按缺挑补，即在本处当差，以符定额。

四月

初一日（5.7）

享太庙，遣睿亲王端恩恭代行礼。帝诣时应宫、昭显庙拈香，回宫。

初二日（5.8）

命定亲王奕绍带领侍卫十员，往奠故庄亲王绵课茶酒，赏银五千两治丧，予祭葬，谥曰襄。

初三日（5.9）

帝诣南郊斋宫斋宿。

初四日（5.10）

常雩，祀天于圜丘，帝亲诣行礼。幸圆明园，诣绮春园，问皇太后安。

初七日（5.13）

晋封静贵人为静嫔。

十一日（5.17）

命于十三日在黑龙潭、觉生寺设坛祈雨。

十三日（5.19）

帝诣黑龙潭神祠拈香，命皇长子奕纬、瑞亲王绵忻分诣觉生寺、宣仁庙拈香。

●御制敬诣黑龙潭龙神祠祈雨：

春雨未沾足，诚祈寸虑驰。灵潭申祷祝，渥泽企敷施。

望麦耕耘候，瞻云早夜思。叩天惠黎庶，畎亩待蕃滋。

十七日（5.23）

孝端文皇后忌辰，遣官祭昭陵。帝诣绮春园，问皇太后安。

廿一日（5.27）

策试天下贡士王庆元等二百六十五名于保和殿。

廿四日（5.30）

帝临故庄襄亲王绵课第赐奠，回宫。

廿五日（5.31）

帝至太和殿传胪，赐一甲朱昌颐、贾桢、帅方尉三人进士及第，二甲麟魁等一百十人进士出身，三甲熊炳离等一百五十二人同进士出身。幸圆明园。诣绮春园，问皇太后安。

廿七日（6.2）

帝幸静明园，诣龙神庙拈香。

五月

初二日（6.7）

帝诣绮春园，问皇太后安。

初四日（6.9）

引见新科进士。

初五日（6.10）

帝奉皇太后幸同乐园。

初九日（6.14）

帝诣绮春园，问皇太后安。

十一日（6.16）

帝诣绮春园，问皇太后安。御勤政殿听政。

十四日（6.19）

帝诣大高殿行礼，回宫。

十七日（6.22）

夏至，祭地于方泽，帝亲诣行礼。幸圆明园，诣绮春园，问皇太后安。

廿一日（6. 26）

帝幸静明园，诣龙神庙拈香。

廿三日（6. 28）

孝恭仁皇后忌辰，遣官祭景陵。

廿九日（7. 4）

以失查护军怀他布叩阍事。奉旨：委护军参领佛明阿、富明阿著各罚俸一年，营总英泰、护军参领浓伊布著各罚俸六个月，管理圆明园事务大臣禧恩、玉麟、敬徵、英瑞、庆敏、常喜、哈当阿、博克顺、富兰著各罚俸三个月，俱不准抵销。

六月

初二日（7. 6）

帝诣绮春园，问皇太后安。初八日亦如之。

初十日（7. 14）

内务府奏：逃走太监治罪例：初次逃走投回，责六十，送进当差，减食五钱赏银一年。被获及二次逃走，俱系投回，责六十，发吴甸铡草一年。二次逃走，内有一次投回，责八十，发吴甸铡草一年半。俱系被获，责一百，发吴甸铡草二年。三四五次逃走，无论投回被获，均责一百，三次者发吴甸铡草三年，四次四年，五次五年。铡草未满年限逃走及五年期满，交进后复行逃走，无论投回被获，俱永远枷号。从之。

十六日（7. 20）

帝诣绮春园，问皇太后安。

十八日（7. 22）

谕军机大臣等：京师自六月初七日起，雨势未已。永定河为众流汇注，现当大雨时行，并闻桑干河长水五尺有余，恐致盛涨。民田庐舍，所关匪细，必须加意保护。

廿一日（7. 25）

帝幸静明园，诣龙神庙拈香。

廿三日（7. 27）

帝诣绮春园，问皇太后安。

廿六日（7. 30）

帝御勤政殿听政。

廿八日（8. 1）

帝诣大高殿行礼，回宫。

七月

初一日（8. 4）

享太庙，帝亲诣行礼。幸圆明园，诣绮春园，问皇太后安。

初四日（8. 7）

帝幸万寿山，诣广润祠拈香。

初七日（8.10）

帝诣绮春园，问皇太后安。

十一日（8.14）

帝幸静明园，诣龙神庙拈香。礼部奏：八月初十日万寿节应行礼仪。得旨：照例行礼，停止筵宴。

十四日（8.17）

帝诣绮春园，问皇太后安。

十五日（8.18）

中元节。帝诣安佑宫行礼。

廿一日（8.24）

谕：张格尔勾结布鲁特并喀什噶尔回众变乱，现在贼势甚众，断非六七千兵力所能痛剿，亦未得喀什噶尔、叶尔羌、英吉沙尔实在信息。著长龄等候大兵云集，会合前进。现已饬宁夏将军格布舍带兵二千名，前赴哈密驻扎。杨遇春带领陕甘兵五千五百名，计八月中旬可抵哈密，相机堵剿。另谕吉林将军富俊、黑龙江将军禄成挑选吉林、黑龙江兵各一千名，派副都统带兵，不日前赴军营。谕武隆阿来京陛见，即令带巴图鲁侍卫前往会办。

廿二日（8.25）

帝幸万寿山。诣绮春园，问皇太后安。命御前大臣、领侍卫内大臣于三旗侍卫、前锋参领、护军参领、护军校内拣选年壮技优者七八十员，带领引见。简派三十员，发往回疆军营差遣。

廿四日（8.27）

谕：现授大学士长龄为扬威将军，剿办逆回，军营大小官员悉听节制。派杨遇春、武隆阿俱为钦差大臣，参赞军务。德英阿速赴伊犁参赞之任，长龄将将军印务交德英阿署理，即前往督办军务。

廿五日（8.28）

仁宗睿皇帝忌辰，遣官祭昌陵。帝诣安佑宫行礼。

廿六日（8.29）

命管理火器营、健锐营王大臣等会同参赞大臣武隆阿于两营内各选兵一百名，并章京数员，随往回疆军营差遣。

廿八日（8.31）

帝诣绮春园，问皇太后安。

八月

初二日（9.3）

参赞大臣武隆阿率巴图鲁侍卫章京等陛辞，帝御出入贤良门训示方略。

初四日（9.5）

帝诣绮春园，问皇太后安。

初六日（9.7）

帝诣大高殿行礼，回宫。

初七日（9.8）

遣官祭黑龙潭昭灵沛泽龙王之神、玉泉山惠济慈佑灵濩龙王之神、昆明湖安佑普济沛泽广生龙王之神。遣官祭圆明园惠济祠、河神庙。

初九日（9.10）

帝幸圆明园。诣绮春园，问皇太后安。

初十日（9.11）

万寿节。遣官祭太庙后殿。帝诣安佑宫行礼。诣绮春园，皇太后前行礼。御正大光明殿，皇子及王以下文武大臣官员、蒙古王公等行庆贺礼。幸同乐园，赐皇子、内廷王公大臣及蒙古王、贝勒等食。

十二日（9.13）

帝奉皇太后幸同乐园，赐皇子、内廷王公大臣及蒙古王、贝勒等食。

十三日（9.14）

帝诣安佑宫行礼。

参赞大臣杨遇春奏准：统计现调大兵一万八千五百名，用剿即不敷防，留防又不敷剿，请添调西安满兵一千名，固原、甘肃提属，延绥、宁夏、西安、肃州、凉州镇属各兵共六千一百名及四川附近陕甘标营添调三千名，统共续添兵一万一百名，以资进剿。

十四日（9.15）

帝奉皇太后幸同乐园，赐皇子及王以下文武大臣、蒙古王公等食。

十六日（9.17）

帝诣绮春园，问皇太后安。

十七日（9.18）

帝幸静明园，诣龙神庙拈香。

廿二日（9.23）

秋分，夕月于西郊，遣惇亲王绵恺恭代行礼。

廿三日（9.24）

世宗宪皇帝忌辰，遣官祭泰陵。帝诣安佑宫行礼。

廿四日（9.25）

帝诣绮春园，问皇太后安。

廿七日（9.28）

帝御含辉楼，阅侍卫骑射。

九月

初一日（10.1）

新授巡捕中营副将谢麟奏：为奉旨补授巡捕中营副将管理圆明园等五汛地方谢恩。

初二日（10.2）

帝诣绮春园，问皇太后安。帝御勤政殿听政。

初三日（10.3）

帝幸南苑。

初九日（10.9）

帝还圆明园。诣绮春园，问皇太后安。

十二日（10.12）

帝御洞明堂，勾到新疆、云南、贵州、广西情实罪犯。

十四日（10.14）

帝幸静明园，诣龙神庙拈香。

十六日（10.16）

帝诣绮春园，问皇太后安。

十九日（10.19）

帝御洞明堂，勾到四川情实罪犯。

廿一日（10.21）

帝诣绮春园，问皇太后安。

廿五日（10.25）

调宁夏将军格布舍为乌里雅苏台将军，西安将军庆山为宁夏将军，福州将军萨炳阿为西安将军，广州将军果齐斯欢为福州将军，以前任镶红旗汉军都统庆保为广州将军。

廿六日（10.26）

帝御洞明堂，勾到广东、福建、陕甘情实罪犯。

廿七日（10.27）

孝慈高皇后忌辰，遣官祭福陵。帝诣绮春园，问皇太后安。

廿八日（10.28）

帝诣大高殿行礼，回宫。

十月

初一日（10.31）

享太庙，帝亲诣行礼。

初二日（11.1）

帝幸圆明园。诣绮春园，问皇太后安。

初六日（11.5）

帝诣安佑宫行礼。

初七日（11.6）

帝诣绮春园，问皇太后安。

初九日（11.8）

帝奉皇太后幸同乐园，进膳。赐皇子及内廷王大臣等食，至十一日皆如之。

初十日（11.9）

皇太后圣寿节。遣官祭太庙后殿、奉先殿。帝率皇子、王公大臣、官员诣绮春园，行庆贺礼。

十二日（11.11）

帝诣安佑宫行礼。诣绮春园，问皇太后安。

十三日（11.12）

帝诣大高殿、寿皇殿行礼，奉皇太后回宫。

十四日（11.13）

以失察已革园户谢全住偷窃悦心殿座钟一事，将该管官员议处。

二十日（11.19）

帝御太和殿传胪，赐中式武举一甲李相清、崔连魁、丁麟兆三人武进士及第，二甲张琴堂等五人武进士出身，三甲周自超等二十三人同武进士出身。

廿二日（11.21）

帝奉皇太后幸瀛台，进膳。御乾清门听政。

廿三日（11.22）

皇次子奕纲生。

廿五日（11.24）

帝诣时应宫拈香。

十一月

初五日（12.3）

谕：著传知奏事官，如各省将军督抚等有因诞生皇子呈递贺折者，即行驳回，不准接收。

十三日（12.11）

圣祖仁皇帝忌辰，遣官祭景陵。帝诣寿皇殿行礼。

廿三日（12.21）

帝诣南郊斋宫斋宿。

廿四日（12.22）

冬至，祀天于圜丘，帝亲诣行礼。停次日朝贺。

十二月

初一日（12.29）

帝诣大高殿行礼。

谕：我朝宗支蕃衍，皇祖高宗纯皇帝亲见曾元，以永、绵、奕、载四字依次命名。朕惟瓜绵椒衍，卜世延长，特命大学士、军机大臣续拟十字，传之云仍，引用勿替。经朕选用溥、毓、恒、启四字，载字辈分以下，按序命名。近支宗室内奉字辈，即著改用溥字。其余六字，存记备用。

初二日（12.30）

封贝勒永琦子绵巃、永鋆子绵浸镇国公；永康子绵兴一等辅国将军；肃亲王敬敏子华庄、庄襄亲王绵课子奕睿二等辅国将军；郑亲王乌尔恭阿子肃和、端华、庄襄亲王绵课子奕腆镇国将军；禧恩子荣寿三等辅国将军；奉国将军哲凤子奎乐奉国将军；辅国将军爱仁子恩至三等奉国将军；贝勒永鋆子绵洵、绵瀞、绵淩奉国将军；哲麟子奎升奉恩将军；辅国将军绵命子奕俊三等奉恩将军。赏肃和二等侍卫，绵巃、绵浸、绵瀞三等侍卫。

初四日（1827. 1. 1）

帝诣时应宫拈香。

十一日（1. 8）

帝诣大高殿行礼，时应宫拈香。

十六日（1. 13）

以乾清门侍卫奕纪为奉宸苑卿。

廿一日（1. 18）

帝御宁寿宫，赐王大臣及蒙古王公、贝勒等食，并赏赉有差。

廿二日（1. 19）

帝诣大高殿行礼。

廿八日（1. 25）

袷祭太庙，帝亲诣行礼。

道光七年　1827

正月

初一日（1. 27）

帝诣奉先殿行礼。御乾清宫，赐皇子、亲藩等宴。

初二日（1. 28）

帝御重华宫，茶宴廷臣及内廷翰林。

初六日（2. 1）

帝诣大高殿行礼。幸圆明园，奉皇太后居绮春园。诣安佑宫行礼。

●御制新正幸圆明园作：

心萦万里频宣谕，泽洽三春早息兵。侍从藩王接语笑，德含中外沐恩宏。

初七日（2. 2）

帝诣绮春园，问皇太后安。总管内务府奏：长芦盐政阿扬阿委员解交各项盈余银至圆明园银库。

初九日（2. 4）

享太庙，遣皇长子奕纬恭代行礼。是日立春，顺天府进土牛春山宝座。

初十日（2. 5）

帝御奉三无私殿，赐皇子、亲藩等宴。

●御制新正十日曲宴宗亲，即席有作：

欲广身阶谘众议，毋听耳语惑主知。矢公矢慎邦基固，执法由来在屏私。

十二日（2. 7）

帝回宫。

十三日（2. 8）

重定蒙古王公元旦朝贺班次。蒙古汗、王、贝勒、贝子、公仍照旧入于内地王公之次行礼，其扎萨克台吉以下，著按品级列于东边行礼内地大臣官员各排之次。其各部落回子伯克土司等，著另为一班列于西边行礼内地官员之末。如遇廓尔喀年班来京，按照向来班次，列于回子伯克土司之末。著理藩院先期于司员内择其熟谙典礼，并通晓蒙古语者，每项派出二员，届期带领行礼。

十四日（2.9）

帝诣南郊斋宫斋宿。

十五日（2.10）

上元节。祈谷于上帝，帝亲诣行礼。幸圆明园，诣绮春园，问皇太后安。晋封静嫔博尔济吉特氏为静妃。御山高水长，赐王公大臣、蒙古王、贝勒、贝子、公、额驸、台吉及外藩使臣等食，翌日如之。南府太监于展诗应律承应庆节大戏。

●御制上元日观灯喜成：

掀飏迸裂声初震，灼烁奔腾势若飞。好是春园新霁后，乘时施惠巩邦畿。

十六日（2.11）

帝御正大光明殿，赐朝正外藩等宴，作乐赐酒，如除夕仪。

十七日（2.12）

帝御正大光明殿，赐大学士、尚书等宴。

●御制上元后二日小宴廷臣，即事：

御苑风光尽向荣，华筵岁举进公卿。运筹帷幄资良辅，拱卫京都巩大清。

政在公勤官在守，行宜笃实法宜平。自惭才德增乾惕，望治求贤廑寸情。

十九日（2.14）

帝御山高水长，赐王公大臣、蒙古王、贝勒、贝子、公、额驸、台吉及外藩使臣等食。

奉旨：左翼税盈余银著交圆明园二万四百两，赏给奕经二百六十八两零。右翼税盈余银著交圆明园七千四百两，赏给凯音布二百六十五两零。

廿一日（2.16）

帝幸万寿山。

廿二日（2.17）

帝诣绮春园，问皇太后安。朝鲜国王李玜遣使表贺万寿、冬至、元旦三大节并贡方物，赏赉筵宴如例。

廿三日（2.18）

孝圣宪皇后忌辰，遣官祭泰东陵。帝诣畅春园恩慕寺、恩佑寺行礼。

廿七日（2.22）

帝幸静明园，诣龙神庙拈香。

廿八日（2.23）

帝诣绮春园，问皇太后安。

廿九日（2.24）

孝仪纯皇后忌辰，遣官祭裕陵。帝诣大高殿行礼，回宫。

本月

●御制九洲清晏自箴：

居安时凛丹书戒，履位常怀大宝箴。慎满功夫先澹静，勿为诱化固初心。

二月

初二日（2.27）

祭大社、大稷，帝亲诣行礼。

初四日（3.1）

帝幸圆明园。诣绮春园，问皇太后安。

初六日（3.3）

谕：将南府民籍学生全数退出，仍回原籍。

初七日（3.4）

命改南府为升平署，不准有大差处名目。奉旨：原设十番学首领二名，著裁去顶戴，仍赏食四两钱粮，酌拨在升平署作为太监当差，不在所定四两不得过五分之额内。

初八日（3.5）

谕：大阿哥、惠郡王，著于二月二十日前往南苑驻围，于三月初十日回圆明园，著松筠充为总谙达，同赛冲阿轮班随驻，其应行随从之散秩大臣侍卫等著各该处照例奏派。皇次子奕纲卒。

初九日（3.6）

帝诣绮春园，问皇太后安。

初十日（3.7）

遣官祭圆明园惠济祠、河神庙。总管内务府呈报，道光五年十二月初一日起至道光六年十一月三十日止，宫内并圆明园等处共用红萝炭六万五千九百六十一斤十两、黑炭四十二万五千一百九十三斤、煤三十二万一千五百三十二斤八两、木柴十一万七千八百六十五斤。宫内并圆明园等处共用过白蜡二千六百八十三斤九两、回残白蜡五百三十七斤、黄蜡二千一百五十五斤四两、羊油蜡一万六千一百四斤十四两。

十二日（3.9）

面谕总管太监禄喜：其升平署仍在太平村归拢居住，开一随墙门，出入西爽村门，究竟是园内，为的是管事严紧。再，城内仍住南池子，仍开通西苑随墙门，出入西苑门，所为严紧。今改升平署者，如同膳房之类，不过是个小衙署就是了，原先总名南府唱戏之处，不必称府。其升平署总管，定例七品职官。

十六日（3.13）

帝诣绮春园，问皇太后安。规定升平署写汉字人等出入办法：若圆明园承应戏，著听差太监带披甲苏拉写汉字人进福园门，报单交司房；若宫内承应戏，著听差太监带披甲苏拉写汉字人进西后铁门，报单交敬事房。

十七日（3.14）

帝幸万寿山。

十九日（3.16）

帝御勤政殿听政。

廿三日（3.20）

帝诣绮春园，问皇太后安。帝御含辉楼，阅侍卫骑射。

廿四日（3.21）

春分，朝日于东郊，遣定亲王奕绍行礼。

廿五日（3.22）

命于廿八日在黑龙潭、觉生寺设坛祈雨。

廿六日（3.23）

内务府总管大臣禧恩、穆彰阿奏：太平村内先行腾出房八百五十间，除现拟添砌墙垣之内房间，留为升平署占用处所，令该总管勘查外，其余房间先行拆出，其墙外之空房及拆出之废物，均请交管理圆明园大臣派员收管。

廿八日（3.25）

帝诣黑龙潭神祠拈香。遣惇亲王绵恺诣觉生寺拈香，瑞亲王绵忻致祭宣仁庙。

三月

初二日（3.28）

帝诣绮春园，问皇太后安。

初六日（4.1）

帝幸静明园，诣龙神庙拈香。祭先蚕之神，皇后亲诣行礼。

初九日（4.4）

帝诣绮春园，问皇太后安。

初十日（4.5）

清明节。帝诣安佑宫行礼。帝诣大高殿行礼，时应宫拈香，回宫。

十二日（4.7）

帝耕耤，诣先农坛行礼。幸圆明园，诣绮春园，问皇太后安。

十八日（4.13）

帝诣安佑宫行礼。诣绮春园，问皇太后安。

廿一日（4.16）

帝诣绮春园，问皇太后安。

廿二日（4.17）

命再于黑龙潭、觉生寺设坛祈雨。帝诣黑龙潭神祠拈香，命皇长子奕纬诣觉生寺拈香，惇亲王绵恺、瑞亲王绵忻、庆郡王绵慜分诣凝和庙、宣仁庙、昭显庙拈香。

廿七日（4.22）

帝诣绮春园，问皇太后安。帝御勤政殿听政。

三十日（4.25）

帝幸万寿山，诣广润祠拈香。帝幸静明园，诣龙神庙拈香。

四月

初一日（4.26）

日食。享太庙，遣瑞亲王绵忻恭代行礼。

初二日（4.27）

谕：增添侍卫额缺，既可广宗室登进之路，仍无碍满洲升途。三等侍卫额设六十三员内，有世职章京不兼侍卫章京什长及不在乾清门、上驷院行走者，无论系应封、军政时引见赏授之员，皆作为额外侍卫，所遗三等侍卫员缺，俟挑选之年拣选补放。其额外侍卫，原食世职章京之俸，无庸另给马银豆石，遇有应升之缺，仍准其一体升用。其黏杆处三等侍卫原设十五缺，嗣后每旗添设二缺，共为二十一缺，作为宗室专缺。俟出有二缺后，至第三缺时，补放宗室人员，俟补足六缺后，即为宗室额缺。遇有该处升缺，仍与其他十五缺人员一体拣选升用。如遇侍卫升等之年，著与大门行走者一体拣选。军政年份，统计各项侍卫，如已逾一百二十员之数，即保举二员。倘人数不敷，仍保举一员。

重申考封、袭封之奉恩将军承袭次数。奉恩将军内有承祭盛京三陵以及本支内别无世职者，仍照旧准其世袭罔替外，凡恩封、初封、降袭至奉恩将军，均袭至三次而止。军功世爵、世职嫡派子孙，既世袭罔替，其旁支子孙袭封、考封至奉恩将军，著加恩袭至五次而止。

初三日（4.28）

帝诣绮春园，问皇太后安。

初四日（4.29）

以上驷院卿达三为总管内务府大臣。

初六日（5.1）

总管内务府奏：长芦盐政阿扬阿委员解到山东盐当规银交圆明园银库。

初七日（5.2）

帝诣绮春园，问皇太后安。据长龄等奏：克复喀什噶尔，擒获贼目，张格尔乘间窜逸，现分兵追捕。

初十日（5.5）

帝诣时应宫、昭显庙拈香，回宫。

十二日（5.7）

帝诣南郊斋宫斋宿。

十三日（5.8）

常雩，祀天于圜丘，帝亲诣行礼。幸圆明园。诣绮春园，问皇太后安。

十六日（5.11）

帝诣绮春园，问皇太后安。据长龄等奏：官军收复英吉沙尔。奉旨：以攻克英吉沙尔时未能捕获张格尔，长龄著革去紫缰，杨遇春著撤去太子太保衔，武隆阿著撤去太子少保衔。

十九日（5.14）

帝诣大高殿行礼，回宫。据长龄等奏：官兵收复叶尔羌。

二十日（5.15）

帝幸圆明园。诣绮春园，问皇太后安。

廿六日（5.21）

帝诣绮春园，问皇太后安。

廿八日（5.23）

帝幸静明园，诣龙神庙拈香。奉旨：广泰著准其开缺调理。清漪园等处事务著达三管理。

五月

初二日（5.27）

帝诣绮春园，问皇太后安。

初五日（5.30）

帝奉皇太后幸同乐园，进膳。据长龄等奏：官军克复和阗。

初七日（6.1）

帝幸万寿山，诣广润祠拈香。

十二日（6.6）

帝诣绮春园，问皇太后安。

十四日（6.8）

帝御勤政殿听政。

十六日（6.10）

帝幸静明园，诣龙神庙拈香。

十七日（6.11）

皇后千秋节。宫内行礼如仪，停止筵宴及在外公主、福晋、命妇行礼。

二十日（6.14）

帝诣绮春园，问皇太后安。

廿五日（6.19）

帝诣大高殿行礼，回宫。

廿八日（6.22）

夏至，祭地于方泽，帝亲诣行礼。幸圆明园，诣绮春园，问皇太后安。

闰五月

初五日（6.28）

帝幸万寿山，诣广润祠拈香。

初六日（6.29）

帝诣绮春园，问皇太后安。十二日亦如之。

十六日（7.9）

帝幸静明园，诣龙神庙拈香。

●御制夏日玉泉山：

敬诣龙祠叩谒，及时润济群生。大田长发届候，沛然更企恩宏。

十八日（7.11）

帝诣绮春园，问皇太后安。廿五日亦如之。

六月

初二日（7.25）

帝诣绮春园，问皇太后安。

初四日（7.27）

帝幸万寿山，诣广润祠拈香。

初六日（7.29）

谕：京师入夏以来，雨泽稀少，农田望泽甚殷。朕于本月初八日亲诣黑龙潭拈香祈雨，并发大藏香二炷。另派惇亲王绵恺、瑞亲王绵忻前往万寿山及玉泉山龙神祠拈香。

初九日（8.1）

帝诣绮春园，问皇太后安。

十三日（8.5）

以甘霖滂沛，遣皇长子奕纬诣黑龙潭、惇亲王绵恺诣万寿山龙神祠、瑞亲王绵忻诣玉泉山龙神祠报谢。

十四日（8.6）

帝幸静明园，诣龙神庙拈香。

●御制雨后玉泉山：

时雨欣优渥，灵源报谢虔。关心惟稼穑，丰稔兆农田。

十六日（8.8）

帝诣绮春园，问皇太后安。

十七日（8.9）

帝御勤政殿听政。

廿三日（8.15）

帝幸万寿山，诣广润祠拈香。

廿七日（8.19）

帝诣大高殿行礼，回宫。

七月

初一日（8.22）

享太庙，帝亲诣行礼。幸圆明园，诣绮春园，问皇太后安。

初五日（8.26）

帝幸静明园，诣龙神庙拈香。

初八日（8.29）

帝诣绮春园，问皇太后安。

谕总管内务府大臣等：前于道光四年经内务府具奏，将宫内各处原设器械火药等项全行交出，更换木棍。其圆明园内，除技勇学所留长枪腰刀等项军器，并绮春园存留巡更鸟枪八杆外，其余鸟枪撒袋均经交出，更换木棍。是宫内、圆明园即不应另有收存军器，倘有私行藏匿，即属大干例禁。况太监等供奉内廷，尤宜安分守法，岂得以违禁器械任意携入宫禁，致有自鸣钟太监刘得英、吴喜在园内私放鸟枪之事。除此案交内务府严审定拟外，各处太监或不免有私藏军器之处，自应严加整饬，以肃宫禁。如有愍不畏法，胆敢仍蹈前辙，查系弓箭弩弹等物，即照例治罪。倘竟敢将鸟枪火药金刃器械仍前收藏，必将其人照违旨例加等问拟，即行正法。该管首领太监匿不随时报出，即照为从例治罪。若太监等心存瞻顾，不行举发，事犯时本处太监无论知情不知情，一概照为从例治罪。其各门首领太监，于各处太监出入私行携带时未能查出，一并从严究治。该总管太监等此时不行详查，将来别经发觉，一并严惩不贷。著通行晓谕宫内、圆明园等处，将此旨恭录悬挂，俾各懔遵，著为令。

十一日（9.1）

帝诣绮春园，问皇太后安。

谕：嘉庆八年十月内皇妣孝淑睿皇后奉安地宫时，皇考仁宗睿皇帝钦遵祖制，亲行视奠。本年九月廿二日行孝穆皇后奉安地宫礼，朕于十八日自宫内启銮，恭谒祖陵。礼毕，至孝穆皇后奉安处亲行视奠，廿五日回圆明园。

命兵部尚书玉麟为上书房总师傅，以工部尚书王引之为武英殿总裁官，户部右侍郎顾皋管国子监事。

十四日（9.4）

内务府奏：审明自鸣钟太监刘得英等在圆明园内偷放鸟枪，请将刘得英枷号两个月，满日发黑龙江为奴，失察之首领太监魏进玉等分别议处。得旨：魏进玉著加恩降为八品首领，罚月银六个月，仍留本处当差。总管太监郝进喜系专管自鸣钟之人，此次在园住班，其失察之咎亦重，著加恩罚月银六个月。至三月内在园住班之总管太监杨永太，著罚月银四个月。其失察之总管太监王住、张祥、张福善、王平太、梁保仅有统辖之责，著加恩各罚月银两个月。至圆明园总管太监吕进忠、苑治平于本管地面失于觉察，亦有应得之咎，著各罚月银两个月。

十五日（9.5）

中元节。帝诣安佑宫行礼。

十七日（9.7）

帝诣绮春园，问皇太后安。廿四日亦如之。

廿二日（9.12）

帝幸万寿山。

廿五日（9.15）

仁宗睿皇帝忌辰，遣官祭昌陵。帝诣安佑宫行礼。

三十日（9.20）

帝诣绮春园，问皇太后安。

八月

初二日（9.22）

帝诣大高殿行礼，回宫。

初五日（9.25）

祭大社、大稷，帝亲诣行礼。帝幸圆明园。诣绮春园，问皇太后安。

初七日（9.27）

遣官祭黑龙潭昭灵沛泽龙王之神、玉泉山惠济慈佑灵濩龙王之神、昆明湖安佑普济沛泽广生龙王之神。遣官祭圆明园惠济祠、河神庙。

初八日（9.28）

帝奉皇太后幸同乐园，进膳，并赐皇子及内廷王大臣等食。

初十日（9.30）

万寿节。帝诣安佑宫行礼。诣绮春园，皇太后前行礼。御正大光明殿，皇子及王以下文武大臣官员、蒙古王公等行庆贺礼。幸同乐园，赐皇子及内廷王公大臣、蒙古王公等食。

十三日（10.3）

帝诣安佑宫行礼。

十五日（10.5）

中秋节。帝奉皇太后幸同乐园，进膳。帝于涵月楼侍奉皇太后赏月，设酒宴，升平署承应《霓裳献舞》、《金定愈夫》两出戏。

十六日（10.6）

帝诣绮春园，问皇太后安。

十八日（10.8）

帝幸静明园，诣龙神庙拈香。

十九日（10.9）

大学士两江总督蒋攸铦等奏：酌拟新漕海运章程。

廿一日（10.11）

帝御勤政殿听政。

廿二日（10.12）

帝诣绮春园，问皇太后安。廿八日亦如之。

廿三日（10.13）

世宗宪皇帝忌辰，遣官祭泰陵。帝诣安佑宫行礼。

九月

初三日（10.22）

帝诣绮春园，问皇太后安。

初四日（10.23）

帝幸静宜园驻跸，至初九日皆如之。

●御制季秋静宜园作：

不到山居再隔年，迎人泉石景依然。清晨驻马饶佳兴，胜地招吟入短篇。

初五日（10.24）

帝御正直和平殿，勾到新疆、云南、贵州、广东情实罪犯。

赏静宜园堆拨官兵并苑丞、苑副、笔帖式、柏唐阿、丁役等银币如例。

初六日（10.25）

帝御演武厅，阅健锐营操，赏蓝翎长达冲阿、前锋校前锋伊克坦布等蓝翎，兵丁等给赏如例。

初七日（10.26）

帝御正直和平殿，勾到四川情实罪犯。

初十日（10.29）

帝还圆明园。诣绮春园，问皇太后安。

十一日（10.30）

帝御洞明堂，勾到奉天、湖广、浙江情实罪犯。

十二日（10.31）

帝御洞明堂，勾到江西、安徽、江苏情实罪犯。

十三日（11.1）

孝穆皇后梓宫启行，命皇长子奕纬奠酒行礼。

十六日（11.4）

月食。帝诣绮春园，问皇太后安。帝御洞明堂，勾到河南、山东情实罪犯。

十七日（11.5）

帝诣大高殿行礼，回宫。

十八日（11.6）

帝启銮，谒东陵。是日，驻跸烟郊行宫。

廿一日（11.9）

帝谒昭西陵、孝陵、孝东陵、景陵、裕陵。

廿二日（11.10）

帝至宝华峪，临视孝穆皇后梓宫奉安地宫。奠酒毕，命皇长子奕纬行礼，王以下文武大臣官员均随行礼。是日，回銮，驻跸桃花寺行宫。

廿五日（11.13）

帝还圆明园。诣绮春园，问皇太后安。

廿六日（11.14）

帝御洞明堂，勾到山西、直隶、热河情实罪犯。

廿八日（11.16）

帝诣大高殿行礼，回宫。

十月

初一日（11.19）

享太庙，帝亲诣行礼。

初二日（11.20）

帝幸圆明园。诣绮春园，问皇太后安。

初六日（11.24）

帝诣安佑宫行礼。

初七日（11.25）

谕：清语骑射为满洲根本，人所应习。各省驻防满洲人等原系由京分驻，非绿营可比，亦应一体习学清语。

初九日（11.27）

帝诣绮春园，侍皇太后膳，并赐皇子及内廷王大臣等食，翌日如之。

初十日（11.28）

皇太后圣寿节。遣官祭太庙后殿、奉先殿。帝率皇子及王公大臣官员诣绮春园行庆贺礼。

十二日（11.30）

帝诣安佑宫行礼。

十三日（12.1）

帝诣大高殿、寿皇殿行礼，奉皇太后回宫。

十七日（12.5）

谕：惇亲王绵恺著先行退出内廷行走，其一切差使无庸管理。宗人府宗令著奕绍补授，所遗右宗正员缺著尚格补授，武英殿御书处著派穆彰阿，畅春园事务著绵偲管理。

廿一日（12.9）

先是，绵恺与太监张明得私相往来，复起意将太监苑长青辗转引出，诱令在府藏匿。内务府行文该王府提传，尚以府中并无苑姓太监支吾声覆，直至不能再匿，又私将苑长青带至清河逃走，希图掩饰。宗人府议，革去其王爵。至是，奉旨：绵恺前经降旨退出内廷行走，并革去一切差使，著加恩降为郡王。

廿五日（12.13）

帝诣时应宫拈香。修黄新庄、半壁店、秋澜村、梁格庄四处行宫。

廿六日（12.14）

谕宗令定亲王奕绍：嗣后恭拟坛庙差使，著诸王轮流恭代。

本月

内务府都虞司呈准：所有昆明湖裁撤弁兵如在未补闸军以前，遇有事故出缺，即交奉宸苑、清漪园等处查明，如有闸军之缺，将该弁之子弟先行扣补，嗣后均照此办理。其实缺千总三员除升转外，遇有事故出缺，即报明都虞司转行奉宸苑、清漪园等处，亦将该千总之子弟酌量补放闸军钱粮，以归划一而昭公允。

十一月

初四日（12.21）

帝诣南郊斋宫斋宿。

初五日（12.22）

冬至，祀天于圜丘，帝亲诣行礼。

二十日（1828.1.6）

命嗣后黑龙江等处年满释回太监，俱著当差三年无过，再给加赏银五钱，著为例。

廿四日（1.10）

帝诣大高殿行礼，时应宫拈香。

十二月

初一日（1.17）

帝诣大高殿行礼。

十九日（2.4）

总管内务府奏：据淮关监督中祥委员解到余存办公、节省养廉共银一万四千一百七两二钱，照例请旨交圆明园银库收贮。

廿八日（2.13）

祫祭太庙，帝亲诣行礼。遣官祭历代陵寝。

道光八年　1828

正月

初一日（2.15）

帝诣奉先殿行礼。御乾清宫，赐子亲藩等宴。

初二日（2.16）

帝御重华宫，茶宴廷臣及内廷翰林。谕内阁：朕伯仪亲王年已八旬有三，精神矍铄，步履强健，实为天家祥瑞。向来入朝虽得于禁籞乘坐二人椅轿，惟漏夜不免冲寒，究非高年所宜。著加恩在紫禁城内乘轿行走，并于应得王俸之外，每年加赏俸银五千两，以示朕亲亲敬长之至意。

初五日（2.19）

谕宗令定亲王奕绍：嗣后瑞亲王、惇郡王、惠郡王之子女应指婚，其余不必指婚。

初七日（2.21）

总管内务府奏：长芦盐政阿扬阿委员解银交圆明园银库。

初十日（2.24）

帝诣南郊斋宫斋宿。

十一日（2.25）

祈谷于上帝，帝亲诣行礼。诣皇太后宫问安。幸圆明园。奉皇太后居绮春园。诣安佑宫行礼。

●御制祈谷礼成幸圆明园作：

郊禋敬展礼初成，策骏行春出禁城。润泽田原宜二麦，迩安远治系深情。

十三日（2.27）

帝诣绮春园，问皇太后安。

十四日（2.28）

帝御奉三无私殿，赐皇子亲藩等宴。伺候中和韶乐，承应宴戏《景星协庆》、《灯月交辉》。御山高水长，赐王公大臣、蒙古王、贝勒、贝子、公、台吉及外藩使臣等食，翌日如之。

●御制正月十四日小宴宗亲即席有作：我国家累洽重熙，本支繁衍，宗人府玉牒向例十年一修。去年又届增修之期，朕命王大臣等总司其事，今岁全书可以告成。仰惟祖考垂庥，星源衍庆，凡我懿亲，感鸿慈之丕冒，征麟趾之嘉祥。当兹春宴一堂，永念泽流万禩，拈毫抚景，欣慰悉如。

征祥有永皇清牒，率旧非夸五夜灯。泽衍一堂绵万禩，阳春行庆逮云仍。

十五日（2.29）

上元节。帝诣安佑宫行礼。御正大光明殿，赐朝正外藩等宴，作乐赐酒，如除夕仪。伺候中和韶乐，承应宴戏《万花向荣》、《御花献瑞》。

十六日（3.1）

帝御正大光明殿，赐大学士、尚书等宴。伺候中和韶乐，承应宴戏《海不扬波》、《太平王会》。

●御制上元后一日小宴廷臣，诗以示意：

芳园宜宴乐，甫度上元辰。优礼遵成宪，分班进众臣。

敬共须执法，绳纠务依仁。玩愒先民戒，因循我考谆。

枢机同慎密，忠直望敷陈。佐治殷如渴，联情蔼似春。

亲贤期献替，修职尽天人。率下惭无术，兢兢日省身。

十九日（3.4）

帝御山高水长，赐王公大臣、蒙古王、贝勒、贝子、公、台吉及外藩使臣等食。

二十日（3.5）

帝诣绮春园，问皇太后安。

廿二日（3.7）

帝幸万寿山。接获扬威将军、大学士长龄等红旗捷报，生擒首逆张格尔。帝遣首领太监诣绮春园请皇太后安，贺喜。

廿三日（3.8）

帝诣安佑宫、恩慕寺、恩佑寺行礼。诣绮春园，问皇太后安。

以平定张格尔之乱，赐封长龄威勇公爵，世袭罔替，并赏宝石帽顶，两团龙补服，授为御前大臣，赏用紫缰，换戴双眼花翎。杨芳赐封果勇侯爵，世袭罔替，在御前侍卫上行走。两人均开复一切处分。

廿五日（3.10）

以平定张格尔之乱，旌奖军机大臣。大学士曹振镛著晋加太傅衔，赏用紫缰。吏部尚书文孚著晋加太子太傅衔，赏用紫缰。户部尚书王鼎著赏戴花翎。兵部尚书玉麟著晋加太子太保衔。工部尚书穆彰阿著晋加太子少保衔，即在军机大臣上行走。其满汉军机章京等，著军机大臣编列一二三等，候旨施恩。

谕：昨有御前行走科尔沁土谢图亲王诺尔布林沁等六人，因闻扬威将军长龄等擒获张格尔，特来圆明园叩贺，未免浮费。所有土谢图亲王诺尔布林沁、车臣汗阿尔塔、什达、喀喇沁亲王衔郡王满珠巴咱尔、巴林郡王那木济勒旺楚克、敖汉公那木扎勒多尔济、喀喇沁公玛哈巴拉等，著加恩均各赏给半年俸银，以示朕曲体至意，所赏银两著由该院即行给发。至内外扎萨克蒙古王公、台吉等一闻红旗捷音，谅必不胜欢欣。著理藩院通行晓谕内外扎萨克蒙古王公、台吉、呼图克图等，不必来京叩贺。

廿六日（3.11）

帝幸静明园，诣龙神庙拈香。

廿九日（3.14）

帝诣绮春园，问皇太后安。

三十日（3.15）

帝诣大高殿行礼，回宫。赏陕甘总督杨遇春紫缰。

本月

奏事处总管太监王住传旨：嗣后南园著即归为绮春园名目，不必再写南园字样。

二月

初八日（3.23）

祭大社、大稷，帝亲诣行礼。幸圆明园。帝诣绮春园，问皇太后安。

初十日（3.25）

遣官祭黑龙潭昭灵沛泽龙王之神、玉泉山惠济慈佑灵濩龙王之神、昆明湖安佑普济沛泽广生龙王之神。遣官祭圆明园惠济祠、河神庙。

谕：现在军务告蒇，该将军参赞等输忠奋勇，各将士效力行间，其端委曲折，非纪载详明，无由稽考。且朕于此事始终经画，宵旰焦劳，不可不垂之方策。著照历届办理成案，编纂方略，以示成功而昭奕禩。

十三日（3.28）

帝御勤政殿听政。

十四日（3.29）

帝诣绮春园，问皇太后安。

廿一日（4.5）

清明节。帝诣安佑宫行礼。奉皇太后幸观澜堂，进膳。

●御制清明日恭侍皇太后泛舟游观澜侍膳喜成：

水态云容相掩映，桃唇柳眼露精神。欣承色笑乘几暇，殿阁随宜永侍亲。

廿二日（4.6）

帝诣绮春园，问皇太后安。以平定回疆，生擒张格尔，军务蒇功，照从前成例，将在事功臣长龄、杨芳、杨遇春、武隆阿四人绘像紫光阁，纪实铭勋，用示酬庸懋典。

廿三日（4.7）

帝幸静明园，诣龙神庙拈香。

廿七日（4.11）

帝诣绮春园，问皇太后安。

三月

初二日（4.15）

帝诣绮春园，问皇太后安。

初三日（4.16）

帝幸南苑。驻跸新衙门行宫。

初四日（4.17）

帝驻跸团河行宫，至初六日皆如之。

初六日（4.19）

帝行围，至初八日皆如之。

初九日（4.22）

帝回宫。诣关帝庙拈香。

十二日（4.25）

帝幸圆明园。诣绮春园，问皇太后安。

十五日（4.28）

谕：曹振镛等奏请刊御制诗初集颁示中外。朕在藩邸，学为诗古文词，著有《养正书屋全集》，付诸剞劂。自临御以来，孜孜图治，原不宜效文人学士摛藻摛华，然于几暇拈毫，寄情吟咏，率皆由莅朝将事之典、承欢侍膳之仪以及较晴量雨、望捷勤民、治河转漕之事而发者居多，其他留连景物之作十不逮一。篇章所积，现已盈箧，著俯如所请，将元年至八年御制诗编为初集，详加校刊，以惠艺林而示来兹。

十七日（4.30）

帝幸万寿山，诣广润祠拈香。

十八日（5.1）

帝诣安佑宫行礼。

十九日（5.2）

帝诣绮春园，问皇太后安。御含辉楼，阅侍卫等骑射。

廿五日（5.8）

帝幸静明园，诣龙神庙拈香。

廿六日（5.9）

帝诣绮春园，问皇太后安。御勤政殿听政。

廿八日（5.11）

帝诣大高殿行礼，回宫。

廿九日（5.12）

谕：张格尔到京，礼宜献俘，现定于五月十一日行献俘礼。

四月

初一日（5.14）

享太庙，帝亲诣行礼。

初三日（5.16）

帝诣南郊斋宫斋宿。命工部尚书穆彰阿在南书房行走。

初四日（5.17）

常雩，祀天于圜丘，帝亲诣行礼。幸圆明园，诣绮春园，问皇太后安。

●御制还园即景：

不到芳园才七日，杨华飘尽绿阴浓。田园二麦将抽颖，应候仍希澍雨逢。

初十日（5.23）

帝诣绮春园，问皇太后安。以署喀什噶尔阿奇木伯克伊萨克平定张格尔叛乱有功，晋封郡王，并绘像紫光阁。

十三日（5.26）

帝奉皇太后幸蓬岛瑶台，进膳。

●御制恭侍皇太后泛舟至蓬岛瑶台作：

御园恰喜景清和，一棹蓬莱静远波。侍膳璇闱承泽永，功成西极喜偏多。

十四日（5.27）

帝幸静明园，诣龙神庙拈香。

十七日（5.30）

帝诣绮春园，问皇太后安。

十八日（5.31）

帝诣广育宫拈香，中和乐伺候作乐。

十九日（6.1）

帝诣时应宫、昭显庙拈香，回宫。

二十日（6.2）

帝御太和殿视朝，王以下文武升转各官谢恩。幸圆明园。

廿三日（6.5）

帝诣黑龙潭神祠拈香。

●御制恭诣黑龙潭龙神祠祈雨：

甘泽虽连番，京畿未深透。秋稼长发时，春麦看皆秀。

衔诚叩神明，优渥无逾候。瞻云仰太空，灵感祈昭佑。

廿四日（6.6）

帝诣绮春园，问皇太后安。

廿九日（6.11）

帝诣黑龙潭神祠拈香。

●御制黑龙潭龙神祠谢雨敬感：

致敬前宵又沐甘，续沾优渥谢神潭。天人感应衷弥凛，远近同希厚贶覃。

五月

初二日（6.13）

帝诣绮春园，问皇太后安。

初三日（6.14）

帝幸万寿山，诣广润祠拈香。

初五日（6.16）

帝奉皇太后幸同乐园，进膳。

初七日（6.18）

帝诣大高殿行礼，回宫。

初十日（6.21）

夏至，祭地于方泽，帝亲诣行礼。镶红旗蒙古都统哈哴阿等解送俘囚张格尔至京。

十一日（6.22）

献俘于太庙、社稷。都统哈哴阿等率解俘将校以俘囚张格尔自天安门入，至太庙街门外，俟承祭王至，俘囚张格尔北向跪伏。承祭王入，行礼毕。哈哴阿等率诸将校以俘囚张格尔至社稷街门外，北向跪伏。承祭王入，行礼如前仪。

十二日（6.23）

帝御午门城楼受俘，命王大臣会同刑部严讯张格尔。帝幸圆明园。诣绮春园，问皇太后安。

以受俘礼成，扬威将军、大学士、公长龄著加恩赏加太保衔，赏戴三眼花翎；参赞大臣侯杨芳著加恩赏加太子太保衔；解俘诸将哈哴阿、诚端、吉勒通阿、祥云保著交部照军功例从优议叙；在京王、贝勒、贝子、公等著加恩各赏给纪录四次；在京文武大小官员俱著加恩赏加一级；八旗兵丁著普赏半月钱粮。

十四日（6.25）

帝诣绮春园，问皇太后安。帝幸静明园，诣龙神庙拈香。御静明园廓然大公殿，廷讯逆俘张格尔罪状毕，谕：逆裔张格尔著即寸磔枭示，派协办大学士、尚书富俊、尚书明山、侍郎钟昌、奕经前往监视行刑。庆祥以喀什噶尔参赞大臣遭变被困，力竭捐躯，领队大臣副都统乌凌阿因带兵围捕，临阵陷殁，皆由该逆倡乱，以致伤我大臣，殊堪发指。著庆祥之子侍卫文辉、乌凌阿之子侍卫忠泰同往市曹看视，俾抒积愤。并将该逆摘心，交文辉于伊父庆祥墓前致祭，用慰忠魂。

●御制受俘礼成，甫还御园，甘霖大沛，四野优沾，喜而有作：方泽致祀未逾三日而甘霖大沛，且值告功受俘之际，实征天人协应之庥。即日礼成还园，郊原纵目，仰钦厚贶，欣感弥深。兵以戢暴，亦以卫民，故望若云霓，降如时雨。惟不得已而用之，则天心顺而民志悦，可以消除氛沴，感召休和。比岁回疆用兵，朕心宵旰寅畏，功成奏凯，实赖天慈。惟愿自兹以往，休养生息，与万方共庆升平，永承嘉泽焉。

受俘礼蒇甫还园，大沛甘霖感昊恩。方泽摅诚即承贶，据鞍多稼喜滋番。

功成降泽仰天心，诚感诚钦惕倍深。即日优沾昭鉴佑，万方休养凛君临。

●御制廓然大公即事：逆俘张格尔自嘉庆二十五年以后，屡扰边陲。道光六年，勾结布鲁特、安集延奸回窃据四城，戕我官吏，蹂躏回众，神人共愤，覆载不容，俾其身就槛车，生致阙廷。朕既御午门受俘，十四日复御静明园廓然大公殿亲讯缧囚，用伸国宪。连日气和令正，众志欢欣，可见除恶卫民，感召之理昭然不爽也。朕复宣谕中外，俾知辜恩煽乱，自干天诛，各城回众及外夷诸部闻风感畏，革面涤心，庶几仰荷上天怙冒之仁，永享国家升平之福焉。

前朝已优渥，昨夜复沾濡。仰见天心顺，临轩讯逆俘。

欧刀伸国法，摘祭快人心。除逆安边圉，都由昊眷深。

十七日（6.28）

皇后千秋节。宫内行礼如仪，停止筵宴及在外福晋、命妇行礼。

十九日（6.30）

命绘平定回疆功臣像，将长龄等四十人绘像于紫光阁。命绘军机大臣大学士曹振镛、吏部尚书文孚、户部尚书王鼎、兵部尚书玉麟像于紫光阁。

二十日（7.1）

帝诣绮春园，问皇太后安。

廿一日（7.2）

帝御勤政殿听政。

廿二日（7.3）

帝幸万寿山，诣广润祠拈香。

廿八日（7.9）

帝诣绮春园，问皇太后安。

六月

初四日（7.15）

帝诣绮春园，问皇太后安。谕：朕于九月初九日自圆明园启銮，恭谒东陵。翌日亲诣裕陵，行大飨礼，十六日旋跸圆明园。十七日自园启銮，恭谒西陵。翌日亲诣昌陵，行大飨礼，廿五日回宫。

总管内务府奏：为紫碧山房太监张喜踢伤园户李二格身死一案请旨。

初五日（7.16）

帝幸静明园，诣龙神庙拈香。谕：朕于九月间自西陵回跸，廿四日驻圆明园。

初七日（7.18）

长龄亲诣御园，缴交扬威将军印信。帝御勤政殿，与之行抱见礼。

十一日（7.22）

帝诣绮春园，问皇太后安。

十五日（7.26）

帝幸同乐园，赐御前大臣、侍卫及朝鲜国使臣食。

十六日（7.27）

帝幸万寿山，诣广润祠拈香。

十七日（7.28）

帝诣绮春园，问皇太后安。

廿四日（8.4）

帝诣绮春园，问皇太后安。

廿八日（8.8）

帝诣大高殿行礼，回宫。

七月

初一日（8. 11）

享太庙，帝亲诣行礼。幸圆明园，诣绮春园，问皇太后安。

初二日（8. 12）

因平定回疆张格尔之乱，著于明年八月十六日恭奉皇太后安舆自京启銮，由山海关一带前赴盛京，恭谒三陵。

初五日（8. 15）

帝幸静明园，诣龙神庙拈香。

初六日（8. 16）

朝鲜国王李玜遣使表贺平定回疆，并谢颁给敕书恩，恭进方物，命赏收贺贡，其谢恩贡物留抵下次正贡，宴赉如例。

初八日（8. 18）

帝诣绮春园，问皇太后安。

十四日（8. 24）

帝诣绮春园，问皇太后安。御勤政殿听政。

十五日（8. 25）

中元节。帝诣安佑宫行礼。

廿二日（9. 1）

帝诣绮春园，问皇太后安。

廿五日（9. 4）

仁宗睿皇帝忌辰，遣官祭昌陵。帝诣安佑宫行礼。

廿七日（9. 6）

帝诣大高殿行礼，回宫。

八月

初一日（9. 9）

祭大社、大稷，帝亲诣行礼。幸圆明园，诣绮春园，问皇太后安。遣官祭黑龙潭昭灵沛泽龙王之神、玉泉山惠济慈佑灵濩龙王之神、昆明湖安佑普济沛泽广生龙王之神。遣官祭圆明园惠济祠、河神庙。

初三日（9. 11）

谕：朕每日召对内外大小臣工分起进见，一道旧制，法至善也。但宫中园内以及巡幸处所，殿宇规模不一，颇有不能严密之处，亦不可不防其渐。嗣后无论何处，凡豫备次起召对之人及奏事处带领之总管首领太监等，俱著在廊下祗候，不准擅进明殿。著军机大臣传知奏事处总管太监王住，责成伊随时稽查，若日久生懈，总管太监一并重处不贷。并著军机大臣留心查看，即行参奏。著将此旨于宫内、圆明园、军机处、奏事处各录一通，敬谨悬挂，永远遵循。

初四日（9. 12）

帝幸静明园，诣龙神庙拈香。

初七日（9.15）

帝御正大光明殿，赐扬威将军、大学士、威勇公长龄，并有功诸将士、王、贝勒、贝子、公、文武大臣及朝鲜国使臣等宴。将军长龄奉觞上寿，帝亲赐酒，余命侍卫分觞授饮，并赏赉有差。

以万寿节，奉皇太后御同乐园，进膳。赐皇子、内廷王公大臣及朝鲜国使臣食。

中和乐伺候中和韶乐，同乐园承应《八佾舞虞廷》、《锦绣图》、《太平王会》。按：《八佾舞虞廷》为嘉庆时殄灭邪教所撰之戏，自后遇献捷之日，多用以为承应，此其例矣。

初八日（9.16）

帝诣绮春园，问皇太后安。

初十日（9.18）

万寿节。帝诣安佑宫行礼。诣绮春园，皇太后前行礼。御正大光明殿，皇子及王以下文武大臣官员、蒙古王、贝勒、朝鲜国使臣等行庆贺礼。御同乐园，赐皇子及内廷王公大臣、蒙古王、贝勒、朝鲜国使臣等食。

十三日（9.21）

帝诣安佑宫行礼。

十五日（9.23）

秋分，夕月于西郊，遣顺承郡王春山行礼。

●御制涵月楼对月述怀：

丝纶宜慎期无悔，稼穑全登庆有秋。瞻仰琼轮般戒满，乂安率土荷天庥。

十六日（9.24）

帝诣绮春园，问皇太后安。

十七日（9.25）

谕：朕于下月恭谒东陵、西陵。启程后，著派定亲王奕绍、大学士托津、协办大学士尚书富俊、尚书陈若霖留京办事。命军机大臣穆彰阿无庸兼内务府大臣，以马兰镇总兵官宝兴为总管内务府大臣。

十八日（9.26）

帝奉皇太后幸狮子林，进膳。

●御制秋晴泛舟至狮子林恭侍皇太后膳：

移舟喜秋霁，浅浪漾平池。岁稔天恩渥，时和圣母怡。

十九日（9.27）

帝诣绮春园，问皇太后安。廿一日亦如之。

廿二日（9.30）

谕：瑞亲王绵忻薨，伊子奕约甫及周岁，著派定亲王奕绍管束伊府中大小官员人等，内务府大臣敬征管束首领太监，并一切家务妥为经理。其园内居住之房屋，著内务府管园大臣于瑞亲王灵柩进城后，派员看守，俟奕约及岁时再行赏给居住。

廿三日（10.1）

世宗宪皇帝忌辰，遣官祭泰陵。帝诣安佑宫行礼。

廿七日（10.5）

以肃亲王敬敏为宗人府左宗正，大学士长龄为正黄旗领侍卫内大臣，礼部尚书松筠为阅兵大臣。

廿八日（10.6）

帝诣绮春园，问皇太后安。

九月

初三日（10.11）

帝御洞明堂，勾到新疆、云南、贵州、广西情实罪犯。

初四日（10.12）

帝诣绮春园，问皇太后安。御洞明堂，勾到四川情实罪犯。

初六日（10.14）

帝幸静明园，诣龙神庙拈香。谕：玛呢巴达喇现因患病请假，闻伊欲于初八日销假，随朕恭谒东陵。惟启銮仅隔二日，恐临期不能速痊，著毋庸随扈。俟本月十七日朕由圆明园启銮时，再行随往。倘届期未痊，尽可在家安心调理，统俟痊愈，再行销假当差。

初七日（10.15）

帝御洞明堂，勾到广东、福建情实罪犯。

初八日（10.16）

帝诣绮春园，问皇太后安。总管内务府奏：为观澜堂太监生梁自缢一案并究出赌钱之太监郭祥等，分别议处请旨。

初九日（10.17）

帝启銮，谒东陵。免跸路经过地方本年额赋十分之三。是日，驻跸烟郊行宫。

初十日（10.18）

敬徵等奏：奉命勘查孝穆皇后陵寝地宫，见木门内罩门券两边马蹄柱门枕石下往外浸水，明堂券、穿堂券、地平石缝、金刚墙根等俱有浸水处。命将总监督内阁侍读学士牛坤及始终承办后段监督内务府郎中百寿等俱著革职，交留京办事王大臣会同刑部严审。英和承办万年吉地之工，其罪尤重，著先行革去顶戴，拔去花翎。致仕大学士戴均元前因工程加恩赏加太子太师衔，著革去官衔，降为三品顶戴，伊子仍降为员外郎候补。穆彰阿及前任马兰镇总兵继昌、广泰等，均著交部议处。

十二日（10.20）

帝谒昭西陵、孝陵、孝东陵、景陵、裕陵，至宝华峪孝穆皇后陵寝奠酒。亲临阅视宝华峪地宫积水情形。金券内北面石墙全行湿淋，细验日前积水痕迹，竟逾宝床而上。现在孝穆皇后梓宫霉湿之痕，约有二寸，计存水有一尺六七寸之多。戴均元著即革职，英和之子兵部侍郎奎照、通政使奎耀俱著革职，作为柏唐阿，交敬徵等带赴工次效力。以圆明园营总达哈布为镶蓝旗汉军副都统。

十三日（10.21）

帝诣裕陵行大飨礼，王以下文武大臣、官员均随行礼。回銮，驻跸桃花寺行宫。

十六日（10.24）

帝还圆明园。诣绮春园，问皇太后安。

●御制还圆明园作：

屈指忽忽八日程，还园心切问安情。征骖一夕停仍发，正值秋深易水行。

十七日（10.25）

帝启銮，谒西陵。免跸路经过地方本年额赋十分之三。是日，驻跸黄新庄行宫。

十九日（10.27）

谕：宝华峪地宫既有浸水情形，所办工程亦多草率，是该监督等显有偷窃侵蚀情弊。著即将英和、牛坤及已革监督百寿、延凤，已革监修定善、长淳、玛彦布等七人家产严密查抄。

二十日（10.28）

帝谒泰陵、泰东陵、昌陵。

廿一日（10.29）

帝诣昌陵行大飨礼，王以下文武大臣、官员均随行礼。回銮，驻跸秋澜行宫。

奉旨：此次翻译乡试中式举子于本月廿五日在圆明园正大光明殿覆试。

廿四日（11.1）

帝还圆明园。诣绮春园，问皇太后安。处罚承办宝华峪工程人员。除英和、戴均元等业经降旨查抄家产，绵课办工最久，著罚赔银十万两，穆克登额著罚赔银三万两，阿克当阿著罚赔银四万两，其接办未久之穆彰阿著罚赔银八千两，阿尔邦阿著罚赔银二千两，至前任马兰镇总兵兼办工程之嵩年、继昌著各罚赔银三万两，广泰著罚赔银六千两，庆惠著罚赔银八千两，宝兴著罚赔银二千两。

廿五日（11.2）

查覆试满洲、蒙古翻译举人应请简派阅卷大臣，除此次翻译乡试正副考官监临及另有差使各员外，谨将各衙门送到衔名分别满洲、蒙古开单进呈，伏候钦点，并传集各员于廿六日在圆明园，听候宣旨。

廿七日（11.4）

孝慈高皇后忌辰，遣官祭福陵。帝诣大高殿行礼，回宫。

十月

初一日（11.7）

享太庙，帝亲诣行礼。遣官祭历代陵寝。

初二日（11.8）

帝幸圆明园。诣绮春园，问皇太后安。

初四日（11.10）

帝御勤政殿听政。酌定督办宝华峪工程官员罪。英和著加恩发往黑龙江充当苦差，伊子奎照、奎耀著即随侍前往黑龙江，伊孙荫生候补员外郎锡祉著即革职。牛坤著发往伊犁效力赎罪，已革监督百寿、延凤俱著发往乌鲁木齐效力赎罪，已革监修定善、长淳、玛彦布俱著发往军台效力赎罪。已革监督庆玉到工接办，在地平落成之后，免其发往军台，著在工次效力。

初六日（11.12）

帝诣安佑宫行礼。

初七日（11.13）

帝诣绮春园，问皇太后安。

初九日（11.15）

帝诣绮春园，侍皇太后膳，并赐皇子及内廷王大臣等食。

初十日（11.16）

皇太后圣寿节。遣官祭太庙后殿、奉先殿。帝率皇子及王公大臣官员诣绮春园行庆贺礼。礼成，侍皇太后膳，并赐皇子及内廷王大臣等食。

十一日（11.17）

总管内务府奏：长芦盐政阿扬阿委员解到山东盐当规银交圆明园银库。

十二日（11.18）

帝诣安佑宫行礼。

十三日（11.19）

帝诣大高殿、寿皇殿行礼，奉皇太后回宫。

十八日（11.24）

帝诣大高殿行礼。

廿五日（12.1）

帝诣时应宫拈香。谕：惠郡王绵愉本日分府，年岁尚幼，前已派内务府大臣阿尔邦阿管理家务。著阿尔邦阿管束首领太监并府中一切事务，其长史护卫官员人等，著派定亲王奕绍稽查管束。

廿八日（12.4）

谕：绵恺著加恩赏还亲王。

十一月

初八日（12.14）

恭上皇太后徽号册宝，帝礼服御太和殿恭阅册宝毕。上徽号曰：恭慈康豫安成皇太后。

初九日（12.15）

恭上皇太后徽号礼成，帝御太和殿，王公大臣文武官员行庆贺礼。礼成，颁诏天下。命惇亲王绵恺在内廷行走。

十一日（12.17）

帝诣大高殿行礼。

十五日（12.21）

帝诣南郊斋宫斋宿。

十六日（12.22）

冬至，祀天于圜丘，帝亲诣行礼。

廿三日（12.29）

因督办宝华峪工程不力，戴均元著加恩免其死罪，并免发遣，即行逐回原籍。其子戴诗亨著革去员外郎，其孙戴嘉秀著革去知县、戴嘉会著革去盐大使、戴嘉德著革去举人。

十二月

初一日（1829.1.5）

帝诣大高殿行礼。

初二日（1.6）

以赏给惠郡王绵愉居住之镜春园房间，俱已修理完竣。奏请钦派大臣查验。奉朱笔圈出耆英、宝兴。

管理圆明园事务大臣咨称：长春园内狮子林粘修殿宇房间，并年例修船舱只，各处零星活计。耆英、宝兴拣派司员，详细验得：长春园内狮子林殿宇、楼座房间共计八十三间，内添盖五间，拆盖二间，拨正十一间，揭瓦六十五间；游廊六十九间，内拆盖二十六间，揭瓦四十三间；亭子五座，内拆盖三座，拨正一座，揭瓦一座，并拆修藤萝游廊五间，添修拆修灰棚十一间，拆修板凳桥一座。暨园内外岁修活计，粘修殿宇房间共计一百七十五间，内添盖十二间，补盖二间，拆盖三十间，拨正二十二间，揭瓦八十间，夹陇二十九间；游廊四十五间，内拆盖四间，揭瓦四十一间；亭子四座，内拆盖一座，揭瓦二座，夹陇一座；门罩五间，内添修一间，拆修四间；山门三座揭瓦，添修、拆修、粘修灰棚十八间，拆修藤萝架一座。

十三日（1.17）

谕：禧恩等奏，勘估石道工程请派员承修。所有西直门至圆明园及阜成门、西便门、福园门、西南门、扇子河南岸，并佟府栅栏内外石道、桥座、涵洞等项工程，著派卢荫溥、耆英等分段落于今冬备料，明岁分别乘时兴修。工竣造册咨报原估大臣验收，俟查验覆奏后，仍将查过丈尺做法移咨承修大臣，据实奏销，照例保固，限内如有损坏，著原办官赔修。并责成耆英派步军统领衙门官员于石道甫经修竣，灰浆未干时，严切稽察，不准车马践踏，以致压损。

十四日（1.18）

总管内务府奏：淮关监督中祥委员解银到圆明园银库。

十六日（1.20）

奉旨：右翼税盈余银著交圆明园七千五百两，赏给裕恩一百五十二两零。左翼税盈余银著交圆明园二万四百两，赏给裕诚二百九十两零。

廿五日（1.29）

谕：宗室谊属天潢，理宜整饬行止，守分安常。从前风俗醇朴，宗室人等最为安静。嗣因沾染陋习，间有一二不肖之徒，不知自爱，荡检逾闲。近来积习更深。若不明定科条，何以警刁顽而挽颓俗？著军机大臣会同宗人府刑部酌议条例具奏。

廿八日（2.1）

以岁暮祫祭，遣官祭太庙中殿、后殿。

廿九日（2.2）

祫祭太庙，帝亲诣行礼。

本年

三园京察一等官员职名履历清册：郎中文辉，员外郎普亨、伯贵、德禄，六品苑丞嵩秀。

道光九年　1829

正月

初一日（2.4）

帝诣奉先殿行礼。御乾清宫，赐皇子、亲藩等宴。是日，立春，顺天府进土牛春山宝座。

初二日（2.5）

御重华宫，茶宴廷臣及内廷翰林。

初五日（2.8）

帝诣南郊斋宫斋宿。

初六日（2.9）

祈谷于上帝，帝亲诣行礼。

初九日（2.12）

享太庙，命皇长子奕纬恭代行礼。

十一日（2.14）

帝诣大高殿行礼。幸圆明园。奉皇太后居绮春园。诣安佑宫行礼。

●御制新正幸圆明园即事：

欲曙乘骢出禁闈，芳园霁色启良辰。依然泉石怀清旷，偏觉新韶景倍新。

十二日（2.15）

帝诣绮春园，问皇太后安。

十四日（2.17）

帝御奉三无私殿，赐皇子、亲藩等宴。御山高水长，赐王公大臣、蒙古王、贝勒、贝子、公、额驸、台吉及外藩使臣等食，翌日如之。

●御制上元前夕曲宴宗亲，即席喜成：皇考临御时，每值上元前一日锡宴宗亲，朕与诸王共蒙慈惠，即今回忆景光，依然在目。盖饮饫之中，和乐寓焉，非徒以藻绘之观，酬令节而已。朕伯仪亲王今年八十有四，体履康强，神明益固。比岁频加优礼，兹复免其朝贺拜跪之仪，以昭尊宠。朕弟惇亲王绵恺自降为郡王之后，深知愧奋，朕是以曲予恩宥，复其本爵。盖长长亲亲，礼所宜，亦情所不容已也。

亲亲长长礼宜优，共沐恩慈岁若流。何必花灯方可玩，要知兄弟总相求。

尊崇和洽欣增慰，惩戒章明望免尤。此夕华筵酬令序，惇宗永念旧章由。

十五日（2.18）

上元节。帝诣安佑宫行礼。帝御正大光明殿，赐朝正外藩等宴，作乐赐酒，如除夕仪。

●御制上元日观灯火作：

禁籞层楼迴，疏林透夕晖。承恩集诸部，施惠巩京畿。

灯炧千枝灿，鱼龙万丈飞。俄看峰映月，空彻更光辉。

十六日（2.19）

帝御正大光明殿，赐大学士、尚书等宴。

●御制上元后一日小宴廷臣即事：去岁八月初七日，锡宴凯旋诸将士于正大光明殿，所以策勋饮，至劳还，帅而庆成功也。兹者传柑令序，复启华筵，值中外乂安，睹班联之师济，一堂喜起，实惬予怀。朕抚御寰区，于今九载，幸赖天祖眷佑，戈偃年丰，敬畏之衷，抚时倍切，尚望尔诸臣佛时仔肩，精勤修职，毋忘咨儆之忱也。

庆功曾此启华筵，令节由来进众贤。政贵精勤毋苟怠，才因器使赖敷宣。

一家中外恩威洽，万祺邦基运祚延。勖尔臣邻弼予治，畏随年长懔仔肩。

十七日（2.20）

谕：本日杨芳来京召对，见其精神强健，朕实深喜悦。兹当凯旋入觐，允宜再沛恩施，杨芳著加恩晋封二等果勇侯，晋加太子太傅衔，在紫禁城内骑马。

十九日（2.22）

帝诣绮春园，问皇太后安。御山高水长，赐王公大臣、蒙古王、贝勒、贝子、公、额驸、台吉及外藩使臣等食。

二十日（2.23）

帝御同乐园，赐御前大臣、大学士、威勇公长龄，都统、继勇侯哈哴阿，固原提督、果勇侯杨芳，护军统领阿勒罕保食，并赏赉有差。

廿二日（2.25）

帝幸万寿山。

●御制万寿山即事：

临幸每逢开篆后，迎眸积雪映湖冰。御园近接春光满，趁晓鸣鞭骏逸乘。

●御制正月廿二日有作：入春以来，叠据直隶各省奏报雪泽应时，实深欣慰。去岁正月廿二日酉刻，西师奏捷，曾赋七言六韵以志擒渠颠末。去夏六月，长龄还朝。今春正月，杨芳入觐。回忆边陲戮力，岁籥已周，其宣勤奏绩，洵可嘉，而堂陛联情，尤可喜也。昨以回疆重定，告功东陵西陵。兹复诹吉，于八月十六日恭奉皇太后安舆启跸，祗谒三陵。躬修巨典，敬思岁美兵销，悉由在天眷佑，值春露而念秋霜，瞻依之怀，与时俱永矣。

风送轻寒雪后天，优沾春泽报章连。回思昨岁今朝事，正是红旗露布传。

去岁边陲方戮力，今春喜见两公侯。天慈敬吁调旸雨，侍辇陪都诹仲秋。

总管内务府奏：长芦盐政阿扬阿解银交圆明园银库。

廿三日（2.26）

孝圣宪皇后忌辰，遣官祭泰东陵。帝诣畅春园恩慕寺、恩佑寺行礼。

定宗室恃势捏控讹诈处罚条例。嗣后，宗室觉罗人等告讦之案，显系诈骗不遂者，仍将该原告咨送宗人府，照违制律杖一百，重责四十板。其余诬控之案，无论诈赃多寡，已未入手，但经商谋捏控，不分首从，俱实发吉林安置，到配仍重责四十板，以示惩儆。其主使教诱以及添威助势之犯，无论军民人等，不分首从，均照例发近边充军，仍先加枷号三个月，满日再行发遣。系旗人照例销除旗档，一律办理。著宗人府、刑部即各纂入例册，永远遵行。并由宗人府刊刷条例，通传近支远支各族及八旗满洲旗份。

廿五日（2.28）

帝诣绮春园，问皇太后安。

廿八日（3.3）

谕：大阿哥、惠郡王于二月二十日前往南苑驻围，于三月十五日回圆明园，著富僧德、格布舍充总谙达，轮班随驻。所有应行随从之散秩大臣侍卫等，著各该处照例奏派。

二月

初一日（3.5）

帝诣大高殿行礼。奉皇太后回宫。

初三日（3.7）

以平定回疆，剿擒逆裔，告成太学，命勒石于大成门外。

初四日（3.8）

祭大社、大稷，帝亲诣行礼。遣官祭黑龙潭昭灵沛泽龙王之神、玉泉山惠济慈佑灵濩龙王之神、昆明湖安佑普济沛泽广生龙王之神。遣官祭圆明园惠济祠、河神庙。

初五日（3.9）

总管内务府奏：长芦盐政阿扬阿委员解到山东盐当规银交圆明园银库。

初六日（3.10）

帝奉皇太后幸惠郡王绵愉第。帝幸圆明园。奉皇太后居绮春园。

十二日（3.16）

帝诣绮春园，问皇太后安。

十三日（3.17）

帝御勤政殿听政。

●御制勤政殿述志：

修身先澹静，莅政贵精勤。佐治同心辅，扬威不世勋。

止戈戒轻举，从实屏虚文。成宪须遵守，咨诹广见闻。

十七日（3.21）

春分，朝日于东郊，遣定亲王奕绍行礼。

十八日（3.22）

帝诣绮春园，问皇太后安。

廿一日（3.25）

帝幸静明园，诣龙神庙拈香。

廿五日（3.29）

帝诣绮春园，问皇太后安。

三月

初二日（4.5）

清明节。帝诣安佑宫行礼。奉皇太后幸狮子林，进膳。

●御制清明日恭侍皇太后雨中泛舟即景：

连朝春雨润如酥，御苑湖山景象殊。轻航泛处弥澄澈，高阁浮来入画图。

初三日（4.6）
帝诣大高殿行礼，回宫。
初五日（4.8）
帝耕耤，诣先农坛行礼。诣关帝庙拈香。幸圆明园。帝诣绮春园，问皇太后安。
初九日（4.12）
帝奉皇太后幸万寿山对鸥舫，进膳。
●御制恭侍皇太后游万寿山：
乘时最喜雨消尘，一览湖山万象真。侍膳虚斋延妙景，暄妍不数凤池春。
十一日（4.14）
孝贤纯皇后忌辰，遣官祭裕陵。帝诣绮春园，问皇太后安。
十二日（4.15）
帝幸南苑。
十三日（4.16）
帝行围，翌日如之。驻跸团河行宫，至十五日皆如之。
十六日（4.19）
帝行围。诣关帝庙拈香。
十七日（4.20）
帝行围。诣元灵宫、永慕寺行礼。
十八日（4.21）
帝还圆明园。诣安佑宫行礼。诣绮春园，问皇太后安。
二十日（4.23）
帝御阅武楼，阅京营操。奉皇太后幸万寿山，诣广润祠拈香。
奉旨：此次宗室会试中式贡士，著于本月廿六日在圆明园正大光明殿覆试。
●御制阅武楼看操后，恭侍皇太后幸万寿山喜成：
霏微小雨不成泥，阅武京营步伐齐。喜奉慈颜兰桨荡，敬瞻神宇石阶跻。
廿三日（4.26）
祭先蚕之神，皇后亲诣行礼。
廿四日（4.27）
帝诣皇太后宫问安。
廿五日（4.28）
帝幸静明园，诣龙神庙拈香。
廿六日（4.29）
帝御勤政殿听政。
廿八日（5.1）
帝御含辉楼，阅侍卫等骑射。谕：庶吉士散馆，著于四月十七日在圆明园正大光明殿考试。

四月

初一日（5.3）

享太庙，遣皇长子奕纬恭代行礼。

初二日（5.4）

帝诣绮春园，问皇太后安。

初四日（5.6）

帝诣时应宫、昭显庙拈香，回宫。复广东十三行招商旧例。谕：嗣后如有身家殷实、呈请充商者，该监督察访得实，准其暂行试办一二年，果能贸易公平，洋商信服，交纳饷项，即照旧例取保著充。其总散各商联名保结之例，著即停止。

初五日（5.7）

谕：昨日朕自圆明园进宫，所有銮仪卫请轿校尉八十名，著每名赏给一两重银锞一个，由广储司发给。

初六日（5.8）

帝诣南郊斋宫斋宿。

初七日（5.9）

常雩，祀天于圜丘，帝亲诣行礼。诣关帝庙拈香。幸圆明园。诣绮春园，问皇太后安。

十四日（5.16）

帝诣绮春园，问皇太后安。

十九日（5.21）

帝奉皇太后幸如园，进膳。

●御制恭侍皇太后雨后泛舟至如园作：

雨足芳园霁色新，同乘安济永娱亲。四时风景嬴初夏，麦卜丰收乐事真。

廿三日（5.25）

帝诣绮春园，问皇太后安。奉皇太后御含辉楼，阅皇子及侍卫等骑射，进膳。

廿四日（5.26）

帝诣大高殿行礼，回宫。御乾清宫，召读卷官入，亲阅定进呈十卷甲第。

廿五日（5.27）

帝御太和殿传胪，赐一甲李振钧、钱福昌、朱兰三人进士及第，二甲朱淳等一百零六人进士出身，三甲何俊等一百十二人同进士出身。倭仁、龚自珍等即为本科进士。帝幸圆明园。

●御制御殿传胪还圆明园喜雨作：

昊眷雨依旬，丰年气象真。田畴看麦秀，畿辅沐恩均。

树色迷青嶂，云光庵碧津。旋骖欣泽渥，胪唱庆良辰。

廿九日（5.31）

帝诣绮春园，问皇太后安。

五月

初四日（6.5）

帝御勤政殿听政。

初五日（6.6）

帝奉皇太后幸同乐园，进膳。

初七日（6.8）

谕：本年春夏以来雨水调匀，土脉滋润，于农田播种大有裨益。朕祗承昊眷，备致嘉祥，实深寅感，兹涓吉于本月十四日亲诣黑龙潭拈香，用答灵贶。引见新科进士。

初八日（6.9）

帝御阅武楼，阅宗室挑选侍卫马步射。奉皇太后幸静明园，进膳。

●御制恭奉皇太后自昆明湖泛舟至静明园侍膳：

湖山澄碧雨余天，问景名园好放船。深庆麦秋书上稔，承欢萱殿万斯年。

初九日（6.10）

帝御阅武楼，阅挑选侍卫马步射。

十二日（6.13）

帝御阅武楼，阅挑选侍卫马步射。诣绮春园，问皇太后安。

十三日（6.14）

遣官祭关帝庙。

十四日（6.15）

帝诣黑龙潭神祠拈香。

●御制敬诣黑龙潭龙神祠瞻礼，时润轩小憩：

往岁衔诚多叩雨，兹来展谒答神庥。云含麦穗黄连陇，烟幕禾苗绿满畴。

十七日（6.18）

皇后千秋节。宫内行礼如仪，停止筵宴及在外福晋、命妇行礼。

十八日（6.19）

帝诣大高殿行礼，回宫。

廿一日（6.22）

夏至，祭地于方泽，帝亲诣行礼。幸圆明园，诣绮春园，问皇太后安。

廿三日（6.24）

湖北巡抚杨健委试用同知张宝荣送堪舆潘奇峰到京，已饬该委员即速伴送潘奇峰来圆明园，谨奏请旨。

廿六日（6.27）

帝幸静明园，诣龙神庙拈香。

●御制雨后静明园即景：

崖岫葱茏玉塔高，清泉莹澈鉴秋毫。竭来小憩心神静，问政宣官勿惮劳。

廿八日（6.29）

帝诣绮春园，问皇太后安。

六月

初三日（7.3）

帝奉皇太后幸观澜堂，进膳。

初六日（7.6）

帝御勤政殿听政。

初八日（7.8）

帝幸万寿山，诣广润祠拈香。帝诣绮春园，问皇太后安。

十二日（7.12）

命礼部尚书汤金钊为上书房总师傅，命工部尚书穆彰阿为翰林院掌院学士，调礼部尚书松筠为兵部尚书，以内大臣博启图为礼部尚书，命都察院左都御史那清安为武英殿总裁官，以兵部尚书玉麟为伊犁将军，大学士长龄署正蓝旗满洲都统。

十六日（7.16）

帝诣绮春园，问皇太后安。

十九日（7.19）

宝兴、海龄、达三奏：为遵旨查明圆明园银库、器皿库覆奏。

二十日（7.20）

帝幸静明园，诣龙神庙拈香。

廿二日（7.22）

帝诣绮春园，问皇太后安。

廿八日（7.28）

帝诣大高殿行礼，回宫。

七月

初一日（7.31）

享太庙，帝亲诣行礼。幸圆明园。帝诣绮春园，问皇太后安。

初六日（8.5）

帝诣绮春园，问皇太后安。

初九日（8.8）

谕：朕恭奉皇太后安舆前诣盛京，祇谒祖陵，著改于八月十九日启銮。

十三日（8.12）

帝诣绮春园，问皇太后安。

十四日（8.13）

帝御勤政殿听政。

十五日（8.14）

中元节。帝诣安佑宫行礼。

十七日（8.16）

帝幸静明园，诣龙神庙拈香。谕：朕本年恭诣盛京，外省督抚提镇等奏折，俱著赍折人前赴行在奏递。

二十日（8.19）

帝诣绮春园，问皇太后安。

廿三日（8.22）

帝至文昌阁拈香，由升平署中和乐伺候吹打。

廿五日（8.24）

仁宗睿皇帝忌辰，遣官祭昌陵。帝诣安佑宫行礼。

廿七日（8.26）

帝诣绮春园，问皇太后安。

廿八日（8.27）

谕：每年朕于八月由圆明园进宫，设仪仗作乐，王公文武大臣于三座门前接驾，繁文缛节，朕无取焉。著自本年为始，每届八月内进宫回园之期，将仪仗作乐及王公各大臣接驾之处，俱行停止。

八月

初二日（8.30）

谕：朕此次前往盛京，恭谒祖陵，著派定亲王奕绍、大学士托津、尚书汤金钊、明山留京办事。

初四日（9.1）

帝诣大高殿行礼，回宫。

初六日（9.3）

祭先师孔子，命皇长子奕纬行礼。

初七日（9.4）

祭大社、大稷，帝亲诣行礼。幸圆明园，诣绮春园，问皇太后安。遣官祭黑龙潭昭灵沛泽龙王之神、玉泉山惠济慈佑灵濩龙王之神、昆明湖安佑普济沛泽广生龙王之神。遣官祭圆明园惠济祠、河神庙。

初八日（9.5）

帝奉皇太后幸同乐园，进膳，赐皇子及内廷王公大臣、蒙古王贝勒、越南国使臣等食。

初九日（9.6）

太宗文皇帝忌辰，遣官祭昭陵。

初十日（9.7）

万寿节。帝诣安佑宫行礼。诣绮春园，皇太后前行礼。御正大光明殿，皇子及王以下文武大臣官员、蒙古王贝勒、外藩使臣等行庆贺礼。御同乐园，赐皇子及内廷王公大臣、蒙古王贝勒、越南国使臣食。

十三日（9.10）

帝诣安佑宫行礼。

十四日（9.11）

帝诣绮春园，问皇太后安。

十七日（9.14）

帝诣大高殿行礼，奉皇太后回宫。

十八日（9.15）

以诣盛京恭谒祖陵，先期祗告奉先殿，帝亲诣行礼。

十九日（9.16）

帝奉皇太后启銮，东巡盛京，恭谒祖陵。是日，驻跸烟郊行宫。

九月

三十日（10.27）

帝奉皇太后回銮。

十月

初一日（10.28）

享太庙，命皇长子奕纬恭代行礼。

初十日（11.6）

皇太后圣寿节。遣官祭太庙后殿、奉先殿。帝率扈从王公大臣、蒙古王公、文武官员诣皇太后行幄行庆贺礼。

廿一日（11.17）

帝谒裕陵。

廿四日（11.20）

帝奉皇太后回宫。

十一月

初一日（11.26）

帝御太和殿传胪，赐中式武举一甲吴钺、秦定三、张斯奎三人武进士及第，二甲马从凯等五人武进士出身，三甲齐从龙等二十八人同武进士出身。

初七日（12.2）

皇三子奕继生。

廿三日（12.18）

奉旨：耆英等奏，静明园香严寺玉峰佛塔塔顶坍卸，砸损山门佛殿等处。著交总理工程处事务大臣估计做法钱粮，奏明派员会同修理。

十二月

初八日（1830.1.2）

帝诣大高殿祈雪坛行礼。

十三日（1.7）

奉旨：左翼税盈余银著交圆明园二万四百两，赏给宝兴二百九十六两零。右翼税盈余银著交圆明园七千五百两，赏给裕恩一百七十三两零。

廿八日（1.22）

以岁暮祫祭，遣官祭太庙中殿、后殿。皇三子奕继卒。

廿九日（1.23）

祫祭太庙，帝亲诣行礼。

道光十年　1830

正月

初一日（1.25）

帝诣奉先殿行礼。御乾清宫，赐皇子、亲藩等宴。

初五日（1.29）

谕：正月十六日正大光明殿入廷臣宴之大臣等，皆在廊下谢坐谢宴，著为令。

初十日（2.3）

帝诣南郊斋宫斋宿。

十一日（2.4）

祈谷于上帝，帝亲诣行礼。是日，立春，顺天府进土牛春山宝座。

十三日（2.6）

帝诣大高殿行礼。幸圆明园。帝奉皇太后居绮春园。诣安佑宫行礼。

●御制新正幸圆明园即事：每岁新正幸园，初冬还宫，此向例也。昨秋因展谒三陵，诹吉于八月中旬启跸，是以还宫较常年特早。此次幸园，取道德胜门，王公大臣等于地安门送驾，因西直门、阜成门外石道新修故也。际兹韶光启淑，首祚占丰，惟有勤俭公诚，持盈保泰，以承先泽，以勖躬修于无斁尔。

昨岁平秋返禁宫，只因展敬驾言东。地安瞻就千官肃，德胜銮舆广陌通。

雪色乍添春郭外，韶光已满御园中。抚绥率旧承先泽，勤俭公诚勉勖躬。

十四日（2.7）

帝诣绮春园，问皇太后安。御奉三无私殿，赐皇子、亲藩等宴。

●御制上元前夕曲宴亲藩：

令序开筵岁有常，一堂惇睦集天潢。共承恩泽钦皇考，永作屏藩勖众王。

十五日（2.8）

上元节。帝诣安佑宫行礼。御正大光明殿，赐朝正外藩等宴，作乐赐酒，如除夕仪。御山高水长，赐王公大臣、蒙古王、贝勒、贝子、公、额驸、台吉及外藩使臣等食。

●御制上元日作：

上元每御苑西楼，行庆诸藩故事修。灯火只须聊点缀，骄奢恭俭度心头。

十六日（2.9）

帝御正大光明殿，赐大学士、尚书等宴。

●御制正大光明殿小宴廷臣即事：

令节由来进众卿，心希正大复光明。嘉言入告无缄默，成宪钦遵勿变更。

守道守官先敬慎，执经执法贵精诚。弼予制治承先泽，日懔几康惕满盈。

十八日（2.11）

谕：朕于三月十四日恭奉皇太后启銮，十八日祇谒西陵。礼成后，皇太后于廿一日回绮春园，朕于廿一日驻跸南苑，廿六日回圆明园。谕：大阿哥、惠郡王著于三月初五日住宿南苑行围，廿六日回圆明园，松筠、富僧德著充总谙达，轮流从大阿哥等住宿，其随往之散秩大臣侍卫等著各该处照例奏派。

十九日（2.12）

帝御山高水长，赐王公大臣、蒙古王、贝勒、贝子、公、额驸、台吉及外藩使臣等食。

廿一日（2.14）

总管内务府奏：长芦盐政阿扬阿委员解银交圆明园银库。

廿二日（2.15）

帝幸万寿山。帝诣绮春园，问皇太后安。

●御制万寿山：

静明在目静宜迢，列嶂西峰雪未消。底事上林春二月，何人柑酒不相饶。

廿三日（2.16）

孝圣宪皇后忌辰，遣官祭泰东陵。帝诣畅春园恩慕寺、恩佑寺行礼。

廿八日（2.21）

帝诣大高殿行礼，回宫。

二月

初九日（3.3）

祭大社、大稷，帝亲诣行礼。遣官祭黑龙潭昭灵沛泽龙王之神、玉泉山惠济慈佑灵濩龙王之神、昆明湖安佑普济沛泽广生龙王之神。遣官祭圆明园惠济祠、河神庙。帝幸圆明园，诣绮春园，问皇太后安。

十二日（3.6）

帝幸静明园，诣龙神庙拈香。

十五日（3.9）

停止新疆梨贡，以杜滋扰而示体恤。

十六日（3.10）

帝诣绮春园，问皇太后安。

十八日（3.12）

以肃亲王敬敏署管理圆明园八旗内务府三旗官兵事。

廿三日（3.17）

帝诣绮春园，问皇太后安。

廿四日（3.18）

颁赏皇子及王公大臣、内廷翰林、各省督抚《御制诗初集》各一部。

廿五日（3.19）

帝诣大高殿行礼，回宫。

廿七日（3.21）

春分，朝日于东郊，帝亲诣行礼。诣东岳庙拈香。幸圆明园。

廿九日（3.23）

帝诣绮春园，问皇太后安。

三月

初二日（3.25）

谕：朕此次恭谒西陵，著派定亲王奕绍，大学士托津、长龄，协办大学士、尚书卢荫溥留京办事。

初五日（3.28）

祭先蚕之神，皇后亲诣行礼。

初六日（3.29）

帝诣绮春园，问皇太后安。

初九日（4.1）

帝诣大高殿行礼，回宫。

十一日（4.3）

帝耕耤，诣先农坛行礼。幸圆明园。

十二日（4.4）

帝诣绮春园，问皇太后安。

十三日（4.5）

清明节。帝诣安佑宫行礼。

十四日（4.6）

帝奉皇太后启銮，谒西陵。免跸路经过地方本年额赋十分之三。是日，驻跸黄新庄行宫。

十六日（4.8）

谕：据查沈阳城有弋腔戏两班，近又到一徽班。盛京将军奕颢府内，时常演戏，且该将军服用奢华，务耽丰美。副都统常明，亦喜演戏宴会，性近奢靡。奕颢、常明著交宗人府、兵部严加议处，驱逐盛京城内外所有戏班杂剧，地方官严行查察，不准潜行入境。

十八日（4.10）

帝谒泰陵、泰东陵、昌陵。帝回銮，驻跸秋澜行宫。

二十日（4.12）

帝诣皇太后行宫问安，恭送皇太后回绮春园。

廿一日（4.13）

帝幸南苑。

廿二日（4.14）

帝行围。廿四日亦如之。

廿六日（4.18）

帝还圆明园。诣绮春园，问皇太后安。

廿八日（4.20）

以不能崇实黜华，先蹈侈靡陋习，革奕颢盛京将军职，并奉恩镇国公爵，给头等侍卫衔；革常明盛京副都统，予四等侍卫衔，俱在大门上行走。

三十日（4.22）

帝奉皇太后幸如园，进膳。

四月

初一日（4.23）

享太庙，命皇长子奕纬恭代行礼。

初二日（4.24）

帝御勤政殿听政。

●御制勤政殿：

承先惭德薄，勤政守成规。好问希虞帝，修诚慕孔师。

知人良匪易，克己在无为。上下交相勉，兢兢戒玩疲。

初四日（4.26）

帝诣绮春园，问皇太后安。

初五日（4.27）

总管内务府奏：长芦盐政阿扬阿委员解到山东盐当规银交圆明园银库。

初六日（4.28）

帝奉皇太后幸万寿山鉴远堂，进膳。以工部尚书穆彰阿署总管内务府大臣，定亲王奕绍署管理銮仪卫事，肃亲王敬敏署管理圆明园八旗内务府三旗官兵事。

●御制恭奉皇太后泛舟至鉴远堂作：

山青水碧雨余天，喜奉萱闱泛画船。小憩临流弥爽澈，静宜妙境俨堂前。

初十日（5.2）

帝御含辉楼，阅侍卫骑射。

十三日（5.5）

帝诣绮春园，问皇太后安。御含辉楼，阅侍卫骑射。

十五日（5.7）

帝诣大高殿行礼，回宫。

十七日（5.9）

帝诣南郊斋宫斋宿。

十八日（5.10）

常雩，祀天于圜丘，帝亲诣行礼。幸圆明园，诣绮春园，问皇太后安。

廿四日（5.16）

帝诣大高殿行礼，回宫。

廿五日（5.17）

帝幸圆明园，诣绮春园，问皇太后安。

廿六日（5.18）

帝御含辉楼，阅侍卫骑射。廿八日亦如之。

廿九日（5.21）

帝幸万寿山，诣广润祠拈香。

闰四月

初二日（5.23）

帝诣绮春园，问皇太后安。初九日亦如之。

十四日（6.4）

帝奉皇太后幸观澜堂，进膳。

十八日（6.8）

帝诣绮春园，问皇太后安。

二十日（6.10）

帝御勤政殿听政。

廿五日（6.15）

帝诣绮春园，问皇太后安。

廿九日（6.19）

帝诣大高殿行礼，回宫。

五月

初三日（6.22）

夏至，祭地于方泽，帝亲诣行礼。孝诚仁皇后忌辰，遣官祭景陵。幸圆明园，诣绮春园，问皇太后安。

初七日（6.26）

以工部尚书穆彰阿署步军统领，定亲王奕绍署管理銮仪卫事，肃亲王敬敏署管理圆明园八旗包衣三旗官兵事。

初九日（6.28）

帝诣绮春园，问皇太后安。幸万寿山，诣广润祠拈香。

十六日（7.5）

帝诣黑龙潭神祠拈香。

●御制敬诣黑龙潭龙神祠瞻礼：

麦已登场禾黍生，滋培万物仰神明。瓣香叩拜伸诚敬，揽辔田畴入望青。

十七日（7.6）

皇后千秋节。宫内行礼如仪，停止筵宴及在外福晋、命妇行礼。

十八日（7.7）

帝诣绮春园，问皇太后安。廿五日亦如之。

本月

纂辑《平定回疆剿擒逆裔方略》成。

六月

初二日（7.21）

帝御勤政殿听政。

初三日（7.22）

帝诣绮春园，问皇太后安。

初七日（7.26）

帝幸万寿山，诣广润祠拈香。

初九日（7.28）

帝诣绮春园，问皇太后安。十六日、廿三日亦如之。

廿七日（8.15）

帝诣大高殿行礼，回宫。

七月

初一日（8.18）

享太庙，帝亲诣行礼。幸圆明园，诣绮春园，问皇太后安。

初三日（8.20）

以大学士长龄管健锐营事。

初八日（8.25）

帝诣绮春园，问皇太后安。十四日亦如之。

十五日（9.1）

中元节。帝诣安佑宫行礼。

廿一日（9.7）

帝诣绮春园，问皇太后安。御勤政殿听政。

廿五日（9.11）

仁宗睿皇帝忌辰，遣官祭昌陵。帝诣安佑宫行礼。

廿七日（9.13）

命散秩大臣额勒浑为正使、内阁学士裕诚为副使，赐故朝鲜国世子李旲祭。

廿八日（9.14）

帝诣绮春园，问皇太后安。

三十日（9.16）

帝诣大高殿行礼，回宫。

八月

初三日（9.19）

祭大社、大稷，帝亲诣行礼。幸圆明园，诣绮春园，问皇太后安。

初七日（9.23）

秋分，夕月于西郊，遣顺承郡王春山行礼。遣官祭黑龙潭昭灵沛泽龙王之神、玉泉山惠济慈佑灵濩龙王之神、昆明湖安佑普济沛泽广生龙王之神。遣官祭圆明园惠济祠、河神庙。

初八日（9.24）

帝奉皇太后幸同乐园，进膳，赐皇子及内廷王公大臣、蒙古王、贝勒等食。

初十日（9.26）

万寿节。帝诣安佑宫行礼。诣绮春园，皇太后前行礼。帝御正大光明殿，皇子及王公大臣、文武官员、蒙古王、贝勒等行庆贺礼。幸同乐园，赐皇子及王公大臣、蒙古王、贝勒等食。

十三日（9.29）

帝诣安佑宫行礼。

十四日（9.30）

帝诣绮春园，问皇太后安。

十六日（10.2）

谕：禧恩等奏，请饬催两淮应交利息银两。著两淮盐政即将未解圆明园八旗内务府三旗道光七年份连闰一年利银二万六千两，并九年份下半年利银一万二千两，以备支用。嗣后，每年务将应解利银照例按年如数解交，年清年款，毋得再有延宕。

廿一日（10.7）

帝诣绮春园，问皇太后安。

廿三日（10.9）

世宗宪皇帝忌辰，遣官祭泰陵。帝诣安佑宫行礼。

廿五日（10.11）

帝奉皇太后幸观澜堂，进膳。

廿六日（10.12）

帝御勤政殿听政。

廿八日（10.14）

帝诣绮春园，问皇太后安。

九月

初五日（10.21）

帝诣绮春园，问皇太后安。

初六日（10.22）

帝御洞明堂，勾到新疆、云南、贵州、广西情实罪犯。

十一日（10.27）

帝御洞明堂，勾到四川情实罪犯。

十三日（10.29）

帝诣绮春园，问皇太后安。

十五日（10.31）

户部议奏：现在筹办军需，除各省军装器械战船仍准随时估办外，其余各项工程即行停止，并将本款备支银数报部拨用，俟军务告竣，再行奏办。至京城无关紧要工程，亦应一律暂停。从之。

十六日（11.1）

帝御洞明堂，勾到奉天、福建、广东、陕西、甘肃情实罪犯。

十八日（11.3）

以仁宗睿皇帝圣德神功碑镌刻告成，遣官祭告昌陵。

十九日（11.4）

帝诣绮春园，问皇太后安。御洞明堂，勾到浙江、湖北、湖南情实罪犯。

二十日（11.5）

帝御阅武楼，阅火器营操。赏蓝翎长兴瑞等护军校、护军赓英额等蓝翎长，并赏赉兵丁有差。

廿六日（11.11）

帝诣绮春园，问皇太后安。御洞明堂，勾到江西、江苏、安徽情实罪犯。

廿七日（11.12）

孝慈高皇后忌辰，遣官祭福陵。帝诣大高殿行礼，回宫。

十月

初一日（11.15）

享太庙，帝亲诣行礼。

初二日（11.16）

帝幸圆明园，诣绮春园，问皇太后安。

初六日（11.20）

帝诣安佑宫行礼。

初七日（11.21）

帝诣绮春园，问皇太后安。

初十日（11.24）

皇太后圣寿节。遣官祭太庙后殿、奉先殿。帝率王公大臣诣绮春园行庆贺礼。奉皇太后幸同乐园，进膳。

十二日（11.26）

帝诣安佑宫行礼。

十三日（11.27）

帝诣大高殿、寿皇殿行礼，奉皇太后回宫。

廿一日（12.5）

谕：本月十三日朕进宫时，大阿哥因病未痊住圆明园，皇后亦未进宫。昨据该总管太监奏，仪亲王于十八日前往看视，径入福园门至阿哥所内，当时值班官兵及太监等拦阻不听等语。国家体制，门禁森严，不准擅行阑入。即如惇亲王、惠郡王系大阿哥之叔及内廷行走之庆郡王绵慜、定亲王奕绍自必俱为系念，然亦只能差人探问，不敢自行擅入，乃仪亲王率行进门，殊属不合，想系年老神昏，故习未悛。伊子绵志不能从旁劝阻，甚属非是。绵志宗人府右宗正及正白旗汉军都统俱著开缺，所有圆明园驻班之阿尔邦阿等并该门值班官兵及太监等不能力阻，俱有应得之咎，此次姑免惩办。嗣后，务当遵照门禁章程，慎重恪守，如再有似此擅入禁门之事，定当分别严惩不贷。

廿四日（12.8）

帝御乾清门听政。云贵总督阮元等奏：越南国王来咨干涉云南六猛地方政务，意图罩占。谕：云南建水县之礼社江以外、巴发河以内六猛地方，自国初以来投诚内附，久隶版图。乾隆年间，安南国王屡次以申画疆界为词，均经驳斥。嘉庆年间，越南国镇目传词各猛，意图越占，复经奏明驳斥，并将各猛各寨开写清单，照会该国。内地与外夷毗连地方，界画分明，丝毫不准占越。猛赖等六处久归内地管辖，纳粮请袭，且有土练兵丁数千，安设多年，岂容该国妄生觊觎，借名罩占。著即将乾隆、嘉庆年间叠次旧案详晰行知该国王，谕令懔遵旧规，不得搀越滋衅。

廿五日（12.9）

帝诣时应宫拈香。

十一月

初七日（12.21）

帝诣南郊斋宫斋宿。

初八日（12.22）

冬至，祀天于圜丘，帝亲诣行礼。

初九日（12.23）

谕：西直门至圆明园及阜成门、西便门等处石道工程，兹据禧恩等奏，查明各段工程，通计与原估相符。惟各段道板石及护牙土经车辆碾轧，间有不平及各段均有牙石不齐并道板石长出抵作牙石之处，应行挑换修补，著承修大臣即饬承修司员于明年春融妥速修理，并责成步军统领衙门饬知该营汛于保固限内随时察看，遇有损坏情形，据实呈报该衙门移咨承修各段，即时修理。

十二日（12.26）

圆明园御马圈草垛失火。

十三日（12.27）

圣祖仁皇帝忌辰，遣官祭景陵。帝诣寿皇殿行礼。

十八日（1831.1.1）

命于大高殿设坛祈雪，帝亲诣行礼。奉旨：左翼税盈余银著交圆明园二万四百两，赏给敬征二百六十五两零。右翼税盈余银著交圆明园七千五百两，赏给博克顺一百六十五两零。

廿七日（1.10）

总管内务府奏：淮关监督荣桂解银交圆明园银库。

廿九日（1.12）

以惇亲王绵恺为总谙达，以刑部右侍郎阿勒清阿为山西巡抚，调湖北布政使林则徐为河南布政使。

十二月

初二日（1.15）

谕：惠郡王绵愉、庄郡王奕賫来年均届十八岁，惠郡王绵愉来年仍在内廷行走，上书房读书。惟令于例应行走差使上行走，无庸上朝。庄郡王奕賫著照例上朝，在一切差使上行走。

初三日（1.16）

谕：明年朕五旬万寿，各省督抚及将军提镇等俱不准奏请来京祝嘏。

初五日（1.18）

谕：嗣后王公一二品大臣使用太监数目不必限以定制，多少听其自便。自明年为始，宫内当差太监如人数不敷，著仍照旧例，由宗人府传知各王公，按从前数目由内务府行知，著令交进当差。

初八日（1.21）

帝诣大高殿行礼。

十七日（1.30）

谕：从前内外八旗大员之弟兄子孙，每逾五年查阅一次，挑取侍卫柏唐阿当差。自道光六年查办以来，已届五年又应查办之期。嗣后，在京文职三品以上、武职二品以上，外任文职自总督起至按察使止、武职自将军提督起至总兵止，该大员之弟兄子孙内如有年已及岁，堪任侍卫柏唐阿差使，每遇五年查办之期，情愿挑取者，该大臣等仍照上届呈报本旗，由该旗造册咨送军机处汇题。

十八日（1.31）

定严禁内地种卖鸦片烟章程。嗣后，内地奸民人等有种卖煎熬鸦片烟者，即照兴贩鸦片烟之例，为首发近边充军，为从杖一百、徒三年。地保受贿故纵者，照首犯一体治罪。赃重者，计赃以枉法从重论。其知情容隐，虽未受贿，亦照为从例问拟。所种烟苗克毁，田地入官。各督抚即责成该管道府督饬各属实力查禁，乘抽查保甲之便于春间赴乡稽查一次，将有无私栽鸦片烟出具印结。

二十日（2.2）

帝诣大高殿谢雪。

廿二日（2.4）

立春，顺天府进土牛春山宝座。内务府奏：向例每年由崇文门监督交银二千五百两，赏宫内各等处首领太监一千五百两，赏圆明园各等处首领太监银九百两，园户银一百两，均系崇文门按期如数分交。

廿三日（2.5）

晋封睦贵人为睦嫔。

廿五日（2.7）

谕：朕于明年二月十八日启銮，廿二日祗谒西陵。廿三日节届清明，朕恭诣昌陵行敷土礼，并诣隆恩殿行大飨礼。廿六日旋跸圆明园。

廿七日（2.9）

以内阁学士奕纪管理圆明园八旗包衣三旗官兵事。

廿九日（2.11）

祫祭太庙，帝亲诣行礼。

本年

九洲清晏西路作全面改建，圆明园三殿西边的乐安和、怡情书史寝殿改建成五间三卷大寝宫慎德堂，堂前原玉照亭等改为昭吟镜、得心虚妙、峭碧等三亭斋；又西侧的清晖阁南北诸景，改建为妃嫔寝殿湛静斋、后殿和南穿堂殿。

道光十一年　1831

正月

初一日（2.13）

帝诣奉先殿行礼。御乾清宫，赐亲藩等宴。

初四日（2.16）

谕：以本年朕五旬万寿，仪亲王之孙奕细著加恩封为入八分辅国公，成郡王载锐著加恩赏戴三眼花翎、在内廷行走，庆郡王绵慜之弟绵悌著加恩封为不入八分辅国公、在散秩大臣上行走，定亲王奕绍著加恩赏给金黄朝服蟒袍，载铨著加恩封为不入八分镇国公，惇亲王绵恺著加恩赏银三千两，惠郡王绵愉著加恩赏银二千两，奕约著加恩赏银一千两，俱由广储司给发。

初六日（2.18）

帝诣南郊斋宫斋宿。

初七日（2.19）

祈谷于上帝，帝亲诣行礼。

初八日（2.20）

享太庙，遣惠郡王绵愉恭代行礼。帝诣大高殿行礼。幸圆明园。奉皇太后居绮春园。诣安佑宫行礼。

●御制新正幸圆明园作：

西郊策骏喜新韶，谷日行春卜岁饶。应识上林先淑气，待临西苑庆元宵。

初九日（2.21）

帝诣绮春园，问皇太后安。

十四日（2.26）

帝御奉三无私殿，赐皇子、亲藩等宴。

●御制上元前夕宴亲藩于奉三无私即事：朕五旬庆节，嘉惠宗亲，所以敷恩衍庆，敦睦懿亲也。际兹肆筵授几，情洽欢联，洵为天家乐事，庶几赓雅歌于行苇，非徒酬令节于传柑云尔。

五旬初度沛恩宜，首重亲亲固本支。同登寿寓承先泽，永睦宗藩荷考慈。

十五日（2.27）

上元节。月食，帝诣安佑宫行礼。御正大光明殿，赐朝正外藩等宴，作乐赐酒，如除夕仪。御山高水长，赐王公大臣、蒙古王、贝勒、贝子、公、额驸、台吉及外藩使臣等食。

●御制上元日作：

诸部承先泽，持盈念日增。动须以礼节，克己庶几能。

春雪真为瑞，春灯何足耽。兢兢操素志，尚俭勿空谈。

十六日（2.28）

帝御正大光明殿，赐大学士、尚书等宴。

●御制上元后一日小宴廷臣述志：

畏與年增懔帝居，勿忘启沃弼于予。思艰思道般心法，从实从长戒面誉。

尽职不嫌伯雨疏，敢言能引魏文裾。还淳反朴惭无补，繁缛纷奢一力除。

十七日（3.1）

帝诣绮春园，问皇太后安。

十九日（3.3）

帝御山高水长，赐王公大臣、蒙古王、贝勒、贝子、公、额驸、台吉及外藩使臣等食。

二十日（3.4）

总管内务府大臣达三因病解任，以武备院卿克蒙额为总管内务府大臣，仍管圆明园事，以户部左侍郎宝兴管清漪园等处事。

廿一日（3.5）

总管内务府奏：长芦盐政阿扬阿应解银交圆明园银库。

廿三日（3.7）

孝圣宪皇后忌辰，遣官祭泰东陵。帝诣畅春园恩慕寺、恩佑寺行礼。

廿四日（3.8）

帝诣绮春园，问皇太后安。

廿七日（3.11）

朝鲜国王李玜遣使表贺万寿、冬至、元旦三大节，并谢赐祭恩及请封其孙焕为世孙，进贡方物，命例外贡物留抵下次正贡，赏赉筵宴如例。

廿八日（3.12）

帝诣大高殿行礼，回宫。

二月

初五日（3.18）

祭大社、大稷，帝亲诣行礼。

初六日（3.19）

帝幸圆明园。诣绮春园，问皇太后安。

●御制还园喜雨作：此次喀什噶尔回庄从逆余匪逃逸尚多，现在投归者尚未齐集，命哈哴阿、杨芳暂行收抚，派员确切查明，分别良莠，以次剿办，并将著名逆目悬赏购线，设法查拿，以伸国法。其一切善后事宜，俟长龄到喀什噶尔亲历察看，会同筹办，自能妥速经理，毋致耽延时日，以纾朕西顾之忧。

郊原浥润甫停骖，细雨如丝又沐甘。东作农功丰有象，西望边务事毋耽。

淡黄柳色含虚阁，湛碧松阴映远岚。竟夕廉纤欣既渥，休征敬感庆春三。

初七日（3.20）

谕：京师西直门至圆明园及阜成门等处石道工程，前经派员分段承修，于上年工竣验收。昨朕经过海甸以北栅栏至恩慕寺一带石道，见有折断数块。此项工程甫经修整完竣，何至遽行折断？显系承办之员不能认真经理，致有草率偷减之弊。著派禧恩、穆彰阿、敬徵亲往履勘，据实具奏，责令承办之员赶紧赔修完固。他段石工亦难保无折断之处，并著禧恩等逐段详查，一并具奏。

奉旨：文孚等奏催圆明园滋生库生息银两。此项银两系健锐营每月公费及帮贴围差、整理器械之用，著管理圆明园大臣即饬令按月给发。其近年来解息银九千四百两零，著一并严催，毋任延宕。

初八日（3.21）

春分，朝日于东郊，遣豫亲王裕全行礼。谕：朕此次恭谒西陵，启銮后，著派定亲王奕绍，大学士托津、卢荫溥，协办大学士、尚书富俊留京办事。

初九日（3.22）

遣官祭黑龙潭昭灵沛泽龙王之神、玉泉山惠济慈佑灵濩龙王之神、昆明湖安佑普济沛泽广生龙王之神。遣官祭圆明园惠济祠、河神庙。

初十日（3.23）

奉旨：禧恩等奏两淮应交健锐营十年份滋生利息银两行催尚未交纳，该营不敷支发，现由圆明园银库正项银内借用，著陶澍即将此项息银迅速解交，以备支放而清借款，毋再延宕。

十二日（3.25）

帝诣绮春园，问皇太后安。调四川总督琦善为直隶总督。

十六日（3.29）

帝御勤政殿听政。谕：据奏，查明海甸栅栏往北至东挡众木新石道，内有折断道板石九十一块。实属草率偷减，不肯实心任事。著责令承办之员赶紧赔修完固。此外西南门等处并自海甸栅栏至西直门、阜成门、西便门各段新旧石道内折断道板石共十八块，与前项石工情形相同，著承办之员各赶紧妥固赔修。所有赔修各工，务须工坚料实，如式修做，以期经久，倘仍前草率，保固限内再有损坏之处，除仍行责令赔修外，并将承修之员一并惩处不贷。

十七日（3.30）

帝诣绮春园，问皇太后安。

十八日（3.31）

帝启銮，谒西陵。诣卢沟桥龙神庙拈香。是日，驻跸黄新庄行宫。

廿二日（4.4）

帝谒泰陵、泰东陵、昌陵。恭阅昌陵大碑楼。谕：禧恩等于西陵红桩界内选勘万年吉地，朕本日亲临阅看形势，甚合朕意，著名为龙泉峪。将来建立规模，因地制宜，一切俱从简约，以副朕之素志。著派尚书穆彰阿，侍郎敬徵、宝兴、阿尔邦阿于今岁诹吉开工。

廿三日（4.5）

清明节。帝谒昌陵，至宝城行敷土礼，诣隆恩殿行大飨礼。帝回銮，驻跸秋澜行宫。

廿六日（4.8）

孝昭仁皇后忌辰，遣官祭景陵。帝还圆明园，诣绮春园，问皇太后安。

三月

初一日（4.12）

总管太监张福善奉旨：将圆明园技勇每月食银三两米四斛七十份内拨出十份，加赏司房二份、九州清晏二份、西船坞六份食用，其西船坞现有每月食银三两米三斛六份拨出赏给各等处食用。

谕：朕本年五旬万寿庆辰，业经累沛恩纶，覃敷闿泽。所有庄襄亲王绵课之子庄郡王奕賣著加恩赏还亲王，英和著加恩即行释回，伊子奎照、奎耀俱著随同回京。

初四日（4.15）

帝诣绮春园，问皇太后安。

初五日（4.16）

祭先蚕之神，皇后亲诣行礼。

初七日（4.18）

据给事中邵正笏奏，近年内地奸民种卖鸦片烟，地方官并不实力查禁。命各省督抚查明严禁，妥议章程具奏。

初九日（4.20）

帝诣大高殿行礼，回宫。

十一日（4.22）

帝耕耤，诣先农坛行礼。诣关帝庙拈香。幸圆明园，诣绮春园，问皇太后安。

十八日（4.29）

帝诣安佑宫行礼。诣绮春园，问皇太后安。

十九日（4.30）

谕：喀喇沙尔土尔扈特汗盟长策登多尔济所遗之缺，著伊子策林旺扎勒承袭，并补授盟长。策林旺扎勒年甫四岁，其汗扎萨克印务著一等协理台吉巴特玛喇暂行护理，其盟长印务著副盟长公策伯克扎布兼署。

二十日（5.1）

帝御含辉楼，阅侍卫骑射。

廿一日（5.2）

帝奉皇太后幸如园，进膳。御勤政殿听政。

廿六日（5.7）

帝御含辉楼，阅侍卫骑射。

廿八日（5.9）

帝诣绮春园，问皇太后安。

三十日（5.11）

帝诣时应宫、昭显庙拈香，回宫。

四月

初二日（5.13）

帝诣南郊斋宫斋宿。

初三日（5.14）

常雩，祀天于圜丘，帝亲诣行礼。幸圆明园，诣绮春园，问皇太后安。

初五日（5.16）

谕：太监潜逃，例有应得之罪。嗣后，各直省督抚府尹等，遇有逃走太监，一经地方官盘获，无论有无滋扰情事，著一面具奏，一面解交内务府。

初六日（5.17）

帝幸静明园，诣龙神庙拈香。御演武厅，阅健锐营操。奉皇太后诣广润祠拈香。幸鉴远堂，进膳。

初九日（5.20）

帝临视皇长子奕纬疾。以本年乡试，考试应开列试差人员于圆明园正大光明殿。

十一日（5.22）

皇太后幸观澜堂，帝跪迎问安，侍送皇太后还绮春园。临视皇长子奕纬疾。

十二日（5.23）

帝诣绮春园，问皇太后安。皇长子奕纬卒，著追封多罗贝勒。

十三日（5.24）

帝诣绮春园，问皇太后安。

十八日（5.29）

帝御阅武楼，阅大员子弟马步射。

十九日（5.30）

帝诣大高殿行礼，回宫。

二十日（5.31）

帝御太和殿视朝，王以下文武升转各官谢恩。幸圆明园，诣绮春园，问皇太后安。

廿一日（6.1）

命于黑龙潭、觉生寺设坛祈雨。帝诣黑龙潭神祠拈香，遣惇亲王绵恺诣觉生寺拈香。

廿七日（6.7）

帝诣绮春园，问皇太后安。

廿九日（6.9）

谕：前经选定万年吉地，降旨名为龙泉峪，所有建立规模，因地制宜，一切俱从简约。现经穆彰阿等前往详勘，著照前降谕旨，酌改宝城规制，方城、明楼、穿堂诸券、琉璃花门、石像生俱著撤去。大殿三间，单檐成做，甬路不必接至大红门。至地宫宝顶、月台、丹陛，并建石牌楼一座，俱照所议办理。宫门前著建一路三孔桥。其太监营房，毋庸建造。

五月

初二日（6.11）

帝御勤政殿听政。

初四日（6.13）

帝诣绮春园，问皇太后安。

初八日（6.17）

赐皇长子贝勒奕纬谥曰：隐志。

初九日（6.18）

帝诣绮春园，问皇太后安。奉旨：本月十一日二品以下京堂考试试差，著于圆明园上书房考试。

十三日（6.22）

夏至，祭地于方泽，遣睿亲王仁寿恭代行礼。

十六日（6.25）

帝诣绮春园，问皇太后安。

十七日（6.26）

皇后千秋节。宫内行礼如仪，停止筵宴及在外公主、福晋、命妇行礼。

十九日（6.28）

●御制慎德堂对雨喜成：自方泽大祀以后，屡得阵雨，尚未深透，农田望泽甚殷，正拟亲诣天神坛虔申祈祷，即夕甘霖滂霈，曷胜欣感。祭祀之义，有祈有报。此次诹日升香，祷吁未申，已邀歆格，喜秋禾之兆稔，卜夏令之咸亨，允宜以报易祈敬修祀典。朕于廿五日进宫斋戒，廿六日亲诣天神坛报谢，仍派惇亲王绵恺等分诣地祇坛、太岁坛行礼，宣仁庙、凝和庙、昭显庙、时应宫、黑龙潭觉生寺、白龙潭拈香致谢，以申诚敬而答嘉祥。

摅诚待叩上天慈，即夕甘霖喜畅施。以谢易祈良罕遇，敬修祀典礼坛途。

廿一日（6.30）

命庆郡王绵愍诣黑龙潭神祠、成郡王载锐诣觉生寺谢雨。

廿二日（7.1）

帝诣绮春园，问皇太后安。

廿五日（7.4）

帝诣大高殿行礼，回宫。

廿六日（7.5）

帝诣天神坛谢雨，诣关帝庙拈香。幸圆明园。

廿八日（7.7）

《御制慎德堂记》略曰：崇俭去奢，慎修思永，孰不知其所当然哉！皇天无亲，惟德是辅。祖功宗德，创垂不易。后世子孙，坐享承平之福，纵不尚奢华，无所加增，自问已觉不安矣。若败度败礼，视富贵为己所应有，是直不可与言者也！又奚能常保厥位耶？诚以世变风移，敝化放心，有不期然而然之势。苟非操之固、审之精，朴素自甘，慎终如始，难与言俭也！至于饮食勿尚珍异，冠裳勿求华美，耳目勿为物欲所诱，居处勿为淫巧所惑，此犹俭德之小者。不作无益害有益，不贵异物贱用物。一丝一粟，皆出于民脂民膏，思及此，又岂容遑欲妄为哉？然行俭责在一人，不以天下自奉，非概从悭悋也。若救饥拯溺，去暴安良，国用之常经，民生之休戚，正措施之不遑，又何可稍存吝惜于其间也！是以修身务存俭约之心，以期永久，图治之道，可不加慎而切记之乎？

廿九日（7.8）

帝诣绮春园，问皇太后安。

六月

初二日（7.10）

帝奉皇太后幸慎德堂，进膳。命停本年秋审朝审情实罪犯勾决。奉旨：著添派阿扬阿管理清漪园等处事务。

●御制雨中奉皇太后泛舟即景：

细雨潇潇夏似秋，平湖新爽好移舟。几暇娱亲欣介寿，时和占岁感承庥。

初三日（7.11）

帝幸静明园，诣龙神庙拈香。

初六日（7.14）

奉旨：本年朕五旬万寿，王公百官仍著穿蟒袍补服七日。

初七日（7.15）

帝御勤政殿听政。

初八日（7.16）

帝诣绮春园，问皇太后安。

初九日（7.17）

皇四子奕詝生于圆明园湛静斋，母孝全皇后钮祜禄氏，是为后之清文宗咸丰帝。

十一日（7.19）

帝奉皇太后幸慎德堂，进膳。

十三日（7.21）

帝幸万寿山，诣广润祠拈香。

十五日（7.23）

皇五子奕誴生。

十六日（7.24）

帝诣绮春园，问皇太后安。刑部议定买食鸦片律例。嗣后，买食鸦片者，杖一百，枷号两个月，并令供出贩卖之人，如不从，则杖一百，徒三年；官吏吸食者，罪加一等。

廿一日（7.29）

帝诣黑龙潭神祠拈香。

●御制敬诣黑龙潭龙神祠祷雨：

抒敬祷神祠，忧惕夜复旦。亟吁惠民心，臣罪祈天宥。

廿三日（7.31）

帝诣绮春园，问皇太后安。

廿八日（8.5）

帝诣大高殿行礼，回宫。

七月

初一日（8.8）

享太庙，帝亲诣行礼。幸圆明园，诣绮春园，问皇太后安。

初六日（8.13）

帝幸静明园，诣龙神庙拈香。

初八日（8.15）

帝诣绮春园，问皇太后安。

初九日（8.16）

谕：本年朕五旬万寿，著无庸举行告祭礼，所有升殿筵宴，俱著停止。

十四日（8.21）

帝诣绮春园，问皇太后安。

十五日（8.22）

中元节。帝诣安佑宫行礼。

十九日（8.26）

帝幸万寿山，诣广润祠拈香。

廿一日（8.28）

帝诣绮春园，问皇太后安。

廿五日（9.1）

仁宗睿皇帝忌辰，遣官祭昌陵。帝诣安佑宫行礼。

廿六日（9.2）

帝御勤政殿听政。颁赏皇四子、皇五子及王公大臣、内廷翰林、各省督抚《御制文初集》各一部。

廿八日（9.4）

帝诣绮春园，问皇太后安。

本月

●御制平湖秋月对雨：六月廿八日，京畿得雨四寸。兹复油云甘澍，沾洒终朝，晚稼含滋，稍纾焦盼。惟据张井奏报，洪泽湖水势盛涨，扬河厅马棚湾迤南及十四堡下首漫口二处，即饬谕该河督，现在湖堤著重，固应加意防守。其黄河水势报长，两岸堤工尤应小心防范，南望轸怀，又未尝一日稍释也。

南虞水患北虞干，水旱难齐忧且叹。既感京畿滋晚稼，饬防堤堰保民安。

八月

初二日（9.7）

以万寿特沛恩施，宽免开复亲王、郡王、贝勒、贝子、公暨内外文武大臣降罚处分有差。

初四日（9.9）

遣官祭关帝庙。

初六日（9.11）

帝诣绮春园，问皇太后安。

初七日（9.12）

以山西钱价昂贵，暂停宝晋局鼓铸。

初八日（9.13）

祭先师孔子，遣协办大学士、两广总督李鸿宾行礼。

初九日（9.14）

祭大社、大稷，遣豫亲王裕全恭代行礼。

初十日（9.15）

万寿节。遣官祭太庙后殿。帝诣安佑宫行礼。诣绮春园，皇太后前行礼。御正大光明殿，王以下文武大臣官员、蒙古王公、外藩使臣等行庆贺礼。御同乐园，赐王以下文武大臣、蒙古王公、外藩使臣等食。

以万寿复沛恩施，赏大学士曹振镛双眼花翎。

十二日（9.17）

帝奉皇太后幸同乐园，进膳，并赐王以下文武大臣、蒙古王公、外藩使臣等食。

十三日（9.18）

帝诣安佑宫行礼。遣官祭黑龙潭昭灵沛泽龙王之神、玉泉山惠济慈佑灵濩龙王之神、昆明湖安佑普济沛泽广生龙王之神。遣官祭圆明园惠济祠、河神庙。

十四日（9.19）

帝奉皇太后幸慎德堂，进膳。

十七日（9.22）

帝诣绮春园，问皇太后安。

十九日（9.24）

秋分，夕月于西郊，遣定亲王奕绍行礼。以雨泽愆期，命于黑龙潭、觉生寺设坛祈雨。

廿二日（9.27）

帝诣黑龙潭神祠拈香。

●御制仲秋廿有二日敬诣黑龙潭龙神祠祈雨：

龙湫祈愿佑，神宇叩敷施。干咎予之咎，下民何独罹。

廿三日（9.28）

世宗宪皇帝忌辰，遣官祭泰陵。帝诣安佑宫行礼。

廿四日（9.29）

帝诣绮春园，问皇太后安。

廿九日（10.4）

以渥沛甘霖，遣惠郡王绵愉诣黑龙潭、惇亲王绵恺诣觉生寺谢雨。

九月

初二日（10.7）

帝诣绮春园，问皇太后安。

初五日（10.10）

帝幸静明园，诣龙神庙拈香。

初九日（10.14）

帝诣绮春园，问皇太后安。

十五日（10.20）

奉旨：吉林将军员缺，著宝兴补授。所遗总管内务府大臣员缺，著博启图补授，兼管理清漪园等处事务。宝兴未到任以前，吉林将军著富俊署理。

十六日（10.21）

帝诣绮春园，问皇太后安。

十七日（10.22）

奉旨：此次翻译乡试中式举子，著于本月廿四日在圆明园正大光明殿覆试。

廿四日（10.29）

帝诣绮春园，问皇太后安。查覆试满洲、蒙古翻译举人，应请简派阅卷大臣，除此次翻译乡试正副考官监临及另有差使各员外，谨将应行开列各员开单进呈，伏候钦点数员阅看覆试卷，并传集各员于廿五日在圆明园听候宣旨。再，查此次各衙门送到衔名内均无阅看蒙古试卷人员。

廿六日（10.31）

帝御勤政殿听政。

廿七日（11.1）

孝慈高皇后忌辰，遣官祭福陵。帝诣大高殿行礼，回宫。

十月

初一日（11.4）

享太庙，帝亲诣行礼。

初二日（11.5）

帝幸圆明园。诣绮春园，问皇太后安。

初六日（11.9）

帝诣安佑宫行礼。

初七日（11.10）

以江宁布政使林则徐为河东河道总督。

初九日（11.12）

帝诣绮春园，侍皇太后膳，翌日如之。

初十日（11.13）

皇太后圣寿节。遣官祭太庙后殿、奉先殿。帝率王公大臣、文武官员及朝鲜国使臣诣绮春园行庆贺礼。

十四日（11.17）

帝诣绮春园，问皇太后安。

十六日（11.19）

帝诣安佑宫行礼。

十七日（11.20）

帝诣大高殿、寿皇殿行礼，奉皇太后回宫。

廿五日（11.28）

帝诣时应宫拈香。

廿九日（12.2）

惩处吸食鸦片烟之掌仪司太监张进幅等八人。

三十日（12.3）

帝诣寿皇殿行礼，关帝庙拈香。

十一月

初一日（12.4）

谕：仪亲王现已八十六岁，年纪过高，不宜劳勚。嗣后，寿皇殿、安佑宫行礼，免其随往。如遇应行礼日期，著于府第内向上行礼，以展其诚敬之心。

初五日（12.8）

谕：林则徐奏，接奉补授总河谕旨，具折谢恩。所称向未谙习河防形势及土扫各工做法，俱属真情，并非有意推诿。朕因林则徐由翰林出身，曾任御史，出应外任，已历十年，品学俱优，办事细心可靠，特畀以总河重任。

以回族贝勒柯克色布库交通太监，吸食鸦片，并留太监在家居住，著革去贝勒，交该旗照例鞭责发落。

初八日（12.11）

李霖奏：为奉旨补放中营副将管理圆明园等五汛谢恩事。

十三日（12.16）

圣祖仁皇帝忌辰，遣官祭景陵。帝诣寿皇殿行礼。

十八日（12.21）

帝诣南郊斋宫斋宿。

十九日（12.22）

冬至，祀天于圜丘，帝亲诣行礼。

二十日（12.23）

奉旨：左翼税盈余银著交圆明园二万五百两，赏给舒英二百十二两零。右翼税盈余银著交圆明园七千五百两，赏给奕纪一百六十三两零。

廿一日（12.24）

兵部尚书穆彰阿等奏：万年吉地遵于本月初八日开工，酌定规制，报闻。

十二月

初六日（1832.1.8）

谕：两淮应解圆明园八旗内务府三旗道光七年份一年生息利银二万六千两，九年份下半年利银一万二千两，十年份一年利银二万六千两，共银六万四千两，迄今均未解到。该营应支班费等项，现在无款可筹，若再任延宕，殊难接济，著陶澍即将前项欠交银两，迅速如数筹解，以备应用。嗣后自本年起，务将每年应交利银，年清年款，毋得再有拖延，俾清款项。

初八日（1.10）

帝诣大高殿行礼。

十六日（1.18）

谕：嗣后，每年十二月廿三日致祭灶神，著用张家口进到黄羊，勿庸派员赴南苑打捕。

廿一日（1.23）

总管内务府奏：初五日亥时曲院风荷东边值房及小游廊失火一案，奉旨交臣等审讯。臣等查该处值房现系空闲，岂能无故自行起火？或系该太监等平日窃取物件意欲灭迹，或因屋内空闲，招集闲人潜往饮酒赌钱，以致失火，恃无证据，畏罪不肯吐实。查太监贺长禄既供称曾经提灯查看封锁，必系自不小心失落灯火，以致延烧，虽现无确据，失火之故事出有因，自应照例治罪。

廿二日（1.24）

谕：仪亲王明年八十有七，虽精力如常，不宜过劳。来岁元旦暨正月十四日宗亲筵宴，均免其入宴。著管理膳房之内务府大臣，届期颁给果品菜肴一席，以示朕笃眷懿亲、体恤高年之至意。

廿三日（1.25）

帝幸瀛台，御勤政殿，赐蒙古王、贝勒、贝子、公、额驸、台吉及外藩使臣呼图克图等宴，赏赉有差。

廿五日（1.27）

谕：禧恩等奏，銮仪卫衙门恩利银库滋生银两典置地亩，本年应收租银及节年拖欠银两除已解交外，尚欠银十七万二千三百十五两零。此项租银系该衙门办公之用，自应按年征解，不得任意拖欠，著琦善严饬各州县将历年新旧拖欠租银迅速征解归款，毋许再有延宕。

廿九日（1.31）

祫祭太庙，帝亲诣行礼。

道光十二年　1832

正月

初一日（2.2）

帝诣奉先殿行礼。御乾清宫，赐亲藩等宴。

初三日（2.4）

帝诣奉先殿、寿皇殿行礼。谕：朕于三月初五日启銮，初八日祗谒东陵。礼成后，于十一日驻跸南苑，十六日回圆明园。

初四日（2.5）

帝诣大高殿行礼。幸圆明园。奉皇太后居绮春园。诣安佑宫行礼。是日立春，顺天府进土牛春山宝座。

●御制新正四日幸圆明园作：

每幸名园眼界新，青郊喜气迓良辰。凌晨策骏韶光好，从俭从宜惕系宸。

初五日（2.6）

帝诣绮春园，问皇太后安。

初十日（2.11）

享太庙，遣定亲王奕绍恭代行礼。帝诣时应宫、昭显庙拈香，回宫。

十二日（2.13）

帝诣南郊斋宫斋宿。

十三日（2.14）

祈谷于上帝，帝亲诣行礼。幸圆明园。帝诣绮春园，问皇太后安。

十四日（2.15）

帝御奉三无私殿，赐亲藩等宴。

●御制上元前夕曲宴亲藩，即席志事：予自六龄入学，每逢上元前夕，承恩与宴，迄今已四十有六年矣。缅昔时皇祖皇考之慈恩，睹今日伯叔兄弟之离合，时光易度，人事难期，直同波驶而不返，深可慨也。皇四子奕詝、皇五子奕誴年齿尚幼，未能与宴。至朕伯仪亲王八十有七，特免与宴，届期颁赐御馔一席，俾随意颐养，以示朕眷念懿亲、优礼高年之至意。

宴赏春宵四十六，变迁世事若奔涛。共承德泽天家庆，长此良辰把绿醪。

十五日（2.16）

上元节。帝诣安佑宫行礼。御正大光明殿，赐朝正外藩等宴，作乐赐酒，如除夕仪。帝御山高水长，赐王公大臣、蒙古王、贝勒、贝子、公、额驸、台吉及外藩使臣等食。

●御制上元日作：

来享来王祖德昭，继绳兢惕旰同宵。心心自问希何事，水土平成岁卜饶。

又欣微雪作春花，淡泊无须管物华。厚民生而勤庶政，骄奢首戒帝王家。

十六日（2.17）

帝御正大光明殿，赐大学士、尚书等宴。

●御制上元后一日正大光明殿锡宴廷臣即事：

广殿张筵旧日模，赞襄庶政望公孤。畴咨总在君臣契，动静先期言行符。

敬守宪章钦列圣，缅希至治懔三谟。以诚以实交相儆，景运无疆慎远图。

十九日（2.20）

帝御山高水长，赐王公大臣、蒙古王、贝勒、贝子、公、额驸、台吉及外藩使臣等食。

二十日（2.21）

帝诣绮春园，问皇太后安。

廿三日（2.24）

孝圣宪皇后忌辰，遣官祭泰东陵。帝诣恩慕寺、恩佑寺行礼。

廿六日（2.27）

帝诣绮春园，问皇太后安。朝鲜国王李玜遣使表贺万寿、冬至、元旦三大节，赏赉延宴如例。

廿七日（2.28）

帝诣大高殿行礼，回宫。

本月

●御制慎德堂：

为爱新堂远俗缘，不雕不绘喜安便。面开松嶂涛初起，背映冰湖月正圆。

永戒骄奢心勿放，时操勤俭力须坚。清虚静泰承天语，气志由中悟浩然。

二月

初一日（3.2）

祭大社、大稷，帝亲诣行礼。

初二日（3.3）

以举行仲春经筵，遣官告祭奉先殿、传心殿。帝御文华殿经筵，值讲官博启图、潘世恩进讲《中庸》。

帝幸圆明园。诣绮春园，问皇太后安。

●御制还园作：

春仲天寒冰未开，绳床仍复访蓬莱。芳林问景迟消息，寄语和风次第催。

初三日（3.4）

遣官祭黑龙潭昭灵沛泽龙王之神、玉泉山惠济慈佑灵濩龙王之神、昆明湖安佑普济沛泽广生龙王之神。遣官祭圆明园惠济祠、河神庙。

初九日（3.10）

帝诣绮春园，问皇太后安。

初十日（3.11）

祭先师孔子，遣协办大学士、吏部尚书文孚行礼。

十六日（3.17）

帝诣绮春园，问皇太后安。

十七日（3.18）

谕：龙泉峪后龙山势风水攸关，著穆彰阿、敬徵、阿尔邦阿于到工时，带同通晓堪舆之人详细勘度，于附近村落平阳无碍风水之处建盖堆拨，以昭慎重。

十八日（3.19）

总管内务府呈报上年宫内及圆明园共用物品数目清单。道光十年十二月初一日起至道光十一年十一月三十日止，宫内并圆明园等处共用红萝炭五万九千六百四十七斤七两、黑炭四十万五千二百五斤八两、煤三十一万七千一百七十六斤、木柴十万二千三百四十五斤。宫内并圆明园等处共用过白蜡二千一百六十一斤十一两六钱、回残白蜡五百三十四斤十二两、黄蜡二千一百八十六斤十五两五钱、羊油蜡一万六千二百四十四斤二两五钱。

十九日（3.20）

春分，朝日于东郊，遣豫亲王裕全恭代行礼。

廿二日（3.23）

帝御勤政殿听政。

●御制勤政殿述志，示在廷诸臣：

政事惟勤祖考规，廷臣日接广闻知。耳目欲清先远佞，废兴鉴古可为师。

廿三日（3.24）

帝诣绮春园，问皇太后安。

廿五日（3.26）

谕：朕此次恭谒东陵，启銮后，著派惇亲王绵恺，定亲王奕绍，大学士富俊、卢荫溥留京办事。

三十日（3.31）

帝诣绮春园，问皇太后安。

三月

初二日（4.2）

帝诣大高殿行礼，回宫。

初四日（4.4）

帝耕耤，诣先农坛行礼。河东河道总督林则徐奏谢授江苏巡抚恩。得旨：知人难，得人尤难，汝当知朕之苦衷，一切勉力而行，毋负委任，朕有厚望焉。

初五日（4.5）

清明节。遣官祭历代陵寝。帝启銮，谒东陵。驻跸烟郊行宫。

初八日（4.8）

帝谒昭西陵、孝陵、孝东陵、景陵、裕陵。帝回銮，驻跸桃花寺行宫。

初十日（4.10）

祭先蚕之神，皇后亲诣行礼。

十二日（4.12）

帝诣关帝庙拈香。行围。

十三日（4.13）

帝行围。十五日亦如之。

十六日（4.16）

帝还圆明园。诣绮春园，问皇太后安。

十八日（4.18）

帝诣安佑宫行礼。

廿二日（4.22）

奉旨：此次宗室会试中式贡士，著于本月廿六日在圆明园正大光明殿覆试。

廿三日（4.23）

帝诣绮春园，问皇太后安。

廿四日（4.24）

以正红旗汉军都统载铨署管理銮仪卫事，理藩院尚书博启图署管理圆明园八旗内务府三旗官兵事。

廿六日（4.26）

惩处圆明园盘获可疑人犯李思九及随带《通元经》等。

廿八日（4.28）

谕：庶吉士散馆，著于四月十八日在圆明园正大光明殿考试。

廿九日（4.29）

帝诣绮春园，问皇太后安。

四月

初一日（4.30）

享太庙，遣惇亲王绵恺恭代行礼。总管太监奉旨：赏圆明园司房食银三两一分、食银二两五钱二分。

初三日（5.2）

帝奉皇太后幸慎德堂，进膳。

●御制还慎德堂作：

阔别芳园才几日，桃花开尽柳垂丝。勉勤庶政无耽逸，勿使烟霞系我思。

初五日（5.4）

谕：养心殿首领太监窃运库贮绸缎，业经审明定案。嗣后，各门首领太监等，凡有出入携带物件，必应详加稽察，毋得仍前疏慢。如再有私行偷窃运出情事，惟该门首领太监等是问。宫内、圆明园各门首领太监等，务当一体懔遵，毋得日久视为具文，致干罪戾，并著各录一通，于各门永远悬挂。

初七日（5.6）

帝诣时应宫、昭显庙拈香，回宫。

初九日（5.8）

帝诣南郊斋宫斋宿。

初十日（5.9）

常雩，祀天于圜丘，帝亲诣行礼。幸圆明园，诣绮春园，问皇太后安。

十五日（5.14）

以本年乡试，考试应开列试差人员于正大光明殿。

十七日（5.16）

孝端文皇后忌辰，遣官祭昭陵。帝诣绮春园，问皇太后安。

谕：农田望泽甚殷，宜申虔祷。著遴选道众在黑龙潭祈祷，遴选僧众在觉生寺诵经，均于廿二日开坛。朕于是日亲诣黑龙潭拈香。觉生寺著派定亲王奕绍前往拈香。清漪园龙神庙著派惠郡王绵愉拈香。静明园龙神庙著派庆郡王绵慜拈香。

十八日（5.17）

帝御勤政殿听政。

廿一日（5.20）

帝奉皇太后幸慎德堂，进膳。策试天下贡士马学易等二百六人于保和殿。

廿二日（5.21）

●御制敬诣黑龙潭龙神祠谢雨：

欲祷灵湫即沐甘，抒诚致谢礼龙潭。虔祈继沛希优渥，长养乘时叩泽覃。

廿四日（5.23）

帝诣大高殿行礼，回宫。御乾清宫，召读卷官入，亲阅定进呈十卷甲第。

廿五日（5.24）

帝御太和殿传胪，赐一甲吴钟骏、朱凤标、季芝昌三人进士及第，二甲赵德潾等一百人进士出身，三甲赵长龄等一百三人同进士出身。骆秉章、劳崇光、李星沅等为本科进士。帝幸圆明园。

廿八日（5.27）

帝诣绮春园，问皇太后安。

五月

初四日（6.2）

帝诣绮春园，问皇太后安。引见新科进士。

初六日（6.4）

帝幸静明园，诣龙神庙拈香。

初十日（6.8）

考试应开列试差满汉二品以下京堂各官于上书房。

十一日（6.9）

帝诣绮春园，问皇太后安。谕：入夏以来叠次得雨，总未普遍，现在农田望泽，宜申虔祷。著遴选道众在黑龙潭祈祷，遴选僧众在觉生寺诵经，均于十四日开坛。朕于是日亲诣黑龙潭拈香，觉生寺著派惇亲王绵恺前往拈香，清漪园龙神庙著派定亲王奕绍拈香，静明园龙神庙著派惠郡王绵愉拈香。

十四日（6.12）

帝诣黑龙潭神祠拈香。

●御制敬诣黑龙潭龙神祠祈雨：

九叩勉诚敬，一心增惧惭。抚时过芒种，旱暵懔难堪。

十七日（6.15）

皇后千秋节。宫内行礼如仪，停止筵宴及在外福晋、命妇进内行礼。

十八日（6.16）

帝诣绮春园，问皇太后安。

廿一日（6.19）

帝诣大高殿行礼，回宫。以祈雨三坛，斋戒一日。

廿二日（6.20）

帝诣天神坛，遣惇亲王绵恺诣地祇坛、惠郡王绵愉诣太岁坛祈雨。遣庆郡王绵慜诣宣仁庙、凝和庙，成郡王载锐诣昭显庙、时应宫拈香。帝幸圆明园。

廿三日（6.21）

夏至，祭地于方泽，遣睿亲王仁寿恭代行礼。总管内务府奏：前据总管太监张二汉等奏，安澜园太监王得顺偷窃西所存贮纱匹逃走一案，奉旨交臣等严拿审办。

廿五日（6.23）

帝诣绮春园，问皇太后安。

廿六日（6.24）

帝幸万寿山，诣广润祠拈香。

廿九日（6.27）

谕：京师入夏以来雨泽稀少，节过夏至，大田望泽尤殷。前经两次设坛虔祈，复于本月廿二日亲祷三坛，甘霖未霈。朕心甚为焦灼，特亲撰祝文，择于六月初五日躬祀社稷坛，初二日先期进宫斋戒。

六月

初二日（6.29）

帝诣大高殿行礼，时应宫拈香，回宫。以祈雨社稷坛，自是日始，斋戒三日。

初五日（7.2）

帝步诣社稷坛祈雨。幸圆明园。

初六日（7.3）

帝诣绮春园，问皇太后安。

初八日（7.5）

帝御勤政殿听政。

十二日（7.9）

帝诣黑龙潭祈雨。

十三日（7.10）

帝诣绮春园，问皇太后安。十四日亦如之。

十五日（7.12）

帝诣大高殿行礼，回宫。以祈雨告祭方泽，自是日始，斋戒三日。

十七日（7.14）

遣睿亲王仁寿诣宣仁庙、凝和庙，庆郡王绵慜诣昭显庙、时应宫拈香。

十八日（7.15）

帝至地坛门外，步诣方泽祈雨。幸圆明园，诣绮春园，问皇太后安。

十九日（7.16）

遣定亲王奕绍诣泰山祈雨。

廿一日（7.18）

帝幸静明园，诣龙神庙拈香。

廿四日（7.21）

帝诣绮春园，问皇太后安。

廿五日（7.22）

帝诣大高殿行礼，时应宫拈香，回宫。以大雩祀天于圜丘，自是日始，斋戒三日。

廿七日（7.24）

帝乘马至天坛门外，步诣南郊斋宫斋宿。

廿八日（7.25）

帝自斋宫步诣圜丘，行大雩礼。诣关帝庙拈香。幸圆明园，诣绮春园，问皇太后安。

七月

初一日（7.27）

享太庙，遣惇亲王绵恺恭代行礼。

初二日（7.28）

颁赏皇四子、皇五子、王公大臣、内廷翰林、各省督抚《钦定平定回疆剿擒逆裔方略》各一部。

初三日（7.29）

以畿辅得雨深透，遣山东巡抚讷尔经额诣泰山祀谢。

初六日（8.1）

帝诣绮春园，问皇太后安。十三日亦如之。

十五日（8.10）

中元节。帝诣安佑宫行礼。

十九日（8.14）

帝幸万寿山，诣广润祠拈香。

二十日（8.15）

帝诣绮春园，问皇太后安。

廿四日（8.19）

奉旨：达三著署理总管内务府大臣，兼管清漪园等处事务。

廿五日（8.20）

仁宗睿皇帝忌辰，遣官祭昌陵。帝诣安佑宫行礼。

廿六日（8.21）

帝诣绮春园，问皇太后安。御勤政殿听政。

八月

初一日（8.26）

帝诣大高殿行礼，回宫。以祭社稷坛，自是日始，斋戒三日。

初三日（8.28）

谕：宫内等处及外围、圆明园、升平署总管首领太监，非奉旨差往，或皇后等位阿哥公主差往者，概不准到寿康宫敷春堂去。寿康宫总管首领太监，非有官差，亦不准到宫内、圆明园来。宫内，责成乾清宫总管督饬各门首领太监稽查。寿康宫责成慈宁宫、寿康宫总管管门之首领太监稽查。圆明园责成乾清宫住班总管同本园总管督饬各门首领太监稽查。绮春园责成寿康宫总管同本园总管督饬各门首领太监稽查。如有为私事来往者，概行阻止。将此载入宫中现行则例。

初四日（8.29）

祭大社、大稷，帝亲诣行礼。幸圆明园，诣绮春园，问皇太后安。

初六日（8.31）

遣官祭黑龙潭昭灵沛泽龙王之神、玉泉山惠济慈佑灵濩龙王之神、昆明湖安佑普济沛泽广生龙王之神。遣官祭圆明园惠济祠、河神庙。

初八日（9.2）

遣官祭关帝庙。

初十日（9.4）

万寿节。遣官祭太庙后殿。帝诣安佑宫行礼。诣绮春园皇太后前行礼。御正大光明殿，王以下文武大臣官员、蒙古王公等行庆贺礼。

十一日（9.5）

帝临仪慎亲王永璇第赐奠，著其子贝勒加郡王职衔，绵志承袭郡王。

十三日（9.7）

帝诣安佑宫行礼。

十七日（9.11）

帝诣绮春园，问皇太后安。

廿三日（9.17）

世宗宪皇帝忌辰，遣官祭泰陵。帝诣安佑宫行礼。

廿四日（9.18）

帝诣绮春园，问皇太后安。

廿七日（9.21）

帝奉皇太后幸如园，进膳。

●御制泛舟至如园侍皇太后膳：

碧汉云消万象清，曈昽晓旭喜秋晴。舟移苇岸轻飔爽，侍膳萱闱慰寸情。

廿九日（9.23）

秋分，夕月于西郊，遣肃亲王敬敏恭代行礼。

九月

初二日（9.25）

帝御洞明堂，勾到新疆、云南、贵州、广东情实罪犯。

初三日（9.26）

帝诣绮春园，问皇太后安。

初六日（9.29）

帝御洞明堂，勾到四川情实罪犯。

初八日（10.1）

帝御洞明堂，勾到广西、福建、奉天、陕甘情实罪犯。

初九日（10.2）

帝诣绮春园，问皇太后安。

十三日（10.6）

帝御洞明堂，勾到湖广、浙江情实罪犯。

十六日（10.9）

帝诣绮春园，问皇太后安。

十七日（10.10）

帝御勤政殿听政。

十八日（10.11）

帝御洞明堂，勾到江西、安徽、江苏情实罪犯。

十九日（10.12）

帝幸静明园，诣龙神庙拈香。

廿二日（10.15）

奉旨：此次翻译乡试中式举子，著于本月廿八日在圆明园正大光明殿覆试。

廿三日（10.16）

帝诣绮春园，问皇太后安。

廿八日（10.21）

帝御洞明堂，勾到河南、山西情实罪犯。

查覆试满洲、蒙古翻译举人应请简派阅卷大臣，除此次翻译乡试正副考官监临及另有差使各员外，谨将各衙门送到衔名分别满洲、蒙古开单进呈，伏候钦点阅看覆试卷，并传集各员于廿九日在圆明园听候宣旨。

三十日（10.23）

帝诣绮春园，问皇太后安。帝御洞明堂，勾到山东、直隶、热河情实罪犯。

闰九月

初二日（10.25）

谕：天津水师，自雍正三年至今，议设议裁，已非一次。兹据查明天津地处海之西隅，与山东登州、奉天锦州遥相拱卫，沙线分歧，非熟习海径者，无由曲折而至。且海口二十里外，有拦港沙一道，俨若海河外卫。该处总兵驻扎处所，距海口甚近，控驭既便，声势相通，陆路营伍即足以资捍卫。所有天津水师著毋庸复设，以节縻费。

初七日（10.30）

帝诣绮春园，问皇太后安。

初八日（10.31）

帝御洞明堂，勾到新疆、云南、贵州、广东、广西情实罪犯。

初九日（11.1）

帝御阅武楼，阅宗室挑选侍卫马步射，翌日如之。

十三日（11.5）

帝诣绮春园，问皇太后安。御洞明堂，勾到四川情实罪犯。

十四日（11.6）

帝御演武厅，阅健锐营操。

十六日（11.8）

帝御阅武楼，阅挑选侍卫马步射。

十七日（11.9）

帝御洞明堂，勾到福建、奉天、陕甘情实罪犯。

十八日（11.10）

帝御阅武楼，阅挑选侍卫马步射。

廿二日（11.14）

帝诣绮春园，问皇太后安。

廿三日（11.15）

帝御洞明堂，勾到湖广、江西情实罪犯。

廿六日（11.18）

帝御洞明堂，勾到浙江、安徽、江苏情实罪犯。

廿七日（11.19）

帝诣大高殿行礼，回宫。以孟冬时享太庙，自是日始，斋戒三日。

十月

初一日（11.22）

享太庙，帝亲诣行礼。

初二日（11.23）

帝幸圆明园。诣绮春园，问皇太后安。

初六日（11.27）

帝诣安佑宫行礼。

初七日（11.28）

帝诣绮春园，问皇太后安。

初九日（11.30）

帝奉皇太后幸同乐园，进膳，赐内廷王大臣食。

初十日（12.1）

皇太后圣寿节。遣官祭太庙后殿、奉先殿。帝诣绮春园，率王公大臣官员行庆贺礼。奉皇太后幸同乐园，进膳，赐内廷王大臣食。

十六日（12.7）

帝诣安佑宫行礼。

十七日（12.8）

帝诣大高殿、寿皇殿行礼，奉皇太后回宫。

十八日（12.9）

帝诣时应宫拈香。

十九日（12.10）

帝御乾清宫，引见中式武举，亲定甲乙。

二十日（12.11）

奉旨：左翼税盈余银著交圆明园二万四百两，赏给桂龄二百九十五两零。右翼税盈余银著交圆明园七千五百两，赏给铁麟一百八十两零。

廿五日（12.16）

帝诣时应宫拈香。

十一月

初一日（12.22）

冬至，祀天于圜丘，帝亲诣行礼。

初八日（12.29）

晋封彤贵人舒穆噜氏为彤嫔。

十一日（1833.1.1）

以署镶红旗汉军副都统松筠为正红旗蒙古都统，宗人府左宗正敬敏为阅兵大臣，大学士长龄为总理行营大臣，科尔沁扎萨克郡王僧格林沁管火器营事。

二十日（1.10）

以睿亲王仁寿、大学士富俊、礼部尚书耆英、工部尚书穆彰阿、御前侍卫载铨为内大臣。

廿一日（1.11）

皇六子奕訢生。总管内务府奏：据淮关监督福太委员解到余存办公、节省养廉共银一万四千一百七两二钱，照例请旨交圆明园银库收贮。

廿二日（1.12）

以京畿得雪，帝诣大高殿行礼，改祈为报。

十二月

初二日（1.22）

停阅本年八旗内务府三旗冰技，仍给半赏。

初八日（1.28）

以雪泽优沾，帝诣大高殿行礼，改祈为报。帝诣时应宫拈香。

廿四日（2.13）

清漪园管理事务大臣名单：耆英（现派奉宸苑河道值年）、博启图（现派工部河道值年）、阿扬阿。

廿九日（2.18）

祫祭太庙，帝亲诣行礼。

道光十三年　1833

正月

初一日（2.20）

帝诣奉先殿行礼。御乾清宫，赐亲藩等宴。

初三日（2.22）

高宗纯皇帝忌辰，遣官祭裕陵。帝诣奉先殿、寿皇殿行礼。

初八日（2.27）

帝诣南郊斋宫斋宿。

初九日（2.28）

祈谷于上帝，帝亲诣行礼。

初十日（3.1）

帝诣大高殿行礼。幸圆明园，正大光明中和乐伺候卤簿大驾。奉皇太后居绮春园。诣安佑宫行礼。遣官祭太岁之神。

●御制新正幸圆明园喜成：

春郭欣乘紫雪骢，御园淑景岁皆同。回思去夏焦忧事，肃乂调均吁昊穹。

十一日（3.2）

帝诣绮春园，问皇太后安。

十四日（3.5）

帝御奉三无私殿，赐亲藩等宴。

十五日（3.6）

上元节。帝诣安佑宫行礼。御正大光明殿，赐朝正外藩等宴，作乐赐酒，如除夕仪。御山高水长，赐王公大臣、蒙古王、贝勒、贝子、公、台吉及外藩使臣等食。

十六日（3.7）

帝御正大光明殿，赐大学士、尚书等宴。

十八日（3.9）

帝诣绮春园，问皇太后安。

十九日（3.10）

帝御山高水长，赐王公大臣、蒙古王、贝勒、贝子、公、台吉及外藩使臣等食。

廿三日（3.14）

孝圣宪皇后忌辰，遣官祭泰东陵。帝诣畅春园恩慕寺、恩佑寺行礼。

廿五日（3.16）

帝诣绮春园，问皇太后安。

廿六日（3.17）

朝鲜国王李玜遣使表贺万寿、冬至、元旦三大节，并贡方物，赏赉筵宴如例。

廿九日（3.20）

孝仪纯皇后忌辰，遣官祭裕陵。帝诣大高殿行礼，回宫。

二月

初三日（3.23）

以举行仲春经筵，遣官告祭奉先殿、传心殿。帝御文华殿经筵，值讲官耆英、白镕进讲《中庸》。

遣官祭黑龙潭昭灵沛泽龙王之神、玉泉山惠济慈佑灵濩龙王之神、昆明湖安佑普济沛泽广生龙王之神。遣官祭圆明园惠济祠、河神庙。

初七日（3.27）

祭大社、大稷，帝亲诣行礼。

初八日（3.28）

帝幸圆明园。诣绮春园，问皇太后安。

十四日（4.3）

帝诣绮春园，问皇太后安。

十六日（4.5）

清明节。帝诣安佑宫行礼。

十八日（4.7）

总管内务府呈，道光十一年十二月初一日起至道光十二年十一月三十日止，宫内并圆明园等处共用过红萝炭六万二千七百六十八斤十五两、黑炭四十三万三千一百四斤、煤三十四万四千三百八十四斤八两、木柴八万六千九百七十斤。宫内并圆明园等处共用过白蜡二千三百八十二斤一两一钱、回残白蜡六百斤十二两、黄蜡二千三百九十斤五两、羊油蜡一万八千五十一斤十三两五钱。

廿一日（4.10）

帝诣绮春园，问皇太后安。

廿三日（4.12）

帝御勤政殿听政。

廿八日（4.17）

帝诣绮春园，问皇太后安。御含辉楼，阅侍卫骑射。

三月

初一日（4.20）

总管内务府奏：长芦盐政祝麟解银交圆明园银库。

初二日（4.21）

帝诣大高殿行礼，时应宫拈香，回宫。

初四日（4.23）

帝耕耤，诣先农坛行礼。诣关帝庙拈香。幸圆明园，诣绮春园，问皇太后安。

初五日（4.24）

帝幸静明园，诣龙神庙拈香，幸万寿山，诣广润祠拈香。允大学士卢荫溥致仕，加太子太保，赏全俸。

初六日（4.25）

帝诣黑龙潭神祠拈香。

初十日（4.29）

祭先蚕之神，遣妃恭代行礼。

帝御阅武楼，阅火器营操，命乾清门头等侍卫贵成在御前侍卫上行走，余赏赉有差。

十一日（4.30）

孝贤纯皇后忌辰，遣官祭裕陵。帝诣绮春园，问皇太后安。御含辉楼，阅侍卫骑射。

十八日（5.7）

帝诣安佑宫行礼。诣绮春园，问皇太后安。御含辉楼，阅侍卫骑射。

二十日（5.9）

帝幸万寿山，诣广润祠拈香。

廿二日（5.11）

奉旨：此次宗室会试中式贡士，著于本月廿六日在圆明园正大光明殿覆试。

廿五日（5.14）

帝诣绮春园，问皇太后安。

廿八日（5.17）

谕：庶吉士散馆，著于四月十六日在圆明园正大光明殿考试。

廿九日（5.18）

帝诣时应宫、昭显庙拈香，回宫。

四月

初二日（5.20）

帝诣南郊斋宫斋宿。

初三日（5.21）

常雩，祀天于圜丘，帝亲诣行礼。幸圆明园，诣绮春园，问皇太后安。

初九日（5.27）

帝御勤政殿听政。

初十日（5.28）

以恭修永陵启运殿，先期遣官告祭永陵及后土之神。帝奉皇太后幸慎德堂，进膳。

十四日（6.1）

帝诣绮春园，问皇太后安。

十六日（6.3）

谕：嗣后，凡遇各项考试派出阅卷大臣，试卷内如有违式错误等处，俱著粘签注明进呈。

廿一日（6.8）

帝诣绮春园，问皇太后安。奉皇太后临视皇后疾，侍送皇太后还绮春园。

策试天下贡士许椙等二百二十二人于太和殿。

廿二日（6.9）

帝幸万寿山，诣广润祠拈香。

廿四日（6.11）

皇太后临视皇后疾，帝跪迎于天地一家春宫门外，侍送皇太后还绮春园。

帝御勤政殿，召读卷官入，亲阅定进呈十卷甲第。

廿六日（6.13）

帝诣绮春园，问皇太后安。

廿九日（6.16）

申刻，皇后佟佳氏卒，帝临视悲痛，差总管张和赴绮春园请皇太后安，奏闻。酉刻，帝至澹怀堂大行皇后梓宫前奠酒。谕：本日申刻，皇后薨逝。回思嘉庆十三年二月，奉皇考仁宗睿皇帝恩命，作配朕躬。嘉庆二十五年，奉圣母皇太后懿旨，立为皇后，正位中宫。事朕二十六年，柔嘉维则，孝敬无违，此宫中府中所共知者。

三十日（6.17）

帝诣绮春园，问皇太后安。辰刻，至澹怀堂大行皇后梓宫前奠酒。午刻，皇太后临奠，帝跪迎于澹怀堂外，侍送皇太后还绮春园。

五月

初一日（6.18）

帝诣绮春园，问皇太后安。至澹怀堂大行皇后梓宫前奠酒，至初六日皆如之。

赐一甲汪鸣相、曹履泰、蒋元溥三人进士及第，二甲司徒煦等一百人进士出身，三甲阴丰润等一百十七人同进士出身。

初四日（6.21）

帝诣绮春园，问皇太后安。

初五日（6.22）

夏至，祭地于方泽，遣郑亲王乌尔恭阿恭代行礼。

初七日（6.24）

大行皇后梓宫前行殷奠礼，帝至澹怀堂奠酒，照例派员颁给达赖喇嘛、班禅额尔德尼诏书，令其唪经。

初八日（6.25）

帝至澹怀堂大行皇后梓宫前奠酒，至初十日皆如之。

初十日（6.27）

帝诣绮春园，问皇太后安。

十一日（6.28）

大行皇后梓宫前行初祭礼，帝至澹怀堂奠酒、释服。

十二日（6.29）

辰刻，大行皇后梓宫前行启奠礼，帝至澹怀堂奠酒。酉刻，皇太后临奠，帝跪迎于蒨园，侍送皇太后还绮春园，复至澹怀堂奠酒。谕：此次王以下有顶戴官员以上，均著百日后薙发，期年内停止宴会音乐。军民人等均著一月后薙发，百日内停止宴会音乐。

十三日（6.30）

帝至澹怀堂大行皇后梓宫前奠酒，奉移大行皇后梓宫于观德殿。遣官祭关帝庙。

十六日（7.3）

帝诣绮春园，问皇太后安。

十七日（7.4）

帝至观德殿大行皇后梓宫前奠酒。返圆明园。

十八日（7.5）

以明年正月皇后佟佳氏丧期未满一年，停明年所有应行年班之伊犁土尔扈特闲散二等台吉喇特纳巴咱尔等四班，青海扎萨克多罗郡王达锡旺扎勒等三班来京，作为后年年班，进京陛见。

廿一日（7.8）

谕：昨因奏事处率行接收不识姓名人擅递封章，已降旨将哈哴阿、兴保分别议处。嗣后，奏事处应如何妥立章程，著御前大臣、军机大臣会同妥议具奏。本日，据长龄等议，嗣后奏事官接收奏章，宫内办事之日，著于寅刻在内左门外九卿直房接收。圆明园办事之日，在出入贤良门外朝房内接收。如遇临幸各处，即在该处宫门外朝房内接收。

廿二日（7.9）

帝诣绮春园，问皇太后安。因惇亲王绵恺、文庆等入园奏事，于商议军民人等薙发停止宴会之处，引用百姓如丧考妣、四海遏密八音之说，妄加援引，于义未协。惇亲王绵恺、禧恩、文庆、裕诚著交宗人府吏部严加议处。

廿五日（7.12）

大行皇后梓宫前行大祭礼，帝至观德殿奠酒。临故伊犁将军玉麟第赐奠。返圆明园。

廿七日（7.14）

吏部会同宗人府议复：惇亲王绵恺著革去内廷行走，并革去都统，罚亲王俸十年，分作二十年坐扣，每年仍赏给亲王半俸。禧恩著革退御前大臣户部尚书，所有总管内务府大臣印钥交耆英佩带，并著耆英管理奉宸苑事务。文庆著革去副都统，降为三品顶戴。裕诚著革去护军统领，退出乾清门。禧恩、文庆、裕诚部议降三级调用之处，俱著加恩改为降四级留任，六年无过，方准开复。

命御前侍卫不入八分公载铨、科尔沁郡王僧格林沁在御前大臣上学习行走。

廿八日（7.15）

帝诣绮春园，问皇太后安。

廿九日（7.16）

大行皇后满月致祭，帝至观德殿奠酒。返圆明园。

六月

初六日（7.22）

帝诣绮春园，问皇太后安。引见新科进士。

初七日（7.23）

引见各衙门保送御史人员。

初十日（7.26）

谕：大行皇后大故，明年正月尚未逾周，所有御前行走之蒙古王公及应行年班之内外扎萨克、乾清门行走之蒙古王公并内廷行走之蒙古王、贝勒、贝子、公、台吉、塔布囊、回子伯克等俱著停止来京。

十三日（7.29）

帝幸万寿山，诣广润祠拈香。诣绮春园，问皇太后安。

二十日（8.5）

帝诣绮春园，问皇太后安。

廿二日（8.7）

帝幸静明园，诣龙神庙拈香。

廿三日（8.8）

遣官祭火神庙。

廿八日（8.13）

帝诣绮春园，问皇太后安。

廿九日（8.14）

大行皇后二满月致祭，帝至观德殿奠酒。返圆明园。

七月

初一日（8.15）

享太庙，遣定亲王奕绍恭代行礼。

初三日（8.17）

总管内务府奏：长芦盐政祝麟委员解到山东盐当规银交圆明园银库。

初六日（8.20）

帝诣绮春园，问皇太后安。

初八日（8.22）

帝御勤政殿听政。

初九日（8.23）

以本月初一日祭享太庙，应陪祀人员到场甚少，定人员查核例。

十三日（8.27）

帝诣绮春园，问皇太后安。

十五日（8.29）

中元节。帝诣安佑宫行礼。

十六日（8.30）

大考翰林院、詹事府各官于圆明园正大光明殿。

二十日（9.3）

帝诣绮春园，问皇太后安。

廿三日（9.6）

以册谥大行皇后，遣官告祭太庙后殿、奉先殿。

廿四日（9.7）

帝至观德殿大行皇后梓宫前奠酒，回宫。帝御太和门，命肃亲王敬敏为正使、顺承郡王春山为副使，赍册宝诣观德殿册谥大行皇后曰孝慎皇后。帝幸圆明园。

●御制七月廿四日行册谥礼有感：

册立中宫不数年，何来此举几筵前。一生俭慎堪追怆，和泪三浇寸虑煎。

旦夕相依情义笃，昔年忧乐与吾同。方荣连理惊摧折，偕老风光痛已空。

廿五日（9.8）

仁宗睿皇帝忌辰，遣官祭昌陵。帝诣安佑宫行礼。

廿七日（9.10）

帝诣绮春园，问皇太后安。

廿九日（9.12）

孝慎皇后三满月致祭，遣官行礼。

八月

初三日（9.16）

孝慎皇后百日大祭，帝至观德殿奠酒。返圆明园。

●御制百日临奠感附：

十旬弗返终无返，望断当年伉俪心。月下花前欢语夕，只余风木助悲吟。

须知合乃离之囮，廿六年光似掷梭。更有深情同怅恨，石畲未见玉瑳瑳。

初四日（9.17）

帝诣绮春园，问皇太后安。

初五日（9.18）

谕：会典内载皇后母家例俱应封公爵，其不系嫡后及诞圣推恩所封，俟承袭时请旨。若是转致参差，不能画一，且无限制。嗣后，嫡后之父及诞圣推恩所封者，俱著封为三等承恩公，其不系嫡后者，著封为一等承恩侯，皆世袭罔替。并著将此旨纂入会典则例，永远遵行。

初六日（9.19）

遣官祭黑龙潭昭灵沛泽龙王之神、玉泉山惠济慈佑灵濩龙王之神、昆明湖安佑普济沛泽广生龙王之神。遣官祭圆明园惠济祠、河神庙。

初八日（9.21）

帝奉皇太后幸慎德堂，进膳。

初九日（9.22）

太宗文皇帝忌辰，遣官祭昭陵。

初十日（9.23）

万寿节。祭大社、大稷，遣郑亲王乌尔恭阿恭代行礼。遣官祭太庙后殿。遣官祭历代陵寝。遣官祭孝穆皇后殡宫，遣官诣孝慎皇后梓宫前祭奠。帝诣安佑宫行礼。诣绮春园皇太后前行礼。

十一日（9.24）

太祖高皇帝忌辰，遣官祭福陵。

十二日（9.25）

遣官祭昭忠祠。

十三日（9.26）

帝诣安佑宫行礼。

十四日（9.27）

帝诣绮春园，问皇太后安。

十五日（9.28）

谕：奉皇太后懿旨，全贵妃钮祜禄氏著晋封为皇贵妃，一切服色车舆，俱著查照《大清会典则例》服用，并著摄六宫事，于明年十月举行册后典礼。晋封静妃为静贵妃，彤嫔为彤妃。

十六日（9.29）

吏部奏：查得本年太庙孟秋时应行陪祀不到者，文职六十七员，武职九十九员。得旨：各罚俸一年，不准抵销。

十九日（10.2）

帝诣大高殿行礼，回宫。

廿四日（10.7）

帝诣绮春园，问皇太后安。幸圆明园。

廿九日（10.12）

帝诣绮春园，问皇太后安。孝慎皇后梓宫前月祭，遣官行礼。

九月

初二日（10.14）

以奉移孝慎皇后梓宫于田村，行启奠礼，帝至观德殿奠酒，回宫。申刻，复至观德殿奠酒。

初三日（10.15）

孝慎皇后梓宫奉移田村，帝至观德殿奠酒目送。返圆明园。遣官祭都城隍之神。

初五日（10.17）

帝至田村孝慎皇后梓宫前奠酒。

初七日（10.19）

帝诣绮春园，问皇太后安。

初九日（10.21）

遣官祭历代帝王庙。

十三日（10.25）

帝御洞明堂，勾到新疆、云南、贵州、广西情实罪犯。

十四日（10.26）

帝诣绮春园，问皇太后安。

十六日（10.28）

帝御洞明堂，勾到四川情实罪犯。

十七日（10.29）

帝御勤政殿听政。

十九日（10.31）

帝御洞明堂，勾到广东、福建、奉天情实罪犯。

二十日（11.1）

谕：八旗官员人等前因孝慎皇后灵柩暂安观德殿，或不敢举行嫁娶，今既奉移田村暂安，其有未经嫁娶者，著照常举行。

廿一日（11.2）

帝诣绮春园，问皇太后安。

廿三日（11.4）

帝御洞明堂，勾到陕甘、湖广、浙江情实罪犯。

廿七日（11.8）

孝慈高皇后忌辰，遣官祭福陵。帝诣绮春园，问皇太后安。

廿八日（11.9）

帝诣大高殿行礼，回宫。

廿九日（11.10）

孝慎皇后殡宫月祭，遣官行礼。

十月

初一日（11.12）

享太庙，帝亲诣行礼。

初二日（11.13）

帝幸圆明园。诣绮春园，问皇太后安。

初三日（11.14）

以重修陕西华岳庙竣工，帝御书“灵通帝座”匾额，并作联曰：碧耸三峰，肤云同泰岳；黄流九曲，掌露润坤维。

初六日（11.17）

帝诣安佑宫行礼。

初七日（11.18）

帝诣绮春园，问皇太后安。

初九日（11.20）

帝奉皇太后幸同乐园，进膳，并赐内廷王大臣等食。

初十日（11.21）

皇太后圣寿节。遣官祭太庙后殿、奉先殿。帝率王公大臣、文武官员诣绮春园行庆贺礼。奉皇太后幸同乐园，进膳，并赐内廷王大臣等食。令瑞郡王奕约在内廷行走，但因其年尚幼，命俟及岁时再随班当差。

谕：改瑞郡王奕约名奕誌，以示引而近之之意。

十七日（11.28）

帝诣绮春园，问皇太后安。

十八日（11.29）

帝诣大高殿行礼，时应宫拈香，回宫。

二十日（12.1）

帝御太和殿传胪，赐殿试武举一甲牛凤山、孙和平、张协忠三人武进士及第，二甲段应元等三人武进士出身，三甲金廷试等三十二人同武进士出身。

帝幸圆明园。

廿三日（12.4）

帝御洞明堂，勾到江西、安徽、江苏情实罪犯。

廿四日（12.5）

帝诣绮春园，问皇太后安。御洞明堂，勾到河南、山东情实罪犯。

奉旨：左翼税盈余银著交圆明园二万五百两，赏给克蒙额二百十九两零。右翼税盈余银著交圆明园七千五百两，赏给赛尚阿一百九十九两零。

廿六日（12.7）

帝御洞明堂，勾到山西、直隶、热河情实罪犯。

廿九日（12.10）

帝诣安佑宫行礼。孝慎皇后殡宫月祭，遣官行礼。

十一月

初一日（12.11）

帝诣安佑宫行礼。

初二日（12.12）

帝诣大高殿、寿皇殿行礼，奉皇太后回宫。

十一日（12.21）

帝诣南郊斋宫斋宿。

十二日（12.22）

冬至，祀天于圜丘，帝亲诣行礼。

十三日（12.23）

圣祖仁皇帝忌辰，遣官祭景陵。帝诣寿皇殿行礼。

二十日（12.30）

大高殿设坛祈雪，帝亲诣行礼。

廿四日（1834.1.3）

帝诣宣仁庙、凝和庙拈香。

廿九日（1.8）

孝慎皇后殡宫月祭，遣官行礼。

十二月

初六日（1.15）

谕：孝慎皇后神牌著于道光十五年春间敬制，俟奉安后，再行升祔典礼。

初八日（1.17）

帝诣大高殿行礼，时应宫拈香。

十九日（1.28）

诚禧皇贵妃病逝，派多罗郡王僧格林沁穿孝，于首七日释服。

廿五日（2.3）

孝慎皇后殡宫豫行岁暮大祭并月祭，遣官行礼。

廿六日（2.4）

立春，顺天府进土牛春山宝座。帝以岁暮祫祭太庙，自是日始，斋戒三日。

廿九日（2.7）

祫祭太庙，帝亲诣行礼。遣官祭太岁之神。

道光十四年　1834

正月

初一日（2.9）

帝诣奉先殿行礼。诣大高殿、寿皇殿行礼。以科尔沁扎萨克郡王僧格林沁、不入八分辅国公载铨为御前大臣。

初二日（2.10）

帝以祈谷于上帝，自是日始，斋戒三日。

初四日（2.12）

帝诣南郊斋宫斋宿。

初五日（2.13）

祈谷于上帝，帝亲诣行礼。

初十日（2.18）

帝诣大高殿行礼。幸圆明园，奉皇太后居绮春园。诣安佑宫行礼。

十一日（2.19）

帝诣绮春园，问皇太后安。谕：朕于三月初八日启銮，十二日祇谒西陵。十五日旋跸圆明园。

十五日（2.23）

帝诣安佑宫行礼。

十七日（2.25）

帝诣绮春园，问皇太后安。

廿三日（3.3）

孝圣宪皇后忌辰，遣官祭泰东陵。帝诣畅春园恩慕寺、恩佑寺行礼。

总管内务府奏：淮关监督庆琛委员解银交圆明园银库。

廿四日（3.4）

帝诣绮春园，问皇太后安。朝鲜国王李玜遣使表进方物，命年贡照例赏收，其万寿、冬至、元旦三大节贡物准抵下次正贡，赏赉如例。

廿九日（3.9）

帝诣大高殿行礼，回宫。孝仪纯皇后忌辰，遣官祭裕陵。孝慎皇后殡宫月祭，遣官行礼。

二月

初三日（3.12）

祭大社、大稷，帝亲诣行礼。

初四日（3.13）

以举行仲春经筵，遣官告祭奉先殿、传心殿。帝御文华殿经筵，值讲官穆彰阿、潘世恩进讲《中庸》

初六日（3.15）

帝幸圆明园。诣绮春园，问皇太后安。

初九日（3.18）

遣官祭黑龙潭昭灵沛泽龙王之神、玉泉山惠济慈佑灵濩龙王之神、昆明湖安佑普济沛泽广生龙王之神。遣官祭圆明园惠济祠、河神庙。

初十日（3.19）

帝奉皇太后幸慎德堂，进膳。

十二日（3.21）

春分，朝日于东郊，遣肃亲王敬敏恭代行礼。

十四日（3.23）

达赖喇嘛之呼毕勒罕遣使呈进贡物，赐敕褒奖，赏赉如例。

十五日（3.24）

谕：朕此次恭谒西陵，启銮后，著派定亲王奕绍，大学士长龄、曹振镛，尚书汤金钊留京办事。

十六日（3.25）

帝诣绮春园，问皇太后安。

二十日（3.29）

帝幸万寿山，诣广润祠拈香。

廿一日（3.30）

总管内务府呈，道光十二年十二月初一日起至道光十三年十一月三十日止，宫内并圆明园等处共用过红萝炭五万六千七百二十九斤九两、黑炭三十九万四千八百十七斤、煤三十一万五千四百八十四斤、木柴九万八千二十斤。宫内并圆明园等处共用过白蜡二千一百四十八斤十两一钱、回残白蜡五百七十七斤五钱、黄蜡二千一百三十八斤三两五钱、羊油蜡一万六千六百九十二斤。

廿四日（4.2）

帝诣绮春园，问皇太后安。御勤政殿听政。

廿五日（4.3）

申禁坊肆刊刻售赁淫书小说。

廿六日（4.4）

孝昭仁皇后忌辰，遣官祭景陵。帝诣大高殿行礼，时应宫拈香，回宫。

廿七日（4.5）

清明节。遣官祭历代陵寝。

廿八日（4.6）

帝耕耤，诣先农坛行礼。诣关帝庙拈香。幸圆明园。诣绮春园，问皇太后安。

廿九日（4.7）

孝慎皇后殡宫月祭，遣官行礼。

三月

初三日（4.11）

帝诣绮春园，问皇太后安。

初四日（4.12）

祭先蚕之神，皇贵妃亲诣行礼。

初六日（4.14）

谕：所有内大臣戴花翎、穿黄马褂之处，会典并未载明，碍难奉行。嗣后，遇有补授内大臣人员，俱著准戴花翎。至行在随銮之内大臣，俱著准穿黄马褂。如离内大臣之任，著毋庸戴花翎、穿黄马褂。

初七日（4.15）

帝诣绮春园，问皇太后安。

初八日（4.16）

帝启銮，恭谒西陵。至田村孝慎皇后殡宫奠酒。是日，驻跸黄新庄行宫。

十二日（4.20）

帝谒泰陵、泰东陵、昌陵。帝回銮，驻跸秋澜行宫。

十五日（4.23）

帝还圆明园。诣绮春园，问皇太后安。

十七日（4.25）

帝临故大学士富俊第赐奠，返圆明园。

十八日（4.26）

帝诣安佑宫行礼。

二十日（4.28）

帝幸静明园，诣龙神庙拈香。

廿二日（4.30）

帝诣绮春园，问皇太后安。

廿三日（5.1）

以故乌珠穆沁扎萨克和硕车臣亲王多尔济济克默特纳木济勒子彭苏克纳木济勒，浩齐特扎萨克额尔德尼郡王额林沁诺尔布弟吹精扎布各袭爵。

廿七日（5.5）

帝御含辉楼，阅侍卫骑射。

廿九日（5.7）

帝诣绮春园，问皇太后安。御含辉楼，阅侍卫骑射。孝慎皇后殡宫月祭，遣官行礼。

三十日（5.8）

以故科尔沁扎萨克图郡王敏珠尔多尔济子索特纳木伦布木袭爵。

四月

初一日（5.9）

享太庙，遣定亲王奕绍恭代行礼。

初三日（5.11）

帝诣时应宫、昭显庙拈香，回宫。

初五日（5.13）

帝诣南郊斋宫斋宿。

初六日（5.14）

常雩，祀天于圜丘，帝亲诣行礼。幸圆明园，诣绮春园，问皇太后安。

初八日（5.16）

以本年乡试，考试应开列试差人员于圆明园正大光明殿。

初九日（5.17）

命修广东外海内河水师各营战船。

初十日（5.18）

帝御含辉楼，阅侍卫骑射。

十二日（5.20）

帝诣绮春园，问皇太后安。

命惠郡王绵愉带领侍卫十员，往奠故仪郡王绵志茶酒，赏银二千两治丧，予祭葬，谥曰顺。

十四日（5.22）

帝御勤政殿听政。

十五日（5.23）

帝奉皇太后幸慎德堂，进膳。

十九日（5.27）

帝临故仪顺郡王绵志第赐奠，回宫。以故仪顺郡王绵志子奕细袭贝勒。

二十日（5.28）

帝御太和殿视朝，王以下文武升转各官谢恩。幸圆明园，诣绮春园，问皇太后安。

廿一日（5.29）

考试应开列试差二三品以下京堂各官于上书房。

廿三日（5.31）

帝诣黑龙潭神祠拈香。

廿六日（6.3）

帝诣绮春园，问皇太后安。

廿九日（6.6）

孝慎皇后初周年忌辰，帝至田村殡宫奠酒。

五月

初三日（6.9）

朝鲜国王李玜遣使恭进册谥孝慎皇后贺表，并贡方物，命留抵下次正贡。

初四日（6.10）

帝诣绮春园，问皇太后安。

初十日（6.16）

帝幸静明园，诣龙神庙拈香。

十一日（6.17）

帝诣绮春园，问皇太后安。

十三日（6.19）

帝诣大高殿行礼，回宫。

十六日（6.22）

夏至，祭地于方泽，帝亲诣行礼。幸圆明园，诣绮春园，问皇太后安。

十七日（6.23）

帝至田村孝慎皇后殡宫前奠酒。

廿二日（6.28）

帝诣绮春园，问皇太后安。

命两广总督卢坤等设法驱逐在零丁洋及大屿山停泊之鸦片趸船，并查拿私运鸦片快艇。

廿七日（7.3）

宗人府奏：近来宗室觉罗婚娶，无论继至数室，皆得给赏，未免毫无限制。请嗣后宗室觉罗三娶及休妻再娶者，不准给与。至禄糈较优之镇国将军、辅国将军、外任城守尉，本身妻室子女红白赏项，拟应裁减。其曾经犯案折圈释放，本身婚丧事件，亦应裁减。自溺者往往托词失足，应一概不准支领。从之。

廿九日（7.5）

帝诣绮春园，问皇太后安。孝慎皇后殡宫月祭，遣官行礼。

六月

初六日（7.12）

帝诣绮春园，问皇太后安。

初八日（7.14）

帝御勤政殿听政。

初九日（7.15）

帝幸静明园，诣龙神庙拈香。

十三日（7.19）

帝诣绮春园，问皇太后安。

十五日（7.21）

帝诣黑龙潭神祠拈香。

二十日（7.26）

帝诣绮春园，问皇太后安。廿六日亦如之。

廿七日（8.2）

帝诣大高殿行礼，回宫。

廿九日（8.4）

孝慎皇后殡宫月祭，遣官行礼。

七月

初一日（8.5）

享太庙，帝亲诣行礼。幸圆明园，诣绮春园，问皇太后安。以达赖喇嘛、班禅额尔德尼呈进佛尊哈达，降旨奖赉。

初四日（8.8）

奉旨：清漪园等处事务，著钟灵管理。

初六日（8.10）

帝幸万寿山，诣广润祠拈香。

初八日（8.12）

帝诣绮春园，问皇太后安。十四日亦如之。

十五日（8.19）

中元节。帝诣安佑宫行礼。

廿一日（8.25）

帝诣绮春园，问皇太后安。

廿三日（8.27）

帝幸静明园，诣龙神庙拈香。

廿四日（8.28）

奉旨：清漪园等处事务，著奕纪管理。

廿五日（8.29）

仁宗睿皇帝忌辰，遣官祭昌陵。帝诣安佑宫行礼。

廿六日（8.30）

帝奉皇太后幸观澜堂，进膳。

廿八日（9.1）

帝诣绮春园，问皇太后安。

廿九日（9.2）

孝慎皇后殡宫月祭，遣官行礼。

八月

初二日（9.4）

帝御勤政殿听政。遣官祭文昌帝君庙。

初五日（9.7）

祭先师孔子，遣大学士潘世恩行礼。

初六日（9.8）

祭大社、大稷，遣惠郡王绵愉恭代行礼。帝诣绮春园，问皇太后安。

初七日（9.9）

遣官祭关帝庙。

初八日（9.10）

帝奉皇太后幸同乐园，进膳，赐王公大臣及蒙古王公等食。

初九日（9.11）

太宗文皇帝忌辰，遣官祭昭陵。

初十日（9.12）

万寿节。遣官祭太庙后殿。遣官祭历代陵寝。遣官祭孝穆皇后殡宫、孝慎皇后殡宫。遣官祭显佑宫、东岳庙、城隍庙。帝诣安佑宫行礼。诣绮春园皇太后前行礼。

御正大光明殿，王以下文武大臣官员、蒙古王公等行庆贺礼。幸同乐园，赐王公大臣及蒙古王公等食。

十一日（9.13）

太祖高皇帝忌辰，遣官祭福陵。

十二日（9.14）

遣官祭黑龙潭昭灵沛泽龙王之神、玉泉山惠济慈佑灵濩龙王之神、昆明湖安佑普济沛泽广生龙王之神。遣官祭圆明园惠济祠、河神庙。

十三日（9.15）

帝诣安佑宫行礼。

十四日（9.16）

帝诣绮春园，问皇太后安。

十六日（9. 18）

遣官祭昭忠祠。

十八日（9. 20）

帝奉皇太后幸慎德堂，进膳。

廿一日（9. 23）

帝诣绮春园，问皇太后安。

廿三日（9. 25）

世宗宪皇帝忌辰，遣官祭泰陵。帝诣安佑宫行礼。

廿七日（9. 29）

遣官祭贤良祠。

廿八日（9. 30）

帝诣绮春园，问皇太后安。

廿九日（10. 1）

孝慎皇后殡宫月祭，帝亲临奠酒。

九月

初一日（10. 3）

谕：近日朕看八旗前锋护军各营章京步射，见其一体穿用蓝色袍服。由此观之，率多竞尚虚文。夫八旗营员，惟期技艺娴熟，衣服无关紧要，著管理八旗各营大臣等明白晓谕所属官兵，嗣后，遇有射布靶及引见人员，惟期骑射娴熟，弓箭齐整，所穿袍服绸布俱可，不必再拘颜色。纵使不甚鲜明，亦无不合之处。

初五日（10. 7）

帝诣绮春园，问皇太后安。

初八日（10. 10）

帝御演武厅，阅健锐营操。

十二日（10. 14）

帝诣绮春园，问皇太后安。御洞明堂，勾到新疆、云南、贵州、广西情实罪犯。

十三日（10. 15）

奉旨：此次翻译乡试中式举子，著于本月十九日在圆明园正大光明殿覆试。

十七日（10. 19）

帝御洞明堂，勾到四川情实罪犯。

十九日（10. 21）

帝诣绮春园，问皇太后安。

廿一日（10. 23）

帝御洞明堂，勾到广东、陕西、福建情实罪犯。

廿三日（10. 25）

帝御洞明堂，勾到奉天、湖广、江西情实罪犯。

廿六日（10.28）

帝诣绮春园，问皇太后安。

廿七日（10.29）

孝慈高皇后忌辰，遣官祭福陵。帝诣大高殿行礼，回宫。

廿九日（10.31）

孝慎皇后殡宫月祭，遣官行礼。

十月

初一日（11.1）

享太庙，帝亲诣行礼。

初二日（11.2）

帝幸圆明园。诣绮春园，问皇太后安。

初五日（11.5）

帝御勤政殿听政。

初六日（11.6）

帝诣安佑宫行礼。

初七日（11.7）

帝诣绮春园，问皇太后安。

初九日（11.9）

帝奉皇太后幸同乐园，进膳，赐内廷王大臣等食，翌日如之。

初十日（11.10）

皇太后圣寿节。遣官祭太庙后殿、奉先殿。帝诣绮春园，率王公大臣官员等行庆贺礼。

十五日（11.15）

帝诣安佑宫行礼。总管内务府奏：扎拉芬、启裕二员补授圆明园、清漪园六品苑丞。

十六日（11.16）

帝诣大高殿、寿皇殿行礼，奉皇太后回宫。

十七日（11.17）

以册立皇后，先期遣官告祭天地、太庙、社稷。帝亲诣奉先殿，行告祭礼。孝穆皇后案前，命御前大臣载铨行礼。奉旨：左翼税盈余银著交圆明园二万三百两，赏给松筠四百二十一两零。右翼税盈余银著交圆明园七千五百两，赏给庆敏一百九十九两零。

十八日（11.18）

帝御太和殿，宣制册立皇后，王公大臣官员行庆贺礼。命大学士长龄为正使、署礼部尚书奕颢为副使，持节赍册宝，册立皇贵妃钮祜禄氏为皇后。

十九日（11.19）

以册立皇后礼成，帝御太和殿，王公大臣、文武官员行庆贺礼。

廿一日（11.21）

恭上皇太后徽号曰：恭慈康豫安成庄惠皇太后。

廿二日（11.22）

以恭上皇太后徽号，帝御太和殿，王公大臣、文武官员行庆贺礼。

廿五日（11.25）

帝诣时应宫拈香。

廿九日（11.29）

孝慎皇后殡宫月祭，遣官行礼。

十一月

初二日（12.2）

总管内务府奏：据长芦盐政祝麟委员解到山东盐当规银六千九百三十三两一钱五分九厘，查此项银两向系奏请交圆明园银库查收在案，今该盐政委员解到前项银六千九百二十三两一钱五分九厘，照例奏明请旨，仍交圆明园银库收贮。

初十日（12.10）

帝诣宣仁庙、凝和庙拈香。

十三日（12.13）

圣祖仁皇帝忌辰，遣官祭景陵。帝诣寿皇殿行礼。

十六日（12.16）

总管内务府奏：据淮关监督明伦委员解到余存办公、节省养廉银一万四千二百七两二钱，照例请旨交圆明园银库收贮。

廿一日（12.21）

帝诣南郊斋宫斋宿。

廿二日（12.22）

冬至，祀天于圜丘，帝亲诣行礼。

廿四日（12.24）

命惇亲王绵恺、工部尚书王引之、礼部右侍郎文庆承办奉移孝穆皇后灵柩至龙泉峪典礼。

廿七日（12.27）

总管内务府奏：为圆明园护军扎隆额诬控该管上司冒销钱文各款，请解部审办。

廿九日（12.29）

孝慎皇后殡宫月祭，遣官行礼。

十二月

初六日（1835.1.4）

奉旨：禧恩等奏请饬催两淮应解生息银两，此项银两系圆明园八旗内务府三旗各营官兵日支口食之费，自应早为解到，著陶澍即将应交利银二万四千两迅速解交以资接济，无许再有延宕。

初八日（1.6）

帝诣大高殿行礼，时应宫拈香。

廿三日（1.21）

大高殿设坛祈雪，帝亲诣行礼。

廿九日（1.27）

祫祭太庙，帝亲诣行礼。

三十日（1.28）

谕：本日曹振镛因感冒奏请赏假五日，现届封印期内，事务较简。曹振镛著安心在寓调养，俟明年正月十一日赴圆明园，十二日再行入值。

道光十五年　1835

正月

初一日（1.29）

帝诣奉先殿行礼。御乾清宫，赐亲藩等宴。

初二日（1.30）

以皇太后六旬万寿，命于本年八月举行恩科乡试，来年三月举行会试。

初三日（1.31）

高宗纯皇帝忌辰，遣官祭裕陵。帝诣奉先殿、寿皇殿行礼。

初四日（2.1）

曹振镛病故。谕：大学士曹振镛，学问渊博，公正慎勤。朕御极之初，特授军机大臣，十四年余，夙夜在公，实朕股肱心膂之臣。服官五十余年，历事三朝，从未稍蹈愆尤。著加恩入祀贤良祠，赏给陀罗经被，并手串、烟壶、暖手各件，派穆彰阿带领侍卫十员，即日前往奠醊。朕于本月廿九日亲临赐奠，并著赏给广储司库银二千两经理丧事。其任内一切处分，悉予开复。伊子曹恩濙著赏给四品卿，俟服阕后遇有四品京堂缺出，著该部开列请补。

初十日（2.7）

享太庙，遣惠郡王绵愉恭代行礼。帝诣南郊斋宫斋宿。

十一日（2.8）

祈谷于上帝，帝亲诣行礼。诣大高殿行礼。幸圆明园，奉皇太后居绮春园。诣安佑宫行礼。

十二日（2.9）

帝诣绮春园，问皇太后安。

十三日（2.10）

谕：曹振镛实心任事，体用兼优，外貌讷然，而献替不避嫌怨，朕深倚赖而人不知。揆诸谥法，实足以当正字而无愧。著加恩赐谥文正，用示朕眷怀良辅、宠锡嘉名至意。

十四日（2.11）

帝御奉三无私殿，赐亲藩等宴。

十五日（2.12）

上元节。帝诣安佑宫行礼。御正大光明殿，赐朝正外藩等宴，作乐赐酒，如除夕仪。御山高水长，赐王公大臣、蒙古王、贝勒、贝子、公、台吉及外藩使臣、章嘉呼图克图等食。

十六日（2.13）

帝御正大光明殿，赐大学士、尚书等宴。

十八日（2.15）

帝诣绮春园，问皇太后安。

十九日（2.16）

帝御山高水长，赐王公大臣、蒙古王、贝勒、贝子、公、台吉及外藩使臣、章嘉呼图克图等食。

廿二日（2.19）

以大学士长龄违禁例，擅收霍罕使节馈送葡萄，降四级留任，革退御前大臣职衔，毋庸管理户部事务。

总管内务府奏：长芦盐政祝麟解银交圆明园银库。

廿三日（2.20）

孝圣宪皇后忌辰，遣官祭泰东陵。帝诣畅春园恩慕寺、恩佑寺行礼。

廿五日（2.22）

帝诣绮春园，问皇太后安。

廿六日（2.23）

朝鲜国王李玜遣使表贺万寿、冬至、元旦三大节并贡方物，赏赉筵宴如例。

廿八日（2.25）

停止本年仲春经筵。谕：本月廿九日赐奠大学士曹振镛，著惠郡王去。

廿九日（2.26）

孝仪纯皇后忌辰，遣官祭裕陵。孝慎皇后殡宫月祭，遣官行礼。

二月

初三日（3.1）

遣官祭黑龙潭昭灵沛泽龙王之神、玉泉山惠济慈佑灵濩龙王之神、昆明湖安佑普济沛泽广生龙王之神。遣官祭圆明园惠济祠、河神庙。

初八日（3.6）

祭先师孔子，遣大学士文孚行礼。谕：朕于三月十六日耕耘后启銮，驻跸南苑，廿一日回圆明园。

初九日（3.7）

祭大社、大稷，遣定亲王奕绍恭代行礼。以科尔沁扎萨克郡王僧格林沁、礼部尚书载铨充总谙达。

初十日（3.8）

以恭修福陵隆恩殿，遣官告祭福陵及后土之神。

十四日（3.12）

谕：本年九月间，孝穆皇后梓宫由宝华峪奉移至龙泉峪，自京城以北经过，届时应行致祭。所有典礼，著军机大臣会同礼部议奏。

十八日（3.16）

帝诣绮春园，问皇太后安。予故朝鲜国王李玜祭一次，谥宣恪，并追予故世子旲封爵。

十九日（3.17）

命散秩大臣奕兴、内阁学士倭什讷管圆明园八旗、内务府三旗官兵进班。

廿三日（3.21）

朝鲜国王世孙李焕表请袭封，进贡方物，命留抵下次正贡，宴赉如例。

廿四日（3.22）

帝御勤政殿听政。遣官祭贤良祠。

廿五日（3.23）

帝诣绮春园，问皇太后安。定文孚为文渊阁大学士、潘世恩为东阁大学士、阮元为体仁阁大学士。

廿八日（3.26）

皇后千秋节。宫内行礼如仪，停止筵宴及在外福晋、命妇进内行礼。

廿九日（3.27）

孝慎皇后殡宫月祭，遣官行礼。

三月

初二日（3.30）

帝诣绮春园，问皇太后安。

初四日（4.1）

帝奉皇太后幸慎德堂，进膳。

初八日（4.5）

清明节。帝诣安佑宫行礼。遣官祭历代陵寝。遣官祭孝穆皇后殡宫。帝至田村孝慎皇后殡宫奠酒。

初九日（4.6）

帝诣绮春园，问皇太后安。

初十日（4.7）

祭先蚕之神，皇后亲诣行礼。

十三日（4.10）

帝诣绮春园，问皇太后安。

十四日（4.11）

帝诣大高殿行礼，时应宫拈香，回宫。两广总督卢坤等奏，防范贸易洋人酌增章程八条。

十六日（4.13）

帝耕耤，诣先农坛行礼。帝启銮，幸南苑。诣元灵宫、永慕寺行礼。是日，驻跸旧衙门行宫。

十七日（4.14）

帝诣关帝庙拈香。行围。

十九日（4.16）

帝行围。翌日如之。

廿一日（4.18）

帝还圆明园。诣绮春园，问皇太后安。

廿二日（4.19）

奉旨：此次宗室会试中式贡士，著于本月廿六日在圆明园正大光明殿覆试。

廿八日（4.25）

帝诣绮春园，问皇太后安。

廿九日（4.26）

孝慎皇后殡宫月祭，遣官行礼。

四月

初一日（4.28）

享太庙，遣定亲王奕绍恭代行礼。

初三日（4.30）

帝御含辉楼，阅侍卫骑射。

初四日（5.1）

帝幸静明园，诣龙神庙拈香。奉皇太后幸万寿山，诣广润祠拈香。幸鉴远堂，进膳。

初六日（5.3）

帝御含辉楼，阅侍卫骑射。

初八日（5.5）

帝诣绮春园，问皇太后安。

初九日（5.6）

帝诣时应宫、昭显庙拈香，回宫。

十一日（5.8）

帝诣南郊斋宫斋宿。

十二日（5.9）

常雩，祀天于圜丘，帝亲诣行礼。幸圆明园。诣绮春园，问皇太后安。

十七日（5.14）

孝端文皇后忌辰，遣官祭昭陵。帝诣绮春园，问皇太后安。

二十日（5.17）

帝御勤政殿听政。谕：本年恭逢圣母皇太后六旬万寿，普天同庆，王公百官著自十月初一日至十五日俱穿蟒袍补褂。

廿一日（5.18）

帝奉皇太后幸同乐园，进膳。策试天下贡士张景星等二百七十二人于保和殿。

廿四日（5.21）

帝诣大高殿行礼，回宫。御乾清宫，召读卷官人，亲阅定进呈十卷甲第。

廿五日（5.22）

帝御太和殿传胪，赐一甲刘绎、曹联桂、乔晋芳三人进士及第，二甲张芾等一百十七人进士出身，三甲吴逢甲等一百五十二人同进士出身。帝幸圆明园。

廿七日（5.24）

帝诣绮春园，问皇太后安。

廿八日（5.25）

黑龙潭、觉生寺设坛祈雨，帝诣黑龙潭神祠拈香，遣定亲王奕绍诣觉生寺拈香。

廿九日（5.26）

孝慎皇后再周年忌辰，帝至田村殡宫奠酒。

五月

初一日（5.27）

奉旨：著于本月十六日在圆明园正大光明殿考试试差人员。

初四日（5.30）

帝诣绮春园，问皇太后安。吏部尚书穆彰阿、理藩院尚书禧恩奏：准管理畅春园事务大臣咨称，该园奏请粘修慈佑寺殿宇及外园堆拨房、桥座、涵洞等工，并泉宗庙内秀举楼房三间、抱厦一间、净房一间、过河厅抱厦一间。现查将及坍塌游廊一百零八间，内已坍塌四十二间，其余歪闪，此项楼座游廊未便请修，若任其坍塌，徒致糟朽，拟请一律拆去，拣选堪用物料尽数抵除钱粮，以归节省，请交总理工程处查勘估计钱粮。净按例估需工料银伍千捌百捌拾伍两叁钱伍分陆厘。

初六日（6.1）

引见新科进士。

初十日（6.5）

以京畿得雨，遣惠郡王绵愉诣黑龙潭、定亲王奕绍诣觉生寺报谢。

十一日（6.6）

帝诣绮春园，问皇太后安。

十五日（6.10）

谕：京师入夏以来，农田望泽甚殷，朕心实深轸念，应再度虔诚祈祷。朕于本月十九日亲诣黑龙潭拈香，天神坛派惇亲王绵恺、地祇坛派惠郡王绵愉、太岁坛派庆郡王绵慜行礼，并著派定亲王奕绍在清漪园、静明园龙神庙拈香，宣仁庙、凝和庙著派成郡王载锐，昭显庙、时应宫著派睿亲王仁寿拈香。

十六日（6.11）

以本年乡试，考试应开列试差人员于圆明园正大光明殿。

十八日（6.13）

帝诣绮春园，问皇太后安。

廿二日（6.17）

以甘霖渥沛，遣定亲王奕绍诣黑龙潭、惇亲王绵恺诣天神坛、惠郡王绵愉诣地祇坛、庆郡王绵慜诣太岁坛、工部尚书敬徵诣清漪园龙神庙、理藩院尚书禧恩诣静明园龙神庙、成郡王载锐诣宣仁庙与凝和庙、睿亲王仁寿诣昭显庙与时应宫报谢。

廿四日（6.19）

帝诣大高殿行礼，回宫。

廿七日（6.22）

夏至，祭地于方泽，帝亲诣行礼。幸圆明园。诣绮春园，问皇太后安。

廿九日（6.24）

孝慎皇后殡宫月祭，遣官行礼。

六月

初四日（6.29）

帝诣绮春园，问皇太后安。

初六日（7.1）

朝鲜国王李焕遣使表贺册立皇后并加上皇太后徽号，进贡方物，命留抵下次正贡，宴赉如例。

初七日（7.2）

帝御勤政殿听政。

十一日（7.6）

帝诣绮春园，问皇太后安。

十五日（7.10）

谕：满洲、蒙古文职二品以下及五六品京堂各员，著自本月十九日起按所开列名单，轮日在圆明园考试满语，俱不准托故不考。

十六日（7.11）

帝幸静明园，诣龙神庙拈香。

十八日（7.13）

帝诣绮春园，问皇太后安。廿五日亦如之。

廿八日（7.23）

谕：朕因满洲侍郎以下至五品京堂人数众多，其能否通晓清文，未能概知，是以特命分日进内考试。其中翻译通顺及能翻而有错误者，不过十之三四，竟不能落笔者过半焉，此则甚属非是。清语乃满洲根本，并非分外之事，无论何项出身，俱应熟习，况办理部旗诸务，皆有清文事件，若不通晓，将何以异于汉官，岂止为人所笑，不有忝于乃祖乃父耶。嗣后，我宗室觉罗暨八旗臣仆，务勤修本业，勉绍家声，断不可不晓清语，不识清字，以副朕务本成全谆谆告诫之意。将此通谕知之，慎勉毋忽。

廿九日（7.24）

孝慎皇后殡宫月祭，遣官行礼。

闰六月

初一日（7.26）

颁赏皇四子、皇五子、皇六子暨王公大臣、内廷翰林、各省督抚《平定回疆铜版战图》各一份。

初二日（7.27）

帝诣绮春园，问皇太后安。谕：蒙古翻译进士、举人出身之六部、理藩院、太仆寺郎中、员外郎及御史，并内阁侍读各员，著于本月十三日在圆明园考试，其不由进士、举人出身有报名愿考者，准其一体考试。

以达赖喇嘛现已及岁，受戒坐床，与早已受戒坐床之班禅额尔德尼均只有金印，未给金册，命照例颁给达赖喇嘛、班禅额尔德尼金册。

初四日（7.29）

帝幸万寿山，诣广润祠拈香。

初九日（8.3）

帝诣绮春园，问皇太后安。因钦天监为本年九月举行之孝穆皇后、孝慎皇后奉安典礼择日有误，革去工部尚书、管理钦天监事务敬徵之尚书、都统职衔及其一切差使，拔去花翎，给三品顶戴，仍留任内务府大臣，照常管理内务府应管事务，并仍管钦天监事务。

十一日（8.5）

停本年各省情实罪犯勾决。

十六日（8.10）

帝诣绮春园，问皇太后安。

廿一日（8.15）

谕：朕于八月廿八日启銮，恭谒西陵。礼毕，俟孝穆皇后、孝慎皇后安奉飨殿礼成致祭后，于九月初七日，旋跸圆明园。

廿三日（8.17）

帝诣绮春园，问皇太后安。

廿七日（8.21）

帝诣大高殿行礼，回宫。禁八旗兵丁穿用绸缎。

七月

初一日（8.24）

享太庙，帝亲诣行礼。幸圆明园。诣绮春园，问皇太后安。

初八日（8.31）

帝诣绮春园，问皇太后安。

初十日（9.2）

孝懿仁皇后忌辰，遣官祭景陵。

十一日（9.3）

帝御勤政殿听政。

十四日（9.6）

帝诣绮春园，问皇太后安。

十五日（9.7）

中元节。帝诣安佑宫行礼。

廿一日（9.13）

帝诣绮春园，问皇太后安。

廿五日（9.17）

仁宗睿皇帝忌辰，遣官祭昌陵。帝诣安佑宫行礼。

廿六日（9.18）

帝诣绮春园，问皇太后安。

廿八日（9.20）

帝诣大高殿行礼，回宫。

本月

奏准拆去长春园泽兰堂前的理性居和东西回廊；游廊改为巡杖栏杆，两外侧改砌包山墙。

八月

初二日（9.23）

祭大社、大稷，帝亲诣行礼。幸圆明园。诣绮春园，问皇太后安。

初三日（9.24）

秋分，夕月于西郊，遣定亲王奕绍恭代行礼。

初八日（9.29）

帝奉皇太后幸同乐园，进膳，赐内廷王公大臣、蒙古王公等食。以本年皇太后六旬寿辰，谕：所有各省节年正耗民欠钱粮及因灾缓征、带征银谷，并借给籽种、口粮、牛具及漕项、芦课、学租、杂税等项，即著各该督抚、将军、府尹等，将道光十年以前实欠在民者，详悉查明，开单具奏，候朕以次降旨，全行豁免。

初十日（10.1）

万寿节。遣官祭太庙后殿。遣官祭历代陵寝。遣官祭孝穆皇后殡宫、孝慎皇后殡宫。遣官祭显佑宫、东岳庙、城隍庙。帝诣安佑宫行礼。诣绮春园，皇太后前行礼。

御正大光明殿，王以下文武大臣官员、蒙古王公等行庆贺礼。御同乐园，赐内廷王公大臣及蒙古王公等食。

十一日（10.2）

谕：朕此次恭谒西陵，启銮后，著派肃亲王敬敏、定亲王奕绍、大学士长龄、尚书耆英留京办事。

十二日（10.3）

遣官祭黑龙潭昭灵沛泽龙王之神、玉泉山惠济慈佑灵濩龙王之神、昆明湖安佑普济沛泽广生龙王之神。遣官祭圆明园惠济祠、河神庙。

十三日（10.4）

帝诣安佑宫行礼。

十四日（10.5）

帝诣绮春园，问皇太后安。遣官祭昭忠祠。

十七日（10.8）

帝奉皇太后幸如园，进膳。以孝穆皇后梓宫奉移龙泉峪陵寝，前期遣官告祭天地、太庙、社稷。

十九日（10.10）

以孝穆皇后梓宫奉移龙泉峪陵寝，前期遣官行祖奠礼。

二十日（10.11）

帝诣绮春园，问皇太后安。孝穆皇后梓宫由宝华峪启行，遣官奠酒行礼。

廿三日（10.14）

世宗宪皇帝忌辰，遣官祭泰陵。帝诣安佑宫行礼。

廿五日（10.16）

帝至太平营孝穆皇后梓宫前奠酒目送，王以下文武大臣官员行礼。

以孝慎皇后梓宫奉移龙泉峪陵寝，前期遣官告祭天地、太庙、社稷及奉先殿、贤良祠。

廿六日（10.17）

帝诣绮春园，问皇太后安。

廿七日（10.18）

以孝慎皇后梓宫奉移龙泉峪陵寝，前期行祖奠礼并豫行月祭礼，帝至田村殡宫奠酒。

廿八日（10.19）

孝慎皇后梓宫由田村启行，遣官奠酒行礼。帝启銮，谒西陵，并临视孝穆皇后梓宫、孝慎皇后梓宫奉移龙泉峪。是日，驻跸黄新庄行宫。

九月

初二日（10.23）

帝谒泰陵、泰东陵、昌陵。诣龙泉峪，阅视宝城及妃园寝。以万年吉地工程坚固整齐，晋监工大臣、协办大学士、吏部尚书穆彰阿太子太保，赏紫缰；加户部右侍郎阿尔邦阿太子少保，赏还总管内务府大臣敬徵二品顶戴花翎，赏泰宁镇总兵官奎照花翎。加相度万年吉地大臣、户部尚书耆英太子少保，晋理藩院尚书禧恩太子太保，加户部左侍郎奕纪太子少保，并下部优叙。

初三日（10.24）

孝穆皇后梓宫、孝慎皇后梓宫至陵，遣官遥向泰陵、泰东陵、昌陵恭代行礼，奉安于飨殿。帝亲临奠酒，王以下文武大臣官员行礼。阅视宝城。

初四日（10.25）

孝穆皇后梓宫、孝慎皇后梓宫前行飨奠礼，帝亲临奠酒，皇子及王以下文武大臣官员行礼。帝回銮，驻跸秋澜行宫。

初七日（10.28）

帝御卢沟桥行幄，阅视演炮。还圆明园。诣绮春园，问皇太后安。

十四日（11.4）

帝诣绮春园，问皇太后安。

十六日（11.6）

奉旨：左翼税盈余银著交圆明园二万四百两，赏给桂轮三百一两零。右翼税盈余银著交圆明园七千五百两，赏给文庆一百七十七两零。

十八日（11.8）

谕：本年顺天乡试取中举人，昨降旨著于本月廿一日在圆明园正大光明殿覆试，并著传知该取中举人等，取具同乡京官临场识认印结，送部核办，听候覆试。其未经奉旨之先，如有出京回籍者，酌予期限，行知各该省饬令赴部齐集，听候示期覆试。其实有患病等项事故，不能赴考，取结报部，仍著照乾隆年间旧例，以下三科为限，补行覆试。如有托故不到，此三科内并未覆试者，著永远不准赴会场考试，亦不准赴吏部截取铨选。

二十日（11.10）

帝诣绮春园，问皇太后安。廿六日亦如之。

廿七日（11.17）

孝慈高皇后忌辰，遣官祭福陵。帝诣大高殿行礼，回宫。

廿九日（11.19）

孝慎皇后殡宫月祭，遣官行礼。

十月

初一日（11.20）

享太庙，帝亲诣行礼。遣官祭历代陵寝。

初二日（11.21）

帝幸圆明园。诣绮春园，问皇太后安。

初三日（11.22）

谕：本月初十日皇太后六旬万寿，内廷行走亲郡王、御前大臣、军机大臣、内务府大臣俱准呈递如意。

初五日（11.24）

驻藏大臣文蔚奏：本年皇太后六旬万寿圣节，达赖喇嘛等请在大昭寺传集喇嘛，唪经祝嘏。得旨：嘉奖并赏银二百两。

初六日（11.25）

帝诣安佑宫行礼。

初七日（11.26）

帝诣大高殿行礼，奉皇太后回宫。

初八日（11.27）

以皇太后六旬万寿，加上其徽号曰：恭慈康豫安成庄惠寿禧皇太后，并遣官告祭天地、太庙、社稷。翌日，恭上皇太后徽号册宝。

初十日（11.29）

皇太后六旬圣寿节。遣官祭太庙后殿、奉先殿。帝率王公大臣诣寿康宫行庆贺礼，众官及朝鲜国使臣于午门外行礼。御制圣母皇太后六旬万寿恭颂十章。以恭上皇太后徽号礼成，帝御太和殿，王公大臣、文武官员及朝鲜国使臣等行庆贺礼。

十一日（11.30）

帝奉皇太后幸圆明园、同乐园，进膳。侍送皇太后还绮春园。

十二日（12.1）

帝诣绮春园，问皇太后安。

十五日（12.4）

帝诣安佑宫行礼。

十六日（12.5）

帝诣大高殿、寿皇殿行礼，奉皇太后回宫。

十七日（12.6）

总管内务府奏：据前任淮关监督明伦解银交圆明园银库。

十一月

初二日（12.21）

帝诣南郊斋宫斋宿。

初三日（12.22）

冬至，祀天于圜丘，帝亲诣行礼。

初八日（12.27）

谕总管内务府大臣等：三公主年甫十一岁，资质敏慧，性情和顺。今日薨逝，甚为悼惜，著加恩封为端顺固伦公主，并派总管内务府大臣禧恩经理事宜，一切均照固伦公主例办理。

初十日（12.29）

帝诣宣仁庙、凝和庙拈香。

十一日（12.30）

大高殿设坛祈雪，帝亲诣行礼。寻以京师得雪，遣惇亲王绵恺诣大高殿报谢。

廿七日（1836.1.15）

谕：禧恩等奏请饬催两淮生息银两。圆明园等处官员饭食等项公费，嘉庆年间曾经赏借银十万两，交两淮盐政发商生息，按年解交，以资发给。兹屡经咨催，尚多拖欠，著陶澍即将道光十四年、十五年连闰应交生息银二万五千两并道光七年、十年未交之项，一并迅速解交圆明园银库备用，毋稍迟逾。

廿九日（1.17）

总管内务府奏：为遵旨清查宫内及圆明园库内分贮物件款项事。奕纪、敬徵、克蒙额等奉派清查宫内、圆明园库内分贮物件，带同司员四人，自十月廿三日起逐日进内会同总管太监郝进喜及接查之总管太监赵喜，将应查之珠宝、金银、银锞、制钱、人参、荷包、金银器皿、朝珠首饰、翠花、金银八宝鼻烟壶、衣服、貂皮及玉瓷、铜陈设、竹木漆器、图章、手卷各项物件逐款详查，于十一月廿八日全行查竣。

十二月

初五日（1.22）

再于大高殿设坛祈雪，帝亲诣行礼。

初七日（1.24）

奉旨：奕纪等奏请饬催两淮生息银两以资办公，此项银两系该营官兵看守圆明园日支口食之费，必应赶紧解交，著陶澍即将两淮应交道光十四年三月起至本年三月止一年生息银二万四千两赶紧如数解交，并将道光七年后旧欠银两分别带征交纳，以资办公，毋再延宕。

初八日（1.25）

帝诣大高殿行礼，时应宫拈香。以孝穆皇后梓宫、孝慎皇后梓宫奉安地宫，前期遣官告祭天地、太庙、社稷。

初十日（1.27）

以孝穆皇后梓宫、孝慎皇后梓宫奉安地宫，遣官行迁奠礼。

总管内务府奏：据淮关监督那崑委员解到余存办公银九千一百七两二钱，查此项银两向系奏明交圆明园银库查收，今该监督委员解到余存办公银九千一百七两二钱，照例请旨交圆明园银库收贮。

十一日（1.28）

孝穆皇后梓宫、孝慎皇后梓宫奉安地宫，王以下文武大臣官员行礼。

十五日（2.1）

帝以孝慎皇后升祔奉先殿，亲诣祭告。遣成郡王载锐诣孝穆皇后案前拈香。

十六日（2.2）

谕：从前京外大员子弟每届五年查阅一次，挑在侍卫柏唐阿上行走，自道光十一年查办以来，迄今又届查办之时。该大员子弟或身躯单薄，马上平常，或自幼读书，骤难学习弓马，自应酌量变通。嗣后，在京文职三品以上、武职二品以上，在外文职由总督至臬司、武职由将军提督至总兵，子弟内如有及岁情愿送挑者，仍照从前咨报本旗，由旗咨送军机处汇奏，候朕指出引见。

廿四日（2.10）

总管内务府奏：据长芦盐政钟灵委员解到山东盐当规银六千九百五十四两二分三厘，查此项银两向系奏请交圆明园银库查收在案，今该盐政委员解到前项银六千九百五十四两二分三厘，照例奏明请旨，仍交圆明园银库收贮。

廿九日（2.15）

袷祭太庙，帝亲诣行礼。

道光十六年　1836

正月

初一日（2.17）

帝诣奉先殿行礼。御乾清宫，赐亲藩等宴。

初三日（2.19）

高宗纯皇帝忌辰，遣官祭裕陵。帝诣奉先殿、寿皇殿行礼。

初六日（2.22）

帝诣南郊斋宫斋宿。

初七日（2.23）

祈谷于上帝，帝亲诣行礼。

初十日（2.26）

享太庙，遣定亲王奕绍恭代行礼。帝诣大高殿行礼。幸圆明园。奉皇太后居绮春园。诣安佑宫行礼。

十一日（2.27）

帝诣绮春园，问皇太后安，回宫。谕：朕于二月二十日起銮，祗谒东陵。礼成后，廿六日回圆明园。

十四日（3.1）

帝御乾清宫，赐亲藩等宴。

十五日（3.2）

上元节。御保和殿，赐朝正外藩等宴，作乐赐酒，如除夕仪。

十六日（3.3）

帝幸圆明园。诣绮春园，问皇太后安。御正大光明殿，赐大学士、尚书等宴。

十九日（3.6）

帝御山高水长，赐王公大臣、蒙古王、贝勒、贝子、公、台吉等食。

二十日（3.7）

总管内务府奏：长芦盐政钟灵解银交圆明园银库。

廿二日（3.9）

帝诣绮春园，问皇太后安。

谕：紫禁城内向例自前锋护军统领参领以及军校分班轮值，翊卫森严。官员有门籍，匠役有腰牌，跟随有定数。既不准滥行出入，亦不得搀杂混淆。隆宗门、景运门外，复有内务府派出番役头目专司稽查。圆明园大宫门内奏事门外，各处门禁俱照乾清门外一体办理。且禁城五更启钥时，官员人等有事进内，只准放进，不准放出，天明后始准放行，定例周详，至为严密。嗣后，著该管大臣等认真督饬该班人等，遵照旧定章程，严密稽查，以昭慎重，断不准日久视为具文，稍形懈弛。

廿三日（3.10）

孝圣宪皇后忌辰，遣官祭泰东陵。帝诣畅春园恩慕寺、恩佑寺行礼。

廿六日（3.13）

朝鲜国王李焕遣使表贺万寿、冬至、元旦三大节及岁贡方物，赏赉筵宴如例。

廿七日（3.14）

谕：四阿哥、五阿哥著于四月初三日入学读书，杜受田充四阿哥师傅，徐士芬充五阿哥师傅，潘世恩、穆彰阿充上书房总师傅，瑞郡王奕誌在上书房伴读。

廿八日（3.15）

帝诣绮春园，问皇太后安。谕：著派绵清管理圆明园八旗内务府三旗官兵进班，庆敏毋庸管理。

达赖喇嘛遣使谢恩，呈进贡物，赐敕褒奖。

廿九日（3.16）

孝仪纯皇后忌辰，遣官祭裕陵。帝诣大高殿行礼，回宫。

二月

初三日（3.19）

遣官祭文昌帝君庙。遣官祭黑龙潭昭灵沛泽龙王之神、玉泉山惠济慈佑灵濩龙王之神、昆明湖安佑普济沛泽广生龙王之神。遣官祭圆明园惠济祠、河神庙。

初四日（3.20）

春分，朝日于东郊，帝亲诣行礼。祭先师孔子，遣大学士阮元行礼。

初五日（3.21）

祭大社、大稷，帝亲诣行礼。以举行仲春经筵，遣官告祭奉先殿、传心殿。帝御文华殿经筵，值讲官耆英、王鼎进讲《论语》。帝幸圆明园。诣绮春园，问皇太后安。

初六日（3.22）

谕：朕此次恭谒东陵，启銮后，著派肃亲王敬敏，定亲王奕绍，大学士长龄、文孚留京办事。

初九日（3.25）

命协办大学士吏部尚书穆彰阿、步军统领耆英、工部尚书载铨勘估京城内外应修河道沟渠。

初十日（3.26）

帝诣黑龙潭神祠拈香。

十一日（3.27）

谕：寄谕两江总督兼管两淮盐政陶澍，每年正月内山高水长所用烟盒花爆等项，向由两淮盐政豫备解京应用，嗣后著永行停止。

十二日（3.28）

帝诣绮春园，问皇太后安。达赖喇嘛、班禅额尔德尼遣使呈进贡物，赐敕褒奖，赏赉如例。

奉旨：上年顺天府乡试取中举人，著于十五日在圆明园正大光明殿补行覆试。

十六日（4.1）

帝御阅武楼，阅火器营操。

十九日（4.4）

帝诣绮春园，问皇太后安。

二十日（4.5）

清明节。遣官祭历代陵寝。遣官祭孝穆皇后、孝慎皇后陵寝，遣官祭端慧皇太子园寝。

帝启銮，谒东陵。免跸路经过地方额赋十分之三。驻跸烟郊行宫。

廿三日（4.8）

帝谒昭西陵、孝陵、孝东陵、景陵、裕陵。帝回銮，驻跸桃花寺行宫。

廿六日（4.11）

孝昭仁皇后忌辰，遣官祭景陵。帝还圆明园。诣绮春园，问皇太后安。

廿七日（4.12）

皇后千秋节。宫内行礼如仪，停止筵宴及在外公主、福晋、命妇行礼。

廿九日（4.14）

总管太监郝进喜奏：道光十三年十二月初一日起至道光十四年十一月廿九日止，圆明园住共用红萝炭三万四千五百三十五斤十五两、黑炭十七万五千八十四斤、煤八万六千二百十二斤八两。道光十四年十二月初一日起至道光十五年十一月廿九日止，圆明园住共用红萝炭三万七千九百六十三斤七两、黑炭十九万一千六百九十一斤、煤九万四千一百五斤。圆明园住共用白蜡二千三百八十五斤十一两三钱、回残白蜡四百二十五斤五两五钱、黄蜡二千三百二十斤九两六钱、羊油蜡一万七千八百二十三斤十三两。

三月

初二日（4.17）

帝诣大高殿行礼，时应宫拈香，回宫。

初四日（4.19）

帝耕耤，诣先农坛行礼。诣关帝庙拈香。幸圆明园。诣绮春园，问皇太后安。

初七日（4.22）

帝御勤政殿听政。

初九日（4.24）

谕：嗣后，凡遇应书“昌陵恕妃衙门”著书“和裕皇贵妃园寝”，“龙泉峪平贵人园寝”著书“龙泉峪妃园寝”，并著礼部通行各该处一体遵行。命翰林院修撰吴钟骏在上书房行走，授瑞郡王奕誌读。

初十日（4.25）

帝诣绮春园，问皇太后安。祭先蚕之神，皇后亲诣行礼。

十三日（4.28）

帝奉皇太后幸慎德堂，进膳。因刑部现行律例并无旗民结姻作何办理专条，至是定例，嗣后八旗内务府三旗旗人内如将未经挑选之女许字民人者，主婚之人照违制律治罪。若将已挑选及例不入选之女许字民人者，主婚之人照违令例治罪。民人聘娶旗人之女者，亦一例科断。至已嫁暨已受聘之女，准其配合，仍将旗女开除户册，以示区别。

十六日（5.1）

帝幸静明园，诣龙神庙拈香。

十七日（5.2）

帝诣绮春园，问皇太后安。

十八日（5.3）

帝诣安佑宫行礼。

十九日（5.4）

谕：近来内外各衙门疏章案椟，于满洲、蒙古人地名，清汉对音之字，间有参差，未能划一。著武英殿即将清汉对音字式一书再行刷印，颁发中外大小衙门。嗣后，遇有满洲、蒙古人地名对音之字，一体懔遵定式，查照译写，不得仍前舛误，以归划一而昭法守。

廿一日（5.6）

奉旨：此次宗室会试中式贡士，著于本月廿四日在圆明园正大光明殿覆试。

廿二日（5.7）

帝御含辉楼，阅侍卫骑射，翌日如之。

廿四日（5.9）

帝诣绮春园，问皇太后安。

廿六日（5.11）

大学士长龄等会同户部议奏，约束粮船水手章程。

谕：庶吉士散馆，著于四月十六日在圆明园正大光明殿考试。

廿七日（5.12）

帝御含辉楼，阅侍卫骑射。

廿九日（5.14）

帝诣时应宫、昭显庙拈香，回宫。

四月

初二日（5.16）

帝诣南郊斋宫斋宿。

初三日（5.17）

常雩，祀天于圜丘，帝亲诣行礼。幸圆明园。诣绮春园，问皇太后安。

初五日（5.19）

帝御含辉楼，阅侍卫骑射。

初九日（5.23）

帝奉皇太后幸慎德堂，进膳。

初十日（5.24）

为祈雨事，谕：著遴选道众在黑龙潭祈祷，遴选僧众在觉生寺唪经，均于十四日开坛。朕于是日亲诣黑龙潭拈香。觉生寺著派惇亲王绵恺前往拈香。并著派奕绮诣清漪园龙神庙，奕细诣静明园龙神庙拈香。宣仁庙、凝和庙著派庆郡王绵慜拈香，昭显庙、时应宫著派惠郡王绵愉拈香。

十二日（5.26）

帝御阅武楼，阅大员子弟马步射。

十四日（5.28）

为谢雨事，谕：著派定亲王奕绍于十五日前诣黑龙潭敬谨报谢。其觉生寺及清漪园龙神庙、静明园龙神庙、宣仁庙、凝和庙、昭显庙、时应宫，著原派之惇亲王绵恺等于十五日分诣致谢。发出大藏香，著定亲王奕绍等祇领。

十六日（5.30）

帝诣绮春园，问皇太后安。

廿一日（6.4）

策试天下贡士夏子龄等一百七十二人于保和殿。

廿二日（6.5）

帝诣绮春园，问皇太后安。

廿四日（6.7）

帝诣大高殿行礼，回宫。御乾清宫，召读卷官入，亲阅定进呈十卷甲第。

廿五日（6.8）

帝御太和殿传胪，赐一甲林鸿年、何冠英、苏敬衡三人进士及第，二甲张锡庚等七十二人进士出身，三甲孔继鑅等九十七人同进士出身。沈兆霖、胡林翼等系本科进士。帝幸圆明园。

廿七日（6.10）

太常寺少卿许乃济疏请弛禁鸦片。主张准令洋商将鸦片照药材纳税，入关交行后，只准以货易货，不得用银购买；官员、士子、兵丁私食者，应请立予斥革，免其罪名，民间贩卖吸食者，一概勿论；宽内地民人栽种罂粟之禁。寻奉旨：著邓廷桢等会同妥议具奏。

廿八日（6.11）

帝诣绮春园，问皇太后安。

廿九日（6.12）

孝慎皇后三周年忌辰，遣官祭陵寝。

五月

初四日（6.17）

帝诣绮春园，问皇太后安。

初五日（6.18）

帝诣大高殿行礼，回宫。

初八日（6.21）

夏至，祭地于方泽，帝亲诣行礼。幸圆明园，诣绮春园，问皇太后安。

十三日（6.26）

帝御勤政殿听政。

十四日（6.27）

帝诣黑龙潭神祠祈雨，遣惇亲王绵恺诣天神坛、惠郡王绵愉诣地祇坛、定亲王奕绍诣太岁坛、庆郡王绵慜诣清漪园龙神庙、成郡王载锐诣静明园龙神庙祈雨。

十五日（6.28）

以京师雨泽愆期，命刑部清理庶狱。

十六日（6.29）

帝诣绮春园，问皇太后安。

十八日（7.1）

帝幸万寿山，诣广润祠拈香。

廿二日（7.5）

帝诣绮春园，问皇太后安。

廿五日（7.8）

帝幸静明园，诣龙神庙祈雨。

廿八日（7.11）

帝诣大高殿行礼，回宫。以祈雨三坛，斋戒一日。

廿九日（7.12）

帝诣天神坛祈雨，遣惇亲王绵恺诣地祇坛、惠郡王绵愉诣太岁坛祈雨。

帝幸圆明园。诣绮春园，问皇太后安。

六月

初五日（7.18）

帝诣绮春园，问皇太后安。

初九日（7.22）

谕：朕于本年七月十六日起阅看圆明园八旗兵丁步射，著该管大臣等每旗由护军校委护军校护军内各拣选五十名，每日带领二十名，候朕阅看，仍著照旧每人射箭两枝。此次豫备步射之兵丁等，下次俱著毋庸豫备。朕阅看之后，将射箭兵丁花名，造册咨报军机处，以备查核。

十一日（7.24）

帝诣大高殿行礼，回宫。以谢雨三坛，斋戒一日。

十二日（7.25）

以甘霖普被，帝诣天神坛报谢，遣惇亲王绵恺、惠郡王绵愉、定亲王奕绍、庆郡王绵慜分诣地祇坛、太岁坛、关帝庙、城隍庙行礼。帝幸圆明园。诣绮春园，问皇太后安。

十八日（7.31）

帝诣绮春园，问皇太后安。

廿五日（8.7）

帝御勤政殿听政。诣绮春园，问皇太后安。

廿七日（8.9）

帝诣大高殿行礼，回宫。

七月

初一日（8.12）

享太庙，帝亲诣行礼。幸圆明园。诣绮春园，问皇太后安。

初七日（8.18）

晋封彤妃为彤贵妃，贵人郭佳氏为佳嫔。

初八日（8.19）

帝诣绮春园，问皇太后安。

十一日（8.22）

帝幸万寿山，诣广润祠拈香。

十四日（8.25）

帝诣绮春园，问皇太后安。

十五日（8.26）

中元节。帝诣安佑宫行礼。

十九日（8.30）

命协办大学士、吏部尚书穆彰阿为大学士、管工部事，直隶总督琦善为协办大学士、仍留总督任，调户部尚书耆英为吏部尚书，兵部尚书奕颢为户部尚书，理藩院尚书禧恩为兵部尚书，以都察院左都御史武忠额为理藩院尚书。

廿一日（9.1）

帝诣绮春园，问皇太后安。

廿三日（9.3）

帝幸静明园，诣龙神庙拈香。

廿五日（9.5）

仁宗睿皇帝忌辰，遣官祭昌陵。帝诣安佑宫行礼。

谕：盛京为根本重地，风俗素称淳朴。近因五方辐辏，难免渐染纷华。著该将军、府尹等随时整顿，实力稽查。戏班赌棍，驱逐严拿。其有服饰新奇、不合旧式者，立即严行禁止，以期还淳返朴，力挽颓风。

廿七日（9.7）

谕：弭盗诘奸，保甲实为良法。京师市廛云连，居民稠杂，奸匪最易潜藏。向来编次门牌，设立循环号簿，附近圆明园一带，复令拣发司坊官分驻查察。立法本极周密，乃行之日久，奉行故事，不可不严加整顿。其附近圆明园一带村庄，责成分驻司坊认真查察，并著该城御史前往抽查，总期不扰不漏，俾奸匪无托足之区，庶地方益臻安谧。

两广总督邓廷桢等联衔复奏，赞同许乃济鸦片烟弛禁之议，并拟弛禁章程九条。

廿八日（9.8）

帝诣绮春园，问皇太后安。

八月

初三日（9.13）

帝诣绮春园，问皇太后安。

初四日（9.14）

帝诣大高殿行礼，回宫。

初五日（9.15）

遣官祭黑龙潭昭灵沛泽龙王之神、玉泉山惠济慈佑灵濩龙王之神、昆明湖安佑普济沛泽广生龙王之神。遣官祭圆明园惠济祠、河神庙。

初七日（9.17）

祭大社、大稷，帝亲诣行礼。幸圆明园。诣绮春园，问皇太后安。

初八日（9.18）

帝奉皇太后幸同乐园，进膳，赐内廷王大臣、蒙古王公等食。

初九日（9.19）

谕：鸦片烟来自外洋，流毒内地，例禁綦严。近日言者不一，或请量为变通，或请仍严例禁，必须体察情形，通盘筹画，行之久远无弊，方为妥善。著邓廷桢等悉心妥议，力塞弊源，据实具奏。

初十日（9.20）

万寿节。遣官祭太庙后殿。帝诣安佑宫行礼。诣绮春园皇太后前行礼。御正大光明殿，皇子及王以下文武大臣官员、蒙古王公、外藩使臣等行庆贺礼。御同乐园，赐内廷王大臣、蒙古王公等食。

十二日（9.22）

谕：嗣后，万寿庆节若遇雨，皇子、王公等著在正大光明殿檐下行礼，文三品、武二品以上官，著在出入贤良门内外檐下左右行礼，文四品、武三品以下各官著在大宫门内外檐下左右行礼，其丹陛乐著移于正大光明殿东西厢檐下。

十三日（9.23）

秋分，夕月于西郊，遣怡亲王载垣行礼。帝诣安佑宫行礼。

十四日（9.24）

帝诣绮春园，问皇太后安。

廿一日（10.1）

帝诣绮春园，问皇太后安。总管内务府呈请，三园内各处损坏清单。清漪园懋鹤馆库房三间、花洞值房三间、影壁一道长二丈等处俱头停渗漏、木植间有糟朽、墙垣泊岸闪裂坍塌；静明园甄心斋值房二间、院墙一段长二丈、门口一座、东宫门外以北看守房三间、授匠房四间等处俱头停渗漏、木植间有糟朽、墙垣泊岸闪裂坍塌；静宜园外八处致远斋、昭庙、来远斋、碧云寺泊岸等处俱头停渗漏、木植间有糟朽、墙垣泊岸闪裂坍塌。寻复奏：查得急修活计十一款，若全行修理，钱粮过多，仅择势难再缓者三款，内清漪园宜芸馆殿一座五间、抱夏三间头停渗漏、木植间有糟朽；静明园南宫门外牌楼一座坍塌、仁育宫旗杆二座糟朽等项活计，实系情形尤重，势须急为修理。

廿二日（10.2）

帝御洞明堂，勾到新疆、云南、贵州、广东、广西上年情实罪犯。

廿三日（10.3）

世宗宪皇帝忌辰，遣官祭泰陵。帝诣安佑宫行礼。

廿四日（10.4）

帝御洞明堂，勾到四川上年情实罪犯。

廿六日（10.6）

帝御洞明堂，勾到福建、奉天、陕甘上年情实罪犯。

廿七日（10.7）

帝奉皇太后幸如园，进膳。

廿八日（10.8）

帝诣绮春园，问皇太后安。御洞明堂，勾到湖广、浙江上年情实罪犯。

九月

初三日（10.12）

帝御洞明堂，勾到江西、安徽、江苏上年情实罪犯。

初四日（10.13）

帝御洞明堂，勾到河南、山西上年情实罪犯。

谕：朕于明年三月十三日由圆明园启銮，恭奉皇太后诣髫髻山拈香。礼成后，朕阅视明陵，十九日回圆明园。寻改为十七日回园。十八日仍由圆明园启銮，至工部厂阅视明陵，于二十日回园。

初六日（10.15）

帝御洞明堂，勾到山东、直隶、热河上年情实罪犯。

初七日（10.16）

帝诣绮春园，问皇太后安。帝御勤政殿听政。

十三日（10.22）

帝诣绮春园，问皇太后安。御洞明堂，勾到新疆、云南、贵州、广东本年情实罪犯。

十六日（10.25）

奉旨：左翼税盈余银著交圆明园二万五百两，赏给色克精阿二百十四两零。

十八日（10.27）

帝御洞明堂，勾到四川本年情实罪犯。奉旨：右翼税盈余银著交圆明园七千五百两，赏给联顺一百八十一两零。

二十日（10.29）

帝御演武厅，阅健锐营操。

廿一日（10.30）

帝诣绮春园，问皇太后安。

廿四日（11.2）

帝御洞明堂，勾到广西、福建、奉天、陕甘本年情实罪犯。

廿六日（11.4）

是夜，圆明园中之“圆明园”、“奉三无私”、“九洲清晏”三殿失火被毁。总管内务府奏：为遵旨审讯失火延烧九洲清宴等处之首领太监黄喜、刘文得、太监韩进玉、袁进喜等四名。

廿七日（11.5）

孝慈高皇后忌辰，遣官祭福陵。帝诣绮春园，问皇太后安。

廿八日（11.6）

帝诣大高殿、寿皇殿行礼。奉皇太后回宫。以圆明园救火出力，予王大臣官员议叙，兵丁赏赉有差。

廿九日（11.7）

先是，太监张进忠因赌被获，总管太监张尔汉遂恳请内务府大臣耆英将其释放，耆英未予拒绝。至是奉旨：耆英著革去尚书、都统、步军统领、内务府大臣，加恩以侍郎降补，以示薄惩。

十月

初一日（11.9）

享太庙，帝亲诣行礼。

初四日（11.12）

总管内务府大臣禧恩等奏：遵审失火延烧九洲清晏等处之首领太监黄喜等按律定拟。得旨：园庭重地，该太监等应何等小心谨慎，乃平日疏懈，以致失火延烧，获罪甚重。太监韩进玉著改为绞监候，秋后处决。已革首领太监黄喜、刘文得，俱著发往打牲乌拉，给官员为奴，遇赦不赦。内殿八品首领太监王得太，著革去首领，仍罚月银十年。圆明园六品总管太监赵喜、七品总管太监王进朝，均著革去顶戴，仍罚月银六年。已革圆明园六品总管太监张二汉，失于查管，著罚月银三年。内殿总管太监王常清，革去顶戴，仍罚月银六年。寻以太监袁进喜当差年份较浅，情节尚轻，命免死，发给打牲乌拉官员为奴，遇赦不赦。

命惠郡王绵愉带领侍卫十员，往奠故庆郡王绵慜茶酒，赏银四千两治丧，予祭葬，谥曰良。

初五日（11.13）

帝临故庆郡王绵慜第赐奠。谕：庆郡王绵慜为朕亲叔庆僖亲王之子，秉性朴醇，持躬谨饬，竟尔溘逝。著加恩再承袭郡王一次。绵慜现无子嗣，其应行立嗣承袭之处，著宗人府照例办理。

初十日（11.18）

皇太后圣寿节。遣官祭太庙后殿、奉先殿。帝诣寿康宫行庆贺礼，王公大臣于慈宁门、众官于午门外行礼。

十七日（11.25）

署理陕西巡抚汤金钊奏：为接谕圆明园不戒于火恭折请安事。朱批：起火之处在朕寝殿之东南，相去不过数里，实赖恩主佑而正宫及寝殿或保平安，实感天恩。

廿一日（11.29）

总管内务府奏：为宫内及圆明园添设机桶事。查乾清宫、宁寿宫等处额设机桶八十架，圆明园、长春园等处额设机桶七十五架。拟请将乾清宫等处原设机桶内除现在整齐者十六架，拟再修理四架，计二十架。圆明园等处原设机桶内除现在整齐者七架，拟再修理十八架，计二十五架。其余糟朽不齐者，拟请分年陆续修补，每次不过二十架，足敷试演之用。并请每年春秋二季，臣等眼同演习一次，以期核实。

总管内务府呈，应交宫内及圆明园器具数目清单。应交圆明园器具：长杆铁杈子六把、长杆钩子十二把、长杆麻刷十二把、蜈蚣梯子四个（上钩下戳）、机桶二十五架。

十一月

初十日（12.17）

帝诣宣仁庙、凝和庙拈香。

十三日（12.20）

圣祖仁皇帝忌辰，遣官祭景陵。

十四日（12.21）

帝诣南郊斋宫斋宿。

十五日（12.22）

冬至，祀天于圜丘，帝亲诣行礼。

廿一日（12.28）

实授惇亲王绵恺宗人府宗令，以大学士穆彰阿署管理户部三库事，都察院左都御史敬徵为工部尚书，理藩院尚书武忠额为都察院左都御史，户部左侍郎奕纪为理藩院尚书。

命惠郡王绵愉带领侍卫十员，往奠故定亲王奕绍茶酒，赏银五千两治丧，予祭葬，谥曰端。命其子工部尚书载铨百日孝满后承袭郡王，赏三眼花翎。

廿二日（12.29）

帝临故定端亲王奕绍第赐奠。

廿三日（12.30）

命皇四子奕詝、皇五子奕誴往故定端亲王奕绍第赐奠。

廿四日（12.31）

大高殿设坛祈雪，帝亲诣行礼。

本月

军机大臣奉旨：著传知总管内务府大臣等，自十七年正月为始山高水长烟火花爆，嗣后著毋庸预备。

十二月

初二日（1837.1.8）

谕：向来秋审朝审人犯内缓决三次以上者，人数积多，每届数年，谕令刑部查明，奏请分别减等以示法外之仁。今自道光九年查办之后，至本年秋谳入缓决者，又积有一万二千三百余名。著刑部将本年秋审朝审缓决三次以上各犯，照节次查办之例，逐一查明所犯情节，奏明分别减等发落。

初三日（1.9）

谕：贝勒永珠殴毙侧室吴氏一案，讯系太监王得禄听从下手，伤重致命，王得禄著即行正法。侍妾灵儿挑唆同谋，著管理宗人府王等监视重责四十板，交刑部监禁十年。保祥等帮殴，均著枷号两个月，折责发落。永珠著革去贝勒。寻奉旨：永珠所袭之贝勒，著准将伊本支有分之人承袭，其子不准带领引见。

初七日（1.13）

谕：禧恩等奏，请动项垫发圆明园八旗班费，并请饬催两淮生息银两以资接济。所有道光十四、十五两年，并本年应交银两，著陶澍速即如数解交该衙门，以资支放，并将旧欠银两，分年带征交纳，毋得再有延玩，自干咎戾。总管内务府奏：淮关监督那崑委员解银交圆明园银库。

初八日（1.14）

再于大高殿设坛祈雪，帝亲诣行礼。

十三日（1.19）

帝临故定端亲王奕绍第赐奠。

十五日（1.21）

帝诣大高殿谢雪。

廿三日（1.29）

总管内务府奏：向例太监当差过三十年方准挑选首领，嗣后加恩，当差过二十五年即准挑选首领。本年宫内新放八品首领太监三名、八品副首领太监二名、无品级首领太监四名、圆明园新放副首领太监六名，当差俱已满二十五年，谨将新放首领太监刘喜等十五名缮单呈览。

廿八日（2.3）

祫祭太庙，帝亲诣行礼。

本年

九洲清晏中路三殿遭火灾后进行全面改建。九洲清晏殿由面阔七间缩为五间，殿西添建三间套殿同道堂，三殿两侧原东西佛堂撤去，改为值房、库房；西路西北隅添建转角楼房四间；东路天地一家春西北隅的两卷三间皇后殿改成东西两院。

道光十七年　1837

正月

初一日（2.5）

帝诣奉先殿行礼。御乾清宫，赐亲藩等宴。

初四日（2.8）

帝诣大高殿行礼。幸圆明园。奉皇太后居绮春园。诣安佑宫行礼。

初六日（2.10）

帝诣绮春园，问皇太后安。

初七日（2.11）

奉旨：所得盈余银三万二千六百八十二两零著一并交圆明园，常兴著无庸赏给。

谕：圆明园附近堆拨最关紧要，所有值班官兵自应无分昼夜，敬谨看守。本年朕甫经临幸圆明园，该官兵等即有旷班，总由该管章京等平日并不严加约束，委护军参领齐克坦布，著交兵部议处；副护军校阿扬阿、委护军校乌能依、成志、三音布、护军如泰等十六名，著交该印房重惩斥革。嗣后，该管大臣等务当随时稽查，倘有似此旷班者，即行严参，断不可稍事姑容。

初八日（2.12）

享太庙，遣惇亲王绵恺恭代行礼。

初九日（2.13）

六阿哥将于二月十七日入学读书，翁心存著在上书房行走，授六阿哥读。

初十日（2.14）

帝诣时应宫、昭显庙拈香，回宫。

十二日（2.16）

帝诣南郊斋宫斋宿。

十三日（2.17）

祈谷于上帝，帝亲诣行礼。幸圆明园，诣绮春园，问皇太后安。

十四日（2.18）

帝御正大光明殿，赐亲藩等宴。

十五日（2.19）

上元节。帝诣安佑宫行礼。御正大光明殿，赐朝正外藩等宴，作乐赐酒，如除夕仪。御山高水长，赐王公大臣、蒙古王、贝勒、贝子、公、额驸、台吉及外藩使臣等食。

十六日（2.20）

帝御正大光明殿，赐大学士、尚书等宴。

十八日（2.22）

谕：庆郡王绵慜圆明园房屋著赏给奕綵居住。

十九日（2.23）

帝御山高水长，赐王公大臣、蒙古王、贝勒、贝子、公、额驸、台吉及外藩使臣等食。

直隶总督琦善等奏：查禁畿辅私藏鸟枪章程四条。

二十日（2.24）

帝诣绮春园，问皇太后安。

廿二日（2.26）

任命林则徐为湖广总督。

廿三日（2.27）

孝圣宪皇后忌辰，遣官祭泰东陵。帝诣畅春园恩慕寺、恩佑寺行礼。

廿四日（2.28）

总管内务府奏：长芦盐政钟灵委员解到山东盐当规银交圆明园银库。

廿六日（3.2）

朝鲜国王李焕遣使表贺万寿、冬至、元旦三大节并岁贡方物，赏赉筵宴如例。

廿七日（3.3）

帝诣绮春园，问皇太后安。

廿八日（3.4）

帝诣大高殿行礼，回宫。

二月

初二日（3.8）

以举行仲春经筵，遣官告祭奉先殿、传心殿。帝御文华殿经筵，值讲官奕经、阮元进讲《论语》。

帝幸圆明园，诣绮春园，问皇太后安。

初七日（3.13）

孝淑睿皇后忌辰，遣官祭昌陵。帝诣大高殿行礼，回宫。

初八日（3.14）

遣官祭黑龙潭昭灵沛泽龙王之神、玉泉山惠济慈佑灵濩龙王之神、昆明湖安佑普济沛泽广生龙王之神。遣官祭圆明园惠济祠、河神庙。

初十日（3.16）

祭大社、大稷，帝亲诣行礼。幸圆明园，诣绮春园，问皇太后安。

十五日（3.21）

奉旨：此次各部院应行拣选国子监蒙古司业人员，著于本月十八日在圆明园正大光明殿考试。

十六日（3.22）

帝诣绮春园，问皇太后安。

廿二日（3.28）

宗人府会同刑部审明庄亲王奕賨、契典贾玉之子演唱奸宿属实。得旨：庄亲王奕賨拟以折罚亲王半俸九年，自系照例办理，惟情节甚属卑鄙，奕賨著实罚亲王俸五年。

廿三日（3.29）

帝诣绮春园，问皇太后安。御勤政殿听政。

廿八日（4.3）

皇后千秋节。宫内行礼如仪，停止筵宴及在外福晋、命妇行礼。

三月

初一日（4.5）

清明节。帝诣安佑宫行礼。谕：朕此次恭奉皇太后安舆诣髫髻山拈香，启銮后，著派惇亲王绵恺、大学士长龄、阮元、吏部尚书汤金钊留京办事。

总管内务府呈，道光十五年十二月初一日起至道光十六年十一月三十日止，宫内并圆明园等处共用过红萝炭五万三千五百四十二斤五两、黑炭三十九万一百五斤、煤三十二万七千八百二十八斤、木柴九万九千一百三十五斤。宫内并圆明园等处共用过白蜡二千十九斤九两、回残白蜡五百三十九斤八两五钱、黄蜡一千九百六十三斤十三两五钱、羊油蜡一万六千一百三十二斤九两。

初二日（4.6）

帝诣绮春园，问皇太后安。

初八日（4.12）

帝诣大高殿行礼，时应宫拈香，回宫。

初十日（4.14）

帝耕耤，诣先农坛行礼。诣关帝庙拈香。幸圆明园，诣绮春园，问皇太后安。

十三日（4.17）

帝奉皇太后启銮，幸髫髻山。免跸路经过地方本年额赋十分之三。是日，驻跸三家店行宫。

十四日（4.18）

驻跸髫髻山行宫，翌日如之。

十五日（4.19）

帝奉皇太后诣髫髻山拈香。

十六日（4.20）

祭先蚕之神，遣妃行礼。帝回銮。

十七日（4.21）

帝奉皇太后还绮春园。幸圆明园。

十八日（4.22）

帝启銮，诣明陵。是日，驻跸工部厂大营，翌日如之。

十九日（4.23）

帝诣明长陵、献陵、泰陵、景陵、永陵奠酒。

二十日（4.24）

帝还圆明园。诣绮春园，问皇太后安。

廿六日（4.30）

帝诣绮春园，问皇太后安。

廿八日（5.2）

帝诣大高殿行礼，回宫。

四月

初一日（5.5）

享太庙，帝亲诣行礼。

初二日（5.6）

帝诣南郊斋宫斋宿。

初三日（5.7）

常雩，祀天于圜丘，帝亲诣行礼。幸圆明园，诣绮春园，问皇太后安。

初十日（5.14）

帝诣绮春园，问皇太后安。以本年乡试，考试应开列试差人员于圆明园正大光明殿。

十一日（5.15）

帝御勤政殿听政。谕：朕思为政之道，首戒欺蒙。盖欺则情理不能实，蒙则弊端所由作，故六部九卿各衙门之公务，无论巨细，必当遵例案而行。遵依例案，即所以防书吏舞文弄法之奸，庶可免其欺蒙也。

十三日（5.17）

谕：宗人府本年届修玉牒之期，嗣后恭修玉牒，惟皇后无论有无所出，俱著载入玉牒。皇后以下有所出者著载入，无所出者概毋载入。著为例。

十六日（5.20）

帝诣绮春园，问皇太后安。

十七日（5.21）

孝端文皇后忌辰，遣官祭昭陵。帝诣黑龙潭神祠拈香。

十八日（5.22）

帝奉皇太后幸同乐园，进膳。

十九日（5.23）

帝诣大高殿行礼，回宫。

二十日（5.24）

帝御太和殿视朝，王以下文武升转各官谢恩。帝幸圆明园。

廿一日（5.25）

帝幸万寿山，诣广润祠拈香。御阅武楼，阅宗室挑选侍卫马步射。

廿二日（5.26）

帝御阅武楼，阅挑选侍卫马步射。

廿三日（5.27）

帝诣绮春园，问皇太后安。

廿八日（6.1）

帝御阅武楼，阅挑选侍卫马步射，翌日如之。

五月

初一日（6.3）

帝诣安佑宫行礼。

初二日（6.4）

帝诣绮春园，问皇太后安。

初三日（6.5）

孝诚仁皇后忌辰，遣官祭景陵。帝御阅武楼，阅挑选侍卫马步射。

初九日（6.11）

帝诣绮春园，问皇太后安。十六日亦如之。

十七日（6.19）

帝诣大高殿行礼，回宫。

二十日（6.22）

夏至，祭地于方泽，帝亲诣行礼。幸圆明园，诣绮春园，问皇太后安。

廿七日（6.29）

帝诣绮春园，问皇太后安。

廿八日（6.30）

帝御勤政殿听政。

六月

初一日（7.3）

帝幸静明园，诣龙神庙拈香。

初五日（7.7）

帝诣绮春园，问皇太后安。十一日亦如之。

以故琉球国王尚灏世子育袭爵，命翰林院修撰林鸿年为正使，编修高人鉴为副使往封。

十五日（7.17）

粤海关监督文祥奏谢期满留任恩。得旨：禁止纹银出洋一事，虽非汝一人之力所能，然既会议会办，亦当竭尽心力。总以国计民生为念，断不可视作泛常也。勉之。

十八日（7.20）

帝诣绮春园，问皇太后安。

廿三日（7.25）

协办大学士琦善百日孝满，命署直隶总督。

廿五日（7.27）

帝诣绮春园，问皇太后安。

廿六日（7.28）

谕：朕御极以来，用人行政，总求一实字。方今各直省督抚及方面大员内，贪黩营私者，尚无其人，而真能剔弊厘奸、事事核实者，亦不多见。近来亏空各案，层见叠出，甚至盈千累万，罔知顾忌，其中岂无侵吞官帑、私饱囊橐之人？嗣后，遇有亏空之案，总当一秉至公，认真确查，其有性近奢华、任意挥霍甚或私债累累、擅动仓库者，即行指名严参，按律究办，俾不肖州县群知炯戒，有所惮而不敢为。

廿七日（7.29）

朝鲜国王李焕遣使请封王妃，进贡方物，命留抵下次正贡，宴赉如例。

七月

初一日（8.1）

享太庙，遣惇亲王绵恺恭代行礼。

初二日（8.2）

帝诣绮春园，问皇太后安。

初六日（8.6）

帝幸静明园，诣龙神庙拈香。幸万寿山，诣广润祠拈香。

初九日（8.9）

帝诣绮春园，问皇太后安。

十五日（8.15）

中元节。帝诣安佑宫行礼。

十六日（8.16）

帝诣绮春园，问皇太后安。

十八日（8.18）

重修圆明园之“圆明园”、“奉三无私”、“九洲清晏”三殿成。御制记略曰：溯自圣祖赐额，世宗定居，皇祖皇考因淳守朴，不改成规，爰逮藐躬，德辖任重，亦惟祗承基绪，曷敢不念负荷之艰？若不及时修复，何以自安？爰命内府诸臣，庀材鸠功，缮完补阙。惟期示俭于后，不敢增美于前，工未逾年，制已复旧，于以昭不雕不斫之风，亦以守不愆不忘之志。版筑之兴，洵不得已也。

惟愿我后人念作室之不易，则图易而思艰；睹寝成之孔安，则居安而虑殆。慎宪省成，庶几乎无废事焉。且知宫室之制度已备，国家之经费有常，工不可以创兴，役不可以轻举，持盈保泰，庶几乎无侈心焉。夫无废事，勤也；无侈心，俭也。勤者，治之本；俭者，福之源也。继自今以引以翼，攸芋攸跻，监成宪以无愆，巩洪图于勿替，是则予之厚望也夫。

谕：此次圆明园殿等处工程告竣，朕亲加阅看，均属完固整齐，所有督修之禧恩、敬徵、克蒙额，俱著加恩赏加二级。承修之监督等圆明园郎中那扬阿、员外郎基溥，绮春园郎中延陞，内务府员外郎定珠、松蔚，圆明园主事兆麟、六品库掌庆昌，六品苑丞德容、富惠，七品苑丞基丰、委署主事庆瑜，六品苑丞延英、安祺，七品苑副德禧、八品苑副嵩庆，俱著加恩赏加一级纪录二次。

命邓廷桢缉办广东省城包揽私贩鸦片烟泥匪徒。

廿四日（8.24）

帝诣绮春园，问皇太后安。

廿五日（8.25）

仁宗睿皇帝忌辰，遣官祭昌陵。帝诣安佑宫行礼。

三十日（8.30）

帝诣大高殿行礼，时应宫拈香，回宫。

八月

初三日（9.2）

祭大社、大稷，帝亲诣行礼。幸圆明园，诣绮春园，问皇太后安。

初八日（9.7）

帝奉皇太后幸同乐园，进膳，赐皇子及内廷王公大臣、蒙古王公、越南国使臣等食。

初九日（9.8）

太宗文皇帝忌辰，遣官祭昭陵。

谕：道庆、奕兴既有值班差使，自应轮流值宿，以昭慎重。据奕纪等查明误班日期，道庆在先，其咎较重，道庆著革去礼部侍郎，退出御前侍卫，著在乾清门行走，毋庸管理圆明园；奕兴著罚俸六个月。以正红旗汉军副都统伊清额管圆明园八旗、内务府三旗官兵进班。

初十日（9.9）

万寿节。遣官祭太庙后殿。遣官祭历代陵寝。遣官祭孝穆皇后、孝慎皇后陵寝，遣官祭显佑宫、东岳庙、城隍庙。帝诣安佑宫行礼。诣绮春园皇太后前行礼。

御正大光明殿，皇子及王以下文武大臣官员、蒙古王公、越南国使臣等行庆贺礼。御同乐园，赐皇子及内廷王公大臣、蒙古王公、越南国使臣等食。

十一日（9.10）

太祖高皇帝忌辰，遣官祭福陵。遣官祭黑龙潭昭灵沛泽龙王之神、玉泉山惠济慈佑灵濩龙王之神、昆明湖安佑普济沛泽广生龙王之神。遣官祭圆明园惠济祠、河神庙。

十三日（9.12）

帝诣安佑宫行礼。

十四日（9.13）

帝诣绮春园，问皇太后安。

十七日（9.16）

帝奉皇太后幸奉三无私殿，进膳。

廿一日（9.20）

帝诣绮春园，问皇太后安。

廿三日（9.22）

世宗宪皇帝忌辰，遣官祭泰陵。帝诣安佑宫行礼。

廿四日（9.23）

秋分，夕月于西郊，遣睿亲王仁寿行礼。

廿八日（9.27）

帝诣绮春园，问皇太后安。

九月

初二日（10.1）

帝御勤政殿听政。

初五日（10.4）

帝诣绮春园，问皇太后安。十二日亦如之。

十六日（10.15）

奉旨：此次翻译乡试中式举子，著于本月二十日在圆明园正大光明殿覆试。

十八日（10.17）

帝御洞明堂，勾到新疆、云南、贵州、广东情实罪犯。

十九日（10.18）

帝诣绮春园，问皇太后安。奉旨：左翼税盈余银著交圆明园二万五百两，赏给恩桂二百十二两零。右翼税盈余银著交圆明园七千五百两，赏给吉伦泰一百四十四两零。

廿四日（10.23）

帝御洞明堂，勾到广西、四川情实罪犯。

廿五日（10.24）

总管内务府奏：本月廿二日，圆明园御药房太监张吉瑞在茶房笼火燃烧窗户等情。查律载，官府公廨失火者杖八十，徒二年等语。园庭禁地，理宜慎重，该太监并不小心，实属粗率，请将张吉瑞仍比照官府公廨失火杖八十、徒二年律，系太监折枷号一个月，满日责三十板，送进当差。

廿六日（10.25）

帝诣绮春园，问皇太后安。御洞明堂，勾到福建、奉天、陕甘情实罪犯。

廿七日（10.26）

孝慈高皇后忌辰，遣官祭福陵。帝诣大高殿行礼，回宫。

十月

初一日（10.29）

享太庙，帝亲诣行礼。

初二日（10.30）

帝临大学士、威勇公长龄第视疾。幸圆明园，诣绮春园，问皇太后安。

初六日（11.3）

帝诣安佑宫行礼。

初八日（11.5）

帝诣绮春园，问皇太后安。

初九日（11.6）

帝奉皇太后幸同乐园，进膳，赐皇子及内廷王大臣等食。

初十日（11.7）

皇太后圣寿节。遣官祭太庙后殿、奉先殿。帝率皇子及王公大臣官员诣绮春园行庆贺礼。礼成，奉皇太后幸同乐园，进膳，赐皇子及内廷王大臣等食。

十六日（11.13）

帝诣绮春园，问皇太后安。御含辉楼，阅侍卫骑射。

十九日（11.16）

帝诣大高殿行礼，回宫。

二十日（11.17）

帝御太和殿视朝，王以下文武升转各官谢恩。帝幸圆明园。

廿一日（11.18）

帝御洞明堂，勾到湖广、江西、浙江情实罪犯。

廿三日（11.20）

帝诣绮春园，问皇太后安。

廿四日（11.21）

内务府大臣奏：遵议逃走太监治罪章程。太监逃至河南、山东、山西及东三省，枷号一年，发往黑龙江给官员为奴，遇赦不赦。如逃至各省，即系越省远扬，永远枷号禁毙。另有案情，从重办理，仍将留容之人治罪。如止逃回顺天、直隶本籍者，照旧例办理。逃往别州县，离本籍五百里以外，枷号六个月，发往打牲乌拉给官员为奴，三年释回。如复行逃走，即照逃往河南、山东、山西、东三省之例治罪。从之。

廿五日（11.22）

协办大学士署直隶总督琦善等覆奏长芦缉私章程。自本年正月，奏准添设卡巡，勒令滩盐归坨，并借给运脚，收买荒盐。防范已周，毋庸另议。

廿九日（11.26）

帝御洞明堂，勾到安徽、河南情实罪犯。

三十日（11.27）

帝诣安佑宫行礼。

十一月

初二日（11.29）

帝诣绮春园，问皇太后安。

初八日（12.5）

帝诣安佑宫行礼。诣绮春园，问皇太后安。御洞明堂，勾到江苏、山西情实罪犯。

初九日（12.6）

帝诣大高殿、寿皇殿行礼，奉皇太后回宫。

十二日（12.9）

帝诣宣仁庙、凝和庙拈香。奉旨：贵人以下之女子进内满十年，出宫或十年以外者俱赏银十两，未满十年者不赏，嗣后为例。

十七日（12.14）

大学士、威勇公长龄八十生辰，晋封一等威勇公，予御书匾额、福寿字，并珍玩文绮。

廿四日（12.21）

帝诣南郊斋宫斋宿。

廿五日（12.22）

冬至，祀天于圜丘，帝亲诣行礼。

廿九日（12.26）

谕：御史柏龄奏请选将训兵、整顿营伍以卫京师。若如该御史所奏，请简派久历戎行之将军、提镇、副将九员分驻九门，提镇四员分驻圆明园，官为给办毡棚，昼夜栖止。试思外省将军提镇，各有专司，若纷纷调京，成何事体？该御史于训练将士有勇知方之道，茫乎未闻，率意妄陈，柏龄著以六部主事降补。

十二月

初六日（1838.1.1）

奉旨：此项两淮欠解生息银两向系各该营官兵看守圆明园班费之用，岂容任意延宕？著陶澍即将旧欠分年带征银两，并本年上半年息银一万二千两，赶紧如数解交，以资支放，毋再迟逾。

初七日（1.2）

宗人府议奏发遣宗室章程。嗣后，如遇发往盛京、吉林、黑龙江之宗室，交该将军酌量给与房间，或归入宗室营居住。到配时应食钱粮半分，即照例支给，毋庸备文请示。从之。

十六日（1.11）

谕：我朝木兰秋狝，原以习劳肄武，嘉惠蒙古。朕临御以来，尚未举行，敬念成规，未尝一日敢忘，即我后世子孙，亦当敬谨率由，遵守勿替。惟热河为驻跸之所，一切殿宇房间规模宏敞，阅年既久，修理不易。因思异日即举行旧典，驻跸热河，信宿经临，房间座落亦无需如许之多。其陈设物件，看管兵丁及各庙喇嘛等栖止之所，均应通盘筹画以归简易。著文庆、耆英亲赴各该处，督同该总管等逐一查勘。其应撤兵丁，嗣后应如何安置，或拨给闲田耕种，俾资糊口。至各庙喇嘛，前经理藩院奏明陆续裁撤，现在裁撤几何？其庙宇年久倾圮者，旧有佛像，自应归并供奉，其不堪栖止之庙宇，应作何办理？均著该侍郎等悉心体察情形，妥议章程，据实具奏。

廿九日（1.24）

祫祭太庙，帝亲诣行礼。

本年

将圆明园勤政殿东书房门向南开，并添修前廊，北边安窗，窗下为炕，炕西头设御座，东南向窗户皆安大玻璃，群臣自殿外南门入觐。

道光十八年　1838

正月

初一日（1.26）

帝诣奉先殿行礼。御乾清宫，赐亲藩等宴。

初二日（1.27）

以大学士、一等威勇公长龄病逝，著加恩入祀贤良祠，赏给陀罗经被并佛一尊、经一册，烟壶、扳指各件。派奕纪带领侍卫十员，即日前往奠醊，并赏给广储司库银二千五百两经理丧事。其一等公爵著桂轮百日孝满后承袭。寻予祭葬，谥文襄。

初三日（1.28）

高宗纯皇帝忌辰，遣官祭裕陵。帝诣奉先殿、寿皇殿行礼。临威勇公长龄第赐奠，赏其孙麟庆员外郎。

谕：朕于三月十六日由圆明园启銮，二十日祗谒西陵。礼成后，于廿三日驻跸南苑，廿八日回圆明园。寻谕，朕自圆明园奉皇太后启銮，谒西陵。礼成后，皇太后于廿三日回绮春园，朕行程依旧。

初四日（1.29）

帝诣大高殿行礼。幸圆明园，奉皇太后居绮春园。诣安佑宫行礼。

初六日（1.31）

帝诣绮春园，问皇太后安。

初七日（2.1）

世祖章皇帝忌辰，遣官祭孝陵。

初八日（2.2）

享太庙，遣睿亲王仁寿恭代行礼。

初十日（2.4）

立春，顺天府进土牛春山宝座。

十二日（2.6）

帝诣绮春园，问皇太后安。御奉三无私殿，赐亲藩等宴。

奉旨：所得盈余银三万六百八十五两零著一并交圆明园，明谊著无庸赏给。

十三日（2.7）

帝御正大光明殿，赐朝正外藩等宴，作乐赐酒，如除夕仪。

十四日（2.8）

帝御正大光明殿，赐大学士、尚书等宴。

十五日（2.9）

上元节。帝诣时应宫、昭显庙拈香，回宫。

十七日（2.11）

帝诣南郊斋宫斋宿。

十八日（2.12）

祈谷于上帝，帝亲诣行礼。御紫光阁，赐蒙古王、贝勒、贝子、公、台吉及外藩使臣等宴，赏赉有差。帝幸圆明园。诣绮春园，问皇太后安。

十九日（2.13）

帝御山高水长，赐王公大臣、蒙古王、贝勒、贝子、公、台吉及外藩使臣等食。

二十日（2.14）

总管内务府奏：长芦盐政钟灵解银交圆明园银库。

廿三日（2.17）

孝圣宪皇后忌辰。遣官祭泰东陵。帝诣畅春园恩慕寺、恩佑寺行礼。

廿四日（2.18）

朝鲜国王李焕遣使表贺万寿、冬至、元旦三大节并谢册封王妃恩，增贡方物，命例外贡物留抵下次正贡，赏赉筵宴如例。

廿五日（2.19）

帝诣绮春园，问皇太后安。

廿七日（2.21）

奉旨：桂轮呈缴圆明园官房一所，著赏给奎照居住。

廿八日（2.22）

帝诣大高殿行礼，回宫。

奉旨：查明圆明园现存园寓房间，所有成哲亲王缴回园寓住房二十余间，著赏给睿亲王仁寿居住。

本月

遵旨在敷春堂殿内添搭响塘炕。

二月

初二日（2.25）

以举行仲春经筵，遣官告祭奉先殿、传心殿。帝御文华殿经筵，值讲官敬徵、汤金钊进讲《孟子》。

初六日（3.1）

祭大社、大稷，帝亲诣行礼。幸圆明园。诣绮春园，问皇太后安。

初七日（3.2）

刑部奏：遵议广东拿获私开烟馆匪犯。得旨：郭亚平著即处绞。此等匪徒，胆敢于海疆重地勾串外洋，开设窑口，引贩鸦片烟泥诱人买食，历时已阅五年。命嗣后，邓廷桢等于匪徒售卖鸦片、开窑囤贩等弊，务当随时随地，有犯必惩，毋任漏网。

初十日（3.5）

总管内务府呈，道光十六年十二月初一日起至道光十七年十一月三十日止，宫内并圆明园等处共用过红萝炭五万三千四十八斤六两、黑炭三十九万三千五百八十九斤、煤三十一万九千三百八十一斤、木柴七万四千二百四十五斤。宫内并圆明园等处共用过白蜡一千八百七十斤十一两四钱、回残白蜡六百十六斤五钱、黄蜡一千九百五十九斤一两五钱、羊油蜡一万六千五百五十八斤十四两五钱。

十三日（3.8）

帝诣绮春园，问皇太后安。

十四日（3.9）

帝御勤政殿听政。遣官祭黑龙潭昭灵沛泽龙王之神、玉泉山惠济慈佑灵濩龙王之神、昆明湖安佑普济沛泽广生龙王之神。遣官祭圆明园惠济祠、河神庙。

十七日（3.12）

奉旨：上年顺天乡试取中举人，著于二月廿四日在圆明园正大光明殿补行覆试，其乙未恩科未经覆试举人，著归入此次一体覆试。所有中式原卷及覆试各卷，仍交上年派出之覆勘大臣核对。

二十日（3.15）

帝诣绮春园，问皇太后安。

廿六日（3.21）

春分，朝日于东郊，遣惇亲王绵恺恭代行礼。

廿七日（3.22）

帝诣绮春园，问皇太后安。

廿八日（3.23）

皇后千秋节。宫内行礼如仪，停止筵宴及在外公主、福晋、命妇进内行礼。

三十日（3.25）

总管内务府奏：查核征收银两，实存盈余银二万八千二百四十八两七钱六分四厘，并收额外盈余银二千四百三十六两五钱五分，共应交盈余银三万六百八十五两三钱一分四厘。奉旨：所得盈余银三万六百八十五两零著一并交圆明园，明谊著毋庸赏给。

三月

初三日（3.28）

谕：朕此次恭谒西陵，启銮后，著派肃亲王敬敏、惇亲王绵恺、大学士阮元、尚书奕经留京办事。

初四日（3.29）

帝诣绮春园，问皇太后安。

初六日（3.31）

宗人府等衙门会奏：审拟习教人犯。得旨：图四即图升阿，于习教犯案，改悔免罪后，复供奉十字架图像，同伊子文广习教念经，实属怙终不悛。均著革去本身红带子，并于玉牒末除名，著即发往伊犁充当苦差。嗣后拿获习教各犯，讯系改悔免罪后仍复奉教者，无论当堂情愿跨越十字木架与否，均著照本例治罪，不准援免，以为奸狡怙恶者戒。

初九日（4.3）

祭先蚕之神，皇后亲诣行礼。

奉旨：朕启銮后，清漪园等处印钥，著敬徵佩带。

初十日（4.4）

帝诣绮春园，问皇太后安。

十一日（4.5）

清明节。帝诣安佑宫行礼。

十三日（4.7）

帝诣大高殿行礼，时应宫拈香，回宫。

十五日（4.9）

帝耕耤，诣先农坛行礼。诣关帝庙拈香。帝幸圆明园，诣绮春园，问皇太后安。

十六日（4.10）

帝奉皇太后启銮，谒西陵。免跸路经过地方本年额赋十分之三。驻跸黄新庄行宫。

二十日（4.14）

帝谒泰陵、泰东陵、昌陵。至龙泉峪孝穆皇后、孝慎皇后陵寝奠酒，阅视宝城。至月台下，跪迎皇太后临奠。帝奉皇太后回銮，驻跸秋澜行宫。

廿三日（4.17）

皇太后还绮春园。帝驻跸新衙门行宫。

廿四日（4.18）

帝行围。奉旨：此次宗室会试中式贡士，著于四月初二日在圆明园正大光明殿覆试。

廿五日（4.19）

帝行围。翌日如之。

廿七日（4.21）

谕：京师南苑为我朝肄武之地，皇子皇孙亦于此讲武习勤，操练弓马，家法相承，垂诸久远，为断不可废之典。乃近年来围场牲畜，甚属寥寥，此皆管理不善之故。试思牲畜以草木为渊薮，若丛林丰草翦伐过甚，既无藏匿养育之所，又有盗贼偷窃之虞，必至围猎之时一无牲畜，尚复成何事体？命御前大臣、军机大臣会同管理奉宸苑大臣妥议章程具奏。

廿八日（4.22）

帝还圆明园。诣绮春园，问皇太后安。

四月

初一日（4.24）

享太庙，遣惠郡王绵愉恭代行礼。谕：庶吉士散馆，著于本月十八日在圆明园正大光明殿考试。

初六日（4.29）

帝诣绮春园，问皇太后安。

谕：禧恩等奏，查阅圆明园三旗新建营兵丁步射技艺，请酌改操演章程，著派奕纪、敬徵专管新建营事务，并著妥议章程具奏。谕：圆明园三旗新建营现习长矛，添设教习二人，著桂良即饬令该省营弁罗锦川、常启云来京教演。至需用长矛，必应材质坚利，方为合用，著即在该省制造三百杆，交该弁等解送来京，以备演习。其制造银两，即于该省藩库闲款内动用，将此谕令知之。

初九日（5.2）

总管内务府奏：为热河运到绸缎等项预备呈览事。运京烟波致爽、乐寿堂存贮绸缎、荷包、玉玩、银锞等项数目共一千七百三十五件、银锞共重一千三百四十九两。

初十日（5.3）

帝御勤政殿听政。

十二日（5.5）

帝诣时应宫拈香，回宫。

十四日（5.7）

帝诣南郊斋宫斋宿。

十五日（5.8）

常雩，祀天于圜丘，帝亲诣行礼。幸圆明园，诣绮春园，问皇太后安。

廿一日（5.14）

策试天下贡士王振纲等一百八十三人于保和殿。

廿二日（5.15）

帝诣绮春园，问皇太后安。

廿四日（5.17）

帝诣大高殿行礼，回宫。御乾清宫，召读卷官入，亲阅定进呈十卷甲第。

廿五日（5.18）

帝御太和殿传胪，赐一甲钮福保、金国均、江国霖三人进士及第，二甲灵桂等八十二人进士出身，三甲金宝树等一百九人同进士出身。帝幸圆明园。

廿六日（5.19）

帝幸万寿山，诣广润祠拈香。御阅武楼，阅火器营操。

廿七日（5.20）

帝奉皇太后幸慎德堂，进膳。

廿九日（5.22）

孝慎皇后忌辰，遣官祭陵寝。

闰四月

初二日（5.25）

帝奉皇太后幸同乐园，进膳。

宗人府议请：嗣后，照挑选大门侍卫之例，于考验宗室步射时，一体试以骑射。

初三日（5.26）

引见新科进士。谕：裕诚等奏，钱局匠役辍工出厂，聚集东直门外三里屯炉神庙内，胁众停炉，不法已极。户部宝泉局炉匠史瑞、李长贵等，著步军统领衙门按名严拿，送交刑部究办。其庙内僧人清禧，著一并拿交刑部严行审讯。

初四日（5.27）

谕：翰林院侍读以下、詹事府庶子以下各员，著自本月初十日起，每日二员，豫备召见。如遇外膳日期，即改于次日伺候，其余各员以次递推。

谕：嗣后，刑部审办天主教案，无论该犯等改悔与否，均著该部堂官当堂亲讯明确。其情愿改悔者，著即将该犯家内供奉之十字架，令其跨越，以昭核实。

初五日（5.28）

帝诣黑龙潭神祠拈香。

初六日（5.29）

礼部尚书奕纪等奏：遵旨酌议圆明园三旗新建营章程并另拟营名请旨。查该营演习技艺之前锋一百二十名，向习解马，兼习长枪单刀，今拟定仍习解马，并习马上花枪，将别项技艺撤去。披甲人三百名，向习鸟枪杂技，今拟定一百五十名习长矛，一百五十名习单刀，将鸟枪等项撤去。一切事务，向派堂郎中会同三旗护军统领管理。现查正白旗护军统领广敏，管辖较严，应请将堂郎中撤去，今该员总辖营务，其两旗护军统领，毋庸兼管，以专责成。又拟改操演章程四条。从之，并命名精捷营。

初七日（5.30）

帝诣绮春园，问皇太后安。命于初十日在黑龙潭、觉生寺设坛祈雨。

初十日（6.2）

以甘霖渥霈，帝诣黑龙潭神祠改祈为报，遣惇亲王绵恺诣觉生寺，睿亲王仁寿诣宣仁庙、凝和庙，惠郡王绵愉诣昭显庙、时应宫拈香。

十一日（6.3）

帝御含辉楼，阅吉林、黑龙江送到官兵马步射。命翰林院侍讲贾桢授皇六子奕訢读。

十三日（6.5）

帝诣绮春园，问皇太后安。谕：向年南苑行围，獐鹿繁多。近二十年来，獐只稀少。著盛京将军每年解送鹿只之际，将活獐十余只或二十余只一并解交。以定郡王载铨、内务府大臣裕诚管奉宸苑事。

十六日（6.8）

帝御勤政殿听政。

十八日（6.10）

以管理南苑不善，将前管理奉宸苑事之禧恩革去太子太保衔、兵部尚书。

十九日（6.11）

帝诣绮春园，问皇太后安。

廿一日（6.13）

因南苑围场内有民人违禁开垦之地亩，命曾管理南苑事务之官员及故官员子孙，予限二年，各给予其任内租垦地亩之民户赡养资本，令其迁移，务使所开地亩，尽行抛荒，不准稍有逼勒，致令其失所，并令奉宸苑将此刊刻誊黄，遍行晓谕。

廿二日（6.14）

帝幸静明园，诣龙神庙拈香。

廿五日（6.17）

以京畿得雨未透，遣惇亲王绵恺诣黑龙潭、惠郡王绵愉诣觉生寺，睿亲王仁寿诣宣仁庙、凝和庙，庆郡王奕彩诣昭显庙、时应宫祈祷。

廿六日（6.18）

帝诣绮春园，问皇太后安。命从宽革去禧恩经筵讲官、领侍卫内大臣、阅兵大臣、管理理藩院事务都统、总管内务府大臣，加恩以内阁学士降补，仍管理圆明园八旗事务，其余差使著一并革退，以示薄惩。

御茶膳房著奕纪管理，造办处著敬徵、裕诚管理，文庆著管理圆明园事务，毋庸兼管清漪园等处。

廿七日（6.19）

帝诣大高殿行礼，回宫。

五月

初一日（6.22）

夏至，祭地于方泽，帝亲诣行礼。诣觉生寺拈香。帝幸圆明园，诣绮春园，问皇太后安。

初四日（6.25）

以京师得雨未透，遣惇亲王绵恺诣黑龙潭、惠郡王绵愉诣觉生寺，睿亲王仁寿诣宣仁庙、凝和庙，庆郡王奕彩诣昭显庙、时应宫祈祷。

初六日（6.27）

帝诣黑龙潭神祠拈香。

初七日（6.28）

湖广总督林则徐议覆黄爵滋折，认为鸦片流毒至于已甚，断非常法之所能防，赞同对吸食鸦片者论死的主张，并拟禁烟章程六条。

初八日（6.29）

帝诣绮春园，问皇太后安。

广西提督薛升奏报接印日期。得旨：边疆紧要，武备为先，认真操防，万不准稍有懈弛。懔之。

初九日（6.30）

遣肃亲王敬敏、惠郡王绵愉、瑞郡王奕誌于十三日分诣天神坛、地祇坛、太岁坛祈雨。

十一日（7.2）

以甘霖渥沛，遣郑亲王乌尔恭阿诣黑龙潭、吏部左侍郎桂轮诣白龙潭、惠郡王绵愉诣觉生寺，睿亲王仁寿诣宣仁庙、凝和庙，庆郡王奕彩诣昭显庙、时应宫报谢。

十三日（7.4）

以甘霖渥沛，遣肃亲王敬敏、惠郡王绵愉、瑞郡王奕誌分诣天神坛、地祇坛、太岁坛改祈为报。

允准大学士阮元致仕，赏半俸。

十四日（7.5）

帝诣绮春园，问皇太后安。谕：关圣保等奏，达赖喇嘛现已圆寂，所有每年恩赏银两应否停止。此项赏给达赖喇嘛银两，本因卫藏添设唐古特兵丁需用经费，历年在办公项下支给银一千两，俾用度充裕。今达赖喇嘛虽已圆寂，其每年恩赏银一千两仍著照旧赏给。

廿一日（7.12）

帝诣绮春园，问皇太后安。总管内务府奏：为豫震等补授圆明园六品苑丞事。

廿六日（7.17）

以穆彰阿为文华殿大学士，潘世恩为武英殿大学士，王鼎为东阁大学士。

以惇亲王绵恺违例在府第寓园囚禁民人八十余人，且未免冠叩头请罪，著交宗人府先行议处。寻奏准：绵恺著革去内廷行走、宗令、都统、阅兵大臣及各项差使，仍照议实罚亲王俸三年，不准抵销。

署直隶总督琦善驳黄爵滋将吸食鸦片者概行论死，乃不治其少而治其多，非清源遏流之策，主张禁烟重点应严防沿海一切关津隘口鸦片之走私活动，重法惩办囤贩鸦片人犯，以绝根株。

廿八日（7.19）

帝诣绮春园，问皇太后安。

六月

初五日（7.25）

帝诣绮春园，问皇太后安。

初六日（7.26）

奉旨：惇亲王绵恺业经退出内廷行走，所住圆明园寓园一所，著即交出该管内务府大臣查收。

初七日（7.27）

以清漪园内构虚轩不戒于火，请旨将值宿人员交部严加议处。十四日奉旨：清漪园值宿七品苑丞淳仁、本路六品苑丞世猷，著照部议革职。郎中嘉善、员外郎延祥、协理苑丞基昌，著改为降二级留任。奕纪、奎照著罚俸一年，均不准抵销。

初八日（7.28）

以惇亲王绵恺私囚民人、藏匿优伶、扣抵官员俸银诸罪，革去亲王爵，降为郡王，并革去红绒结顶、金黄蟒袍。

初九日（7.29）

云贵总督伊里布奏：禁烟应先行严惩各省造卖贩运鸦片之人，次及吸食之人，以遏其流。

十二日（8.1）

帝诣绮春园，问皇太后安。

十五日（8.4）

以各亲王、郡王、贝勒、贝子、公等所属哈良阿数目多有违例超额，定嗣后八旗官员人等，文职自四品以上，武职自二品以上，其本户均毋庸作为哈良阿，以示区别。

十八日（8.7）

帝诣绮春园，问皇太后安。

十九日（8.8）

两江总督陶澍奏：黄爵滋重治鸦片吸食者论死之罪，实为救时之急务，并拟禁烟措施八条。

廿六日（8.15）

帝诣绮春园，问皇太后安。惩处南苑开垦租出地亩，并失察民人挪移挂欠钱粮之历任管理奉宸苑大臣及奉宸苑卿。休致都统那彦宝著革去顶戴；内阁学士禧恩著改为革职留任，十年无过，方准开复；已革宁夏将军英和著降二级调用，并革职留任注册；头等侍卫景行著改为革职留任，六年无过，方准开复。

廿七日（8.16）

前任盛京将军宝兴奏：拿获兴贩鸦片烟土人犯。得旨：根本重地，必应自顾考成，有兴贩者严拿，吸食者惩处，断不可令其传染，致成积重难返之势。所办甚好，嗣后尤当尽力办理，并谕新任将军耆英知之。

廿八日（8.17）

帝诣大高殿行礼，回宫。以孟秋时享太庙，自是日始，斋戒三日。

七月

初一日（8.20）

享太庙，帝亲诣行礼。幸圆明园，诣绮春园，问皇太后安。

初八日（8.27）

帝诣绮春园，问皇太后安。以户部左侍郎裕诚管圆明园事。

十三日（9.1）

帝御勤政殿听政。

十四日（9.2）

帝诣绮春园，问皇太后安。

十五日（9.3）

中元节。帝诣安佑宫行礼。遣官祭历代陵寝。遣官祭孝穆皇后、孝慎皇后陵寝。奉旨：阿灵阿著补授总管内务府大臣，管理圆明园事务。克蒙额著管理清漪园等处，毋庸管理圆明园事务。

廿一日（9.9）

帝诣绮春园，问皇太后安。

廿五日（9.13）

仁宗睿皇帝忌辰，遣官祭昌陵。帝诣安佑宫行礼。

廿八日（9.16）

帝诣绮春园，问皇太后安。

八月

初二日（9.20）

林则徐奏宜重禁吃烟以杜弊源片，申述禁烟之主张。强调迨流毒于天下，则为害甚巨，法当从严。若犹泄泄视之，是使数十年后，中原几无可以御敌之兵，且无可以充饷之银。

初三日（9.21）

帝御含辉楼，阅吉林送到官兵马步射。

初五日（9.23）

秋分，夕月于西郊，遣肃亲王敬敏恭代行礼。帝诣绮春园，问皇太后安。

初六日（9.24）

帝诣大高殿行礼，时应宫拈香，回宫。

初八日（9.26）

宗人府进呈新修玉牒，帝诣乾清宫东暖阁行礼，恭阅，送寿皇殿东西室尊藏。

初九日（9.27）

祭大社、大稷，帝亲诣行礼。太宗文皇帝忌辰，遣官祭昭陵。帝幸圆明园。

初十日（9.28）

万寿节。遣官祭太庙后殿。遣官祭历代陵寝。遣官祭孝穆皇后、孝慎皇后陵寝。遣官祭显佑宫、东岳庙、城隍庙。帝诣安佑宫行礼。诣绮春园皇太后前行礼。

御正大光明殿，皇子及王以下文武大臣官员、蒙古王公等行庆贺礼。御同乐园，赐皇子及内廷王公大臣、蒙古王公等食。以二十一年六旬万寿，降旨特开乡会试恩科，命下届乡会试正科，著于十九年八月、二十年三月豫先举行，二十年秋举行恩科乡试，二十一年春举行恩科会试。

十二日（9.30）

帝奉皇太后幸同乐园，进膳，赐皇子及内廷王公大臣、蒙古王公等食。

十三日（10.1）

帝诣安佑宫行礼。

十四日（10.2）

遣官祭黑龙潭昭灵沛泽龙王之神、玉泉山惠济慈佑灵濩龙王之神、昆明湖安佑普济沛泽广生龙王之神。遣官祭圆明园惠济祠、河神庙。

十七日（10.5）

谕：林则徐、钱宝琛奏，查拿烟贩收缴烟具情形。鸦片烟流毒中国，为害已久。现经该督抚等剀切晓谕，严行禁止，设局收缴烟具。现在湖北省拿获及首缴烟土烟膏共一万二千余两，收缴烟枪一千二百六十余杆。湖南省报获烟贩十余起，收缴烟枪三千五百四十余杆，均已分别劈毁。所办甚属认真。

十八日（10.6）

帝诣绮春园，问皇太后安。

十九日（10.7）

致仕大学士阮元回籍，晋太子太保。

廿二日（10.10）

奉旨：左翼税盈余银著交圆明园二万五百两，赏给隆文一百七十八两零。右翼税盈余银著交圆明园七千五百两，赏给倭什讷一百六十七两零。

廿三日（10.11）

世宗宪皇帝忌辰，遣官祭泰陵。帝诣安佑宫行礼。

廿五日（10.13）

帝诣绮春园，问皇太后安。

廿七日（10.15）

帝奉皇太后幸澹怀堂，进膳。

九月

初二日（10.19）

帝诣绮春园，问皇太后安。

初六日（10.23）

谕：前据黄爵滋奏，请严塞漏卮以培国本。当降旨交盛京、吉林、黑龙江将军、直省各督抚各抒所见，妥议章程具奏。兹据各该省陆续奏到，著大学士、军机大臣会同该部议奏。穆彰阿系大学士、军机大臣，现虽穿孝，著一并会议。寻命宗人府一并会议具奏。

初八日（10.25）

帝诣绮春园，问皇太后安。谕：各省鸦片烟渐染日深，流毒甚巨，倘该地方官早能认真查缉，何至锢习相沿，浇风日炽？著各直省将军、督抚，趁此整顿之时，不分畛域，上紧查拿，毋得稍行松劲。其贩运、开馆等犯，固应从重惩办，即文武官员、军民人等吸食不知悛改者，亦著一体查拿，分别办理。

以和硕庄亲王奕賮、奉恩辅国公溥喜赴尼僧庙吸食鸦片烟，革去王爵、公爵。不入八分镇国公绵顺带妓女赴庙唱曲，亦革去公爵。

初九日（10.26）

帝御演武厅，阅健锐营操。谕：京师为首善之区，王公等亦复沾染吸食鸦片恶习，此外官民人等吸食者，谅亦不少，皆由平日查缉不严，以致日甚一日。著步军统领衙门、顺天府、五城，各饬所属严密访查，无论王公旗民，凡吸食鸦片及开办吸烟处所者，一体严拿，分别奏咨办理，不准瞻徇观望。

十一日（10.28）

帝御洞明堂，勾到新疆、云南、贵州、广东情实罪犯。谕：鸦片烟流毒内地，传染日深。前年太常寺少卿许乃济奏请弛禁，朕即以为不得政体。本年鸿胪寺卿黄爵滋奏请严禁，当降旨饬令直省将军、督抚各议章程，昨复令大学士等会议。朕于此事，深加痛恨，必欲净绝根株，毋贻远患。并于召见内外臣工时，详加察访，从无一人议及弛禁者。许乃济冒昧渎陈，殊属纰缪，著降为六品顶戴，即行休致，以示惩儆。

十四日（10.31）

帝诣绮春园，问皇太后安。御洞明堂，勾到四川情实罪犯。

十八日（11.4）

帝御洞明堂，勾到广西、福建、奉天情实罪犯。

二十日（11.6）

帝御勤政殿听政。

廿一日（11.7）

帝诣绮春园，问皇太后安。御洞明堂，勾到陕甘、湖广情实罪犯。

廿二日（11.8）

据琦善奏，于天津大沽一带金广兴洋船上拿获烟土八十二口袋，计重十三万一千五百余两，并取获烟具军械。帝以拿获鸦片烟土，予大学士署直隶总督琦善议叙，余加衔升叙有差。

廿三日（11.9）

命湖广总督林则徐来京陛见，筹议禁烟事宜，以湖北巡抚伍长华兼署总督。

廿四日（11.10）

帝御洞明堂，勾到浙江、江西、安徽、江苏情实罪犯。

廿八日（11.14）

帝诣大高殿行礼，回宫。

廿九日（11.15）

福建巡抚魏元烺奏：拿获兴贩鸦片烟土人犯，从严惩办。得旨：一力从严查缉，若再因循玩泄，是始终丧良误国。国法具在，懔之慎之。

三十日（11.16）

以已革庄亲王奕賨族叔绵护、辅国公溥喜弟溥吉、镇国公绵顺弟绵寿各袭爵。

十月

初一日（11.17）

享太庙，帝亲诣行礼。

初二日（11.18）

帝诣绮春园，问皇太后安。幸圆明园。

初三日（11.19）

两广总督邓廷桢奏：拿获拒捕之开设窑口囤贩鸦片冯得圃等犯。得旨：历任大小文武，相率姑容，致有今日之患。此时若再因循，其害尚复忍言乎。朕姑既往不咎，看汝等能否具有天良，所办若何耳。

初六日（11.22）

帝诣安佑宫行礼。

初七日（11.23）

帝诣绮春园，问皇太后安。时林则徐奉到晋京陛见之旨，即命时任汉阳府知府杨炳坤将各省有关禁烟章奏，逐件查核，凡可采者，均为录出，其别有见解，则另为条议。

初九日（11.25）

帝诣绮春园，侍皇太后膳。

初十日（11.26）

皇太后圣寿节。遣官祭太庙后殿、奉先殿。帝率皇子及王公大臣、文武官员诣绮春园行庆贺礼，侍皇太后膳。

十七日（12.3）

帝诣绮春园，问皇太后安。

十八日（12.4）

帝诣大高殿行礼，时应宫拈香，回宫。

二十日（12.6）

帝御太和殿传胪，赐一甲郝光甲、佟攀梅二人武进士及第，二甲原奠邦等六人武进士出身，三甲王太平等三十七人同武进士出身。帝幸圆明园。

廿一日（12.7）

帝御洞明堂，勾到河南、山东情实罪犯。

廿二日（12.8）

帝诣绮春园，问皇太后安。

廿三日（12.9）

帝御洞明堂，勾到直隶、山西、热河情实罪犯。

廿六日（12.12）

帝御洞明堂，勾到朝审情实罪犯。

廿七日（12.13）

因别案圈禁之宗室荣祥，又藏匿鸦片烟具，命交刑部及宗人府审办。

廿八日（12.14）

帝诣绮春园，问皇太后安。

廿九日（12.15）

世袭三等伯贵明，因吸食鸦片烟，命先行革去伯爵，严行审讯。

三十日（12.16）

帝诣安佑宫行礼。

十一月

初一日（12.17）

帝诣安佑宫行礼。

初二日（12.18）

帝诣大高殿、寿皇殿行礼。奉皇太后回宫。

初四日（12.20）

谕：有人奏云南地方寥廓，深山邃谷之中种植罂粟花，取浆熬烟，其利十倍于种稻。自各衙门官亲幕友、跟役书差以及各城市文武生监、商贾军民人等，吸烟者十居五六，并有明目张胆开设烟馆、贩卖烟膏者，其价廉于他省。近复贩运出境，以图重利。命伊里布等通饬所属，严申禁令，严行治罪。

初五日（12.21）

帝诣南郊斋宫斋宿。

初六日（12.22）

冬至，祀天于圜丘，帝亲诣行礼。

十一日（12.27）

谕：鸦片烟流毒传染日深，实堪痛恨，不但军民人等纷纷渐染，即世职官员竟亦相率玩法。节据步军统领衙门查获犯案之男爵特克慎、候补盐大使春龄、伯爵贵明，均经刑部分别按律治罪。嗣后，文武官员、军民人等，倘仍不知悛改，一经查拿，定行严办，决不宽贷。

昨日，林则徐抵京。是日，递折请见。卯刻第一起召见，命上毡垫，垂问至三刻有余。

十二日（12.28）

大高殿设坛祈雪，帝亲诣行礼。林则徐第四起召见，约有两刻。

十三日（12.29）

帝诣寿皇殿行礼，诣关帝庙拈香。林则徐第六起召见，亦有两刻，蒙帝垂询能骑马否，旋奉恩旨在紫禁城内骑马。林自言，外僚得此，尤异数也。

十四日（12.30）

林则徐寅刻骑马进内，递折谢恩。第五起召见，蒙帝谕：你不惯骑马，可坐椅子轿。

十五日（12.31）

林则徐卯刻肩舆入内，第四起召见，约三刻有余。旋奉谕旨：颁给钦差大臣关防，驰驿前往广东查办海口事件，该省水师，兼归节制。

十六日（1839.1.1）

林则徐寅刻肩舆入内，第七起召见，约有三刻。出赴军机处领出钦差大臣关防。

十七日（1.2）

谕：御史万超奏，请严禁棍徒引诱旗民。向来八旗风俗，淳朴务本，一切浮奢游戏概行革除。若如所奏，近有无赖棍徒施舍路灯，演放花盒，夤夜聚众挑灯击鼓，并奇装异服，驰马跑车，甚且招引妇女，乘间奸拐，殊为风俗人心之害，不可不严行禁止。命步军统领衙门顺天府五城认真查拿，应责惩者即予责惩，应治罪者分别治罪。

林则徐卯刻肩舆入内，第五起召见，约两刻零。

十八日（1.3）

林则徐卯刻肩舆入内，第六起召见，约有三刻，即于是日跪安。计自到京后召见凡八次，皆上毡垫。

十九日（1.4）

于大高殿设坛祈雪，帝亲诣行礼。

廿一日（1.6）

以广西梧州府查办鸦片烟不力，办理迟缓，著将知府刘锡方即行摘去顶戴。以直隶房山县知县宋嘉玉、署密云县知县冉学诗、宝坻县典史王心培系曾经吸食之人，著免其治罪，即行革职，永不叙用。

十二月

初四日（1.18）

以京畿雪泽未沾，再于大高殿设坛祈祷，帝亲诣行礼。以惇郡王绵恺病故，著加恩赏还亲王，并赏给陀罗经被。帝临故惇亲王绵恺第赐奠，寻予谥曰恪。

初五日（1.19）

谕：昨因惇亲王绵恺薨逝，当即亲临赐奠，朕心感恻良深。本月十二日、廿二日朕再行亲临赐奠，用申笃眷。并著四阿哥、五阿哥、六阿哥于初六日前往祭奠，十二日亦著随朕前去，廿三日仍著阿哥等前往奠醊。

初六日（1.20）

孝惠章皇后忌辰，遣官祭孝东陵。谕：奕纪等奏，两淮欠解圆明园八旗内务府三旗生息利银请旨饬催。此项银两为该处官兵班费要需，著两江总督即将旧欠分年带征银两，并道光十七年下半年利银一万二千两、十八年上半年连闰利银一万四千两，迅速解交，以供支放。

初八日（1.22）

帝诣大高殿祈雪。奉旨：所得盈余银三万三千一百九十六两零，著一并交圆明园，图璧著无庸赏给。

初九日（1.23）

谕：惇亲王现无子嗣，而近支无堪以承继之人。惇亲王福晋，著赏给郡王半俸以资养赡。俟将来有可承继者，宗人府再行照例办理。以查缉纹银鸦片烟人犯，予两广总督邓廷桢、广东巡抚怡良议叙。

十五日（1.29）

总管内务府奏：淮关监督长良委员解银交圆明园银库。

十九日（2.2）

以京畿雪泽尚未优渥，再于大高殿设坛祈祷，帝亲诣行礼。

廿九日（2.12）

祫祭太庙，帝亲诣行礼。

道光十九年　1839

正月

初一日（2.14）

帝诣奉先殿行礼。御乾清宫，赐皇子亲藩等宴。晋封惠郡王绵愉为亲王。

初六日（2.19）

帝诣大高殿行礼。幸圆明园。奉皇太后居绮春园。诣安佑宫行礼。

初七日（2.20）

世祖章皇帝忌辰，遣官祭孝陵。帝诣绮春园，问皇太后安。

初八日（2.21）

谕：此次失察道旁叩阍民人之圆明园副护军校富尼音泰、护军尼克团布等十人，著一并责革。

初九日（2.22）

湖南巡抚裕泰奏：拿获兴贩鸦片烟人犯。得旨：一力严拿究治，断不可又形松懈，此番若不净绝根株，后难措手矣。勉之。

初十日（2.23）

享太庙，遣惠亲王绵愉恭代行礼。

十一日（2.24）

帝诣大高殿行礼，时应宫拈香，回宫。

十三日（2.26）

帝诣南郊斋宫斋宿。两江总督陶澍等奏：拿获商船舵水郑阿钕等藏带鸦片烟土四千余两，提省审办。得旨：一律严拿，若再迟疑观望，则大负委任矣。

十四日（2.27）

祈谷于上帝，帝亲诣行礼。幸圆明园。诣绮春园，问皇太后安。御奉三无私殿，赐皇子、亲藩等宴。

十五日（2.28）

上元节。帝诣安佑宫行礼。御正大光明殿，赐朝正外藩等宴，作乐赐酒，如除夕仪。帝幸春和镇，升平署伺候中和乐。南府于恒春堂演唱连本大戏。

十六日（3.1）

帝御正大光明殿，赐大学士、尚书等宴。

十九日（3.4）

帝御山高水长，赐王公大臣、蒙古王、贝勒、贝子、公、台吉及外藩使臣等食。

二十日（3.5）

帝诣绮春园，问皇太后安。

廿二日（3.7）

谕：桂良奏拿获兴贩鸦片烟土人犯。鸦片烟来自外洋，流毒内地，豫省亦复沾染恶习。现该抚督严拿获到兴贩烟土人犯三十六名，计烟一万四千六百余两，民间陆续首缴烟三千一百余两。

廿三日（3.8）

孝圣宪皇后忌辰，遣官祭泰东陵。帝诣畅春园恩慕寺、恩佑寺行礼。

廿四日（3.9）

帝诣黑龙潭神祠拈香。

廿六日（3.11）

帝诣绮春园，问皇太后安。朝鲜国王李焕遣使表贺万寿、冬至、元旦三大节进贡方物，赏赉筵宴如例。

谕：向来回子伯克每年朝觐，九班轮流。四川土司三年朝觐，两班轮流。自道光十九年起，回子伯克年班，改为间二年朝覲，仍照旧九班轮流。第一班著于道光二十一年来京，第二班著于二十四年来京，此后照此办理。四川土司年班，改为间五年朝覲一次，仍照旧班轮流。第一班著于道光二十四年来京，第二班著于三十年来京，此后均照此办理。

廿八日（3.13）

帝诣大高殿行礼，回宫。

二月

初二日（3.16）

祭大社、大稷，帝亲诣行礼。

初三日（3.17）

以举行仲春经筵，遣官告祭奉先殿、传心殿。帝御文华殿经筵，值讲官赛尚阿、何凌汉进讲《大学》。

帝幸圆明园。诣绮春园，问皇太后安。

初四日（3.18）

先是，上月廿五日，钦差大臣林则徐抵广州赴任。至是，林则徐晓谕外国烟贩，限期呈缴所有鸦片，并出具甘结，保证嗣后来船永不敢夹带鸦片，如有带来，一经查出，货尽没官，人即正法，情甘服罪。

初七日（3.21）

春分，朝日于东郊，遣礼亲王全龄行礼。

初九日（3.23）

帝御勤政殿听政。

初十日（3.24）

帝诣绮春园，问皇太后安。总管内务府奏：道光十七年十二月初一日起至道光十八年十一月三十日止，宫内并圆明园等处共用过红萝炭五万五千八百三十斤、黑炭四十一万四千八斤八两、煤三十三万九千七百八十一斤八两、木柴七万七千六百五斤。宫内并圆明园等处共用过白蜡二千十一斤十三两二钱、回残白蜡六百十二斤、黄蜡二千一百九斤二两五钱、羊油蜡一万七千四百四十五斤八两五钱。

十三日（3.27）

帝奉皇太后幸素心堂（坦坦荡荡），进膳。

十四日（3.28）

遣官祭黑龙潭昭灵沛泽龙王之神、玉泉山惠济慈佑灵濩龙王之神、昆明湖安佑普济沛泽广生龙王之神。遣官祭惠济祠、河神庙。

十六日（3.30）

帝诣安佑宫行礼。奉皇太后幸如园，进膳。大考翰林院、詹事府各官于圆明园正大光明殿。

二十日（4.3）

谕：朕此次恭谒东陵，启銮后，著派肃亲王敬敏、惠亲王绵愉、大学士潘世恩、尚书奕经留京办事。

廿二日（4.5）

清明节。帝诣安佑宫行礼。遣官祭历代陵寝。遣官祭孝穆皇后、孝慎皇后陵寝。

帝奉皇太后幸如园，进膳。

廿三日（4.6）

帝诣绮春园，问皇太后安。

廿六日（4.9）

盛京将军耆英等奏查禁鸦片烟情形。得旨：一力查拿，不可疏懈。俟新例颁发之后，尤当实力奉行。

廿八日（4.11）

皇后千秋节。宫内行礼如仪，停止筵宴及在外福晋、命妇进内行礼。

廿九日（4.12）

帝诣绮春园，问皇太后安。御含辉楼，阅吉林送到官兵马步射。

三月

初一日（4.14）

帝诣大高殿行礼，时应宫拈香，回宫。

初二日（4.15）

因吸食鸦片烟，吏部笔帖式觉罗钟禧著发往军台效力赎罪；工部员外郎钟瑞虽已戒止，惟曾经吸食，著即革职；四川总督宝兴于伊子吸食鸦片烟失于约束，著罚俸一年。

初三日（4.16）

帝耕耤，诣先农坛行礼。

初四日（4.17）

帝启銮，谒东陵。免跸路经过地方本年额赋十分之三。是日，驻跸烟郊行宫。

以黑龙潭、觉生寺设坛祈雨，命皇四子奕詝诣黑龙潭、皇五子奕誴诣觉生寺拈香。

初七日（4.20）

帝谒昭西陵、孝陵、孝东陵、景陵、裕陵。帝回銮，驻跸桃花寺行宫。

初九日（4.22）

祭先蚕之神，皇后亲诣行礼。

初十日（4.23）

帝幸南苑，诣元灵宫、永慕寺行礼。

十二日（4.25）

帝行围。

十三日（4.26）

以京师得雨，遣礼亲王全龄诣黑龙潭，怡亲王载垣诣觉生寺，郑亲王乌尔恭阿诣宣仁庙、凝和庙，庄亲王绵护诣昭显庙、时应宫报谢。

十四日（4.27）

帝行围。以贝勒绵誉之子奕蘧买食鸦片烟，著革去奕蘧镇国将军，杖六十，发往盛京圈禁。绵誉著宗人府严加议处。

十五日（4.28）

帝还圆明园。诣绮春园，问皇太后安。

十八日（5.1）

帝诣安佑宫行礼。

十九日（5.2）

谕：据林则徐等由驿驰奏，查办趸船、尽数呈缴烟土一折。所办可嘉之至，趸船私贩烟土，希图脱逃，经林则徐等截回趸船二十二只，起获烟土二万二百八十三箱。该洋人等畏法自首，著免其治罪。该督等奏请酌赏茶叶之处，著照所议办理。至此项烟土，为数甚多，即查明实在箱数，派委明干员弁解京。林则徐、邓廷桢著交部从优议叙，怡良、豫堃、关天培著交部议叙。

谕：林则徐等覆奏，请暂缓议断互市及颁行各国檄谕。所见是，此次查办海口防堵趸船，各国洋商业经遵缴烟土，自应加恩准予照常互市，以示怀柔。所有断绝茶叶、大黄，著暂缓置议。

林则徐奏：呈进谕令各国洋商呈缴鸦片示稿。内载，本大臣既带关防，得以便宜行事。若鸦片一日不绝，本大臣一日不回，誓与此事相终始。朱批：览及此，朕深为感动。卿之忠君爱国，皎然于域中化外矣。

二十日（5.3）

帝诣绮春园，问皇太后安。

廿四日（5.7）

谕：向来越南国二年一贡，四年遣使来朝一次，合两贡并进。琉球国间岁一贡，暹罗国三年一贡。嗣后越南、琉球、暹罗，均著改为四年遣使朝贡一次。

廿六日（5.9）

帝诣绮春园，问皇太后安。谕：前据林则徐等驰奏，趸船鸦片尽数呈缴，请解京验明烧毁。当降旨允行。据御史邓瀛奏称，广东距京路途辽远，所缴烟土为数较多，恐委员稽察难周，易启偷漏抽换之弊。著毋庸解送来京，即交林则徐、邓廷桢、怡良于收缴完竣后，即在该处督率文武员弁公同查核，目击销毁。

廿七日（5.10）

帝诣大高殿行礼，时应宫拈香，回宫。

四月

初一日（5.13）

享太庙，帝亲诣行礼。帝诣南郊斋宫斋宿。

初二日（5.14）

常雩，祀天于圜丘，帝亲诣行礼。幸圆明园。诣绮春园，问皇太后安。

初四日（5.16）

以常雩大祀，甘雨优沾，遣惠亲王绵愉诣皇穹宇报谢。

初五日（5.17）

帝御勤政殿听政。

初六日（5.18）

以本年乡试，考试应开列试差人员于圆明园正大光明殿。

初七日（5.19）

奉旨：钟灵著管理清漪园等处事务。奎照著毋庸管理。

初九日（5.21）

帝诣绮春园，问皇太后安。因回子伯克每年朝觐之例已改为间二年朝觐，将哈密扎萨克回子郡王伯锡尔、吐鲁番扎萨克回子郡王阿克拉依都每年遣使呈进例贡之处，亦著改为间二年遣使归并呈进。其每年应领俸银俸缎，准其照库车回子郡王伊萨克等在外关支例，由陕甘总督按年附饷拨解各该处，就近饬令关支。

初十日（5.22）

从琉球国王尚育之请，准其陪臣子弟四人入监读书。

十一日（5.23）

帝奉皇太后幸恒春堂，进膳。

十二日（5.24）

奉旨：翰林院侍读学士保善前因大考临时患病，降旨开缺。兹据翰林院奏该员现已病痊，著于本月十六日在圆明园正大光明殿补行考试。

十四日（5.26）

黑龙潭、觉生寺设坛祈雨，帝诣黑龙潭神祠拈香，命皇四子奕詝诣觉生寺、皇五子奕誴诣清漪园龙神庙、皇六子奕訢诣静明园龙神庙，惠亲王绵愉诣宣仁庙、凝和庙，睿亲王仁寿诣昭显庙、时应宫拈香。

十六日（5.28）

帝诣绮春园，问皇太后安。

十八日（5.30）

帝幸静明园，诣龙神庙拈香。

十九日（5.31）

帝诣大高殿行礼，时应宫拈香，回宫。

二十日（6.1）

帝御太和殿视朝，王以下文武升转各官谢恩。帝幸圆明园。

廿二日（6.3）

帝诣绮春园，问皇太后安。自是日起至五月十五日止，钦差大臣林则徐在广东虎门销毁鸦片烟，计共化烟土一万九千一百七十九箱，二千一百一十九袋，以斤计，则为二百三十七万六千二百五十四斤。

廿三日（6.4）

帝幸万寿山，诣广润祠拈香。

廿八日（6.9）

帝诣绮春园，问皇太后安。

廿九日（6.10）

林则徐奏报：趸船鸦片截至四月初六日收清，前后共缴鸦片一万九千三百六十箱又二千一百一十五袋。

五月

初一日（6.11）

遣肃亲王敬敏诣关帝庙、郑亲王乌尔恭阿诣城隍庙祈雨。

初五日（6.15）

端午节。南府于恒春堂演唱连本大戏。

哲布尊丹巴呼图克图所住庙宇年久地土潮湿，多生疾病，著即准其移于图拉河以北地方居住。

宗人府宗令敬敏等会议查禁鸦片烟章程三十九条。

初六日（6.16）

帝诣绮春园，问皇太后安。

初九日（6.19）

帝诣大高殿行礼，回宫。

十二日（6.22）

夏至，祭地于方泽，帝亲诣行礼。幸圆明园。诣绮春园，问皇太后安。

十三日（6.23）

军机大臣、大学士穆彰阿等奏：议覆钦差大臣林则徐请定洋人携带鸦片烟土入口售卖治罪专条。拟请此后洋人如带有鸦片烟入口图卖者，为首照开设窑口例拟斩立决，为从同谋者从严拟绞立决，起获烟土全行销毁。以奉文之日为始，予限一年六个月，如于限内将烟土全数呈缴者，免其治罪。从之。

十八日（6.28）

帝诣绮春园，问皇太后安。

廿四日（7.4）

帝幸静明园，诣龙神庙拈香。

廿五日（7.5）

帝诣绮春园，问皇太后安。御勤政殿听政。

本月

奉旨：嗣后考试御史，遇朕在宫内时，著在乾清宫考试；朕驻跸圆明园时，即在正大光明殿考试。

六月

初二日（7.12）

帝诣绮春园，问皇太后安。

初四日（7.14）

帝幸万寿山，诣广润祠拈香。

初十日（7.20）

帝诣绮春园，问皇太后安。十六日亦如之。

十七日（7.27）

总管内务府奏：山东盐运使文纶委员解到盐当规银交圆明园银库。

十八日（7.28）

接林则徐等奏报，截至本年三月底，广东计获烟犯一千六百名，烟土、烟膏四十六万一千五百二十六两九钱八分，烟枪四万二千七百四十一枝，烟锅二百一十二口。自四月初一日起至五月十八日止，据各属文武先后报获烟案一百四十起，赎卖煎熬吸食人犯共一百九十二名，烟土一万二千七百七十三两七钱九分，烟膏二百一十二两五钱八分五厘，烟枪一千二百四十五枝，烟锅三十六口。

十九日（7.29）

谕：满洲、蒙古文职二品以下及五六品京堂各员，著自本月廿四日起各按单开，轮日在圆明园宫门伺候考试，俱不准托故不考。其上次曾经考试者，此次著毋庸与考。

廿三日（8.2）

帝诣绮春园，问皇太后安。

廿四日（8.3）

传谕乾清宫内殿圆明园总管太监等知之，天无二日，土无二王，家无二主，尊无二上。嗣后，无论官私大小事务，有应启知皇后者，除本宫四阿哥四公主事务外，其余俱著先行奏闻。皇后遇有交派事件，亦著具奏，候旨施行。如不遵者，一经破露，定将该总管太监交内务府大臣从重治罪，决不宽贷。此旨著上书房、军机处、内务府、敬事房各录一通，敬谨遵循，永为法守。

廿九日（8.8）

帝诣绮春园，问皇太后安。

七月

初一日（8.9）

享太庙，遣惠亲王绵愉恭代行礼。

初六日（8.14）

帝诣绮春园，问皇太后安。十三日亦如之。

十四日（8.22）

奉旨：各衙门应考翻译人员，著于本月二十日在圆明园正大光明殿考试。

十五日（8.23）

中元节。帝诣安佑宫行礼。

二十日（8.28）

帝诣绮春园，问皇太后安。谕：武备院奏，紫禁城内外各朱车及圆明园各堆拨安挂器械，请改为十年换造，著照所请。所有各该处安挂器械，准其仿照圆明园各宫门器械之例，每届十年由各该营查明奏请钦派大臣前往查勘，分别应造应缓，具奏办理，以昭核实。

廿五日（9.2）

仁宗睿皇帝忌辰，遣官祭昌陵。帝诣安佑宫行礼。

廿七日（9.4）

帝诣绮春园，问皇太后安。谕：朕于八月十六日起阅看圆明园八旗兵丁步射，著该管大臣等由各旗护军校、副护军校、护军内各拣选五十人，每日著十五人豫备，仍照旧例，各射两枝。所有上次曾经豫备步射之兵丁等，均著无庸再行豫备。俟朕阅看后，将射过之兵丁花名，造册呈报军机处，以备查核。

廿八日（9.5）

帝御勤政殿听政。

三十日（9.7）

帝诣绮春园，问皇太后安。

八月

初二日（9.9）

帝诣大高殿行礼，时应宫拈香，回宫。

初五日（9.12）

祭大社、大稷，帝亲诣行礼。幸圆明园。诣绮春园，问皇太后安。

初八日（9.15）

帝奉皇太后幸同乐园，进膳，赐皇子及内廷王大臣、蒙古王公等食。

初十日（9.17）

万寿节。遣官祭太庙后殿。遣官祭历代陵寝。遣官祭孝穆皇后、孝慎皇后陵寝，遣官祭显佑宫、东岳庙、城隍庙。帝诣安佑宫行礼。诣绮春园，皇太后前行礼。御正大光明殿，皇子及王以下文武大臣官员、蒙古王公等行庆贺礼。御同乐园，赐皇子及内廷王大臣、蒙古王公等食。

十一日（9.18）

总管内务府奏：为访获宛平县人谢四于圆明园大宫门前放马，交刑部审办。

十三日（9.20）

帝诣安佑宫行礼。

十四日（9.21）

帝诣绮春园，问皇太后安。

十七日（9.24）

秋分，夕月于西郊，遣成郡王载锐行礼。帝奉皇太后幸同乐园，进膳毕，幸湛静斋，视皇后疾，侍送皇太后还绮春园。遣官祭黑龙潭昭灵沛泽龙王之神、玉泉山惠济慈佑灵濩龙王之神、昆明湖安佑普济沛泽广生龙王之神。遣官祭圆明园惠济祠、河神庙。

廿一日（9.28）

帝诣绮春园，问皇太后安。奉旨：左翼税盈余银著交圆明园二万五百两，赏给阿灵阿二百十一两零。右翼税盈余银著交圆明园七千二百两，赏给善泰一百四十四两零。

廿三日（9.30）

世宗宪皇帝忌辰，遣官祭泰陵。帝诣安佑宫行礼。

廿四日（10.1）

奉旨：本年乡试宗室中式举人，著于本月廿五日在圆明园正大光明殿覆试。

廿八日（10.5）

帝诣绮春园，问皇太后安。

九月

初一日（10.7）

奉旨：本年顺天乡试取中举人，著于本月十四日在圆明园正大光明殿覆试。

初六日（10.12）

帝诣绮春园，问皇太后安。奉旨：定例，嗣后宗室除酿成命案，仍遵例问拟斩绞，其因寻常案件，仍照康熙八年例文，不再革去宗室。红带子、紫带子除犯习教等重情，另行奏明办理外，其犯寻常杖枷徒流军及绞斩等罪，俱无庸照旗人销除旗档之例办理，免其销档，令其仍系本身带子。其罪名轻重，仍由刑部照旗人科断，但此后不准仍食养赡钱粮以及该旗一切优恤旗人之处。

初九日（10.15）

帝御香山演武厅，阅健锐营操。

十二日（10.18）

帝御洞明堂，勾到新疆、云南、贵州、广西情实罪犯。

十三日（10.19）

帝诣绮春园，问皇太后安。

十五日（10.21）

奉旨：此次翻译乡试中式举子，著于本月廿二日在圆明园正大光明殿覆试。

十七日（10.23）

帝御洞明堂，勾到四川情实罪犯。

十九日（10.25）

帝诣绮春园，问皇太后安。

廿一日（10.27）

帝御洞明堂，勾到奉天、福建、广东情实罪犯。

廿三日（10.29）

帝御洞明堂，勾到陕甘、湖广情实罪犯。

廿六日（11.1）

以三等侍卫宗室瑞珠开设茶馆，并设蟋蟀盆，聚赌抽头，将瑞珠发往盛京，严加管束。贝勒奕绮赴茶馆登场唱曲，革去贝勒，重责四十，永不许出家门。镇国将军宗室惠恩任令家人试斗蟋蟀，并亲赴茶馆观看，交兵部照例议处，寻照官员赌博革职罪例，著革职。

廿八日（11.3）

帝诣大高殿拈香，回宫。

十月

初一日（11.6）

享太庙，帝亲诣行礼。

初二日（11.7）

帝幸圆明园。诣绮春园，问皇太后安。

初六日（11.11）

帝诣安佑宫行礼。

初八日（11.13）

帝诣绮春园，问皇太后安。

初九日（11.14）

帝奉皇太后幸同乐园，进膳，赐皇子及内廷王大臣等食，翌日如之。

初十日（11.15）

皇太后圣寿节。遣官祭太庙后殿、奉先殿。帝率皇子、王公大臣、文武官员诣绮春园行庆贺礼。

十二日（11.17）

谕：以后考试蒙古字话笔帖式，照考试满汉翻译笔帖式之例，先较试马步射艺。纂入则例，永远遵行。

十四日（11.19）

帝御勤政殿听政。

十七日（11.22）

帝诣大高殿行礼，回宫。

二十日（11.25）

帝御太和殿视朝，王以下文武升转各官谢恩。帝幸圆明园。

廿一日（11.26）

林则徐、邓廷桢布告，自十一月初一日起停止英国贸易。

廿三日（11.28）

帝诣绮春园，问皇太后安。御洞明堂，勾到浙江、江西、安徽、江苏情实罪犯。

廿四日（11.29）

帝奉皇太后幸山高水长，阅精捷营阵式。幸半亩园，进膳。

廿七日（12.2）

帝御洞明堂，勾到河南、山西情实罪犯。

廿九日（12.4）

帝诣绮春园，问皇太后安。

三十日（12.5）

帝诣安佑宫行礼。御洞明堂，勾到山东、直隶、热河情实罪犯。

十一月

初六日（12.11）

帝诣绮春园，问皇太后安。

初七日（12.12）

帝御洞明堂，勾到朝审情实罪犯。

初八日（12.13）

谕：向来钦安殿当差之首领太监等，每年正月、二月、八月、九月、十月、十二月均有办道场之期，每月又有拜斗之日。朕思该太监等供役内廷，原为洒扫殿宇差使，嗣后该处首领太监在钦安殿办道场及拜斗等事，著永远停止。其八月初十日传进光明殿法官道众，在钦安殿办道场及十二日在顺贞门外搭台举走香灯之处，亦著停止。至圆明园佛楼、慈云普护、舍卫城、永日堂、广育宫、关帝庙、法慧寺、河神庙，亦俱有首领太监充当僧人、上殿念经等事，著一并裁撤。至佛楼念经之幼僧十三名、道童十名，原系由外庙拨进，著全行撤出，仍令归庙，由内务府妥为安置。其每年传进外庙僧官在佛楼念经等日，亦著不必传进。所有钦安殿首领太监等应用之道衣法器经卷，著派敬徵率同总管太监刘进礼前往查明。圆明园佛楼等处首领太监等应用经卷法器，著派裕诚率同总管太监赵喜查明开单具奏。嗣后，每届钦安殿、天穹宝殿斗坛及圆明园佛楼等处拜斗拈香日期，著敬事房圆明园司房先期请旨，并著总管太监等传谕各该处首领太监，此后照常供献上香，敬谨洒扫，著为令。

初九日（12.14）

帝诣安佑宫行礼。

初十日（12.15）

帝诣大高殿、寿皇殿行礼。奉皇太后回宫。

十三日（12.18）

圣祖仁皇帝忌辰，遣官祭景陵。帝诣寿皇殿行礼，诣关帝庙拈香。

十六日（12.21）

帝诣南郊斋宫斋宿。

十七日（12.22）

冬至，祀天于圜丘，帝亲诣行礼。

十八日（12.23）

哲布尊丹巴呼图克图由库伦起程，来京瞻覲。

二十日（12.25）

遣惠亲王绵愉诣大高殿，成郡王载锐诣宣仁庙、凝和庙，庆郡王奕彩诣昭显庙、时应宫谢雪。

廿九日（1840.1.3）

谕：嗣后，宫内圆明园各处应挑首领之太监，著该总管等详加查核。如有曾经发遣吴甸打牲乌拉黑龙江释回者，概不准列名挑选，并著总管内务府衙门详加查对。如有曾经发遣蒙混挑选者，指名参奏。

十二月

初四日（1.8）

以刑部尚书隆文、内阁学士端华管健锐营事。

初六日（1.10）

奉旨：奕纪等奏两淮欠解圆明园八旗内务府三旗生息利银请旨饬催。此项银两为该处官兵班费要需，著署两江总督麟庆即将旧欠分年带征银两，并道光十八年应交下半年利银一万二千两、十九年应交一年利银二万四千两，迅速解交，以供支放。

初八日（1.12）

帝诣大高殿行礼。奉旨：这所得盈余银三万五千一百八十九两零著一并交圆明园，宝龄著无庸赏给。总管内务府呈，玉泉山六郎庄等处官种稻田十五顷九十七亩六分，共用过银一千九百七十五两四钱一分三厘。

十一日（1.15）

帝召见哲布尊丹巴呼图克图、章嘉呼图克图、噶勒丹锡哷图呼图克图等于乾清宫。十五日亦如之。

廿八日（2.1）

祫祭太庙，帝亲诣行礼。

道光二十年　1840

正月

初一日（2.3）

帝诣奉先殿行礼。御乾清宫，赐皇子、亲藩等宴。赏哲布尊丹巴呼图克图明黄围车轿。

初四日（2.6）

帝诣大高殿行礼。幸圆明园。诣安佑宫行礼。奉皇太后居绮春园。

初六日（2.8）

帝诣绮春园，问皇太后安。申刻，复诣绮春园，奉皇太后临视皇后疾。

初七日（2.9）

世祖章皇帝忌辰，遣官祭孝陵。帝诣绮春园，问皇太后安。总管内务府奏：淮关监督恩吉委员解到圆明园银库。

初八日（2.10）

因办理哲布尊丹巴呼图克图设用旗伞事不善，革去奕纪御前大臣、户部尚书、总管内务府大臣，并革去紫缰，毋庸管理藩院事，仍留都统。革去赛尚阿镶黄旗汉军都统，降为二品顶戴，革职留任，八年无过，方准开复。以大学士穆彰阿管理藩院事，以吏部右侍郎恩桂为总管内务府大臣。

初九日（2.11）

享太庙，遣惠亲王绵愉恭代行礼。

初十日（2.12）

祈谷于上帝，遣惠亲王绵愉恭代行礼。

十一日（2.13）

丑刻，皇后卒，帝临视悲痛。诣绮春园，问皇太后安。辰刻，皇太后至澹怀堂临奠，帝跪迎于碧静堂外，侍送皇太后还绮春园。

十二日（2.14）

帝诣绮春园，问皇太后安。至澹怀堂大行皇后梓宫前奠酒，至十八日皆如之。

十五日（2.17）

上元节。帝诣安佑宫行礼。

十七日（2.19）

皇太后至澹怀堂大行皇后梓宫前临奠，帝跪迎于碧静堂外，侍送皇太后还绮春园。

十八日（2.20）

帝诣绮春园，问皇太后安。召见哲布尊丹巴呼图克图、章嘉呼图克图、噶勒丹锡呼图呼图克图等于勤政殿。以户部尚书隆文管圆明园八旗、内务府三旗事。

十九日（2.21）

孝全皇后梓宫前行殷奠礼，帝至澹怀堂奠酒。

二十日（2.22）

帝至澹怀堂孝全皇后梓宫前奠酒。

廿一日（2.23）

孝全皇后梓宫前行初祭礼，帝至澹怀堂奠酒。

廿二日（2.24）

巳刻，孝全皇后梓宫前行启奠礼，帝至澹怀堂奠酒。申刻，皇太后临奠，帝跪迎于碧静堂外，侍送皇太后还绮春园，复至澹怀堂奠酒。

廿三日（2.25）

帝至澹怀堂孝全皇后梓宫前奠酒，释服。奉移孝全皇后梓宫于观德殿。

廿四日（2.26）

帝诣绮春园，问皇太后安。

廿七日（2.29）

孝全皇后梓宫前行大祭礼，命皇四子奕詝行礼。

三十日（3.3）

谕：本年十一月初九日亥时，行孝全皇后奉安地宫礼，先期于二月廿七日卯时，奉移至龙泉峪。

朝鲜国王李焕遣使表贺万寿、冬至、元旦三大节并岁贡方物，赏赉如例。

二月

初四日（3.7）

帝诣绮春园，问皇太后安。

初五日（3.8）

谕：本年恩荣宴著照例停止，此后遇有筵宴典礼仍著照常举行。

初六日（3.9）

祭先师孔子，遣协办大学士、吏部尚书汤金钊行礼。

初七日（3.10）

祭大社、大稷，遣成郡王载锐恭代行礼。

初十日（3.13）

帝诣绮春园，问皇太后安。

十一日（3.14）

孝全皇后满月致祭，帝至观德殿奠酒。还圆明园。

十七日（3.20）

春分，朝日于东郊，遣顺承郡王春山恭代行礼。帝诣绮春园，问皇太后安。

总管内务府奏：道光十八年十二月初一日起至道光十九年十一月三十日止，宫内并圆明园等处共用过红萝炭五万二千五百六十七斤二两、黑炭三十八万五千四百九十五斤、煤三十万六千七百五十五斤八两、木柴七万二百三十斤。宫内并圆明园等处共用过白蜡一千八百九十九斤七两八钱、回残白蜡五百七十五斤四两、黄蜡一千九百六十一斤四两、羊油蜡一万六千二十二斤。

十九日（3.22）

遣官祭黑龙潭昭灵沛泽龙王之神、玉泉山惠济慈佑灵濩龙王之神、昆明湖安佑普济沛泽广生龙王之神。遣官祭圆明园惠济祠、河神庙。

廿一日（3.24）

奉旨：上年顺天乡试取中举人著于本月廿六日在圆明园正大光明殿补行覆试，所有中式原卷及覆试各卷仍交上年派出之覆勘大臣核对。

廿三日（3.26）

谕：嗣后传习天主教人犯，于赴官首明出教及被获到官，情愿出教，俱著遵照嘉庆年间谕旨，将该犯等家内起出素所供奉之十字木架，令其跨越，果系欣然试跨，方准免罪释放。如免罪之后复犯习教，除犯该死罪外，余俱于应得本罪上加一等治罪。

引见内务府保送京察一等人员。得旨：圈出之圆明园六品苑丞广成、七品苑副嵩庆、清漪园七品苑副富明、静明园六品苑丞琦庆，俱著交吏部记名照例选用。

廿四日（3.27）

帝诣绮春园，问皇太后安。

廿五日（3.28）

遣官祭贤良祠。复引见内务府京察一等圈出人员。

廿七日（3.30）

总管内务府奏：山东盐运使文纶委员解到盐当规银交圆明园银库。

廿八日（3.31）

帝至观德殿孝全皇后梓宫前奠酒。还圆明园。

三月

初一日（4.2）

奉旨：文庆著管理清漪园等处事务。其所管上驷院事务，著改派隆文管理。

初二日（4.3）

帝诣绮春园，问皇太后安。

初四日（4.5）

清明节。帝诣安佑宫行礼。遣官祭历代陵寝。遣官祭孝穆皇后、孝慎皇后陵寝，命皇子诣孝全皇后梓宫前祭奠。谕：朕于四月初一日卯时御太和门，阅视孝全皇后册宝。是日午时，行册谥礼。

初八日（4.9）

帝诣绮春园，问皇太后安。

初十日（4.11）

帝幸静明园，诣龙神庙拈香。

十一日（4.12）

孝全皇后二满月致祭，帝至观德殿奠酒。还圆明园。

十四日（4.15）

帝诣绮春园，问皇太后安。

十八日（4.19）

帝诣安佑宫行礼。

十九日（4.20）

帝御勤政殿听政。奉旨：此次宗室会试中式贡士，著于本月廿四日在圆明园正大光明殿覆试。

二十日（4.21）

帝诣黑龙潭神祠拈香。

廿一日（4.22）

帝诣绮春园，问皇太后安。

廿二日（4.23）

奉旨：翰林院检讨孙葆元现已病愈，著于本月廿四日在圆明园正大光明殿补行考试。奉旨：著于四月十五日在圆明园正大光明殿考试试差人员。庶吉士散馆，著于四月十七日在圆明园正大光明殿考试。

廿四日（4.25）

补考病愈翰林于圆明园正大光明殿。得旨：检讨孙葆元著附入二等，照例带领引见。

廿七日（4.28）

帝诣绮春园，问皇太后安。

廿八日（4.29）

帝诣大高殿行礼，时应宫拈香，回宫。

三十日（5.1）

以册谥孝全皇后，遣官告祭太庙后殿、奉先殿。

四月

初一日（5.2）

享太庙，帝亲诣行礼。御太和门，命睿亲王仁寿为正使、怡亲王载垣为副使，赍册宝诣观德殿册谥孝全皇后。命皇四子奕詝诣观德殿孝全皇后梓宫前行礼。帝幸圆明园。诣绮春园，问皇太后安。

初六日（5.7）

帝诣绮春园，问皇太后安。

初七日（5.8）

帝诣昭显庙、时应宫拈香，回宫。

初九日（5.10）

帝诣南郊斋宫斋宿。

初十日（5.11）

常雩，祀天于圜丘，帝亲诣行礼。诣关帝庙拈香。幸圆明园。诣绮春园，问皇太后安。

十一日（5.12）

孝全皇后三满月致祭，命皇子行礼。协办大学士、两江总督伊里布奏到任日期。得旨：一切认真黾勉，以副付畀重任之意。

十四日（5.15）

谕：嗣后，凡追封亲王以下、贝子以上，王福晋以下、贝子夫人以上，均给纸册。其追封亲王、郡王，无庸制给宝印。镇国公及镇国公夫人以下，均给诰命。追封亲王以下、辅国公以上，王福晋以下、贝子夫人以上，均分别给与羊酒纸张，遣官一员致祭。亲王至辅国公，王福晋至贝勒夫人，均用祭文，贝子夫人无祭文，镇国公夫人以下不遣官致祭。

十五日（5.16）

以本年乡试，考试应开列试差人员于圆明园正大光明殿。

十七日（5.18）

帝诣绮春园，问皇太后安。

十八日（5.19）

以黑龙潭、觉生寺设坛祈雨，帝诣黑龙潭神祠拈香，遣睿亲王仁寿诣觉生寺拈香。

十九日（5.20）

孝全皇后百日大祭，帝至观德殿奠酒。还圆明园。

廿一日（5.22）

策试天下贡士吴敬羲等一百八十人于保和殿。

廿四日（5.25）

帝诣大高殿行礼，时应宫拈香，回宫。御乾清宫，召读卷官入，亲阅定进呈十卷甲第。

廿五日（5.26）

帝御太和殿传胪，赐一甲李承霖、冯桂芬、张百揆三人进士及第，二甲殷寿彭等八十七人进士出身，三甲何其仁等九十人同进士出身。

帝幸圆明园。诣绮春园，问皇太后安。晋封静贵妃博尔济吉特氏为皇贵妃，贵人乌雅氏为琳嫔。

廿八日（5.29）

帝幸万寿山，诣广润祠拈香。

五月

初二日（6.1）

帝诣绮春园，问皇太后安。

初三日（6.2）

谕：现在孝全皇后梓宫暂安观德殿，惟已逾百日之期，八旗官员人等，其有未经嫁娶者，著即照常举行。

初四日（6.3）

帝诣大高殿行礼，回宫。

初六日（6.5）

帝幸圆明园。诣绮春园，问皇太后安。

初八日（6.7）

奉旨：以京师得雨未透，于十二日遣惠亲王绵愉诣天神坛、郑亲王乌尔恭阿诣地祇坛、庄亲王绵护诣太岁坛、瑞郡王奕誌诣宣仁庙、凝和庙、成郡王载锐诣昭显庙、时应宫祈祷。引见新科进士。

初九日（6.8）

奉旨：以甘霖渥沛，仍于十二日遣惠亲王绵愉诣天神坛、郑亲王乌尔恭阿诣地祇坛、庄亲王绵护诣太岁坛、瑞郡王奕誌诣宣仁庙、凝和庙、成郡王载锐诣昭显庙、时应宫改祈为报。

十一日（6.10）

孝全皇后梓宫前月祭，命皇子行礼。

十二日（6.11）

帝诣绮春园，问皇太后安。

十八日（6.17）

帝诣绮春园，问皇太后安。御勤政殿听政。

十九日（6.18）

帝诣大高殿行礼，回宫。

廿二日（6.21）

夏至，祭地于方泽，帝亲诣行礼。幸圆明园。诣绮春园，问皇太后安。

廿五日（6.24）

帝幸静明园，诣龙神庙拈香。

廿九日（6.28）

帝诣绮春园，问皇太后安。

六月

初二日（6.30）

朝鲜国使臣李时仁等三人于出入贤良门外瞻觐。

初七日（7.5）

帝诣绮春园，问皇太后安。

十一日（7.9）

孝全皇后梓宫前月祭，命皇子行礼。

十二日（7.10）

帝幸万寿山，诣广润祠拈香。

十四日（7.12）

帝诣绮春园，问皇太后安。

十七日（7.15）

帝诣黑龙潭神祠拈香。

十八日（7.16）

宗人府宗令载铨等奏，增改宗人府则例四条。

廿一日（7.19）

帝诣绮春园，问皇太后安。廿八日亦如之。

七月

初一日（7.29）

享太庙，遣睿亲王仁寿恭代行礼。

初六日（8.3）

帝诣绮春园，问皇太后安。

初十日（8.7）

谕：现在军务紧要，一切公文必须迅速按期递送。

十三日（8.10）

帝诣绮春园，问皇太后安。

十四日（8.11）

英使懿律偕义律、伯麦等率威里士厘号等九只兵舰到天津海口拦江沙外停泊，遣船一只驶近口岸，送交信函。经帝允准，七月十八日，琦善派千总白含章往见懿律。二十日，取回一函，即英国外交大臣巴麦尊致中国宰相书。内中无理指责清廷查禁鸦片，驱逐英国商民，断绝中英贸易，要求赔偿烟价、中英官员平等相待、割让一岛或数岛为英商根据地、索还商欠、赔偿军费等。

十五日（8.12）

中元节。帝诣安佑宫行礼。遣官祭历代陵寝。遣官祭孝穆皇后、孝慎皇后陵寝。帝至观德殿孝全皇后梓宫前奠酒。还圆明园。

十九日（8.16）

闽浙总督邓廷桢由驿驰奏：我师船难敌英船。英船以全条番木，用大铜钉合而成之，内外夹以厚板，船旁船底，包以铜片。其大者可安炮三层，而船身不虞震裂。其炮洞安于舱底，英兵在舱内施放，藏身既固，运转亦灵。内地福建同安梭船，以集成字号为极大，然皆不敌英船十分之五，船之大者，配炮不过八门，重不过二千余斤，若再加多，则船身吃重，恐其震损，且炮位安于舱面，炮兵无所障蔽，易于受亏。

二十日（8.17）

帝诣绮春园，问皇太后安。

廿五日（8.22）

仁宗睿皇帝忌辰，遣官祭昌陵。帝诣安佑宫行礼。

廿六日（8.23）

帝诣绮春园，问皇太后安。

廿七日（8.24）

帝诣大高殿行礼，回宫。

廿八日（8.25）

起丁忧总兵官葛云飞署定海镇总兵官。

八月

初一日（8.27）

祭大社、大稷，帝亲诣行礼。幸圆明园。诣绮春园，问皇太后安。

初五日（8.31）

总管内务府奏准：圆明园郎中缺出，于各处现任郎中内拣选，奏请调补。如内务府各处郎中一时不得其人，由内务府各司处员外郎及圆明园员外郎内一体拣选人妥协、当差勤慎者二三员，带领引见补放。如简用内务府人员，所遗员缺即归内务府升补；如简用圆明园人员，所遗员缺由圆明园一等及俸深应升人员内拣选升用；如不得人，由内务府员外郎内拣选，奏请调补。清漪园郎中缺出，于本府应升人员内拣选升用。至该处额设题缺员外郎，如系京察一等或现职俸已满者，准其保送本府归入应升班内拣选升用。清漪园、静宜园、静明园等处额设题缺员外郎除按班升用公缺郎中，所遗员缺由各该处应升人员内题升。如经各该管堂官专折具奏题升，该处公缺郎中所遗员缺，亦归公缺人员升补。

初六日（9.1）

帝御勤政殿听政。遣官祭黑龙潭昭灵沛泽龙王之神、玉泉山惠济慈佑灵濩龙王之神、昆明湖安佑普济沛泽广生龙王之神。遣官祭圆明园惠济祠、河神庙。

初八日（9.3）

帝奉皇太后幸同乐园，赐皇子、内廷王大臣及蒙古王、贝子等食。

初十日（9.5）

万寿节。遣官祭太庙后殿。遣官祭历代陵寝。遣官祭孝穆皇后、孝慎皇后陵寝。遣官祭显佑宫、东岳庙、城隍庙。祭先师孔子，遣协办大学士、吏部尚书汤金钊行礼。

帝诣安佑宫行礼。诣绮春园皇太后前行礼。御正大光明殿，皇子及王以下文武大臣官员、蒙古王公等行庆贺礼。御同乐园，赐皇子及内廷王大臣、蒙古王、贝子等食。

十三日（9.8）

帝诣安佑宫行礼。

十四日（9.9）

帝诣绮春园，问皇太后安。

二十日（9.15）

帝奉皇太后幸如园，进膳。谕：本年乡试宗室中式举人，著于本月廿八日在圆明园正大光明殿覆试。

廿一日（9.16）

帝诣绮春园，问皇太后安。

廿二日（9.17）

因天津海口外英船业经全行起碇南旋，帝谕：琦善所办晓谕懿律事，委曲详尽，又合体统，朕心嘉悦之至。著大学士、直隶总督琦善为钦差大臣，驰往广东查办禁烟海防事件，以陕甘总督讷尔经额署直隶总督，热河都统瑚松额署陕甘总督。著钦差大臣琦善迅速来京请训。

廿三日（9.18）

帝诣安佑宫行礼。世宗宪皇帝忌辰，遣官祭泰陵。

廿四日（9.19）

署两江总督裕谦密奏洋人呈递照会，其语句狂悖，本不敢据以上闻。得旨：所见大差，远不如琦善之遵旨晓事。原字原书，一并封奏，使朕得洞悉洋情，辨别真伪，相机办理。若似汝之顾小节而昧大体，必致偾事。殷鉴具在，不料汝竟效前明误国庸佞之所为，视朕为何如主耶？试思我朝之所以兴，开国时一切情伪，无不上达之故。前明之所以亡，事无巨细，率皆壅蔽，故国事日非，措置失宜，可不懔之又懔！

廿八日（9.23）

帝诣绮春园，问皇太后安。秋分，夕月于西郊，遣庄亲王绵护行礼。奉旨：左翼税盈余银著交圆明园二万五百两，赏给松峻二百二十四两零。右翼税盈余银著交圆明园七千二百两，赏给德春一百六十五两零。

九月

初三日（9.28）

谕：前因鸦片烟流毒海内，特派林则徐驰往广东海口，会同邓廷桢查办。原期肃清内地，断绝来源，随地随时，妥为办理。乃自查办以来，内而奸民犯法不能净尽，外而兴贩来源并未断绝，甚至本年英国船只沿海游弋，福建、浙江、江苏、山东、直隶、盛京等省纷纷征调，糜饷劳师，此皆林则徐等办理不善之所致。林则徐、邓廷桢著交部分别严加议处，林则徐即行来京听候部议。两广总督著琦善署理，琦善未到任以前，著怡良暂行护理。

初四日（9.29）

帝诣绮春园，问皇太后安。

初五日（9.30）

奉旨：本年顺天乡试中式举人，著于本月十六日在圆明园正大光明殿覆试。

十一日（10.6）

孝全皇后梓宫前月祭，帝亲临奠酒。幸圆明园。

十二日（10.7）

帝诣绮春园，问皇太后安。

十四日（10.9）

帝御洞明堂，勾到新疆、云南、贵州、广东情实罪犯。

十九日（10.14）

帝诣绮春园，问皇太后安。

廿一日（10.16）

皇七子奕譞生。

廿二日（10.17）

帝御洞明堂，勾到四川情实罪犯。

廿四日（10.19）

帝御洞明堂，勾到广西、福建、奉天、陕甘情实罪犯。

廿五日（10.20）

谕内阁：本年十一月初三日，孝全皇后梓宫奉移至龙泉峪。次日行飨奠礼后，每日朝奠，著四阿哥、五阿哥、六阿哥轮班奠酒行礼。中晡二次设奠，著派姻戚大臣奠酒行礼。

廿六日（10.21）

帝诣绮春园，问皇太后安。御洞明堂，勾到湖广、浙江情实罪犯。

廿七日（10.22）

孝慈高皇后忌辰，遣官祭福陵。帝诣大高殿行礼，回宫。

十月

初一日（10.25）

享太庙，帝亲诣行礼。遣官祭历代陵寝。遣官祭孝穆皇后、孝慎皇后陵寝，诣孝全皇后梓宫前祭奠。

帝幸圆明园。诣绮春园，问皇太后安。帝回宫。

初五日（10.29）

帝御太和殿传胪，赐中式武举一甲赵云鹏、王万寿、李寿春三人武进士及第，二甲遮克敦布等十三人武进士出身，三甲马振绪等五十五人同武进士出身。帝幸圆明园。诣绮春园，问皇太后安。

初六日（10.30）

帝诣安佑宫行礼。

初八日（11.1）

帝诣绮春园，问皇太后安。

初九日（11.2）

帝诣绮春园，问皇太后安，侍膳。

初十日（11.3）

皇太后圣寿节。遣官祭太庙后殿、奉先殿。帝诣绮春园，率皇子及王公大臣、官员行庆贺礼毕，率皇子侍皇太后膳。

十一日（11.4）

帝诣绮春园，问皇太后安。孝全皇后梓宫前月祭，遣皇子行礼。

十六日（11.9）

帝诣绮春园，问皇太后安。谕：朕此次恭谒西陵，启銮后，著派庄亲王绵护、协办大学士汤金钊、尚书奕经、卓秉恬留京办事。

廿一日（11.14）

帝御洞明堂，勾到江西、安徽、江苏情实罪犯。

廿三日（11.16）

帝诣绮春园，问皇太后安。御勤政殿听政。

廿四日（11.17）

以孝全皇后梓宫奉移陵寝，先期遣官祭天地、太庙、社稷。遣官祭奉先殿。帝御洞明堂，勾到河南、山西情实罪犯。

廿六日（11.19）

以孝全皇后梓宫奉移陵寝，行祖奠礼。巳刻，帝至观德殿奠酒，午刻如之。帝幸圆明园。

廿七日（11.20）

孝全皇后梓宫启行，命皇子奠酒行礼。

廿九日（11.22）

帝诣绮春园，问皇太后安。

三十日（11.23）

帝诣安佑宫行礼。

十一月

初三日（11.26）

帝诣绮春园，问皇太后安。孝全皇后梓宫至陵，皇四子奕詝遥向泰陵、泰东陵、昌陵恭代行礼。至陵寝正门，皇四子奕詝诣孝穆皇后、孝慎皇后神牌前恭代行礼。奉安于飨殿，命皇子奠酒行礼，王以下文武大臣、官员均随行礼。

初四日（11.27）

帝启銮，谒西陵，并临视孝全皇后梓宫奉安地宫。孝全皇后梓宫前行飨奠礼，命皇四子奕詝行礼。免跸路及孝全皇后梓宫经过地方钱粮十分之五。是日，驻跸黄新庄行宫。

初六日（11.29）

以孝全皇后梓宫奉安地宫，先期遣官告祭天地、太庙、社稷。

初八日（12.1）

帝谒泰陵、泰东陵、昌陵。至孝穆皇后、孝慎皇后陵寝奠酒。孝全皇后梓宫奉安，行迁奠礼毕，奉移于芦殿。帝亲临奠酒毕，阅视宝城。

初九日（12.2）

孝全皇后梓宫奉安地宫，帝临视奠酒毕，命皇子行礼，王以下文武大臣、官员均随行礼。

初十日（12.3）

孝全皇后神牌奉安飨殿，命皇四子奕詝行礼。

十一日（12.4）

帝回銮，驻跸半壁店行宫。

十三日（12.6）

帝还圆明园。诣绮春园，问皇太后安。圣祖仁皇帝忌辰，遣官祭景陵。

十五日（12.8）

同乐园于六月十五日、七月初一日、七月十四日、八月十五日、九月初一日、九月十五日、十月十五日、十一月初一日及本日分别承应《升平宝筏》。

十七日（12.10）

帝诣绮春园，问皇太后安。御洞明堂，勾到山东、直隶、热河情实罪犯。

十九日（12.12）

帝御洞明堂，勾到朝审情实罪犯。

二十日（12.13）

帝诣安佑宫行礼。

廿一日（12.14）

帝诣大高殿、寿皇殿行礼，奉皇太后回宫。

廿八日（12.21）

帝诣南郊斋宫斋宿。

廿九日（12.22）

冬至，祀天于圜丘，帝亲诣行礼。

十二月

初六日（12.29）

奉旨：两淮欠解圆明园八旗内务府三旗生息利银为该处官兵班费要需，著两江总督即将旧欠分年带征银两，并道光十九年应交下半年利银一万二千两、二十年应交一年利银二万四千两迅速解交，以供支放。

初八日（12.31）

帝以孝全皇后神牌升祔奉先殿，先期亲诣行告祭礼。

奉旨：所得盈余银三万一千六百九十八两零著一并交圆明园，乌明阿著无庸赏给。

初九日（1841.1.1）

孝全皇后神牌升祔奉先殿，命皇四子奕詝行礼。

十四日（1.6）

总管内务府奏：前任淮关监督恩吉委员解银交圆明园银库。

十七日（1.9）

命大学士王鼎为正使、礼部左侍郎关圣保为副使，持节赍册宝封静贵妃博尔济吉特氏为皇贵妃。

廿一日（1.13）

总管内务府奏：查文庆现缘事革职，其管理内务府处所应请另行简派。奉朱笔圈出：清漪园派文蔚管理、宁寿宫派恩桂管理、花炮作派阿管理。

廿九日（1.21）

祫祭太庙，帝亲诣行礼。

道光二十一年　1841

正月

初一日（1.23）

帝诣奉先殿行礼。诣大高殿、寿皇殿行礼。

初三日（1.25）

高宗纯皇帝忌辰，遣官祭裕陵。帝诣奉先殿、寿皇殿行礼。

初四日（1.26）

帝诣大高殿行礼。幸圆明园，奉皇太后居绮春园。诣安佑宫行礼。

初六日（1.28）

帝诣绮春园，问皇太后安。

初八日（1.30）

享太庙，遣惠亲王绵愉恭代行礼。命御前大臣、正白旗领侍卫内大臣奕山为靖逆将军，户部尚书隆文、湖南提督杨芳为参赞大臣，驰赴广东剿擒英人。

十一日（2.2）

孝全皇后周年忌辰，命皇四子奕詝祭陵寝。

朝鲜国王李焕遣使表贺万寿、冬至、元旦三大节，进贡方物，其谢恩贡物命留抵下次正贡，赏赉如例。

十二日（2.3）

帝诣大高殿行礼，回宫。

十四日（2.5）

帝诣南郊斋宫斋宿。

十五日（2.6）

上元节。祈谷于上帝，帝亲诣行礼。诣关帝庙拈香。帝幸圆明园。诣绮春园，问皇太后安。帝幸春和镇，升平署伺候中和乐。

廿二日（2.13）

帝诣绮春园，问皇太后安。

廿四日（2.15）

靖逆将军奕山、参赞大臣隆文率巴图鲁侍卫章京等陛辞。帝御勤政殿，训示方略，命无论英人是否交还定海，皆当一意进剿，香港地方绝不容许英人占据。

廿五日（2.16）

谕：据琦善奏，英人献出沙角、大角炮台，并遣人赴浙缴还定海，恳请俯准其寄居香港、开港贸易，暂示羁縻。览奏曷胜愤懑，不料琦善怯懦无能一至于此。琦善身膺重寄，竟甘受英人欺侮，已出情理之外，此时胆敢附折呈递，代为恳求，是诚何心？琦善著革去大学士，拔去花翎，仍交部严加议处。著奕山、隆文兼程前进，速赴广东，会集各路官兵一意进剿，务歼丑类，是为至要。

廿八日（2.19）

帝诣绮春园，问皇太后安。

廿九日（2.20）

孝仪纯皇后忌辰，遣官祭裕陵。帝诣大高殿行礼，回宫。

二月

初三日（2.23）

祭大社、大稷，帝亲诣行礼。谕：四公主著指配奈曼王阿宛都瓦第扎布之子、头等台吉德木楚克扎布，授为固伦额驸。

初四日（2.24）

以举行仲春经筵，遣官告祭奉先殿、传心殿。帝御文华殿经筵，值讲官裕诚、卓秉恬进讲《孟子》。

帝幸圆明园。诣绮春园，问皇太后安。

初六日（2.26）

先是，琦善私自与义律商定《穿鼻草约》，将香港割让给英国。至是，清廷收到广东巡抚怡良奏报，称正月初八日，署大鹏协副将赖恩爵接到英人照会，令清军之营汛撤回内地。初十日，英人又在香港贴出由义律、伯麦署名的告示，要求当地华人听其管辖，并称此为钦差大臣琦善与英人说定之事。奉旨：琦善擅与香港，擅准通商，胆敢乞朕恩施格外，是直代逆乞恩，实属丧尽天良。琦善著即革职锁拿，派副都统英隆并著怡良拣派同知知州一员，一同押解来京，严行讯问。所有琦善家产，即行查抄入官。

初七日（2.27）

英军攻破乌涌炮台，署湖南提督祥福、游击沈占鳌、守备洪达科等阵亡。英船驶至二沙尾，距省城不过三十里。

初十日（3.2）

帝诣绮春园，问皇太后安。

十三日（3.5）

遣官祭黑龙潭昭灵沛泽龙王之神、玉泉山惠济慈佑灵濩龙王之神、昆明湖安佑普济沛泽广生龙王之神。遣官祭圆明园惠济祠、河神庙。

十四日（3.6）

谕：伊里布观望迟延，直至英人闻有大兵，望风远窜，始将定海收回，可谓庸懦无能之至。伊里布著革去协办大学士，拔去双眼花翎，暂留两江总督之任，仍带革职留任处分。八年无过，方准开复。

十七日（3.9）

帝诣绮春园，问皇太后安。

十九日（3.11）

奉旨：上年顺天乡试取中举人，著于本月廿七日在圆明园正大光明殿补行覆试，所有中式原卷及覆试各卷，仍交上年派出之覆勘大臣核对。

总管内务府奏：道光十九年十二月初一日起至道光二十年十一月三十日止，宫内并圆明园等处共用过红萝炭四万七千四百三十斤十四两、黑炭三十六万九千九百四十二斤、煤二十九万二千一百九十七斤八两、木柴五万五千十斤。宫内并圆明园等处共用过白蜡一千七百三十四斤三两八钱、回残白蜡五百七十一斤二两、黄蜡一千八百七十一斤二两、羊油蜡一万五千四百四十六斤十两。

廿四日（3.16）

帝诣绮春园，问皇太后安。

廿六日（3.18）

谕：朕此次恭谒西陵，启銮后，著派庄亲王绵护、惠亲王绵愉、大学士王鼎、协办大学士奕经留京办事。

廿九日（3.21）

春分，朝日于东郊，遣成郡王载锐行礼。

三月

初一日（3.23）

谕：据刑部等奏，彭嗣昌车辆据供称误入圆明园档木内，惟宫卫重地，体制攸关，该衙门拟以笞四十，实属轻纵。彭嗣昌著即革去举人，免其治罪，其车夫白景奎著照例责惩。

同乐园于正月十六日、二月十五日及本日分别承应《升平宝筏》。

初二日（3.24）

帝诣绮春园，问皇太后安。

初四日（3.26）

帝御勤政殿听政。

初八日（3.30）

帝诣绮春园，问皇太后安。

初九日（3.31）

帝启銮，谒西陵。免跸路经过地方本年额赋十分之三。驻跸黄新庄行宫。

十三日（4.4）

帝谒泰陵、泰东陵、昌陵。至龙泉峪孝穆皇后、孝慎皇后、孝全皇后陵寝奠酒，阅视宝城。

十四日（4.5）

清明节。帝谒昌陵，诣宝城行敷土礼，诣隆恩殿行大飨礼。帝回銮，驻跸秋澜行宫。

十七日（4.8）

帝还圆明园。诣绮春园，问皇太后安。

十八日（4.9）

帝诣安佑宫行礼。

廿一日（4.12）

帝临故致仕大学士文孚第赐奠。幸圆明园。

廿三日（4.14）

帝诣绮春园，问皇太后安。谕：此次宗室会试中式贡士，著于本月廿七日在圆明园正大光明殿覆试。

廿四日（4.15）

帝诣大高殿行礼，回宫。奉旨：庶吉士散馆，著于闰三月十六日在圆明园正大光明殿考试。

赏已革两广总督林则徐四品卿衔，命驰赴浙江听候谕旨。

廿六日（4.17）

帝耕耤，诣先农坛行礼。诣关帝庙拈香。幸圆明园。

闰三月

初二日（4.22）

帝诣绮春园，问皇太后安。

初四日（4.24）

帝幸静明园，诣龙神庙拈香。

初七日（4.27）

帝御山高水长，阅侍卫骑射。

初九日（4.29）

帝诣绮春园，问皇太后安。

初十日（4.30）

帝御山高水长，阅侍卫骑射，翌日如之。

十三日（5.3）

帝御山高水长，阅侍卫骑射。

十六日（5.6）

帝诣绮春园，问皇太后安。

十八日（5.8）

奉旨：翻译会试中式贡士，著于本月廿四日在圆明园正大光明殿覆试。

廿一日（5.11）

总管内务府奏：坐头更之乾清宫首领太监武进喜呈报，奏事处首领太监刘国泰误更。

廿三日（5.13）

帝御阅武楼，阅大员子弟马步射。

廿四日（5.14）

帝诣绮春园，问皇太后安。

廿八日（5.18）

帝诣大高殿行礼，时应宫拈香，回宫。

四月

初一日（5.21）

享太庙，帝亲诣行礼。诣南郊斋宫斋宿。

初二日（5.22）

常雩，祀天于圜丘，帝亲诣行礼。诣关帝庙拈香。帝幸圆明园，诣绮春园，问皇太后安。

初六日（5.26）

帝幸万寿山，诣广润祠拈香。奉旨：嗣后，宫内圆明园坐更之首领太监等俱著按时见面交更，如上更之首领届时不到、下更之首领不待见面即行下更，俱著呈报总管太监查明参奏。其太监等换更时即责成该首领等稽查，如有迟误时刻及不待见面下更等事，亦著呈报总管太监惩办。

初十日（5.30）

帝诣绮春园，问皇太后安。御勤政殿听政。

十一日（5.31）

谕：英隆奏，押解琦善将次到京。琦善著解交刑部，派睿亲王、庄亲王、惠亲王、定郡王、大学士、军机大臣、六部尚书会同刑部审讯。

十三日（6.2）

以理藩院尚书赛尚阿管圆明园八旗、内务府三旗官兵进班。

十四日（6.3）

帝诣黑龙潭神祠拈香。谕：据伊里布奏称，其家人张禧已于三月间回直隶天津县原籍。著讷尔经额、托浑布、裕谦、程矞采密派妥员访拿务获。无论行抵何处，即行押解入京交刑部收审，断不准任其逃逸。伊里布现已起程来京，并著讷尔经额等密饬押解各员，毋令张禧与伊里布见面为要。

十六日（6.5）

帝诣绮春园，问皇太后安。

廿一日（6.10）

策试天下贡士蔡念慈等二百二人于保和殿。

廿三日（6.12）

帝诣绮春园，问皇太后安。

廿四日（6.13）

帝诣大高殿行礼，回宫。御弘德殿，召读卷官入，亲阅定进呈十卷甲第。

廿五日（6.14）

帝御太和殿传胪，赐一甲龙启瑞、龚宝莲、胡家玉三人进士及第，二甲何若瑶等九十六人进士出身，三甲吴荣楷等一百三人同进士出身。

以惇恪亲王绵恺奉移园寝，帝临曹八里屯暂安处赐奠。帝幸圆明园。

廿六日（6.15）

命皇四子奕詝、皇五子奕誴、皇六子奕訢前往惇恪亲王绵恺暂安处奠酒目送。惠亲王绵愉往代祭奠，并送至园寝。

廿七日（6.16）

谕：伊里布现已到京，著派睿亲王、庄亲王、惠亲王、定郡王、大学士、军机大臣、六部尚书会同刑部传讯，家人张禧著交刑部归案审讯。

廿八日（6.17）

帝诣绮春园，问皇太后安。

廿九日（6.18）

帝诣大高殿行礼，回宫。

五月

初一日（6.19）

谕：现在圆明园添设兵丁四百名演放抬枪，著讷尔经额于教演抬枪武弁内捡派二三名咨送来京，随时训练。

初三日（6.21）

夏至，祭地于方泽，帝亲诣行礼。幸圆明园，诣绮春园，问皇太后安。

初五日（6.23）

谕：嗣后新进士朝考阅卷，著照覆试之例，拟定一二三等进呈。

初六日（6.24）

引见新科进士。惇恪亲王绵恺安葬园寝，命惠亲王绵愉前往赐奠。

初九日（6.27）

帝诣绮春园，问皇太后安。

初十日（6.28）

谕：前任两广总督邓廷桢履任多年，懈惰因循，以至该省兵丁柔懦无能，诸多畏葸。虎门之役，竟有为英军买通者，思之殊堪痛恨。前任两广总督林则徐经朕特给钦差大臣关防办理广东事件，继复令其实授总督，全省军务皆其统辖，乃办理诸未妥协。邓廷桢业经革职，林则徐著革去四品卿衔，均从重发往伊犁效力赎罪。即由各该处起解，以为废弛营务者戒。

十三日（7.1）

帝奉皇太后幸观澜堂，进膳。

十六日（7.4）

帝诣绮春园，问皇太后安。

十八日（7.6）

谕：赛尚阿等奏圆明园八旗操演阵势，应用白蜡杆，必须宽为豫备。著牛鉴迅速派弁在该省地方采买白蜡杆二百五十杆，运交圆明园八旗验收。

廿四日（7.12）

帝诣绮春园，问皇太后安。

六月

初二日（7.19）

帝诣绮春园，问皇太后安。

初四日（7.21）

帝幸静明园，诣龙神庙拈香。

初八日（7.25）

停本年各省情实罪犯秋决。

初九日（7.26）

帝诣绮春园，问皇太后安。谕：伊里布著交原审之王大臣会同刑部定拟罪名具奏。寻奏上，得旨：伊里布以钦差大臣办理浙江洋务，不能迅速收复定海，屡奉谕旨即行进剿，一味迁延观望，实属庸懦无能，著即革职，发往军台效力赎罪，以示惩儆。

初十日（7.27）

总管内务府奏：清净地首领太监张进保呈报，该处太监周泳福、王福告假出去买东西与人斗殴。

十六日（8.2）

帝诣绮春园，问皇太后安。谕：琦善著交原审之王大臣会同刑部定拟罪名具奏。寻奏，琦善以钦差大臣查办洋务，乃妄冀羁縻，以香港地方擅许英人，于一切防守事宜，并不豫为设备，以致英军叠将炮台攻陷，实属有误机宜。应照守备不设失陷城寨者斩律，拟斩监候。得旨：著照所拟，秋后处决。

廿三日（8.9）

帝诣绮春园，问皇太后安。

廿九日（8.15）

谕：寿安固伦公主下嫁，所有额驸应进一九礼，著照例在圆明园恭进。其应进九九礼，著毋庸呈进。

三十日（8.16）

帝诣绮春园，问皇太后安。

七月

初一日（8.17）

享太庙，帝亲诣行礼。

初三日（8.19）

命遣戍伊犁已革两广总督林则徐折回东河效力赎罪。

初六日（8.22）

帝御勤政殿听政。

初七日（8.23）

帝诣绮春园，问皇太后安。

初八日（8.24）

礼部奏：八月初十日万寿节应行礼仪。得旨：本年朕六旬万寿，著无庸举行告祭礼，所有升殿筵宴均著停止，仍照常年恭诣皇太后宫行礼后，升正大光明殿受贺。

十一日（8.27）

帝幸万寿山，诣广润祠拈香。

十三日（8.29）

圆明圆护军托云太因被索借欠钱文伤毙恩特和穆，依律拟绞监候。

十四日（8.30）

帝诣绮春园，问皇太后安。

十五日（8.31）

中元节。帝诣安佑宫行礼。

十六日（9.1）

帝奉皇太后幸观澜堂，进膳。

二十日（9.5）

奉旨：左翼税盈余银著交圆明园二万四百两，赏给僧格林沁三百六两零。右翼税盈余银著交圆明园七千二百两，赏给吉伦泰一百四十四两零。

廿一日（9.6）

帝诣绮春园，问皇太后安。

廿五日（9.10）

仁宗睿皇帝忌辰，遣官祭昌陵。帝诣安佑宫行礼。

廿八日（9.13）

帝诣绮春园，问皇太后安。

八月

初四日（9.18）

帝诣大高殿行礼，回宫。

初七日（9.21）

祭大社、大稷，帝亲诣行礼。幸圆明园，诣绮春园，问皇太后安。

初八日（9.22）

帝诣绮春园，问皇太后安。

初九日（9.23）

秋分，夕月于西郊，遣庄亲王绵护恭代行礼。

初十日（9.24）

万寿节。遣官祭太庙后殿。遣官祭历代陵寝。遣官祭孝穆皇后、孝慎皇后、孝全皇后陵寝。遣官祭显佑宫、东岳庙、城隍庙。帝诣安佑宫行礼。诣绮春园皇太后前行礼。御正大光明殿，皇子及王以下文武大臣、蒙古王公、越南国使臣等行庆贺礼。御同乐园，赐王子及内廷王大臣、蒙古王公等食。

十二日（9.26）

帝奉皇太后幸同乐园，进膳，赐皇子及内廷王大臣、蒙古王公等食。遣官祭黑龙潭昭灵沛泽龙王之神、玉泉山惠济慈佑灵濩龙王之神、昆明湖安佑普济沛泽广生龙王之神。遣官祭圆明园惠济祠、河神庙。

十三日（9.27）

帝诣安佑宫行礼。诣绮春园，问皇太后安。

十四日（9.28）

帝诣绮春园，问皇太后安。

十五日（9.29）

帝诣绮春园，问皇太后安。谕：达赖喇嘛于明年四月十六日坐床，届期著派孟保会同成都副都统什蒙额及章嘉呼图克图看视。章嘉呼图克图由京驰驿前往，著由广储司赏银三百两制办行装。所有颁给金册，即著章嘉呼图克图赍往。

十六日（9.30）

帝诣绮春园，问皇太后安。帝居绮春园涵秋馆，至十九日皆如之。

十七日（10.1）

帝诣皇太后前问安。自十三日起，英军不断攻击定海。是日拂晓，英军大举登陆，守城清军不敌，定海县城失守。寿春镇总兵王锡朋、处州镇总兵郑国鸿、定海镇总兵葛云飞、署定海县知县石浦等阵亡。

十八日（10.2）

帝诣皇太后前问安。十九日亦如之。

二十日（10.4）

帝诣皇太后前问安。还圆明园。班禅额尔德尼六十生辰，赏御书福寿字，并珍玩文绮。

廿一日（10.5）

帝诣绮春园，问皇太后安。廿二日亦如之。

廿三日（10.7）

世宗宪皇帝忌辰，遣官祭泰陵。帝诣安佑宫行礼。诣绮春园，问皇太后安。

廿四日（10.8）

帝诣绮春园，问皇太后安。至廿七日亦如之。

廿六日（10.10）

赏达赖喇嘛父策旺郭珠布公爵。

廿七日（10.11）

闻定海失守，帝命两江总督裕谦交部严加议处。将调赴闽省之江西兵二千名，截赴浙江，前调黑龙江兵、吉林兵各一千名，著调赴锦州、山海关防堵。命分批调拨陕西兵二千名，第一批官兵由陕西提督胡超带领径赴山海关，其余各起官兵迅速管带起程，前赴天津。

廿八日（10.12）

帝诣绮春园，问皇太后安。廿九日亦如之。

九月

初二日（10.16）

帝诣绮春园，问皇太后安。初三日亦如之。

初四日（10.18）

帝闻镇海失守、裕谦殉国，授协办大学士、吏部尚书奕经为扬威将军，正蓝旗蒙古都统哈哴阿、固原提督胡超为参赞大臣，驰赴浙江办理军务。命前任福建水师提督陈阶平仍以提督用，驰驿迅赴浙江军营。杭州省城紧要，浙江巡抚刘韵珂著驻扎杭州，将前调往盛京之陕西兵二千名，改赴浙江军营。

初五日（10.19）

以厦门失守，部议将颜伯焘革职。得旨：著加恩降为三品顶戴，革职留任。命广东巡抚怡良为钦差大臣，驰往福建，会同总督颜伯焘、巡抚刘鸿翱办理军务。赏头等侍卫富僧德副都统衔，驰往山海关，会同阿勒楚喀副都统倭克精额、山海关副都统富勒敦泰办理防堵。

以河南巡抚牛鉴署两江总督，署河南布政使鄂顺安署河南巡抚。著鄂顺安迅速挑选河南精兵一千名，派委曾经出师之将弁管带前赴浙江军营。释已革大学士琦善，发往浙江军营效力赎罪。释遣戍黑龙江已革户部尚书奕纪，发往广东军营效力赎罪。

初六日（10.20）

帝诣绮春园，问皇太后安。命户部左侍郎文蔚驰往浙江，随同扬威将军奕经办理军务。

初七日（10.21）

命户部左侍郎文蔚为参赞大臣。命固原提督胡超带陕西兵一千名，驰往天津，会同直隶总督讷尔经额办理防堵。再调湖北精兵一千名前赴浙江。

初八日（10.22）

帝诣绮春园，问皇太后安。

初九日（10.23）

命已革户部尚书奕纪改发天津效力赎罪，不准进京。

初十日（10.24）

帝闻八月廿九日宁波府城失守，命将已革大学士琦善发往军台充当苦差，无庸赴浙江军营。释已革浙江巡抚乌尔恭额，发往军台充当苦差。命贵州安义镇总兵段永福驰往浙江，随同扬威将军奕经办理军务。

十一日（10.25）

帝诣绮春园，问皇太后安。

十二日（10.26）

谕：前有旨将琦善、乌尔恭额发往军台充当苦差，兹据兵部奏称，军台只有效力赎罪，并无苦差可以充当，琦善、乌尔恭额均著改为发往军台效力赎罪。

十四日（10.28）

帝诣绮春园，问皇太后安。

十五日（10.29）

扬威将军奕经陛辞，帝御勤政殿，训示方略。

十七日（10.31）

参赞大臣文蔚率巴图鲁侍卫章京等陛辞，帝御勤政殿，训示方略。

十八日（11.1）

帝御演武厅，阅火器营操。

二十日（11.3）

帝诣绮春园，问皇太后安。

廿五日（11.8）

帝御阅武楼，阅健锐营操。以试演抬枪有准，予健锐营翼长霍隆武等加级。

廿六日（11.9）

帝诣绮春园，问皇太后安。

廿七日（11.10）

孝慈高皇后忌辰，遣官祭福陵。帝诣大高殿行礼，回宫。

十月

初一日（11.13）

享太庙，帝亲诣行礼。

初五日（11.17）

帝御太和殿传胪，赐殿试武举一甲德麟、王振隆、刘宗汉三人武进士及第，二甲张凤春等十三人武进士出身，三甲吴德水等五十五人同武进士出身。帝幸圆明园。诣绮春园，问皇太后安。

初六日（11.18）

帝诣安佑宫行礼。

初八日（11.20）

命御前大臣僧格林沁、工部尚书赛尚阿、正白旗护军统领巴清德，驰赴天津查阅海口。以睿亲王仁寿、乾清门侍卫扎勒罕泰署火器营事。

初九日（11.21）

帝诣绮春园，问皇太后安。

初十日（11.22）

皇太后圣寿节。遣官祭太庙后殿、奉先殿。帝率皇子及王公大臣、文武官员诣绮春园行庆贺礼，侍皇太后膳。

十一日（11.23）

帝御同乐园，赐皇子、公主、额驸等食。

十六日（11.28）

帝诣绮春园，问皇太后安。

十七日（11.29）

帝御勤政殿听政。

廿二日（12.4）

帝诣绮春园，问皇太后安。

廿六日（12.8）

帝诣安佑宫行礼。

廿七日（12.9）

帝诣大高殿、寿皇殿行礼，奉皇太后回宫。

十一月

初八日（12.20）

奉旨：所得盈余银三万三千六百九十六两零著一并交圆明园，成福著无庸赏给。

初九日（12.21）

帝诣南郊斋宫斋宿。

初十日（12.22）

冬至，祀天于圜丘，帝亲诣行礼。

十三日（12.25）

圣祖仁皇帝忌辰，遣官祭景陵。帝诣寿皇殿行礼，关帝庙拈香。

十六日（12.28）

帝诣宣仁庙、凝和庙拈香。英军在浙江余姚登陆，守军弃城而逃，城陷。至十八日，英军离去。

十九日（12.31）

英军在浙江慈溪县登陆，攻入城内，烧毁衙署，旋出城上船，转回宁波。

廿五日（1842.1.6）

命瑞郡王奕誌带领侍卫十员，往奠故庄亲王绵护茶酒，谥曰勤。

廿九日（1.10）

英军登陆浙江奉化，进入县城，拆毁衙署。十二月初一日退走。

十二月

初二日（1.12）

总管内务府奏：淮关监督委员解银交圆明园银库。

初四日（1.14）

谕：自上年军兴以来，屡与英人接仗，惟定海一役，力战六昼夜之久。其余各仗，带兵各员，不能激励士卒，以致临阵脱逃，若不亟加整顿，何以挽积习而励军心？著扬威将军、参赞大臣等查明失守各城首先逃走之将弁兵丁，严切讯明，即照军法从事。惟犯法者既正刑诛，立功者当膺懋赏。兹特发去内库花翎五十枝、扳指八十个、翎管四十个、小刀九十把、火镰七十五把、六品顶六十个、七品顶八十个，带往军营交扬威将军奕经等，以备奖赏有功者。

初六日（1.16）

谕：两淮欠解圆明园八旗内务府三旗生息银两为该处官兵班费要需，著两江总督即将旧欠分年带征银两，并道光二十年应交下半年利银一万二千两、二十一年连闰一年利银二万六千两，迅速解交，以供支放。

初八日（1.18）

大高殿设坛祈雪，帝亲诣行礼。

十四日（1.24）

向例，宗室觉罗原不应在城外居住，所有现在暂居城外各户不可漫无稽核，令将现居城外之宗室人等，一体由城坊编查，列入甲册，随时察核。

十六日（1.26）

谕：内务府官柴厂地处城外，该衙门稽查难周。嗣后，著该坊编入保甲，认真稽查，毋任匪徒溷迹，以清地面。

十八日（1.28）

谕：现当军务吃紧之际，非赏劝不足以激士气而励军心，兹特先发去新制武功赏牌七百五十张，注明银两数目，计银七万两，交奕经等随事酌量分别赏给有功将士，并于执照内注明，俟大功告竣后，或由户部、或由各省藩库验明支领。

廿九日（2.8）

祫祭太庙，帝亲诣行礼。

本年

两江总督管理盐务牛鉴呈进，交奉三无私殿、圆明园等天青二则大卷屯绢褂料等物清单。

交奉三无私：天青二则大卷屯绢褂料二十连；宝蓝二则大卷屯绢袍料二十连；天青二则大卷宝纱褂料二十连；宝蓝二则大卷宝纱袍料二十连；蓝酱二则轻纱二十端；蓝酱二则实纱二十端；蓝酱二则芝纱二十端；蓝酱二则直纱二十端。鹅黄、天青、藕合实纱绣十二章八团龙袍褂衬衣成套；砂绿、天青、永红直纱纳绣八团龙袍褂衬衣成套；彩色二则实纱二十端；彩色二则直纱二十端；彩色二则芝纱二十端；花罗二十匹；藕合绣缂丝花卉衬衣一件随花边；右青纳纱花卉衬衣边四份；各色湖绉绣手帕五十条；棕竹曹扇五十柄；乌木曹扇五十柄；紫金锭福寿手珠五十挂；紫金锭福寿念珠五十挂；紫金锭镶嵌芝兰佩五十块；紫金锭端阳佩五十块；紫金锭大喜佩五十块。

交圆明园：蓝酱实纱绣蟒袍二件；蓝酱直地纳纱蟒袍二件。

道光二十二年　1842

正月

初一日（2.10）

帝诣奉先殿行礼。御乾清宫，赐皇子、亲藩等宴。

初三日（2.12）

高宗纯皇帝忌辰，遣官祭裕陵。帝诣奉先殿、寿皇殿行礼。

十一日（2.20）

帝诣南郊斋宫斋宿。孝全皇后二周年忌辰，遣官祭陵寝。

十二日（2.21）

祈谷于上帝，帝亲诣行礼。诣关帝庙拈香。

十三日（2.22）

帝诣大高殿行礼。幸圆明园。奉皇太后居绮春园。诣安佑宫行礼。

十四日（2.23）

帝诣绮春园，问皇太后安。御奉三无私殿，赐皇子、亲藩等宴。

十五日（2.24）

上元节。帝诣安佑宫行礼。御正大光明殿，赐朝正外藩等宴，作乐赐酒，如除夕仪。

十六日（2.25）

帝御正大光明殿，赐大学士、尚书等宴。

十九日（2.28）

帝御山高水长，赐王公大臣、蒙古王、贝勒、贝子、公、额驸、台吉及外藩使臣等食。

二十日（3.1）

帝诣绮春园，问皇太后安。

廿二日（3.3）

以故庄亲王绵护弟绵譁袭爵。

廿五日（3.6）

班禅额尔德尼遣使呈进贡物，赐敕褒奖如例。总管内务府奏：长芦盐政德顺解银交圆明园银库。

廿六日（3.7）

帝诣绮春园，问皇太后安。朝鲜国王李焕遣使表贺万寿、冬至、元旦三大节并贡方物，赏赉筵宴如例。

三十日（3.11）

帝诣大高殿行礼，回宫。

二月

初二日（3.13）

以举行仲春经筵，遣官告祭奉先殿、传心殿。帝御文华殿经筵，值讲官裕诚、龚守正进讲《中庸》。

帝幸圆明园。诣绮春园，问皇太后安。

初六日（3.17）

帝诣大高殿行礼，回宫。

初七日（3.18）

谕：命东河差委已革两广总督林则徐仍发往伊犁效力赎罪。

初九日（3.20）

祭大社、大稷，帝亲诣行礼。

初十日（3.21）

春分，朝日于东郊，帝亲诣行礼。幸圆明园，诣绮春园，问皇太后安。

十三日（3.24）

遣官祭黑龙潭昭灵沛泽龙王之神、玉泉山惠济慈佑灵濩龙王之神、昆明湖安佑普济沛泽广生龙王之神。遣官祭圆明园惠济祠、河神庙。

十六日（3.27）

帝诣绮春园，问皇太后安。御勤政殿听政。

十七日（3.28）

命广州将军耆英驰往浙江，署杭州将军，以前任广州将军阿精阿仍暂署。命遣戍军台已革协办大学士、两江总督伊里布改发浙江军营效力。

廿三日（4.3）

帝诣绮春园，问皇太后安。

廿四日（4.4）

命直隶提督周悦胜带兵赴天津办理防堵，以江西南赣镇总兵官长春署直隶提督。命四川提督齐慎仍为参赞大臣，驰往浙江办理军务。

廿五日（4.5）

清明节。帝诣安佑宫行礼。

廿九日（4.9）

帝诣绮春园，问皇太后安。

三月

初二日（4.12）

帝诣绮春园，问皇太后安。

初三日（4.13）

帝启銮，幸南苑。驻跸新衙门行宫。

初四日（4.14）

帝行围。

初五日（4.15）

帝行围。以南苑牲兽众多，草木繁茂，予管奉宸苑事定郡王载铨等议叙。

初八日（4.18）

帝还圆明园。诣绮春园，问皇太后安。

初十日（4.20）

谕：寿臧和硕公主，著指配二等男爵侍顺之子闲散恩醇，恩醇著为和硕额驸。

十二日（4.22）

帝奉皇太后幸慎德堂，进膳。

十四日（4.24）

帝诣绮春园，问皇太后安。

十八日（4.28）

帝诣安佑宫行礼。

二十日（4.30）

帝御阅武楼，阅宗室挑选侍卫马步射。

廿一日（5.1）

帝诣绮春园，问皇太后安。御阅武楼，阅挑选侍卫马步射。

廿三日（5.3）

帝御阅武楼，阅挑选侍卫马步射，廿四日、廿六日、廿九日亦如之。

廿八日（5.8）

帝奉皇太后幸慎德堂，进膳。

四月

初一日（5.10）

享太庙，遣礼亲王全龄恭代行礼。

初二日（5.11）

帝诣绮春园，问皇太后安。

初三日（5.12）

帝御阅武楼，阅挑选侍卫马步射。

初四日（5.13）

帝诣时应宫、昭显庙拈香，回宫。

初六日（5.15）

帝诣南郊斋宫斋宿。

初七日（5.16）

常雩，祀天于圜丘，帝亲诣行礼。诣关帝庙拈香。帝幸圆明园，诣绮春园，问皇太后安。

初九日（5.18）

命皇四子奕詝、皇五子奕誴、皇六子奕訢诣孝全皇后陵寝，行释服礼。

十四日（5.23）

帝诣绮春园，问皇太后安。

十六日（5.25）

黑龙潭、觉生寺设坛祈雨，帝诣黑龙潭神祠拈香。命皇四子奕詝诣觉生寺、皇五子奕誴诣清漪园龙神祠、皇六子奕訢诣静明园龙神祠拈香。

十七日（5.26）

耆英等奏报：四月初九日，英军攻陷乍浦县城，此时战则士气不振，守则兵数不敷，舍羁縻之外，别无他策。著奕经等酌留参赞一人在曹娥江一带驻守，杜其窜入绍兴之路，该将军同参赞一人迅即统得力弁兵驰往嘉兴驻扎，应援省城。

十九日（5.28）

帝诣大高殿行礼，回宫。

二十日（5.29）

帝御太和殿视朝，王以下文武升转各官谢恩。帝幸圆明园。

廿一日（5.30）

帝诣绮春园，问皇太后安。

廿四日（6.2）

帝诣黑龙潭神祠谢雨，命皇四子奕詝诣觉生寺、皇五子奕誴诣清漪园龙神祠、皇六子奕訢诣静明园龙神祠拈香。

廿七日（6.5）

谕：朕以鸦片烟流毒中国，贻害生民，前岁特降谕旨饬令各省严禁。因广东为洋人通商之所，特令林则徐前往查办，各国洋商均遵约束，独英吉利人义律以烧毁烟土之故，藉口滋事。林则徐办理不善，旋亦罢斥遣戍。英人在粤则以厚施为饱扬之谋，在浙则以掳掠为赍粮之具。从前办理不善诸臣，除分别惩儆外，余令戴罪图功。总之，禁烟所以恤民命，御寇所以卫民生。朕宵旰思艰，尔诸臣亦惟和衷共济，鼓励戎行。必能翦除夷孽，扫荡海氛，与天下苍生共享升平之福。

廿八日（6.6）

帝诣绮春园，问皇太后安。

五月

初一日（6.9）

谕：兹据赛尚阿等查勘并筹议分贮火药章程具奏，本年制造火药较多，现在筹议分贮，除左右翼前锋营八旗新营房等三处额领斤数无多，毋庸加拨外，其余圆明园八旗官兵处、健锐营、内火器营、外火器营、八旗汉军枪营、八旗汉军炮营、内务府新陈枪营等七处著照所议，如数分别加拨火药。各该处自行筹备干洁地方，严密分贮，俟届十年后，照例出陈易新，作为演放火药抵用，届时核计数目，分别办理。火药局八旗汉军该班弁兵，著派八旗汉军都统、副都统二员随时稽查，由值年旗奏请简派，两年更换。

初二日（6.10）

以鸿胪寺少卿骆秉章为奉天府府丞，兼提督学政。

初四日（6.12）

帝诣绮春园，问皇太后安。

初八日（6.16）

帝御勤政殿听政。

初九日（6.17）

帝诣绮春园，问皇太后安。

十一日（6.19）

帝诣大高殿行礼，回宫。

十四日（6.22）

夏至，祭地于方泽，帝亲诣行礼。幸圆明园，诣绮春园，问皇太后安。

十八日（6.26）

晋封琳嫔乌雅氏为琳妃。

十九日（6.27）

奉旨：田三即田泳祥、郭蓬莱等在本裕、丰益二仓以拴车拉米为由，私买圆明园八旗兵丁米石偷运回漕，难保不勾通花户米色斛口，营私舞弊，著严加讯究。此外，健锐营外火器营兵丁领米亦恐不免有此情弊，并著向该犯等彻底严讯，究出弊端，以凭惩办。

二十日（6.28）

帝诣绮春园，问皇太后安。

廿五日（7.3）

越南国王阮福暶遣使表谢赐祭并袭封恩，进贡方物，命留抵下次正贡。

廿七日（7.5）

帝诣绮春园，问皇太后安。

廿八日（7.6）

接朝鲜国王来咨：内地民人越界其上土、满浦两镇地方盖房垦地。得旨：著即将越边垦地各犯，按名弋获究办，并将私盖房舍、偷垦田土全行焚毁，毋许留寸椽尺地，以净根株。

六月

初五日（7.12）

帝诣绮春园，问皇太后安。

初七日（7.14）

两江总督牛鉴奏：英人情形日肆鸱张，从古制夷之道，不外羁縻，请照乾隆年间征缅罢兵，仍许朝贡事，准予通商。得旨：尔中伊里布之害不浅矣，曷胜愤懑。又批：朕之用兵，实出于万不得已。若将征缅之事比拟，事不相类，拟甚不伦。倘将士有所窥伺，将成瓦解，可设想耶？总因朕无知人之明，自恨自愧。

初八日（7.15）

钦差大臣、广州将军耆英等奏：英人于宝山地方张贴伪示，无非意在通商，情词尚属恭顺。得旨：英人如果真心求和，于通商而外，别无妄求，朕岂不思保全沿海生灵，聊为羁縻外夷之术？著耆英即作为己意，回复英人，如能将沿海各船全数退回广东，则必请旨允和。耆英得有覆信，即著据实密奏，断不准走漏消息，致懈军心。倘英人执迷不悟，妄肆要求，朕亦惟有一面防堵，一面攻剿而已。

十二日（7.19）

帝诣绮春园，问皇太后安。十八日亦如之。

十九日（7.26）

英军兵临江宁城下。帝准牛鉴设法羁縻，密谕耆英、伊里布与英军商议戢兵，不必虑有掣肘。

二十日（7.27）

帝接镇江失守之讯，谕令耆英、伊里布便宜行事，设法羁縻。

廿四日（7.31）

扬威将军奕经奏：江省待援紧急，浙省防剿亦不容缓，不敢率行带兵前往，候旨遵行。得旨：两省将军督抚筹办洋务将及一载，自问有何功效，迨成今日之势，尚自从容候旨遵行。朕忿懑而外，有何堪谕，自恨无知人之明也。

廿五日（8.1）

帝诣绮春园，问皇太后安。

廿七日（8.3）

两江总督牛鉴奏：自撰照会聊作羁縻之计，至屡失城池，总由无才无能，恳恩从重治罪。得旨：数月之久，自江口以至省垣，为何虚抛岁月，一无展布？朕惟自恨无知人之明也。

廿八日（8.4）

英兵船四十余只陆续驶入江宁草鞋峡江面，省垣危急。牛鉴派人前赴英船，告以现奉谕旨，准与通商，已领派耆英、伊里布专办此事。

廿九日（8.5）

濮鼎查等到达江宁。

七月

初一日（8.6）

享太庙，遣礼亲王全龄恭代行礼。

谕：耆英奏遵办羁縻情形。计此次谕旨到时，伊里布业已前来，自当妥商筹办一切。惟英人情形叵测，面商一层，尚宜斟酌。如果专意通商，只须各派亲信之员互相传话，亦能商议妥协。如英人所商在情理之中，该大臣等惟当告以彼此商妥奏明，即可施行。倘反覆开导，英人仍不受抚，惟有小心守御，相机办理。

初二日（8.7）

帝诣绮春园，问皇太后安。总管内务府奏：为敬陈禁地圆明园严密防卫等事。

初五日（8.10）

谕：耆英等奏英人披猖情形，览奏忿恨之至。两载以来，沿海生民突遭蹂躏，朕心实有不忍。与其兵连祸结，何如息事安民，以全民命？此朕万不得已之苦衷，谅该大臣等必能善体朕意，期于有成。

初六日（8.11）

帝诣绮春园，问皇太后安。初七、初八日亦如之。

十二日（8.17）

耆英等奏：七月初七日，英军送来议和条款。一、赔款洋钱二千一百万元，本年先交六百万元，其余分年带交。二、以香港为码头，并准往广州、福州、厦门、宁波、上海等处贸易。三、与中国官员用平行礼。初八日，英船忽换红旗，声称次早开炮攻城。其现于江面集结兵船八十余只，势难阻挡。遂即照会，准备照英方所提各条款商谈，罢兵媾和。

帝览奏，准耆英等照此条款谈判，并谕：惟所称本年先交洋钱六百万元，从何措给？香港准其赏借，厦门、宁波、上海等处亦准其贸易，但只许来往通商，不准久住，据为巢穴。其福州一处，商旅不便，闽省既有厦门通市，自不得复求福州。著耆英等再行商酌，将福州一处撤去，或于闽省泉州附近酌与通商，均著妥行议定。

十五日（8.20）

中元节。帝诣安佑宫行礼。应英全权代表濮鼎查邀请，耆英、伊里布、牛鉴出南京城，至英舰与濮鼎查会谈。四日后，双方又在江宁城外静海寺晤面。

十六日（8.21）

帝诣绮春园，问皇太后安。

十七日（8.22）

谕：耆英等奏连日与英人会议，粗定条约一折，览奏忿恨之至。朕因亿万生灵所系，实关天下大局，故虽愤闷莫释，不得不勉允所请，藉作一劳永逸之计，非仅为保全江浙两省而然也。所商各条内尚有应行筹酌之处，其前请之通商贸易五处，除福州外，其广州等四处，均准其来往贸易，不得占据久住。至索还商欠一节，该国与内地通商，俱系自行经理，我国官员向不过问，况各国言语不通，断非地方官所能经理。嗣后各处通商，自应仍照旧章，毋庸更改。其各省贸易，英人自纳税银，不经行商之手一节，有无窒碍之处，仍著该大臣等再行妥议具奏。

奉旨：左翼税盈余银著交广储司二万四百两，赏给端华三百二十四两零。右翼税盈余银著交圆明园七千二百两，赏给绵性一百七十五两零。

廿一日（8.26）

耆英等接受城下之盟，在江宁城内议定条约具体条款。

廿三日（8.28）

帝诣绮春园，问皇太后安。

廿四日（8.29）

耆英、伊里布、牛鉴等登上江宁江面英国军舰汉华丽号，与濮鼎查签订了中国近代第一个不平等条约——中英《江宁条约》，即《南京条约》十三款。

廿五日（8.30）

仁宗睿皇帝忌辰，遣官祭昌陵。帝诣安佑宫行礼。

总管内务府奏：山东盐运使何其兴委员解到山东盐当规银交圆明园银库。

廿六日（8.31）

耆英等奏：福州贸易一节，曾以既有厦门，无庸兼及福州，向其争辩，然彼坚执不从。谕：览奏忿懑之至，朕惟自恨自愧，何致事机一至于此，于万无可奈之中，不能不勉允所请者，诚以数百万民命所关，其利害且不止江浙等省，故强为遏抑，照议办理。惟英人所请均已允准，即当迅速定议，全数退出大江，不得任其耽延，惊扰行旅。

廿九日（9.3）

帝诣绮春园，问皇太后安。

八月

初一日（9.5）

祭先师孔子，遣协办大学士、吏部尚书卓秉恬行礼。

初二日（9.6）

祭大社、大稷，遣惠亲王绵愉恭代行礼。谕：耆英等奏洋务已定，和约钤用关防一折。朕详加披阅，俱著照所议办理。

初三日（9.7）

帝奉皇太后幸慎德堂，进膳。奉旨：静宜园九品委署达安兆著解任，同柏唐阿满福一并交刑部审讯，张宗氏福喜均著听候传质。

初五日（9.9）

帝御勤政殿听政。

初六日（9.10）

帝诣绮春园，问皇太后安。

初八日（9.12）

帝奉皇太后幸同乐园，进膳，赐皇子及内廷王公大臣、蒙古王、贝子、额驸等食。

初十日（9.14）

万寿节。遣官祭太庙后殿。遣官祭历代陵寝。遣官祭孝穆皇后、孝慎皇后、孝全皇后陵寝。帝诣安佑宫行礼。诣皇太后前行礼。御正大光明殿，皇子及王以下文武大臣、官员、蒙古王、贝子、额驸等行庆贺礼。御同乐园，赐皇子及内廷王公大臣、蒙古王、贝子、额驸等食。

十三日（9.17）

帝诣安佑宫行礼。

十四日（9.18）

帝诣绮春园，问皇太后安。

十六日（9.20）

遣官祭黑龙潭昭灵沛泽龙王之神、玉泉山惠济慈佑灵濩龙王之神、昆明湖安佑普济沛泽广生龙王之神。遣官祭圆明园惠济祠、河神庙。

十七日（9.21）

帝奉皇太后幸慎德堂，进膳。

十九日（9.23）

秋分，夕月于西郊，遣睿亲王仁寿行礼。

二十日（9.24）

帝诣绮春园，问皇太后安。

廿三日（9.27）

世宗宪皇帝忌辰，遣官祭泰陵。帝诣安佑宫行礼。

廿七日（10.1）

帝诣绮春园，问皇太后安。

廿九日（10.3）

帝御洞明堂，勾到上年新疆、云南、贵州、广西、福建情实罪犯。

九月

初四日（10.7）

帝御洞明堂，勾到上年四川情实罪犯。

初五日（10.8）

帝诣绮春园，问皇太后安。

初六日（10.9）

帝御洞明堂，勾到上年奉天、陕西、甘肃情实罪犯。

初八日（10.11）

谕：英国舰船全数退出长江，自无庸多设防兵，虚糜帑项，所有征调各省官兵，著酌量地方远近，陆续分起撤回归伍，其招募乡勇亦著次第遣散。是日，占据镇海之英军全部登船撤离。

初十日（10.13）

帝奉皇太后幸慎德堂，进膳。

十一日（10.14）

帝御洞明堂，勾到上年湖北、湖南、浙江情实罪犯。

十二日（10.15）

帝诣绮春园，问皇太后安。

十四日（10.17）

谕：英人滋扰沿海省份，已及年余。牛鉴身任封疆，屡经朕饬谕小心防范，不可稍涉大意。乃该督一味自恃，以致英人直犯长江，进逼江宁省垣，糜饷劳师，令人忿恨。牛鉴著即革职拿问，由耆英派员解京，交刑部治罪。以钦差大臣、广州将军耆英为两江总督，以署乍浦副都统伊里布为钦差大臣、广州将军。

十六日（10.19）

帝御洞明堂，勾到上年江西、安徽、河南情实罪犯。

十八日（10.21）

帝御洞明堂，勾到上年江苏、山西情实罪犯。

十九日（10.22）

帝诣绮春园，问皇太后安。

廿一日（10.24）

帝御洞明堂，勾到上年山东、直隶、热河情实罪犯。

廿五日（10.28）

谕：奕山等奏制造战船。朕思防海事宜，总以造船制炮为要，各省修造战船，竟同具文，以致临时不能适用，深堪愤恨。

廿六日（10.29）

帝诣绮春园，问皇太后安。御洞明堂，勾到新疆、云南、贵州、广西、福建情实罪犯。

廿八日（10.31）

帝诣大高殿行礼，回宫。

十月

初一日（11.3）

享太庙，帝亲诣行礼。

初二日（11.4）

帝幸圆明园。诣绮春园，问皇太后安。

初四日（11.6）

谕：恩桂等奏上驷院马匹较多，拟请裁撤，著照所议办理。所有择出之马一百六匹，著分赏御前行走、御前侍卫、乾清门侍卫、批本奏事等官及奏蒙古事侍卫、上虞备用处侍卫共一百二十五人，每人各赏马一匹，尚不敷马十九匹，著上驷院如数拨补。其余拟请变价之马五百二十一匹，著分赏圆明园枪营、健锐营、火器营。

初五日（11.7）

帝御阅武楼，阅圆明园八旗枪操。谕：本日朕御阅武楼阅看圆明园枪操，步伍整齐，施放有准。该兵丁等并非操演营分，乃甫经训练一年，技艺已臻纯熟，喜慰实深，可见八旗兵弁不乏人材，如能操练得宜，无难悉成劲旅。该管大臣督率有方，允宜特沛恩施，用昭懋赏。赛尚阿、恩桂均著赏戴花翎，并各予随带加二级，每人各赏蟒袍料一件、大卷八丝、缎袍褂料各一连。翼长二员，各赏蟒袍料一件、八丝缎袍料一匹。营总参领十二员，各赏袍褂料一副。护军校及副护军校六十四名，各赏袍料一件。鸟枪护军一千名，每名各赏一两重及五钱重银锞各一个。抬枪甲兵四百名，每名各赏一两重银锞二个。弓箭马队护军及海螺执纛鸣锣各项兵丁九百十名，每名赏一两重银锞一个，以示奖励。

初六日（11.8）

帝诣安佑宫行礼。

初七日（11.9）

帝诣绮春园，问皇太后安。

初九日（11.11）

帝诣绮春园，问皇太后安，侍膳。

初十日（11.12）

皇太后圣寿节。遣官祭太庙后殿、奉先殿。帝率皇子、王公大臣、文武官员及蒙古王、贝子、额驸等诣绮春园行庆贺礼，率皇子侍皇太后膳。

十三日（11.15）

帝诣绮春园，问皇太后安。

十九日（11.21）

帝御勤政殿听政。

二十日（11.22）

帝诣绮春园，问皇太后安。

廿二日（11.24）

帝御洞明堂，勾到四川情实罪犯。

廿三日（11.25）

因庆郡王奕彩行贿，革去其郡王爵，并罚养赡钱粮一年。

廿六日（11.28）

帝御洞明堂，勾到广东、奉天情实罪犯。

廿七日（11.29）

帝诣绮春园，问皇太后安。

廿八日（11.30）

帝御洞明堂，勾到陕甘、浙江、江西情实罪犯。

廿九日（12.1）

帝诣安佑宫行礼。

十一月

初一日（12.2）

命嗣后年满陵寝总管，由本旗带领引见后再行拣选。

初二日（12.3）

帝御洞明堂，勾到湖广、安徽、江苏情实罪犯。

初四日（12.5）

帝诣绮春园，问皇太后安。

初六日（12.7）

帝御洞明堂，勾到河南、山东情实罪犯。天津为京畿藩卫，将伊犁镇总兵裁撤，移置天津。

初八日（12.9）

帝御洞明堂，勾到山西、直隶、热河情实罪犯。

奉旨：这所得盈余银三万五千二百两零著一并交圆明园，麟祥著无庸赏给。

初十日（12.11）

帝诣绮春园，问皇太后安。

十一日（12.12）

帝诣安佑宫行礼。

十二日（12.13）

帝诣大高殿、寿皇殿行礼，奉皇太后回宫。

十三日（12.14）

圣祖仁皇帝忌辰，遣官祭景陵。帝诣寿皇殿行礼，诣关帝庙拈香。

十五日（12.16）

谕：自明年正月始，凡遇致祭奉先殿，著添派皇四子奕詝、皇五子奕誴、皇六子奕訢轮班恭诣行礼。

二十日（12.21）

帝诣南郊斋宫斋宿。

廿一日（12.22）

冬至，祀天于圜丘，帝亲诣行礼。赏八旗兵丁一月钱粮。

廿四日（12.25）

总管内务府奏：护理淮宿海关税务委员文彬解到圆明园银库。

十二月

初六日（1843.1.6）

奉旨：两淮欠解圆明园八旗内务府三旗生息银两，为该处官兵看守御园日支口食枪营要需，著两江总督即将旧欠分年带征银五千二百两，并道光二十一年应交下半年利银一万二千两、二十二年应交一年利银二万四千两，迅速解交，以供支放。

十八日（1.18）

谕：近因章嘉呼图克图由西藏旋回，询及现在达赖喇嘛资禀灵秀，超轶群伦。达赖喇嘛为总统黄法之领袖，阖藏喇嘛人等悉赖以安。兹闻其灵秀性成，好学经艺，自能振兴黄法，慈佑群生，朕心深为欢悦。惟念达赖喇嘛年岁尚幼，著驻藏大臣传谕噶勒丹锡呼图禅师，尽心训诲经艺，以示朕敦崇黄教至意。

谕：朕因班禅额尔德尼六旬生辰，上年章嘉呼图克图赴藏，特命赍赏什物。今班禅额尔德尼感戴朕恩，具见诚悃，洵属可嘉。其所进之丹书克等件，著派章嘉呼图克图以庆贺元旦礼，于正月初二日代为恭递。

廿七日（1.27）

重修《大清一统志》成，予历任提调、总纂、纂修等官议叙有差。

廿八日（1.28）

祫祭太庙，帝亲诣行礼。

道光二十三年　1843

正月

初一日（1.30）

帝诣奉先殿行礼。御乾清宫，赐皇子、亲藩等宴。

初七日（2.5）

世祖章皇帝忌辰，遣官祭孝陵。帝诣南郊斋宫斋宿。

初八日（2.6）

祈谷于上帝，帝亲诣行礼。致仕大学士阮元八十生辰，赏御书匾联福寿字，并珍玩文绮。

初九日（2.7）

享太庙，遣惠亲王绵愉恭代行礼。帝诣大高殿行礼。帝幸圆明园。奉皇太后居绮春园。诣安佑宫行礼。

初十日（2.8）

帝诣绮春园，问皇太后安。

十一日（2.9）

孝全皇后忌辰，命皇四子奕詝祭陵寝。

十四日（2.12）

帝御奉三无私殿，赐皇子、亲藩等宴。

十五日（2.13）

上元节。帝诣安佑宫行礼。御正大光明殿，赐朝正外藩等宴，作乐赐酒，如除夕仪。

十六日（2.14）

帝诣绮春园，问皇太后安。御正大光明殿，赐大学士、尚书等宴。

十九日（2.17）

帝御山高水长，赐王公大臣、蒙古王、贝勒、贝子、公、台吉及外藩使臣等食。

廿二日（2.20）

帝诣绮春园，问皇太后安。

廿五日（2.23）

引见京察三品以下京堂各员。朝鲜国王李焕遣使表贺万寿、冬至、元旦三大节，进贡方物，赏赉筵宴如例。

廿六日（2.24）

总管内务府奏：长芦盐政德顺解银交圆明园银库。

廿八日（2.26）

帝诣绮春园，问皇太后安。

三十日（2.28）

帝诣大高殿行礼，回宫。

二月

初五日（3.5）

祭大社、大稷，帝亲诣行礼。

初六日（3.6）

以举行仲春经筵，遣官祭奉先殿、传心殿。帝御文华殿经筵，值讲官吉伦泰、卓秉恬进讲《论语》。

初八日（3.8）

帝幸圆明园，诣绮春园，问皇太后安。

十一日（3.11）

引见内务府三院等处京察一等人员。得旨：此次圈出之圆明园六品苑丞扎拉芬、署苑副淳慧，清漪园六品苑丞广裕，静明园六品苑丞吉尔通阿，俱著交吏部记名，照例选用。

十二日（3.12）

复引见各衙京察一等圈出人员。

十三日（3.13）

复引见内务府京察一等圈出人员。

十四日（3.14）

帝诣绮春园，问皇太后安。御勤政殿听政。

十九日（3.19）

遣官祭黑龙潭昭灵沛泽龙王之神、玉泉山惠济慈佑灵濩龙王之神、昆明湖安佑普济沛泽广生龙王之神。遣官祭圆明园惠济祠、河神庙。

廿一日（3.21）

帝诣绮春园，问皇太后安。春分，朝日于东郊，遣庄亲王绵譁行礼。

内务府呈宫内及圆明园等处用过煤炭、木柴、蜡数目清单。道光二十年十二月初一日起至道光二十一年十一月三十日止，宫内并圆明园等处共用过红萝炭五万一千三十七斤十两、黑炭四十万五千五百十四斤、煤三十二万六千四百十斤、木柴八万三千七百三十斤。宫内并圆明园等处共用过白蜡一千九百六十五斤十四两六钱、回残白蜡六百五十一斤、黄蜡二千三十八斤三两五钱、羊油蜡一万七千一百十四斤十三两。

廿二日（3.22）

赠故钦差大臣、广州将军伊里布太子太保，予祭葬，谥文敏。

廿九日（3.29）

帝诣绮春园，问皇太后安。

三月

初二日（4.1）

帝御山高水长，阅侍卫等骑射。

初三日（4.2）

以御前行走额驸德木楚克扎布中箭六枝，赏紫缰。

初四日（4.3）

帝御山高水长，阅侍卫等骑射。

初五日（4.4）

帝诣绮春园，问皇太后安。

初六日（4.5）

清明节。帝诣安佑宫行礼。遣官祭历代陵寝。

初七日（4.6）

祭先农之神，遣庄亲王绵譁行礼。总管内务府奏：张家口监督麟翔解盈余银交圆明园银库。

初十日（4.9）

大考翰林院、詹事府各官于圆明园正大光明殿。

十二日（4.11）

帝诣绮春园，问皇太后安。

十六日（4.15）

帝奉皇太后幸慎德堂，进膳。

十八日（4.17）

帝诣安佑宫行礼。诣绮春园，问皇太后安。

廿五日（4.24）

帝诣绮春园，问皇太后安。

廿六日（4.25）

谕：现在户部银库查有亏短，历任稽查银库御史不能纠察弊端，真同虚设。除听候钦派王大臣查明惩办外，所有稽查三库满汉御史均著即行裁撤。

廿七日（4.26）

谕：据户部查明银库亏欠银两至九百二十五万二千余两之多，殊堪骇异，特派大学士、王大臣等详议严行罚赔，从重办理。

谕：现在银库亏空至九百余万之多，各衙门一切用款本多冗费，著谕知宗人府、户部、工部、内务府三院三山、太常寺、步军统领衙门、顺天府各堂官体察情形，所有大小工程及支领款项，遇有可裁减者即行裁减，总期实力撙节，庶于公项有裨。

廿八日（4.27）

帝诣大高殿行礼，时应宫拈香，回宫。

四月

初一日（4.30）

享太庙，帝亲诣行礼。幸圆明园，诣绮春园，问皇太后安。

初三日（5.2）

福建提督窦振彪奏谢革职留任恩。得旨：水师如再废弛，不加练习，将何以对朕，自问天良何在？

初四日（5.3）

先是，帝以琦善、奕经、文蔚等办理洋务、军务不善而相继治罪，旋即加琦善三品顶戴为热河都统，奕经为叶尔羌帮办大臣，文蔚为古城领队大臣。至是，御史陈庆镛奏，三人起用为刑赏失措，无以服人。帝命将三人革职，即令闭门思过，以昭赏罚之公。以户部右侍郎萨迎阿为热河都统。

初五日（5.4）

帝奉皇太后幸慎德堂，进膳。

初七日（5.6）

帝诣绮春园，问皇太后安。

初九日（5.8）

帝诣时应宫、昭显庙拈香，回宫。

十一日（5.10）

帝诣南郊斋宫斋宿。

十二日（5.11）

常雩，祀天于圜丘，帝亲诣行礼。诣关帝庙拈香。帝幸圆明园，诣绮春园，问皇太后安。

十四日（5.13）

帝诣黑龙潭神祠拈香。

十八日（5.17）

帝奉皇太后幸同乐园，进膳。定郡王载铨会同军机大臣等覆奏，酌拟罚赔管库查库官员银两交纳限期。

十九日（5.18）

帝诣绮春园，问皇太后安。

廿一日（5.20）

帝御勤政殿听政。

廿二日（5.21）

以得雨未透，命于廿五日在黑龙潭、觉生寺设坛祈祷。

廿六日（5.25）

帝诣绮春园，问皇太后安。

廿八日（5.27）

以甘霖渥沛，改祈为报，帝诣黑龙潭神祠拈香，命皇四子奕詝诣觉生寺、皇五子奕誴诣清漪园龙神庙、皇六子奕訢诣静明园龙神庙，成郡王载锐诣宣仁庙、凝和庙，瑞郡王奕誌诣昭显庙、时应宫拈香。

本月

管理圆明园八旗内务府三旗事务大臣奏准：三旗护军营拴养官马四十匹内裁减二十匹。

五月

初四日（6.1）

帝诣绮春园，问皇太后安。

初六日（6.3）

以本年乡试，考试应开列试差人员于圆明园正大光明殿。

初七日（6.4）

帝奉皇太后幸慎德堂，进膳。

初十日（6.7）

帝诣绮春园，问皇太后安。

十四日（6.11）

谕：裕诚等奏户部银库章程一折。嗣后，外库著隔一年奏派王大臣盘查一次，其内库及缎匹颜料二库著隔二年盘查一次，均著会同管理及兼管库务之大臣，认真稽核。

十八日（6.15）

帝诣绮春园，问皇太后安。

廿二日（6.19）

帝诣大高殿行礼，回宫。

廿五日（6.22）

夏至，祭地于方泽，帝亲诣行礼。幸圆明园。诣绮春园，问皇太后安。

廿九日（6.26）

两江总督耆英与英全权公使濮鼎查在香港举行中英《南京条约》互换批准书仪式。

六月

初二日（6.29）

帝诣绮春园，问皇太后安。初八日、十四日、廿一日、廿八日亦如之。

廿五日（7.22）

英国迫使清政府签订中英《五口通商章程》及《海关税则》，并在香港公布。

七月

初一日（7.27）

享太庙，遣礼亲王全龄恭代行礼。

初六日（8.1）

帝诣绮春园，问皇太后安。释回遣戍已革闽浙总督邓廷桢。

十二日（8.7）

帝诣绮春园，问皇太后安。

十五日（8.10）

中元节。帝诣安佑宫行礼。

十七日（8.12）

帝御勤政殿听政。奉旨：左翼税盈余银著交圆明园二万两，赏给僧格林沁六百八十七两零。右翼税盈余银著交圆明园七千二百两，赏给玉明一百七十六两零。

十九日（8.14）

帝诣绮春园，问皇太后安。

廿五日（8.20）

仁宗睿皇帝忌辰，遣官祭昌陵。帝诣安佑宫行礼。

廿六日（8.21）

帝诣绮春园，问皇太后安。

闰七月

初三日（8.27）

帝诣绮春园，问皇太后安。初十日、十六日、廿三日、廿九日亦如之。

廿五日（9.18）

帝奉皇太后幸慎德堂，进膳。

八月

初一日（9.24）

秋分，夕月于西郊，遣庄亲王绵譁行礼。

初四日（9.27）

帝诣绮春园，问皇太后安。遣官祭黑龙潭昭灵沛泽龙王之神、玉泉山惠济慈佑灵濩龙王之神、昆明湖安佑普济沛泽广生龙王之神。遣官祭圆明园惠济祠、河神庙。

初五日（9.28）

帝诣大高殿行礼，回宫。

初八日（10.1）

祭大社、大稷，帝亲诣行礼。幸圆明园。诣绮春园，问皇太后安。

初十日（10.3）

万寿节。遣官祭太庙后殿。遣官祭历代陵寝。遣官祭孝穆皇后、孝慎皇后、孝全皇后陵寝。遣官祭显佑宫、东岳庙、城隍庙。帝诣安佑宫行礼。诣绮春园皇太后前行礼。御正大光明殿，皇子及王以下文武大臣官员、蒙古王公、额驸等行庆贺礼。御同乐园，赐皇子及内廷王大臣、蒙古王公、额驸等食。

十二日（10.5）

帝奉皇太后幸同乐园，进膳，赐皇子及内廷王大臣、蒙古王公、额驸等食。

十三日（10.6）

帝诣安佑宫行礼。

十五日（10.8）

两江总督耆英与英全权公使濮鼎查在广东虎门签订中英《五口通商附粘善后条款》，即《虎门条约》。

十七日（10.10）

帝诣绮春园，问皇太后安。

二十日（10.13）

军机大臣会同礼部议覆驻防考试翻译章程二十条。奉旨：本年乡试中式举人，著于本月廿七日在圆明园正大光明殿覆试。

廿二日（10.15）

已革两江总督牛鉴，此次著无庸归入朝审办理。奕山著即释放回家，闭门思过。

廿三日（10.16）

世宗宪皇帝忌辰，遣官祭泰陵。帝诣安佑宫行礼。

廿四日（10.17）

帝诣绮春园，问皇太后安。

九月

初三日（10.25）

帝诣绮春园，问皇太后安。御洞明堂，勾到新疆、云南、贵州情实罪犯。

初六日（10.28）

帝御洞明堂，勾到四川情实罪犯。

初七日（10.29）

奉旨：本年顺天乡试取中举人，著于本月十五日在圆明园正大光明殿覆试。

初九日（10.31）

帝诣绮春园，问皇太后安。

十四日（11.5）

帝御洞明堂，勾到广东、广西、福建、奉天情实罪犯。

十六日（11.7）

帝诣绮春园，问皇太后安。

十七日（11.8）

奉旨：此次翻译乡试中式举子，著于本月廿一日在圆明园正大光明殿覆试。

十八日（11.9）

帝御洞明堂，勾到陕甘、浙江、江苏、江西情实罪犯。

廿一日（11.12）

帝御洞明堂，勾到湖广情实罪犯。

廿三日（11.14）

帝诣绮春园，问皇太后安。

廿四日（11.15）

帝御洞明堂，勾到安徽、河南情实罪犯。

廿六日（11.17）

帝御勤政殿听政。

廿八日（11.19）

帝诣大高殿行礼，回宫。

本月

总管内务府奏准：三旗护军营每年出青马二百三十七匹，即行裁汰。至每年正月皇上初次幸园及冬季进宫二次差务用马较多，如有不敷，准其调用精捷营官马六十匹以资协济。

十月

初一日（11.22）

享太庙，帝亲诣行礼。

初二日（11.23）

帝幸圆明园。诣绮春园，问皇太后安。

初六日（11.27）

帝诣安佑宫行礼。

初九日（11.30）

帝诣绮春园，问皇太后安，侍膳。

初十日（12.1）

皇太后圣寿节。遣官祭太庙后殿、奉先殿。帝率皇子及王公大臣、文武官员诣绮春园行庆贺礼。礼成，率皇子侍皇太后膳。

谕：耆英奏通商事竣。朕思鸦片烟虽来自外洋，总由内地民人逞欲玩法，甘心自戕，以致流毒日深。如果令行禁止，吸食之风既绝，兴贩者即无利可图。著该大臣申明禁令，此后内地官民，如再有开设烟馆及贩卖烟土，并仍前吸食者，务当按律惩办，毋稍姑息。

十一日（12.2）

命驻藏大臣孟保回京，赏已革热河都统琦善二等侍卫，为驻藏大臣。

以绮春园行礼前引大臣福恩、吉祥保、安成旷误，革散秩大臣，罚俸一年。

十六日（12.7）

帝诣绮春园，问皇太后安。

廿一日（12.12）

帝御洞明堂，勾到山东、山西、直隶、热河情实罪犯。

廿二日（12.13）

帝诣绮春园，问皇太后安。

廿四日（12.15）

帝御洞明堂，勾到朝审情实罪犯。

廿五日（12.16）

奉旨：两淮欠解圆明园八旗内务府三旗生息银两为该处官兵班费要需，著两江总督即将旧欠分年带征银两，并道光二十二年应交利银二万四千两、二十三年利银二万六千两及二十二年二十三年应交带征十五年利银五千二百两，迅速解交，以资支放。

廿八日（12.19）

帝回宫。

十一月

初一日（12.21）

帝诣南郊斋宫斋宿。

初二日（12.22）

冬至，祀天于圜丘，帝亲诣行礼。遣官祭历代陵寝。遣官祭孝穆皇后、孝慎皇后、孝全皇后陵寝。停次日朝贺。帝幸圆明园。诣绮春园，问皇太后安。

初三日（12.23）

谕：僧格林沁等奏，遵旨配成火药，请交各旗营分贮。所有外火器营新制配成火药三万斤，著交圆明园枪营四千斤、健锐营六千斤、内火器营六千斤、外火器营六千斤、汉军八旗五百斤、前锋营每翼二百斤、八旗护军营每旗四百五十斤，均著该管各旗营大臣饬属妥为存贮，毋致稍受潮湿。倘漫不经心，日后不堪应用，惟该管大臣等是问。

初七日（12.27）

谕：据奏，近日广东洋面不靖，闽浙各洋时有匪徒出没，沿海奸民恃海洋为后路，必宜认真巡缉，遏绝奸萌。嗣后，沿海水师各提镇，著于每岁出洋时具奏一次，俟出洋往返事毕，洋面如何情形，据实具奏。其实在因公不能出洋，即著自行奏明，均令咨禀该省总督，以凭查核。

初八日（12.28）

帝诣绮春园，问皇太后安。

十二日（1844.1.1）

大高殿设坛祈雪。

十三日（1.2）

圣祖仁皇帝忌辰，遣官祭景陵。帝诣安佑宫行礼。

十四日（1.3）

帝诣绮春园，问皇太后安。二十日亦如之。

廿五日（1.14）

帝诣安佑宫行礼。

廿六日（1.15）

帝诣大高殿、寿皇殿行礼，奉皇太后回宫。

廿七日（1.16）

总管内务府奏：山东盐运使陈士枚委员解到山东盐当规银交圆明园银库。

廿九日（1.18）

再于大高殿设坛祈雪，帝亲诣行礼。

本月

内务府呈准：静明园内各等处一年应用大小担子、扫帚、笤帚、柳器、绳斤等项核减六成。

十二月

初三日（1.22）

帝诣火神庙、宣仁庙、凝和庙拈香。

初八日（1.27）

以京畿得雪，帝诣大高殿报谢。

十三日（2.1）

谕：瑞郡王奕誌明年年至十八，例应当差，著仍在上书房读书。

廿五日（2.13）

奉旨：著文庆管理清漪园等处事务。

廿八日（2.16）

祫祭太庙，帝亲诣行礼。

道光二十四年　1844

正月

初一日（2.18）

帝诣奉先殿行礼。御乾清宫，赐皇子、亲藩等宴。以来岁皇太后七旬万寿，命于本年八月举行恩科乡试，来年三月举行会试。

初三日（2.20）

高宗纯皇帝忌辰，遣官祭裕陵。帝诣奉先殿、寿皇殿行礼。谕内阁：朕于二月廿七日由圆明园启銮，三十日祗谒东陵。礼成后，于三月初三日驻跸南苑，初八日回圆明园。

初四日（2.21）

帝诣大高殿行礼。幸圆明园。奉皇太后居绮春园。诣安佑宫行礼。

初六日（2.23）

帝诣绮春园，问皇太后安。皇八子奕詥生。

初九日（2.26）

享太庙，遣礼亲王全龄恭代行礼。以清漪园怡春堂不戒于火，命内务府大臣恩桂、文庆会同刑部提集园丁、园户暨苑丞、苑副等严讯。寻讯明正月初七日，造办处开单调取怡春堂陈设四十六件。初八日苑丞嵩源等向内查取，遗失吸烟火种，以致夜间火起，延烧房屋，并无偷漏掩饰情弊。嵩源，应杖一百、流三千里，照例折枷鞭责。园丁园户，俱革役鞭责发落。得旨：嵩源著实发乌鲁木齐充当苦差，余依议。

十一日（2.28）

孝全皇后忌辰，遣官祭陵寝。帝诣大高殿行礼，回宫。

十二日（2.29）

命吏部尚书恩桂仍管清漪园等处事。

十三日（3.1）

帝诣南郊斋宫斋宿。

十四日（3.2）

祈谷于上帝，帝亲诣行礼。诣关帝庙拈香。

帝幸圆明园。诣绮春园，问皇太后安。御奉三无私殿，赐皇子、亲藩等宴。

十五日（3.3）

上元节。帝诣安佑宫行礼。御正大光明殿，赐朝正外藩等宴，作乐赐酒，如除夕仪。

十六日（3.4）

帝御正大光明殿，赐大学士、尚书等宴。

十九日（3.7）

帝御山高水长，赐王公大臣、蒙古王、贝勒、贝子、公、额驸、台吉及外藩使臣等食。

二十日（3.8）

帝诣绮春园，问皇太后安。

廿五日（3.13）

谕：向遇恭谒东西陵之年，直隶总督呈进大小猪羊，著自本年始，无庸呈进。改进食物及干鲜果品，以备赏赉之需。

廿六日（3.14）

帝诣绮春园，问皇太后安。朝鲜国王李焕遣使表贺万寿、冬至、元旦三大节并进贡方物，赏赉筵宴如例。

廿八日（3.16）

帝诣大高殿行礼，回宫。

二月

初一日（3.19）

祭大社、大稷，帝亲诣行礼。

初二日（3.20）

春分，朝日于东郊，遣豫亲王义道恭代行礼。以举行仲春经筵，遣官告祭奉先殿、传心殿。帝御文华殿经筵，值讲官赛尚阿、祁寯藻进讲《中庸》。帝幸圆明园。诣绮春园，问皇太后安。

初三日（3.21）

谕：朕此次恭谒东陵，启銮后，著派肃亲王敬敏、惠亲王绵愉、大学士潘世恩、尚书恩桂留京办事。

初四日（3.22）

谕：六公主著封为寿恩固伦公主，原任御前大臣一等公博启图之子景寿，著指为寿恩固伦公主之额驸。

初八日（3.26）

帝诣绮春园，问皇太后安。

初十日（3.28）

祭先师孔子，遣署礼部尚书特登额行礼。

十四日（4.1）

帝诣绮春园，问皇太后安。奉旨：上年顺天乡试取中举人，著于本月十九日在圆明园正大光明殿补行覆试，所有中式原卷及覆试各卷仍交上年派出之覆勘大臣核对。

十七日（4.4）

谕：大学士穆彰阿现署步军统领，著留京办事。

十八日（4.5）

清明节。帝诣安佑宫行礼。

十九日（4.6）

遣官祭黑龙潭昭灵沛泽龙王之神、玉泉山惠济慈佑灵濩龙王之神、昆明湖安佑普济沛泽广生龙王之神。遣官祭圆明园惠济祠、河神庙。

二十日（4.7）

帝诣绮春园，问皇太后安。御勤政殿听政。

廿三日（4.10）

谕：朕此次恭谒东陵，改于三月初三日自圆明园启銮，初六日礼成后旋跸，初九日由烟郊回圆明园。

廿五日（4.12）

帝诣绮春园，问皇太后安。

廿九日（4.16）

谕：此次恭谒东陵，著四阿哥奕詝、五阿哥奕誴、六阿哥奕訢恭代行礼，即于初三日起程前往，初八日回圆明园，著派内务府大臣裕诚随同前往。

本月

内务府奏准：圆明园存收稿件，历年既久，积聚亦多，应一律清查，分别存留销毁。此后每届二年，由各该处自行查核，呈明本管大臣将无用之件送交内务府汇总，运出城外一并销毁。

三月

初二日（4.19）

帝诣绮春园，问皇太后安。

初四日（4.21）

谕：敬徵等奏，查绮春园内围幙被窃，又据赛尚阿等奏，挡木挪动情形，均请查拿究办。园庭禁地，贼匪竟敢越墙偷窃，该值班官兵漫无觉察，所司何事？是日值宿之散秩大臣庆英并未具奏，著交部议处。此案窃贼，著内务府步军统领派员严密访拿，务获究办。其失察之官兵，俟定案时，再降谕旨。寻刑部奏，步军统领衙门拿获绮春园水轮子帮工王老儿，讯系用挡木蹬墙进内行窃，拟发广东极边烟瘴充军。从之。

初五日（4.22）

谕：耆英现已调任两广总督，各省通商善后事宜均交该督办理，著仍颁给钦差大臣关防，遇有办理各省海口通商文移事件，均著准其钤用。

初九日（4.26）

帝诣绮春园，问皇太后安。十六日、廿三日、廿九日亦如之。

十二日（4.29）

帝诣安佑宫行礼。十八日亦如之。

十九日（5.6）

奉旨：此次宗室会试中式贡士，著于本月廿四日在圆明园正大光明殿覆试。

二十日（5.7）

福建海坛镇总兵官杨登俊奏报出洋巡缉。得旨：若仍前怠玩，则丧尽天良矣。

廿二日（5.9）

帝奉皇太后幸慎德堂，进膳。

廿四日（5.11）

奉旨：据穆彰阿等奏参失察太监潜匿叩阍之员弁，请旨交部议处。此次太监于进忠在绮春园西辖哈外河南边喊嚷叩阍，系在布帐之后，与马前叩阍者有间。所有署都司守备福来、步军校阿拉金保应行议处之处，著加恩宽免。

廿五日（5.12）

奉旨：据载垣、赛尚阿等奏，绮春园宫门陈设撒袋内失去弓一张，请饬拿究办。著步军统领严饬该地方营员严拿务获，是日值班之侍卫什长、侍卫等著先行查明交部议处。

廿六日（5.13）

奉旨：庶吉士散馆，著于四月十八日在圆明园正大光明殿考试。

四月

初一日（5.17）

享太庙，遣礼亲王全龄恭代行礼。帝诣时应宫、昭显庙拈香，回宫。

初三日（5.19）

帝诣南郊斋宫斋宿。

初四日（5.20）

常雩，祀天于圜丘，帝亲诣行礼。幸圆明园。诣绮春园，问皇太后安。

初十日（5.26）

帝诣绮春园，问皇太后安。十六日亦如之。

十六日（6.1）

以本年乡试，考试应开列试差人员于圆明园正大光明殿。

十七日（6.2）

奉旨：翻译会试中式贡士，著于本月廿二日在圆明园正大光明殿覆试。

廿一日（6.6）

帝诣黑龙潭神祠拈香。策试天下贡士焦春宇等二百九名于保和殿。

廿二日（6.7）

引见辛丑科散馆及补行散馆人员。

廿三日（6.8）

帝奉皇太后幸慎德堂，进膳。

廿四日（6.9）

帝诣大高殿行礼，回宫。御乾清宫，召读卷官人，亲阅定进呈十卷甲第。

廿五日（6.10）

帝御太和殿传胪，赐一甲孙毓溎、周学浚、冯培元三人进士及第，二甲王景淳等一百六人进士出身，三甲孙廷元等一百人同进士出身。帝幸圆明园。诣绮春园，问皇太后安。

五月

初二日（6.17）

帝诣绮春园，问皇太后安。

初三日（6.18）

孝诚仁皇后忌辰，遣官祭景陵。帝诣大高殿行礼，回宫。

初六日（6.21）

夏至，祭地于方泽，帝亲诣行礼。幸圆明园。诣绮春园，问皇太后安。

十二日（6.27）

帝诣绮春园，问皇太后安。

十八日（7.3）

钦差大臣耆英与美国专使顾盛在澳门附近之望厦村签订中美《望厦条约》，即中美《五口贸易章程》三十四款，附《海关税则》。

十九日（7.4）

帝诣绮春园，问皇太后安。

二十日（7.5）

帝御勤政殿听政。

廿七日（7.12）

帝诣绮春园，问皇太后安。

六月

初四日（7.18）

帝诣绮春园，问皇太后安。十六日亦如之。

廿五日（8.8）

奉旨：左翼税盈余银著交广储司二万三百两，赏给道庆三百九十八两零。右翼税盈余银著交广储司七千二百两，赏给哈哴阿一百七十七两零。

七月

初一日（8.14）

享太庙，遣睿亲王仁寿恭代行礼。

十五日（8.28）

中元节。遣官祭历代陵寝。

十七日（8.30）

谕：寿恩固伦公主下嫁吉期，著钦天监于明年选择具奏。

廿三日（9.5）

帝诣绮春园，问皇太后安。廿九日亦如之。

廿五日（9.7）

仁宗睿皇帝忌辰，遣官祭昌陵。帝诣安佑宫行礼。

八月

初三日（9.14）

祭先师孔子，遣礼部尚书特登额行礼。

初四日（9.15）

祭大社、大稷，遣瑞郡王奕誌恭代行礼。

初六日（9.17）

帝诣绮春园，问皇太后安。

初八日（9.19）

帝奉皇太后幸同乐园，进膳，并赐皇子及王以下文武大臣、蒙古王公、额驸等食。

初十日（9.21）

万寿节。遣官祭太庙后殿。遣官祭历代陵寝。遣官祭孝穆皇后、孝慎皇后、孝全皇后陵寝。遣官祭显佑宫、东岳庙、城隍庙。帝诣安佑宫行礼。诣绮春园皇太后前行礼。御正大光明殿，皇子及王以下文武大臣官员、蒙古王公、额驸等行庆贺礼。御同乐园，赐皇子及王以下文武大臣、蒙古王公、额驸等食。

十二日（9.23）

秋分，夕月于西郊，遣庄亲王绵譁恭代行礼。

十三日（9.24）

帝诣安佑宫行礼。

十六日（9.27）

帝诣绮春园，问皇太后安。

廿一日（10.2）

奉旨：本年乡试宗室中式举人，著于本月廿五日在圆明园正大光明殿覆试。

奉旨：本日军机大臣传到庆英，据称因侍卫处传牌未经看明，以致临祭迟误，庆英著交部议处。

廿二日（10.3）

遣官祭黑龙潭昭灵沛泽龙王之神、玉泉山惠济慈佑灵濩龙王之神、昆明湖安佑普济沛泽广生龙王之神。遣官祭圆明园惠济祠、河神庙。

廿三日（10.4）

世宗宪皇帝忌辰，遣官祭泰陵。帝诣安佑宫行礼。

廿四日（10.5）

帝诣绮春园，问皇太后安。三十日亦如之。

廿五日（10.6）

帝御勤政殿听政。

九月

初一日（10.12）

奉旨：本年顺天乡试中式举人，著于本月十五日在圆明园正大光明殿覆试。

初二日（10.13）

吏科给事中苏都礼奏：近闻得有太监李进喜，在南海甸大河庄居住。该太监连年将畅春园前官土山削平数十丈、宽一二十丈不等，又典得旗人戚姓坟地，平毁坟冢，开设当春花厂等事，均系该胞兄刘大瓦匠头目康姓与伊同居之戚属闻姓经手办理。不敢不据实陈奏，请旨饬查。

初七日（10.18）

帝诣绮春园，问皇太后安。御山高水长，阅侍卫等骑射，翌日如之。

十一日（10.22）

帝诣黑龙潭神祠拈香。

十三日（10.24）

帝御洞明堂，勾到新疆、云南、贵州情实罪犯。

钦差大臣耆英与法国专使剌萼尼在停泊于广州黄埔的法舰阿吉默特号上签订中法《黄埔条约》，即中法《五口贸易章程》三十六款，附《海关税则》。

十四日（10.25）

帝诣绮春园，问皇太后安。二十日、廿六日亦如之。

十七日（10.28）

帝御洞明堂，勾到四川情实罪犯。

十九日（10.30）

帝御洞明堂，勾到广东、陕甘情实罪犯。

廿四日（11.4）

奉旨：管理清漪园等处事务之总管内务府大臣琔珠现在出缺。著舒兴阿会同恩桂、文庆管理清漪园等处事务。

廿五日（11.5）

帝御洞明堂，勾到福建、奉天、湖广情实罪犯。

廿七日（11.7）

孝慈高皇后忌辰，遣官祭福陵。帝诣大高殿行礼，回宫。

十月

初一日（11.10）

享太庙，帝亲诣行礼。

初五日（11.14）

帝诣绮春园，问皇太后安。十四日、十九日、廿五日亦如之。

初六日（11.15）

帝诣安佑宫行礼。

初九日（11.18）

帝诣绮春园，问皇太后安，侍膳。

初十日（11.19）

皇太后圣寿节。遣官祭太庙后殿、奉先殿。帝率皇子及王公大臣、文武官员诣绮春园行庆贺礼。毕，率皇子侍皇太后膳。

二十日（11.29）

帝御洞明堂，勾到江西、安徽、江苏情实罪犯。

廿七日（12.6）

帝御洞明堂，勾到河南、山东情实罪犯。

三十日（12.9）

帝诣安佑宫行礼。

十一月

初二日（12.11）

奉旨：管理清漪园等处事务之总管内务府大臣舒兴阿现在简放伊犁参赞大臣。著花沙纳会同恩桂、文庆管理清漪园等处事务。

初四日（12.13）

帝诣安佑宫行礼。御洞明堂，勾到山西、直隶、热河情实罪犯。

初七日（12.16）

帝御洞明堂，勾到朝审情实罪犯。

十二日（12.21）

以圣祖仁皇帝忌辰与冬至陵寝大祭相值，先期遣官祭景陵。帝诣南郊斋宫斋宿。

十三日（12.22）

冬至，祀天于圜丘，帝亲诣行礼。遣官祭历代陵寝。

廿一日（12.30）

命于大高殿设坛祈雪，帝亲诣行礼。

十二月

初一日（1845.1.8）

命再于大高殿设坛祈雪，帝亲诣行礼。

初四日（1.11）

总管内务府奏：淮关监督和昇额委员解银交圆明园银库。

初七日（1.14）

帝御乾清门听政。谕：两淮欠解圆明园八旗内务府三旗生息银两为该处官兵月支口食枪营公费要需，著两江总督即将旧欠分年带征银五千二百两，并道光二十三年应交下半年利银一万二千两、二十四年应交一年利银二万四千两，迅速解交，以供支放。

初八日（1.15）

帝诣大高殿行礼。

初九日（1.16）

帝诣大高殿祈雪，命皇四子奕詝诣天神坛、皇五子奕誴诣地祇坛、皇六子奕訢诣太岁坛祈祷，惠亲王绵愉诣宣仁庙、凝和庙，瑞郡王奕誌诣昭显庙、时应宫拈香。

十七日（1.24）

遣礼亲王全龄、豫亲王义道、庄亲王绵譁分诣天神坛、地祇坛、太岁坛谢雪。

廿九日（2.5）

祫祭太庙，帝亲诣行礼。

道光二十五年　1845

正月

初一日（2.7）

帝诣奉先殿行礼。御乾清宫，赐皇子、亲藩等宴。

初三日（2.9）

高宗纯皇帝忌辰，遣官祭裕陵。帝诣奉先殿、寿皇殿行礼。谕内阁：朕于二月廿八日由圆明园启銮，初二日祗谒西陵。礼成后，于初五日驻跸南苑，初九日回圆明园。

初八日（2.14）

享太庙，遣庄亲王绵譁恭代行礼。帝诣南郊斋宫斋宿。

初九日（2.15）

祈谷于上帝，帝亲诣行礼。诣大高殿行礼。幸圆明园。奉皇太后居绮春园。诣安佑宫行礼。

初十日（2.16）

帝诣绮春园，问皇太后安。

十四日（2.20）

帝御奉三无私殿，赐皇子、亲藩等宴。

十五日（2.21）

上元节。帝诣安佑宫行礼。御正大光明殿，赐朝正外藩等宴，作乐赐酒，如除夕仪。

十六日（2.22）

帝御正大光明殿，赐大学士、尚书等宴。

十七日（2.23）

帝诣绮春园，问皇太后安。

十九日（2.25）

帝御山高水长，赐王公大臣、蒙古王、贝勒、贝子、公、额驸、台吉及外藩使臣等食。

二十日（2.26）

谕：满洲火器营兵丁原为演习技艺而设，各项武艺俱应教练熟习，乃昨日山高水长阅看马枪马箭，皆甚生疏，该管营大臣僧格林沁、哈哴阿、中山、巴清德、扎勒罕泰均著交部议处。所有马枪马箭生疏之兵丁，著交该王大臣等严行责惩。

廿四日（3.2）

帝诣绮春园，问皇太后安。

廿七日（3.5）

朝鲜国王李焕遣使表贺万寿、冬至、元旦三大节并谢赐祭王妃恩，增贡方物，命例外贡物留抵下次正贡，赏赉筵宴如例。

二月

初二日（3.9）

帝诣绮春园，问皇太后安。初八日、廿一日、廿八日亦如之。

初六日（3.13）

祭先师孔子，遣大学士卓秉恬行礼。

初七日（3.14）

祭大社、大稷，遣睿亲王仁寿恭代行礼。

十二日（3.19）

总管内务府奏：长芦盐政普琳解银交圆明园银库。

十三日（3.20）

遣官祭黑龙潭昭灵沛泽龙王之神、玉泉山惠济慈佑灵濩龙王之神、昆明湖安佑普济沛泽广生龙王之神。遣官祭圆明园惠济祠、河神庙。

十四日（3.21）

帝诣绮春园，问皇太后安。春分，朝日于东郊，遣礼亲王全龄行礼。

十八日（3.25）

奉旨：上年顺天及各直省乡试未经覆试举人，并癸卯科顺天未经覆试举人，均著于本月廿六日在圆明园正大光明殿补行覆试，所有中式原卷，著派出之覆试阅卷大臣于次日磨对笔迹。寻改于廿七日补行覆试。

廿七日（4.3）

帝御山高水长，阅侍卫等骑谢。

廿九日（4.5）

清明节。遣官祭历代陵寝。命皇五子奕誴祭昌陵，皇六子奕訢祭孝穆皇后、孝慎皇后、孝全皇后陵寝。

三月

初二日（4.8）

谕内阁：翰林院奏右庶子锡麟现已病痊，著于本月初四日在圆明园正大光明殿补行覆试。

初三日（4.9）

帝御勤政殿听政。御山高水长阅侍卫等骑射。谕：七阿哥于四月十一日入学读书，著朱凤标授读。

初四日（4.10）

帝诣绮春园，问皇太后安。初十日、廿四日亦如之。

初八日（4.14）

帝御阅武楼，阅圆明园八旗枪操。

十一日（4.17）

以圆明园八旗枪操阵势整齐，予翼长福山等议叙。

十七日（4.23）

帝奉皇太后幸奉三无私殿，进膳。

十八日（4.24）

帝诣安佑宫行礼。诣绮春园，问皇太后安。

廿一日（4.27）

奉旨：此次宗室会试中式贡士，著于本月廿四日在圆明园正大光明殿覆试。

廿二日（4.28）

帝诣黑龙潭神祠拈香。

廿七日（5.3）

帝诣时应宫、昭显庙拈香，回宫。总管内务府奏：圆明园内银库西边值房不戒于火。

四月

初一日（5.6）

享太庙，帝亲诣行礼。

初二日（5.7）

奉旨：本科会试中式贡士，著于本月十四日在圆明园正大光明殿覆试。

奉旨：庶吉士散馆，著于本月十八日在圆明园正大光明殿考试。

初三日（5.8）

帝诣南郊斋宫斋宿。

初四日（5.9）

常雩，祀天于圜丘，帝亲诣行礼。诣关帝庙拈香。幸圆明园。诣绮春园，问皇太后安。

初五日（5.10）

以内阁学士敬徵为正黄旗汉军副都统，管圆明园事。

十一日（5.16）

帝诣绮春园，问皇太后安。

十六日（5.21）

帝诣黑龙潭神祠拈香，诸皇子与惠亲王等人奉旨分赴各庙拈香祈雨。

十八日（5.23）

帝诣绮春园，问皇太后安。

十九日（5.24）

奉旨：翻译会试中式贡士，著于本月廿三日在圆明园正大光明殿覆试。

廿一日（5.26）

策试天下贡士蒋超伯等二百十七名于保和殿。

廿四日（5.29）

帝诣大高殿行礼、时应宫拈香，回宫。御乾清宫，召读卷官人，亲阅定进呈十卷甲第。

廿五日（5.30）

帝御太和殿传胪，赐一甲萧锦忠、金鹤清、吴福年三人进士及第，二甲钟启峋等九十八人进士出身，三甲奎章等一百十六人同进士出身。帝幸圆明园。诣绮春园，问皇太后安。

廿九日（6.3）

奉旨：赛尚阿等奏请饬催两淮应解生息银两，此项银两系圆明园八旗内务府三旗官兵等口食公费所需，著两江总督速饬将所欠道光七、九、十等年银两，赶紧筹办，按年征解，并应交二十三年下半年利银一万二千两、二十四年一年利银二万四千两、二十五年上半年利银一万两千两，应交带征十五年利银七千八百两，一并赶紧解交该营，以资公用。

五月

初一日（6.5）

以京畿得雨，遣惠亲王绵愉诣天神坛、瑞郡王奕誌诣地祇坛、成郡王载锐诣太岁坛报谢。

初二日（6.6）

帝诣绮春园，问皇太后安。御勤政殿听政。

初五日（6.9）

引见新科进士。

初九日（6.13）

帝诣绮春园，问皇太后安。廿四日、三十日亦如之。

初十日（6.14）

谕内阁：本年恭遇圣母皇太后七旬万寿，普天同庆，王公百官著自十月初一日至二十日俱穿蟒袍补褂。

十四日（6.18）

帝诣大高殿行礼，时应宫拈香，回宫。

十七日（6.21）

夏至，祭地于方泽，帝亲诣行礼。幸圆明园。诣绮春园，问皇太后安。

十八日（6.22）

直隶总督讷尔经额奏报麦收份数。得旨：览奏曷胜忧惕，麦收减色自不待言矣。自月之初三日得雨后又逾旬不雨，朕焦切之至。

十九日（6.23）

谕：京师入夏以来雨泽稀少，叠经降旨设坛祈祷，亲诣黑龙潭拈香。连旬得雨数次，未能沾足。现已节逾夏至，农田待泽孔殷，朕心倍深焦切。命刑部清理庶狱，感召和甘。

廿七日（7.1）

帝诣黑龙潭神祠祈雨，命皇四子奕詝诣清漪园龙神庙、皇五子奕誴诣静明园龙神庙、惠亲王绵愉诣关帝庙、瑞郡王奕誌诣城隍庙拈香。

六月

初四日（7.8）

停本年各省情实罪犯勾决。

初七日（7.11）

帝诣绮春园，问皇太后安。十三日、廿一日、廿七日亦如之。

七月

初一日（8.3）

享太庙，遣惠亲王绵愉恭代行礼。

初二日（8.4）

谕：钦天监奏，恒星表卷告成，缮本呈览，著命名《仪象考成续编》，分修以下官生交部分别议叙。

初四日（8.6）

帝诣绮春园，问皇太后安。十一日、十七日、十八日、廿四日、三十日亦如之。

初九日（8.11）

帝御勤政殿听政。谕：此次部院应行拣选国子监蒙古司业人员，著于十三日在圆明园正大光明殿考试。

十五日（8.17）

中元节。帝诣安佑宫行礼。

廿五日（8.27）

仁宗睿皇帝忌辰，遣官祭昌陵。帝诣安佑宫行礼。谕：嗣后，贵妃以下及阿哥、公主等遇有举行吉礼时，各衙门应题应奏事件，俱著照常呈进，无庸回避。

八月

初三日（9.4）

帝奉皇太后幸奉三无私殿，进膳。以恭逢圣母皇太后七旬万寿，命将所有各省节年正耗民欠钱粮及因灾缓征带征银谷，并借给籽种口粮牛具及漕项芦课学租杂税等项，道光二十年以前实欠在民者，全行豁免。

初五日（9.6）

奉旨：本年春夏雨泽愆期，除堪不成灾之玉泉山等处稻田应征租银仍令照数交纳外，其余成灾之民租稻田应征租银七百八十一两零，并官种稻田应征稻米九十三石零，俱著加恩豁免。

初六日（9.7）

帝诣大高殿行礼，回宫。

初九日（9.10）

祭大社、大稷，帝亲诣行礼。太宗文皇帝忌辰，遣官祭昭陵。帝幸圆明园。

初十日（9.11）

万寿节。遣官祭太庙后殿。遣官祭历代陵寝。遣官祭孝穆皇后、孝慎皇后、孝全皇后陵寝。遣官祭显佑宫、东岳庙、城隍庙。帝诣安佑宫行礼。诣绮春园皇太后前行礼。御正大光明殿，皇子及王以下文武大臣官员、蒙古王公、额驸等行庆贺礼。御同乐园，赐皇子及王以下文武大臣、蒙古王公、额驸等食。

十二日（9.13）

帝奉皇太后幸同乐园，进膳，赐皇子及王以下文武大臣、蒙古王公、额驸等食。

十三日（9.14）

帝诣安佑宫行礼。

十五日（9.16）

遣官祭黑龙潭昭灵沛泽龙王之神、玉泉山惠济慈佑灵濩龙王之神、昆明湖安佑普济沛泽广生龙王之神。遣官祭圆明园惠济祠、河神庙。

十七日（9.18）

帝诣绮春园，问皇太后安。廿四日亦如之。

廿三日（9.24）

世宗宪皇帝忌辰，遣官祭泰陵。帝诣安佑宫行礼。

廿八日（9.29）

帝莅寿恩固伦公主园。

九月

初二日（10.2）

帝诣绮春园，问皇太后安。初八日、十四日、廿一日、廿六日亦如之。

廿四日（10.24）

帝御勤政殿听政。

廿八日（10.28）

帝诣大高殿行礼，回宫。以林则徐受命履勘新疆南北各城开垦事务以来，自备资斧，效力奔驰，将近一载，著有微劳，著饬令回京，加恩以四五品京堂候补。

十月

初一日（10.31）

享太庙，帝亲诣行礼。

初二日（11.1）

以加上皇太后徽号，帝礼服御太和殿，恭阅奏书册宝。

初三日（11.2）

帝幸圆明园。诣绮春园，问皇太后安。

初五日（11.4）

以加上皇太后徽号，遣官告祭天地、太庙、社稷。陈仪仗于圆明园宫门外，大学士捧奏书出，设于龙亭，导迎乐作。至绮春园大宫门，大学士捧奏书由中路行。至二宫门，置正中黄案上，帝率皇子及王公大臣官员行礼。礼成，诣皇太后前问安。晋封贵人钮祜禄氏为成嫔。

初六日（11.5）

帝诣安佑宫行礼。恭上皇太后徽号册宝，奉册宝于龙亭，先行。帝礼服乘舆，由圆明园至绮春园大宫门，降舆。行至二宫门外左旁西向立，安册宝于正中黄案上。皇太后礼服御迎晖殿升座，仪驾全设，中和韶乐作。帝诣正中拜位跪，左旁大学士捧册宝，依次跪进。帝受恭献，授右旁大学士跪接，置正中黄案上，帝率皇子及王公大臣官员行礼。礼成，皇太后回宫，帝诣皇太后前问安。

初九日（11.8）

帝奉皇太后幸同乐园，进膳，赐皇子及王公大臣、蒙古王公、额驸等食。

奉旨：所得盈余银三万三千十六两零著一并交圆明园，文清著无庸赏给。

初十日（11.9）

皇太后七旬圣寿节。遣官祭太庙后殿、奉先殿。帝率皇子及王公大臣官员诣绮春园行庆贺礼。

毕，奉皇太后幸同乐园，赐皇子及王公大臣、蒙古王公、额驸等食。

奉皇太后御正大光明殿，进喜起舞乐章九章。帝彩衣躬舞，捧觞上寿，命惠亲王绵愉、皇四子奕詝、皇五子奕誴、皇六子奕訢、瑞郡王奕誌，宗室载初、溥和、溥煦以次进舞。礼成，奉皇太后还绮春园，侍膳。

十一日（11.10）

帝奉皇太后幸同乐园，进膳，赐皇子及王公大臣、蒙古王公、额驸等食。

十二日（11.11）

帝诣绮春园，问皇太后安。

十四日（11.13）

帝诣大高殿行礼，回宫。

十五日（11.14）

以恭上恭慈康豫安成庄惠寿禧崇祺皇太后徽号礼成，帝御太和殿，王公大臣文武官员行庆贺礼。礼成，颁诏天下。帝幸圆明园。诣绮春园，问皇太后安。

十六日（11.15）

皇九子奕譓生。

二十日（11.19）

谕：本年十月恭上皇太后徽号，所有应颁朝鲜国诏书，著俟该国年班贡使到京，即交该使敬谨赍回。

廿二日（11.21）

帝诣绮春园，问皇太后安。廿八日亦如之。

廿九日（11.28）

帝诣安佑宫行礼。

十一月

初六日（12.4）

帝诣绮春园，问皇太后安。

初十日（12.8）

总管内务府大臣花沙纳奏：带同户部郎中恩荣、员外郎常恩、内务府笔帖式贵宝前往清漪园、静明园、静宜园等处按座点查所有园内各处佛像、供器、陈设、铺垫、字画等项数目均属相符。清漪园原存陈设四万二千七百四十三件，截至二十五年十一月初七日止添安陈设二十五件、撤去陈设二件，现在实存陈设四万二千七百六十六件；静明园原存陈设二万二百三十三件，截至二十五年十一月初七日止撤去陈设一件，现在实存陈设二万二百三十二件；静宜园原存陈设二万一千九百五十七件，截至二十五年十一月初七日止并无添安撤去之件。

十三日（12.11）

圣祖仁皇帝忌辰，遣官祭景陵。帝诣安佑宫行礼。

十四日（12.12）

帝诣绮春园，问皇太后安。

十五日（12.13）

谕：著由内发银二千两交健锐营、火器营各造抬枪一百杆，应用铁斤，著由颜料库支领。

十六日（12.14）

帝诣安佑宫行礼。

十七日（12.15）

帝诣大高殿、寿皇殿行礼，奉皇太后回宫。

十九日（12.17）

谕：嗣后，亲王、郡王、贝勒、贝子例应在紫禁城内骑马者，如年至六十五岁，俱准其乘坐二人椅轿。其文武大臣曾经赏马者，满洲人员年至六十五岁，汉员年至六十岁，亦俱准其乘坐二人椅轿，以示优恤。

廿三日（12.21）

帝诣南郊斋宫斋宿。

廿四日（12.22）

冬至，祀天于圜丘，帝亲诣行礼。赏八旗兵丁一月钱粮。

十二月

初二日（12.30）

谕：旧例宫内圆明园挑补首领太监，俱系进宫三十年方准挑补，立制本为周妥，且行之年久，差使无误。后经改为二十五年即准挑补，究非旧制，著自明年始仍照旧例，进宫三十年方准挑补。本年所挑宫内及圆明园各处首领太监，其已满三十年者，方准用首领顶戴。其未满三十年者，只准食首领钱粮，永远为例。

初四日（1846.1.1）

命于大高殿设坛祈雪，帝亲诣行礼。

初八日（1.5）

帝诣大高殿行礼。

十二日（1.9）

晋封琳妃为琳贵妃。以翰林院侍讲学士曾国藩充日讲起居注官。

十六日（1.13）

命再于大高殿设坛祈雪，帝亲诣行礼。

十八日（1.15）

广州民众掀起反对英人进城运动，是日，捣毁广州府衙。

廿二日（1.19）

恩桂、柏葰、福济奏：为三园陈设循例汇总事。查得道光二十四年十二月起至二十五年十一月止，清漪园由奏事处交来铜佛二十五尊，遵旨撤交圆明园铜火盆六件、清漪园陈设印册内开除二件、静明园陈设印册内开除一件、备用什物印册内开除三件、静宜园并无添安撤去陈设之件。

廿四日（1.21）

总管内务府奏：淮关监督兴浚委员解银到圆明园银库。国史馆缮写《大清一统志》成。

廿六日（1.23）

以京畿雪泽尚未深透，帝诣大高殿祈雪，命皇四子奕詝诣天神坛、皇五子奕誴诣地祇坛、皇六子奕訢诣太岁坛行礼，惠亲王绵愉诣宣仁庙、凝和庙、瑞郡王奕誌诣昭显庙、时应宫拈香。

廿八日（1.25）

祫祭太庙，帝亲诣行礼。

道光二十六年 1846

正月

初一日（1.27）

帝诣奉先殿行礼。御乾清宫，赐皇子、亲藩等宴。

初三日（1.29）

高宗纯皇帝忌辰，遣官祭裕陵。帝诣奉先殿、寿皇殿行礼。

初四日（1.30）

帝诣大高殿行礼。幸圆明园。奉皇太后居绮春园。诣安佑宫行礼。

初五日（1.31）

帝诣绮春园，问皇太后安。谕：朕弟惇恪亲王绵恺尚无承嗣之人，著将皇五子奕誴过继与惇恪亲王为嗣，即袭封惇郡王。并著钦天监于本年三月内选择吉期，移居府第。其一应章服仍照皇子分例服用，应领俸糈即于本年春季为始，照例支领。

初十日（2.5）

享太庙，遣惠亲王绵愉恭代行礼。帝诣绮春园，问皇太后安。御奉三无私殿，赐皇子、亲藩等宴。

十二日（2.7）

帝诣大高殿行礼，回宫。

十四日（2.9）

帝诣南郊斋宫斋宿。

十五日（2.10）

上元节。祈谷于上帝，帝亲诣行礼。诣关帝庙拈香。幸圆明园。诣绮春园，问皇太后安。

十六日（2.11）

帝御正大光明殿，赐朝正外藩等宴，作乐赐酒，如除夕仪。

十七日（2.12）

帝御正大光明殿，赐大学士、尚书等宴。

十九日（2.14）

帝御山高水长，赐王公大臣、蒙古王、贝勒、贝子、公、额驸、台吉及外藩使臣等食。

二十日（2.15）

帝诣绮春园，问皇太后安。廿七日亦如之。

廿五日（2.20）

朝鲜国王李焕遣使表贺万寿、冬至、元旦三大节并恭谢册封王妃恩，增贡方物，命年贡照例赏收外，余抵下次正贡，赏赉筵宴如例。

廿九日（2.24）

孝仪纯皇后忌辰，遣官祭裕陵。帝诣大高殿行礼，回宫。

二月

初二日（2.27）

祭大社、大稷，帝亲诣行礼。

初五日（3.2）

以举行仲春经筵，遣官告祭奉先殿、传心殿。帝御文华殿经筵，值讲官吉伦泰、卓秉恬进讲《论语》。

帝幸圆明园。

初六日（3.3）

帝诣绮春园，问皇太后安。十二日、二十日、廿七日亦如之。引见各衙门京察六十五岁以上人员。

初九日（3.6）

谕：皇五子奕誴袭封惇郡王，所有册封各典礼，著俟成婚后举行。其惇恪亲王福晋尚未受封，著该部先行奏请举行。

引见内务府京察一等人员。得旨：此次内务府三院等处京察一等圈出人员，著各该堂官再行出具切实考语，带领引见。圈出之圆明园六品库掌嵩庆、六品苑丞豫震、笔帖式贵宝；清漪园六品苑丞广裕、富明；静明园六品苑丞信成、静宜园六品苑丞郭升阿，俱著交吏部记名。

初十日（3.7）

复引见京察一等圈出人员。

十三日（3.10）

命皇四子奕詝祭关帝庙。

十四日（3.11）

补行引见内务府京察一等人员。

十八日（3.15）

帝御勤政殿听政。遣官祭黑龙潭昭灵沛泽龙王之神、玉泉山惠济慈佑灵濩龙王之神、昆明湖安佑普济沛泽广生龙王之神。遣官祭圆明园惠济祠、河神庙。

十九日（3.16）

谕：朕此次恭谒西陵，启銮后，著派定郡王载铨，大学士卓秉恬，尚书恩桂，协办大学士、尚书陈官俊留京办事。

廿六日（3.23）

命皇四子奕詝带领侍卫十员，往奠故郑亲王乌尔恭阿茶酒，赏银二千两治丧，予祭葬，谥曰慎。

廿七日（3.24）

命乾清门侍卫那桑阿、华山泰、礼部左侍郎连贵恭诣西陵，查看红桩。

三月

初三日（3.29）

帝诣绮春园，问皇太后安。册封嘉庆帝之如贵妃为如皇贵妃。

初七日（4.2）

帝诣绮春园，问皇太后安。总管内务府奏：张家口监督文清解盈余银交圆明园。

初八日（4.3）

帝启銮，谒西陵。诣卢沟桥龙神庙拈香。免跸路经过地方钱粮十分之三。是日，驻跸黄新庄行宫。

初十日（4.5）

清明节。遣官祭历代陵寝。命皇四子奕詝祭昌陵，皇六子奕訢祭孝穆皇后、孝慎皇后、孝全皇后陵寝。

十二日（4.7）

帝恭谒泰陵、泰东陵、昌陵。帝回銮，驻跸秋澜行宫。

十五日（4.10）

帝幸南苑。赏御前大臣怡亲王载垣，大学士穆彰阿、潘世恩黄马褂。

十六日（4.11）

帝行围。

十七日（4.12）

帝行围。赏南苑管围章京、苑丞、苑副、防御、马甲银币有差，并看守各行宫苑户一月钱粮。

十九日（4.14）

帝诣关帝庙、安佑庙拈香。以南苑草木繁茂，牲兽尚多，予定郡王载铨等加一级。

二十日（4.15）

帝还圆明园。诣绮春园，问皇太后安。

廿一日（4.16）

谕：郑亲王乌尔恭阿殡送之日，著派成郡王载锐前往赐奠。

廿三日（4.18）

谕：避名之典，朕御极初年曾经降旨豫示奕载溥毓恒启等字，缺笔书写。因念国家燕翼相承，宗支蕃衍，依次命名者久而愈多，自宜推广前奉谕旨，援引二名不偏讳之义，用示折衷。将来继体承绪者，上一字仍旧毋庸改避，亦毋庸缺笔。其下一字应如何缺笔之处，临时酌定。以是著为令典。

廿六日（4.21）

帝诣绮春园，问皇太后安。

廿七日（4.22）

帝奉皇太后幸慎德堂，进膳。

三十日（4.25）

帝诣黑龙潭神祠拈香，命皇四子奕詝诣清漪园龙神庙、皇六子奕訢诣静明园龙神庙拈香。

四月

初一日（4.26）

享太庙，遣惠亲王绵愉恭代行礼。

初二日（4.27）

帝诣绮春园，问皇太后安。初九日、二十日亦如之。

初十日（5.5）

帝诣时应宫拈香，回宫。直隶总督讷尔经额奏：省城并各属得雨情形。得旨：览奏俱悉。京师于初六日自卯刻下雨，至午末未初方止，所惜雨不甚大，未能透足。朕惟有叩吁天慈，再得渥沛甘霖，方称庆幸。

十二日（5.7）

帝诣南郊斋宫斋宿。

十三日（5.8）

常雩，祀天于圜丘，帝亲诣行礼。幸圆明园。诣绮春园，问皇太后安。

十六日（5.11）

帝奉皇太后幸同乐园，进膳。

十八日（5.13）

帝奉皇太后幸奉三无私殿，进膳。

廿一日（5.16）

帝诣黑龙潭神祠拈香，皇四子、皇六子、惇郡王等奉旨分赴各庙，拈香祈雨。

廿四日（5.19）

帝御勤政殿听政。奉旨：著即撤坛，道众、僧众照例给赏，并著原派阿哥、亲王、郡王等敬谨拈香致谢。

廿五日（5.20）

帝御阅武楼，阅大员子弟马步射。

廿六日（5.21）

帝诣绮春园，问皇太后安。

五月

初四日（5.28）

帝奉皇太后幸慎德堂，进膳。

初六日（5.30）

帝诣绮春园，问皇太后安。十二日、十八日、廿五日亦如之。

以本年乡试，考试应开列试差人员于圆明园正大光明殿。

初八日（6.1）

帝诣黑龙潭神祠祈雨。

十三日（6.6）

帝诣黑龙潭神祠祈雨，命皇四子奕詝诣天神坛、皇六子奕訢诣地祇坛、瑞郡王奕誌诣太岁坛行礼。

廿四日（6.17）

命皇四子奕詝诣天神坛、惇郡王奕誴诣地祇坛、皇六子奕訢诣太岁坛谢雨。

廿五日（6.18）

予故前任湖南提督杨芳祭葬，谥勤勇，赏银五百两治丧。

廿六日（6.19）

帝诣大高殿行礼，时应宫拈香，回宫。

廿九日（6.22）

夏至，祭地于方泽，帝亲诣行礼。幸圆明园。诣绮春园，问皇太后安。

闰五月

初一日（6.24）

帝诣绮春园，问皇太后安。初二日至初七日、初九日、十一日、十三日、十六日、十八日、廿一日、廿四日、廿七日亦如之。

十四日（7.7）

以端华袭郑亲王爵，命在御前行走。翌日，赏端华三眼花翎。

十七日（7.10）

以贝勒绵偲年逾七旬，命无庸管领侍卫内大臣事。

廿六日（7.19）

以内务府郎中基溥为奉宸苑卿。

六月

廿九日（8.20）

总管内务府奏：为已革园户赶年偷窃禁园什物审明治罪。

七月

初一日（8.22）

享太庙，命皇四子奕詝恭代行礼。

初五日（8.26）

帝诣绮春园，问皇太后安。十二日、十八日、廿六日亦如之。

初八日（8.29）

谕：内地与朝鲜交界之处，近日又有民人越界垦田构舍，当经降旨将将军禧恩等交部严加议处。奸民越界，本干例禁，开垦田亩，尤属意在久居为业，乃禧恩履任数年，于此等外藩交界，经朕特旨交办之件，漫不经心，大负委任。禧恩著革去公爵，拔去双眼花翎，仍戴单眼花翎，降为镇国将军，以示惩儆。

十一日（9.1）

午后，升平署遵旨于涵月楼出演焰口，并演奏中和乐。

十四日（9.4）

帝御勤政殿听政。

十五日（9.5）

中元节。帝诣安佑宫行礼。

十九日（9.9）

帝御阅武楼，阅吉林、黑龙江送到官兵马步射。

廿五日（9.15）

仁宗睿皇帝忌辰，遣官祭昌陵。帝诣安佑宫行礼。

廿八日（9.18）

谕：紫禁城内例应肃静严密，不准闲杂人擅自出入，立法极为周备。惟值班官兵等日久玩生，渐形疏懈，自应重申禁令。著该管各官查照旧章，实心稽察，倘有形迹可疑之人，立即究治，以昭慎密而重关防。

八月

初二日（9.21）

帝诣绮春园，问皇太后安。

初三日（9.22）

帝诣大高殿行礼，回宫。

初四日（9.23）

秋分，夕月于西郊，遣礼亲王全龄行礼。命翰林院侍讲沈兆霖在上书房行走，授惇郡王奕誴读。

初六日（9.25）

祭大社、大稷，帝亲诣行礼。幸圆明园。诣绮春园，问皇太后安。

初八日（9.27）

帝御同乐园，赐皇子、内廷王大臣及蒙古王公、额驸等食。

初十日（9.29）

万寿节。遣官祭太庙后殿。遣官祭历代陵寝。遣官祭孝穆皇后、孝慎皇后、孝全皇后陵寝。遣官祭显佑宫、东岳庙、城隍庙。帝诣安佑宫行礼。诣绮春园皇太后前行礼。御正大光明殿，皇子及王以下文武大臣官员、蒙古王公、额驸等行庆贺礼。御同乐园，赐皇子及王以下文武大臣、蒙古王公、额驸等食。

十二日（10.1）

帝诣绮春园，问皇太后安。

十三日（10.2）

帝诣安佑宫行礼。

十六日（10.5）

遣官祭黑龙潭昭灵沛泽龙王之神、玉泉山惠济慈佑灵濩龙王之神、昆明湖安佑普济沛泽广生龙王之神。遣官祭圆明园惠济祠、河神庙。

十九日（10.8）

帝诣绮春园，问皇太后安。

二十日（10.9）

奉旨：本年乡试宗室中式举人，著于本月廿五日在圆明园正大光明殿覆试。

廿一日（10.10）

帝御阅武楼，阅八旗火器营操。

廿二日（10.11）

帝御洞明堂，勾到上年新疆、云南、贵州、广东、广西情实罪犯。

廿三日（10.12）

世宗宪皇帝忌辰，遣官祭泰陵。帝诣安佑宫行礼。

廿五日（10.14）

帝诣绮春园，问皇太后安。

廿八日（10.17）

奉旨：本年顺天乡试中式举人，著于九月十三日在圆明园正大光明殿覆试。

廿九日（10.18）

帝御洞明堂，勾到上年四川情实罪犯。

九月

初一日（10.20）

谕：惠亲王绵愉年逾三十，前已加恩在内廷行走，著授为总谙达，无庸在上书房读书。瑞郡王奕誌年已二十，自宜学习当差，著在内廷行走，无庸在上书房读书。

初二日（10.21）

帝诣绮春园，问皇太后安。初八日、十六日、廿三日亦如之。

总管内务府奏：前任山东盐运使沈拱辰委员解到盐当规银交圆明园银库。

初三日（10.22）

帝御洞明堂，勾到上年福建、奉天、陕甘情实罪犯。

初六日（10.25）

帝御洞明堂，勾到上年湖广、浙江、江西情实罪犯。御山高水长，阅侍卫骑射，翌日如之。

初八日（10.27）

帝御洞明堂，勾到上年安徽、江苏情实罪犯。

十一日（10.30）

帝御洞明堂，勾到上年河南、山东情实罪犯。

十三日（11.1）

帝御洞明堂，勾到上年山西、察哈尔、直隶、热河情实罪犯。

十四日（11.2）

奉旨：此次翻译乡试中式举子，著于本月十八日在圆明园正大光明殿覆试。

十七日（11.5）

帝御洞明堂，勾到新疆、云南、贵州、广东情实罪犯。

十九日（11.7）

帝御洞明堂，勾到四川情实罪犯。

廿一日（11.9）

帝御洞明堂，勾到广西、福建、陕甘情实罪犯。

廿二日（11.10）

帝御洞明堂，勾到奉天、湖广情实罪犯。

廿四日（11.12）

帝御洞明堂，勾到浙江、江西、安徽情实罪犯。

廿八日（11.16）

帝诣大高殿行礼，回宫。

十月

初一日（11.19）

享太庙，帝亲诣行礼。

初二日（11.20）

帝幸圆明园。诣绮春园，问皇太后安。

初六日（11.24）

帝诣安佑宫行礼。

初八日（11.26）

帝诣绮春园，问皇太后安。

初九日（11.27）

帝诣绮春园，问皇太后安，侍膳。

初十日（11.28）

皇太后圣寿节。遣官祭太庙后殿、奉先殿。帝率皇子暨王公大臣诣绮春园行庆贺礼，众官于长信门外行礼。诣皇太后前侍膳。

十一日（11.29）

帝诣绮春园，问皇太后安。十六日、廿三日亦如之。

二十日（12.8）

帝御勤政殿听政。

廿二日（12.10）

帝御洞明堂，勾到江苏、河南情实罪犯。

廿三日（12.11）

缓征河南新乡、商邱等四十三州县被水被旱村庄新旧额赋。

廿四日（12.12）

帝御洞明堂，勾到山东、山西、直隶、热河情实罪犯。

廿七日（12.15）

帝御洞明堂，勾到朝审情实罪犯。

廿九日（12.17）

帝诣安佑宫行礼。诣绮春园，问皇太后安。

十一月

初二日（12.19）

帝回宫。

初四日（12.21）

帝诣南郊斋宫斋宿。

初五日（12.22）

冬至，祀天于圜丘，帝亲诣行礼。遣官祭历代陵寝。帝幸圆明园。诣绮春园，问皇太后安。

初十日（12.27）

帝诣安佑宫行礼。

十一日（12.28）

帝诣大高殿、寿皇殿行礼，奉皇太后回宫。

十三日（12.30）

圣祖仁皇帝忌辰，遣官祭景陵。帝诣寿皇殿行礼，诣关帝庙拈香。

十四日（12.31）

命于大高殿设坛祈雪，帝亲诣行礼。

廿四日（1847.1.10）

帝诣大高殿行礼，时应宫拈香。

廿九日（1.15）

总管内务府奏：兼护淮宿海等关税务，江南淮安府知府解银交圆明园银库。

十二月

初四日（1.20）

帝诣大高殿行礼，时应宫拈香。命皇四子奕詝诣天神坛、惇郡王奕誴诣地祇坛、皇六子奕訢诣太岁坛祈雪。

初十日（1.26）

帝御乾清门听政。命大学士卓秉恬、礼部右侍郎倭什讷恭赍册宝，尊封仁宗睿皇帝如贵妃钮祜禄氏为如皇贵妃。

十四日（1.30）

恩桂、福济谨奏：为三园陈设循例汇总奏闻事。查得道光二十五年十二月起至二十六年十一月止，清漪园由奏事处交来铜胎佛十九尊、锡胎贴金佛三尊，遵旨惇郡王园寓撤去清漪园白毡二十一块、静明园白毡三十六块，静宜园并无添安撤去陈设之件。

廿三日（2.8）

谕：奉皇太后懿旨，明年元旦令节，著停止升座行礼，所有王公、一二品大臣及御前行走、乾清门行走之蒙古王公，是日俱著仍在慈宁门外行礼，三品以下各员在长信门外行礼，俱著鸿胪寺堂司官赞礼。

廿八日（2.13）

祫祭太庙，帝亲诣行礼。

本年

奏准：福园门东四所大规模改建为东西二所，每所前设垂花门，正房改为前后三层各五间，添建东西厢房五间或三间。新二所通共大小房一百七十八间。

道光二十七年 1847

正月

初一日（2.15）

帝诣奉先殿行礼。御乾清宫，赐皇子、亲藩等宴。

初三日（2.17）

高宗纯皇帝忌辰，遣官祭裕陵。帝诣奉先殿、寿皇殿行礼。

初十日（2.24）

帝诣南郊斋宫斋宿。

十一日（2.25）

祈谷于上帝，帝亲诣行礼。

十二日（2.26）

帝诣大高殿行礼。幸圆明园。诣安佑宫行礼。奉皇太后居绮春园。

十三日（2.27）

帝诣绮春园，问皇太后安。十八日、廿八日亦如之。

十四日（2.28）

帝御奉三无私殿，赐皇子、亲藩等宴。御正大光明殿，赐朝正外藩等宴，作乐赐酒，如除夕仪。

朝鲜国王李焕遣使表贺万寿、冬至、元旦三大节，进贡方物，赏赉筵宴如例。

十五日（3.1）

上元节。帝御正大光明殿，赐朝正外藩等宴，作乐赐酒，如除夕仪。

十六日（3.2）

帝御正大光明殿，赐大学士、尚书等宴。

十九日（3.5）

帝御山高水长，赐王公大臣、蒙古王、贝勒、贝子、公、额驸、台吉及外藩使臣等食。

三十日（3.16）

帝诣大高殿行礼，回宫。

二月

初二日（3.18）

以举行仲春经筵，遣官告祭奉先殿、传心殿。帝御文华殿经筵，值讲官赛尚阿、祁寯藻进讲《论语》。

初三日（3.19）

帝莅寿恩固伦公主第。

初四日（3.20）

谕：富泰之女已指婚四阿哥，喀喇沁扎萨克多罗都楞郡王色伯克多尔济之女已指婚惇郡王。所有应办一切事宜，著该衙门照例办理。

初六日（3.22）

遣官祭黑龙潭昭灵沛泽龙王之神、玉泉山惠济慈佑灵濩龙王之神、昆明湖安佑普济沛泽广生龙王之神。遣官祭圆明园惠济祠、河神庙。

初八日（3.24）

祭大社、大稷，帝亲诣行礼。幸圆明园。诣绮春园，问皇太后安。

十三日（3.29）

帝御勤政殿听政。以郑亲王端华为御前大臣。

十四日（3.30）

帝诣绮春园，问皇太后安。廿一日、廿七日亦如之。

十五日（3.31）

谕：朕此次恭谒东陵，启銮后，著派定郡王载铨，大学士宝兴、卓秉恬，尚书恩桂留京办事。

十七日（4.2）

命理藩院左侍郎恩华、内阁学士景庆、乾清门侍卫载堪诣东陵，查看红桩。

奉旨：上年各省驻防中式翻译举人，著于本月二十日在圆明园正大光明殿覆试。

二十日（4.5）

清明节。帝诣安佑宫行礼。遣官祭历代陵寝。命皇四子奕詝祭孝穆皇后、孝慎皇后、孝全皇后陵寝。

廿八日（4.13）

帝启銮，谒东陵。诣东岳庙拈香。免跸路经过地方本年额赋十分之三。是日，驻跸烟郊行宫。

谕：行在满銮仪使玉明、联顺俱著赏穿黄马褂。嗣后，满銮仪使著永远为例。

三月

初二日（4.16）

帝谒昭西陵、孝陵、孝东陵、景陵、裕陵。帝回銮，驻跸桃花寺行宫。

初三日（4.17）

总管内务府奏：畅春园东书房、河东戏楼楼房不戒于火，延烧上下楼房十八间。

初五日（4.19）

帝诣元灵宫拈香。诣南苑，驻跸旧衙门行宫。

初六日（4.20）

帝诣关帝庙、安佑庙拈香。帝行围，初七日、初八日亦如之。

初九日（4.23）

帝还圆明园。诣绮春园，问皇太后安。十四日、二十日、廿七日亦如之。

十六日（4.30）

以两江总督璧昌为内大臣，管健锐营事。

十八日（5.2）

帝诣安佑宫行礼。

二十日（5.4）

奉旨：此次宗室会试中式贡士，著于本月廿五日在圆明园正大光明殿覆试。

廿四日（5.8）

以陕西华山岳灵显应，颁御书匾额曰："泽流玉井"。

四月

初一日（5.14）

享太庙，遣惠亲王绵愉恭代行礼。

初三日（5.16）

帝诣绮春园，问皇太后安。初七日、十三日、十九日、廿五日、廿六日亦如之。

初四日（5.17）

帝诣时应宫、昭显庙拈香，回宫。

初五日（5.18）

赏内大臣璧昌在紫禁城内骑马。奉旨：本科会试中式贡士，著于本月十三日在圆明园正大光明殿覆试。庶吉士散馆，著于本月十五日在圆明园正大光明殿考试。

初六日（5.19）

帝诣南郊斋宫斋宿。

初七日（5.20）

常雩，祀天于圜丘，帝亲诣行礼。诣关帝庙拈香。帝幸圆明园。

十二日（5.25）

帝御勤政殿听政。

十六日（5.29）

帝奉皇太后莅奉三无私殿，进膳。

十九日（6.1）

奉旨：此次翻译会试中式举子，著于本月廿三日在圆明园正大光明殿覆试。直隶总督讷尔经额奏：阖省普得雨泽。得旨：览奏似可心慰，但京中虽得雨几次，尚欠深透。朕仍斋心叩祷也。

廿一日（6.3）

策试天下贡士许彭寿等二百三十一名于保和殿。

廿四日（6.6）

帝诣大高殿行礼，回宫。御乾清宫，召读卷官入，亲阅定进呈十卷甲第。

廿五日（6.7）

帝御太和殿传胪，赐一甲张之万、袁绩懋、庞钟璐三人进士及第，二甲许彭寿等一百十人进士出身，三甲李森等一百十八人同进士出身。沈桂芬、李鸿章、沈葆桢、郭嵩焘等均为本科进士。帝幸圆明园。

三十日（6.12）

帝诣黑龙潭神祠拈香。

本月

呈准静明园官员等每月应领公费钱文并闸军等应领饷银米石，与清漪园汇总办理，一并咨部领取。

五月

初一日（6.13）

大考翰林院、詹事府各官于圆明园正大光明殿。

初二日（6.14）

帝诣绮春园，问皇太后安。十六日、廿二日、廿八日亦如之。

初五日（6.17）

引见新科进士。

初七日（6.19）

帝诣大高殿行礼，回宫。

初十日（6.22）

夏至，祭地于方泽，帝亲诣行礼。幸圆明园。诣绮春园，问皇太后安。

十一日（6.23）

命户部右侍郎柏葰管圆明园造办处事，毋庸兼管清漪园等处事。

十三日（6.25）

命皇六子奕訢祭关帝庙。

十九日（7.1）

奉旨：左翼税盈余银著交圆明园二万四百两，赏给连贵三百二十三两零。右翼税盈余银著交圆明园七千二百两，赏给倭什讷一百七十九两零。

廿五日（7.7）

军机大臣议准钦差侍郎柏葰等奏，查勘盛京山场，详拟善后章程六条。

廿九日（7.11）

以太常寺卿何桂清、翰林院侍讲学士曾国藩为内阁学士兼礼部侍郎衔。

六月

初四日（7.15）

大学士、军机大臣会同吏部议奏：翻译进士转入翰詹章程九条。

初六日（7.17）

帝诣绮春园，问皇太后安。十二日亦如之。

初十日（7.21）

引见新科翻译进士。

廿一日（8.1）

谕：各直省钱粮出入，岁有定额，以额相准，定为请留、留备、留协之分。其赢余银两，仍于春秋二拨案内悉数拨解部库，以备支用，法至善也。乃近年留协省份，屡有咨请改拨之事。殊不思水旱偏灾，事所难免，各省支款无岁无之，何以从前改拨之案尚少，近则日多一日。嗣后，著留协省份各督抚于户部例拨及因案指拨各款务须激发天良，认真筹办，不得因向有改拨成案率行援引渎请，并著督饬藩司派委妥员照数按期迅速起解。

七月

初一日（8.11）

享太庙，遣惠亲王绵愉恭代行礼。

初五日（8.15）

以工部右侍郎明训为总管内务府大臣。

十五日（8.25）

中元节。帝诣安佑宫行礼。

廿四日（9.3）

帝诣绮春园，问皇太后安。廿九日亦如之。

廿五日（9.4）

仁宗睿皇帝忌辰，遣官祭昌陵。帝诣安佑宫行礼。

八月

初一日（9.9）

祭先师孔子，遣大学士卓秉恬行礼。

初二日（9.10）

祭大社、大稷，命皇四子奕詝恭代行礼。

初五日（9.13）

考试各衙门翻译进士、举人出身、应用外班翰詹人员于圆明园正大光明殿。

初六日（9.14）

帝诣绮春园，问皇太后安。

初八日（9.16）

帝御同乐园，赐皇子、内廷王大臣、蒙古王公、额驸等食。

初十日（9.18）

万寿节。遣官祭太庙后殿。遣官祭历代陵寝。遣官祭孝穆皇后、孝慎皇后、孝全皇后陵寝。遣官祭显佑宫、东岳庙、城隍庙。帝诣安佑宫行礼。诣绮春园皇太后前行礼。御正大光明殿，皇子及王以下文武大臣官员、蒙古王公、额驸等行庆贺礼。御同乐园，赐皇子及内廷王大臣、蒙古王公、额驸等食。

十三日（9.21）

帝诣安佑宫行礼。

十六日（9.24）

帝诣绮春园，问皇太后安。秋分，夕月于西郊，命礼亲王全龄恭代行礼。

廿一日（9.29）

帝诣黑龙潭神祠拈香。

廿二日（9.30）

帝诣绮春园，问皇太后安。遣官祭黑龙潭昭灵沛泽龙王之神、玉泉山惠济慈佑灵濩龙王之神、昆明湖安佑普济沛泽广生龙王之神。遣官祭圆明园惠济祠、河神庙。

廿三日（10.1）

世宗宪皇帝忌辰，遣官祭泰陵。帝诣安佑宫行礼。

廿八日（10.6）

帝诣绮春园，问皇太后安。御勤政殿听政。

九月

初四日（10.12）

帝诣绮春园，问皇太后安。十一日、十七日、廿五日亦如之。

十四日（10.22）

帝御洞明堂，勾到新疆、云南、贵州、广东情实罪犯。

十九日（10.27）

帝御洞明堂，勾到四川情实罪犯。

廿二日（10.30）

帝御洞明堂，勾到广西、福建、湖北、湖南情实罪犯。

廿四日（11.1）

帝御洞明堂，勾到奉天、陕西、甘肃情实罪犯。

廿八日（11.5）

帝诣大高殿行礼，回宫。

十月

初一日（11.8）

享太庙，帝亲诣行礼。

初五日（11.12）

帝幸圆明园。诣绮春园，问皇太后安。

初六日（11.13）

帝诣安佑宫行礼。

初九日（11.16）

帝诣绮春园，问皇太后安，侍膳。

初十日（11.17）

皇太后圣寿节。遣官祭太庙后殿、奉先殿。帝率皇子及王公大臣诣绮春园行庆贺礼，众官于长信门外行礼。诣皇太后前侍膳。

十一日（11.18）

帝诣绮春园，问皇太后安。十四日、十五日、二十日、廿六日亦如之。

十九日（11.26）

帝御演武厅，阅健锐营操。

廿二日（11.29）

帝御洞明堂，勾到浙江、江西、安徽情实罪犯。

廿五日（12.2）

命皇四子奕詝行初定礼。

廿八日（12.5）

帝御洞明堂，勾到江苏、河南、山东情实罪犯。

三十日（12.7）

帝诣安佑宫行礼。

十一月

初二日（12.9）

帝诣绮春园，问皇太后安。

初三日（12.10）

谕：现在如皇贵妃患恙，尚未痊愈，惠亲王绵愉著留圆明园侍奉。俟除夕入城，至初二日食肉后，即行回园。所有该管一切差使，免其到班。

初四日（12.11）

帝御洞明堂，勾到山西、直隶、热河情实罪犯。

初七日（12.14）

帝御洞明堂，勾到朝审情实罪犯。

初九日（12.16）

帝诣安佑宫行礼。

初十日（12.17）

帝诣大高殿、寿皇殿行礼，奉皇太后回宫。

十四日（12.21）

帝诣南郊斋宫斋宿。

十五日（12.22）

冬至，祀天于圜丘，帝亲诣行礼。赏八旗兵丁一月钱粮。

十九日（12.26）

总管内务府奏：署山东盐运使徐经委员解到盐当规银交圆明园银库。

十二月

初六日（1848. 1. 11）

谕：赛尚阿等奏请饬催两淮应解生息银两，此项银两系圆明园八旗内务府三旗官兵口食枪营公费所需，著两江总督速饬将所欠道光七九十等年银两，并将应交二十六年连闰一年利银二万六千两、二十七年一年利银二万四千两，赶紧解交该营，以资公用。

总管内务府奏：前淮关监督恩吉委员解银交圆明园银库。

初八日（1. 13）

帝诣大高殿行礼。

十五日（1. 20）

命惇郡王奕誴行初定礼。

十八日（1. 23）

福济谨奏：为三园陈设循例汇总奏闻事。查得道光二十六年十二月起至二十七年十一月止，清漪园遵旨原太仆寺少卿富泰领去宝座、桌案、香几、柜槅、椅杌、绣墩一百二件，由奏事处交来铜胎佛二十三尊，静明园、静宜园并无添安撤去陈设之件。

廿九日（2. 3）

袷祭太庙，帝亲诣行礼。

道光二十八年　1848

正月

初一日（2. 5）

帝诣奉先殿行礼。御乾清宫，赐皇子、亲藩等宴。

初四日（2. 8）

朝鲜国王李焕遣使表贺万寿、冬至、元旦三大节，进贡方物，赏赉筵宴如例。

初六日（2. 10）

祈谷于上帝，命皇四子奕詝恭代行礼。

初十日（2. 14）

享太庙，命惇郡王奕誴恭代行礼。帝幸圆明园。诣安佑宫行礼。奉皇太后居绮春园。

十一日（2. 15）

帝诣绮春园，问皇太后安。廿二日、廿七日亦如之。

十四日（2. 18）

帝御奉三无私殿，赐皇子、亲藩等宴。

十五日（2. 19）

上元节。帝诣安佑宫行礼。御正大光明殿，赐朝正外藩等宴，作乐赐酒，如除夕仪。

十六日（2. 20）

帝诣绮春园，问皇太后安。御正大光明殿，赐大学士、尚书等宴。

谕：廓尔喀贡使本年到京稍迟，未及与外藩筵宴。向来朝鲜、暹罗两国使臣，照例在部筵宴一次，在馆筵宴一次。著将廓尔喀贡使附入，以示优礼，该部即遵谕行。

十九日（2.23）

帝御山高水长，赐王公大臣、蒙古王、贝勒、贝子、公、额驸及外藩使臣等食。廓尔喀使臣噶箕苏热达、兴奔塔等二人于山高水长瞻觐。

廿八日（3.3）

帝回宫。

二月

初四日（3.8）

祭大社、大稷，帝亲诣行礼。以举行仲春经筵，遣官告祭奉先殿、传心殿。帝御文华殿经筵，值讲官赛尚阿、贾桢进讲《孟子》。宗人府进呈新修玉牒，帝诣乾清宫东暖阁行礼，恭阅，送寿皇殿东西室尊藏。

初五日（3.9）

帝幸圆明园。诣绮春园，问皇太后安。初六日、十二日、十九日亦如之。

初九日（3.13）

命惇郡王奕誴祭关帝庙。

初十日（3.14）

以镶蓝旗护军统领珠勒亨管圆明园八旗鸟枪营事。

十二日（3.16）

遣官祭黑龙潭昭灵沛泽龙王之神、玉泉山惠济慈佑灵濩龙王之神、昆明湖安佑普济沛泽广生龙王之神。遣官祭圆明园惠济祠、河神庙。

十四日（3.18）

谕：桂良之女，著指与六阿哥为婚。所有应行事宜，著该衙门照例办理。

十六日（3.20）

春分，朝日于东郊，命皇四子奕詝恭代行礼。

廿一日（3.25）

谕：朕此次恭谒西陵，启銮后，著派睿亲王仁寿，定郡王载铨，大学士穆彰阿、卓秉恬留京办事。

廿四日（3.28）

帝御勤政殿听政。

廿五日（3.29）

达赖喇嘛、班禅额尔德尼遣使表进贡物，赐敕褒奖，赏赉如例。

廿七日（3.31）

帝诣绮春园，问皇太后安。帝命皇四子奕詝成大婚礼。

三月

初三日（4.6）

帝诣绮春园，问皇太后安。命惇郡王奕誴行成婚礼。

初七日（4.10）

帝诣绮春园，问皇太后安。十六日、廿二日亦如之。

初八日（4.11）

帝启銮，谒西陵。至卢沟桥诣龙神庙拈香。驻跸黄新庄行宫。

十二日（4.15）

帝谒泰陵、泰东陵、昌陵。至孝穆皇后、孝慎皇后、孝全皇后陵寝奠酒。帝回銮，驻跸梁格庄行宫。

十六日（4.19）

帝还圆明园。

十八日（4.21）

帝诣安佑宫行礼。

廿七日（4.30）

帝诣大高殿行礼，回宫。

四月

初一日（5.3）

享太庙，帝亲诣行礼。幸圆明园。诣绮春园，问皇太后安。

初三日（5.5）

帝回宫。

初五日（5.7）

帝诣南郊斋宫斋宿。

初六日（5.8）

常雩，祀天于圜丘，帝亲诣行礼。诣关帝庙拈香。幸圆明园。诣绮春园，问皇太后安。

初七日（5.9）

帝奉皇太后幸皇四子奕詝、皇六子奕訢所，至奉三无私殿进膳。

初九日（5.11）

帝御阅武楼，阅挑选侍卫马步射，至十二日皆如之。

十三日（5.15）

帝诣绮春园，问皇太后安。十九日、廿五日亦如之。

十四日（5.16）

帝御阅武楼，阅挑选侍卫马步射。

十六日（5.18）

帝御阅武楼，阅挑选侍卫马步射，翌日如之。

廿二日（5.24）

帝御勤政殿听政。

廿七日（5.29）

帝诣黑龙潭神祠拈香。

五月

初四日（6.4）

帝诣绮春园，问皇太后安。初十日亦如之。

十一日（6.11）

赏协办大学士、两广总督耆英双眼花翎。

十六日（6.16）

帝奉皇太后幸慎德堂，进膳。

十八日（6.18）

帝诣大高殿行礼，回宫。

十九日（6.19）

奉旨：右翼税盈余银著交圆明园七千二百两，赏给麟魁一百七十九两零。

廿一日（6.21）

夏至，祭地于方泽，帝亲诣行礼。帝幸圆明园。诣绮春园，问皇太后安。廿七日亦如之。

廿八日（6.28）

奉旨：左翼税盈余银著交圆明园二万四百两，赏给僧格林沁三百二十四两零。

六月

初三日（7.3）

帝诣绮春园，问皇太后安。初九日、十六日、廿三日、廿九日亦如之。

初四日（7.4）

命协办大学士、两广总督耆英留京，管礼部事，以广东巡抚徐广缙为钦差大臣、两广总督接办洋务。

十一日（7.11）

帝诣黑龙潭神祠祈雨。命皇四子奕詝诣天神坛、惇郡王奕誴诣地祇坛、皇六子奕訢诣太岁坛祈雨。

命大学士卓秉恬毋庸管兵部事，以协办大学士耆英管兵部事，命毋庸管礼部事。

十八日（7.18）

以雨泽优沾，命皇四子奕詝诣天神坛、惇郡王奕誴诣地祇坛、皇六子奕訢诣太岁坛、惠亲王绵愉诣黑龙潭报谢。

七月

初一日（7.30）

享太庙，命皇六子奕訢恭代行礼。

初七日（8.5）

帝诣绮春园，问皇太后安。十四日、廿一日、廿八日亦如之。

初八日（8.6）

帝御勤政殿听政。

十五日（8.13）

中元节。帝诣安佑宫行礼。

八月

初三日（8.31）

帝诣绮春园，问皇太后安。初七日、十八日、廿五日亦如之。

初四日（9.1）

帝诣大高殿行礼，回宫。

初七日（9.4）

祭大社、大稷，帝亲诣行礼。幸圆明园。

初八日（9.5）

帝奉皇太后幸同乐园，进膳，赐皇子、王公大臣、蒙古王公、额驸等食。

初十日（9.7）

万寿节。遣官祭太庙后殿。遣官祭历代陵寝。遣官祭孝穆皇后、孝慎皇后、孝全皇后陵寝。遣官祭显佑宫、东岳庙、城隍庙。帝诣安佑宫行礼。诣绮春园皇太后前行礼。御正大光明殿，皇子及王以下文武大臣官员、蒙古王公、额驸等行庆贺礼。御同乐园，赐皇子、王公大臣、蒙古王公、额驸等食。

十二日（9.9）

命皇四子奕詝祭关帝庙。

十三日（9.10）

帝诣安佑宫行礼。

十四日（9.11）

谕：本年万寿庆节，已传旨著惇郡王奕誴入于王等班次行礼。嗣后，遇有朝贺一切典礼，著照此遵行。

十五日（9.12）

遣官祭黑龙潭昭灵沛泽龙王之神、玉泉山惠济慈佑灵濩龙王之神、昆明湖安佑普济沛泽广生龙王之神。遣官祭圆明园惠济祠、河神庙。

十六日（9.13）

帝奉皇太后御奉三无私殿，进膳。

廿三日（9.20）

世宗宪皇帝忌辰，遣官祭泰陵。帝诣安佑宫行礼。

廿六日（9.23）

秋分，夕月于西郊，遣惇郡王奕誴行礼。帝御山高水长，阅侍卫等骑射，至廿八日皆如之。

九月

初一日（9.27）

帝御山高水长，阅侍卫等骑射，翌日如之。

奉旨：所得盈余银著交圆明园一万八千五百两，其余银二百十七两著赏给吉廉。

初二日（9.28）

帝诣绮春园，问皇太后安。初八日、十六日、廿三日亦如之。

初三日（9.29）

谕：此次阅看骑射，乾清门侍卫联顺骑射竟如汉式，实属不合。惠略、景庆、硕庆、载鷟骑射甚属平常，著各罚俸六个月。

十四日（10.10）

帝御洞明堂，勾到新疆、云南、贵州、广东、广西情实罪犯。

十七日（10.13）

考试保送翻译、翰詹各员于圆明园正大光明殿。

十八日（10.14）

帝御洞明堂，勾到四川情实罪犯。

廿二日（10.18）

帝御洞明堂，勾到福建、奉天、陕甘情实罪犯。

廿四日（10.20）

帝御洞明堂，勾到湖广、江西情实罪犯。

廿八日（10.24）

帝诣大高殿行礼，回宫。

十月

初一日（10.27）

享太庙，帝亲诣行礼。

初三日（10.29）

帝幸皇四子奕詝所，进膳。幸圆明园。诣绮春园，问皇太后安。十七日、廿四日、廿九日亦如之。

初六日（11.1）

帝诣安佑宫行礼。

初八日（11.3）

帝诣绮春园，问皇太后安，侍膳。初九日、十一日亦如之。

初十日（11.5）

皇太后圣寿节。遣官祭太庙后殿、奉先殿。帝率皇子及王公大臣诣绮春园行庆贺礼，众官于长信门外行礼。诣皇太后前侍膳。

十四日（11.9）

大学士宝兴卒，命皇四子奕詝带领侍卫十员往奠茶酒，予祭葬，谥文庄。

十五日（11.10）

以协办大学士耆英管宗人府银库事。

十六日（11.11）

帝御阅武楼，阅圆明园八旗枪操。

廿一日（11.16）

帝御勤政殿听政。

廿三日（11.18）

帝御洞明堂，勾到浙江、安徽、江苏情实罪犯。

廿八日（11.23）

帝御洞明堂，勾到河南、山东情实罪犯。

十一月

初五日（11.30）

帝诣绮春园，问皇太后安。十二日、十九日亦如之。越南国王嗣子阮福时遣使请封，进贡方物，赏赉筵宴如例。以故越南国王阮福暶嗣子福时袭爵，命广西按察使劳崇光往封。

十一日（12.6）

帝御洞明堂，勾到山西、直隶、热河情实罪犯。

十三日（12.8）

命皇六子奕訢带领侍卫十员，往奠故贝勒绵偲茶酒，赏银五百两治丧。

十五日（12.10）

以睿亲王仁寿署管理宗人府银库事，吏部尚书文庆署管理武备院事，户部左侍郎柏葰署管理奉宸苑事。

十七日（12.12）

帝御洞明堂，勾到朝审情实罪犯。

廿二日（12.17）

总管内务府奏：兼理山东盐运使刘源灏委员解到盐当规银交圆明园银库。

廿七日（12.22）

冬至，祀天于圜丘，帝亲诣行礼。

十二月

初二日（12.27）

总管内务府奏：前任淮关监督文光委员解银交圆明园银库。

初六日（12.31）

命于大高殿设坛祈雪，帝亲诣行礼。

初九日（1849.1.3）

谕：每年祈谷常雩冬至各大祀，朕均亲诣行礼。嗣后，凡遇三大祀，仍应照旧亲诣致祭。惟斋宿一节，即遵照乾隆七年以前成宪，朕在宫内斋宿，以昭敬慎。至祭前一日，应在皇穹宇皇乾殿拈香之处，著太常寺于先期提奏请旨。

十四日（1.8）

以京畿雪泽未沾，帝诣大高殿，命皇四子奕詝诣天神坛、皇六子奕訢诣地祇坛、惠亲王绵愉诣太岁坛祈祷，惇郡王奕誴诣宣仁庙、凝和庙、瑞郡王奕誌诣昭显庙、时应宫拈香。

福济、明训谨奏：为三园陈设循例汇总奏闻事。查得道光二十七年十二月起至二十八年十一月止，清漪园由奏事处交来铜胎佛二十七尊、画像佛十五轴，署正白旗汉军都统桂良领去清漪园宝座、桌案、香几、柜槅、椅杌、绣墩九十五件，静明园桌案、炕槅九件，静宜园并无添安撤去陈设之件。

十五日（1.9）

命皇六子奕訢行初定礼。

十八日（1.12）

谕：向例十二月廿三日，蒙古王公等皆在西厂赐食。现当斋心祈雪，著本年暂行停止，其赏件仍照例发给。所有应行引见之年班来京外边行走之蒙古王公等，著俟明年紫光阁筵宴时，再行带领。

廿一日（1.15）

以京畿雪泽尚未优沾，帝诣天神坛，命皇四子奕詝诣地祇坛、皇六子奕訢诣太岁坛祈祷。

本月

和硕怡亲王载垣面奉谕旨：自此次为始，皇太后万寿圣节，如不升殿受贺，绮春园宫门外陈设仪驾，著銮仪卫官员率校尉豫备。

道光二十九年　1849

正月

初一日（1.24）

帝诣奉先殿行礼。御乾清宫，赐皇子、亲藩等宴。

初三日（1.26）

高宗纯皇帝忌辰，遣官祭裕陵。帝诣寿皇殿行礼。

初八日（1.31）

谕：八阿哥于本年四月初四日辰时入学读书，著翰林院编修童福承授读。

初九日（2.1）

命暂停本年经筵。

初十日（2.2）

享太庙，命皇六子奕訢恭代行礼。

十一日（2.3）

帝诣南郊斋宫斋宿。

十二日（2.4）

祈谷于上帝，帝亲诣行礼。

十三日（2.5）

帝幸圆明园。奉皇太后居绮春园。诣安佑宫行礼。

十四日（2.6）

帝诣绮春园，问皇太后安。御奉三无私殿，赐皇子、亲藩等宴。

十五日（2.7）

上元节。帝诣安佑宫行礼。御正大光明殿，赐朝正外藩等宴，作乐赐酒，如除夕仪。

十六日（2.8）

帝御正大光明殿，赐大学士、尚书等宴。

十九日（2.11）

帝御山高水长，赐王公大臣、蒙古王、贝勒、贝子、公、额驸、台吉及外藩使臣等食。

二十日（2.12）

帝诣绮春园，问皇太后安。廿七日亦如之。

廿七日（2.19）

朝鲜国王李焕遣使表贺万寿、冬至、元旦三大节并进贡方物，赏赉筵宴如例。

二月

初一日（2.23）

谕：四阿哥、六阿哥、七阿哥著于三月廿八日赴南苑习围，四月初六日回圆明园。所有应行随往之散秩大臣侍卫章京护军人等，各该衙门照例豫备。

初四日（2.26）

帝诣绮春园，问皇太后安。十二日、十八日、廿五日亦如之。

初八日（3.2）

祭先师孔子，命惇郡王奕誴行礼。

初九日（3.3）

祭大社、大稷，命皇四子奕詝恭代行礼。

得旨：此次内务府三院等处京察一等圈出人员，著各堂官再出具考语，带领引见。圈出之奉宸苑委署主事伊长阿，南苑八品苑丞荫成，圆明园六品苑丞豫震、基光，清漪园六品苑丞富明，俱著交吏部记名。

初十日（3.4）

命皇四子奕詝祭关帝庙。

十二日（3.6）

谕：八阿哥本年四月初四日入学，著改派翰林院编修匡源授读。祁寯藻、杜受田均著充上书房总师傅，杜受田著仍授四阿哥读。

十四日（3.8）

复引见内务府京察一等圈出人员。

十七日（3.11）

帝御勤政殿听政。遣官祭黑龙潭昭灵沛泽龙王之神、玉泉山惠济慈佑灵濩龙王之神、昆明湖安佑普济沛泽广生龙王之神。遣官祭圆明园惠济祠、河神庙。

内阁学士载增于召见时，辄敢以家事冒昧陈奏，已属胆大妄为，复将妄奏之语向伊家之人泄露。载增著与伊弟载堪均革去内阁学士，退出乾清门，所管一切差使全行革退，均赏给头等侍卫，在大门上行走。

廿三日（3.17）

山东民妇龚氏因幼女被贼抢去，于圆明园大宫门外喊冤，请交刑部审办。

廿九日（3.23）

帝诣大高殿行礼，回宫。

三月

初二日（3.25）

帝幸圆明园。诣绮春园，问皇太后安。初八日、十四日、廿一日、廿九日亦如之。

初三日（3.26）

命皇六子奕訢行成婚礼。

初四日（3.27）

以故贝勒绵偲子奕缙降袭贝子。

十三日（4.5）

清明节。帝诣安佑宫行礼。遣官祭历代陵寝。命皇四子奕詝祭孝穆皇后、孝慎皇后、孝全皇后陵寝。

十八日（4.10）

帝诣安佑宫行礼。

廿一日（4.13）

直隶总督讷尔经额奏报得雨情形。得旨：京师自本月初八日以来，雨虽不大，叠次沾濡，合而计之，亦属润足。可喜可庆。

廿九日（4.21）

直隶总督讷尔经额奏报各属粮价。得旨：御园于廿七日亥刻，雷雨交作，又得雨三寸有余，不独田苗有益，而上下之气通畅矣。

四月

初一日（4.23）

享太庙，遣惠亲王绵愉恭代行礼。

初五日（4.27）

帝诣绮春园，问皇太后安。十二日亦如之。

十九日（5.11）

谕：本日又获甘霖，地面一定湿滑，潘世恩可无庸进慎德堂。虽有扶掖之资，难纾眷念之意，诸卿等于登下扁舟，亦当在意在意。

二十日（5.12）

祀天于圜丘，命皇六子奕訢恭代行礼。

闰四月

初九日（5.30）

以本年乡试，考试应开列试差人员于圆明园正大光明殿。

总管内务府奏：总管太监赵喜等奏，慎修思永失去陈设表案。

初十日（5.31）

谕：惠亲王第四子著命名奕詢，第五子著命名奕詳。

谕：此次考试试差人员，著毋庸带领引见。

十四日（6.4）

奉旨：左翼税盈余银著交圆明园一万九千两，赏给僧格林沁一千七百二十一两零。右翼税盈余银著交圆明园七千二百两，赏给瑞常一百七十九两零。

十五日（6.5）

命皇四子奕詝诣黑龙潭神祠、皇六子奕訢诣静明园龙神庙、皇七子奕譞诣清漪园龙神庙拈香。

廿一日（6.11）

总管内务府奏：为园户樊恒元偷窃陈设审明治罪。

五月

初二日（6.21）

夏至，祭地于方泽，命皇四子奕詝恭代行礼。

初四日（6.23）

引见翰林院保送御史人员。

初五日（6.24）

考试应开列试差满汉二品以下京堂各官于圆明园上书房。

六月

初一日（7.20）

帝诣绮春园，问皇太后安。

初五日（7.24）

谕：长春园左门值班参领胡松额，著照部议降二级留任，加恩准其抵销。此案太监逾墙外出，时值夤夜，值班官兵等疏于觉察，当被营兵拿获，尚无别项重情，是以姑从薄惩。倘因巡查疏忽，以致自外越墙进内，则事关重大，非寻常疏忽者可比，定将值班兵丁重治其罪，并将该值班参领等从严惩处不贷。

初十日（7.29）

致仕大学士阮元奏谢子阮福选平凉府知府恩。得旨：善为颐养，以期无限遐龄。

七月

初一日（8.18）

享太庙，命皇六子奕訢恭代行礼。

十一日（8.28）

谕：本日礼部将万寿礼仪具题。现在朕躬尚未照常，暂停受贺。所有向来在圆明园二宫门内行礼之王公大臣、文武官员，著仍照旧于是日辰刻向上行礼。其余文武各员，著在午门外行礼。

十五日（9.1）

中元节。遣官祭历代陵寝。

廿五日（9. 11）

仁宗睿皇帝忌辰，遣官祭昌陵。

八月

初二日（9. 18）

祭先师孔子，遣吏部尚书文庆行礼。以礼部右侍郎曾国藩兼署兵部右侍郎。

初三日（9. 19）

祭大社、大稷，遣惇郡王奕誴恭代行礼。

初四日（9. 20）

奉旨：所得盈余银著交广储司一万八千六百两，其余银一百十三两零著赏给景绂。

初十日（9. 26）

万寿节。遣官祭太庙后殿。遣官祭历代陵寝。遣官祭孝穆皇后、孝慎皇后、孝全皇后陵寝。遣官祭显佑宫、东岳庙、城隍庙。御慎德堂，皇子行庆贺礼。王公于正大光明殿廊下，御前大臣、军机大臣、大学士于出入贤良门内，文武大臣于出入贤良门外行礼，众官于午门外行礼。

十二日（9. 28）

帝御勤政殿，礼部带领越南国使臣潘靖等三人于阶下瞻觐。

十五日（10. 1）

遣官祭黑龙潭昭灵沛泽龙王之神、玉泉山惠济慈佑灵濩龙王之神、昆明湖安佑普济沛泽广生龙王之神。遣官祭圆明园惠济祠、河神庙。

九月

初一日（10. 16）

奉旨：本年顺天乡试中式举人，著于本月十五日在圆明园正大光明殿覆试。

十一日（10. 26）

谕：《皇清开国方略》全函，著派右庶子钮福保，修撰李承霖，编修蔡念慈、金鹤清分卷恭录，校对明确，进呈御览。

谕：两淮应交圆明园八旗内务府三旗生息利银，系支放园庭官兵口粮并枪营公费之用，兹据该管大臣等奏称，道光七九十等年欠解银六万四千两，曾经奏准分年带征，迄今未据完解，并二十七年应交下半年利银一万二千两、二十八年应交一年利银二万四千两、二十九年应交连闰一年利银二万六千两，均未解到。著陆建瀛迅速将前项欠解共银十二万六千两如数解交。

十七日（11. 1）

帝诣绮春园，问皇太后安。廿八日亦如之。

奉旨：此次翻译乡试中式举子，著于本月廿一日在圆明园正大光明殿覆试。

廿一日（11. 5）

帝御洞明堂，勾到新疆、云南、贵州、广东、广西情实罪犯。

廿二日（11. 6）

帝御洞明堂，勾到四川情实罪犯。

廿三日（11.7）

帝御洞明堂，勾到福建、奉天、湖广情实罪犯。

廿四日（11.8）

帝御洞明堂，勾到陕甘、浙江、江西情实罪犯。

廿六日（11.10）

帝御洞明堂，勾到安徽、江苏情实罪犯。

三十日（11.14）

帝回宫。

十月

初一日（11.15）

享太庙，遣惇郡王奕誴恭代行礼。

初二日（11.16）

帝幸圆明园。予故朝鲜国王李焕祭如例，朝鲜国世子李昪遣使奉表请封并进方物，命留抵下次正贡。

初三日（11.17）

帝诣绮春园，问皇太后安。十九日、廿七日亦如之。

初六日（11.20）

以故朝鲜国王李焕子昪袭爵，命兵部左侍郎瑞常为正使、内阁学士和色本为副使往封。

初九日（11.23）

帝诣绮春园，问皇太后安，侍膳。十一日亦如之。

初十日（11.24）

皇太后圣寿节。遣官祭太庙后殿、奉先殿。帝率皇子暨王公大臣诣绮春园行庆贺礼，众官于长信门外行礼。诣皇太后前侍膳。

廿二日（12.6）

帝御洞明堂，勾到河南、山东情实罪犯。

廿四日（12.8）

帝御洞明堂，勾到山西、直隶、热河情实罪犯。

廿八日（12.12）

帝御洞明堂，勾到朝审情实罪犯。

十一月

初三日（12.16）

太傅、予告大学士阮元卒，予祭葬，谥文达，命其子候选知府阮祜服阕后即选。

初六日（12.19）

帝诣绮春园，问皇太后安。

初九日（12.22）

冬至，祀天于圜丘，命皇六子奕䜣恭代行礼。赏八旗兵丁一月钱粮。

十二日（12.25）

崇纶奏：为认交修理清漪园大墙等处工程需用钱粮，奉旨宽免五千两谢恩事。前在江宁织造任内有摊赔龙江关短收盈余并欠交节省养廉等银一万九千九百两，未能完交，嗣因认交修工银两已蒙圣恩宽免银一万两，今又续估清漪园大墙等处工程，复准宽免欠项银五千两，非梦想所敢期，惟有百倍矢勤慎勉尽厥职，并将未完银两赶紧完交，藉报高厚鸿施于万一。

十三日（12.26）

谕：本日子刻，福园门内六阿哥所不戒于火，经王大臣等督率官员弁兵赶紧扑救，旋即止熄，自应普沛恩施，以示奖励。

十四日（12.27）

帝诣绮春园，问皇太后安。廿四日亦如之。

十二月

初三日（1850.1.15）

帝诣绮春园，问皇太后安。

谕：正阳门箭楼不戒于火，明年修复方位不宜，著派内务府大臣迅速确实勘估兴修，并著于立春以前赶紧开工。其动用何项钱粮，著内务府大臣届期请旨。

初七日（1.19）

帝奉皇太后回宫。

初八日（1.20）

皇太后身体不适，帝诣皇太后宫问安。初九日、初十日亦如之。

初九日（1.21）

总管内务府谨奏：淮关监督委员解银交圆明园银库。

十一日（1.23）

皇太后疾大渐，帝诣长乐敷华问侍。申刻，皇太后卒。帝哀恸深至，水浆不御。王大臣等伏地环跪，恳帝节哀。自是日始，帝居养心殿苫次。

十二日（1.24）

卯刻，帝诣长乐敷华行朝奠礼。巳刻，行午奠礼。午刻，大行皇太后大敛，奉安梓宫于慈宁宫正中。申刻，帝诣大行皇太后梓宫前行夕奠礼。自是，帝凡值供奠行礼，哭必尽哀。

十三日（1.25）

帝诣慈宁宫大行皇太后梓宫前供奠。

十八日（1.30）

谕：兹复据王大臣等合词吁恳，以朕春秋渐高，若朝夕居于苫次，恐稍失调卫，转非所以上答皇太后平日慈爱之心，下慰中外臣民之望，不得已勉如所请，于奉移礼成后，仍回慎德堂居住。

总管内务府奏：山东盐运使王懿德委员解到盐当规银交圆明园银库。

十九日（1.31）

帝诣慈宁宫大行皇太后梓宫前行殷奠礼。

二十日（2.1）

巳刻，帝诣慈宁宫大行皇太后梓宫前行启奠礼。申刻，复诣梓宫前供奠。

廿一日（2.2）

卯刻，移大行皇太后梓宫安奉绮春园迎晖殿。帝先于梓宫前奠酒，届时灵驾启行，升小舆，帝跪送。出永康左门，梓宫升大舆，帝西向跪哭，攀掖步送。王大臣叩恳再三，始先赴绮春园宫门外祗俟。申刻，梓宫至，帝跪迎，皇贵妃率妃嫔豫俟于殿后，随安奉梓宫于迎晖殿。帝行奠祭礼，王以下大臣俱举哀行礼。

自是日始，帝居慎德堂苫次。

廿三日（2.4）

帝诣迎晖殿大行皇太后梓宫前行初祭礼。

谕：翁心存著授八阿哥读。

廿六日（2.7）

帝诣迎晖殿大行皇太后梓宫前供奠。

廿九日（2.10）

祫祭太庙，遣睿亲王仁寿恭代行礼。帝诣迎晖殿大行皇太后梓宫前行礼。

道光三十年　1850

正月

初一日（2.12）

奉旨：停止朝贺行礼，午门前进呈表文。

初二日（2.13）

谕：因朕年近七旬，气体尚未复元，著俯从王大臣等之请，稍节劳勚，每日在行宫苫宿。所有芦殿前迎送仪节，忍痛从减。廿三日住宿梁格庄，廿四日朕亲诣各陵祭告，按时回昌陵祭告。祗候梓宫到时，跪迎奠酒，安奉隆恩殿。廿五日祭奠礼成，即行回銮。

初三日（2.14）

高宗纯皇帝忌辰，遣官祭裕陵。帝诣迎晖殿大行皇太后梓宫前供奠。

初五日（2.16）

谕：今据大学士、九卿等敬谨拟上尊谥，称曰孝和恭慈康豫安成应天熙圣睿皇后，允足昭垂万禩，式表尊崇。

初七日（2.18）

世祖章皇帝忌辰，遣官祭孝陵。帝诣迎晖殿大行皇太后梓宫前行大祭礼。

初十日（2.21）

享太庙，遣惇郡王奕誴恭代行礼。

十一日（2.22）

帝诣迎晖殿大行皇太后梓宫前行月祭礼。

十二日（2.23）

谕：昌陵以西，择有佳壤，本拟为大行皇太后吉地。今谨定为昌西陵，明年诹吉兴工。

十三日（2.24）

帝身体不适。先是，帝自上年入春以来，身体数次违和，仍日召对臣工，批答章奏，无少倦懈。至是，遭大行皇太后大故，擗踊摧伤，疾增剧。

十四日（2.25）

卯刻，帝疾大渐，召宗人府宗令载铨，御前大臣载垣、端华、僧格林沁，军机大臣穆彰阿、赛尚阿、何汝霖、陈孚恩、季芝昌，总管内务府大臣文庆公启鐍匣。朱谕：皇四子奕詝著立为皇太子，尔王大臣等何待朕言，其同心赞辅，总以国计民生为重，无恤其他。皇六子奕訢封为亲王。

午刻，帝卒于圆明园慎德堂苫次。酉刻，恭奉灵舆回宫。戌刻，大敛毕，奉安梓宫于乾清宫。

谕：命礼亲王全龄、定郡王载铨、礼部尚书文庆、工部尚书特登额总理大行皇帝丧仪。

十六日（2.27）

谕：朕痛遭大行皇帝大故，遵例安奉梓宫于乾清宫。因念圆明园为皇考多年听政之地，清华静穆，神御所安，况皇祖妣梓宫现方暂奉绮春园，自以近依慈灵，乃克隐慰在天之孺慕。谨即定于圆明园正大光明殿敬设几筵，举行奉移典礼。朕即以圆明园之飞云轩为倚庐，以便朝夕侍奠，用伸哀悃。

十七日（2.28）

封奕訢为恭亲王、奕譞为醇郡王、奕詥为钟郡王、奕譓为孚郡王，百日释服后，准戴用红绒结顶冠，金黄色朝服蟒袍。

二十日（3.3）

于乾清宫颁示大行皇帝遗诏。

廿一日（3.4）

封大行皇帝之皇贵妃博尔济吉特氏为康慈皇贵太妃、琳贵妃为琳贵太妃、常贵人为常嫔、佳贵人为佳嫔、彤贵人为彤嫔、成贵人为成嫔、祥贵人为祥嫔、顺常在为顺贵人，蔡答应、尚答应、李答应、那答应均为常在。

廿二日（3.5）

封如皇贵妃为如皇贵太妃。

廿五日（3.8）

以刑部左侍郎全庆为正使、镶蓝旗满洲副都统联顺为副使，往朝鲜国颁示大行皇帝遗诏。

廿六日（3.9）

议定大行皇帝谥号曰：效天符运立中体正至文圣武智勇仁慈俭孝敏成皇帝，庙号曰：宣宗。

二月

初二日（3.15）

奉移大行皇帝梓宫于圆明园正大光明殿。帝率众乘舆由间道前往绮春园行礼毕，预往圆明园恭候。

初三日（3.16）

礼亲王全龄等奏：为大行皇帝梓宫奉移圆明园泣请圣躬节哀事。朱批：朕惟念祖考付托之重，故不自知哀伤之至。所奏知道了。

初四日（3.17）

●四得堂忧居作：

高皇阐明训，四得懔为君。大宝为孙继，深恩怆于心。

音容虽不远，欲见更无因。孺慕终天恨，潸然泪满襟。

初九日（3.22）

改清西陵之龙泉峪陵名为慕陵。

二十日（4.2）

恭修宣宗成皇帝实录，命大学士穆彰阿为监修总裁官；协办大学士、户部尚书祁寯藻，吏部尚书文庆，户部尚书赛尚阿，工部尚书杜受田为总裁官；户部左侍郎阿灵阿、季芝昌，右侍郎福济，兵部左侍郎瑞常，刑部左侍郎周祖培，工部左侍郎翁心存为副总裁官；赛尚阿兼蒙古副总裁官。

三月

二十日（5.1）

将宣宗成皇帝之孝和睿皇后灵柩由绮春园移至昌陵隆恩殿安放。

廿六日（5.7）

谕：两淮应交圆明园八旗内务府三旗生息利银系支放园庭官兵口粮并枪营公费之用，兹据该管大臣等奏称道光七九十等年欠解银六万四千两，曾经奏准分年带征，迄今未据完解，并二十七年应交下半年利银一万二千两、二十八年应交下半年利银一万二千两、二十九年应交连闰一年利银二万六千两，均未解到。著陆建瀛迅速将前项欠解共银十一万四千两如数解交。

四月

初二日（5.13）

兵部尚书柏葰、户部左侍郎阿灵阿奏：为遵旨查勘圆明园春季发修工程分别情形修缓请旨事。慈云普护如祈应祷殿天沟酥碱，间有渗漏，博缝板糟朽，南山墙前墀头腿闪裂，石角柱脱落，拟拆修。天沟换安博缝板拆砌，山墙前墀头腿归安石角柱，东南角门一座木植糟朽，拟拆修。司房缎库后层库房十一间，木植有糟朽，瓦片脱落，拟修理。舍卫城后城隍庙三间，墙垣间有坍塌，地脚沉陷，拟拆尽。大殿前月台一座，面阔十丈六尺，进深四丈四尺五寸，砖块酥碱，间有破碎，拟挑墁。万方安和值房院墙一段坍塌，拟补砌。佛楼太岁坛平台一间，游廊一间，俱木植糟朽歪闪，拟拆修。紫碧山房东角门一座坍塌，拟补修。平湖秋月前山石马头一座、泊岸二段散卸，间有坍塌，拟拆修。涵月楼前大料石马头一座，垂带石歪闪走错，拟粘修归安。踏跺前垂天贶西边三孔木板桥一座，木植糟朽，拟拆修。静缘亭前三孔板桥一座，木植糟朽，两边踏跺散卸酥碱，拟拆修。庄严法界前马头一座坍塌，拟拆修。院内东西屏门二座，木植糟朽吊下，拟拆修。敷春堂两马头一座坍塌，拟粘修。绮春园西宫门三间瓦片脱落，头停渗漏，拟揭完。西爽村城阙一座坍塌，拟拆修。含辉楼北面大墙二段坍塌，拟补砌。再据各处来文并各路达他呈报，园内外库房值班诸旗兵房六百二十八间之多，内有上年缓修并现时呈报应修房间，查其情形，实有较重，势难再缓之处，然亦难同时修理，奴才等共同酌核，只可择其紧要处所，实难栖止者，应修房二百四间。外围河桶一段淤浅，拟清挖。小石桥二座，石料酥碱，拟拆修。七孔闸等处铺板十六槽，糟朽破坏，拟换安补板，其余应修房间活计，均俟秋间再行斟酌办理，则工程不致深巨，钱粮亦可撙节。

十四日（5.25）

奉旨：左翼税盈余银著交圆明园二万五百两，赏给恩华二百二十三两零。右翼税盈余银著交圆明园七千二百两，赏给瑞常一百七十九两零。

廿一日（6.1）

引见丁未科散馆人员，授二甲庶吉士沈桂芬、沈葆桢、李鸿章等为编修。

五月

二十日（6.29）

沙俄军队武装侵入我国黑龙江江口，并在吉涅耳沃屯附近强行建立第一个营地，命名为彼德罗夫营地。

六月

初三日（7.11）

大学士潘世恩因病乞休，命以大学士致仕，赏食全俸。命协办大学士、户部尚书祁寯藻为大学士，刑部尚书杜受田为协办大学士，调工部尚书孙瑞珍为户部尚书兼翰林院掌院学士，以都察院左都御史王广荫为工部尚书，以大学士卓秉恬为国史馆总裁官。

初九日（7.17）

万寿圣节。

●二十寿辰感赋，是日正大光明殿行礼述哀：

深恩高厚难言报，转瞬光阴已廿春。饮恨终身伤怙恃，衔哀九拜痛儿臣。

天颜莫睹空挥泪，宝祚钦承益慕亲。拟废蓼莪篇不咏，去年犹意讯谆谆。

初十日（7.18）

以卓秉恬为武英殿大学士，祁寯藻为体仁阁大学士。

廿九日（8.6）

沙俄军队在距离黑龙江口二十五里的河岸上升起军旗，并非法向库艾格达屯的费雅咯人宣布实施占领。

八月

初六日（9.11）

以刑部左侍郎周祖培在刑部主稿事繁，改命刑部尚书杜受田专勘宣宗成皇帝实录稿本。

九月

初九日（10.13）

兵部尚书裕诚奏：据三园郎中景缓等报称，清漪园北楼门内香严宗印之阁三层佛楼一座，殿内安供跕像四十二臂镌胎金漆大佛一尊，连神台通高七丈二尺，因建立年久，大木间有糟朽，本年五月十七日楼之上层大柁折下，将大佛右臂压伤数只，并砸伤佛座神台以及案上安供佛龛等项。请旨饬交总管内务府大臣前往查勘，奏明办理。

初十日（10.14）

谕：向例文武各衙门均于圆明园轮班值日奏事，宫内惟武职衙门轮班。嘉庆二十五年皇考于二十七月内令文职部院各衙门及三品以下京堂各官与武职衙门一体轮班值日。朕九月廿七日回宫后，著自廿八日为始，文武各衙门均照圆明园之例轮班值日奏事，俟二十七月后仍照旧例行。

十八日（10.22）

奉移梓宫于慕陵隆恩殿，派王大臣轮班敬谨守护。

朱昌颐奏：臣闻圆明园汉军机章京直房靠墙内两大柜，凡廷寄一切章奏等件皆藏于柜内，向不用锁，每日开取物件后，收齐归贮时将柜门掩闭，只由领班章京手书封条，重叠糊贴。该处地居僻静，每日过午后少有人到，而随班之供事，往往尚留其间。臣念此为最关紧要之事，附片密奏，伏请圣裁。

十月

廿七日（11.30）

颁朱笔罪穆彰阿、耆英上谕。以大学士穆彰阿在宣宗朝办洋务时排斥异己，诬陷达洪阿、姚莹，帝亲政后议下缄口，遇事模棱；耆英办事一贯崇洋媚外，有损国体，命将穆彰阿革职，永不叙用，耆英降为五品顶戴，以六品员外郎候补。

十一月

十二日（12.15）

谕：钦差大臣林则徐于驰往广西途中，因过度劳累，旧疾复发，在广东潮州普宁县病逝。著加林则徐太子太傅衔，照总督例赐恤，任内一切处分，悉予开复，予祭葬，谥文忠。其子编修林汝舟、文生林聪彝、文童林拱枢服阕后，由吏部带领引见。

咸丰朝

咸丰元年 1851

正月

初一日（2.1）

元旦。帝御太和殿，接受朝臣庆贺。

谕：所有道光三十年以前，各省节年民欠钱粮全行豁免。

初四日（2.4）

协办大学士杜受田奉旨：将帝“履信书屋”存稿校勘编次进呈，俟阅定，再发交刊刻。

初六日（2.6）

朝鲜、琉球国王遣使奉表谢恩，并贺登基，进贡方物。

廿四日（2.24）

谕：朕欲举行日讲旧典，于几务余闲，将于翰詹诸臣中轮流选派，亲命题目，各拟讲义，分日进呈。在朕既可以古为鉴，且以观诸臣器识学问，为量能授任之资。

二月

十二日（3.14）

遣官祭玉泉山惠济慈佑灵濩龙王之神，昆明湖安佑普济沛泽广生龙王之神，圆明园惠济祠、河神庙。

廿一日（3.23）

洪秀全于武宣东乡登极，称天王。

三月

初九日（4.10）

命大学士赛尚阿驰往湖南办理防堵事，以蒙古都统巴德、满洲副都统达洪阿随往协同办理。又命广州副都统乌兰泰驰往广西军前帮办军务。寻授赛尚阿为钦差大臣。

四月

初一日（5.1）

命恭亲王奕訢为十五善射大臣。

初九日（5.9）

赛尚阿陛辞出都，帝特赏遏必隆刀，以壮其行。

十九日（5.19）

奉旨：因内务府大臣裕诚前往慕陵值班，御药房印钥著柏葰暂行佩带，清漪园印钥著灵桂暂行佩带。

五月

曾国藩上《敬陈圣德三端预防流弊疏》，一曰“防琐碎之风”；二曰“杜文饰之风”；三曰“去骄矜之气”，锋芒直指咸丰帝。帝“怒掷其折于地”，欲罪之。军机大臣力劝，始免获罪。

七月

初十日（8.6）

伊犁将军奕山、参赞大臣布彦泰与俄罗斯国使臣签订《伊犁塔尔巴哈台通商章程》十七款。

八月

十四日（9.9）

遣官祭玉泉山惠济慈佑灵濩龙王之神，昆明湖安佑普济沛泽广生龙王之神，圆明园惠济祠、河神庙。

闰八月

十七日（10.11）

内务府大臣奏：圆明园八旗所在弓箭撒袋长枪等项，规定照例十年修理一次。

十月

廿五日（12.17）

洪秀全封左辅正军师杨秀清为东王，右弼又正军师萧朝贵为西王，前导副军师冯云山为南王，后护又副军师韦正为北王，石达开为翼王。以上所封各王，受正军师东王节制。

十二月

初六日（1852.1.26）

谕：两淮应交圆明园八旗内务府三旗生息利银，系支放看守园庭官兵口粮并枪营公费之用，自应按年如数解到。兹据该管大臣等奏称，道光七、九、十等年欠解银六万四千两，曾经奏准分年带征，迄今未据完解，并欠解二十七年利银一万二千两，二十八年利银一万二千两，三十年利银二万四千两，咸丰元年连闰利银二万六千两。前经降旨饬催，仍未解到。似此积年拖欠，于支放要需必致贻误。著陆建瀛迅将前项欠解银两赶紧如数解交，毋再延宕。

咸丰二年　1852

正月

初一日（2.20）

以国服未除，帝不御殿受贺。王大臣于乾清门外，众官暨朝鲜国使臣等于午门外行礼。

二月

初八日（3.28）

帝于宫中初选秀女。旋敬事房口传谕旨：贞嫔、云嫔于本年四月廿七日进内；兰贵人、丽贵人于五月初九日进内。

十一日（3.31）

奉旨：引见圆明园主事世荣、圆明园六品库掌贵宝、静宜园六品苑丞宝纯，著交吏部记名照例选用。俱准其一等加一级。年已逾岁之圆明园八品苑副倭克金，因年力就衰，著以原品休致。

十二日（4.1）

遣官祭玉泉山惠济慈佑灵濩龙王之神，昆明湖安佑普济沛泽广生龙王之神，圆明园惠济祠、河神庙。

十六日（4.5）

太平军自永安突围，旋于龙寮岭等地设伏，大败清军。天津镇总兵长瑞、凉州镇总兵长寿、河北镇总兵董光甲、郧阳镇总兵邵鹤龄等以下官兵数千人被击毙。

二十日（4.9）

帝奉皇贵太妃启銮，恭谒西陵。

三月

初二日（4.20）

宣宗梓宫奉安，帝拊梓宫呼号哀恸，于地宫外奠酒行礼。命庄亲王奕仁供奉宣宗成皇帝神牌黄舆回京。

谕：兹当慕陵奉安大礼告成，祗承先志，不敢建立圣德神功碑，谨述感恩哀恋之忱，撰成慕陵碑文一篇，用志孺慕，并当敬谨书写，即镌于隆恩门外碑石，以垂永久。

●三月初二日恭奉皇考梓宫于慕陵，大葬礼成泣述：

哀哀心已碎，步步虑如煎。考妣恩难报，儿臣痛转绵。

龙輴留岂住，只是恨终天。奠别寸肠断，空余涕泗涟。

初七日（4.25）

帝恭奉宣宗成皇帝神牌升祔太庙。翌日，颁赏天下。

以孝和睿皇后大故，奉安梓宫于绮春园迎晖殿。至正月十一日，帝犹躬亲叩奠。

十五日（5.3）

谕：左翼税盈余银著交圆明园二万三百两，赏给特登额四百四十五两零。

十八日（5.6）

命惇郡王奕誴带领侍卫十人，往奠故喀尔喀札萨克亲王车登巴咱尔茶酒，赏银一千两治丧，以其子达尔玛袭爵。

廿一日（5.9）

谕：朕于本月廿五日亲诣大高殿、时应宫拈香，并派惇郡王奕誴诣宣仁庙、凝和庙；载垣诣昭显庙；恭亲王奕訢诣黑龙潭、觉生寺；仁寿诣清漪园龙神庙、静明园龙神庙拈香。

以吕贤基奏请“求言”一折，诏谕天下：现在粤西军务未平，丰北河工漫口未合。内外诸务因循，未能振作。著再申谕各部院大臣、九卿科道等有言事之责者，于政治得失，民生利病，各据见闻，直陈无隐。

廿九日（5.17）

帝下诏罪己：自登极以来，无日不以敬天爱民为念，曷敢稍存满溢之志，致开逸欲之萌。但积习相沿，抚循无术，以致盗贼横行，重烦兵力。赤子何辜，毒罹锋镝，兴言及此，寝馈难安。然劳师糜饷，未能迅就荡平，皆予罪也。而南河丰工漫口，至今尚未堵合，灾民荡析离居，更为可悯。自惟薄德，时切忧勤，惟有自省愆尤，倍深刻责而已。

四月

初二日（5.20）

帝诣圜丘祀天。翌日，以恭奉宣宗成皇帝配天礼成，颁诏天下。

初六日（5.24）

帝以服阕，行释服礼，恭谒慕陵启銮。自是日始至十月十四日，康慈皇贵太妃居敷春堂。

太平军自兴安攻全州，遇清军顽抗，伤亡颇重。南王冯云山中炮负伤。

十五日（6.2）

谕：朕于本月廿二日驻跸圆明园，内阁、六部、九卿衙门遇御门理事及本衙门带领引见。该班奏事日期，均著遵照旧例轮留堂官一人在署办事，不必全行赴园。

十八日（6.5）

徐继畬上《三渐宜防疏》，一曰土木，二曰晏安，三曰壅蔽。帝甚嘉奖，有“意深词婉，置之座右，可当箴铭”等语。

廿一日（6.8）

升平署艺人移往圆明园。廿三日于永乐园承应戏剧，二班帮腔。

廿二日（6.9）

帝幸圆明园，诣安佑宫行礼。

廿三日（6.10）

帝诣桃花春一溪，问皇贵太妃安。奉皇贵太妃幸同乐园。进膳毕，跪送皇贵太妃还绮春园。

廿四日（6.11）

帝诣大高殿行礼、时应宫拈香。回宫。

廿五日（6.12）

帝御太和殿传胪，赐一甲章鋆、杨泗孙、潘祖荫三人进士及第，二甲彭瑞毓等一百八人进士出身，三甲何桂芳等一百二十八人同进士出身。帝诣绮春园，问皇贵太妃安。幸圆明园。

廿六日（6.13）

帝命将已革陕甘总督琦善发往吉林效力赎罪，劳崇光为广西巡抚，赏加和春提督衔。

廿七日（6.14）

帝诣绮春园，问皇贵太妃安。

廿八日（6.15）

升平署艺人于半亩园排戏，三班帮腔。

廿九日（6.16）

帝诣绮春园，问皇贵太妃安。

谕：上年丰北决口，山东、江南各州县被灾较广。所有山东赈务著派藩司刘源灏，江南赈务著派藩司祁宿藻，率属查勘，专司督办。于江广各帮漕粮内，截留米六十万石，分拨江南三十万石，山东三十万石，以备赈济。其应如何拨运存储散放之处，即由各该藩司酌定章程，妥为经理。

三十日（6.17）

帝诣大高殿行礼。回宫。

五月

初四日（6.21）

帝诣绮春园，问皇贵太妃安。幸圆明园。

命骆秉章来京，调云南巡抚张亮基为湖南巡抚，以甘肃布政使黄宗汉为云南巡抚。

初七日（6.24）

帝诣绮春园，问皇贵太妃安，次诣清夏斋，问如皇贵太妃安。

初八日（6.25）

帝诣万寿山大报恩延寿寺、广润祠拈香。命钦差大臣赛尚阿速赴湖南主持军务，并命前任湖北巡抚罗尧典往湖南帮办军务。

初九日（6.26）

帝诣绮春园，问皇贵太妃安。调浙江巡抚常大淳为湖北巡抚，云南巡抚黄宗汉为浙江巡抚，以四川布政使吴振棫为云南巡抚。

十一日（6.28）

皇贵太妃寿辰。帝诣绮春园颐寿轩皇贵太妃前行礼，诣永春室进如意毕，诣同乐园后月台侍皇贵太妃幸同乐园看戏，进午膳，并赐内廷王大臣等小食毕，跪送皇贵太妃还绮春园。

十二日（6.29）

大考翰林院、詹事府各官于圆明园正大光明殿。帝阅叶尔羌帮办大臣倭仁奏请“治本”一折，斥其空论“治道”，未及边陲切要情形，令其嗣后总宜留心边务，切实敷陈，毋得徒托空言，致负委任。

十三日（6.30）

帝诣绮春园，问皇贵太妃安。命吏部左侍郎邵灿、户部右侍郎麟魁为军机大臣。

十七日（7.4）

帝诣绮春园，问皇贵太妃安。

二十日（7.7）

帝两次诣绮春园，问皇贵太妃安。

廿一日（7.8）

帝诣绮春园，问皇贵太妃安。

太常寺题六月初九日万寿圣节祭太庙后殿一疏。同日，并题祭显佑宫、东岳庙、都城隍庙各一疏。

廿二日（7.9）

帝诣绮春园，问皇贵太妃安。未刻，帝再诣绮春园问皇贵太妃安。

帝御勤政殿听政。谕：台涌驰往荆州等处，择要设防，以杜粤西逆匪窜扰湖南边界之患。

廿三日（7.10）

帝诣绮春园，问皇贵太妃安。至廿八日皆如之。

命将失陷道州之前任湖南提督余万清、游击瞿我谦、知州王揆一革职拿问。

廿六日（7.13）

谕：右翼税盈余银著交圆明园七千两，赏给全庆三百七十九两零。

廿七日（7.14）

准户部奏请，解旗民交产之禁。嗣后，除奉天仍照旧例外，顺天、直隶等处旗地，俱准互相买卖，照例税契升科，已卖之田，业主售主均免治罪。翌日，定旗民交产章程十六条。

六月

初二日（7.18）

帝诣绮春园，问皇贵太妃安。

初四日（7.20）

帝诣绮春园，问皇贵太妃安。以东省水势骤长，无岸可循，漕运恐难逆挽，著分别变价海运。

初五日（7.21）

帝诣绮春园，问皇贵太妃安。

初六日（7.22）

帝诣静明园圣缘寺、仁育宫、玉峰塔影拈香。

谕：嗣后，遇朕临幸清漪园、静明园，各衙门著照常带领引见。

初七日（7.23）

帝幸同乐园，赐王公大臣、蒙古王、贝勒等食。著赛尚阿即带钦差大臣关防，扼要驻扎湖南，会同程矞采筹办军事；所有广西军务，著徐广缙会同劳崇光接办。

初八日（7.24）

御九洲清晏，宣谕册立皇后。帝诣绮春园，率皇后至皇贵太妃前行礼。礼毕，御同乐园升座，受皇后礼，并赐王公大臣、蒙古王、贝勒等小食。

初九日（7.25）

万寿圣节。帝诣安佑宫行礼。诣绮春园皇贵太妃前行礼。礼毕，御正大光明殿。王以下文武大臣官员、蒙古王、贝勒等行庆贺礼。御同乐园，赐王公大臣、蒙古王、贝勒等小食。

谕：奕山、布彦泰奏，贼匪窜入喀什噶尔卡伦，官兵追剿，连获胜仗，余匪逃窜。著督饬守卡员弁，随时侦探，加意严防，毋稍疏懈。

初十日（7.26）

帝幸同乐园，赐王公大臣、蒙古王、贝勒等食。

十一日（7.27）

帝诣绮春园，问皇贵太妃安。十三日亦如之。

十四日（7.30）

帝诣万寿山须弥灵境、智慧海拈香。以御前大臣端华于大考翰詹时，为已革学士保清修补试卷，帝命端华退出御前大臣，交宗人府议处。

十九日（8.4）

帝诣绮春园，问皇贵太妃安。调甘肃按察使倪良耀为江苏按察使，江苏按察使查文经为甘肃按察使；著两江总督、江苏巡抚督同倪良耀设法妥运漕米。

廿一日（8.6）

帝诣静明园龙王庙、慈航普渡、观音洞、地藏洞、辰居资佑、吕祖洞、文经武纬拈香。

谕：舒兴阿奏，中卫县城地震。经该督派员查明居民房舍，震倒二万余间，压毙男女大小三百余口，受伤者四百余口。该县城垣、衙署及仓廒、监狱等处，均多坍塌倾圮。居民粮食、衣物、牲畜，亦多被压没，糊口无资，深堪悯恻。著该督迅委贤员，前往妥为安抚，并将同时被震各堡迅速查勘。

廿三日（8.8）

驻藏办事大臣穆腾额因病解任，以科布多帮办大臣海枚为驻藏办事大臣。

廿四日（8.9）

帝诣绮春园，问皇贵太妃安。谕：朕此次进宫，著毋庸豫备。嗣后自六月初六日至十二日，如遇回宫回园，著照例豫备八人红杆孔雀顶轿，引设骑驾作乐。其余回宫回园日期，在六月内者，俱著毋庸豫备。

廿六日（8.11）

帝诣绮春园，问皇贵太妃安。

七月

初一日（8.15）

帝诣绮春园，问皇贵太妃安。幸圆明园。

初三日（8.17）

谕：朕于本月十一日由圆明园启銮，十四日抵谒东陵。礼成后，十五、十六日驻跸隆福寺行宫，二十日回圆明园。

太平军攻占郴州。当地会党二三万众和挖煤工人千余人加入太平军，另立“土营”，专备穴地攻城。

初四日（8.18）

帝诣绮春园，问皇贵太妃安。

吐鲁番扎萨克郡王阿克拉伊都呈请于本年秋成后瞻仰帝颜，允之。

初五日（8.19 ）

帝诣万寿山山色湖光共一楼、罗汉堂拈香。

初九日（8.23）

帝诣绮春园，问皇贵太妃安。

协办大学士杜受田赴山东江苏办理赈务，于清江浦病卒。寻命照大学士例赐恤，赠太师，谥文正。

盛京户部主事托克托布承审京控要案，自该案所得盈余银三万三千四百十二两，一并交圆明园。

初十日（8.24）

帝幸静明园圣缘寺、仁育宫拈香。

十一日（8.25）

谕：嗣后，各省驻防旗员与在京八旗，均按绿营定例，如有于军政之年取巧告病乞休者，即勒令休致，其出兵受伤，非在三处以上，不得题请给俸，纂入则例，永远遵行。

十三日（8.27）

帝御勤政殿听政。

十四日（8.28）

帝诣绮春园，问皇贵太妃安。抚恤琉球国遭风难夷。

十五日（8.29）

中元节。帝诣安佑宫行礼。

谕：昨据赛尚阿等奏，贼全股东窜，且恐各省续调之兵，未能到齐。衡永两郡，情形甚为紧要。惟此股逆匪，势尚猖獗，不得不厚集兵力，以期一鼓歼除。而筹款维艰，且虑缓不济急，朕心实为焦切。著徐广缙、叶名琛于广东省设法筹画，无论关税钱粮及正杂各款，或于商栈暂行通融，如湖南待用甚急，即迅速酌拨，以济要需。

十七日（8.31）

由升平署给皇贵太妃、如皇贵太妃等在生冬室花唱。

十八日（9.1）

帝诣绮春园，问皇贵太妃安。

二十日（9.3）

帝幸万寿山、昙华阁、连坐盘云拈香。命户部尚书孙瑞珍充上书房总师傅。

廿三日（9.6）

帝诣绮春园，问皇贵太妃安。以定郡王载铨私与廷臣交接，命载铨罚王俸二年，不准抵销，所兼领侍卫内大臣著即开缺，并毋庸管理健锐营事务。以御前行走土默特贝子德勒克色楞为正黄旗领侍卫内大臣。

廿四日（9.7）

帝幸静明园、功德寺、龙王庙拈香。命徐广缙带同总兵福兴数千精兵驰赴湖南郴州一带，接受钦差大臣关防。著叶名琛署两广总督，柏贵署广东巡抚，赛尚阿、程矞采、骆秉章下部议处。

廿六日（9.9）

帝诣绮春园，问皇贵太妃安。调工部尚书阿灵阿为刑部尚书，以户部右侍郎麟魁为工部尚书，户部左侍郎德兴兼署工部右侍郎兼管钱法堂事务。

廿八日（9.11）

帝诣万寿山。

八月

初一日（9.14）

升平署艺人于同乐园承应戏，头班帮腔。

初二日（9.15）

帝诣绮春园，问皇贵太妃安。赛尚阿、程矞采、骆秉章均著加恩改为革职留任。

初四日（9.17）

帝诣大高殿行礼。回宫。

初五日（9.18）

帝诣绮春园，问皇贵太妃安。幸圆明园。

初六日（9.19）

帝幸万寿山。以湖南形势危急，催令徐广缙迅赴湖南接钦差大臣关防。又以湖南与江西接界，命前任湖北巡抚罗尧典署江西巡抚。令叶名琛署理两广总督，并令柏贵署理广东巡抚。

初七日（9.20）

本月初三日，海甸老虎洞地方通盛钱铺，被贼劫去银四百两。又天福钱铺被贼劫银一百五十余两。至是，奉旨：园汛重地，理宜严肃。中营畅春园汛守备福来、千总庆泰、把总德禄，均著摘去顶戴，先行交部严加议处。帝诣大高殿行礼。回宫。

初九日（9.22）

先是，西王萧朝贵从郴州率轻兵袭长沙。是日，中炮而亡。

十一日（9.24）

帝诣绮春园，问皇贵太妃安。幸圆明园。

天王洪秀全、东王杨秀清接到西王萧朝贵中炮伤重之信，是日及次日分批北上，赴援长沙。以太平军突攻长沙。帝命摘去赛尚阿、程矞采顶戴，拔去花翎，并统带官兵驰援长沙，徐广缙迅赴湖南。

十三日（9.26）

帝诣安佑宫行礼。

十四日（9.27）

帝诣绮春园，问皇贵太妃安。

遣官祭玉泉山惠济慈佑灵濩龙王之神，昆明湖安佑普济沛泽广生龙王之神，圆明园惠济祠、河神庙。

十五日（9.28）

调湖北巡抚常大淳为山西巡抚，以署江西巡抚罗尧典为湖北巡抚，江西学政张芾署江西巡抚。

帝幸恭亲王别墅朗润园，为之题园名，并赐诗一首。

●赐恭亲王：

名园朗润近圆明，赐额心同弟与兄。孝弟立身先务本，慰予厚望勖公平。

十七日（9.30）

帝诣绮春园，问皇贵太妃安。寻问如皇贵太妃安。

十九日（10.2）

帝诣静明园伏魔洞、玉峰塔影、香岩寺、古华严寺、观音洞拈香。暹罗国王遣使补进例贡并请敕封。

二十日（10.3）

帝诣恭亲王寓，问皇贵太妃安，侍皇贵太妃进午膳毕，驾还圆明园。

廿四日（10.7）

帝御洞明堂。

廿五日（10.8）

帝幸万寿山，诣对鸥舫，问皇贵太妃安。奉皇贵太妃幸玉澜堂、涵虚堂。侍膳毕，跪送皇贵太妃还绮春园。

廿六日（10.9）

帝诣绮春园，问皇贵太妃安。

程矞采奏：查核广西省军务支发章程，凡属盐粮银数，无不例外加增，并有增至数倍者，与例不符。帝命广西巡抚劳崇光确查具奏，其浮冒侵吞各员，著即严参。命署闽浙总督王懿德、浙江巡抚黄宗汉于福建、浙江各派兵一千名速赴江西防堵。

廿七日（10.10）

昌西陵工程一律完竣。

廿八日（10.11）

帝诣大高殿行礼。回宫。

九月

初一日（10.13）

帝诣绮春园，问皇贵太妃安。幸圆明园。朝鲜国王李昇遣使奉表谢恩，呈进方物。

初二日（10.14）

帝诣绮春园，问皇贵太妃安。奉皇贵太妃幸含辉楼，至澄心堂侍膳毕，跪送皇贵太妃还绮春园。

初三日（10.15）

帝幸万寿山，诣广润祠拈香。御阅武楼，阅火器营操。

初四日（10.16）

帝御勤政殿听政。御洞明堂。命徐广缙为钦差大臣，署湖广总督，驰抵军营，主持防御长沙事宜。以成郡王载锐为内大臣，郑亲王端华为阅兵大臣，定郡王载铨为步军统领，协办大学士、直隶总督讷尔经额为大学士，户部尚书禧恩为协办大学士充国史馆总裁官，吏部尚书贾桢为协办大学士，大学士祁寯藻管户部事。

初五日（10.17）

帝诣静明园圣缘寺、仁育宫拈香。驻跸香山静宜园，至初九日皆如之。

●策马至静宜园即事：

路便传餐憩静明，山庄遥望淡烟平。鸣鞭迤逦开真面，石径云从马首生。

蒞政惟勤守家法，敢因揽胜懈初心。欲知此地发深省，隔岭时传梵呗音。

初八日（10.20）

帝诣十方普觉寺拈香。

初十日（10.22）

帝诣绮春园，问皇贵太妃安。幸圆明园。

十一日（10.23）

帝启銮恭谒东陵。

二十日（11.1）

帝诣慈云寺拈香。诣绮春园，问皇贵太妃安。幸圆明园。

廿二日（11.3）

帝诣绮春园，问皇贵太妃安。谕赛尚阿等：现在长沙省城兵力厚集，务须乘此攻剿得手之际，严饬向荣一军，将窜赴西岸之贼先行剿洗。其城南贼巢，东西南三面围定。并著激励兵勇，各路会合，并力歼除。毋任溃围窜出，复滋扰害。

廿四日（11.5）

帝御洞明堂。

廿五日（11.6）

帝诣静明园龙王庙、仁育宫、圣缘寺拈香。

廿七日（11.8）

帝诣绮春园，问皇贵太妃安。

廿八日（11.9）

帝诣大高殿行礼。回宫。

本月

升平署幼年学生曾在万方安和献演花唱两个半时辰。

十月

初二日（11.13）

谕：养心殿东佛堂、圆明园殿须供奉皇考宣宗成皇帝、皇妣孝全成皇后神牌，一切应行事宜，著该衙门敬谨预备。

初四日（11.15）

帝亲临已故协办大学士杜受田宅赐奠。

初五日（11.16）

帝御太和殿传胪，赐一甲田在田、张虎臣、赵玉润三人武进士及第，二甲黄国辅等八人武进士出身，三甲梁凤山等四十三人同武进士出身。帝诣绮春园，问皇贵太妃安，还圆明园。

初六日（11.17）

帝诣安佑宫行礼。以丰工未合，济宁等处被淹户口甚多。帝命截留南漕三十万石，分四个月赈济。

初八日（11.19）

帝诣绮春园，问皇贵太妃安。

初十日（11.21）

帝诣万寿山莲座盘云、昙华阁拈香。

十一日（11.22）

帝御洞明堂。

十三日（11.24）

帝诣安佑宫行礼，诣绮春园，问皇贵太妃安。

十四日（11.25）

都察院左都御史花沙纳等奏报，审办圆明园正白旗满州已故护军佟禄之女以聘定断离案。

帝诣大高殿、寿皇殿行礼。回宫。

十七日（11.28）

帝御太和殿，册立贵妃钮钴禄氏为皇后。王以下文武大臣官员行庆贺礼。

十一月

初三日（12.13）

先是，太平军撤长沙围，分兵北上。至是，占领岳州，尽得城内火药、大炮、饷糈，并获湖船五千只。随后，太平军分水陆两路向武汉挺进。十二日，太平军占领汉阳、汉口，兵围武昌。

十五日（12.25）

奉旨：前因总管内务府大臣裕诚前往东陵，特将清漪园印钥交恩华佩带。现恩华于本月十九日前往吉林查办事件，所有该园印钥著交阿灵阿暂行署理。

十八日（12.28）

因近日香山、四王府一带及圆明园、青龙桥地方，屡有骑马盗匪数十人持械经过。奉旨：禁园重地，该匪等胆敢纠众肆劫，实属目无法纪。即如老虎洞地方连劫重案，前降谕旨将该地方文武员弁摘顶勒缉，迄今三月之久，犯无一获。该地方官所司何事？此等特旨饬拿要犯，犹复任意疏纵，无怪近日盗匪往来毫无忌惮，所有老虎洞地方劫案内首伙盗犯，著步军统领衙门、顺天府、五城一体迅速严拿，并著直隶总督派员访缉近京一带，查有窝藏处所，迅即毁其巢穴，彻底严行究办。

廿六日（1853.1.5）

总管内务府大臣柏葰、阿灵阿、基溥等为圆明园山高水长安设蒙古包帐房，绮春园集禧堂各处安设鳌山盒架等项，本年内应否备办，请旨。

十二月

初四日（1.12）

太平军攻占武昌。东王传令“官兵不留，百姓勿伤”，并释放囚犯。寻洪秀全等入城。

以太平军撤离长沙后，各路清军不听号令，帝命除王锦绣、常禄已入省城守御，姑从宽贯外，福兴著先行革职，留于军营交向荣差遣，和春、秦定三、李瑞、经文岱、瞿腾龙均著先行革职留任。如再有延误军令，不遵调遣，著徐广缙一面奏闻，一面先行正法。命陆建瀛为钦差大臣，专办江苏、安徽、江西防务，严防太平军东下。又命琦善为钦差大臣，专防河南信阳、新野一带，严防太平军北上。

初五日（1.13）

奉旨：两淮应交圆明园八旗内务府三旗生息利银，自道光七年至咸丰二年共欠解银十六万二千两之多。此项银两系充官兵口食及枪营公费要需，岂容任意延宕，著两江总督即饬两淮盐运使将前项欠解利银赶紧如数解交，毋任再有迟延。总管内务府大臣裕诚、柏葰等奏请，准将崇纶补授圆明园郎中。

廿一日（1.29）

遣恭亲王虔诣圆明园河神庙、惠济祠拈香。

廿二日（1.30）

曾国藩上《敬陈团练查匪大概规模折》，略曰：自军兴以来二年有余，时日不为不久，糜饷不为不多，调集大兵不为不众，而往往见贼逃溃，未闻有与之鏖战一场者，往往从后尾追，未闻有与之拦头一战者。其故何哉？皆由所用之兵未经训练，无胆无艺，故所向退怯也。今欲改弦更张，总宜以练兵为务。臣拟仿前明戚继光、近人傅鼐成法，但求其精，不求其多，但求有济，不求速效。诚能实力操练，于土匪足资剿捕，即于省城防守，亦不无裨益。

三十日（2.7）

帝御保和殿，筵宴朝正外藩科尔沁等王、贝勒、贝子、公、额驸、台吉、塔布囊等及朝鲜正副使臣、土司等，诸乐并作，上进酒，召诸王、贝勒、贝子等至御座前，赐酒，成礼。

本年

内务府京察一等钦奉朱笔圈出人员名单：圆明园郎中文谦、主事世荣、六品库掌贵宝，清漪园郎中景绂、员外郎诚明，静宜园六品苑丞宝纯。圆明园八品苑副倭克金，钦奉朱笔休致。

咸丰三年　1853

正月

初二日（2.9）

太平军弃武昌水陆东下江南，陆军夹两岸行，水上艨艟万艘，帆帜如云，蔽江直下。

初八日（2.15）

帝借祈谷大祀，颁诏天下，略曰：念自逆匪滋扰以来，由广西而湖南，由湖南而湖北，数万生灵惨遭荼毒。朕为天下生民主，不能察吏安民，致令盗贼肆行，闾阎惊扰。今广西、湖南地方多有团勇保护乡里，贼不能逼。著各省督抚分饬所属，各就地方情形，妥筹办理。朕以薄德，绍承大统，三载以来勤求民瘼，惕厉时深，虽因各省水旱遍灾，并南河决口，蠲缓钱粮，截漕赈济，而小惠恐难遍及，每念生民涂炭，抚育无方，即再三引咎自责，亦属虚文。惟有恐惧修省，叩吁昊苍，宥予之辜，拯我穷黎。中外文武大臣及地方官吏，亦当激发天良，各省绅民人等，自必同仇敌忾，速殄妖氛，从此永庆绥丰。

翰林院编修刘熙载奏请，暂止临幸圆明园。略曰：当今贼匪未平，两湖官吏兵民多遭荼毒，仰劳圣心轸念，引咎当躬，可否暂停临幸圆明园一二年，以廑忧民之至意，如此则天下皆仰知宵旰之心，而禁城环卫森严，其利益更不可缕数矣。

初九日（2.16）

翰林院编修卢光夔奏：粤匪滋扰，请旨特派军机大臣日夜值宿内廷，办理军务，并请暂停驻跸圆明园。

十七日（2.24）

石达开率军攻克安庆，巡抚蒋文庆死之。寻太平军自安庆东下，连克池州、铜陵等府县，兵锋直抵江宁。帝命周天爵署安徽巡抚，予江西阵亡总兵恩长世职。

本月

恭亲王奕訢奉旨管理中正殿、武英殿事务。

二月

初一日（3.10）

奉旨：于驻防京师之骁骑、护军前锋、步军以及圆明园、八旗、健锐、火器各营官兵内，务须挑选精壮，实心简练。每月由阅兵大臣，分班亲阅，使马步火器，一律严整。

初二日（3.11）

谕：据奏，丰北大工合龙，全黄归正。朕欣幸之余，倍增寅感。即派恭亲王奕訢敬诣圆明园惠济祠、河神庙，代朕拈香叩谢。著发大藏香十炷，交杨以增祗领，虔赴工次各处河神庙代朕敬谨祀谢，以答神庥。

初五日（3.14）

遣官祭玉泉山惠济慈佑灵濩龙王之神，昆明湖安佑普济沛泽广生龙王之神，圆明园惠济祠、河神庙。

初六日（3.15）

命查抄督师无功之前任钦差大臣赛尚阿、徐广缙、陆建瀛家产，并将彼等之子革职。

初十日（3.19）

太平军轰塌南京仪凤门城墙两丈余，林凤祥督军自缺口冲入，斩前任总督陆建瀛。各门清军，纷纷逃散，李开芳督军入城，斩筹防局邹鸣鹤、江南提督福珠洪阿等。当夜破满城，斩将军祥厚、副都统霍隆阿，驻防旗兵几全部被歼。

十三日（3.22）

前因军务、河工用度浩繁，大小臣工各上筹款事宜，太仆寺卿李维翰奏请暂停养廉以充军饷，帝命军机大臣等会同户部议奏。至是，武职自三品以上停给二成，文职自一品至七品暂给廉银六成，八品以下免其停扣，俟军务告竣，仍复旧额。旋命文职四品以下，武职三品以上各员仍照数给领。

十七日（3.26）

南京失守上闻。帝命追至芜湖之向荣一军，绕前堵御，以保苏常；琦善、陈金绶速赴北岸浦口，以堵太平军之北上。李僡、杨以增、福济等严防黄河两岸；调福州将军怡良为两江总督，未到任前，以杨文定暂署。寻命署四川总督慧成转赴淮、徐，会同杨殿邦办理防堵，令邓绍良为江南提督，内阁学士许乃钊帮办江南军务。

十九日（3.28）

帝颁赏朝鲜国御书匾额“海邦屏翰”，琉球国王御书匾额“同文式化”，暹罗国御书匾额“弼服海隅”。

英使文翰自上海向英国首相罗塞尔报告：南京城在扬子江岸，既大且要，居帝国之中央，接近运河，实足以阻碍一切交通，切断米粮运往北京之路。无论其太平军行动如何，吾已决定在任何形势之下，绝不左袒中国政府而加以干涉。

二十日（3.29）

天王洪秀全由水西门坐黄轿入南京城，仪卫甚盛，改督署为天王府，改南京为天京。

清军向荣结营于南京城东二十里之沙子岗。旋移孝陵卫，是为江南大营，有兵一万三千九百余名。

廿三日（4.1）

先一日，李开芳、林凤祥等率太平军克仪征。是日，占领扬州。漕运总督杨殿邦、两淮盐运使刘良驹、知府张廷瑞等先期遁往高邮。

廿四日（4.2）

内务府奏：储秀宫交出女子大妞一名，年十五岁，咸丰二年五月初八日进宫，在兰贵人位下当差，素无过失，现患吐血病症，是以交出等因。

廿七日（4.5）

杨文定以江苏巡抚兼署两江总督名义，向上海各国领事发出第三次求援照会，称南京陷落，求各国派兵上援。英使文翰命阿礼国答复：谓吾人对于中国内地之政治斗争，仍严守中立。

三月

初九日（4.16）

钦差大臣琦善等率军先后抵扬州城外，琦善扎营城北雷塘集，陈金绶、胜保扎营西北帽儿墩，距城均仅数里，是为江北大营。

十六日（4.23）

俄国沙皇尼古拉一世下令侵占库页岛。

廿二日（4.29）

谕：两淮盐运使员缺，著圆明园郎中崇纶补授。

廿六日（5.3）

以宁池太广道惠征于太平军至时带印避至苏省。谕：惠征身任盐司，于所属地方被贼蹂躏，何以携带银两印信避至镇江、泾县等处。惠征业已开缺，著即饬令听候查办。

四月

初六日（5.13）

太平军出师北伐。以天官副丞相林凤祥、地官正丞相李开芳、春官副丞相吉文元为大将，率领二万二千五百人，号称九军，从扬州出发。左三检点朱锡琨、右十六指挥黄益芸率左二军等从天京出发。

廿五日（6.1）

帝御太和殿传胪，赐一甲孙如僅、吴凤藻、吕朝瑞三人进士及第，二甲陈兰彬、丁宝桢等一百七人进士出身，三甲吾骊珠等一百十二人同进士出身。

廿七日（6.3）

天王洪秀全以夏官副丞相赖汉英为大将，率领殿右八指挥林启容、十二指挥白晖怀等乘船千余只，从天京溯长江西征。

五月

初一日（6.7）

美国国务卿麻西训令马沙利，对中国内战采取不干涉政策。

十四日（6.20）

以北伐太平军入河南，谕：琦善、向荣等统领大兵，分驻大江南北，原期防剿兼施，一面进攻，仍一面防贼分窜，乃顿兵城下，至今一城未能克复。此时北省征调，缓不济急，几乎无兵可调，无款可筹，朕日夜焦思，寝馈难安。著慧成驰往河北会同剿捕，扬州城东即著福济带兵防堵。向荣即饬瞿腾龙酌带兵勇驰往河南、山东一带，确探贼踪，协力攻剿。

十八日（6.24）

以北伐太平军攻占郑州，帝命御前大臣科尔沁郡王僧格林沁、步军统领左副都御史花纱纳、右翼总兵达洪阿、军机大臣、内阁学士穆荫专办北京巡防事宜。并命河南诸军，统归江宁将军托明阿调遣。

本月

副都御史雷以諴纳浙江名士钱江之议，首创厘捐法。厘金分活厘与板厘两种。前者为货物通过税，抽之于行商，后者为商品交易税，抽之于坐贾。旋捐厘助饷初见成效，钱江恃功自傲，雷以諴借端杀之。

六月

初三日（7.8）

谕：本月初九日著王公百官在乾清宫行礼，照圆明园正大光明殿例豫备。

初九日（7.14）

万寿圣节。

七月

初四日（8.8）

圆明园营汛训练不力，未能整齐，城坊稽查于铺户民居，亦有疏漏。著步军统领衙门并巡视西北二城御史，严饬营坊各员，认真稽查。

八月

初二日（9.4）

北伐太平军经济源县攻占山西省垣曲县，斩河东道张锡蕃、知县晏宗望。

初五日（9.7）

上海小刀会起义。

初八日（9.10）

遣官祭玉泉山惠济慈佑灵濩龙王之神，昆明湖安佑普济沛泽广生龙王之神，圆明园惠济祠、河神庙。

十五日（9.17）

上海英、美领事开始代江海关向英、美商人征收关税。

廿一日（9.23）

帝命胜保代讷尔经额为钦差大臣，仍由恩华、托明阿帮办军务。命讷尔经额、桂良布置直隶防务。

九月

初一日（10.3）

以北伐太平军挺进直隶临铭关，帝命讷尔经额、恩华、托明阿、胜保分别降级留任，均著迅速会剿。调理藩院侍郎培成、护军统领多尔济那木凯领南苑察哈尔马队官兵三四千人前往正定，庆祺、维禄管带驻扎天津之盛京官兵二千名驰赴保定，拨山西司库银三十万两，盐库银五万两，捐输银十万两，陕西捐输银二十五万两，解京以备饷需。

初二日（10.4）

调察哈尔兵二千名赴直隶正定，京营两翼总兵达洪阿管带八旗兵二千名赴临铭关。北伐太平军占直隶赵州。

沙俄涅维尔斯科依等乘“尼古拉”号进入库页岛阿尼瓦湾，强行登陆，随即升起俄国国旗，并在该湾东面高地设立以穆拉维约夫的名字命名的哨所，声称库页岛作为黑龙江下游的延续地区，属俄国所有。

初九日（10.11）

命惠亲王绵愉为奉命大将军，科尔沁郡王御前大臣僧格林沁为参赞大臣，统领健锐营、外火器营、两翼前锋营、八旗护军营、巡捕五营及察哈尔各营兵四千五百人出京，会同钦差大臣胜保抵抗北伐太平军。添派定郡王载铨、内大臣璧昌办理北京巡防事宜。帝御乾清宫举行出征典礼，亲颁大将军印等。

初十日（10.12）

添派恭亲王奕訢办理京城巡防事宜，并署正白旗领侍卫内大臣。

十四日（10.16）

谕：惠亲王现须留京，调度京城内外一切巡防事宜，僧格林沁驻涿州以为京师保障，所有保定省城防守事宜，仍著桂良妥为布置。

密令东北诸省及热河、察哈尔诸将军、都统，各于所部挑选精壮，操练纯熟，备齐军装器械，听候命令，一经调发，即行赴京。

十八日（10.20）

西征太平军占领湖北汉阳府。寻帝命荆州将军署湖北提督台涌带旗兵二千人自荆州援省城，陕甘总督舒兴阿改赴河南，督同总兵柏山与徐广缙所带兵勇严扼太平军北上。

谕：据全庆、朱嶟奏请，将通州白粮以放为运较为妥速。著照所请，即将天津西中两仓白粮，除现在提放春俸米石外，其余米五万余石，即著于九月内赶紧接续开放。来年秋俸，务期十月中旬以前提放完竣，以省转运。至寄囤太平仓米八万余石，并著准其暂行改拨城内七仓收储。所有圆明园各旗营甲米稻粟二色，照旧由本裕、丰益二仓开放。其稉米一项，即著由京仓支领，仍著该侍郎等于明岁春融，将城内暂存米石仍运赴本裕、丰益二仓，以备就近支放。余著照所议办理。

十九日（10.21）

圆明园八旗事务大臣载垣等奏为遵旨会议添设台枪，防护紫禁各门，谨将会议缘由具奏。

廿八日（10.30）

北伐太平军自静海出发，进占独流镇、杨柳青，前锋距天津府城十里。以太平军迅速进军，京师震动，官僚、地主纷纷迁逃者不下三万家。北城原有一万八千多户，此时仅存八千有余。

十月

初七日（11.7）

著恭亲王奕䜣在军机处行走。

十一月

初三日（12.3）

太子太保、大学士、管理兵部事务、兵部尚书裕诚、阿灵阿等奏为紫禁城、圆明园点验器械事。

廿三日（12.23）

李开芳在独流镇分路扑攻清军，阵斩副都统佟鉴、天津知县谢子澄，并夺获神威铜炮四尊，军械无算。帝闻报，命将胜保、德勒克色楞降四级留任，达洪阿革职，并查封家产，待罪自效。

十二月

初四日（1854.1.2）

以琦善等久围扬州仅克空城，帝命将钦差大臣琦善、帮办军务陈金绶、雷以諴及慧成等均著革职留营，戴罪自效。并严谕：此时贼已退出扬城，即当督兵前进，自北而南扼要堵击。无论东西两路，如有贼匪回窜，扰及扬州上游，必将琦善等尽置重典。

初五日（1.3）

谕：据载垣等奏，圆明园正红旗应领甲米，该仓勒措至三日之久，所放米石又不堪食用，著全庆、朱嶟迅速查明，严参惩办。

初六日（1.4）

谕：据载垣等奏，两淮应交圆明园八旗内务府三旗生息银两积欠至十八万六千两之多，实属玩泄。著怡良即饬该运司将此项银两赶紧如数解交各该衙门，以资办公，无再延宕。

十六日（1.14）

胡以晃、曾天养复轰毁庐州水西门城墙，清军惊溃，太平军奋勇入城，杀布政使刘裕珍、前任布政使李本仁、副将松安及都司戴文澜、马良勋等，巡抚江忠源投水关桥古塘死，知府胡元炜投降。

廿五日（1.23）

俄国沙皇尼古拉一世批准东西伯利亚总督提出的“武装航行黑龙江”计划。

本年

内务府大臣奏：圆明园西南门、福缘门外铺面甚多，肩挑负贩者云集，良莠不齐，密迩宸居，自应备加敬慎。应令副参游都四员轮流更替，一员在西南门外官厅，一员在福缘门外官厅住宿，该班每二日更换，昼夜不得擅离，随时派员稽查，倘有空误，即行奏参革职。

咸丰四年　1854

正月

初八日（2.5）

林凤祥、李开芳受清军压迫，于是日夜自静海、独流全股南退。寻帝闻知北伐太平军全股西趋，严责胜保等：剿贼日久无功，致令乘虚奔突，即将该大臣等以军法从事，亦不足惜。令胜保即刻向南督剿，并急命惠亲王等调兵赴黄村、东安、固安、涿州、通州、卢沟桥等处防守。

十六日（2.13）

英国外相克拉兰敦训令新任英使兼香港总督包令进行修订中英条约谈判。

十九日（2.16）

西征太平军三克汉阳、汉口，围攻武昌，分军进攻湖南。

二十日（2.17）

北伐太平军援军曾立昌、陈仕保、许宗扬自安庆北上，经桐城、舒城，于是日攻占六安州。

廿八日（2.25）

曾国藩奉命统率水陆湘军一万七千余人挥师北上，发布《讨粤匪檄》。

本月

僧格林沁、胜保率军围困北伐太平军。旋北伐军突围，经献县，退至阜城，坚守待援。僧格林沁、胜保督军，复围困之。

二月

十五日（3.13）

遣官祭玉泉山惠济慈佑灵濩龙王之神，昆明湖安佑普济沛泽广生龙王之神，圆明园惠济祠、河神庙。

十九日（3.17）

北伐援军经皖北、豫东，是日克江苏丰县。翌日，帝命僧格林沁、胜保派得力大员带兵一千名；琦善抽拨一二千名；和春、福济拨兵二三千名驰赴徐州协剿。山东巡抚张亮基自景州带兵南下，山西巡抚恒春派兵一千赴黄河以南，交桂明调遣。

廿六日（3.24）

谕：兰贵人那拉氏著晋封为懿嫔。

三月

廿五日（4.22）

先是，北伐援军连克山东巨野、郓城、阳谷、临清，斩知县朱云昌、文颖，知州张积功等。帝命僧格林沁专办阜城北伐军，胜保带兵与绥远将军善禄围剿北伐援军。至是，北伐军因粮草严重匮乏，军心动摇，始自临清南撤，清军追剿，太平军伤亡惨重。

四月

初九日（5.5）

先是，北伐太平军自阜城突围东撤，占据直隶东光县之东西连镇。是日，北伐军援军在丰县遭胜保军围攻，曾立昌等人死之，北伐援军败亡。寻帝赏加胜保太子少保衔，开复降级留任处分。

二十日（5.16）

帝诣大高殿、时应宫拈香祈雨，并派惇郡王奕誴等诣清漪园龙神庙、静明园龙神庙及各宫庙拈香。

廿六日（5.22）

谕：京师自春入夏，雨泽未能沾足，允宜再申虔祷。朕于廿七日仍亲诣大高殿、时应宫拈香，著仍派恭亲王奕䜣等诣清漪园龙神庙、静明园龙神庙及各宫庙拈香。

五月

初四日（5.30）

谕：前因京师雨泽稀少，当经降旨开坛祈祷，虽经得雨数次，尚未渥霈甘霖，允宜再申虔祷。朕于本月初十日亲诣大高殿、时应宫拈香，著派惠亲王绵愉等恭祀三坛，并派怡亲王载垣等诣清漪园龙神庙、静明园龙神庙及各宫庙拈香。

十五日（6.10）

谕：京师入夏以来，雨泽稀少，屡经降旨设坛祈祷，未获渥沛甘霖，允再行敬谨祈祷。朕于本月十九日亲诣天神坛虔申叩祷，派惠亲王绵愉恭祀地祇坛，恭亲王奕訢恭祀太岁坛，并派惇郡王奕誴等诣清漪园龙神庙、静明园龙神庙及各宫庙拈香。

俄国穆拉维约夫率俄船八十三只，二千余人，自黑龙江入境，抵瑷珲城，并强行通过，驶往下游。随即于阔吞屯、庙街至克默尔湾一带，占据村屯，砍木垫道，烧砖盖房，打铁练兵，沿江摆列铜炮，实行军事占领。同日，英使包令自香港带大小兵船五只抵达上海。

二十日（6.15）

谕：昨日酉刻，甘澍滂沱，允宜敬谨报谢。朕于本月廿五日，亲诣大高殿、时应宫拈香，著派惠亲王绵愉等诣三坛分别致祭，并派惇郡王奕誴等诣清漪园龙神庙、静明园龙神庙及各宫庙行礼。

六月

初二日（6.26）

西征太平军再克武昌。寻以武昌失守，帝命将台涌革职，以杨霈为湖北巡抚兼署湖广总督，并命塔齐布、曾国藩由岳州督带炮船东下，与杨霈联为一气，并力进攻，速克武昌。

初五日（6.29）

吴健彰与英、美、法各国领事达成协议，规定：三国各出司税官一名。寻于十八日，上海新设海关开始稽征，由英、美、法三国司税官主之。外人管理中国海关制度自此始。

初九日（7.3）

万寿圣节。

十一日（7.5）

吴健彰与英、美、法三国领事签订《上海英美法租界地皮章程》颁布。

廿一日（7.15）

命玉明带领圆明园八旗兵丁一千名，连同固安防守之兵前往河北连镇军营，镇抚流民起义。

七月

十五日（8.8）

据怡良奏，接英、美两国使臣照会，拟同赴天津。帝命怡良仍饬其回广东，听候叶名琛办理，并命叶名琛仍遵前旨设法开导，坚守成约，断不容以十二年变通之说，妄有觊觎。

闰七月

十五日（9.7）

先是，钦差大臣琦善卒于军中。帝命托明阿为钦差大臣，驰往扬州。是日，太平军与清军战于七桥瓮，重伤江宁将军苏布通阿。寻帝命托明阿为江宁将军。

八月

初八日（9.29）

遣官祭玉泉山惠济慈佑灵濩龙王之神，昆明湖安佑普济沛泽广生龙王之神，圆明园惠济祠、河神庙。

廿五日（10.16）

谕僧格林沁：英、美、法夷酋欲至天津，当此贼氛未靖，设再有夷匪前来，恐人心更难镇定，惟有速将连镇贼匪克日剿除，俾我数万重兵不致为其牵制，于防守机宜大有关系。该大臣接奉此旨，不可向军营将士稍有泄漏，致启惊疑。是日，三国代表抵白河口。

九月

初五日（10.26）

曾国藩攻陷武汉捷报到京。帝大加封赏，实授杨霈湖广总督，曾国藩署湖北巡抚，余各升叙有差。寻赏曾国藩兵部侍郎衔办理军务，毋庸署理湖北巡抚，以江苏布政使陶恩培为湖北巡抚，赏雷以諴三品顶戴，补授江苏布政使，仍留扬州帮办军务。

十三日（11.3）

谕：两淮例解圆明园官兵银两，向由生息项下按年如数解京。自道光七年起，两淮节年欠解应交利银共有十八万六千两之多，迭经降旨饬催，概未解到，实属不知缓急。此项银两关系官兵日支口食，并枪营一切差操公费要需，似此任意延宕，年复一年，尚复成何事体？著怡良迅即严饬两淮盐运使，除积欠银两变通带解外，务将本年应解利银如数赶紧解交，以资接济。

崇纶、文谦等在天津海口炮台会晤英使包令、美使麦莲及通事麦华陀、伯驾等。英国提出要求十八条，主要内容有：公使驻北京；中国全境开放；以天津为贸易通商口岸，派领事官驻扎；废除内地税；承认鸦片为合法贸易，重新修改通商税则；准英人进入广东省城。

十七日（11.7）

定郡王载铨卒，命恭亲王奕訢为宗人府宗令。

十月

三十日（12.19）

帝命肃顺为礼部左侍郎。

十二月

初三日（1855.1.20）

时内廷主位有：皇后、云嫔、兰贵人、丽贵人、婉贵人、英贵人、容常在、鑫常在、明常在、玫常在，共十人。

初五日（1.22）

管理健锐营事务大臣端华奏：请敕催圆明园生息银两以资公用。

廿四日（2.10）

晋封贵人他他拉氏为丽嫔，索卓罗氏为婉嫔。

咸丰五年　1855

正月

初三日（2.19）

先是，北伐太平军被清军围困于连镇，李开芳率马队千余人南下，克高唐州，斩知州魏文翰。胜保、善禄等率清军尾追而至。同时，僧格林沁派兵泄运河水浸灌连镇，水深数尺，北伐军粮草俱缺，人无睡处，林凤祥率军多次突围未果。至是，林凤祥被迫弃西连镇，专守东连镇。

十九日（3.7）

僧格林沁率兵进扑东连镇，太平军木城被焚，林凤祥受重伤。廿一日，以收复连镇，生擒林凤祥，封僧格林沁为博多勒噶台亲王。并密谕将胜保拿问，押解来京。

二月

十一日（3.28）

奉旨：引见圆明园六品苑丞年庆、清漪园七品苑丞钟润，著交吏部记名，照例选用。

十三日（3.30）

遣官祭玉泉山惠济慈佑灵濩龙王之神，昆明湖安佑普济沛泽广生龙王之神，圆明园惠济祠、河神庙。

十七日（4.3）

国宗韦俊等督军三占武昌府，巡抚陶恩培、武昌府知府多山自杀。寻帝命胡林翼署湖北巡抚，文俊为布政使，李孟群署按察使。

廿二日（4.8）

据惠亲王、军机大臣会同刑部具奏定拟胜保罪名，帝命于斩罪上减等，发往新疆效力赎罪。

廿九日（4.15）

户部右侍郎王茂荫奏请暂缓临幸圆明园。谕：此前并未传旨于何日幸圆明园，不知王茂荫闻自何人。王茂荫坚称得自传闻，未能指实，殊属非是，著交部议处。

三月

初三日（4.18）

奉旨：左翼税盈余银一千八百五两零，著交圆明园，所有短收银两，著户部议奏。

初六日（4.21）

帝恭谒西陵。是日回銮。

十一日（4.26）

奉旨：右冀税盈余银九百六十两零，著交圆明园。所有短收银两，著户部议奏。

廿三日（5.8）

总管内务府大臣裕诚等奏：清漪园具奏六品苑丞拟请改为，每京察一次保送一员，遇有内务府公缺，员外郎缺出，一体拣选升用，请交内务府查覆办理。

四月

十二日（5.27）

先是，穆拉维约夫尚未接到清政府答复，即按照原订计划，悍然下令第二次武装“航行”黑龙江。此次入侵共出动哥萨克军三千人，分乘一百二十余艘船只，分三批陆续出发。是日，俄船抵瑷珲。

十四日（5.29）

谕：前因王茂荫奏请暂缓临幸御园，朕因其以无据之词率行入奏，降旨交部议处。乃本日据御史薛鸣皋奏，因见圆明园奏修围墙工程，以为临幸已有明征，并以在宫在园为敬肆之所分，安危之当辨，所奏殊属非是。圆明园办事本系祖制，并非创自朕躬。近年因军务未竣，暂缓临事，朕兢业之心，中外臣民所共喻。至修理工程不过随时补葺，仍未传旨于何日临幸，乃该御史辄谓众议沸腾至今未已，是欲沽敢谏之名，而故以危言尝试也。朕思敬肆视乎一心，如果意在便安，即燕处宫中亦可自耽逸乐，何必临幸御园始萌怠荒之念耶！当此逆氛未靖，朕宵旰焦劳，无时或释，无论在宫在园，同一敬畏，同一忧勤，即如咸丰二年在园半载，无非办理军务召对臣工，何尝一日废弛政事。该御史竟以在园为伴奂优游，不期肆而自肆，所见亦属浅陋。薛鸣皋著撤去掌福建道，仍留监察御史，并著交部议处。

十五日（5.30）

谕：朕于本月十八日亲诣静明园龙神庙拈香，并派恭亲王奕訢恭诣清漪园龙神庙拈香，醇郡王奕譞恭诣黑龙潭拈香。

十六日（5.31）

先是，僧格林沁率军围剿退居冯官屯之李开芳部，采引河灌水之法。李开芳见势急，拟诈降突围，被清军识破。是日，李开芳等百余名北伐将士被俘。寻以北伐太平军全部肃清，帝赏科尔沁博多勒噶亲王僧格林沁世袭罔替，惠亲王、恭亲王及军机大臣等分别加恩优叙。廿七日，李开芳等七人在京弃市。

廿一日（6.5）

吏部尚书花沙纳等奏：为遵旨议处御史薛鸣皋奏请暂缓临幸圆明园一案。例应降二级留任，系公罪，可否准其抵销乞示遵。

廿八日（6.12）

谕：本年入夏以来，京畿得雨尚未深透。降旨于本月廿九日，在黑龙潭觉生寺设坛祈祷，朕亲诣黑龙潭拈香。昨日午刻，澍雨优渥，著暂停开坛。朕于廿九日仍亲诣黑龙潭拈香，先行报谢。其清漪园龙神祠、静明园龙神祠及各宫庙仍著惠亲王绵愉等拈香。

廿九日（6.13）

谕：本年京师入夏以来，得雨未能沾足，允宜虔申祈祷。朕于五月初二日，亲诣大高殿拈香，著派惠亲王绵愉等诣清漪园龙神庙、静明园龙神庙及各宫庙拈香。

五月

初九日（6.22）

丽嫔他他拉氏晋封丽妃。

初十日（6.23）

以黄河北岸肃清，举行凯撤典礼，大将军、参赞大臣恭缴印信关防，所有京城办理巡防事务，命著即裁撤。

六月

初九日（7.22）

万寿圣节。

十二日（7.25）

谕：内务府候补司库承荣，圆明园候补六品苑丞钟瑛，均著交部议叙。

十九日（8.1）

黄河自苏北改道，经山东夺大清河入渤海。

廿三日（8.5）

先是，廓尔喀借口西藏属营官不遵旧章征收税课，先后派兵侵占藏属济龙、聂拉木、宗咯等地。帝命勿轻言征剿。是日，闻奏该国占据补仁、绒辖二处。谕：著乐斌带川兵速赴西藏，赫特贺察看情形，如该番遵照所断办理，并将济咙、宗喀、聂拉木、补仁、绒辖五处廓兵迅速撤回，自可无烦兵力，倘仍肆意要求，自不能不慑以兵威。

七月

初一日（8.13）

为尊康慈皇贵太妃（恭亲王奕訢生母）为康慈皇太后，谕：康慈皇贵太妃侍奉皇考二十余年，抚育朕躬十五载，恩恤优加，今谨上尊号为康慈皇太后。本月初九日，康慈皇太后病卒。帝奉灵驾至慈宁宫举哀，大丧礼仪，命恭亲王奕訢、怡亲王载垣、大学士裕诚等敬谨办理，一切应行事宜，并著详稽旧典，悉心核议具奏。谕：拟于百日除服，即照二十七月释服礼举行，所有在京民人等，准于一月后嫁娶作乐，仍百日不剃发，并准于百日后，寻常宴会作乐。

十五日（8.27）

谕：朕除服即照二十七月释服礼举行。惟梓宫暂安绮春园，朕当仍御青褂寻常袍，俟奉移山陵后，一切服色从吉。其未经奉移山陵以前，所有坛庙祭祀斋戒以及朝会典礼服色，即照释服后常例服用。

十九日（8.31）

谕：载垣等奏请于圆明园福元门、西南门添派内务府官兵分班值宿一折，著管理圆明园内务府大臣妥议章程具奏。

廿一日（9.2）

帝恭移大行皇太后梓宫，安奉绮春园迎晖殿。帝先于几筵前奠酒，恸哭尽哀，届时灵驾启行，帝步引出西华门，至北长街三座门跪送。寻赴绮春园宫门外祗候。未刻，梓宫至，帝跪迎，安奉梓宫于迎晖殿。行奠祭礼，王以下大臣官员俱举哀行礼。帝幸圆明园。

以恭亲王奕訢于康慈皇太后丧礼多有疏略，命革去军机大臣、宗人府宗令、正黄旗满洲都统等职，毋庸管理丧仪事务和三库事务，到上书房读书。以载垣为宗人府宗令、户部尚书文庆为军机大臣。

廿二日（9.3）

帝诣安佑宫行礼，诣迎晖殿行朝奠礼。

廿四日（9.5）

帝诣迎晖殿行朝奠礼。巡捕中营副将中军都司兼管圆明园汛都司员缺，以南营西珠市口汛都司王全山调补。

廿五日（9.6）

帝诣安佑宫行礼。

廿六日（9.7）

帝诣迎晖殿，大行皇太后几筵前供奠。诣清夏斋，问如皇贵太妃安。

廿七日（9.8）

帝诣迎晖殿行初祭礼，宣读祭文，奠酒。

廿九日（9.10）

帝诣迎晖殿大行皇太后几筵前供奠。

八月

初一日（9.11）

谕：大行皇太后梓宫于十月廿五日奉移山陵，准诸王大臣等所请，朕停止亲送，所有一切礼仪，著恭亲王奕訢前往恭代。届期朕于绮春园大宫门跪送后，仍步行恭送至红桥。

初二日（9.12）

遣官祭玉泉山惠济慈佑灵濩龙王之神，昆明湖安佑普济沛泽广生龙王之神，圆明园惠济祠、河神庙。

初三日（9.13）

帝诣迎晖殿大行皇太后几筵前，供奠。

初五日（9.15）

抚恤琉球国遭风难民。

初六日（9.16）

帝诣迎晖殿大行皇太后几筵前，行大祭礼。

●乙卯八月六日，大行皇太后梓宫前行大祭礼，除服述哀：

匆匆廿七日，除服痛兹辰。抚育恩惟重，尊崇意少伸。

久怀风木恨，倍怆别离神。礼简心仍戚，仰思我考仁。

以兵部尚书周祖培署兼管顺天府府尹事，户部尚书文庆兼署吏部尚书。

初九日（9.19）

帝诣迎晖殿大行皇太后几筵前，行初满月礼。

奉旨：嗣后王公官员等服色，均著照百日后之例，穿寻常袍，青褂，并戴纬帽。

初十日（9.20）

帝诣安佑宫行礼。为与俄谈判分界立碑事，吉林、黑龙江、库伦三处委员富尼扬阿等一行抵阔吞屯。

十二日（9.22）

著钦天监敬谨选择吉期，大行皇太后尊谥典礼。

绵愉、僧格林沁等奏：谨拟在京八旗之骁骑营、健锐营、内外火器营、两翼八旗护军营、圆明园八旗及内务府三旗之各营、步军统领之巡捕步军等营，所有武职章京将弁，均有管带操防之责。拟请自三品以下，无论旗营、绿营，均准其于一月后薙发。至外省驻防及绿营官员兵丁，并军民人等，均照在京武职官员兵丁民人之例，一律遵行。其大行皇太后几筵前执事各员及守卫殡宫官员、兵丁，凡在挡木以内者，仍俟百日后薙发，以昭区别。奉旨：依议。

十三日（9.23）

谕：所有大行皇太后神牌，即著于绮春园敬谨制造，并著钦天监于十月廿五日以前，选择吉期，敬谨升祔奉先殿。

谕：据景淳等奏，俄罗斯夷人穆拉维约夫声称，欲将黑龙江、松花江左岸以及海口，分给该国守护等语。黑龙江、松花江皆系中国地界，何得分给该国，显有窥伺侵占之意。此时三省委员会同前往，如果查明立碑处所，即可杜其狡赖。至黑龙江松花江左岸，其为中国地界，确然无疑。著景淳作为己意，告以中国法制森严，断不敢据尔国无理之言，冒昧入奏，自干罪戾。

十四日（9.24）

帝诣迎晖殿大行皇太后几筵前，供奠。

十五日（9.25）

中秋夜，帝在平湖秋月月供前念斋。

十九日（9.29）

帝诣迎晖殿大行皇太后几筵前，供奠。

廿三日（10.3）

帝诣安佑宫行礼。

廿四日（10.4）

怡良等奏：查明外国火轮船赴北洋原委，已谕令英夷不得再向北洋开驶。同时晓谕商民，捐资募雇内地勇船出洋巡缉，不准借资夷力。

廿六日（10.6）

帝诣迎晖殿大行皇太后几筵前，供奠。

本月

呈准：圆明园四宜书屋一景东墙向南至山顶，添砌一段虎皮石墙，并在两山之口添安随墙大角门一座，角门外筑一孔石券桥。

各路捻军大会于安徽蒙城雉河集，会议公推张乐行为盟主，以雉河集为中心，建国号“大汉”，张乐行称“大汉明命王”。

九月

初二日（10.12）

帝诣大高殿行礼，回宫。因焚俄人贸易圈一案，帝恐英秀难胜边疆交涉之任，调库伦办事大臣明谊为塔尔巴哈台参赞大臣，令英秀来京。

初四日（10.14）

帝诣畅春园恩慕寺、恩佑寺拈香。幸圆明园。

大学士卓秉恬卒，加恩赏太子太保衔，谥文端。授曾国藩为兵部右侍郎，仍督办军务。

初五日（10.15）

帝诣迎晖殿大行皇太后几筵前，供奠。以御前大臣僧格林沁署镶蓝旗满洲都统、理藩院尚书奕湘为乌里雅苏台将军、都察院左都御史联顺为理藩院尚书。

初九日（10.19）

帝诣迎晖殿大行皇太后几筵前，行月祭礼。

初十日（10.20）

以户部尚书文庆、两广总督叶名琛为协办大学士，叶名琛仍留两广总督任。

十四日（10.24）

帝诣迎晖殿大行皇太后几筵前，供奠。

十六日（10.26）

●习枪有作。山高水长有乾隆年间所筑土墙，并碑刻圣制土墙诗，盖因御虎神枪而作也。

几暇乘时试火枪，我朝武备制精良。斗星用妙分毫末，心手功纯得意刚。

命中惟凭初审候，施机亦戒太求详。土墙西苑奎章在，敬绍鸿规习莫忘。

十九日（10.29）

帝回宫。圆明园正红、镶红两旗教习隆秀三年期满，准其以笔帖式补用。

廿二日（11.1）

帝诣太和门，恭阅大行皇太后尊谥册宝。行礼毕，幸圆明园。诣绮春园，恭候册宝至，诣大行皇太后几筵前行礼，恭献册宝。

廿五日（11.4）

先是，清廷命察哈尔都统西凌阿为钦差大臣督办湖北军务，寻西凌阿兵败革职。是日，命湖广总督官文为钦差大臣，督办湖北军务。

谕：哲布尊丹巴呼图克图呼毕勒罕坐床，感戴厚恩，捐银四千两，聚集喇嘛班第等将及万众，虔唪皇经，实属诚悃可嘉，著赏给哲布尊丹巴呼图克图呼毕勒罕大哈达一块，大荷包一对，小荷包四个，黄缎二匹，蟒缎二匹，交德勒克多尔济等，晓谕哲布尊丹巴呼图克图呼毕勒罕祗领。

廿六日（11.5）

帝诣迎晖殿孝静康慈皇太后几筵前，供奠。御洞明堂。

廿八日（11.7）

帝诣大高殿行礼，回宫。

本月

圆明园敷春堂西梢间添搭地炕。

十月

初二日（11.11）

帝幸圆明园。

初四日（11.13）

帝诣迎晖殿孝静康慈皇太后几筵前，供奠。圆明园总管官兵处正白、镶白两旗教习成瑞期满，议叙。

初六日（11.15）

帝诣安佑宫行礼。

以乌鲁木齐都统恒毓署正红旗蒙古都统，喀什噶尔办事大臣倭什珲布为乌鲁木齐都统，调阿克苏办事大臣谦亨为喀什噶尔办事大臣，赏巴里坤领队大臣海朴头等侍卫为阿克苏办事大臣。

初七日（11.16）

帝御洞明堂。以和春等克复庐州，命赏提督和春黄马褂、骑都尉世职，巡抚福济太子少保、头品顶戴，并免合肥县咸丰四、五、六年额赋，永广文武学额各三名。

初九日（11.18）

帝诣迎晖殿孝静康慈皇太后几筵前，行月祭礼。

十三日（11.22）

帝诣迎晖殿孝静康慈皇太后几筵前，供奠。

准户部奏请，命各省督抚，勒限三个月，将应立官号一律开设，实力推行大钱钞票之流通。

十六日（11.25）

安徽巡抚福济为赏加太子少保衔，并赏给头品顶戴，恭折叩谢，并附片请部拨圆明园银改拨皖营，以应急用。

十七日（11.26）

帝诣迎晖殿孝静康慈皇太后几筵前，行百日祭礼，并释服礼。

十九日（11.28）

恭亲王奕訢奉孝静康慈皇太后神牌入奉先殿。帝诣奉先殿行升祔致祭礼。翌日，以恭上康慈皇太后尊谥和升祔奉先殿礼成，颁诏天下。

二十日（11.29）

抚恤琉球国遭风难民。

廿一日（11.30）

帝诣迎晖殿孝静康慈皇太后几筵前，供奠。御洞明堂。

总管内务府大臣裕诚奏：因有差务，清漪园印钥应请派员署理。奉旨：清漪园印钥著阿灵阿署理。

廿三日（12.2）

帝御洞明堂。谕：所有河南省每年应征河工加价等银，著自本年为始，加恩豁免，永不摊征，俾小民得以专完正课。如有不肖官吏，仍敢浮收勒派，影射冒征。朕惟执法严惩，决不姑息。

廿四日（12.3）

卯刻，帝以翌日孝静康慈皇太后梓宫发引，诣迎晖殿几筵前，行祖奠礼，备极哀恸。王以下文武大臣均举哀行礼。申刻，复诣几筵前，行辞奠礼。

廿五日（12.4）

帝诣安佑宫行礼。孝静康慈皇太后梓宫发引，帝命恭亲王奕訢恭奉梓宫奉安慕东陵隆恩殿。

●十月廿五日梓宫由绮春园启行至红桥跪送述哀：

呜呼沉痛两庚年，悲构今朝虑若煎。从此一身失仰望，流阴十五幻云烟。

未能执绋心终慊，顷刻睽违恸不胜。命也惟余数行泪，寸思早已到山陵。

廿七日（12.6）

谕：国家设兵卫民，非平日勤加训练，不足以资捍御。京旗各营，尤以练习技艺为本，务自宜亟加整顿，以严武备。所有健锐、火器、圆明园八旗各营，以及前锋护军、八旗汉军等营，应行操练兵丁，著各该管王大臣认真训练，务使技艺精熟，毋得有名无实。

十一月

初一日（12.9）

帝诣大高殿、寿皇殿行礼。回宫。

初三日（12.11）

奉旨：所得盈余银四千五百九十八两零，著一并交圆明园哈兴阿，著毋庸赏给。

二十日（12.28）

查定郡王溥煦本日前往圆明园查验军器，所有奉旨赐奠德兴差使，改派贝勒奕誴。

廿一日（12.29）

以肃顺为户部左侍郎兼管三库事。

十二月

初六日（1856.1.13）

谕：昨因太监丁得禄犯案，查出户部员外郎桂祥与该太监书写对联。职官与太监接交，殊干例禁，桂祥著降一级调用。

十九日（1.26）

命贾桢为武英殿大学士，文庆为文渊阁大学士，叶名琛为体仁阁大学士。

廿四日（1.31）

内殿总管韩来玉传旨：本月廿六日，懿嫔之母进苍震门至储秀宫住宿。

廿六日（2.2）

吉林将军景淳奏：俄罗斯与三姓等处边界毗连，两年以来该夷以请分疆界为名，阴怀叵测，请撤回本省调出之兵，以御外夷。奉旨：景淳此奏，实属思患预防，惟此时粤匪未平，正在攻剿吃紧之际，调出官兵万难遽行撤回，只可将备调余丁勤加操练，以成劲旅。从来抗驭外夷，惟有设法羁縻，善为开导，断无轻率用兵之理。

本年

内务府京察一等钦奉朱笔圈出人员名单中有：圆明园郎中中福、长春园员外郎贵宝、圆明园六品苑丞年庆、清漪园郎中景缓、清漪园七品苑丞钟润。

是年起，九州清晏同道堂前加盖戏台，复在西部各院添盖游廊。

据《四宜书屋室内装修图》与《说帖》可知，四宜书屋五间前殿住琳贵太妃，三间东配殿住祥嫔，三间西配殿住常嫔，五间后殿住九公主，其东三间顺山房住那常在。前殿两边顺山房、后殿西顺山房及后殿东、西跨院围房分住各妃嫔之宫女及九公主之奴仆。四宜书屋宫门两边顺山房四座十间住首领太监，东下所六座十七间住太监。

●上下天光即景述感：

远望高楼峙镜中，平湖放棹御微风。天光上下云光合，波影东西雾影笼。

愁绾长杨尤得得，泪添秋雨更濛濛。六如漫拟平生叹，回忆庚年倍怆衷。

●圆明园基福堂述志：

御园钟粹两颜楣，生我劬劳念在兹。考妣恩深何以报，敬勤志勖敢时遗。

修身身立诚艰矣，基福福臻倍惕之。孝弟心存如赤子，音容莫睹只余悲。

●后湖晚望：

夕照下林端，林枫万点丹。秋容松偃蹇，天籁竹平安。

窈窕寻幽径，沦涟响远滩。数峰青未了，雅调曲中弹。

●放舟有感：

苍苍暮色四围天，福海扬舲兴渺然。序届小春欣布暖，波澄新霁静含烟。

几曾清暇一心豫，却忆哀鸿中泽怜。稍喜庐城闻克复，楚江更盼捷音连。

咸丰六年　1856

正月

初三日（2.8）

谕：以负气妄言，绵勲著交宗人府议处，嗣后轮应进班之王大臣等，如无别项差使而迟逾时刻，或藉端推诿旷误不到者，仍著出班之人，据实参奏。若如国瑞、多尔济那木凯之事出有因，人所共知者，不得挟私妄劾，以昭平允。

十三日（2.18）

帝幸圆明园，诣安佑宫行礼。示廷臣，略曰：予临御天下，六年于兹，四海无一日安静，万姓罹兵燹之灾，返躬自问，天恩未报，祖考之恩未报，若稍自瑕逸，是诚何心哉！予不敢亦不忍也。每逢亲诣郊坛，无不心增愧恧。今年新正幸园，敬循成宪，次曰即恭值皇考忌辰，地犹斯地，言犹在耳，兴念及此，真堪一痛哭也。昕夕常思，何以使兵戢民安，仰答天祖之恩，惟有永励斯志，倍加敬勤，不愿徒托空言，务期躬行实践。尔诸臣或曾膺顾命，或简在贤良，既为国之大臣，当思共济时艰，即使天下既安，更防恬嬉之渐。书曰慎终如始，我君臣其共勉之。

●新正幸园即事：

礼葳还园循旧典，途长惟励日孜孜。正当省咨思艰候，敢作怡情玩景时。

未遂初心救民瘼，幸逢透润感天慈。不堪回忆庚年事，顾复深恩怅莫追。

十四日（2.19）

帝诣安佑宫行礼。翌日如之。

十六日（2.21）

帝御奉三无私殿，赐近支亲藩等宴。

十七日（2.22）

帝御正大光明殿，赐大学士、尚书等宴。

廿四日（2.29）

帝幸万寿山。

●喜雪：

新岁尺余雪罕逢，消蝗培麦庆皆同。香山玉嶂寒烟外，福海瑶台密霰中。

柳眼添花春漏泻，松髯缀粉色茏葱。待看灵境时晴景，赑屭遥知隐梵宫。

廿九日（3.5）

西林教案发生。此前，法国天主教神甫马赖非法从广州潜入广西西林县传教。是日，知县张鸣凤将其处死。寻法国署使顾思向叶名琛提出抗议，要求赔偿、惩凶。

三十日（3.6）

帝诣大高殿行礼，回宫。

本月

皖北捻党各股在雉河集会盟起义，公推张乐行为大汉盟主，组成捻军，旗分黄、白、红、黑、蓝五色，分别由张乐行、袭得树、侯世伟、苏天福、韩奇峰将之，起义宗旨为：救我残黎，除奸除暴，以减公愤。

二月

初一日（3.7）

谕：挑补侍卫、柏唐阿，嗣后应量为变通办理。凡在京文职三品以上，武职二品以上，在外文职自总督至臬司，武职自将军、提督至总兵，该大员之兄弟子孙内年已及发，堪挑补侍卫、柏唐阿差使，如遇五年查办，情愿赴挑者，该大臣等仍遵前此查办咨报本旗。倘身体软弱，素有残疾，或骑射平常，不堪挑补者，该大臣等据实报明该旗，转行军机处，听其自便。

初二日（3.8）

帝幸圆明园。

初三日（3.9）

谕：军机大臣文庆等会议具奏，向来月选拣发分发各员，原应依限赴省赴任，乃近来用兵省份拣发人员，往往经本籍及经过地方督抚大臣留营差委，或留办团练防堵等事，甚至特旨简放之员，亦复观望徘徊，延不赴任。似此规避取巧，以致员缺久悬，尚复成何事体？著各省统兵大臣及各该督抚等，查明从前奏留各员，如有已著劳绩保奏有案者，仍准留于该处差委，其余并无劳绩者，自奉旨之日为始，勒限饬赴本任本省。嗣后月选拣发分发人员，概不准经过地方督抚大臣奏留差委。

初四日（3.10）

遣官祭玉泉山惠济慈佑灵濩龙王之神，昆明湖安佑普济沛泽广生龙王之神，圆明园惠济祠、河神庙。

初六日（3.12）

帝诣大高殿行礼，回宫。

初十日（3.16）

帝幸圆明园。

十一日（3.17）

曾国藩奏：军饷不济，请于上海抽取厘金接济。帝命怡良、吉尔杭阿体察情形，酌量办理。

十二日（3.18）

太平军解镇江之围。

十五日（3.21）

奉旨：左翼税盈余银著交圆明园一万七千八百两，赏给肃顺二百两。

先是，湖广总督官文奏：闻湖南举人左宗棠有匡时平寇之才，请饬赴营听候差遣。得旨：著咨询骆秉章，其人才具若何，能否赴湖北军营，奏明请旨。时左宗棠已在骆秉章幕中，无须咨调。报闻。

十七日（3.23）

帝诣功德寺、静明园、龙王庙、慈航普渡、观音洞、地藏洞、辰居资佑、吕祖洞、文经武纬拈香。

十八日（3.24）

以英美使臣欲来上海更改条约，命两广总督叶名琛体察情形，妥为驾驭，如该国所欲更改之事，实止细故，不妨酌量奏闻，稍事变通。如仍似前年之妄事要求，即行正言拒绝，务宜恩威并用，绝其北驶之念。勿峻拒不见，转致该官有所藉口。

廓尔喀与唐古特签订和约，即《藏尼条约》，共十款。

十九日（3.25）

帝御勤政殿听政。以捻军扰河南归德，命穆隆阿等于察哈尔官兵内挑选精锐二千名，赴张家口驻扎，候旨调遣。命承志于所属各旗挑选劲旅二千名，听候调遣。

二十日（3.26）

翼王石达开奉命率大军回援天京。

廿九日（4.4）

帝诣安佑宫行礼。太平军攻毁清营一百二十余座，江北大营溃败。寻帝闻报，急命吉尔杭阿派兵渡江，力遏其北上，山东巡抚崇恩派兵赴淮徐一带协同拦剿，河南巡抚英桂饬伊兴额所带马队一千名赴清江交漕运总督邵灿调遣，力保淮徐。又以江西紧急，命两广总督叶名琛派精兵五六千人赴江西增援。

三月

初一日（4.5）

太平军再克扬州。初七日，帝命将托明阿、雷以諴革职查办；赏副都统德兴阿都统衔，授为钦差大臣督办扬州军务，少詹事翁同书帮办。

总管内务府大臣裕诚等奏：静宜园各项应修活计需费较多，未敢遽请兴修，可否暂缓，请旨。

初二日（4.6）

帝诣万寿山、莲座盘云、昙华阁、广润祠拈香。

●清漪园即景：

岂为宸游玩物华，清漪春晓静而嘉。松鸣古籁禽初下，山峙遥空雾半遮，

麦坂青青欣在望，镜湖渺渺碧无涯。传餐问政须臾返，祖制钦循永戒奢。

●藕香榭放舟至鉴远堂作：

兰桡缓放暮春天，浩浩波光断复连。静室楼阴云外矗，玉峰塔影镜中悬。

时临晋禊惬幽赏，柳似唐堤罥晓烟。御世鸿猷殷鉴远，筹戎莫释百忧煎。

初四日（4.8）

帝诣大高殿行礼，回宫。

初六日（4.10）

帝幸圆明园。

初十日（4.14）

帝命瑞麟、庆祺借来京陛见，顺路勘察河道，即由兰阳漫流处所至山东境内，分路绕行，详细履勘，凡由江南山路、湖路至山东必经之所，何处扼险，以及附近镇市场集，逐一绘缮明晰图说呈览。

十三日（4.17）

奉旨：右翼税盈余银一千五百三十三两零，著交圆明园。所有短收银两，著户部核议具奏。

十七日（4.21）

帝诣静明园、龙王庙、圣缘寺、仁育宫、古华严寺、资生洞、伏魔洞、玉峰塔影拈香。

十八日（4.22）

帝诣安佑宫行礼。

廿一日（4.25）

帝御含辉楼，阅侍卫等骑射。

廿三日（4.27）

未时，帝长子载淳降生，母懿嫔那拉氏晋封懿妃。寻十二月初一日，命大学士彭蕴章为正使，礼部尚书瑞麟为副使持节赍册印，行册封礼。

●丙辰三月廿三日皇长子生，敬思天恩祖佑，欣感实深，用成长律以志予意：

敬感天庥祖考仁，佳音储秀报麟振。恩深德厚衷常慕，奕启载祥名定淳。

庶慰在天六年望，更欣率土万斯人。升香安佑昭慈佑，沉痛难胜永忆亲。

廿四日（4.28）

帝诣安佑宫行礼。诣清夏斋，问如皇贵太妃安。

谕：闻仪征失守，该处商贾辐凑，米艘停泊甚多，若令贼阑入，则清淮全局震动，而六合天长一带，在在空虚。著德兴阿等，严饬先经派出之索昌、鞠殿华等马步队，会合张国梁兵勇，赶紧将县城克复。毋许稍有稽迟，致再蔓延为患。

廿五日（4.29）

帝诣大高殿行礼，回宫。

四月

初三日（5.6）

谕：据侍郎王茂荫奏称，天时人事危迫日深，致力之方，惟在天心之早转。又谓，民之视听，一在省己，一在用人，二者皆本于一心，而其枢则系乎听言等语。持论切当，与朕心适相符合。当此时事多艰，力图补救，朕惟省躬克己，于用人行政之间，慎益加慎，以期默邀天眷，海宇敉宁。中外臣工亦当夙夜靖共，交相警惕，以副朕孜孜求治之心，实有厚望焉。

初十日（5.13）

帝幸圆明园。诣清夏斋如皇贵太妃前行礼。

十五日（5.18）

谕：朕于本月十八日亲诣静明园龙神庙拈香，并派恭亲王奕訢恭诣清漪园龙神庙拈香，醇郡王奕譞恭诣黑龙潭拈香。

十八日（5.21）

帝诣静明园、龙王庙、慈航普渡、观音洞、地藏洞、辰居资佑、吕祖洞、文经武纬拈香。

以扎萨克郡王乌尔津札布为青海左翼正盟长。

二十日（5.23）

帝御勤政殿听政。

廿一日（5.24）

帝诣大高殿行礼。回宫。

廿五日（5.28）

御太和殿传胪，赐一甲翁同龢、孙毓汶、洪昌燕三人进士及第，二甲谭钟麟等一百人进士出身，三甲孙彦等一百十三人同进士出身。帝幸圆明园。

●还御园望雨成什：

胪传礼蒇翠华旋，疏雨轻阴送锦鞯。乍睹浮沤添曲沼，俄看霁色净遥天。

凉生几席徒增闷，润浃郊原望有年。初放木兰差可慰，奇峰空外墨云还。

廿九日（6.1）

遣恭亲王奕訢诣清漪园龙神庙，醇郡王奕譞诣静明园龙神庙，拈香报谢。

江苏巡抚吉尔杭阿被太平军秦日纲部包围在高资烟墩山，以洋枪自杀。五月初七日，帝命照总督阵亡例赐恤，以按察使赵德辙署江苏巡抚。

本月

俄军一千六百余人第三次武装航行黑龙江，并设立军人村屯。

五月

初一日（6.3）

谕：现闻太平军又有欲扑江南大营之说，向荣布置固属周妥，终觉兵单可虑。此时惟有将镇江一军，立定营垒，牵制逆匪，使不敢南北肆窜。则我军声势复振，次第廓清，庶可挽回大局。

初二日（6.4）

授一甲一名进士翁同龢翰林院修撰，二名进士孙毓汶、三名进士洪昌燕编修。

初十日（6.12）

帝诣万寿山、广润祠、山色湖光共一楼、罗汉堂、乐寿堂、宜芸馆拈香。

十四日（6.16）

帝回宫。

十八日（6.20）

太平军一破江南大营。先是，石达开、秦日纲率军分两路包围江南大营，是日，太平军分数路猛攻青马群、紫金山清营。东王杨秀清又遣奇兵出天京南门、通济门直攻七瓮桥清军。清军营盘二十余座相继溃败，江南大营土崩瓦解，向荣等退走丹阳。

十九日（6.21）

帝幸圆明园。

廿一日（6.23）

帝御出入贤良门，阅大员子弟步射。

廿六日（6.28）

帝诣静明园坚固林、龙王庙、慈航普渡、仁育宫拈香。

廿七日（6.29）

北伐太平军败后，帝曾命直隶等省裁撤团练，以息民力。至是，以江北、江南大营溃败，太平军、捻军声势大振，军机大臣文庆等复奏请，再命各省实行团练。谕：逆匪飘忽靡常，官兵征调有数，团练得力，则人自为战，家自为守。所谓以民助兵，以堵为剿，制贼之法，未有善于此者。著各该督抚，各就地方情形，酌量办理。

廿九日（7.1）

总管内务府大臣裕诚、阿灵阿等奏：遵旨议处圆明园七品苑副毓琛等。

六月

初一日（7.2）

以江南大营失利，向荣退守丹阳，帝命将钦差大臣湖北提督向荣、帮办军务西安将军福兴革职，拔去花翎，仍留任。

初三日（7.4）

命怡良、赵德辙、何桂清等，饬令护送海运业已竣事之火轮船入江助剿，并筹划添置小火轮船，但断不可令夷人错杂其间。

初四日（7.5）

帝御勤政殿听政。

初六日（7.7）

帝诣清夏斋，问如皇贵太妃安。

初八日（7.9）

帝幸同乐园，赐王公大臣及蒙古王、贝勒、贝子等食。从向荣奏请，命广东拨兵四千名赴江南大营，听候向荣差遣。

初九日（7.10）

万寿圣节。帝诣安佑宫行礼，御正大光明殿。王以下文武大臣官员、蒙古王、贝勒、贝子等行庆贺礼。幸同乐园，赐王公大臣及蒙古王、贝勒、贝子等食。

十六日（7.17）

帝诣万寿山、智慧海、须弥灵境拈香。

十八日（7.19）

永定河决堤。本月初十日以后连日大雨，河水暴涨，是日南七工正堤堤面漫溢四十余丈。

廿二日（7.23）

叶名琛奏：英美法请重修条约，已设法开导阻止。谕：各夷议定条约，虽有十二年后公平酌办之语，原恐日久情形不一，不过稍有变通。其大段断无更改，故有“万年和约”之称。如该夷等坚持十二年查办，只可择其事近情理、无伤大体者，允其变通一二条，奏明候旨，以示羁縻，并据理开导，阻其来京。

廿六日（7.27）

帝诣静明园、龙王庙、慈航普渡、观音洞、地藏洞、辰居资佑、吕祖洞、文经武纬拈香。

以顺天府府尹张起鹓于捐输钱文并不报部，滥行支应车马津贴，并将余存军械移交作价，著暂行监禁。

七月

初七日（8.7）

●立秋日命内廷翰林等游福海诸胜，因成是什以纪，并命分体赋诗：

新秋乍喜放新晴，真赏还须问阆瀛。抒藻岂因娱暇日，赐游端为洽欢情。

高台俯视平波阔，广厦遥看翠巘横。更拟晚归赓韵事，一瓯香茗助心情。

十三日（8.13）

帝诣万寿山、大报恩延寿寺、大雄宝殿、广润祠拈香。临故寿臧和硕公主丧，赐奠。

十五日（8.15）

中元节。帝诣安佑宫行礼。

东王杨秀清逼封万岁。东王以向荣之死为己功，将谋篡位，伪托天父下凡，召洪秀全至东王府，逼其封己为万岁。天王佯允之，约于八月十七日（杨秀清生日）晋封号，秀清不疑。寻天王归，立召北王韦昌辉、翼王石达开、燕王秦日纲回天京。

十七日（8.17）

七月初五日，钦差大臣向荣卒于丹阳。是日，帝命两江总督怡良署钦差大臣，命叶名琛饬令提督昆寿赴丹阳军营。翌日，奉旨：向荣著加恩开复提督，赏还花翎，即照提督军营病故例赐恤，赏给一等轻车都尉世职，任内一切处分悉予开复，谥忠武。

廿四日（8.24）

帝诣安佑宫行礼。御勤政殿听政。奕山奏：六月廿三日，又有夷人分驾大小船只载粮下驶，并于霍尔托库地方搭盖房屋，黑河口、乌苏里口时有夷船来往，薛尔古一带又有夷人搭盖窝棚二所。谕：俄夷行止诡谲，此时人船由边境行走尚为安静，固不可轻起衅端，亦不可漫无限制，该将军等应如何善为开导，外示羁縻，内加防范，俾狡诡之计无所复施，办理方为妥善。

八月

初一日（8.30）

帝诣大高殿行礼，回宫。

初三日（9.1）

是日深夜，北王韦昌辉率三千人抵天京，与先已入城之秦日纲突然包围东王府，将杨秀清刺杀。并将东王统下亲戚属员文武大小男妇尽行杀净。

初四日（9.2）

帝幸圆明园。以陕西巡抚吴振棫为四川总督，刑部左侍郎谭廷襄为陕西巡抚。

初八日（9.6）

遣官祭玉泉山惠济慈佑灵濩龙王之神，昆明湖安佑普济沛泽广生龙王之神，圆明园惠济祠、河神庙。

初十日（9.8）

帝诣安佑宫行礼。命江南提督和春为钦差大臣，督办江南军务。

十二日（9.10）

帝诣静明园罗汉洞、水月洞拈香。

十三日（9.11）

帝诣安佑宫行礼。

二十日（9.18）

帝诣清夏斋，问如皇贵太妃安。

廿三日（9.21）

帝诣安佑宫行礼。谕：本年直隶、山东、江苏、浙江等省，均被水旱。著查明被灾轻重，分别奏请蠲缓，以安民心。命已革山东巡抚张亮基赴安徽，随同巡抚福济办理军务。

廿七日（9.25）

谕：本年江浙两省雨泽稀少，苏常杭嘉湖等属被旱尤重，应暂弛海禁，招徕台米，以资接济。即由台湾道发给执照，准其免税，以期商情踊跃。

九月

初四日（10.2）

以近畿被灾，帝命五城设厂煮赈，提前于本月十六日开放，至来年三月十五日止，复命展至夏四月。

初十日（10.8）

亚罗号事件发生。英国领事巴夏礼诬陷清方污辱英旗，要求广州当局道歉并释放人犯。翌日，叶名琛被迫同意释放水手，但不允道歉。

帝携皇长子至湛静斋皇妣御容前行礼。

●九月十日携皇长子载淳至湛静斋皇妣孝全成皇后御容前行礼，感述：

初携幼子谒慈颜，沉痛难胜涕泪潸。永荷仁恩昭鉴佑，慕思长此达桥山。

陟屺十龄今廿六，谁知壮岁又增悲。升香俨若音容在，喜见麟孙慰母思。

十二日（10.10）

帝诣万寿山、莲座盘云、大报恩延寿寺、大雄宝殿、多宝室、佛香阁、智慧海、昙华阁拈香。

十八日（10.16）

《清宣宗实录》四百七十六卷成书。

廿四日（10.22）

帝御勤政殿听政。以候补都察院左副都御史程庭桂为都察院左副都御史，大理寺少卿孟保为大理寺卿。

廿六日（10.24）

帝诣静明园、圣缘寺、仁育宫、华藏海拈香。

湖北各属，夏秋亢旱，客米来源稀少，价值过昂，兵民粢食维艰。著骆秉章饬属广招商贩，起运米粮，前赴湖北售卖。所有商船经过关卡，应纳税项厘金，均著一体免其完纳。

廿八日（10.26）

帝诣大高殿行礼，回宫。易棠因病解任，以成都将军岳斌为陕甘总督，调福州将军有凤为成都将军，以西宁办事大臣东纯为福州将军，调陕西提督邓绍良为浙江提督。

十月

初一日（10.29）

英军攻破广州新城，攻入总督署，焚靖海门、五仙门。叶名琛避于老城巡抚署内。雷州知府蒋立昂、南海士绅伍崇曜晤巴夏礼议和。

初五日（11.2）

帝幸圆明园。

初八日（11.5）

帝御洞明堂。

初十日（11.7）

文庆 、翁心存奏报遵旨勘估含芳园工程工料钱粮数目。

十四日（11.11）

帝诣万寿山、乐寿堂、罗汉堂、山色湖光共一楼、文昌阁拈香。

廿六日（11.23）

帝御洞明堂。廿九日亦如之。

三十日（11.27）

帝诣安佑宫行礼。诣大高殿行礼，回宫。

十一月

初一日（11.28）

帝幸圆明园。命工部尚书、协办大学士彭蕴章为大学士，管工部事，以吏部尚书翁心存为协办大学士，以都察院左都御史许乃普为工部尚书，户部左侍郎朱嶟为都察院左都御史。

初三日（11.30）

帝御洞明堂。

初六日（12.3）

以山东布政使晏端书为浙江巡抚，直隶按察使吴廷栋为山东布政使，赏已革河南巡抚陆应谷四品顶戴，为直隶按察使。

初八日（12.5）

帝御洞明堂。

初十日（12.7）

帝诣安佑宫行礼。谕：现在当十大钱，京外流通。若奸商私为阻挠，重票轻钱，以致民间物价日昂，于闾阎生计大有关系。著步军统领衙门、顺天府、五城一体出示剀切晓谕。倘查有奸商把持市价，渔利病民者，即行严拿惩办。

十一日（12.8）

帝诣大高殿、寿皇殿行礼，回宫。

本月

沙俄非法将我国吉林三姓副都统所辖黑龙江下游地区和库页岛划为其“滨海省”，并设省府于庙街。

十二月

初三日（12.29）

以廓尔喀进表输诚，边界肃清。谕：该夷悔罪畏威，撤退各口重兵，求与唐古忒和好，自应与以自新，宽其既往，著赫特贺等传谕该国王，嗣后但当谨守藩封，与唐古忒永敦和好，勿以小嫌微隙再起争端。

本年

●慎德堂敬纪：

圣化覃敷三十年，亲聆恩命懔承先。服膺俭德惟怀永，勉绍鸿猷倍矢乾。

继此寝兴光率履，莫教逸殖扰冲渊。行恒言物藏修慎，出治推诚庶免愆。

●静明园即景：

山馆暂停骖，虚明足静耽。几村烟树幕，万象水天涵。

上界真标胜，灵源待布甘。林泉岂幽契，筹旅忆江南。

●福海泛舟：

熙春上苑实佳哉，鼓棹寻诗数往回。似镜中行金浪叠，如天上坐翠屏开。

书催广艇腾骁将，思济巨川用巨材。水态云容呈画本，斜阳东望是瑶台。

●上下天光对雨：

平湖骛望夏如秋，竟日滂沱洒未休。烟色四围迷远岸，泉声万斗泻高楼。

云飞南浦情无极，帘卷西山句好酬。千里阴晴虽有异，久征将士使予愁。

咸丰七年　1857

正月

初二日（1.27）

懿妃那拉氏晋封懿贵妃。

初四日（1.29）

帝幸圆明园，诣安佑宫行礼。

初五日（1.30）

帝诣安佑宫行礼。

初七日（2.1）

福建巡抚吕釆孙因病解任，以布政使庆端为巡抚。抚恤朝鲜国遭风难民。

初十日（2.4）

帝御奉三无私殿，赐近支宗藩等宴。

十二日（2.6）

帝御正大光明殿，赐王公大臣、蒙古王、贝勒、贝子、公、台吉及外藩使臣那木喀呼图克图等宴。

十三日（2.7）

帝御同乐园，赐王公大臣、蒙古王、贝勒、贝子等食。

十四日（2.8）

帝诣安佑宫行礼。谕：前因贝子德勒克色楞于领放三盟兵丁赏银内有隐匿掩饰情弊，降旨革去爵职，交理藩院会同刑部定拟罪名。兹据该衙门比照成例请旨，德勒克色楞著即发往热河，交该都统严加管束，所遗贝子爵职，仍准其以德勒克色楞之子承袭，以示朕格外施恩之至意。

盛京陵寝殿座工程，著改派宋晋会同国瑞敬谨承修；加恩晋阿灵阿太子太保。

十五日（2.9）

上元节。帝诣安佑宫行礼。诣大高殿行礼，回宫。

十八日（2.12）

帝幸圆明园。

十九日（2.13）

帝御山高水长，赐王公大臣、蒙古王、贝勒、贝子、公、额驸、台吉及外藩使臣等食。

二十日（2.14）

帝御正大光明殿，赐大学士、尚书等宴。谕：现在京城粮价昂贵，旗民生计维艰。著户部即行筹款，发交顺天府府尹于近京地方，购买米麦运京。惟民间待食孔殷，著照户部所议，传集粮行经纪，酌中定价。

廿三日（2.17）

赏胜保副都统衔，帮办河南剿匪事宜。

廿四日（2.18）

帝诣万寿山山色湖光共一楼拈香。

廿八日（2.22）

帝诣大高殿行礼，回宫。

二月

初六日（3.1）

帝幸圆明园。

十一日（3.6）

帝诣大高殿行礼，回宫。

十三日（3.8）

祭文昌帝君庙，帝亲诣行礼。幸圆明园。

十六日（3.11）

帝诣静明园龙王庙、慈航普渡、观音洞、地藏洞、华藏海拈香。

十八日（3.13）

奉旨：右翼税盈余银并熙拉布赔缴短收银共四千四百十一两零，著交圆明园，其余短收银二千八百九十九两零，著加恩宽免。又，左翼税盈余银并载堪赔缴短收银共一万八千两，著交圆明园。

廿二日（3.17）

遣官祭玉泉山惠济慈佑灵濩龙王之神，昆明湖安佑普济沛泽广生龙王之神，圆明园惠济祠、河神庙。

廿四日（3.19）

帝诣万寿山莲座盘云、昙华阁、广润祠拈香。

廿五日（3.20）

帝御勤政殿听政。英政府任命前加拿大总督额尔金为全权代表，率二千九百余人组成的远征军侵华。

三月

初九日（4.3）

以孝贤纯皇后忌辰恰值清明节，先期遣官祭裕陵。帝诣大高殿行礼，回宫。

十一日（4.5）

帝幸圆明园。

十五日（4.9）

命文俊来京，以布政使耆龄为江西巡抚。

十六日（4.10）

帝诣静明园伏魔洞、玉峰塔影、香岩寺、资生洞、古华严寺拈香。

马克思在《纽约每日论坛报》发表《英人在华的残暴行动》一文，指责英国政府以亚罗号事件为借口，挑起第二次鸦片战争。

十八日（4.12）

帝诣安佑宫行礼。

二十日（4.14）

钦差大臣和春奏：江南大营兵饷欠至四月有余，兵丁时有鼓噪，情形急迫。帝谕曰：江南一军，关系东南大局，现在既有饷竭兵溃之虞，急应设法筹济。著叶名琛、崇恩、英桂分别筹解，毋得稍事推诿，致滋贻误。同日，文俊奏：江西军饷支绌，请饬四川协济。命吴振棫设法筹款，每月拨解江西饷银数万两，以资接济，勿误要需。

廿二日（4.16）

奉旨：所有倡捐钱文之载垣、绵勋著交宗人府议叙，景寿、穆荫著交部议叙。嗣后，圆明园八旗官兵捐输者，准由本营自请奖励。

廿六日（4.20）

英国外相训令赴华全权特使额尔金：向中国提出赔偿、公使驻京、开放沿海及内河口岸等条件，如清方拒绝，即取强制性措施。

廿七日（4.21）

帝诣万寿山须弥灵境、智慧海、佛香阁、多宝室、大雄宝殿、大报恩延寿寺拈香。

四月

初十日（5.3）

帝诣时应宫、福佑寺、昭显庙拈香，回宫。

十三日（5.6）

帝幸圆明园。

十六日（5.9）

●孟夏月既望泛舟即景：

福海放船好，烟凝万木端。一天圆月皎，百顷碧波宽。

境静吟能畅，宵分风亦寒。此间瀛岛趣，不必咏漫漫。

法国外交部训令赴华全权特使葛罗向中国提出修改条约、北京驻使、解决西林教案等条件，如清政府拒绝，即采取强制性措施。

廿一日（5.14）

帝幸万寿山，诣广润祠拈香。

廿四日（5.17）

帝诣时应宫拈香，回宫。

廿五日（5.18）

帝幸圆明园。

廿八日（5.21）

帝御勤政殿听政。

五月

初二日（5.24）

帝诣静明园龙王庙、圣缘寺、仁育宫拈香。

初七日（5.29）

命自本年八月始，征收钱粮时准以钞票与大钱互相易换，以便民行使。

初十日（6.1）

沙俄乌沙科夫陆军上校率领一支六百余人组成的步兵营从石勒金斯克乘船入黑龙江，穆拉维约夫率大队哥萨克军及其家属继之（俄第四次入侵黑龙江）。

十八日（6.9）

谕：喀什噶尔罕爱里克庄回子沙木蒙纠合回众，诈称玉素普霍卓后裔，持械滋闹，戕害兵民。常清等派员查办，立将该犯擒获，办理尚属妥速。

廿四日（6.15）

帝诣万寿山龙王庙、昙华阁拈香。谕：湖南举人左宗棠，前经曾国藩奏保以郎中分发兵部行走。复经骆秉章奏，该员有志观光，俟湖南军务告竣，送部引见。

廿五日（6.16）

以俄使欲由黑龙江满洲地方来京，命吉林、黑龙江将军拦阻。

廿七日（6.18）

帝诣大高殿行礼，回宫。

三十日（6.21）

帝幸圆明园。

闰五月

初三日（6.24）

先是，因天王洪秀全猜忌异姓，翼王石达开受安王洪仁发、福王洪仁达挟制，且二王有图害之意，石不安于位，遂率数千人离京，由铜井渡江入皖。至是，帝谕钦差大臣和春等，逆匪既生内讧，机会更不可失，镇江贼势甚微，或先取镇江，后图句容，而上游太平、芜湖一带必须分兵断其援应，方能两路夹攻，直捣金陵。

初八日（6.29）

帝诣静明园坚固林、裂帛湖、龙王庙拈香。

十五日（7.6）

以驻藏大臣赫特贺病解，帮办大臣满庆为驻藏大臣，安诚为驻藏帮办大臣。

十六日（7.7）

俄穆拉维约夫宣称，于江左建立黑龙江防线，下设两个军区，分属外贝加尔驻军司令和滨海驻军司令管辖。

十九日（7.10）

帝诣万寿山广润祠拈香。

廿二日（7.13）

帝御勤政殿听政。

六月

初六日（7.26）

实授何桂清为两江总督。以克复江南句容县城，赏钦差大臣和春太子少保、帮办军务张国梁黄马褂。

初八日（7.28）

帝御同乐园，赐王以下、文武大臣、蒙古王、贝勒、贝子等食。

初九日（7.29）

万寿圣节。帝诣安佑宫行礼。御正大光明殿。王以下文武大臣官员、蒙古王、贝勒、贝子等行庆贺礼。

帝御同乐园。赐王公大臣、蒙古王、贝勒、贝子等食。

十四日（8.3）

帝幸静明园，诣龙神庙拈香。内务府奏：刑部右侍郎宗室国瑞，前在管理圆明园任内因失察已革园户朱幅偷窃一案，受降级处分，现已扣满三年，照例准其开复，具题请旨。

廿五日（8.14）

帝诣清夏斋，问如皇贵太妃安。

廿八日（8.17）

帝诣大高殿行礼，回宫。

七月

初一日（8.20）

帝幸圆明园。

初八日（8.27）

帝幸万寿山。

初九日（8.28）

谕：据奕山等奏，俄夷欲占江岸，人数多至千余，且欲令江左屯户，移居江右，其为图占地方，已可概见。业经谕知理藩院，行知该国萨纳特衙门，将各处人船撤回，并以后不得仍在内地行走。

十三日（9.1）

谕：关圣帝君福佑我朝，威灵显著，朕亲书“万世人极”匾额，恭悬京师地安门外关帝庙，所有各直省府州县关帝庙，著御书处摹勒颁发。

十五日（9.3）

中元节。帝诣安佑宫行礼，遣官祭历代陵寝。以成都将军有凤兼署四川总督。

廿一日（9.9）

帝诣静明园仁育宫、华藏海、万寿山、罗汉堂拈香。

廿五日（9.13）

帝诣安佑宫行礼。命江宁将军都兴阿帮办钦差大臣官文军务。

八月

初七日（9.24）

帝诣大高殿行礼，回宫。

初八日（9.25）

遣官祭玉泉山惠济慈佑灵濩龙王之神，昆明湖安佑普济沛泽广生龙王之神，圆明园惠济祠、河神庙。

初十日（9.27）

帝幸圆明园。

十二日（9.29）

帝诣万寿山须弥灵境、智慧海、佛香阁、多宝室、大雄宝殿、大报恩延寿寺拈香。

十三日（9.30）

帝诣安佑宫行礼。

十七日（10.4）

以肃顺为理藩院尚书。

廿二日（10.9）

帝御勤政殿听政。以詹事府詹事宜崇为大理寺卿少詹事，沈桂芬为内阁学士兼礼部侍郎衔。

九月

初八日（10.25）

帝诣静明园华严洞、伏魔洞、玉峰塔影、香岩寺、资生堂、古华严寺拈香。

廿一日（11.7）

帝御洞明堂。本年春间福建以防剿需费，改鸦片之名为洋药，开禁抽厘，招致兴贩之徒，于通衢广开烟馆，诱人吸食，命王懿德等查明，如有此等情事，即将经办人员据实参处。

廿三日（11.9）

帝诣万寿山乐寿堂、广润祠、宝云阁拈香。

廿六日（11.12）

谕：实录馆议叙列为一等之满洲纂修官、内务府郎中善宝，著赏给武备院卿衔。汉誊录候补六品苑丞文瑞，著遇有圆明园六品苑丞缺出，无论何项班次补用一缺后，再有缺出即以该员奏补。

廿七日（11.13）

帝诣大高殿行礼，回宫。

十月

初二日（11.17）

帝幸圆明园。

初三日（11.18）

帝诣清夏斋，问如皇贵太妃安。

奉旨：所得盈余银三万二千八百五十九两零，著交圆明园，德纯著毋庸赏给。

初四日（11.19）

帝御洞明堂。

初六日（11.21）

帝诣安佑宫行礼。

初八日（11.23）

帝诣静明园罗汉堂、水月洞拈香。

十三日（11.28）

以安徽巡抚福济在巢湖设立水师，奏请购置洋炮借资攻剿，帝命何桂清、赵银辙迅饬上海道再为购买五百斤四十尊，八百斤三十尊解赴庐州，并命叶名琛、柏贵筹款采买五六百斤并七八百斤洋炮各一百尊，查派员由海道运至上海，转解福济军营。

廿一日（12.6）

帝御洞明堂。廿三日亦如之。

廿七日（12.12）

先是，已革理藩院尚书、步军统领联顺，废弛营务，纵容家人纳贿索赃。帝命端华、僧格林沁等审办。至是，奉旨：联顺著照所拟斩监候，勒限一年完赃后，从重发往新疆，所抄家产，不准作抵。其余涉案人员，处分有差。

廿八日（12.13）

帝御洞明堂。翌日如之。

三十日（12.15）

谕：云南各属，汉回仇杀，已一载有余。著云贵总督吴振棫宣播朕旨，晓谕各属回民，果无叛逆之心，准其悔罪输诚，各安生业。其汉民有藉团练为名，肆行杀掠者，即以军法从事。经此次晓谕之后，该督等即可慎选良吏，妥为安抚。倘仍敢负隅抗拒，则是甘心叛逆，即著该督等统兵进剿。

十一月

十四日（12.29）

先是，英法联军向两广总督叶名琛发出最后通牒，限四十八小时内交出广州，所有清官兵均退至广州城外三十里地方，被拒。是日，联军攻占广州，巡抚柏贵、广州将军穆克德讷降。寻叶名琛被俘，拘于虎门英舰。廿五日，柏贵仍以原职在巴夏礼等三人组成的外人委员控制下管理广州。

廿一日（1858. 1. 5）

本月十二日，钦差大臣和春等率兵攻占镇江，太平军守军吴如孝等与李秀成援军退回天京。是日，帝赏和春双眼花翎、二等轻车都尉世职；帮办军务张国梁骑都尉世职。余加衔升叙有差。

廿四日（1. 8）

钦差大臣和春率诸路清军进逼天京。和春立中军大营于沧波、高桥两门之间。寻宽掘长濠，坚筑高垒，共长一百三四十里，连营一百三十余座，兵勇约四万有奇，合围天京。

廿九日（1. 13）

帝回宫。

三十日（1. 14）

总管内务府奏：今淮关监督毓清委员解到余存办公银九千一百七两二钱，照例请旨交圆明园银库收存。

十二月

十三日（1. 27）

帝命将叶名琛革职，授刑部右侍郎黄宗汉为两广总督、钦差大臣，未到任前由巡抚柏贵署理。寻知柏贵为洋人挟制，复命在籍前户部侍郎罗惇衍等人，纠集团练数万人，将洋人逐出省城。

本年

圆明园九州清晏同道堂东次间前添安玻璃。次间从绮春园澄心堂撤下硬木装修挪至同道堂抵用。又，同道堂东间搭安响塘坑一铺。

●昆明晓泛：

骛望霏微雪未停，烟含远树一条青。云如泼墨非渲染，山出奇峰人杳冥。

即景招吟来右苑，凌晨荡桨畅中泠。宣官问政时虞怠，玩物吾惟古训聆。

●慎德堂对月有述：

巍峨广殿月偏多，绕树栖乌三两过。慎宪省成予意切，朝朝勤政引鸣珂。

经营尚忆我生年，受命恩深倍惕乾。往事何堪重回首，多情惟有月知圆。

咸丰八年　1858

正月

十七日（3. 2）

帝幸圆明园。

●上元越二日幸园即事：

度节还园翠辇乘，西山春色白云层。将萌芜野平如绣，待泮冰池薄似缯。

岂为烟霞供眺览，惟将勤毖勉躬膺。时临开篆畴咨切，导性澄心帝命凝。

二十日（3. 5）

帝命两广总督黄宗汉驰抵广东安营后，即飞调水陆兵勇，召集各路团练密筹攻剿。

廿六日（3.11）

本月十三日，英法俄美四国公使照会大学士裕诚，要求清廷在二月中旬以前，派钦差大臣到上海与各国公使谈判，否则，即赴天津。是日，帝谕何桂清详加开导，至该夷驶回广东，听候黄宗汉秉公查办，以尊国体而弥衅端。

廿七日（3.12）

奉旨：春雨轩司土之神晋封为圆明园昭佑敷禧司土真君，土母晋封为圆明园昭佑敷禧司土夫人。神牌二座，定准尺寸交南书房翰林恭书。春秋二季礼节仿照群祀，管园庭内务府大臣一人服蟒袍补褂承祭，中和乐、伺候乐一切事宜，著裕诚等酌拟具奏。二月二十日，裕诚等遵旨具奏，从之。

廿八日（3.13）

帝回宫。

二月

初五日（3.19）

帝幸圆明园。本年考试宗室贝勒、贝子、公、将军之子，封以应得品级。

初七日（3.21）

命署直隶总督谭廷襄，若英法美船到津，禁沿海居民接济，即令其驶回广东办理。

初八日（3.22）

命黑龙江将军奕山，若俄使折回黑龙江，拒绝其以黑龙江和乌苏里江为中俄国界之要求。

奉旨：踏勘秀清村时赏斋高台殿三间，水木清华之间正楼三间，平湖秋月藏密楼三闻，耕云堂爽籁居高台殿三间，双鹤斋采芝径高台四方亭，安澜园远秀山房高台殿三间，汇芳书院间津高台敞厅三间，紫碧山房景晖楼三间，共八处画样呈览，以供奉吕祖神像。

初九日（3.23）

传旨：双鹤斋采芝径四方亭一座，殿内添供吕祖仙童柳仙神台供案。著外边踏看烫样呈览。

初十日（3.24）

遣官祭玉泉山惠济慈佑灵濩龙王之神，昆明湖安佑普济沛泽广生龙王之神，圆明园惠济祠、河神庙。

十四日（3.28）

引见圆明园六品苑丞年庆、笔帖式恩广、清漪园六品苑丞钟润、静宜园六品苑丞嵩裕，著交吏部记名照例选用。至年已逾岁之清漪园六品苑丞兆麟年力就衰，著以原品休致。

十五日（3.29）

帝诣安佑宫行礼。自是日始至九年九月初一日，升平署在园出演北宋杨家将故事。

十九日（4.2）

二月十七日，紫禁城御花园内千秋亭不戒于火。是日，内务府将救火尤为出力各员衔名并救火兵丁数目一并缮单呈报圆明园汉军机处。

廿一日（4.4）

帝诣清夏斋，问如皇贵太妃安。

廿二日（4.5）

天王洪秀全以金陵危急，数次命石达开回援天京。帝谕和春等，逆贼因金陵围攻甚紧，率其大股旁窜浙疆，意图分我兵力，设一旦令其深入，不独金陵功败垂成，东南大局岂堪设想。著和春等即调拨劲兵二三千名，星驰前往常山、玉山一带，扼要截击。

廿四日（4.7）

奉旨：绮春园澄心堂撤下硬木装修安在圆明园九州清晏同道堂。

廿五日（4.8）

帝御含辉楼，阅侍卫等步射。

廿七日（4.10）

帝御含辉楼，阅侍卫等步射。翌日如之。

三十日（4.13）

总管内务府奏：山东盐运使陈景亮委员解到盐当规银一千二百一十一两五钱七分四厘，照例奏明，仍交圆明园银库收存。

谕：自镇江府城克复后，官军分路规取金陵。该逆匪数万，盘踞秣陵关，死力抗拒。著和春、张国梁督饬诸军，以次攻复秣陵关等处，进克金陵，迅奏肤功。

本月

奉旨：澄心堂后殿明间北窗安装从淳华轩后殿拆下之玻璃两块。

三月

初一日（4.14）

以掣定达赖喇嘛之呼毕勒罕，重修布达拉宫，帝命赏银一万两。

传旨：海岳开襟林渊锦镜著拆下玻璃一对，找补窗棂。

初二日（4.15）

以两江总督何桂清密陈，对外不可轻言用兵：一是将引起内寇外患交并而来，无从措手；二是第一次鸦片战争，沿海被其蹂躏，终归五口通商；三是攻剿金陵，功在垂成，未可松动；四是夷人船坚炮利，断难与之争锋。是日，朱批：所奏实为明晰。

初七日（4.20）

以郑亲王端华署步军统领。奉旨：文彩现在出差，管理清漪园事务著存佑署理。

十一日（4.24）

英法美俄四国使臣于天津白河口分别照会大学士裕诚，要求派便宜行事钦差大臣前来会议，其中英法照会限裕诚六日内予以圆满答复，否则即采取必要手段。

十五日（4.28）

传旨：慎德堂琅嬛清韵添安玻璃。

十八日（5.1）

帝诣安佑宫行礼。

二十日（5.3）

帝御勤政殿听政。

廿一日（5.4）

帝诣清夏斋，问如皇贵太妃安。

廿四日（5.7）

从谭廷襄奏，帝拟取恩威并施之法，请俄美使臣转致英法特使，限四月底交还广州，过期即兴兵攻打。

廿七日（5.10）

奉旨：碧桐书院五间之东次间北真假门口上方窗拆去，添安几腿罩一槽。

廿九日（5.12）

传旨：慎德堂东西及基福堂新添盖游廊，著按烫画样添盖。

本月

奉旨：将别有洞天秀清村写琴书屋西间西方窗玻璃摘下，安在园内垂虹榭西窗上。于澄心堂垂虹榭西窗安设玻璃四扇。遵旨于凤麟洲浩然亭处添盖射箭鹄棚一间。

四月

初一日（5.13）

享太庙，遣惇郡王奕誴恭代行礼。帝回宫。

初二日（5.14）

江南道御史孟传金奏：我朝建有圆明园，列圣相承，于此勤求政务，非以侈游观也。但今昔时势不同，伏愿皇上悯时事之艰难，勿以故事而不为变通。得旨：在宫在园，原无二致，若心耽逸乐，何地不可。朕兢兢素志，在廷诸臣，谅当共悉。

初四日（5.16）

帝幸圆明园。

初五日（5.17）

谕：拒绝英法所提赔款、增开口岸、派使进京、内地传教、游历等要求。

初七日（5.19）

湘军李续宾、杨载福、彭玉麟等攻占九江府。太平天国守将林启容、李兴隆率众同清军巷战两时之久，全军一万六七千人全部阵亡。

初八日（5.20）

英法联军攻陷大沽炮台，游击沙春元、都司陈毅等官兵数百人阵亡。

初九日（5.21）

以大沽炮台失守，帝命科尔沁亲王僧格林沁酌带京营兵勇一千五百名，前往通州防堵。赏三等侍卫托明阿头等侍卫，驰赴天津，会同谭廷襄办理夷务，调绥远城、热河兵各一千名，密云兵五百名驰往通州驻扎，并于通州设立粮台，济僧格林沁军营饷需。

所有奉天、山东、江苏、福建、浙江各省海口，著各该将军督抚等随时侦探，严密设防。

十一日（5.23）

黑龙江将军奕山与俄东西伯利亚总督穆拉维约夫于瑷珲城谈判，穆拉维约夫要求沿黑龙江、乌苏里江划界，奕山拒之。

十四日（5.26）

英法联军驶抵天津城下。帝命伊勒东阿统领京兵九百名，前赴通州。著僧格林沁等速即查明，何处为天津赴通水陆必由之路。俟伊勒东阿到营，即作为前敌驻扎，僧格林沁营盘，则宜酌量移至后路八里桥一带，相度要隘驻守，不可轻于一试，致损国威。

十六日（5.28）

黑龙江将军奕山在俄军恫吓下，与俄东西伯利亚总督穆拉维约夫签订中俄《瑷珲条约》，黑龙江北岸归俄，乌苏里江东岸由中俄共管。此条约未获清廷批准。

帝派大学士桂良、吏部尚书花沙纳驰往天津议和，命谭廷襄等宣示各国使臣，毋庸进京。

十九日（5.31）

总管内务府奏：广储司银库应发各处欠款，现已至二十余万两之多，时届端阳，各处承应均系要差，万难再为借垫。即请由该库拨借银五万两，以济急需。并知照户部遵照办理。奉旨：依议。

二十日（6.1）

命惠亲王绵愉、怡亲王载垣、郑亲王端华办理京城一切防堵事宜。翌日，赏已革工部员外郎耆英侍郎衔办理夷务；命兵部侍郎王茂荫、内阁学士宋晋暨五城御史，办理京城团防事宜。

廿一日（6.2）

奉旨：东安门、西安门内派护军统领各一员，带下班官兵巡逻，择官所驻扎。提督衙门技勇兵在城内白昼查街，夜间查夜，拟派法宝、乌尔兴阿管带。八旗二十四固山，各按信炮章程在本旗地段听调，皆归本旗副都统管带。八旗汉军炮营接旗上城，归副都统管带。八旗管营房各大臣，即传各兵严守城门，每门添派大臣或侍卫一员督办。紫禁城门应添护军守卫。内务府三旗及护军营在东安门、西安门、大清门、地安门、东长安门、西长安门严防。巡捕五营各按汛地听候步军统领调遣。三旗侍卫皆令进班。圆明园八旗、内务府三旗每日听候该管王大臣调遣。汉大臣入署办事外帮办巡守。以上均由钦派王调遣。

命僧格林沁为钦差大臣督办京津军务，并令耆英前往天津，办理议抚事宜。

廿六日（6.7）

因石达开率军全力图浙，命钦差大臣和春督办江南与浙江军务，所有江南、安徽、江西援浙各军统归和春节制。

廿九日（6.10）

据桂良等奏，连日派员与英人面议，似非全准不可。谕：江路通商、游行内地，断难允准。命耆英向英人开导，设法转圜，著僧格林沁妥速布置，一旦决裂，则守卫天津府城。

五月

初一日（6.11）

奉旨：由进士出身之满汉侍郎、内阁学士、三品京堂及四五品京堂内未与考试试差者，俱著于本月初七日在圆明园上书房考试。其有不愿赴考者，听仍向礼部声明，于列考官本内扣除。

初三日（6.13）

桂良、花沙纳与俄使普提雅廷签订《中俄天津条约》，共十二款，主要内容有：准俄国在上海等七处海口通商，并设领事馆；允东正教入内地自由传教；两国各派大员查勘从前未经定明边界。

初五日（6.15）

先是，耆英未候旨准，擅自离津返京。是日，帝命僧格林沁派员将其锁押来京，交王大臣等严讯。寻十九日赐令自尽。

初六日（6.16）

帝命御前大臣景寿毋庸进圆明园班，代裕诚进领侍卫内大臣班。

初八日（6.18）

桂良、花沙纳与美使列维廉签订《中美天津条约》，共三十款，主要内容有：美国如有要事，准公使每年到京暂住一次；准美国民人至上海等七口通商；嗣后清政府给其他国家特权，美国得一体均沾。

初九日（6.19）

帝诣大高殿行礼，回宫。

十二日（6.22）

帝幸圆明园。英使额尔金照会桂良等，如再不定议，徒事迁延，惟有带兵北进。

十三日（6.23）

恭亲王奕訢、吏部尚书周祖培等纷纷上奏，反对外使驻京、内江通商，请求罢斥桂良、花沙纳，与夷决战。谕：朕意战甚易，战后防患难，抚虽定局，防患尤难。许内江祸尚缓，从容设备，暂示羁縻，不如抚；准夷酋之伪钦差驻京，动受挟制，战抚两难，贻患无穷，不如战。两害相形取其轻，惟审时度势，应战则战，此时则尚未到应战之时耳。

十六日（6.26）

桂良、花沙纳与英特使额尔金签订《中英天津条约》五十六款、专条一款。翌日，复与法特使葛罗签订《中法天津条约》四十二款、补遗六款。两约主要内容有：公使驻北京；增开沿海沿江十个通商口岸；耶稣教、天主教得入内地自由传教；准外国人往内地游历通商；外国兵船、商船得在各通商口岸停泊；修改税则；对英赔款四百万两，对法赔款二百万两，赔款交清后退还广州；定于一年之内互换批准书。

十八日（6.28）

桂良等奏：英法所请不得不从权允准，嗣后当卧薪尝胆，力图补救。谕：岂知和约已定，如何补救？进京一节，必照美约载入，镇江、金陵通商须俟军务告竣，牛庄不准通商。此三条即作为中国所添条款，与之更约。越二日，桂良等奏复：英法条约均已画押，盖用关防，若再向其商量，必另生枝节。

廿二日（7.2）

帝诣觉生寺拈香，回宫。

廿三日（7.3）

帝幸圆明园。帝就已签之中俄、中美、中英、中法《天津条约》，均批“依议”，发交桂良等宣示各国。

廿四日（7.4）

传旨：飞云轩明殿西间门口北边成做楠木边、柏木心影壁一槽，柏木棂条竖着三档、横着四档，北面糊月白亮纱，如无月白纱，糊绿纱。慎德堂后北泊岸安巡杖栏杆至东西木档，齐九洲清晏，慎德堂后码头留走道石，竖着用春雨轩的。

命吏部左侍郎匡源、内阁学士署刑部左侍郎文祥在军机大臣上学习行走。

廿八日（7.8）

谕：现在天津夷船，全数退出内河。前经派出驻扎八里桥官兵，自应先行裁撤。通州以东各营，暂令照旧驻扎，各处调到官兵，将次抵京，亦可分别调度。其由天津至海口一带，即豫为防范，严密布置。著僧格林沁即行来京，面授机宜，所有通州各营盘，著派西凌阿照看。将此密谕知之。

廿九日（7.9）

谕：现在皖豫两省，贼势蔓延。官文等分饬诸军，水陆并进，实为全局关键。胜保、袁甲三务与都兴阿、李续宾同心戮力，迅殄逆氛，以收师克在和之效。

六月

初七日（7.17）

初三日，曾国藩接旨出办浙江军务。是日，奉朱批：汝此次奉命即行，足证关心大局，忠勇可尚。俟抵营后，迅将如何布置进剿机宜，由驿驰奏可也。

初八日（7.18）

帝幸同乐园，赐王以下文武大臣、蒙古王、贝勒等食。

初九日（7.19）

万寿圣节。帝诣安佑宫行礼。御正大光明殿，王以下文武大臣官员、蒙古王、贝勒等行庆贺礼。幸同乐园。赐王以下文武大臣、蒙古王、贝勒等食。

十六日（7.26）

以直隶总督谭廷襄恇怯无能，命即革任来京，听候查办。革职留任护军统领珠乐亨，马队伤亡，营盘不整；刑部侍郎国瑞，虽营盘未动，惟未能上前援应，均著交部严加议处。已革副都统福勒敦泰，统带京营炮位，驻扎北岸，炮位营盘全行失陷，著即拿问。命盛京将军庆祺为直隶总督，未到任前，以礼部尚书瑞麟署理。

十七日（7.27）

奉旨：玉玲珑馆正谊明道殿添安楠柏木栏杆床。

二十日（7.30）

署直隶总督瑞麟奉命抵天津大沽，筹划修筑防御工事。八月初一日，清廷决定复设天津水师，以加强大沽海防。

廿四日（8.3）

帝诣清夏斋，问如皇贵太妃安。

廿五日（8.4）

帝御勤政殿听政。命浙江衢州镇总兵李定太帮办钦差大臣和春军务，总办浙江剿匪事宜。

七月

初一日（8.9）

总管太监传旨：圆明园殿、奉三无私油饰朱红五彩。再，圆明园殿前后廊各间安大夔龙花牙二块，奉三无私前廊各间安大夔龙花牙二块，后廊东西进间两梢间各安横楣花牙，东西夹楼库门撤去，安双扇槅扇，钉引板，刷粉油。九洲清晏前廊油饰朱红五彩，两山后虎座油饰画竹式，基福堂油饰朱红五彩，性存斋油饰绿色五彩，前穿堂油饰楠木色。俱于明春进匠修理。

谕：黑龙江左岸旧居屯户之外，空旷地方许俄夷存住，并江中准其行走，已非兴安岭旧界。奕山前此悉行允许，办理本觉太易，因限于时势，从权允许。除黑龙江左岸，业经奕山允许，难以更改，其吉林地方本不在奕山允许之列，当与俄夷以何处为界，即著该将军等据理晓谕。倘该夷酋有心狡赖，即著严行拒绝。

初三日（8.11）

总管太监传旨：九洲清晏东西游廊镶大理石，按新改画样尺寸大小，于明春进匠修理。寻遵旨镶安大理石刻石共四十三块。

十二日（8.20）

孝贞皇后千秋节，皇后在基福堂受妃嫔贺礼，中和乐伺候合欢令。又命升平署于同乐园伺候。

十三日（8.21）

谕：已革直隶提督张殿元、署天津镇总兵达年、护理大沽协副将游击德魁、已革副都统富勒敦泰，均依律应斩，著监候秋后处决。已革直隶总督谭廷襄著发往军台效力赎罪。

十五日（8.23）

中元节。帝诣安佑宫行礼。

十七日（8.25）

传旨：九洲清晏殿前面大木著油饰朱红五彩，外檐装修油饰画斑竹色，两山后抱厦大木油饰绿油色五彩，外檐装修油饰画斑竹色。

十八日（8.26）

敬事房传：帝酉正二刻在万方安和文昌阁内拈香。明日，蓬岛瑶台中和乐伺候吹打三套。

十九日（8.27）

传旨：澄虚榭正殿光油之时油饰绿油，竹式挑檐椽油饰俱照大木油饰式样。

帝面谕桂良、花沙纳一劳永逸之计，即以全免关税为列强取消北京住使、长江通商之交换条件。寻明善抵常州，将上述内定办法交何桂清祇领。

二十日（8.28）

胡林翼丁母优，著照军营例穿孝百日，加恩养银四百两。所有湖北巡抚印务，著官文暂行兼署。

廿一日（8.29）

传旨：澄虚榭南北书房游廊大木油饰楠木色，装修隔扇心油饰画斑竹式。

廿五日（9.2）

帝诣安佑宫行礼。

廿七日（9.4）

命浙江巡抚晏端书来京，以甘肃布政使胡兴仁为浙江巡抚。

廿九日（9.6）

帝诣大高殿行礼，回宫。

八月

初一日（9.7）

掌仪司来文，八月初八日春雨轩寅时预备祭司土神祠，中和乐伺候。

初二日（9.8）

遣官祭玉泉山惠济慈佑灵濩龙王之神，昆明湖安佑普济沛泽广生龙王之神，圆明园惠济祠、河神庙。

初十日（9.16）

帝幸圆明园，诣安佑宫行礼。

十二日（9.18）

传旨：升平署于九洲清晏排戏。未正二分开戏，戌初一刻十四分毕。排戏剧目有《上寿巧说》、《一门忠烈》、《下海投文》等。

十三日（9.19）

帝诣安佑宫行礼。

二十日（9.26）

太平军主将陈玉成、后军主将李秀成，先后于乌衣镇大败钦差大臣督办江北军务德兴阿及钦差大臣督办安徽军务胜保，并击败江南大营救兵，直下浦口，攻破清江北大营，打通天京北岸交通。

廿三日（9.29）

帝诣安佑宫行礼。

廿九日（10.5）

谕：本日何桂清奏称，利柄必应收回，税则不可轻免等语。在该督身任地方，为国家惜此帑金，然并非一劳永逸之计。况若照密谕办法，止能五口通商，一切干求，悉归罢议，该夷又何能尽收利柄。前寄谕旨及朱批，已极详尽，无可再谕。何桂清受朕厚恩，断不可自出己见，致妨大局。

本月

奉旨：将蓬岛瑶台日日平安报好音楼上红木镶瓷围屏一座，挪放至澄虚榭明殿后檐。乐在人和殿内东间添搭响塘炕一铺。

九月

初三日（10.9）

奉旨：双鹤斋前面，添盖射箭用的鹄棚一座。同时添盖鹄棚者还有知鱼亭和绮春园浩然亭、森翠亭。另在狮子林静修斋内南床搭安响塘炕一铺。

李秀成军自天长攻占扬州，江北大营德兴阿等逃往邵伯镇。

初十日（10.16）

命柏葰、翁心存为大学士，官文、周祖培为协办大学士，肃顺为礼部尚书并管理藩院事，瑞常为理藩院尚书。

十一日（10.17）

帝诣大高殿行礼，回宫。

十三日（10.19）

帝幸圆明园。

十六日（10.22）

谕：本日据桂良等奏会商办理情形。所称夷情诡谲，未可轻改条约，免税不过夷商感恩，欲其罢弃全约，势必不行等语。其办理错谬，殊不可解。该夷条约，以派员驻京、内江通商、内地游行、赔缴兵费始退还广东省城，最为中国之害。桂良等能将此四项一概消弭，朕亦尚可曲从，若仅挽回一二件，其余不可行之事，仍然贻患无穷，断难允准。

廿二日（10.28）

帝御勤政殿听政。大学士兵部尚书柏葰、宗室载堪等奏：圆明园值班大臣公棍楚克林沁等失于检察，致丽春门夹墙内有一闲人擅入，遵旨议处，例应罚俸一年及降一级留任。可否准其抵销，乞示遵。

廿六日（11.1）

以江南提督和春为江宁将军，湖南提督张国梁为江南提督，调江宁将军都兴阿为荆州将军。

廿八日（11.3）

帝诣大高殿行礼。回宫。

本月

慎德堂萝月春撤下瓷砖改墁津砖。慎德堂内共设床六张，西寝宫南北各两张，东寝宫中部两张；矮床三张，并有火炕三铺，西寝宫南室，东寝宫南北各一铺。

遵旨在桃花春一溪楼下南间、玉玲珑馆林光澹碧东间、如园芝兰室后层东间北床、敷春堂凌虚阁楼下东间南床、垂虹榭北间、同乐园东间南床、畅和堂前殿东间，各搭安响塘炕一铺。

绮春园展诗应律东间、东次间窗户满糊新纸。

十月

初二日（11.7）

帝幸圆明园。

初三日（11.8）

奉旨：所得盈余银三万三百六十三两零，著交圆明园，崇连著毋庸赏给。

桂良等与额尔金、列维廉分别签订中英、中美《海关税则》，主要内容有：海关对进出口货物按时价值百抽五征税；洋货运销内地，只加征百分之二点五子口税，免缴厘金和常关税；允许鸦片进口，改名洋药，每百斤收税银三十两。十九日复与葛罗签订内容基本相同之中法《海关税则》。

初四日（11.9）

帝御洞明堂。

初六日（11.11）

帝诣安佑宫行礼。

初九日（11.14）

据何桂清奏，欲罢天津之议，断非口舌能争，应先将天津海口水陆预备齐全，俟其来年赴北换约之时，聚而歼之。谕：此折与惠亲王等同看，悉心商酌，若事属可行，莫若先发以制。

十四日（11.19）

帝御洞明堂。廿一日、廿三日、廿六日亦如之。

廿三日（11.28）

谕：据吴振棫等奏，大钱壅滞，应随时变通。著准其收回大钱，改铸制钱，其请将制钱铜斤酌减之处，并照所议办理。

廿七日（12.2）

帝诣安佑宫行礼。帝颁朱谕：本年乡试主考、同考各官荒谬已极，复勘试卷应讯办查议者，竟有五十本之多。除同考官有无情贿逐案查讯外，其正考官柏葰著先行革职听候传讯，副考官朱凤标、程庭桂均著暂行解任，听候查办。

廿八日（12.3）

帝诣大高殿、寿皇殿行礼。回宫。

十二月

初五日（1859.1.8）

谕：淮北盐课应解圆明园银两，系官兵口食并差操公费要需。自咸丰四年，将应解银四万八千两改拨安徽军营，即由山东、河南两省于应解安徽饷银内，各划出银二万四千两，改解圆明园八旗。上年降旨饬催，迄今仍未解到，实属任意延玩。著崇恩、恒福严饬各该藩司，迅将此项改拨银两如数拨解，毋许再有延宕。其两淮历年积欠圆明园生息银两，著一并设法陆续筹解，毋误要需。

本年

帝亲往双鹤斋库房查库，并运十番乐，择内监之幼小者服彩衣，奏十番乐于双鹤斋，名曰“金童乐”。后粘杆处侍卫之擅此者亦令加入之，帝常亲自为之打鼓，名曰“打什番”。

南书房添接抱厦，并遵旨将南北书房游廊之大木油饰楠木色，装修隔扇心油画斑竹式。廓然大公双鹤斋西间南床安设响塘炕一铺。

内务府京察一等钦奉朱笔圈出人员名单中有：圆明园郎中中福，长春园员外郎贵宝，圆明园六品苑丞年庆，圆明园笔帖式恩广，清漪园员外郎文明，清漪园六品苑丞钟润，清漪园内管领衔八品苑副泰清，静宜园六品苑丞嵩裕。年逾六十五岁官员钦奉朱笔休致名单中有清漪园六品苑丞兆麟。

蓬岛瑶台殿前层东间搭安响塘炕一铺。

●春雨轩喜雨：

湖畔高轩构，芳春恰副名。花含初润足，雨浥软尘轻。

四野敷时膏，一犁趁早耕。潇潇欣入夜，望岁切予情。

●畅和堂岸右维舟即景堂，在绮春园西南隅，再西即澄怀园，为两书房值庐，故未语及之：

桃艳杨荑春已深，宜人天气半晴阴。堤平草嫩茸铺毯，石瘦泉清韵泻琴。

濯浪金鳞看活泼，凌虚画槛倚嵚崟。墙西柳密花繁处，雅集应知有翰林。

●狮子林：

名园风景四时饶，湛渌溪光映小桥。试陟占峰亭子望，层层烟树豁清寥。

每因几暇来游豫，争奈年华烂漫何。池馆勰留慰岑寂，只余勤政志无磨。

咸丰九年　1859

正月

初二日（2.4）

谕：兹于咸丰十年，届朕三旬万寿，允宜特开庆榜，嘉惠士林，著于本年八月，举行恩科乡试，明年三月，举行恩科会试，以副朕简拔人才至意。

十六日（2.18）

帝幸圆明园，诣安佑宫行礼。

十七日（2.19）

帝御奉三无私殿，赐近支亲藩等宴。

十八日（2.20）

帝御正大光明殿，赐大学士、尚书等宴。

十九日（2.21）

帝御山高水长，赐王公大臣、蒙古王及外藩使臣等食。

二十日（2.22）

帝御澄虚榭南书房赐王大臣等食。谕：昨据理藩院奏，喇嘛嘉木磋与那木喀呼图克图口角忿争，以致达赖自戕一案。已派惠亲王等讯办矣。案内指出在多伦诺尔牧群居住之阿木呢固尔通巴，著庆昀选派委员前往该处，密速查拿，押解来京，以凭讯办。

廿六日（2.28）

谕：本日据和春奏，捻首薛之元归诚效顺，献出江浦县城，并会同李世忠攻克浦口城池。著更名薛成良，先行赏给四品顶戴。俟续有劳绩，再由该大臣等酌量保奏。

廿八日（3.2）

帝回宫。

二月

初四日（3.8）

帝幸圆明园。陈玉成自潜山统军经霍山，于是日攻占安徽六安州。

初五日（3.9）

谕：现在和春既节制大江南北诸军，亟应迅派谋勇兼优之员，渡江督办。江浦浦口，为金陵门户，贼所必争。和春调取宁国兵勇六千回营，拟自江浦、浦口以至九洑洲，一律筑垒开濠，令镇将大员，督同薛成良降众，分守两城。所筹甚为周妥，著即迅速办理。

初九日（3.13）

宗人府等衙门奏：定拟黉夜伙众强抢盗犯罪名，内有宗室绵城，系已革奉恩将军，应如何治罪，请旨定夺。得旨：著派右宗人载岱，即日带领章京，将绵城带至伊坟茔处所，饬令自缢，以昭炯戒。

十一日（3.15）

奉旨：左翼税盈余银并文清赔缴短收银共一万八千两，著交圆明园。

十三日（3.17）

帝御勤政殿，召见王大臣、军机大臣等谕曰：科场为抡才大典，交通嘱托、贿买关节等弊，问实斩决，定例綦严。不意大学士柏葰以一品大员和主考官，竟以家人求情，辄即撤换试卷。著照王大臣所拟，即行处斩，派肃顺、赵光前赴市曹监刑。已革编修浦安等著照例斩决。副考官户部尚书朱凤标以失察罪，著从宽革职。同考官邹石麟著革职永不叙用。寻七月十七日，帝再御勤政殿，以候补郎中程炳采，交通嘱托关节，情罪重大，即行处斩。已革二品顶戴左副都御史程庭桂身任考官，于伊子转递关节，并不举发。著加恩发往军台，效力赎罪。其余涉案人员，革职处分有差。

十五日（3.19）

遣官祭玉泉山惠济慈佑灵濩龙王之神，昆明湖安佑普济沛泽广生龙王之神，圆明园惠济祠、河神庙。

十八日（3.22）

传旨：九洲清晏西寝宫后檐墙不必拆撤，北面镶假支摘窗。

又传旨：九洲清晏后添盖平台、游廊。各殿油饰本日进匠，著传于外边夫匠今日退出，听旨意再进。

廿一日（3.25）

调河南巡抚恒福代替病卒之庆琪为直隶总督，迅赴天津办理海防事宜。

廿五日（3.29）

四川土司二品顶戴泽尔甲等三十六员，于清漪园东宫门外瞻觐。

谕桂良等：夷情狡执，该大臣等迫于时势，亦属势处两难。因思驻京一节，为患最巨，断难允行。至进京换约，如能尽力阻止，更为妥善。倘该夷坚执不肯，务须剀切言明，议定由海口进京时，所带人数不准过十名，不得携带军械。到京后，照外国进京之例，不得坐轿摆队，换约之后，即行回帆，不许在京久驻。以上各条如肯遵办，桂良等即驰驿来京办理。

三月

初一日（4.3）

命怡亲王载垣往天津查看海防事宜。

初二日（4.4）

帝御勤政殿听政。

初三日（4.5）

清明节。帝诣安佑宫行礼。遣官祭历代陵寝。

初五日（4.7）

传旨：九洲清晏东山添盖平台、殿宇，著照烫样式样尺寸添盖，随同道堂平台进匠添盖，其基福堂油饰再听旨意。再，新添盖套殿三间，东、西间各安坐橓。本月初六日进匠。

初七日（4.9）

谕：京师入春以来，雨泽稀少，朕于本月十四日亲诣静明园龙神祠拈香，著派惠亲王绵愉等恭诣清漪园龙神祠等处拈香。

初八日（4.10）

传旨：圆明园殿照旧油饰花样成做，奉三无私油饰照画样成做，九洲清晏前后油饰绿色斑竹，画博古，所有新添盖平台、殿宇俱油饰绿色，画斑竹、博古。

又传旨：林虚桂静西间南窗东扇添安玻璃一块，后檐罩内可堂添安床一张，铺红白毡，北窗添安玻璃二块，东间南窗西扇添安玻璃一块，东进间靠南窗添安床一张，进深三尺，东西可堂添铺红白玻璃。

平安峪万年吉地将次兴工。

初九日（4.11）

桂良等奏：先后接据英法照会，坚欲进京换约，并探明英夷带兵二千名，船十余号，直赴天津之信。其法、美两国公使亦必同行。帝命桂良等迅由火轮船照会该夷使，邀其先到上海，若探闻该使等已驶天津，即遵前旨带同江苏官员驰驿来京办理，并命僧格林沁于天津厚集兵力。

十四日（4.16）

奉旨：澹怀堂西两间中间南窗户六扇皆安玻璃。

十六日（4.18）

谕：连日阴云密布，尚未渥沛甘霖，允宜再申虔祷。著遴选道众在黑龙潭祈祷，遴选僧众在觉生寺唪经，均于廿二日开坛。朕于是日亲诣黑龙潭拈香，著派恭亲王奕訢前往觉生寺拈香，并派惠亲王绵愉等诣清漪园龙神祠、静明园龙神祠及各宫庙拈香。

二十日（4.22）

洪秀全族弟洪仁玕自香港抵天京，天王大喜，立封为“干天福”。四月初六日，晋封为“干天义”。寻又晋封为“开朝精忠军师顶天扶朝纲干王”，总理朝政。

廿二日（4.24）

肃顺、瑞常与俄使彼罗夫斯基在北京互换《中俄天津条约》，清政府被迫同意以俄方自译之满文文本作为唯一正式文本。

廿四日（4.26）

谕：庶吉士散馆，著于四月十八日在圆明园正大光明殿考试。

廿五日（4.27）

谕：著于四月十五日在圆明园正大光明殿考试试差人员。

廿七日（4.29）

谕：前因京师入春以来雨泽稀少，奉旨设坛祈祷，并亲诣黑龙潭拈香。连日浓云密布，尚未渥承阖泽，亟宜再申虔祷。著派睿亲王仁寿于廿九日恭诣黑龙潭拈香，恭亲王奕訢诣觉生寺拈香，惠亲王绵愉等诣清漪园龙神祠、静明园龙神祠及各宫庙拈香。

廿九日（5.1）

帝命各省督抚及带兵大员，将委办劝捐抽厘各官绅职名造册报部，以凭查核。

三十日（5.2）

传旨：含碧楼西廊新添安楼梯俱成做本色木，不必油饰，外檐板墙、门俱按样式油饰尺寸成做。

本月

奉旨：如园芝兰室东间南北窗户六扇均满糊饰。

四月

初一日（5.3）

谕：长河一带淤垫过高，河身干涸。著派瑞麟、周祖培遴带司员，亲加履勘，督率办理，事竣核实报销。并著管理清漪园事务文彩等董率司员，一俟挑工完竣，即行提牐宣洩，以资济运。

初二日（5.4）

调四川总督王庆云为两广总督，两广总督黄宗汉为四川总督。

初三日（5.5）

谕：朕闻香山卧佛寺西墙外，地名樱桃沟，有石板一块，下有涌泉，可注于玉泉山飞淙阁，汇为瀑布。若此水畅旺，转达昆明，即可提牐济运。著派绵勋、钱宝青明日前往该处查勘具奏。寻奏：遵查泉源虽不甚旺，而下注不息，计达七八里之遥，如能引归长河，于济运不无裨益。

初五日（5.7）

两淮盐课应解圆明园生息银两，历年积欠至三十二万余两之多。其山东、河南于应解皖饷内，各划出银二万四千两，尤系紧要之需，均经降旨饬催，迄今仍未解到。此项银两，系圆明园八旗、内务府三旗及枪营公用要需。著何桂清、崇恩严饬该运司及各该藩司，即将此项积欠并改拨银两，迅速筹解。

准惠亲王绵愉奏请，鸦片进口，除照上海税则，每百斤缴关税三十两外，厘捐二十两应照常缴纳。

初六日（5.8）

帝诣时应宫、福佑寺拈香，回宫。

初九日（5.11）

帝幸圆明园。

初十日（5.12）

谕：朕于本月十六日亲诣天神坛虔申叩祷，派恭亲王奕訢恭祀地祇坛，睿亲王仁寿恭祀太岁坛，并派郑亲王端华等诣清漪园龙神庙、静明园龙神庙及各宫庙拈香。

十二日（5.14）

传旨：澹怀堂帘架风门里面，著钉屈戌、镣锦，随铜穿钉，照同道堂夹门窗式样分位安钉。

又传旨：九洲清晏后殿两山著照画样颜色、花样油饰。再，同道堂戏台后台东边添盖游廊一间，开钻山门口二座，俱按烫样尺寸式样添盖。其北面什锦窗安绢丝幪，同道堂北面所有添盖平台、游廊、挂檐，俱著改安砖挂檐。再，九洲清晏添盖殿宇槅扇、掏环板，俱著画斑竹式样。

十五日（5.17）

帝诣大高殿行礼，回宫。

十六日（5.18）

帝幸圆明园。奉旨：俄罗斯国运送枪炮，如果船只到津。著僧格林沁等仍遵前旨，令其停泊拦江沙外，另换内地船只，装载进口。其枪炮应交何处，及护送之夷应否进京，届时奏明请旨。续调之吉林、黑龙江官兵，陆续进关。已饬武备院，将制造鸟枪弓箭等件，赶紧造齐，解赴海口应用。

十七日（5.19）

帝御含辉楼，阅侍卫马步射。至十九日皆如之。

十九日（5.21）

帝诣清夏斋，问如皇贵太妃安。著王庆云调补两广总督；以太仆寺卿袁甲三署漕运总督；调广西巡抚劳崇光为广东巡抚，兼署两广总督；以广西布政使曹澍钟为巡抚；按察使李承恩为布政使；署按察使补用道蒋益澧为按察使；予故广东巡抚柏贵，祭葬如例。

廿一日（5.23）

帝御含辉楼，阅侍卫马步射。至廿三日皆如之。

谕：前因京师雨泽稀少，节经降旨设坛祈祷，并亲诣黑龙潭拈香，复举三坛礼典。致祭以后至十九日晚间，甘澍优沾，连宵达旦，允宜敬谨报谢。三坛著派恭亲王奕訢等于廿五日分诣致祭，并派克勤郡王庆惠等诣清漪园龙神庙、静明园龙神庙及各宫庙致祭。

以俄人肆意航行黑龙江、乌苏里江等处，帝谕奕山仍遵前旨，严饬吉拉明阿晓谕该夷，除由黑龙江入松花江往东入海口外，余如绥芬、乌苏里江及三姓等处，该夷船只均不得擅自驶往。寻奕山等覆奏，俄人于乌苏里各处添建房屋，展占地方，羁縻愈难。得旨：著署吉林将军特普钦督饬署三姓副都统富呢扬阿，晓谕穆拉维约夫，黑龙江左岸空旷地方，许其借住，已属中国优待之意，吉林界内系中国采捕参珠之地，断不容尔侵占！若背约妄行，必致有伤和好，兴凯湖等处，本不与俄国连界，无可会勘，岂得以曾在黑龙江具文为词，意图狡赖。

廿二日（5.24）

以恭亲王奕訢为内大臣，以福建巡抚庆端为闽浙总督，湖北布政使罗遵殿为福建巡抚。

廿三日（5.25）

遣定郡王溥煦诣清漪园龙神庙，贝子绵勋诣静明园龙神庙拈香。

廿四日（5.26）

帝诣大高殿行礼，回宫。

廿五日（5.27）

帝御太和殿传胪，赐一甲孙家鼐、孙念祖、李文田三人进士及第，二甲朱学笃等八十六人进士出身，三甲陈祖襄等九十一人同进士出身。廿八日，授孙家鼐翰林院修撰，孙念祖、李文田编修。

帝幸圆明园。

廿六日（5.28）

帝御含辉楼，阅侍卫马步射。

五月

初四日（6.4）

谕：前因京师雨泽稀少，当经降旨开坛祈祷，虽得雨数次，尚未渥霈甘霖，允宜再申虔祷。朕于本月初十日亲诣大高殿、时应宫拈香，著派惠亲王绵愉等恭祀三坛，并派怡亲王载垣等诣清漪园龙神庙、静明园龙神庙及各宫庙拈香。

初六日（6.6）

帝御含辉楼，阅吉林、黑龙江官兵马步射。

桂良等奏：英使照会，将赴天津。帝命总以在上海换约为第一要义，如不得已俯就下策，须停泊天津海口拦江沙外，少带从人，由英法等使，亲自赴京换约，惟不得久驻。

初八日（6.8）

考试应开列试差满汉二品以下京堂各官于圆明园上书房。

十五日（6.15）

谕：朕于本月十九日亲诣天神坛虔申叩祷，派惠亲王绵愉恭祀地祇坛，恭亲王奕訢恭祀太岁坛，并派惇郡王奕誴等诣清漪园龙神庙、静明园龙神庙及各宫庙拈香。

十八日（6.18）

以英法兵船北来，帝命桂良等星夜由上海回京，并命僧格林沁、恒福在大沽知会英法兵船，勿入栏江沙内，换约须由北塘行走，并令军机处通知顺天府衙门，为英法美三使在京预备房屋。

二十日（6.20）

帝御勤政殿听政。

廿一日（6.21）

谕：圣训清文殿本告竣，所有在馆出力之内务府郎中恒升，著赏加骁骑校参领衔，内务府候补员外郎锡奎，著遇有圆明园员外郎缺出，无论班次，即行奏补，以示鼓励。

廿二日（6.22）

帝诣静明园龙王庙、仁育宫拈香。

廿五日（6.25）

先是，恒福照会普鲁斯，准由北塘登岸，往京师换约。普鲁斯告知来人，“不走北塘，定行接仗”。是日拂晓，英法兵船十三艘闯入大沽口，强行拆除航道设施，轰击炮台，清军奋起反击，联军惨败。直隶提督史荣春、副将龙汝元战死。帝闻之，命奖僧格林沁部官兵银五千两，予史荣春、龙汝元等祭葬世职。

廿六日（6.26）

昨日，总管内务府大臣奏，审明拿获太监屡次越墙进内偷窃多赃按例问拟一折。经军机大臣奉旨覆核，该犯田进幅三次由翰林院花园墙进内，偷窃如皇贵太妃、祥嫔各库房银至三百五十余两，朝珠等件卖钱至五百二十吊之多，并于夜间坐更时潜至婉嫔主位殿内欲行窃取表件，虽因闻声退出，实属情节较重，相应请旨，将该犯酌中定拟，即行处绞，以昭炯戒。至总管太监史进忠等均有失察之咎，应照内务府大臣所拟，史进忠罚月银三个月，首领太监陈福喜罚月银六个月，清夏斋总管太监宋五福，敷春堂首领太监郭得喜各罚月银三个月。其圆明园总管太监王春庆等，虽有失察之咎，惟将该犯拿获，功过尚足相抵，应照拟免议。

以贾桢为大学士，管兵部事，充翰林院掌院学士。

廿七日（6.27）

谕：此次夷船闯进海口，先行挑衅，经僧格林沁挫其凶锋，正可乘此机会设法开导。从来驾驭外夷，未有不归于议抚者，专意用兵，如何了局。现该夷退泊何处，普鲁斯等是否尚在拦江沙外，有无另谋狷獗，并著恒福等确探具奏。

廿九日（6.29）

美使华若翰投递照会，愿由北塘进京换约。

本月

遵旨在敷春堂鉴德书屋东北次间东筒子门安设木壁单扇门。结峰轩三间殿内找补崩裂，窗户找补糊纸。

俄国武装“移民”强行闯入乌苏里江，擅自在东岸建立若干居民点，并派“勘察队”驶至兴凯湖查勘。穆拉维约夫本人则至庙街、克默尔湾、图门江口考察，将一百二十海里之海湾命名为“大彼得湾”。

六月

初四日（7.3）

帝诣安佑宫行礼。

初八日（7.7）

帝御同乐园。赐王以下贝勒、贝子、公、文武大臣、蒙古王公及外藩使臣等食。琉球国使臣翁俊等二人于同乐园瞻觐。

初九日（7.8）

万寿圣节。帝诣安佑宫行礼，御正大光明殿。王以下贝勒、贝子、公、文武大臣官员、蒙古王公及外藩使臣等行庆贺礼。御同乐园。赐王以下贝勒、贝子、公、文武大臣、蒙古王公及外藩使臣等食。

十五日（7.14）

以英法兵船南返，帝命钦差大臣和春严加防范，两江总督何桂清羁縻笼络。

十六日（7.15）

帝幸万寿山。

十九日（7.18）

俄人由水陆分赴珲春并强赴兴凯湖，查看地界及在乌苏里江建房垦地。

三十日（7.29）

帝命奕山、景淳晓谕俄人，所有乌苏里江、绥芬河等处不容该国人船游驶，三姓地方亦不准该国商人到彼贸易，黑龙江左岸系借与栖身之地，不得再来人口，亦不得再得添盖房屋。

七月

十一日（8.9）

谕：现在美使在京，所有该国和约，已加恩准其在北塘海口互换。俟该夷启程，即将和约由驿发交恒福，该督接到后，即在北塘海口与该夷互换可也。十八日，美使华若翰与直隶总督恒福在北塘互换《中美天津条约》及《海关税则》，并将美兵战俘蒋什坡领回。

十五日（8.13）

中元节。帝诣安佑宫行礼。遣官祭历代陵寝。

十七日（8.15）

帝御勤政殿听政。十九日亦如之。

廿五日（8. 23）

帝诣安佑宫行礼。

廿七日（8. 25）

帝诣大高殿行礼，回宫。

八月

初七日（9. 3）

帝幸圆明园。遣官祭玉泉山惠济慈佑灵濩龙王之神，昆明湖安佑普济沛泽广生龙王之神，圆明园惠济祠、河神庙。

初十日（9. 6）

帝诣安佑宫行礼。十三日亦如之。

十六日（9. 12）

传旨：九洲清晏后泊岸巡仗栏杆往东接至东挡木，用安澜园巡仗栏杆十一根。

十八日（9. 14）

帝幸静明园，诣龙神庙拈香。

九月

初一日（9. 26）

谕：著和春、张国梁等督饬水陆将弁，谋取金陵，其浦六天长围攻已久，李若珠业已过江，著赶紧督催将弁，实力攻剿，若能速拔城池，即可稍分贼势，俾胜保淮北一军，得以节节兜击，方操胜算。

初二日（9. 27）

从本日起至廿三日，马克思在《纽约每日论坛报》连续发表《新的对华战争》一文，揭露英国发动两次鸦片战争之侵略罪行。

初五日（9. 30）

帝诣万寿山、须弥灵境、智慧海、佛香阁、多宝室、大雄宝殿、大报恩延寿寺拈香。

十一日（10. 6）

谕：本月十六日在圆明园正大光明殿考试翰詹，本年留馆人员一并考试，著该衙门照例办理。

十八日（10. 13）

帝诣静明园玉峰塔影拈香。

廿六日（10. 21）

帝诣清夏斋，问如皇贵太妃安。调乌里雅苏台参赞大臣玉通为科布多参赞大臣。

廿八日（10. 23）

帝诣大高殿行礼，时应宫拈香，回宫。

本月

同乐园接连演唱《升平宝筏》、《鼎峙春秋》、《铁旗阵》等连本大戏。

十月

初二日（10.27）

奉旨：所得盈余银三万六十六两零，著交圆明园，崇筠著毋庸赏给。

初五日（10.30）

帝幸圆明园。以吏部左侍郎匡源、右侍郎文祥为军机大臣，准胜保回京守制，以漕运总督袁甲三署钦差大臣督办皖省军务。

初六日（10.31）

帝诣安佑宫行礼。李鸿章补授福建延邵道。

初八日（11.2）

帝御洞明堂勾到。十一日、廿一日、廿六日皆如之。

初十日（11.4）

帝御勤政殿听政。以张芾为都察院左副都御使。

十二日（11.6）

太平军攻破清军营盘五六十座，斩湖北提督周天培，克复浦口。

十六日（11.10）

总管内务府大臣瑞麟等奏，遵旨拣调司员，管理园庭事务。

廿一日（11.15）

先是，户部查出宝钞总局司员将交款置换空钞等弊，帝命刑部严讯。至是，谕：五宇亏短官款，作为私欠办理，实属有意欺罔。所有应追官款，交派审王大臣归案刑讯催追，并将宇谦革商张兆麟、宇升革商韩得禄、宇恒革商顾青田、宇丰革商马锡禄等京寓家产资财及自开铺户查封备抵。寻究出工部主事李椿育受情纳贿，帝命将其革职，亦查封财产备抵。

廿六日（11.20）

谕：此时捻匪粤匪既连为一气，皖豫徐州各带兵大员，竭力环攻，若得楚师鼓行而东，声威较壮。然必须取道淮北，方不致驱贼北趋。仍著官文、曾国藩、胡林翼悉心筹酌办理。

廿八日（11.22）

安佑宫等项工程，著内务府欠员交钱粮修理。淳化轩牌楼暂缓修理。

本月

英法组成新的侵华联军，准备扩大侵华战争，其中英军一万八千人，法军七千人，英陆军中将格兰特、法陆军中将孟托班为英法远征军总司令。

清晖堂为本年添盖而成，初称平台殿宇、套殿。是月，始见清晖堂称谓，亦称清晖殿。十年二月，奉旨做紫檀木玻璃屏风一座。

十一月

初六日（11.29）

谕：据何桂清陈奏各情，英法各调兵一万，印度一万，赴津报复，为时在今冬明春，并不必等候开冻，不可不豫为之防。所有应行酌撤之防兵，暂且毋庸议撤。著僧格林沁暂缓来京，仍在防所，以资镇定。

初九日（12.2）

帝御洞明堂勾到。十四日亦如之。

初十日（12.3）

僧格林沁等奏海口防御情形。得旨：前谕不可先行挑衅，实为要语。若该夷轮船冲击，毁具开炮，或登陆抄袭，亦断不可致失机宜，慎之。

十三日（12.6）

谕：现在德勒克多尔济启程来京，库伦掌印办事大臣，业已简放色克通额，所有印房文案各件，著色克通额即带同妥员，亲往严密检查，毋任该章京等有隐匿短少等弊。

十六日（12.9）

谕：现查俄人历年在黑龙江左岸，已占踞五十余屯，即黑河口以下，直至东海，亦盖房多处。若任其盘踞，滋蔓难图，伊于胡底，必当思患豫防。

十九日（12.12）

帝诣寿皇殿行礼，回宫。

廿九日（12.22）

传旨：上下天光北面楼下西北角，照样式尺寸式样添安楼梯。再，课农轩挪安槅断照样式添帘架，今冬添安。

十二月

初二日（12.25）

谕：现在天津海口需兵防堵，著于圆明园八旗官兵内挑备精壮官兵二百名，配齐军械，均骑用技艺马匹，一闻饬调，即须迅速到防，毋许迟误。

初五日（12.28）

谕：两淮盐课应解圆明园生息银两，历年积欠至三十三万余两之多，其山东、河南于应解皖饷内各划出银二万四千两，均系紧要之需，迭经降旨饬催，迄今仍未据解到，实属任意延玩。此项银两，系圆明园八旗内务府三旗及枪营公用要需，现在该营待用孔殷，刻不容缓，山东、河南划解银两为数无多，即著文煜、瑛启迅速照数筹解，不得稍有迟误，如再延宕，即将该抚藩惩处。

十七日（1860.1.9）

总管内务府奏：前任淮关监督鹤昶委员解到余存办公银一千一百七两，照例请旨交圆明园银库收存。

本月

奉旨：喜音堂西进间后檐添搭响塘炕一铺。在同道堂西山墙外至九洲清宴殿后面，及套殿前檐共添盖平台十三间。竹香斋西进间添搭响塘炕一铺。

本年

静通斋前后窗安玻璃八块，西间添搭响塘炕一铺。

遵旨含碧楼上明间、西次间南北窗八扇，均添安冰纹式夹堂格子，楼下西廊添安本色木楼梯，往南上。

●三坛礼成，还园述闷：

昨朝马上微风拂，斋宿深宵喜雨织。今日坛中灵泽吁，言旋广陌庆晴暹。

田苗寸许真无望，觅土分余幸带黏。分遣亲藩鉴昭假，惟祈滂沛被恩佥。

●前题：

御园何处寻佳胜，月印澄波树胥烟。点笔别饶清雅致，冲怀无欲镜灵圆。

咸丰十年 1860

正月

初一日（1.23）

以本年六月初九日为帝三旬整寿，颁诏恩施天下。谕：毋庸举行告祭礼，所有升殿礼仪著停止，各省督抚及将军提镇等，俱不准奏请来京祝嘏。寻命理藩院传谕蒙古诸王公、台吉等，亦毋庸来京祝嘏。

初九日（1.31）

太平军浦口沿江营垒八座、隘卡十余座，尽被清江南大营攻陷。次日，九洑洲要塞失陷，天王洪秀全急诏上游各军回救。

十七日（2.8）

帝幸圆明园，诣安佑宫行礼。

十八日（2.9）

帝御正大光明殿，赐王公大臣、蒙古王、贝勒、贝子、公、额驸、台吉及外藩使臣等宴，并赏赉有差。

十九日（2.10）

帝御正大光明殿，赐大学士、尚书等宴。

谕：和春奏，官军攻克浦口沿江一带贼垒及九洑洲贼巢，逆势穷蹙，请饬楚皖各路官军，乘机进剿。九洑洲为金陵水路出入咽喉，今为官军攻克，已成合围之势。著和春、张国梁督饬将士先行进攻浦口，并饬李若珠督兵进攻六合天长，将江北援贼剿除净尽。至洪逆被围情急，必号召粤捻各匪赴援，亟应各路进兵，使其不能相顾。即著官文、曾国藩、胡林翼、袁甲三、翁同书、张芾、周天受，各饬所部将士，实力进剿，以期迅奏肤功，朕实有厚望焉。

二十日（2.11）

帝御奉三无私殿，赐近支亲藩等宴。御山高水长，赐王公大臣、蒙古王、贝勒、贝子、公、额驸、台吉及外藩使臣等茶果。

廿四日（2.15）

谕：刑部候补主事何秋涛呈进所纂书籍八十卷，著赐名《朔方备乘》。此书于制度沿革、山川形势，考据详明，具见学有根柢。何秋涛著加恩以员外郎即行升补，并著在懋勤殿行走，毋庸常川入值。

廿六日（2.17）

升平署《恩赏日记档》记载，是日，帝至文昌阁拈香，由升平署中和乐伺候吹打。

三十日（2.21）

帝诣大高殿行礼，回宫。

二月

初五日（2.26）

帝幸圆明园。以云南布政使刘源灏为贵州巡抚，云南按察使姚锡华为布政使，盐法道邓尔恒为按察使。

初九日（3.1）

遣官祭玉泉山惠济慈佑灵濩龙王之神，昆明湖安佑普济沛泽广生龙王之神，圆明园惠济祠、河神庙。

传旨：敷春堂东南所东墙中间门口点，砌南北院，东墙分中，各开门口一座，安双扇门，此活计照样式承做。

初十日（3.2）

奉旨：左翼税盈余银并爱仁赔缴短收银共一万七千九百五十九两零，著交圆明园。

传旨：由内交出紫檀素玻璃三屏照背一座，照样式改做，收拾得时，安在清晖堂中间靠南窗。其床挖缺，座子落矮一寸。

十三日（3.5）

奉旨：右翼税盈余银并春佑赔缴短收银共七千三百二十一两零，著交圆明园。

十五日（3.7）

传旨：慎德堂院内现安木踏跺二座，于明日著将西边一座出去，按台阶平改，做得时安在东边，再将东边一座照样改做。

十七日（3.9）

帝幸万寿山，诣广润祠拈香。

十八日（3.10）

武英殿具奏刷印圣训纸张例价不敷采办。奉旨：著派端华、穆荫查验具奏。想该司员匠役等无利不办，此系何事，尚如此取巧，并欲擅更旧制，将来展阅不便，皆朕之刻意求省之故，尤属非是。相应行知武英殿，即将承办司员及经手匠役人等传齐并携带现办书样，于二十日寅刻赴圆明园军机处听候查验。

十九日（3.11）

军机处复照俄使伊格纳切夫：乌苏里地属吉林，既不与俄国毗连，即无所用其分界，正所以守定天津条约办理也。至于贵大臣拒绝行文穆拉维约夫查禁俄人在该地滋事，将来设有衅端，皆由俄国背约所致，并非中国无礼也。

廿一日（3.13）

传旨：上下天光天棚加进深，换柁板拉，西面安趄廊，南面安夹布帐三架，俱照样式尺寸成做。再，敷春堂东所常嫔下房南院西头改搭灰棚一间，成嫔正房后院西头改搭灰棚一间，首领太监下房内添搭糙炕四铺，内糙糊饰五间。

廿二日（3.14）

班禅额尔德尼呼毕勒罕于本年十月初二日坐床，著派恩庆会同色呼本诺们罕，前往看视。并于四川司库提银一万两，交给带往。

廿四日（3.16）

帝诣大高殿行礼，回宫。

廿八日（3.20）

帝幸圆明园，诣静明园龙王庙、仁育宫拈香。

三月

初五日（3.26）

据瑞昌等奏，皖南之贼由广德进窜四安，逼近浙境。览奏殊堪愤懑。据称和春等续派副将向奎带兵二千，总兵张玉良带兵二千，周天孚亦管带兵勇二千三百余名，进援浙省。合之前派郑魁士、曾秉忠所部六千名，兵力亦不为不厚，何以任令该逆逼近浙省。著和春、张国梁、何桂清迅速催令前进，以解省城之围。

十一日（4.1）

传旨：寄旷怀楼下北间顶槅东西留灯圈二个，床罩内亦画一堂，北二间顶槅留灯圈四个，瓷砖地顶槅南北留灯圈二个，以上三间满画绢天花，四边随向俱要真柏木镶边，明日画样呈览。

十三日（4.3）

帝御勤政殿听政。诣清夏斋，问如皇贵太妃安。

张玉良援杭军于两日内攻复杭州。实授王有龄为浙江巡抚，和春、何桂清均交部从优议叙。

十四日（4.4）

帝诣安佑宫行礼。遣官祭历代陵寝。

传旨：交下寄旷怀楼下天花样一件，按此样画三间，传造办处，著如意馆用白绢细画竹式藤萝。再，柏木四边镀银灯圈著该路成做。

十八日（4.8）

帝诣安佑宫行礼。

十九日（4.9）

帝幸静明园，诣龙神庙拈香。

廿一日（4.11）

帝诣大高殿行礼，回宫。

廿三日（4.13）

帝幸圆明园。

廿四日（4.14）

谕：昨日贝子绵勋在圆明园出班时，并未与棍楚克林沁面晤交替，巳刻先行散归，实属有违定例。绵勋著交宗人府议处。翌日，绵勋奏请赏假，不准。

廿六日（4.16）

谕：庶吉士散馆，著于闰三月十六日在圆明园正大光明殿考试。

闰三月

初一日（4.21）

英法联军二千余人占据定海。

初二日（4.22）

谕：近有匪徒拐掳良民，贩与夷人，男女被掳者以数万计。夷人以广东省城之西关、番禺县属之黄埔、香山县属之澳门及虎门外之香港等处，设厂招买，该匪始犹暗用术诱，近则明用强抢，省城附近一带村落，行人为之裹足。地方官不特不为禁止，且出示听人自卖等语。著耆龄查明，即行严禁，从重惩办。

初三日（4.23）

如皇贵太妃卒，帝临视悲痛，酹奠。

初四日（4.24）

帝诣吉安所如皇贵太妃金棺前酹奠。回宫。

初五日（4.25）

帝幸圆明园。谕：前因贝子绵勋在圆明园值班，不候交替，即自散归。迨经奏参，复具折续请赏假，两次降旨交宗人府议处。兹据载垣等核议具奏，绵勋著革去宗人府左宗人、右翼前锋统领、正黄旗满洲副都统，仍留散秩大臣、管理圆明园及右翼第三支族长。其余差使，均著革退。并著罚世爵俸六年，再折罚世职半俸九年，以示惩儆。

初七日（4.27）

传旨：同乐园东西楼房各添搭天棚一座，俱照样式尺寸添搭，于万寿前再搭同乐园殿后檐三五间，酌量添搭天棚一座，随正殿天棚安搭。

十二日（5.2）

命广西巡抚曹澍钟驰往四川办理军务，以布政使刘长佑为广西巡抚。

十五日（5.5）

先是，十万太平军自东南西三面包围江南大营。寻李秀成、陈玉成等率军分五路十道，向清军发起总攻。是日，江南大营复溃，钦差大臣和春、帮办张国梁等败走镇江，旋退丹阳，天京再次解围。

十六日（5.6）

先是，总管太监王春庆等奏：长春园船坞太监王来喜呈告太监张府私藏腰刀，请旨将首领刘喜、太监张府、王来喜一并审讯，并请将澹怀堂右门首领张寿、太监张三保等治罪。是日，军机大臣彭蕴章等面奉谕旨：交军机大臣会同内务府大臣严行审办。查律载，凡内监内使私将兵器带进入宫殿门内者绞监候，值日守门及守卫官失于搜捡者与犯人同罪，至死减一等。经此次查办后，如有愍不畏法、私藏军器之人，查系弓箭弩弹等物即照例治罪，倘竟敢将鸟枪火药金刃器械仍前收藏，照违制例加等问拟，即行正法。该首领太监匿不举报，照为从例治罪。其各门首领太监于各处太监出入私行携带时，未能查出，一并严惩不贷。

廿三日（5.13）

两江总督何桂清奏：夷人闯入定海，意在用兵。得旨：该夷以兵胁和，以地要和，若自我稍缓其辞，必启彼挟制之心，若一意决战，亦必激彼无一退步，再战不休，必致岁岁决战，终须归于抚局。此正当吃紧之际，朕心洞鉴，不致为所摇惑，即在京王大臣等亦深资协赞之功。卿总理五口，责无旁贷，务其内外一心，不可稍涉推托，朕必不因偶失一隅之地，即治卿之罪也。

廿六日（5.16）

以金陵大营溃败，革钦差大臣和春职，拔去双眼花翎，仍暂署江宁将军，督兵攻剿。江南提督张国梁，拔去花翎，革职留任。予阵亡总兵官黄靖等祭葬世职。

廿七日（5.17）

传旨：清晖堂明间南床上素玻璃照背一座，挪安上下天光楼上明间，面南安。

四月

初一日（5.21）

谕：前经各该营备调官兵二百名，著即配齐军装器械马匹，一闻饬调，即须迅速驰赴天津防所，毋许迟延。

初二日（5.22）

命景运门、圆明园八旗、步军统领、内外火器营、健锐营配齐前备官兵军械马匹听候饬调，迅赴天津防所。

初三日（5.23）

帝诣时应宫、福佑寺、昭显庙拈香，回宫。

初六日（5.26）

帝幸圆明园。

李秀成等军攻占常州，和春带伤随溃军先已退至浒墅关。是日，以烧酒吞鸦片自尽。至此，拥兵八万之江南大营覆亡。廿一日，奉旨：和春著照将军例赐恤，谥忠壮。以张玉良署钦差大臣督办江南军务，江宁副都统魁玉署江宁将军。

初七日（5.27）

英军抵金州海口，占领大连湾。

十二日（6.1）

传旨：四宜书屋前檐天棚一座著按试样尺寸安搭，油楠木色。

十三日（6.2）

李秀成、李世贤攻占苏州，巡抚徐有壬自杀，张玉良退走杭州。

十九日（6.8）

以两江总督何桂清屡失城池，褫职逮问。命曾国藩署两江总督，擢兵部郎中左宗棠四品京堂，襄办曾国藩军务。

廿一日（6.10）

谕：此次殿试新进士前十名，著于本月廿七日在圆明园由读卷大臣带领引见。廿八日朕御正大光明殿传胪，一切典礼均照太和殿预备，是日执事及谢恩人员俱著穿蟒袍补褂。

谕：此次殿试新进士前十本卷，著读卷大臣于本月廿四日在圆明园拆封，其余二甲三甲卷著原派收掌官在内阁严密关防，监试御史轮流稽察，毋许宣泄。俟二十七日，前十名新进士带领引见后再行拆阅弥封。

廿二日（6.11）

自本日至廿四日，在同乐园戏台和院内，每天下午由掌仪司献演两个半时辰的十二当“玩艺”。包括婴儿觔斗、巧要合碗、碟内生云、戏跳摆索、狮子献瑞、八角鼓词诸名目。

廿四日（6.13）

帝御勤政殿，召读卷官入，亲自阅定进呈十卷甲第。

廿八日（6.17）

帝御正大光明殿传胪，赐一甲钟骏声等三人进士及第，二甲黎培敬等八十二人进士出身，三甲崇谦等九十八人同进士出身。

本月

四宜书屋前殿，添搭天棚一座。

五月

初一日（6.19）

谕：以薛焕为江苏巡抚，命其阻止何桂清向英法借兵，并饬吴煦告知英法使臣，前徐有壬照会欲借兵助剿，现该抚已死，此事毋庸再议。设若英法情愿入江相助，亦当婉拒，以杜后患。

初九日（6.27）

谕：前因苏常失守，叠令曾国藩带兵迅赴两江总督署任。苏常为东南财赋之区，且系数省咽喉，自应以急筹攻复为上策。现在贼势已直趋杭湖，势将糜烂两省，尤为刻不可缓。曾国藩既膺重任，责无旁贷，其安庆是否可以即复，金陵是否可以进攻，不致牵掣兵力，久顿坚城。抑或设法先解苏常之厄，均著酌量缓急，妥筹办理。

十一日（6.29）

升平署于同乐园承应。巳正二刻开戏，酉正毕。演出剧目有“对相”、“嫁妹”、“大盗施恩”、“后约”等等。

十四日（7.2）

沙俄侵占海参崴，改名为符拉迪沃斯托克，意为“控制东方”。

十九日（7.7）

以法军侵占烟台，帝命山东巡抚文煜前赴登莱一带，筹办防堵。

二十日（7.8）

郑亲王、怡亲王、军机大臣等现有应行会议事件请都察院衙门堂官、五城御史于廿三日卯刻赴圆明园九卿朝房会议。

六月

初二日（7.19）

英法特使及两国陆海军司令会于烟台，商侵华计划。初五日，俄使伊格纳切夫亦至，即向英法联军提供大沽至天津清军全部防御工事情报。当日，英法联军分别自大连、烟台驶往大沽，共约一万八九千人。

初五日（7.22）

传旨：同乐园正殿天棚前檐往前展至戏台檐头齐。

初七日（7.24）

帝以三旬万寿节，御同乐园。赐王公大臣、蒙古王、贝勒、贝子、公等食。

初八日（7.25）

帝御同乐园。赐王公大臣、蒙古王、贝勒、贝子、公及外藩使臣等食。

朝鲜国使臣任百经等三人于同乐园瞻觐。

初九日（7.26）

帝三十寿辰。诣安佑宫行礼。御正大光明殿，王公大臣、蒙古王、贝勒、贝子、公、文武官员及外藩使臣等行庆贺礼。御同乐园，赐王公大臣、蒙古王、贝勒、贝子、公及外藩使臣等食。

初十日（7.27）

帝御同乐园，赐王公大臣、蒙古王、贝勒、贝子、公等食。

命大学士彭蕴章毋庸在军机大臣行走。

十五日（8.1）

英法联军于北塘登陆。

十七日（8.3）

著恒福赶紧分拟照会，径行给予英法两酋，其英夷照会不必提上年打仗之事，从此可永敦和好，看其如何答复。

十八日（8.4）

帝命恒福仍遵前旨迅速照会英法二使。

谕：据载垣等奏，遵议裁汰河工文武官员，酌改操防营伍各事宜。以上各营官兵，均归新设淮扬镇总兵统辖，著即认真操练，以资战守。现在江南军务未竣，该省督抚势难兼顾，所有江北镇道以下各员，均著归漕运总督暂行节制。

十九日（8.5）

太平军英王陈玉成率军占领余杭县，随即进逼杭州。

二十日（8.6）

帝再命恒福遵前旨，迅速照会英法二使，曲为开导。

廿二日（8.8）

帝再命恒福开导英使，若该夷另有条款不必驳诘，均允为陈奏。

廿四日（8.10）

实授曾国藩两江总督，并为钦差大臣，督办江南军务，所有大江南北水陆各军归其节制。

廿六日（8.12）

英法联军万人从北塘出发，攻占新河与军粮城。察哈尔都统西凌阿败退塘沽。

廿八日（8.14）

奉旨：寄旷怀楼上东边床撤去。

廿九日（8.15）

塘沽失守上闻，谕：命僧格林沁勿专以大沽为重，须择可靠大员代为防守，该大臣应退保天津，不可寄身命于炮台，以顾大局。

七月

初三日（8.19）

曾国藩为兴办淮扬水师，奏保李鸿章出任两淮盐运使，黄翼昇出任淮扬镇总兵。十五日清廷命该二人先行前往经画，至如何简用之处，再降谕旨。

初四日（8.20）

奉旨：慎德堂东寝宫前面进深，槅断壁子上挂五彩磁挂瓶七十九件照样。

初五日（8.21）

第三次大沽之战。是日，英法联军从后路攻占大沽北岸炮台，直隶提督乐善等近千人阵亡，联军亦死伤四百余人。翌日，南岸炮台复失，恒福退守天津，僧格林沁退守杨村。初九日，僧军退守通州，扎营马头、张家湾一带。

帝命协办大学士周祖培、兵部尚书陈孚恩等办理京城团防事宜。

初十日（8.26）

英法联军侵入天津，驱逐官民，惟留恒福以下数人。往来文报，先拆阅然后得通。

帝命以武备院卿恒福为议和帮办大臣。

十五日（8.31）

惠亲王绵愉、怡亲王载垣、郑亲王端华，奉旨前赴通州，与僧格林沁议战守事。桂良抵大津。

二十日（9.5）

先是，桂良与恒福连续两日与英法代表巴夏里等会晤，巴等提出须概允所有条件，方能与清方谈判。并称赔款须先付银三四百万两，否则即占据天津。是日，帝谕桂良等：所有先付现银之处，断不允许。至进京换约一层，务令该夷将兵船马队全行退出海口，并不准多带从人，方准来京，否则不准与之盖印画押。

廿三日（9.8）

帝改派怡亲王载垣、兵部尚书穆荫为钦差大臣，前往通州与联军议和。

廿四日（9.9）

帝召见惠亲王、惇亲王、恭亲王、怡亲王、肃顺及军机大臣、御前大臣等议战守事。

廿六日（9.11）

谕：察时审势，夷氛虽近，尤应鼓励人心，以拯时艰。即将巡幸之预备，作为亲征之举，镇定人心，以期巩固。著惠亲王等传谕京城巡守接应各营队，若马头、通州一带见仗，朕仍带劲旅，在京北坐镇。

廿八日（9.13）

帝召见醇王奕譞等，奕譞跪地泣求，请皇上身先士卒，亲一决战。军机大臣文祥亦直言进谏，以至碰头出血。谕：所有军营预备车马，著派王大臣等传谕各处，即行分别发还，毋得扣留守候，以息浮议而定人心。

廿九日（9.14）

英参赞巴夏礼等抵通州，载垣、穆荫与晤，应允桂良等在天津与彼等议定之“续增条约八款”，并准额尔金随带弁兵一千人来通州盖印画押，惟联军大队必须扎营张家湾南五里外，一兵不准寸进。

帝召见惠亲王、恭亲王。连发七道上谕，要曰：夷情狡谲，必欲赴通，以兵要盟，和议必不能成，惟有与之决战。命僧格林沁等相机截击，不得再令该夷一人北来，并谕胜保统带精兵，驻扎由通入京各要隘。巴夏礼、威妥玛等系其谋主，著将其等羁留在通，勿令折回，以杜奸计。

八月

初二日（9.16）

谕：英使所请八条，均予允准，入京换约，仍照与桂良商定，英法两国，每国不得过四百人；现银一节，换约后，在津郡于两月限内缴清。

初三日（9.17）

巴夏礼与葛罗秘书巴士达等复至通州晤载垣等，要求换约时须亲向咸丰帝呈递国书，并撤除僧格林沁等军对北京周围之防御，遭载垣等拒绝。

初四日（9.18）

联军突袭张家湾，僧格林沁即将巴夏礼等一行拘执，退扎八里桥。载垣、穆荫、桂良等回京。

戌刻，怡亲王载垣等解巴夏礼等三十余联军战俘至圆明园集贤院（原宏雅园）内提督公所，派兵看守一夜，兵丁凌虐之。翌日，将巴夏礼等九名解交刑部，不准审讯。其余被俘者则分交各州县看押。

是日夜，帝召见载垣两次，至子刻方散。

初五日（9.19）

帝召见惠亲王、惇亲王、恭亲王、醇亲王、怡亲王等，商议战守事。

初七日（9.21）

八里桥之战。英法联军自郭家坟分三路向八里桥附近之僧格林沁、胜保、瑞麟等军猛扑，清军英勇迎击，鏖战三四小时后，因西路英军向于家卫方向包抄，僧营首先溃退，胜保受伤落马，瑞麟亦被迫西撤，联军侵占通州。帝闻报，撤载垣、穆荫钦差大臣。改派恭亲王奕訢为钦差便宜行事全权大臣，同英法联军议和。召内廷王大臣等，议出狩之事。

初八日（9.22）

清晨，帝再召惠、恭、惇、怡、郑五王及军机大臣等，议战守策。巳时，帝诣安佑宫行礼，自圆明园北走热河。六宫先行，肃顺随扈，惠亲王等王公大臣数百随行，带禁军二千人扈行。京师除留大学士桂良、署步军统领文祥帮同奕訢与联军谈判外，尚有豫亲王义道、大学士贾桢、户部尚书周祖培、吏部尚书全庆等留城驻守。军机章京照旧分班赴园。

帝将行时，懿贵妃力阻言：皇上在京，可以震慑一切，圣驾若行，宗庙无主，恐为夷人踏毁。是日，在京大臣眷口，皆移徙远避，车价贵不可言。

初九日（9.23）

帝命前调赴通州之吉林、黑龙江兵折往热河护驾。命工部右侍郎文祥署步军统领，暂驻京城外。是日，帝驻跸密云行宫。京城官眷商民等，纷纷出城逃避。

初十日（9.24）

谕：朕巡幸木兰，本日驻跸要亭行宫。所有前调西安马队，即著该大臣等带领迅赴热河护驾，毋得迟延。据恭亲王等奏报夷务情形，业已谕令相机办理。著该大臣等激励军心，力图剿办，不得任令攻扑城池，是为至要。前颁赏兵丁银十二万两，存寄圆明园银库，俟该大臣等派员祇领。

十四日（9.28）

由河南解送抬枪一千杆，火绳二万盘，铅丸四万斤，于七月廿七八日启程。著仍令其交步军统领衙门朝房收存，并传知圆明园带操章京，先行演试，以备调用。

十五日（9.29）

中秋节。先是，英人索巴夏里甚急，扬言：若放此人，可省兵费一百万。帝命奕訢，倘抚局不成，该夷攻城，即将巴夏礼提出正法。是日，恭王命将巴夏礼、罗亨利（英使额尔金私人秘书）由刑部大狱提出，迁至德胜门内高庙，仍以礼相待。

十六日（9.30）

帝一行抵热河避暑山庄。

十八日（10.2）

奕訢、桂良等奏：抚局难成，情形危迫，战守皆不足恃。得旨：据该夷照会，无非欲送还巴夏礼等始肯罢兵，转圜之机，在此一线。该夷如肯遵照恭亲王等所给照会，固属甚善。如必不肯遵行，不必待其进攻城池，莫若即将所获巴酋等全行送还，以示大方，尚可冀其从此罢兵换约，不值为此数十夷丑，致令亿万生灵俱遭涂炭。

十九日（10.3）

遣官祭玉泉山惠济慈佑灵濩龙王之神，昆明湖安佑普济沛泽广生龙王之神，圆明园惠济祠、河神庙。

命胜保统带西安马队，驻扎京城东北一带，与僧格林沁、瑞麟大营互相联络。

廿二日（10.6）

英法联军败僧格林沁、瑞麟军于德胜门、安定门外，尾追溃兵直趋西北。申时，联军抵海甸，焚烧街市。酉时，侵入圆明园，抢劫园内陈设物件，焚毁数座殿堂。八品首领太监任亮率二十余技勇太监拼死抵御，于出入贤良门内阵亡。居于绮春园之先帝常嫔因惊吓而卒，总管内务府大臣兼圆明园管园大臣文丰投福海自尽。奕訢、桂良等退走万寿寺，旋至卢沟桥。

廿三日（10.7）

英法专使额尔金、葛罗与联军首领格兰特、蒙托邦等于圆明园正大光明殿合议抢掠御园之事。寻英法联军大肆抢掠圆明园、清漪园、静明园等皇家珍藏，大件损伤，小件珍品尽行掠去。附近土匪亦乘间抢掠，攘夺余物，至挽车以运之，上方珍秘，散无孑遗。

京城搜获三人，一怀翡翠碗一枚，上饰以宝石；一挟玉如意一柄，为成亲王永珣献乾隆帝者；一挟道光帝御容一轴。诛之。

此时，联军未至静宜园，各殿陈设照旧封锁。清漪园员外郎泰清全家自焚殉难。

廿四日（10.8）

圆明园大宫门朝房、福元门、扇子河一带辖哈木遭夷人烧毁；挂甲屯铺户民房亦遭夷匪、土匪烧抢。海甸居民纷逃入城。英人巴夏礼等八人被释放，寻出德胜门入英法军营。

恭亲王、桂良、文祥驻长辛店；僧格林沁驻天宁寺。

廿五日（10.9）

接恭亲王奕䜣等奏，联军扰踞园庭，焚掠民房，断不能再议抚局。帝命奕䜣于万难之中，设法极力挽回，以冀维持大局。又命所有续到各省兵勇，著胜保即行截留，玉明速调马步官兵，星夜驰往热河护驾，并传知吉林、黑龙江将军迅速派兵内援。

英法联军退出圆明园，屯扎德胜门、安定门一带。有洋人眷属游海甸、三山五园等处。

廿六日（10.10）

先是，帝命绥远城将军成凯、山东巡抚文煜、河南巡抚庆廉、山西巡抚英桂、陕甘总督乐斌带兵赴京，盛京将军玉明驰赴热河保驾。至是，曾国藩接奉北援之旨，适值徽州失守，祁门危殆，遂集文武参佐，各立一议，多以入卫为主，幕僚李鸿章则言：入卫实属空言，三国连衡，不过金帛议和，断无他变，而楚军关天下安危，举措得失，切宜慎重，目下应按兵请旨，且无稍动。

帝急谕诸路官兵星夜前来，毋得迟延，是为至要。并命玉明统带马步官兵无分昼夜，兼程前来木兰行营，毋得片刻迟延。再，星夜传知吉林、黑龙江将军，一体派兵内援可也。将此由六百里加紧密谕知之。

廿七日（10.11）

以联军焚掠园庭，命将守卫圆明园等地中营副将陈良才等四员革职留任，摘去顶戴，饬令严拿土匪。署理步军统领文祥著革职留任。左右翼总兵麟魁、庆英均降四级留任。

英军司令格兰特将英军于圆明园抢得之赃物始在德胜门外驻地拍卖。拍卖持续三日，共获得拍卖款三万二千块银元，加之抢掠所得金银约值六万一千块银元，总计近九万三千块银元，以三分之二归士兵，三分之一归将领。

廿八日（10.12）

以英法联军焚掠园庭，不能驰往救护，命将僧格林沁革去爵职，仍留钦差大臣；瑞麟著即革职，仍留军营带兵督剿，保护京城。再，海甸一带土匪四起，清河地方逃兵匪徒聚集多人，在彼抢掳，以致文报不通，著该大臣迅速查拿惩办。

廿九日（10.13）

廿六日，格兰特、孟托班照会恭亲王，限廿九日午刻交出安定门，否则将开炮轰城。是日，清军准时交出安定门，联军数百名立时恃悍登城，猱升望杆，悬彼国旗帜，将清军炮位或掀落城下，或纳诸沟中，联军并安设夷炮大小四十六位，炮口皆内向，控制城内通往城门的道路。

九月

初二日（10.15）

谕：现夷人已退至黑寺自圆明园一带，黑龙潭、太子府、沙河、清河等处土匪仍复肆扰，以致文报不通，诚恐聚集日多，酿成大患。著派文祥办理圆明园八旗、包衣三旗印钥，其绵勋派拨之兵一并归其调遣，将各处土匪严行捕拿，立即正法。候补侍郎胜保著授为钦差大臣，总统各省援兵，整军备剿。事机紧迫，著恭亲王等迅即饬令恒祺往见该酋，如该夷仍遵前约并不另生枝节，即可画押换约。倘再事要求，即知照胜保督兵进剿，惟必须厚集兵力，一战成功，方为计出万全。

英人贴告示于安定门等处，扬言其被俘员弁遭清方暴虐相待，甚有数名处死，被害甚为惨烈，当令人将圆明园内宫廷殿宇立行拆毁外，更向大清国索要赔恤，以示抚恤等。

初三日（10.16）

奉旨：清漪园郎中文明著革职留任。宝鋆前于御园被毁既不前往，今于专管之三山亦被抢掠，著暂免正法，撤去巡防，降为五品顶戴。

英军向大兴、宛平两县索皮袄一万件；俄人于正阳门外收买皮衣。

初四日（10.17）

谕：清河一带为古北口要路，闻有败兵在彼盘踞，劫掠行人，附近圆明园地方均有土匪出没，若不及早肃清，于饷需文报往来均有关系。著僧格林沁等迅即派员查拿惩办。

本日及次日，联军屡贴告示，扬言如恭亲王不见，合约不换，仍动干戈。商民等人，宜及早远离，免致受祸。于是人心不安，又纷纷出城远避。

京城留守王大臣请恭亲王入城议换合约，不至。请俄使伊格纳耶夫出面调停。俄使要求三事：须由恭亲王正式照会；须将中方与英法交涉内情告知；中方须同意俄方此前提出的一切领土要求。

亥刻，恭亲王接额尔金、葛罗及格兰特照会。略言：前获英法俘虏二十余名监禁凌虐，英称赔恤银三十万两，及拆毁圆明园宫殿；法称给银二十万两，及康熙年间各省天主堂，并传教人坟茔查明给还。均定于初七日照覆，初九日给银，初十日画押换约各等语。

初五日（10.18）

是日及次日，英军米启尔中将奉额尔金之命率三千五百余人，分股烧毁三山五园等处，圆明园未烬殿宇及清漪园、静明园、静宜园、畅春园等俱被焚毁，烟焰蔽天，大火三日未息。土匪乘机而起，其势更张。

初六日（10.19）

帝谕恭亲王奕訢等：迅速进城定议，画押换约，俾英法早日退兵，以定人心。俄使如欲从中说合，不必拒绝。是日，俄使照会恭亲王，愿做居间调处，但须满足俄国条件。

初七日（10.20）

恭亲王照会英法二使，同意所求各条款，并照会俄使，如能一切妥协，俄国未定之件，自易速议办理。

初八日（10.21）

英法等人赴礼部察看换约地点，并挑选使馆地方。

初九日（10.22）

以英人焚毁三山五园事上闻，帝恐联军北上热河，故连发谕旨：命奕訢只可委曲将就，以期保全大局；命僧格林沁召集各路溃兵，防守古北口；命玉明带兵分扎喜峰口、白马关等处；命黑龙江前后队西丹兵二千速赴热河护驾；命恒福于古北口设立粮台，派员至密云县提取原僧格林沁粮台饷银十八万九千两，以资接济。同时谕胜保：俟河南、山东、陕甘等省兵勇到齐，约有一万五千名，著即勤加训练，以成劲旅。至庆廉自请带兵勇一万二千名及文煜、英桂各带兵一千，已谕令暂扎于直隶地方，听候该大臣调遣。

十一日（10.24）

奕訢率大学士贾桢、周祖培、尚书赵光、陈孚恩等，各带护卫入城，候于礼部大堂，其各营禁兵皆止正阳门外。日午，额尔金、巴夏礼等乘八人舆，入自安定门，盛陈兵卫，鼓吹前导，杂以西洋乐。王大臣等迎于门外，分东西两阶。入席，额尔金等见奕訢用免冠礼，奕訢拱手答之，分左右坐，通事传宾主之命于樽俎间。礼成，换约而去。翌日，奕訢等与法使葛罗亦于礼部大堂签订中法《北京条约》，并互换中法《天津条约》。签约仪式与英人同。

十三日（10.26）

洋人仍住怡王府、贤良寺等处。是日，数百洋人游天坛及天主堂等处。

十四日（10.27）

法军司令孟托班等人到礼部晤恒祺，要马车十六辆，拟回国。翌日，英人亦索要大车十六辆。是日，英人由安定门外大营，将抢掠之物运至怡王府，择日迁移。

十五日（10.28）

谕：本月十一、十二等日，业经恭亲王奕訢，将八年所定和约及本年续约，与英法两国互换，所有和约内所定各条，均著逐款允准，行诸久远，从此永息干戈，共敦和好。其和约内应行各事宜，即著通行各省督抚大吏，一体按照办理。又谕恭亲王等：至俄夷所称未了之事，即令端常等，告以绥芬、乌苏里等处，均照奇吉、阔吞屯之例，借与该夷居住。

十七日（10.30）

法公使葛罗，乘轿由安定门带乐队和马步各队，赴天主堂视察，寻回贤良寺。是日，法军始退兵。

光禄寺卿焦祐瀛等恳请帝回京：夫京师天下之根本，根本固则天下安，伏愿皇上早定回銮之计，以维系中外臣民之心，则京师幸甚，天下幸甚。

十八日（10.31）

谕：著总理行营王大臣传谕明善，令伊在园经理一切，会同王春庆等收集众太监妥为安置，应赴行在者赴行在，并将两次被抢、被焚情形详细察访具奏。即令明善在园庭附近居住，若无事可办，即驰赴热河。

廿三日（11.5）

先是，先帝常嫔溘逝后，总管内务府大臣宝鋆、明善等两次入园善后，均遇夷匪作罢。是日丑时，宝鋆等带人将常嫔入殓，并乘夜送赴田村暂安处西所院中埋葬。

廿六日（11.8）

户部尚书肃顺奏，为圆明园等处兵丁仓粮逾限未放，现被匪徒抢劫据实奏参事。

英军始退兵天津海口。英使指定梁公府为英国驻华使馆。

廿七日（11.9）

谕：将办公出力之圆明园候补印务笔帖式文忠，著俟补缺后以六部主事遇缺即选，先换顶戴。

廿九日（11.11）

总管内务府大臣宝鋆奏：前查圆明园三山等处，广询博访，知所存物件被夷人搜取者固多，而土匪乘势抢掠，或委弃道途被无知小民拾取者，亦复不少。现由巡防处出示晓谕，勒限一个月赴官呈缴。拟择于德胜门外觉生寺设局查收，拣派郎中嵩林、师曾等，员外郎祥佑、庆曾等，会同园庭司员、达他等在彼轮班接收，以专责成，均令造册登记，以便汇总具奏。

十月

初一日（11.13）

奕訢会同留京王大臣等奏：夷兵现俱撤尽，市肆渐安，中外人心，切望及早回銮，以期镇定。谕：亲递国书一节，既未与该夷言明，难保不因朕回銮，再来饶舌。诸事既未妥协，设使朕率意回銮，夷人又来挟制，朕必将去而复返。且木兰巡幸，系循祖宗旧典，其地距京师尚不甚远，与在京无异，足资控制。

初二日（11.14）

奕訢、瑞常赴北京俄罗斯南馆同伊格纳切夫签订中俄《北京条约》。

初四日（11.16）

内务府大臣明善奏：遵旨会同总管王春庆并圆明园郎中景绂等人，及各园各路达他等前往三园内逐座详查，九洲清晏各殿、长春仙馆、上下天光、山高水长、同乐园、大东门均于八月廿三日被焚烧；正大光明殿等座于九月初五、初六日被焚烧；玉玲珑馆于十一日被焚烧。夷人初次进园焚烧尚无土匪，自廿三日以后，时有土匪进园，后经被获正法，略有好转。其蓬岛瑶台、慎修思永、双鹤斋等座及庙宇、亭座、宫门、值房等处，虽房座尚存，而殿内陈设、铺垫，几、案，椅、杌、床帐等均被抢掠。其宫门两边罩子门及大北门、西北门、藻园门、西南门、福园门、绮春园宫门、运料门、长春园宫门等处虽未被焚烧，而门扇多有不齐。

又园内所有殿座、房间、亭座、庙宇、宫门、船只，除由总管王春庆缮具清单持赴热河恭呈御览外，其大宫门、大东门及大宫门外东西朝房、六部朝房、内果房、銮仪卫值房、内务府值房、恩慕寺、恩佑寺、清溪书屋、阅武楼、木厂征租房、澄怀园内近光楼六间、值房八间、上驷院、武备院值房等处均被焚烧，档案房前后堂、汉档房等处被焚，满档房、样式房等处尚存数间，亦被抢掠，仅将印信护出无失。库房六座，被抢四座，焚烧二座。另，圆明园银库一千余两正项银、二万余两银钞及海甸皇家圆成当等亦被抢掠无存。

现拟将福园门收拾整齐，内外添安锁钥，内著首领太监及各园各路达他带领园户等巡查看守，外饬圆明园八旗、内务府三旗、绿营员弁管辖、稽查出入，其余通外各门及墙缺处所，亲督工匠赶紧补砌，以严防守。其应留园及带往热河之太监，俟总管王春庆等分晰明确，即带赴热河。

初五日（11.17）

胜保奏：前经派兵陆续于安河桥拿获盗抢仓米之巨匪戴三等，于西山北新庵拿获劫匪僧人敬如等，当即派员审讯，就地正法。其起获赃物有仁宗御书帖括一百九十二张，玉版册页、玉瓶等八十四件。又派游击德元前往昌平会同知州巡缉土匪，张贴告示。旋据该州禀称，除在沙涧等处缉获土匪白七、苏正平等，就地正法外，并有村民等缴来宣宗御题《喜溢秋庭图》及大小玉器、古铜钟鼎等物一百余件。复会同德元查获高宗御题《王诜诗词帖》、钱选《山居图》等手卷六幅。寻奉旨：单开各物交内务府查收。至昌平收藏各件，派宝鋆等查办。

初七日（11.19）

户部奏：安河、丰益两仓被抢米四万一千六百余担。

初九日（11.21）

文祥奏：供事史醇孙、文奎等人将圆明园军机处满汉两房所存千余册档案，捡拾整理，运回天宁寺，交方略馆收存。圆明园八旗总管官兵处镶黄旗翻译教习乐祥三年期满，请准照例遇缺选用。

初十日（11.22）

文祥等奏：查圆明园旧设围墙堆拨，自被夷匪焚烧后，多有拆毁。当此经费支绌之时，似宜变通办理。拟于择要处所酌设堆拨，饬该班官兵看守。从之。

廿五日（12.7）

总管内务府大臣宝鋆奏：清漪园条记一颗无存。

廿七日（12.9）

总管内务府大臣宝鋆奏：查看圆明园内外各处及工程情形。

十一月

初二日（12.13）

闰三月十八日夜，圆明园翰林花园钟宅园寓内银两衣物被窃。寻准步军统领衙门咨称，所有圆明园附近之三十三村俱系紧要地方，遇有寻常盗窃案件，应照九门以内新例办理，勒限两个月缉拿归案，限满无获，即行会同题参。至是请旨，将北城副指挥使黄丽中、圆明园汛署都司事守备汪焜等人，一并题参。

初五日（12.16）

恭亲王照会法使布尔布隆，允法国租用东交民巷景崇府为法使寓所，租价每年银一千两。

初六日（12.17）

以办理各国和约完竣，帝命恭亲王下宗人府优叙，大学士桂良、户部左侍郎文祥下部优叙。寻以办理和约出力，赏恒祺头品顶戴。

十四日（12.25）

肃顺等奏：上驷院马匹被夷人、土匪抢掠。

廿一日（1861.1.1）

胜保奏：游击德元、县丞王国栋等人，于六郎庄、北沙涧、唐家岭等处，起获民人捡拾玉器、铜器等物，共三十一件，已遵旨交内务府查收。又于赴西北巡阅之便，续行收缴玉器陈设、零星物件共一百七十五件，就近赍交觉生寺内务府公所查收。

十二月

初一日（1.11）

奕訢会同桂良、文祥上《通筹夷务全局酌拟章程六条》，拟建立总理各国事务衙门，具体处理涉外事务，并建议设立三口通商大臣（后称北洋通商大臣）及五口通商大臣（后称南洋通商大臣）分别处理南北方对外通商事务。寻帝允之。

初二日（1.12）

载垣等奏：查散秩大臣恩龄系八月廿二日在圆明园值班之员，一闻夷警，该员即将合符等交护军收存，潜身逃走。前经奉旨革职留任，并拨去花翎，似不足以蔽辜，相应请旨即行革职，交部治罪。

十五日（1.25）

胜保奏：兹访闻圆明园镶白旗营地，尚有隐匿各处陈设，当派头等侍卫祥恩前往劝谕。现该旗续行呈缴及在井淘出之玉、铜、磁、漆各种器物一百三十八件又五十三件。已遵旨先后派员送交内务府公所查收，分别开单呈览。寻廿四日，胜保复奏：圆明园镶白旗营房并七孔牌一带，续行派员起获玉、磁、玻璃、漆、木器皿、零星物件共一百八十一件。

廿七日（2.6）

帝命胜保管理圆明园八旗、包衣三旗鸟枪营事务。

咸丰十一年　1861

正月

廿八日（3.9）

胜保奏：圆明园八旗包衣三旗兵丁，入枪营操演者向只有二千四百名，现拟于八旗护军内，挑出精壮兵一千四百名，统共三千八百名。并添置抬枪、鸟枪、排枪、刀、矛、马枪、号衣等件，共需银六千三百六十余两，请于厘捐盐价罚赔各项银两内提用，或由部筹款一万两或八千两，发交该营。命户部核议具奏。

二月

初八日（3.18）

肃顺奏：前奉旨详查城内及圆明园现存大小钟表数目，即派委堂郎中文勋等详查。兹查得，城内原库存大小钟表四百三十一件，随侍御园失落：大钟二十九件，大表二十二件。圆明园原库存大小钟表四百四十一件，在园失落：大钟九十三件，小钟十三件，大表二十件，小表一百八十一件。除失落及带往热河外，现实存：大钟一件，风扇十二件。另有上交玳瑁钟，五色珐琅小表一件，亦在园失落。

初十日（3.20）

圆明园镶白旗翻译生员庆云，期满照例准其入议叙班补用。

廿一日（3.31）

胜保奏：派员在海甸地方搜获及民人呈缴各种玉、磁、铜、漆零星器物等共三百一十五件。

廿二日（4.1）

遣官祭玉泉山惠济慈佑灵濩龙王之神，昆明湖安佑普济沛泽广生龙王之神，圆明园惠济祠、河神庙。

三月

初二日（4.11）

谕：著照奕訢所请，即行知管理圆明园健锐营外火器营大臣，每营挑选兵丁二十名，章京各二员前赴恰克图演试俄国运来鸟枪。

初八日（4.17）

谕：大阿哥于四月初七日入书房读书，著李鸿藻充大阿哥师傅。寻命伊精阿充大阿哥满洲谙达。

廿五日（5.4）

总管内务府大臣宝鋆奏：为兴修昆明湖龙神祠并玉泉龙神祠殿事，请旨施行。奉旨：著总管内务府大臣派员勘估，并查看现在墙垣、庙门是否一律烧毁。

四月

初七日（5.16）

胜保奏：昌平州官牛房村有民人田永长、田仲才等偷窃御园物件匿不呈缴，派弁拿获到案，并起出玉器二十九件、衣服绣货等物九十一件。审明后，即照例处斩。

十二日（5.21）

宝鋆奏请赴行在陛见，并将清漪园人员带领引见。

十五日（5.24）

总管内务府大臣宝鋆奏：据圆明园总管太监王春庆等声称，太监岳成高、韩得寿私带铜器出门，经福园门太监等搜获，已将二人交出严讯。

五月

十五日（6.22）

总管内务府大臣宝鋆奏：据圆明园总管太监王春庆呈报，五月初六日在谐奇趣、海晏堂等处，拿获偷窃铜幪、铜鼎、炉盖等物之米老尔一名，已派慎刑司司员严刑审讯。

廿七日（7.4）

文祥奏：圆明园军机处值房向存三年折包，以备查考。去秋值房被掠，所存咸丰七、八、九三年及十年折包均多散失，共遗失折片清单二千八百九十余件。

本月

圆明园呈，查得春雨轩、司房库、清净地、紫碧山房、双鹤斋、福园门、蓬岛瑶台、课农轩、藏舟坞坐更九处，长春园淳化轩、海岳开襟，绮春园河神庙、庄严法界及园内官员、园户值宿坐更等共十六处，今由四月初一日起至廿九日止，计二十九日，共用洋烛五十八斤，应领制钱五十二串二百文。查得春雨轩、土地祠、双鹤斋、吕祖亭、课农轩、观音庵，并绮春园河神庙、惠济祠等处，本年五月初一日、十五日上干果供，并素烛等项二次，计十四桌，每桌实用制钱二十串四百四十文，共应用制钱二百八十六串二百六十文，相应呈明咨行广储司，照数关给。

六月

初九日（7.16）

万寿节。遣官祭太庙后殿、东、西陵。帝于热河行宫诣绥成殿行礼，御澹泊敬诚殿，皇子及王以下贝勒、贝子、公、文武大臣官员等行庆贺礼，复御福寿园，赐皇子及王大臣、贝勒、贝子、公等食。

廿一日（7.28）

命协办大学士、户部尚书肃顺署正黄旗领侍卫内大臣。

七月

初八日（8.13）

奉旨：圆明园、长春园、绮春园添设巡夜鸟枪九杆，随火药。

十六日（8.21）

先一日，帝病重，皇长子载淳朝夕侍侧。是日子刻，帝疾大渐，召宗人府宗令、右宗正、御前大臣、军机大臣承写朱谕两道：一、皇长子载淳，著立为皇太子。二、著派载垣、端华、景寿、肃顺、穆荫、匡源、杜瀚、焦祐瀛，尽心辅弼，赞襄一切政务。

十七日（8.22）

寅刻，帝卒于避暑山庄烟波致爽殿寝宫，享年三十一岁。其子载淳继位，以明年为祺祥元年。帝病逝前，授皇后"御赏"、授载淳"同道堂"印章各一枚。

十八日（8.23）

大行皇帝入殓，以同治帝名义，尊皇后为母后皇太后，尊懿贵妃为圣母皇太后。

二十日（8.25）

两宫皇太后召见赞襄政务八大臣，商议有关谕旨的拟订、呈览、修改、颁发等问题。

八月

初四日（9.8）

谕：著总管内务府大臣派员勘估清漪园并查看现在墙垣、庙门是否烧毁。

寻肃顺、全庆等简派司员前往查看，寻奏：查得昆明湖龙神祠大殿与玉泉山龙神祠大殿一座三间，内里木植无存，阶条踏跺等石酥裂，琉璃瓦脊料与殿内神台龛案祭器等项均俱无存。除行取工部琉璃脊瓦料，户部颜料暨殿内陈设之欢门宝旛，交广储司衣库办理，其致祭应用祭器，由太常寺行文工部添制外，净按例估需工料银三千三百三十两九钱八分三厘。因经费支绌，拟请暂缓修理。

初六日（9.10）

御史董元醇上"请皇太后权理朝政，简亲王一二人辅弼"一折。

十二日（9.16）

遣官祭玉泉山惠济慈佑灵濩龙王之神，昆明湖安佑普济沛泽广生龙王之神，圆明园惠济祠、河神庙。

九月

初一日（10.4）

同治帝为两宫皇太后上徽号。

初二日（10.5）

谕：户部奏请将开放甲米迟延之监督议处等语。圆明园右翼正黄旗四月甲米迟至八月尚未开放，实属疲玩。北新仓满监督松秀、汉监督赵玉龙均著交部议处，并著仓场侍郎严饬该监督等将应放米石赶紧开放，毋任延宕。

廿三日（10.26）

大行皇帝梓宫由避暑山庄启驾，两宫皇太后以帝年幼为名，从小道赶回北京。

廿九日（11.1）

奕訢率留京王大臣出城迎接同治帝及两宫皇太后，回至宫内，向两宫皇太后密陈政变准备就绪。

三十日（11.2）

祺祥政变。两宫皇太后发布赞襄政务八大臣罪状，并下令逮捕。同时一些文臣武将联名上两道奏章，奏请两宫皇太后垂帘听政，并以近支亲王辅政。

十月

初一日（11.3）

授命恭亲王奕訢为议政王，军机大臣文祥奏请两宫皇太后垂帘听政。

初五日（11.7）

改年号“祺祥”为“同治”。

初六日（11.8）

两宫皇太后诏赐载垣、端华自尽，肃顺处斩，八大臣中其余五人革职。

初七日（11.9）

总管内务府奏：现在清漪园等处事务仅宝鋆一人管理，咸安宫、精捷营二处仅明善一人管理，应请每处各派一员同管。奉旨：清漪园等处事务著绵森会同管理。

初九日（11.11）

同治帝在太和殿即皇帝位。

谕：现在一切政务均蒙两宫皇太后躬亲裁决，谕令议政王、军机大臣遵行。

本月

曾国藩奉旨督办苏、皖、浙、赣四省军务，其巡抚、提镇以下悉归节制。

奉旨：奕訢赏食亲王双俸，除朝会大典外，其余谕旨及奏折毋庸书名，并管理火器营、祭祀太庙、近支婚嫁等事务。

十一月

廿五日（12.26）

法国作家雨果在《致巴特雷上尉的信》中述及英法联军对圆明园的暴行。

廿八日（12.29）

太平军忠王李秀成等率军攻克杭州，浙江巡抚王有龄自杀。

本月

曾国藩在安庆创办内军械所。

十二月

初九日（1862.1.8）

两宫皇太后懿旨：将恭亲王长女抚养于宫中，晋为固伦公主。

廿四日（1.23）

命左宗棠为浙江巡抚。寻命曾国藩为两江总督、协办大学士。

廿五日（1.24）

谕：圆明园翼长春泰、正黄旗营总春桂于八旗兵丁月领米石，勾通广茂粮店商人及车户花户人等，按照市中贱米价值回堂垫放，嗣将好米领出多卖钱文，上下分肥，亟应严行讯办。春泰、春桂均著暂行解任，交刑部审讯，车户曹大、曹二，商人鲁姓、侯姓等并著步军统领衙门严拿务获，一并归案究办。

本月

奕訢奉旨管理神机营事务。

同治朝

同治元年　1862

二月

初二日（3.2）

奉两宫皇太后懿旨：二月十二日，皇帝在弘德殿入学读书。翰林院编修李鸿藻、礼部尚书前大学士祁寯藻、管理工部事务前大学士翁心存、工部尚书倭仁，均著在弘德殿授皇帝读。礼部尚书倭什珲布、礼部左侍郎伊精阿、兵部尚书爱仁，均著在弘德殿教习清文。惠亲王辈分最尊，著在弘德殿常川照料，专司督责。惠亲王之子奕详，并著在弘德殿伴读。恭亲王谊属贤亲，素为皇帝所敬重。所有皇帝读书课程，及弘德殿一切事务，均著总司稽查，用收实效。又奉懿旨：蒙古语言文字及骑射等事，皇帝亦应兼肄。著派御前大臣等随时教习。

十一日（3.11）

奉旨：圆明园笔帖式诚培、静宜园六品苑丞景裕，俱著交吏部记名照例选用。年已逾岁之静明园六品苑丞福隆阿、静宜园七品苑副普元，均著以原品休致。

十五日（3.15）

遣官祭玉泉山惠济慈佑灵濩龙王之神，昆明湖安佑普济沛泽广生龙王之神，圆明园惠济祠、河神庙。

四月

奉旨：著奕訢管理内务府造办处事务。

八月

十八日（9.11）

遣官祭玉泉山惠济慈佑灵濩龙王之神，昆明湖安佑普济沛泽广生龙王之神，圆明园惠济祠、河神庙。

闰八月

初六日（9.29）

谕：本月初三日，健锐营参领富森布等赴户部承领库银三百余两，行至静宜园汛小屯村以东地方，突遇贼匪十数名持械拦阻，所领库银并零星物件被抢一空。京营汛地，营务废弛至此，实堪痛恨。静宜园汛守备福海著暂行革职。中营副将陈良才、参将孙毓杰、游击常国奉，均著摘去顶戴，勒限二十日，务将盗犯按名弋获。倘限满无获，即著从严参办。

十月

十四日（12.5）

奉旨：以承修定陵工程出力，圆明园署苑副廷霖著以本园委署主事即用，先换顶戴。

十二月

十五日（1863.2.2）

奉旨：咸丰八年间，江苏知府俞斌令其弟参将俞奎，籍捕盗之名，载违禁货物往日本贩卖，获利数十万，并购买圆明园旧藏禁物。著曾国藩、李鸿章将其家产严密查抄，从严参办。

廿三日（2.10）

总理衙门奏：本月十一日，天津关税务司威立士属下英人张勉行，扒墙跳进圆明园，至空屋内翻阅书籍。经看守太监拦阻，亦不听从。寻告知威立士，令其查办。并函致四国在京公使，令其酌给洋字谕单一纸，交园庭值班官兵执照，随时持单阻止，以免再行滋事。

本年

内务府京察一等钦奉御印名单中，有长春园员外郎松瑞、圆明园笔帖式诚培、清漪园员外郎荣礼、静宜园六品苑丞景裕。

同治二年　1863

二月

初四日（3.22）

掌仪司来文，二月初八日辰时祭司土神祠，中和乐伺候，乐名庆神欢。首领太监二十二名，用行马二十二匹。

十六日（4.3）

遣官祭玉泉山惠济慈佑灵濩龙王之神，昆明湖安佑普济沛泽广生龙王之神，圆明园惠济祠、河神庙。

五月

十九日（7.4）

圆明园总管太监董福等奏：紫碧山房被窃青玉山、玉器各一件，及铜炉、铜丝罩、铜珐琅等物。八月初五日，总管内务府复奏：行窃之已革园户何安瑞、张长山、杨得山等犯，均拿获归案。

六月

廿一日（8.5）

总管内务府奏：据番役明奎、嵩春访闻，海甸冰窖地方玉器行之王丕裕，于本年五月十一日，从郭文奎处买得玉如意等件。寻据郭称，五月初十日，其在本村集贤院井内捞出蒲包，内藏玉器三十三件，次日卖给王丕裕，计价京钱一百七十吊。再，咸丰十年，各处遗失官物较多。虽据军民人等源源赴局呈缴，而其中良莠不一，至今隐匿未交或续行捡拾者亦复不少。拟请再行晓谕京外军民人等，如有收存官物及收买捡拾者，亲身赴衙门呈缴，概行免罪。倘敢藏匿，别经发觉，即交慎刑司按例加等治罪。奉旨：依议。

八月

初六日（9.18）

遣官祭玉泉山惠济慈佑灵濩龙王之神，昆明湖安佑普济沛泽广生龙王之神，圆明园惠济祠、河神庙。

十二日（9.24）

圆明园来文，八月十九日祭祀土神祠，升平署中和乐伺候，乐名庆神欢。首领太监二十二名，应用行马二十二匹。

同治三年　1864

正月

廿一日（2.28）

天保城失陷，太平天国天京被湘军合围。

二月

初九日（3.16）

遣官祭玉泉山惠济慈佑灵濩龙王之神，昆明湖安佑普济沛泽广生龙王之神，圆明园惠济祠、河神庙。

廿二日（3.29）

奉旨：以恭办定陵及顺水峪各座工程出力，圆明园候补六品苑丞钟瑛，著以本园六品苑丞尽先补用；库守文瑜，著以内务府笔帖式即补；候补苑副常庆，著以苑副遇缺即补。

三月

廿一日（4.26）

奉旨：静明园六品苑丞平治、静明园笔帖式廷梁，俱著文吏部记名照例选用。年已逾岁之奉宸苑主事吉成、静明园七品苑副长斌，均著以原品休致。

四月

廿七日（6.1）

太平天国天王洪秀全病逝于天京。

六月

初三日（7.6）

奉旨：六月初九日万寿圣节，王公百官在乾清宫行礼，著照圆明园正大光明殿例豫备。

十六日（7.19）

曾国荃所部湘军攻陷南京城。

廿四日（7.27）

以湘军攻陷南京，命赏曾国藩太子太保，封一等侯爵，曾国荃太子少保，封一等伯爵，世袭罔替。

七月

初三日（8.4）

以克复南京，命赏加恭亲王三级军功，赏其长子载澄贝勒衔，封其三子载濬为入八分辅国公，其次子载滢为不入八分镇国公。

本月

以奕訢为正黄旗满洲都统，管理左右两翼宗学事务。奕訢请停亲王双俸，懿旨著不准固辞。

八月

十二日（9.12）

遣官祭玉泉山惠济慈佑灵濩龙王之神，昆明湖安佑普济沛泽广生龙王之神，圆明园惠济祠、河神庙。

十二月

初十日（1865.1.7）

谕：两淮应交圆明园八旗内务府三旗生息银两，自道光七年起，陆续积欠至四十五万三千两之多。前经户部于山东、河南应解皖饷内各划拨银二万四千两抵作两淮应交银两。迄今仅据山东解过银五千两，其余均未解到。现在该营待用孔殷，著两江总督，山东、河南巡抚转饬各该运司，即将两淮本年应解生息银二万四千两暨山东划拨银一万九千两，河南划拨银二万四千两赶紧如数筹解，毋再延宕。

同治四年　1865

二月

十四日（3.11）

遣官祭玉泉山惠济慈佑灵濩龙王之神，昆明湖安佑普济沛泽广生龙王之神，圆明园惠济祠、河神庙。

三月

初四日（3.30）

以蔡寿祺参劾恭亲王。懿旨以同治帝名义免奕訢议政王头衔，仍在军机大臣上行走。

四月

廿四日（5.18）

捻军在曹州高楼寨全歼僧格林沁部，京师大震。

廿八日（5.22）

奉旨：著存诚管理中正殿、清漪园等处事务。

五月

初九日（6.2）

谕：所有东昌一带沿河地方文武，均著归崇厚调度。其神机营派去之圆明园枪队及巡捕营兵共二千名，应否仍驻扎河间，著刘长佑、崇厚酌量调派。

闰五月

初四日（6.26）

谕：时当炎夏，农田望泽仍殷，允宜再申虔祷。著遴选道众在大高殿祈祷，遴选僧众在觉生寺唪经，均于本月初八日开坛。帝诣大高殿拈香，著派睿亲王德长诣觉生寺拈香，惇亲王奕誴等诣清漪园龙神祠、静明园龙神祠及各宫庙拈香。

十九日（7.11）

谕：节届小暑，农田望泽更殷，允宜再申虔祷。帝仍诣大高殿拈香，其余所有派出之王大臣等仍著于是日分往行礼。

六月

初一日（7.23）

圆明园包衣三旗教习和瑞三年期满，照例准其以笔帖式入议叙班补用。

初二日（7.24）

以节届大暑，农田望泽尤殷，帝亲诣大高殿拈香，并派惇亲王奕誴等恭祀三坛，另派肃亲王华丰等诣清漪园龙神祠、静明园龙神祠及各宫庙拈香。

十三日（8.4）

以连日降雨，帝诣大高殿拈香，并派恭亲王奕訢等分诣各宫庙拈香，虔申报谢。大高殿、觉生寺即行撤坛。

奉旨：本年万寿圣节，仍在乾清宫受贺。

九月

廿二日（11.10）

奉宣宗成皇帝梓宫于正大光明殿，与绮春园孝和睿皇后慈灵左右相依。以承先志，特谕行三年之丧，百日缟素，倚庐居戚，尽敬竭哀。

十二月

初十日（1866.1.26）

谕：两淮应交圆明园八旗内务府三旗生息银两及山东、河南划拨之款，迄未报解。著两江总督，山东、河南巡抚严饬各该司，即将两淮应交本年生息银二万六千两，山东应交划拨银一万九千两，河南应交划拨银二万四千两，赶紧设法如数筹解。其两淮历年积欠利银四十一万两，并著两江总督分年解交，以清款项。

本年

清查清漪园现存完整陈设四千七百三十五件，静明园现存完整陈设九百八十一件，静宜园现存完整陈设三千八百八十件。以上三园，现保存佛像、陈设等共一万二千八十九件，内齐整佛像四千九百六十九件，不齐佛像一百三十九件，完整陈设四千六百二十七件，破坏不齐陈设二千三百五十四件。

同治五年　1866

二月

十四日（3.30）

遣官祭玉泉山惠济慈佑灵濩龙王之神，昆明湖安佑普济沛泽广生龙王之神，圆明园惠济祠、河神庙。

六月

初九日（7.20）

奉旨：本年万寿圣节，仍在乾清宫受贺。

十六日（7.27）

谕：御史陈梦兰奏，禁城外河水渠干涸，请疏通玉泉山卧佛寺泉源等语。著工部等衙门按照所陈各情，查勘疏浚。至所称玉泉山后煤窑太多，水向外泄等语，并著该衙门查明具奏。

八月

初六日（9.14）

遣官祭玉泉山惠济慈佑灵濩龙王之神，昆明湖安佑普济沛泽广生龙王之神，圆明园惠济祠、河神庙。

廿六日（10.4）

北城简发吏目李景华，奉委接驻圆明园一年期满，照例议叙。

九月

十九日（10.27）

总管内务府奏：绮春园河神庙匠役鲁雨子，伙同已革园户袁四等十三人，于上年十二月初九日晚四更时，潜赴绮春园北大墙，由阴沟内爬进河神庙，共窃出大小铜佛十九尊，分交众人运至徐祥家内砸坏，并卖给海甸永和锡铺高仰山，得钱按股分用。现拿获归案。

十一月

廿九日（1867.1.4）

谕：西城副指挥汪槿，于十一月廿六日，在海甸老虎洞地方，会同营汛团防，拿获贼犯多名。据该犯等供称，叠次冒充官役，潜进神武门，从西河沿出琉璃门，由咸安宫马道上城，转至午门西南角配亭下，偷窃铜瓦；并潜往圆明园，由北墙越进，偷窃碎铜等语。著交刑部严行审讯，按律惩办。

十二月

初四日（1.9）

总管内务府奏：本年六月初九日，前清净地园户李三生、正黄旗钟佑佐领下闲散芮奎子等三人，于夜间到福园门外，由水闸爬进园内，至运料门，窃得门内桥上木板四块。次日，一同卖到德胜门外小市，得钱九吊。现拿获归案。

同治六年 1867

正月

十八日（3.4）

工部右侍郎魁龄等奏：查得昆明湖之水出自玉泉，玉泉之水实借助于香山樱桃沟两泉。拟请力加疏浚，蓄于昆明湖中，待其积长增高，自仍循故道，入长河以达京城。谕：著派魁龄等前往估修。寻据魁龄等奏：香山等处工程，估需钱粮过巨，恐国帑虚耗而泉水未通。谕：西山一带泉源，关系京城水脉，仍著魁龄等悉心筹商，设法疏浚，固不可稍涉虚糜，亦不得意存推诿。

二月

初八日（3.13）

遣官祭玉泉山惠济慈佑灵濩龙王之神，昆明湖安佑普济沛泽广生龙王之神，圆明园惠济祠、河神庙。

十一日（3.16）

谕：长春园员外郎松瑞，圆明园主事荣安、六品库掌文联，清漪园六品苑丞文钊，静明园六品苑丞连山，俱著交吏部记名照例选用。圆明园六品苑丞椿龄，年力就衰，著以原品休致。

十八日（3.23）

谕：所有香山樱桃沟石渠及各处泉河故道，著魁龄等先行试办。并将香山等处煤窑封闭，以裕水源。

四月

十二日（5.15）

总管内务府奏：去年十月初十日，宛平县民人刘玉儿伙同赵英、赵三，由二宫门外围墙坍塌处爬进长春园，锯得水法铜管约重四十余斤，次日卖给永和锡铺居住之赵云成，得价钱六十吊，三人分用。是月十五日夜，三人复由过街楼爬进长春园，刨得地内碎铜三十余斤，次日仍卖给赵云成，得价钱五十五吊，三人分用。二十四日夜，刘玉儿等仍由旧路爬进，至谐奇趣西水楼正欲行窃，即被巡更太监撞见，拿获到案。

五月

廿九日（6.30）

遣睿亲王德长诣清漪园龙神祠，赛因诺颜亲王达尔玛诣静明园龙神祠拈香。

七月

初八日（8.7）

以上月下旬，雷电交作，甘澍尤沾，帝亲诣大高殿行礼报谢，派惇亲王奕誴等恭诣各宫庙行礼，并遣镇国公奕询诣清漪园龙神祠，镇国公奕谟诣静明园龙神祠拈香。

十六日（8.15）

谕：香山樱桃沟等处新修石渠，有被山水冲散情形，其办理草率已可概见。工部左侍郎魁龄、通政使司通政使于凌辰、大理寺少卿王维珍、内阁侍读学士文硕，均著交部议处，仍著照例赔修。

八月

十二日（9.9）

遣官祭玉泉山惠济慈佑灵濩龙王之神，昆明湖安佑普济沛泽广生龙王之神，圆明园惠济祠、河神庙。

十一月

廿七日（12.22）

以昨日未刻敬事房、下司房不戒于火，经王大臣等督率官员弁兵扑救止熄。帝命加级、赏银有差。

同治七年　1868

二月

十四日（3.7）

遣官祭玉泉山惠济慈佑灵濩龙王之神，昆明湖安佑普济沛泽广生龙王之神，圆明园惠济祠、河神庙。

五月

廿七日（7.16）

总管内务府奏：内务府正黄旗祥泰佐领下人、前充双鹤斋园户吴大，内务府正白旗延升佐领下披甲人傅六，与宛平县民人王九十等五人均在六郎庄等处居住。本年二三月间前后六次于夜间，由藻园门外以南园墙坍塌处爬进，至长春园淳化轩并所属之法慧寺等处地方，用所带铁扒、铁条刨挖得碎铜、锡、铁钉等物三百五十余斤，得钱一百二十余吊。至三月初十日夜间，该犯等复进园偷窃，刨出被烧小铜佛二尊，碎铜数斤，尚未运出，即被巡更太监、园户等知觉追捕，现已一并归案。

六月

初六日（7.25）

奉旨：著明善管理清漪园等处事务。

廿八日（8.16）

最后一股西捻军被清军包围于黄河与徒骇河之间，全军覆没，首领张仲禹不知下落。

七月

命曾国藩为直隶总督。

八月

十二日（9.27）

遣官祭玉泉山惠济慈佑灵濩龙王之神，昆明湖安佑普济沛泽广生龙王之神，圆明园惠济祠、河神庙。

十八日（10.3）

总管内务府奏：首犯张八原系内务府正白旗人，充当园户。同治元年，因听从王十等偷窃昆明湖铜牛尾得赃，送部讯明，照律收赎，销除旗档，面刺“盗官物”三字，交大兴县编入民籍。嗣该犯将面上刺字私自销毁，在六郎庄地方负苦度日。本年四月廿一日夜，张八与本村宛平县民石三等人，由藻园门以南围墙坍塌处爬进，至澹泊宁静地方被烧厂内，正欲刨挖，即被巡更太监等知觉追捕，现已相继归案。

九月

太监安德海指使御史德泰奏请修复圆明园。因修园需款甚巨，安德海并指使内务府库守贵祥拟具筹款章程。在恭亲王奕訢等人的反对下，德泰革职，贵祥发配黑龙江给披甲人为奴。

十月

初二日（11.15）

总管内务府奏：宛平县回民王套儿，在海甸地方卖羊肉为生，本年九月初四日，潜赴圆明园墙外，由坍塌处爬进至方外观地方，尚未窃得官物，即被太监、园户等知觉追捕，拿获到案。

十二月

十三日（1869.1.25）

曾国藩抵京，寓贤良寺。十四日、十五日、十六日，两宫皇太后与同治帝三次召见之。

同治八年　1869

二月

十四日（3.26）

遣官祭玉泉山惠济慈佑灵濩龙王之神，昆明湖安佑普济沛泽广生龙王之神，圆明园惠济祠、河神庙。

五月

初三日（6.12）

以节逾芒种，农田望泽尤殷，帝诣大高殿拈香，派惇亲王奕誴等分诣三坛，并遣定郡王溥煦诣清漪园龙神祠，豫亲王本格诣静明园龙神祠拈香。

二十日（6.29）

谕：连日以来，频叨闿泽。本月廿六日，朕亲诣大高殿行礼，并派恭亲王奕訢等恭诣三坛行礼，睿亲王德长等诣清漪园龙神祠、静明园龙神祠及各宫庙行礼。

八月

十七日（9.22）

遣官祭玉泉山惠济慈佑灵濩龙王之神，昆明湖安佑普济沛泽广生龙王之神，圆明园惠济祠、河神庙。

同治九年　1870

二月

初八日（3.9）

遣官祭玉泉山惠济慈佑灵濩龙王之神，昆明湖安佑普济沛泽广生龙王之神，圆明园惠济祠、河神庙。

十一日（3.12）

奉旨：圆明园委署主事崇福、六品库掌文联、六品苑丞广连，清漪园六品苑丞广第，静明园六品苑丞平治，清漪园七品苑副诚英，俱著交吏部记名照例选用。

五月

廿六日（6.24）

帝诣大高殿拈香，派惇亲王奕誴等恭祀三坛，派肃亲王隆懃等诣清漪园龙神祠、静明园龙神祠及各宫庙行礼。

六月

初一日（6.29）

谕：连日以来，霡霂频施。本月初八日，朕亲诣大高殿行礼，并派惇亲王奕誴等恭诣三坛行礼，睿亲王德长等恭诣清漪园龙神祠、静明园龙神祠及各宫庙行礼。

八月

初十日（9.5）

遣官祭玉泉山惠济慈佑灵濩龙王之神，昆明湖安佑普济沛泽广生龙王之神，圆明园惠济祠、河神庙。

本月

两江总督马新贻遇刺身死，以曾国藩调补两江总督，李鸿章调补直隶总督。

九月

十七日（10.11）

总管内务府奏：本年七月廿五日夜间，蓬岛瑶台不戒于火。藏舟坞首领陈双福，应革去首领，与太监王进才均从重杖一百板，暂交原处当差。园户吉寿、三套，均照不应重律各杖八十，鞭责交旗管束。双鹤斋太监赵福，亦应照不应重律杖八十，拨换王府当差。总管太监董福等有统辖之责，实难辞咎，应先各罚钱粮三个月，以示薄惩。至该处失火根由究系因何所起，有无附近匪徒在彼潜迹之处，仍应设法查究，以成信谳。奉旨：依议。

同治十年　1871

正月

廿二日（3.12）

总管内务府大臣奏：正月廿六日，于圆明园万方安和文昌阁内奏中和乐，伺候万岁爷拈香。

二月

初一日（3.21）

遣官祭玉泉山惠济慈佑灵濩龙王之神，昆明湖安佑普济沛泽广生龙王之神，圆明园惠济祠、河神庙。

三月

十五日（5.4）

谕：节临立夏，农田望泽尤殷，允宜敬谨祈祷。朕于本月十七日亲诣大高殿拈香，著派睿亲王德长等诣各宫庙行礼，并遣惠郡王奕详诣清漪园龙神祠，镇国公奕谟诣静明园龙神词拈香。

十八日（5.7）

谕：昨夜雷雨频施。谨择于本月二十日，朕亲诣大高殿行礼，并派惇亲王奕誴等恭诣清漪园龙神祠、静明园龙神祠及各宫庙行礼。

四月

十二日（5.30）

遣惠郡王奕详诣清漪园龙神祠，镇国公奕谟诣静明园龙神祠拈香。

十八日（6.5）

谕：节届芒种，农田盼泽尤殷，允宜再申祈祷。本月二十二日，朕亲诣大高殿拈香，著派惇亲王奕誴等恭诣清漪园龙神祠、静明园龙神祠及各宫庙行礼。

廿八日（6.15）

谕：廿六日申刻起，连宵达旦，渥沛甘霖，农田渐征深透。谨择于五月初一日，朕亲诣大高殿行礼，并派惇亲王奕誴等诣各宫庙行礼，并遣惠郡王奕详诣清漪园龙神祠，镇国公奕谟诣静明园龙神祠拈香。

八月

初五日（9.19）

遣官祭玉泉山惠济慈佑灵濩龙王之神，昆明湖安佑普济沛泽广生龙王之神，圆明园惠济祠、河神庙。

廿四日（10.8）

总管内务府奏：宛平县民张群儿，自同治九年十二月至本年八月，先后六次潜入圆明园偷窃。本月初八日，张群儿独自由墙豁爬进至紫碧山房，窃得值班园户等小棉袄、汗褂、破羊皮袄各一件逃出，尚未变卖，次日即被营兵拿获到案。

十一月

总管内务府大臣奏：本月十六日，圆明园万方安和文昌阁内子时开光，中和乐伺候。

同治十一年 1872

二月

初二日（3.10）

遣官祭玉泉山惠济慈佑灵漋龙王之神，昆明湖安佑普济沛泽广生龙王之神，圆明园惠济祠、河神庙。

初三日（3.11）

奉两宫皇太后懿旨：立翰林院侍讲崇绮之女阿鲁特氏为皇后，于本年九月举行大婚典礼；封员外郎凤秀之女富察氏为慧妃，知府崇龄之女赫舍里氏为瑜嫔，前任副都统赛尚阿之女阿鲁特氏为珣嫔。

初四日（3.12）

曾国藩因中风于两江总督衙门病逝。

七月

十九日（8.22）

奉旨：著魁龄管理清漪园等处事务。

八月

十六日（9.18）

遣官祭玉泉山惠济慈佑灵漋龙王之神，昆明湖安佑普济沛泽广生龙王之神，圆明园惠济祠、河神庙。

九月

十五日（10.16）

帝行大婚礼。

十九日（10.20）

命恭亲王奕訢世袭罔替。以醇郡王奕譞晋封亲王。

二十日（10.21）

以帝大婚礼成，奖励内廷行走及执事诸臣。徐桐、桂清、广寿、翁同龢等赏头品顶戴。

本年

奏准：精捷营派赴圆明园新建文昌阁等处，每月领巡夜军需演放火药若干斤。

同治十二年　1873

正月

廿六日（2.23）

帝亲政大典。王以下大学士、六部、九卿诣慈宁门行庆贺礼。御太和殿，受王以下文武大臣官员朝贺，并颁亲政谕旨。

二月

初七日（3.5）

奉旨：圆明园委署主事福惠、六品苑丞崇福、笔帖式诚培，清漪园六品苑丞承善、诚英，俱著交吏部记名照例选用。年已逾岁之圆明园七品苑副金保、清漪园七品苑丞文斌，均著以原品休致。

十九日（3.17）

遣官祭玉泉山惠济慈佑灵濩龙王之神，昆明湖安佑普济沛泽广生龙王之神，圆明园惠济祠、河神庙。

四月

十一日（5.7）

总管内务府大臣春佑等奏：本月十二日前往东陵，除与总管内务府大臣崇纶等同管之处勿庸奏请署理外，其御茶膳房、造办处、御药房、太医院、清漪园等处印钥，相应请旨派员署理。奉旨：著派诚明管理清漪园等处事务。

八月

初四日（9.25）

遣官祭玉泉山惠济慈佑灵濩龙王之神，昆明湖安佑普济沛泽广生龙王之神，圆明园惠济祠、河神庙。

廿一日（10.12）

谕：御史沈淮奏请暂缓修理圆明园一折，所奏虽得自风闻，不为无见。惟两宫皇太后保佑朕躬，亲裁大政十余年，劬劳倍著，而尚无休憩游息之所，以承慈欢，朕心实为怵仄。是以谕令总管内务府大臣设法捐修，以备圣慈燕憩，用资颐养。但物力艰难，事宜从俭。安佑宫系供奉列圣圣容之所，暨两宫皇太后驻跸之殿宇，并朕办事住居之处，略加修葺，不得过于华靡。其余概毋庸兴修，以昭节省。

九月

廿七日（11.16）

遣内务府司员至四代承办园工之雷思起家索取三园全图，以呈御览。

三十日（11.19）

总管内务府奏：臣等钦遵先将安佑宫、敷春堂、清夏斋等工程赶紧作速办理。惟钱粮巨款，若中外量力捐修，无论各省元气未复，捐输未必踊跃，且往返稽延，亦恐缓不济急。臣等再四思维，拟请先由臣衙门筹划，即将养心殿工程捐款先办圆明园要工。待此款捐项不敷之时，再由臣等奏请在京王公以下官员捐办。再有不敷，则由臣等会同恭亲王妥筹奏明办理。

十月

初一日（11.20）

奉旨：绮春园改名万春园，敷春堂改名天地一家春，悦心园改名和春园，清夏斋改名清夏堂，圆明园九州清晏同道堂改名福受仁恩，基福堂改名思顺堂，天地一家春改名承恩堂。清夏堂西宫门改名南宫门。

初二日（11.21）

陕西道监察御史沈淮奏：目前西事未靖，南北旱潦时闻。似不宜加之兴作，再请缓修圆明园。

初三日（11.22）

桂清、明善等奉旨带领样式房雷思起进圆明园、绮春园，恭查安佑宫、天地一家春、清夏堂、奉三无私中路。得旨：著限一月内呈进烫样。

初四日（11.23）

恭亲王筹备银二万两，为捐助圆明园修工之用。

初五日（11.24）

明善报效银二万两、崇纶报效银一万两，以备圆明园修工之用。

初六日（11.25）

魁龄、诚明各报效银四千两，春佑报效银三千两、桂清报效银二千两，以备圆明园修工之用。

福建道监察御史游百川奏，圆明园经变之后岁久失修，山水景物今昔悬殊，且并无城垣。虽有宿卫之森罗，而门禁不能如内城之严密。伏望皇上善体圣慈，请暂缓兴修圆明园。

初七日（11.26）

总管内务府大臣带领司员人等前往圆明园察看开工事宜。

初八日（11.27）

卯时，圆明园安佑宫、天地一家春、清夏堂、正大光明殿等处动土开工。

十二日（12.1）

奉堂夸兰达谕：著传知雷思起，明日进内见堂夸兰达，有面交事件。并著将大宫门外周围朝房、大小值房图样带进呈阅。如伊病未痊，即著伊子进内。

十七日（12.6）

奉堂郎中谕：著传知雷思起，将安佑宫等处所烫样式务于廿五六日烫齐带进，以便呈回各位堂宪阅看。

十八日（12.7）

奉堂郎中谕，著传知雷思起，将清夏堂并假表盘一带，仿照绘图烫齐，务于廿五日带进，以便呈回各位堂宪阅看。

廿七日（12.16）

山西学政、翰林院编修谢维藩奏请缓修圆明园。

总管内务府大臣崇纶等进呈安佑宫、清夏堂、万春园、假表盘值房四处烫样于毓庆宫内。奉旨：留中。

廿八日（12.17）

帝召崇纶、明善等人，议安佑宫、清夏堂、万春园内天地一家春等处复建工程。

廿九日（12.18）

谕：著雷思起于三十日随同贵宝至清夏堂、万春园，将遵旨更改各款详细丈量各座尺寸，有无滞碍之处，赶紧烫样，于十一月初四日呈堂后恭呈御览。

传旨：查西路行宫四处，初十日进呈画样。

本月

谕：将奏请缓修圆明园之御史游百川革职，为满汉各御史有所警戒。

十一月

初四日（12.23）

总管内务府奏：广西浔州府知府德寿报效银一万五千两，开缺堂郎中文锡报效银一万五千两，记名副都统崇礼报效银一万五千两，候补主事连荫报效银五千两，前任奉锦山海道实宝报效银五千两，上驷院卿广顺报效银五千两，候补员外郎银昌报效银四千两，兵部左侍郎崇厚报效银三千两，武备院卿师曾报效银三千两，奉宸苑卿毓清报效银二千两，太仆寺少卿寿昌报效银二千两，造办处总管郎中忠诚报效银二千两，御茶膳房尚膳正多福报效银二千两，候补郎中那隆阿报效银二千两。共报效银八万两，以备圆明园修工之用。寻奉旨：著总管内务府大臣核给奖叙。

帝召见总管内务府大臣崇伦等，将万春园、清夏堂、天地一家春、西住所烫样均留中。

初五日（12.24）

崇纶等人奉旨：清夏堂照样依议。万春园、天地一家春等处再改。著雷思起画各花卉小样、仙楼。每一样分十样，要奇巧玲珑，各画样呈进。

初八日（12.27）

帝召见崇纶、桂清等。帝御制天地一家春内檐装修烫样一份。贵宝传旨：著将此烫样交样式房雷思起，按照御制烫样详细拟对丈尺，有无窒碍变通，赶紧再烫细样一份，俱要紫檀色。

初九日（12.28）

帝召见崇纶、桂清等。呈进万春园改正烫样及黄新庄、梁格庄、半壁店、秋兰四处行宫画样。奉旨：留中。并派明善、贵宝等于十二月初，前往踏勘。

贵宝面进天地一家春四卷殿大木样一张，帝问：看戏殿前接抱厦，院当合式否？贵宝回奏：院当四丈四尺，若添抱厦八尺，下余三丈六尺。帝曰：请示皇太后再为交下。

帝召见明善、贵宝。帝问：圆明园内尚存多少处？贵宝回奏：十三处：双鹤斋、慎修思永、课农轩、文昌阁、魁星楼、春雨轩、杏花村、知过堂、紫碧山房、顺木天、庄严法界、鱼跃鸢飞、耕云堂。奉旨：著交样式房机密烫样进呈。

初十日（12.29）

帝召见恭亲王、崇纶等，谕万春园天地一家春、看戏殿烫样修改方案。

帝召见明善、贵宝。得旨：圆明园春雨轩、土地祠、文昌殿、魁星殿、慎修思永、双鹤斋，长春园海岳开襟，绮春园庄严法界、惠济祠、河神庙，圆明园鱼跃鸢飞、紫碧山房、课农轩，此十三处系密办，著派明善、贵宝交样式房机密烫样呈览。

十一日（12.30）

传旨：安佑宫、清夏堂、万春园等处呈准烫样，著交堂档房存收。所有更改续添房间数目，著登记档册，挂抄交回。谕：著雷思起找好手艺雕匠一二名、画匠四名，速画大时样装修，俱要紫檀天然式，嵌象牙、檀香，带喜鹊，喜报三元，预备呈览。

十三日（1874.1.1）

谕：现经奏准安佑宫、清夏堂添盖各座烫样，著算房赶紧按烫样造具做法清册，著会同样式房合对丈尺。如有遗漏，惟算房、样式房是问。

十四日（1.2）

孟总管呈进天地一家春殿烫样御览。奉旨：留中。

帝召见崇纶等。奉旨：问月楼两山廊下添安天落榫板墙二段，其余活计再听御旨。帝问：装修烫样并宫门中路烫样何日呈进？贵宝回奏：装修十七八日，中路烫样廿一二日进呈。

十五日（1.3）

帝召见明善、贵宝。奉旨：天地一家春仍要后廊，问月楼游廊两边添天落榫板墙二段。戏台长柱高改一丈四尺，扮戏房往南加一丈，南边安后廊。

十七日（1.5）

总管内务府奏：现在圆明园等园清理地面，出运渣土。安佑宫、清夏堂业经一律完竣。惟天地一家春、正大光明殿、奉三无私等处出运渣土将及一半。现天气严寒，人夫较少，禀请暂行停工。臣等拟于明年正月十五日以后即行择吉进匠，出运渣土，清理地面。奉旨：依议。

十八日（1.6）

管理钦天监事务和硕惇亲王奕誴等奏：遵旨率同漏刻科司员，敬谨择得吉期六日，敬缮红单二十三处，恭呈御览。

帝召见明善、贵宝。奉旨：著钦天监择吉。今冬立春前安佑宫、清夏堂、万春园、圆明园共二十七处供梁，著拆藏舟坞、近春园、三山查找各座选用。寻定十二月十六日辰时供梁。

孟总管进呈天地一家春更改烫样并装修，照御制一体一份，单片装修样三十三块，画紫檀色，镶象牙、檀香、花卉人物天然罩十份，进深各样罩花样十四份，床罩等五份，床四份。奉旨：留中。

十九日（1.7）

帝召见明善、贵宝。万春园中一路各座烫样奏准，著交存内务府堂上。天地一家春四卷殿装修样，皇太后自画，再听旨意。奉旨：双鹤斋现存房间赶紧在内廷画样呈览，交吴坦达、孟总管呈进。慎德堂三卷殿，帝最爱豁亮，假柱均撤去不要，前卷俱安松鹤延年各样罩，中卷俱安喜鹊梅花各样罩，后卷俱安竹式各样罩，二进间拟安寝宫。

二十日（1.8）

总管内务府奏：经查，外边木厂所购木料，恐不能一律干洁，难昭慎重。圆明园藏舟坞现有船坞四座，每座十三间，椽望糟朽，酌拟拆卸，将大柁改做正梁，其余木植亦可拣选使用。又，近春园空闲园寓、房间、游廊约二百余间，木植间有糟朽，酌拟拆卸，挑选堪用木植，亦可改做正梁，其余木植，以备修理各处值房。并查清漪园、静明园、静宜园尚有坍塌殿宇、值房，亦拟派员前往查看情形，是否堪用，再行奏明办理。奉旨：依议。

廿一日（1.9）

帝召见明善、贵宝，传慎德堂装修样。明善奏报四处行宫画样事宜。奉旨：廿二日随中路宫门各样、上下天光进呈。

廿二日（1.10）

进呈圆明园大宫门、二宫门、正大光明殿、洞明堂、朝房、圆明园殿、奉三无私、九洲清晏、承恩堂、福寿仁恩、思顺堂、慎德堂、得心虚妙、昭吟镜、清晖堂、硝壁、上下天光楼、值房、游廊等烫样大小六块，计二箱，并西路行宫四处画样。奉旨：留中。

奉旨：廿三日著明善、贵宝带领雷思起至宁寿宫，看各殿装修样式丈量，并查南海春耦斋楼梯样式，安在上下天光楼上。贵宝面奏，天地一家春、慎德堂、清夏堂等处装修，俱系紫檀、红木、花梨等，此项木料现在京中短缺，请旨准其行文广东购办。

廿三日（1.11）

总管内务府奏：候选知府李光昭，报效十万两银木植，请旨免税放行。奉旨：依议。

帝召见明善、贵宝。明谕慎德堂、承恩堂、圆明园殿等建筑修改方案。其余正大光明、出入贤良、大宫门、朝房、如意门、寿山口、东西配殿、军机房、翻书房、膳房、洞明堂、贤良桥、左右门、菓房、银库、六部九卿朝房、坦他、挡众木、影壁、茶房各烫样，均著照样依议。

廿四日（1.12）

总管内务府奏：报效修理圆明园工程银两官员奖叙事宜。奉旨：崇礼著交部从优议叙，贵宝著赏加内务府大臣衔，文锡著以内务府郎中候补。其余请奖各员依议办理。

帝召见明善、贵宝。交下朱笔自画样。

廿六日（1.14）

帝召见明善、贵宝，赏二人内务府大臣衔，赏雷思起二品顶戴，雷廷昌三品顶戴。

奉旨：慎德堂新建殿、九洲清晏、福寿仁恩游廊等座，不要斑竹式，俱改青金绿油饰。春耦斋、乐寿堂二处原有仙楼著烫样，上下天光著外边拟仙楼，楼梯要藏不露明，烫样呈览。

廿七日（1.15）

帝召见贵宝。清夏堂、天地一家春二处内檐装修留中。慎德堂油饰画样照样准做。慎德堂内檐装修交下，各槽均有更改，改楠木方柱。

廿八日（1.16）

贵宝等辰刻到园，因帝要三处装修烫样，遂午刻进城，未刻呈上清夏堂、万春园、天地一家春三处烫样，内清夏堂、天地一家春二处烫样奉旨留中。

廿九日（1.17）

帝召见明善、贵宝。慎德堂、同道堂、九洲清晏，此三处俱样紫檀楠柏装修各一份，思顺堂、同顺堂、承恩堂及思顺堂前后殿，同顺堂前后配殿，以及新盖七间殿关防院俱样楠栢木装修。

十二月

初一日（1.18）

帝召见明善、贵宝。奉旨：清夏堂前后殿装修著照样依议。天地一家春殿内要大床一张，要葡萄根天然式床，别挂衣裳，床上安葡萄架，活梗叶，带须，要嘟噜，檀香葡萄著做小样呈览。又著拟葫芦藤萝床二份，给主位。贵宝交造办处办理。

初三日（1.20）

帝召见明善、贵宝。呈进勤政殿、芳碧丛、保合太和、富春楼、飞雪轩、四得堂、秀木佳荫、生秋亭、南路等处全烫样。奉旨：照样依议。中路圆明园殿、奉三无私、九洲清晏、慎德堂、同道堂、同顺堂、承恩堂、思顺堂、新建殿、山石高峰、亭座全样，留中。

谕：圆明园、清夏堂、万春园各殿内檐装修著派雷思起承办。其余小座装修交各处随工自办。

初四日（1.21）

帝召见明善、贵宝，谕承恩堂、同顺堂、慎德堂、九洲清晏殿等处装修方案。

初六日（1.23）

大理寺少卿王家璧奏：查李光昭寄居汉镇多年，素行不端，现有被控盘踞扰害案件未结，其人其言均属难恃。圆明园工程重大，所需木植理应及时采办，现既钦奉谕旨敕下各省督抚办理，似不必令市侩报捐，致伤大体。

初七日（1.24）

帝召见明善、贵宝，谕承恩堂、慎德堂、思顺堂等处装修方案。奉旨：以后装修烫样奏准后，按照大样画实样再进呈。贵宝等呈进改安装修各殿烫样。奉旨：留中。

初八日（1.25）

帝御春耦斋办事。孟总管口传，春耦斋著烫二寸大样，九洲清晏再烫大样一份，照春耦斋仙楼装修，十三日呈进。

初九日（1.26）

帝召见明善、贵宝。贵宝交四处行宫烫样，三卷殿皇太后住，耳殿改格扇，撤去床；东西所东西房北间改正门口，皇后住；南间撤板墙门口。

初十日（1.27）

谕：两淮应交圆明园八旗内务府三旗护军营生息银两，向由该省按年解到。旋因积欠过多，经户部于山东等省划拨。咸丰九年以后，仅据山东解到银五千两，其余欠交之款至今未解。该营需款孔殷，著两江总督、山东、河南各巡抚严饬藩运各司，设法筹款，务将现年两淮应交生息银二万六千两，山东应交划拨银一万九千两，河南应交划拨银二万四千两，赶紧如数解交。其两淮历年积欠利银六十万八千两，并著该督分年拨解，以清公款。

十三日（1.30）

呈进春耦斋、乐寿堂烫样二份。奉旨：留中。交下“大梁大吉”，其中有宝三份，无宝六份；西路四处行宫画样四份。

奉旨：皇太后驻三卷殿西次间寝宫，后廊门口四处，八方门、圆光门口，拟将门口安板，耳殿俱添安槅扇。皇后驻四处东西厢房，留北间床一铺，其余三铺俱撤去。著再画单座，交内务府堂，上行西路总管。

十六日（2.2）

辰初二刻，供梁。崇纶至安佑宫行礼。明善至正大光明。魁龄至天地一家春。春佑诚明至中路。贵宝至慎德堂。各司各分献行礼。寻支付供梁工料银六千一百零一两。

十八日（2.4）

帝召见贵宝，谕天地一家春、同道堂烫样修改方案。

十九日（2.5）

总管内务府奏：安佑宫、清夏堂、天地一家春、正大光明殿、圆明园殿等处殿宇、楼座、房间共计一千四百二十余间，拆去山檐墙垣，清理地面，起刨渣土，运至各处就近培堆土山等工；万春园右门内补盖值房三间，添盖西爽村门楼一座，补盖值房二间，拆盖值房三间，添盖灰棚三间等工。二工共估需工料实银二万二千九百五十九两七钱九分八厘。

廿一日（2.7）

董总管奏：圆明园西路十三所之第七所西房二间，昨日被贼拆倒。奉旨：明早交总管内务府大臣办理。翌日，帝命将该犯大有庄人陈苍儿严刑审讯。

廿二日（2.8）

奉旨：交下天地一家春明间西缝碧纱橱单扇大样，皇太后亲画瓶式如意上，梅花要叠落散枝，下掏环人物另画呈览。御笔应恭缴，花盆玉兰大券口式碧纱橱做双份，俟安时再请旨。

谕：现在奏明装修及做样木料，著雷思起自为采买，或花梨，或紫檀，或橄榄榆，斟酌好手艺雕匠，赶紧成做。

廿四日（2.10）

雷思起接朱笔添改样七张，照此烫装修样。戌刻，雷将朱笔样七张回缴堂夸兰达宅。

廿五日（2.11）

据雷氏档案记：是日，天地一家春留堂上，三卷改抱厦平台樣留堂上。改梅花式瓶另画，画各样桌张另样，共烫九十件，朱笔圈出四十八件，拟添花样传办四十二件，传八仙桌二十件，椅子二十件，几子三十二件，通一百六十二件。

本年

内务府京察一等钦奉朱笔圈出人员名单，有长春园员外郎候选知府先换顶戴毓秀，圆明园委署主事福惠，圆明园六品苑丞崇福，圆明园笔贴式诚善，清漪园员外郎廷琦，清漪园六品苑丞承善，清漪园六品苑丞诚英。年逾六十五岁官员钦奉朱批休致名单，有圆明园七品苑副金保，清漪园七品苑丞文斌。

同治十三年　1874

正月

十四日（3.2）

总管内务府奏：圆明园于去岁十月间开工，嗣因天气严寒，奏请暂行停工。现择于正月十九日辰时复工。兹据各商禀称，请领银两，备办物料。臣等拟将各员报效银共十四万八千两，除出运渣土、供梁动用过银二万九千六十余两外，尚存银十一万八千九百余两，即行酌量发交各商备办物料，以便兴修。嗣后续有报效银两，再行陆续发给。奉旨：依议。

总管内务府奏：今查清漪园、静明园、静宜园所存糟朽木植二千三百八十四件，均系坍塌殿宇木植，大半损坏。而安佑宫、清夏堂、天地一家春、正大光明殿等处工程，按照呈准烫样，应修殿宇房间不下三千余间。即以现在各处所拆堪用木植尽数选用，亦不抵十分之一。刻间应用砖、瓦、石料及小件木植京中就近尚可采办，惟大件松木柁、檩、柱暨楠、柏、杉木，实系无从购觅。臣等公同商酌，拟一面行文两湖、两广、川、闽、浙采办大件木料，每省各三千件，作正开销，迅即运京应用。一面由京内招商前往产木之区，赶紧设法采买。至各殿内应用花梨木装修，俟将来奏明交粤海关监督妥办。奉旨：依议。

二月

初七日（3.24）

帝召见明善、贵宝。呈进双鹤斋烫样一份。奉旨：双鹤斋、廓然大公周围游廊照样修理，其余各座缓修；南山口外值房找补修理。船式样八张留中，万春园东、西路全图二张留中。另挖前后湖淤浅，归安码头山石泊岸。

十三日（3.30）

工头于得福认呈，今遵旨修理双鹤斋宫门、正殿、游廊，值房工程，按照做法妥实修理，工坚料实，保固年限，万不敢偷工减料。倘修理各项活计稍有草率，以及办理不善等事，即从重惩办。木作、瓦作活计，限一月全行完竣。现在钱粮拮据，工头情愿自行垫办。

十四日（3.31）

正大光明殿交卢煜承修。

十六日（4.2）

文祥奏请停修圆明园。

二十日（4.6）

遣官祭玉泉山惠济慈佑灵濩龙王之神，昆明湖安佑普济沛泽广生龙王之神，圆明园惠济祠、河神庙。

廿二日（4.8）

奉旨：著派崇纶署理清漪园等处事务。

廿三日（4.9）

总管内务府奏：请在京王公大臣官员竭力捐输，以备要需。三月十三日奉旨：依议。

廿七日（4.13）

支付六大处工程计银七万两。

三月

初三日（4.18）

湖广总督李瀚章等奏：为遵旨采购修理圆明园木植。查两湖所产木植多系杉、柏、油松，民间起造屋宇概用小材，是以径尺以外者并不多见，其册开各项大料径约三四尺者，围圆须一丈三尺，查此项巨材非深山穷谷历经千数百年，不能长养成就。闻贵州老林中或有此等大件，现委派湖北补用知府伍继勋、湖南候补知府王述恩等分赴黔省，并各派员弁至湖北之郧阳、宜昌，湖南之永州、永顺等府属产木之区，采访寻觅。如能照式觅获，即行设法起运赴京，以济要工。

初六日（4.21）

总管内务府奏：查园内应修殿宇、游廊、楼房、值房，各殿内檐装修，挑挖淤浅河道，修理桥梁，捞堆山石泊岸，排造船只，各处补修道路，园外朝房、茶膳房、军机处、六部各衙门值班房、各宫他坦房、三园周围大墙、朱车房、兵房，头绪纷繁，钱粮甚巨，现已派内务府司员会同圆明园司员鸠工备料，随时次第举行，无如各工同时兴修，办理不易。总期饷项源源接济，方能无误要工，伏候钦派大臣三员勘估，赶紧核算，迅速咨覆，以凭遵办。寻奉旨：圆明园等处工程，即著总管内务府大臣妥协修理，毋庸另派勘估。

初九日（4.24）

圆明园镶红旗翻译教习清泰期满，教习有效，奏请议叙。

初十日（4.25）

浙江巡抚杨昌浚奏：查浙省向不出产楠木、柏木、黄松等木，不特可充栋梁之用者无，即细小不合丈尺者亦所罕见。仰恳天恩，敕下内务府另行设法办理，以免贻误。

十二日（4.27）

帝幸圆明园。诣安佑宫阅视工程，行礼后至中路，又至清夏堂、万春园、双鹤斋看样。召见明善、贵宝。传膳。寻至紫碧山房。酉刻起銮回宫。奕譞等随驾幸园。

廿一日（5.6）

总管内务府奏：查得清夏堂前后殿应安硬木装修共二十八槽，内拟传粤海关监督雕花天然势栏杆罩等项大件装修共二十一槽，由京随工办理小件装修共七槽。现已按照应安尺寸，均已画妥呈览。若有更改，交下另画。如无更改，俟交下之日，备文连画样一并交粤海关监督照样办理。其前次呈览之天地一家春应安装修共二十四槽，内应传粤海关监督雕花天然势栏杆罩等项大件装修十五槽，由京随工办理小件装修共九槽。当经交下鸣凤在梧画样一张、昆卢帽画样二张，均著改画。现已遵旨改画妥协，一并呈览。如无更改，俟交下时，即行交粤海关监督办理。寻奉旨：依议。

廿四日（5.9）

奕譞等奏：近日道路传闻，佥谓月之下澣，仍临幸圆明园驻跸，次日亲诣黑龙潭拈香等语。今圆明园内虽有双鹤斋数处堪供宸赏，然内而值宿之乾清门侍卫、总管、太监，外而值宿之大臣、侍卫、官兵，全无栖止之所，势必群集露处，难期严整，此窒碍者一。

现在常雩大祀，尚未举行，并非祈雨之候，若舍向来祈雨之大高殿等处，远赴黑龙潭，似近游观之迹，不足以垂信天下，此窒碍者二。

虽圆明园期在必修，亦宜于工作告成之后，若于物料未备之先，屡次命驾前往，不惟内外臣工，或致生懈，且残山剩水，不足盘桓，更恐为外洋轻量朝廷求治之道。所系良非浅鲜，此窒碍者三。

廿五日（5.10）

总管内务府奏：为筹圆明园工程饷需，前日，和硕醇亲王报捐该王俸银三万两，拟于现领三成俸内由户部每年扣一半俸银。昨日，亲王衔多罗惠郡王报捐该王俸银二千两，拟于现领三成俸内由户部每年扣一半俸银。和硕恭亲王曾于去年十月捐银二万两，今复捐银五千两。恭亲王长子、郡王衔多罗贝勒载澂捐银二千两。

廿七日（5.12）

总管内务府奏：为筹圆明园工程饷需，前日，亲王衔多罗孚郡王报捐该王俸银三千两，拟于现领三成俸内由户部每年扣一半俸银。

廿九日（5.14）

总管内务府奏：为筹圆明园工程饷需，昨日，和硕惇亲王长子辅国公载濂报捐银一万两，和硕惇亲王三子辅国将军载澜报捐银三千两。本日，贝子衔奉恩镇国公奕谟报捐银一千两。

四月

初二日（5.17）

大理寺少卿王家璧奏请停罢捐输事。

初四日（5.19）

头品顶戴、四川总督吴棠奏：川省委员采觅木植，道路险远，挽运难计时日，若照内府咨限，于今春三月报明丈尺根数，迅速起运，为时太促，恳请展期。至川省杉木，因木质松浮，不适于用，并请免解，以省冗费。

初九日（5.24）

帝幸圆明园。诣安佑宫、万春园等处阅视工程毕，至文昌阁拈香，双鹤斋停跸，进晚膳。旋回宫。

十六日（5.31）

总管内务府奏：南书房行走、翰林院编修、前头品顶戴、降调户部侍郎潘祖荫报效银二千两，刑部左侍郎黄钰报效银一千两，翰林院侍读徐郙、侍讲学士李文田、侍讲孙诒经、詹事府左赞善欧阳保极，各报效银五百两，共银五千两，以备圆明园修工之用。

十八日（6.2）

未刻，帝召见贵宝、雷思起。

传旨：承恩堂东转角房明间后檐开门，十五间殿后墙外北灰棚一间撤去，改盖东值房三间。七间殿西山通九洲清晏东耳殿，接转角游廊，东西面游廊内开门。思顺堂后殿西山游廊接至转角楼东间。

十九日（6.3）

奉旨：万春园大烫样，由内宫门往里烫，往前不烫。复又传：由影壁辖哈木往里，仍烫大样。

廿二日（6.6）

谕：著将外传粤海关交京硬木，或紫檀、或花梨料板片，并留京办床铺料、装修方料根件数目单二份，内外檐玻璃数目单二件，桌张件数尺寸单二件，均交坐京孙义转发广东，并将木花牙样三份，装修布画样三十七份，桌张画样十九张，五尺一杆，照尺办理，限一年陆续运京，万勿迟误。

廿三日（6.7）

总管内务府奏：此次应修各工钱粮太巨，若由本工估算，即系自估自修，恐滋弊窦。仍请钦派六部满洲尚书、侍郎三员评细勘估钱粮，以昭慎重。奉旨：仍遵前旨，毋庸另派勘估。

御史佘培轩奏：请将户部捐输约二十余万两，工部河工水利银约四五万两，均交内务府充园工之用。奉旨：著该部议奏。

五月

初二日（6.15）

支付北路双鹤斋及桥梁工程银二万七千三百零三两。

十一日（6.24）

帝幸圆明园。诣安佑宫、万春园等处阅视工程毕，吕祖亭拈香，双鹤斋停跸。旋回宫。

十四日（6.27）

承修圆明园内天地一家春、安佑宫大殿、正大光明殿、圆明园中路、清夏堂、大宫门及朝房等处工程各商呈报，共领得工需银七万两，并无低潮短平等情。

二十日（7.3）

总管内务府奏：大学士两广总督瑞麟、广东巡抚张兆栋咨称，楠木、柏木、陈黄松木三项广东并无出产，亦无外路运到。只有外洋运来柚木、铁抄木等，质性尚属坚实，惟径三、四尺大料，实所罕见。先将现有各木植开列名目尺寸，连同木样呈缴。今据各商详认，所送木样均可使用，自应令其解京，酌量尺寸建盖小殿座。奉旨：依议。

总管内务府奏：前经臣衙门具奏，恭亲王及臣等并内务府人员十四员，共报效银十四万三千两。此次续据翰林院侍讲嵩申、盛京刑部侍郎铭安、营造司员外郎英瑞各报效银一千两；掌仪司郎中茂林报效银一千五百两；刑部尚书崇实、工部右侍郎宜振、南苑郎中舒麟、热河正总管锡祉各报效银二千两；江南织造庆林、苏州织造毓秀各报效银三千两；候补员外郎英绶、淮安关监督文桂各报效银三千五百两；广东布政使俊达报效银四千五百两，杭州织造文治报效银一万两，粤海关监督文铦报效银一万五千两，第二次各员共报效银五万六千两。

廿四日（7.7）

清夏堂上梁。

廿六日（7.9）

总管内务府大臣明善奉旨：万方安和著踏勘修理，全碧堂、恒春堂渣土，赶紧清理，烫样呈览。

帝召见贵宝。呈进万春园大烫样全份。奉旨：留中。

廿七日（7.10）

李光昭奏称：亲自航海购运洋木一千五十根，木板五百五十块，价值三十万两。现陆续将抵达天津大沽，请派员点数查收。

廿八日（7.11）

奉旨：同乐园、永日堂赶紧烫样呈览，并著清理渣土。

六月

初一日（7.14）

两江总督李宗羲奏请停修圆明园各项工程。

初三日（7.16）

帝幸圆明园。诣安佑宫、万春园等处阅视工程毕，吕祖亭拈香，双鹤斋停跸。旋回宫。

初四日（7.17）

礼部侍郎徐桐等奏：以星异示警，吁请宸衷敬懔天戒，慎起居而严禁卫。请自今以后，似此临幸看视工程之举，悉行停止！既可节躬亲之劳，于万几余暇讲求当今要务，不复以经营台沼为先，自足以召祥和而消灾戾。

初六日（7.19）

帝召见贵宝。呈进万方安和、恒春堂、全壁堂烫样三份。奉旨：留中。

初七日（7.20）

李文田奏请停修圆明园。

十九日（8.1）

原内阁中书杨浚奏请停修圆明园。

二十日（8.2）

承修圆明园内清夏堂、正大光明殿、安佑宫大殿、圆明园殿、大宫门等处工程各商呈报，共领得备料银两万六千二百两。

廿一日（8.3）

谕：所有圆明园等处工程，著派署理堂郎中茂林总司监督。续出帮办总司中路监督，著派郎中广第。续出安佑宫监督，著派员外郎普。

廿四日（8.6）

帝召见贵宝，交出万方安和添烫旧式装修。同乐园改三层戏台，看戏殿改楼二层，楼板与中层戏台平，楼柱加高，其余俱不更改。

廿六日（8.8）

以报效圆明园工程银两，赏加二品顶戴并施奖其次子，杭州织造文治奏谢天恩。

七月

初三日（8.14）

堂郎中贵宝升任总管内务府大臣。

初六日（8.17）

谕：经李鸿章查明，李光昭报效木植系买自法商，其价仅洋银五万四千余元，竟敢浮报三十万两之多。似此胆大妄为，欺罔朝廷，李光昭著先行革职，交李鸿章严行审究，照例惩办。所有李光昭报效木植之案著即注销。

十六日（8.27）

山西巡抚鲍源深奏请暂缓兴修圆明园。

十八日（8.29）

恭亲王奕訢、醇亲王奕譞、科尔沁亲王伯颜讷谟祜、郡王衔贝勒奕劻，大学士文祥、宝鋆，军机大臣沈桂芬、李鸿藻等，联衔奏请停修圆明园，而以三海稍加修葺，为皇太后銮舆驻跸之所。

廿一日（9.1）

帝幸圆明园。

廿八日（9.8）

先是，御史陈彝奏参总管内务府大臣等，于革员李光昭报效木植一案，办事欺蒙，请予处分。至是，奉旨：总管内务府大臣均著交部议处。寻部议覆奏：请将总管内务府大臣工部尚书崇纶、镶黄旗汉军都统宗室春佑、工部左侍郎明善及贵宝，均照溺职例革职。是日奉旨：依议。寻均加恩改为革职留任。

廿九日（9.9）

谕：圆明园一切工程，均著即行停止。俟将来边境乂安，库款充裕，再行兴修。因念三海近在宫掖，殿宇完固，量加修理，工作不致过繁。著该管大臣酌度情形，将如何修葺之处奏请办理。将此通谕中外知之。

三十日（9.10）

谕：朕自去岁正月廿六日亲政以来，每逢召对恭亲王时，语言之间诸多失仪。著革去亲王世袭罔替，降为郡王，仍在军机大臣上行走。并革去载澂贝勒郡王衔，以示儆惩。

八月

初一日（9.11）

奉两宫皇太后懿旨：奕訢著加恩赏还亲王世袭罔替，载澂贝勒郡王衔一并赏还。该亲王当仰体朝廷训诫之意，嗣后益加勤慎，宏济艰难，用副委任。

谕：著将三园进呈御览奏准烫样数目，造具做法清册，交堂上存案。并将各路烫样均令交回，交样式房雷思起收存，以备将来兴修查核办理，务当经心晒晾，不可损坏。

初二日（9.12）

帝召见英桂、明善。奉旨：三海工程，速为勘办。

初九日（9.19）

谕：著传知管理奉宸苑大臣等，所有三海应修工程，著将漪澜堂殿宇廊檐酌加修葺，油饰见新。俟恭奉两宫皇太后驻跸时，拟请慈安皇太后暂住悦心殿，俟漪澜堂工竣，再请其驻跸。著将画舫斋油饰见新，拟请慈禧皇太后驻跸。再著将勤政殿、春耦斋、遐瞩楼等处一并油饰见新，以为朕办事、引见驻跸之所。

初十日（9.20）

遣官祭玉泉山惠济慈佑灵濩龙王之神，昆明湖安佑普济沛泽广生龙王之神，圆明园惠济祠、河神庙。

十八日（9.28）

谕：前经李鸿章查明李光昭不法各情事，李光昭著照所拟斩监候，秋后处决。内务府笔帖式成麟，擅自出京，偕李潜往各省，亦著即行革职。贵宝业经革职，著毋庸议。

是日及次日，帝连幸南北海，晚膳后始还。

九月

十六日（10.25）

以内务府堂郎中文锡为总管内务府大臣。

廿六日（11.4）

奉旨：北海浴兰轩内檐装修著照圆明园天地一家春内檐安做。

十月

初四日（11.12）

总管太监孟忠吉传旨：所有前曾报效圆明园工程银两贝子衔奉恩镇国公奕谟、总管内务府大臣崇纶、魁龄、明善，前任总管内务府大臣春佑、桂清、诚明，均著核给奖叙。

初五日（11. 13）

帝御太和殿传胪。赐一甲张凤鸣、赵瑞云、刘云会三人武进士及第。二甲黄兆晋等十七人武进士出身。三甲吉生等一百十五人同武进士出身。

初十日（11. 18）

谕：本年恭逢慈禧皇太后四旬万寿，普天同庆。所有随班祝嘏之革职等员及耆民等，自应量予恩施。前记名副都统二品项戴圆明园营总文惠等，均著照原官降二等赏给职衔。六品以下者，均著赏还原衔。其已有职衔者，均著加一级。随同叩祝之耆民等，如何赏赍之处，著该衙门查照成案办理。

奉旨：开复贵宝官职。赐文锡头品顶戴，同办三海工程。

十七日（11. 25）

庄亲王奕仁卒。谕：著赏给陀罗经被，派睿亲王德长即日带领侍卫十员前往奠醊。所有任内一切处分，悉予开复。

廿一日（11. 29）

帝召见日本国驻华公使柳原前光。

三十日（12. 8）

以帝病，命军机大臣李鸿藻代为批答奏章。

十一月

初十日（12. 18）

以帝病，命所有内外各衙门陈奏事件，呈请两宫皇太后披览裁定。

十二月

初五日（1875. 1. 12）

酉刻，帝于养心殿东暖阁病逝。享年十九岁。

戌正，慈安、慈禧皇太后至养心殿西暖阁，召惇亲王奕誴、恭亲王奕䜣、醇亲王奕譞、孚郡王奕譓、惠郡王奕详及御前大臣、军机大臣、总管内务府大臣等入。慈禧谓，不愿立年长者，须幼者乃可教育，令奕譞之子载湉入嗣，奕譞闻之，碰头痛哭，昏迷伏地，掖之不能起。

初八日（1. 15）

奉两宫皇太后懿旨：所有三海地方一切工程，无论已修未修，均著即行停止。

初九日（1. 16）

宣布明年为光绪元年。

十三日（1. 20）

颁同治帝遗诏。

十八日（1. 25）

谥同治帝曰“毅皇帝”，庙号“穆宗”。

廿五日（2. 1）

奉两宫皇太后懿旨：著派师曾管理宁寿宫、清漪园、瑞敏郡王福晋家务。

廿六日（2.2）

奉两宫皇太后懿旨：总管内务府大臣贵宝、文锡，均著即行革职。

廿八日（2.4）

奉两宫皇太后懿旨：著派崇纶管理清漪园等处事务。

本朝

●玉泉趵突：

西山趵突出天然，此是人间第一泉。灵液养从丹嶂底，璇源涌自翠峰前。

翻空喷玉泠泠响，飞沫跳珠颗颗圆。更溥无穷沾溉利，昆明湖水碧沦涟。

●西山积雪：

顿教苍翠隐松关，西望漫漫雪满山。积处浑疑群玉立，晴余更喜列峰环。

琼峦层叠寒云表，琪树空明夕照间。一似画图开粉本，欲乘清兴试登攀。

光 绪 朝

光绪元年　1875

正月

初一日（2.6）

免朝贺。命吏部尚书英桂、兵部尚书沈桂芬为协办大学士。

十六日（2.21）

英国翻译官马嘉理等由缅甸至滇，行抵永昌府属盏达副宣抚司城西南五十里远之城镇蛮允，猝被官兵戕杀，命云南巡抚岑毓英将此案确切查办。

二十日（2.25）

帝即位于太和殿，遣官祭告天地、太庙、社稷。诣钟粹宫慈安皇太后、长春宫慈禧皇太后前行礼。御殿受朝贺。

廿一日（2.26）

帝以登极礼成，颁诏天下。

二月

初七日（3.14）

恭修穆宗毅皇帝实录，命大学士宝鋆为监修总裁官，协办大学士英桂、尚书毛昶熙等为副总裁官。

十八日（3.25）

帝侍两宫皇太后幸储秀宫，视嘉顺皇后疾。

十九日（3.26）

帝侍两宫皇太后幸储秀宫，视嘉顺皇后疾。申刻，复侍慈禧皇太后视嘉顺皇后疾。

二十日（3.27）

寅刻，嘉顺皇后卒。帝侍两宫皇太后至储秀宫临视。申刻，帝诣寿康宫廊外，迎侍两宫皇太后至大行嘉顺皇后梓宫前临奠。

廿一日（3.28）

帝诣寿康宫，迎侍两宫皇太后至大行嘉顺皇后梓宫前奠酒。

廿五日（4.1）

帝诣寿康宫，迎侍两宫皇太后至大行嘉顺皇后梓宫前行辞奠礼。

廿九日（4.5）

清明节。午刻，帝诣观德殿大行皇帝几筵前行大祭礼。未刻，诣大行嘉顺皇后几筵前行大祭礼。

三月

初二日（4.7）

帝诣太和门，恭阅大行皇帝尊谥、庙号册宝。

廿八日（5.3）

命陕甘总督左宗棠以钦差大臣督办新疆军务，金顺为乌鲁木齐都统，仍帮办新疆军务。

四月

初六日（5.10）

先是，四月初三日，总管太监杨长春传旨：所有圆明园安佑宫等处安供正梁及各座殿宇现立木架等工，著总管内务府大臣前往查看情形，酌拟具奏。初五日，总管内务府大臣崇纶、魁龄赴园查看，覆奏：恐日久雨水淋濯，易致损坏，拟将安佑宫正梁一架安奉在安佑宫宫门内，清夏堂前后殿正梁二架安奉在清夏堂宫门内，天地一家春、迎晖殿、中和堂、问月楼、集禧堂正梁五架安奉在新添两卷殿内，正大光明殿、奉三无私、九洲清宴、上下天光、思顺堂前后殿正梁七架安奉在圆明园殿内，敬谨收存。其穆宗毅皇帝御书“上梁大吉”，均用油布包裹，敬谨封护。现在架木席棚，饬令该商即行撤卸运出。奉旨：依议。

廿六日（5.30）

命直隶总督李鸿章、两江总督沈葆桢为督办北洋、南洋海防大臣，并以海防关系紧要，谕令户部、总理衙门妥筹海防常年经费。

五月

十三日（6.16）

理藩院奏：年班之内外札萨克蒙古王、贝勒、贝子、公、台吉、额驸等可否来京。得旨：均俟二十七月后，再行按照年班来京。

十八日（6.21）

以雨泽仍未深透，复遣诸王诣各宫庙行礼，并遣贝勒载漪诣清漪园龙神祠、辅国公载濂诣静明园龙神祠拈香。

廿八日（7.1）

以甘澍优沾，遣诸王诣各宫庙报谢行礼，并遣贝勒载漪诣清漪园龙神祠、辅国公载濂诣静明园龙神祠拈香。

六月

初九日（7.11）

文宗显皇帝诞辰，帝诣奉先殿、寿皇殿行礼。

十七日（7.19）

以正蓝旗蒙古副都统景瑞为马兰镇总兵官，仍兼总管内务府大臣，并兼菩陀峪万年吉地承修大臣。

廿八日（7.30）

万寿节。遣官祭太庙后殿。

七月

十二日（8.12）

慈安皇太后万寿圣节，遣官祭太庙后殿。

八月

初二日（9.1）

宗人府奏：宗室吉坦国服期内薙发，请援案拟以斩决。得旨：吉坦著发遣吉林。

十二日（9.11）

以吏部左侍郎恩承为总管内务府大臣。

九月

初六日（10.4）

以武备院卿师曾为总管内务府大臣。

初八日（10.6）

谕：朕恭奉两宫皇太后恭送穆宗毅皇帝、孝哲毅皇后梓宫，于本月十八日启銮后，著派惇亲王奕誴、大学士文祥、尚书毛昶熙等留京办事，轮班在内值宿。文祥每日进内办事后，毋庸值宿，午刻先行散值。

初十日（10.8）

师曾奏为蒙恩管理宁寿宫、清漪园事务、瑞敏郡王福晋家务谢恩。

十八日（10.16）

遣官祭历代帝王庙。穆宗毅皇帝、孝哲毅皇后梓宫奉移山陵，帝步引出宫门外。奉两宫皇太后启銮。

廿二日（10.20）

帝谒东陵。行礼毕，至菩陀峪幄次更衣，恭阅视普祥峪、菩陀峪工程。

廿四日（10.22）

帝奉两宫皇太后回銮。

十月

初十日（11.7）

慈禧皇太后万寿圣节，遣官祭太庙后殿。

十一月

初七日（12.4）

向例，清漪园等处陈设物件，每过五年即派总管内务府大臣一员前往查核。本年又届清查之期，著派恩承带领堂主事文瑛、广敏，堂笔帖式双惠、松阴携带堂存印册前往清漪园、静明园、静宜园等处，详查三园各处所存齐整并破坏佛像字画、书籍册页、陈设什物等项。上届印册内共系一万二千八十九件，自上届同治四年清查后，复于五年十二月经管理清漪园等处事务大臣奏明，将各园铜佛三百九十八尊交弘仁寺供奉、铜锡供器二百八十八件交广储司瓷库收存，又木床一百二十四张均系糟朽不堪应用，皆于印册内开除，并由各园坍塌殿宇房间内陆续寻出陈设什物二百九十八件归入印册，共实存齐整并破坏佛像字画、书籍册页、陈设什物等项一万一千五百七十七件。此次清查，均与堂存印册数目相符。

廿七日（12.24）

帝命恭亲王奕訢恭请穆宗毅皇帝神牌、礼亲王世铎恭请孝哲毅皇后神牌升祔奉先殿，并派恭亲王奕訢恭代行礼。

十二月

十二日（1876.1.8）

奉两宫皇太后懿旨：皇帝冲龄践祚，亟宜乘时典学。著钦天监于明年四月内选择吉期，皇帝在毓庆宫入学读书。著派署侍郎内阁学士翁同龢、侍郎夏同善授皇帝读。皇帝读书课程及毓庆宫一切事宜，著醇亲王妥为照料。至国语清文，系我朝根本，皇帝应行肄习。蒙古语言文字及骑射等事，亦应兼肄，著派御前大臣随时教习。

光绪二年　1876

正月

初一日（1.26）

帝诣奉先殿堂子行礼。御太和殿受朝贺。赏给载瀛、载津委散秩大臣。

十三日（2.7）

内务府奏：光绪元年内务府经费，经户部奏拨九江关常税银十五万两，除陆续解过外，尚欠银六万两，并摊缴参价及带完陈欠银一万两，至今未据报解。奉旨：命刘秉璋、李文敏严饬九江关监督迅将上年欠交银两星速筹拨，务于二月内解交，以济要需。其本年应解之款，并著依限解清，毋任再有蒂欠。

二月

十一日（3.6）

谕：端敏郡王之嫡福晋卒，著派总管内务府大臣师曾前往照料。一切丧仪著照郡王福晋之例，官为办理。

十二日（3.7）

引见内务府三院等处京察一等人员。得旨：圈出之圆明园主事钟灵、六品库掌常庆、六品苑丞福惠，清漪园六品苑丞承善、诚英，俱著交吏部记名，照例选用。

十七日（3.12）

命科尔沁博多勒噶台亲王伯彦讷谟祜署虎枪处事。

十九日（3.14）

谕：嗣后，在京文职三品以上、武职二品以上，外任文职自总督至按察使、武职自将军、提督至总兵，其兄弟子孙年已及岁，愿挑侍卫、柏唐阿者，五年查办时，如情愿挑取，由该旗造册咨送军机处汇奏。经朕圈出，带领引见。倘有身弱有疾，马步平常，不愿挑选者，由该大员等据实报明该旗，转行军机处，均著听其自便，以示曲养旗仆、量才器使之至意。

廿三日（3.18）

以节近春分，雨泽未降，帝诣大高殿祈祷行礼，遣恭亲王奕訢等分诣各宫庙行礼，并遣贝勒那尔苏诣清漪园龙神祠、委散秩大臣载瀛诣静明园龙神祠拈香。

三月

初四日（3.29）

以节近清明，尚未渥沛甘霖，帝诣大高殿祈祷行礼，遣恭亲王奕訢等分诣各宫庙行礼，并遣贝勒那尔苏诣清漪园龙神祠、委散秩大臣载瀛诣静明园龙神祠拈香。

初十日（4.4）

清明节。帝诣奉先殿、寿皇殿行礼。遣官祭历代陵寝。

十四日（4.8）

以节逾清明，农田待泽尤殷，帝复诣大高殿祈祷行礼，遣恭亲王奕訢等分诣各宫庙行礼，并遣辅国公载濂诣清漪园龙神祠、委散秩大臣载瀛诣静明园龙神祠拈香。

廿四日（4.18）

帝复诣大高殿祈祷行礼，诣宣仁庙拈香。遣恭亲王奕訢等分诣各宫庙行礼，并遣辅国公载濂诣清漪园龙神祠、委散秩大臣载瀛诣静明园龙神祠拈香。

四月

初五日（4.28）

以久未渥沛甘霖，帝诣大高殿祈祷行礼，诣宣仁庙拈香。遣恭亲王奕訢等分诣各宫庙行礼，并遣辅国公载濂诣清漪园龙神祠、委散秩大臣载瀛诣静明园龙神祠拈香。

十六日（5.9）

帝复诣大高殿祈祷行礼，并诣昭显庙拈香。遣恭亲王奕訢等分诣各宫庙行礼，并遣辅国公载濂诣清漪园龙神祠、委散秩大臣载瀛诣静明园龙神祠拈香。

二十日（5.13）

谕：睿亲王德长卒。著赏给陀罗经被，派惠郡王奕详即日带领侍卫十员，前往奠醊。赏银一千两治丧，由广储司给发。寻予祭葬，谥曰悫。

廿一日（5.14）

帝诣至圣先师前行礼，诣毓庆宫升座，受师傅、谙达、御前大臣、内务府大臣礼。帝揖师傅入座读书。自是日始，每日御殿读书，岁以为常。

廿五日（5.18）

帝御太和殿传胪，赐一甲曹鸿勋、王赓荣、冯文蔚三人进士及第，二甲吴树梅等一百五十六名进士出身，三甲何德臻等一百六十五名同进士出身。

五月

初二日（5.24）

以雨泽尚未深透，帝诣大高殿祈祷行礼，诣凝和庙拈香。遣恭亲王奕訢等分诣各宫庙行礼，并遣贝勒载治诣清漪园龙神祠、委散秩大臣载瀛诣静明园龙神祠拈香。

初五日（5.27）

谕：大学士文祥卒，著赏给陀罗经被，派郡王衔贝勒载澂带领侍卫十员前往奠醊，照大学士例赐恤，入祀贤良祠，赏银三千两治丧。寻予祭葬，谥文忠。

十三日（6.4）

以节近芒种，农田待泽孔殷，帝诣大高殿祈祷行礼，并诣时应宫拈香。遣惇亲王奕誴等恭祀三坛，贝勒载澂等分诣各宫庙行礼，遣贝勒载治诣清漪园龙神祠、委散秩大臣载瀛诣静明园龙神祠拈香。

十五日（6.6）

谕：近畿一带天时亢旱，直隶、山东两省暨豫省河北等府，亦复雨泽愆期，被旱地方较广，粮价日增，民食艰难。著顺天府府尹、直隶总督、山东、河南巡抚体察各该地方情形，加意抚恤，毋令流离失所。

廿四日（6.15）

以节近夏至，农田望泽尤殷，帝复诣大高殿祈祷行礼，诣昭显庙拈香。遣惇亲王奕誴等恭祀三坛，贝勒载漪等分诣各宫庙行礼，委散秩大臣载瀛诣清漪园龙神祠、散秩大臣载津诣静明园龙神祠拈香。

闰五月

初七日（6.28）

以京畿雨泽愆期，帝诣大高殿祈祷行礼，诣宣仁庙拈香。社稷坛遣恭亲王奕訢恭代行礼，遣惇亲王奕誴等恭祀三坛，贝勒载澂等分诣各宫庙行礼，贝勒奕缃诣清漪园龙神祠、贝子载容诣静明园龙神祠拈香。

十八日（7.9）

以甘澍滂沱，农田深透，帝诣大高殿行礼报谢，诣凝和庙拈香。社稷坛遣恭亲王奕訢恭代行礼，遣惇亲王奕誴等恭祀三坛，贝勒载澂等分诣各宫庙行礼，辅国公载濂诣清漪园龙神祠、辅国将军载澜诣静明园龙神祠拈香。

六月

初四日（7.24）

恭亲王奕訢等奏：遵旨刷印列圣御制诗文各集，应刷印若干部。得旨：均刷印一百部。寻颁赏王大臣暨内廷翰林、各省督抚等《穆宗毅皇帝诗文集》各一部。

廿八日（8.17）

万寿节。遣官祭太庙后殿。帝诣大高殿、寿皇殿行礼。

七月

十五日（9.2）

中元节。帝诣奉先殿、寿皇殿行礼。遣官祭历代陵寝。

廿六日（9.13）

中英《烟台条约》签字，主要内容为昭雪滇案、优待往来与通商事务。

八月

十七日（10.4）

命惇亲王奕誴会同御前大臣看视应挑侍卫马步箭，分日带领引见。

九月

十三日（10.29）

命前翰林院侍读学士孙家鼐仍在上书房行走，以贝勒奕缃补授内大臣，以正黄旗满洲副都统恩承管理火器营事务。

十四日（10.30）

辰刻，帝御黄幄，阅视步射。自十六日至廿三日皆如之。

三十日（11.15）

帝以孟冬享太庙，前期亲诣行礼。

十月

初四日（11.19）

以冒领木兰围场地亩，斥革生员张振元、孔宪祖、社首郭殿元，一并遣戍，佃户李升地亩房产入官，围场总管春山、翼长富顺等交部议处。

初五日（11.20）

帝御太和殿传胪，赐一甲宋鸿图、张忠祥、景庆三人武进士及第，二甲张世昌等十八人武进士出身，三甲郑承第等八十六人同武进士出身。

十一月

廿九日（1877.1.13）

命惇亲王奕誴暂行佩带宗人府银库印钥。

十二月

初六日（1.19）

赏四川总督丁宝桢在紫禁城内骑马。

十六日（1.29）

驻藏办事大臣松溎奏：班禅额尔德尼惑习红教，现令具结改悔。得旨：著随时察看，妥慎办理。

廿八日（2.10）

祫祭太庙，帝亲诣行礼。

光绪三年　1877

正月

初一日（2.13）

帝诣奉先殿行礼。两宫皇太后御养心殿，帝亲诣行礼。

初三日（2.15）

奉两宫皇太后懿旨：著派惇亲王奕誴、恭亲王奕訢、醇亲王奕譞、军机大臣及礼部、太常寺堂官，于本月初八日前往太庙中殿，敬谨相度穆宗毅皇帝、孝哲毅皇后奉安后，神牌升祔及供奉位次。

初七日（2.19）

命协办大学士、吏部尚书英桂为大学士，开去步军统领、总管内务府大臣差使。命吏部尚书载龄为协办大学士，以武备院卿茂林为总管内务府大臣。

二月

初六日（3.20）

春分，朝日于东郊，遣克勤郡王晋祺恭代行礼。遣官祭黑龙潭昭灵沛泽龙王之神、玉泉山惠济慈佑灵濩龙王之神、昆明湖安佑普济沛泽广生龙王之神、密云县白龙潭昭灵广济普泽龙王之神，遣官祭圆明园惠济祠、河神庙。

初九日（3.23）

亲王衔孚郡王奕譓卒。著赏给陀罗经被，派惠郡王奕详即日带领侍卫十员前往奠醊，加恩照亲王例赐恤。寻予祭葬，谥曰敬。孚郡王福晋著加恩赏给郡王半俸，以资养赡。

十九日（4.2）

马兰镇总兵景瑞奏：修理燕郊等四处行宫，并盘山行宫内太古云岚殿。

授大学士宝鋆为武英殿大学士、英桂为体仁阁大学士。

廿一日（4.4）

御史邓庆麟奏：内务府候补郎中那隆阿与酒醋房库掌中祥朋比为奸，承办差务任意浮冒，以致物议沸腾。得旨：著总管内务府大臣认真查办，据实具奏。

廿二日（4.5）

清明节。帝诣奉先殿、寿皇殿行礼。遣官祭历代陵寝。

三月

初一日（4.14）

帝以三年服阕，诣穆宗毅皇帝圣容前供奠，释服。诣奉先殿行礼。

十七日（4.30）

谕：朕奉两宫皇太后懿旨，孚敬郡王现无子嗣，著以奕栋之子宗室载煌改名载沛，继孚敬郡王为嗣，封为多罗贝勒。寻给与贝勒分内应得之官员甲数。

四月

初四日（5.16）

帝诣大高殿祈雩坛拈香。

初十日（5.22）

谕：奉恩镇国公奕詗之承继子载泽，已封为奉恩辅国公，其应有官员甲数，著即照辅国公分内应得之数给与。

廿三日（6.4）

引见军政六十五岁以上官员。谕：圆明园包衣三旗营总穆特恩泰，著以原品休致。

廿四日（6.5）

以正红旗满洲副都统熙拉布为奉宸苑卿，正蓝旗满洲副都统尚宗瑞管理健锐营事务。

廿五日（6.6）

帝御太和殿传胪，赐一甲王仁堪、余联沅、朱赓扬三人进士及第，二甲孙宗锡等一百三十二人进士出身，三甲陈馨等一百九十四人同进士出身。

五月

初二日（6.12）

宗人府左宗人载容因病乞解、停俸。谕：准其开去一切差使，加恩赏食全俸。以郡王衔多罗贝勒奕劻为宗人府左宗人。

初八日（6.18）

谕：御史邓庆麟奏，圆明园镶蓝旗印务翼长文忠与护军校英全、国春互相勾结，于应放各旗官兵班费等项钱文及班赏银两，均有蒙混克扣情弊，以致物议沸腾。并文忠与怡亲王系属姻亲，以修盖该王祠堂为名，将各旗官兵俸饷藉端勒扣，请旨饬查。著派宝鋆、崇绮将该御史所奏各节确切查明，据实参办。

六月

廿六日（8.5）

万寿节前期，帝御乾清宫受贺。

廿八日（8.7）

万寿节。遣官祭太庙后殿，帝诣大高殿、寿皇殿行礼。

七月

十五日（8.23）

中元节。帝诣奉先殿、寿皇殿行礼。遣官祭历代陵寝。

八月

初四日（9.10）

谕：圆明园镶蓝旗翼长文忠与护军校英全等勾结，克扣官兵班费等款案结。文忠著即行革职，杖一百，流二千五百里，并著该管大臣严加看守，将挪用银两勒限追缴。英全、国春均著革去护军校，杖一百，流二千五百里。该管大臣于文忠失于觉察，著交部照例议处。

二十日（9.26）

马兰镇总兵景瑞奏：禧妃金棺奉移顺水峪园寝，所有修垫道路经费请由永济筹备两库奉拨。允之。

廿九日（10.5）

礼部奏：请定彤贵妃神牌位。谕：著于西暖阁制造龛座，并连三海窝，供奉彤贵妃神牌于中。

九月

廿八日（11.3）

以恭办惠陵工程出力，奉两宫皇太后懿旨，赏知府长禄花翎，以本班即选；员外郎椿枝以本部本班遇缺即补，并加四品衔。余者升叙加衔有差。

廿九日（11.4）

帝以孟冬享太庙，前期亲诣行礼。

十月

初五日（11.9）

帝御太和殿传胪，赐一甲佟在棠、马尚德、林培基三人武进士及第，二甲徐畏三等二十人武进士出身，三甲刘天章等一百十九人同武进士出身。

十八日（11.22）

谕：慕东陵宝城等处均有闪裂渗漏情形，著派宜振将应修工程敬谨查勘。另泰陵、昌陵、慕陵等亦有渗漏糟朽情形，著一并查勘，奏明办理。

赏都察院左都御史徐桐、总管内务府大臣师曾、吏部左侍郎恩承、户部左侍郎荣禄、察哈尔都统穆图善在紫禁城内骑马。

十一月

初九日（12.13）

以恭进玉牒，帝诣乾清宫东暖阁行礼。

十一日（12.15）

谕：圆明园镶蓝旗翼长文忠等侵欺钱粮一案，所有滥行荐举之该管大臣景寿、棍楚克林沁、安兴阿、托云，经兵部议以降二级调用，加恩均著改为降四级留任。八年无过，方准开复。

十三日（12.17）

甘肃西宁道刘锦棠率军收复喀什噶尔等城。十七日收复叶尔羌，二十日抵英吉沙尔，十二月初和阗亦告克复。

二十日（12.24）

户部奏：预拨惠陵工程共银一百八十万两，请饬各省关照数拨解。得旨：著各该督抚、监督等按照户部指拨各款银两，毋稍延缓。

廿九日（1878.1.2）

谕：惇亲王奕誴等奏玉牒告成，应行恭送尊藏盛京本装潢完竣。现值恭纂穆宗毅皇帝实录、圣训，著俟告成时，一并恭送盛京尊藏。

十二月

初四日（1.6）

以雪泽未沾，帝诣大高殿祈祷行礼，遣惇亲王奕誴等分诣各宫庙拈香。

十四日（1.16）

以雪泽未沾，遴选光明殿道众在大高殿设坛虔祷，帝亲诣行礼。遣惇亲王奕誴等分诣各宫庙拈香。

廿四日（1.26）

帝复诣大高殿祈雪坛行礼，遣惇亲王奕誴等分诣各宫庙拈香。

廿八日（1.30）

帝以岁暮祫祭太庙，前期亲诣行礼。

三十日（2.1）

命多罗贝勒载滢在内廷行走。

光绪四年　1878

正月

初一日（2.2）

帝诣奉先殿堂子行礼。

初三日（2.4）

谕：避暑山庄绥成殿供奉列圣圣容，现在穆宗毅皇帝圣容恭绘成轴，应照例诹吉，由京赍赴热河供奉。

初七日（2.8）

帝以孟春享太庙，前期亲诣行礼。

初八日（2.9）

杜尔伯特土尔扈特王、贝勒、贝子、公、台吉等遣使来京请安，赏缎匹等物如例。

十九日（2.20）

帝御紫光阁，赐蒙古王、贝勒、贝子、公、额驸、台吉暨朝鲜国使臣等茶果。

以贝子毓橚署马兰镇总兵，兼总管内务府大臣。

三十日（3.3）

以京师雨雪稀少，帝诣大高殿祈祷行礼。遣惇亲王奕誴等分诣各宫庙行礼，并遣贝勒载澂诣清漪园龙神祠、贝勒载滢诣静明园龙神祠拈香。

二月

初五日（3.8）

以湖南巡抚王文韶署兵部左侍郎，命在军机大臣上学习行走。

十二日（3.15）

帝诣大高殿祈祷行礼，诣时应宫拈香。遣惇亲王奕誴等恭祀三坛，贝勒载澂等分诣各宫庙行礼，并遣贝勒奕缃诣清漪园龙神祠、辅国公载濂诣静明园龙神祠拈香。

帝以新疆回匪荡平，红旗报捷，诣钟粹宫慈安皇太后前、长春宫慈禧皇太后前贺喜。

十五日（3.18）

帝以新疆回匪肃清，诣寿皇殿行礼、关帝庙拈香。

十八日（3.21）

以肃亲王隆勤为阅兵大臣，科尔沁亲王伯彦讷谟祜管理总理行营事务。

郑亲王庆至卒，赐恤如例，谥曰顺。

十九日（3.22）

奉两宫皇太后懿旨：晋豫两省人民困苦流离，为人上者岂忍稍涉奢侈。著内务府大臣督饬司员将宫闱一切应用之需力加裁减。但能省一分浮费，即可多一分赈需。

廿四日（3.27）

帝以雨泽未沾，再诣大高殿祈祷行礼，诣宣仁庙拈香。遣惇亲王奕誴等恭祀三坛，贝勒载澂等分诣各宫庙行礼，并遣贝勒奕缃诣清漪园龙神祠、辅国公载濂诣静明园龙神祠拈香。

三月

初一日（4.3）

御史余上华奏：觉生寺祈雨设坛之所，俗称九龙冈，祈雨辄应。上年总管内务府大臣茂林与其兄庆林占此官地营葬，传闻掘断龙脉，请旨饬查。谕：著全庆、徐桐前往觉生寺确切查明，据实具奏。寻奉宸苑卿庆林于全庆等在庙内查询时，径往进见，饰词剖诉。谕：庆林著革职留任。

初三日（4.5）

清明节。帝诣奉先殿、寿皇殿行礼。遣官祭历代陵寝。

初六日（4.8）

帝以京师及近畿等省雨泽未沾，诣大高殿祈祷行礼，诣昭显庙拈香。遣惇亲王奕誴诣社稷坛恭代行礼，遣恭亲王奕訢等恭祀三坛，贝勒奕劻等分诣各宫庙行礼，并遣科尔沁镇国公那尔苏诣清漪园龙神祠、辅国公载濂诣静明园龙神祠拈香。

初八日（4.10）

奉两宫皇太后懿旨：恭亲王等奏，恭查惠陵明楼碑文、匾额等项应书字样，照式以满洲、蒙古、汉字三项合璧敬谨书写。著依议。其碑亭碑文及隆恩殿宫门明楼匾额，著毋庸钤用宝文。

十五日（4.17）

以协办大学士、吏部尚书载龄为实录馆总裁官。寻添派兵部尚书广寿充之。

十六日（4.18）

帝以京师及近畿等省雨泽未沾，诣大高殿祈祷行礼，诣凝和庙拈香。遣惇亲王奕誴诣社稷坛恭代行礼，遣恭亲王奕訢等恭祀三坛，贝勒载澂等诣各宫庙行礼，贝勒载漪诣清漪园龙神祠、辅国公载濂诣静明园龙神祠拈香。

廿四日（4.26）

帝以京师及近畿等省得雨优渥，遣惇亲王奕誴诣社稷坛恭代行礼，遣恭亲王奕訢等诣三坛报谢行礼。复以山西等省雨泽未沾，亲诣大高殿祈祷行礼，遣贝勒载澂等诣各宫庙行礼，科尔沁镇国公那尔苏诣清漪园龙神祠、辅国公载濂诣静明园龙神祠拈香。

廿九日（5.1）

命礼部尚书灵桂管理理藩院事务。

四月

初六日（5.7）

常雩，祀天于圜丘，遣礼亲王世铎恭代行礼。以甘澍未沾，帝诣大高殿祈祷行礼，遣惇亲王奕誴等诣各宫庙行礼，贝勒载瀓诣清漪园龙神祠、辅国公载濂诣静明园龙神祠拈香。

初九日（5.10）

以兵部尚书广寿、工部左侍郎成林为总管内务府大臣。

十七日（5.18）

以山西待泽孔殷，帝诣大高殿祈祷行礼，遣惇亲王奕誴等诣各宫庙行礼，镇国公奕謨诣清漪园龙神祠、辅国公载濂诣静明园龙神祠拈香。

廿二日（5.23）

命总管内务府大臣广寿承修菩陀峪万年吉地工程。

廿六日（5.27）

以甘霖普被，帝诣大高殿报谢行礼。遣惇亲王奕誴等诣各宫庙行礼，贝勒载滢诣清漪园龙神祠、贝勒载漪诣静明园龙神祠拈香。

廿七日（5.28）

谕：嗣后，朕驻跸颐和园之日，各该衙门遇有应行引见之员，著一体带领引见。

五月

十七日（6.17）

成林奏为昨日蒙恩管理清漪园事务、孚敬郡王福晋家务谢恩。

二十日（6.20）

派户部尚书董恂为实录馆总裁官，刑部尚书桑春荣为武英殿总裁官，吏部右侍郎童华为国史馆副总裁官。命协办大学士、兵部尚书沈桂芬为翰林院掌院学士。

六月

初二日（7.1）

前任都统奕山卒，加恩著赏给陀罗经被，派贝勒载滢带领侍卫十员，即日前往奠醊。赏银一千两经理丧事，由广储司给发。

初六日（7.5）

命大学士载龄为体仁阁大学士。

十九日（7.18）

以京师雨泽未沾，帝诣大高殿祈祷行礼。遣惇亲王奕誴等诣各宫庙拈香。

廿五日（7.24）

以甘霖普沛，帝诣大高殿报谢行礼。遣惇亲王奕誴等诣各宫庙拈香。

廿八日（7.27）

万寿节。帝诣大高殿、寿皇殿行礼。

七月

十五日（8.13）

中元节。帝诣奉先殿、寿皇殿行礼。遣官祭历代陵寝。

十七日（8.15）

以科尔沁亲王伯彦讷谟祜署銮仪卫大臣。

廿五日（8.23）

以大学士载龄为崇文门正监督，总管内务府大臣师曾为崇文门副监督。

廿六日（8.24）

谕：贝勒载沛因病溘逝，著加恩赏银二千两经理丧事，由广储司给发。

廿七日（8.25）

谕：惠郡王奕详第一子著命名载润。

八月

初一日（8.28）

宗人府奏：贝勒载沛溘逝无嗣，原官员甲数是否减留。谕：所有载沛门上官员甲数，均毋庸裁撤。

廿七日（9.23）

奉两宫皇太后懿旨：孚敬郡王之嗣子载沛现在溘逝，著以奕瞻之子载楫改名载澍，承继孚敬郡王为嗣，加恩封为多罗贝勒。

九月

初四日（9.29）

命户部右侍郎潘祖荫为实录馆副总裁官。派礼部尚书恩承、内阁学士祁世长承修慕陵隆恩殿暨内务府营房围墙工程。

二十日（10.15）

谕：穆宗毅皇帝梓宫、孝哲毅皇后梓宫永远奉安山陵日期，据钦天监奏，谨择于光绪五年三月廿六日。所有应行典礼及一切事宜，著各该衙门届期敬谨豫备。

十月

十七日（11.11）

恭亲王奕訢等奏：列圣诗文集刷印蒇工需费，请饬户部拨给。允之。

赏都察院左都御史翁同龢、镶黄旗满洲副都统托云、礼部左侍郎王文韶、工部左侍郎总管内务府大臣成林在紫禁城内骑马。

廿八日（11.22）

孚敬郡王奕譓安葬园寝，遣惠郡王奕详前往恭代奠醊。

十一月

初三日（11.26）

谕：京师为辇毂重地，乃近来内外城盗窃之案层见迭出，偷揭天坛外围墙檐瓦，广渠门以南城垣亦多拆毁，正阳门外一带并有白昼抢人财物之事。著步军统领衙门、顺天府、五城御史各率所属严拿重办。

十二月

初一日（12.24）

内务府奏：明年穆宗毅皇帝、孝哲毅皇后梓宫永远奉安，该衙门差务繁多，需款甚亟。查有长芦历年拖欠帑息银一百八十余万两，山东历年拖欠帑息银一百八十余万两，两淮历年拖欠各款利息银一千四百余万两，粤海关历年拖欠公用银二百三十余万两。谕：著李鸿章、沈葆桢、文格、俊启无论何款，先行设法各筹解银十万两，务须明年正月内解到。

初三日（12.26）

谕：恭办惠陵永远奉安事宜，需款尤巨。著李鸿章即饬藩司，于旗租项下拨给银三万两，以济要需。

初六日（12.29）

谕：所有泰陵正红门暨正红门外神道石牌楼，并礼部果楼工程，著派本年承修另案工程之大臣恩承、祁世长敬谨承修。

廿一日（1879.1.13）

谕：所有慕陵隆恩殿暨泰陵正红门等工程，著改派上年承修专案工程之大臣钱宝廉敬谨承修。

廿七日（1.19）

谕：宝鋆、荣禄差务较繁，宝鋆著开去国史馆总裁、阅兵大臣差使，荣禄著开去工部尚书缺，并开去总管内务府大臣差使。翌日，命户部尚书景廉为国史馆总裁官，兵部尚书广寿为阅兵大臣，正黄旗汉军都统安兴阿为总管内务府大臣。

光绪五年　1879

正月

初一日（1.22）

帝诣奉先殿行礼。命礼部左侍郎王文韶在军机大臣上行走。

初七日（1.28）

帝以孟春享太庙，前期亲诣行礼。翌日，遣怡亲王载敦恭代行礼。

廿七日（2.17）

派吏部尚书万青藜充武英殿总裁官。

二月

十二日（3.4）

谕：此次内务府三院等处圈出之圆明园委署主事恒龄、六品库掌明安、笔帖式德恒，清漪园六品苑丞承善、笔帖式显曾，俱著交吏部记名，照例选用。

三十日（3.22）

谕：贝勒奕劻之本生父绵性现在病故，奕劻著准其成服百日。奕劻在御前大臣上行走有年，尚属勤慎，著将绵性已革副都统衔加恩赏还。

三月

初四日（3.26）

以京师尚未得雨，帝诣大高殿祈祷行礼，派惇亲王奕誴等诣各宫庙拈香。

初六日（3.28）

谕：朕奉两宫皇太后于本月廿一日启銮后，著派惇亲王奕誴、协办大学士尚书全庆、户部尚书董恂、步军统领荣禄留京办事，分日轮班在内值宿。不值宿者申刻散值。

十六日（4.7）

以京师尚未得雨，帝再诣大高殿祈祷行礼，派恭亲王奕訢等诣各宫庙拈香。

二十日（4.11）

以京师得雨，帝诣大高殿报谢行礼，派惇亲王奕誴等诣各宫庙拈香。

廿一日（4.12）

帝奉两宫皇太后启銮，恭谒东陵。以达赖喇嘛之呼毕勒罕坐床，赏给黄哈达一方、佛一尊、铃杵一份、念珠一串，并赏给伊父工噶仁青公衔。准达赖喇嘛之呼毕勒罕钤用金印及黄轿、黄车、黄鞍、黄缰，并黄布城。

廿五日（4.16）

帝恭谒昭西陵、孝陵、孝东陵、景陵、裕陵、定陵。敬视普祥峪、菩陀峪。恭诣惠陵，步行至隆恩殿穆宗毅皇帝、孝哲毅皇后梓宫前，行迁奠礼。

廿六日（4.17）

帝诣惠陵，步行至芦殿穆宗毅皇帝、孝哲毅皇后梓宫前，奠酒举哀，永远奉安穆宗毅皇帝、孝哲毅皇后梓宫于宝床。

廿八日（4.19）

谕：沈葆桢奏，接出使日本国大臣来信，该国废琉球为县。琉球久属中国，日本竟敢阻其入贡，夷为郡县，情殊叵测，亟应妥为豫备，以固藩篱。

闰三月

初二日（4.22）

帝诣太庙阙门外跪迎黄舆，遣怡亲王载敦、惇亲王奕誴恭奉穆宗毅皇帝神牌、孝哲毅皇后神牌祗见列圣列后，升祔太庙。以穆宗毅皇帝、孝哲毅皇后升祔太庙礼成，颁诏天下。

十三日（5.3）

以京师未沛甘霖，山西亦未遍沾雨泽，帝诣大高殿祈祷行礼，遣惇亲王奕誴等诣各宫庙拈香。

廿二日（5.12）

以京师及山西雨泽稀少，帝复诣大高殿祈祷行礼，遣惇亲王奕誴等诣各宫庙拈香。

四月

初一日（5.21）

享太庙，遣怡亲王载敦恭代行礼，帝诣奉先殿行礼。

十一日（5.31）

赏两江总督沈葆桢在紫禁城内骑马。

廿四日（6.13）

以京师及山西得雨未足，帝诣大高殿祈祷行礼，派惇亲王奕誴等诣各宫庙行礼，惠郡王奕详诣清漪园龙神祠、镇国公奕谟诣静明园龙神祠拈香。

五月

初六日（6.25）

以雨未优渥，帝复诣大高殿祈祷行礼。遣惇亲王奕誴等诣各宫庙行礼，贝勒载漪诣清漪园龙神祠、辅国公载濂诣静明园龙神祠拈香。

十三日（7.2）

修补列圣御制诗文集蒇工，计共五百四十二本、七十六函，分别编列字号。

十七日（7.6）

以京师得雨，山西未沾渥泽，帝复诣大高殿祈祷行礼。遣惇亲王奕誴等诣各宫庙行礼，贝勒载漪诣清漪园龙神祠、辅国公载濂诣静明园龙神祠拈香。派成麟管理清漪园等处事务。

六月

初一日（7.19）

以京师及山西得雨，帝诣大高殿报谢行礼。派贝勒载漪诣清漪园龙神祠拈香。

七月

十五日（9.1）

中元节。帝诣奉先殿、寿皇殿行礼。遣官祭历代陵寝。

廿七日（9.13）

御史文镛奏：王公子弟请饬认真管束。谕：该御史所称，王公子弟有于庙厂等处微服冶游及性喜俳优等情，殊失体制。著王、贝勒、贝子、公等将子弟严加约束，务令各遵礼教，毋任稍有纵佚。

八月

初二日（9.17）

以盛京礼部侍郎苏勒布协同管理内务府事务。

十三日（9.28）

以贝勒奕绹管理圆明园八旗包衣三旗官兵并鸟枪营事务，正蓝旗满洲副都统尚宗瑞管理虎枪处事务，镶蓝旗满洲副都统恩全管理向导处事务。

十四日（9.29）

以吏部左侍郎志和、上驷院卿广顺为总管内务府大臣，并署理清漪园事务。

廿八日（10.13）

总管内务府大臣师曾奏：九月初二日前往西陵，其清漪园印钥，相应请旨派员署理。谕：著广顺署理清漪园事务。

十月

十六日（11.29）

赏刑部尚书潘祖荫、都察院左都御史童华、正红旗满洲副都统熙拉布在紫禁城内骑马。

十九日（12.2）

出使俄国大臣崇厚奏：与俄外部议明交收伊犁，修定约章，计订约十八条。

廿九日（12.12）

谕：致仕大学士英桂卒，著赏给陀罗经被，派贝勒载治带领侍卫十员，即日前往奠醊。赠太子太保衔，照大学士例赐恤，入祀贤良祠。寻予祭葬，谥文勤。

十一月

初四日（12.16）

以正黄旗蒙古副都统明安管理御枪处事务，派前锋统领、镶红旗蒙古副都统荣全管理健锐营事务，以镶蓝旗满洲副都统岳林为武备院卿。

初七日（12.19）

奉两宫皇太后懿旨：本月十五日册封醇亲王世袭罔替，暨册封醇亲王福晋，著派肃亲王隆勤为正使，礼部左侍郎松森为副使。

十八日（12.30）

以京师雪泽愆期，帝诣大高殿祈祷行礼。遣惇亲王奕誴等诣各宫庙拈香。

廿五日（1880.1.6）

恭进穆宗毅皇帝实录、圣训，帝御保和殿行礼受书。礼成，御太和殿受贺。诣乾清宫实录、圣训前行礼，恭瞻尊藏。

廿八日（1.9）

以雪泽未沾，帝复诣大高殿祈祷行礼，仍遣惇亲王奕誴等诣各宫庙拈香。

三十日（1.11）

派贝勒奕劻管理神机营事务。

十二月

初九日（1.20）

以雪泽稀微，帝于大高殿设坛虔祷，亲诣行礼。遣惇亲王奕誴等诣各宫庙拈香。

十三日（1.24）

以雪泽普沾，帝诣大高殿报谢行礼。遣惇亲王奕誴等诣各宫庙拈香。

廿九日（2.9）

帝御保和殿，赐蒙古王、贝勒、贝子、公、额驸、台吉暨文武大臣、朝鲜国正副使宴。

光绪六年　1880

正月

初一日（2.10）

帝诣奉先殿堂子行礼。御乾清宫，赐近支宗藩等宴，十三日亦如之。

十五日（2.24）

上元节。帝诣大高殿、寿皇殿行礼。御保和殿，赐蒙古王、贝勒、贝子、公、额驸、台吉暨文武大臣、朝鲜国正副使宴。

十六日（2.25）

帝御乾清宫，赐廷臣学士等宴。

十九日（2.28）

帝御紫光阁，赐蒙古王、贝勒、贝子、公、额驸、台吉等茶果。

廿二日（3.2）

命镇国公荣毓守护东陵。

二月

廿二日（4.1）

谕：内务府银库库掌李元裕之子李惠龄，伙同候选道内务府郎中广升，在城内开设海兴盛、东海长等字号银钱行帐局数处，重利盘剥。命步军统领衙门查明据实具奏。

四月

初四日（5.12）

命镇国公载灿守护西陵。

十四日（5.22）

以京师雨泽稀少，帝诣大高殿祈祷行礼。遣惇亲王奕誴等诣各宫庙拈香。

廿三日（5.31）

帝复诣大高殿祈祷行礼，遣惇亲王奕誴等诣各宫庙拈香。

廿五日（6.2）

以甘霖应时，帝诣大高殿报谢行礼。遣惇亲王奕誴等诣各宫庙拈香。

帝御太和殿传胪，赐一甲黄思永、曹诒孙、谭鑫振三人进士及第，二甲戴彬元等一百三十三人进士出身，三甲封祝唐等一百九十四人同进士出身。

廿九日（6.6）

赏两江总督刘坤一在紫禁城内骑马。

五月

廿三日（6.30）

谕：恭亲王之嫡福晋薨逝，著派总管内务府大臣师曾前往照料。派载澍、载澜、载津、载钢、载岐前往穿孝。

六月

初六日（7.12）

以京师雨水过多，帝诣大高殿祈晴行礼。遣惇亲王奕誴等诣各宫庙拈香。

初十日（7.16）

守护东陵大臣荣毓等奏请添建普祥峪、菩陀峪万年吉地官兵官房，下部议。

十七日（7.23）

以贝勒载治继夫人溘逝，赏银二千两治丧。寻得旨：著照郡王福晋例办理。

七月

十八日（8.23）

谕：此次达赖喇嘛坐床，除业经颁给敕书、赏件外，著丁宝桢于司库内提银一万两，派员送至西藏，交色楞额给领。

廿五日（8.30）

命刑部尚书文煜为崇文门正监督，镶黄旗蒙古都统穆腾阿为副监督。

廿八日（9.2）

帝诣皇史宬穆宗毅皇帝实录、圣训前行礼。

八月

十三日（9.17）

谕：昨日午门值班官兵有殴打太监以致遗失赍送物件情事。禁门重地，原应严密盘查。若太监赍送物件并不详细问明，辄行殴打，亦属不成事体。著总管内务府大臣会同刑部提集护军玉林等严行审办，护军统领岳林、章京隆昌、司钥长立祥著一并先行交部议处。

十七日（9.21）

以故三等承恩公广科子恩焘袭爵。

九月

初六日（10.9）

派惇亲王奕誴暂署宗人府银库印钥。

廿二日（10.25）

以恭送孝穆成皇后、孝慎成皇后、孝全成皇后、孝静成皇后、文宗显皇帝、孝德显皇后、穆宗毅皇帝、孝哲毅皇后册宝尊藏盛京，帝诣太庙彩幔前行礼。又以恭送穆宗毅皇帝圣容、实录、圣训尊藏盛京，诣东华门外彩棚前行礼。

派科尔沁镇国公棍楚克林沁补进惇亲王领侍卫内大臣班，并带豹尾枪差使。

十月

初一日（11.3）

谕：昨日午门外叩阍之护军广升，著交刑部严行审讯。

初五日（11.7）

帝御太和殿传胪，赐一甲黄培松、周增祥、景元三人武进士及第，二甲殷攀龙等十五人武进士出身，三甲周圭璋等一百四人同武进士出身。

廿九日（12.1）

奉两宫皇太后懿旨：醇亲王奕譞著管理神机营事务，佩带印钥。宝鋆并著管理该营事务。伯彦讷谟祜著毋庸管理。

十一月

初三日（12.4）

奉两宫皇太后懿旨：醇亲王奕譞之第四子著命名载洸。

初七日（12.8）

以京畿雪泽愆期，帝诣大高殿祈祷行礼。遣惇亲王奕誴等诣各宫庙拈香。

初八日（12.9）

恭亲王奕訢等奏：重印列圣圣训，成书过半，次第装订成帙，应需工料等银，请饬部照数拨给。从之。

十六日（12.17）

以雪泽未沾，帝诣大高殿祈祷行礼。遣惇亲王奕誴等诣各宫庙拈香。

十七日（12.18）

谕：本月初八日，拿获擅入宫内人犯刘振生一名，供出系由神武门进内，门禁懈弛已极，实堪痛恨。是日值班之护军统领载鹤，著交部严加议处。神武门值班之侍卫暨内务府护军统领，著查取职名，一并交部严加议处。该班章京，著即革职，兵丁即行斥革。寻将刘振生处绞。

廿二日（12.23）

以全庆为体仁阁大学士。

廿四日（12.25）

以雪泽未沾，帝复诣大高殿祈祷行礼。遣惇亲王奕誴等诣各宫庙拈香。

廿五日（12.26）

派惇亲王会同御前大臣校阅应挑侍卫马步技射。

廿八日（12.29）

谕：贝勒载滢第一子著命名溥伟。

十二月

初四日（1881.1.3）

以雪泽未沾，遴选光明殿道众在大高殿设坛虔祷，派克勤郡王晋祺、贝子毓橚等分班值宿上香，帝亲诣行礼。遣惇亲王奕誴等诣各宫庙拈香。

初七日（1.6）

奉两宫皇太后懿旨：前次午门值班兵丁殴打太监一案，护军玉林等原属罪有应得。惟念门禁至为紧要，著格外加恩将玉林革去护军，改为杖一百、流二千里。祥幅革去护军，改为杖一百。护军统领岳林著免其再行交部严加议处。太监李三顺著交慎刑司责打三十板，首领太监刘钰祥著罚去月银六个月。

十二日（1.11）

以雪泽未沾，帝诣大高殿祈雪坛行礼。遣惇亲王奕誴等诣各宫庙拈香。

二十日（1.19）

谕：惠郡王奕详第二子著命名载济。

廿二日（1.21）

以雪泽未沾，举行三坛祈雪祀典，帝诣大高殿祈祷行礼。遣礼亲王世铎等恭祀三坛，遣惇亲王奕誴等诣各宫庙拈香。

廿三日（1.22）

帝御紫光阁，赐蒙古王、贝勒、贝子、公、额驸、台吉等宴。

光绪七年　1881

正月

初一日（1.30）

帝诣奉先殿堂子行礼。

初三日（2.1）

郡王衔贝勒载治卒，赏给陀罗经被，派惠郡王奕详带领侍卫十员前往奠醊，派总管内务府大臣广寿办理丧事，加恩照郡王例赐恤。其子溥伦，即著承袭贝子。溥侗，即著封为二等镇国将军。寻予谥恭勤。

协办大学士、兵部尚书沈桂芬卒，赏给陀罗经被，派贝勒载漪带领侍卫十员前往奠醊，加恩晋赠太子太傅，照大学士例赐恤，入祀贤良祠，赏银二千两治丧。寻予谥文定。

以刑部尚书潘祖荫为国史馆正总裁官。

十一日（2.9）

命惇亲王奕誴管理宗人府银库事务。

十六日（2.14）

帝御乾清宫，赐廷臣学士等宴。

廿一日（2.19）

以京师雨泽稀少，帝诣大高殿祈祷行礼。遣惇亲王奕誴等诣各宫庙拈香。

廿九日（2.27）

命大学士左宗棠管理兵部事务，在军机大臣及总理各国事务衙门上行走。

二月

初三日（3.2）

以京畿雨泽尚未沾渥，帝诣大高殿祈祷行礼。遣惇亲王奕誴等诣各宫庙拈香。

廿一日（3.20）

命贝勒载瀓带领侍卫十员，往奠故三等承恩公照祥茶酒，赏银二千两治丧，予祭葬，谥恭悫。

廿三日（3.22）

命镇国将军载澜带领侍卫十员，往奠故贝子载容茶酒，予祭葬，谥敏恪。

三月

初二日（3.31）

以节近清明，尚未甘霖渥沛，帝亲诣大高殿拈香。派肃亲王隆懃等诣各宫庙拈香，派贝勒载滢诣清漪园龙神祠、克勤郡王晋祺诣静明园龙神祠拈香。

初十日（4.8）

慈安皇太后疾大渐，帝诣钟粹宫侍奉汤药。戌刻，慈安皇太后卒。

十三日（4.11）

以节逾清明，农田望泽尤殷，帝复诣大高殿拈香。派肃亲王隆懃等诣各宫庙拈香，派礼亲王世铎诣清漪园龙神祠、克勤郡王晋祺诣静明园龙神祠拈香。

廿一日（4.19）

大学士、九卿等拟大行慈安皇太后尊谥，曰孝贞慈安裕庆和敬仪天祚圣显皇后。

谕：大行慈安皇太后普祥峪万年吉地，今定为普祥峪定东陵。

四月

十五日（5.12）

谕：现值大行慈安皇太后大事，所有本年轮应年班之内外札萨克、阿拉善、青海、杜尔伯特、乌梁海、土尔扈特、霍硕特伊克明安等处之蒙古汗、王、贝勒、贝子、公、额驸、台吉、塔布囊、公主之子孙内，除在御前乾清门行走不计外，均著俟二十七月后，再行按照年班来京。

十七日（5.14）

贝子毓橚往奠故顺承郡王庆恩茶酒，寻谥曰敏。

廿二日（5.19）

派惇亲王奕誴承修普祥峪定东陵神路营房。翌日，添派刑部右侍郎敬信、马兰镇总兵景瑞会同办理。

五月

初九日（6.5）

帝以恭上大行慈安皇太后尊谥，告祭天地、太庙后殿、奉先殿、社稷。寻以恭上大行慈安皇太后尊谥礼成，颁诏天下。

六月

十九日（7.14）

帝诣观德殿孝贞显皇后几筵前行百日祭礼，释缟素。

七月

二十日（8.14）

谕：本年九月初九日，朕奉慈禧皇太后启銮，恭送孝贞显皇后梓宫奉移普祥峪定东陵永远奉安。十三日，恭奉孝贞显皇后梓宫暂安隆恩殿。十四日，祗谒昭西陵、孝陵、孝东陵、景陵、裕陵、定陵后，敬诣几筵前行飨奠礼。毕，祗谒惠陵。十六日，敬诣几筵前行迁奠礼。十七日，奉安礼成，恭请神牌还京，升祔太庙。二十日，朕恭奉慈禧皇太后回宫。

闰七月

初一日（8.25）

恭亲王奕訢等奏：列圣圣训用集字板刷印，装订完竣，计一百部，分别编列字号，敬谨呈进。

初七日（8.31）

据御史丁鹤年奏称，内城丁字街什刹海等处竟敢开设茶园，违禁演戏，殊属不成事体。命步军统领、八旗都统即行查明严禁，毋稍宽纵。

十七日（9.10）

因东陵永济库额征租银不敷开放，且普祥峪定东陵永远奉安事宜需用各款尤巨，命李鸿章即饬藩司拨银二万两，于八月内解到。

八月

初六日（9.28）

御骡圈当差宋顺胆敢骑马闯入东长安门，且不服拦阻，实属目无法纪，命将宋顺交刑部从重治罪。

十八日（10.10）

颁发列圣御制诗文集、列圣圣训暨《钦定剿平粤匪捻匪方略》于国子监。

九月

初五日（10.27）

命镇国公溥廉守护东陵。

初八日（10.30）

帝诣孝贞显皇后几筵前行辞奠礼。

初九日（10.31）

孝贞显皇后梓宫发引。帝步从至景山后祗候跪送，并豫诣东直门外大桥以东祗候跪送，礼毕回宫。

十五日（11.6）

恭理丧仪王大臣惇亲王等奏：恭奉孝贞显皇后梓宫于九月十三日午刻至普祥峪定东陵隆恩殿暂安。

廿二日（11.13）

帝诣太庙门外，跪迎孝贞显皇后神牌黄舆。遣怡亲王载敦恭奉神牌升祔太庙，安于孝德显皇后之次。翌日，以孝贞显皇后神牌升祔太庙礼成，颁诏天下。

十月

十八日（12.9）

以天气渐寒，赏食饷之宗室觉罗人等两月钱粮。其宗室觉罗孤寡者，除有恩赏一月钱粮外，再赏一月钱粮。赏八旗及绿营各营官兵一月钱粮。

廿五日（12.16）

奉懿旨：寿庄和硕公主著晋封为寿庄固伦公主，并赏坐黄轿。荣寿和硕公主著晋封为荣寿固伦公主。

十一月

初六日（12.26）

以灵桂为体仁阁大学士。

初九日（12.29）

以雪泽稀少，帝诣大高殿祈祷行礼。遣惇亲王奕誴等诣各宫庙拈香。

十八日（1882.1.7）

以雪泽未沾，帝复诣大高殿祈祷行礼。遣惇亲王奕誴等诣各宫庙拈香。

廿九日（1.18）

以雪泽叠祈未应，遴选道众僧众设坛虔祷，帝再诣大高殿祈祷行礼。遣惇亲王奕誴等诣各宫庙拈香。

十二月

初九日（1.28）

以京师雪泽稀少，帝诣大高殿祈祷行礼。遣惇亲王奕誴等诣各宫庙拈香。

十七日（2.5）

奉懿旨：恭亲王奕訢之子载潢，著加恩赏给不入八分辅国公。醇亲王奕譞之子载洸，著加恩赏给奉恩辅国公。

二十日（2.8）

以京师仍未渥沛祥霙，帝复诣大高殿祈祷行礼。遣礼亲王世铎等恭祀三坛，遣惇亲王奕誴等诣各宫庙拈香。

廿二日（2.10）

宗人府奏：奉恩辅国公载洸护卫官员，应否照爵减半给与。谕：载洸著照成案，俟及岁时再行赏给。

光绪八年　1882

正月

初三日（2.20）

以京师雪泽稀少，帝诣大高殿祈祷行礼。派礼亲王世铎等恭祀三坛，惇亲王奕誴等诣各宫庙拈香。

十七日（3.6）

以京师得雪，帝诣大高殿报谢行礼。派礼亲王世铎等恭祀三坛，惇亲王奕誴等诣各宫庙拈香。

十八日（3.7）

紫禁城内值班，例应辰刻入值。昨日，委散秩大臣盛启午刻始行接班，命将盛启交部议处。嗣后，各处值班王大臣务当遵照定章，按时入值。

廿四日（3.13）

以马兰镇总兵景瑞为正黄旗满洲副都统，正白旗蒙古副都统桂昂为马兰镇总兵兼总管内务府大臣。

二月

十二日（3.30）

谕：此次内务府三院等处钤出之圆明园主事恒龄、六品苑丞景隆，清漪园六品苑丞保桂，静明园六品苑丞锡惠，俱著交吏部记名，照例选用。

廿四日（4.11）

赏兵部尚书张之万在紫禁城内骑马。

三月

初二日（4.19）

以镶红旗汉军副都统俊启为总管内务府大臣。

四月

十七日（6.2）

惇亲王奕誴奏：定东陵营房工程报竣，前往查收。

十九日（6.4）

致仕大学士全庆卒，著赏给陀罗经被，派辅国公载濂带领侍卫十员，即日前往奠醊。加恩晋赠太子太保衔，照大学士例赐恤，入祀贤良祠。寻赐祭葬，谥文恪。

廿八日（6.13）

谕：本日军政引见六十五岁以上之圆明园委护军参领双德，著以原品休致。

五月

初七日（6.22）

准礼部尚书恩承开去总管内务府大臣、步军统领兼管理神机营事务。

廿六日（7.11）

以雨泽稀少，帝诣大高殿祈祷行礼。遣惇亲王奕誴等诣各宫庙拈香。

六月

初一日（7.15）

以祈雨即应，帝诣大高殿报谢行礼。遣惇亲王奕誴等诣各宫庙拈香。

初三日（7.17）

谕：辅国将军载澜第一子著命名溥倬。

七月

十七日（8.30）

谕：禁城重地，理宜严肃。乃昨日夜间，竟有人犯向万轩在阙左门以东值房墙上行走，实属胆玩。向万轩著交刑部讯明，从重治罪。另阙左门以东值房，应由太常寺管理稽查，著该衙门堂官查明办理。

八月

十五日（9.26）

遣官祭圆明园惠济祠、河神庙。

九月

初一日（10.12）

惇亲王奕誴等奏：普祥峪定东陵工程事宜办理完竣，回缴关防。

署北洋通商大臣李鸿章奏：遵议中国朝鲜商民水陆贸易章程八条。

廿四日（11.4）

派驻藏办事大臣色楞额往奠班禅额尔德尼，赏银五千两治丧及妆蟒缎、哈达等物，并御用蜜蜡念珠一串、沉香朝珠一盘、经一卷。传谕札萨克喇嘛罗卜藏顿柱将藏内一切事宜敬谨代办。

十一月

初五日（12.14）

准军机大臣、户部左侍郎王文韶开缺养亲，命工部尚书翁同龢在军机大臣上行走，命礼亲王世铎在御前大臣上行走。翌日，复命礼亲王世铎、科尔沁博多勒噶台亲王伯彦讷谟祜在毓庆宫行走，命刑部尚书潘祖荫在军机大臣上行走。

廿六日（1883.1.4）

以京师雪泽稀少，帝诣大高殿祈祷行礼。遣惇亲王奕誴等诣各宫庙拈香。

十二月

初四日（1.12）

谕：穆宗毅皇帝圣训恭校完竣，在馆出力之文启著免补主事，以清漪园员外郎遇缺即补。

初六日（1.14）

帝诣大高殿祈祷行礼，遣惇亲王奕誴等诣各宫庙拈香。

十六日（1.24）

鸿胪寺少卿延茂奏：景山官学亟宜整顿，请饬妥议章程，并筹捐修置学舍器具暨指拨各省闲款为八旗官学经费。著派广寿、阎敬铭、张之万会同宝鋆、李鸿藻、徐桐、麟书与会议八旗官学，一并妥筹具奏。

十七日（1.25）

帝复诣大高殿祈祷行礼，遣惇亲王奕誴等诣各宫庙拈香。

廿一日（1.29）

以祥霙霈沾，帝诣大高殿报谢行礼。遣惇亲王奕誴等诣各宫庙拈香。

御史刘恩溥奏：本月十一日，马兰镇兵六百余名捆绑千总李姓，将该处军需库、号衣库打坏，抢出炮位，伤毙人口，并将该总兵衙门道路拦阻。谕：陵寝重地，岂容不法兵丁肆行滋事。昨已派伯彦讷谟祜、阎敬铭前往查办。著李鸿章、张树声迅速派员前往解散，并将滋事缘由，先行查明具奏。翌年二月初八日，案结。为首倡乱之兵丁王淀漳等四人，均即行正法。贝子毓橚、公荣毓均著交宗人府议处。正黄旗满洲副都统景瑞著即行革职。所有亏短银两，除各员弁等借支各款分别追缴外，其已故革弁徐永兴所短银二万八千六百十九两零，著责令景瑞与徐永兴之子徐晋笏各半赔缴。寻马兰镇总兵桂昂亦革职。

光绪九年　1883

正月

初一日（2.8）

帝诣奉先殿堂子行礼。不御殿受贺，王大臣于乾清门外，众官于午门外行礼，停止筵宴。

初五日（2.12）

醇亲王第五子生。奉懿旨，命名载沣。

十二日（2.19）

给事中刘瑞祺奏：京师外城七门城上堆拨，近来坍塌甚多，兵丁视梭巡为具文，以致附郭窃贼爬城而进，肆行偷窃，请饬将堆拨一律修理完整。

廿二日（3.1）

赏三等勇勤公咸龄委散秩大臣，以头等侍卫在大门上行走。

二月

初七日（3.15）

广顺奏为蒙恩管理清漪园事务谢恩。

初九日（3.17）

以右翼总兵文秀为马兰镇总兵官兼总管内务府大臣。寻命文秀为正黄旗汉军副都统，仍留京为右翼总兵。以正蓝旗汉军副都统英廉署马兰镇总兵，兼总管内务府大臣，未到任前以镇国公溥丰署理。

初十日（3.18）

以礼亲王世铎管理健锐营事务。

四月

廿五日（5.31）

帝御太和殿传胪，赐一甲陈冕、寿耆、管廷献三人进士及第，二甲朱祖谋等一百二十四人进士出身，三甲叶大烜等一百八十一人同进士出身。

五月

初四日（6.8）

神机营奏：南苑驻操官兵撤回城内演练。

六月

初七日（7.10）

以获沛甘霖，帝诣大高殿报谢行礼。遣惇亲王奕誴等诣各宫庙拈香。

廿九日（8.1）

以久雨祈旸，帝诣大高殿拈香。遣惇亲王奕誴等诣各宫庙拈香。

七月

十三日（8.15）

以刑部尚书文煜、礼部右侍郎嵩申为总管内务府大臣。

廿六日（8.28）

以京畿雨旸失时，帝诣大高殿祈祷行礼。遣惇亲王奕誴等诣各宫庙拈香。

八月

初六日（9.6）

以覆试字迹不符，考取宗学教习举人吴恩照斥革严讯。礼部左侍郎张沄卿、工部右侍郎景善校阅试卷疏忽，下部议处。

十月

初五日（11.4）

帝御太和殿传胪，赐一甲杨廷弼、周选青、刘占魁三人武进士及第，二甲陈炽昌等十九人武进士出身，三甲刘永吉等一百十三人同武进士出身。

十四日（11.13）

赏户部尚书额勒和布、理藩院尚书乌拉喜崇阿、都察院左都御史延煦、总管内务府大臣广顺在紫禁城内骑马。

廿六日（11.25）

以户部尚书额勒和布为总管内务府大臣。著派嵩申管理清漪园事务。

十一月

十九日（12.18）

命大学士宝鋆教习庶吉士，大学士灵桂为武英殿总裁官。赏署两广总督曾国荃在紫禁城内骑马。

廿六日（12.25）

谕：禁门内外弁兵所用刀械，类皆钝折不堪，著该管大臣查明分别修整。

十二月

十二日（1884.1.9）

以雪泽未沾，帝诣大高殿祈祷行礼。遣惇亲王奕誴等诣各宫庙拈香。

廿一日（1.18）

以雪泽未降，帝复诣大高殿祈祷行礼。遣惇亲王奕誴等诣各宫庙拈香。

廿二日（1.19）

景寿病乞解职，允开去御前大臣銮仪卫差使。以科尔沁亲王伯彦讷谟祜为銮仪卫掌卫事大臣。

光绪十年 1884

正月

十五日（2.11）

帝御保和殿，赐近支宗藩、文武大臣、蒙古王、贝勒、贝子、公、额驸、台吉等暨朝鲜国使臣等宴。

十七日（2.13）

帝御乾清宫，赐廷臣等宴。

二月

十五日（3.12）

寿庄固伦公主卒。寻以头品荫生阿克东阿继与寿庄固伦公主为嗣，加恩予固伦额驸品级。廿二日，帝亲临赐奠。

三月

初二日（3.28）

内务府奏：太监刘憬华偷窃大内金瓶。谕：刘憬华著即处斩。

十三日（4.8）

奉懿旨：军机处为内外用人行政之枢纽。恭亲王奕訢等始尚小心匡弼，继则委蛇保荣，近年爵禄日崇，因循日甚。奕訢著加恩仍留世袭罔替亲王，赏食亲王全俸，开去一切差使并撤去恩加双俸，家居养疾。宝鋆著原品休致。协办大学士吏部尚书李鸿藻、兵部尚书景廉，均著开去一切差使，降二级调用。工部尚书翁同龢，著加恩革职留任，退出军机处，仍在毓庆宫行走，以示区别。礼亲王世铎、户部尚书额勒和布、阎敬铭、刑部尚书张之万，均著在军机大臣上行走。工部左侍郎孙毓汶著在军机大臣上学习行走。翌日，复奉懿旨：军机处遇有紧要事件，著会同醇亲王奕譞商办。俟皇帝亲政后，再降懿旨。

十六日（4.11）

以额勒和布现在军机大臣上行走，事务较繁，著开去总管内务府大臣之缺。

十七日（4.12）

命郡王衔贝勒奕劻总理行营事务，管理总理各国事务衙门事务。命克勤郡王晋祺、镇国公棍楚克林沁在御前大臣上学习行走。

四月

廿一日（5.15）

以雨泽稀少，帝诣大高殿祈祷行礼。遣惇亲王奕誴等诣各宫庙拈香。

廿五日（5.19）

奉懿旨：醇亲王奕譞第四子载洸病故，著赏银二千两，由广储司给发。

五月

初二日（5.26）

以节逾小满，雨泽未渥，帝诣大高殿祈祷行礼。派惇亲王奕誴等诣各宫庙拈香。

十二日（6.5）

以节届芒种，甘霖未渥，帝复诣大高殿、宣仁庙祈祷行礼。遣惇亲王奕誴等诣各宫庙拈香。

十五日（6.8）

以奉宸苑卿巴克坦布为总管内务府大臣。

二十日（6.13）

谕：本年十月初十日，恭遇皇太后五旬万寿庆辰。所有在京八旗官员及男妇太监等年六十以上者，均著加以恩赏，该部即遵谕行。今年秋审朝审照例办理，其情实人犯著停止勾决。

廿四日（6.17）

以节近夏至，尚未渥沛甘霖，帝诣大高殿、时应宫祈祷行礼。遣惇亲王奕誴等诣各宫庙拈香。

闰五月

初一日（6.23）

以文煜为武英殿大学士。

初二日（6.24）

命工部尚书福锟、理藩院尚书昆冈、都察院左都御史锡珍、工部右侍郎徐用仪、内阁学士兼礼部侍郎衔廖寿恒在总理各国事务衙门行走。

初六日（6.28）

以京师雨泽稀少，帝诣大高殿、昭显庙行礼。遣惇亲王奕誴等诣各宫庙拈香。

十五日（7.7）

以甘霖渥沛，帝诣大高殿、时应宫报谢行礼。遣惇亲王奕誴等诣各宫庙拈香。

七月

初三日（8.23）

福建马江之役。福建水师几乎全军覆没。初六日，明发上谕，对法宣战。实授张之洞为两广总督。

八月

初五日（9.23）

实授李鸿章为直隶总督，兼办理通商事务大臣、文华殿大学士。

初七日（9.25）

奉懿旨：醇亲王奕譞之子载沣，著加恩赏给不入八分辅国公。

初八日（9.26）

以吏部尚书广寿为总管内务府大臣。

初九日（9.27）

遣官祭昆明湖龙神祠。

十二日（9.30）

吏部尚书广寿卒，加恩追赠太子少保衔，赏给陀罗经被，派贝勒载漪带领侍卫十员，即日前往奠醊。照尚书例赐恤，并著赏银一千两。寻予谥敏达。

十四日（10.2）

以工部尚书福锟、兵部左侍郎耀年为总管内务府大臣。

九月

初八日（10.26）

命吏部左侍郎松溎在毓庆宫行走，命吏部尚书徐桐、刑部尚书张之万充上书房总师傅。

三十日（11.17）

命设立甘肃新疆行省，裁撤原设天山南北两路参赞、办事大臣等缺。

十月

初二日（11.19）

授刘锦棠为甘肃新疆巡抚，仍以钦差大臣督办新疆事宜。以甘肃布政使魏光焘为甘肃新疆布政使，甘肃按察使谭继洵为甘肃新疆按察使。

初七日（11.24）

皇太后御慈宁宫，帝捧觞上寿，彩衣躬舞，王、贝勒、贝子、公等以次进舞。礼成，赐近支亲藩等食。

初十日（11.27）

皇太后五旬万寿圣节。遣官祭太庙后殿、奉先殿。帝率王以下文武大臣、蒙古王、贝勒、贝子、额驸等诣慈宁门行庆贺礼。众官于午门外行礼。

十一日（11.28）

谕：本年恭逢皇太后五旬万寿，普天同庆。所有王公及京外文武官员现在议降议罚及以前有革职留任及降级罚俸之案，著加恩悉予宽免。

十二日（11.29）

以灵桂为武英殿大学士，额勒和布为体仁阁大学士。

十一月

十九日（1885.1.4）

以入冬得雪稀少，帝诣大高殿祈祷行礼。遣惇亲王奕誴等诣各宫庙拈香。

十二月

初二日（1.17）

以雪泽仍未优渥，帝诣大高殿祈祷行礼。遣惇亲王奕誴等诣各宫庙拈香。十四日亦如之。

廿六日（2.10）

以得沛祥霙，麦苗滋润，帝诣大高殿报谢行礼。遣惇亲王奕誴等诣各宫庙拈香。

光绪十一年 1885

正月

初四日（2.18）

帝御紫光阁，赐蒙古王、贝勒、贝子、公等并土观呼图克图、朝鲜国正副使臣等宴。

十六日（3.2）

帝御乾清宫，赐廷臣等宴。

二月

初八日（3.24）

镇南关大捷。

初九日（3.25）

命奉恩镇国公荣毓守护西陵。

初十日（3.26）

谕：此次内务府三院等处圈出之圆明园主事恒龄、委署主事德恒、六品苑丞景隆，清漪园六品苑丞承善、笔帖式毓桂，静明园六品苑丞锡惠，均著交吏部记名，照例选用。

十二日（3.28）

以寿庄固伦公主安葬园寝，遣贝子奕謨带领侍卫十员往奠茶酒。

以孚敬郡王安葬园寝，命惠郡王奕详带领侍卫十员往奠茶酒。

四月

十一日（5.24）

以雨泽稀少，帝诣大高殿祈祷行礼。遣惇亲王奕誴等诣各宫庙拈香。

十二日（5.25）

奉懿旨：醇亲王奕譞第六子著命名载洵。

十九日（6.1）

以京师得雨尚未优渥，帝复诣大高殿祈祷行礼，诣宣仁庙拈香。遣惇亲王奕誴等诣各宫庙拈香。

二十日（6.2）

帝御崇雅殿东穿堂，阅御前乾清门侍卫等步射，至廿七日皆如之。

廿八日（6.10）

以京师得雨仍未沾渥，帝再诣大高殿祈祷行礼，诣时应宫拈香。遣惇亲王奕誴等诣各宫庙拈香。

帝御紫光阁黄幄，阅御前乾清门侍卫等马射，至三十日皆如之。

五月

初一日（6.13）

帝御紫光阁黄幄，阅侍卫步射。

初九日（6.21）

奉懿旨：南北海应修工程，著御前大臣、军机大臣、奉宸苑会同醇亲王奕譞踏勘修饰。所有一切事宜，随时查明具奏。

十一日（6.23）

以雨泽愆期，帝诣大高殿祈祷行礼，并诣时应宫拈香。遣惇亲王奕誴诣各宫庙拈香。廿三日亦如之。

廿五日（7.7）

以甘澍优沾，帝诣大高殿报谢行礼，并诣时应宫拈香。遣惇亲王奕誴等诣各宫庙拈香。

六月

初三日（7.14）

奉懿旨：三海现修内外工程，著奉宸苑会同文铦等妥为修建，并随时报明醇亲王奕譞、御前大臣、军机大臣查核办理。至三海墙外，除南花园、升平署及衙署庙宇外，其余有碍住户应给房价及赏给迁移银两，著奉宸苑酌定数目，一并支销。

十一日（7.22）

郡王衔贝勒载澂卒，著赏给陀罗经被，派辅国公载濂带领侍卫十员，前往奠醊，并派总管内务府大臣巴克坦布办理丧事，加恩照郡王例赐恤。寻予谥果敏。

十二日（7.23）

以惠郡王奕详为内大臣。

七月

廿七日（9.5）

大学士左宗棠卒，著追赠太子太傅，照大学士例赐恤，赏银三千两治丧，由福建藩库给发。予谥文襄，入祀京师昭忠祠、贤良祠。

八月

初四日（9.12）

帝御紫光阁黄幄，阅精捷营马步技艺。翌日如之。

廿一日（9.29）

命辅国公荣颐守护东陵。

九月

初五日（10.12）

奉懿旨：著派醇亲王奕譞总理海军事务，所有沿海水师悉归节制调遣，并派庆郡王奕劻、大学士直隶总督李鸿章会同办理，正红旗汉军都统善庆、兵部右侍郎曾纪泽帮同办理。现当北洋练军伊始，即责成李鸿章专司其事。台湾为南洋门户，关系紧要，著将福建巡抚改为台湾巡抚，常川驻扎，福建巡抚事即著闽浙总督兼管。

十一日（10.18）

帝御紫光阁黄幄，阅精捷营马步技艺。翌日如之。

十月

二十日（11.26）

帝御紫光阁黄幄，阅侍卫等步射。至廿五日皆如之。

廿九日（12.5）

谕：庄亲王载勋自本年正月以来叠次请假，为日过多，殊属不合，著交宗人府议处。嗣后，王大臣等务当勤奋供职，不得无故托疾乞假，以重职守。

谕：禁城重地，理宜严肃，岂容当差人等任意种植菜蔬，刨挖砖瓦，甚至将污秽之物堆积地面，淤塞沟道。著内务府值年大臣严行查禁，有犯必惩。

十一月

初四日（12.9）

宗人府奏：已故贝勒载瀓护卫官员应否裁留。谕：此项减半护卫官员，著全行裁撤。

初八日（12.13）

以祥霙未沛，帝诣大高殿祈祷行礼。遣惇亲王奕誴等诣各宫庙拈香。廿四日亦如之。

廿七日（1886.1.1）

奉懿旨：前于咸丰年间因办理军务，需饷甚巨，将王公官员暨兵丁等俸饷减成放给，以济要需。现在军务敉平，自光绪十二年正月起，一律照旧制，全数放给。

十二月

初八日（1.12）

以京师得雪稀少，帝诣大高殿祈祷行礼。遣惇亲王奕誴等诣各宫庙拈香。

十二日（1.16）

奉懿旨：三海工程紧要，现在放款不敷，著粤海关监督设法筹款一百万两，分批解交奉宸苑应用。自光绪十二年起，由该关监督按年报效银三万两。此项银两未到以前，所有工程放项，著由神机营存款内酌量借支，俟粤海关款项解到即行归还。

奉懿旨：著户部自光绪十二年起，至二十一年止，于每年内务府经费银六十万两内拨十万两归工程处应用。内务府奏，年终发款不敷。著准由海军衙门存款内借银四十万两，以资应用，分作五年归还。

文麟罚款缴清，著以圆明园员外郎候补。

十三日（1.17）

以额勒和布为武英殿大学士，恩承为体仁阁大学士，阎敬铭为东阁大学士。

廿八日（2.1）

谕：贝勒载漪第二子著命名溥儁。

光绪十二年　1886

正月

十一日（2.14）

亲王衔惠郡王奕详卒。著赏给陀罗经被，派贝勒载滢带领侍卫十员，即日前往奠醊，派总管内务府大臣巴克坦布办理丧事，加恩照郡王例赐恤。其子载润即著承袭贝勒，载济著封为三等镇国将军。载润、载济年均幼稚，著派贝子奕谟管理府中一切事务。寻予祭葬，赏银三万两建立坟院碑亭，谥曰敬。

三月

初二日（4.5）

清明节。帝奉皇太后谒东陵。步入隆恩门，诣宝城前行礼躬奠，王以下文武大臣随同行礼。诣定东陵行敷土礼。礼毕，率王以下文武大臣诣隆恩殿行大飨礼。礼成，诣惠陵明楼前奠酒，再行辞谒礼。

初四日（4.7）

帝奉皇太后回銮。初七日回宫。

二十日（4.23）

奉懿旨：醇亲王奕譞、醇亲王福晋均著赏坐杏黄轿。

廿四日（4.27）

谕：前因三海工程紧要，钦奉懿旨谕饬粤海关监督筹银一百万两解交应用，系令该监督设法筹解，本与正款无涉。解清后，自光绪十二年起由该关监督按年各报效银三万两，系指明此项银两由嗣后各任监督按年报效归还。著海绪迅速如数筹备，分批解交奉宸苑以应亟需。

四月

十一日（5.14）

醇亲王奕譞奉懿旨，前往天津海口巡阅北洋水师。随行人员有帮办海军正红旗汉军都统善庆、海军衙门文案总办副都统恩佑以及太监李莲英等。

廿五日（5.28）

帝御太和殿传胪，赐一甲赵以炯、邹福保、冯煦三人进士及第，二甲彭述等一百三十人进士出身，三甲王文毓等一百八十六人同进士出身。

六月

初五日（7.6）

帝诣宁寿宫乐寿堂，问皇太后安，至廿九日皆如之。

十四日（7.15）

奉懿旨：皇帝亲政典礼，著于明年正月十五日举行。

十八日（7.19）

奉懿旨：醇亲王奕譞等奏，再行沥诚，吁恳训政。现勉允所请，于皇帝亲政后再行训政数年。

七月

初一日（7.31）

帝诣宁寿宫乐寿堂，问皇太后安，至廿九日皆如之。

八月

初一日（8.29）

帝诣宁寿宫乐寿堂，问皇太后安，至三十日皆如之。

初六日（9.3）

谕：前曾降旨续修《大清会典》一书。著将嘉庆十八年以后增定一切典礼及修改各衙门则例编辑成书，颁行中外。

十七日（9.14）

醇亲王奕譞奏：请设昆明湖水操学堂。查健锐营、外火器营本有昆明湖水操之例，后经裁撤。请仍复旧制，改隶神机营、海军衙门会同经理，并由北洋大臣酌保通晓洋务文武数员来京，俾资教练。

九月

初一日（9.28）

帝诣宁寿宫乐寿堂，问皇太后安，至十三日皆如之。

十月

初二日（10.28）

以大学士额勒和布、阎敬铭、恩承、协办大学士张之万为会典馆总裁官，吏部尚书锡珍、户部尚书翁同龢、礼部尚书延煦、兵部尚书乌拉喜崇阿、刑部尚书麟书、工部尚书潘祖荫为副总裁官。

初五日（10.31）

帝御太和殿传胪，赐一甲宋占魁、解兆鼎、何乃斌三人武进士及第，二甲桂芬等十七人武进士出身，三甲廖锦华等九十九人同武进士出身。

初七日（11.2）

奉懿旨：恭亲王奕訢著加恩赏还亲王双俸；原品休致大学士宝鋆著加恩以大学士致仕，赏食半俸。

十一月

廿七日（12.22）

冬至，祀天于圜丘，帝亲诣行礼。

十二月

初九日（1887.1.2）

以京师雪泽未渥，帝诣大高殿祈祷行礼。遣惇亲王奕誴等诣各宫庙拈香。

十九日（1.12）

以京师得霈祥霙，帝诣大高殿报谢行礼。遣惇亲王奕誴等诣各宫庙拈香。

廿二日（1.15）

谕：嗣后，贝勒载澍派往慕陵、慕东陵致祭，著在隆恩门内行礼。

光绪十三年　1887

正月

十三日（2.5）

奉懿旨：醇亲王奕譞之子载洵，著加恩赏给不入八分辅国公。

十五日（2.7）

帝亲政。诣大高殿拈香、寿皇殿行礼。诣慈宁门外，率王公大臣、蒙古王公等行庆贺礼。御太和殿，受王公大臣、文武百官朝贺。礼成，颁诏天下。

二月

初二日（2.24）

奉懿旨：皇帝亲诣庄顺皇贵妃（醇亲王奕譞生母）园寝行一跪三拜礼，奠酒三爵。

初九日（3.3）

奉懿旨：著派醇亲王奕譞、御前大臣、军机大臣、管理奉宸苑大臣将三海各门及围墙外面一切守卫并王大臣官员等出入各门章程，会同妥议具奏。寻定三海等处出入门禁并外围守卫事宜三十六条。

廿三日（3.17）

谕：朕于三月初七日启銮后，著派惇亲王奕誴，大学士恩承、阎敬铭，协办大学士、尚书福锟留京办事。

廿四日（3.18）

奉懿旨：礼亲王世铎奏请开去军机大臣要差，以符定制。不允。

三月

初七日（3.31）

帝奉皇太后启銮，谒西陵。十一日抵西陵，奠酒行礼。礼毕，诣庄顺皇贵妃园寝奠酒行礼，王以下文武大臣随同行礼。

十三日（4.6）

帝奉皇太后回銮。十六日回宫。

四月

十二日（5.4）

以节近立夏，尚未渥沛甘霖，帝诣大高殿祈祷行礼。遣惇亲王奕誴等诣各宫庙拈香。

十六日（5.8）

以甘霖沾足，帝诣大高殿报谢行礼。遣惇亲王奕誴等诣各宫庙拈香。

闰四月

十四日（6.5）

醇亲王奕譞等奏：部拨海军经费解不足数，请旨饬催。

五月

十九日（7.9）

奉懿旨：醇亲王奕譞第七子著命名载涛。

二十日（7.10）

醇亲王奕譞面奉懿旨：皇帝大婚典礼应需款项，著户部先行筹拨银二百万两。其各省织造、监督恭办传用各件所需款项，著户部于各该省豫为指派二百万两。

廿二日（7.12）

帝御紫光阁黄幄，阅侍卫等步射。

廿四日（7.14）

以甘霖未沛，帝诣大高殿祈祷行礼。遣惇亲王奕誴等诣各宫庙拈香。六月初一日亦如之。

七月

廿八日（9.15）

帝御紫光阁黄幄，阅侍卫等步射。

九月

初二日（10.18）

帝御紫光阁黄幄，阅侍卫等步射。初七日、十二日、十七日皆如之。

十月

廿五日（12.9）

帝奉皇太后幸醇亲王邸第视疾。

十一月

初三日（12.17）

帝奉皇太后幸醇亲王邸第视疾。

初四日（12.18）

玉牒馆恭进玉牒，帝诣乾清宫东暖阁行礼。

初十日（12.24）

帝御紫光阁黄幄，阅侍卫等步射。

十一日（12.25）

宗人府奏：固山贝子溥伦等年幼无依，请派员照料。谕：著派奕谟照料。

十九日（1888.1.2）

以京师未得雪泽，帝诣大高殿祈祷行礼。遣惇亲王奕誴等诣各宫庙拈香。

帝奉皇太后幸醇亲王邸第视疾。

十二月

初二日（1.14）

帝奉皇太后幸醇亲王邸第视疾。

初三日（1.15）

以雪泽未沾，帝复诣大高殿祈祷行礼。遣惇亲王奕誴等诣各宫庙拈香。

十五日（1.27）

以祥霙渥沛，帝诣大高殿报谢行礼。遣惇亲王奕誴等诣各宫庙拈香。

二十日（2.1）

帝奉皇太后幸醇亲王邸第视疾。

廿五日（2.6）

以奉宸苑卿崇光为总管内务府大臣。

光绪十四年　1888

正月

十六日（2.27）

帝奉皇太后幸醇亲王邸第视疾。

十七日（2.28）

奉懿旨：命户部添拨皇帝大婚用款一百万两。

二月

初一日（3.13）

谕：溯自同治以来前后二十余年，我圣母皇太后为天下忧劳，无微不至，不克稍资颐养。因念西苑密迩宫庭，圣祖仁皇帝曾经驻跸，殿宇尚多完整，稍加修葺，可以养性怡神。万寿山大报恩延寿寺，为高宗纯皇帝侍奉孝圣宪皇后三次祝嘏之所，敬踵前规，尤征祥洽。其清漪园旧名，拟改为颐和园。殿宇一切亦量加葺治，以备慈舆临幸。现在西苑将次告竣，谨择于四月初十日恭奉皇太后銮舆驻跸。其一切值班守卫事宜，均照王大臣等前奏章程，敬谨办理。

奉懿旨：自垂帘听政以后，夙夜祇惧。今虽寰宇粗安，不遑暇逸之心，无时少弛。此举为皇帝孝养所关，深宫未忍过拂，况工用所需悉出节省羡余，未动司农正款。但外间传闻不悉，或竟疑圆明园工程亦由此陆续兴办，则甚非深宫兢惕之本怀。

初九日（3.21）

命奉恩辅国公意普守护西陵。

十二日（3.24）

谕：此次内务府三院等处圈出之圆明园主事德恒、六品苑丞贵崇、景隆，颐和园六品苑丞承善，静明园六品苑丞锡惠，静宜园六品苑丞海龄，均著交吏部记名，照例选用。

十七日（3.29）

帝奉皇太后幸醇亲王邸第视疾。

四月

初七日（5.17）

海军衙门奏：请添拨经费一百万两，用于支出不敷及修理颐和园工程之款。

初十日（5.20）

帝驻跸西苑，诣德昌门外迎侍皇太后驻澄怀堂。奉皇太后幸纯一斋，侍晚膳。

十一日（5.21）

帝诣澄怀堂，问皇太后安，至三十日皆如之。

廿三日（6.2）

以祈雨前期渥沛甘霖，改祈为报，帝诣大高殿报谢行礼。遣贝勒载滢等诣各宫庙拈香。

五月

初一日（6.10）

帝诣澄怀堂，问皇太后安，至初九日皆如之。

初十日（6.19）

先一日，皇太后幸储秀宫驻跸。是日，帝诣储秀宫，问皇太后安，至十二日皆如之。

十二日（6.21）

帝奉皇太后驻跸西苑澄怀堂。

十三日（6.22）

帝诣澄怀堂，问皇太后安，至廿九日皆如之。

十六日（6.25）

以京师雨泽尚未沾足，帝诣大高殿祈祷行礼。遣惇亲王奕誴等诣各宫庙拈香。廿六日亦如之。

廿八日（7.7）

守护东陵大臣载迁等奏：前藏达赖喇嘛专差叩谒定东陵，呈进佛像。谕：镀金佛像十八尊，著成作供案，敬供东暖阁内。

六月

初一日（7.9）

帝诣澄怀堂，问皇太后安，至廿三日皆如之。

初六日（7.14）

以京师雨泽愆期，帝诣大高殿祈祷行礼。遣惇亲王奕誴等诣各宫庙拈香。

十三日（7.21）

以京师得雨，帝诣大高殿报谢行礼。遣惇亲王奕誴等诣各宫庙拈香。

十九日（7.27）

奉懿旨：前因皇帝甫经亲政，勉允臣工之请训政数年。两年以来，皇帝几余典学，益臻精进，于军国大小事务均能随时剖决，措置合宜，深宫甚为欣慰。明年正月大婚礼成，应即亲裁大政，以慰天下臣民之望。寻奉懿旨：著于明年二月初三日归政。

廿四日（8.1）

帝诣仪鸾殿，问皇太后安。寻奉皇太后回宫。

廿五日（8.2）

帝诣储秀宫，问皇太后安，至三十日皆如之。

七月

初一日（8.8）

帝奉皇太后驻跸西苑。

初二日（8.9）

帝诣仪鸾殿，问皇太后安，至廿九日皆如之。

十三日（8.20）

帝奉皇太后幸醇亲王邸第视疾。

八月

初一日（9.6）

帝诣仪鸾殿，问皇太后安，至初六日皆如之。

初六日（9.11）

帝奉皇太后回宫。

初七日（9.12）

帝诣储秀宫，问皇太后安，至初九日皆如之。

初九日（9.14）

帝奉皇太后驻跸西苑。

初十日（9.15）

帝诣仪鸾殿，问皇太后安，至廿九日皆如之。

廿六日（10.1）

奉懿旨：醇亲王奕譞奏，海军章程已定，病仍未痊，归政有期，恳恩开去差使。惟念海军关系重大，迥非寻常庶政可比，所有海军衙门一切事宜仍著醇亲王照常经理，其神机营事务并著照旧管理。明年归政后，该衙门具奏事件毋庸列衔。

九月

初一日（10.5）

帝诣仪鸾殿，问皇太后安，至廿八日皆如之。

奉懿旨：醇亲王府第为皇帝潜邸，应恪遵雍正二年成宪及乾隆五十九年谕旨，升为宫殿，著准其恭缴。贝子毓橚府第，著赏给醇亲王居住，并赏银十万两，由王自行修理，俟修竣后再行移居。

廿八日（11.1）

帝奉皇太后回宫。

十月

初一日（11.4）

帝诣储秀宫，问皇太后安，至十三日皆如之。

初五日（11.8）

奉懿旨：副都统桂祥之女叶赫那拉氏端庄贤淑，著立为皇后。原任侍郎长叙之十五岁女他他喇氏著封为瑾嫔，十三岁女他他喇氏著封为珍嫔。

十三日（11.16）

帝奉皇太后驻跸西苑。

十四日（11.17）

帝诣仪鸾殿，问皇太后安，至廿九日皆如之。

十一月

初一日（12.3）

帝诣仪鸾殿，问皇太后安，至十六日皆如之。

初六日（12.8）

北洋大臣李鸿章进呈小火车，供西苑紫光阁铁路之用。

十四日（12.16）

本年二月，懿旨有颐和园工程不动司农正款之谕。醇亲王奕譞苦于万寿山工程经费不足，日前致函直督李鸿章，嘱其联络各省督抚于正款之外筹集一笔款项专供园工之需。至是，粤督张之洞致电李鸿章，万寿山工程祝嘏孝养，粤省谨当力筹一百万两，不动正款，分五年解足，每年四季解津。又以现银须有文批，建议将此款项作为海军衙门备用之款。既而江督曾国荃等亦纷纷认筹，日后总计得款二百六十万两，解津以海军名义存洋行生息，名为海军巨款，以每年息银供园工应用。

十六日（12.18）

帝奉皇太后回宫。

十九日（12.21）

帝诣储秀宫，问皇太后安，至三十日皆如之。

廿一日（12.23）

李鸿章致函醇亲王奕譞谓：万寿山工程用款除粤督认筹一百万之外，曾国荃认筹八十万两，分两年解清；湖广总督裕禄认解四十万两，分三年解清；四川总督刘秉璋认解二十万，分五年解清。又云直隶财力虽窘，亦勉强凑解二十万，合共二百六十万两。

十二月

初一日（1889.1.2）

帝诣储秀宫，问皇太后安，至廿九日皆如之。

初八日（1.9）

谕：明年举行归政典礼，崇上皇太后徽号。著于光绪十五年举行恩科乡试，十六年举行恩科会试。

派军机大臣礼亲王世铎、额勒和布、张之万、许庚身、孙毓汶充方略馆总裁。

十三日（1.14）

以京畿雪泽稀少，帝诣大高殿祈祷行礼。遣贝勒载滢等诣各宫庙拈香。

十五日（1.16）

海军衙门奏：请将直省各督抚认筹款项解存天津生息，以海军经费名目正式立案，兼为颐和园修葺工程经费来源。直省各督抚共筹银二百六十万两，分批解津，不惟海防缓急足恃，腾出闲杂各款专顾钦工，亦不致有误盛典。奉懿旨：允之。

是日午夜，紫禁城内太和门等处失火。火由贞度门而起，旋燃及太和门，并烧毁武备院、毡库，至昭德门而止。

十六日（1.17）

以祥霙普被，帝诣大高殿报谢行礼。遣贝勒载滢等诣各宫庙拈香。

二十日（1.21）

奉懿旨：本月十六日贞度门不戒于火，固属典守不慎，而遇灾知儆，修省宜先，所有颐和园工程，除佛宇暨正路殿座外，其余工作一律停止，以昭节俭而迓庥和。

光绪十五年　1889

正月

初一日（1.31）

帝诣储秀宫，问皇太后安，至三十日皆如之。

十八日（2.17）

帝奉皇太后幸惇亲王邸第看视。

十九日（2.18）

惇亲王奕誴卒。著照亲王例赐恤，赏给陀罗经被，派贝勒载滢带领侍卫十员，即日前往奠醊，并派总管内务府大臣师曾办理丧事。其子奉恩辅国公载濂著即承袭贝勒，并赏加郡王衔。贝勒载漪，著赏假百日穿孝。寻谥曰勤。

廿二日（2.21）

奉懿旨：本年正月举行皇帝大婚典礼，二月举行归政典礼，普天率土，抃舞胪欢。所有现在京城之外国使臣巴兰德、田贝、盐田三郎、华尔身、库满、罗德理、李梅、维礼用，著总理衙门庆郡王奕劻等于二月内择日在署设宴款待，并颁给如意、缎匹等件。

以御史林绍年奏，督抚报效有关政体民生，请旨饬禁。奉懿旨：海军为经国要图，自光绪十一年创办以来，需款浩繁。前据总理海军事务衙门奏准，由两江等省于正杂诸款内腾挪巨款，分年拟解天津，由李鸿章发商生息。其每年息银则以补海军衙门放项之不敷，并无令各省督抚报效之事。该御史此奏乃以朝廷责进献、督抚肆诛求等语任意揣测，殊属谬妄，林绍年著传旨严行申饬。

廿五日（2.24）

遣礼部尚书李鸿藻为正使、总管内务府大臣续昌为副使，持节诣皇后邸行大徵礼。

廿六日（2.25）

以大婚册立皇后，前期遣官告祭天地、太庙后殿、奉先殿。帝礼服诣太和殿阅视皇后册宝，遣大学士额勒和布为正使、礼部尚书奎润为副使，持节奉册宝诣皇后邸，册封叶赫那拉氏为皇后。

廿七日（2.26）

帝大婚。皇后由邸第升凤舆，銮仪卫陈仪仗车辂，鼓乐前导，由大清中门行御道，至乾清宫降舆。帝礼服诣坤宁宫行合卺礼。

廿八日（2.27）

奉懿旨：醇亲王奕譞著赏添头等二等护卫各一员、三等护卫二员，加赏修葺府第银六万两，由户部给发。伊子不入八分辅国公载沣，著晋封为入八分镇国公。不入八分辅国公载洵，著晋封为入八分辅国公，赏食全俸。载涛著赏给头品顶戴，并赏戴花翎。

二月

初一日（3.2）

帝诣储秀宫，问皇太后安，至廿八日皆如之。

初二日（3.3）

皇太后御慈宁宫升座。皇后行朝见礼，盥馈醴飨如仪。

初三日（3.4）

皇太后归政。帝率王以下大学士、六部九卿诣慈宁门行庆贺礼。帝御太和殿，王以下文武大臣官员、蒙古王公暨朝鲜使臣行朝贺礼。礼成，颁诏天下。帝御乾清宫，皇后率瑾嫔、珍嫔行礼。

以恩承为东阁大学士，张之万为体仁阁大学士。

十五日（3.16）

以崇上皇太后徽号，前期遣官告祭天地、太庙、社稷。翌日，恭上皇太后徽号册宝曰慈禧端佑康颐昭豫庄诚寿恭皇太后。

廿八日（3.29）

帝奉皇太后驻跸西苑。奉皇太后幸纯一斋，侍晚膳。

廿九日（3.30）

帝诣仪鸾殿，问皇太后安。

三月

初一日（3.31）

帝诣仪鸾殿，问皇太后安，至三十日皆如之。

廿三日（4.22）

帝奉皇太后幸颐和园，阅神机营水陆各操。诣龙王庙拈香，翌日如之。

廿八日（4.27）

谕：署正白旗满洲副都统明秀奏，印信被窃，请将参领议处并自请议处。据称本月廿三日夜间，被贼盗去都统印信。该旗都统伯彦讷谟祜、副都统容贵均在颐和园当差。旗署重地，何以漫无觉察，竟至印信被窃，殊堪诧异。印务参领承龄，著先行交部议处。

四月

初一日（4.30）

帝诣仪鸾殿，问皇太后安，至十五日皆如之。

初八日（5.7）

奉懿旨：上月廿三日临幸颐和园，阅视神机营水陆各操，队伍整齐，声势联络，实深嘉悦。醇亲王奕譞、管队大臣庆郡王奕劻，均著交宗人府从优议叙。都统德福、札拉丰阿，副都统熙敬、容贵，全营翼长副都统秀吉、恩佑，均著交部议叙。营务翼长祥普等并各委员管带等官，均著交总理海军事务衙门酌加褒奖。其余各项书手兵丁等，加恩赏银五千两。

十一日（5.10）

奉旨：景寿著再赏假一个月调理，至所管正黄旗满洲都统著德福署理，奉宸苑著晋祺署理，圆明园印钥著派奕绸暂行佩带，上虞备用处印钥著派伯彦讷谟祜暂行佩带。

十六日（5.15）

以节近小满，雨泽尚稀，帝诣大高殿祈祷行礼。遣贝勒载滢等诣各宫庙拈香。

帝诣澄怀堂，问皇太后安，至三十日皆如之。

廿五日（5.24）

帝御太和殿传胪，赐一甲张建勋、李盛铎、刘世安三人进士及第，二甲杜本崇等一百三十二人进士出身，三甲孙廷翰等一百九十六人同进士出身。

廿六日（5.25）

以祈雨未应，帝复诣大高殿祈祷行礼，诣宣仁庙拈香。遣贝勒载滢等诣各宫庙拈香。

谕：朕大婚礼成，行庆推恩，所有近支王公勋旧后裔，除业经分别奖叙外，贝勒载漪著赏加郡王衔，二等镇国将军载澜著封为不入八分辅国公，委散秩大臣载瀛、载津著封为二等镇国将军，载澜之子溥倬著赏给二品顶戴。

五月

初一日（5.30）

帝诣西苑澄怀堂，问皇太后安，至廿九日皆如之。

初六日（6.4）

以待泽仍殷，帝诣大高殿祈祷行礼，诣时应宫拈香。遣贝勒载滢等诣各宫庙拈香。

十三日（6.11）

赏修理惇亲王园寝银四万两，派内务府大臣师曾前往办理。

十八日（6.16）

以待泽仍殷，帝复诣大高殿祈祷行礼，诣宣仁庙拈香。遣贝勒载滢等诣各宫庙拈香。

廿七日（6.25）

以甘霖叠沛，帝亲诣大高殿报谢行礼，诣时应宫拈香。遣贝勒载滢等诣各宫庙拈香。

六月

初一日（6.28）

帝诣西苑仪鸾殿，问皇太后安，至三十日皆如之。

初二日（6.29）

云贵总督岑毓英卒，晋赠太子太傅，入祀贤良祠，赏银一千两治丧，予谥襄勤。

十一日（7.8）

海署奕劻等奏：该衙门经费本有入不敷出之势，惟以今岁而论，可每年腾挪三十万两用于颐和园工程。

十二日（7.9）

海署奕劻等奏：各省关应解海防经费限满，请分别劝惩。奉旨：此项经费关系紧要，即著该督抚饬司将欠解银两迅即如数拨解，毋再迟延，致误要需。

谕：奕劻等奏，请饬内务府归还海军衙门借款。著总管内务府大臣即将十三年份欠解银一万两、十四年份应还银八万两并本年应还之款一并迅筹解还，勿再延宕。

七月

初一日（7.28）

帝诣仪鸾殿，问皇太后安，至廿九日皆如之。

八月

初一日（8.26）

帝诣仪鸾殿，问皇太后安，至三十日皆如之。

初八日（9.2）

师曾奏：据候补五品京堂志勋呈称，伊兄固伦额驸志端承祧无人，情愿将伊子麟光承继为嗣。谕：志勋之子麟光，著继与荣寿固伦公主为嗣，加恩给予固伦额驸品级。

廿四日（9.18）

天坛祈年殿遭雷击失火，延烧斋宫凡七十余间。

九月

初一日（9.25）

帝诣仪鸾殿，问皇太后安，至廿九日皆如之。

十月

初一日（10.24）

帝诣仪鸾殿，问皇太后安，至三十日皆如之。

初五日（10.28）

帝御太和殿传胪，赐一甲李梦说、徐海波、傅懋凯三人武进士及第，二甲纪堪荣等十一人武进士出身，三甲张连升等一百十六人同武进士出身。

十一月

初一日（11.23）

帝诣仪鸾殿，问皇太后安，至廿五日皆如之。

十二月

初一日（12.22）

帝诣仪鸾殿，问皇太后安，至初八日皆如之。

初九日（12.30）

帝奉皇太后回宫。诣储秀宫，问皇太后安，至三十日皆如之。

十四日（1890.1.4）

以京畿雪泽稀少，帝诣大高殿祈祷行礼。遣贝勒载濂等诣各宫庙拈香。廿二日亦如之。

本年

总理海军衙门大臣奕譞等奏：因驾幸昆明湖随从船只较少，当饬海军衙门添造八只。昨据覆称，饬商赶办，届时可成无棚棹船四只。

光绪十六年　1890

正月

初一日（1.21）

帝诣储秀宫，问皇太后安，至十五日皆如之。

十五日（2.4）

帝诣启祥门外，跪送皇太后驻跸西苑。

二月

初一日（2.19）

帝诣仪鸾殿，问皇太后安，至三十日皆如之。

廿九日（3.19）

谕：朕于闰二月十九日启銮后，著派肃亲王隆勤、大学士恩承、协办大学士尚书福锟、徐桐、尚书昆冈留京办事。

闰二月

初一日（3.21）

帝诣仪鸾殿，问皇太后安，至十五日皆如之。

十五日（4.4）

帝奉皇太后启銮，谒东陵。十九日，抵陵，诣宝城前行礼。王以下文武大臣均随同行礼。

廿一日（4.10）

帝奉皇太后回銮。廿三日回宫，驻跸西苑。

廿四日（4.13）

帝诣仪鸾殿，问皇太后安，至廿九日皆如之。

奉懿旨：著派醇亲王奕譞会同御前大臣、总管内务府大臣妥议颐和园一切章程。

奕譞等恭备临幸颐和园各项随扈人员、墙外值班官兵及所需内外口分添造船只一切事宜，拟就颐和园章程七条缮单进呈。

三月

初一日（4.19）

帝诣仪鸾殿，问皇太后安，至三十日皆如之。

初四日（4.22）

以农田布种亟盼渥泽，帝诣大高殿祈祷行礼。遣贝勒载濂等诣各宫庙拈香。

十二日（4.30）

以得有微雨，尚未渥沛甘霖，帝诣大高殿祈祷行礼、宣仁庙拈香。遣贝勒载濂等诣各宫庙拈香。

廿一日（5.9）

以节届立夏，尚未渥沛甘霖，帝诣大高殿祈祷行礼、时应宫拈香。遣贝勒载漪等诣各宫庙拈香。

廿二日（5.10）

颁二旬万寿恩诏。帝御太和殿，王公百官行朝贺礼。

廿六日（5.14）

以渥沛甘霖，帝诣大高殿报谢行礼。遣贝勒载濂等诣各宫庙拈香。

三十日（5.18）

嵩申、师曾奏为恩赏颐和园司员、苑丞、苑副暨园役、闸军等缎绸银两谢恩。

本月

内务府奏：皇太后幸颐和园，赏管理颐和园大臣嵩申、师曾小卷尺头各一套，郎中廷琦、帮办郎中保桂、熙曾小卷尺头各一件，协理六品苑丞等每员各赏银二两。七品苑丞至效力柏唐阿共五十三员，此次由管理园庭大臣至效力柏唐阿共五十六员。上次园役头目十五名，此次园役头目二十五名。上次园役一百七十名，此次园役三百九名。

四月

初二日（5.20）

帝诣仪鸾殿，问皇太后安，至廿九日皆如之。

初八日（5.26）

奉懿旨：工部尚书熙敬著赏给大卷尺头一套、大匣帽缨一匣，由缎库、茶库预备。

十二日（5.30）

以京师雨泽愆期，帝诣大高殿祈祷行礼。遣贝勒载滢等诣各宫庙拈香。

十九日（6.6）

以京师得雨尚未深透，帝诣大高殿祈祷行礼、时应宫拈香。遣贝勒载澍等诣各宫庙拈香。

廿五日（6.12）

帝御太和殿传胪，赐一甲吴鲁、文廷式、吴荫培三人进士及第，二甲萧大猷等一百三十六人进士出身，三甲王肇敏等一百八十七人同进士出身。

廿八日（6.15）

以雨泽稀少，帝再诣大高殿祈祷行礼、时应宫拈香。仍遣贝勒载澍等诣各宫庙拈香。

五月

初一日（6.17）

帝诣仪鸾殿，问皇太后安，至三十日皆如之。

十一日（6.27）

以京师节逾夏至，仍未渥沛甘霖，于大高殿设坛祈祷，帝亲诣行礼。遣贝勒载濂等诣各宫庙拈香。

十七日（7.3）

帝幸画舫斋，阅侍卫等步射，至廿四日皆如之。

十九日（7.5）

以京师得雨尚未优渥，帝诣大高殿祈祷行礼、时应宫拈香。遣贝勒载漪等诣各宫庙拈香。

廿一日（7.7）

以渥沛甘霖，郊原沾润，帝诣大高殿报谢行礼。遣贝勒载濂等诣各宫庙拈香。

六月

初一日（7.17）

帝诣仪鸾殿，问皇太后安，至三十日皆如之。

初七日（7.23）

帝诣大高殿祈祷行礼。遣贝勒载濂等诣各宫庙拈香。

十一日（7.27）

以大雨不止，帝亲诣大高殿行礼、宣仁庙拈香。遣贝勒载濂等诣各宫庙拈香。

廿三日（8.8）

世续奏为蒙恩管理颐和园事务谢恩。

廿五日（8.10）

帝奉皇太后幸纯一斋，侍晚膳。赐内廷王大臣及蒙古王、贝勒、贝子、公、额驸等食，至廿七日皆如之。

廿六日（8.11）

万寿节前期，帝诣仪鸾殿皇太后前行礼。

廿八日（8.13）

万寿节。帝诣大高殿、寿皇殿行礼。

七月

初一日（8.15）

帝诣仪鸾殿，问皇太后安，至廿九日皆如之。

八月

初一日（9.14）

帝诣仪鸾殿，问皇太后安，至三十日皆如之。

初八日（9.21）

帝亲诣醇亲王邸第视疾。

九月

初一日（10.14）

帝诣仪鸾殿，问皇太后安，至廿九日皆如之。

十五日（10.28）

谕：御史吴兆泰奏，请节省颐和园工程。颐和园殿座，即系从前大报恩延寿寺，为高宗纯皇帝侍奉孝圣宪皇后三次祝嘏之所，殿宇一切均系旧有工程。朕仰维皇太后垂帘听政，二十余年宵旰忧勤，不遑暇逸。朕亲裁大政，自应倍隆颐养，以冀稍尽孝思，是以将原有工程量加修葺，恭备慈舆临幸。吴兆泰著交部严加议处。

廿一日（11.3）

嵩申、师曾奏：为九月二十日赏颐和园司员、苑丞、苑副暨园役、闸军等绸缎、银两谢恩。

十月

初一日（11.12）

帝诣仪鸾殿，问皇太后安，至三十日皆如之。

初二日（11.13）

两江总督曾国荃卒，赠太子太傅，赏银三千两治丧，照总督例赐恤，入祀京师昭忠祠、贤良祠，予谥忠襄。

初五日（11.16）

帝御太和殿传胪，赐一甲张宪周、李承恩、陈邦荣武进士及第，二甲谭鳌等十九人武进士出身，三甲叶鸿钧等三十五人同武进士出身。

初九日（11.20）

帝奉皇太后幸颐年殿，侍晚膳。

十一月

初一日（12.12）

帝诣仪鸾殿，问皇太后安，至廿九日皆如之。

十三日（12.24）

命辅国公载泽带领侍卫十员，往奠故怡亲王载敦茶酒，赏陀罗经被，加赏银一千两治丧。寻予谥曰端。

十六日（12.27）

谕：昨日丽皇贵太妃薨逝。十八日朕亲诣奠酒行礼。大内以下、宗室以上并王公文武官员，著于是日素服一日。

十九日（12.30）

帝奉皇太后幸醇亲王邸第视疾。

廿一日（1891.1.1）

丑刻，醇亲王奕譞卒。帝奉皇太后幸醇亲王邸第赐奠，帝成服行礼。赏给奕譞陀罗经被，派总管内务府大臣福锟、礼部尚书昆冈、工部尚书熙敬、礼部左侍郎钱应溥办理丧事。镇国公载沣，即日承袭王爵。寻赐谥曰贤。

十二月

初一日（1.10）

帝诣仪鸾殿，问皇太后安，至廿九日皆如之。

初四日（1.13）

以京师节逾小寒，未沾雪泽，帝诣大高殿祈祷行礼。遣庆郡王奕劻等诣各宫庙拈香。

初十日（1.19）

帝诣醇贤亲王邸第，行初祭礼。

十四日（1.23）

以节逾大寒，尚未渥沛祥霙，帝诣大高殿祈祷行礼。遣贝勒载漪等诣各宫庙拈香。

十六日（1.25）

帝奉皇太后幸醇贤亲王邸第，行大祭礼。

十七日（1.26）

奉懿旨：醇贤亲王福晋、醇亲王载沣，均著加恩赏食亲王全俸。入八分辅国公载洵，著晋封为入八分镇国公，仍著加恩赏食全俸。镇国将军载涛，著晋封为不入八分辅国公。

十九日（1.28）

帝奉皇太后幸醇贤亲王邸第，行启奠礼。

二十日（1.29）

醇贤亲王金棺奉移园寓，帝亲诣恭送行礼。

廿一日（1.30）

帝诣醇贤亲王园寓金棺前行礼。

廿九日（2.7）

帝奉皇太后回宫。

光绪十七年　1891

正月

初一日（2.9）

帝诣储秀宫，问皇太后安，至初三日皆如之。

初五日（2.13）

帝奉皇太后驻跸西苑。

初六日（2.14）

帝诣仪鸾殿，问皇太后安。

初八日（2.16）

帝诣仪鸾殿，问皇太后安，至廿九日皆如之。帝驻跸西苑。

廿五日（3.5）

帝于紫光阁召见各国驻京公使、参赞等三十二人。

二月

初一日（3.10）

帝诣仪鸾殿，问皇太后安，至三十日皆如之。

十一日（3.20）

派正黄旗汉军副都统奕功管理圆明园八旗包衣三旗官兵并鸟枪营事务。

十三日（3.22）

谕：此次内务府三院等处铃出之圆明园主事德恒、六品苑丞贵崇，静明园六品苑丞锡惠、笔帖式成明，颐和园笔帖式连吉，均著交吏部记名，照例选用。

十六日（3.25）

总理海军事务衙门奕劻等奏：查颐和园自开工以来，每岁暂由海军经费内腾挪三十万两拨给工程处应用，复将各省督抚认筹海军巨款二百六十万陆续解津发存生息，所得息银专归工用。海军初创，用度实繁，幸赖海防新捐稍资补苴。惟每年拨工之款，原属无多，各省认筹银两亦非一时所能解齐，钦工紧要，思维至再，只有腾挪新捐暂作权宜之计，所有工程用款即由新海防捐输项下暂行挪垫，一俟津存生息集有成数，陆续提解臣衙门分别归款。从之。

三月

初一日（4.9）

帝诣仪鸾殿，问皇太后安，至廿九日皆如之。

初十日（4.18）

总管内务府奏：此次恩赏王大臣及各衙门备差官员、兵丁等清单呈览。奉懿旨：著照单赏给。

四月

初一日（5.8）

帝诣仪鸾殿，问皇太后安，至初四日皆如之。初七日至廿七日亦如之。

二十日（5.27）

谕：前经降旨修葺颐和园，恭备皇太后慈舆临幸。现在工程将次就竣，钦奉慈谕于本月二十八日幸颐和园，即于是日驻跸，越日回宫。从此慈驾往来游豫，颐养冲和，数十年宵旰勤劳，稍资休息。

谕：本月廿八日皇太后驻跸颐和园，朕是日先往祗候跪接，王公百官均穿蟒袍补褂于三座门外跪送。朕于是日仍还画舫斋。五月初一日，皇太后由颐和园还西苑，王公百官仍穿蟒袍补褂于三座门外跪接。

廿一日（5.28）

以节逾小满，农田待泽，帝亲诣大高殿祈祷行礼。遣贝勒载澍等诣各宫庙拈香。

廿六日（6.2）

总理海军事务衙门奏：颐和园工程紧要，请借动出使经费。从之。

廿八日（6.4）

帝奉皇太后幸颐和园，驻跸。翌日，帝回宫。

五月

初一日（6.7）

帝奉皇太后驻跸西苑。帝诣仪鸾殿，问皇太后安，至十三日皆如之。

十六日（6.22）

帝诣仪鸾殿，问皇太后安，至廿九日皆如之。

本月

颐和园常年经费，自本月起从粤海关常税项下拨银三万两、闽海关常税项下拨银一万两，共四万两，其不敷之数由户部拨足。

六月

初一日（7.6）

帝诣仪鸾殿，问皇太后安，至三十日皆如之。

七月

初一日（8.5）

帝诣仪鸾殿，问皇太后安，至廿九日皆如之。

八月

初一日（9.3）

帝诣仪鸾殿，问皇太后安，至三十日皆如之。

初七日（9.9）

宗人府奏：奉恩镇国公载洵应否添给护卫官员。得旨：著照例添给。

廿五日（9.27）

奕劻等奏：此次册报实存出使经费银一百九十七万余两，款内已于本年四月间准海军衙门咨开奏准，暂行借拨颐和园工程银一百万两，由津生息项下按年尽数归还。

廿八日（9.30）

颐和园应用电灯，经广东鱼雷学堂洋教习德弁马驷在德厂订购，一切机件为数甚繁，办理尚属妥速，远道运京亦无伤损，著赏给德弁马驷三等第三宝星。

九月

初一日（10.3）

帝诣仪鸾殿，问皇太后安，至三十日皆如之。

十六日（10.18）

奉旨：嗣后，各国使臣觐见之地，由紫光阁改为承光殿。

十七日（10.19）

总管内务府奏：此次恩赏王大臣及各衙门备差官员、兵丁等清单呈览。奉懿旨：著照单赏给。

十月

初一日（11.2）

帝诣仪鸾殿，问皇太后安，至廿九日皆如之。

十一月

初一日（12.1）

帝诣仪鸾殿，问皇太后安，至三十日皆如之。

初三日（12.3）

赏克勤郡王晋祺、庆郡王奕劻、户部尚书翁同龢、都察院左都御史孙家鼐在西苑门内骑马。

初七日（12.7）

命奉宸苑卿立山在总管内务府大臣上行走。翌日，实授立山为总管内务府大臣兼管奉宸苑事务。

十二月

初一日（12.31）

帝诣仪鸾殿，问皇太后安，至三十日皆如之。

三十日（1892.1.29）

帝奉皇太后还储秀宫。

光绪十八年 1892

正月

初一日（1.30）

帝诣储秀宫，问皇太后安，翌日如之。

初二日（1.31）

帝跪送皇太后驻跸西苑。

初三日（2.1）

帝诣仪鸾殿，问皇太后安，初四日至初七日、十一日至廿九日亦如之。

二月

初一日（2.28）

帝诣仪鸾殿，问皇太后安，初二日至初六日、初八日至廿九日亦如之。

廿七日（3.25）

贝子毓橚因病开去差使，命镇国公载迁守护西陵。

三月

初一日（3.28）

帝诣仪鸾殿，问皇太后安，至廿二日皆如之。

廿二日（4.18）

帝诣福华门外跪送皇太后幸颐和园。

廿五日（4.21）

帝诣颐和园乐寿堂，问皇太后安。诣龙王庙拈香。回宫。

四月

初二日（4.28）

帝诣颐和园乐寿堂，问皇太后安，还西苑。初六日、初十日、十五日亦如之。

十九日（5.15）

帝幸圆明园驻跸。诣颐和园乐寿堂，问皇太后安。诣醇贤亲王园寓金棺前行礼。

二十日（5.16）

帝诣颐和园乐寿堂，问皇太后安。诣园寓恭送醇贤亲王金棺。帝还西苑。

廿一日（5.17）

帝亲撰醇贤亲王碑文。

廿六日（5.22）

帝幸颐和园驻跸。诣乐寿堂，问皇太后安，至廿八日皆如之。

廿七日（5.23）

帝奉皇太后幸醇贤亲王园寝赐奠，帝致祭行礼。还颐和园。翌日，帝还西苑。

五月

初一日（5.26）

帝御太和殿传胪，赐一甲刘福姚、吴士鉴、陈伯陶三人进士及第，二甲恽毓嘉等一百三十二人进士出身，三甲饶宝书等一百八十二人同进士出身。

初八日（6.2）

帝诣颐和园乐寿堂，问皇太后安，回宫。十八日、廿七日亦如之。

六月

初一日（6.24）

帝诣福华门，跪接皇太后还西苑驻跸。诣仪鸾殿，问皇太后安，至廿四日皆如之。

廿四日（7.17）

帝奉皇太后回宫。

廿五日（7.18）

帝诣储秀宫，问皇太后安，至廿六日皆如之。

廿六日（7.19）

万寿节前期，帝诣储秀宫皇太后前行礼。御乾清宫受贺。奉皇太后驻跸西苑。

廿七日（7.20）

帝诣仪鸾殿，问皇太后安，至三十日皆如之。

闰六月

初一日（7.24）

帝诣仪鸾殿，问皇太后安，至廿七日皆如之。

初五日（7.28）

海军衙门奕劻等奏：海军巨款扫数解清，请予筹解之督抚等量加奖叙。奉旨：大学士直隶总督李鸿章、湖广总督张之洞均著交部从优议叙。两广总督李瀚章、安徽巡抚沈秉成、盛京将军裕禄、四川总督刘秉璋等均著交部议叙。

七月

初一日（8.22）

帝诣仪鸾殿，问皇太后安，至廿四日皆如之。

廿四日（9.14）

帝诣福华门外跪送皇太后幸颐和园。

八月

初四日（9.24）

帝诣颐和园乐寿堂，问皇太后安，回宫。十六日、廿八日亦如之。

九月

初八日（10.28）

帝诣颐和园乐寿堂，问皇太后安，回宫。

十一日（10.31）

帝诣福华门外跪迎皇太后还西苑驻跸。诣仪鸾殿，问皇太后安，至廿九日皆如之。

十月

初一日（11.19）

帝诣仪鸾殿，问皇太后安，至初八日皆如之。

初五日（11.23）

帝御太和殿传胪，赐一甲卞赓、张连同、李连仲三人武进士及第，二甲仝云龙等二十人武进士出身，三甲易国相等一百三十二人同武进士出身。

初九日（11.27）

帝诣启祥门外跪迎皇太后回宫。诣储秀宫问皇太后安，翌日如之。

初十日（11.28）

皇太后万寿圣节。帝奉皇太后幸漱芳斋侍膳毕，跪送皇太后幸西苑。

十一日（11.29）

帝诣仪鸾殿，问皇太后安，至三十日皆如之。奉皇太后幸颐年殿侍膳。

十一月

初三日（12.21）

帝诣仪鸾殿，问皇太后安。初九日、十五日、廿五日亦如之。

十二月

初一日（1893.1.18）

帝诣仪鸾殿，问皇太后安。军机处奏：《平定陕甘新疆回匪方略》纂辑完竣，拟分次呈进。报可。

初二日（1.19）

谕：甲午年皇太后欣逢花甲昌期。著派礼亲王世铎，庆郡王奕劻，大学士额勒和布、张之万、福锟，户部尚书熙敬、翁同龢，礼部尚书昆冈、李鸿藻，兵部尚书许庚身，工部尚书松溎、孙家鼐总办万寿庆典。

初四日（1.21）

帝诣仪鸾殿，问皇太后安。初十日、十五日、十七日亦如之。

十八日（2.4）

以海军衙门创办水操内外学堂（即昆明湖水师学堂）著有成效，予镶蓝旗蒙古都统恩佑、道员王福祥等优叙。

光绪十九年　1893

正月

初一日（2.17）

帝诣储秀宫问皇太后安。奉皇太后驻跸西苑。

谕：明岁恭逢皇太后六旬万寿，著于本年举行癸巳恩科乡试，明年举行甲午恩科会试。

初二日（2.18）

帝诣仪鸾殿，问皇太后安。初二日至初四日、初七日、初十日、十九日至廿九日亦如之。

十九日（3.7）

派吏部左侍郎敬信会同承修健锐营兵房工程。

本月

以李鸿章七十整寿，皇太后亲书“栋梁华夏资良辅，带砺山河锡大年”及匾额“调鼎凝厘”与“福”、“寿”等字，并貂褂等物赏之。帝亦亲书“圭卣恩荣方召望，鼎钟勋绩富文年”及“钧衡笃祜”匾额，并赐“福”、“寿”字及无量佛等物。

二月

初一日（3.18）

帝诣仪鸾殿，问皇太后安。初二日、初五日至廿八日亦如之。

十七日（4.3）

谕：据总办万寿庆典王大臣世铎等会同礼部奏称，明岁皇太后六旬万寿，自颐和园回宫，金辇由何处乘御及跸路经由之处，请旨遵行。朕钦奉懿旨，回宫日由颐和园东宫门外彩殿乘辇，经由石路至倚虹堂少坐，进西直门、地安门。至西华门内咸安门外彩殿降辇，乘轿回宫。皇帝于是日由东宫门外率王公百官跪送，扶掖金辇至牌楼乘骑导引，至石路乘轿先行，在西华门内跪迎，王公百官在西华门外跪迎。

谕：明岁皇太后六旬万寿，自颐和园回宫，应备彩殿，颐和园东宫门外一座、倚虹堂一座、咸安门外一座，著工部敬谨办理。

廿六日（4.12）

奉懿旨：明岁六旬万寿，西直门外关厢一带及城内跸路所经，著平治洁净。两旁铺面房间，稍加修葺。至点设景物等项，著相度地势酌量办理，不得踵事增华。

廿八日（4.14）

帝诣福华门外跪送皇太后幸颐和园，驻跸。

三月

初三日（4.18）

帝幸画舫斋，阅侍卫等步射。十二日、廿一日亦如之。

初七日（4.22）

帝诣颐和园乐寿堂，问皇太后安，回宫。十七日、廿七日亦如之。

廿一日（5.6）

军机处致出使英国大臣薛福成电：近年，皇太后驻跸颐和园。西山一带官庙，须备游幸，不能租赁。若私庙，并不禁阻。

四月

初三日（5.18）

帝诣颐和园乐寿堂，问皇太后安。初六日、初七日亦如之。

初七日（5.22）

帝回宫。

初八日（5.23）

帝诣福华门外跪迎皇太后还西苑，驻跸。

初九日（5.24）

帝诣仪鸾殿，问皇太后安，至廿九日皆如之。

十一日（5.26）

总管内务府奏：此次恩赏王大臣及各衙门备差官员、兵丁等绸缎、银两清单呈览。奉懿旨：著照单赏给。应赏银两，著由户部照数发给。

五月

初一日（6.14）

帝诣仪鸾殿，问皇太后安，初二日至初五日、初八日至廿九日亦如之。

初四日（6.17）

奉旨：著派崇光管理颐和园事务。

六月

初一日（7.13）

帝诣仪鸾殿，问皇太后安，至廿四日皆如之。

初五日（7.17）

礼亲王世铎等奏：明岁恭逢皇太后六旬万寿，请查照乾隆年间成案，由京内外王公大臣、文武官员各捐经费，报效万寿庆典。允之。寻由京内外大小文武官员缴银共一百二十万六千九百两。

廿四日（8.5）

帝奉皇太后幸阅是楼，侍晚膳，至廿六日皆如之。

廿五日（8.6）

帝诣宁寿宫，问皇太后安，至廿八日皆如之。

廿八日（8.9）

帝诣启祥门外跪接皇太后幸西苑，驻跸。

七月

初一日（8.12）

帝诣仪鸾殿，问皇太后安，至廿三日皆如之。

廿三日（9.3）

帝诣福华门外跪送皇太后幸颐和园，驻跸。

廿七日（9.7）

帝诣颐和园乐寿堂，问皇太后安，回宫。

八月

初五日（9.14）

帝诣颐和园乐寿堂，问皇太后安，回宫。

内务府准户部所咨具奏：筹拨颐和园常年经费，命闽海关在常税项下每年筹解银一万两，限六月前解到一半，十二月初间扫数解清。兹届十九年应解之期，照案仍在常税项下先提银五千两，定于七月十四日由省起程，迅速解赴颐和园投纳。

十二日（9.21）

帝诣颐和园乐寿堂，问皇太后安，回宫。二十日、廿八日亦如之。

廿七日（10.6）

命贝勒温都苏带领侍卫十员，往奠故郡王衔贝勒奕绸茶酒，赏银五百两治丧，予祭葬如例。

九月

初一日（10.10）

总办庆典王大臣等奏：恭逢庆典，酌拟分设景物段落。得旨：照所拟办理。

初五日（10.14）

帝诣颐和园乐寿堂，问皇太后安，回宫。

初八日（10.17）

总管内务府奏：九月初四日奉懿旨，所有此次在颐和园备差之各衙门官员、兵丁等，著加恩赏给绸缎、银两，由总管内务府开单呈览。奉懿旨：著照单赏给。其应赏银两，著由户部照数给发。

十三日（10.22）

帝诣福华门外跪迎皇太后还西苑，驻跸。诣仪鸾殿，问皇太后安，至廿九日皆如之。

十月

初一日（11.8）

帝诣仪鸾殿，问皇太后安，至三十日皆如之。

初五日（11.12）

礼亲王世铎等奏：明岁庆典，各宫殿门神对联是否用朱红纸？得旨：一切应用对联均用朱红纸书写。

初九日（11.16）

帝奉皇太后幸颐年殿，侍晚膳，至十一日皆如之。

十一日（11.18）

奉旨：嗣后，著户部按年于各省关项下另筹银五十万两，解交内务府应用。内务府有此专款，毋得再请户部拨给。

廿二日（11.29）

命马兰镇总兵英廉留京当差，以正黄旗汉军副都统文瑞为马兰镇总兵兼总管内务府大臣。

十一月

初一日（12.8）

帝诣仪鸾殿，问皇太后安，初二日至十一日、十四日亦如之。

初二日（12.9）

总管内务府奏：所有乾清门及内左门、内右门均用架彩，交工部办理。钦派拈香各庙宇请饬工部估修，宫内及西苑等处安挂架彩彩绸、宁寿宫等处安挂灯只须用棕毡。均得旨允行。

十二月

初一日（1894.1.7）

帝诣仪鸾殿，问皇太后安。初七日、十三日、廿三日、廿九日亦如之。

初四日（1.10）

谕：明岁恭逢皇太后六旬万寿，所有应行筵宴自应照例举行，以光盛典。元旦令节，著照例行礼。慈宁宫筵宴，著于正月廿五日举行，其在外之公主、福晋、命妇均著进内行礼。

十六日（1.22）

谕：明岁恭逢皇太后六旬万寿，著翰林院恭撰《喜起舞乐章》二十章呈进。

廿三日（1.29）

帝诣时应宫拈香。

廿六日（2.1）

奉懿旨：光绪二十年十月初三日申刻，皇帝率领王公百官诣仁寿殿筵宴，皇帝进爵。初四日巳刻，皇后率领妃嫔等位公主福晋命妇等诣仁寿殿筵宴，皇后进爵。初五日辰刻，回宫。初六日午刻，诣寿皇殿行礼。初八日午刻，还颐和园。初十日巳刻，御排云殿受贺。十二日卯刻，皇帝率领近支王公等诣仁寿殿筵宴、进舞。十三日申刻，皇后率领妃嫔等位公主福晋命妇等家宴。十七日辰刻，回宫，皇帝在万寿寺进膳。

三十日（2.5）

帝奉皇太后幸漱芳斋，侍晚膳。

光绪二十年 1894

正月

初一日（2.6）

帝诣仪鸾殿，问皇太后安，初九日、十三日、十五日、十九日亦如之。

奉懿旨：六旬庆辰，内廷妃嫔侍奉谨慎，允宜特晋荣封。敦宜皇贵妃著封为敦宜荣庆皇贵妃，瑜妃著晋封瑜贵妃，珣妃著晋封珣贵妃，瑾嫔著晋封瑾妃，珍嫔著晋封珍妃。醇贤亲王福晋每年著加赏银三千两。

廿一日（2.26）

户部奏：本年选看秀女，妆梳服饰是否照成案办理？得旨：著照成案办理。本年备选秀女拟援照成案毋庸写清字绿头牌装入绫斗，其排单缮写清汉合璧。从之。

廿二日（2.27）

谕：本日召见委散秩大臣兴泰奏对谢恩，清语甚属生疏。兴泰著开去委散秩大臣，回旗读书。

廿四日（3.1）

帝奉皇太后回宫。内务府各司各库等处恭办庆典差务官员衔名：圆明园：郎中兼骁骑参领福惠，六品苑丞贵崇，武备院卿衔员外郎盛桂，护军参领衔员外郎德恒，主事联桂，委署主事恩佩，六品库掌文宝，六品苑丞铭绘，内管领衔六品苑丞英秀、满亮、富秀。颐和园：花翎三园郎中兼骁骑参领廷琦，员外郎熙曾，六品苑丞全善、明良、裕斌、吉利、毓杰、文焕、裕祐。

廿五日（3.2）

帝奉皇太后御慈宁宫，升座筵宴。奉懿旨：圆明园郎中福惠，著赏加三品衔。六品苑丞贵崇，著赏加一级。员外郎盛桂、德恒，均著加赏员外郎俸一年。主事联桂，委署主事恩佩，六品库掌文宝，六品苑丞铭绘、英秀、满亮、富秀，均著赏加一级。颐和园郎中廷琦，著赏加三院卿衔。员外郎熙曾，著赏加四品衔。六品苑丞全善、明良、裕斌、吉利、毓杰、文焕、裕祐，均著加赏俸一年。

廿六日（3.3）

帝诣西华门跪送皇太后驻跸西苑。

廿七日（3.4）

奉懿旨：荣寿固伦公主著赏食固伦公主双俸，惇勤亲王奕誴之媵妾富佳氏著封为侧福晋，顺承郡王讷勒赫之生母杨佳氏著封为顺承敏郡王庆恩侧福晋。

二月

初一日（3.7）

帝诣仪鸾殿，问皇太后安，至廿四日皆如之。

初二日（3.8）

谕：禁城重地，理应严肃，乃昨日景运门外竟有施放爆竹声音，该班官兵等未能即时弋获，所有景运门值班之司钥长等均著交部严加议处。

初十日（3. 16）

谕：此次内务府三院等处铃出之颐和园六品苑丞裕斌、七品苑丞济良、连吉，静明园六品苑丞锡惠，圆明园委署苑副世贵，均著交吏部记名，照例选用。至年已逾岁之圆明园七品苑副明裕，著原品休致。

十六日（3. 22）

谕：此次京察一等人员奉朱笔圈出之圆明园郎中福惠、颐和园郎中廷琦等十五员，于本月十九日覆行带领引见。该员等务于本月十九日丑刻，穿蓝袍、红青褂，挂朝珠，佩带荷包、手巾，赴西苑门外内务府公所，找见堂月官处递事官员报到，预备引见。

廿三日（3. 29）

谕：明日皇太后驻跸颐和园，所有是日进内值日当差执事各员均著穿蟒袍补褂，俟皇太后由颐和园回宫时亦著穿蟒袍补褂一日。

廿四日（3. 30）

帝诣福华门外跪送皇太后幸颐和园，驻跸。

三月

初二日（4. 7）

帝诣颐和园乐寿堂，问皇太后安，回宫。初八日、十六日、廿四日亦如之。

初三日（4. 8）

命醇亲王载沣、镇国公载洵、不入八分辅国公载涛在上书房读书。

初四日（4. 9）

奉懿旨：奕訢久病未痊，尚宜静养，若必拘以礼节，转非体恤之意，著免其随班祝嘏，以示优眷。

廿六日（5. 1）

灯裁作具报：今为万寿庆典，应预备宁寿宫等处殿内六方画江山万代红百寿宫灯、四方画红百寿宫灯共二百三十只，颐和园等处殿内六方画江山万代红百寿宫灯、四方画红百寿宫灯共一千四百十三只，万寿寺等处殿内六方画江山万代红百寿宫灯、四方画红百寿宫灯共一百六十六只。其寄澜堂、虚空同体等处灯支数目，现未拟妥。俟定妥时，再为补报。

廿九日（5. 4）

匣裱作具报：二月十五日，陆续由懋勤殿交：万寿庆典颐和园听鹂馆、无尽意轩、云松巢、邵窝殿、延清赏、斜门殿、穿堂殿、东西跨院等殿御笔匾一百四十九面，匾式字横披六十三面，字对五十一副，条斗横披二百十七件，字格眼一千二百四十四张，托裱实贴。颐和园排云殿、德晖殿、玉华殿、云锦殿、芳晖殿、紫霄殿等殿内画挂屏十六件，合计画对八副，画条斗横披一百三十件，画格眼四百六十七件，托裱实贴。颐和园仁寿殿、颐乐殿等殿内御笔匾四十一面，匾式字横披十五面，春条二十件，万寿无疆赋三十六件，字对三副，字条斗横披一百二十一件，格眼五百零七件，托裱实贴随蓝绫边。

四月

初四日（5.8）

帝诣颐和园乐寿堂，问皇太后安，回宫。十二日、二十日亦如之。

初十日（5.14）

匣裱作具报：四月初二日，懋勤殿交：万寿庆典颐和园景福阁殿内东院殿画对二副，画条斗横披四十五件，画格眼一百九十六张，托裱实贴，御笔匾二十二面，匾式字横披十二面，字对四副，字条斗横披三十九件，字格眼一百九十六张，托裱实贴。

廿五日（5.29）

帝御太和殿传胪，赐一甲张謇、尹铭绶、郑沅三人进士及第，二甲吴筠孙等一百三十人进士出身，三甲朱绍文等一百七十八人同进士出身。

谕：前经降旨皇太后由颐和园回宫时，是日进内值日当差执事各员均著穿蟒袍补褂，廿七日皇太后驻跸西苑，所有应穿蟒袍补褂人员著遵照前旨行。

廿七日（5.31）

帝诣福华门跪迎皇太后驻跸西苑。诣仪鸾殿，问皇太后安，廿九日亦如之。

灯裁作具报：膳房来文，万寿庆典筵宴应用新做黄缎面黄绸里棉夹寿字盖袱八块，寿字花膳桌二张，随黄布面黄绸里箱套桌套四份，黄纺丝寿字油单四块，寿字朱油矮桌二十张，随黄布面黄绸里夹桌套二十份，黄纺丝寿字油单十二块，黄绸布寿字油单十块，黄绸布面黄绸里寿字棉夹被二十块，黄绸布面黄绸里寿字棉夹被二十块。仁寿殿筵宴应用寿字朱油矮桌十张，随黄布面黄绸里桌套十份，等项活计。

本月

油木作具报：膳房恭备皇太后万寿庆典筵宴等差应用寿字花膳桌二张，一尺二寸、一尺四寸寿字盒各四对，一尺四寸、一尺六寸金龙寿字盒各四对，寿字朱油垫案四张，寿字朱油矮桌二十张。仁寿殿筵宴外膳房应用寿字朱油矮桌十张，一尺二寸、一尺四寸寿字盒各四对，以上桌张盒片等项，系本作自行办理。

五月

初一日（6.4）

帝诣仪鸾殿，问皇太后安，至十五日皆如之。

初七日（6.10）

谕：方略馆纂辑《平定陕甘新疆回匪方略》三百二十卷、《平定云南回匪方略》五十卷、《平定贵州苗匪纪略》四十卷全书告成。所有大小出力各员自应普加优奖。礼亲王世铎、额勒和布、张之万、孙毓汶均著交该衙门议叙。该提调等著照所请给予奖励。

十八日（6.21）

帝诣仪鸾殿，问皇太后安，至廿九日皆如之。

奉懿旨：予颐和园当差人员理藩院主事积庆等升赏有差。

六月

初一日（7.3）

帝诣仪鸾殿，问皇太后安，至廿二日皆如之。

总理御茶膳房致内务府造办处：现奉旨，本年皇上庆辰一体举行。本处恭备典礼要差，务须将前次所行桌张赶紧成做，务于皇上庆辰以前交到一半，并将前行银锭桌十张一并交到，以备要差。其下一半，务于八月前交到，相应咨催贵处查照办理。

初九日（7.11）

谕：本日据总理海军事务衙门、户部会奏，遵旨筹拨北洋的款以备战守。据称海军衙门拟于北洋生息款内提拨银一百五十万两，户部拟于东北边防经费及筹备饷需等款内共拨银一百五十万两，由李鸿章分别提用。务将战守一切事宜随时妥为筹备，以期缓急足恃。

十三日（7.15）

谕：本日据奕劻面奏，朝鲜之事关系重大，请简派老成练达之大臣数员会商。著派翁同龢、李鸿藻与军机大臣、总理各国事务大臣会同详议。

十四日（7.16）

电寄李鸿章：现在倭韩情事已将决裂，如势不可挽，朝廷一意主战。李鸿章身膺重寄，断不可意存畏葸，著懔遵前旨，将布置进兵一切事宜迅筹覆奏。若顾虑不前，徒事延宕，贻误事机，定惟该大臣是问。

十六日（7.18）

总管内务府奏：本日由户部领出恭备庆典交进原库平银二十万两，敬谨交进。

廿二日（7.24）

帝奉皇太后还宁寿宫。电寄李鸿章：倭人要挟无理，亟须豫筹战备，李鸿章所派各军到防后如何相机应敌，著严饬诸将领妥慎办理，毋误事机。

廿三日（7.25）

帝诣宁寿宫乐寿堂，问皇太后安，至廿九日皆如之。

日舰在丰岛海面攻击济远等舰，并悍然击沉高升号运兵船，中日战争爆发。

七月

初一日（8.1）

帝奉皇太后驻跸西苑。诣仪鸾殿，问皇太后安，至三十日皆如之。

明发上谕，对日宣战。日本睦仁天皇下对华宣战诏书。

八月

初一日（8.31）

帝诣仪回殿，问皇太后安，至十二日皆如之。

十二日（9.11）

帝奉皇太后回宫，幸阅是楼侍晚膳。

十三日（9.12）

帝诣宁寿宫乐寿堂，问皇太后安。

十四日（9. 13）

以崇上皇太后徽号，前期遣官告祭天地、太庙、社稷。翌日，恭上皇太后徽号册宝。徽号曰：慈禧端佑康颐昭豫庄诚寿恭钦献崇熙皇太后。十六日，以恭上皇太后徽号礼成，颁诏天下。

十六日（9. 15）

帝诣宁寿宫乐寿堂，问皇太后安。朝鲜平壤失守。

十七日（9. 16）

帝诣宁寿宫乐寿堂，问皇太后安。奉皇太后幸西苑驻跸，奉皇太后幸纯一斋，侍晚膳。

十八日（9. 17）

帝诣仪鸾殿，问皇太后安，至廿九日皆如之。

中日黄海海战。谕：倭人渝盟肇衅，迫胁朝鲜。朝廷眷念藩封，兴师致讨。北洋大臣李鸿章未能迅赴戎机，以致日久无功，殊负委任，著拔去三眼花翎，褫去黄马褂，以示薄惩。

十九日（9. 18）

赏颐和园电灯公所学生县丞衔张承基等、水操学堂兵丁护军校广凌等顶戴。

廿二日（9. 21）

奉懿旨：现当用兵之际，必应宽备饷需。除饬户部随时指拨外，著由宫中节省项下发去内帑银三百万两，交户部陆续拨用。前敌军营需用制钱，并由内发给京制钱二万吊，由户部解交李鸿章迅即运往应用。

廿六日（9. 25）

奉懿旨：本年十月六旬庆辰，率土胪欢，同深忭祝。讵意自六月后倭人肇衅，变乱藩封，寻复毁我舟船，不得已兴师致讨，征调频烦。所有庆辰典礼著仍在宫中举行，其颐和园受贺事宜即行停办。

廿九日（9. 28）

奉懿旨：恭亲王奕訢著于九月初一日豫备召见。

九月

初一日（9. 29）

帝诣仪鸾殿，问皇太后安，至三十日皆如之。

奉懿旨：恭亲王奕訢著在内廷行走。著管理总理衙门事务并添派总理海军事务，会同办理军务。

初七日（10. 5）

内务府皮库致造办处：恭照皇太后万寿圣节，颐和园、万寿寺等处安挂各款灯二千七百四十六只。所有安挂各项灯只，应需沉重圈脚，计二千七百四十六份。相应移会贵处查照办理。

廿五日（10. 23）

总管内务府奏：皇太后六旬万寿庆典，皇上呈进皇太后贡品，计由内交出镶嵌如意绿玉朝珠钟表玉瓷古铜陈设银锞银两等项十五款，札派三处织造织办各色元金妆蟒缎绸缎缂绣龙袍褂衣料等项四十四款。其余绿玉白玉珊瑚首饰如意珊瑚朝珠念珠盆景镶嵌珠宝金镯伽楠香手串镯佩共二十二款，各样皮统八款，归臣等由京采办。计共需用库平实银二十八万八千两。除前经请领银十万两外，应补领库平实银十八万八千两，谨拟请旨饬下户部，由筹备庆典款内照数提拨发交臣衙门支领。奉旨：依议。

廿六日（10.24）

御前大臣奕劻等校阅中式武举马步射技勇完竣，开单进呈。

帝御太和殿传胪，赐一甲张鸣翥、杜天麟、岳庆德三人武进士及第，二甲王永清等二十人武进士出身，三甲坤濂等一百人同武进士出身。

十月

初一日（10.29）

帝诣仪鸾殿，问皇太后安。奉懿旨：兹当庆典届期，所有近支王公、蒙古王公、御前行走、乾清门行走、御前侍卫、大学士、各部院尚书、左都御史、各将军、都统、总督、巡抚、提督，著各赏大寿字一张、大缎二匹、帽纬一匣；各部院侍郎、内阁学士、副都统、各省总兵、布政使、左副都御史、宗人府府丞、通政使司通政使、大理寺卿、詹事府詹事、各省按察使，著各赏寿字一方、小卷缎二匹、帽纬一匣。

奉懿旨：本年六旬庆辰，推恩懋赏，孚敬郡王福晋著每年加赏银五百两，惠敬郡王福晋著每年加赏银三百两，贝勒载澂夫人著赏食贝勒全俸，镇国公奕詢夫人著赏食镇国公全俸。

初二日（10.30）

帝奉皇太后回宫。

初三日（10.31）

帝诣宁寿宫乐寿堂，问皇太后安，至十六日皆如之。

初四日（11.1）

奉懿旨：本年六旬万寿，所有喇嘛等来京祝嘏，自应一体施恩。土观呼图克图著赏用黄缰，阿嘉呼图克图著在紫禁城内乘车并赏给智聪名号，敏珠尔呼图克图、那兰呼图克图、达清倭索尔均著赏用紫缰，赍札木布札萨克达喇嘛罗布桑巴尔昭尔著坐绿围车，赶卓尔巴诺们汗呼毕拉罕桑斋札布著在紫禁城内骑马。

初六日（11.3）

奉懿旨：翁同龢、李鸿藻、刚毅均著补授军机大臣。

初九日（11.6）

帝奉皇太后幸阅是楼，侍晚膳。

初十日（11.7）

皇太后万寿圣节。遣官祭太庙后殿、奉先殿。帝奉皇太后幸阅是楼，侍晚膳。

十一日（11.8）

帝奉皇太后幸阅是楼，侍午膳。

十五日（11.12）

帝御文华殿，各国庆贺皇太后万寿赍递国书，使臣瞻觐。

十七日（11.14）

帝奉皇太后驻跸西苑。诣仪鸾殿，问皇太后安，至廿九日皆如之。

廿四日（11.21）

旅顺失陷，日军屠城。

廿七日（11.24）

电寄李鸿章：旅顺失守，览奏曷胜愤懑。该大臣调度乖方，救援不力，深堪痛恨，著革职留任，并摘去顶戴，以示薄惩而观后效。

廿九日（11.26）

奉懿旨：本朝家法严明，凡在宫闱，从不准干预朝政。瑾妃、珍妃承侍掖廷，向称淑慎，乃近来习尚浮华，屡有乞请之事。瑾妃、珍妃均著降为贵人，以示薄惩而肃内政。

十一月

初一日（11.27）

帝诣仪鸾殿，问皇太后安，至廿三日皆如之。

初二日（11.28）

奉懿旨：太监高万枝诸多不法，情节较重，著总管内务府大臣即行重责处死。

奉懿旨：恭亲王奕訢著加恩在西苑门内乘坐二人肩舆。

谕：现在倭氛甚炽，诚恐奸细潜踪。禁门重地，尤宜严肃。著总管内务府大臣随时稽查，不准闲杂人等任意阑入。内监人等均应按时出入，以肃门禁。

初三日（11.29）

派吏部左侍郎崇光管理圆明园八旗包衣三旗官兵及鸟枪营事务。

初八日（12.4）

奉懿旨：恭亲王奕訢著补授军机大臣。

廿四日（12.20）

帝奉皇太后回宫。

廿六日（12.22）

帝诣宁寿宫乐寿堂，问皇太后安，至三十日皆如之。

十二月

初一日（12.27）

帝诣宁寿宫乐寿堂，问皇太后安，至三十日皆如之。

谕：现在军务未平，所有本年十二月廿三日紫光阁筵宴、除夕保和殿筵宴及明年正月内一切筵宴，均著停止。

初十日（1895.1.5）

奉懿旨：张荫桓、邵友濂现已派为全权大臣前往日本会商事件。所有应议各节，凡日本所请，均著随时电奏，候旨遵行。其与国体有碍及中国力有未逮之事，该大臣不得擅行允诺。

本年

吏科掌印给事中余联沅等奏：外患未平，民情儆扰，恳请皇太后六旬万寿在慈宁宫庆贺，暂缓临幸颐和园。

光绪二十一年　1895

正月

初一日（1.26）

帝诣宁寿宫乐寿堂，问皇太后安，至十六日皆如之。

初八日（2.2）

威海失陷。

十一日（2.5）

北洋海军定远舰沉毁。

十九日（2.13）

帝诣宁寿宫乐寿堂，问皇太后安，至三十日皆如之。

谕军机大臣等：李鸿章著赏还翎顶、黄马褂，开复革留处分，作为全权大臣与日本商定和约。直隶总督、北洋大臣著王文韶署理。李鸿章著迅速来京请训。

廿六日（2.20）

奉懿旨：日人占踞威海，后路更无顾虑。春冰将泮，或北犯沿海各口，或西窜山东郡县，皆在意中。刘坤一、王文韶当严饬海口各守将及后路策应之师，一体振刷精神，益加警备，不可稍涉疏懈。

二月

初一日（2.25）

帝诣宁寿宫乐寿堂，问皇太后安，至廿九日皆如之。

十六日（3.12）

总理海军事务衙门奏：岛舰失陷，时局艰危，遵议更定海军章程。目前各事未齐，衙门暂无待办要件，拟请将当差人员及应用款项暂行停撤，以节经费。海军内外学堂，亦请暂行裁撤。均依议行。

皇太后六旬盛典，估修颐和园各工欠放银两，由海军衙门存款内放给清款。

三月

初一日（3.26）

帝诣宁寿宫乐寿堂，问皇太后安，至三十日皆如之。

初七日（4.1）

日方提交和约底稿，限四日内答复。主要内容为：朝鲜完全自主，中国将辽东半岛、台湾全岛及澎湖列岛割与日本，中国赔款三万万两等。

十一日（4.5）

李鸿章照复，略曰：所拟让地一节，如勒令中国照办，非但不能杜绝争端，必令两国子子孙孙永成仇敌而传之无穷。两国日后或永远和好，或永远仇雠，有关日本之国计民生甚大，不可不深思熟虑之也。

廿三日（4.17）

中日《马关条约》签字。

廿五日（4.19）

署台湾巡抚唐景崧电奏：台湾绅民呈称，和议割台，全台誓死不允。如倭来台湾，惟有开仗。翌日，总署复电，割台系万不得已之举。台湾虽重，比之京师为轻。

廿八日（4.22）

赴京会试之粤湘举人，联名上书都察院，吁请拒绝批准和约。直隶及闽、川、赣、黔、鲁、晋、豫、滇诸省举人继之，同作拒约之请。是为公车上书。

廿九日（4.23）

俄、德、法三国驻日公使照会日本外务省，要求日本不得割取辽东半岛。次月十一日，日本照复三国，表示放弃对辽东半岛之永久占领。

四月

初一日（4.25）

帝诣宁寿宫乐寿堂，问皇太后安，至十一日皆如之。

初二日（4.26）

奉懿旨：和战重大，两者皆有弊，不能断。著诸臣妥商一策以闻。

初九日（5.3）

帝在中日条约上用宝，并添派三品衔升用道联芳会同直隶候补道伍廷芳，前往烟台换约。

十四日（5.8）

帝诣宁寿宫乐寿堂，问皇太后安，至廿九日皆如之。

十五日（5.9）

派恭亲王奕訢、庆亲王奕劻、户部尚书翁同龢、兵部尚书孙毓汶、步军统领荣禄、吏部左侍郎徐用仪、户部左侍郎张荫桓、户部右侍郎长麟办理对日赔款借款事宜。

十七日（5.11）

帝明诏宣示不得已批准中日和约之苦衷。略曰：去岁仓猝开衅，征兵调饷，不遗余力，而将少宿选，兵非素练，纷纷召集，不殊乌合，以致水陆交绥，战无一胜。至今日而关内外情势更迫，北则竟逼辽沈，南则直犯京畿，加以天心示警，海啸成灾，战守更难措手。一和一战，两害熟权而后幡然定计。

廿五日（5.19）

帝御太和殿传胪，赐一甲骆成骧、喻长霖、王龙文三人进士及第，二甲萧荣爵等一百人进士出身，三甲文同书等一百七十九人同进士出身。

五月

初一日（5.24）

帝诣宁寿宫乐寿堂，问皇太后安，至三十日皆如之。

闰五月

初一日（6.23）

帝诣宁寿宫乐寿堂，问皇太后安，至初八日皆如之。

初八日（6.30）

帝奉皇太后驻跸西苑。

初九日（7.1）

帝诣仪鸾殿，问皇太后安，至廿九日皆如之。

六月

初一日（7.22）

帝诣仪鸾殿，问皇太后安，初二日、初九日、二十日亦如之。

廿四日（8.14）

帝诣启祥门跪迎皇太后回宫。奉皇太后幸阅是楼，侍晚膳，翌日如之。

廿五日（8.15）

帝诣宁寿宫乐寿堂，问皇太后安。

廿六日（8.16）

万寿节前期。帝诣宁寿宫乐寿堂皇太后前行礼。

七月

初一日（8.20）

帝诣仪鸾殿，问皇太后安，至十二日皆如之。

廿三日（9.11）

帝诣仪鸾殿，问皇太后安。寻诣瀛秀门跪送皇太后幸颐和园，驻跸。

廿九日（9.17）

帝诣颐和园乐寿堂，问皇太后安。奉皇太后幸颐乐殿，侍晚膳。回宫。

八月

初六日（9.24）

帝诣颐和园乐寿堂，问皇太后安，回宫。十二日、十八日、廿四日亦如之。

十五日（10.3）

皇后回宫，当日还颐和园。

廿七日（10.15）

皇太后、皇后由颐和园前往圆明园游览。

九月

初二日（10.19）

帝诣颐和园乐寿堂，问皇太后安，回宫。初八日、十四日、二十日亦如之。

初七日（10.24）

皇太后、皇后由颐和园前往普觉寺拈香。

初八日（10.25）

皇太后、皇后由颐和园前往圆明园游览。

初九日（10.26）

皇太后、皇后由颐和园前往静宜园游览。

十六日（11.2）

谕：嗣后，朕诣颐和园皇太后前请安。上驷院豫备太监等应差马匹著及早备齐，毋得临时迟误。至应行豫备处所，著在大高殿以西，不准就近在神武门豫备。

十九日（11.5）

皇太后、皇后由颐和园前往圆明园游览。

廿二日（11.8）

中日《辽南条约》在京签订。日本归还辽东半岛，中国支付白银三千万两。酬款交清后，日军撤回。

廿四日（11.10）

皇后由颐和园前往西苑南海。

廿六日（11.12）

帝诣福华门跪迎皇太后还西苑，驻跸。诣仪鸾殿，问皇太后安，至廿八日皆如之。奉皇太后幸纯一斋，侍晚膳。

廿七日（11.13）

命礼部尚书昆冈、兵部左侍郎王文锦承修东陵工程。

十月

初一日（11.17）

帝诣仪鸾殿，问皇太后安。初三日亦如之。

初五日（11.21）

帝御太和殿传胪，赐一甲潘涛等三人武进士及第，二甲邹荣标等武进士出身，三甲毛连彩等同武进士出身。

初六日（11.22）

帝驻跸西苑。诣仪鸾殿，问皇太后安，至二十日皆如之。

初七日（11.23）

帝奉皇太后幸颐年殿，侍晚膳。

初九日（11.25）

帝奉皇太后幸纯一斋，侍晚膳。

初十日（11.26）

皇太后万寿圣节。遣官祭太庙后殿、奉先殿。奉皇太后幸漱芳斋，侍晚膳。

十一日（11.27）

帝奉皇太后幸颐年殿，侍晚膳。

二十日（12.6）

帝回宫。

廿五日（12.11）

帝诣仪鸾殿，问皇太后安。

十一月

初一日（12.16）

帝诣仪鸾殿，问皇太后安。初四日、初七日、十二日、十五日、二十日、廿五日、廿八日亦如之。

十二日（12.27）

派礼部左侍郎溥善为正使、礼部右侍郎堃岫为副使，持节赍册，晋封瑾嫔为瑾妃。派内阁学士寿耆为正使、内阁学士溥颋为副使，持节赍册，晋封珍嫔为珍妃。

十二月

初一日（1896.1.15）

帝诣仪鸾殿，问皇太后安。初四日、初八日、十三日、十五日、十八日、廿一日、廿三日、廿六日、廿八日亦如之。

初七日（1.21）

御史杨崇伊奏：近来台馆诸臣于后孙公园赁屋，创立强学书院，专门贩卖西学书籍，并钞录各馆新闻报，刊印《中外纪闻》，按户销售，犹复藉口公费，函索外省大员，请饬严禁。著都察院查明封禁。

廿七日（2.10）

谕：明年四月为俄君加冕之期，著派一等肃毅伯、文华殿大学士李鸿章前往俄国致贺，以重邦交。

廿九日（2.12）

帝诣锡庆门跪迎皇太后回宫。御保和殿，赐蒙古王、贝勒、贝子、公、额驸、台吉暨文武大臣等宴。

光绪二十二年　1896

正月

初一日（2.13）

帝诣仪鸾殿，问皇太后安。初二日、初六日、初九日至十二日亦如之。奉皇太后幸颐年殿，侍晚膳。

十二日（2.24）

帝诣瀛秀园门外跪送皇太后幸颐和园，驻跸。

十三日（2.25）

奉懿旨：裁撤上书房。

十五日（2.27）

帝幸颐和园驻跸。诣乐寿堂，问皇太后安，至十八日皆如之。

十七日（2.29）

瑾妃、珍妃由颐和园回宫。

十八日（3.1）

帝回宫。

二十日（3.3）

李鸿章离京赴俄，贺俄皇尼古拉二世加冕，顺访德法英美诸国。

廿二日（3.5）

帝诣颐和园乐寿堂，问皇太后安。回宫。

廿五日（3.8）

帝幸颐和园驻跸。诣乐寿堂，问皇太后安，至廿八日皆如之。瑾妃、珍妃俱前往颐和园。

廿八日（3.11）

帝回宫。瑾妃、珍妃俱由颐和园回宫。

二月

初二日（3.15）

皇后由颐和园回宫。

初三日（3.16）

帝幸颐和园驻跸。诣乐寿堂，问皇太后安。初八日至初九日、十二日至十三日、十六日至十八日亦如之。皇后、瑾妃、珍妃俱前往颐和园。当日，皇后驻跸，瑾妃、珍妃回宫。

初七日（3.20）

奉旨：设官邮政局，隶户部，由总税务司英人赫德管理。

初九日（3.22）

瑾妃、珍妃前往颐和园，当日回宫。

初十日（3.23）

大学士李鸿章等奏：从前恭遇圣驾定期行幸驻跸处所，例应前期奏明，恭请御宝随往。又逐日应进实录，由臣衙门汇总，齐交奏事处恭进。本年恭逢皇上驾至颐和园皇太后前请安、驻跸。颐和园为皇太后颐养之所，皇上请安与定期行幸稍有不同。臣等公同商酌，如遇皇上驾至颐和园请安时，仅驻跸数日，所有恭请御宝并逐日恭进实录，拟暂不举行。若嗣后预行传出驻跸多日，臣等再行请旨遵办。

十三日（3.26）

瑾妃、珍妃前往颐和园，当日回宫。

十六日（3.29）

瑾妃、珍妃前往颐和园，当日回宫。

十七日（3.30）

瑾妃前往颐和园。翌日回宫。

翰林院侍读学士文廷式革职，永不叙用，驱逐回籍。

十八日（3.31）

帝回宫。派立山管理圆明园事务。

廿一日（4.3）

帝幸颐和园驻跸。诣乐寿堂，问皇太后安。廿四日至廿五日、廿八日至三十日亦如之。

廿二日（4.4）

皇后由颐和园回宫，当日还颐和园。

廿六日（4.8）

皇后由颐和园回宫。

廿八日（4.10）

皇后、瑾妃前往颐和园，驻跸。

三十日（4.12）

皇太后、皇后、瑾妃由颐和园前往圆明园游览。

三月

初一日（4.13）

帝诣乐寿堂，问皇太后安，翌日如之。

帝侍皇太后游览圆明园，进藻园门，至慎德堂、双鹤斋、海岳开襟、黄花阵，出长春园二宫门还颐和园。

初二日（4.14）

帝回宫。皇太后、皇后、瑾妃由颐和园前往圆明园游览。

初七日（4.19）

帝幸颐和园驻跸。诣乐寿堂，问皇太后安，至初十日皆如之。

初八日（4.20）

皇后、瑾妃由颐和园前往圆明园游览。

初九日（4.21）

瑾妃由颐和园回宫。

初十日（4.22）

帝回宫。皇后由颐和园回宫，当日还颐和园。

十三日（4.25）

江西道监察御史王鹏运奏：入春以来，皇上恭奉皇太后驻跸颐和园，臣非不知皇上宵衣旰食，在宫在园，同此励精图治，然宸衷之艰苦，左右知之，海内臣民未必尽悉也，恐或以温清之隆仪，误以为宸游之逸豫，其何以作天下观听之新，杜外人觊觎之渐也。臣又闻，前次皇上回宫，乙夜始入禁门，似非慎重乘舆之道。且今之颐和园与圆明园情形迥异，一切办公处所，悉皆草创，大臣虽仅有憩息之区，小臣踟蹰宫门、露立待旦者，不知凡几，而缀衣趣马，后先奔走于风露泥淖之中，更无论矣。伏愿皇上念时局之艰难，颐和园驻跸，暂缓数年。俟富强有基，经营就绪，然后长承色笑，侍养湖山。

十四日（4.26）

帝幸颐和园驻跸。诣乐寿堂，问皇太后安，至十七日皆如之。

十七日（4.29）

帝回宫。皇太后、皇后、瑾妃由颐和园前往圆明园游览，当日还颐和园。

廿一日（5.3）

帝幸颐和园驻跸。诣乐寿堂，问皇太后安，翌日如之。

李鸿章始与俄国外交大臣等谈判。寻双方在莫斯科签订《御敌互相援助条约》，亦称《中俄密约》。

廿二日（5.4）

帝回宫。皇后亦回宫。

廿三日（5.5）

皇后前往颐和园，驻跸。

廿六日（5.8）

帝幸颐和园驻跸。诣乐寿堂，问皇太后安，翌日如之。

皇太后、皇后、瑾妃由颐和园前往静宜园游览，当日还颐和园。

廿七日（5.9）

帝与瑾妃由颐和园回宫。

四月

初一日（5.13）

帝幸颐和园驻跸。诣乐寿堂，问皇太后安。初五日至初九日亦如之。

初四日（5.16）

皇后由颐和园回宫。

初五日（5.17）

皇后由先蚕坛前往颐和园，驻跸。

初八日（5.20）

总管内务府奏：此次恩赏王大臣及各衙门备差官员、兵丁等绸缎、银两清单，于四月十三日呈览。奉懿旨：著照单赏给。应赏绸缎缨纬，著由广储司照数发给。其银两，著由户部照数发给。

初九日（5.21）

帝回宫。

十四日（5.26）

帝诣瀛秀门外跪迎皇太后还西苑，驻跸。

十五日（5.27）

帝诣仪鸾殿，问皇太后安，至廿九日皆如之。

廿一日（6.2）

帝奉皇太后幸醇贤亲王府，看视醇贤亲王福晋。廿七日亦如之。

五月

初一日（6.11）

帝诣仪鸾殿，问皇太后安，至三十日皆如之。

初三日（6.13）

内务府奏：健锐营为教场讲武之所，年久多有坍塌，请择要修理。允之。

初四日（6.14）

帝奉皇太后幸醇贤亲王府，看视醇贤亲王福晋。初七日亦如之。

初八日（6.18）

醇贤亲王福晋卒。帝奉皇太后幸醇贤亲王府，奠祭醇贤亲王福晋。帝素服摘缨，举哀行礼。翌日，帝素服摘缨，并亲视入殓奠祭，举哀行礼。

初十日（6.20）

帝诣醇贤亲王府，奠祭醇贤亲王福晋，缟素举哀行礼。日三次，至十九日皆如之。

十九日（6.29）

帝诣醇贤亲王府，奠祭醇贤亲王福晋。行礼毕，释缟素。

二十日（6.30）

帝诣醇贤亲王府醇贤亲王福晋金棺前行初祭礼。

廿九日（7.9）

帝诣醇贤亲王府醇贤亲王福晋金棺前行大祭礼。

六月

初一日（7.11）

帝诣仪鸾殿，问皇太后安，至廿九日皆如之。

初二日（7.12）

帝诣醇贤亲王府醇贤亲王福晋金棺前豫行满月礼。

初七日（7.17）

帝奉皇太后幸醇贤亲王府。帝更服摘缨，诣醇贤亲王福晋金棺前行迁奠礼。

初八日（7.18）

帝奉皇太后幸醇贤亲王府。帝更服摘缨，诣醇贤亲王福晋金棺前行奉移礼，复诣倚虹堂跪送。

初十日（7.20）

帝奉皇太后幸醇贤亲王福晋园寓。帝素服诣金棺前行礼。还西苑。

廿六日（8.5）

万寿节前期。帝诣仪鸾殿皇太后前行礼。御乾清宫受贺，乐设而不作。

七月

初一日（8.9）

帝诣仪鸾殿，问皇太后安，至廿七日皆如之。

廿七日（9.4）

帝诣瀛秀门外跪送皇太后幸颐和园，驻跸。

八月

初一日（9.7）

帝幸颐和园驻跸。诣乐寿堂，问皇太后安。初二日、初六日至初八日、十二日至十三日、十五日至廿一日、廿六日至廿七日亦如之。

十七日（9.23）

帝诣醇贤亲王福晋园寓行礼。还颐和园。

十八日（9.24）

帝侍皇太后乘龙舟游昆明湖，观赏莲花。

二十日（9.26）

帝奉皇太后幸静宜园梯云山馆，侍晚膳。还颐和园。

九月

初一日（10.7）

帝幸颐和园驻跸。诣乐寿堂，问皇太后安。初二日、初七日至十二日、十六日至十七日亦如之。

初五日（10.11）

帝侍皇太后游圆明园。初七日、十六日亦如之。

十三日（10.19）

帝召见盛宣怀，议铁路事。寻命盛宣怀以四品京堂候补，督办铁路公司事务。

总理衙门与日本签订《公立文凭》，允日本在上海、天津、厦门、汉口等地设立日本专管租界。

十七日（10.23）

帝回宫。

十八日（10.24）

命大学士李鸿章在总理衙门行走。谕：十五日，李鸿章擅入圆明园禁地游览，殊于体制不合，著交部议处。寻议革职。得旨：加恩改为罚俸一年，不准抵销。

廿三日（10.29）

帝诣瀛秀门外跪迎皇太后还西苑，驻跸。诣仪鸾殿，问皇太后安，至廿七日皆如之。

十月

初一日（11.5）

帝诣仪鸾殿，问皇太后安，至三十日皆如之。

初二日（11.6）

添派刚毅详细勘估菩陀峪万年吉地应修各工。

初九日（11.13）

帝奉皇太后幸颐年殿，侍晚膳。

初十日（11.14）

皇太后万寿圣节。遣官祭太庙后殿、奉先殿。奉皇太后幸颐年殿，侍午膳，翌日如之。

十一月

初一日（12.5）

帝诣仪鸾殿，问皇太后安。初二日至十四日、十七日至廿九日亦如之。

十二月

初一日（1897.1.3）

帝诣仪鸾殿，问皇太后安，至三十日皆如之。

初八日（1.10）

步军统领衙门拿获结伙偷窃园庭陈设之贼犯阎拴儿等十名，交刑部严行审办。

三十日（2.1）

帝奉皇太后还宁寿宫乐寿堂。

本年

皇太后游览圆明园紫碧山房、课农轩、黄花阵、海岳开襟等处，懿旨命“择要量加粘补修理”。并将课农轩前后格扇、横楣改为大档冰纹式棂条糊纸，风门安洋玻璃二块。

光绪二十三年　1897

正月

初一日（2.2）

帝诣仪鸾殿，问皇太后安。初二日、初四日至初五日、十一日至廿九日亦如之。

二月

初一日（3.3）

帝诣仪鸾殿，问皇太后安。初二日至初六日、初九日至廿四日亦如之。

十三日（3.15）

谕：内务府三院等处铃出之圆明园六品苑丞富秀、七品苑副恒勋，颐和园六品苑丞裕斌、七品苑丞荣来，静明园六品苑丞济良，静宜园六品苑丞明诚，均著交吏部记名，照例选用。

廿四日（3.26）

帝诣瀛秀园门外，跪送皇太后幸颐和园驻跸。

廿七日（3.29）

帝幸颐和园驻跸。诣乐寿堂，问皇太后安，至廿九日皆如之。

廿九日（3.31）

帝回宫。

三月

初二日（4.3）

帝幸颐和园驻跸。诣乐寿堂，问皇太后安。初七日至初九日亦如之。

初九日（4.10）

帝回宫。

十二日（4.13）

帝幸颐和园驻跸。诣乐寿堂，问皇太后安。十四日至十九日亦如之。

十五日（4.16）

奉懿旨：本月初九日为孚敬郡王福晋寿辰。伊子贝勒载澍，先期捏病请假，懿旨赏赐寿物，并未敬谨跪接，该府亦未叩祝。载澍著革去贝勒，交宗人府重责八十板，于空室永远圈禁。其孚敬郡王承继之人，著该福晋自行择定，请旨办理。

十九日（4.20）

帝回宫。

廿四日（4.25）

帝幸颐和园驻跸。诣乐寿堂，问皇太后安，至廿六日皆如之。

廿六日（4.27）

帝回宫。

四月

初一日（5.2）

帝幸颐和园驻跸。诣乐寿堂，问皇太后安，翌日如之。

初二日（5.3）

帝回宫。宗人府奏：贝勒衔贝子奕谟，请将不入八分辅国公载涛过继为嗣。从之。

初六日（5.7）

帝幸颐和园驻跸。诣乐寿堂，问皇太后安，至初九日皆如之。

初九日（5.10）

帝回宫。

十三日（5.14）

帝幸颐和园驻跸。诣乐寿堂，问皇太后安，至十六日皆如之。奉皇太后幸朗润园。

十六日（5.17）

帝回宫。

二十日（5.21）

帝幸颐和园驻跸。诣乐寿堂，问皇太后安，至廿二日皆如之。奉皇太后幸承泽园。

廿二日（5.23）

帝回宫。

廿六日（5.27）

帝幸颐和园驻跸。诣乐寿堂，问皇太后安。

五月

初一日（5.31）

帝诣颐和园乐寿堂，问皇太后安，翌日如之。

初二日（6.1）

帝回宫。

初四日（6.3）

帝幸颐和园驻跸。诣乐寿堂，问皇太后安，至初八日皆如之。

初八日（6.7）

帝回宫。

十三日（6.12）

帝幸颐和园驻跸。诣乐寿堂，问皇太后安，至十七日皆如之。

十七日（6.16）

帝回宫。

廿二日（6.21）

帝幸颐和园驻跸。诣乐寿堂，问皇太后安，至廿四日皆如之。

廿四日（6.23）

帝回宫。总管内务府奏：此次恩赏王大臣及各衙门备差官员、兵丁等绸缎、银两清单，于五月三十日呈览。奉懿旨：著照单赏给。应赏绸缎、缨纬，著由广储司照数发给。其银两，著由户部照数发给。

六月

初二日（7.1）

帝驻跸南海。诣瀛秀门跪迎皇太后还西苑，驻跸。

初三日（7.2）

帝诣仪鸾殿，问皇太后安，至廿四日皆如之。

廿一日（7.20）

庆亲王奕劻等奏：菩陀峪万年吉地大殿木植，除上下檐斗料仍照原估谨用南柏木外，其余拟改用黄花梨木，以归一律。并拟建激桶兵房。从之。

廿四日（7.23）

帝回宫。诣锡庆门跪迎皇太后还宁寿宫。

廿五日（7.24）

帝诣宁寿宫乐寿堂，问皇太后安，至廿九日皆如之。奉皇太后幸阅是楼，侍晚膳，翌日如之。

七月

初一日（7.29）

帝奉皇太后幸西苑，驻跸。

初二日（7.30）

帝诣仪鸾殿，问皇太后安，至廿一日皆如之。

初六日（8.3）

谕：本日颐和园带领引见人员清字排单缮写多误。颐和园承办司员著查取职名交部议处，该堂官著交部察议。

廿一日（8.18）

帝诣瀛秀门跪送皇太后幸颐和园，驻跸。

廿三日（8.20）

帝幸颐和园驻跸。诣乐寿堂，问皇太后安，至廿五日皆如之。

廿五日（8.22）

帝回宫。

廿九日（8.26）

帝幸颐和园驻跸。诣乐寿堂，问皇太后安，翌日如之。

三十日（8.27）

帝回宫。

八月

初一日（8.28）

帝幸颐和园驻跸。诣乐寿堂，问皇太后安，翌日如之。

奉旨：此次简放学政各员，著自本月初三日起，每日二员，分日递折谢恩、预备召见。如遇出宫行礼拈香及诣颐和园请安各日期，即改于次日预备。其余各员，以次递推。如在颐和园驻跸办事，仍照常预备。

初二日（8.29）

帝回宫。

初五日（9.1）

帝幸颐和园驻跸。诣乐寿堂，问皇太后安，至初七日皆如之。

初七日（9.3）

帝回宫。

十二日（9.8）

帝幸颐和园驻跸。诣乐寿堂，问皇太后安，至十七日皆如之。

十五日（9.11）

以户部尚书翁同龢为协办大学士。

十七日（9.13）

帝回宫。

二十日（9.16）

帝幸颐和园驻跸。诣乐寿堂，问皇太后安，至廿二日皆如之。

廿二日（9.18）

帝回宫。

廿四日（9.20）

以甲午海战殉国之邓世昌母教子有方，赏御书匾额一方，曰“教忠资训”。

廿五日（9.21）

帝幸颐和园驻跸。诣乐寿堂，问皇太后安，至廿七日皆如之。

廿七日（9.23）

帝回宫。

九月

初一日（9.26）

帝幸颐和园驻跸。诣乐寿堂，问皇太后安，至初四日皆如之。

初四日（9.29）

帝回宫。

初八日（10.3）

帝幸颐和园驻跸。诣乐寿堂，问皇太后安，至十一日皆如之。

初十日（10.5）

谕：本年十月初十日恭逢皇太后万寿庆辰，钦奉懿旨在颐和园庆贺筵宴。所有应行典礼，著派恭亲王、庆亲王会同礼部、内务府敬谨办理。

十一日（10.6）

帝回宫。

十五日（10.10）

帝幸颐和园驻跸。诣乐寿堂，问皇太后安，至十七日皆如之。

十七日（10.12）

帝回宫。

十八日（10.13）

内务府堂致各司处堂谕：恭查本年十月初十日皇太后万寿庆辰，所有庆贺筵宴典礼，本府差务浩繁，必须先为预备，著交各司处，凡有应行应办事件，务须即日呈报庆辰处。

二十日（10.15）

帝幸颐和园驻跸。诣乐寿堂，问皇太后安，至廿二日皆如之。

内务府堂致各司处堂谕：本年十月初十日皇太后万寿庆辰，应行庆贺筵宴典礼甚重，差务攸繁。所有本府承应各差，必须遴派妥员敬谨恭办。毋得稍有贻误，以昭慎重。

总理御茶膳房致造办处咨文：本年十月初十日皇太后万寿庆辰，本茶房备仁寿殿筵宴，应用口面一尺六寸金龙盒六对，等因呈递前来。相应咨行贵处赶紧照数交到，以备要差。

廿一日（10.16）

内务府皮库致造办处：本库于本月廿五日起，陆续安挂颐和园内各等处灯只。所有园内等处共安挂各款灯二千四百二十三只。所有安挂灯只，应需沉重圈脚计二千四百二十三份，相应移会贵处查照办理。

廿二日（10.17）

帝回宫。

廿五日（10.20）

帝幸颐和园驻跸。诣乐寿堂，问皇太后安，翌日如之。

廿六日（10.21）

帝回宫。

十月

初一日（10.26）

帝幸颐和园驻跸。诣乐寿堂，问皇太后安，至十六日皆如之。奉旨：十月初七日，皇太后回宫，仍还颐和园。著奕劻恭随，载漪、载濂、载滢、溥伟、载润、载澜、载振、溥僎恭引。

初八日（11.2）

帝奉皇太后幸仁寿殿筵宴。奉皇太后幸颐乐殿，侍晚膳，至十一日皆如之。

初十日（11.4）

皇太后万寿圣节。遣官祭太庙后殿、奉先殿。帝率王以下文武大臣诣排云殿二宫门外行庆贺礼。

谕：本月初七日皇太后回宫、还颐和园。所有恭随銮舆之请轿校尉著各赏给银二两。仪驾骑驾校尉、内务府三旗执豹尾枪兵丁、八旗护军营站道兵丁、圆明园站道兵丁、步营绿营站道兵丁著各赏给银一两，由户部给发。

十一日（11.5）

帝奉皇太后幸仁寿殿，举行宗亲宴。

总管内务府大臣怀塔布等奏：为颐和园所有内务府三旗执豹尾枪兵丁等受赏事谢恩。

十五日（11.9）

奉旨：此次承办庆辰典礼之恭亲王、近支王公大臣及应差员役等，各赏赐有差。所有颐和园司员，著该管大臣择其实在得力者奏请奖励。

十六日（11.10）

帝回宫。

二十日（11.14）

帝幸颐和园驻跸。诣乐寿堂，问皇太后安，至廿二日皆如之。

以巨野教案为借口，德国强占胶州湾。

廿二日（11.16）

帝回宫。

廿八日（11.22）

帝幸颐和园驻跸。诣乐寿堂，问皇太后安，翌日如之。

廿九日（11.23）

帝回宫。

十一月

初一日（11.24）

帝幸颐和园驻跸。诣乐寿堂，问皇太后安，翌日如之。内务府致各司处堂谕：本年恭办万寿庆辰，所有各司处得奖之司员、笔帖式、达他等，均于明日寅刻至颐和园预备谢恩。

初二日（11.25）

帝回宫。

初七日（11.30）

帝幸颐和园驻跸。诣乐寿堂，问皇太后安。十二日、十七日亦如之。

十七日（12.10）

帝回宫。

十八日（12.11）

以恭修颐和园工程出力，赏镶蓝旗蒙古都统恩佑带嗉貂褂，并交部优叙。赏理藩院主事积庆、骁骑校奎振花翎。余升叙加衔有差。

廿一日（12.14）

俄国舰队强行驶入旅顺口。寻迫清廷将旅顺、大连湾租与俄国。

廿三日（12.16）

帝驻跸南海。诣瀛秀园门跪接皇太后还西苑，驻跸。

廿四日（12.17）

帝诣仪鸾殿，问皇太后安。廿五日、廿七日至三十日亦如之。

廿七日（12.20）

帝奉皇太后幸颐年殿，侍晚膳。

本月

康有为上清帝第五书。略曰：伏愿皇上因胶警之变，下发愤之诏，明定国是，与海内更始。若仍守旧，则亡国之祸将至，职诚不忍见煤山前事也。

十二月

初一日（12.24）

帝诣仪鸾殿，问皇太后安。初二日、初四日、初八日、初十日、十五日、十六日、廿三日亦如之。

初四日（12.27）

帝阅视玉牒。

初十日（1898.1.2）

以雪泽未渥，帝诣大高殿祈祷行礼。遣贝勒载滢等诣各宫庙拈香。

廿九日（1.21）

酉刻，帝诣仪鸾殿皇太后前行礼。

光绪二十四年　1898

正月

初一日（1.22）

帝诣奉先殿堂子行礼，遣官祭太庙后殿。诣大高殿拈香，寿皇殿行礼。

帝率王以下文武大臣，诣慈宁门，向皇太后行庆贺礼。礼成，帝御乾清宫受朝贺。诣西苑仪鸾殿，问皇太后安。初二日、初四日至初六日、初十日、十二日至十四日、十七日至二十日亦如之。

初十日（1.31）

帝御紫光阁，赐外藩王公等宴。

总理御茶膳房致造办处：上年皇太后万寿庆辰，本处恭备仁寿殿筵宴差务人员内，效力柏唐阿福善，于上年十二月廿九日呈堂保奖六品衔。该名现在贵处效力当差，理合知照贵处可也。

十二日（2.2）

以节近立春，尚少雪泽，帝诣大高殿祈祷行礼。遣贝勒载濂等诣各宫庙拈香。

十三日（2.3）

帝御乾清宫，赐近支宗藩等宴。

十八日（2.8）

帝御保和殿，赐蒙古王、贝勒、贝子、公、额驸、台吉及文武大臣、朝鲜使臣等宴。

十九日（2.9）

帝御紫光阁，赐蒙古王公等茶果。翌日，御乾清宫，赐廷臣、大学士等宴。

廿五日（2.15）

帝御文华殿，接见美国使臣田贝、西班牙使臣葛络干、英国使臣窦纳乐、德国使臣海靖、奥国使臣齐干、日本国使臣矢野文雄、荷国使臣克罗伯、比国使臣费葛、俄国署使臣巴布罗福、意国署使臣萨尔瓦葛、法国署使臣吕班。

从内阁侍读学士荣庆之请，谕：嗣后，各衙门满汉司员，著各堂官自行厘定章程，无论何项出身，一体面加考试。

二月

初一日（2.21）

帝诣西苑仪鸾殿，问皇太后安。初四日至十七日亦如之。

十六日（3.8）

总管内务府奏：向例，闽海关每年由常税项内拨银一万两，分两次解赴颐和园作其常年经费。现届二十四年份应解之期，号商源丰润，已于正月廿六日启程，解银五千两赴京。

十七日（3.9）

帝诣瀛秀园门外，跪送皇太后幸颐和园驻跸。

十九日（3.11）

总理衙门代递康有为所拟“外衅危迫，分割洊至，急宜及时发愤，大誓臣工开制度，新政局，革旧图新，以存国祚”，是为“上清帝第六书”。帝命总理各国事务王大臣等妥议具奏。

二十日（3.12）

孝哲毅皇后忌辰，遣官祭惠陵。

廿一日（3.13）

帝幸颐和园驻跸。诣乐寿堂，问皇太后安，翌日如之。

廿二日（3.14）

帝回宫。

廿五日（3.17）

帝幸颐和园驻跸。诣乐寿堂，问皇太后安。廿八日至廿九日亦如之。

廿七日（3.19）

造办处金玉作等致内务府堂：铜鋄作、金玉作、油木作、灯裁作、画样作、广木作，呈为请领本库节省项下薪水口分纸张银两事，今皇太后驻跸颐和园，所有本处值房首领太监、匠役、搭彩人等，由四月廿八日起值宿，每月需用茶水纸张租寓公所等项，伏乞堂台批准本库节省项下实银三百三十六两。皇太后回宫后，再行裁撤。

廿九日（3.21）

帝回宫。

三月

初一日（3.22）

帝幸颐和园驻跸。诣乐寿堂，问皇太后安，翌日如之。

初二日（3.23）

帝回宫。

初六日（3.27）

帝幸颐和园驻跸。诣乐寿堂，问皇太后安，至初九日亦如之。

初九日（3.30）

帝回宫。

初十日（3.31）

孝贞显皇后忌辰。帝诣建福宫圣容前行礼，遣官祭定东陵。

十二日（4.2）

帝幸颐和园驻跸。诣乐寿堂，问皇太后安，翌日如之。

十三日（4.3）

帝回宫。

十五日（4.5）

清明节。帝诣奉先殿、寿皇殿行礼。遣官祭历代陵寝。御文华殿，接见俄国赍递国电使臣巴布罗福。

十六日（4.6）

帝耕耤，诣先农坛行礼。更服，至耤田所，躬耕三推，复加一推。御观耕台，命三公九卿等各九推毕。顺天府府尹率农夫终亩。赏赉农夫、耆老如例。

帝幸颐和园驻跸。诣乐寿堂，问皇太后安，至十九日皆如之。

十七日（4.7）

前据出使大臣许景澄函称：德皇威廉二世之胞弟亨利亲王即将来华。请参考东西，酌定各国近支亲王觐见礼节。得旨：朕钦奉皇太后懿旨，著在颐和园内觐见。

十九日（4.9）

帝回宫。

廿三日（4.13）

帝幸颐和园。诣乐寿堂，问皇太后安，至廿七日皆如之。

穆宗毅皇帝诞辰。帝回宫，诣奉先殿、寿皇殿行礼，仍幸颐和园驻跸。

出使美日秘国大臣伍廷芳奏：密陈中外情形，请联络美国，借用美将。谕：下所司知之。

廿七日（4.17）

帝回宫。

本月

皇太后传看圆明园天地一家春、慎修思永殿等图样。

张之洞撰《劝学篇》。全书二十四篇，四万余言。其宗旨在“会通中西，权衡新旧”，亦曰“旧学为体，新学为用，不使偏废”。

闰三月

初一日（4.21）

帝幸颐和园。诣乐寿堂，问皇太后安，至初四日皆如之。

初四日（4.24）

帝回宫。

初七日（4.27）

帝幸颐和园。诣乐寿堂，问皇太后安，至十一日皆如之。

初十日（4.30）

谕：船政为海防根本。前经裕禄重新整顿，已有规模。著以福州将军增祺兼充船政大臣。该将军到任后，务将一切制造机器事宜，认真讲求。

十一日（5.1）

帝回宫。

十二日（5.2）

帝奉皇太后幸恭亲王府视疾。

十四日（5.4）

帝奉皇太后幸恭亲王府视疾。

十八日（5.8）

帝幸颐和园。诣乐寿堂，问皇太后安，至廿六日皆如之。

二十日（5.10）

帝奉皇太后幸火器营阅操，至廿二日皆如之。

谕：德国亲王来京觐见，著派世续照料一切。翌日，奉旨：所有地面弹压事宜，著派英年妥为照料。

廿四日（5.14）

帝命军机大臣电寄张之洞：现在，湖北有沙市焚烧洋房之案，恐湘鄂匪徒勾结滋事。著张之洞即日折回本任。俟办理此案完竣，再行来京。

总理衙门奏：日本偿款交清，收回威海。

廿五日（5.15）

帝御颐和园玉澜堂，接见德国亨利亲王，赏其宝星。其随员米勒等十九人暨驻使海靖，一例赏给。此次接见，皇太后先见之于乐寿堂，不赐坐。复帝见之于玉澜堂，立受其免冠鞠躬礼，握手，赐坐。寻帝复见之于西苑勤政殿。

廿六日（5.16）

帝回宫。

廿七日（5.17）

帝御文华殿，接见法国使臣毕盛。

本月

造办处呈文：现在皇太后驻跸颐和园，所有本处各房作官员、达他等，自三月廿六日起，在彼轮流常川住宿，每日应用津贴、饭食以及车辆、盘费等项银十六两，本年闰三月初五日呈明堂台批准，每月向广储司银库领取。今应领本年闰三月小建津贴、饭食等项，实银四百六十四两，理合呈明。

四月

初三日（5.22）

帝诣颐和园乐寿堂，问皇太后安。至初九日皆如之。

金玉作、铜鋄作，今由档房领来闰三月份颐和园驻班口份银五十八两，内扣利银三两四钱八分，实领银五十四两五钱二分。

初四日（5.23）

山东巡抚张汝梅电奏：直隶、山东交界处，有私立义民会名目，传单直、豫、苏，欲与洋教为难等。谕：著王文韶、张汝梅、刘树堂、刘坤一饬属严查。寻张汝梅覆奏：义民会即义和团，已将其列诸乡团之内，仍派员随时弹压。

初九日（5.28）

皇太后、皇上、皇后幸圆明园，进藻园门，至后湖乘船，并至课农轩、观澜堂等处。奉懿旨：课农轩应修南北岸工程，著绘图呈览。回宫。

初十日（5.29）

恭亲王奕訢卒，享年六十六岁。

十一日（5.30）

以雨泽稀少，帝诣大高殿祈祷行礼。遣贝勒载濂等诣各宫庙拈香。

帝奉皇太后临恭亲王府，赐奠。懿旨：恭亲王著赐谥曰“忠”，入祀贤良祠，守卫园寝，四时祭祀。伊孙溥伟，著即日承袭亲王。

十二日（5.31）

上海商人经元善等首创之中国女学堂开学。

十三日（6.1）

帝诣颐和园乐寿堂，问皇太后安，至十六日皆如之。

礼部奏：恭忠亲王薨逝。公主、福晋以下，应否齐集？得旨：著齐集。又奏：皇上素服期内，大臣官员应否素服？传胪应否改期？得旨：大臣官员毋庸素服，传胪毋庸改期。

御史杨深秀奏请派遣王公出洋游历。帝下所司议之。

出使美日秘国大臣伍廷芳奏请在通商口岸仿行印花税。帝下所司议之。寻据总理衙门覆奏，此事外洋通行，成效昭著。中国度支不充，自应就所送章程详加厘定，作为试办章程。从之。

十四日（6.2）

谕出使大臣吕海寰：德皇接见，情意殷殷，胶澳泊船及遇事相助，足见真心亲密。著吕海寰遵旨致谢。

十六日（6.4）

帝回宫。

十九日（6.7）

以雨泽稀少，帝复诣大高殿祈祷行礼。遣贝勒载濂等诣各宫庙拈香。

廿一日（6.9）

帝诣颐和园乐寿堂，问皇太后安，至廿三日皆如之。

廿二日（6.10）

拟定修理圆明园内观澜堂、藻园门找补大墙，并墙顶门楼，平垫底盘、山头道路，及藏舟坞、改做船只、拆搭罩棚等。

以协办大学士、兵部尚书荣禄为大学士，管理户部事务。调刑部尚书刚毅为协办大学士、兵部尚书。

廿三日（6.11）

帝回宫。颁“定国是诏”，宣示变法。“百日维新”开始。

廿四日（6.12）

从侍郎荣惠之请，命宗人府察看宗室王公等，如有留心时务、志趣向上者，切实保荐，听候简派，游历各国。

廿五日（6.13）

帝御太和殿传胪。赐一甲夏同龢、夏寿田、俞陛云三人进士及第；二甲李稷勋等一百四十六人进士出身；三甲王思衍等一百九十三人同进士出身。

以翰林院侍读学士徐致靖之奏保，命工部主事康有为、刑部主事张元济预备召见。命总理衙门将广东举人梁启超察看具奏。命两江总督刘坤一、湖南巡抚陈宝箴，将湖南盐法长宝道黄遵宪、江苏候补知府谭嗣同送部引见。

廿六日（6.14）

帝幸颐和园驻跸。诣乐寿堂，问皇太后安，至廿八日皆如之。

廿七日（6.15）

谕：嗣后，朕驻跸颐和园之日，各衙门遇有应行引见之员，著一体带领引见。

谕：本年秋间，朕恭奉皇太后銮舆，由火车路巡幸天津阅操。所有海光寺、海防公所两处屋宇，著荣禄迅即修饰洁净，豫备一切。并著胡燏棻将火车、铁路，一并料理整齐。

谕：协办大学士、户部尚书翁同龢，近来办事，多未允协。且每于召对时，任意可否，渐露揽权狂悖情状，断难胜枢机之任。著即开缺回籍，以示保全。

谕：直隶总督王文韶，著迅速来京陛见。直隶总督由大学士荣禄暂行署理。

谕：嗣后，在廷臣工仰蒙皇太后赏项，及补授文武一品暨满汉侍郎，均著于具折后恭诣皇太后前谢恩。各省将军、都统、督抚、提督等官，亦一体具折奏谢。

谕：昨经降旨令宗人府保荐王、公、贝勒等选派游历。因思近支王、贝勒等，职分较尊，朕当亲行察看，毋庸保荐。其公以下及闲散宗室内，如有志趣远大、才具优长者，著宗人府随时保奏。

谕：著总理衙门，参酌中西体制，将各国君后宗藩及特派头等公使来华，于皇太后及朕前接见、款待礼节，详定章程。俟议妥奏准后，即行照会各国驻京公使，并分电出使各国大臣，令其一体知悉。

廿八日（6.16）

帝于仁寿殿召见工部主事康有为，命其在总理衙门章京上行走，许其专折奏事。帝回宫。

廿九日（6.17）

帝御乾清宫，受前藏达赖喇嘛呈进贡物。

五月

初一日（6.19）

康有为上折，为推行新政，请御门誓众，开制度局，以统筹大局，革旧图新以救时艰，是为康有为得蒙召见后之谢恩折。

初二日（6.20）

以雨泽仍未沾足，帝诣大高殿祈祷行礼。遣贝勒载濂等诣各宫庙拈香。

初四日（6.22）

帝幸颐和园驻跸。诣乐寿堂，问皇太后安，至初九日皆如之。

初五日（6.23）

谕：自下科始，乡会试及生童岁科各试，向用四书文者，一律改试策论。

以直隶总督王文韶为户部尚书，在军机处及总理衙门上行走。实授荣禄为直隶总督兼北洋大臣。

初六日（6.24）

派协办大学士、兵部尚书刚毅管理健锐营事务，正黄旗汉军都统怀塔布管理圆明园八旗包衣三旗官兵并鸟枪营事务。

初八日（6.26）

谕：前曾特派盛宣怀督办卢汉铁路，计时将及两年。著盛宣怀克日兴工，并将办理情形先行具奏。此外，粤汉、宁沪各路，并著承办各员一体迅速开办。

初九日（6.27）

帝回宫。

初十日（6.28）

总理衙门议覆：以梁启超在上海设有译书局，规模已具，拟将该局改为译书官局，每月拨给经费银二千两。所译之书，先尽各国政治、法律、史传诸门。每翻译一种，即呈总理衙门，以备进呈御览。帝允之。

十二日（6.30）

以甘霖渥沛，帝诣大高殿报谢行礼。遣贝勒载濂等诣各宫庙拈香。

十四日（7.2）

帝幸颐和园驻跸。诣乐寿堂，问皇太后安，至十七日皆如之。

总理各国事务王大臣奕劻等议覆康有为之“上清帝第六书”，于康之建言，多驳为不可行。寻奉旨：著该衙门另行妥议具奏。

十五日（7.3）

谕：照军机大臣及总理衙门王大臣等议，筹办京师大学堂。以孙家鼐管理大学堂事务。所需经费及常年用款，著户部分别筹拨。所有原设之官书局及新设之译书局，均著并入大学堂，由管学大臣督率办理。

帝召见广东举人梁启超，命其进呈所著《变法通议》。寻赐其六品卿衔，办理译书局事务。

十六日（7.4）

谕：朕钦奉懿旨，荣禄现已补授直隶总督，所有菩陀峪万年吉地工程，仍著会同奕劻办理。

谕：建设大学堂工程事务，著派庆亲王奕劻、礼部尚书许应骙迅速办理。

先是，御史陈其璋奏请与各国开议，酌加进口税，并停收厘金。至是，总理衙门议覆：应俟明年与英修约之期，妥议加税章程，列入条约。停收厘金一节，应俟加进口税后，察看洋税岁收之数足敌厘金，再行裁撤。从之。

十七日（7.5）

帝回宫。

二十日（7.8）

帝御文华殿，接见美国卸任使臣田贝、接任使臣康格。

御史文悌参劾康有为及宋伯鲁、杨深秀三人。得旨：文悌不胜御史之任，著回原衙门行走。

廿二日（7.10）

帝幸颐和园驻跸。诣乐寿堂，问皇太后安，至廿七日皆如之。

康有为上折，请改直省书院为中学堂，乡邑淫祠为小学堂，令小民六岁皆入学，以广教育而成人才。得旨：著即将各直省现有之大小书院，一律改为兼习中学、西学之学校。至学校等级，自应以省会之书院为高等学，郡城之书院为中等学，州县之书院为小学，皆颁给京师大学堂章程。至如民间祠庙，其有不在祀典者，即著由地方官晓谕居民，一律改为学堂。

廿四日（7.12）

谕：各国传教，载在条约。屡经谕令各直省督抚，妥为保护，以期民教相安。乃近来民教交涉案件层见屡出，著各督抚等严饬所属，此前未结之案，即著迅速了结。倘仍防治不力，定从严惩办。

廿五日（7.13）

总理衙门奏：谕命另行妥议具奏之康有为条陈，事关重要，请派王大臣会同总理衙门议奏。得旨：著军机大臣会同总理各国事务王大臣，切实筹议具奏，毋得空言搪塞。

总理衙门会同礼部，奏呈“经济特科章程”六条。帝允之，并谕：著三品以上京官及各省督抚、学政，各举所知，限于三个月内，迅速咨送总理衙门。一俟咨送人数足敷考选，即可随时奏请定期举行。

廿六日（7.14）

先是，文海奉旨赴后藏靖西一带，阅视防兵。寻奏请添调兵丁，并由四川预拨经费。是日奉旨：所有添调之汉、番兵勇二百名，著照所请行。并著四川总督恭寿，将应解西藏之备边经费，预先拨发四年，共银四万两，于六月内如数解往。即自光绪二十六年起，由川省分年扣还。

廿七日（7.15）

帝回宫。

三十日（7.18）

帝诣颐和园乐寿堂，问皇太后安，回宫。

六月

初一日（7.19）

帝幸颐和园。诣乐寿堂，问皇太后安，至初三日皆如之。从张之洞、陈宝箴之请，议定科举新章。嗣后，一切考试，均以讲求实学实政为主，不得凭楷法之优劣为高下。

初二日（7.20）

从奕劻、许应骙之请，将地安门内马神庙地方之空闲府第，作为大学堂暂时开办之所，并著总管内务府大臣量为修葺拨用。

初三日（7.21）

帝回宫。

初六日（7.24）

中国女学会主办之《女学报》创刊于上海。康同薇（康有为长女）、李惠仙（梁启超妻）、张蕴华等为主编。

初七日（7.25）

翰林院侍讲黄绍箕将张之洞所著《劝学篇》呈进。得旨：著将所备副本四十部，由军机处颁发各省督抚、学政各一部，俾得广为刊布。

初八日（7.26）

帝诣瀛秀园门外，跪接皇太后还西苑。问安毕，仍跪送皇太后幸颐和园驻跸。

谕：将《时务报》改为官报，并派康有为督办其事。所出之报，随时呈进御览。

十三日（7.31）

帝幸颐和园。诣乐寿堂，问皇太后安，至十六日皆如之。

十五日（8.2）

谕：著翰林院、詹事府、都察院，各于值日之日，由各该堂官轮派讲读编检八员、中赞二员、科道四员，随同到班，听候召见。另，各部院司员有条陈事件者，著由各该堂官代奏。士民有上书言事者，著赴都察院呈递。

谕：现值讲求新学，惟百闻不如一见，自以派人出洋游学为要。至游学之国，西洋不如东洋，或由日本再赴西洋游学。前据总理衙门奏称，拟将同文馆东文学生酌派数人，并咨南北洋、两广、两湖、闽浙各督抚，于现设学堂内遴选学生，陆续派往。并各部院，如有讲求时务、愿往游学人员，出具切实考语，一并咨送。著照所请行。

伍廷芳奏请变通成法。帝命其博考各国律例，及日本改定新例，酌拟条款，咨送总理衙门核办。

十六日（8.3）

帝回宫。

廿一日（8.8）

帝诣瀛秀园门外，跪接皇太后还西苑驻跸。

帝诣西苑仪鸾殿，问皇太后安，至廿四日皆如之。

廿三日（8.10）

谕命南北洋大臣、沿江沿海各将军督抚，增设水师学堂，添置练船，训练水师。

廿四日（8.11）

帝回宫。

廿六日（8.13）

帝诣宁寿宫皇太后前行礼。御乾清宫受朝贺。奉皇太后幸西苑颐年殿，侍晚膳，至廿八日皆如之。

廿八日（8.15）

万寿节。帝诣大高殿、寿皇殿行礼，遣官祭太庙后殿、奉先殿。

廿九日（8.16）

帝诣瀛秀园门外，跪送皇太后幸颐和园驻跸。

七月

初一日（8.17）

帝幸颐和园。诣乐寿堂，问皇太后安，至初三日皆如之。

初二日（8.18）

谕：日本政府允将该国大学堂、中学堂章程酌行变通，俾中国学生易于附学。著各省督抚，就学堂中挑选略谙东文、英文者，酌定人数，克日电咨总理衙门核办。

初三日（8.19）

帝回宫。

初七日（8.23）

帝幸颐和园。诣乐寿堂，问皇太后安。翌日如之。

初八日（8.24）

帝回宫。定奉皇太后幸天津阅新军操之日程。

十二日（8.28）

帝幸颐和园。诣乐寿堂，问皇太后安。翌日如之。

孝贞显皇后诞辰。帝回宫，诣建福宫圣容前行礼，仍幸颐和园驻跸。

谕：前经降旨饬令各省开办学堂，各省俱已陆续开办，而广东迄无只字覆奏。著谭钟麟、许振祎立即妥筹开办，并将办理情形即日电奏。

十三日（8.29）

帝回宫。谕：陈宝箴所荐之杨锐、刘光第等人，王锡蕃所荐之林旭等人，著预备召见。

康有为上折，请及时发愤，速筹全局，以免胁制而图保存。略曰：皇上于圣明之中，未施大勇；虽悬日月之照，而未动雷霆之威；虽定国是之所趋，而未行御门之大誓；虽知新政之宜行，而尚以旧人充其任；虽知先后之当议，而未闻顾问之有人；虽能庶事之日新，而未为全局之通筹。恐空有变法之名，而不收变法之实。

十四日（8.30）

帝诣瀛秀园门外，跪接皇太后还西苑驻跸。

帝命裁撤詹事府、通政司、光禄寺、鸿胪寺、太仆寺、大理寺，其事交内阁及六部等办理。地方则裁撤督抚同城之湖北、广东、云南三省巡抚，其事交总督兼管；再裁东河总督，其事交河南巡抚兼办。

十五日（8.31）

中元节。帝诣奉先殿、寿皇殿行礼。遣官祭历代陵寝。

帝诣西苑仪鸾殿，问皇太后安，至十八日皆如之。

十七日（9.2）

文宗显皇帝忌辰。帝诣奉先殿、寿皇殿行礼，遣官祭定陵。

十八日（9.3）

帝诣瀛秀园门外，跪送皇太后幸颐和园驻跸。

十九日（9.4）

以礼部堂官怀塔布等拒将该部主事王照之维新条陈代奏，帝命将尚书怀塔布、徐应骙，左侍郎堃岫，署左侍郎徐会沣，右侍郎溥颋，署右侍郎曾广汉，即行革职；并赏主事王照三品顶戴，以四品京堂候补。

二十日（9.5）

谕：内阁侍读杨锐、刑部候补主事刘光第、内阁候补中书林旭、江苏候补知府谭嗣同，均著赏加四品卿衔，在军机章京上行走，参预新政事宜。

廿一日（9.6）

帝幸颐和园。诣乐寿堂，问皇太后安，至廿四日皆如之。

廿二日（9.7）

谕：李鸿章、敬信，均著毋庸在总理衙门行走。

以扰民故，帝命民间现办之昭信股票，著即停止。

廿三日（9.8）

谕：所有撤并衙门裁缺各官，未便听其闲散，应于铁路矿务总局、农工商务总局，酌设大小官员额缺，以备量材任使。著总理各国事务王大臣会同吏部，妥速详议具奏。

廿四日（9.9）

帝回宫。

廿六日（9.11）

皇太后幸圆明园。样式房呈览慎修思永殿之内檐装修图，奉懿旨：明间不要碧纱橱，拟妥鸡腿罩、飞罩、天然罩，不要八方罩、瓶式罩。九月十八日，懿旨复命总管太监李莲英，催呈慎修思永装修图。

署礼部右侍郎徐致靖，密保袁世凯。折上，帝命袁世凯来京陛见。

廿七日（9.12）

谕：著查照四月廿三日以后，所有关乎新政之谕旨，各省督抚均迅速照录，刊刻誊黄，切实开导。

都察院代递湖南举人曾廉之上书，请杀康有为、梁启超。

廿八日（9.13）

总管内务府奏：万寿庆辰，颐和园奏保以员外郎补用现悬之缺，即请以恩奎补授。从之。

廿九日（9.14）

帝幸颐和园驻跸。诣乐寿堂，问皇太后安。翌日如之。

先是，康有为谋开懋勤殿以议制度，并由王照、徐致靖分别举荐康有为、黄遵宪、康广仁、梁启超、麦孟华、宋伯鲁、徐致靖等十人入懋勤殿。是日，懿旨否之。

谕：有人奏，湖南巡抚陈宝箴，被人胁制，闻已将学堂及诸要举全行停止。新政关系自强要图。凡一切应办事宜，该抚务当坚持定见，实力举行。

三十日（9.15）

帝回宫。手谕杨锐，以太后不愿尽变旧法，尽罢旧臣，令其与林旭、刘光第、谭嗣同等妥速筹商可尽革旧法，尽黜旧臣，“而又不致有拂圣意”之良策，由军机大臣代递。

八月

初一日（9.16）

帝幸颐和园。诣乐寿堂，问皇太后安，至初三日皆如之。帝于玉澜堂召见直隶按察使袁世凯，命其以侍郎候补，专办练兵事务。所有应办事宜，著随时具奏。谕出使各国大臣：于寓洋华人中，无论士商工匠，择其著名可用者，随时征送回华，以备任使。

康有为等谋以袁世凯之新建陆军围颐和园，而以毕永年率百余敢死之士入园，执皇太后。

初二日（9.17）

谕：工部主事康有为前曾命其督办官报局。现闻其尚未出京，实堪诧异，著康有为迅速前往上海。

袁世凯谢恩召见。帝谕：闻汝练兵甚好，此后可与荣禄各办各事。

初三日（9.18）

帝回宫。御史杨崇伊至颐和园，谓日本故相伊藤博文即日到京，将专政柄。请皇太后即日训政，密拿康有为等人。懿旨：嗣后，军国大政，均须呈皇太后定夺。

午后，康有为赴日本公使馆，访伊藤博文。谭嗣同密访袁世凯，请其率军杀荣禄，围颐和园。

初四日（9.19）

黎明，帝诣颐和园请安，闻太后已由间道入西直门，车驾仓皇而返。太后直抵帝寝宫，尽括章疏携之去，召帝怒诘曰：我养汝二十余年，乃听小人之言谋我乎？帝战栗不发一语。太后唾之曰：痴儿，今日无我，明日安有汝乎？

传早朝时，帝谓枢臣曰：朕不自惜，死生听天，汝等肯激发天良，顾全祖宗基业，保全新政，朕死无憾！

初五日（9.20）

帝诣西苑仪鸾殿，问皇太后安，至廿九日皆如之。御勤政殿，接见日本国前内阁总理大臣侯爵伊藤博文、署使臣林权助等一行。是日夜及次日，袁世凯向荣禄告密，有关兵围颐和园事。

初六日（9.21）

帝宣布皇太后训政。谕：工部候补主事康有为，结党营私，莠言乱政，屡经被人查奏，著革职，并其弟康广仁，均著步军统领衙门拿交刑部，按律治罪。

初七日（9.22）

谕：禁城内外，理宜严肃。所有紫禁城、西苑、颐和园三处，著步军统领衙门遴派官弁，各在宫门外分段巡逻。其旧由护军营管理地方，仍著该统领等严饬派出各员弁，认真巡缉。

初八日（9.23）

帝率王大臣等诣勤政殿，于皇太后前行礼。

初九日（9.24）

谕：张荫桓、徐致靖、杨深秀、杨锐、林旭、谭嗣同、刘光第，均著先行革职，交步军统领衙门拿交刑部，按律治罪。康有为在英人协助下出国，寻至日本。

初十日（9.25）

谕：朕躬自四月以来，屡有不适。调治日久，尚无大效。京外如有精通医理之人，即著内外臣工切实保荐候旨。其现在外省者，即日驰送来京。著荣禄即刻来京，有面询事件。直隶总督及北洋大臣事务，著袁世凯暂行护理。

谕：孙文一犯，久经饬拿，迄无消息。著刘坤一、边宝泉等，赶紧设法密拿，务期必获。

十一日（9.26）

谕：所有现行新政中，拟裁撤之詹事府、通政司、大理寺、光禄寺、太仆寺、鸿胪寺等衙门，仍著照常设立，毋庸裁并。其各省应行裁并之局所冗员，仍著各督抚认真裁汰。嗣后，凡有言责之员，自当各抒谠论。其余不应奏事之员，概不准擅递封章。至《时务》官报，无裨治体，徒惑人心，著即行裁撤。大学堂一节，除京师及各省会业已次第兴办者外，其余各处议设之小学堂，著该地方官酌情而办。其各省祠庙，不在祀典者，苟非淫祠，著一仍其旧，毋庸改为学堂。此外，业经议行及现在交议各事，如实系有关国计民生者，即当切实次第举行。其无裨时政而有碍治体者，均毋庸置议。

十三日（9.28）

谕：康广仁、杨深秀、杨锐、林旭、谭嗣同、刘光第等，大逆不道，著即处斩。刚毅监刑，步军统领衙门派兵弹压。命荣禄在军机大臣上行走，以裕禄为直隶总督兼北洋大臣。

十四日（9.29）

谕：近因时事多艰，朝廷遂变法以自强。乃工部主事康有为，乘变法之际，隐行其乱法之谋。前此竟有纠约乱党，谋围颐和园，劫制皇太后，陷害朕躬之事。康有为实为叛逆之首，现已在逃，著各直省督抚一体严密查拿，极刑惩治。举人梁启超，与康有为狼狈为奸，著一并严拿惩办。

谕：已革户部左侍郎张荫桓，著发往新疆，交该巡抚严加管束。已革翰林院侍讲学士徐致靖，著刑部永远监禁。翰林院编修、湖南学政徐仁铸，著革职永不叙用。

谕：大学士荣禄，著管理兵部事务，并节制北洋各军。

户科给事中胡俊章奏：数日来风闻，法国使署日有车辆卸载。其中木箱偶然碎裂，见有短刀、枪子等物。日本使署卸货亦倍于平日。虽未必果有他谋，亦不可不思患预防。本年九月初五日巡幸之行，以及颐和园驻跸，均各拟请暂缓。并请密饬神机营、武胜新队兵丁，不必全队驻扎南苑，即在各该厂住宿，勿得散队回家。其紫禁城、西苑等处，尤宜严密巡逻。

谕命取消九月之天津阅兵，分赏聂士成、袁世凯、董福祥所部银两。

十五日（9.30）

原罢免之礼部尚书怀塔布，授为都察院左都御史，兼总管内务府大臣。

总管李莲英奉旨：本月二十日，皇太后、皇上、皇后、瑾妃均不往颐和园去。前传引导车马苏拉，均著一并撤回，勿庸预备。

十八日（10.3）

十五日，总管李莲英口传：奉懿旨，所有此次在颐和园备差之各衙门官员、兵丁等，著加恩赏给绸缎、银两，由总管内务府开单呈览。是日，奉懿旨：著照单赏给。其应赏银两，著由户部照数给发。

廿一日（10.6）

先是，英、俄、德等国向驻北京使馆派兵，继有英国舰队进至大沽。皇太后虑列强干预，是日，特降懿旨，命董福祥所部甘军移驻京郊南苑，并以其所部何得彪六营赶赴天津芦台。

廿四日（10.9）

命驻外使臣罗丰禄、杨儒等，与英、俄等国交涉，请其撤出进驻北京使馆之兵。

廿六日（10.11）

谕：以荣禄为练兵钦差大臣，所有宋庆所部毅军，董福祥所部甘军，聂士成所部武毅军，袁世凯所部新建陆军以及北洋各军，悉归荣禄节制，以一事权。

廿七日（10.12）

两江总督刘坤一奏：反对废黜光绪帝。略曰：伏乞皇太后皇上慈孝相孚，以慰天下臣民尊亲共戴之忱。翌日，刘坤一致电总理衙门，再申前意。

本月

奉懿旨：课农轩南北岸续修各座房间、亭座、墙垣、甬路、泊岸、码头，及水村图、观音庵油饰彩画等，共估算工料银五万八千六百六十两。此次拟粘修拆修者，计有课农轩两卷殿一座五间、前抱厦三间、水村图套殿五间、绘雨精舍三间、兰野两间、观音庵一座一间、值房二十五间、门罩一座一间、四方亭一座，共殿宇大小房间四十五间。

九月

初一日（10.15）

帝诣西苑仪鸾殿，问皇太后安，至三十日皆如之。

初四日（10.18）

各国驻华公使派法国使馆医生进宫为帝诊病，谓无危险，仅微恙。

总管内务府奏：向例，闽海关每年由常税项内拨银一万两，分两次解赴颐和园作其常年经费。现届二十四年份应解之期，号商蔚泰厚，已于八月初二日启程，解银五千两赴京。

十一日（10.25）

原罢免之礼部尚书徐应骙，授为闽浙总督。至是，为帝罢免之礼部六堂官，多被重新起用。

十五日（10.29）

引见人员：户部四人，户部三库十八人，前锋、护军统领十九人，火器营十六人，圆明园十二人，共六十九人。

十八日（11.1）

奉懿旨：复设督抚同城之湖北、广东、云南三省巡抚及河道总督。

廿二日（11.5）

帝奉皇太后御西苑仪鸾殿，接见日本国使臣矢野文雄。

本月

赵三多、阎书勤等率义和拳众于山东冠县梨园屯起事，号曰“扶清灭洋”。

十月

初一日（11.14）

帝诣西苑仪鸾殿，问皇太后安，至廿九日皆如之。

初九日（11.22）

帝奉皇太后幸西苑颐年殿，侍晚膳。翌日如之。

初十日（11.23）

皇太后万寿圣节，遣官祭太庙后殿、奉先殿。

帝率王以下文武大臣诣慈宁门，向皇太后行庆贺礼。众官于午门外行礼。

十二日（11.25）

直隶总督裕禄奏：总理衙门向德国伏尔铿厂定造之海容、海筹、海琛三军舰，已于六月初九日、七月初八日、八月初六日先后抵达大沽。

廿一日（12.4）

谕：前令翁同龢开缺回籍，实不足以蔽辜，著即行革职，永不叙用，交地方官严加管束。

廿二日（12.5）

密谕驻日公使李盛铎：如康、梁及王照在日本，即设法密速办理。果能得手，朝廷不惜重赏。

廿五日（12.8）

帝御勤政殿，接见俄国使臣格尔思。

廿六日（12.9）

帝奉皇太后御西苑仪鸾殿，接见比国使臣费葛。

十一月

初一日（12.13）

帝诣西苑仪鸾殿，问皇太后安，至三十日皆如之。

初四日（12.16）

引见人员：礼部六人，理藩院二十二人，前锋、护军统领二十人，圆明园八旗二十八人，共七十六人。

初五日（12.17）

帝御勤政殿，接见意国使臣马迪纳。

十二日（12.24）

引见人员：户部三库八人，翰林院三十二人，光禄寺一人，领侍卫内大臣六人，正黄旗蒙古二人，镶红旗满洲十三人，颐和园七人，共六十九人。

十九日（12.31）

京师大学堂正式开学。

廿二日（1899.1.3）

谕：各省将军、督抚，均兼总理各国事务大臣，以便与总理衙门商办对外交涉事宜。

廿八日（1.9）

谕：现在朕躬违和。所有年内及明年正月应行升殿及一切筵宴，均著停止。明年正月初一日，朕亲率王公百官恭诣皇极殿，在皇太后前行礼。

十二月

初一日（1.12）

帝诣西苑仪鸾殿，问皇太后安，至廿九日皆如之。

初三日（1.14）

引见人员：吏部三十一人，礼部三人，理藩院十二人，都察院六人，镶白旗蒙古五人，镶红旗蒙古三人，正蓝旗汉军四人，颐和园十人，共七十四人。

初十日（1.21）

引见人员：理藩院十七人，正黄旗满洲七人，镶黄旗满洲五人，镶黄旗汉军一人，镶红旗满洲三人，正蓝旗满洲八人，圆明园八旗十人，内务府四人，咸安宫官学三人，精捷营十二人，共七十人。

廿九日（2.9）

除夕。酉刻，帝诣皇太后前行礼。

光绪二十五年　1899

正月

初一日（2.10）

帝诣奉先殿行礼，遣官祭太庙后殿。帝率王以下文武大臣，诣皇极门，向皇太后行庆贺礼。礼成，帝御乾清宫受朝贺。诣西苑仪鸾殿，问皇太后安，至三十日皆如之。

初八日（2.17）

谕：上年夏秋之交，朕躬违和，至今尚未痊愈。著将太医院脉案，按五日一次，由军机处发给裕禄阅看，并著裕禄随时钞咨各省督抚一体阅看。

二月

初一日（3.12）

帝诣西苑仪鸾殿，问皇太后安，至廿九日皆如之。

初十日（3.21）

帝奉皇太后御西苑仪鸾殿，接见比国使臣费葛。

十四日（3.15）

引见人员：吏部六十五人，镶黄旗满洲六人，正蓝旗汉军二人，颐和园二人，共七十五人。

三月

初一日（4.10）

帝诣西苑仪鸾殿，问皇太后安，至三十日皆如之。

初八日（4.17）

帝召见前北洋海军将领叶祖珪、萨镇冰。开复副将叶祖珪之革职处分，赏加提督衔；副将衔补用参将萨镇冰，赏加总兵衔。奉旨：已到之海容、海筹、海琛三舰，未到之海天、海圻及鱼雷等艇，并旧有之通济各船，以叶祖珪为统领，萨镇冰为帮统领，仍归北洋节制。

十二日（4.21）

恭亲王溥伟奏：恭缴端罩并朗润园。得旨：所有前赏之端罩，著将杏黄托子缴回，端罩即赏给溥伟穿用。朗润园，著交内务府查收。

十九日（4.28）

福州将军增祺奏：汇解颐和园经费。得旨：嗣后，仍著以实银起解。

四月

初一日（5.10）

帝诣西苑仪鸾殿，问皇太后安，至廿九日皆如之。

二十日（5.29）

帝御勤政殿，接见法国使臣毕盛。

廿一日（5.30）

帝奉皇太后御西苑仪鸾殿，接见德国使臣海靖。

五月

初一日（6.8）

帝诣西苑仪鸾殿，问皇太后安，至三十日皆如之。帝奉皇太后御仪鸾殿，接见日本国使臣矢野文雄。

以端郡王载漪训练虎神营著有成效，谕交宗人府从优议叙。

十一日（6.18）

引见人员：宗人府十人，工部九人，值年旗二人，正白旗汉军六人，正红旗满洲十四人，镶红旗蒙古二人，圆明园八旗六人，共四十九人。

二十日（6.27）

荣禄奏：武卫中军编练成军，共万人，分二十七营。至是，武卫军所辖五军，均告成军，驻扎京津直隶一带。

廿九日（7.6）

直隶总督裕禄奏：北洋海军已初具规模。自德国定购之海容、海筹、海琛三快船，及海龙、海犀、海青、海华四雷艇，均已先后接收。自英国定购之海天、海圻两快船，亦将抵津，合旧有之飞鹰、飞霆两雷艇，及通济、复济两练船，共十三船。

六月

初一日（7.8）

帝诣西苑仪鸾殿，问皇太后安，至廿九日皆如之。帝御勤政殿，接见意国使臣萨尔瓦葛。

初五日（7.12）

帝御勤政殿，接见德国使臣克林德。

初九日（7.16）

文宗显皇帝诞辰。帝诣寿皇殿行礼，遣官祭奉先殿。

十二日（7.19）

引见人员：都察院三十五人，钦天监六人，镶白旗满洲十六人，正蓝旗蒙古三人，圆明园八旗十人，共七十人。

十三日（7.20）

康有为在加拿大成立保皇会，亦称“中国维新会”或“保救大清皇帝公司”。康有为自任会长，梁启超、徐勤任副会长。

廿四日（7.31）

引见人员：吏部二十人，都察院二人，太仆寺二人，正红旗蒙古十人，镶蓝旗满洲二十六人，圆明园四人，共六十四人。

廿五日（8.1）

帝奉皇太后幸西苑纯一斋，侍晚膳。翌日如之。

廿六日（8.2）

帝诣西苑仪鸾殿，于皇太后前行礼。礼毕，御勤政殿受贺。

廿八日（8.4）

万寿节。遣官祭太庙后殿、奉先殿。

七月

初一日（8.6）

帝诣西苑仪鸾殿，问皇太后安，至三十日皆如之。

十二日（8.17）

孝贞显皇后诞辰。帝诣建福宫圣容前行礼。

十五日（8.20）

中元节。帝诣寿皇殿行礼，遣官祭历代陵寝。

十七日（8.22）

文宗显皇帝忌辰。帝诣寿皇殿行礼，遣官祭定陵。

廿八日（9.2）

引见人员：正红旗满洲十一人，镶白旗汉军十二人，镶蓝旗蒙古二人，内务府十九人，颐和园二人，共四十六人。

八月

初一日（9.5）

帝诣西苑仪鸾殿，问皇太后安，至三十日皆如之。

初二日（9.6）

美国政府照会各国，宣布对中国实行“门户开放”政策。

初十日（9.14）

引见人员：兵部二十一人，正白旗满洲八人，镶红旗满洲七人，正蓝旗蒙古二人，内务府十三人，圆明园二人，共五十三人。

九月

初一日（10.5）

帝诣西苑仪鸾殿，问皇太后安，至廿九日皆如之。

初八日（10.12）

帝奉皇太后御西苑仪鸾殿，接见俄国使臣格尔思。

十月

初一日（11.3）

帝诣西苑仪鸾殿，问皇太后安，至三十日皆如之。

初十日（11.12）

皇太后万寿圣节。遣官祭太庙后殿、奉先殿。帝率王以下文武大臣，诣皇极殿行庆贺礼。众官于午门外行礼。帝奉皇太后幸西苑颐年殿，侍晚膳。

十一月

初一日（12.3）

帝诣西苑仪鸾殿，问皇太后安，至廿九日皆如之。

十八日（12.20）

奉懿旨：有能将康有为、梁启超严密缉拿到案者，定必加以破格之赏。即使难以生获，但能设法致死，确有证据，亦必一体从优给赏。

廿五日（12.27）

引见人员：礼部三人，刑部四人，理藩院三十七人，镶红旗汉军十五人，圆明园八旗八人，共六十七人。

十二月

初一日（1900.1.1）

帝诣西苑仪鸾殿，问皇太后安，至三十日皆如之。

谕：现在朕躬尚未痊愈。所有年内暨明年正月，应行升殿及一切筵宴，均著停止。

初十日（1.10）

帝御勤政殿，接见日本国使臣西德二郎。

廿四日（1.24）

谕：仰遵慈训，以多罗端郡王载漪之子溥儁，入继为穆宗毅皇帝之子。并封其为皇子，以绵统绪。

廿六日（1.26）

上海电报局总办经元善，联合章炳麟、唐才常等一千二百三十一人，联名致电总理衙门，反对废黜光绪帝。

光绪二十六年　1900

正月

初一日（1.31）

帝诣宁寿宫，于皇太后前行庆贺礼。王公百官于皇极门外行礼。礼成，御乾清宫受贺。

帝诣西苑仪鸾殿，问皇太后安，至廿九日皆如之。

初六日（2.5）

命醇亲王载沣在内廷行走。

十二日（2.11）

命将经元善即行革职，并命浙江巡抚刘树棠查抄其家产。命两广总督李鸿章，掘毁康有为、梁启超二人本籍祖坟。

十五日（2.14）

命悬赏银十万两，缉拿康有为、梁启超，不论生死。不愿领银者，可破格升官。

二十日（2.19）

帝御勤政殿，接见日斯巴尼亚国使臣葛络干、英国使臣窦纳乐、德国使臣克林德、美国使臣康格、俄国使臣格尔思、和国使臣克罗伯、意国使臣萨尔瓦葛、比国使臣贾尔牒、法国护理使臣唐端、日本参赞石井菊次郎。

二月

初一日（3.1）

帝诣西苑仪鸾殿，问皇太后安，至三十日皆如之。

初二日（3.2）

英、美、德、意四国公使及法国驻华代办访总理衙门，要求取缔义和团，并要求将上谕在《京报》上公开刊登。总理衙门复照拒绝。

初八日（3.8）

帝奉皇太后御仪鸾殿，接见各国使臣眷属。

十三日（3.13）

谕：此次内务府等处铃出之圆明园八品苑副世贵，委署苑副锡良，笔帖式志衡；颐和园六品苑丞连吉、明良、显曾，七品苑副连仲，均著交吏部记名，照例选用。不到之颐和园六品苑丞荣来，著照例办理。

廿二日（3.22）

引见人员：内阁二人，户部七人，理藩院二十八人，都察院六人，值年旗三人，镶红旗满洲一人，圆明园八旗十六人，内务府十七人，共八十人。

三月

初一日（3.31）

帝诣西苑仪鸾殿，问皇太后安，至初七日皆如之。

初二日（4.1）

大学士徐桐等奏：闻内务府传有驻跸颐和园之举。叩恳皇太后、皇上暂停此举，以免逆党因而生心，是则最关重大者也。若俟逆除险定，再事举行，庶属万全。

初四日（4.3）

皇太后将幸颐和园。奉懿旨：此次赴园，著奕劻、载漪各派神机营、虎神营队伍，分作两班，沿途随护。各处路口，一体严密稽查。

初七日（4.6）

帝奉皇太后幸颐和园，驻跸。皇后亦同往颐和园，驻跸。英、美、德、法四国公使照会清廷，谓："请两月以内，悉将义和团匪一律剿除。否则，将派水陆各军驰入山东、直隶两省，代为剿平。"

初八日（4.7）

帝诣乐寿堂，问皇太后安，至廿九日皆如之。

初十日（4.9）

孝贞显皇后忌辰。遣官祭定东陵。

十一日（4.10）

奉懿旨：入春以来，京师雨泽稀少。著刑部查明各省斩、绞监候缓决人犯，分别办理减等，以昭宽典而迓祥和。

十二日（4.11）

谕：四川候补道庆善著赏给副都统衔，作为驻藏办事大臣，即行驰驿前往，毋庸来京请训。

十三日（4.12）

以时届布种，雨泽尚稀，遣恭亲王溥伟诣大高殿恭代祈祷行礼。遣醇亲王载沣等诣各庙拈香。

十五日（4.14）

谕：内阁学士兼礼部侍郎衔桂春，著派充出使俄国钦差大臣。

十八日（4.17）

谕：吏部尚书著刚毅调补，敬信著调补兵部尚书，户部尚书著立山补授。热河正总管著明勋补授。四月二十日，热河正总管著恩隆补授。

二十日（4.19）

谕：甘肃新疆喀什噶尔提督张俊病故，任内一切处分悉予开复，加恩予谥。翌日，该员缺著罗荣光补授，所遗天津镇总兵员缺著黄金福补授。

廿三日（4.22）

穆宗毅皇帝诞辰。祭奉先殿，遣大阿哥溥儁恭代行礼。皇后由颐和园回宫，当日还颐和园。

廿四日（4.23）

山东巡抚袁世凯奏：高密民人阻修铁路一案，惟有妥定章程，使彼此均有遵守。谨将议定铁路章程照录进呈。得旨：下所司核议。寻总理衙门覆奏章程二十八款，允之。

廿六日（4.25）

以农田待泽，雨泽仍稀，派恭亲王溥伟诣大高殿恭代祈祷行礼。遣醇亲王载沣等诣各庙拈香。

廿七日（4.26）

谕：据裕禄奏称，直隶地方有外来之义和拳会，到处煽诱愚民，藉辞与教民寻衅。应即责成提督梅东益、道员张莲芬二员，谕以民教皆朝廷赤子，遇有两造争执之案，论是非不分民教，务在持平办理。民间习拳，亦止论其匪不匪，不必问其会不会。

四月

初一日（4.29）

帝诣乐寿堂，问皇太后安，至廿九日皆如之。

初三日（5.1）

从御史郑炳麟之请，谕命直隶总督裕禄、山东巡抚袁世凯筹议，可否将义和团改编为团练。

初四日（5.2）

引见人员：吏部五十七人，圆明园八旗十人，共六十七人。

初六日（5.4）

以京师雨泽稀少，再申祈祷，派恭亲王溥伟诣大高殿恭代行礼。遣大阿哥溥儁等诣各庙拈香。

谕：本日召见之前荆州将军祥亨，著以都统候补充大阿哥清文谙达。

十三日（5.11）

以渥沛甘霖，派恭亲王溥伟诣大高殿恭代报谢行礼。遣大阿哥溥儁等诣各庙拈香。

十四日（5.12）

谕：署福州将军善联著毋庸兼管船政事宜。福建船政大臣著许应骙暂行兼管。

十五日（5.13）

以本年乡试，考试应开列试差人员于保和殿。谕：由进士出身之满汉侍郎、内阁学士、三四五品京堂内，未与考试试差者，俱著于本月廿八日在颐和园考试。其不愿赴考者，仍向礼部声明，于开列考官本内扣除。

十六日（5.14）

谕：近闻畿辅一带，义和团拳会尚未解散，渐及京师。著步军统领衙门，严密稽查，设法除禁。

十八日（5.16）

引见人员：礼部三人，国子监四人，正白旗汉军七人，正蓝旗蒙古二人，前锋、护军统领二十人，圆明园八旗十六人，内务府十七人，颐和园二人，共七十一人。

谕：辅国公载澜第五子著命名溥信。

十九日（5.17）

直隶总督裕禄奏：反对将义和团改为团练，谓："正本清源之计，尤要在遇有民教争执之案，该地方官持平审断，只论是非，不分民教。"

谕：驻藏办事大臣文海病卒，著加恩照尚书例赐恤，赏银一千两，由四川藩库给发。寻其子赏给主事。

廿一日（5.19）

谕：据丁振铎电奏，法国领事方苏雅驮运军火入云南省境，且有闯关抢局等情。著总理衙门迅即照会法使，将方苏雅即行撤回，另派领事官来滇接办。并电知裕庚，向该国外部切实理论，将运入军火悉数运回法国。

山东巡抚袁世凯，就四月初三日之上谕覆奏，谓宜严禁义和团。

廿六日（5.24）

实授李鸿章两广总督。工部尚书徐树铭病故，加恩赏给陀罗经被，派贝子溥伦带领侍卫十员即日前往奠醊，照尚书例赐恤。

廿八日（5.26）

考试应开列试差满汉二品以下京堂各官于颐和园仁寿殿。

廿九日（5.27）

御史许祐身奏：教士偏护教民，挟制州县。民受教民之侮，相率仇教。得旨：约章所载，教民犯法，本非教士所能干预。著总理衙门会商各国使臣，妥定章程，务使民教彼此相安。

五月

初一日（5.28）

帝诣颐和园乐寿堂，问皇太后安，至十三日皆如之。

义和团数千人，焚毁卢沟桥、长辛店、琉璃河等处车站、栈房、铁路等。

初二日（5.29）

帝御玉澜堂，接见比国使臣姚士登。

谕：近闻拳民中多有游勇会匪，藉端肆扰，甚至戕杀武员，烧毁电杆、铁路。其与乱民何异？著派出之统兵大员及地方文武，迅即严拿首要，解散胁从。倘敢列仗抗拒，应即相机剿办。凡有教堂、教民地方，均应实力保护。

法国驻天津领事杜士兰致函裕禄称，法、英、俄、美、德、意、日驻京使节公同议定，各调军队登岸，由铁路运送赴京。翌日，该领事面告裕禄，"各兵今日均已到津，无论总理衙门允否，定准明日赴都”。

初三日（5.30）

谕：王文韶著充国史馆副总裁。奉旨：溥顾现在请假，右翼总兵著载澜署理。

初四日（5.31）

总理衙门电告裕禄：各国洋兵准由火车运送，惟人数不得过多。裕禄覆电：此次赴京洋兵，英、法、俄、美、意、日六国，共计四百零六名，当晚抵京。越一日，复有德兵、奥匈兵数十名到达，总计四百五十余名。

初十日（6.6）

谕：昨今二日，连派赵舒翘、刚毅二人，分别前往近畿及保定一带，宣谕解散拳会。宣谕之后，如仍不悛改，即著大学士荣禄，分饬董福祥、宋庆、马玉昆，实力剿捕，仍以分别首从、解散胁从为要。

十一日（6.7）

皇后由颐和园回宫，当日还颐和园。

十三日（6.9）

帝奉皇太后还西苑，驻跸。

十四日（6.10）

帝诣西苑仪鸾殿，问皇太后安，至廿六日皆如之。谕：端郡王载漪著管理总理各国事务衙门。礼部尚书启秀、工部右侍郎溥兴、内阁学士兼礼部侍郎衔那桐，著在总理衙门大臣上行走。翌日，再谕：端郡王载漪，差务繁重，不能常川到署，但总理衙门遇有紧要事件，须随时与之会商。

英、法、俄、美、德、意、日、奥等国联军千余人，在英人西摩率领下，以第二批护馆洋兵之名，强行乘火车自津赴京。

十五日（6.11）

日本驻华使馆书记生杉山彬，为董福祥所部甘军杀死。

十六日（6.12）

以节逾芒种，得雨未透，派大阿哥溥儁诣大高殿恭代祈祷行礼。

十九日（6.15）

谕：著两广总督李鸿章、山东巡抚袁世凯迅速来京。著荣禄速派队伍，即日前往东交民巷一带，将各国使馆实力保护。

二十日（6.16）

皇太后召集第一次御前会议，筹议和战事宜。命提督马玉昆，即日统带所部马、步各队，迅速赴京。

谕：各国使馆已饬荣禄派兵保护。此后，各国如有续到之兵，应极力阻之，以符与杜士兰约定原议。若各国不肯践言，则衅自彼开，该督等须相机行事，朝廷不为遥制。谕盛京将军增祺：陪都紧要，如外国有由铁路来京之兵，即设法阻之。若坚不肯从，则衅自彼开，该将军须相机行事，朝廷不为遥制。

廿一日（6.17）

晨间，大沽守将、喀什噶尔提督罗荣光与八国联军开战。大沽炮台失陷。

皇太后召集第二次御前会议，筹议和战事宜。虽主战者众，以未得天津消息，未从之。仅派徐用仪、联元、立山赴各国使馆商阻洋兵。

廿二日（6.18）

皇太后召集第三次御前会议，筹议和战事宜。虽主战者众，以未得天津消息，未从之。仅派王文韶、立山明日再赴各国使馆，商阻洋兵。

前此，英人西摩率各国联军约二千人，强行赴京。自落垡起，屡遭义和团民阻击。奉旨阻洋兵入京之董福祥部武卫后军数千人，亦与之开战。至是，联军自廊坊回撤天津。

廿三日（6.19）

皇太后召集第四次御前会议，筹议和战事宜。决定对列强宣战。

总理衙门照会各国使馆，要求于二十四小时之内，悉数迁往天津，中国当派兵护送。

廿四日（6.20）

德国公使克林德于赴总理衙门途中，为神机营队长恩海枪杀。

廿五日（6.21）

清廷发布对列强宣战诏书。奉懿旨：著先行传旨嘉奖义和团。将来事定后，再行加恩。

廿六日（6.22）

帝奉皇太后还宁寿宫。武卫前军与八国联军激战于天津。

廿七日（6.23）

帝诣宁寿宫，问皇太后安，至三十日皆如之。

派庄亲王载勋、协办大学士刚毅统率义和团，英年、载澜会同办理。

廿九日（6.25）

先是，二十四日午后，武卫中军、神机营、虎神营及守卫内廷之武卫后军马队官兵，分别从东交民巷使馆区之东、北两面向护馆洋兵开火，连日交战不息。至是，传武卫军总统荣禄令，各军撤兵，并将“奉上谕：保护使馆，即刻停止攻击”等字样书于木板，传入使馆区。然午夜甫过，即恢复交战。

三十日（6.26）

上海道余联沅经两江总督刘坤一、湖广总督张之洞授意，与各国驻沪领事议定“东南保护约款”及“保护上海城厢内外章程”，史称“东南互保”。

六月

初一日（6.27）

帝诣宁寿宫乐寿堂，问皇太后安，至廿九日皆如之。

初七日（7.3）

以帝之名义，分致俄、英、日三国君主，请其排难解纷。奉旨：已革户部侍郎张荫桓著即行正法。

十二日（7.8）

谕：事机紧迫，著李鸿章凛遵前旨，迅速来京。

十三日（7.9）

武卫前军统领聂士成殉国。寻追赠太子少保，照提督阵亡例赐恤，加恩予谥曰忠节。

山西巡抚毓贤，于省城地方将洋人四十四名及教民一十七名，一齐绑赴市曹，予以正法。

十八日（7.14）

天津失陷。翌日，八国联军对天津实行分区占领。寻设立“暂时管理津郡城厢内外地方事务都统衙门”。

廿一日（7.17）

以帝之名义，分致法、美总统及德国皇帝，请其排难解纷。东交民巷使馆区战事，正式停战。

廿三日（7.19）

以世续管理颐和园事务。

廿六日（7.22）

帝诣宁寿宫，于皇太后前行礼。帝御乾清宫受贺。

廿八日（7.24）

万寿节。遣官祭太庙后殿、奉先殿。

七月

初一日（7.26）

帝诣宁寿宫乐寿堂，问皇太后安，至二十日皆如之。

初三日（7.28）

吏部侍郎许景澄、太常寺卿袁昶，反对与列强开战，力主议和。清廷杀之。

十四日（8.8）

谕：所有火器营、健锐营、圆明园、内务府养育兵，著该管王大臣等，著即认真挑选精壮幼丁，将名数咨交督办军务处，以备调用。

十七日（8.11）

兵部尚书徐用仪、内阁学士联元、户部尚书立山，反对与列强开战。清廷杀之。

二十日（8.14）

晨间，俄、日两国军队，进攻东直门、朝阳门，为武卫中、后军击退。夜间，日军工兵炸毁东直门、朝阳门，联军遂攻入京师内城。武卫中、后两军，八旗禁军及神机、虎神诸营，与联军巷战，力守皇城。

皇太后召集军机大臣等，议定出京暂避。

廿一日（8.15）

辰刻，帝奉皇太后启銮，出德胜门，经颐和园，至西贯市村驻跸。寻于次月初六日行抵山西大同。

八国联军占领北京。

廿二日（8.16）

帝诣皇太后前问安，至三十日皆如之。

八月

初一日（8.25）

李鸿章奏：请添派奕劻、荣禄、刘坤一、张之洞，为议和全权大臣。并请明令各省剿办义和团。

初六日（8.30）

俄、日两国军队，先后进占颐和园。

初七日（8.31）

以端郡王载漪为军机大臣，以辅国公载澜为御前大臣。

初十日（9.3）

联军在京城及京畿一带，连日杀戮义和团民。通州等处惨遭屠城。

十四日（9.7）

谕：义和团实为此次肇祸之由，而直隶地方，义和团蔓延尤甚。李鸿章未到任以前，著护理总督廷雍实力剿办，以清乱源。

十八日（9.11）

昨日，帝奉皇太后驻跸太原府行宫。是日，帝诣皇太后前问安，至三十日皆如之。

闰八月

初一日（9.24）

帝诣皇太后前问安，至廿九日皆如之。

初二日（9.25）

清廷首次颁发“惩办祸首”谕旨。

初七日（9.30）

派镶红旗满洲都统怀塔布，管理圆明园八旗包衣三旗官兵并鸟枪营事务。

初八日（10.1）

帝奉皇太后自太原启銮赴西安。

二十日（10.13）

谕：庆亲王奕劻著授为全权大臣，会同李鸿章办理和议事宜。刘坤一、张之洞均著会同办理，并准便宜行事。

廿三日（10.16）

总管内务府奏：向例，闽海关每年由常税项内拨银一万两，解赴颐和园作其常年经费。现届二十六年份应解之期，即全数提银一万两，已于八月二十日启程，解赴行在。

廿四日（10.17）

联军统帅德人瓦德西至北京，入住西苑仪鸾殿。

九月

初四日（10.26）

帝奉皇太后驻跸西安府行宫。

廿二日（11.13）

清廷再次颁发“惩办祸首”谕旨。

十月

初一日（11.22）

帝诣皇太后前问安，至三十日皆如之。

初十日（12.1）

皇太后万寿圣节。帝率大阿哥暨王以下文武大臣，诣皇太后前行庆贺礼。众官于行宫门外行礼。

十一月

初一日（12.22）

帝诣皇太后前问安，至廿九日皆如之。

初三日（12.24）

英、法、俄、美、德、意、日、奥、西、比、荷等十一国公使，将十二款“议和大纲（草案)”交予庆亲王奕劻。并称，若非中国国家允从，足适各国之意，断难撤兵。

初六日（12.27）

谕：为委曲求全计，所有十二条大纲，应即照允。惟其中细节，著照昨日荣禄等电信各节，设法补救。

廿五日（1901.1.15）

奉旨：著总管内务府大臣继禄管理颐和园事务。

十二月

初一日（1.20）

帝诣皇太后前问安，至三十日皆如之。

初十日（1.29）

清廷颁布“新政”诏书。

廿五日（2.13）

谕：兵部尚书徐用仪、户部尚书立山、吏部左侍郎许景澄、内阁学士联元、太常寺卿袁昶，前遭首祸诸臣构陷，身罹重辟，著加恩开复原官。

廿六日（2.14）

帝发布“责己诏”。

光绪二十七年　1901

正月

初一日（2.19）

帝率大阿哥暨王以下文武大臣诣便殿，向皇太后行庆贺礼。礼成，御便殿受朝贺。

帝诣皇太后前问安，至廿九日皆如之。

初三日（2.21）

应列强之要求，清廷再次颁布“惩办祸首”谕旨：除载勋已赐令自尽，毓贤已饬即行正法外，载漪、载澜，发往极边新疆，永远监禁；刚毅，应定为斩立决，业经病故，免其置议；英年、赵舒翘，著即赐令自尽；启秀、徐承煜，即行正法；徐桐、李秉衡，均应定为斩监候，惟念临难自尽，应免再议。对董福祥，列强亦要求斩决，清廷答允先夺其兵权，再徐图惩治，后仅被革职。

初七日（2.25）

谕：裕德、世续、敬昌、桂春，均著管理圆明园事务。

二月

初一日（3.20）

帝诣皇太后前问安，至三十日皆如之。

廿九日（4.17）

联军统帅瓦德西居住之西苑仪鸾殿失火。联军参谋长、德国陆军少将被烧死。

三月

初一日（4.19）

帝诣皇太后前问安，至廿九日皆如之。

初三日（4.21）

谕：著设立督办政务处，派庆亲王奕劻，大学士李鸿章、荣禄、昆冈、王文韶，户部尚书鹿传霖，为督办政务大臣。刘坤一、张之洞，亦著遥为参预。

十一日（4.29）

谕：上年拳匪肇乱，各省伤害教士、教民之案，亦层见叠出。实乃地方官保护不力。自应分别情罪轻重，予以惩处。其中，山西归绥道郑文钦、浙江衢州城守营都司周之德、山西前阳曲县知县白昶，均著斩立决。直隶滦平县知县文星，待查明实据后，即著斩立决。

四月

初一日（5.18）

帝诣皇太后前问安，至廿九日皆如之。

十八日（6.4）

以醇亲王载沣为钦差头等专使德国大臣，以前内阁侍读学士张翼、正白旗汉军副都统荫昌为参赞官，前往德国，为德国驻华公使克林德被戕一案致歉。

廿五日（6.11）

奕劻等奏：各国议定义和团滋事地方，停止文武考试五年。得旨：著各该省督抚、学政，遵照办理。

五月

初一日（6.16）

帝诣皇太后前问安，至三十日皆如之。以户部右侍郎那桐为专使日本国大臣，赏加头品顶戴，前往日本，为日本驻华使馆书记生杉山彬被戕一案致歉。

廿七日（7.12）

两江总督刘坤一、湖广总督张之洞联衔上奏“变通政治人才为先折”。寻上“整顿中法十二条”、“采用西法十一条”，是为《江楚会奏变法三折》。

六月

初一日（7.16）

帝诣皇太后前问安，至廿九日皆如之。

初九日（7.24）

谕：总理衙门著改为外务部，班列在六部之前。

廿六日（8.10）

万寿节前期，帝诣皇太后前行礼。礼毕，帝御便殿受贺。

七月

初一日（8.14）

帝诣皇太后前问安，至三十日皆如之。

十五日（8.28）

谕：颐和园、圆明园一带何日交收，即行电奏。交收后，著奕劻加派得力官兵，小心守护，严防土匪窃盗。

十六日（8.29）

科举考试废除八股，改试策论。武生童考试及武科乡会试，著即一律永远停止。

十八日（8.31）

庆亲王来电：昨奉懿旨，得悉颐和园、圆明园业经言明，公约画押后交还，现正派兵守护，俟交还后察看情形即行奏闻。

廿五日（9.7）

《辛丑条约》十二款画押。奕劻、李鸿章致电行在军机处：自画押之日起十日内，在京洋兵除护馆者外，全数撤退；十五日内，自直隶撤退。

三十日（9.12）

意大利驻华公使萨尔瓦葛致总理外务部事务大臣奕劻照会，略曰：拟将万寿山于八月初二日退还中国，请贵爵函复指定拟派何员，以便本大臣达知驻扎万寿山意国总武员知悉。贵爵所派之人，应前往投至本国快路兵守备德玛理雅在万寿山处。

八月

初一日（9.13）

帝诣皇太后前问安，至廿三日皆如之。

初三日（9.15）

奕劻、世续来电：昨日，英、意两国将颐和园交还。其圆明园、静宜园、静明园均先已陆续交还，节经选派妥慎官兵守卫。

廿二日（10.4）

谕：西苑、颐和园两处电灯公所，官员弁兵毋庸多派。每处派官二员、兵八名，常川看守，不必换班。每日每名给饭食银二钱，每处给煤火银五两，统共月用银七十两。

廿四日（10.6）

帝奉皇太后自西安府行宫启銮。

廿九日（10.11）

奉旨：颐和园宫门出入甚紧，著交各作在公所听差之匠役等，必须佩带腰牌，以防拦阻、勘问。

九月

初一日（10.12）

帝诣皇太后前问安，至三十日皆如之。

初九日（10.20）

奏呈：应派管理圆明园事务大臣四缺、管理健锐营事务大臣三缺、管理御枪处事务大臣一缺之都统、前锋统领、护军统领、副都统名单。得旨：副都统毓昆著在乾清门行走。

廿七日（11.7）

大学士、直隶总督李鸿章卒。皇太后闻讯，即命恭亲王溥伟带领侍卫前往奠醊，予谥文忠，追赠太傅，晋封一等侯爵，入祀贤良祠。寻命赏银五千两治丧，伊子李经述赏给四品京堂，承袭一等侯爵。

命王文韶署议和全权大臣，袁世凯署直隶总督兼北洋大臣。

十月

初一日（11.11）

帝诣皇太后前问安，至三十日皆如之。颁光绪二十八年时宪书。

初十日（11.20）

皇太后万寿圣节。遣官祭太庙后殿、奉先殿。帝率王公百官行庆贺礼。

二十日（11.30）

奉旨：废除溥儁“大阿哥”名号，命其立即出宫。

十一月

初一日（12.11）

帝诣皇太后前问安，至廿八日皆如之。

十四日（12.24）

以李鸿章功绩迈常，允在京师建专祠，由地方官春秋致祭。此为汉大臣在京师建专祠之第一人。

廿八日（1902.1.7）

帝奉皇太后自保定府御火车启銮。未刻，至京师，诣正阳门关帝庙菩萨殿拈香。寻回宫。

帝诣乾清宫，跪迎皇太后至列圣御容前，随同行礼。奉皇太后还宁寿宫。帝诣奉先殿、寿皇殿行礼。

廿九日（1.8）

帝诣太庙行礼，诣大高殿拈香。诣宁寿宫乐寿堂，问皇太后安，翌日如之。

奉懿旨：加恩追赠珍妃贵妃位号，以示褒恤。

谕：翰詹科道及各衙门司员，著按日分起豫备召见。所有大内午门、东华门、西华门、神武门各处所，亟宜严申门禁。及时启闭，稽查出入。

谕：袁世凯所统武卫右军，著拣派一千人，宿卫端门以内。仍饬统带各官，严加约束，毋稍疏懈。

十二月

初一日（1.10）

帝诣宁寿宫乐寿堂，问皇太后安，至初四日皆如之。

初五日（1.14）

穆宗毅皇帝忌辰。帝诣奉先殿、寿皇殿行礼，遣官祭惠陵。

初七日（1.16）

祀天于圜丘，帝亲诣行礼。

初八日（1.17）

祭大社、大稷，帝亲诣行礼。告祭方泽，遣睿亲王魁斌恭代行礼。告祭朝日坛，遣肃亲王善耆恭代行礼。告祭夕月坛，遣顺承郡王讷勒赫恭代行礼。告祭东陵，遣恭亲王溥伟恭代行礼。告祭西陵，遣贝子溥伦恭代行礼。

帝诣宁寿宫乐寿堂，问皇太后安，至廿九日皆如之。

十二日（1.21）

孝德显皇后忌辰。帝诣建福宫圣容前行礼，遣官祭定陵。

十三日（1.22）

帝御乾清宫，接见德国使臣穆默、英国使臣萨道义、法国使臣鲍渥、俄国使臣雷萨尔、日本国使臣内田康哉、葡国使臣白朗谷等。

十四日（1.23）

以京师雪泽稀少，帝诣大高殿祈祷行礼。遣醇亲王载沣等诣各宫庙拈香。

十九日（1.28）

帝奉皇太后御乾清宫，接见奥国使臣齐干、美国使臣康格、德国使臣穆默、英国使臣萨道义、法国使臣鲍渥、俄国使臣雷萨尔、日本国使臣内田康哉、葡国使臣白朗谷、义国使臣罗玛纳、日国署使臣贾思理、和国署使臣罗敦、比国署使臣贾尔牒。

廿三日（2.1）

帝奉皇太后御养性殿，接见各国使臣暨使臣夫人等。

命选派十五岁以上、二十五岁以下之八旗子弟，出洋留学。

准满汉通婚，并提倡汉族妇女去除缠足陋习。

廿五日（2.3）

以神机营改练新操，势难兼顾，将电灯、轮船事宜，交归颐和园、奉宸苑办理。

廿八日（2.6）

祫祭太庙，帝亲诣行礼。遣官祭历代陵寝。

廿九日（2.7）

帝御保和殿，赐蒙古王、贝勒、贝子、公、额驸、台吉、及文武大臣宴，并赏赉有差。

酉刻，帝诣养性殿，于皇太后前行礼。

光绪二十八年　1902

正月

初一日（2.8）

帝诣奉先殿堂子行礼，遣官祭太庙后殿。帝率王以下文武大臣，诣皇极殿，于皇太后前行庆贺礼。礼成，御太和殿受朝贺。诣大高殿拈香，寿皇殿行礼。诣宁寿宫乐寿堂，问皇太后安，至初七日皆如之。

初九日（2.16）

享太庙，帝亲诣行礼，遣官祭太岁之神。帝诣皇穹宇拈香，南郊斋宫斋宿。

初十日（2.17）

祈谷于上帝，帝亲诣行礼。诣正阳门关帝庙菩萨殿拈香。诣宁寿宫乐寿堂，问皇太后安，至三十日皆如之。御保和殿，赐外藩王公等宴。

十二日（2.19）

从翰林院侍读宝熙之请，将宗室、觉罗、八旗等官学，改为小学堂、中学堂，均归入大学堂办理；并命张百熙妥为经理。

十三日（2.20）

帝奉皇太后御乾清宫，接见奥国使臣齐干、美国使臣康格、德国使臣穆默、英国使臣萨道义、俄国使臣雷萨尔、日本国使臣内田康哉、葡国使臣白朗谷、义国署使臣罗玛纳、日国署使臣贾思理、和国使臣罗敦、比国署使臣贾尔牒、法国护理使臣贾斯那。

十五日（2.22）

上元节。帝诣大高殿拈香，寿皇殿行礼。御保和殿，赐蒙古王、贝勒、贝子、公、文武官员等宴。

十六日（2.23）

帝奉皇太后御乾清宫，接见总税务司赫德、天主教北堂主教樊国梁、副主教林懋德。

十七日（2.24）

从河东河道总督锡良之请，裁撤河东河道总督一缺，其原办一切事宜，改归河南巡抚兼办。

十九日（2.26）

帝御乾清宫，赐蒙古王、贝勒等茶果。

廿七日（3.6）

将詹事府并入翰林院，并裁撤通政司。

二月

初一日（3.10）

帝诣宁寿宫乐寿堂，问皇太后安，至初四日皆如之。

十七日（3.26）

引见人员：兵部十九人，光禄寺一人，正白旗蒙古九人，正红旗满洲十八人，镶白旗汉军四人，圆明园八旗二十八人，共七十九人。

廿六日（4.4）

引见人员：户部三库二十一人，正黄旗汉军十八人，镶蓝旗满洲十四人，颐和园二十六人，咸安宫官学一人，共八十人。

廿八日（4.6）

清明节。帝诣奉先殿、寿皇殿行礼。遣官祭历代陵寝。

廿九日（4.7）

奉旨：颐和园郎中一缺，著保桂补授；郎中四缺，著文照、文绅、景昌、达桑阿补授；员外郎八缺，著常志、增绂、恩维、文明、多浚、多济、文荫、桂善补授。

三月

初一日（4.8）

帝诣宁寿宫乐寿堂，问皇太后安，至初六日皆如之。

初三日（4.10）

帝耕耤，诣先农坛行礼。诣正阳门关帝庙菩萨殿拈香。

初四日（4.11）

帝御乾清宫，接见义国使臣嘎厘纳。稻田厂奏请行文颐和园，将东堤一带涵洞、闸板照例补设，以备稻田浇灌。

初六日（4.13）

帝奉皇太后启銮，谒东陵。诣东岳庙、慈云寺拈香。驻跸燕郊行宫。

初九日（4.16）

帝奉皇太后谒昭西陵、孝陵、孝东陵、景陵、裕陵、定陵、定东陵，奠酒行礼，诣惠陵明楼前行礼。

初十日（4.17）

孝贞显皇后忌辰。帝诣定东陵隆恩殿前，率王公大臣、文武官员行大飨礼，至明楼前奠酒。

帝侍皇太后至菩陀峪瞻仰。遣官赐奠端悯固伦公主等园寝坟墓。

二十日（4.27）

派庆亲王奕劻管理颐和园事务。

廿二日（4.29）

帝奉皇太后回銮，诣南岳庙拈香，诣正阳门关帝庙菩萨殿拈香，回宫。

廿三日（4.30）

帝诣宁寿宫乐寿堂，问皇太后安，至三十日皆如之。

穆宗毅皇帝诞辰。帝诣奉先殿、寿皇殿行礼，至乾清宫东暖阁圣容前拈香。

廿九日（5.6）

引见人员：户部三库十四人，刑部六人，镶白旗蒙古五人，前锋、护军统领二十八人，圆明园十人，共六十三人。

四月

初一日（5.8）

帝诣宁寿宫乐寿堂，问皇太后安，翌日如之。

初二日（5.9）

帝奉皇太后御乾清宫，接见俄国使臣雷萨尔、水师提督思克得罗福，并温语慰问之。

初四日（5.11）

常雩，祀天于圜丘，帝亲诣行礼，诣正阳门关帝庙菩萨殿拈香。

帝诣宁寿宫乐寿堂，问皇太后安，至廿九日皆如之。

五月

初一日（6.6）

帝诣宁寿宫乐寿堂，问皇太后安，至廿九日皆如之。奉皇太后御乾清宫，接见俄国耆亲王。

初四日（6.9）

实授袁世凯直隶总督兼北洋大臣。

初五日（6.10）

帝奉皇太后御宁寿宫乐寿堂，接见各国使臣及使臣夫人等。奉皇太后幸阅是楼，侍早、晚膳。

初九日（6.14）

以节逾芒种，待雨孔殷，帝诣大高殿祈祷行礼。遣贝子溥伦等诣各宫庙拈香。

十三日（6.18）

管理圆明园八旗事务王大臣等奏：正红旗护军贵善，冒称散秩大臣，到处控诈。经该管营总查管，乘间脱逃。得旨：著步军统领衙门、顺天府、五城，一体严拿。

十五日（6.20）

以甘霖叠沛，帝诣大高殿报谢行礼。遣贝子溥伦等诣各宫庙拈香。

十九日（6.24）

帝奉皇太后御乾清宫，接见美国使臣康格、水师提督娄哲思。

廿三日（6.28）

引见人员：兵部四十四人，步军统领衙门六人，镶黄旗满洲九人，正白旗满洲十二人，正白旗蒙古四人，颐和园五人，共八十人。

六月

初一日（7.5）

帝诣宁寿宫乐寿堂，问皇太后安，至三十日皆如之。

初六日（7.10）

以京师雨泽愆期，帝诣大高殿祈祷行礼。遣恭亲王溥伟等诣各宫庙拈香。

初九日（7.13）

文宗显皇帝诞辰。帝诣奉先殿、寿皇殿行礼。

十一日（7.15）

奉懿旨：帝之弟载洵，承继瑞敏郡王奕誌为嗣，并袭爵职。帝之弟载涛，承继钟端郡王奕詥为嗣，并承袭爵职。翌日，又命二人均承袭贝勒。

廿二日（7.26）

帝奉皇太后御乾清宫，接见美国使臣康格、博览会大臣巴礼德。

廿五日（7.29）

帝奉皇太后幸阅是楼，侍晚膳，至廿七日皆如之。

廿六日（7.30）

帝诣宁寿宫乐寿堂，于皇太后前行礼。礼毕，御乾清宫受贺。

廿八日（8.1）

万寿节。帝诣大高殿、寿皇殿行礼，遣官祭太庙后殿、奉先殿。

七月

初一日（8.4）

帝诣宁寿宫乐寿堂，问皇太后安，至廿四日皆如之。

初五日（8.8）

以甘霖叠沛，帝诣大高殿报谢行礼。遣恭亲王溥伟等诣各宫庙拈香。

十一日（8.14）

引见人员：礼部三人，太常寺十三人，步军统领衙门二人，值年旗五人，圆明园八旗三十二人，武备院八人，奉宸院一人，共六十四人。

十二日（8.15）

孝贞显皇后诞辰。帝诣建福宫圣容前行礼。列强前设之天津都统衙门裁撤，由直隶总督袁世凯接收。

十五日（8.18）

中元节。帝诣奉先殿、寿皇殿行礼。遣官祭历代陵寝。

十七日（8.20）

文宗显皇帝忌辰。帝诣奉先殿、寿皇殿行礼。遣官祭定陵。

廿二日（8.25）

谕：嗣后，颐和园电灯公所、轮船公所及西苑电灯公所，改由颐和园档房从户部领款，再拨给西苑电灯公所。三处每年经费银六万两，颐和园用银四万五千两，西苑用银一万五千两。

廿四日（8.27）

帝奉皇太后幸西苑，驻跸。

廿五日（8.28）

帝诣颐年殿，问皇太后安，至廿九日皆如之。

八月

初一日（9.2）

帝诣颐年殿，问皇太后安，至初八日皆如之。御紫光阁，阅视侍卫等步射。

初七日（9.8）

意大利驻华公使嘎哩纳致外务部信函，略曰：意营前在颐和园驻屯时，绝无遗留炸药之事。再，苑子、团河行宫以及他处，前意营驻时，亦无此事。

德国驻华使馆卫队统带蒙日拉致外务部信函，略曰：前驻颐和园之敝国军队，并无遗下火药。

十一日（9.12）

帝诣颐年殿，问皇太后安，翌日如之。

十二日（9.13）

回銮以后，帝首次奉皇太后幸颐和园，驻跸。

十三日（9.14）

帝诣颐和园乐寿堂，问皇太后安，至三十日皆如之。

廿二日（9.23）

帝奉皇太后御仁寿殿，接见德国使臣葛尔士、海军提督盖斯乐等。

廿三日（9.24）

引见人员：理藩院十八人，领侍卫内大臣三人，镶红旗满洲六人，圆明园八旗二十八人，武备院八人，共六十三人。

廿四日（9.25）

庆亲王奕劻奏：寓美华商，报效捐款银一万七千六百八十一两零，恳恩分别奖叙。得旨：依议。此项捐款，著交颐和园工程处。

九月

初一日（10.2）

帝诣颐和园乐寿堂，问皇太后安，至廿八日皆如之。

初二日（10.3）

帝奉皇太后御仁寿殿，接见各国使臣及使臣夫人等。

以婚礼成，醇亲王载沣率其福晋至颐和园行礼。帝奉皇太后于乐寿堂同受之。

初五日（10.6）

两江总督刘坤一卒。翌日，奉懿旨，追封一等男爵，晋赠太傅，予谥忠诚。以湖广总督张之洞署两江总督，以湖北巡抚端方署湖广总督。

初十日（10.11）

帝奉皇太后御仁寿殿，接见法国使臣贾斯那、水师提督马立山等。

十五日（10.16）

礼部以皇太后万寿圣节礼仪事入奏，奉懿旨：本年十月初十日万寿，在排云殿受贺。其在外之公主、福晋、命妇，著照例行礼。余依议。

谕：练兵紧要，著挑选八旗壮丁交北洋大臣训练。所有八旗满洲、蒙古、汉军，前锋营，护军营，及圆明园内外火器营，健锐营之食饷兵丁，并闲散内挑选十六岁以上、二十二岁以下之年力精壮者，限二十日造册咨送军机处，再行请旨办理。

十七日（10.18）

帝奉皇太后御仁寿殿，接见各国使臣，赐游宴果食。

廿一日（10.22）

引见人员：镶白旗蒙古九人，健锐营二十四人，圆明园六人，颐和园七人，共四十六人。

廿八日（10.29）

帝奉皇太后还西苑，驻跸。

十月

初一日（10.31）

享太庙，帝亲诣行礼。遣官祭历代陵寝。帝诣颐年殿，问皇太后安，至初三日皆如之。

帝奉皇太后御乾清宫，接见韩国使臣朴齐纯。

颁光绪二十九年时宪书。

初三日（11.2）

帝奉皇太后幸颐和园，驻跸。

初四日（11.3）

帝诣颐和园乐寿堂，问皇太后安，至三十日皆如之。

初五日（11.4）

谕：十月初十日皇太后万寿圣节，在排云殿受贺。著派坐办堂郎中庄健、郎中存恒、继祥、恒启、英麟、继铭、增德、增善、文绅、盛桂、崇启、延曾，员外郎崇康、贵崇、毓祥、多桂、增煦、庄达、德恒、增友，于是日寅刻均穿朝服在颐和园排云门外稍南预备行礼。

初九日（11.8）

帝奉皇太后幸颐乐殿，侍晚膳。赐内廷王大臣及蒙古王、贝勒、贝子、公、额驸等食，至十一日皆如之。

初十日（11.9）

皇太后万寿圣节。遣官祭太庙后殿、奉先殿。

帝率王以下文武大臣，诣排云殿二宫门外行庆贺礼。众官于排云门外行礼。

十四日（11.13）

引见人员：礼部三人，太常寺十人，国子监三人，镶黄旗满洲十四人，镶黄旗蒙古十人，圆明园八旗二十九人，共六十九人。

廿七日（11.26）

引见人员：外务部一人，刑部二十五人，工部七人，都察院四人，正白旗蒙古二人，镶白旗汉军二人，镶红旗蒙古二人，圆明园八旗二十六人，共六十九人。

十一月

初一日（11.30）

帝诣颐和园乐寿堂，问皇太后安，至十六日皆如之。瑜贵妃、珣贵妃、瑾妃俱前往颐和园。

初七日（12.6）

奉懿旨：军机大臣荣禄、王文韶、鹿传霖、瞿鸿禨四人，均著加恩在颐和园宫门内乘坐二人肩舆。

十一日（12.10）

引见人员：领侍卫内大臣四十八人，值年旗二人，镶红旗汉军四人，颐和园五人，共五十九人。

十六日（12.15）

帝奉皇太后还西苑，驻跸。皇后、瑾妃俱由颐和园前往西苑南海。

十七日（12.16）

帝诣颐年殿，问皇太后安，至廿一日皆如之。

十八日（12.17）

总管内务府奏：本年皇太后万寿圣节，所有颐和园内仁寿殿、乐寿堂、颐乐殿、排云殿、德辉殿、玉澜堂、景福阁等处，并西苑内各个处所，应挂灯只，遗失不齐，当饬该管司员照数补制。所需价值及连脚、饭食、津贴等项，共需十成宝银十三万八千七百五十五两。惟臣衙门常例之款不敷给发，拟照案请饬户部如数迅速筹拨。臣等严饬该管司员，将撤回灯只妥为存库。嗣后遇差，即可粘修悬挂，以节经费。

廿一日（12.20）

帝奉皇太后回宫。

廿二日（12.21）

帝奉皇太后御乾清宫，接见法国使臣吕班。

廿四日（12.23）

冬至，祀天于圜丘，帝亲诣行礼。帝诣正阳门关帝庙菩萨殿拈香。遣官祭历代陵寝。

帝奉皇太后幸阅是楼，侍晚膳。

廿五日（12.24）

帝率王公文武大臣，诣皇极殿，于皇太后前行庆贺礼。礼成，帝御太和殿受贺。

帝奉皇太后幸阅是楼，侍早、晚膳，翌日如之。

廿六日（12.25）

帝诣宁寿宫乐寿堂，问皇太后安，至三十日皆如之。

廿八日（12.27）

帝奉皇太后御乾清宫，接见美国使臣及水师提督麦勒思。

廿九日（12.28）

帝奉皇太后御养性殿，接见美国使臣及其夫人等。

河南巡抚陈夔龙等奏：豫省于应解皖饷内，划拨光绪二十七年、二十八年圆明园生息银四千两。

十二月

初一日（12.30）

帝诣宁寿宫乐寿堂，问皇太后安，至三十日皆如之。

初五日（1903.1.3）

穆宗毅皇帝忌辰。帝诣奉先殿、寿皇殿行礼。遣官祭惠陵。

初六日（1.4）

引见人员：工部十一人，理藩院二十人，都察院五人，镶红旗蒙古八人，圆明园八旗二十六人，武备院六人，咸安宫官学四人，共八十人。

初七日（1.5）

外务部奏：美国将于光绪三十年举行博览会，中国宜与会兼考察。得旨：依议，以贝子溥伦为参会之正监督。

初八日（1.6）

帝御乾清宫。蒙古王公科尔沁和硕卓哩克图亲王额尔德等上朝瞻觐。

十八日（1.16）

为颐和园铁路工程事，奉旨：著由西直门修至颐和园。

十九日（1.17）

派总管内务府大臣继禄，管理圆明园八旗包衣三旗官兵并鸟枪营事务。

廿三日（1.21）

帝御乾清宫，赐蒙古王、贝勒、贝子、公、台吉等宴，并赏赉有差。

廿九日（1.27）

祫祭太庙，帝亲诣行礼。遣官祭历代陵寝。奉皇太后幸阅是楼，侍早、晚膳。翌日如之。

三十日（1.28）

帝御保和殿，赐蒙古王、贝勒、贝子、公、文武官员等宴，赏赉有差。诣养性殿，于皇太后前行礼。

光绪二十九年　1903

正月

初一日（1.29）

帝诣奉先殿堂子行礼，遣官祭太庙后殿。帝诣大高殿拈香，寿皇殿行礼。帝率王以下文武大臣，诣皇极殿，向皇太后行庆贺礼。礼成，御太和殿受朝贺。诣慈宁宫乐寿堂，问皇太后安，至十二日皆如之。

帝御乾清宫，赐近支宗藩等宴。以明年为皇太后七旬整寿，命于本年举行癸卯恩科乡试，明年举行甲辰恩科会试。其癸卯、甲辰正科乡、会试，即归并丙午、丁未科举行。

初八日（2.5）

帝御乾清宫，赐近支宗藩等宴。

初九日（2.6）

帝奉皇太后御乾清宫，接见美国使臣康格、比国使臣姚士登、意国使臣嘎厘讷、韩国使臣朴齐纯、法国使臣吕班、西班牙署使臣贾思理、奥国护使臣讷色恩、德国署使臣葛尔士、葡国署使臣阿梅达、日本国署使臣松井庆四郎、英国署使臣焘讷理、俄国署使臣柏兰荪、荷国署使臣欧登科。

初十日（2.7）

帝御保和殿，赐蒙古王、贝勒、贝子、公、台吉等宴。御乾清宫，赐廷臣、大学士等宴，赏赉有差。

十二日（2.9）

帝奉皇太后御乾清宫，接见总税务司赫德、北堂主教林懋德、刘克明。

十三日（2.10）

帝奉皇太后御养性殿，接见各国使臣及使臣夫人等。

十五日（2.12）

上元节。祈谷于上帝，帝亲诣行礼。诣正阳门关帝庙菩萨殿拈香。诣大高殿拈香，寿皇殿行礼。

帝御保和殿，赐蒙古王、贝勒、贝子、公、文武大臣等宴。奉皇太后幸西苑，驻跸。

十六日（2.13）

帝诣颐年殿，问皇太后安，至廿九日皆如之。

十九日（2.16）

帝御紫光阁，赐蒙古王、贝勒、贝子、公、台吉等茶果。

二月

初一日（2.27）

帝诣颐年殿，问皇太后安，至三十日皆如之。

初六日（3.4）

以京师雨泽愆期，帝诣大高殿祈祷行礼。遣醇亲王载沣等诣各宫庙拈香。

十七日（3.15）

谕：此次内务府铃出之圆明园六品苑丞懋祺、恒勋，七品苑副英贤，八品苑副世贵；颐和园六品苑丞连吉，七品苑丞连仲，八品苑副钱良，均著交吏部记名，照例选用。

谕：此次京察一等人员奉朱笔圈出之圆明园郎中恒敬，颐和园郎中保桂、员外郎全善，静宜园员外郎济良等三十员，于本月二十日覆行代领引见。该员等务于是日寅刻穿蓝袍、青褂，佩戴荷包、手巾，赴西苑门外内务府公所，找见堂月官处递事官员报到，预备引见。

廿一日（3.19）

以京师雨未沾足，帝再诣大高殿祈祷行礼。遣醇亲王载沣等诣各宫庙拈香。

廿九日（3.27）

日本驻华公使内田康哉致总理外务部事务大臣奕劻等，拟偕女眷及护馆兵官驻津秋山司会官夫人瞻观颐和园。

三十（3.28）

引见人员：理藩院三十一人，太常寺二人，正黄旗满洲二十九人，正黄旗汉军二人，正红旗满洲三人，镶蓝旗满洲十人，颐和园二人，共七十九人。

三月

初一日（3. 29）

帝诣颐年殿，问皇太后安。翌日如之。

初二日（3. 30）

帝奉皇太后回宫。

初三日（3. 31）

帝诣宁寿宫乐寿堂，问皇太后安，至初八日皆如之。

初五日（4. 2）

帝奉皇太后御乾清宫，接见德国署使臣葛尔士及巴宴国禄亲王、戈亲王。

初六日（4. 3）

以甘霖叠沛，帝诣大高殿报谢行礼。遣恭亲王溥伟等诣各宫庙拈香。

初八日（4. 5）

帝耕耤，诣先农坛行礼。帝奉皇太后启銮，谒西陵。至永定门外，御火车。

初九日（4. 6）

清明节。遣官祭历代陵寝及醇贤亲王园寝。帝诣皇太后前问安。至回宫，每日皆如之。

帝奉皇太后恭诣泰陵、泰东陵、昌陵、昌西陵、慕陵，俱未至碑亭，即降舆痛哭。步入隆恩门，诣明楼前奠酒行礼。宝顶前行敷土礼，隆恩殿行大飨礼，慕东陵宝城前奠酒行礼。王以下文武大臣，均随行礼。诣庄顺皇贵妃宝城前奠酒行礼。

初十日（4. 7）

孝贞显皇后忌辰。遣官祭定东陵。

帝奉皇太后启銮，御火车，幸保定府。驻跸保定府行宫，至十七日皆如之。

十一日（4. 8）

帝奉皇太后御保定府行宫前殿，接见英国使臣焘纳理之妻、罗斯尔之妹。

十四日（4. 11）

大学士、军机大臣荣禄卒。予谥文忠，追赠太傅。

十五日（4. 12）

命庆亲王奕劻为军机大臣。

十六日（4. 13）

奉皇太后御保定府行宫前殿，接见德国署使臣葛尔士及巴宴国禄王妃、蒙日拉之妻、吉锡之妻、汉文正使卜海伯。

廿四日（4. 21）

奉懿旨：所有颐和园铁路，著暂行缓修。

廿六日（4. 23）

帝奉皇太后回宫。

廿七日（4. 24）

帝诣宁寿宫乐寿堂，问皇太后安，至廿九日皆如之。

四月

初一日（4.27）

帝诣宁寿宫乐寿堂，问皇太后安。奉皇太后幸西苑，驻跸。

初二日（4.28）

帝诣颐年殿，问皇太后安，至初六日皆如之。

初六日（5.2）

帝奉皇太后幸颐和园，驻跸。时皇太后办事毕，从颐年殿乘轿，至勤政殿。召见毕，步行从勤政殿檐前乘轿，出西直门，至倚虹堂少坐。乘船至广源闸东码头，下船乘轿，至万寿寺拈香毕，至御座房少坐。进早膳毕，乘轿至广源闸西码头，下轿乘船，至龙王庙拈香毕。乘船至水木自亲码头，下船步行，还乐寿堂，诣佛前拈香毕，圣驾驻跸颐和园。

初七日（5.3）

帝诣颐和园乐寿堂，问皇太后安，至初九日皆如之。帝奉皇太后御颐乐殿，接见英国使臣及其夫人等。

初九日（5.5）

帝奉皇太后回宫。时皇太后办事毕，从乐寿堂乘轿，至仁寿殿。召见毕，乘轿还乐寿堂少坐。从乐寿堂步行至水木自亲码头，乘船至广源闸西码头，下船乘轿，至万寿寺拈香毕，至御座房少坐。进早膳毕，乘轿至广源闸东码头，下轿乘船，至倚虹堂少坐。乘轿进西直门，神武门，还乐寿堂，诣佛前拈香毕，圣驾驻跸宁寿宫。

初十日（5.6）

帝诣宁寿宫乐寿堂，问皇太后安。

十三日（5.9）

常雩，祀天于圜丘，帝亲诣行礼。诣正阳门关帝庙菩萨殿拈香。诣宁寿宫乐寿堂，问皇太后安。翌日如之。帝奉皇太后御养性殿，接见俄国署使臣柏兰荪之妻等。

十四日（5.10）

帝奉皇太后幸颐和园，驻跸。

十五日（5.11）

帝诣颐和园乐寿堂，问皇太后安，至三十日皆如之。奉皇太后御仁寿殿，接见各国使臣，并赐游宴。

十六日（5.12）

帝奉皇太后御仁寿殿，接见各国使臣夫人及参赞、随员等，并赐游宴。

十七日（5.13）

谕：此次庶吉士散馆，十九日派出阅卷各员，著在颐和园阅看。所有开列各员，务于十九日寅刻，赴园听宣。

廿七日（5.23）

以京师雨泽稀少，帝诣觉生寺祈祷行礼。遣恭亲王溥伟等诣各宫庙拈香。

五月

初一日（5.27）

帝诣颐和园乐寿堂，问皇太后安，至廿二日皆如之。

初二日（5.28）

总税务司所备洋乐一班，由外务部导引，至颐和园伺候。进演洋乐人等，均由东宫门出入。

初四日（5.30）

帝奉皇太后幸颐乐殿，侍早、晚膳，至初六日皆如之。

初九日（6.4）

以祈雨未应，帝诣觉生寺祈祷行礼。遣醇亲王载沣等诣各宫庙拈香。

十一日（6.6）

帝奉皇太后御仁寿殿，接见英国署使臣焘讷理，及水师提督裨利治。

十五日（6.10）

帝奉皇太后御仁寿殿。德国使臣穆默觐见，并呈递礼物。

谕：各部院衙门，所有本届考试试差卷于明日阅看，希即传知单开应派各员，于明日寅刻在颐和园预备听宣。

十六日（6.11）

以京师雨泽愆期，帝复诣觉生寺设坛祈祷，并诣大高殿设坛祈祷行礼。遣贝勒载洵等诣各宫庙拈香。

二十日（6.15）

帝奉皇太后御仁寿殿，接见美国使臣康格及其夫人等。

廿二日（6.17）

帝奉皇太后回宫。

廿三日（6.18）

以祈雨未应，帝复诣大高殿吁祷行礼。遣礼亲王世铎等诣各宫庙拈香。

帝诣宁寿宫乐寿堂，问皇太后安，至廿九日皆如之。

廿八日（6.23）

帝御太和殿传胪，赐一甲王寿彭、左霈、杨兆麟三人进士及第，二甲黎湛枝等一百三十八人进士出身，三甲牛兰等一百七十四人同进士出身。

廿九日（6.24）

帝奉皇太后幸颐和园，驻跸。

闰五月

初一日（6.25）

帝诣颐和园乐寿堂，问皇太后安，至廿九日皆如之。

十二日（7.6）

以甘霖叠沛，帝诣大高殿报谢行礼。遣礼亲王世铎等诣各宫庙拈香。

廿四日（7.18）

礼部以皇帝万寿节礼仪事入奏，得旨：在仁寿殿行礼，停止筵宴。

廿七日（7.21）

以近畿雨泽尚未深透，帝诣觉生寺祈祷行礼。遣醇亲王载沣等诣各宫庙拈香。

六月

初一日（7.24）

帝诣颐和园乐寿堂，问皇太后安，至廿八日皆如之。

谕：贵州提督著潘万才补授。

初二日（7.25）

谕：普龄奏，盛京辽阳地方有硝矿局委员刘永海，勾通匪人在端庄固伦公主园寝后开挖煤窑，请饬封禁，并严拿惩办。著盛京将军增祺查明封禁，并将匪徒拿办。

谕：此次经济特科覆试取列一等之袁嘉穀、张一麐、方履中、陶炯照、徐沅、胡玉缙、秦锡镇、俞陛云、袁励准；二等之冯善征、罗良鉴、秦树声、魏家骅、吴钟善等，著于本月初十日带领引见。

初六日（7.29）

引见人员：都察院七人、太常寺八人、步军统领衙门四人、正黄旗蒙古五人、镶黄旗满洲二十人、正蓝旗满洲十三人、前锋护军统领二十三人，共八十人。

初七日（7.30）

帝奉皇太后御仁寿殿，接见日本国使臣内田康哉及海军少将瓜生外吉等。

初八日（7.31）

刑部奏：审明会匪沈盖照章定拟。谕：万寿月内例不行刑，著即日立毙杖下。

初九日（8.1）

文宗显皇帝诞辰。帝回宫，诣奉先殿、寿皇殿行礼，仍幸颐和园驻跸。

十三日（8.5）

帝奉皇太后御仁寿殿，接见义国使臣嘎厘讷暨水师提督弥勒贝六等。

十四日（8.6）

以甘霖渥沛，帝诣大高殿报谢行礼。遣贝子衔镇国将军载振等诣各宫庙拈香。

谕：科尔沁辅国公博迪苏、贝子衔镇国将军载振均著加恩在御前大臣上学习行走。

十五日（8.7）

已刻，从美国驻华公使康格夫人之荐，江海关税务司柯尔乐之妹柯姑娘（卡尔），赴颐和园觐见皇太后，并为之画像。谕：本日据礼亲王世铎等奏请加皇太后徽号。朕钦奉懿旨，著毋庸议。

二十日（8.12）

张百熙等奏，请领恩赏医局银两。军机大臣面奉懿旨：每届万寿庆期，户部例进银一万两，著即将此项银两移赏医局以作经费，毋庸由内务府给发。

廿五日（8.17）

帝奉皇太后幸颐乐殿，侍早、晚膳。赐内廷王公大臣及蒙古王、贝勒、贝子、额驸等食。翌日如之。

谕：本月廿八日，皇上由颐和园前往宫内，当日还西苑。著派堂委署主事吉堃等于是日卯刻，穿蟒袍补褂进内，在本府衙门外预备站班。

谕：本年六月间山东利津县宁海庄地方河水暴涨，大溜奔腾，漫溢成口，宽约三十丈，在工各员弁未能设法抢护，自应分别惩处。调东补用知县陈庆蕃、指分北河试用从九品郑荣第、管带河安中营尽先补用副将郭成、前哨哨官外委周荣祥，均著革职；总办下游河工调东补用知府郭勛、提调候补同知查荫谷，均著交部议处；周馥督办无方，著一并交部议处，仍责令赶紧修筑并将各处险工随时抢护，毋得再有疏虞。

廿六日（8.18）

帝诣颐和园乐寿堂，于皇太后前行礼。礼毕，帝御仁寿殿受贺。

廿八日（8.20）

万寿节。帝诣大高殿拈香，寿皇殿行礼。遣官祭太庙后殿、奉先殿。奉皇太后还西苑，驻跸。

廿九日（8.21）

帝诣颐年殿，问皇太后安。翌日如之。

三十日（8.22）

奉懿旨：赏美国驻华公使康格夫人兰花四盆；赏柯姑娘苹果四盒、菜二盒。

七月

初一日（8.23）

帝诣颐年殿，问皇太后安。奉皇太后幸颐和园，驻跸。

初二日（8.24）

帝诣颐和园乐寿堂，问皇太后安，至十四日皆如之。

初四日（8.26）

谕：徐郙现在出差，礼部尚书著张百熙兼署。葛宝华现在出差，刑部尚书著徐会沣兼署，所署之工部尚书著陆润庠暂行署理。

初五日（8.27）

引见人员：领侍卫内大臣三十六人。

初七日（8.29）

谕：周馥奏，山东自闰五月二十日以后连日大雨，各河同时盛涨，东平州费县平阴东河阳谷等县猝被水灾，冲塌房屋并有淹毙人口。又福山县烟台一带于六月初三日大雨，山水下注，海潮陡涨，冲倒民房三千余间，淹毙人口一百五十余名。著该抚迅即查明灾区，分投赈抚，毋任流离失所。

初十日（9.1）

谕：裕德著充翰林院掌院学士，崇礼著充国史馆总裁。

十二日（9.3）

孝贞显皇后诞辰。帝回宫，诣建福宫圣容前行礼，仍幸颐和园驻跸。

十三日（9.4）

引见人员：吏部六十人、镶黄旗汉军二人、圆明园八旗十七人，共七十九人。

十四日（9.5）

帝奉皇太后还西苑，驻跸。谕：八月初七日祭社稷坛，朕亲诣行礼。

十五日（9.6）

中元节。帝诣奉先殿、寿皇殿行礼。遣官祭历代陵寝。帝诣颐年殿，问皇太后安，至十八日皆如之。

十六日（9.7）

设立商部，班列外务部之次。以载振为商部尚书，伍廷芳为左侍郎，陈璧为右侍郎。

十七日（9.8）

文宗显皇帝忌辰。帝诣奉先殿、寿皇殿行礼，遣官祭定陵。

十八日（9.9）

帝奉皇太后幸颐和园，驻跸。

十九日（9.10）

帝诣颐和园乐寿堂，问皇太后安，至廿九日皆如之。

廿五日（9.16）

奉旨：崇文门正监督仍著奕劻任，副监督著世续任。粤海关监督仍著常恩接管。

廿六日（9.17）

引见人员：起居注二人、外务部四人、正红旗蒙古四人、正红旗汉军六人、镶红旗满洲四人、前锋护军统领二十四人、圆明园八旗十八人、内务府十四人、武备院四人，共八十人。

八月

初一日（9.21）

帝诣颐和园乐寿堂，问皇太后安，至初四日皆如之。谕：王公百官等奏“恭逢皇太后七旬万寿援案报效廉俸同伸庆祝折”。朕钦奉懿旨，所有报效廉俸，著毋庸议。

初四日（9.24）

帝奉皇太后还西苑，驻跸。

初五日（9.25）

帝诣颐年殿，问皇太后安，至初七日皆如之。

奉懿旨：赏美国柯姑娘菜八品、点心四品、米两袋。

初六日（9.26）

谕：前有旨派王文韶、瞿鸿禨、张翼办理路矿事宜，现在设立商部，所有路矿事务应归并商部，路矿总局著即裁撤。

初七日（9.27）

帝奉皇太后幸颐和园，驻跸。

初八日（9.28）

帝诣颐和园乐寿堂，问皇太后安，至廿九日皆如之。

十一日（10.1）

奉旨：以绥远城将军钟泰病故，著贻穀补授。

十六日（10.6）

张之洞奏：遵议约束出洋游学生及鼓励游学并自行酌办各章程。奉旨：著照所请。

十九日（10.9）

帝奉皇太后御仁寿殿，接见各国使臣，并赐游宴果食。

二十日（10.10）

帝奉皇太后御仁寿殿，接见各国使臣之妻及翻译等，并赐游宴果食。

廿一日（10.11）

谕：敬信著补授为大学士，裕德著以兵部尚书协办大学士，吏部尚书著世续调补，荣庆著调补礼部尚书，刑部尚书著奎俊调补。

廿二日（10.12）

谕：理藩院尚书著溥兴补授。

廿五日（10.15）

谕：崇礼著授为文渊阁大学士，孙家鼐著授为东阁大学士，敬信著授为体仁阁大学士。

廿六日（10.16）

帝奉皇太后御仁寿殿，接见法国使臣吕班及水师提督伯禄，德国使臣穆默及胶州德界巡抚都沛禄。

九月

初一日（10.20）

帝诣颐和园乐寿堂，问皇太后安，至廿六日皆如之。

引见人员：御前大臣带领新挑奏事官二人，吏部二十六人，前锋护军统领十四人，响导处十六人，颐和园二人，共六十人。

廿六日（11.14）

帝奉皇太后还西苑，驻跸。

廿七日（11.15）

帝诣颐年殿，问皇太后安，至三十日皆如之。

十月

初一日（11.19）

享太庙，帝亲诣行礼。遣官祭历代陵寝。帝诣颐年殿，问皇太后安。翌日如之。

帝御乾清宫，接见和国使臣希特斯、参赞欧登科。颁光绪三十年时宪书。

初二日（11.20）

帝奉皇太后幸颐和园，驻跸。

初三日（11.21）

帝诣颐和园乐寿堂，问皇太后安，至廿二日皆如之。

初七日（11.25）

皇太后回宫。寻还颐和园，驻跸。

初九日（11.27）

帝奉皇太后幸颐乐殿，侍早、晚膳，至十一日皆如之。

初十日（11.28）

皇太后万寿圣节。遣官祭太庙后殿、奉先殿。帝率王以下文武大臣，诣排云门内行庆贺礼。众官于排云门外行礼。

十一日（11.29）

吏部致外务部咨文：所有明保花翎三品衔海关道员用外务部郎中朱有基，本部定于本月十五日引见，该员务于前一日赴颐和园附近住宿，是日子刻赴颐和园东宫门外影壁前南廊下吏部公所报到，听候引见。

十五日（12.3）

总管内务府奏：明年恭逢皇太后七旬万寿，应备殿廷筵宴以及承应各项差务需用款项，请由部库先行筹拨银五十万两。军机大臣奉旨：著从实覆减，再行具奏。拟请先由部库筹拨库平银四十万两，发交臣衙门支领。俾将典礼要差次第开办，其应支各款，严饬各员覆实办理，随时奏明开销。奉旨：依议。

廿二日（12.10）

帝奉皇太后回宫。皇后、瑾妃俱回宫。

廿三日（12.11）

帝诣宁寿宫乐寿堂，问皇太后安，至三十日皆如之。

三十日（12.18）

以祈雪立应，帝诣大高殿报谢行礼。遣醇亲王载沣等诣各宫庙拈香。

十一月

初一日（12.19）

帝诣宁寿宫乐寿堂，问皇太后安，至廿九日皆如之。

初五日（12.23）

冬至，祀天于圜丘，帝亲诣行礼。帝诣正阳门关帝庙菩萨殿拈香。遣官祭历代陵寝。

十二月

初一日（1904.1.17）

帝诣宁寿宫乐寿堂，问皇太后安，至三十日皆如之。

初五日（1.21）

穆宗毅皇帝忌辰。帝诣奉先殿、寿皇殿行礼，遣官祭惠陵。

初八日（1.24）

帝奉皇太后御乾清宫。蒙古王公喀尔喀札萨克多罗郡王多尔济帕拉穆等入朝瞻觐。

十三日（1.29）

以京师得雪稀少，帝诣大高殿祈祷行礼。遣醇亲王载沣等诣各宫庙拈香。

廿二日（2.7）

奉懿旨：赏美国柯姑娘花四盆、普洱茶二圆、吃食四盒。

廿三日（2.8）

帝御乾清宫，赐蒙古王、贝勒、贝子、公、台吉等宴。

廿七日（2.12）

清廷宣布，对日俄战争守局外中立，并公布局外中立条规。

廿九日（2.14）

祫祭太庙，帝亲诣行礼。遣官祭历代陵寝。

三十日（2.15）

以祈雪立应，帝诣大高殿报谢行礼。遣醇亲王载沣等诣各宫庙拈香。

帝御保和殿，赐蒙古王、贝勒、贝子、公、额驸、台吉等宴。诣养性殿，于皇太后前行礼。

光绪三十年　1904

正月

初一日（2.16）

帝诣奉先殿堂子行礼，遣官祭太庙后殿。帝诣大高殿、寿皇殿行礼。帝率王以下文武大臣，诣皇极门，向皇太后行庆贺礼。礼成，帝御太和殿受朝贺。御乾清宫，赐近支宗藩等宴。

帝诣宁寿宫乐寿堂，问皇太后安，至十一日皆如之。

初五日（2.20）

帝御乾清宫。葡国使臣白朗谷觐见，并呈递国书。奉皇太后御乾清宫。美国使臣康格、英国使臣萨道义、法国使臣吕班、德国使臣穆默、日本国使臣内田康哉、意国使臣嘎厘讷、比国使臣姚士登、荷国使臣希时斯、葡国使臣白朗谷，觐见贺年。

初六日（2.21）

帝奉皇太后御乾清宫。总税务司赫德，北堂主教林懋德、刘克明，觐见贺年。

初七日（2.22）

帝御乾清宫，接见美国使臣康格、会议专员精琦等。

十二日（2.27）

祈谷于上帝，帝亲诣行礼。帝诣正阳门关帝庙菩萨殿拈香。诣宁寿宫乐寿堂，问皇太后安，至十五日皆如之。帝御保和殿，赐蒙古王、贝勒、贝子、公、台吉等宴，赏赉有差。

十三日（2.28）

帝御乾清宫，赐近支亲藩等宴。

十五日（3.1）

上元节。帝诣大高殿、寿皇殿行礼，遣官祭奉先殿后殿。御太和殿，颁诏受朝。御保和殿，赐蒙古王、贝勒、贝子、公、暨王以下文武大臣等宴，并赏赉有差。奉皇太后幸西苑，驻跸。

十六日（3.2）

帝诣颐年殿，问皇太后安，至三十日皆如之。帝御乾清宫，赐廷臣、大学士等宴。

十九日（3.5）

帝奉皇太后御颐年殿，接见各国公使夫人及翻译等。御紫光阁，赐蒙古王、贝勒、贝子、公、台吉等茶果。

二月

初一日（3.17）

帝诣颐年殿，问皇太后安，至三十日皆如之。

初二日（3.18）

帝御乾清宫，接见韩国使臣闵咏喆、朴吉荣、闵裕植。

初十日（3.26）

帝御乾清宫，接见葡国使臣白朗谷。

二十日（4.5）

清明节。帝诣奉先殿、寿皇殿行礼。遣官祭历代陵寝。孝哲毅皇后忌辰，遣官祭惠陵。

廿六日（4.11）

帝耕耤，诣先农坛行礼。诣正阳门关帝庙菩萨殿拈香。

本月

美国柯姑娘（卡尔）恭绘皇太后圣容告成。奉懿旨：著交外务部祗领。并转饬总税务司，敬谨寄至美国，即由赴美赛会之正监督，恭奉至圣路易斯会场，俾共瞻仰。

三月

初一日（4.16）

帝诣颐年殿，问皇太后安，至初三日皆如之。奉皇太后御乾清宫，接见德国使臣穆默、水师提督雷普斯等。

初三日（4.18）

帝奉皇太后幸颐和园，驻跸。总税务司赫德为皇太后圣容事致外务部：酌派税务司安格联等赴署商定一切，俟封存妥协，订明车行日期，即请由贵部饬派员弁、夫役等，恭奉至车站，护送至天津，面交津海关德税务司祗领。由德雇轮船寄往上海，再由江海关好税务司迎迓，转寄至美国旧金山口岸。并电知赴美赛会之柯副监督，在旧金山恭迎，交正监督恭请安设。

初四日（4.19）

帝诣颐和园乐寿堂，问皇太后安，至廿六日皆如之。外务部致总税务司赫德函称：皇太后圣容定于本月初六日六点钟，由本部恭送上车。即于是日十点钟开车，经天津以达塘沽。希先行电达德税务司，以便敬谨预备。

初十日（4.25）

孝贞显皇后忌辰，遣官祭定东陵。帝后与瑾妃回宫，诣建福宫圣容前行礼。当日，俱还颐和园驻跸。

廿三日（5.8）

穆宗毅皇帝诞辰。帝后与瑾妃回宫。帝诣奉先殿、寿皇殿行礼。当日，俱还颐和园驻跸。

廿四日（5.9）

帝奉皇太后御仁寿殿，接见各国使臣，特赐游这宴。

廿五日（5.10）

帝奉皇太后御仁寿殿，接见各国使臣夫人及翻译等，特赐游宴。

廿六日（5.11）

帝奉皇太后还西苑，驻跸。

廿七日（5.12）

帝诣颐年殿，问皇太后安。翌日如之。

廿八日（5.13）

帝奉皇太后回宫，皇后与瑾妃亦回宫。

本月

谕：嗣后，颐和园公所值班之官员、达他等，如有值班之日不到，或上班迟到、下班早退等情，一经查出或别经发觉，定行从重惩办。

皇太后赏美国使臣康格之妻、日本国使臣内田康哉之妻、西班牙署使臣贾思理之妻、大西洋国署使臣阿梅达之妻牡丹各二盒。

四月

初一日（5.15）

内阁学士徐世昌致外务部左丞绍昌等：德国皇子阿亲王游历来京，定于明日瞻仰颐和园，已传饬经过处所站段看门弁兵勿阻，届时查照放行，并妥为照料弹压。

初二日（5.16）

常雩，祀天于圜丘，帝亲诣行礼。诣正阳门关帝庙菩萨殿拈香。诣宁寿宫乐寿堂，问皇太后安。翌日如之。

初三日（5.17）

帝奉皇太后御乾清宫，接见德国使臣穆默、亲王阿拉拜尔及水师总兵施密满等。

美国驻华公使康格致外务部左侍郎联芳函称：恭绘皇太后圣容之柯姑娘，现在稍有违和，明日未能赴颐和园。约须将养数日，拟至本月十一日方可前往。帝奉皇太后幸西苑，驻跸。

初四日（5.18）

帝诣颐年殿，问皇太后安。奉皇太后幸颐和园，驻跸。

初五日（5.19）

帝诣颐和园乐寿堂，问皇太后安，至三十日皆如之。

初六日（5.20）

帝赏洵贝勒二十岁生辰寿物，派武备院卿文恭送。

以美国柯姑娘患病，奉懿旨：赏其点心八盒、宝星一份、尺头四匹、绉绸四匹、洋缎绦十二板、洋胰皂一匣、花露水一匣、纸花四匣、洋花一匣、洋烟六匣等。

十一日（5.25）

总税务司赫德致外务部函称：柯姑娘本拟于十五日下午前赴平日坐落之处住宿，以便十六日进内，将经手未完各画点染竣事。可否如此，或应另由皇太后钦点觐见之时。函请示知。

廿八日（6.11）

引见人员：内务府八人、颐和园三人及銮仪卫、正白旗汉军、镶白旗汉军等处，共四十五人。

本月

皇太后赏美国使臣康格之妻、日本国使臣内田康哉之妻兰花各四盆。

五月

初一日（6.14）

帝诣颐和园乐寿堂，问皇太后安，至初六日皆如之。

初六日（6.19）

帝奉皇太后回宫。

初八日（6.21）

奉懿旨：方今时局阽危，百端待理，而改弦更张，即著先自宫廷始。嗣后，宫内一切用款工程，著尽内务府例定经费，量入为出，不准再拨户部款项。至内务府司员太多，应如何裁汰归并，著政务处会同内务府大臣妥议具奏。

奉懿旨：本年七旬万寿，因思从前获罪人员，除康有为、梁启超、孙文三犯无可赦免外，其余戊戌案内各员，均著宽其既往，予以自新。曾经革职者，俱著开复原衔，其通饬缉拿，并现在监禁及交地方官管束者，著即一体开释。

初九日（6.22）

帝诣宁寿宫乐寿堂，问皇太后安。奉皇太后幸西苑，驻跸。

初十日（6.23）

帝诣颐年殿，问皇太后安。奉皇太后幸颐和园，驻跸。

十一日（6.24）

帝诣颐和园乐寿堂，问皇太后安，至廿二日皆如之。

十六日（6.29）

内阁转传各部院：本月二十日钦派殿试读卷大臣，于当日寅刻到颐和园听宣。

廿二日（7.5）

帝奉皇太后还西苑驻跸，皇后、瑾妃亦俱同往。

廿三日（7.6）

帝诣颐年殿，问皇太后安，至廿五日皆如之。

廿四日（7.7）

颐和园内安置电线、机器。洋工匠等进如意门，至排云殿安设随灯等一切设备。

廿五日（7.8）

帝御太和殿传胪，赐一甲刘春霖、朱汝珍、商衍鎏三人进士及第，二甲张启后等一百二十人进士出身，三甲张鸿等一百五十人同进士出身。

帝奉皇太后幸颐和园，驻跸。皇后、瑾妃亦同往颐和园。

廿六日（7.9）

帝诣颐和园乐寿堂，问皇太后安，至廿九日皆如之。

本月

总管李莲英交出皇太后赏康夫人之妹御笔团扇一柄，各色缎四匹，交外务部转送。

六月

初一日（7.13）

帝诣颐和园乐寿堂，问皇太后安，至廿七日皆如之。

初三日（7.15）

奉懿旨：本年万寿节，所有各省督抚以下等官，勿庸奏请祝嘏。镶黄旗满洲都统那彦图，为前山东布政使崇保代奏，殊属冒昧，著传旨严行申饬。

初九日（7.21）

文宗显皇帝诞辰。帝回宫，诣奉先殿、寿皇殿行礼，仍幸颐和园驻跸。皇太后、皇后、瑾妃前往寿皇殿并往宫内，当日俱还颐和园驻跸。

十九日（7.31）

奉懿旨：六月廿五日、廿六日德和园听戏王大臣均赏饭吃。

廿二日（8.3）

英军侵入西藏拉萨。达赖喇嘛先于十五日夜间出逃，经青海、甘肃，于十月间抵外蒙之库伦。

廿四日（8.5）

帝奉皇太后幸颐乐殿，侍早、晚膳，至廿六日皆如之。

廿六日（8.7）

帝诣皇太后前行礼。礼毕，帝御仁寿殿受贺。法国驻华公使吕班致总理外务部事务大臣奕劻信函：兹有本国外务部参议官裴德乐来华游历，深愿前往万寿山瞻仰，请发执照。寻奉旨：准其于廿九日前往。

廿七日（8.8）

帝奉皇太后还西苑，驻跸。皇后、瑾妃亦同回西苑，驻跸。

廿八日（8.9）

万寿节。帝诣大高殿拈香，寿皇殿行礼。遣官祭太庙后殿、奉先殿。诣颐年殿，问皇太后安。翌日如之。

七月

初一日（8.11）

帝诣颐年殿，问皇太后安。翌日如之。

初二日（8.12）

帝御乾清宫，接见比国使臣葛飞业及参赞博赉尔等。

帝奉皇太后幸颐和园，驻跸。皇后、瑾妃亦同往颐和园，驻跸。

初三日（8.13）

帝诣颐和园乐寿堂，问皇太后安，至十四日皆如之。

十二日（8.22）

孝贞显皇后诞辰。帝回宫，诣建福宫圣容前行礼，仍还颐和园驻跸。

十四日（8.24）

帝奉皇太后还西苑，驻跸。皇后、瑾妃亦同还西苑，驻跸。

十五日（8.25）

中元节。帝诣奉先殿、寿皇殿行礼。遣官祭历代陵寝。诣颐年殿，问皇太后安，至十八日皆如之。

十六日（8.26）

以驻藏大臣有泰之参奏，谕命暂行革去达赖喇嘛名号，并著班禅额尔德尼暂摄。

十七日（8.27）

文宗显皇帝忌辰。帝诣奉先殿、寿皇殿行礼，遣官祭定陵。

十八日（8.28）

帝奉皇太后幸颐和园，驻跸。皇后、瑾妃亦同往颐和园，驻跸。

十九日（8.29）

帝诣颐和园乐寿堂，问皇太后安，至廿八日皆如之。

廿八日（9.7）

帝奉皇太后还西苑，驻跸。皇后、瑾妃亦同还西苑，驻跸。

廿九日（9.8）

帝诣颐年殿，问皇太后安。翌日如之。

本月

总管李莲英交出皇太后赏康格之妻、内田康哉之妻鲜桃各二盒，交外务部转送。

八月

初一日（9.10）

帝诣颐年殿，问皇太后安，至初四日皆如之。

总管内务府奏：现拟裁撤员外郎十员，委署主事十四员，六品司库六员，六品库掌四员，六品司俎官一员，共三十五员；上驷院，拟裁撤委署主事三员，阿敦侍卫六员，牧长三员；武备院，拟裁撤各项固山达三员，委署固山达、八品催总各一员；奉宸苑，拟裁撤委署主事二员；圆明园，拟裁撤委署主事、六品库掌、六品苑丞、七品库掌、七品苑副各一员，八品苑副二员，委署苑副三员；颐和园，拟裁撤六品苑丞、七品苑丞各二员，八品苑副、委署苑副各四员，共裁撤四十一员。内务府所属咸安宫专管学务之大臣及派充总管之司员等，热河正、副总管，内务府堂上原设督催所，拟一并裁撤。奉旨：依议。

初二日（9.11）

帝诣社稷坛行礼。

初四日（9.13）

帝奉皇太后幸颐和园，驻跸。皇后、瑾妃亦同往颐和园，驻跸。

初五日（9.14）

帝诣颐和园乐寿堂，问皇太后安，至十二日皆如之。

初六日（9.15）

谕：增祺电称，俄人在福陵山前左堤开路，宽一丈余，碍道之树木尽行砍伐，衙署全被损坏。因思俄日之战，中国严守中立，所有盛京陵寝、宫殿及各城池、衙署、民命、财产，两国均不得损伤，前经照会在案。著即向俄国外部告知，务望速饬该武官等约束兵丁，凡关系重要之地，切勿稍有侵损。

十二日（9.21）

帝奉皇太后还西苑，驻跸。

十三日（9.22）

帝诣颐年殿，问皇太后安，至十八日皆如之。

十八日（9.27）

帝奉皇太后幸颐和园，驻跸。

十九日（9.28）

帝诣颐和园乐寿堂，问皇太后安，至廿六日皆如之。

廿三日（10.2）

奉旨：颐和园宁寿宫、颐年殿等处天棚换安暖屉。

廿五日（10.4）

帝奉皇太后御仁寿殿，接见意国使臣嘎厘讷及水师提督克雷内。

廿六日（10.5）

帝奉皇太后回宫。

廿七日（10.6）

帝诣宁寿宫乐寿堂，问皇太后安。御乾清宫，接见墨西哥国使臣郦华。奉皇太后幸西苑，驻跸。

廿八日（10.7）

帝诣颐年殿，问皇太后安。翌日如之。

廿九日（10.8）

帝奉皇太后御乾清宫，接见英国使臣萨道义等及水师提督讷威勒。

本月

总管李莲英交出皇太后赏法国武随员伯理索之妻等桂花三十六盆，交外务部转送。

九月

初一日（10.9）

帝诣颐年殿，问皇太后安。奉皇太后幸颐和园，驻跸。

初二日（10.10）

帝诣颐和园乐寿堂，问皇太后安，至廿六日皆如之。

初七日（10.15）

帝奉皇太后御仁寿殿，接见各国使臣并赐游宴。

初九日（10.17）

帝奉皇太后御仁寿殿，接见德国使臣穆默，胶州德界巡抚都沛禄及各使臣夫人、翻译等，并赐游宴。

十九日（10.27）

奉旨：颐乐殿之戏不必伺候。

廿六日（11.3）

帝奉皇太后回宫。

廿七日（11.4）

帝诣宁寿宫乐寿堂，问皇太后安，至廿九日皆如之。

本月

总管李莲英交出皇太后赏各国使臣夫人等海棠各五盒，菊花共一百二十盆，交外务部转送。

升平署所失行头八件，在海甸老虎洞义和当铺查出，旋交升平署领去，其盗犯尚未缉获。

十月

初一日（11.7）

享太庙，帝亲诣行礼。遣官祭历代陵寝。诣宁寿宫乐寿堂，问皇太后安，至初七日皆如之。

初五日（11.11）

皇太后诣寿皇殿行礼。帝诣顺贞门迎送。

初六日（11.12）

帝奉皇太后御皇极殿。奥国使臣齐干、美国使臣康格、德国使臣穆默、俄国使臣雷萨尔、比国使臣葛飞乐等觐见，呈递恭贺皇太后万寿国书。

初七日（11.13）

帝奉皇太后幸颐和园，驻跸。奉皇太后幸颐乐殿，侍晚膳。

初八日（11.14）

帝诣颐和园乐寿堂，问皇太后安，至十二日皆如之。奉皇太后御仁寿殿，赐近支宗藩等宴。帝率近支王、贝勒、贝子、公等进爵、进舞、行礼。帝奉皇太后幸颐乐殿，侍早、晚膳，至十一日皆如之。

初十日（11.16）

皇太后万寿圣节。遣官祭太庙后殿、奉先殿。帝诣排云殿亲递表文，率王公大臣等行庆贺礼。

奉懿旨：溥钟、溥锐加恩均著赏给头品顶戴花翎，毓嵻著赏戴花翎。

十二日（11.18）

帝奉皇太后回宫。

十三日（11.19）

帝诣宁寿宫乐寿堂，问皇太后安，至廿六日皆如之。

十七日（11.23）

帝奉皇太后御皇极殿。英国使臣萨道义、日本国使臣内田康哉、法国使臣吕班、韩国使臣闵泳喆等觐见，呈递恭贺皇太后万寿国书。

廿四日（11.30）

河南巡抚陈夔龙奏：豫省于应解皖饷内，划拨圆明园生息银二万四千两。前因豫库支绌，议请分年措解。自光绪十六年起至二十八年止，先后解过银一万四千两。兹据布政使瑞良称，复经筹措银二千两，已于本年九月廿六日，兑交大德通商号汇解交纳。

廿六日（12.2）

帝奉皇太后幸西苑，驻跸。

廿七日（12.3）

帝诣西苑仪鸾殿，问皇太后安，至三十日皆如之。

十一月

初一日（12.7）

帝诣西苑仪鸾殿，问皇太后安，至十三日皆如之。

初三日（12.9）

帝奉皇太后御乾清宫。义国使臣巴乐礼觐见，呈递国书。

初六日（12.12）

先是，云南巡抚林绍年奏，督抚同城，事权不一，请裁巡抚。至是，从政务处、吏部之议覆，裁去云南、湖北两巡抚，其所管事项，归湖广总督、云贵总督兼管。

初十日（12.16）

管理火器营事务王大臣等奏：整复兵制，加练新操。得旨：外三营兵丁，向称精锐。近年以来，渐形废弛。著照该王大臣等所请，挑选精壮，督饬操练。其圆明园八旗、健锐营兵丁，均著该王大臣等一律仿照办理。

十三日（12.19）

帝奉皇太后回宫。

十六日（12.22）

冬至，祀天于圜丘，帝亲诣行礼。帝诣正阳门关帝庙菩萨殿拈香。遣官祭历代陵寝。

帝诣宁寿宫乐寿堂，问皇太后安。翌日如之。

十七日（12.23）

帝率王公大臣及蒙古王、贝勒、贝子等诣皇极殿，向皇太后行庆贺礼。礼成，帝御太和殿受贺。

帝奉皇太后幸西苑，驻跸。

十八日（12.24）

帝诣西苑仪鸾殿，问皇太后安，至三十日皆如之。

十二月

初一日（1905.1.6）

帝诣西苑仪鸾殿，问皇太后安，至十六日皆如之。

初四日（1.9）

帝奉皇太后御皇极殿。荷国使臣希特斯、意国使臣巴乐礼、葡国署使臣阿梅达等觐见，呈递恭贺皇太后万寿国书。

初五日（1.10）

穆宗毅皇帝忌辰。帝诣奉先殿、寿皇殿行礼，遣官祭惠陵。

初八日（1.13）

帝奉皇太后御勤政殿。蒙古王公科尔沁和硕亲王额尔德木毕里克图等入朝瞻觐。

十二日（1.17）

孝德显皇后忌辰。帝诣建福宫圣容前行礼，遣官祭定陵。

十六日（1.21）

帝奉皇太后回宫。

十七日（1.22）

以京师雨雪愆期，帝诣大高殿祈祷行礼。遣恭亲王溥伟等诣各宫庙拈香。

帝诣宁寿宫乐寿堂，问皇太后安，至廿九日皆如之。

廿三日（1.28）

以祈雪有应，帝诣大高殿报谢行礼。遣恭亲王溥伟等诣各宫庙拈香。

帝御乾清宫，赐蒙古王、贝勒、贝子、公、台吉等宴，赏赉有差。

廿八日（2.2）

祫祭太庙，帝亲诣行礼。遣官祭历代陵寝。

廿九日（2.3）

帝御保和殿，赐蒙古王、贝勒、贝子、公及文武大臣等宴。诣养性殿，于皇太后前行礼。

光绪三十一年　1905

正月

初一日（2.4）

帝诣奉先殿堂子行礼，遣官祭太庙后殿。诣大高殿、寿皇殿行礼。帝率王以下文武大臣诣皇极殿，向皇太后行庆贺礼。礼成，御太和殿受朝贺。御乾清宫，赐近支宗藩等宴。

帝诣宁寿宫乐寿堂，问皇太后安，至初五日皆如之。

初四日（2.7）

帝奉皇太后御乾清宫。各国使臣等觐见贺年。

初八日（2.11）

祈谷于上帝，帝亲诣行礼。诣正阳门关帝庙菩萨殿拈香。诣宁寿宫乐寿堂，问皇太后安。翌日如之。

初九日（2.12）

享太庙，帝亲诣行礼，遣官祭太岁之神。帝奉皇太后幸西苑，驻跸。

初十日（2.13）

帝诣西苑仪鸾殿，问皇太后安，至三十日皆如之。御紫光阁，赐蒙古王、贝勒、贝子、公、台吉等宴。

十二日（2.15）

帝奉皇太后御勤政殿。总税务司赫德、北堂主教林懋德、刘克明，觐见贺年。

谕：因英人入藏，达赖喇嘛携印出走。现在西藏业已平靖，该达赖喇嘛即可早日回藏。著延祉偕同该达赖喇嘛先赴西宁，再令其启程自行回藏。

十三日（2.16）

帝御紫光阁，赐近支宗藩等宴。

十五日（2.18）

上元节。帝诣大高殿拈香，寿皇殿行礼。御保和殿，赐蒙古王、贝勒、贝子、公、台吉及文武大臣等宴。

十六日（2.19）

帝御紫光阁，赐廷臣、大学士等宴。

十九日（2.22）

帝御紫光阁，赐蒙古王、贝勒、贝子、公、台吉等茶果。

二月

初一日（3.6）

帝诣西苑仪鸾殿，问皇太后安，至三十日皆如之。

初五日（3.10）

帝奉皇太后御海晏堂，接见各国使臣夫人及翻译官。

廿七日（4.1）

帝奉皇太后御海晏堂，接见美国使臣康格及夫人等。

三月

初一日（4.5）

清明节。帝诣奉先殿、寿皇殿行礼。遣官祭历代陵寝。诣西苑仪鸾殿，问皇太后安，至初九日皆如之。

初二日（4.6）

帝耕耤，诣先农坛行礼。诣正阳门关帝庙菩萨殿拈香。

初四日（4.8）

帝奉皇太后御乾清宫，接见德国亲王福礼留伯及使臣穆默等。

初五日（4.9）

德国福亲王瞻仰颐和园。传旨颐和园档房：预备椅轿数乘，在东宫门守候。

初九日（4.13）

帝奉皇太后幸颐和园，驻跸。

初十日（4.14）

孝贞显皇后忌辰。帝回宫，遣官祭定东陵，诣建福宫圣容前行礼，仍幸颐和园驻跸。

帝诣颐和园乐寿堂，问皇太后安，至廿六日皆如之。

十二日（4.16）

奉旨：毓朗著补授内阁学士，兼礼部侍郎衔。镶红旗汉军副都统著寿勋补授。连魁著赏给副都统衔，作为科布多参赞大臣，照例驰驿前往。

十六日（4.20）

谕：河南南阳镇总兵著郭殿邦调补，四川松潘镇总兵著孙万林调补，直隶大名镇总兵著洪永安调补，福建漳州镇总兵著马金叙补授。

谕：苏淮分省，于治理既多不便，著即毋庸分设，江淮巡抚即行裁撤。所有淮扬镇总兵著改为江北提督，以资震慑。

十八日（4.22）

法国主教樊国梁卒于北京。赏银五百两治丧。

十九日（4.23）

谕：四川雅州府知府联豫著赏给副都统衔，作为驻藏帮办大臣，驰驿前往。该缺著武瀛补授。

二十日（4.24）

谕：伍廷芳、沈家本等奏，考订法律，请先将律例内重刑变通酌改。嗣后，凡死罪至斩决而止，凌迟及枭首、戮尸，著即永远删除。其刺字等项，亦著概行革除。

廿三日（4.27）

穆宗毅皇帝诞辰。帝回宫，诣奉先殿、寿皇殿行礼，仍幸颐和园驻跸。

廿六日（4.30）

帝奉皇太后还西苑，驻跸。

廿七日（5.1）

帝诣西苑仪鸾殿，问皇太后安，至廿九日皆如之。

四月

初一日（5.4）

帝诣西苑仪鸾殿，问皇太后安，至初三日皆如之。

初三日（5.6）

帝奉皇太后回宫。皇后、瑾妃俱前往宫内驻跸。

初四日（5.7）

帝诣宁寿宫乐寿堂，问皇太后安。

初七日（5.10）

常雩，祀天于圜丘，帝亲诣行礼。诣正阳门关帝庙菩萨殿拈香。诣宁寿宫乐寿堂，问皇太后安，翌日如之。

初八日（5. 11）

帝奉皇太后御皇极殿，接见日斯巴尼亚国使臣贾思理等。奉皇太后幸西苑，驻跸。

初九日（5. 12）

帝诣西苑仪鸾殿，问皇太后安。奉皇太后幸颐和园，驻跸。

初十日（5. 13）

帝诣颐和园乐寿堂，问皇太后安，至三十日皆如之。署理兵部左侍郎徐世昌致外务部左丞绍昌等：各国使臣参随武官夫人女眷等于本月十二、十三两日巳刻在颐和园觐见。是日出西直门，礼毕，乘船至万寿寺之广源闸下船，由长河进城回馆。已传饬各该经过处所站段看门弁兵届时查照放进，并妥为照料弹压。

十二日（5. 15）

帝奉皇太后御仁寿殿，接见各国使臣等，赐游宴。

十三日（5. 16）

帝奉皇太后御仁寿殿，接见各国使臣夫人及翻译官等，赐游宴。

五月

初一日（6. 3）

帝诣颐和园乐寿堂，问皇太后安，至十四日皆如之。

十四日（6. 16）

帝奉皇太后还西苑，驻跸瀛台。

十五日（6. 17）

帝诣西苑仪鸾殿，问皇太后安，至十七日皆如之。

帝御乾清宫。日斯巴尼亚国使臣贾思理、美国使臣柔克义等觐见，呈递国书。

二十日（6. 22）

帝诣西苑仪鸾殿，问皇太后安。奉皇太后回宫。

廿一日（6. 23）

帝诣宁寿宫乐寿堂，问皇太后安。奉皇太后御皇极殿，接见墨西哥国代办使臣胡尔达、翻译官谷塞额。

帝奉皇太后幸西苑，驻跸。

廿二日（6. 24）

帝诣西苑仪鸾殿，问皇太后安。奉皇太后幸颐和园，驻跸。

廿三日（6. 25）

帝诣颐和园乐寿堂，问皇太后安，至三十日皆如之。

廿四日（6. 26）

谕：左翼监督仍著讷钦泰补授，右翼监督著萨廉补授。

廿五日（6. 27）

谕：礼部奏万寿圣节礼仪一折。著在仁寿殿行礼，停止筵宴。

廿八日（6.30）

谕：大学士王文韶著开去军机大臣差使。署兵部左侍郎徐世昌著在军机大臣上学习行走。

廿九日（7.1）

谕：户部右侍郎铁良、署兵部左侍郎徐世昌，均著会办练兵事宜。徐世昌著派充政务处大臣。

六月

初一日（7.3）

帝诣颐和园乐寿堂，问皇太后安，至廿七日皆如之。

初四日（7.6）

帝御仁寿殿。俄国使臣璞科第等觐见，呈递国书。

初九日（7.11）

文宗显皇帝诞辰。帝回宫，诣奉先殿、寿皇殿行礼。仍幸颐和园驻跸。

十四日（7.16）

谕：特简载泽、戴鸿慈、徐世昌、端方等随带人员，分赴东西洋各国，考求一切政治，以期择善而从。寻于廿五日，加派商部左丞绍英，随同出洋考察政治。

廿四日（7.26）

帝奉皇太后幸颐乐殿，侍早、晚膳。

廿五日（7.27）

帝奉皇太后幸颐乐殿，侍晚膳。

廿六日（7.28）

帝诣颐和园乐寿堂皇太后前行礼。御仁寿殿受贺。

廿七日（7.29）

帝奉皇太后幸西苑，驻跸瀛台。

廿八日（7.30）

万寿节。帝诣大高殿拈香，寿皇殿行礼。遣官祭太庙后殿、奉先殿。诣仪鸾殿，问皇太后安。翌日如之。

七月

初一日（8.1）

帝诣西苑仪鸾殿，问皇太后安。翌日如之。

初二日（8.2）

帝奉皇太后幸颐和园，驻跸。

初三日（8.3）

帝诣颐和园乐寿堂，问皇太后安，至十四日皆如之。

十二日（8.12）

孝贞显皇后诞辰。帝回宫，诣建福宫圣容前行礼，仍幸颐和园驻跸。

十四日（8.14）

帝奉皇太后还西苑，驻跸。

十五日（8.15）

中元节。帝诣奉先殿、寿皇殿行礼。遣官祭历代陵寝。诣西苑仪鸾殿，问皇太后安，至十八日皆如之。

十七日（8.17）

文宗显皇帝忌辰。帝诣奉先殿行礼，遣官祭定陵。

十八日（8.18）

帝奉皇太后幸颐和园，驻跸。

十九日（8.19）

帝诣颐和园乐寿堂，问皇太后安，至廿九日皆如之。

二十日（8.20）

中国同盟会召开正式成立大会，会场在日本东京赤坂区灵南坂本珍弥邸。

八月

初一日（8.30）

帝诣颐和园乐寿堂，问皇太后安，至初五日皆如之。

初四日（9.2）

先是，由直隶总督袁世凯、湖广总督张之洞领衔，盛京将军赵尔巽、署两江总督周馥、署两广总督岑春煊、湖南巡抚端方联衔，奏请立停科举。至是，得旨：著即自丙午科为始，所有乡会试一律停止。各省岁科考试，亦即停止。其以前举贡生员，分别量予出路。

初五日（9.3）

帝奉皇太后还西苑，驻跸。

谕：孚郡王福晋病卒，著赏银三千两，由广储司给发。

初六日（9.4）

帝诣西苑仪鸾殿，问皇太后安，至初十日皆如之。

初十日（9.8）

帝奉皇太后幸颐和园，驻跸。

十一日（9.9）

帝诣颐和园乐寿堂，问皇太后安，至三十日皆如之。

十二日（9.10）

圆明园八旗官兵在颐和园北墙外拿获跳墙逃走佛堂太监于寿林。

十六日（9.14）

帝奉皇太后御仁寿殿，接见美国使臣柔克义及其夫人，并该国议政大臣、水师提督、将军等。寻赏其夫人、女儿等金透錾戒指、绢子等物。

廿六日（9.24）

出洋考察政治之五大臣，在火车站遭革命党人吴樾炸弹袭击。载泽、绍英受伤。

廿九日（9.27）

外务部传知：九月初八、初九两日，各国使臣、参赞、随员及各馆内眷等，在颐和园仁寿殿觐见、游宴。所有本部之苏拉、厨役人等，均应进内应差。按照人数，制造烙印腰牌一百四十二面，务于九月初九日以前送交本部，以便给用。

本月

总管李莲英交出皇太后赏美总统公子小黑狗一条，派人送往美国使馆面交祗领。

九月

初一日（9.29）

帝诣颐和园乐寿堂，问皇太后安，至初十日皆如之。瑜贵妃、珣贵妃、瑨妃前往颐和园皇太后前请安，当日回宫。

初三日（10.1）

谕：本月初九日，洋人在颐和园游宴。著传知万寿寺行宫，仍照上次预备茶水并开殿。

初八日（10.6）

帝奉皇太后御仁寿殿，接见各国使臣。

初九日（10.7）

帝奉皇太后御仁寿殿，接见各国公使夫人，并赐游宴。

初十日（10.8）

帝奉皇太后还西苑，驻跸。皇后亦还西苑，驻跸。

命设立巡警部，以徐世昌为巡警部尚书，内阁学士毓朗为左侍郎，直隶候补道赵秉钧署理右侍郎。所有京城内外工巡事务，均归其管理。其各省巡警事务，并著该部督饬办理。

十一日（10.9）

帝诣西苑仪鸾殿，问皇太后安，至廿九日皆如之。

廿六日（10.24）

帝奉皇太后御勤政殿，接见德国使臣穆默。

廿八日（10.26）

前派之绍英、徐世昌不能成行，改派尚其亨、李盛铎，会同载泽、戴鸿慈、端方，前往各国考察政治。该五大臣分为两起：载泽、尚其亨、李盛铎为一起，主要考察日本、英、法、比利时等国；戴鸿慈、端方为一起，主要考察美、德、奥匈、俄等国。

本月

皇太后、皇上赏肃亲王善耆四十生辰寿物，派奉宸苑卿恭送。

奉旨：嗣后，每遇升平署在颐和园承差，均著佩戴腰牌进膳房院角门，按名放进。差毕，出东宫门。

十月

初一日（10.28）

享太庙，帝亲诣行礼。遣官祭历代陵寝。诣西苑仪鸾殿，问皇太后安，至三十日皆如之。

初四日（10.31）

帝奉皇太后御勤政殿，接见日本国使臣内田康哉、前宫内大臣伯爵土方久元等。

初七日（11.3）

帝奉皇太后幸颐年殿，侍早、晚膳，至十五日皆如之。

初十日（11.6）

皇太后万寿圣节。遣官祭太庙后殿、奉先殿。帝率王以下文武大臣诣仪鸾殿，行庆贺礼。众官于西苑门行礼。

十二日（11.8）

班禅额尔德尼在英军挟持下，前往印度，与英印总督、英国王储会晤。

二十日（11.16）

帝奉皇太后御乾清宫。日本国全权大使小村寿太郎等觐见，呈递国书。

廿三日（11.19）

英国驻华参赞梅尔思致外务部左侍郎联芳：本国马队提督施瓦伯携眷欲往颐和园瞻仰，可否准行，祈即示之。寻奏准廿八日，由外务部派弁导引。

十一月

初一日（11.27）

帝诣西苑仪鸾殿，问皇太后安，至廿二日皆如之。

初二日（11.28）

派顺承郡王讷勒赫，管理圆明园八旗包衣三旗官兵并鸟枪营事务。

引见人员：吏部三十六人，镶黄旗蒙古八人，颐和园二人，共四十六人。

初八日（12.4）

谕命奕劻选派宗室，出洋学习武备。

廿二日（12.18）

帝奉皇太后回宫。

廿三日（12.19）

帝诣宁寿宫乐寿堂，问皇太后安。

廿六日（12.22）

冬至，祀天于圜丘，帝亲诣行礼。帝诣正阳门关帝庙菩萨殿拈香。遣官祭历代陵寝。

帝诣宁寿宫乐寿堂，问皇太后安，至廿九日皆如之。

十二月

初一日（12.26）

帝诣宁寿宫乐寿堂，问皇太后安，至三十日皆如之。

初三日（12.28）

以京师雪泽稀少，帝诣大高殿祈祷行礼。遣恭亲王溥伟等诣各宫庙拈香。

初五日（12.30）

穆宗毅皇帝忌辰。帝诣奉先殿、寿皇殿行礼，遣官祭惠陵。

初八日（1906.1.2）

帝奉皇太后御乾清宫。蒙古王公科尔沁和硕达尔汗亲王那木济勒色楞等入朝瞻觐。

初十日（1.4）

墨馆帮理文案义馆翻译谷塞额致外务部会办大臣那桐：本年春间在颐和园觐见，照有像片十二页，并贵大臣恭送圣容照像七页，本翻译今将各照片共十九页敬呈贵大臣赏收可也。

十二日（1.6）

孝德显皇后忌辰。帝诣建福宫圣容前行礼，遣官祭定陵。

十六日（1.10）

以京师雨雪稀少，帝再诣大高殿吁祷行礼。遣恭亲王溥伟等诣各宫庙拈香。

十八日（1.12）

张荫棠转递班禅额尔德尼之奏呈，称其拟于十二月自印度启程归国。

廿三日（1.17）

帝御乾清宫，赐蒙古王、贝勒、贝子、公、台吉等宴。

廿六日（1.20）

以祥霙渥沛，帝诣大高殿报谢行礼。遣恭亲王溥伟等诣各宫庙拈香。

廿九日（1.23）

祫祭太庙，帝亲诣行礼。遣官祭历代陵寝。

三十日（1.24）

帝御保和殿，赐蒙古王、贝勒、贝子、公、文武大臣等宴。诣养性殿皇太后前行礼。

光绪三十二年　1906

正月

初一日（1.25）

帝诣奉先殿堂子行礼，遣官祭太庙后殿。诣大高殿拈香，寿皇殿行礼。帝率王以下文武大臣诣皇极殿，向皇太后行庆贺礼。礼成，帝御太和殿受朝贺。帝御乾清宫，赐近支宗亲等宴。

帝诣宁寿宫乐寿堂，问皇太后安，至十五日皆如之。

初八日（2.1）

帝御保和殿，赐蒙古王、贝勒、贝子、公、台吉等宴。

初九日（2.2）

帝奉皇太后御乾清宫。德国使臣穆默及英、法、日本、和、义、美、俄、葡、比、奥、墨各使，觐见贺年。

十三日（2.6）

帝御乾清宫，赐近支宗藩等宴。

十四日（2.7）

溥仪生于醇亲王藩邸。

十五日（2.8）

上元节。帝诣大高殿拈香，寿皇殿行礼。御保和殿，赐蒙古王、贝勒、贝子、公及文武大臣等宴。

帝奉皇太后幸西苑，驻跸。

十六日（2.9）

帝诣西苑仪鸾殿，问皇太后安，至廿九日皆如之。

十七日（2.10）

帝奉皇太后御勤政殿。总税务司赫德，北堂主教林懋德、杜保禄，觐见贺年。御紫光阁，赐廷臣、大学士等宴。

谕：军机处为用人行政枢纽，允宜优加体恤。所有该处行走之王大臣及满汉章京等，均著赏给养廉。

十九日（2.12）

帝诣时应宫拈香。御紫光阁，赐蒙古王、贝勒、贝子、公、台吉等茶果。

廿六日（2.19）

派醇亲王载沣管理健锐营事务。派肃亲王善耆管理圆明园八旗包衣三旗官兵并鸟枪营事务。

二月

初一日（2.23）

帝诣西苑仪鸾殿，问皇太后安，至三十日皆如之。

十四日（3.8）

谕：内务府钤出之圆明园六品苑丞恒勋，六品苑副世贵；颐和园六品苑丞荣来、鋆善，笔帖式玉福，均著交吏部记名，照例选用。

廿八日（3.22）

帝奉皇太后御勤政殿，接见德国使臣穆默、提督佩思沏等。

三月

初一日（3.25）

帝诣西苑仪鸾殿，问皇太后安，至三十日皆如之。

初二日（3.26）

法国驻华公使吕班致外务部：敝国枢密顾问大臣伯爵吕大使，欲于本月初五日瞻仰颐和园，请准。

初三日（3.27）

奉旨：停止选看八旗秀女。

初四日（3.28）

帝奉皇太后御海晏堂，接见各国使臣夫人及翻译等。

初五日（3.29）

帝奉皇太后御海晏堂，接见总税务司赫德之妻女。

初十日（4.3）

孝贞显皇后忌辰。帝诣建福宫圣容前行礼，遣官祭定东陵。

十一日（4.4）

奥国驻华公使顾亲斯基致总理外务部事务大臣奕劻等：本国水师武官布果赖等十员拟于本月十

四日三点钟前往万寿山瞻仰胜景，可否请准。寻奏准游历。

十二日（4.5）

帝御乾清宫。奥国使臣顾亲斯基觐见，呈递国书。

十三日（4.6）

清明节。帝诣奉先殿、寿皇殿行礼。遣官祭历代陵寝。

十六日（4.9）

帝奉皇太后御勤政殿，接见义国使臣巴乐礼及统领诺威利思与其妻等。

廿三日（4.16）

穆宗毅皇帝诞辰。帝诣奉先殿、寿皇殿行礼。

廿五日（4.18）

帝奉皇太后御勤政殿，接见德国使臣穆默及参议葛尔士等。

廿七日（4.20）

帝御乾清宫。法国使臣吕班等觐见，呈递国书。

四月

初一日（4.24）

帝诣西苑仪鸾殿，问皇太后安，至十五日皆如之。

初三日（4.26）

帝奉皇太后御勤政殿，接见日本国使臣内田康哉及其妻等。

初五日（4.28）

帝奉皇太后御勤政殿，接见法国使臣吕班及参赞顾瑞等。

初十日（5.3）

帝奉皇太后御勤政殿，接见英国使臣萨道义及参赞嘉乃绩等，德国署使臣葛尔士及水师提督布雷星等。

十五日（5.8）

帝奉皇太后回宫。

十八日（5.11）

帝诣宁寿宫乐寿堂，问皇太后安。奉皇太后幸西苑，驻跸。

十九日（5.12）

帝诣西苑仪鸾殿，问皇太后安，至廿三日皆如之。

二十日（5.13）

巡警部致外务部咨呈：本月廿三日皇太后、皇上驻跸颐和园，所有跸路所经地方以及颐和园附近一带应禁止闲人游览，以昭慎重。相应咨请贵部转达各国公使。

廿二日（5.15）

巡警部致外务部咨呈：本月廿四日皇后、瑾妃俱前往南海先蚕坛举行躬桑礼，午后还颐和园，跸路所经禁止闲人游览，以昭敬慎。相应咨呈贵部查照转达各公使。

廿三日（5.16）

帝奉皇太后幸颐和园，驻跸。皇后、瑾妃俱回宫。翌日，皇后、瑾妃前往先蚕坛行礼，礼成后还颐和园驻跸。

廿四日（5.17）

帝诣颐和园乐寿堂，问皇太后安，至廿九日皆如之。

廿七日（5.20）

御史乔树枏奏：京师护城河淤垫已久。请先挑一中溜，劳费甚少，上下得以流通。并随时放玉泉山之水，以资冲刷。得旨：下巡警部、内务府知之。

闰四月

初一日（5.23）

帝诣颐和园乐寿堂，问皇太后安，至廿六日皆如之。

初二日（5.24）

内务府堂谕：现在皇太后、皇上驻跸颐和园，所有本府当差之司员、达他人等仍应恪遵前旨，不得擅入禁门。凡有呈回事件，仍定于本府值日之期在本府住班公所办理。

奉懿旨：著总管内务府大臣带领工部尚书陆润庠、商部主事力钧于明日办事召见后，在皇帝前请脉。

十六日（6.7）

以京师雨泽愆期，派恭亲王溥伟诣大高殿恭代祈祷行礼。遣礼亲王世铎等诣各宫庙拈香。

廿六日（6.17）

以祈雨未应，帝亲诣大高殿吁祷行礼。遣恭亲王溥伟等诣各宫庙拈香。

帝从皇太后至仁寿殿召见毕，奉皇太后还西苑，驻跸。皇后、瑾妃俱还西苑驻跸。

廿七日（6.18）

帝诣西苑仪鸾殿，问皇太后安。翌日如之。

五月

初一日（6.22）

帝诣西苑仪鸾殿，问皇太后安，至十三日皆如之。瑜贵妃等前往皇太后前请安，当日回宫。

初四日（6.25）

帝御乾清宫。法国使臣巴思德等觐见，呈递国书。

初九日（6.30）

以甘霖叠沛，帝诣大高殿报谢行礼。遣醇亲王载沣等诣各宫庙拈香。

十二日（7.3）

巡警部为咨呈事，内务府传出，明日，皇太后、皇上办事后，由宫前往颐和园驻跸。所有跸路经过地方，理应禁止官商兵民人等游览，以昭严肃。相应咨请外务部知照各国驻京公使，转饬各该国官商兵民人等，一体遵照。

十三日（7.4）

帝从皇太后御乾清宫，接见意国亲王费尔迪安德等。奉皇太后幸颐和园，驻跸。

十四日（7.5）

帝诣颐和园乐寿堂，问皇太后安，至廿九日皆如之。

谕：前据御史黄昌年奏参江西藩司周浩骫法徇私各款，当经谕令张之洞确查。兹据查明覆奏，该藩司贪污纵恣，把持省权，贻误大局，周浩著即行革职。翌日，江西布政使著沈瑜庆补授。

廿六日（7.17）

谕：礼部奏万寿圣节礼仪一折。著在仁寿殿行礼，停止筵宴。

六月

初一日（7.21）

帝诣颐和园乐寿堂，问皇太后安，至廿八日皆如之。

初五日（7.25）

申刻，全顺等请得皇上脉案，并拟得药方。

初九日（7.29）

文宗显皇帝诞辰。帝回宫。诣奉先殿、寿皇殿行礼，仍幸颐和园驻跸。

十二日（8.1）

奉懿旨：每日著带领力钧请脉。俟有停止日期，再为传旨。旋十七日、廿七日、三十日、七月初三日、初六日，均派医请脉。

十四日（8.3）

谕：仓场侍郎著刘永亨调补，江西巡抚著吴重憙补授，福建布政使著增韫补授，直隶按察使著王清穆补授。

十五日（8.4）

谕：工部右侍郎著张仁黼调补，学部左侍郎著严修补授，学部右侍郎著达寿补授。

十六日（8.5）

谕：绰哈布、锡良奏，官军攻克理塘。出力各员赏赐有差。

十七日（8.6）

谕：赵秉钧著补授巡警部右侍郎。

廿二日（8.11）

谕：承祐著补授内阁学士兼礼部侍郎衔。寻命其仍在军机章京上行走。

廿四日（8.13）

帝奉皇太后幸颐年殿，侍早、晚膳。

谕：商部右丞著杨士琦补授，商部左参议著熙彦补授，商部右参议著耆龄补授。

廿五日（8.14）

帝奉皇太后幸颐年殿，侍晚膳。翌日如之。

廿六日（8.15）

帝诣颐和园乐寿堂，于皇太后前行礼。御仁寿殿受贺。

廿八日（8..17）

万寿节。帝从皇太后至仁寿殿召见毕，乘轿出东宫门，由石路至倚虹堂少坐，乘轿经西安门至大高殿拈香毕，乘轿至寿皇殿拈香行礼毕，又乘轿进西苑门，至景福门外，等候跪接皇太后毕，还瀛台驻跸。皇后、瑾妃俱还西苑。遣官祭太庙后殿、奉先殿。

廿九日（8.18）

帝诣西苑仪鸾殿，问皇太后安。翌日如之。

七月

初一日（8.20）

帝诣西苑仪鸾殿，问皇太后安。翌日如之。瑜贵妃、珣贵妃、瑨妃俱前往皇太后前请安。

初二日（8.21）

帝御乾清宫，接见日本国使臣林权助等。奉皇太后幸颐和园，驻跸。

初三日（8.22）

帝诣颐和园乐寿堂，问皇太后安，至廿九日皆如之。

美国驻华公使柔克义致总理外务部事务大臣奕劻：嗣后，两宫驻跸颐和园须早日知照。昨日，美国刘医生在西直门遇銮舆经过，躲避不及，被辱骂殴打，请转达警部。

初七日（8.26）

所有奉旨阅看考察政治大臣条陈各王大臣，定于本月初八日午后二钟，在颐和园外务部公所会同阅看。

十二日（8.31）

孝贞显皇后诞辰。帝从皇太后至仁寿殿召见毕，乘轿出东宫门，由石路至倚虹堂少坐，乘轿进神武门，至建福宫孝贞显皇后御容前拈香行礼毕，仍由原路还颐和园玉澜堂驻跸。皇后、瑾妃、奕訢长女荣寿固伦公主亦诣孝贞显皇后御容前拈香行礼。礼毕，皇后、瑾妃还颐和园驻跸。

十三日（9.1）

清廷宣布“预备仿行宪政”。

十四日（9.2）

命载泽、世续、那桐、荣庆、载振、奎俊、铁良、张百熙、戴鸿慈、葛宝华、徐世昌、陆润庠、寿耆、袁世凯，编纂新官制。并命端方、张之洞、升允、锡良、周馥、岑春煊，选派司道大员，来京随同参议。以庆亲王奕劻、孙家鼐、瞿鸿禨总司核定。奉旨：派出厘定官制大臣均于本月十六日预备召见。

十五日（9.3）

中元节。遣官祭历代陵寝。帝从皇太后至仁寿殿召见毕，乘轿出东宫门，进神武门，至奉先殿拈香行礼毕，至寿皇殿拈香行礼，内廷行走王、御前大臣等随从行礼毕，帝乘轿进顺贞门，诣圣容前拈香行礼毕，还颐和园。帝诣颐乐殿侍皇太后膳，看戏毕，还玉澜堂。皇后、瑾妃俱前往宫内，当日还颐和园。

十六日（9.4）

编纂官制大臣，在颐和园内召开第一次会议。

十七日（9.5）

文宗显皇帝忌辰。帝从皇太后办事召见毕，乘轿出东宫门，进神武门，诣奉先殿拈香行礼毕，至寿皇殿拈香行礼，内廷行走王、御前大臣、御前侍卫、军机大臣等随同行礼。帝至乾清宫东暖阁诣文宗显皇帝圣容前拈香行礼毕，还颐和园玉澜堂驻跸。皇后、瑾妃俱前往宫内，当日还颐和园。

十八日（9.6）

设编纂官制馆于圆明园之朗润园。

廿九日（9.17）

帝从皇太后至仁寿殿召见毕，奉皇太后还西苑，驻跸。皇后、瑾妃亦俱同往西苑，驻跸。

本月

总管李莲英交出皇太后赏衍圣公孔令贻之母饽饽四盒、果品四盒。

那桐五十岁生辰，皇太后、皇上赏其寿物，派人送交。

湖广总督张之洞七十岁生辰，皇太后、皇后赏其寿物。

寿康宫祺贵妃位下因病交出女子一名。敬事房交出瑾妃位下女子一名出宫。正月十九日逃走之太监霍双云，本月讯明后交崔总管领回。

八月

初一日（9.18）

帝诣西苑仪鸾殿，问皇太后安，至初四日皆如之。瑜贵妃、珣贵妃、瑨妃诣仪鸾殿皇太后前请安。

初二日（9.19）

帝从皇太后至勤政殿召见毕，乘轿诣乾清宫，觐见英国使臣朱迩典，呈递国书。还瀛台驻跸。

初三日（9.20）

珣贵妃从本住处乘轿至景福门，诣仪鸾殿皇太后前请安毕，乘轿进慈祥门本住处。

谕：著定限十年以内，将洋、土药之害，一律革除净尽。其应如何分别严禁吸食，并禁种罂粟之处，著政务处妥议章程具奏。

初四日（9.21）

帝奉皇太后幸颐和园，驻跸。皇后、瑾妃亦前往颐和园，驻跸。

初五日（9.22）

帝诣颐和园乐寿堂，问皇太后安，至三十日皆如之。

初八日（9.25）

帝奉皇太后御仁寿殿，接见英国使臣朱尔典及水师提督默尔等。

初十日（9.27）

宣宗成皇帝诞辰。帝从皇太后至仁寿殿办事召见毕，乘轿出东宫门，进神武门，诣奉先殿拈香行礼。复诣寿皇殿拈香行礼，内廷行走王等随同行礼。帝乘轿还颐和园玉澜堂，驻跸。

十五日（10.2）

中秋节。瑜贵妃、珣贵妃、瑾妃俱前往颐和园皇太后前请安，当日回宫。

廿六日（10.13）

帝奉皇太后御仁寿殿，接见日本国王爵博恭及使臣林权助等。皇太后赏王爵博恭照相一份，御画一幅，红雕漆盒一对。帝赏王爵博恭御笔字一幅，景泰蓝瓶一对。

九月

初一日（10.18）

帝诣颐和园乐寿堂，问皇太后安，至廿六日皆如之。

初五日（10.22）

署理葡萄牙驻华公使阿梅达致总理外务部事务大臣奕劻：接来函，本月初九日、初十日，各国使臣及夫人等在颐和园觐见游宴。本署大臣现丁父忧，届期与妻均不克前往。特此函复。

初六日（10.23）

谕：光禄寺卿著左孝同兼署。

初八日（10.25）

谕：巡警部左丞著钱能训补授，巡警部右丞著裕厚补授，巡警部左参议著刘彭年补授，右参议著吴廷燮补授。

初九日（10.26）

帝奉皇太后御仁寿殿，接见各国使臣及参随等，特赐游宴。

谕：翰林院编修郑沅著仍在南书房行走。

总管李长喜等传，皇后、瑾妃俱前往宫内，当日还颐和园。

十一日（10.28）

奉懿旨：十月初十日万寿圣节，在仪鸾殿受贺，停止筵宴。其在外之公主、福晋、命妇，著照例行礼。

十二日（10.29）

奉旨：学部带领引见之考验游学毕业生陈锦涛等，分别赏给进士、举人有差。

十五日（11.1）

帝奉皇太后御仁寿殿，接见各国公使夫人及翻译官等，赐游宴。

二十日（11.6）

谕：军机处为行政总汇，相承至今，尚无流弊，自毋庸更改。内阁、军机处一切规制，著照旧行。其各部尚书，均著充参豫政务大臣，轮班值日，听候召对。外务部、吏部，均著仍旧。巡警，为民政之一端，著改为民政部。户部，著改为度支部，以财政处并入。礼部，著以太常、光禄、鸿胪三寺并入。学部，仍旧。兵部，著改为陆军部，以练兵处、太仆寺并入。应行设立之海军部及军咨府，未设以前，均暂归陆军部办理。刑部，著改为法部，专任司法。大理寺，著改为大理院，专掌审判。工部，著并入商部，改为农工商部。轮船、铁路、电线、邮政，应设专司，著名为邮传部。理藩院，著改为理藩部。除外务部堂官员缺照旧外，各部堂官，均设尚书一员，侍郎二员，不分满汉。都察院，本纠察行政之官，著改为都御史一员，副都御史二员。六科给事中，著改为给事中，与御史各员缺，均暂如旧。其应行增设者，资政院，为博采群言；审计院，为核查经费，均著以次成立。其余宗人府、内阁、翰林院、钦天监、内务府、太医院、各旗营、侍卫处、步军统领衙门、顺天府、仓场衙门，均著毋庸更改。

谕：庆亲王奕劻、外务部尚书瞿鸿禨，均仍为军机大臣。大学士世续补授为军机大臣。所有吏部尚书鹿传霖、学部尚书荣庆、巡警部尚书徐世昌、户部尚书铁良，均开去军机，专管部务。广西巡抚林绍年开缺，以侍郎用，在军机大臣上学习行走。

廿一日（11.7）

谕：嗣后，大学士、尚书、侍郎均著毋庸兼管都统、副都统事务。

谕：大理院正卿作为正二品，著沈家本补授。溥颋未到以前，度支部尚书著铁良兼署。载振、徐世昌现在出差，农工商部尚书著唐文治暂署。民政部尚书著毓朗暂署。荫昌未到任以前，陆军部右侍郎著王世珍署理。汪大燮未到以前，外务部右侍郎著唐绍仪兼署。

谕：此次改定官制，除民政部、学部、农工商部尚书、侍郎均毋庸更调外，吏部尚书仍著鹿传霖补授，左侍郎著陈邦瑞调补，右侍郎著唐景崇调补，度支部尚书著溥颋补授，左侍郎著绍英补授，右侍郎著陈璧补授，礼部尚书仍著溥良补授，左侍郎著张亨嘉调补，右侍郎仍著景厚补授，陆军部尚书著铁良补授，左侍郎著寿勋补授，右侍郎著荫昌补授，法部尚书著戴鸿慈补授，左侍郎仍著绍昌补授，右侍郎著张仁黼补授，邮传部尚书著张百熙补授，左侍郎著唐绍仪补授，右侍郎著胡燏棻补授，理藩部尚书著寿耆补授，左侍郎著堃岫补授，右侍郎著恩顺补授，都察院都御史仍著陆宝忠补授，副都御史仍著伊克坦、陈名侃补授。

廿二日（11.8）

谕：派镇国公载泽，管理武备院事务。宗人府左宗正著善耆转补，右宗正著魁斌补授，右宗人著讷勒赫补授。陆润庠著以尚书兼管顺天府府尹事务。大理院少卿作为正三品，著刘若曾补授。吕海寰未到任以前，正黄旗蒙古都统著明启署理。萨廉补授正黄旗护军统领。崇寿补授正白旗汉军副都统。溥錩补授镶红旗汉军副都统。朴寿调补镶蓝旗满洲副都统，李殿林补授正白旗汉军副都统。景恩调补正白旗满洲副都统，张英麟补授镶黄旗蒙古副都统。吕海寰补授正黄旗蒙古都统，葛宝华补授镶红旗蒙古都统，特图慎补授镶蓝旗蒙古都统，景沣补授镶蓝旗汉军都统。载沣调补正红旗满洲都统，溥兴补授正白旗汉军都统。讷勒赫调补镶红旗满洲都统，清锐补授镶黄旗蒙古都统。

廿三日（11.9）

改督办政务处为会议政务处。那桐、瞿鸿禨均著开去国史馆差使，孙家鼐著充国史馆总裁，李绂藻著以侍郎充国史馆副总裁，察哈尔副都统魁福著准开缺，该缺著额勒珲补授。

谕：翰林院为文学之班，都察院有献替之责，该堂官及所属各官，均应量予津贴，用示体恤。嗣后，翰林院著每年赏银三万两，都察院著每年赏银四万两，由度支部发给。

廿四日（11.10）

奉旨：杨士琦著转补农工商部左丞，农工商部右丞著熙彦补授。耆龄著转补农工商部左参议，农工商部右参议著沈云霈补授。

廿六日（11.12）

帝从皇太后至仁寿殿召见毕，奉皇太后还西苑，驻跸。皇后、瑾妃亦于同日还驻西苑。

廿七日（11.13）

帝诣西苑仪鸾殿，问皇太后安，至廿九日皆如之。

本月

内务府大臣增崇等带领陆润庠、力钧等请得皇太后、皇上脉案，并分别拟得皇太后、皇上调养之法。

增崇面奉懿旨：膳房每日交进物品，多有不堪食用者。嗣后，应进小鸡，均要牝鸡，喂养不得过三四个月。著传知膳房，敬谨遵办。

十月

初一日（11.16）

享太庙，帝亲诣行礼。遣官祭历代陵寝。帝诣西苑仪鸾殿，问皇太后安，至三十日皆如之。

初七日（11.22）

帝奉皇太后幸颐年殿，侍早、晚膳，至初九日皆如之。

初八日（11.23）

赏光绪二十六年随扈之神机营小队、圆明园护军校桂春等银两。

初十日（11.25）

皇太后万寿圣节。遣官祭太庙后殿、奉先殿。帝率王以下文武大臣，诣仪鸾殿，行庆贺礼。众官于来薰风门外行礼。奉皇太后幸颐年殿，侍晚膳。翌日如之。

十二日（11.27）

帝奉皇太后幸颐年殿，侍早、晚膳，至十五日皆如之。

二十日（12.5）

帝御乾清宫。兼理那威国事务英国使臣朱迩典、比国使臣柯霓雅等觐见，呈递国书。

廿四日（12.9）

帝奉皇太后御勤政殿，接见日本国使臣林权助、陆军少将神尾光臣等。

十一月

初一日（12.16）

帝诣西苑仪鸾殿，问皇太后安，至初五日皆如之。

初二日（12.17）

帝奉皇太后御勤政殿，接见墨西哥使臣胡尔达等。

初五日（12.20）

帝奉皇太后回宫。

初八日（12.23）

冬至，祀天于圜丘，帝亲诣行礼。帝诣正阳门关帝庙菩萨殿拈香。遣官祭历代陵寝。

帝诣宁寿宫乐寿堂，问皇太后安，至廿九日皆如之。

初十日（12.25）

帝御乾清宫，接见德国使臣雷克司等。

十二日（12.27）

帝奉皇太后御乾清宫，接见法国使臣巴思德及驻津总兵鹿裴芙等。

二十日（1907.1.4）

帝御乾清宫。英国使臣朱迩典等觐见，呈递国书。

廿一日（1.5）

以京师雪泽稀少，帝诣大高殿祈祷行礼。遣醇亲王载沣等诣各宫庙拈香。

十二月

初一日（1.14）

帝诣宁寿宫乐寿堂，问皇太后安，至三十日皆如之。

总管内务府奏：颐和园、静明园、静宜园等处陈设物件，现届五年清查之期，伏候钦点总管内务府大臣一员前往清查。得旨：著派增崇。初八日，增崇奏：三园等处实存齐整及残缺不齐之佛像、匾对、书籍、桌案等项一千二百十三件，均与册报数目相符。

初三日（1.16）

以京师雪泽尚未深透，帝诣大高殿祈祷行礼。遣醇亲王载沣等诣各宫庙拈香。

初五日（1.18）

穆宗毅皇帝忌辰。帝诣奉先殿、寿皇殿行礼，遣官祭惠陵。

初八日（1.21）

帝奉皇太后御乾清宫。蒙古王公科尔沁和硕达尔汉亲王那木济勒色楞等入朝瞻觐。

十七日（1.30）

以京师得雪深透，帝诣大高殿报谢行礼。遣醇亲王载沣等诣各宫庙拈香。

廿三日（2.5）

帝御乾清宫，赐蒙古王、贝勒、贝子、公、台吉等宴。

廿九日（2.11）

祫祭太庙，帝亲诣行礼。遣官祭历代陵寝。

三十日（2.12）

帝御保和殿，赐蒙古王、贝勒、贝子、公及文武大臣等宴。诣养性殿皇太后前行礼。

本年

四品衔浙江道监察御史王步瀛奏：每年二月间，皇上即奉皇太后慈舆于颐和园驻跸，九十月间，圣驾始行回宫。惟迩来天气，初夏往往余有春寒，仲秋即不免渐增寒凉，万寿山不比京城，更觉风高。臣以为，嗣后，似可于午节后往，秋节前还，适合前朝避暑九成宫之意。其时郊外人民皆衣单夹，巡察亦觉易周。

光绪三十三年　1907

正月

初一日（2.13）

帝诣奉先殿堂子行礼，遣官祭太庙后殿。帝诣大高殿拈香，寿皇殿行礼。帝率王以下文武大臣，诣皇极殿，向皇太后行庆贺礼。礼成，帝御太和殿受朝贺。御乾清宫，赐近支宗藩等宴。

帝诣宁寿宫乐寿堂，问皇太后安，至初六日皆如之。

初九日（2.21）

帝诣宁寿宫乐寿堂，问皇太后安，至十二日皆如之。

初十日（2.22）

帝御保和殿，赐蒙古王、贝勒、贝子、公、台吉等宴。

十二日（2.24）

帝奉皇太后御乾清宫。各国使臣及参赞等，觐见贺年。帝奉皇太后幸西苑，驻跸。

十三日（2.25）

帝诣西苑仪鸾殿，问皇太后安，至廿九日皆如之。帝御紫光阁，赐近支宗藩等宴。

十五日（2.27）

上元节。帝诣大高殿拈香，寿皇殿行礼。御保和殿，赐蒙古王、贝勒、贝子、公及文武大臣等宴。

十六日（2.28）

帝御紫光阁，赐廷臣、大学士等宴。

十七日（3.1）

帝奉皇太后御勤政殿。总税务司赫德、法国主教林懋德等，觐见贺年。

十八日（3.2）

德国驻华公使雷克司致外务部奕劻等：本国工程司博尔士满本系专司博采建造殿廷宫室，公私各式工程是其专务，今北京应考究者如宫廷内各殿宇可博采者甚多，惟大半在于禁地之中。拟请准伊诣颐和园瞻仰两次，并赴圆明园几次及琉璃河之钦工琉璃窑一次，以博采建造良法。

十九日（3.3）

帝御紫光阁，赐蒙古王、贝勒、贝子、公、台吉等茶果。

二月

初一日（3.14）

帝诣西苑仪鸾殿，问皇太后安，至三十日皆如之。

廿四日（4.6）

清明节。帝诣奉先殿、寿皇殿行礼。遣官祭历代陵寝。

廿六日（4.8）

帝耕耤，诣先农坛行礼。

三月

初一日（4.13）

帝诣西苑仪鸾殿，问皇太后安，至廿九日皆如之。

初五日（4.17）

帝奉皇太后御勤政殿，接见日本国使臣林权助及伯爵大谷光瑞等。

初八日（4.20）

东三省官制改革。改盛京将军为东三省总督，兼管三省将军事务，随时分驻三省行台；奉天、吉林、黑龙江，各设巡抚；以徐世昌为东三省总督，以唐绍仪为奉天巡抚，以朱家宝署理吉林巡抚，以段芝贵加布政使衔，署理黑龙江巡抚。

初十日（4. 22）

孝贞显皇后忌辰。帝诣建福宫圣容前行礼，遣官祭定东陵。

十四日（4. 26）

帝奉皇太后御海晏堂，接见各国使臣夫人。

廿三日（5. 5）

穆宗毅皇帝诞辰。帝诣奉先殿、寿皇殿行礼。

四月

初一日（5. 12）

帝诣西苑仪鸾殿，问皇太后安，至初七日皆如之。

初三日（5. 14）

帝奉皇太后御勤政殿，接见日本国使臣林权助及陆军少将中村爱三等。

初七日（5. 18）

帝奉皇太后回宫。

初十日（5. 21）

常雩，祀天于圜丘，帝亲诣行礼。诣正阳门关帝庙菩萨殿拈香。诣宁寿宫乐寿堂，问皇太后安。

帝奉皇太后办事召见毕，乘轿进西苑门，至纯一斋看戏用膳毕，还仪鸾殿，驻跸西苑。

十一日（5. 22）

帝诣西苑仪鸾殿，问皇太后安。翌日如之。

十二日（5. 23）

帝奉皇太后幸颐和园，驻跸。皇后、瑾妃亦同日前往颐和园，驻跸。

十三日（5. 24）

帝诣颐和园乐寿堂，问皇太后安，至三十日皆如之。

帝奉皇太后幸颐乐殿，侍早、晚膳，至十五日皆如之。

十五日（5. 26）

卯初，瑜贵妃、珣贵妃、瑨妃各从本住处出神武门，经西直门，至倚虹堂配殿茶尖毕，由石路六郎庄至新宫门外下车，诣皇太后前请安，仍由旧路回宫。

十八日（5. 29）

帝奉皇太后御仁寿殿，接见日本国使臣林权助及男爵后藤新平等。

十九日（5. 30）

以京师雨泽稀少，帝诣觉生寺祈祷行礼。遣醇亲王载沣等诣大高殿恭代行礼。遣贝勒载洵等诣各宫庙拈香。

廿六日（6. 6）

派镶蓝旗满洲副都统塔克什讷，管理圆明园八旗包衣三旗官兵并鸟枪营事务。

廿九日（6. 9）

以祈雨未应，遣恭亲王溥伟诣觉生寺，醇亲王载沣诣大高殿恭代祈祷行礼。仍遣贝勒载洵等诣各宫庙拈香。

五月

初一日（6.11）

帝诣颐和园乐寿堂，问皇太后安，至廿九日皆如之。

初七日（6.17）

以御史恽毓鼎参奏，协办大学士、外务部尚书、军机大臣瞿鸿禨，著即开缺回籍。

民政部致外务部咨呈：恭查圣驾驻跸颐和园，所有宫墙一带理宜严肃，用昭慎重。查上年九月间，有外国兵丁在玉泉山三孔闸地方开枪打鸟，经巡警婉言劝阻，始行他去。今咨呈贵部照会各国，不准在湖墙左近一带放枪打鸟，凡属不应行走地方及相近土山，一经巡警劝阻指引，应即听从，以严禁卫而昭敬慎。寻外务部分致各国公使，照会此事。

初九日（6.19）

庆亲王奕劻奏：请开去军机大臣差使。奉懿旨：所请之处，著毋庸议。

命醇亲王载沣在军机大臣上学习行走。实授吏部尚书鹿传霖为军机大臣，其吏部尚书一缺，由裁缺工部尚书陆润庠补授。

十三日（6.23）

以望雨仍殷，遣恭亲王溥伟诣觉生寺，礼亲王世铎诣大高殿祈祷行礼。遣贝勒载洵等诣各宫庙拈香。

十五日（6.25）

瑜贵妃、珣贵妃、瑨妃自宫内赴颐和园，诣皇太后前请安。当日回宫。

廿六日（7.6）

以节逾夏至，望雨仍殷，复遣礼亲王世铎诣大高殿，恭亲王溥伟诣觉生寺恭代祈祷行礼。遣贝勒载洵等诣各宫庙拈香。

廿八日（7.8）

奉懿旨：立宪之道，全在上下同心，内外一气，去私秉公，共图治理。嗣后，凡有实知所以预备之方、施行之序者，准各条举以闻。

六月

初一日（7.10）

帝诣颐和园乐寿堂，问皇太后安，至廿八日皆如之。

瑜贵妃、珣贵妃、瑨妃自宫内赴颐和园，诣皇太后前请安。当日回宫。

安徽巡警学堂会办徐锡麟刺杀安徽巡抚恩铭一案奏闻，谕：恩铭著加恩予谥曰忠愍，照总督阵亡例从优议恤。任内一切处分，悉予开复。伊子山西候补道咸麟，著以道员即补。

初八日（7.17）

以未沛甘霖，复遣礼亲王世铎诣大高殿，恭亲王溥伟诣觉生寺恭代行礼。遣贝勒载洵等诣各宫庙拈香。

初九日（7.18）

文宗显皇帝诞辰。帝用膳办事毕，出东宫门，由石路至倚虹堂少坐，经西直门进神武门，至奉先殿拈香行礼毕，出神武门，进北上门，由西山道至寿皇殿拈香行礼毕，仍由西山道出北上门，进神武门，至乾清宫东暖阁，诣文宗显皇帝圣容前拈香行礼毕，仍由旧路还颐和园。

辰初二刻，皇后、瑾妃出罩子门，由六郎庄石路至倚虹堂茶尖毕，经西直门进神武门，至乾清宫，诣文宗显皇帝圣容前拈香行礼毕，仍由旧路还颐和园。

初十日（7.19）

北京万牲园（即动物园），借地广善寺，正式对外开放。

十五日（7.24）

瑜贵妃、珣贵妃、瑨妃自宫内赴颐和园，诣皇太后前请安。当日回宫。

十七日（7.26）

以甘霖叠沛，遣礼亲王世铎诣大高殿，恭亲王溥伟诣觉生寺恭代报谢。遣贝勒载洵等诣各宫庙拈香。

廿五日（8.3）

帝奉皇太后幸颐乐殿，侍早、晚膳。翌日如之。

廿六日（8.4）

帝诣颐和园乐寿堂，于皇太后前行礼。礼毕，帝御仁寿殿受贺。

廿八日（8.6）

万寿节。帝诣大高殿、寿皇殿行礼，遣官祭太庙后殿、奉先殿。帝奉皇太后回宫，寻幸西苑驻跸。

廿九日（8.7）

帝诣西苑仪鸾殿，问皇太后安。翌日如之。

七月

初一日（8.9）

卯初，帝由勤政殿檐前乘礼轿，出西苑门，进西华门，由午门、端门至太庙致祭，仍由旧路还勤政殿。至瀛台更衣用膳毕，诣仪鸾殿皇太后前请安。至勤政殿随从召见毕，乘轿出福华门，经西直门至倚虹堂少坐。乘轿由石路进东宫门，至水木自亲码头等候跪接皇太后。旋皇太后还乐寿堂，帝还玉澜堂驻跸。

初二日（8.10）

帝诣颐和园乐寿堂，问皇太后安，至三十日皆如之。

奉懿旨：满汉畛域，究应如何全行化除。著内外各衙门，各抒所见，将切实办法妥议具奏。

十二日（8.20）

孝贞显皇后诞辰。帝回宫，诣建福宫圣容前行礼。仍幸颐和园驻跸。辰初二刻，皇后乘轿，瑾妃乘车，出罩子门，由六郎庄石路至倚虹堂茶尖，经西直门进神武门，回宫行礼毕，仍由旧路还颐和园。

十五日（8.23）

中元节。帝回宫，诣奉先殿、寿皇殿行礼。遣官祭历代陵寝。仍幸颐和园驻跸。

辰初二刻，皇后乘轿，瑾妃乘车，出罩子门，由六郎庄石路至倚虹堂茶尖，经西直门进神武门，回宫行礼毕，仍由旧路还颐和园。瑜贵妃、珣贵妃、瑨妃自宫内赴颐和园，诣皇太后前请安。当日回宫。

十七日（8.25）

文宗显皇帝忌辰。遣官诣奉先殿、寿皇殿恭代行礼，遣官祭定陵。辰初二刻，皇后乘轿，瑾妃乘车，出罩子门，由六郎庄石路至倚虹堂茶尖毕，经西直门进神武门，回宫行礼毕，仍由旧路还颐和园。

廿七日（9.4）

调湖广总督张之洞、直隶总督袁世凯为军机大臣。同日，又命袁世凯为外务部尚书。

八月

初一日（9.8）

帝诣颐和园乐寿堂，问皇太后安，至初五日皆如之。

初二日（9.9）

谕：所有近支王公，自亲王至奉恩将军，年届二十岁以上，三十岁以下，有愿出洋游学者，著报名由宗人府汇奏，听候点派。俟三年期满回国，试验果有心得，定当破格录用。命外务部右侍郎汪大燮，为出使英国考察宪政大臣；学部右侍郎达寿，为出使日本考察宪政大臣；邮传部右侍郎于式枚，为出使德国考察宪政大臣。

以帝病，军机处致电各省督抚，保荐精通医理之人赴京。

初三日（9.10）

瑜贵妃、珣贵妃、瑨妃自宫内赴颐和园，诣皇太后前请安。当日回宫。

初五日（9.12）

帝奉皇太后还西苑，驻跸。

初六日（9.13）

帝诣西苑仪鸾殿，问皇太后安，至十八日皆如之。

十三日（9.20）

奉懿旨：中国上下议院，一时未能成立，亟宜设资政院以立议院基础。著派溥伦、孙家鼐充该院总裁。所有详细院章，由该总裁等会同军机大臣妥议具奏，请旨施行。

十八日（9.25）

帝奉皇太后幸颐和园，驻跸。皇后、瑾妃亦同日前往颐和园驻跸。

十九日（9.26）

帝诣颐和园乐寿堂，问皇太后安，至廿九日皆如之。

廿五日（10.2）

帝奉皇太后御仁寿殿，接见德国使臣雷克司及水师提督克尔彭等，日本国使臣阿部守太郎及陆军中将鲛岛重雄等。

九月

初一日（10.7）

帝诣颐和园乐寿堂，问皇太后安，至廿六日皆如之。

瑜贵妃、珣贵妃、瑨妃自宫内赴颐和园，诣皇太后前请安。当日回宫。

初三日（10.9）

奉懿旨：礼部及修订法律大臣，著议定满汉通行之礼制、刑律。除宗室外，满汉同一。

初九日（10.15）

英国驻华公使朱尔典致总理外务部事务大臣奕劻：现有面商要件，拟于日内前赴颐和园晋谒贵王大臣晤陈一切。覆：十三日两点钟，于承泽园觐谒，袁世凯等同见。

十三日（10.19）

奉懿旨：著各省督抚，均在省会速设谘议局，慎选公正明达之官绅创办其事。

十五日（10.21）

瑜贵妃、珣贵妃、瑨妃自宫内赴颐和园，诣皇太后前请安。当日回宫。

廿六日（11.1）

帝奉皇太后还西苑，驻跸。

廿七日（11.2）

帝诣西苑仪鸾殿，问皇太后安，至三十日皆如之。

十月

初一日（11.6）

享太庙，帝亲诣行礼。遣官祭历代陵寝。诣西苑仪鸾殿，问皇太后安，至廿九日皆如之。

帝奉皇太后幸颐年殿，侍早、晚膳。翌日如之。

初七日（11.12）

帝奉皇太后幸颐年殿，侍早、晚膳，至十一日皆如之。

初十日（11.15）

皇太后万寿圣节。遣官祭太庙后殿、奉先殿。帝率王以下文武大臣诣仪鸾殿，行庆贺礼。众官于午门外行礼。

十四日（11.19）

帝奉皇太后御勤政殿，接见日本国使臣林权助、海军少将玉利亲贤。

廿二日（11.27）

总管太监李莲英口传懿旨，著将颐和园仁寿殿旁新开洋井，每五日掏干一次。

十一月

初一日（12.5）

帝诣西苑仪鸾殿，问皇太后安，至十六日皆如之。

初五日（12.9）

谕：所有圆明园值班之散秩大臣，著撤去值班。

十六日（12.20）

帝奉皇太后回宫。

十九日（12.23）

冬至，祀天于圜丘，帝亲诣行礼。帝诣正阳门关帝庙菩萨殿拈香。遣官祭历代陵寝。

帝诣宁寿宫乐寿堂，问皇太后安，至三十日皆如之。

二十日（12.24）

帝奉皇太后御养性殿，接见比国使臣柯霓雅、法国使臣巴思德。

廿五日（12.29）

帝奉皇太后御乾清宫，接见俄国使臣璞科第、前户部大臣石坡福。

十二月

初一日（1908.1.4）

帝诣宁寿宫乐寿堂，问皇太后安，至廿九日皆如之。

初五日（1.8）

穆宗毅皇帝忌辰。帝诣奉先殿、寿皇殿行礼，遣官祭惠陵。

初八日（1.11）

帝御乾清宫。蒙古王公科尔沁和硕达尔汗亲王那木济勒色楞等入朝瞻觐。

十二日（1.15）

孝德显皇后忌辰。遣官祭定陵。

廿三日（1.26）

帝御乾清宫，赐蒙古王、贝勒、贝子、公、台吉等宴。

廿八日（1.31）

祫祭太庙，帝亲诣行礼。遣官祭历代陵寝。

廿九日（2.1）

帝御保和殿，赐蒙古王、贝勒、贝子、公、台吉及文武大臣等宴。诣养性殿皇太后前行礼。

光绪三十四年　1908

正月

初一日（2.2）

帝诣奉先殿堂子行礼，遣官祭太庙后殿。诣大高殿拈香，寿皇殿行礼。帝率王以下文武大臣诣慈宁门，向皇太后行庆贺礼。礼成，御太和殿受朝贺。御乾清宫，赐近支宗藩等宴。

奉懿旨：醇亲王载沣、大学士世续、外务部尚书袁世凯，加恩均著赏在西苑门内乘坐二人肩舆。命醇亲王载沣为军机大臣。帝诣宁寿宫乐寿堂，问皇太后安。翌日如之。

初四日（2.5）

帝奉皇太后御乾清宫。各国使臣等，觐见贺年。

初五日（2.6）

帝诣宁寿宫乐寿堂，问皇太后安，至初八日皆如之。

初六日（2.7）

帝奉皇太后御乾清宫。北堂主教林懋德等，觐见贺年。

初八日（2.9）

帝奉皇太后幸西苑，驻跸。

初九日（2.10）

帝诣西苑仪鸾殿，问皇太后安，至三十日皆如之。

初十日（2.11）

帝御紫光阁，赐蒙古王、贝勒、贝子、公、台吉等宴。

十三日（2.14）

帝御紫光阁，赐近支宗藩等宴。

十五日（2.16）

上元节。帝诣大高殿拈香，寿皇殿行礼。御保和殿，赐王以下文武大臣、蒙古王、贝勒、贝子、公、台吉等宴。

十六日（2.17）

帝御紫光阁，赐廷臣、大学士等宴。

十九日（2.20）

帝御紫光阁，赐蒙古王、贝勒、贝子、公、台吉等茶果。

二十日（2.21）

帝奉皇太后御勤政殿，接见奥国使臣顾亲斯基等。

二月

初一日（3.3）

帝诣西苑仪鸾殿，问皇太后安，至廿九日皆如之。

廿四日（3.26）

帝奉皇太后御勤政殿，召见总税务司赫德。

三月

初一日（4.1）

帝诣西苑仪鸾殿，问皇太后安，至廿九日皆如之。

帝奉皇太后御乾清宫，接见义国使臣文吉、参赞博尔济斯等；瑞典国使臣倭伦白、参赞克德伦等。

初二日（4.2）

奥国驻华公使馆友眷十人，于十二点钟，前往颐和园瞻仰。

初五日（4.5）

清明节。帝诣奉先殿、寿皇殿行礼。遣官祭历代陵寝。

初六日（4.6）

瑞典驻华公使倭伦白，于九点钟，前往颐和园瞻仰。

初七日（4.7）

派恭亲王溥伟、协办大学士鹿传霖、协理资政院事务景星、丁振铎，充办理禁烟大臣，专事查验内外官员等是否吸食鸦片烟。

初十日（4.10）

孝贞显皇后忌辰。帝诣建福宫圣容前行礼，遣官祭定东陵。

廿一日（4.21）

英国濮提督随带武官等十六人，前往颐和园瞻仰。

廿三日（4.23）

穆宗毅皇帝诞辰。帝诣奉先殿行礼，诣乾清宫圣容前行礼。

军机大臣面奉谕旨：廓尔喀贡使及头人等，著于四月初五日由理藩部、内务府带领瞻仰颐和园。

廿五日（4.25）

帝御乾清宫，接见葡国使臣森达等。

四月

初一日（4.30）

帝诣西苑仪鸾殿，问皇太后安，至十三日皆如之。

初二日（5.1）

帝奉皇太后御勤政殿，接见日本国使臣林权助及海军中将男爵伊集院五郎等。

初三日（5.2）

理藩部带领廓尔喀使臣，觐见光绪帝。

初八日（5.7）

皇太后办事召见毕，乘轿出西苑门，还宁寿宫驻跸。皇后乘轿，瑾妃乘车，出西苑门，回宫。

十一日（5.10）

皇太后办事召见毕，出西华门，还西苑驻跸。皇后乘轿，瑾妃乘车，出西华门，还西苑南海。

十三日（5.12）

帝诣皇太后前请安，至勤政殿随从召见毕，乘轿出福华门，经西直门至倚虹堂等候，随侍皇太后乘船至乐善园，下船乘轿，进北宫门，随侍至各处游览，乘轿出西宫门，由万寿街石路进颐和园东宫门，步行至水木自亲码头等候跪接皇太后，皇太后还乐寿堂，帝还玉澜堂驻跸。皇后、瑾妃亦同日前往颐和园驻跸。

十四日（5.13）

帝诣颐和园乐寿堂，问皇太后安，至三十日皆如之。

十五日（5.14）

帝奉皇太后御仁寿殿，接见各国使臣及参赞等，赐游宴。

瑜贵妃、珣贵妃、瑨妃自宫内赴颐和园，诣皇太后前请安。当日回宫。

十六日（5.15）

帝奉皇太后御仁寿殿，接见各国使臣夫人及翻译等，赐游宴。

廿一日（5.20）

以京师雨泽稀少，遣醇亲王载沣诣觉生寺，礼亲王世铎诣大高殿恭代行礼。遣贝勒载润等诣各宫庙拈香。

廿八日（5.27）

日本国所赠之永和轮抵京，在颐和园内装讫。于龙王庙前，举行献纳典礼。

五月

初一日（5.30）

帝诣颐和园乐寿堂，问皇太后安，至三十日皆如之。

瑜贵妃、珣贵妃、瑨妃自宫内赴颐和园，诣皇太后前请安。当日回宫。

初二日（5.31）

以祈雨未应，再遣醇亲王载沣诣觉生寺，礼亲王世铎诣大高殿恭代行礼。遣贝勒载润等诣各宫庙拈香。

初八日（6.6）

以帝病，军机处再致电各省督抚，命精选名医，迅速来京。

初九日（6.7）

奉旨：为咸同年间功臣多隆阿、向荣、和春、江忠源、罗泽南、李续宾、彭玉麟、杨岳斌、鲍超、李孟群、程学启、刘松山、冯子材、塔齐布等之后嗣，加官进爵。

十二日（6.10）

以祈雨仍未应，复遣醇亲王载沣诣觉生寺，礼亲王世铎诣大高殿恭代行礼。遣贝勒载润等诣各宫庙拈香。

十五日（6.13）

瑜贵妃、珣贵妃、瑨妃自宫内赴颐和园，诣皇太后前请安。当日回宫。

廿三日（6.21）

以京师得雨尚未沾足，遴选僧道，设坛祈祷。遣礼亲王世铎诣大高殿，醇亲王载沣诣觉生寺恭代祈祷行礼。遣贝勒载润等诣各宫庙拈香。

六月

初一日（6.29）

帝诣颐和园乐寿堂，问皇太后安，至廿九日皆如之。

瑜贵妃、珣贵妃、瑨妃自宫内赴颐和园，诣皇太后前请安。当日回宫。

初四日（7.2）

以甘霖叠沛，遣礼亲王世铎诣大高殿，醇亲王载沣诣觉生寺恭代报谢行礼。遣贝勒载润等诣各宫庙拈香。

初九日（7.7）

文宗显皇帝诞辰。遣官祭奉先殿。

十五日（7.13）

瑜贵妃、珣贵妃、瑨妃自宫内赴颐和园，诣皇太后前请安。当日回宫。

廿一日（7.19）

十三世达赖喇嘛土登嘉措一行抵山西五台山。谕：其来京陛见时，著山西巡抚宝棻遴派文武大员沿途护送，妥为照料。

廿二日（7.20）

外务部奏：美国减收庚子赔款。谕：著奉天巡抚唐绍仪赏加尚书衔充专使大臣，前往美国致谢。

廿五日（7.23）

帝奉皇太后幸颐乐殿，侍晚膳。翌日如之。

廿六日（7.24）

帝诣皇太后前行礼。礼毕，帝御仁寿殿受贺。

廿八日（7.26）

万寿节。遣官祭太庙后殿、奉先殿。

七月

初一日（7.28）

帝诣颐和园乐寿堂，问皇太后安，至三十日皆如之。

初六日（8.2）

热河都统衙门造送之梨花伴月瓷器等项，送至颐和园，留用二十件。

十五日（8.11）

中元节。遣官祭奉先殿。遣官祭历代陵寝。

瑜贵妃、珣贵妃、瑨妃自宫内赴颐和园，诣皇太后前请安。当日回宫。

十七日（8.13）

文宗显皇帝忌辰。遣官祭定陵。

八月

初一日（8.27）

帝诣颐和园乐寿堂，问皇太后安，至廿九日皆如之。

清廷颁布《钦定宪法大纲》，宣示以九年为立宪之预备期。

廿五日（9.20）

帝御仁寿殿，接见俄国使臣廓索伯慈、和国使臣希特斯等。

九月

初一日（9.25）

帝诣颐和园乐寿堂，问皇太后安，至廿六日皆如之。

十八日（10.12）

帝奉皇太后御仁寿殿，接见英国使臣朱迩典、水师提督蓝伯敦等。

二十日（10.14）

帝奉皇太后御仁寿殿，接见十三世达赖喇嘛土登嘉措。

廿六日（10.20）

帝奉皇太后还西苑，驻跸。

廿七日（10.21）

帝诣西苑仪鸾殿，问皇太后安，至三十日皆如之。

三十日（10.24）

署理奥国驻华公使师特克致外务部：敝国海军总兵咳慈伯拉克等十二人拟请瞻仰颐和园，请旨可否恩准。寻奏准十月初三日瞻仰游历。

十月

初一日（10.25）

享太庙，遣恭亲王溥伟恭代行礼。遣官祭历代陵寝。诣西苑仪鸾殿，问皇太后安，至十六日皆如之。

初二日（10.26）

帝奉皇太后御勤政殿，接见日本国使臣伊集院彦吉等。

初六日（10.30）

帝御紫光阁，赐十三世达赖喇嘛土登嘉措宴。

初九日（11.2）

帝奉皇太后幸颐年殿，侍晚膳，至十一日皆如之。帝奉皇太后复接见达赖喇嘛。

初十日（11.3）

皇太后万寿圣节。遣官祭太庙后殿、奉先殿。帝率王以下文武大臣及蒙古王、贝勒、贝子、公、额驸等诣仪鸾殿，行庆贺礼。众官于来薰风门外行礼。

谕：达赖喇嘛兹特加封为“诚顺赞化西天大善自在佛”。其敕封仪节著礼部、理藩部会同速议具奏。并按年赏给廪饩银一万两，由四川藩库分季支发。达赖喇嘛受封后，即著仍回西藏。经过地方，该管官派员挨站护送，妥为照料。

十四日（11.7）

命庆亲王奕劻，驰赴东陵，验收菩陀峪皇太后万年吉地工程。

圆明园知照吏部、度支部、都虞司等三衙门：本园七品苑副树明于七月廿八日病故，所遗之缺，应行裁撤。八品苑副文秀于八月初一日病故，所遗之缺，由掌稿笔帖式恒俊补授；续出之笔帖式一缺，由库守承荫补放。

二十日（11.13）

帝不豫。奉懿旨：醇亲王载沣之子溥仪，著在宫内教养，在上书房读书。醇亲王载沣著授为摄政王。

廿一日（11.14）

帝疾增剧。谕：自去岁入秋以来，朕躬不豫。近复阴阳两亏，标本兼病，朕心殊深焦急，著各省将军督抚，遴选精通医学之人，迅速保送来京。如能奏效，当予以不次之赏，其原保之人，并一体加恩。

帝疾大渐。酉刻，崩于瀛台之涵元殿，在位三十四年，享年三十七岁。

奉懿旨：摄政王载沣之子溥仪，著入承大统，为嗣皇帝。承继穆宗毅皇帝为嗣，并兼承大行皇帝之祧。嗣皇帝尚在冲龄，正宜专心典学。著摄政王载沣为监国。所有军国政事，悉秉承予之训示，裁度施行。俟嗣皇帝年岁渐长，学业有成，再由嗣皇帝亲裁政事。

奉懿旨：著派礼亲王世铎，睿亲王魁斌，喀尔喀亲王那彦图，奉恩镇国公度支部尚书载泽，大学士世续、那桐，外务部尚书袁世凯，礼部尚书溥良，内务府大臣继禄、增崇，恭办丧礼，敬谨襄事。

廿二日（11.15）

卯刻，宣统帝诣涵元殿，恭视大行皇帝小殓毕，奉大行皇帝灵驾，奉安乾清宫西次间。帝剪发成服，恭视大行皇帝大殓毕，奉安梓宫于乾清宫正殿，行殓奠礼。

奉懿旨：现予病势危笃，恐将不起。嗣后，军国政事，均由摄政王裁定。遇有重大事件，必须请皇太后懿旨者，由摄政王随时面请施行。

奉旨：朕缵承大统。圣祖母慈禧皇太后，应尊为太皇太后。兼祧母后皇后，应尊为皇太后。

是日，慈禧太皇太后，遘疾大渐。未刻，崩于仪鸾殿，享年七十四岁。

申刻，宣统帝恭视大行慈禧太皇太后大殓毕，奉安梓宫于皇极殿，行殓奠礼。亲王以下之文武大臣齐集举哀。

谕：所有大丧礼制，著派肃亲王善耆，顺承郡王讷勒赫，都统喀尔沁公博迪苏，协办大学士荣庆、鹿传霖，吏部尚书陆润庠，内务府大臣奎俊，礼部左侍郎景厚，敬谨管理。翌日，复命恭亲王溥伟、农工商部尚书溥颋，会同恭办大行太皇太后丧礼。

廿三日（11.16）

命恭亲王溥伟，贝勒载洵、载涛、载润，在大行太皇太后梓宫前恭代奠酒。贝子溥伦，辅国公溥佶，镇国将军溥侗，贝子衔镇国将军载振，在大行皇帝梓宫前恭代奠酒。寻添派贝勒毓朗，在大行太皇太后梓宫前恭代奠酒。

廿四日（11.17）

谕：大行皇帝尚未择有陵寝。著溥伦、陈璧带领堪舆人员，驰往东、西陵，敬谨查勘地势，绘图贴说。太医院院使张仲元，御医全顺，医士忠勋、恩粮、戴家瑜，均著革职，带罪效力。

廿五日（11.18）

谕：祺贵妃谨尊封为祺皇贵太妃；瑜贵妃尊封为瑜皇贵妃；珣贵妃尊封为珣皇贵妃；瑨妃晋封为瑨贵妃；瑾妃晋封为瑾贵妃。奉皇太后懿旨，均著加恩每月赏给公费银五百两，由内务府广储司交进。

钦定建元年号曰宣统。

廿六日（11.19）

谕：本年年班应行来京之蒙古汗王、贝勒、贝子、公、台吉、塔布囊等，无论御前、乾清门行走、外边行走，到京时，准其叩谒梓宫。本年例贡，均毋庸呈进。其本年不值年班之蒙古汗王、贝勒、贝子、公、台吉、塔布囊等，均毋庸来京叩谒梓宫，以示体恤。

谕：各省督抚、盐关，向有呈进方物。著通谕各省督抚、盐政、织造、关差等，一应贡献，概行停止。即食品亦不准呈进。俟三年之后，再候谕旨。

廿七日（11.20）

谕：钦奉大行太皇太后懿旨，军国政事，均由监国摄政王裁定。是即代朕主持国政，黜陟赏罚，悉听监国摄政王裁度施行。自朕以下，均应恪遵遗命，一体服从。懿亲宗族，尤应懔守国法，矜式群僚。嗣后，王公百官，倘有观望玩违，暨越礼犯分，淆乱国是各情事，定即治以国法。

达赖喇嘛率徒叩谒大行太皇太后、大行皇帝梓宫，唪经。

廿八日（11.21）

颁大行皇帝遗诏。大学士等恭捧至天安门宣读，颁示天下。王以下文武官员俱齐集跪听，举哀行礼。

领衔日思巴尼亚使臣贾思理，偕同各国使臣，恭诣大行太皇太后、大行皇帝几筵前祭奠。

十一月

初三日（11.26）

颁大行太皇太后遗诰。大学士等恭捧至天安门宣读，颁示天下。王以下文武百官俱齐集跪听，举哀行礼。

初八日（12.1）

帝以登极，前期遣官告祭天地、太庙、社稷。遣官祭先师孔子。遣官诣皇极殿大行太皇太后几筵前告祭，乾清宫大行皇帝几筵前告祭。

初九日（12.2）

帝易礼服，诣庆寿堂皇太后前行礼。御太和殿登极。王以下大臣文武百官行庆贺礼。乐设而不作。以登极礼成，颁诏天下。

初十日（12.3）

理藩部奏：达赖喇嘛在京，不服水土，令其先行起程，至西宁塔尔寺候封。俟受封后，即遵旨回藏。允之。又奏：喀尔喀哲布尊丹巴呼图克图等，呈进九白贡物。得旨：准其呈进。

十五日（12.8）

内阁各部院衙门会同议上大行皇帝尊谥曰“景皇帝”，庙号“德宗”。

廿一日（12.14）

谕：昨据内阁会议奏，于中海以西集灵囿地方，修建监国摄政王府第；另于东华门内三所，为监国摄政王随时起居休息之所。著邮传部尚书陈璧等，绘估承修府第工程；其三所工程，著内务府大臣迅即修理。

廿五日（12.18）

谕：兼祧母后皇太后，孝事孝钦显皇后，作配德宗景皇帝，宫闱赞化，懋著徽音。今据内阁具奏，恭上徽号曰“隆裕皇太后”。所有一切应行典礼，著该衙门敬谨办理。

廿六日（12.19）

皇太后懿旨：皇帝尚在冲龄，一时未能临幸颐和园。著该管大臣饬令司员等，将殿座陈设，妥为封存看守。其轮船、电灯、官役，著即撤销差使。所有船、灯各项物件，交管理颐和园大臣派员接收看管。

十二月

十一日（1909.1.2）

谕：军机大臣、外务部尚书袁世凯，不意现患足疾，步履维艰，难胜职任。著即开缺，回籍养疴。

十四日（1.5）

定大行皇帝万年福地于西陵之金龙峪，修建崇陵。

廿一日（1.12）

监国摄政王代诣大行皇帝几筵前行月祭礼。

廿二日（1.13）

监国摄政王代诣大行太皇太后几筵前行月祭礼。

廿九日（1.20）

监国摄政王代诣大行太皇太后几筵前、大行皇帝几筵前，行岁暮致祭礼。

本年

圆明园知照度支部：八月初一日，本园从贵部领出官员等三十四年秋季份俸银一千二百九十两一钱五分七厘六毫。各该员等已于初二日在档房领讫。

圆明园知照顺天府：香河县解交光绪三十四年份上忙地租银一百三两三钱五分八厘，本园已照数收讫。

宣统朝

宣统元年　1909

正月

初一日（1.22）

监国摄政王代诣大行太皇太后、大行皇帝几筵前行礼。

初十日（1.31）

皇太后万寿圣节。遣官祭奉先殿。

十三日（2.3）

万寿节。遣恭亲王溥伟诣皇极殿大行太皇太后几筵前，贝勒载润诣观德殿大行皇帝几筵前，恭代行礼。遣官祭奉先殿。

十五日（2.5）

上元节。遣官祭奉先殿。

廿二日（2.12）

恭上大行太皇太后尊谥、册宝。尊谥曰“孝钦慈禧端佑康颐昭豫庄诚寿恭钦献崇熙配天兴圣显皇后”。监国摄政王代诣几筵前行礼。

廿四日（2.14）

谕：二月初六日祭昆明湖龙神祠，派继禄行礼。

廿八日（2.18）

恭上大行皇帝尊谥、册宝。尊谥曰“同天崇运大中至正经文纬武仁孝睿智端俭宽勤景皇帝”，庙号曰“德宗”。监国摄政王代诣几筵前行礼。

廿九日（2.19）

派肃亲王善耆、镇国公载泽、尚书铁良、提督萨镇冰，筹办海军，命庆亲王奕劻总核稽查。

二月

初二日（2.21）

以恭修德宗景皇帝实录，派大学士世续为监修总裁官；大学士那桐、张之洞，尚书陆润庠、溥良，为总裁官；侍郎唐景崇、瑞良、郭曾炘、熙彦，署侍郎王垿，内阁学士麒德，为副总裁官；侍郎恩顺，为蒙古总裁官。

初八日（2.27）

颁赏孝钦显皇后、德宗景皇帝遗念服物。

初十日（3.1）

英国驻华公使朱尔典致总理外务部事务大臣奕劻：本国画士李岱洛蒙准恭绘颐和园园景一幅，请代为转呈摄政王赏收。

廿四日（3.15）

俄国驻华公使廓索维慈致外务部：拟于本月廿七日偕同眷属等前往颐和园游观。查上年曾奉上谕，颐和园宫殿敬谨上封，鄙意仅在各殿宇外流览。可否之处，尚希示复。允之。

三十日（3.21）

外务部致西班牙驻华公使贾思理：近来各馆请瞻仰颐和园者甚多，现因圣驾尚未驻园，拟暂定每月初五、十五、廿五等三日准其前往，仍希先期二三日开具衔名清单，知照本部，以便奏闻并转行该处照料。

闰二月

十五日（4.5）

清明节。遣官祭奉先殿后殿。遣官祭历代陵寝。监国摄政王代诣孝钦显皇后几筵前行礼，德宗景皇帝几筵前行礼。

十八日（4.8）

设贵胄法政学堂，派贝勒毓朗为总理。

廿二日（4.12）

荷兰驻华公使欧登科致总理外务部事务大臣奕劻：本国驻越南领事罗斯德等拟于廿五日前往万寿山游览，望饬属查验放行。

廿九日（4.19）

外务部复致西班牙驻华公使贾思理：各国使馆人员瞻仰颐和园一事已定，每月逢五日准其前往，业经函达在案。嗣后，请其务于前三日函知本部，倘有前一日来函者，即归下次办理。特请转达。

三月

初六日（4.25）

外务部致步军统领衙门：本年三月十二日，德宗景皇帝梓宫奉移，各国派有亲王、专使恭送，先期赴颐和园、玉泉山等处瞻仰。所有由颐和园东宫门至玉泉山宫门石路，应一律平垫洒扫，以便往来行走。

十二日（5.1）

德宗景皇帝梓宫，奉移梁格庄行宫暂安殿，并派王大臣轮班敬谨守护。帝诣梓宫前，奠酒举哀行礼，跪送梓宫启行。

四月

初三日（5.21）

俄国驻华公使廓索维慈致外务部：本大臣内眷偕同东省铁路副办兹立等拟于初五日前往颐和园

游观，特请准于上午九点钟至园。

廿九日（6.16）

署理法国驻华公使潘荪纳致总理外务部事务大臣奕劻：京汉铁路稽查委员达赍等拟于五月初五日恭谒万寿山瞻仰，请代奏并择订前往时刻。

五月

十一日（6.28）

调两江总督端方为直隶总督兼北洋大臣，调两广总督张人骏为两江总督兼南洋大臣，以山东巡抚袁树勋署两广总督。

奥国驻华公使顾亲斯基致外务部：本国驻津卫兵统带申达雷等拟于十五日瞻仰颐和园，请发执照。

十六日（7.3）

贝勒载涛等奏：畅春园等处附近地方，民种官地一律收回，恳恩赏给银两，以示体恤。又奏：阅武楼及西花园基址，酌改操场。允之。

二十日（7.7）

予故革户部尚书、协办大学士翁同龢开复原官。

廿八日（7.15）

谕：朕未亲政以前，大清帝国统帅陆海军大元帅之一切权任事宜，暂由监国摄政王代理，以合宪法。著先行专设军谘处，通筹全国陆海各军，即著贝勒毓朗，管理军谘处事务。翌日，添派贝勒载涛。

六月

初三日（7.19）

意大利驻华公使文吉致总理外务部大臣奕劻：本国人巴尔德萨拟于初五日前往万寿山瞻仰，请发执照。

初十日（7.26）

俄国驻华公使廓索维慈致外务部：本大臣偕眷属等拟于十五日上午九点钟前往颐和园游观，希即见复。

七月

十五日（8.30）

中元节。遣官祭历代陵寝。监国摄政王代诣孝钦显皇后几筵前行礼。命庄亲王载功代诣梁格庄行宫德宗景皇帝几筵前行礼。

廿一日（9.5）

掌京畿道监察御史崇兴等奏：京员捐生效忠，请旨褒嘉。得旨：司幄衔颐和园八品苑副永麟，条陈时事，遽尔捐躯，秉性忠诚，殊堪嘉悯。著交部从优议恤。

廿二日（9.6）

俄国驻华公使廓索维慈致外务部：本大臣内眷五人拟于本月廿五日前往颐和园瞻仰。惟现在天气尚热，拟上午九点钟起身为便，函请贵部查照。

八月

十五日（9.28）

外务部奏：拟建游美肄业馆，请给西直门外清华园地亩，兴建校园。允之。此即后之清华大学。

廿一日（10.4）

监国摄政王代诣养心殿，接见日本国使臣伊集院彦吉，陆军少将阿部贞次郎等；和国使臣贝拉司，水师总统迪都漫等；法国署使臣潘荪纳，陆军提督贝那格等。

大学士、军机大臣张之洞卒，享年七十二岁。越二日，予谥文襄，晋赠太保。

廿八日（10.11）

先是，日人西泽擅入东沙岛，添置物业，实欲占为己有。至是，两广总督袁树勋与日方签署收回东沙岛条款。日方认东沙岛确属中国，然索要银十六万元，以为西泽所置各物之补偿。

九月

廿二日（11.4）

荷兰驻华公使贝拉斯致外务部：本国驻扎天津领事官博里勒等于本月廿五日带领荷兰人胡德、博雷、倭鲁福、布斯等四名前诣颐和园游览。

廿七日（11.9）

奉移孝钦显皇后梓宫启行，帝恭诣东直门跪送。

十月

初四日（11.16）

孝钦显皇后梓宫奉安地宫。命礼亲王世铎、肃亲王善耆等，恭奉孝钦显皇后神牌黄舆回京。

初九日（11.21）

孝钦显皇后神牌升祔太庙。翌日，以孝钦显皇后神牌升祔太庙礼成，颁诏天下。

十一日（11.23）

初八日，李国杰（李鸿章长孙）奏劾直隶总督端方，于孝钦显皇后奉安大典时大不敬。至是，从吏部议，将其革职。调湖广总督陈夔龙为直隶总督兼北洋大臣，以江苏巡抚瑞瀓署湖广总督。

法国驻华公使马士理致总理外务部事务大臣奕劻：拟于十五日偕同本馆参随六员，恭往万寿山瞻仰。

十二日（11.24）

荷兰驻华公使贝拉斯致外务部：本国驻日本公使罗彦偕其夫人来京游历，拟于本月十五日瞻仰颐和园，并有荷人伯士尔随同前往。

十一月

初二日（12.14）

驻藏大臣联豫奏报，十三世达赖喇嘛土登嘉措有谋叛之意。

初三日（12.15）

恭上隆裕皇太后徽号册宝。翌日，以恭上隆裕皇太后徽号礼成，颁诏天下。

荷兰驻华公使贝拉斯致外务部：荷兰国子爵葛雷弗现到北京，拟请于本月初五日瞻仰颐和园。

廿二日（1910. 1. 3）

奥国驻华公使顾亲斯基致外务部：敝国前任出使大臣伯爵克纳韦暨其夫人并本馆人员四员拟于本月廿五日瞻仰颐和园。

十二月

初二日（1. 12）

皇太后懿旨：明年元旦，皇帝毋庸行礼，停止筵宴。在外公主、福晋，亦毋庸进内行礼。

初十日（1. 20）

德宗景皇帝升祔奉先殿。监国摄政王代诣行礼。

皇太后懿旨：明年正月初十日万寿圣节，皇帝在宫内行礼，王公百官毋庸进内行礼，停止筵宴。在外之公主、福晋、命妇均毋庸进内行礼。正月十三日万寿节，帝在宫内恭诣隆裕皇太后前行礼，王公百官均毋庸行礼。

十七日（1. 27）

命开去庆亲王奕劻管理陆军贵胄学堂差使，派贝勒载润会同陆军部，管理陆军贵胄学堂事务。

本月

圆明园八旗官兵等户口数目：男，六千七十一名；妇，四千一百一口；子，三千九十八名；女，三千二百八口，共一万六千四百七十八名。

本年

管理颐和园事务王大臣奏：前接总理禁烟事务公所文称，嗣后，各衙门每三个月传报一次。查本园现在额设官员，自郎中至笔帖式，共六十八员。内除调赴外省者一员，又候补苑丞、苑副、笔帖式八员，共七十五员。内确无嗜好者四十七员，均有保结。早已断净者十三员，内无保结者二员，其余均有保结。

宣统二年　1910

正月

初一日（2. 10）

遣官祭太庙后殿。遣官诣梁格庄德宗景皇帝几筵前行礼。

初三日（2. 12）

十三世达赖喇嘛土登嘉措在英人协助下，潜离拉萨，前往印度。清廷遣人请其归国，未果。寻革去其达赖喇嘛名号。

初五日（2. 14）

德国驻华公使雷克司致外务部：曾于同光之际署理驻北京钦差旋升大使之和大臣，日前游历到京，拟瞻仰西苑及颐和园等处。请贵王大臣奏明准定时日，俾得瞻仰。

初十日（2. 19）

隆裕皇太后万寿圣节。遣官祭太庙后殿。帝诣长春宫皇太后前行礼。

十三日（2.22）

万寿节。遣官祭太庙后殿。帝诣长春宫隆裕皇太后前行礼。

廿四日（3.5）

谕：二月初六日祭昆明湖龙神祠，派继禄行礼。

二月

初一日（3.11）

署理墨国驻华公使巴拉斯致外务部：拟于二月初五日携夫人并翻译官赴颐和园瞻仰，祈赐复为盼。

十八日（3.28）

总管内务府奏：现遵旨设立内务府筹备处一所，拣派总办一员，总司筹备一切事宜，并派协理司员十二员，帮同筹办，即以该司员等备充编查馆顾问。其文移折奏事件，遴选堂主事等十二员办理。前遵旨上驷院、武备院、奉宸苑、中正殿、颐和园等五处，已由该处设立统计处，综覆一切在案。此次设立宪政筹备处，系为钦定皇室经费基础，与统计处事体殊异。所有内务府各处，凡有关于筹备事宜，无论是否另有堂官专管，均应咨报臣衙门筹备处考核，以归简易而一事权。

廿三日（4.2）

同盟会员汪精卫等，在京谋刺监国摄政王载沣未果，被捕。寻以民政部尚书善耆言，从轻判汪精卫、黄复生永远监禁。

廿七日（4.6）

清明节。遣官祭历代陵寝。遣官诣梁格庄德宗景皇帝几筵前致祭。

俄国驻华公使兼办丹麦事务廓索维慈致外务部：本馆办理丹国事务参赞阿列斐偕眷属等二十六人拟于三月十五日前往颐和园瞻仰。

三十日（4.9）

比利时驻华公使博赉尔致外务部：本国派赴日本致谢专使葛啡哪并本署大臣率本馆副领事高博尔、武官郎白尔拟于三月初五日瞻仰颐和园。

三月

初十日（4.19）

孝贞显皇后忌辰。帝诣建福宫圣容前行礼，遣官祭普祥峪定东陵。

廿三日（5.2）

穆宗毅皇帝诞辰。帝诣乾清宫圣容前行礼，遣官祭奉先殿。

荷兰驻华公使贝拉斯致外务部：本国男爵兰格尔及卢克森二人来华，愿于本月廿五日赴颐和园瞻仰。

美国驻华公使嘉乐恒致外务部：拟于本月廿五日与安参赞思泰偕眷属等十四人赴颐和园瞻仰。

四月

初二日（5.10）

奥国驻华公使顾亲斯基致外务部：敝国姑娘思堆池、男爵坡泊尔拟于本月初五日瞻仰颐和园。

六月

廿八日（8.3）

德宗景皇帝诞辰。命礼亲王世铎恭诣梁格庄行宫暂安殿敬谨行礼。奉先殿派恭亲王溥伟恭代行礼，寿皇殿派贝勒载洵恭代行礼。

七月

初七日（8.11）

监国摄政王代诣养心殿，接见义国使臣等十四员。

十三日（8.17）

命贝勒毓朗为协办大学士、军机大臣。翌日，以其差务较繁，开去专司训练禁卫军大臣及步军统领。

十五日（8.19）

中元节。帝诣寿皇殿行礼。遣官祭历代陵寝。遣官诣梁格庄行宫德宗景皇帝几筵前行礼。

八月

十二日（9.15）

署理英国驻华公使麻穆勒致外务部：拟于本月十五日偕同内子暨官绅女眷等前赴颐和园瞻仰。

十三日（9.16）

意大利驻华公使巴厘竦理致外务部：拟于本月十五日偕同内眷并使馆随员嘎维利亚前往万寿山瞻仰。

十六日（9.19）

理藩部奏：振兴蒙务当变通旧例。向例，禁止民人聘娶蒙古女子。现满汉已通婚，蒙汉自应仿照办理。允之。

十八日（9.21）

监国摄政王代诣养心殿，接见美国陆军大臣狄金生等十七员。

廿四日（9.27）

监国摄政王代诣乾清宫，接见美国署使臣麻穆勒等。

从东三省总督锡良之请，将盛京大内文溯阁所藏之皇室器物，陈列供外界参观。

九月

初一日（10.3）

资政院开院。摄政王载沣、军机大臣、大学士、各部院尚书等皆到院。寻通过“请速开国会议案”。

俄国驻华公使廓索维慈致外务部：本大臣之女偕同女教习暨本馆头等参赞等拟于本月初五日前往颐和园瞻仰。

十一日（10.13）

外务部致各国驻华公使：查各国官商人等瞻仰颐和园，向由各国大臣函达到部，奏准前往。兹备具门照一项，凡遇特请瞻仰及每月逢五之期，如有各国官商人等拟请瞻仰者，务希于三日前将衔名通知本部。俟奏准后照数填给门照，函送转交，以便届日持往。仍于入园门时验明缴销。

外务部致颐和园档房咨稿：查各国人等拟请瞻仰颐和园，向由本部奏准前往。兹由本部备具两联门照，遇有各国人请往瞻仰者，于奏准后按照名数填给门照发交，届日持往园门，由该管官员查验放进，无照者不得入内。仍将所收门照送缴本部查销。

十二日（10.14）

法国驻华公使马士理致外务部：本大臣拟于本月十五日偕同内子暨本馆头等参赞裴格及其夫人、二等参赞古和礼、领事官高森共六名，恭往万寿山瞻仰。是以专函特请贵部填发门照，以便届日持执前往。

十六日（10.18）

署理英国驻华公使麻穆勒致外务部：香港总督卢嘉到京，欲于本月十九日带同随员四员、女眷三位、外有仆从男女二名瞻仰颐和园。特请贵亲王代为奏准，填给门照，以便持往。

廿三日（10.25）

十八位将军、总督、巡抚、都统联衔电奏，请速设责任内阁、速开国会。

十月

初二日（11.3）

监国摄政王代诣养心殿，接见德国使臣雷克司、海军协都统莒乐等。

初三日（11.4）

谕：将九年预备立宪期，缩短为五年，定于宣统五年召开国会，先期组织责任内阁。

初六日（11.7）

监国摄政王代诣养心殿，接见墨国使臣巴哲格等。

初八日（11.9）

荷兰驻华公使贝拉斯致外务部：本国国务大臣之子荣吉罗曼来京游历，极愿瞻仰颐和园。惟十三日晚车出京，十五日不克前往瞻仰。初九、初十等日，游历南口、明陵等处。可否请贵部奏明，准其特别瞻仰。寻准其十二日瞻仰。

初九日（11.10）

监国摄政王代诣养心殿，接见德国使臣雷克司、前殖藩部大臣德仁保等。

廿一日（11.22）

遣官诣梁格庄行宫德宗景皇帝几筵前行二周年礼。

廿二日（11.23）

遣官诣菩陀峪定东陵孝钦显皇后宝城前行二周年礼。

廿三日（11.24）

皇太后懿旨：明年二十七月除服后，养心殿东佛堂，应供奉孝钦显皇后神牌、穆宗毅皇帝神牌、孝哲毅皇后神牌、德宗景皇帝神牌。著造办处查照成案，敬谨恭制。

十一月

初三日（12.4）

准宪政编查馆、军谘处、陆军部会奏之《陆军部暂行官制大纲》，将陆军部尚书、侍郎、左右丞参尽行裁撤，改设陆军大臣一员、副大臣一员。以原尚书荫昌为陆军大臣，原左侍郎寿勋为副大臣。

准筹办海军事务大臣载洵等拟订之《海军部暂行官制大纲》，改筹办海军处为海军部，设海军大臣一员、副大臣一员。以载洵为海军大臣，筹办海军处参赞谭学衡为副大臣。

廿二日（12.23）

冬至，祀天于圜丘，遣豫亲王懋林恭代行礼。遣官祭历代陵寝。遣官诣梁格庄德宗景皇帝几筵前行礼。

十二月

初一日（1911.1.1）

皇太后懿旨：明年元旦，皇帝毋庸行礼，停止筵宴。在外公主、福晋、命妇亦毋庸进内行礼。

初十日（1.10）

皇太后懿旨：明年正月初十日万寿圣节，皇帝在宫内行礼，王公百官毋庸行礼，停止筵宴。在外之公主、福晋、命妇毋庸进内行礼。谕：明年正月十三日万寿节，朕在宫内，恭诣隆裕皇太后前行礼。王公百官毋庸行礼。

本年

圆明园兰亭八柱被运至颐和园。

宣统三年　1911

正月

初十日（2.8）

隆裕皇太后万寿圣节。遣官祭太庙后殿。帝诣隆裕皇太后前行礼。

十三日（2.11）

万寿节。遣官祭太庙后殿。帝诣隆裕皇太后前行礼。

十五日（2.13）

以三年服阕释服，前期遣官告祭太庙后殿、奉先殿。遣官告祭历代陵寝。

十六日（2.14）

遣庄亲王载功诣菩陀峪定东陵恭代致祭，遣睿亲王魁斌诣德宗景皇帝梁格庄暂安寝殿恭代致祭，行释服礼。监国摄政王两次代诣奉先殿行释服礼。

二月

十二日（3.12）

署理日本驻华公使本多熊太郎致外务部：拟于十五日偕妻女等瞻仰颐和园，恳由贵中堂奏明允准，发给门照，以便前往。

二十日（3.20）

命度支部右侍郎陈邦瑞、学部右侍郎李家驹、民政部左参议汪荣宝协同纂拟宪法。

三月

初五日（4.3）

监国摄政王代诣养心殿，接见奥国代理使臣师特克等。

初六日（4.4）

监国摄政王代诣乾清宫，接见德国使臣雷克司暨参赞、随员等。

初八日（4.6）

清明节。帝诣寿皇殿行礼。遣官祭历代陵寝。遣官诣梁格庄德宗景皇帝几筵前行礼。

初九日（4.7）

比利时驻华公使贾尔牒致外务部：前任罔国充差之范大臣率领家眷子女与本署头等参赞艾维滋带领胞姊并本大臣拟于十五日瞻仰颐和园。惟悉向来入园时刻均在十一点钟，因思是日午后范大臣拟趋庆亲王府拜谒，请改为九点半钟入园，为此函请贵部查照允准。

廿二日（4.20）

从东三省总督锡良辞职之请，命其开缺回旗。授四川总督赵尔巽为钦差大臣，调任东三省总督兼管三省将军事务。翌日，以督办川滇边务大臣赵尔丰署四川总督，授四川布政使王人文侍郎衔，充督办川滇边务大臣。

廿三日（4.21）

穆宗毅皇帝诞辰。帝诣寿皇殿行礼，遣官祭奉先殿。

美国驻华公使嘉乐恒致外务部：拟于廿五日偕同本国官商人等赴颐和园瞻仰。希贵部缮发门照三十八张，以便届期前往。

四月

初七日（5.5）

法国驻华公使马士理致外务部：暹罗国王太子微行来京，在本馆勾留数日，拟于本月十一日瞻仰万寿山，请奏明允准。

初十日（5.8）

裁撤旧有之内阁、军机处及会议政务处，设立内阁，史称“皇族内阁”。

十一日（5.9）

内阁总理大臣奕劻，协理大臣那桐、徐世昌，奏请收回任命。不允。

清廷宣布，将粤汉、川汉铁路收归国有。寻命端方以侍郎候补，充督办粤汉、川汉铁路大臣。

十二日（5.10）

庆亲王奕劻再奏，断难胜任内阁总理大臣，恳收回成命。不允。

十五日（5.13）

陆军部致外务部咨呈：查各国人员瞻仰颐和园一案，向由本部接到贵部来文后，即札饬第一镇守护弁兵，妥为照料。现该处弁兵回镇训练。嗣后，遇有各国人员瞻仰颐和园事宜，请迳行知照禁卫军大臣办理。

廿一日（5.19）

日本驻华公使伊集院彦吉致外务部：请发给本国海军少将川嶋令次郎等瞻仰颐和园门照。

廿二日（5.20）

清廷与英、法、德、美四国银行团，签订粤汉及川汉铁路借款合同。借款总额为六百万英镑，以两湖厘金、盐税为头次抵押。

五月

初三日（5.30）

美国驻华使馆翻译丁家立致外务部：本月初五日系端阳节，颐和园暂停瞻仰。兹特函请贵大臣可否通融，准于本月初六日或初七日前往瞻仰。

十四日（6.10）

都察院代递各省谘议局联合会“亲贵不宜充内阁总理折”。呈词谓：皇族内阁与君主立宪政体，有不能相容之性质，请另简大臣组织内阁。

六月

十五日（7.10）

皇太后懿旨：著钦天监于本年七月内选择吉期，皇帝在毓庆宫入学读书。著派大学士陆润庠、侍郎陈宝琛授皇帝读。至于国语清文，乃系我朝根本，著派记名副都统伊克坦随时教习。皇帝读书课程及毓庆宫一切事宜，由监国摄政王妥为照料。

廿二日（7.17）

署理美国驻华公使韩慈敏致外务部：本国亚细亚海军舰队提督默德克等五人来京，定于廿四日出都。拟于今日游历万里长城、十三陵等处，廿三日午后回京，即刻带同随员瞻仰颐和园，特为函请查照办理。

廿八日（7.23）

德宗景皇帝诞辰。帝诣寿皇殿行礼，遣官祭奉先殿，遣官祭梁格庄暂安寝殿。

闰六月

初十日（8.4）

署理法国驻华公使裴格致外务部：本国驻津副领事官苏兰德及夫人等拟于本月十五日恭往万寿山瞻仰，恳请给发门照。

十二日（8.6）

日本驻华公使伊集院彦吉致外务部：本国人旅顺工科学堂教员远藤邦三等恳请于十五日瞻仰颐和园，请发给门照。

七月

初二日（8.25）

俄国驻华公使廓索维慈致外务部：本国俄亚银行北京分行会办思提巴诺福等拟于本月初五日前往颐和园瞻仰，函请贵部发给门照。

初十日（9.2）

署理法国驻华公使裴格致外务部：京汉铁路法国工程师高威及夫人子女四人拟于本月十五日恭往万寿山瞻仰，恳请发给门照。

十二日（9.4）

孝贞显皇后诞辰。帝诣建福宫圣容前行礼。

十三日（9.5）

比利时驻华公使贾尔牒致外务部：前京汉铁路委员本国人舒连拟于本月十五日携眷属瞻仰颐和园，函恳允准。

十五日（9.7）

中元节。帝诣寿皇殿行礼。遣官祭历代陵寝。遣官诣梁格庄德宗景皇帝几筵前行礼。

十七日（9.9）

文宗显皇帝忌辰。帝诣寿皇殿行礼，遣官祭定陵。

十八日（9.10）

帝诣补桐书屋先师孔子前行礼。御涵元殿，受师傅、御前大臣、内务府大臣礼毕，诣补桐书屋，向师傅揖，入座读书。

廿二日（9.14）

意大利驻华公使斯弗尔扎致外务部：意国人马尔得利迪拟于本月廿五日前往万寿山瞻仰，恳请发给执照。

廿三日（9.15）

谕：现订办法章程五条，内颐和园、上驷院、武备院、奉宸院、中正殿五处应援照设立统计处之外，咨行派除专任报告员经理该处事件，并将派出之员衔名自行咨送内阁。

廿四日（9.16）

禁卫军两协练成，监国摄政王载沣亲往校阅。

八月

初八日（9.29）

内阁总理大臣奕劻奏请开缺。不允。

十二日（10.3）

俄国驻华公使廓索维慈致外务部：俄亚银行副稽查迪米特福拟于本月十五日前往颐和园瞻仰，函请发给门照。

十六日（10.7）

比利时驻华公使贾尔牒致外务部：拟于九月初五日与本国人巴黎业同往瞻仰颐和园，请届时发给执照。

十九日（10.10）

武昌起义爆发。

廿二日（10.13）

意大利驻华公使斯弗尔扎致外务部：本使馆卫队武弁詹赛得等四人拟于本月廿五日前往万寿山瞻仰，函请发给执照。

廿三日（10.14）

谕：湖广总督著袁世凯补授，并督办剿抚事宜。所有该省军队暨各路援军，均归该督节制调遣。命将北洋军编为三军。第一军由荫昌统率赴鄂；第二军由冯国璋统带听候调遣；第三军由载涛统率，驻守近畿。

九月

初三日（10.24）

专司巡护大臣载涛等奏：除将禁卫军步队第二标调拨两营专司守卫禁门外，将第三标移驻内城。步队第一标调拨一营，驻扎松树畦，保卫颐和园及第一、第二武库。其余步队第一标之一营四标，全标炮标，全标马标六队，工程、辎重、警察各营队，陆续移驻畅春园新建营房，以期调动灵通。总期内筹战备，外靖人心。其应需款项，暂由军咨府垫拨，事竣作正开销。允之。

初六日（10.27）

谕：湖广总督袁世凯著授为钦差大臣，所有赴援之海陆各军并长江水师暨此次派出各项军队，均归该大臣节制调遣。军谘府、陆军部不为遥制。另，改以冯国璋总统第一军，段祺瑞总统第二军。

初九日（10.30）

以宣统帝名义下罪己诏，谓：特布告天下，誓与我国军民维新更始，实行宪政。

十一日（11.1）

清廷解散“皇族内阁”，以袁世凯为内阁总理大臣，重组内阁。以庆亲王奕劻为弼德院院长，那桐、徐世昌为弼德院顾问大臣。准军谘大臣载涛开缺，以荫昌为军谘大臣。

十六日（11.6）

释放因谋刺摄政王而被捕之革命党人汪精卫、黄复生等。

二十日（11.10）

以世续为总管内务府大臣。

廿三日（11.13）

袁世凯抵京。谕：所有近畿各镇及各路军队，均著归袁世凯节制调遣，随时会商军谘大臣办理。

廿五日（11.15）

监国摄政王代诣乾清宫，接见奥国使臣讷色恩等六员。

廿六日（11.16）

袁世凯责任内阁成立。

本月

前往武汉之清舰队“海琛”、“海容”、“海筹”等舰在九江起义。

十月

初一日（11.21）

享太庙，遣豫亲王懋林恭代行礼。遣官祭历代陵寝。帝由西苑回宫。

初六日（11.26）

告祭太庙，宣誓宪法信条。监国摄政王代诣行礼。

十一日（12.1）

外蒙古活佛哲布尊丹巴呼图克图在俄国策动下宣布独立，并驱逐库伦办事大臣三多。十一月初九日，哲布尊丹巴呼图克图宣布建立“大蒙古国”。

十二日（12.2）

以徐世昌为专司训练禁卫军大臣。

日本驻华公使伊集院彦吉致外务部：本国议员福冈精一等拟于本月十五日瞻仰颐和园，恳请发给门照。

十六日（12.6）

监国摄政王辞位，仍以醇亲王退归藩邸，不再预政。赏给岁俸银五万两。嗣后，用人行政均责成内阁总理大臣与各国务大臣。

十七日（12.7）

从资政院之请，准臣民自由剪发。清廷以袁世凯为全权大臣，由其委派代表赴南方议和。

十九日（12.9）

袁世凯以冯国璋为禁卫军总统官，取消载涛总统禁卫军之权；以段祺瑞为进攻武昌之第一军总统官，以冯国璋为留守京畿之第二军总统官；以记名副都统良弼为军谘府军谘使。

廿一日（12.11）

德宗景皇帝忌辰。帝诣寿皇殿行礼，遣官诣梁格庄暂安寝殿几筵前行三周年礼。

廿二日（12.12）

孝钦显皇后忌辰。遣官诣菩陀峪定东陵行三周年礼。

十一月

十三日（1912.1.1）

中华民国南京临时政府成立，孙中山就任临时大总统。

廿九日（1.17）

就是否退位事，隆裕皇太后召集王公大臣等，召开第一次御前会议。翌日如之。十二月初一日，再议之。三次会议，皆未决而散。

本月

部分满族亲贵组成宗社党。

十二月

初八日（1.26）

第一军总统官段祺瑞率前线北洋将领联名致电清廷，要求明降谕旨，宣示中外，立定共和政体。

革命党人彭家珍在北京炸伤宗社党头目、军谘使良弼。彭氏立毙，良弼越二日而亡。

十七日（2.4）

内阁拟定清廷议和条件。内有：大内宫殿或颐和园由大清皇帝随意居住。

十八日（2.5）

段祺瑞率前线北洋将领再次致电清廷，斥王公等阻挠共和。谓：三年以来，皇族之败坏大局，罪实难数。若再不认共和，即率全军将士入京。

廿二日（2.9）

署直隶总督张镇芳、署两江总督张勋、署湖广总督段祺瑞、河南巡抚齐耀琳、署山东巡抚张广建、安徽巡抚张怀芝、署山西巡抚李盛铎、吉林巡抚陈昭常联名致电清廷，请宣布共和。

廿五日（2.12）

清廷公布双方议定之“优待条件”。内有：大清皇帝辞位之后，暂居宫禁，日后移居颐和园。

隆裕皇太后颁布清帝退位诏书。